Das Buch

Eleynes Leben beginnt in einem furchtbaren Flammeninferno:
der walisische Landsitz Llanfaes brennt lichterloh, als sie dort
im Jahre 1218 geboren wird. Die Flammen legen einen dunklen Schatten auf die Zukunft der kleinen Nichte des schottischen und des englischen Königshauses ... Lady Rhonwen,
Eleynes Amme, zieht das kluge und stolze Mädchen auf und
entdeckt bald die ganz besonderen, mystischen Fähigkeiten der jungen Prinzessin – Eleyne hat das *zweite Gesicht*.
Rhonwen, die unter dem Einfluß der druidischen Glaubens-
welt steht, sieht in ihr eine keltische Priesterin und will Eleyne
zwingen, beim Seher Einion in die Lehre zu gehen, um ihre
Fähigkeiten in den Dienst des Druidentums zu stellen. Doch
Eleyne weigert sich und heiratet mit zwölf Jahren den sanften,
verständnisvollen Earl of Huntingdon, dem sie schon als
kleines Kind versprochen worden war. Ein verhängnisvoller
Schritt, wie sich bald herausstellt. Denn als ein grauenhafter
Mord geschieht, erfüllen sich die düsteren Zeichen, unter
denen Eleynes Leben einst begonnen hatte.

Die Autorin

Barbara Erskine, eine international erfolgreiche Autorin, von
deren Roman *Die Herrin von Hay* weltweit über eine Million
Exemplare verkauft wurden, ist promovierte Historikerin und
aus diesem Grund mit dem Mittelalter bestens vertraut.
Die Tochter des Phoenix trägt familiär-biographische Züge – die
Geschichte basiert auf den Erlebnissen einer Ahnin der Autorin.
Als Heyne Taschenbuch liegt außerdem vor: *Die Herrin von Hay*
(01/7854)

BARBARA ERSKINE

DIE TOCHTER DES PHOENIX

Roman

Aus dem Englischen von
Tina Bienert und Dirk Muelder

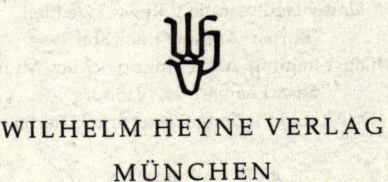

WILHELM HEYNE VERLAG
MÜNCHEN

HEYNE ALLGEMEINE REIHE
Nr. 01/9720

Titel der Originalausgabe
CHILD OF THE PHOENIX
erschienen 1992 bei Fontana,
An Imprint of HarperCollins Publishers, London

2. Auflage

Redaktion: Michael Farin
Copyright © 1992 by Barbara Erskine
Copyright © 1994 der deutschen Ausgabe by
Wilhelm Heyne Verlag GmbH & Co. KG, München
Printed in Germany 1996
Umschlagillustration: Kevin Tweddell
Karten: Andrew Robinson
Umschlaggestaltung: Atelier Ingrid Schütz, München
Satz: Leingärtner, Nabburg
Druck und Bindung: Elsnerdruck, Berlin

ISBN 3-453-09242-2

Für
C.N.P.R.M.M.B.J.M.G.
und P.

Inhalt

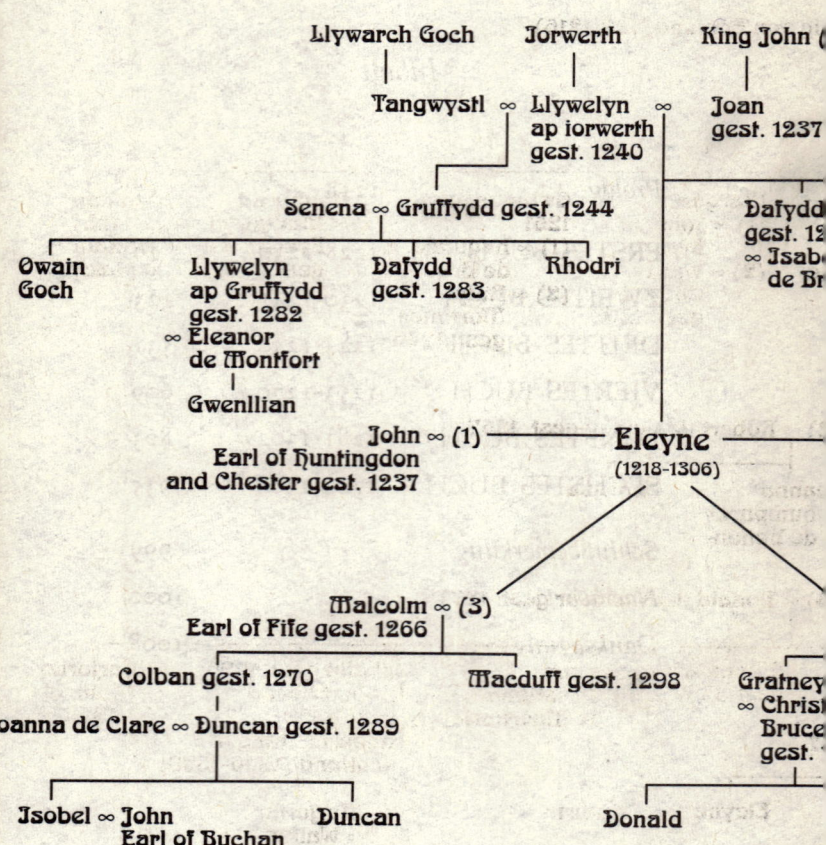

Llywarch Goch   Jorwerth   King John (

Tangwystl ∞ Llywelyn ∞ Joan
                  ap iorwerth   gest. 1237
                  gest. 1240

Senena ∞ Gruffydd gest. 1244   Dafydd
                                                 gest. 12
                                                 ∞ Jsabe
                                                 de Br

Owain   Llywelyn   Dafydd   Rhodri
Goch   ap Gruffydd   gest. 1283
         gest. 1282
         ∞ Eleanor
         de iiontfort

         Gwenllian

         John ∞ (1) ——— Eleyne
         Earl of huntingdon   (1218-1306)
         and Chester gest. 1237

         iialcolm ∞ (3)
         Earl of Fife gest. 1266

Colban gest. 1270   iiacduff gest. 1298   Gratney
                                                      ∞ Christ
oanna de Clare ∞ Duncan gest. 1289   Bruce
                                                      gest.

Jsobel ∞ John   Duncan   Donald
Earl of Buchan

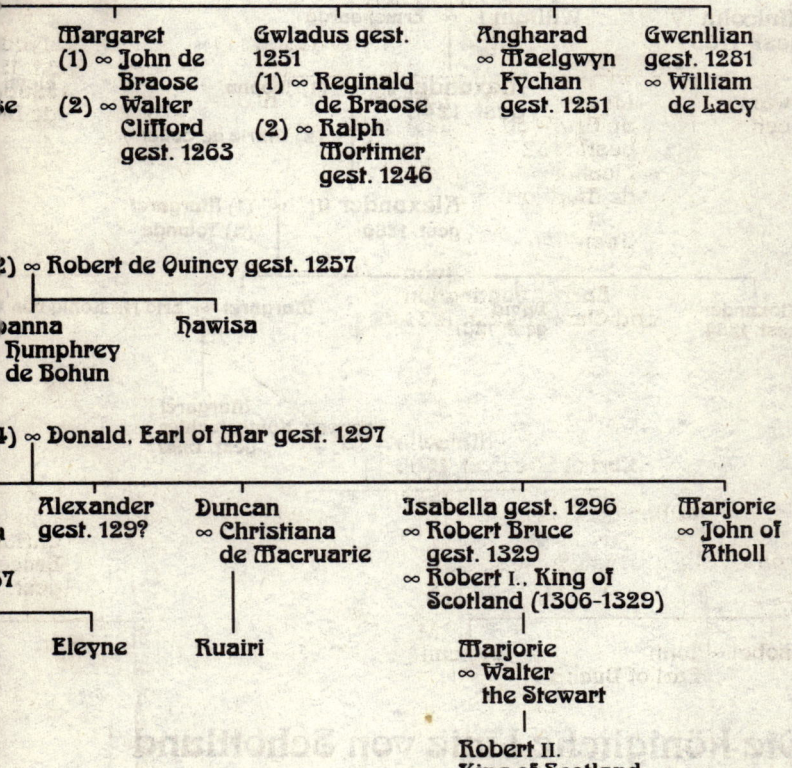

ig von England 1199-1216)

Margaret
(1) ∞ John de
Braose
(2) ∞ Walter
Clifford
gest. 1263

Gwladus gest.
1251
(1) ∞ Reginald
de Braose
(2) ∞ Ralph
Mortimer
gest. 1246

Angharad
∞ Maelgwyn
Fychan
gest. 1251

Gwenllian
gest. 1281
∞ William
de Lacy

2) ∞ Robert de Quincy gest. 1257

Joanna
Humphrey
de Bohun

Hawisa

4) ∞ Donald, Earl of Mar gest. 1297

Alexander
gest. 129?

Duncan
∞ Christiana
de Macruarie

Isabella gest. 1296
∞ Robert Bruce
gest. 1329
∞ Robert I., King of
Scotland (1306-1329)

Marjorie
∞ John of
Atholl

Eleyne

Ruairi

Marjorie
∞ Walter
the Stewart

Robert II.
King of Scotland
gest. 1390

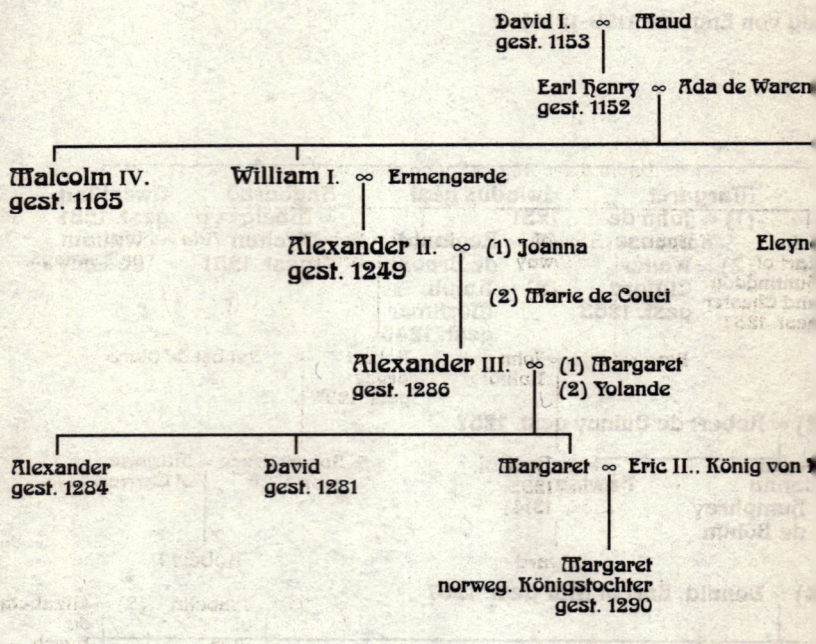

Die königliche Linie von Schottland

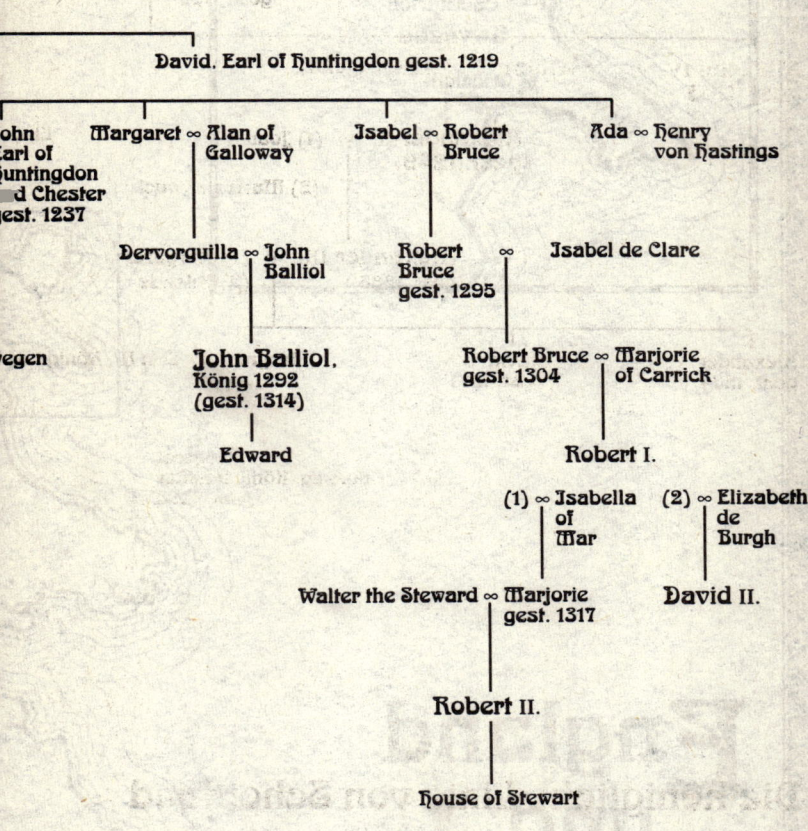

David. Earl of Huntingdon gest. 1219

John Earl of Huntingdon d Chester gest. 1237	Margaret ∞ Alan of Galloway	Isabel ∞ Robert Bruce	Ada ∞ Henry von Hastings

Dervorguilla ∞ John Balliol

Robert Bruce gest. 1295 ∞ Isabel de Clare

John Balliol, König 1292 (gest. 1314)

Robert Bruce ∞ Marjorie gest. 1304 of Carrick

Edward

Robert I.

(1) ∞ Isabella of Mar   (2) ∞ Elizabeth de Burgh

Walter the Steward ∞ Marjorie gest. 1317

David II.

Robert II.

House of Stewart

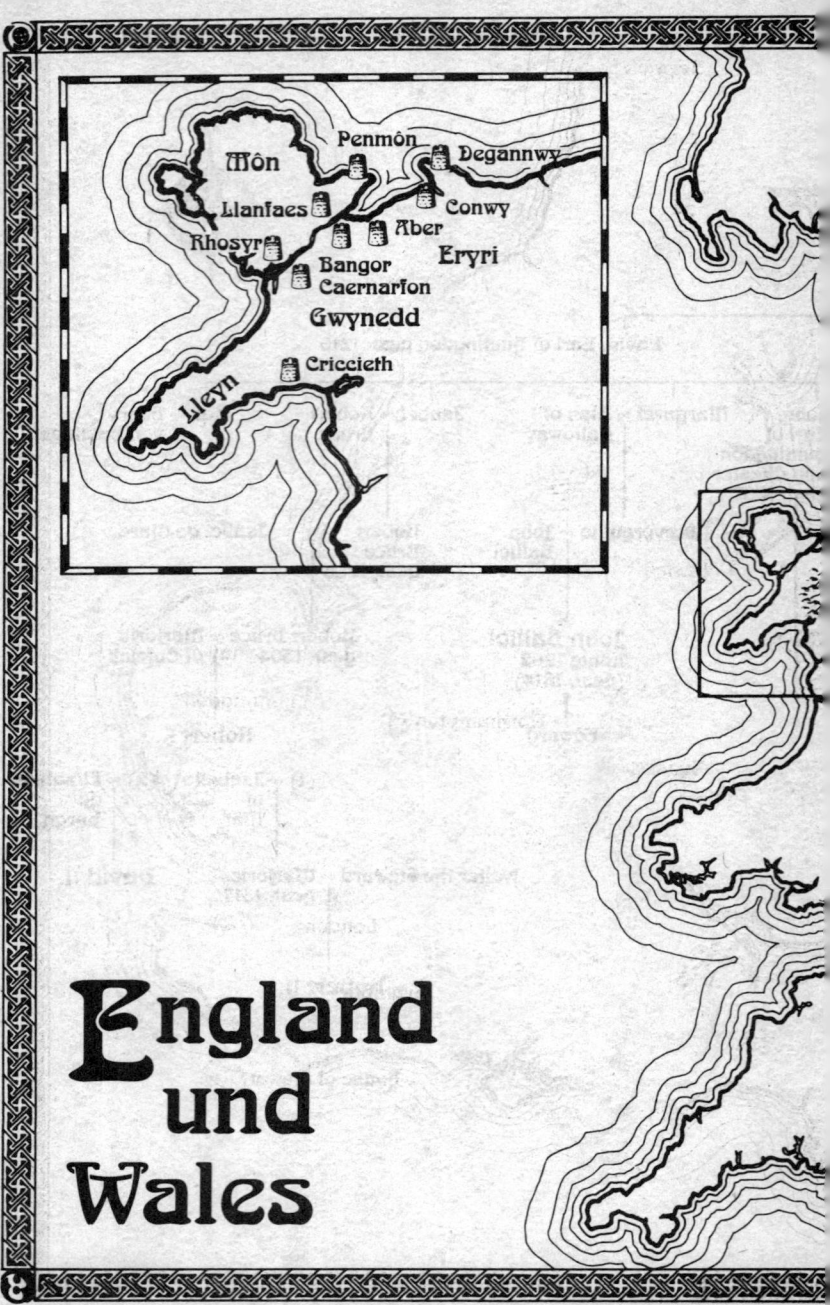

England
und
Wales

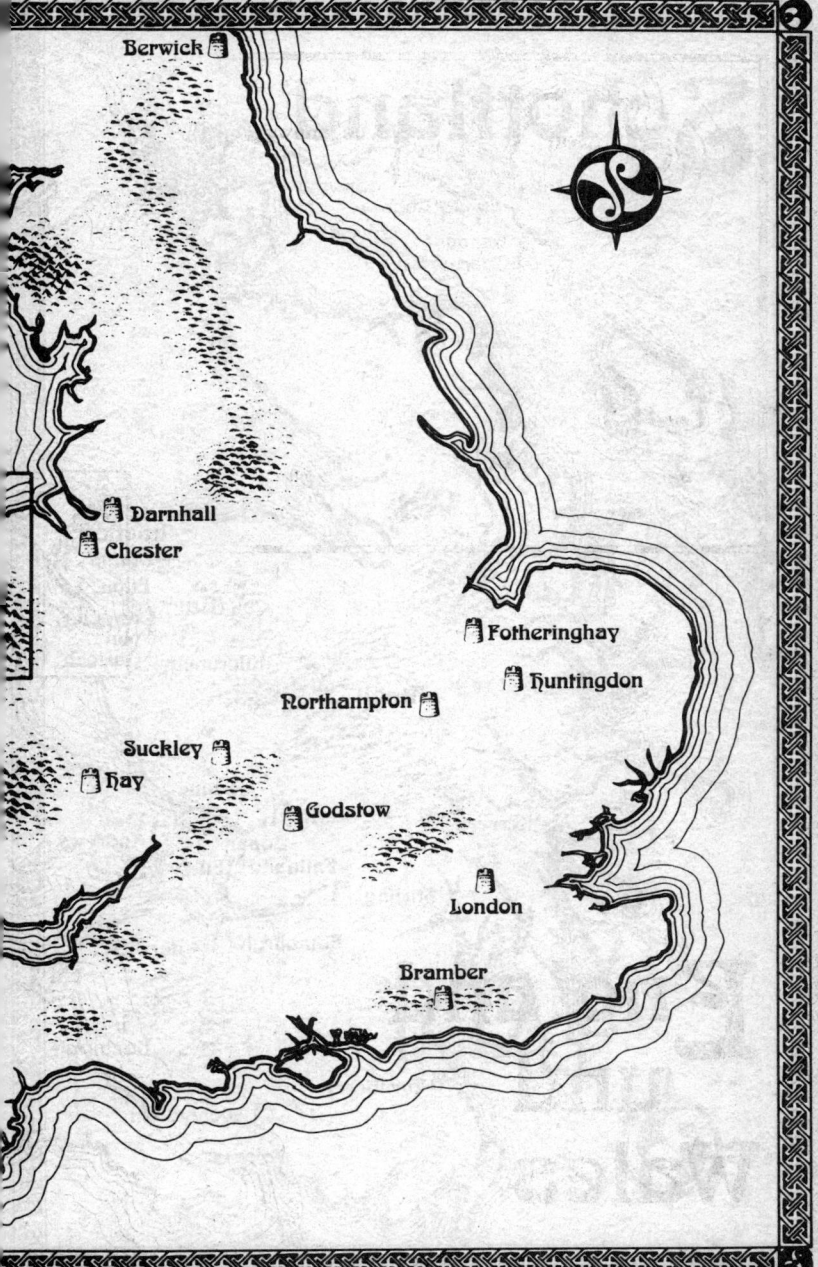

Schottland

Buchan
Slains
Ellon
Mar
Kapelle
von
Garioch
Kildrummy

Atholl

Scone
Perth
Cupar
St.
Andrews
Falkland Fife
Kerrera

Stirling

Edinburgh Berwick

Roxburgh

Carrick

Turnberry
Lochmaben

Prolog

Hoch und kalt stand der Vollmond über den rasenden Wolken, erhaben über der steigenden Flut und den windgepeitschten weißen Wogenkämmen. Von der Tür des Rittersaals aus starrte eine Frau über das Wasser zu den glitzernden Schneegipfeln von Yr Wyddfa. Nahe bei ihr im Schatten stand schweigend ein Mann, seine Hände umklammerten einen Stab. Einion Gweledydd, groß und weißhaarig, wartete in stoischer Geduld. Bald würde es geboren werden, das Kind, dessen Schicksal er geweissagt hatte. Es würde drei Kronen in seinen Händen halten, und er würde es den alten Göttern Albions weihen. Einion lächelte, denn die englische Frau lag schon drei lange Tage in den Wehen und würde bald sterben.

Im Saal hatte man gegen die Kälte ein riesiges Feuer entfacht. Ängstlich drängte sich ein halbes Dutzend Dienerinnen um das Bett, in dem unter Pelzdecken ihre Princess lag, zu erschöpft zum Schreien, während die Schmerzwellen durch ihren zerbrechlichen Leib liefen.

Die Männer waren gegangen, hinausgeschickt, damit die Frauen das Werk allein vollbringen konnten.

Rhonwen ging in den Saal zurück, zum Feuer, sah es zischen und spucken in seiner Grube in der Mitte des Saals, in dem es gefangen saß. Sie sah den Rauch spiralförmig aufsteigen, bis zu dem Loch zwischen den geschwärzten Dachbalken, durch das er zu den windzerfetzten Wolken entwich. Bald würde der Morgen dämmern.

Hinter ihr schrie die Princess, Joan. Rhonwen bückte sich, hob ein Bündel Eichenzweige auf und warf sie ins Feuer. Die

Flammen loderten blau und grün vom Meersalz, das der See-
wind herbeigeweht hatte, der die Bäume am Ufer der Insel
schüttelte und krümmte. Rhonwen sah dem Feuer eine Weile
zu, dann wandte sie sich um und trat ans Bett.

Hinter ihr flog ein Funke empor und landete seitwärts in den
feuchten Binsen, die den Boden bedeckten. Er zischte einen
Augenblick, als könne er sich nicht entscheiden, ob er sterben
oder brennen wollte, dann biß er sich in einem Farnwedel fest
und sprang knisternd zum nächsten.

Am Bett mühten sich die Frauen um ihre erschöpfte Princess
und um das winzige Mädchen, das ihr Leib ins Laken gespien
hatte. In der vom Rauch erfüllten Halle bemerkten sie den
Brand nicht sogleich.

Das Feuer lief über den Boden, zu den Holzwänden und den
bestickten Teppichen, die diese bedeckten. Als die Frauen es
endlich bemerkten, hatte es schon die Wand ergriffen und begann, sie zu verschlingen. Es schoß zu den Dachbalken hoch
und raste über den Fußboden wieder auf sie zu.

Eine der Frauen lief los, um die Alarmglocke zu läuten und
die Männer herbeizurufen. Doch die Halle war nicht mehr zu
retten. Man hüllte die bewußtlose Princess in Decken und trug
sie, so schnell es ging, zur Tür. Draußen runzelte Einion die
Stirn. Schien es doch, als würde sie überleben, obwohl doch ihr
Tod vorherbestimmt war.

Rhonwen sollte die Amme des Kindes werden. Sie betrachtete das Würmchen, wie es da auf dem Ziegenleder lag: die
letzte Tochter des Prince of Aberffraw, die Enkelin John Plantagenets, des englischen Königs.

Ein brennender Balken fiel herab und schlug krachend nahe
dem Bett auf. Rhonwen lächelte. Das Feuer war ein Zeichen.
Bride, die Herrin des Mondes, war auch Göttin des Feuers. Sie
würde das dreifach gesegnete und vom Schicksal ausersehene
Kind besonders beschützen, würde für seine Zukunft sorgen.
Rhonwen bückte sich, nahm das kleine Mädchen an sich und
rannte durch einen Funkenregen herabfallender Holztrüm-
mer zur Tür.

Als der Wind die Flammen höher emporschlagen ließ, hob
Einion Gweledydd den Kopf. Vor Entsetzen riß er die Augen

weit auf. Auch der Himmel stand in Flammen. Die rasenden Wolken loderten orangefarben, karmesinrot und golden. Wo der Wind die Wogen zu Burgen aufgetürmt hatte, brannten sie purpurn und scharlachrot. Sie waren mit Funken vergoldet. Das Heulen des Windes und das Rauschen des Wassers verbanden sich mit dem gierigen Brüllen des Feuers und dem Krachen des Donners. Einion sah die Wolken aufeinander zulaufen, sich zusammenballen. Ihre Ränder waren Flammenströme, die sich aufbäumten. Und dann sah er einen riesigen Vogel langsam seine Flügel über den Himmel ausbreiten, von den glühenden Berggipfeln Eryris bis zum goldglänzenden Meer im Westen.

Der Sonnenadler: *Eryr euraid.* Nein! Kein Adler, ein Phönix! Einions Lippen brachten dieses Wort nur lautlos hervor. Der Feuervogel erhob sich von seinem Scheiterhaufen, während im Osten die Sonne aufging, während Rhonwen das letzte Kind Llywelyn Fawrs aus dem brennenden Fürstensaal trug. Brides Kind. Das Kind des Feuers. Die Tochter des Phönix.

ERSTES BUCH

1228-1230

Erstes Kapitel

I
HAY-ON-WYE * April 1228

»Sieh nicht hinunter!« Das Kind balancierte über ein langes Brett hoch oben auf dem Baugerüst, das an der Burgmauer stand, drehte sich um und spähte hinab in den dunklen Abgrund. »Steck dir den Rock hoch«, ertönte eine gebieterische Stimme. »In der Nacht wird schon niemand deinen Hintern sehen!« Ihr Lachen verlor sich im Windgeheul. »Wir sind gleich da. Komm endlich!«

Tief unten in der Finsternis lag der Burghof von Hay. Ein feiner Nieselregen, der von den Schwarzen Bergen herüberkam, hatte die Gerüststangen und die neugesetzten Mauersteine glitschig gemacht. Die Planken unter ihren ledernen Pantoffelsohlen wurden immer schlüpfriger.

Isabella de Braose wimmerte vor Angst. »Ich will zurück.«

»Nein, sieh doch! Nur noch drei Schritte.« Eleyne, die jüngste Tochter Llywelyns, des Prince of Aberffraw und seiner Frau, der Princess Joan, war zehn, ein Jahr jünger als ihre Freundin Isabella. Infolge der sonderbaren Eheschließungen und Wiederverheiratungen war Eleyne gleichzeitig Isabellas Stiefgroßtante, eine Tatsache, über die die Mädchen immer wieder kichern mußten.

Eleyne nahm Isabella beim Handgelenk und half ihr Schritt für Schritt vorwärts. Sie kamen der alten Turmruine immer näher. In ein, zwei Wochen würden die Handwerker mit der Restaurierung beginnen. Dann würde der Turm wieder zum Mittelpunkt der Burg werden, noch aber stand er geheimnisvoll und verlassen da, denn der Eingang unten im Hof war versperrt, damit sich niemand zwischen die herabfallenden Steine und verkohlten Balken verirrte.

»Warum willst du denn da unbedingt hineinsehen?« jammerte Isabella. Ihre klammen Hände krampften sich um die dünne, wacklige Handleiste.

»Weil sie nicht wollen, daß wir sehen, was drinnen ist«, erwiderte Eleyne. »Außerdem, glaube ich, ist ein Rabennest hinter der Mauer.« Sie ließ das Handgelenk des Mädchens los, lief das letzte Stück über die Planke voraus und kam an der Mauer des alten Turms an. Erfrischt vom Wind und von der beißenden Kälte des Regens in ihrem Gesicht konnte sie sich vor Begeisterung kaum beherrschen. Sie hatte keine Angst vor der Höhe, und der Gedanke, daß sie hinabstürzen konnte, kam ihr nicht.

»Nun aber los, es ist ganz leicht.« Sie blickte zurück und kniff im Regen die Augen zusammen. Unter ihnen wirbelte hier und da ein Rauchfähnchen in der Dunkelheit auf, das der Regen erdrückte. Eleyne wurde sich plötzlich der ungeheuren Stille der Schwarzen Berge bewußt, die sich auf beiden Seiten des breiten Tales des Wye in das Herzland von Wales erstreckten.

»Ich kann nicht.«

»Natürlich kannst du. Komm!« Eleyne vergaß die Berge und lief zu ihr zurück. »Ich helfe dir. Nimm meine Hand! Siehst du. Es ist ganz leicht.«

Endlich saßen die beiden Mädchen nebeneinander in der breiten Fensteröffnung des alten Turms und schwiegen eine Weile. Sie starrten in das finstere Innere des Turmes. Der vier Stock tiefer gelegene Boden war nicht zu erkennen.

»Hier muß ein unglaubliches Feuer gewütet haben«, murmelte Eleyne ehrfürchtig, und ihre katzenhaften Augen entdeckten die geschwärzten Balkenenden in der Innenwand des Turms. »Warst du hier, als es geschah?«

Isabella schluckte und schüttelte den Kopf. »Das ist vor meiner Geburt gewesen. Komm, laß uns zurückgehen, Elly. Es gefällt mir hier nicht.«

»Als ich geboren wurde, hat es auch gebrannt«, fuhr Eleyne verträumt fort. »Rhonwen hat es mir erzählt. Die Halle von

Llanfaes wurde zerstört. Als mein Vater morgens ankam, war nur noch Asche da.«

»Den Turm hier hat King John verbrannt.« Isabella wagte einen Blick hinab ins Dunkle, schloß dann aber rasch die Augen. Es schauderte sie. »Hier ist kein Nest, Elly. Bitte laß uns gehen.«

Eleyne schwieg. Sie runzelte die Stirn: King John. Der Vater ihrer Mutter und Nachkomme des Teufels persönlich, wie es hieß. Insgeheim gab sie der verhaßten Familie ihrer Mutter einen weiteren schwarzen Punkt. Doch dann vergaß sie diesen unangenehmen Gedanken rasch wieder. »Das Nest muß irgendwo auf einem Vorsprung im Inneren des Turms sein. Ich habe sie ein- und ausfliegen sehen.« Sie streckte die Hände so weit in die Dunkelheit des Turminneren hinein, wie ihr Mut es erlaubte. »Ich muß noch einmal bei Tag hierherkommen. Rhonwen sagt, der Rabe ist ein heiliger Vogel, und ich möchte eine Glücksfeder haben.«

»Die Handwerker lassen dich bestimmt nicht herein.«

»Wir könnten morgens ganz früh kommen, bevor sie mit der Arbeit anfangen.«

»Nein.« Isabellas Stimme klang entschlossen. »Ich gehe jetzt. Wenn du nicht mitkommen willst, bleibst du eben hier.«

»Warte bitte.« Eleyne wollte nicht gleich wieder hinunter. Ihr gefielen der kalte Wind, die Dunkelheit und die Einsamkeit. Sie hatte noch keine Lust, ins Bett zu gehen, in dem sie mit Isabella schlief. Wollte sich auch nicht von ihren drei Schwestern ausfragen lassen. Denn Eleanor, Matilda und Eva hatten nur so getan, als ob sie schliefen. In Wirklichkeit warteten sie gespannt darauf zu erfahren, wohin die beiden gegangen waren. »Wenn du bleibst, erzähle ich dir, wie es ist, wenn man verheiratet ist.«

»Du bist ja gar nicht richtig verheiratet«, widersprach ihr Isabella verächtlich. »Du hast deinen Mann doch noch nicht einmal gesehen.« Trotzdem rutschte sie in ihre Ecke unter dem Fensterbogen zurück und zog die kalten Füße unter den durchnäßten Rock.

»Natürlich.« Eleyne war ungehalten. »Er ist bei meiner Hochzeit gewesen.« Sie lachte. »Rhonwen hat es mir erzählt.

Mein Vater trug mich auf den Armen und übergab mich dann meinem Ehemann. Der wurde ganz rot und hätte mich beinahe fallen lassen.«

»Männer mögen keine Babys«, erklärte Isabella mit Bestimmtheit.

Eleyne nickte betrübt. »John war damals ja auch noch ein Junge. Er war sechzehn.« Sie schwieg einen Augenblick. »Was denkst du, wirst du meinen Bruder Dafydd gern heiraten?«

Isabella zuckte die Achseln. »Ist er so wie du?«

Eleyne überlegte ein wenig, dann schüttelte sie den Kopf. »Ich glaube, meine beiden Brüder sind nicht wie ich. Und meine Schwestern noch weniger. Denk doch nur an Gwladus!« Sie kicherten beide. Gwladus war fünfzehn Jahre älter als Eleyne und mit Isabellas Großvater Reginald verheiratet. Sie war eine fromme junge Frau, die sich bemühte, älter zu erscheinen – ihrem fünfzigjährigen Gatten zuliebe. Auch Eleynes andere Schwestern waren viel älter und zudem verheiratet, Margaret mit Reginalds Neffen John de Braose, der fern in Sussex lebte, Gwenllian mit William de Lacy und Angharad mit Maelgwyn Fychan, einem Prince of South Wales.

»Gwladus wäre wütend, wenn sie wüßte, wo wir sind«, sagte Isabella ängstlich.

»Und deine Mutter erst!« Eleyne hatte während der kurzen Zeit ihres Besuchs in Hay leider schon mehrmals Eva de Braoses Mißfallen erregt. Dann fiel ihr ein, daß sie Isabella noch gar nichts Freundliches über ihren Bruder gesagt hatte. »Dafydd wird dir gefallen. Er ist ein netter Kerl.«

Isabella lachte. »Du findest alle Leute nett.«

»Wirklich?« Eleyne dachte einen Moment nach. »Aber die meisten Leute sind doch auch nett.«

Einen Menschen allerdings gab es, den sie nicht mochte. Das aber war ihr Geheimnis, und sie schämte sich deshalb sehr. »Momentan«, fuhr sie fort, »wünsche ich mir nur eines: daß du meine Schwester wirst. Wir wollen das ja alle. Unsere Väter wollen es. Wir werden so viel Spaß miteinander haben, wenn du zu uns nach Aber kommst!« Sie schob ihren Arm unter den Isabellas. »Wie lange wird es wohl noch dauern?«

Isabella zuckte die Schultern. »Sie brauchen doch immer Jahre, bis alles ausgehandelt ist, die Mitgift und Ländereien und Verträge über dies und das. Komm, ich friere!«

Für einen Augenblick verloren sich Eleynes Gedanken, sie träumte und rührte sich nicht. Dann aber folgte sie Isabella.

Sie brauchten nicht lange, bis sie wieder festen Boden unter den Füßen hatten. Beim Hinunterklettern war Isabella auf einmal nicht mehr ängstlich und erwies sich als ebenso geschickt wie ihre Freundin. Unten angekommen, sahen sie einander in der Dunkelheit an, und obwohl sie es zu unterdrücken versuchten, mußten sie wieder lachen.

»Keiner hat uns gesehen!« triumphierte Eleyne.

»Wer weiß.« Isabella ließ den Rock hinunter, so daß er wieder ihre Beine wärmte. »Ich möchte ins Bett.«

Eleyne trat gegen einen Stapel aus behauenen Steinen. »Komm, wir sehen uns noch die Pferde an.«

»Nein, Elly. Ich möchte ins Bett.«

»Dann geh doch.« Mit einem Mal war Eleyne ungeduldig. »Paß aber auf, daß dich die Lady nicht erwischt!« Sie stieß diese Warnung mit einer sonderbaren Stimme aus und tanzte von dem regengeschützten Platz unter dem Baugerüst in den Sprühregen hinaus.

Isabella wurde blaß. Eleyne hatte sie seit Tagen mit Gruselgeschichten über die Geisterfrau in Aufregung versetzt.

»Du willst mich doch nur erschrecken.«

Nicht weit von ihnen wurde eine Tür aufgerissen, drei lachende Dienerinnen rannten über den Burghof und verschwanden in der Tür eines der Holzverschläge entlang der Burgmauer, die als Küchen dienten. Sie nahmen von den beiden kleinen Mädchen keine Notiz.

Als sich Eleyne nach ihrer Freundin umsah, war Isabella fort. »Bella?« rief sie. Doch niemand antwortete.

Nervös starrte Eleyne in den Regen. Plötzlich fürchtete sie sich. Die Nacht war kalt, und der große Burghof lag so verlassen da. Obwohl sich die Wachen an ihren Plätzen auf der Ringmauer befanden und die Umgebung beobachteten. Obwohl die Pferde in ihren Ställen waren. Und es war da noch etwas. Stand da und sah sie an. Eleyne blickte sich um.

»Bist du es?« flüsterte sie.

Doch niemand antwortete ihr, außer dem Heulen des Windes.

II

In der Dachstube unter dem Söller flackerte das Feuer. Ein Dutzend Kerzen brannte, um die Dunkelheit zu vertreiben.

»Ich glaube, es ist Zeit, daß ich Eleyne zurück nach Gwynedd bringe, Mylady.«

Rhonwen hatte Gwladus, Eleynes älteste Schwester und Frau von Reginald de Braose, dem Herrn von Hay, im neu erbauten Westturm der Burg aufgesucht. »Sie und Isabella beeinflussen einander ungünstig.«

Rhonwen war ungewöhnlich groß für eine Frau, mit einem schönen, adlerartigen Gesicht und blondem Haar, das sie allerdings sorgfältig mit einem weißen Schleier bedeckt hielt. Nur ihre blonden Augenbrauen ließen auf dessen Farbe schließen. Mit ihren dreißig Jahren sah sie auffallend gut aus, wirkte aber nicht anziehend. Gwladus warf ihr einen verstohlenen Blick zu. Es schien Kälte von ihr auszugehen. Rhonwens Zurückhaltung rief bei manchen sogar Feindseligkeit hervor. Nur wenn sie mit der ihr anvertrauten Eleyne zusammen war, spürte man, daß sie so etwas wie menschliche Gefühle kannte.

Ganz anders Gwladus: eine große, lebhafte, hübsche Frau mit schwarzem Haar und dunkel blitzenden Augen unter dichten schwarzen Augenbrauen. Diese Farbe hatte ihr den Spitznamen Gwladus Ddu eingetragen. Sie betrachtete Rhonwen mit Herablassung.

»Wenn du meinst, daß Eleynes Einfluß nicht gut für Isabella ist, gebe ich dir recht. Dennoch ist es zu früh. Ich habe die Briefe an Vater noch nicht geschrieben, und die Boten, die mit dir zusammen gekommen sind, besprechen noch immer mit Reginald und William den Ehevertrag.«

Sie nahm auf einem hübsch geschnitzten Stuhl am Feuer Platz und winkte Rhonwen herbei, damit sie sich auf einen Hocker neben sie setzte. »Du wirst wissen, daß ihr nicht hier seid, damit die Mädchen miteinander spielen können, sondern weil mein Vater meinen Bruder mit Isabella verheiraten will. Und warum will er das?«

Rhonwen rutschte verlegen auf dem Hocker herum. »Weil sie eine gute Partie für Dafydd wäre. Sie ist jung und kräftig und bildhübsch.« Sie erlaubte sich ein verkniffenes Lächeln. »Und sie ist eine Enkelin Eures Gatten. Die Verbindung mit den de Braose ist dem Prince Llywelyn immer noch sehr wichtig.«

Vor achtzehn Jahren hatte King John die Familie der de Braoses beinahe vernichtet, aber bis zum Tode des Königs 1215 war es den beiden Erben, Reginald de Braose und seinem Bruder Giles, dem Bischof von Hereford, gelungen, den Besitz der Eltern vom König zurückzuerlangen. Die Familie war innerhalb von Wales wieder mächtig geworden.

Gwladus spitzte den Mund. »Deshalb hat er mich nach Gracias Tod ja auch mit Reginald verheiratet. Ich wüßte nur zu gern, weshalb er noch eine Heirat zwischen unseren Familien braucht.«

Rhonwen hielt den Kopf gesenkt und betrachtete ihre Hände. Wollte die Frau eine ehrliche Antwort von ihr? Rhonwen zuckte diplomatisch die Achseln. »Ich bin nur Eleynes Amme und Lehrerin, Lady Gwladus. Ihr Vater vertraut mir keine Geheimnisse an.«

»Nein?« Die dunklen Augen unter den dichten schwarzen Brauen schienen sie zu durchbohren. »Wie sonderbar. Ich war mir ganz sicher, daß er das tut.«

Sie schwiegen lange. Dann stand Gwladus auf und eilte zum Fenster, während ihr ein Schauer über den Rücken lief. »Ich hasse diesen Ort! Wie oft habe ich Reginald gebeten, anderswo hinzuziehen. Weißt du, sie ist immer noch hier, seine Mutter. Sie geht um in der Burg. Alle leiden darunter!« Gwladus bekreuzigte sich, schloß die Augen und holte tief Luft. »Wenn du nur als Eleynes Gesellschafterin hier bist, solltest du dich besser um sie kümmern. Und verhindern, daß sie Isabella in Angst und Schrecken versetzt!«

III

Die Kinder waren nicht in ihrem Schlafzimmer. Rhonwens Lippen nahmen einen bitteren Ausdruck an.

»Nun?« Sie schüttelte eine der Dienerinnen, die hinter der Tür im Inneren des Zimmers schliefen. »Wo stecken sie?«

Das erschrockene Mädchen starrte im Licht der Kerze, die Rhonwen hielt, das Bett an. »Ich weiß nicht. Als wir schlafen gingen, waren sie hier.«

Jetzt waren beide Dienerinnen wach. Sie krochen aus ihren Strohlagern und sahen sich mit ängstlich aufgerissenen Augen im Söllerzimmer um. Sie hatten großen Respekt vor der großen walisischen Gouvernante des kleinen Mädchens, das die Tochter eines Prince of Wales und Ehefrau eines Prince of Scotland war. Insgeheim aber sympathisierten sie mit Eleyne, dem Wildfang, die, wie Lady Eva, Gwladus' Schwiegertochter sagte, nicht zu bändigen war und sich und ihre Freundin Isabella andauernd in Schwierigkeiten brachte.

Rhonwen schritt durchs Zimmer und warf einen Blick in den dahinterliegenden Schlafraum. Die drei kleinen Köpfe auf dem Kissen zeigten, daß Isabellas Schwestern sich nicht an dem nächtlichen Ausflug beteiligt hatten. Rhonwen betrachtete die verschlossenen Fensterläden und seufzte. Seit Einbruch der Dämmerung hatte sich die Stärke des Windes und des Regens verdreifacht. Wo Eleyne auch immer stecken mochte, Rhonwen hoffte, daß sie nicht nach draußen gegangen war.

IV

Eleyne saß im Stroh zu Füßen des Pferdes, streckte die Hände aus und streichelte das Maul des großen Hengstes, der Isabellas Vater gehörte. Er rieb die Nase an ihrem Haar und schnaubte friedlich.

»Ich möchte, daß sie mich auf dir reiten lassen«, murmelte sie. »Dann fliegen wir dahin wie der Wind, du und ich.«

Sie riß den Kopf hoch, als sie sah, daß das Pferd die Ohren spitzte. Es starrte in die Dunkelheit. Im Tor tauchte ein Licht auf, etwas später erschien eine Gestalt. Thomas, der Stallbursche, dem das beste Streitroß Sir Williams anvertraut war, trug eine Laterne, als er die Reihe der Boxen entlangschritt. Er war klein und hutzlig, sein Gesicht braun wie eine Haselnuß unter dem wilden weißen Haarschopf.

»Schon wieder hier, Lady? Wie schaff' ich es nur, Sie fernzuhalten?« Er setzte die Laterne vorsichtig ab und lehnte sich gegen die Ziegelwand des Stalles. Der Anblick des Mädchens im Stroh zu Füßen des Pferdes überraschte ihn nicht. Er zog einen Halm aus dem Heu, das im Netz bei der Krippe steckte, und fing an, darauf zu kauen. Das Pferd stieß mit der Nase gegen seinen Kittel und hoffte auf Leckerbissen.

»Da unten ist's gefährlich für dich, mein Kind. Er könnte dich treten.«

»Er wird mir nichts tun.« Eleyne rührte sich nicht vom Fleck.

»Wenn er's tut, merkt er es vielleicht gar nicht. Sieh dir mal an, wie groß seine Hufe sind!« Thomas duckte sich unter der Leine weg, mit der der Kopf des Pferdes an die Box gebunden war, nahm ihren Arm und zog sie hoch. »Komm, steh auf, Kleine! Du solltest im Bett liegen.«

»Kann ich nicht hierbleiben? Bitte! Ich bin nicht müde. Und Isabella schnarcht.« Sie schlang die Arme um den muskulösen Hals des Hengstes. »Eines Tages werde ich ihn reiten.«

»Daran zweifle ich nicht«, sagte Thomas mit einem Grinsen. »Und jetzt fort mit dir. Ich kriege Ärger, wenn man dich hier findet.«

Zögernd folgte sie ihm aus dem Stall. »Ich werde Sir William bitten. Ich weiß, daß er mich läßt …« Sie schwieg plötzlich, als eine große Gestalt aus der Dunkelheit vor ihr auftauchte.

»Und um was willst du mich bitten, kleine Princess?« William de Braose, Isabellas Vater, schüttelte den Regen von seinem Mantel, als er sich unter das Strohdach duckte.

Eleyne holte tief Luft. »Ich möchte Invictus reiten. O bitte, ich weiß, daß ich es kann!« Sie nahm seine Hand und sah mit ihren großen grünen, bettelnden Augen zu ihm auf. Er war der größte Mann, den sie kannte, seine hübschen Gesichtszüge umrahmte kastanienbraunes welliges Haar, das jetzt vom Regen dunkel geworden war. Seine Augen waren freundlich und schimmerten belustigt.

Er lachte. »Warum nicht? Morgen, Princess, wenn der Boden etwas trockener geworden ist, wirst du ihn zu einem Galopp ausreiten, wenn du dich traust. Kümmere dich darum, Thomas.«

»Aber Sir ...« Thomas sah gar nicht glücklich aus. »Lady Rhonwen würde es nie und nimmer zulassen, daß ich ...«

»Dann sagen wir's Lady Rhonwen eben nicht.« Sir William betrachtete ihn ungeduldig. »Dieses Mädchen hat das Herz eines Jungen, sie soll ihre Freude haben, so lange sie kann. Ich wollte, ich hätte einen Sohn, der nur halb so viel Mut wie sie besitzt.«

Thomas sah ihm in Gedanken versunken nach. »Ich wünschte, er hätte überhaupt einen Sohn«, sagte er leise. »Vier Mädchen, armer Mann. Das bedeutet nichts Gutes für die Erbfolge seiner Lordschaft. Aber noch ist Zeit, wenn Gott will.«

»Mein Bruder wird ja sein Sohn, wenn Bella ihn heiratet«, sagte Eleyne. Irgendwie mußte sie etwas Tröstendes sagen.

»Möge Gott ihm beistehen. Die Verbindung mit den Walisern wird uns nichts als Kummer bringen. Das war immer so.« Thomas runzelte die Stirn, dann schüttelte er den Kopf. »Vergiß, was ich gesagt habe, Kleines!« Er ging langsam zu seiner Wohnung am Ende des Stallgebäudes zurück.

Eleyne folgte ihm. »Wann darf ich Invictus reiten?«

»Wenn du Lady Rhonwen entwischen kannst.« Als er sich duckte und eintrat, nahm er den Sack von den Schultern, den er wegen des Regens umgehängt hatte, und warf ihn in eine Ecke.

Eleyne war ihm gefolgt. »Und wenn ich ganz früh am Morgen komme, beim ersten Tageslicht? Ist das gut?«

»Wie du willst. Solange du allein kommst.« Er beobachtete sie im flackernden Licht der Flammen. Sie war ein großes, schlankes Mädchen mit heller Haut und tief rotgoldenem Haar – ganz anders als ihre Schwestern. Man konnte sich kaum vorstellen, daß sie von denselben Eltern abstammten. Er runzelte die Brauen. Lady de Braose, Gwladus Ddu – die Schwarze Gwladus –, war die Krähe unter der goldenen Brut des Llywelyn ap Iorwerth of Gwynedd. Er sah Eleyne frösteln und sagte: »Komm näher ans Feuer, und wärme dich auf! Doch dann mußt du gehen.«

Eleyne blieb stehen, wo sie war, und starrte ins Feuer. »Siehst du manchmal auch Bilder im Feuer, Thomas?«

»Natürlich. Das tut doch jeder.« Er grinste. »Und wenn du dem Feuer lauschst, hörst du die Scheite singen. Horch!« Er hielt die Hand hoch. »Die Bäume erinnern sich an das Lied eines jeden Vogels, der in ihren Zweigen singt«, fuhr er nachdenklich fort. »Wenn das Holz verbrannt wird, erinnert es sich an die Lieder und singt sie, während es stirbt, von neuem.«

Eleyne riß die Augen auf. »Das ist schön. Aber so traurig.« Sie ging einen Schritt weiter auf das Feuer zu. »Da ist ein Haus. Sieh doch! Die Flammen schlagen aus den Fensterhöhlen und klettern die Mauern hoch …« Sie starrte in die Tiefe und zuckte mit keiner Wimper.

Thomas schüttelte sich abergläubisch. »Genug jetzt, mein Mädchen. Natürlich siehst du Flammen. Du blickst ja in ein Feuer. Also geh jetzt und schlaf endlich! Wenn du morgen müde bist, hast du keine Kraft, das Pferd zu halten.«

Eleyne riß die Augen nur mit Mühe von den Flammen los. »Ich brauche ihn nicht zu halten«, sagte sie, nachdem sie noch einen Augenblick geschwiegen und geträumt hatte. »Ich flüstere ihm etwas ins Ohr, und er tut alles, was ich ihm sage.«

Lange Zeit stand er in tiefes Nachdenken versunken da, nachdem sie gegangen war. Schließlich zuckte er die Achseln. Er trat gegen die Tür, so daß sie ins Schloß fiel, und ließ sich mit einem Seufzer neben dem Feuer nieder. Mit etwas Glück würde er ein wenig schlafen können, bevor die anderen Pferdeknechte mit ihren Gewinnen zurückkamen.

V

Pferde hatten, solange sie denken konnte, zu Eleynes Leben gehört, und Rhonwen, die in allen anderen Dingen streng, ja übermäßig besorgt um sie war, mischte sich niemals ein, wenn Eleyne sich im Stall aufhielt. Die Pferde mochten das Kind. Sie trauten ihr. Die kräftigen walisischen Ponys an ihres Vaters Hof, die feineren Zelter und die großen Streitrösser, alle duldeten es, daß sie auf ihnen herumkletterte.

»Laß sie!« Einion Gweledydd hatte ihr von weitem zugesehen und nickte zustimmend. »Sie hat Eponas Hand. Die Tiere spüren das.«

Der alte Mann, einer der hochgeachteten Barden an Llywelyns Hof, gehörte zu den wenigen Anhängern des alten Glaubens, der noch in einigen entlegenen Tälern und Wäldern Großbritanniens fortlebte. Mit der christlichen Kirche war er nur durch ein Lippenbekenntnis verbunden. Auch Rhonwen gehörte dazu. Ihre dem Übersinnlichen ergebene Mutter hatte sie als kleines Mädchen der Großen Göttin geweiht. Von ihrer Familie waren sie und ihr Kind daraufhin verstoßen worden. Rhonwens Mutter starb dann später an gebrochenem Herzen, sie selbst war von Llywelyns Frau, Tangwystl, der Mutter seines ältesten Sohnes Gruffydd, aufgezogen worden. Ihre Bestimmung aber hatte sie niemals vergessen, sie war ihrer Göttin treu – und Einion gegenüber gehorsam – geblieben.

Einion hatte aus der Ferne Eleynes Erziehung überwacht. Rhonwens Aufgabe war es, Eleyne alles zu lehren, was sie konnte: Walisisch, Französisch und Englisch, lesen, rechnen, nähen und weben, singen und Harfe spielen. Außerdem hatte Rhonwen ihr die Geschichten vom Fürstentum ihres Vaters, von den alten walisischen Königshäusern und den alten Göttern und Helden erzählt. Und da das Kind aufmerksam und lernbegierig war und eine gute Auffassungsgabe besaß, waren ihr Vater wie auch Einion äußerst zufrieden mit ihr.

Princess Joan, Llywelyns Frau, die in den Augen vieler unrechtmäßig eine Stellung eingenommen hatte, die zuvor Tangwystl gehört hatte, und deren Sohn Dafydd an Stelle von Tangwystls älterem Sohn den Vater beerben sollte, schien an Eleyne, ihrem jüngsten Kind, nicht sonderlich interessiert. Ihre übrige Brut war erwachsen, ihre mütterlichen Gefühle hatten sich mit ihnen erschöpft. Sie überließ es daher ihrem Gatten Llywelyn, ihr gegenüber elterliche Regungen zu zeigen. Und wie er dies tat! Er betete Eleyne an. Daß er sie als Zweijährige mit dem Erben seines mächtigen Nachbarn, des Earl of Chester, vermählt hatte, einem jungen Mann, der wahrscheinlich auch das Königreich Schottland erben würde, hatte er beinahe vergessen. Eleyne würde erst im Alter von vierzehn Jahren zu ihrem Gatten kommen. Bis dahin war sie seine Tochter, sein Entzücken.

VI

Eleyne entwischte Rhonwen am nächsten Morgen. Sie wußte genau, daß Rhonwen ihren Ausritt nicht gutgeheißen hätte. Eleyne betete, daß Invictus noch dort und nicht schon mit einem der Ritter oder der Stallknechte unterwegs war.

Sir William befand sich, wie sie wußte, in der großen Halle, wo er mit seinem Vater Reginald an der Tafel saß. Reginald de Braose ging es an diesem Morgen besser. Er schien das Fieber abgeschüttelt zu haben und war in die Halle heruntergekommen, um mit seinem Sohn zu reden.

Sie warf ihnen rasch ein Lächeln zu, wobei sie sie anzusehen vermied, hüllte sich in ihren Mantel und sprang in den Frühlingssonnenschein hinaus.

Der heftige Regen der vergangenen Tage hatte endlich aufgehört, und das Tal des Wye leuchtete in der klaren Luft. Über sich hörte sie einen Raben krächzen, sie hob das Gesicht und sah ihn, wie er flatterte, die Flügel zusammenlegte und in die Öffnung des zerborstenen Fensters oben im Turm stieß. Sie sah auch, wie hoch das Fenster lag, und zitterte bei dem Gedanken, daß sie und Isabella dort oben gewesen waren. Dann wandte sie sich ab und hatte den Raben fast augenblicklich vergessen.

Thomas sattelte das Streitroß, das größer und schneller als ein gewöhnliches Kriegspferd war. Die Vertiefungen an seinem Kopf verrieten Spuren von Araberblut, die riesigen dunklen Augen in dem kastanienbraunen Kopf sahen gutmütig aus. Thomas hob sie hinauf auf den breiten Rücken des Pferdes, dann schwang er sich selbst auf einen der Zelter.

Sie hatten schon fast das Burgtor erreicht, als Eleyne Rhonwen schreien hörte.

»Was fällt dir ein? Nimm sofort das Kind von dem Pferd!«
Rhonwen stand am Eingang zum Turm und schimpfte.

Eleyne warf Thomas einen Blick zu und war versucht, Invictus zum Galopp anzutreiben, aber Thomas hatte eine Hand auf den Zügel gelegt und ließ nicht los.

»Sir William sagte, ich dürfte«, rief Eleyne herausfordernd, als Rhonwen auf sie zurannte.

»Das glaube ich dir nicht.« Rhonwens Lippen wurden schmal. »Kein Mensch würde es einem Kind erlauben, ein solches Tier zu reiten. Steig sofort ab!« Rhonwens Augen blitzten gefährlich. »Du reitest diesen Hengst nicht!«

»Und warum nicht?« Hinter ihr war Sir William im Hof erschienen. Als er mit großen Schritten auf sie zukam, konnte sie vor der Tür seinen Vater stehen sehen, der sie beobachtete. Sir Reginald stützte sich auf einen Stock, sein graues Gesicht war im hellen Sonnenlicht von Schmerzen verzerrt. »Ich habe ihr erlaubt, Invictus zu reiten, Lady Rhonwen. Sie hat nichts zu befürchten.«

»Ich möchte nicht, daß sie dieses Pferd reitet.« Mit geballten Fäusten stand Rhonwen vor Sir William. »Mir ist die Sorge für Eleyne aufgetragen. Wenn ich ihr zu reiten verbiete, dann reitet sie nicht.« Sie haßte diesen Mann mit seinem gemütlich-anmaßenden Charme. Er glaubte wohl, daß jedes Weib seinem Lächeln erliegen müsse.

»Eleyne ist mein Gast, Madam.« Williams Augen wirkten auf einmal hart. »Und es ist meine Burg. Hier wird sie tun, was ihr gefällt.«

Eleyne schnappte nach Luft, sie sah von einem zum anderen. Ohne es zu merken, hatte sie die Finger tief in die Mähne des Hengstes gebohrt. Sie war hin- und hergerissen. Einerseits hing sie sehr an Rhonwen und ertrug es nicht, daß jemand ihr derart widersprach, zugleich aber wollte sie, daß Sir William den Streit gewann.

Rhonwens Augen waren schmal geworden. »Sie würden das Leben des Kindes aufs Spiel setzen? Ist Ihnen klar, Sir William, daß sie die Countess of Huntingdon ist? Eine Princess of Scotland. Das Bündnis und die Freundschaft dreier Nationen hängen von ihr ab!«

Rhonwen hatte nie schöner ausgesehen. Eleyne betrachtete sie plötzlich mit ruhigem Stolz. Rhonwen war wunderbar – sie hielt den Kopf erhoben, ihre feinen Gesichtszüge hatten sich durch ihren Zorn schärfer ausgeprägt, ihre Wangen waren gerötet und unter ihrem Schleier leuchteten ihre goldenen, um den Kopf gelegten Zöpfe. Eleyne reckte unbewußt ihre eigenen Schultern. Auch Sir William, das merkte sie, sah Rhonwens Schönheit. »Lady Huntingdon«, betonte er spöttisch, »ist mein Gast, Madam, es wird ihr unter meinem Dach kein Übel geschehen.«

»Lady Huntingdon«, erwiderte Rhonwen, »ist Gast ihrer Schwester, unter Ihres Vaters Dach.«

»Und ihre Schwester ist meines Vaters Frau.« Sir Williams Stimme war seidig glatt. »Und tut, wie er befiehlt. Soll ich sie holen, Lady Rhonwen, und sie um die Bestätigung bitten, daß die de Braose ihr diesen Ausritt erlauben?« Er hielt Rhonwens Blick stand.

Sie schlug zuerst die Augen nieder. »Das ist nicht nötig«, sagte sie besiegt. »Wenn Sie sicher sind, daß ihr mit dem Pferd nichts zustößt.« Ihre Stimme klang schleppend vor Unmut.

Eleyne merkte, daß sie die Luft angehalten hatte. Sie warf Thomas einen Blick zu. Dieser wartete, den Blick zu Boden gerichtet, der vollkommene Diener, der scheinbar nicht auf den Wortwechsel geachtet hatte. Dennoch würden es bald die Spatzen von den Dächern pfeifen.

Dann sah sie Rhonwen flehend an, sie wollte nicht, daß sie verletzt war, doch Rhonwen hatte sich abgewandt. Mit erhobenem Kopf ging sie über den Burghof zurück, an Sir Reginald vorbei. Ohne ihm auch nur zuzunicken, verschwand sie im westlichen Turm.

Sir William zwinkerte Eleyne zu und gab seinem Pferd mit der flachen Hand einen sanften Schlag auf den Rumpf. »Ich wünsche einen schönen Ausritt, Princess«, sagte er fröhlich. »Und fallen Sie um Himmels willen nicht herunter, oder es werden sich drei Völker an die Gurgel fahren!«

Er sah Eleyne und Thomas fortreiten, ihnen folgte in diskretem Abstand eine Eskorte bewaffneter Männer. William zog die Stirn in Falten; er hatte sich Rhonwen zur Feindin gemacht.

Rhonwen stand eine Zeitlang im Eingang des neuen Turms und versuchte, ihren Zorn zu beherrschen. Sie lehnte sich an die Mauer und atmete tief ein und aus. Erst als sie sich völlig beruhigt hatte, stieg sie langsam die Wendeltreppe zu den Schlafräumen empor. Zu dieser Tageszeit waren sie verlassen. Einen Augenblick lang stand sie da und sah auf das Bett, in dem die Kinder zusammen gelegen hatten, dann ging sie zum Fenster und setzte sich auf die steinerne Bank. Die bewaldeten Berge jenseits des Wye leuchteten kristallklar im Sonnenlicht des kalten Frühlingstages. Reiter waren nicht zu sehen.

Um Eleyne hatte sie keine Angst. Die konnte jedes Pferd reiten, so wild es auch sein mochte. Sie schlang nur die Arme um den Hals des Tieres und flüsterte ihm etwas ins Ohr, das Pferd schien es zu verstehen.

Doch Sir William ... Rhonwen ballte die Fäuste im Schoß. Sie haßte ihn als Mann und sie haßte seine Familie und alles, was sie bedeutete. Daß sie sich bei ihm, für wie kurze Zeit auch immer, aufhalten mußte, war ihr eine Qual. Die de Braose gehörten zu den verhaßten Engländern, die sich während der letzten eineinhalb Jahrhunderte in die walisischen Fürstentümer eingeschmeichelt hatten, und aus dem Wunsch Llywelyns, sich mit ihnen zu verbinden, würde nichts Gutes erwachsen. Ihre Fingerknöchel wurden weiß. William hatte sie öffentlich gedemütigt, ihre Autorität zerstört, die ihr von Eleynes Vater übertragen worden war. Dafür würde Sir William eines Tages bezahlen müssen. Die de Braose hatten schon einmal Macht und Einfluß verloren.

VIII

Als Eleyne Stunden später zurückkehrte, ging sie Rhonwen vorsichtig aus dem Weg. Erschöpft und müde, das Gesicht voller Schlammspritzer, die die donnernden Hufe der Pferde emporgeschleudert hatten, das Haar in wilden Strähnen und mit zerrissenem Kleid war sie glücklicher als je zuvor in ihrem

Leben. Nur zögernd verließ sie den Stall und blickte sich im Burghof um, von Isabella oder ihren Schwestern war nichts zu sehen. Dabei hatten sie die stolze Eleyne und Thomas bei der Rückkehr noch umringt, als sie vom Pferd stiegen. Nur war dann eine Magd gekommen und hatte sie geholt, weil ihre Mutter, Lady Eva, sie bei sich haben wollte.

Als die Schatten über den Katzenköpfen des Burghofpflasters länger wurden, stand sie eine Zeitlang da und sah den Bauhandwerkern zu. Heu wirbelte durch die Luft. Eine schwer mit Vogelbeeren beladene Eberesche schüttelte nahe der Schmiede ihre Zweige.

Sie sah alles sonderbar deutlich: die Steine, die die Handlanger die Mauer hinaufzogen, die Löcher in den porösen Oberflächen und die trockenen, alten Flechten. Sie sah die Gesichter der Männer, die verschiedenen Arten ihrer Haut – die meisten waren rauh und vom Wetter gegerbt, eine aber war weich wie die eines Kindes. Sie sah die Knospen der Schlüsselblumen und der wilden Stiefmütterchen, die Blumen leuchteten stärker, purpurn und gelb, sie sah die haarfeinen schwarzen Linien und auch die Melisse mit ihren glänzenden, schrumpeligen Blättern, Ableger aus dem Kräutergarten, die sich am Fuße der Mauer verwurzelt hatten.

Eleyne zuckte zusammen. Da war sie wieder: die Gestalt – sie sah den Maurern bei der Arbeit zu. Heute weniger deutlich als sonst – eine Erscheinung vor der Mauer, die bald wieder verblaßte und verschwand.

Rhonwen beobachtete Eleyne, die im Wald der Stützen des Baugerüstes stand. Sie hatte sie in den Burghof reiten sehen und sich nur mit Mühe zurückhalten können – am liebsten wäre sie sofort zum Stall gelaufen, um sie zu begrüßen. Sie sah aus fünfzig Schritten Entfernung, wie glücklich das Mädchen war und daß sie sie in diesem Augenblick nicht stören durfte. Diesen Augenblick würde Eleyne wie einen Schatz in ihrem Herzen bewahren; es war ihr Triumph, den sie allein genießen mußte, ohne die Frau, die ihre Amme gewesen war.

Rhonwen hatte sich schon lange vor diesem Augenblick gefürchtet, der unvermeidbar war. Von nun an würde sich dieses lebhafte und widerspenstige Kind auf seine Art entwickeln. Es würde nun alles dafür tun, unabhängig zu werden, und auch vor Falschheit und Betrug nicht zurückschrecken, um sein Ziel zu erreichen. Wenn sie sich Eleynes Liebe und Zutrauen bewahren wollte, mußte sie lernen, ihre Rebellion in Kauf zu nehmen, so schwer ihr dies auch fallen mochte. Denn sie war auf Eleynes Liebe angewiesen. Das Kind war ihr ganzes Leben.

Eleyne horchte wieder, sie hatte den Kopf zur Seite gelegt, ihr ganzer Körper war gespannt, der Ritt von vorhin augenblicklich vergessen. Als Rhonwen sie beobachtete, spürte sie, daß sich die Härchen auf ihrem Arm und ihre Nackenhaare sträubten – ein Warnzeichen. Sie hüllte sich in ihren Mantel und trat ins kalte, abendliche Sonnenlicht hinaus.

Eleyne sah auf, als Rhonwen kam, und lächelte. Die Liebe und Zuneigung ihres Blicks taten Rhonwen wohl und schmeichelten ihr, obgleich sie Eleynes Worte mißbilligte.

»Sie ist wieder da. Spürst du sie nicht?«

»Du redest Unsinn, mein Kind!« Doch Rhonwen sah sich trotzdem um. O ja, da war sie, die sonderbare Erscheinung, die über Hay Castle wachte. Rhonwen spürte sie ebenfalls, aber sie wollte nicht, daß das Kind diese Fähigkeit einer besonderen Wahrnehmung entwickelte – noch nicht. Es hatte schon zu viele Alpträume gegeben – die meisten hatte Isabella gehabt.

»Wo ist Isabella? Ich dachte, sie hätte dich inzwischen gefunden.« Rhonwen strich das Kleid des Kindes glatt und wischte einen Kalkstaubfleck von der roten Wolle. Die Strafpredigt mußte warten.

»Ihre Mutter hat sie alle hineingerufen.« Eleyne bemühte sich, Rhonwens Blick auszuweichen.

»Warum?«

Achselzucken. Eleyne malte mit der Schuhspitze eine Linie in den Staub.

»Hast du sie wieder mit Geistergeschichten erschreckt?«

»Das sind keine Geschichten! Und heute früh habe ich nur gesagt: *Sieh mal, sie beobachtet uns*, da fing Isabella schon zu schreien an.« Eleyne streckte das Kinn vor. »Dabei stimmt es wirklich, Rhonwen. Die Lady beobachtet uns oft.«

»Soso.« Rhonwen setzte sich auf einen roh behauenen Steinblock, der darauf wartete, fertiggemeißelt und auf das Gerüst hinaufgehoben zu werden. »Nun gut, also sag mir, wie sie aussieht, diese deine Lady!«

»Sie ist sehr groß, und ihr Haar ist tiefrot, ein bißchen so wie meines. Ihre Augen sind graugrün und golden und lebendig wie Wasser in der Sonne.«

»Und weißt du, wer sie ist, diese Lady?« fragte Rhonwen vorsichtig. Sie mußte plötzlich an Gwladus' Worte denken: *Sie ist noch immer hier, weißt du, Reginalds Mutter. Sie geht in der Burg um ...* Reginalds Mutter Matilda, die Lady of Hay, die die Burg, wie manche sagten, mit eigenen Händen erbaut hatte.

Eleyne zuckte die Schultern. »Ich weiß es nicht, ich nehme an, sie hat hier gelebt. Sie hat diesen Ort geliebt. Manchmal sehe ich sie oben auf der Mauer bei den Handwerkern.« Sie kicherte. »Wenn die sie sehen könnten, fielen sie bestimmt vor Angst vom Gerüst!«

»Aber erschreckt sie dich denn nicht?« Rhonwen starrte zur neuerbauten Mauer empor.

»Nein. Ich glaube, sie mag mich.«

»Woher willst du das wissen?« Wenn dieses Geistwesen von Hay tatsächlich Reginalds Mutter war, würde sie, die King John so grausam ermordet hatte, dann wirklich dieses Kind lieben, in dem dasselbe königliche Blut floß? Es fröstelte sie.

»Das weiß ich nicht«, sagte Eleyne. »Aber sonst würde sie es doch wohl nicht erlauben, daß ich sie sehe, oder?« Eleyne beugte sich vor und zog an Rhonwens Hand. »Laß uns hineingehen. Ich habe schrecklichen Hunger.«

Als diese unschuldigen Worte durch den Hof hallten, wurde Rhonwen blaß. Insgeheim machte sie das Zeichen zur Abwehr des Bösen, als ihre Augen die dunklen Winkel des Burghofes absuchten. »Sie weiß nichts davon«, flüsterte sie fast unhörbar. »Bitte verzeih ihr, sie weiß nicht, wie du gestorben bist.«

Während sie auf die Tür zugingen, hörten sie plötzlich Geschrei, das aus dem Teil des Hofes nahe dem Schuppen des Schmiedes kam. Ein Mann aus Gwynedd hatte einen Mann aus Hay an der Nase gezogen, jemand zückte ein Messer, und Sekunden später prügelte sich ein Dutzend Männer auf dem schmutzigen Pflaster.

Rhonwen faßte Eleyne beim Arm und zog sie eilig ins Haus. »Komm rein«, sagte sie. »Rasch. Das gibt ein Blutvergießen, wenn Sir William dem kein Ende macht.«

»Weshalb hassen sie einander denn so?« Eleyne sträubte sich, sie wollte den Kampf der Männer beobachten.

»Sie kommen aus verschiedenen Welten, mein Kind, darum.« Rhonwen preßte die Lippen zusammen. Ihre Sympathie gehörte den eigenen Leuten. Wäre es möglich gewesen, dann hätte sie mitgekämpft und den verhaßten Engländern die Augen ausgekratzt.

Von ihrem relativ sicheren Ort nahe der Mauer sahen sie den Kämpfenden eine Weile zu. Eleyne wandte ihr das Gesicht zu. »Du willst nicht, daß Dafydd Isabella heiratet, was?«

»Es ist mir gleich, was Dafydd tut.« Rhonwens Augen wurden schmal. »Solange er nicht zum Erben deines Vaters eingesetzt wird. Die Stellung gehört rechtmäßig dem ältesten Sohn, ganz gleich, ob dessen Mutter nach englischem Recht mit dem Fürsten verheiratet war. Gruffydd muß der Nachfolger werden. Und er ist mit einer Waliserin verheiratet.«

Eleyne seufzte. »Ich wollte, Gruffydd und Dafydd stritten nicht ununterbrochen miteinander.«

»Die Schuld daran hat dein Vater. Er hätte deiner Mutter nicht nachgeben dürfen, sondern eindeutig erklären sollen, daß sein ältester Sohn ihn beerbt.«

»Wenn Dafydd Papas Erbe wird und nicht Gruffydd, dann wird Isabella eines Tages die Princess of Aberffraw sein.« Eleyne fuhr nachdenklich fort: »Ich hoffe, es steigt ihr nicht zu Kopf.« Sie unterdrückte rasch diesen Gedanken. »Aber es wird schön sein, wenn sie in Aber lebt, dann kann ich sie immer besuchen.«

Eleyne hatte wie üblich ganz vergessen, daß sie mit dem Earl of Huntingdon, dem schottischen Prinzen verheiratet war, der eines Tages der Earl of Chester, der bedeutendste in ganz England sein würde. Dieses – und auch, daß sie nicht ewig in Aber leben würde – bedeutete ihr noch gar nichts. Rhonwen dachte ebenfalls lieber nicht daran. Es waren ja auch noch mindestens vier Jahre Zeit, bis Eleyne zu ihrem Gatten gehen mußte. In dieser Zeit konnte alles mögliche geschehen.

Sie zog Eleyne von der Tür fort, zur Südseite der Burg, in den Kräutergarten.

Die Sonne ging in der Ferne hinter der Bergspitze von Cadair Arthur – Arthurs Sitz, dem höchsten aller Gipfel – unter. Sie schickte lange Schatten von den Mauern über den Erdboden hin. Im Kräutergarten war es schon fast dunkel. Eleyne bückte sich, hob den schweren goldenen Kopf eines Löwenzahns auf und drehte ihn zwischen den Fingern. »Wann fahren wir heim, Rhonwen?«

»Bald, mein Kind. Gefällt es dir hier nicht mehr?« In dieser Oase, fern der Kämpfenden, ertappte sich Rhonwen plötzlich dabei, daß sie sich ängstlich umsah, und sie erschauerte. Ob sie hier war, diese unsichtbare Erscheinung, die Eleyne so deutlich sehen konnte, diese Frau, die vor vielen Jahren den Garten angelegt hatte? Rhonwen warf Eleyne einen forschenden Blick zu. Das Kind hatte den sechsten Sinn, aber was sah sie tatsächlich, und was entsprang ihrer außerordentlichen Phantasie?

Vom Augenblick der Geburt des Kindes an hatte sie auf Anzeichen geachtet, die darauf hindeuteten, daß Bride ihre Hand auf sie gelegt hatte. Manchmal glaubte sie, daß Eleyne es besaß, das Zweite Gesicht, manchmal war sie sich dessen nicht sicher.

»Es gefällt mir hier bei Isabella«, fuhr Eleyne träumerisch fort, »doch mir fehlt das Meer. Und außerdem gibt es hier etwas, das mir nicht gefällt.« Sie zog ein ungnädiges Gesicht und hielt die watteweiche, goldene Pusteblume an ihre Wange. »Ich habe manchmal so ein seltsames Gefühl. Als ob ich die Welt von draußen betrachte, gar nicht richtig dazugehöre.« Sie lächelte verlegen. »Weißt du, was ich meine?«

Rhonwen sah sie einen Augenblick lang nachdenklich an. Aber dann sagte sie nur: » Ich habe das Gefühl, daß du abends zu lange aufbleibst, junge Lady.«

Eleyne lachte. Sie warf die Blume fort. Eben noch hatte sie sich Rhonwen anvertrauen wollen, doch überlegte sie es sich jetzt anders. Diese seltsamen Gefühle machten ihr Sorgen. Manchmal kam es ihr vor, als wäre sie weit von den anderen entfernt. Als warte sie auf etwas, das nie eintreffen würde. Das machte sie unruhig und nervös. Isabella gegenüber hatte sie es einmal erwähnt, die aber hatte nur darüber gelacht, und Eleyne war nicht wieder darauf zurückgekommen.

Eleyne trat in den Schatten der Mauer, wo es schon dunkel war. Sie wandte sich um und sah rückwärts durch den Torbogen in den Burghof, in dem das Sonnenlicht noch immer auf dem Kopfsteinpflaster spielte. Und es war wieder so. Sie hörte die Schreie der Männer, die miteinander kämpften; sie sah Rhonwen, sah ihr blaues Kleid deutlich, sehr deutlich vor der grauen Steinmauer. Der leiseste Ton tat ihr plötzlich weh. Das Singen der Vögel klang ohrenbetäubend, sie hörte selbst das Flügelrauschen eines Rotkehlchens. Und das Rascheln des Laubs, hörte, wie ein Regentropfen vom Rand des Wasserspeiers hoch oben am alten Turm auf den Boden fiel. Sie starrte hinauf und fühlte, wie ihr Herz vor Angst stillstand: Es schlugen Flammen aus dem Fenster des Turms, wo sie und Isabella im Dunkeln gesessen hatten. Sie glaubte, ihren Augen nicht trauen zu können. Dann sah sie Qualm aus den Mauern dringen, auf denen kein Dach mehr war.

»Rhonwen! Da! Feuer!«

Erschrocken zeigte sie hinauf. Gestalten rannten dort herum. Das Feuer breitete sich zusehends aus. Der alte Bergfried stand bereits in hellen Flammen, und auch die Ställe entlang der Burgmauer wurden von der Feuersbrunst erfaßt. Sie hörte das Wiehern der eingeschlossenen Pferde.

»Lieber Christus!« Sie preßte die Hände auf die Ohren. »Warum tun sie nichts, Rhonwen? Die Pferde! Um Brides willen, rette die Pferde! Invictus! Wo ist Sir William?«

Eine Flamme lief die Mauerkrone entlang, wo das Baugerüst gewesen war, und schoß durch den Torbogen zur Tür der Haupthalle.

Eleyne vermochte sich nicht vom Fleck zu bewegen, sie schluchzte vor Entsetzen. »Rhonwen, tu etwas! Wo sind denn Isabella und die anderen? *Rhonwen!*«

Sie spürte Rhonwens Arme, die sie umfaßten und festhielten. Mit einer heftigen Bewegung riß Eleyne sich los. Ihre Nase und ihr Mund waren voller Rauch, ihre Augen tränten. »Hilf ihnen doch. Wir müssen ihnen helfen!«

»Eleyne, hör mir zu!«

Rhonwen hatte sie bei den Schultern gefaßt und schüttelte sie.

»Eleyne! Es ist kein Feuer da!« Rhonwen gab ihr eine Ohrfeige.

Der Schock brachte Eleyne zu sich. Sie zitterte heftig und sah sich um. Das Feuer war verschwunden. Das Rotkehlchen saß immer noch auf dem Erdhaufen in der Nähe des Knochenheilkrauts, und als sie den Vogel ansah, fing er an, seinen lieblichen Trillergesang in die klare Luft hinauszuschicken.

»Was war das?« Eleyne schluckte. Sie zitterte am ganzen Leib. »Es brannte überall ...«

»Du hast einen Angsttraum gehabt.« Rasch riß sich Rhonwen ihren Mantel von den Schultern und wickelte Eleyne darin ein. »Du bist kurz eingenickt und hast irgend etwas Schreckliches geträumt, verstehst du. Es wird alles wieder gut. Du brauchst keine Angst mehr zu haben.«

»Aber ich habe nicht geschlafen ...«

»Du hast geschlafen, *Cariad*!« Rhonwen war aufgeregt, und ihre Stimme klang ein wenig schrill. Sie nahm Eleyne in die Arme. »Du warst so müde, daß du eingeschlafen bist. Du bist nachts zuviel in der Burg herumgelaufen. Jetzt gehst du aber sofort zu Bett, verstanden? Morgen früh fühlst du dich sicher besser, und ich spreche dann auch mit Lady Gwladus darüber, daß du nach Hause möchtest.«

Rhonwen duldete keine Widerrede. Sie lenkte Eleyne die Wendeltreppe hinauf bis zum Schlafzimmer unter dem Söller, zog der Kleinen die Schuhe aus und schob sie mitsamt ihrer Kleidung ins Bett. Sie breitete die Decke über sie und saß eine Weile neben ihr, hielt Eleynes Hände in ihren Händen und rieb sie warm. »Denke jetzt nicht mehr an deinen Alptraum, Kleines! Denke an etwas Hübsches, an das Pferd! Invictus steht jetzt sicher und geborgen in seinem Stall. Ihm wird nichts Böses geschehen. Vielleicht kannst du morgen wieder auf ihm reiten.«

Eleyne sah mit angsterfüllten Augen zu Rhonwen auf. »Bist du ganz sicher, daß die Frau nicht wiederkommt?«

»Ganz sicher!« Rhonwen sagte es voller Entschiedenheit. Nun war es doch geschehen, wovor sie all die Jahre eine solche Angst gehabt hatte. Ein eiskalter Hauch hatte das Kind gestreift: Brides Finger hatte Eleyne berührt. Rhonwen schloß die Augen. Wenn Einion merkte, daß sie Eleyne an ihn verlor, was würde dann aus ihrem eigenen Leben werden?

»Rhonwen?« Eleynes Stimme war heiser vom Weinen. »Ich friere.«

Rhonwen legte noch eine Decke über sie. »Warte. Ich fache das Feuer an. Dann gehe ich hinunter und hole dir etwas Heißes zu trinken.«

Sie griff in den Korb, warf ein paar Scheite auf die Glut und verließ das Turmzimmer.

Eleyne lag einen Augenblick lang still, dann setzte sie sich auf, zog die Bettdecke über die Schulter und kroch aus dem Bett. Einige Schritte vor dem Feuer blieb sie stehen und starrte hinein. Aus der feuchten Borke drang ein dichter, würziger Rauch. Eleyne konnte die verschiedenen Holzarten unterscheiden – das süße Apfelbaumholz, den herben Geruch der Eiche, das beißende Harz der Kiefer; sie sah die roten und blauen Flammen über die Risse in der Borke züngeln, genauso wie sie es am Burgfried bemerkt hatte. Sie zitterte heftig. Das war kein Traum gewesen. Sie war auch nicht eingenickt. Vielmehr war diese fremde, andere Welt, von der sie bis dahin immer nur einen flüchtigen Blick erhascht hatte, durch die brüchige Schranke jetzt endgültig in ihr Leben eingedrungen.

Zweites Kapitel

I
ABER, GWYNEDD * September 1228

»Du kannst mich nicht daran hindern, meinen Vater zu sehen!«
Gruffydd ap Llywelyn schlug mit der Hand auf den Tisch. »Wo
ist er?«

»Hier nicht!« Sein Halbbruder Dafydd betrachtete ihn kalt.
›Hier‹, das war das Ty Hir, das lange, aus Steinen errichtete
Haus, in dem die königliche Familie lebte. Es gehörte zum Llys
oder Palast in Aber am Nordrand von Gwynedd und lag an
einem Abhang nordwestlich der Berge von Eryri mit Blick auf
das Meer und die Insel Anglesey.

»Du lügst!«

Gruffydd wirbelte herum und sah seine kleine Schwester
an, die kläglich in der Mitte zwischen beiden stand. »Wo ist er,
Cariad?«

»Er ist nicht hier – es stimmt, was Dafydd sagt.« Eleynes
Blick wanderte unglücklich von einem Bruder zum anderen.
Ihr Vater war nach Shrewsbury geritten, um sich mit seiner
Frau zu treffen, die vor drei Wochen dorthin aufgebrochen
war, um den Streit zwischen ihrem Mann und dem König
von England zu schlichten. Im Laufe der fortwährenden
Grenzstreitigkeiten zwischen Llywelyn und ihrem Halbbruder, King Henry III., hatte Princess Joan sich als fähige und
intelligente Botschafterin erwiesen. Daß aber all ihre Bemühungen darauf abzielten, ihrem Sohn Dafydd die Erbfolge
gegenüber Llywelyns erstem Sohn Gruffydd zu sichern, war
bei diesem oder seinen Gefolgsleuten auf wenig Gegenliebe
gestoßen.

»Und in Shrewsbury hat sie sich sicher wieder beim englischen König zu Dafydds Gunsten eingesetzt!« Gruffydd wandte sich wütend ab. »Lieber Gott im Himmel! Sieht Vater denn nicht, was sie da tut?«

»Sie setzt sich für den Frieden ein«, erwiderte Dafydd. »Indem sie mit ihrem Bruder verhandelt.«

»Ihrem Bruder!« Gruffydd platzte vor Zorn. »Jetzt, da es King Henry in den Kram paßt, erkennt er sie als seine Schwester an. Dabei ist es noch nicht lange her, daß sie für ihn nur eine von den vielen Bastarden King Johns war!«

»Wie kannst du's wagen!« Dafydds Hand war zu seinem Dolch gefahren. »Papst Honorius III. hat meine Mutter für ehelich erklärt. Und sie hat unseren Vater wenigstens geheiratet.« Er lachte. »Du bist hier der Bastard, *Bruder*, und Vater kann es gar nicht erwarten, dich zu enterben, wenn mich nicht alles täuscht.«

Gruffydd stieß eine Verwünschung aus. »Das stimmt nicht!« schrie er. »Mein Vater achtet und ehrt mich, genau wie er meine Mutter geehrt hat, nach walisischem Gesetz.«

»Ach ja?« Dafydd lächelte. »Wir werden sehen. Wenn ich du wäre, würde ich Aber jetzt verlassen. Vater weiß, was du getan hast – du hast sein Vertrauen mißbraucht, du hast dich gegen ihn und gegen mich aufgelehnt, und er hat geschworen, dir die Flügel zu stutzen.«

Gruffydds Gesicht war weiß vor Zorn. Er hielt sich mühsam im Zaum, wandte Dafydd den Rücken zu und lächelte Eleyne grimmig an. »Wann kommt Vater zurück? Ich muß mit ihm sprechen.«

Sie zuckte die Achseln. »Bald.« Wie gern hätte sie jetzt seinen Zorn besänftigt. Ihren Bruder Dafydd hingegen hätte sie am liebsten angesprungen, ihm die Augen zerkratzt. Sie tat keines von beidem. Llywelyn hatte mit seinem Entschluß, seinen jüngeren Sohn in allen Dingen vorzuziehen, eine tödliche Saat gesät; Eleyne spürte, daß es ein Streit war, den keiner von beiden gewinnen konnte, und so vermied sie es tunlichst, Partei zu ergreifen.

»Stimmt es, daß Sir William de Braose gegen Vater ins Feld gezogen ist?« fragte sie, um das Thema zu wechseln. Sie biß sich auf die Lippe. Seit sie im Frühling in Hay sein Streitroß reiten durfte, dachte sie an Isabellas Vater mit heimlicher Zuneigung.

»Ja, das stimmt.« Gruffydd lachte bitter. »Der Vater der Braut! Wie peinlich, Dafydd, mein Junge. Welche Gefühle hegst du denn nun für deine zukünftige Gattin?«

Eleynes Blick wanderte unglücklich zwischen beiden hin und her. Gruffydd, der etwa sechs Jahre ältere, war ein stämmiger, kleiner Feuerkopf mit zornig funkelnden Augen. Wegen seiner breiten Schultern und Muskeln wirkte er größer als Dafydd, obwohl sie ungefähr gleich groß waren. Dafydd, der sein hellblondes Haar im Nacken lang trug und grüne Augen ähnlich denen seiner Schwester hatte, war der hübschere von beiden. Und der ruhigere dazu. Ihm gelang es immer wieder, seinen Bruder in Wut zu versetzen und sich dann in Ruhe anzusehen, was geschah.

Jetzt sah er wütend drein. »Ich brauche sie nicht zu heiraten. Es gibt noch andere Damen für mich!«

»Aber du mußt Isabella heiraten!« schrie Eleyne. Sie sah ihre geliebten Pläne sich in Luft auflösen. »Es ist nicht ihre Schuld, daß Sir William für King Henry kämpfen muß. Sobald ihr verheiratet seid, braucht er es nicht mehr.«

»Ach du süßes, naives Schwesterchen!« Dafydd war aufgebracht. »Du verstehst nichts davon. Du bist doch noch ein Kind, nichts weiter!«

»Das tue ich wohl!« Sie stampfte mit dem Fuß auf. »Sir William muß immer noch wollen, daß Isabella dich heiratet. Jetzt, da Reginald tot ist, ist Gwladus keine de Braose mehr. Er braucht die Ehe, damit das Bündnis bestehen bleibt. Außerdem bist du ein Prince.«

»Aber nicht der wahre Thronfolger«, warf Gruffydd ruhig ein. »Diese Tatsache ist ihm zweifellos klargeworden. Wie schade für ihn, daß der wahre Erbe von Gwynedd schon verheiratet ist.« Gruffydds Gattin Senena hatte gerade ihren zweiten Sohn zur Welt gebracht und ihn taktvoll nach seinem Großvater Llywelyn benannt.

»Du bist nicht sein Erbe, und du wirst es nie sein!« warf Dafydd mit zusammengebissenen Zähnen ein. »Du magst der ältere sein, als Bastard aber bist du von der Erbschaft ausgeschlossen!«

»Nach walisischem Gesetz und Brauch bin ich der Erbe!« Gruffydd hieb mit der Faust auf den Tisch.

Dafydd lächelte. »Vater aber hat mich zu seinem Erben erklärt. Auch King Henry, der Papst und das Volk haben mich anerkannt. Da gibt es wohl keinen Zweifel mehr, oder? Der walisische Brauch ist ungültig, es gilt nur das feudale Lehnsrecht. Wir wissen alle, wo wir stehen! Nur du, Bruder, stehst nirgendwo.« Er nahm seinen Mantel, der auf dem Tisch gelegen hatte, warf ihn über die Schultern und verließ den Raum.

Gruffydd schloß die Augen und bemühte sich, seine Wut zu unterdrücken. »Er darf mir mein Erbe nicht nehmen, Eleyne! Das Volk ist auf meiner Seite!«

»Papa und du, ihr kommt jetzt doch auch besser miteinander aus«, sagte Eleyne vorsichtig. Sie setzte sich auf den Tisch und umschlang mit beiden Armen ihre Knie. »Papa hört dich bestimmt an, das weiß ich.« Sie lächelte und hoffte es.

Gruffydd beugte sich zu ihr vor. »Du warst immer auf meiner Seite, Schwesterchen, nicht wahr?«

Eleyne war unbehaglich zumute, sie biß sich auf die Lippe. »Du bist der Älteste. Rhonwen sagt, du bist der rechtmäßige Erbe.«

»Und bei Gott, ich werde diesen Anspruch bei meinem Vater durchsetzen, und wenn ich bis ans Ende meines Lebens gegen den englischen Knaben *David* kämpfen muß!« Princess Joan nannte ihren Sohn stets David.

Gruffydd lächelte, als er seine kleine Schwester betrachtete, und spielte zärtlich mit ihren langen, wilden Locken.

»Also, wo steckt Rhonwen, meine Fürsprecherin? Es paßt nicht zu ihr, dich allein zu lassen. Solltest du nicht bei deinem Unterricht sein?«

Eleyne lächelte. »Ich habe heute schon Unterricht gehabt. Später fahren wir zur Insel hinüber. Wir wollen meine Mutter in Llanfaes erwarten.«

Meine Mutter, hatte sie gesagt, das fiel Gruffydd auf, sie sagte niemals *Mama*.

»Ihr wollt sie nicht in Aber begrüßen?« fragte er höflich.

Sie zuckte die Achseln. »Sie hat genug mit Papa und Dafydd zu bereden – und mit dir natürlich auch«, fügte sie hastig hinzu. »Da wird sie keine Zeit für mich oder Rhonwen haben.«

Gruffydds Augen wurden schmal. »Das ist nicht wahr.« Er zögerte. »Sind deine Mutter und Rhonwen noch immer verfeindet?«

»Es ist nicht Rhonwens Schuld …«

»Ich weiß, ich weiß. Wenn überhaupt, dann bin ich daran schuld. Rhonwen hat meiner Mutter gedient; das hat ihr Princess Joan nie verzeihen können. Es tut mir leid, daß du so zwischen ihnen hin- und hergerissen bist, Kleines.«

Eleyne schüttelte den Kopf. »Das bin ich nicht. Papa hat mich am Tag meiner Geburt Rhonwen anvertraut. Meine Mutter hatte mich vergessen! Sie hätte mich dem Feuertod überlassen, hätte Rhonwen mich nicht gerettet …« Sie bemühte sich nicht, ihre Bitterkeit zu verbergen.

»Deine Mutter war in einem Zustand, in dem sie sich gar nicht um dich kümmern konnte, Eleyne. Sie war ja halbtot …«

»Sie hat mich vergessen.« Eleyne preßte die Lippen fest aufeinander. Viele Male hatte ihr Rhonwen diese Geschichte erzählt. Als das Wächterhorn ertönte, wandte Eleyne sich ab. Sie war froh, daß sie Gruffydds Fragen ausweichen konnte. Niemand sollte je erfahren, wie sehr sie ihre Mutter haßte.

»Vielleicht sind sie schon zurück …« Gruffydd ging zum Fenster, das im ersten Stock lag, und sah in den Burghof hinunter. Er kniff die Augen zusammen, als er die bewaffneten Männer sah. Die Standarte seines Vaters flatterte lustig über ihnen, und nicht weit davon sah er den Wimpel der Frau seines Vaters.

Llywelyn war bereits nahe der Tür zum großen Saal abgestiegen und half gerade Joan aus dem Sattel, als Dafydd oben auf der Freitreppe erschien. Er stürmte, jeweils zwei Stufen auf einmal nehmend, hinunter, verbeugte sich tief vor seinem Vater und küßte seine Mutter.

Gruffydd runzelte die Augenbrauen. »Schau dir nur an, wie er zu ihnen gerannt ist! Ich wußte es. Sicher hat er Vater gesagt, daß ich hier bin. Und flößt ihm wieder sein Gift ein.« Unten hatten alle drei den Kopf erhoben und sahen zum Burgturm herauf. Eleyne, die zu Gruffydd ans Fenster geeilt war, bemerkte Dafydds höflich-unergründliches Gesicht. Sie sah das Lächeln auf dem Gesicht ihrer Mutter verschwinden und an dessen Stelle zornige Stirnfalten treten. Das müde Gesicht ihres Vaters nahm einen finsteren Ausdruck an. Plötzlich hatte sie Angst um den Mann an ihrer Seite.

»Gruffydd, ich glaube, du solltest besser gehen.« Sie zupfte am Ärmel seiner Tunika. »Komm wieder, wenn Papa sich ausgeruht hat und in einer besseren Stimmung ist.« Sie sah wieder zum Fenster hinaus. Ihre Eltern und ihr Bruder stiegen bereits die Treppe zum Turm herauf. Sie sah ihren Vater sich umwenden und ein kurzes Wort an sein Gefolge richten, das zurückwich und sich abwandte. »Bitte, warte nicht auf sie.«

Versteck dich, wollte sie schreien. *Versteck dich, lauf weg!* Sie wußte nicht genau, weswegen. Es war dieses sonderbare Gefühl, das sie manchmal überkam; das Gefühl, daß sie ganz genau wußte, was geschehen würde. Doch was nützte es? Er würde doch nicht auf sie hören.

Sie vernahmen bereits deutlich den Lärm der Sporen, als Llywelyn und sein Sohn durch den Vorratsraum unter ihnen schritten, ihren schweren Tritt, als sie die hölzernen Stufen der Wendeltreppe emporstapften. Eleyne rutschte vom Tisch, rannte zur Fensterbank und ließ ihren Bruder allein in der Mitte des Zimmers zurück. Wenn ihre Mutter sie entdeckte, würde sie sie fortschicken.

Llywelyn blieb nahe der Tür stehen. Er wirkte sehr zornig. »Gruffydd, ich wüßte nicht, daß ich dir erlaubt hätte, dich hier in Aber aufzuhalten.« Llywelyn ap Iorwerth, Prince of Aberffraw, fünfundfünfzig Jahre alt, mit breiten Schultern und von mächtigem Wuchs, war ein Mann in den besten Jahren. Haar und Bart waren zwar ergraut, doch sie wiesen noch Spuren der rotgoldenen Farbe auf, für die er als Jüngling berühmt gewesen war. Er trug einen Stahlpanzer über dem Gewand, und an seiner Hüfte hing noch immer das Schwert.

»Ich wollte mit dir sprechen, Vater!« Gruffydd ging zu ihm und setzte ein Knie auf den Boden. »Allein.« Er hatte im Dämmerlicht des Treppenabsatzes seinen Bruder entdeckt.

Eleyne verkroch sich so weit sie konnte in die Fensternische – aber es achtete ohnehin niemand auf sie.

»Es gibt nichts, was du mir nicht auch in Dafydds Gegenwart sagen könntest«, erwiderte Llywelyn steif. »Ich hoffe, es handelt sich nicht wieder um diese leidige Erbfolge, mein Sohn. Das ist ein für allemal erledigt.«

Seine Stimme klang sehr müde. Eleyne, wie immer für jede Stimmung ihres Vaters empfänglich, spürte, daß er sich nicht wohl fühlte, sie sah es mit einem Blick. Und Gruffydds Gegenwart war nicht gut für ihn. Llywelyn mochte sonst jünger aussehen, als er war, heute jedoch, so wie er das Schwert abhängte und auf den Tisch legte, wirkte er, als litte er Schmerzen.

Hinter ihm hatte seine Frau den Raum betreten. Sie war zierlich und dunkelhaarig, in jeder Hinsicht ein Gegensatz zu ihrem Mann. »Gruffydd, bist du wieder einmal gekommen, um uns mit deinen Ansprüchen zu quälen?« Sie streifte die gestickten Handschuhe ab und nahm im Sessel an der Kopfseite der Tafel Platz. Wie immer bekam Llywelyns Gesicht einen sanftmütigen Ausdruck, als er sie ansah. Selbst in seinen wütendsten Augenblicken vermochte es Joan, ihn zu beruhigen.

Gruffydd gelang eine gebührende Verbeugung in ihre Richtung. »Ich bin nicht gekommen, um irgend jemanden zu belästigen, Princess. Darf ich fragen, wie die Verhandlungen mit Ihrem Bruder, dem König, ausgegangen sind?«

Joan lächelte spitz. »Sehr gut. Ich habe Briefe von Henry dabei, in denen er die Abbitte deines Vaters akzeptiert, sich in Englands Angelegenheiten eingemischt zu haben.«

»Und glauben Sie, daß das den Krieg beenden wird?« Gruffydd vermochte seinen Zorn nicht zu unterdrücken. »Wie konntest du nur so vor Henry of England kriechen, Vater? Henry hat de Braose und die anderen nach Montgomery zu seinen Fahnen gerufen. Er hat gelobt, dich und alle Waliser mit dir zu unterwerfen. Er wird nicht abziehen, das weißt du doch. Wenn er wieder in Wales eindringt, mußt du kämpfen.«

»Was willst du hier, Gruffydd?« unterbrach ihn Llywelyn müde. »Ich glaube nicht, daß du mir etwas über die Unvermeidbarkeit eines Krieges in Wales erzählen wolltest.«

»Nein.« Gruffydd warf einen Blick zu Joan hinüber. »Ich würde dich gern allein sprechen.«

»Hast du Angst, in meiner Gegenwart zu sprechen?« Joans Tonfall war spöttisch. »Willst du deinem Vater wieder irgendeinen haarsträubenden Plan vorlegen? Er wird dir nicht zuhören, verstehst du? Du hast seine Geduld bereits zu sehr auf die Probe gestellt!«

»Vater!« brach es aus Gruffydd heraus. »Spricht diese Frau jetzt für dich?«

»Sei still!« Llywelyn erhob sich steif. »Ich will kein Wort gegen deine Stiefmutter hören. Nicht ein Wort. Hast du verstanden? Ich möchte, daß du jetzt gehst. Es gibt nichts mehr zwischen uns zu besprechen.«

»Wir müssen miteinander reden, Vater!« Gruffydd beugte sich drohend vor. »Mein Gott, wenn du mir hier nicht zuhörst, werde ich dich später einmal dazu zwingen müssen. Du wirst den Tag noch bereuen, an dem du mir die Tür gewiesen hast!«

In der Fensternische preßte Eleyne die Hände auf die Ohren. Warum mußte es immer wieder so weit kommen? Warum konnten Dafydd und Gruffydd nicht Freunde sein? Sie war schuld: Joan, ihre Mutter. Eleyne sah die Härte in ihrem Gesicht, das trotz ihrer einundvierzig Jahre immer noch schön und jugendlich war. Sie sah den festen, unnachgiebigen Mund, die unbeirrbaren blauen Augen, die so sehr denen King Johns, des Vaters ihrer Mutter, ähnelten.

Als spürte sie Eleynes Augen, die auf ihr ruhten, wandte sich Joan für einige Sekunden dem Fenster zu, und Mutter und Tochter wechselten feindselige Blicke. Zu Eleynes Erstaunen blieb es aber dabei. Joan sagte nichts.

»Das genügt, Gruffydd«, sagte Llywelyn langsam. »Wenn du mir drohst, werde ich gegen dich vorgehen müssen.«

Eleyne schnappte nach Luft, entsetzt von der Drohung, die in diesen Worten lag.

»Ich drohe dir nicht, Vater ...«

»Du bedrohst den Frieden des Landes.«

»Nein, das tut Dafydd. Du hast ihn gegen mich eingesetzt! Du hast das Volk gegen mich gehetzt! Es ist mein Land, Vater. Es war das Land meiner Mutter ...« Die Betonung, mit der er diese Worte aussprach, war unmißverständlich. Er ließ den Blick von seinem Vater zu dessen Frau wandern, die hinter ihm saß. »Und wenn es darum geht, wen das Volk wählen wird, Dafydd oder mich, wird das Volk mich wählen.«

»Das Volk hat schon gewählt, Gruffydd. Vor zwei Jahren bereits haben die Princes und Lords von Wales Dafydd als meinen Erben anerkannt ...«

»Es war nicht das Volk!« rief Gruffydd. »Das Volk unterstützt mich.«

»Nein, Gruffydd ...«

»Willst du, daß ich es dir beweise?«

Es folgte ein langes Schweigen. Als Llywelyn schließlich sprach, war seine Stimme harsch vor Zorn. »Das wäre Verrat, mein Sohn.«

»Warum läßt du ihn so mit dir reden, Vater?« unterbrach sie Dafydd, der seinen Platz nahe der Tür verließ. »Das bestätigt alles, was ich dir schon gesagt habe. Gruffydd ist ein hitzköpfiger Narr und eine Gefahr für alles, woran du und ich glauben ...«

Sein Bruder stürzte sich wie rasend auf ihn und griff nach seinem Hals. Als die beiden Männer durch den Raum taumelten, schloß Llywelyn vor abgrundtiefer Verzweiflung die Augen. Als er sie wieder öffnete, war sein Gesicht ruhig und entschlossen.«

»Wachen!« Es war jetzt keine Spur von Müdigkeit in seiner Stimme. »Wachen ...«

»Nein. Bitte ...« Eleyne sprang von ihrem Fenstersitz herunter und warf sich zwischen ihre Brüder. »Gruffydd, nein! Bitte hört auf!«

Doch die Wachen waren schon da, kamen die Treppe heraufgesprungen und trennten die Prinzen, während Llywelyn Eleyne von ihnen wegzog. Drei Männer waren nötig, um Gruffydd zu halten. Während er wütend mit ihnen kämpfte, um sie abzuschütteln, zog Dafydd sich an das andere Ende des Zimmers zurück und rieb sich mit dem Ärmel seiner Tunika die aufgeplatzte Lippe.

»Bringt ihn weg und sperrt ihn ein«, befahl Llywelyn.

»Nein, Papa, das darfst du nicht! Gruffydd ist dein Sohn!« Eleyne hielt seinen Arm umklammert. »Bitte, er hat es nicht so gemeint ...«

»Was macht denn das Kind hier?« Llywelyn schüttelte sie ab.

»Ich hatte angeordnet, daß man sie fortschickt, bevor wir zurückkommen«, erklärte Joan sehr ruhig. »Lady Rhonwen hat es für richtig erachtet, mir nicht zu gehorchen.«

»Das stimmt nicht!« rief Eleyne ihr wutentbrannt zu. »Wir wollten heute nachmittag fort. Doch du bist vorzeitig zurückgekommen.«

»Das genügt. Eleyne! Wie kannst du es nur wagen, so mit deiner Mutter zu sprechen! Sie liebt dich genauso wie uns alle!« Zornig sah Llywelyn zu, wie seine Wachen Gruffydd aus dem Raum schafften. Sie hörten die Flüche des jungen Mannes, während man ihn die Treppe hinunterbrachte. Einen Augenblick starrte Llywelyn in die leere Türöffnung, dann wandte er seine Aufmerksamkeit wieder Eleyne zu. Nachdenklich betrachtete er dieses Kind mit dem langen, wirren Haar und dem zerknitterten blauen Kleid. Sein Gesicht nahm einen milden Ausdruck an. »Geh, geh und suche Lady Rhonwen. Sage ihr, daß ihr sofort abreisen sollt. Wohin soll sie?« Er wandte sich halb bedauernd seiner Frau zu. Gewöhnlich hatte er seine jüngste Tochter gern in der Nähe.

»Sie können nach Llanfaes gehen. Eleyne muß sich auf ihren Unterricht konzentrieren. Hier in Aber ist kein Platz, es gibt zuviel Ablenkung.« Joans Stimme klang gereizt.

Llywelyn legte seinen Arm um Eleyne, zog sie an sich und küßte ihre ungebärdigen Locken. »Also, geh zu Rhonwen, Kleine, und sag ihr, daß ihr jetzt abreisen müßt.«

»Ja, Papa.« Eleyne warf ihrer Mutter einen haßerfüllten Blick zu und sah dann ihren Bruder an. »Du tust Gruffydd doch hoffentlich nichts …«

»Natürlich nicht. Er muß sich ein bißchen abkühlen, das ist alles.« Llywelyn lächelte würdevoll. »Geh jetzt, Eleyne …«

II
LLANFAES, ANGLESEY

Die Fürstenhalle von Tindaethwy in Llanfaes war bald nach dem Feuer, während dem Eleyne zur Welt gekommen war, wieder erbaut worden. Am Südostende der Insel Anglesey gelegen, befand sie sich dem großen nördlichen Bergrücken des walisischen Festlandes gegenüber. Es war ein herrlicher Septembertag, die Sonne lag mit goldenem Glanz auf dem Wasser, dem Strand und den Bergen, als die Pferde in kurzem Galopp zum Meer liefen.

Eleynes Wangen glühten wie immer, wenn sie ritt. Sie lächelte ihrer Gefährtin Luned zu. »Wer zuerst bei den Booten ist!« Schon hatte sie ihr Pony wieder zum Galopp angetrieben. Luned verfolgte sie und konnte kaum noch etwas sehen, so flog ihr der schmutzige Sand, den die Hufe des Ponys aufwirbelten, ins Gesicht.

Rhonwen, die ihnen langsamer folgte, seufzte, als ihr das große Streitroß einfiel, das Eleyne in Hay geritten hatte. Princess Joan aber hatte entschieden, daß ein rauhhaariges Bergpony gut genug für ihre jüngste Tochter sei, und Eleyne war seltsamerweise mit dem dunkelbraunen Tier zufrieden. Sie taufte das Pony auf den Namen Cadi, und von da an waren die beiden mehr oder weniger unzertrennlich.

Jetzt, am Meeresstrand angekommen, brachte Eleyne Cadi zum Stehen und sprang lächelnd aus dem Sattel. »Werden wir lange in Llanfaes bleiben?«

»Wir müssen so lange bleiben, wie es deine Mutter verlangt.«

»Oder mein Vater. Vielleicht ruft er mich zurück.«

»Das wird er bestimmt tun – wenn nicht gleich, dann zumindest, wenn der Hof nach Rhosyr umzieht.« Rhonwen lächelte.

Eleyne seufzte. Das klang nicht gerade überzeugend. Sie zog den Zügel über Cadis Kopf und rieb das Fell des Ponys. »Was wird mit Gruffydd?«

Rhonwen machte ein finsteres Gesicht. »Sie bringen ihn mit einer Eskorte nach Degannwy. Dein Vater hat angeordnet, daß er dort in der Burg eine Weile gefangen bleibt.«

»Gefangen?« Degannwy, ein großes, nach Normannenart aus Quadern errichtetes Schloß, stand am Nordufer des Conway-Flusses. Dahinter, jenseits der Berge, lag die große Grafschaft von Chester, und dahinter wiederum lag England.

»Also ist er jetzt aus dem Weg, während Dafydd nun ständig an Vaters Seite sein wird.«

Rhonwen nickte.

»Das ist ungerecht!«

»Das Leben ist nicht gerecht, Cariad. Aber Gruffydd wird einen Weg finden, wie er sich wieder das Vertrauen deines Vaters erwerben kann. Du wirst schon sehen.« Rhonwen lächelte. »Nun geh schon. Führe Cadi zum Boot! Wenn du ihn hinaufbringst, werden die anderen folgen.«

Die schmale Wasserstraße war warm und gänzlich unbewegt. Eleyne saß im ersten Boot und blickte auf die zurückweichende Küste, ihre Augen wandten sich den Vorbergen und dann den fernen Gipfeln zu, die dunstig im Licht des Nachmittags schimmerten. Wolkenfetzen hingen an dem unsichtbaren Bergrücken des Yr Wyddfa, segelten in die hochgelegenen Cwms, in denen sich schon die Schatten sammelten. Ihres Vaters Land, ihr Geburtsland – sie zitterte vor unterdrückter Aufregung. Eleyne liebte die Berge, und sie liebte das Meer, hier hatte sie beides. Sie beugte sich über den Bootsrand und sah in das glitzernde Wasser. Sie beobachtete die wirbelnden Muster, die die Bootsleute mit ihren Rudern erzeugten, dann sah sie Luned an, die neben ihr saß und lächelte. Ihre Freundin war im Gesicht wie üblich leicht grün geworden, als die Fähre vom Strand ablegte.

Rhonwen hatte Luned zu Eleyne gebracht, als die beiden Mädchen drei Jahre alt waren. Ihre nächstältere Schwester, Margaret, war damals schon dreizehn, und ohne Luned hätte Eleyne eine einsame Kindheit verlebt. So wurden die beiden Mädchen Freundinnen. Später sollte Luned, die von Geburt an eine Waise war, Eleynes Dienerin werden.

Eleyne wandte sich wieder der fernen Küste zu, von der sie abgelegt hatten. Sie versuchte die Ansammlung von Gebäuden aus Stein und Holz am Fuße des Berges auszumachen, die das große Llys von Aber bildeten, doch eine Flotte von Schiffen, die in der Wasserstraße zwischen ihnen und dem Festland auftauchte, lenkte sie ab. Eleyne schirmte ihre Augen gegen den Sonnenglast ab und sah sie in der starken Dünung auf- und abtanzen.

»Wir sind bald da.« Luneds Stimme neben ihr schreckte sie auf. »Ich kann Cenydd und die anderen am Quai warten sehen!«

Cenydd war Rhonwens Vetter, der einzige ihrer Verwandten, der nach der Abkehr ihrer Mutter vom Christentum und dem Tod der einsamen Frau mit ihr in Kontakt geblieben war. Er war Seneschall in Llanfaes. Die beiden Mädchen mochten ihn gern.

Als man Cadi auf den Quai führte, lief Eleyne zu ihrem Pony. Es wieherte ihr fröhlich entgegen, und Sekunden später saß Eleyne wieder im Sattel.

Rhonwen und Luned sahen ihr verwundert nach, als Pony und Reiterin den Weg entlanggaloppierten, der fort vom Hafen und längs der Küste nach Osten führte. »Sie bringt sich in Gefahr, Cenydd. Ich kann sie immer weniger bändigen. Und jetzt …«, Rhonwen brach plötzlich ab, als sie Luneds neugieriges Gesicht neben sich erblickte.

»Und jetzt …?« wollte Cenydd wissen. Er betrachtete sie forschend. »Ist es so, wie du befürchtet hast?«

»Später.« Rhonwen warf ihrem Verwandten einen vielsagenden Blick zu. »Bring jetzt die anderen zum Haus, und zeige ihnen ihre Unterkünfte. Ich werde mich um Eleyne kümmern.« Sie schwang sich rasch und geschickt auf ihre Stute, gab ihr einen leichten Tritt mit dem Fuß, so daß sie in Galopp fiel.

Rhonwen machte sich keine Sorgen um das Mädchen. Auf dieser reichen, sanften Insel im Herzen von Llywelyns Fürstentum, bevölkert von treuen und ehrlichen Männern und Frauen, drohte ihr keine Gefahr, und doch war es nicht richtig von Eleyne, einfach so wegzureiten.

Cadis Hufe hatten tiefe Löcher in den Sand getreten, die sich bereits mit Wasser füllten. Am Meeresufer waren die Austernfischer und Strandläufer nach kurzer Unterbrechung zu ihrer Arbeit zurückgekehrt. Von dem flachen, landeinwärts gelegenen Hügel ertönte das Pfeifen eines Brachvogels.

Lange goldene Streifen färbten jetzt die heftig einströmende Flut. Vor ihr in der Ferne erhob sich der riesige, dunkle Bergbuckel von Pen y Gogarth, einem schlafenden Riesen im Meer. Irgendwo im Schatten des Bergrückens lag Degannwy, wo Gruffydd ap Llywelyn, der älteste Sohn des Prince of Aberffraw, heute seine erste Nacht als Gefangener seines Vaters verbringen würde.

Rhonwen zog die Zügel ihres Pferdes an, so daß es im Schritt ging, und machte ein finsteres Gesicht. Wenn Gruffydd die Nachfolge seines Vaters antreten wollte, mußte er lernen, sich zu beherrschen.

Rhonwen suchte den vor ihr liegenden Strand mit den Augen ab. Doch es war niemand zu sehen. Die Hufabdrücke aber führten immer noch weiter. In einem jähen Angstgefühl gab sie ihrem Pferd einen Tritt in die Weichen, damit es schneller lief. Über dem Wasser zu ihrer Rechten schwebte ein Möwenschwarm, er überholte das trabende Pferd mühelos, da erblickte sie Cadi, ohne seine Reiterin, mit schleifendem Zügel. Das Pony knabberte an dem kurzen Salzgras oberhalb der Flutlinie.

»Eleyne!« Ihr Schrei verhallte in der Leere. »Eleyne!« Rhonwen hielt das Pferd an und spähte umher. Da entdeckte sie sie. Eleyne stand mit den dünnen Lederpantoffeln im Wasser. Ihr Rock, den sie gewöhnlich hochsteckte, hing in voller Länge ins Wasser und schwamm um sie her, in einem roten Strudel. Sie blickte zum anderen Ufer hinüber.

Rhonwen stieg vom Pferd. Sie ließ es bei Cadi, wo es ebenfalls zu grasen begann, und ging ans Wasser.

III

Kaum war sie außer Sicht gewesen, hatte Eleyne ihren wilden Galopp verlangsamt. Das sonderbare Bedürfnis, allein zu sein, hatte sie wie immer ganz plötzlich überkommen, und ohne nachzudenken, hatte sie ihm gehorcht.

Sie führte Cadi langsam zur Flutlinie, lauschte den Rufen des Brachvogels – des Todesboten, der die Warnungen überbrachte – und zitterte. Ein paar Minuten darauf erblickte sie wieder die Boote. Sie waren näher gekommen und schienen im Dunst auf die Insel zuzusteuern. Sie sah genauer hin. Die Boote waren voller Männer. Sie sah sie ganz deutlich, mit unnatürlicher Klarheit. Sie trugen vergoldete Brustpanzer und Helme. Wo die Abendsonne durch den Nebel drang, blitzten Speere auf. Es waren mehr Schiffe als vorher – zehn oder fünfzehn nebeneinander in einer Linie – und zwischen den Booten schwammen Hunderte von Reitern auf ihren Pferden auf den Strand zu, an dem sie stand. Sie konnte den Trommelschlag hören, der vom Wasser zu ihr herüberdrang, er hallte dunkel und drohend in der Stille.

Sie drehte sich um und wünschte, daß sie nicht alleine losgeritten wäre. Sie faßte die Zügel fester, als Cadi die Ohren anlegte und seitwärts vom Meeresufer zurückwich. Du mußt zurückreiten, dachte Eleyne. Sie warf einen Blick über die Schulter, und ihr Mund war trocken vor Furcht. Zu ihrer Erleichterung sah sie, daß sie nicht mehr allein war. Zwei Frauen standen nahe bei ihr, hinter ihnen eine Gruppe von Männern. Eleyne runzelte die Stirn, als sie ihre seltsame Bekleidung bemerkte. Sie hatten alle schwarze Gewänder an und hatten langes, wirres Haar. Die Frau, die ihr am nächsten stand, trug einen goldenen Reif am Arm, einen anderen am Hals. In ihrer Hand hielt sie ein Schwert. Hinter ihr standen Scharen von Menschen; der Strand wimmelte von ihnen, alle waren sie bewaffnet, alle sangen sie ein kehliges Totenklagelied. Und sie starrten über sie hinweg auf die See. In Eleynes Ohren dröhnte der Trommelschlag. Sie spürte, wie sich in ihrer Angst die Härchen auf ihren Armen aufrichteten. Es war ihr nicht bewußt, daß sie vom Pferd gestiegen war, aber schon stand sie Schulter an Schulter zwischen den Frauen am Strand. Überall um sie her Menschen – Frauen, Männer, sogar Kinder.

Sie suchte Rhonwen, Cenydd, Männer aus ihrer Eskorte, doch sie sah keinen von ihnen. Die Menschenmenge wuchs an und mit ihr der Lärm. Hundert, vielleicht tausend Stimmen erhoben sich drohend, als sie vom Meer her das leichte Schrammen der Kiele auf dem Sand hörte, während ein Boot nach dem anderen landete und die bewaffneten Männer ins Wasser sprangen.

Sie wirbelte herum, wollte weglaufen, entkommen, doch Hunderte von Menschen umgaben sie, schwenkten ihre Waffen, und mit entsetzlichem metallischem Krachen kämpften sie, einer gegen den anderen. Sie spürte das warme Blut auf dem Sand, hörte ihre Schreie, roch ihre Angst und ihren Haß. Sie bekam keine Luft. Sie wurden zurückgetrieben, zurück vom Strand. Sie merkte, daß sie mit ihnen zurückwich, über den blutenden Leib einer Frau hinwegstieg. Sie drehte sich, von Panik ergriffen, um ihre eigene Achse, floh mit ihnen zu dem dunklen Wald an der Hügelkette, die hinter ihnen lag. Die Blätter der Eichen waren rostbraun und golden im sonnigen Dunst. Dort bei den Bäumen wären sie in Sicherheit. Das wußte sie. Sie mußten alles tun, um sie zu erreichen.

Dann aber sah sie den Rauch.

Die Invasoren, die vom Meer her gekommen waren, steckten die Bäume in Brand, verwandelten die uralten Eichen in brennende Fackeln und mit ihnen die Menschen, die zwischen ihnen Zuflucht gesucht hatten. Sie hörte ihre Schreie und das Knistern des Feuers. Die Luft wurde dick und undurchdringlich. Verzweifelt streckte sie die Hände aus und versuchte, eine der Frauen in ihrer Nähe zu erreichen. Wenn es ihr gelang, ihre Hand zu fassen, würde sie aus dem Rauch hinausgelangen. Schluchzend streckte sie ihre Hand aus, doch sie ging durch die Frau hindurch, als wäre sie Luft. Wieder versuchte sie es, und endlich bekam sie sie zu fassen …

»Eleyne! Eleyne! Wach auf! Was ist denn?« Sie fühlte einen schmerzenden Schlag auf beiden Wangen, ein Schwall kalten Meerwassers traf sie im Gesicht.

Benommen schlug Eleyne die Augen auf und sah sich um. Sie befand sich mit Rhonwen zusammen an einem einsamen Strand. Sonst war niemand zu sehen. Weder Schiffe noch Soldaten, weder Männer noch Frauen noch Kinder, die sich am Strand in ihrem Blut wälzten. Angsterfüllt starrte sie dorthin, wo der Eichenwald gestanden hatte. Sie sah dort nur Büsche und ein paar verkrüppelte Akazien.

Da bemerkte sie, daß sie Rhonwens Arm umklammerte. Sie ließ ihn los und sagte mit zittriger Stimme: »Es tut mir leid. Ich habe dir weh getan.«

»Das ist wahr«, erwiderte Rhonwen gelassen. Sie rieb sich ihren Arm. Unter der weichen Wolle ihres Ärmels sollten später zehn bläuliche Male, die Abdrücke von Eleynes Fingern, erscheinen.

»Sag mir, was du gesehen hast, Cariad.«

»Ein Heer, das Môn angriff; Männer und Frauen am Strand; dann das Feuer da oben ...« sie schwenkte ihren Arm, »Feuer überall.«

»Du hast dich an das Feuer bei deiner Geburt erinnert ...«

»Nein!« Eleyne schüttelte den Kopf. »Nein, da war keine Burg. Da waren nur Bäume. Dort, an den Hügeln. Da stand ein Wald, und sie haben ihn mit allen Menschen, die sich darin befanden, angesteckt. Die Soldaten haben sie dort hineingetrieben – auch die Frauen und die Kinder, solche wie mich ...«

»Es war ein Traum, Eleyne.« Rhonwen sah über ihren Kopf hinweg aufs Meer hinaus. »Ein Traum, sonst nichts.«

»Werde ich wahnsinnig, Rhonwen?« Eleyne klammerte sich angstvoll an sie.

»Nein, nein, natürlich nicht.« Rhonwen zog sie näher an sich. »Ich weiß nicht, warum das geschehen ist. Vielleicht war das heute morgen zu aufregend für dich. Komm, wir fangen die Ponys ein und kehren zu den anderen zurück. Der Wind wird jetzt immer kälter.«

Hinter ihnen lief eine Reihe von Wellen die Wasserstraße hinunter, und mit der hoch über den nebligen Bergspitzen untergehenden Sonne brach die Dämmerung über die Meerenge herein.

IV

»Bist du sicher, daß sie das Zweite Gesicht hat?« Cenydd beugte sich vor und goß neuen Wein in Rhonwens Pokal. Er starrte mit finsterem Gesicht ins Feuer. Im Saal hinter ihnen waren Männer und Frauen mit ihren Arbeiten beschäftigt. Die Kinder hatten sich in ihr Schlafgemach zurückgezogen. Wie tot lagen die beiden Mädchen, Eleyne und Luned, aneinandergekuschelt im Bett. Rhonwen hatte sie minutenlang beim Licht ihrer Kerze beobachtet, bevor sie hinausgegangen und in den Saal zurückgekommen war.

»Was ist es denn sonst? Was soll ich nur tun, Cenydd?«

»Warum mußt du etwas tun?«

»Wenn sie diese Gabe von den Göttern empfangen hat, braucht sie eine Ausbildung. Ich muß Einion sagen, daß sie bereit ist.«

»Nein!« Cenydd setzte krachend seinen Becher auf den Tisch. »Du darfst sie diesen mörderischen Hexenmeistern nicht ausliefern. Ihr Vater würde es niemals erlauben.«

»Pssst!« sagte Rhonwen. »Ihr Vater würde es nie erfahren. Hör zu, wenn es wirklich ihre Bestimmung ist, dürfen wir uns dem dann widersetzen? Kannst du dir nicht vorstellen, wie sehr ich gebetet habe, daß es nicht noch einmal geschieht?«

»Es ist schon einmal geschehen?«

»Als wir in Hay waren. Sie hat die Zerstörung der Burg gesehen.«

»Weiß sie, daß …«

»Ich habe ihr gesagt, es wäre ein Traum. Ich denke, das erstemal hat sie mir geglaubt. Dieses Mal aber nicht. Sie weiß sehr wohl, daß es kein Traum gewesen ist, jedenfalls kein gewöhnlicher Traum.«

»Sieht sie die Vergangenheit oder die Zukunft?«

Rhonwen zuckte die Achseln. »Ich wollte nicht so sehr in sie dringen. Das ist die Aufgabe des Sehers. Er wird wissen, was zu tun ist.«

Seit Monaten rang sie mit sich, seit dem Vorfall in Hay. Eleyne verfügte über diese Kraft, man mußte sie darin unterweisen – ihrem Land, seiner Sache und Gruffydd zuliebe, damit sich das Land von England befreite; sie wußte das. Aber sobald die Seher und Barden erst einmal von Eleynes Gaben gehört hatten, war sie für Rhonwen verloren und würde nur noch ihrer Bestimmung dienen.

»Du bist eine Närrin, wenn du es ihm sagst. Er wird sie nie mehr loslassen.« Cenydd griff nach dem Weinkrug. »Du wirst ihn doch nicht etwa hierherholen?«

»Ich muß. Ich kann der Princess nicht noch einmal gegenübertreten. Ohnehin herrscht in Aber eine solche Unruhe und

Unzufriedenheit. Später – ich weiß es nicht. Soll er mit dem Prince sprechen, wenn er meint, sie sei auserwählt.«

»Und ihr Mann? Was ist mit Eleynes Ehemann? Ihm wird es mit Sicherheit mißfallen, daß man seine Gattin dem Heidentum ausliefert. Der Earl of Huntingdon ist ein frommer Anhänger der Kirche.«

»Man kann die Ehe für ungültig erklären.« Rhonwen wies den Gedanken an den Earl of Huntingdon von sich, wie sie das schon immer getan hatte, er war nicht wichtig. Heimlich tasteten ihre Finger nach dem Amulett, das sie, unter ihrem Kleid verborgen, um den Hals trug. »Es läßt sich alles regeln, wenn die Göttin es wünscht, Cenydd.«

Er runzelte die Stirn. Er sah in dem vorchristlichen Glauben seiner Base abwechselnd eine harmlose Marotte und eine ungeheure Gefahr. Der Gedanke, daß man dieses hübsche, lebhafte Kind in eine schwarzgewandete, böse Mondsüchtige verwandeln könnte, gefiel ihm nicht. Andererseits, so dachte er mit abergläubischem Schauder, wenn sie wirklich das Zweite Gesicht hatte, dann war sie möglicherweise bereits erwählt.

V

Eleyne saß drei Tage später im Stickunterricht, als ein Bote die Nachricht brachte, daß Rhonwen sie sprechen wolle. Obwohl sie schon recht hübsche, akkurate Säume zu sticken wußte und ein Talent dafür hatte, die Farben auf das bleiche Leinen zu setzen, langweilte sie sich dabei immer recht schnell. Sie freute sich deshalb über jede Abwechslung.

Rhonwen saß mit einem alten Mann am Tisch. Von Cenydd war nichts zu sehen. Enttäuscht schloß Eleyne die Tür, ging auf die beiden zu und blieb nahe bei ihnen stehen.

»Eleyne, das ist Einion Gweledydd. Du weißt, er ist einer der Barden deines Vaters«, sagte Rhonwen.

Eleyne knickste respektvoll. Sie liebte diese Barden, die unablässig neue Geschichten und Melodien erfanden, die von ihren Vorfahren erzählten. Sie sah ihn an, doch sie erkannte ihn nicht gleich. Er war groß, hatte ein hageres, asketisches Gesicht und funkelnde, intelligente Augen. Sein langes Haupthaar war grau, genauso wie sein Bart, und er trug ein reich besticktes Gewand aus dickem, tiefblauem Stoff.

Er streckte ihr die Hand hin. Zögernd ging sie zu ihm. »Also, mein Kind. Lady Rhonwen sagt mir, du hast seltsame Träume gehabt.« Seine Hand war kalt wie Marmor. Erschrocken zog sie die ihre zurück. »Erzähl mir davon«, fuhr er fort. Er hatte nicht gelächelt, und sie spürte ein Angstzittern.

»Das war nichts – nur alberne Träume.«

Diesmal lächelte er, wenn auch sehr ernst. Offenbar fiel ihm ein, daß sie ja noch ein Kind war. »Erzähle mir trotzdem davon. Ich mag Träume.«

Zuerst berichtete sie stockend, allmählich aber verschwand ihre Schüchternheit, da er mit schmeichelhafter Konzentration jedem ihrer Worte lauschte. Als sie ihre Geschichte beendet hatte, nickte er.

»Was du gesehen hast, mein Kind, das geschah vor über tausend Jahren, als die römischen Legionen durch unser Land marschierten. Ihr Führer, Sueton, gab den Befehl, die Druiden zu töten. Die Römer kamen hierher nach Anglesey, das eine heilige Insel war und immer noch ist. Zuerst trauten sie sich nicht, die Wasserstraße zu überqueren, denn sie sahen, daß die Druiden sie am Strand erwarteten. Weißt du, wer die Druiden waren, mein Kind?« Er wartete einen Augenblick, dann sah er sie nicken und fuhr fort. »Sogar ihre Frauen waren da, bereit, an der Seite ihrer Männer zu kämpfen, und dieser Anblick erschreckte die Römer. Aber schließlich kamen sie bei Traeth Lafan herüber, und sie brachten alle Druidenleute um und verbrannten jene, die die Schlacht überlebt hatten, in ihrem heiligen Eichenwald. Und dann vernichteten sie alle Eichen auf der Insel.«

Er beobachtete Eleyne genau. Sie war blaß geworden, ihre Augen waren auf seine Augen gerichtet. Es dauerte eine Weile, bis sie wie gebannt flüsterte: »Hat das niemand überlebt?«

»Nur wenige.«

»Warum haben die Römer das getan?«

»Weil sie Angst hatten. Die Druiden waren klug und wild und tapfer. Sie wollten die Römer nicht in Wales haben.«

Es kostete sie eine gewisse Anstrengung, ihre Augen von seinen zu lösen. Sie ging dann hinüber zu einem der schmalen Fenster. Von dort konnte sie über die Weide hinweg zum Strand sehen, wo es geschehen war, über die Wasserstraße hinüber. Die Berge von Eryri lagen heute in einer Wolkenschicht verborgen; es war Flut, das Wasser sah schwarz aus wie Schiefer.

»Bist du nicht neugierig, Eleyne, warum du diese Dinge gesehen hast?« fragte er sie mit sanfter Stimme.

Rhonwen saß da und beobachtete beide, die Finger in ihrem Schoß fuhren unruhig hin und her.

»Weil ich an den Ort gekommen bin, wo es geschehen ist«, sagte Eleyne.

»Aber warum hast du es gesehen, und warum Lady Rhonwen nicht?« erwiderte er hartnäckig.

Sie wandte sich zu ihm um und sah ihn an. Endlich erschien ein Ausdruck der Verwunderung in ihrem Gesicht. »Vielleicht hat sie nicht darauf geachtet.«

»Und du hast darauf geachtet?«

»Nein. Aber manchmal weiß ich, daß es Dinge zu sehen gibt, wenn ich sie sehen will. Ich dachte mir, das geht allen so, nur reden sie nicht darüber, doch jetzt ... jetzt bin ich mir nicht mehr sicher.« Sie sah unglücklich aus.

»Nicht alle sehen es, Eleyne. Du hast eine besondere Gabe.« Er lächelte wieder. »Ich kann es auch sehen – in der Vergangenheit und in der Zukunft.«

»Du auch?« Man sah deutlich, wie erleichtert sie war.

»Es ist eine Gabe unseres Volkes. Du und ich, wir stammen von den Überlebenden dieser Druiden ab, die du gesehen hast. Einige von ihnen haben es überlebt. Sie haben die Gegner Roms angeführt, die schließlich die Legionen vertrieben haben. Dein Vater stammt von den alten Königen von Großbritannien ab, und ich bin ein Nachkomme der Druidenpriester. Und von allen Kindern deines Vaters wurdest du mit der Sehergabe ausgestattet, denn du bist sein siebtes Kind.«

Eleynes Mund war trocken geworden. Am liebsten wäre sie weggerannt. Sein Ernst bedrückte sie. Das Zimmer, in dem sie sich befanden, war erstickend heiß. Sie sah an Rhonwen vorbei zum Treibholzfeuer hin, das im Kamin flackerte und schwelte. Die Flammen züngelten empor: rotblaue Finger, sie winkten, sie leckten das Holz, das sie verzehrten. Der Rauch war beißend – Salz von den alten Überresten eines Bootes, die der Sturm an Land geworfen hatte.

»Darf ich jetzt zu meiner Stickerei zurück?« Sie wandte sich mit dieser eindringlichen Frage an Rhonwen. Ihre Haut war eisig vor Angst.

Rhonwen antwortete nicht. Sie starrte Einion hilflos an.

Ich bin schuld, sagte sie sich immer wieder, *ich hätte es ihm nicht zu erzählen brauchen. Jetzt wird er sie nie wieder loslassen.*

Noch einmal lächelte er. »Natürlich darfst du zurück zu deiner Stickerei. Aber wir werden einander bald wiedersehen. Ich werde hierher nach Llanfaes kommen, um dich selbst zu unterrichten.«

»Was ist das für ein Unterricht?« fragte Eleyne mißtrauisch.

»Ein interessanter Unterricht. Er wird dir gefallen.« Wieder das Lächeln. »Nur mußt du mir eines versprechen. Daß du niemandem von unseren Zusammenkünften erzählst. Kannst du ein Geheimnis für dich behalten, Eleyne?«

»Natürlich.«

»Gut. Niemand darf wissen, daß ich hierherkomme, niemand außer dir, Lady Rhonwen und mir. Nicht einmal deine Freundin Luned. Meinst du, daß du ihr gegenüber ein Geheimnis zu bewahren vermagst?«

»Das fällt mir nicht schwer.« Sie sah ihn trotzig an. »Ich habe eine Menge Geheimnisse vor ihr.«

»Gut.« Er stand auf. Er war groß und hager. Eleyne sah ehrfürchtig zu ihm auf.

»Ich komme in drei Tagen wieder.« Er wandte sich Rhonwen zu, als er seinen langen Holzstab aufnahm. »Bis dahin habe ich einen sicheren Ort gewählt, an dem wir zusammenkommen können.«

»Ich will nicht zu ihm!« Zwei Tage später stand Eleyne Rhonwen mit geballten Fäusten gegenüber. »Ich mag ihn nicht. Was kann er mir denn für einen Unterricht geben? Du bringst mir doch alles bei, was ich wissen muß.«

Rhonwen holte tief Luft. »Du mußt gehen …«

»Ich gehe nicht. Mein Vater weiß nichts davon, oder? Er würde es nicht erlauben. Und meine Mutter auch nicht.« Sie spitzte die Lippen. Seit zwei Tagen grübelte sie darüber nach, wieso Einions Unterricht geheim bleiben mußte. Es gab nur eine Erklärung.

Rhonwen holte noch einmal tief Luft. »Eleyne, der Unterricht ist zu deinem Besten.«

»Warum? Was will er mir denn beibringen?«

»Ich weiß das nicht genau …«

»Woher weißt du denn dann, daß es gut für mich ist?«

»Ich weiß es einfach. Es sind Geheimnisse, Eleyne. Selbst ich kenne sie nicht. Aber du bist etwas Besonderes, wie Einion dir ja schon gesagt hat. Du stammst von den alten Königen ab. Du hast die Sehergabe.«

»Und er bringt mir bei, was damals geschehen ist?«

Rhonwen zuckte die Achseln. »Das nehme ich an, unter anderem auch das.«

Eleyne zögerte. Ihre Neugier wurde jetzt doch stärker als ihr unerklärliches Angstgefühl. »Du kommst aber mit, ja?«

»Ich weiß es nicht.«

»Du mußt mit ihr gehen.« Unbemerkt war Cenydd aufgetaucht, hatte sich durch einen Vorhang geschoben, der eine Tür verdeckte. »Du kannst sie nicht allein gehen lassen.«

Rhonwen wurde blaß. »Du weißt nicht, worüber wir sprechen.«

»Ihr sprecht von Einion Gweledydd. Ich habe dich gewarnt, Rhonwen!« seufzte er. »Ich habe dir gesagt: Tu es nicht!«

Eleyne sah verwirrt von einem zum anderen. »Rhonwen?«

»Kümmere dich nicht darum, Cariad. Cenydd ist eifersüchtig. Er selbst wollte dich unterrichten.«

»Und das werde ich auch tun!« Cenydd lächelte sie liebevoll an. »Sobald ich zurück bin. Man hat mich nach Aber gerufen«, flüsterte er Rhonwen zu. »Es sind wieder Kämpfe in der Grenzmark ausgebrochen.«

»Und Gruffydd?«

»Der ist noch immer in Degannwy. Prince Llywelyn hat Senena und die Jungen auch dorthin geschickt. Dafydd hat er bei sich behalten.«

Rhonwen fluchte leise. »Also festigt Dafydd seine Stellung! Wir müssen etwas tun, um Gruffydd zu helfen …«

»Dafydd hat eine Unannehmlichkeit am Hals, die uns helfen könnte.« Cenydd lächelte. »Anscheinend hat der Prince Sir William gefangengenommen.«

Eleyne wurde aufmerksam, als sie den Namen hörte. »Isabellas Vater?«

»Genau.« Cenydd lachte laut auf. »Ich nehme an, Llywelyn wünscht noch immer eine Beziehung zu den de Braoses. Dadurch wäre Sir William unschädlich gemacht, der ja zur Zeit nur mit dem König reitet, und wenn die Ehe eine feste Gestalt annimmt, hätte Llywelyn sogar einen Verbündeten in Mittelwales.«

»Was geschieht mit Gwladus, jetzt, da Sir Reginald tot ist?« fragte Eleyne. »Kommt sie nach Hause?«

»Sie wird wieder heiraten, Cariad«, sagte Rhonwen sanft. »Erwarte nicht, sie hier zu sehen. Ich zweifle ohnehin daran, daß sie sich nach ihrer Mutter sehnt.«

»Sie wird diesmal einen jüngeren Mann haben wollen, wette ich!« lachte Cenydd leise.

»Dann will ich für sie beten, daß sie einen bekommt. Aber darüber wollen wir jetzt nicht reden.« Rhonwen sah ihn finster an.

»Wird man Sir William nach Aber bringen? Ich würde ihn und Invictus so gerne wiedersehen.«

»Ich weiß nicht, Kind«, antwortete Rhonwen und hob wieder die Augenbrauen. »Ich bezweifle, daß sie ihn nach Norden bringen. Wahrscheinlich kauft er sich frei, bevor wir es gewahr werden. Wir müssen abwarten.«

Einion hatte eine verlassene Eremitenklause im Wald hinter Penmon ausgesucht.

Rhonwen stieg vom Pferd und starrte die geschlossene Tür der aus Steinen errichteten Hütte an. Ein Rauchnebel stieg aus den Löchern im Strohdach. Eleyne blieb im Sattel sitzen, die Finger fest in Cadis Mähne. »Du läßt mich auch nicht allein?«

»Wenn Einion es befiehlt, muß ich es tun.« Rhonwen näherte sich der Tür. Nach kurzem Zögern klopfte sie an. Eine Zeitlang geschah nichts, dann öffnete sich die Tür langsam. Einion trug einen langen schwarzen Mantel über seiner bestickten Tunika. In der dunklen Türöffnung wirkte er fast wie eine unwirkliche Erscheinung, beinahe unsichtbar.

»Du bist also hier. Wo ist das Kind?« Er sah an Rhonwen vorbei zu den Bäumen hinaus, wo Eleyne wartete. Es regnete heftig, die Tropfen trommelten auf die Blätter, rissen sie von den Bäumen.

Eleyne stieg ab. Sie war in einen dicken Wollmantel gehüllt, der den Regen abhielt und über den Boden schleifte, als sie unglücklich dreinsehend auf Einion zuging.

»Gut. Du kannst abends, wenn es dämmert, wiederkommen und sie abholen.«

»Nein.« Eleyne wandte sich um und lief zu Rhonwen zurück, klammerte sich an ihren Arm. »Nein, ich will, daß sie bleibt.«

Der alte Mann betrachtete sie. »Sonderbar, ich hatte dich nicht für einen Feigling gehalten, Princess.«

»Ich bin kein Feigling!« Eleyne straffte beleidigt die Schultern.

»Gut. Dann komm herein.« Er wich zurück und winkte ihr zu, sie möge eintreten. Als sie zögernd in die Dunkelheit trat, sah er über ihre Schultern hinweg Rhonwen an, die unschlüssig im Regen stand. »Abenddämmerung!« sagte er brüsk. »Und keinen Augenblick früher.«

Eleyne sah sich in dem dunklen Innern um, ihr Herz hämmerte angstvoll, als er die Tür schloß. Kaum hatten sich ihre Augen an das Licht gewöhnt, sah sie, daß die Klause bis auf einen Tisch, der an der Wand stand, leer war. Darauf brannte mit schwacher Flamme ein Binsenlicht. In der Mitte des Bodens befand sich ein Kreis aus Steinen, in dem ein kleines Feuer qualmte.

Die Augen brannten ihr von dem beißenden Rauch.

Ängstlich beobachtete sie Einion. In dem schwachen Licht warf seine hohe Gestalt einen riesigen Schatten an die Wand. Er bewegte sich langsam zum Tisch und schob verschiedene kleine Kästen darauf herum.

»Setz dich, Kind.« Er sprach jetzt sanfter, mit leiser Stimme. »Hab keine Angst.«

Sie sah sich nach etwas zum Daraufsetzen um und fand in der Dunkelheit nichts als eine zusammengefaltete Decke auf dem Boden. Zögernd nahm sie darauf Platz. Zwischen ihr und dem Mann, der ihr den Rücken zuwandte, war das Feuer. In der Stille hörte sie ihn den Deckel von etwas abnehmen und einen Gegenstand in einem Kasten klappern.

Er hob die Hand. »Sag mir, was du hörst.«

Eleyne hielt den Atem an. Die Hütte war voller Geräusche. Vom Knistern und Zischen des Feuers, von den Wassertropfen, die durch das Dach drangen, vom Regen draußen auf den Bäumen, vom heftigen Atem des Mannes – aber sonst konnte sie nichts hören.

»Ich kann nichts hören«, flüsterte sie.

»Nichts?« Er drehte den Kopf zu ihr herum und sah sie an. »Horche noch einmal!«

Sie schluckte. »Da ist der Regen«, stammelte sie, »und das Feuer.«

»Gut.«

»Und dein Atem.«

»Gut. Und jetzt die Augen auf!«

Er warf, was immer er in der Hand halten mochte, ins Feuer. Einen Augenblick lang geschah nichts, dann brach eine helle, klare Flamme hervor. Sie tauchte alles in ein gleißendes Licht.

Eleyne beobachtete es und war verzaubert. »Ein Mann hat mir einmal gesagt, daß die brennenden Scheite sich an den Gesang der Vögel erinnern«, flüsterte sie.

Einion lächelte. »Das tun sie. Und noch mehr. Viel mehr. Sieh nur hin. Sieh genau in die Flammen. Sag mir, was du siehst.«

Sie kniete sich hin und starrte in das Herz der Flammen. Die Hitze brannte ihr im Gesicht, die Augen fingen an, ihr weh zu tun. »Nur ins Feuer. Ins rote Zentrum des Feuers.«

»Und jetzt.« Er schüttete eine Schöpfkelle voll zerstoßener, pulverisierter Kräuter und eine andere voll Wacholderbeeren auf die Scheite. Sofort ging das Feuer aus, ein dichter, beißender Rauch stieg auf. Eleyne zuckte zurück und hustete, ihre Augen tränten. Sie war sehr erschrocken.

»Es sind Beifuß, Wermut und Schafgarbe, die dir helfen sollen zu sehen. Und Sandelholz aus dem Osten und Zedernholz. Sieh hin, ganz genau.« Seine Stimme war beharrlich. »Sag mir, was du siehst.«

»Ich kann nichts sehen …«

»Sieh hin, sieh genau hin.«

»Es ist alles schwarz.«

»Sieh!«

Sie starrte so angestrengt hin, wie sie konnte. Die Augen taten ihr weh. Jetzt brannte das Herz des Feuers in einem dunklen, klaren Rot. Sie beugte sich vor, schob das Haar aus ihrem erhitzten Gesicht, dann streckte sie die Hände aus.

»Sieh«, flüsterte er. »Sieh!«

»Ich kann etwas sehen …« Sie zögerte. »Ich kann eine Art Gesicht sehen …«

»Ja!« Es war ein Zischen des Triumphes.

»Das Gesicht eines Mannes, im Dunklen.«

»Wessen Gesicht?«

»Ich weiß nicht. Es ist undeutlich.« Plötzlich schrie sie auf. Das Bild verblaßte. Verzweifelt versuchte sie, es festzuhalten. Ihre Augen schmerzten. Ihr Kopf tat weh, und ihr war übel.

»Genug.« Er ging zu ihr und legte ihr seine kühle Hand auf die Stirn. »Schließe die Augen. Laß den Schmerz verschwinden.« Er ließ seine Hand eine Zeitlang auf ihrem Kopf liegen. Sie spürte, wie der Schmerz nachließ. Allmählich entspannte sie sich. Als sie die Augen aufschlug, war der Schmerz nicht mehr da. Er ging zur Tür, stieß sie auf und ließ die kalte Waldluft in die Hütte.

Nervös sah sie zum Feuer hin. Es qualmte sanft auf seinem Aschebett vor sich hin.

»Wirf ein paar Zweige drauf. Sie liegen hinter dir, in der Ecke.« Er ähnelte einem Mann, der einem Kind beibringt, wie es die Angst vor einer wilden Bestie bezähmt. »Da, sieh, wie es den Brennstoff aus deiner Hand annimmt. Es ist wieder ein gewöhnliches Feuer. Es gibt nichts, vor dem du dich zu fürchten brauchst. Jetzt eine andere Übung. Etwas weniger Aufregendes.«

»Das war eine Übung?« Eleyne starrte noch immer ins Feuer.

»O ja, mein Kind. Du mußt es lernen, die Visionen zu beherrschen. Denn sie dürfen dich nicht beherrschen. Sonst gleitest du in den Wahnsinn. Du mußt lernen, sie zu meistern. Nun, würdest du gern etwas über die Vögel erfahren?«

»Die Vögel?« Sie sah hoffnungsvoll zu ihm auf.

»Legenden über Vögel; Omen, von denen sie sprechen; Botschaften, die sie uns bringen.«

»Die Brachvögel sangen vom Tod, als die Römer kamen, in meinem Traum.« Sie raffte sich auf und ging zur Tür. »Wohin verschwinden denn all die Vögel im Regen?«

»Sie finden einen Unterschlupf, wenn das Wetter schlimm ist, doch gewöhnlich lassen sie sich dadurch nicht von ihren Geschäften abbringen. An ihren Federn ist ein Öl, das den Regen abweist.«

Jetzt, da er leise sprach, merkte sie, daß sie keine Angst mehr hatte. Sie hörte begierig zu, während der Morgen fortschritt. Gegen Mittag hatte der Regen aufgehört. Dann und wann brachen Sonnenstrahlen durch und glitten über die Äste der Bäume. Sie gingen lange im Wald umher. Er zeigte ihr Vögel, die sie noch nicht gesehen hatte, nannte ihre Namen und welche Botschaften ihr Erscheinen brachte. Allmählich sank die Sonne tiefer am Himmel. Ihr Magen knurrte vor Hunger, er aber redete weiter, unterbrach sich dann und wann, stellte ihr Fragen, um festzustellen, ob sie ihm noch zuhörte.

Zweimal bat sie ihn anzuhalten, damit sie essen und trinken könnten. Er weigerte sich. »Du mußt lernen, deinen Körper zu beherrschen, Princess, du mußt lernen, nicht loszurennen, nur weil er essen will. Du mußt ihm sagen, daß er zu warten hat.«

Er merkte es sofort, als ihr leicht im Kopf wurde. Da brachte er sie noch einmal in die Hütte und schloß die Tür. Er ließ sie sich wieder vor das Feuer setzen und warf noch einmal eine Schöpfkelle voll Pulver darauf.

Sie legte die Hände auf die Augen. »Ich kann nicht mehr. Ich bin müde.«

»Sieh hin.« Er beugte sich vor und zog ihr die Hände vom Gesicht weg. »Sieh hin. Sieh ins Feuer.«

Diesmal war das Bild kalt und klar. Sie starrte es verwundert an. »Ich sehe Leute herumstehen, die darauf warten, daß etwas geschieht, viele Leute. Der Himmel ist blau, die Sonne steht noch niedrig im Osten über den Bergen in der Nähe von Aber. Es muß früh am Morgen sein. Sie reden – und jetzt rufen sie. Jemand kommt. Ein Mann. Ich sehe einen Mann, sie legen ihm eine Schlinge um den Hals. Sie sind – nein! Nein!« Plötzlich schluchzte sie. Sie raffte sich auf und rannte an ihm vorbei zur Tür. Sie zerrte wie wild am Riegel herum, riß sie auf, so daß hinter ihr der beißende Rauch verwehte, und lief hinaus.

Es war fast dunkel, und sie brauchte einen Augenblick, bis ihre brennenden Augen Rhonwens Gestalt erkennen konnten, die unter den Bäumen auf sie wartete. Die beiden Pferde waren hinter ihr festgebunden.

»Bring mich nach Hause!« Sie stürzte auf Rhonwen zu und umarmte sie. »Bitte, bring mich nach Hause.«

Rhonwen sah über ihre Schulter hinweg in die dunkle Türöffnung. Es dauerte eine Weile, bis Einion erschien. Die Tränen des Kindes berührten ihn offenbar nicht. »Sie hat es gut gemacht. Bring sie in drei Tagen wieder zu mir.«

»Wer war es?« Eleyne wirbelte herum. »Wen habe ich gesehen?«

Er zuckte die Achseln. »Du hast die Vision nicht festgehalten. So etwas zu lernen, braucht Zeit. Vielleicht werden wir, wenn du wiederkommst, verstehen, was du gesehen hast, und die Warnung begreifen, wenn es eine war.«

»Nein. Ich will es nicht wiedersehen. Es war schrecklich.« Sie barg sich schaudernd im Mantel. »Und ich will nicht wiederkommen.«

Einion lächelte kühl. Er wandte sich wieder der Hütte zu. »Bring sie in drei Tagen«, rief er über die Schulter hinweg.

»NEIN!« Am nächsten Morgen, nachdem sie gut gegessen und geschlafen hatte, war Eleyne wieder mutig geworden. »Ich will nicht wieder dorthin, Rhonwen. Ich will nicht zu ihm. Was er tut, ist böse.«

»Es ist nicht böse!« Rhonwen wurde wütend. »Sag nie wieder so etwas! Du wirst hingehen, und wenn ich dich tragen muß.«

»Ich tu's nicht. Ich weigere mich.« Eleynes Augen waren genauso trotzig wie Rhonwens.

»Du wirst.«

»Ich werde weglaufen.«

»Unsinn.« Rhonwen zwang sich dazu, ruhig zu sprechen. »Wohin kannst du gehen? Ich würde dich überall auf der Insel finden.«

»Dann verlasse ich die Insel und gehe zu Papa. Wenn ich ihm erzähle, was du mich hast tun lassen, steckt er dich ins Gefängnis!« Eleyne hatte die Fäuste geballt und weinte beinahe. Die Ereignisse in Einions Klause hatten sie sehr erschreckt. Auf keinen Fall würde sie dorthin zurückkehren. Und daß ihr Vater ihr hierin recht geben würde, wußte sie genau. »Ich will nichts von ihm lernen, Rhonwen. Ich will nicht, und ich werde es auch nicht tun. Ich gehe zurück nach Aber. Sofort.« Sie wandte sich um und lief aus dem Zimmer.

»Eleyne!« rief Rhonwen hinter ihr her. »Eleyne, bleib stehen! Kein Fährmann setzt dich ohne meinen Befehl über. Sei doch nicht so dumm!«

Eleyne rannte durch den großen Saal und hinaus in den Hof. »Eleyne!«

Sie hörte Rhonwen dicht hinter sich, doch sie hielt nicht an. Sie rannte in den Stall, dorthin, wo Cadi stand, band das Halfter los und zog das Pony rückwärts heraus. Es war ihr gerade gelungen, sich auf Cadis Rücken zu schwingen, als Rhonwen in den Stall stürmte. Eleyne ritt sie fast über den Haufen, während sie Cadi zum Galopp antrieb, über den Hof hetzte und die Diener des Schlosses auseinanderjagte. Sie entfloh durchs Tor und preschte zum Strand hinunter. Am Hafenquai lagen keine Boote. Eleyne ließ Cadi langsamer laufen und biß sich enttäuscht auf die Lippe. Ihr Stolz erlaubte es ihr nicht umzukehren. Rhonwen durfte diesen Streit nicht gewinnen.

Sie hörte Rufe hinter sich. Drei Reiter verfolgten sie, und als sie einen Blick zurückwarf, erkannte sie Rhonwens Kopfputz. Es waren zwei Männer bei ihr.

Sie bohrte ihre Knie in Cadis Flanken und jagte mit ihm aus dem kleinen Hafen, den Strand hinauf. Vielleicht war dort ein Fischer, der seine Netze flickte und der sie gegen ein Entgelt über die Wasserstraße setzen würde. Sie griff sich an den Hals und war erleichtert, als sie dort ihre Goldkette spürte. Damit käme sie zweifellos bis ans Ende der Welt, falls sie dorthin wollte.

Doch es waren keine Fischer da; soweit sie die gezackte Küstenlinie entlangsehen konnte, waren die Strände verlassen. Die Flut war im Anrücken, und das Wasser funkelte fröhlich in der leichten Brise.

Die anderen, größeren Pferde holten allmählich auf, und sie spürte, wie der Zorn in ihr aufkam. Nur weil sie klein war, konnten sie sie zwingen zu tun, was *sie* wollten. Das war ungerecht – ungerecht und falsch! Sie warf noch einen Blick über das Wasser zum fernen Ufer. Fast ohne es zu wollen, fing sie an, Cadi mit Knien und Zügeln zum Wasser zu treiben. Sie hatte die römischen Soldaten über die Wasserstraße schwimmen sehen. Warum nicht Cadi? Die Flut stand nicht zu hoch, das Wasser war ruhig.

Die Hufe des Ponys spritzten durch die hellen, klaren Kräuselwellen. Nach zwei Schritten stand dem Pony das Wasser bis zu den Fesseln. Noch zwei und es reichte ihm bis zu den Knien. Eleyne hörte die Schreie hinter sich, die lauter wurden.

Jetzt waren ihre eigenen Füße im Wasser. Es war bitterkalt, und sie schnappte nach Luft. Sie fühlte, daß Cadi zögerte. »Komm, mein Liebling. Sei mutig! Du kannst es«, flüsterte sie und drängte das Pony vorwärts. »Komm! Es ist nicht weit.«

Als verstände das Pony, was seine junge Herrin von ihm verlangte, fing Cadi an zu schwimmen.

Drittes Kapitel

I

Das Wasser war eisig. Als es an ihr hochstieg, fing Eleyne vor Kälte an zu zittern. Sie beugte sich vor, schlang die Arme um den Hals des Ponys und fühlte, wie es tapfer vorwärtswatete. Die Schreie derer, die hinter ihr her waren, hörte sie jetzt nicht mehr, in ihren Ohren war nur noch das Rauschen der See. Sie klammerte sich so fest sie konnte an Cadi und spürte das Wasser, das sie vom Hals des Ponys fortreißen wollte.

»Komm, mein Liebling, komm doch, es ist nicht weit«, flüsterte sie von neuem, und die Ohren des Ponys schnellten rückwärts, als es ihre Stimme hörte.

Am Strand sprang Cenydd vom Pferd. Er riß sich Mantel und Gewand vom Leib und rannte zum Meer. Er hastete durch die Wellen. Das Pony, das die Reiterin tragen mußte, schwamm langsam und beharrlich. Es dauerte nicht lange, da begann Cenydd sich ihm zu nähern. Er verschwendete keine Kraft mehr mit Rufen. Erst in Hörweite schrie er: »Princess!«

Er sah das weiße, angsterfüllte Gesicht des Mädchens, als sie den Kopf nach ihm umwandte.

»Du mußt jetzt umkehren. Komm jetzt, oder ihr ertrinkt!« Mit zwei weiteren Stößen war er neben dem Pony. Er nahm es beim Stirnriemen und begann, es zurückzuziehen.

Das Pony folgte dem Zug seines Arms.

Langsam kehrten sie zum Ufer zurück. Der Mann und das Pferd waren erschöpft, das Kind hing zwischen ihnen. Es schien eine Ewigkeit zu dauern, bis die rudernden Hufe auf sandigen Boden trafen und Eleyne sich Rhonwen in die Arme werfen konnte, die sie in die Wärme ihres Mantels einhüllte. Rhonwen weinte, als sie das zitternde Kind an sich drückte.

II

»Du hättest sie ordentlich durchhauen sollen!« Cenydd hatte sein zweites Horn Wein zur Hälfte geleert.

»Geschlagen habe ich sie nie!« entgegnete Rhonwen. Sie hatte Eleyne zu Bett gebracht, ihr einen heißen, in Flanell gewickelten Stein zu Füßen gelegt – und ihr außerdem versprochen, daß sie nicht wieder zu Einion zu gehen brauche.

»Sie hat niemals gelernt, was Disziplin ist! Sie hätte ertrinken können, Frau!«

»Ich weiß.« Rhonwen setzte sich und zog den Mantel enger um die Schultern. »Es war mein Fehler. Ich habe nicht hören wollen. Ich habe ihr gesagt, sie müsse wieder hin.«

Cenydds Lachen war voll Bitterkeit. »Ich habe dir prophezeit, daraus würde nichts Gutes kommen. Du bist eine Närrin, Base, und Einion wird sie nicht loslassen. Ich habe so manche Geschichte über ihn gehört! Er setzt immer seinen Willen durch, sogar beim Prince.«

»Aber nein, den würde er nicht behexen!« Sie schüttelte den Kopf. »Einion liegt vor allem Gwynedd am Herzen – ganz Wales. Alles, was er tut, geschieht zum Besten des Landes.«

Cenydd hob zynisch eine Augenbraue. »Womit du wohl sagen willst, daß Einion Gruffydds Anspruch auf das Fürstentum unterstützt.«

Rhonwen warf einen nervösen Blick über die Schulter. »Um Himmels willen, sprich nicht so laut! Natürlich tut er das. Das tut doch jeder, der ein bißchen Vernunft hat. Ich hatte dich nicht für einen Anhänger der Engländer gehalten, Cenydd.« Sie machte eine Pause, um einen Schluck Wein zu trinken. »Ich bringe sie nach Aber zurück. Ich werde Einion eine Nachricht hinterlassen – daß der Fürst Eleyne bei sich haben möchte.

»Und wenn du dort ankommst? Wie willst du es Princess Joan erklären?«

Rhonwen zuckte die Achseln.

»Eleyne, du hast also die Straße von Menai auf einem Pony zu überqueren versucht.« Llywelyn saß in seinem Sessel am Feuer im großen Saal von Aber. Nahe bei ihm saß Sir William de Braose. Beide Männer bemühten sich, die Bewunderung zu verbergen, die sie für das Kind empfanden. »Wieso dachtest du, daß du so etwas schaffen könntest?«

»Die Römer haben es geschafft, Papa.«

»Die Römer haben es geschafft.« Llywelyn lehnte sich in seinem Sessel zurück. »Aber die Römer haben gewartet, bis Ebbe war. So wie es auch die Viehtreiber tun. Und sie hatten einen Grund dafür.«

»Ich hatte auch einen Grund.« Ihr Gesicht rötete sich etwas.

»Und welchen?«

Sie erwiderte den Blick ihres Vaters, so ruhig sie es vermochte. So sehr sie sich auch vor Einion fürchtete, so sehr sie ihn auch hassen mochte, sie hatte ihm geschworen, es niemandem zu erzählen, und daran würde sie sich halten. »Ich habe mich in Llanfaes gelangweilt«, antwortete sie tapfer. Und ich hörte, daß Sir William hier ist. Ich dachte, vielleicht ist Isabella auch hergekommen.«

Sir William lächelte. »Ich bin nicht freiwillig hier. Hast du gehört? Ich bin der Gefangene deines Vaters.« Es schien ihm nicht besonders viel auszumachen, so wie er da bei Llywelyn am Feuer saß und seinen Wein trank. »Isabella ist nicht bei mir.«

»Aber sie wird trotzdem Dafydd heiraten?«

Eleynes ängstlicher Blick wanderte zwischen den beiden Männern hin und her.

»Das ist eine der Fragen, über die wir gerade sprechen, Eleyne.« Ihr Vater erhob sich. »Du darfst das ruhig uns überlassen. Also, was soll ich jetzt mit dir tun?« Er wandte sich um und warf einen Blick in eine Ecke des Saals bei der Tür, wo die Wachen standen. »Einer von euch soll Princess Joan benachrichtigen und sie fragen, ob sie uns für ein paar Minuten mit ihrer Gegenwart beehren würde.«

»Haben Sie Invictus mitgebracht?« Eleyne setzte sich entschlossen über das Unbehagen hinweg, das sich wegen ihrer Mutter in ihrem Magen zusammenballte.

Er lächelte. »Er hat mich gewissermaßen hergebracht.«

»Darf ich zu ihm?« Sie reagierte mit einem Glücksgefühl auf sein Lächeln.

»Das muß dein Vater entscheiden, kleine Princess. Ich darf leider nicht zu ihm, da ich sonst flüchten könnte.« Sein Lächeln wurde noch breiter.

»Wer reitet denn dann mit ihm aus?« Eleynes Augen strahlten vor Aufregung.

Sir William lachte. »Da mußt du deinen Vater fragen.« Das Mädchen war einfach unwiderstehlich. Es wußte bereits, wie man einen Mann um den kleinen Finger wickelt.

»Darf ich, Papa? Ach bitte, darf ich Invictus reiten? Er kennt und mag mich.«

»Ich nehme an, Invictus ist das kastanienbraune Ungeheuer, das du in Montgomery geritten hast.« Llywelyn winkte einen Pagen herbei und wies mit dem Daumen auf seinen leeren Pokal. »Kein Pferd für ein Kind, denke ich.«

»Keines für ein gewöhnliches Kind, nein.« Sir William zwinkerte Eleyne zu. »Ihre Tochter, Hoheit, ist eine Hexe, was Pferde angeht. Und Invictus würde alles für sie tun.«

»Tatsächlich?« Llywelyn betrachtete Eleyne nachdenklich. »Wieso hast du mir das noch nicht erzählt, Eleyne?«

»Weil ich ihr verboten habe, deine Zeit zu vergeuden.« Princess Joan tauchte an der Seite ihres Gatten auf. Beide Männer erhoben sich. Sie sah wunderschön aus in ihrem mit Silberfäden durchwirkten rosa Seidenkleid und dem Mantel aus tiefgrünem Samt.

Eleyne sah Sir Williams Augen voll Bewunderung aufleuchten und spürte eine sonderbare Eifersucht, als Joan die beiden Männer gelassen begrüßte und in dem Sessel Platz nahm, den ihr Sir William anbot.

»Was tun wir mit Eleyne, meine Liebe?« Llywelyn legte den Arm um seine Tochter und zog sie liebevoll an sich. Als sie ihre Mutter betrachtete, wurde sich Eleyne zum erstenmal in ihrem Leben ihrer eigenen Kleidung bewußt. Ihr blaues Gewand war an den Ärmeln zu kurz, auch sah man ihre Fußknöchel. Nie zuvor hatte sie bemerkt, was für eine attraktive Frau ihre Mutter war.

»Wieso ist sie wieder hier?« Joan warf Eleyne einen Blick zu.

»Weil sie sich in Llanfaes gelangweilt hat.«

»Gelangweilt?« rief Joan empört. Sie verbarg ihre Verärgerung nicht. »Ist ihr Unterricht denn schon abgeschlossen? Kann sie lesen und schreiben und nähen und singen und die Harfe spielen?«

»Ja, Mutter.«

»Und sie reitet so geschwind wie der Wind«, warf Sir William leise ein.

Joans Augen wurden schmal. »Dann sollte man ihr vielleicht beibringen, wie eine Dame reitet.«

»Sie könnte gar nicht anders reiten, Hoheit, da sie ja Eure Tochter ist.« Sir William lächelte. »Helfen Sie mir, den Fürsten Llywelyn zu überzeugen, daß er die kleine Prinzessin meinen Invictus reiten läßt. Es ist an der Zeit, daß er lernt, eine Dame zu tragen.«

Joan erwiderte seinen Blick, und für einen kurzen Moment erschien ein Lächeln auf ihrem Gesicht. Eleyne, die sie beobachtete, fühlte, daß ein Funke der Erregung zwischen ihnen hin- und hersprang. Ihr Vater aber schien nichts bemerkt zu haben. Auf einmal hielt sie es nicht mehr im Palast aus. Es zog sie nach draußen, unter den freien Himmel. Am liebsten hätte sie sich auf ein Pferd gesetzt, um den Wind im Haar zu spüren.

Das Lächeln war aus dem Gesicht ihrer Mutter verschwunden, ein finsterer Ausdruck hatte es ersetzt. »Nein, das lasse ich nicht zu. Sie muß nach Llanfaes zurück«, sagte Joan. »Ich dulde nicht, daß man meine Anordnungen mißachtet, und wenn Lady Rhonwen mir nicht gehorcht, wird man eine geeignetere Person beauftragen müssen. Das Kind ist außer Rand und Band. Es braucht Disziplin.«

»Nein.« Eleyne war im Gesicht weiß geworden, ihre Angst vor Einion war wieder da. »Nein, ich will nicht zurück.«

Ihr Vater zog ein finsteres Gesicht. »Genug. Wir sprechen morgen darüber.«

»Papa, bitte!« Eleyne warf sich ihrem Vater an die Brust und schlang die Arme um seinen Hals. »Bitte schick mich nicht nach Llanfaes zurück.«

Er betrachtete sie nachdenklich. »Du bist doch nicht unglücklich bei Lady Rhonwen, oder?«

»Ich liebe Rhonwen.«

»Was ist denn dann so schlimm in Llanfaes?«

»Nichts, Papa. Ich würde nur lieber bei euch bleiben.«

Er zog die Brauen zusammen. »Was das angeht, müssen deine Mutter und ich noch darüber reden.« Das Lächeln, das er an seine Gattin richtete, war liebevoll. Dann wandte er sich wieder Eleyne zu. »Wie ich höre, hat Cenydd dir das Leben gerettet.«

Eleyne sah zu Boden und nickte.

Llywelyn lächelte. »Ich möchte, daß du mir versprichst, daß du ihn von nun an überall, wo du hingehst, mitnimmst. Er ist ein tapferer Mann. Ich habe schon mit ihm gesprochen. Er ist bereit, dein Begleiter zu sein. Später, wenn du älter bist, wird er dein Hofmeister. Als Princess of Wales und Countess of Huntingdon brauchst du mehr Schutz als bisher. Und wenn es da irgend etwas gibt, das dich ängstigt, Eleyne, dann mußt du es mir sagen, oder ihm. Er wird da sein, um dich zu beschützen. Und«, er machte eine Pause, »deine Mutter hat recht. Du solltest dich mehr wie eine Dame benehmen. Eine Dame würde nicht durch die Straße von Menai schwimmen.« Er hielt die Hand vor den Mund, um ein Lächeln zu verbergen.

Eleyne sah zu Boden. »Es tut mir leid, Papa.«

Zärtlich blickte er sie an. »Gut. Nun geh in deine Gemächer!«

IV

Einion wartete geduldig im Schatten der Mauer, die Arme auf der Brust verschränkt, die Augen geschlossen. Er würde spüren, wenn sie kam. Er hatte sich lange darin geschult, seine Gefühle zu beherrschen. Äußerlich wirkte er daher auch entspannt, man hätte glauben können, er schliefe, während die rötliche Abendsonne durch die Zweige der Bergesche drang, die nahe dem Eingang zum großen Saal in Aber stand.

Als Rhonwen um die Ecke kam, schlug er die Augen auf und packte sie blitzschnell am Handgelenk.

»Wo ist sie?«

Rhonwen rang erschrocken nach Luft. »Ich habe dir doch eine Nachricht hinterlassen.«

»Wo ist sie?«

»Bei ihrem Vater.« Die niedrigstehende Sonne schien ihr direkt in die Augen.

»Du mußt sie zu mir schicken.«

»Sie wird nicht kommen.«

»Sie muß.« Er preßte ihr Handgelenk fester zusammen. »Ich muß sie wiedersehen. Ich brauche ihren Eid, auch wenn sie noch ein Kind ist.«

Seine Augen waren tief und ausdruckslos, wie das Wasser eines Sees. »Ich will sie nicht verlieren; die Götter, meine Götter wollen sie. Bald, oder sie wird mir entgleiten. Und ohne mich, ohne die Götter wird sie nicht wissen, wie sie ihre Visionen zu beherrschen hat. Sie wird dann für den Rest ihres Lebens große Qualen zu erleiden haben.«

Einion schwieg einen Augenblick. »Du hast sie hierhergebracht, um sie mir zu entziehen.«

Rhonwen wagte es nicht, dies abzustreiten. »Sie hatte solche Angst«, hörte sie sich betteln. »Sie ist ja noch so jung ...«

»Gerade weil sie so jung ist, braucht sie mich.« Er ließ sie plötzlich los. »Sie vermag die Kräfte noch nicht zu verstehen, die ihr gegeben sind. Sie braucht Stärke und Führung.«

»Sie will dich aber nicht wiedersehen. Bitte, Lord Einion. Warte, bis sie etwas älter ist.« Rhonwen verachtete sich selbst, daß sie so schwach war.

Er holte tief Luft. »Das ist unmöglich, Mylady. Ich muß sie wiedersehen. Jetzt, heute. Bring sie zu mir.«

»Und wenn sie nicht will?«

»Sie wird kommen. Sag ihr, ihr Vater möchte es.« Er lächelte zynisch. »Sag ihr, da wäre ein Pferd, das sie unbedingt sehen muß. Sag ihr, es gäbe Brombeeren zu pflücken. Ich bin sicher, dir fällt etwas ein. Bring sie zu mir, Lady Rhonwen. Du willst, daß ich dafür sorge, daß ihre Ehe für ungültig erklärt wird, das werde ich aber erst dann tun, wenn ich sie eingeweiht habe. Bring sie zu mir – jetzt. Ich erwarte euch am Fluß jenseits des Dorfes.«

Rhonwen starrte ihn an. Er hatte ihr Jawort nicht abgewartet; er hatte sich einfach umgedreht und war fortgegangen, von der Mauer unter dem Torhaus, den Berg hinunter zum Dorf mit der Mühle, der Kirche und den zusammengewürfelten Häusern, in denen Händler und Handwerker Seite an Seite mit den vierundzwanzig Familien lebten, die das Land von Aber bebauten.

Rhonwen schluckte heftig. Sie wagte es nicht, sich ihm zu widersetzen.

V

Eleyne spielte mit Luned in der Fensternische »Katzenwiege«. Ihre Finger flochten die zwischen ihnen gespannten Fäden. Noch ein Augenblick, und die Sonne würde hinter den Bergen versinken und die Llys lag im Schatten.

»Ist es Zeit zum Abendessen, Lady Rhonwen?« fragte Luned.

»Nein, noch lange nicht.« Rhonwen war aufgeregt und nervös, als sie das Zimmer betrat. »Bitte, Eleyne, komm mit, dein Vater schickt nach dir!«

»Ich auch?« Abgelenkt ließ Luned den Wollfaden von ihrem Daumen gleiten, und das komplizierte Geflecht aus Knoten fiel auseinander. Eleyne warf es hin. Sie erhob sich und gab Luned einen sanften Stoß. »Nein, du nicht. Du mußt die Wiege auflösen.«

Luned war enttäuscht, setzte sich aber gehorsam mit dem verworrenen Garn wieder hin.

Rhonwen schickte ein Stoßgebet zum Himmel. Sie faßte Eleyne bei der Hand und führte sie die Treppe hinunter, dann aus dem Ty Hir in den Burghof. »Unten am Fluß.« Die Begegnung mit Einion mußte wie ein Zufall aussehen. Wenn ihr das nicht gelang, würde Eleyne ihr nie wieder vertrauen. »Dein Vater möchte, daß du dir am Hügel hinter dem Haus ein paar wilde Ponys ansiehst.«

Eleyne blieb stehen. Ihre Augen leuchteten, aber sie machte ein verwundertes Gesicht. »Weshalb denn?«

Rhonwen zuckte die Schultern. »Vielleicht will er eines für dich fangen. Bald wirst du zu groß für Cadi sein.«

Eigentlich wollte sie nicht, daß Einion Eleyne bekam. Doch wenn die Göttin das Kind wirklich erwählt hatte? Und außerdem: In vier Jahren würde John, der Schotte, der Earl of Huntingdon, seine Braut verlangen. Rhonwen zitterte bei dem Gedanken, daß ein Mann ihr Kind, ihr Baby berühren, mißhandeln, erschrecken, verletzen, benutzen könnte. Genauso, wie sie sich fürchtete, daß er ihr Eleyne mit süßem Gerede und Artigkeiten verführen und abspenstig machen könnte. Nein, das durfte niemals geschehen. Besser war es, wenn man sie der Göttin weihte. So würde sie eine Jungfrau bleiben, kalt, keusch und rein wie der Silbermond.

Rhonwen selbst hatte nie bei einem Mann gelegen. Dunkel erinnerte sie sich an einen Mann, noch bevor sie mit ihrer Mutter in Tangwystls Haus gekommen war. An einen Mann, der ihre Mutter geohrfeigt und sie zum Weinen gebracht hatte, bevor er sich dem kleinen Mädchen zuwandte. Rhonwen hatte das, was dann geschehen war, vergessen, doch es war ein Abscheu und Ekel vor Männern geblieben, den zu verbergen sie sich keine Mühe gab.

Sie rafften ihre Röcke hoch, während sie den schlammigen Pfad entlanggingen, erst von der Burg hinunter und dann durchs Dorf, duckten sich unter den ineinander verwachsenen Bäumen hindurch, die an den verlassenen Abhängen standen, und näherten sich der Stelle, wo der Fluß munter über die Felsen hinwegrann. Die Luft war von den Düften der Fäulnis geschwängert. Sie spürten die Kälte, die von den nassen Geröllbrocken im eisigen Wasser ausging. Überall hingen Moosteppiche und Flechten von den Baumstämmen und Felsen, selbst der Pfad, auf dem sie gingen, war davon bedeckt.

Eleyne blieb stehen und sah sich um. »Rhonwen, wir sollten lieber nicht weitergehen.«

»Ich dachte, du magst den Wald und die Dunkelheit«, erwiderte Rhonwen. Sie schritt über die schlüpfrigen Steine und widerstand der Versuchung, die Hand des Mädchens zu ergreifen und sie vorwärtszuziehen.

»Ich weiß nicht.« Die Haut in Eleynes Nacken prickelte. »Mir ist unheimlich. Bitte, Rhonwen, laß uns umkehren. Wir können doch morgen wiederkommen und uns die Ponys ansehen.«

»Nur noch ein kleines Stück.« Rhonwen ging verbissen weiter und betete, daß Eleyne ihr folgte. Der Boden war weicher hier, aus vermoderndem Laub, und die Bäume standen enger beieinander, als sie sich dem Wasser näherten – Haselnußbüsche und Eschen und alte Eichen, deren Äste sich über den Bach hinweg ineinanderschoben.

Einion wartete an der Biegung des Flusses, wo der Wasserfall rauschte. Er stand dort, in seinen schwarzen Mantel gehüllt, sie sahen ihn erst, als sie wenige Fuß von ihm entfernt waren. Rhonwen stieß einen kleinen Angstschrei aus, den das Brausen des Wassers fast völlig übertönte.

Eleyne starrte den hochgewachsenen Greis an und war wie gelähmt vor Furcht.

»Dein nächster Unterricht, Princess, muß hier stattfinden, da du nicht mehr in Llanfaes bist.« Er streckte die Hand nach ihr aus. Sie nahm sie, sie mußte es tun.

»Geh.« Über Eleynes Kopf hinweg sah er Rhonwen an. »Ich bringe sie im Morgengrauen zurück.«

»Morgengrauen …« Rhonwen war entsetzt.

»Morgengrauen.« Er nickte. »Geh.«

VI

Es schien ihr, als wären sie Stunden gelaufen. Zuerst durch dichten Wald, das Tosen des Wassers in den Ohren, dann wandten sie sich vom Fluß ab und gingen den grasbewachsenen Hang eines Hügels hinauf. Später näherten sie sich wieder dem Wasser. Eleyne konnte in der Dunkelheit kaum etwas erkennen, der Mann aber, der ihr vorausging, hatte wohl die

Augen einer Katze, so wie er dem sich schlängelnden Pfad folgte und sicher einen Fuß vor den anderen setzte. Als sie endlich am oberen Ende des Tales innehielten, keuchte Eleyne; er hingegen atmete ruhig und gleichmäßig. Sie hatten, das wußte sie, den großen Katarakt unterhalb des Bera Mawr erreicht, dort, wo das Wasser von den Felsen hinabstürzte.

»Hier«, rief er triumphierend, den Donner des Wassers übertönend. Er ließ ihre Hand los. »Die Geister sind gekommen, dich zu begrüßen.«

Eleyne wich erschrocken zurück. Ihre Augen bemühten sich, die Dunkelheit zu durchdringen. Im Sternenlicht sah sie den leuchtenden Schwall des Wassers, das hoch über ihnen von den Klippen stürzte, spürte die Kälte, die von den Felsen ausging.

»Zieh die Schuhe aus.« Sie hörte seine Stimme kaum, die im Brüllen des Wassers unterging. Sie sah, daß er seine Schuhe auszog, also tat sie dasselbe. Er lächelte. »Du fürchtest dich nicht?«

Beherzt schüttelte sie den Kopf, obwohl sie furchtbare Angst hatte.

»Komm.« Er führte sie näher an den Wasserfall heran. Sie spürte die Gischt, das Beben der Erde unter ihren nackten Füßen. »Hier, Princess, trink das.« Er zog eine Flasche aus seinem Umhang hervor. »Das wird dich wärmen.«

Sie nahm die Flasche, zögerte nur kurz und trank dann gierig: Es war Met.

Sogleich lief das süße, wärmende Gebräu durch ihre Adern. Doch es mußte noch etwas anderes in dem Met gewesen sein, außer dem süßen Honig, dem Malz, dem Wein, den bitteren Kräutern, denn plötzlich drehte es sich in ihrem Kopf. Das Brüllen des Wassers war überall, auch in ihr, in ihrem Kopf, es war ein Teil von ihr geworden.

»Hab keine Angst, Princess. Es sind nur Kräuter aus Ceridwens Kessel und Wasser vom ewigen Schnee. Komm.« Sie gingen auf das tiefe Becken am Fuße des Sturzbachs zu, auf runden und glatten Steinen, glitschig vom Moos. Sie sah ihn seine Arme heben, hörte ihn rufen, hörte ihn die Geister und Götter des Flusses und der Berge beschwören, während das Wasser toste.

Die Füße schmerzten ihr vom eisigen Bergwasser, das dar-
überspritzte, das ihren Rock und ihr Haar durchnäßte. Ihr Kopf
war schwer und benommen, sie konnte weder denken noch
sich bewegen. Trotzdem sah sie alles, als ob es taghell wäre.

Der Mond stieg über dem Wasserfall auf, sein klares Licht
durchdrang die Gischt, fiel an der Oberfläche des Felsens
hinab. Sie sah das Mondlicht auf seinen Fingerspitzen, seinen
Händen und Armen funkeln. Es strich Silber in sein Haar und
traf sein Gesicht mit kaltem Glanz. Das silberne Licht berührte
auch ihre Haut. Sie wunderte sich, hob die Arme und merkte,
daß es sie wärmte.

Wie im Traum watete sie in das eisige Wasser hinein. Ihr
Kleid war fort. Sie war nackt, das Wasser schien ihr warm. Sie
fühlte, daß es ihren Leib netzte wie Milch. Dann trieb sie zwischen den Bäumen dahin, ihre Füße berührten den Boden nicht
mehr; sie flog den Wasserfall empor und wirbelte wie Distel-
wolle in der Gischt, bis sie sich zwischen den Bäumen wiederfand, mit dem Rücken an einer alten Eiche. Ihre Borke war weicher Samt an ihrer Haut. Sie war unfähig, sich zu bewegen. Der
Baum umhüllte sie, und das Mondlicht war in ihren Augen.

Sie sah den Mann vor sich stehen, nackt wie sie. Er trug in
einer hölzernen Schale Wasser herbei. Er hob es zum Mond,
tauchte die Hand hinein und folgte der Spur des geheimen Zei-
chens auf ihrer Stirn und auf ihrer Brust, wo die kleinen, noch
schlafenden Warzen sich regten; auch auf ihrem Bauch und,
fast ohne sie zu berühren, zwischen ihren Beinen.

Dann aber war er fort, und sie war allein. Sie versuchte, sich
zu bewegen, doch der Bann hielt sie fest; das Mondlicht erfüllte
ihre Augen, und sie sah die Götter des Waldes am Wasserfall
tanzen, die Leiber halb im Dunst der Gischt verborgen.

VII

»Heilige Jungfrau! Eleyne, wach auf!« Luned rüttelte sie an den
Schultern. »Komm endlich, Rhonwen ruft nach dir.«

Eleyne schlug die Augen auf. Sie lag in ihrem Bett in dem
kleinen Zimmer im Ty Hir, das sie mit Luned und Rhonwen

teilte. Luned war bereits angezogen, die Sonne schien zum Fenster herein.

»Komm doch!« Luned riß ihr die Bettdecke weg. »Hast du vergessen, daß du heute Invictus reiten darfst?«

Eleyne richtete sich langsam auf. Auch als sie vor dem Bett stand, träumte sie noch, hörte das Brüllen des Sturzbachs und spürte die betäubende Kälte in ihren Gliedern.

Im Traum waren Gesichter von Männern, Frauen und Kindern gewesen, von Leuten, die sie seit Äonen kannte. Da waren Liebe und Tod, Angst und Blut. Wirbelnde Bilder; Gelächter und Tränen; das Krachen des Donners und gleißende Blitze in der schwarzen Wolke, die den Himmel verdunkelte.

Wie war sie nach Hause gelangt? Sie erinnerte sich an nichts mehr. Sie hob die Arme über den Kopf und lüpfte das struppige Haar in ihrem Nacken. Ihr Kopf tat weh, es war ihr, als wäre sie weit fort.

Nackt stand sie am Fenster, starrte hinaus zum Abhang des Maes-y-Gaer, wo das Rostbraun und Gold des Farnkrauts in der Morgensonne leuchtete, als Rhonwen mit einem Berg grünen Stoffs über dem Arm erschien.

»Eleyne, was tust du? Du kannst dir den Tod holen!« rief sie, erschrocken über ihre Nacktheit. »Hier. Die Näherin hat die ganze Nacht gearbeitet, um dir ein neues Kleid zu machen.« Ihr hatte es geholfen, die Zeit zu vertreiben, in der Eleyne fort war; es hatte ihr schlechtes Gewissen beruhigen helfen.

Ungeduldig zog sie ihr ein frisches Unterhemd an und ließ sie mit dem Kopf voraus in das neue Gewand schlüpfen.

»Sag ihr nichts«, hatte Einion Rhonwen befohlen, das bewußtlose Mädchen in den Armen haltend. »Sie wird denken, es wäre alles nur ein Traum gewesen. Die Götter haben sie gezeichnet. Sie gehört ihnen. Wenn es an der Zeit ist, werden sie sie für sich beanspruchen.«

»Und du sorgst dafür, daß ihr Vater die Heirat annulliert?«

Einion nickte lächelnd. »Hab keine Angst. Ich werde mit ihm reden, wenn sie alt genug ist, einen Mann zu wählen. Dann wird sie sicher unter den Druiden den aussuchen, den sie haben will. Sie wird keinem und jedem gehören, so wie die Göttin es bestimmt.«

»Nein!« sagte Rhonwen. »Sie muß jungfräulich bleiben …«

»Jungfräulichkeit ist für die Töchter Christi, für die Nonnen, Lady Rhonwen. Die Anhänger der alten Götter huldigen ihnen mit dem Körper, wie eh und je.« Er sah sie mit Augen an, die sie zu durchbohren schienen, dann wurde sein Blick sanfter. »Wenn du Jungfrau geblieben bist, Lady Rhonwen, dann hast du es getan, um deine Angst zu besänftigen, nicht um der HERRIN zu gefallen, der du dienst. Wünsche dem Kind nicht das gleiche Schicksal.«

Eine Stunde vor Tagesanbruch brachte Lady Rhonwen die noch immer betäubte Eleyne zu Bett. Ihr eiskalter Leib lag starr und steif neben Luneds warmem, entspanntem Körper, als sie die Decke über sie breitete. Rhonwen betrachtete die beiden, als Luned sich umdrehte und den Arm auf die Freundin legte. Rhonwen spürte, daß ihr die Tränen kamen.

Als sie Eleynes Haar berührte, erinnerte sich das Mädchen. »Du wußtest, daß er dort war, nicht wahr?« Sie riß den Kopf fort aus Rhonwens Händen und stand auf. »Du wußtest es, und dennoch hast du mich zu ihm gebracht!« Hinter ihr sah Luned, die auf dem Rand des Bettes gesessen und Eleyne die Strümpfe angezogen hatte, verwundert über den jähen Wutausbruch auf. »Wie konntest du so etwas tun! Ich dachte, du hättest mich lieb. Du hast mich betrogen!«

Eleyne hatte gedacht, in Aber wäre sie sicher. Sie hatte gedacht, er würde es nicht wagen, ihr zu folgen. Sie stand auf, stieß Rhonwen beiseite: »Was hat er mit mir gemacht?«

»Er hat dich der Göttin geweiht.«

»Pater Peter und dem Bischof würde das nicht gefallen.«

»Du darfst es ihm nicht sagen. Du darfst es niemals irgend jemandem erzählen.«

Rhonwen merkte, daß Luned alles mit anhörte. Sie wandte sich ihr zu: »Und du auch nicht, Luned. Niemand darf es je erfahren. Niemand!«

»Was wird jetzt mit mir geschehen?« Eleyne wandte ihnen noch immer den Rücken zu. Ihre Hände klammerten sich an den Stein der Fensterbank, als sie die Angst und das Entsetzen zu beherrschen versuchte, die in ihr aufgebrochen waren und sie durchströmten. Sie zitterte.

»Du brauchst nicht fort, du kannst hier in Gwynedd bleiben. Wenn du alt genug bist, wird Einion deinem Vater sagen, was geschehen ist.« Rhonwens Stimme war ruhig und besänftigend.

»Ich brauche nicht fortzugehen und mit Lord Huntingdon zu leben?«

»Nein.«

Nein, du wirst den Druiden gehören; sie werden der Göttin huldigen, indem sie sich deines Körpers bedienen, als eines Tempels, oder als ihres Spielzeugs.

»Ich will die Zukunft nicht sehen, Rhonwen.« Eleyne sah hinaus zum rostbraun verfärbten Berghang. Da lebten die alten Götter; die Steine ihres Tempels lagen noch immer dort verstreut.

»Dir bleibt keine Wahl, mein Kind. Du hast diese Gabe.«

»Einion hätte nie davon erfahren, wenn du es ihm nicht erzählt hättest.«

»Ich mußte es tun«, sagte Rhonwen schuldbewußt. »Sonst hätte dich diese Gabe zerstört. Verstehst du das? Einion wird dir erklären, wie du deine Gabe zum Guten verwenden kannst. Um deinem Vater zu helfen, oder Gruffydd und vielleicht auch Owain und dem kleinen Llywelyn nach ihm. Auch um etwas für Wales zu tun. Außerdem habe ich dich vor der Ehe gerettet. Davor, daß du wie deine Schwestern zu einem fremden Mann gehen mußt.«

Ein langes Schweigen folgte. Dann wandte sich Eleyne zu ihr um. »Ich werde nicht hierbleiben. Ich will ihn nie wiedersehen.«

»Eleyne! Du hast keine Wahl, Cariad. Du mußt ihm gehorchen. Es gibt keinen Grund, sich zu fürchten …«

»Nein!« Eleyne schwieg, dann wandte sie sich wieder dem Fenster zu. »Ich werde niemals Einion gehören. Niemals. Du hättest es ihm nicht gestatten dürfen, daß er mich der Göttin weiht. Mein Vater ist ein Anhänger der heiligen Kirche, Rhonwen. Ich weiß, daß er die Kanoniker von Ynys Lannog fördert, die dem Vorbild der alten Einsiedler folgen, und er heißt alle Mönche und die Barmherzigen Brüder in Wales willkommen. Er wird nicht wollen, daß ich zum alten Glauben zurückkehre.« Sie sagte es leise und mit absoluter Gewißheit.

Rhonwen packte die Angst. Das Kind war über Nacht erwachsen geworden. Nicht fügsamer war sie jetzt, eher im Gegenteil – in Eleynes Stimme klang nun ein Selbstbewußtsein mit, das keine Widerrede duldete.

»Unsinn«, sagte Rhonwen, »insgeheim ist er ein Anhänger des alten Glaubens.«

»Nein, Rhonwen. Er achtet ihn zwar, und er hört auch auf die Barden und Zauberer in den Bergen. Aber er hat mich in der Sankt-Deiniols-Kathedrale in Bangor taufen lassen. Das hast du mir selbst erzählt.« Eleyne lächelte etwas verkrampft. »Und er wird wollen, daß meine Ehe fortgesetzt wird. Die Verbindung mit dem Earl of Chester ist lebenswichtig. Das habe ich ihn zu meiner Mutter sagen hören. Lord Huntingdon wird Earl of Chester sein, wenn sein Onkel stirbt. Vater will keinen Krieg mehr mit Chester.«

»Die Tage, in denen Gwynedd und Chester Kriege führten, sind vorbei, Eleyne.«

»Ja, und um den Frieden zu besiegeln, hat Vater mich mit Lord Huntingdon verheiratet. Er wird diesen Vertrag nicht aufs Spiel setzen, weil Einion mich beansprucht. Er wird es nicht erlauben.«

Rhonwen schloß die Augen. »Zu spät, Eleyne. Du gehörst ihm bereits.«

Eleyne wirbelte herum. »Niemals, ich habe es dir gesagt, niemals!« Plötzlich war sie wieder ein Kind. Sie stampfte mit dem Fuß auf. »Und wenn du mich nicht vor ihm rettest, weiß ich, was ich zu tun habe!«

VIII

Rhonwen erwischte Eleyne im Stall, wo sie Sir Williams Knecht beim Satteln von Invictus zusah.

»Wo willst du hin?«

»Nach Degannwy. Dort bin ich sicher.« Die Tränen waren versiegt. Das Gesicht des Kindes wirkte ruhig und entschlossen.

»Du kannst ohne die Erlaubnis deines Vaters nicht fort.«

»Dann mußt du mir seine Erlaubnis holen, Rhonwen. Sofort. Schnell. Hier werde ich nicht bleiben.« Eleynes Hände hatten zu zittern angefangen, sie legte sie ineinander und wartete ungeduldig darauf, daß der Knecht Invictus das Zaumzeug anlegte und die kunstvoll verzierten Zügel über dem Nacken des Hengstes ordnete.

Sie zuckten beide zusammen, als Cenydd aus dem Dunkel auftauchte. Er runzelte die Stirn, als er die Vorbereitungen zum Ausritt sah. »Ich habe deinem Vater mein Wort gegeben, daß ich dich beschützen werde, Mylady. Ich werde mit dir kommen.«

Eleyne lächelte unsicher. »Solange du mich nicht aufzuhalten versuchst. Mein Vater hat mir erlaubt, Invictus zu reiten.«

»Das werde ich nicht versuchen.« Cenydd warf Rhonwen einen Blick zu. »Kommt Lady Rhonwen auch mit?«

»Nein.« Eleyne machte ein finsteres Gesicht.

»Eleyne, bitte, Cariad, warte!« rief Rhonwen. »Du kannst nicht nach Degannwy. Du bringst Gruffydd nur noch mehr in Schwierigkeiten.«

Eleyne hielt inne. »Na gut, dann geh zu Papa und frage ihn, ob ich zu ihm darf. Aber ich reite schon los. Jetzt sofort.« Einion konnte jeden Augenblick auftauchen.

Rhonwen hatte eine Hand auf die Zügel des Pferdes gelegt. »Lord Einion wird wollen, daß du bleibst«, flüsterte sie.

»Nein.« Eleyne schüttelte den Kopf.

Cenydd zog eine Augenbraue hoch. »Ich habe es dir gesagt, Rhonwen. Du bist eine Närrin gewesen, daß du dich eingemischt hast.«

»Aber ich will nicht, daß sie ihn heiratet …«

»Ich bin verheiratet, Rhonwen.« Eleyne stampfte mit dem Fuß auf. »Daran kann niemand etwas ändern.«

»Aber ja doch! Die Ehe ist nicht vollzogen. Sie kann annulliert werden. Sie muß annulliert werden!«

»Sei vernünftig, Rhonwen. Der Prince würde das nie zulassen.« Cenydd trat vor und kniff die Augen zusammen wegen des kalten Windes, der in den Stall pfiff. »Finde dich mit den Tatsachen ab, Frau.« Er zog Rhonwen beiseite, sein Gesicht war voller Zorn. »Du hast das alles doch nicht nur für deine Götter getan, oder um sie vor der Ehe zu bewahren. Du hast es getan, weil du sie für dich selbst behalten wolltest, nicht wahr? Doch du wirst sie nicht behalten. Der Seher wird sie bekommen, wenn du ihr nicht hilfst.«

Eleyne starrte Rhonwen an, ihr Gesicht war weiß. »Ist das wahr?«

»Natürlich nicht.« Rhonwen streckte gequält die Hände aus. »Ich habe dich lieb, Eleyne. Ich möchte nur dein Bestes.«

»Dann hilf mir, daß ich nach Degannwy komme.« Sie winkte dem Knecht, er solle sie in den Sattel heben. »Bei Gruffydd bin ich sicher«, sagte sie mit fester Stimme. »Er duldet es nicht, daß mir etwas zustößt.«

Cenydd und Rhonwen sahen einander an. Gruffydd war nicht in der Lage, ihr zu helfen, aber daran mochte keiner von beiden sie gern erinnern. Rhonwen streckte die Hand aus und berührte die Eleynes. »Na gut, Cariad. Aber warte. Warte auf die Erlaubnis deines Vaters. Sonst bekommst du Ärger.«

Eleynes Gesicht nahm einen rebellischen Ausdruck an. »Ich werde Papa schreiben. Er versteht mich schon.« Sie wandte das Pferd um, noch immer voller Angst, daß Einion im Dunkel auf sie lauern könnte.

Das Tal jenseits des Dorfes lag ruhig da, vom Wind geschützt und immer noch nebelverhangen, als Invictus zum Pfad hintrottete, der sich den Fluß entlangwand. Cenydd ritt ein paar Schritte hinter ihr, die Hand am Schwert. Ihm folgten zwei Knechte des Prince, die er hastig von ihrer Arbeit abberufen hatte.

Im Hof vor dem Stall wandte sich Rhonwen mit klopfendem Herzen um, sie mußte den Prince aufsuchen.

IX

Llywelyn machte ein finsteres Gesicht. »Du willst mit ihr nach Degannwy?«

Princess Joan lächelte. »Eine gute Idee. Warum nicht? Sie kann bei Gruffydd und Senena bleiben.« Ihr Gesicht verriet den unausgesprochenen Schluß des Satzes: Dann sind die drei

Unruhestifter aus dem Weg und können keinen Schaden mehr anrichten.

Rhonwen nickte, fest entschlossen, diese unerwartete Bündnispartnerin so gut wie möglich zu benutzen. »Sie kann ihre Studien fortsetzen, Lord Gruffydd hat ja schon Lehrer für den kleinen Owain dort. Sie können ihr helfen.« Hinter Rhonwen hatte eine Gestalt den Saal betreten, sie kam auf sie zu. Ihr Herz drehte sich um vor Angst. Es war Einion, das wußte sie. Sie sah den Fürsten mit flehendem Blick an, kalter Schweiß brach plötzlich in ihren Handflächen aus. »Darf ich gehen, Hoheit?« flüsterte sie.

Llywelyn runzelte die Brauen. »Ich sehe keinen Grund, weshalb nicht. Ja, ich will dir einen Brief an Gruffydd mitgeben. Ich möchte nicht, daß der Junge denkt, ich hätte ihn völlig vergessen.«

Joans Augen zogen sich zu Schlitzen zusammen. »Das wird ihn mit Sicherheit ermutigen, weiteres Unheil anzurichten.«

»Er ist mein Sohn.« Llywelyn brachte sie entschlossen zum Schweigen. Er wandte sich Einion zu. »Guten Morgen, Herr Barde. Willkommen.«

Einion, der sich schwer auf seinen Stab stützte, verbeugte sich vor dem Fürsten, beobachtete aber Rhonwens Gesicht aus schmalen schwarzen Augen. »Wie geht es deiner Anvertrauten, der Princess?« fragte er.

»Gut«, murmelte Rhonwen. Ihr Mund war trocken geworden.

»Wir haben beschlossen, sie nach Degannwy gehen zu lassen«, sagte Joan und raffte ihr Gewand enger zusammen gegen die Kälte, die im Saal herrschte. Sie betrachtete Einion mißfällig.

Einion zog die Brauen zusammen. »Nein, sie darf Aber nicht verlassen.«

»Was sagst du da?« Llywelyn runzelte die Stirn.

»Sie gehört hierher, Sir. An Ihre Seite. Es wäre unklug, wenn man sie in diesem Augenblick zu ihrem Bruder gehen ließe.«

»Warum denn, mein Freund?« fragte Llywelyn wiederum.

Rhonwen hielt den Atem an. Als die beiden Männer einander ansahen, spürte Rhonwen, wie die Macht des alten Mannes auf den Fürsten einwirkte und ihn umzustimmen versuchte. Llywelyn schüttelte leicht den Kopf, als empfinde er einen körperlichen Schmerz.

Er weiß es nicht! Plötzlich begriff Rhonwen: Einion war gar nicht allwissend! Er ahnte nicht, daß Eleyne schon fort war. Sie empfand eine Erleichterung, die sich in körperlicher Schwäche bemerkbar machte.

Bevor Einion antworten konnte, stand Joan plötzlich auf. Es war offensichtlich, wie sehr sie den ältesten Barden ihres Mannes haßte. »Überlassen Sie es uns, Lord Einion, wohin unsere Tochter geht oder weshalb«, sagte sie kalt.

X

Die Berge an beiden Seiten der Straße waren nebelverhangen. Der Hufschlag der Pferde blieb unhörbar auf dem modrigen Boden. Rhonwen sah sich zum zehnten Mal um, kniff die Augen zusammen und versuchte festzustellen, ob jemand sie verfolgte. Einion hatte sie mit Sicherheit fortreiten sehen. Es war ihr gelungen, eine Eskorte zusammenzustellen und den Hof zu verlassen, ohne daß der Prince Eleyne noch einmal zu sehen verlangte. Mehr als zwei Stunden lag sie hinter Eleyne zurück, als sie in die östlich gelegenen Berge losritt. Sie ritt schnell, weil sie sie einholen wollte, und war immer noch in Angst, Einion könne Mittel und Wege finden, sie zurückzuholen. Über die alte römische Heerstraße vor ihr schwebten Nebelschwaden, weiter als hundert Fuß entfernt konnte man nichts mehr erkennen. Bäume verschwanden und tauchten wieder auf. Außer dem Quietschen des Harnischs und dem dumpfen Hämmern der Pferdehufe hörte sie nur noch den Fluß rauschen. Dann endete auch das. Die Straße kehrte sich vom Ufer ab und lief über die Hügel weiter.

Am frühen Abend erreichte Rhonwen den großen Fluß nahe der Abtei von Aberconwy, die Eleynes Vater dreißig Jahre zuvor gegründet hatte. Dort traf sie endlich auf Eleyne und Cenydd, die auf ein Boot warteten, das sie über das Wasser nach Degannwy bringen sollte. Um das Schloß zu erreichen, mußten sie den Fluß dort überqueren, wo er sich verengte, und ihren Weg zu Fuß vom Landungssteg zur Burg hinauf fortsetzen, die um die von Geröll bedeckten Zwillingsgipfel des Vardre herum erbaut worden war.

Von einem Verfolger war nichts zu sehen. Die Straße hinter ihnen war leer, in Nebel gehüllt, und das Wasser zu ihren Füßen schwappte mit der hereinbrechenden Flut über die Felsen. Rhonwen berührte Eleynes Schulter. »Die Eskorte muß Invictus nach Aber zurückbringen. Wir sind jetzt gleich in Sicherheit.«

Eleyne zögerte. »Wirklich? Du hast ihm nicht verraten, wo ich bin?« Sie sah Rhonwen an. »Doch. Du hast es ihm gesagt. Du hast es verraten!« Ihre Stimme wurde laut vor Entsetzen.

»Deine Mutter hat es ihm gesagt, ich nicht«, entgegnete Rhonwen. »Ich konnte es nicht verhindern. Aber er wird dir nicht hierher folgen, Cariad. Du bist in Sicherheit.«

XI
DEGANNWY CASTLE * Oktober 1228

Gruffydd und Senena erwarteten sie im Fürstensöller. Eleyne warf sich ihrem Halbbruder in die Arme.

»Ach, Gruffydd, ich bin so froh, bei dir zu sein.« Sie klammerte sich an ihn.

Er zog die Stirn kraus. »Was ist denn los, Schwesterchen?« Nie hatte er sie in Angst gesehen. Er setzte sie auf den Boden ab und sah Rhonwen an. »Was ist geschehen? Warum seid ihr hier?«

Eleyne nahm sich zusammen. Sie richtete sich auf, ging von ihrem Bruder fort zum Feuer, streckte die Hände zu den Flammen hin und wandte ihm den Rücken zu. »Nichts ist geschehen. Ich zittere nur, weil mir kalt ist.« Sie wechselte hastig das Thema. »Warum machst du Papa immer wieder so wütend, Gruffydd? Jedesmal, wenn du das tust, nützt du damit doch nur Dafydd!«

»Ich weiß, Liebling, ich weiß«, verzog Gruffydd reumütig das Gesicht. »Ich verfluche mich und meinen dummen Jähzorn zwanzigmal am Tag.«

»Und ich verfluche ihn noch einmal zwanzigmal!« sagte Senena. Sie küßte Eleyne auf den Kopf.

»So, Schwesterchen.« Gruffydd sah sie nachdenklich an. »Was hast du verbrochen, daß sie dich in dieses Gefängnis geschickt haben?«

»Lady Eleyne ist hier, um Euch zu besuchen, Sir«, erklärte Rhonwen. »Sie ist keine Gefangene.«

»Nein?« Gruffydd lachte bitter. »Bist du sicher? Llywelyns Kinder schickt man nur hierher, wenn sie in Ungnade fallen. Wir sind nahe genug bei Aber, daß Vater uns im Auge behalten, aber auch weit genug von ihm entfernt, daß er uns vergessen kann!«

»Trotz allem, Eleyne ist keine Gefangene, Sir«, wiederholte Rhonwen.

»Nein. Ich bin weggerannt«, sagte Eleyne leise. »Ich hatte Angst.« Sie wollte gerade noch mehr sagen, als sie Rhonwen sah und sich auf die Lippe biß.

»Princess Joan war wütend, weil wir unaufgefordert von Llanfaes zurückgekommen sind«, erklärte Rhonwen.

»Mutter mag es nicht, daß ich in Aber bin«, fuhr Eleyne fort. »Und daß Sir William mich mag, hat sie noch wütender gemacht.« Sie sagte es wehmütig. »Ich glaube, er mag sie.«

Rhonwen und Gruffydd tauschten Blicke aus, und Gruffydd pfiff leise durch die Zähne. »Sollte es möglich sein, Princess Joan mit ihrem eisernen Willen zeigt eine menschliche Schwäche? Auf Damen wirkt er anziehend, dieser Sir William, nicht wahr?«

»Ja, das stimmt!« warf Senena ein, um ihn zu reizen.

»Und du magst ihn auch, Liebling?« Gruffydd faßte seiner Schwester unters Kinn.

Eleyne errötete. »Ich mag sein Pferd.«

Gruffydd stieß ein brüllendes Gelächter aus. »Sein Pferd! Ach, liebe süße Eleyne! Du mußt wohl erst noch ein wenig erwachsen werden.«

Eleyne spielte mit ihrem kleinen Neffen Owain im Schloßhof. Er hatte eine Reihe von roh geschnitzten Holzpferdchen aufgestellt und warf mit seinem Ball nach ihnen. Nicht weit von ihm nützte die Amme die Spätherbstsonne und hielt das Baby in den Armen, das gerade an ihrer Brust eingeschlafen war. Rhonwen befand sich auf dem Söller mit Senena und ihren Damen beim Stricken. Eleyne sah hinauf zu dem schmalen Fenster oben im Turm hinter ihr und hatte ein schlechtes Gewissen. Eigentlich sollte sie bei ihnen da oben sein, aber sie hatte das unangenehme Gefühl, hinter diesen hohen Mauern eingesperrt zu sein. Es kam ihr vor, als stecke sie in einer Falle. Dabei konnte sie vom Turm aus im Osten und Süden die Berge sehen, im Westen die Mündung des Conwy und jenseits davon die nebligen Hügel von Anglesey.

Eine Gruppe von Reisenden kam durchs Tor herein. Mit einem Mal wurde ihr kalt. Die große, hagere Gestalt in der Mitte der Gruppe war nicht zu übersehen, auch wenn der Mann die Kapuze seines Reisemantels über den Kopf gezogen hatte. Für einen Augenblick war sie vor Angst wie gelähmt, doch dann raffte sie sich auf und suchte verzweifelt nach einem Versteck – einem Ort, wo sie sich vor diesen alles durchdringenden Augen verbergen konnte. Sie warf Owain den Ball zu und rannte um die Ecke der westlichen Mauer, an der sich die Küchen befanden. Dort, unter den ständig hin- und herlaufenden Dienern des Schlosses, konnte sie untertauchen, bis Einion hineingegangen war, um Gruffydd aufzusuchen. Doch sie war es, die er wollte. Daran gab es keinen Zweifel. Und er würde sie finden. Das Herz schlug ihr bis im Hals.

»Eleyne!«

Die Kinderstimme neben ihr ließ sie zusammenzucken. Als sie hinsah, merkte sie, daß Owain ihr gefolgt war. Das stämmige kleine Kerlchen grinste sie aus seinem schmutzigen Gesicht an. »Owain will Verstecken spielen.«

Sie sah ihn wütend an. »Geh zu deinem Kindermädchen!«

»Nein, Owain will Versteck spielen!« verlangte die schrille kleine Stimme. Seine Hand kroch in ihre.

Eleyne warf einen Blick um die Ecke. Die Gruppe der Besucher bewegte sich auf den Turm und die hölzerne Treppe zu, die zum großen Saal hinaufführte. Nahe bei ihnen sah sie das Kindermädchen und die Amme. Während die Amme das Baby im Arm hielt, suchten sie verzweifelt nach dem verschwundenen Kind.

»Geh jetzt zu deinem Kindermädchen, Owain.« Eleyne gab ihm einen Stoß.

Owain stimmte ein durchdringendes Geheul an, so daß Einion stehen blieb. Mit untrüglichem Gespür richtete er seinen Blick auf sie, und sie wich in den Schatten zurück. »Sei still, Owain, bitte«, murmelte sie leise, aber das Kind fing nun erst recht an zu schreien. Weitere Köpfe wandten sich nach ihnen um. Das Kindermädchen kam herbei und gluckste wie eine alte Henne. Einion war weitergegangen.

Mit einem Schluchzen der Erleichterung sah Eleyne ihn hinter seinen Reisegenossen her die Treppe hinaufsteigen und in der im Schatten liegenden Tür des Turms verschwinden.

Er wartete auf sie, als die Bewohner des Hauses sich an diesem Abend zum Essen versammelten.

»Komm.« Er streckte die Hand nach ihr aus. »Ich habe Nachrichten von deinem Vater.«

»Nein!« Sie schüttelte den Kopf und wich zurück, ihr Herz hämmerte entsetzlich.

»Du brauchst mich nicht zu fürchten, Eleyne, ich bin dein Freund.« Er stöberte in seinem ledernen Ranzen und zog einen versiegelten Brief heraus. »Ich habe Anweisungen für Lord Gruffydd mitgebracht.«

Sie nahm den Brief mißtrauisch entgegen.

Er lächelte. »Du hast keine weiteren Träume und Visionen gehabt, mein Kind?«

Sie schüttelte wütend den Kopf.

»Wenn du welche hast, möchte ich, daß du mich rufen läßt. Versuche sie nicht allein zu ertragen. Ich weiß es nur zu gut!« Seine Stimme war leise, besänftigend. »Du bist begnadet, Eleyne. Kämpfe nicht gegen die Gabe, die du hast.«

Das war alles, was er sagte. Auch versuchte er bis zu seiner Abreise nicht wieder, allein mit ihr zu sprechen.

Viel Zeit war vergangen, aus Wochen waren Monate geworden, und Eleynes Angst hatte sich gelindert. Sie war ruhiger geworden, fühlte sich sicherer. Die Visionen kamen denn auch plötzlich und unerwartet. Der erste Schnee des Winters war gefallen und sofort wieder geschmolzen, sobald er den Boden berührte. Ein leichter kalter Regen wehte von der Flußmündung herein, durchnäßte den kalten Boden und verwandelte das Eis in zähen Schlamm. Die meisten Bewohner des Schlosses saßen um die riesigen Feuer im großen Saal. In den Kinderzimmern halfen Rhonwen und Eleyne den Mädchen beim Nähen der Kleidung für die rasch heranwachsenden Jungen. Müde legte Eleyne die Nadel auf den Tisch, stand auf, durchgefroren nach stundenlangem Stillsitzen. Sie ging zum Feuer, stellte sich davor, sah in die Glut und spürte, wie die Wärme ihre schmerzenden Knochen zu erreichen begann.

Die Steine des Herdes waren plötzlich so deutlich zu erkennen. Sie hörte das Knistern und Zischen der schwarzen Borkenstücke, die von den Holzscheiten abrollten und schrumpfend zu Asche wurden. Halb fasziniert, halb abgestoßen streckte sie die Hand aus. Da, tief im Herzen der Flamme, stand ein Mann, abgewandt von ihr. Sie sah seine Schultern unter einem weißen Hemd, der Strick war um seine Handgelenke gewunden und der andere Strick, die Hanfschlinge, um seinen Hals. Sie bemühte sich, sein Gesicht zu erkennen, doch schon verblaßte das Bild.

Rhonwen sah auf. Das Kind hatte einen leisen, verzweifelten Wimmerlaut ausgestoßen. »Eleyne?« fragte sie. »Was ist?«

Eleyne ballte die Fäuste zusammen. Sie kämpfte gegen eine Welle von Schwindel und Übelkeit an. »Nichts. Es war nur die Hitze, das ist alles ...« Sie wandte sich um und kehrte zu den anderen zurück. Sie wollte Rhonwen nichts erzählen, denn wahrscheinlich würde sie es Einion weitersagen. Nie wieder würde sie es irgend jemandem erzählen, wenn die Bilder kamen.

Als der Schnee das Land bedeckte und die Straßen unpassierbar waren, wich die Angst, Einion könne zurückkehren.

Einmal war sie sogar nahe daran, sich ihrem Bruder anzuvertrauen. Sie standen auf der Burgmauer und sahen die Sonne in einer Nebelbank untergehen. Um sie herum verschwanden die Berge und, weit in der Ferne, auch die Anhöhe von Anglesey in dem undurchdringlichen Dunst.

»Magst du Einion Gweledydd?« fragte sie.

»Er ist einer der ältesten Barden unseres Vaters und schon sehr lange am Hof.« Gruffydd hauchte in die Höhlung zwischen seinen Händen, um sie zu erwärmen.

»Aber magst du ihn?« wollte sie wissen.

Gruffydd überlegte einen Augenblick. »Er ist nicht die Art von Mann, die man mögen kann«, sagte er vorsichtig. »Er ist zu streng. Man sagt, er hält an der alten Bergreligion fest, und die Männer haben aus diesem Grund wohl Angst vor ihm. Sie glauben, er besitzt magische Kräfte.«

Eleynes Hand packte die steinerne Brustwehr. »Und glaubst du daran?«

Gruffydd lachte. »Ich nehme an, tief drinnen glaubt jeder an Zauberei; aber nicht an die alte Religion. Christus hat das besiegt. Weshalb fragst du, Liebling? Hat er dich erschreckt?« Er betrachtete sie aufmerksam.

»Nein. Aber als er hier war, wirkte er so unerbittlich.« Sie biß sich auf die Lippe. »Was hat Papa dir in dem Brief mitgeteilt, den Einion überbracht hat?« fragte sie und wechselte das Thema. In all den langen Monaten seit Einions Besuch hatte Gruffydd in ihrer Gegenwart den Brief nie erwähnt.

»Ach ja, der Brief«, sagte er und seufzte. »Er sagt, er liebt mich, aber er und Dafydd hielten es für das beste, daß ich noch eine Zeitlang hier bliebe.«

Eleyne sah traurig zu ihm hoch. »Ich wollte, Dafydd und du könntet Freunde sein, Gruffydd.«

Er lächelte grimmig. »Ich fürchte, das ist nicht möglich. Nicht so lange, wie Dafydd den Platz als Nachfolger meines Vaters einnimmt.« Seine Bitterkeit war voller Wut.

Sie wich von seiner Seite und stützte sich auf die Brustwehr. Die Abtei von Aberconwy am anderen Flußufer mit ihrem Turm, auf dem das Kreuz Christi stand, war ein schwarzer Fleck in den dunklen, länger werdenden Schatten. Sie zog den Pelzmantel enger um sich. »Wie lange kann ich hierbleiben?«

Wieder das grimmige Lächeln. »Solange Vater es erlaubt, nehme ich an. Ich glaube, er hofft, daß Senena dich in eine Dame verwandelt.« Er brachte ein schiefes Grinsen zustande.

Eleyne sah ihn nicht an. »Seltsam, du willst fort, und ich möchte bleiben.«

Eleyne lebte gern hier, abgeschieden, vor Gefahren geschützt. Weit entfernt von Einion und von Aber, und weit entfernt auch von dem Gedanken an die Ehe. Das einzige, vor dem sie nicht sicher war, waren ihre Träume. Es hatte da während der letzten Monate einen Traum gegeben, der war immer wiedergekommen. Ein Traum, den sie seit ihrer Kindheit kannte, der sich aber verdichtet hatte, bis sie sich an alle Einzelheiten erinnern konnte. Der Traum handelte von einem Mann, der groß und rothaarig war. Er hatte blaugrüne Augen und ein freundliches Lächeln. Es war ein Mann, den sie kannte und dessen Namen sie trotzdem nicht wußte. Ein Mann so alt wie ihr Vater, für den sie aber Gefühle hegte, wie sie kein Kind einem Elternteil gegenüber empfinden sollte. Es war ein Traum, den sie mit schlechtem Gewissen willkommen hieß und an dem sie sich Nacht für Nacht im Dunkel ihrer Einsamkeit erfreute, während sie Rücken an Rücken mit Luned im Turmzimmer schlief.

»Unfrei zu sein, Eleyne, ist schrecklich«, sagte Gruffydd. »Für dich ist das anders. Du bist eine Frau. Du wirst nie viel Freiheit haben. Immer einen Vater oder einen Ehemann, der über dich bestimmt. Aber für einen Mann ist es nicht so. Ein Mann muß frei sein.« Er gab sich keine Mühe, den Schmerz in seiner Stimme zu unterdrücken.

Niemals frei zu sein, immer von jemand anderem beherrscht zu werden, keine sonderlich verlockende Aussicht. Eleyne hatte sich das noch nie auch nur vorgestellt, und jetzt schob sie den Gedanken beiseite, in eine Ecke ihres Bewußtseins als Teil einer fernen Zukunft, der mit ihrem Ehemann, dem Earl of Huntingdon, zu tun hatte.

»Sir William de Braose würde verstehen, was ich meine«, seufzte Gruffydd, dem das plötzliche Schweigen seiner Schwester nicht auffiel. »Er weiß, daß er ein Gefangener ist, auch wenn Vater ihn als seinen Gast behandelt.«

Eleyne war ihm dankbar, daß er das Gespräch auf Sir William brachte. Jedesmal, wenn sie an ihn dachte, wurde ihr warm ums Herz. Es war ein ganz besonderes Gefühl. Gern sprach sie seinen Namen aus, auch spürte sie die heimliche Bewunderung ihres Bruders für diesen Mann. Ein- oder zweimal hatte sie von ihm geträumt und sein Gesicht jenem anderen Gesicht hinzugefügt, von dem sie immer wieder träumte, diesem Gesicht, von dem sie niemandem erzählt hatte, nicht einmal Rhonwen, diesem Gesicht, von dem sie hoffte, daß es dem Earl of Huntingdon gehörte. Doch tief in ihrem Herzen wußte sie, daß dem nicht so war. Der sechzehnjährige Junge, der sie nach ihrer Vermählung so ungeschickt im Arm gehalten hatte, war blond und hatte hellblaue Augen. So weit sie sich überhaupt an ihn erinnerte, war er nicht der Mann in ihren Träumen.

»Freiheit ist alles, Eleyne«, fuhr Gruffydd fort, und seine Stimme klang gedrückt vor Enttäuschung. »Hinter Mauern festgehalten zu werden, so bequem man es dahinter auch haben mag, ist für jemanden, der fort möchte, eine Qual. Auch Sir William kann den Ort seiner Gefangenschaft nicht verlassen, bevor er sein Lösegeld bezahlt hat und Vater ihm dafür seine Freiheit zurückgibt.«

»Doch wenn er das getan hat, dann kann er nach Hause und dann wird er der Heirat zwischen Isabella und Dafydd zustimmen.« Eleyne lächelte erleichtert. »Ich möchte gern wissen, ob Dafydd sich darauf freut.«

Gruffydd grinste wehmütig. Falls die Hochzeit wirklich stattfinden sollte, würde man Eleyne zurück nach Aber kommen lassen – und er würde seine kleine Gesellschafterin verlieren. Er warf ihr einen nachdenklichen Blick zu. Sie freute sich auf die Hochzeit, aber würde sie sich freuen, wenn sie nach Aber zurück mußte? Vor etwas dort hatte sie Angst. Eine Todesangst. Wenn sie ihm doch nur verraten wollte, was es war.

»Ich will nicht nach Aber!« Weinend ergriff Eleyne Gruffydds
Hand. Der befürchtete Brief war eingetroffen.

»Ich weiß, Liebling, doch Vater möchte es. Dagegen kannst
du nichts tun. Du mußt ihm gehorchen. Du kannst nicht ewig
hierbleiben.« Ihre Hände waren eiskalt, und er sah die Angst
in ihren Augen. »Was ist, Eleyne? Wovor fürchtest du dich
denn so?«

»Vor nichts.« Ihre Blicke trafen sich, ihrer war immer trotzig
und flehend zugleich. »Vor gar nichts.«

Nach einem tränenreichen Abschied von Gruffydd und Senena und ihren kleinen Neffen, die in ihrem Gefängnis bleiben
mußten, überquerten Eleyne, Luned und Rhonwen, begleitet
von Cenydd und seiner kleinen Mannschaft und von Llywelyns Boten wieder den Conway-Fluß und brachen gen Aber
auf. In Eleynes Gepäck befanden sich mehrere Briefe von Gruffydd, in denen er seinen Vater um Verzeihung bat; in denen er
ihn anflehte, seine Gefangenschaft in Degannwy zu beenden
und ihm die Rückkehr nach Aber zu gestatten.

Eleyne saß kerzengerade im Sattel, ihr Gesicht war vor Kälte
verzerrt, ihre Angst hatte sie tief in sich begraben. Sie konnte
es weder Senena noch Gruffydd noch Rhonwen gestehen, daß
sie sich immer noch fürchtete. Statt dessen klammerte sie sich
an die Hoffnung, Isabella in Aber anzutreffen. Sir William hatte
offenbar längst sein Lösegeld gezahlt und war fort. Die Hoch-
zeitsvorbereitungen waren in vollem Gang. Es würde ein wun-
derschöner Frühling werden.

In den dunklen Schluchten und Tälern der Berge über ihnen
lagen immer noch große Schneepolster, und die weißen Kappen auf den Gipfeln leuchteten. Nur hier und da zeigten wilde
Osterglocken, kleine festverschlossene Spitzen im kalten
Wind, ihre gelben Kelche. Der Wind war schneidend wie ein
Schwert. Die westliche Bergstraße war noch nicht passierbar,
so daß sie die Straße nahe der Küste nahmen.

Als Eleyne gleich nach dem Ritt, noch immer in ihrem Pelz,
den von vielen lärmenden Menschen erfüllten Burgsaal betrat,

fiel ihr als erstes Einion auf, der hinter dem Stuhl ihres Vaters wartete. Wie angewurzelt blieb sie stehen und suchte Schutz, indem sie sich hinter anderen Menschen verbarg. Auch Rhonwen, die ihr gefolgt war, entdeckte ihn und wurde blaß. Sie sahen ihn sich vorbeugen und dem Fürsten etwas ins Ohr flüstern.

»Du mußt zu ihm gehen.« Rhonwen nahm Eleyne beim Arm. »Du mußt deinen Vater begrüßen. Du mußt ihm Gruffydds Briefe geben und ihn um die Freilassung deines Bruders bitten.«

»Nein!«

»Doch«, verlangte Rhonwen. Jetzt, in seiner Nähe, fürchtete auch Rhonwen sich wieder vor Einion, und sie mußte sich zwischen ihrer Liebe zu Eleyne und ihrem Gehorsam gegenüber dem Seher entscheiden. »Du bist eine Prinzessin, Eleyne! Du hast keine Angst!« flüsterte sie wütend. »Er ist doch nur ein alter Mann. Er kann dir nicht weh tun!« Sie kreuzte Mittel- und Zeigefinger und hoffte, daß er das, was sie zu Eleyne sagte, nicht hört.

Eleyne war vor Angst wie gelähmt, aber irgendwie drangen Rhonwens Worte zu ihr durch. Sie ballte die Fäuste: Er ist nur ein alter Mann, sagte sie zu sich selbst, nicht der wilde Hexenmeister meiner Träume. Sie zwang sich weiterzugehen, und ihre Augen wichen denen des Barden aus.

Erst als sie zu dem erhöhten Platz kam, an dem ihr Vater saß, sah Eleyne ihre Mutter. Joan saß auf der anderen Seite des knisternden Feuers und trug ein mit Goldfäden besticktes scharlachrotes Kleid. Über die Schultern hatte sie ihren mit Fuchsfellen besetzten Mantel gelegt. Ihr zur Seite, in ein Gespräch mit ihr vertieft, saß Sir William de Braose. Ihr Herz machte vor Überraschung und Freude einen Sprung, als sie ihn sah, und sie war froh, daß sie unter ihrem schweren Mantel eines jener neuen Kleider trug, die Senena und Rhonwen ihr an den langen Wintertagen geschneidert hatten. Es war von moosgrüner Farbe, reich bestickt, und sie fand sich darin ebenso schön wie ihre Mutter.

Als sie vor ihrem Vater einen Knicks machte, warf sie Einion einen trotzigen Blick zu. »Eure Tochter war zu lange fort, Sir. Sie hat in Aber gefehlt.«

»Das ist wahr«, pflichtete ihm Llywelyn bei. »Begrüße deine Mutter, mein Kind, und nimm deinen Mantel ab. Wir wollen uns gerade ein Lied anhören.« Er deutete auf die Harfe, die in seiner Nähe stand.

Eleyne knickste pflichtbewußt vor ihrer Mutter und dann noch einmal, lebhafter, vor Sir William. Isabella war nicht zu sehen.

Sir William lächelte. »Sicher möchtest du wieder Invictus reiten? Laß uns morgen darum losen.« Sein Lächeln war bezaubernd. »Ich bin diesmal als Gast hier, um die letzten Vorkehrungen für Bellas Hochzeit zu treffen, wir können also zusammen ausreiten. Mit Erlaubnis deiner Mutter.«

Eleynes Freude und Erregung wurden seltsam gedämpft von dem Blick, den er Joan zuwarf. Ihr war, als ob sie etwas verloren, als ob man sie von etwas ausgeschlossen hätte.

»Eleyne, komm her und setze dich zu mir.« Der Fürst deutete auf einen Hocker zu seinen Füßen, seine Augen aber hingen an dem Gesicht seiner Frau. Instinktiv streckte sie die Hand nach ihm aus. Llywelyn lächelte und drückte sie. Wenigstens würde er niemals Grund haben, an der Liebe und Treue seiner Tochter zu zweifeln, so wie er, Christus mochte ihm verzeihen, die seiner Frau in Zweifel zu ziehen begonnen hatte. Er wandte sich um und nickte dem Barden zu.

XVI
ABER

Rhonwen schlug plötzlich die Augen auf, all ihre Sinne waren wach und gespannt. Sie hielt den Atem an. Jemand war in ihrem Schlafzimmer. Draußen vor den schmalen Fenstern lag das Tal unter einer Nebeldecke. Sterne sah man nicht, und kein Mondlicht erhellte die Finsternis.

Die hohe Gestalt stand in der Ecke nahe ihrem Bett, die noch dunkler als der Rest des Zimmers war. Die Arme gefaltet sah er auf sie herab.

»Wo ist das Kind?«

Rhonwen richtete sich langsam auf, sie drückte die Betttücher fest unters Kinn. »Was tust du hier? Wie bist du hereingekommen?« Sie hatte entsetzliche Angst.

Er überhörte ihre Frage. »Wo ist das Kind?«

Rhonwen schluckte und sah unwillkürlich zum anderen Ende des Raumes, wo Eleynes Bett unsichtbar im Dunkeln stand. Sie brauchte nicht erst hinzugehen, um nachzusehen, sie wußte, daß nur Luned dort lag und schlief.

Rhonwen zuckte mit den Schultern. »Ich weiß nicht, wo sie ist. Sie wandert oft des Nachts herum.«

»Du mußt sie finden. Der Unterricht muß weitergehen.«

Rhonwen schluckte. »Sie hat Angst. Warte doch, bis sie etwas älter ist. Bitte ...«

»Wenn sie älter ist, ist es zu spät. Bring sie zu mir. Ich erwarte euch bei den Erlen wie letztesmal.«

Rhonwen schloß die Augen. »Bitte ...« Ihr Flehen blieb ohne Antwort.

Er war fort. Sie stieg aus dem Bett, tastete mit zitternden Händen nach der Kerze, die auf der Truhe bei der Tür stand, und warf sie ins Feuer. Das Licht ließ die Schatten aufspringen und die Wände hinauftanzen, sie hüpften über die Bettvorhänge, jagten über den Fußboden und auf die Tür zu. Das Zimmer war leer. Sie öffnete die Tür. Die kurze Wendeltreppe, die in die Dunkelheit führte, war verlassen. Das Binsenlicht im Halter an der Wand brannte mit steter Flamme. Niemand hatte es zum Flackern gebracht.

Sie schloß die Tür, ging zum Bett zurück und setzte sich. Sie zitterte. War es ein Traum gewesen? Oder hatte Einion auf der Suche nach dem Kind die Wände mit entstofflichtem Körper durchschritten? Sie warf einen Blick zu dem Bett, in dem Eleyne schlafen müßte. Wo war sie, was tat sie?

XVII

Eleyne war im Pferdestall. Die schlanke, kleine, in einen dicken schwarzen Mantel gehüllte Person war an den Knechten vorbei unbemerkt in den Stall und zu Invictus in die Box geschlüpft. Er wieherte ihr zu und stieß sie auf der Suche nach Leckerbissen mit Maul und Nase an, sie gab ihm die Kruste einer Weizensemmel, die sie für ihn in der Küche besorgt hatte. Sie setzte sich ihm zu Füßen ins tiefe Heu. Hier würde Einion sie nicht finden.

Auch sie war plötzlich aus dem Schlaf geschreckt und wußte, daß der Barde sie suchte. In der Dunkelheit hatte sie im Bett gesessen, dem ruhigen Atem von Luned und Rhonwen gelauscht und den schweren, warmen Leib der schlafenden Gespielin neben sich gefühlt. Verzweifelt umschlang sie mit den Armen die angezogenen Knie und versuchte, die Angst aus ihrem Bewußtsein zu verbannen, kämpfte gegen sie an, schüttelte den Kopf und hielt sich die Ohren zu. Dann, als es nichts nützte, griff sie sich ihre Sachen, schlüpfte hinein und verließ auf Zehenspitzen das Zimmer – im Stall, das wußte sie instinktiv, würde sie sicher sein.

»Na, wen haben wir denn hier!« Eine laute, angenehme Stimme weckte sie. »Beanspruchst du ihn jetzt für dich, da du doch zuerst hier warst, kleine Princess?« Sir William trat zu ihr in die Box und sah sie belustigt an. In den Burghof strahlte schon die Morgensonne.

Eleyne streckte ihre Glieder und gähnte, während der große Hengst den Kopf zu ihr herabsenkte, ihr mit der Nase im Haar stöberte und seinen Atem in ihre Ohren blies. Sie küßte seine weichen Nüstern und richtete sich dann verlegen auf. »Ich konnte letzte Nacht nicht schlafen. Ich komme oft her und sehe mir die Pferde an, wenn ich …« Sie beendete ihren Satz nicht. Sie hatte »wenn ich Angst habe« sagen wollen. »Wenn ich nicht schlafen kann, bin ich gern nachts hier unten.« Sie warf ihm ein schüchternes Lächeln zu. Das stimmte sogar. Vor der Dunkelheit hatte sie sich nie gefürchtet. Die kühle, magische Nachtzeit, wenn alle anderen schliefen und Stille in den Sälen und auf den Höfen herrschte, war ihr besonders lieb.

»Dann bist du fertig zum Ausritt?« Während einer der Knechte den schweren hölzernen Sattel aufhob, trat Sir William einen Schritt zurück und legte ihr freundschaftlich den Arm um die Schultern. Er sah hinab auf das glänzende, wirre, rötlichgoldene Haar und wünschte sich wieder, er hätte einen Sohn, der wenigstens halb so munter wie dieses Mädchen war.

Eleynes Augen leuchteten. »Wollen wir darum losen, wer Invictus reiten darf?« Sie vermochte die Sehnsucht in ihrer Stimme nicht zu unterdrücken.

Er schüttelte lächelnd den Kopf. »Nein, dein Vater besitzt ein Pferd, das ich gerne einmal reiten würde.« Am Abend zuvor war ihm klargeworden, daß er sie auf keinen Fall enttäuschen durfte. »Nimm du Invictus.«

Als sie im Schloßhof in die Sättel stiegen, tauchte in Begleitung zweier Dienerinnen die in Seide und Pelze gehüllte Princess Joan auf.

»Ich habe beschlossen, mit Euch zu reiten, Sir William«, rief sie. Sie winkte einem Knecht zu, er solle ihr Pferd holen. »Ich möchte meine Tochter einmal reiten sehen. Ich hatte ja keine Ahnung, daß sie eine solche Pferdenärrin ist.«

Eleyne betrachtete mit Bestürzung ihre Mutter. Sie, die so bezaubernd schön war und deren hübsche Augen an Sir Williams Gesicht hingen, hatte sie keines Blickes gewürdigt. Der Spaß am Ausritt war ihr verdorben, zumal sie sich auch des alten, schadhaften Kleides bewußt geworden war, das sie im Dunkeln übergeworfen hatte und in dem noch das Heu von der Nacht im Pferdestall hing. Das Kleid ihrer Mutter war neu – honiggelbe, bestickte Seide, die so gut zu ihrer Haarfarbe paßte.

Sir William sprang von seinem braunen Hengst und verbeugte sich vor Joan. »Es lohnt sich tatsächlich, ihr zuzusehen, Hoheit«, sagte er mit einem freundlichen Lächeln, das er dem finster blickenden Kind schenkte. »Und uns beiden wird es eine Ehre sein, Euch bei uns zu haben.«

Die beiden sahen einander an, und Eleyne spürte, daß die Eifersucht sie wie ein Messer durchbohrte. In einer Reflexbewegung versetzte sie Invictus einen Tritt, der ihn einen großen Sprung tun ließ. Sie sah sich nicht um. Sie wußte, daß die Soldaten ihr folgten. Das würden zweifellos auch ihre Mutter und Sir William tun.

»Was ist, kleine Princess?«

Als sie nach einem zweistündigen Ritt anhielten, um zu frühstücken, ging Sir William zu Eleyne und setzte sich zu ihr ins Gras. Die Erlen und Birken im Wald hinter ihnen trugen ihre ersten, zartgrünen Blätter.

Eleynes Blick war in den Becher mit Ale gerichtet, den man ihr gegeben hatte. »Nichts.«

»Nichts?« Er lächelte. »Du wolltest nicht, daß deine Mutter mitkommt, stimmt's?« Er beobachtete sie genau.

»Sie verdirbt alles.« Eleyne zog mit finsterem Blick ihre Augenbrauen zusammen. »Ihretwegen können wir nur langsam reiten.«

»Sie hat dich sehr lieb, weißt du das?« Sir William ahnte nicht, daß ein noch zärtlicheres Lächeln auf seinem Gesicht erschien, als er Joan ansah, die, eine weiße Serviette auf den Knien, im Kreise ihrer Damen recht malerisch auf einem umgestürzten Baumstamm saß.

»Sie mag mich überhaupt nicht.« Eleyne war gänzlich unsentimental. »Und wie ich reite, interessiert sie nicht. Sie suchte nur einen Vorwand, um mit Ihnen zusammen zu sein.« Ihr Gesichtsausdruck blieb finster.

Sir William bestritt es nicht. »Wir werden ein Rennen veranstalten, du und ich«, flüsterte er. »Ich wette mit dir um fünf Silberpennies, daß Invictus den neuen Hengst deines Vaters nicht zu schlagen vermag.«

Eleyne hob den Kopf, ihre Augen leuchteten. »Natürlich schafft er es.«

Sir William stand auf. »Wir werden sehen.«

Sie gewann das Rennen und forderte erregt und außer Atem ihren Preis. Zufrieden mit ihrem Gewinn erklärte sie sich dann bereit, den kleinen Trupp auf dem Rückweg nach Aber anzuführen und zügelte den hitzig tänzelnden Hengst mit sanfter Hand – zu sehr in ihre Gedanken vertieft, um sich noch mit Sir William und ihrer Mutter zu beschäftigen, die wieder nebeneinander ritten.

Im Schloß war es still. Im Kamin knisterte leise das Feuer. Rhonwen beugte sich tiefer über ihre Näharbeit und seufzte. Ihr Kopf tat weh, und ihre Augen wollten sich nicht auf die winzig feinen Stiche in dem grünen Samtkleid konzentrieren, das sie Eleyne fertigzustellen versprochen hatte. Sie wußte sehr wohl, wozu Eleyne dieses neue Kleid so dringend brauchte. Das Kind wollte Sir William de Braose damit beeindrucken. Rhonwen lächelte grimmig. Na gut, sollte sie es versuchen. Das lenkte sie wenigstens von Einion ab.

Eleyne lag unter ihrer Bettdecke neben Luned und schlief fest und traumlos. Nach dem aufregenden Rennen war sie erschöpft und glücklich nach Hause zurückgeritten. Im Schloßhof angekommen, hatte Sir William sie herzlich umarmt, war ihr mit der Hand durchs Haar gefahren und hatte ihr für den folgenden Tag einen weiteren Ritt versprochen.

Müde legte Rhonwen ihre Näharbeit aus der Hand, stand auf und hüllte sich in ihren Umhang. Einion hatte sie an diesem Abend nirgendwo, weder im großen Saal noch draußen in den Höfen und Gärten erblickt. So durfte sie die schlafenden Kinder wohl unbesorgt eine Weile allein lassen. Sie faltete den schweren Samt zusammen, legte ihn in einen Korb und nahm ihn mit sich. Auf Zehenspitzen ging sie die Treppe hinunter und winkte einem der Wächter, der draußen vor dem Eingang stand. »Ich muß zur Princess in die Kemenate. Warte vor dem Zimmer von Lady Eleyne, bis ich zurückkomme. Laß niemanden ein! Niemanden, verstehst du mich?«

Sie zog den Mantel eng um sich und ging den Weg zum Fürstinnengemach im Turm an der Westseite des Ty Hir, kleine, üppig ausgestattete Räume mit riesigen Gobelins an den Wänden und einem herrlich geschnitzten und bemalten Mobiliar. Wie sie vermutet hatte, war von der Princess nichts zu sehen. Sie traf nur Marared und Ethil an, die sich flüsternd über das Feuer beugten und Rhonwen nicht sonderlich freundlich begrüßten.

Rhonwen ließ sich nicht beirren. Sie nahm sich einen Klappstuhl, zog ihn ans Feuer heran, setzte sich entschlossen und griff in den Korb. »Ich habe Eleyne versprochen, dieses Kleid würde bis zu dem Fest morgen fertig sein, und ich brauche eure Hilfe dabei«, erklärte sie mit Bestimmtheit.

Marared warf ihrer Genossin Ethil, die sich, ihre Zehen am Herd, nicht gerührt hatte, einen unglücklichen Blick zu.

Ethil zuckte die Achseln. »Rhonwen kann ebenso wie wir ein Auge zudrücken!« erklärte sie spitz.

Dennoch schlug Marared vor, in den Söller zu gehen. »Das Feuer dort ist noch heiß, und ich kann uns etwas Glühwein machen.«

Ethil erhob sich. »Gute Idee. Kommen Sie, Lady Rhonwen, im Söller ist es gemütlicher als hier. Es wäre mir peinlich, die Princess mit unserem Gerede zu stören. Ich möchte heute abend nicht noch einmal ausgeschimpft werden!« Sie warf einen Blick zur Tür ihres Schlafzimmers am anderen Ende des Raumes, die fest verschlossen war. Rhonwen folgte ihrem Blick. »Ich dachte, die Princess säße noch im Saal und liebäugelte mit Sir William«, äußerte sie scharf. »Ich hatte nicht den Eindruck, daß sie sich heute früh zu Bett begeben wollte.«

Ein entsetztes Schweigen folgte auf ihre Bemerkung. Sie sah erst die eine, dann die andere und zuletzt die Tür an, ihre Augen wurden schmal. Jetzt erst entdeckte sie den Mantel, der auf einem Hocker lag. »So«, flüsterte sie. »Sie ist doch schon früh zu Bett gegangen. Wohl aber nicht allein.«

Ethil ergriff ihren Arm. »Um der Liebe der gütigen gesegneten Jungfrau Maria willen, sagen Sie nichts! Der Prince würde uns alle umbringen!« Sie zog Rhonwen zu dem kleinen Söller. »Bitte, Lady Rhonwen, kommen Sie. Wir erledigen Ihre Näharbeit, wir werden etwas Wein trinken, und Sie müssen vergessen, was Sie gesehen haben!«

»Wie lange geht das schon so?« Rhonwen ließ es zu, daß man sie in den bequemsten Sessel schob und ihr Wein einschenkte, während Marared die Tür schloß.

Ethil zuckte die Achseln. »Es hat angefangen, bevor ich hierher kam. Als er gefangen saß. Ich glaube nicht, daß der Prince je etwas geahnt hat.« Sie schloß zerknirscht die Augen. »Als er endlich ging, war ich so froh, doch er kam wieder ...«

»Aha.« Rhonwen lächelte. Sie bückte sich, nahm das zusammengefaltete Kleid aus dem Korb und reichte es Ethil. »Keine Angst«, sagte sie. »Bei mir ist euer Geheimnis sicher.«

XIX

Eleyne schreckte im Bett hoch und starrte in die Finsternis, ihr Herz schlug wie wild. War er wieder da und suchte sie mit seinem Geist? Wollte er sie wieder aus dem Bett und zum Fluß hinunterlocken? Doch nein, es war niemand im Raum. Sie hörte den Wind im Dachgebälk ächzen und an den Bäumen im Tal unterhalb des Schlosses zerren. Sie zitterte vor Kälte. Luned schlief wie ein Murmeltier, hatte sich in die weichen Tücher und Decken hineingegraben.

»Rhonwen?« flüsterte sie. Keine Antwort.

Sie schlüpfte leise aus dem Bett, zog sich das pelzbesetzte Nachthemd über die nackten Schultern und tappte zum Feuer hinüber. Das Zimmer war kalt. Sie bückte sich und legte ein Holzscheit auf. Das Feuer fing an zu zischen, und eine blaue Flamme lief über das Holz. Sie zuckte zusammen und starrte dann, unfähig die Augen abzuwenden, hinein.

Sie sah Galgen; sah eine Menschenmenge, die um sie herumstand. Die Leute waren aufgeregt, Pöbel, der unterhalten werden wollte. Unfähig, sich von diesem Anblick zu lösen, sah sie die Menschen vorwärts drängen und schreien. Er war dort mitten unter ihnen, von Wachen umringt, seine kurze Tunika war am Hals offen, und er trug schon die Schlinge. Sie sah den Strick auf der weichen Haut seines Halses, sah die Ader pulsieren. Sie beugte sich vor, suchte sein Gesicht zu erkennen, aber die wogende Menschenmenge schob sich dazwischen.

»Warte! Bitte warte!« schrie sie laut. »Ach bitte …«

Hinter ihr ging die Tür auf, der Wächter sah herein.

»*Dew*!« Er rannte auf Eleyne zu, die sich mit ausgebreiteten Armen ins Feuer werfen und die brennenden Scheite umklammern wollte. Sie weinte.

»Bitte komm zurück! Ich sehe dich nicht mehr! *Bitte*!«

Sie schrie auf, als der Mann sie am Arm faßte und zurückriß. Hinter ihr fuhr Luned erschrocken im Bett hoch.

»Was tun Sie, Princess?«

Der Wächter schüttelte sie, schlug in seiner Panik auf ihr Nachthemd, das von Asche bedeckt war. »Dew! Sie haben sich beinahe selbst in Brand gesetzt!«

Eleyne zitterte. Plötzlich fing sie an zu weinen. »Rhonwen, wo ist Rhonwen?«

»Sie ist zu Ihrer Mutter gegangen«, sagte er und sprang zurück, als sie an ihm vorbei zur Tür und aus dem Zimmer rannte.

Barfuß lief sie zum Schlafzimmer ihrer Mutter. Sie riß die Tür zum Frauengemach auf und sah hinein. Es war leer. Das Feuer war hinuntergebrannt, die Kerzen tropften. Keuchend blieb sie stehen. »Rhonwen!« flüsterte sie. Die Tränen liefen ihr über das Gesicht. Dann hörte sie Stimmengemurmel aus dem Schlafzimmer.

Als sie die Tür öffnete, loderte das Feuer im Kamin in jähem Luftzug auf und schickte rotgoldenes Licht über die Wände und das Bett, in dem sich zwei nackte Leiber zwischen zerknüllten Laken wanden. Eleyne starrte sie an. Sie sah das Gesicht ihrer Mutter, das von irgendeinem seltsamen Gefühl verzerrt war, ihr Rücken krümmte sich dem Mann entgegen, der zwischen ihren Beinen kniete. Seine breiten Schultern glänzten in dem flackernden Schein des Feuers vor Schweiß. Sie lachten triumphierend, er beugte sich vor, um ihr Gesicht mit Küssen zu bedecken, seine mächtigen Hände kneteten das volle weiße Fleisch ihrer Brüste. Völlig ihrer Lust hingegeben, hörten sie weder, daß die Tür geöffnet wurde, noch sahen sie in dessen Öffnung die kleine Gestalt.

Verwundert sah Eleyne ihnen einen Moment lang zu, bevor sie sich rückwärts gehend aus dem Zimmer entfernte und die Tür hinter sich schloß.

Sie wirkte nicht überrascht, als sie Rhonwen und die zwei Vertrauten ihrer Mutter hinter sich stehen sah, fragte sie jedoch gleich mit wild aufgerissenen Augen: »Habt ihr es auch gesehen?« Ihre Lippen waren steif. Sie konnte kaum sprechen.

Rhonwen nickte.

»Es war Sir William.« Eleynes Stimme klang würgend und schrill. Sie kam sich so entsetzlich betrogen vor: Wie konnte er das nur tun? Mit ihrer Mutter, mit ihrer Mutter, die häßlich und wild, wie ein schwitzendes, brünstiges Tier ausgesehen hatte?

»Dein Vater muß es erfahren«, sagte Rhonwen leise, erfüllt von innerem Jubel. Sir William und Princess Joan. Die beiden Menschen, die sie am meisten haßte, gefangen in der Falle ihrer eigenen Wollust. Sie unterdrückte ihren Triumph, als sie den Schmerz im Gesicht des Kindes sah. »Er muß es wissen, Eleyne. Was du gesehen hast, war Verrat.«

Eleyne starrte sie einen Augenblick lang an, die Lippen fest aufeinandergepreßt. »Aber er wird ihn umbringen«, flüsterte sie.

XX

Prince Llywelyn war in seinem Sessel neben dem Feuer eingeschlafen, ein halbgeleerter Becher Wein stand neben ihm. Die meisten Männer seines Gefolges lagen, alle viere von sich streckend, auf den Tischen und schlummerten.

Eleyne rannte durch den großen Saal und warf sich auf ihn, während ihr die Tränen über das Gesicht flossen.

Llywelyn brauchte ein oder zwei Minuten, um zu begreifen, was seine vor Schmerz rasende Tochter ihm sagte, dann erhob er sich. Sein Gesicht war weiß. Zwischen seine Gefolgsleute tretend, die nun alle erwacht waren und ihn anstarrten, eine brennende Fackel aus einem Wandhalter nehmend, schritt er durch den Saal zur Tür, während er Eleyne, die er am Handgelenk gepackt hielt, hinter sich her zerrte.

»Wenn du dir das ausgedacht hast, lasse ich dich auspeitschen«, zischte er das entsetzte Kind an. Sie hatte ihren Vater noch nie so gesehen. Seine von den herabhängenden Lidern bedeckten Augen waren hervorgequollen, seine Lippen fest zusammengekniffen.

Llywelyn schritt über den Schloßhof und betrat den Ty Hir, erstieg die Wendeltreppe, durchquerte mit langen Schritten das Frauengemach und stieß, während er die Fackel hochhielt, die Tür zum Schlafzimmer seiner Frau auf.

Eleyne sah die beiden Gestalten im Bett hochfahren, ihre Gesichter starr vor Entsetzen; sie sah Sir William nach der Bettdecke greifen und sie um seinen nackten Körper wickeln, sah die weiße Haut ihrer Mutter schweißnaß schimmern, schlaff und erschöpft, bevor auch sie ein Bettuch packte und es über sich zog. Dann spürte sie, wie sie durchs Zimmer gewirbelt wurde, als ihr Vater sie mit einem tierischen Schmerz- und Wutgeheul von sich stieß, sah, wie er sich auf Sir William stürzte und ihn am Hals packte. Einen Moment lang rangen die beiden Männer miteinander, dann rissen die Gefolgsleute ihres Vaters Sir William beiseite. Er hatte das Bettuch verloren und stand nackt da. Dann zerrte man ihn aus dem Zimmer.

Keuchend stand Llywelyn da und starrte auf seine Gattin hinunter. Sie starrte, steif vor Angst, ihr schönes Haar schweißnaß, zurück.

»Hure!« Llywelyn schleuderte ihr haßerfüllt dieses Wort entgegen. »Schlampe! Dirne! Dafür wirst du sterben!«

Eleyne schluchzte leise. Sie raffte sich auf und wagte es nicht, sich zu bewegen. Ihre Mutter wiegte sich auf dem Bett vorwärts und rückwärts und stieß dabei immer wieder einen seltsamen, schrillen, wimmernden Klagelaut aus.

Nach einer Weile floh Eleyne zum Pferdestall. Lange Zeit stand sie dort, bei Invictus, der an ihren leeren Händen schnupperte. Schließlich legte sie die Arme um seinen Hals und weinte.

Rhonwen fand sie mehrere Stunden später schlafend zwischen seinen großen Hufen im Heu. Einer der Knechte trug sie, noch immer schlafend, in ihr Zimmer hinauf und legte sie ins Bett.

XXI

Als Eleyne aufwachte, hatte sich die Welt ein für allemal verändert. Die Schloßbewohner waren vor Schreck wie gelähmt. Sir William und seine Gefolgsleute waren eingesperrt, ebenso

Princess Joan. Aus der Wut und dem Schmerz Llywelyns war der Wunsch nach Rache geworden. Seine Frau und ihr Liebhaber sollten sterben. Er weigerte sich, Eleyne zu empfangen; er weigerte sich auch, Dafydd zu empfangen; auf Joans verzweifelte Bitten, er möge sie anhören, reagierte er nicht. Er schloß sich in einem hoch oben im neuen Bergfried gelegenen Zimmer ein, nur Einion und sein treuer Freund und Berater Ednyfed Fychan durften zu ihm.

Die Nachricht von dem Ehebruch hatte sich wie ein Lauffeuer über Aber hinaus in ganz Wales verbreitet. Schon sammelten sich die Menschen, gierig auf de Braoses Blut.

Eleyne sträubte sich, das Geschehene zu begreifen. Immer wieder kroch sie zurück in den Stall. Rhonwen ließ sie schließlich dort, damit sie welchen Trost auch immer zwischen den Pferden fände. Zugleich aber suchte sie Eleynes Vater auf.

Was anderen mißlungen war, Rhonwen glückte es, der Fürst empfing sie. Sein Gesicht sah entsetzlich aus. Er war um zwanzig Jahre gealtert. »Sie müssen mit Eleyne sprechen«, drängte sie ihn. »Das Kind ist in einer furchtbaren Verfassung.«

»Ich bin auch in einer furchtbaren Verfassung, Lady«, erwiderte er. »Wollte Gott, sie hätte es mir nicht gesagt.«

»Es wäre Ihnen lieber, Sie hätten es nicht gewußt, daß Ihre Frau einen Hahnrei aus Ihnen macht?« Rhonwen wählte diese harten Worte mit Bedacht. »Während doch der ganze Hof es wußte? Sie mußten es erfahren.«

Llywelyn ging schleppend zum Feuer und warf sich in einen Sessel. »Dann soll der ganze Hof es auch erleben, wie ich einen Verrat belohne. Sir William nahm meine Gastfreundschaft in der heiligen Osterzeit an, und er versündigte sich gegen das Gesetz von Heim und Herd. Wie ein gemeiner Verbrecher wird er mit seinem Leben bezahlen, ehrlos, am Galgen.«

Rhonwen unterdrückte ein triumphierendes Lächeln. »Das ist nur gerecht, Sir, aber dann muß Eleyne fort von hier. Das müssen Sie einsehen. Sie ist noch ein Kind.«

»Es wird Zeit, daß sie erwachsen wird!« Llywelyns Gesicht wurde hart. »Sie soll ihn hängen sehen.«

»Nein!« Rhonwen wurde blaß. Das hatte sie nicht beabsichtigt. »Er war doch ihr Freund.«

»Sie sollte lernen, sich ihre Freunde sorgfältiger auszusuchen. Es wird ihr eine Lehre sein.«

Rhonwen schwieg für einen Augenblick. »Und ihre Mutter?« flüsterte sie endlich. »Muß sie auch ihre Mutter hängen sehen?«

Llywelyn schlug die Hände vor das Gesicht. Er rieb sich müde die Wangen, dann schüttelte er den Kopf. »Das kann ich nicht.« Seine Stimme versagte. Er gab einen schmerzerfüllten Seufzer von sich. »Doch sie wird den Rest ihres Lebens im Gefängnis verbringen.«

Ein langes Schweigen folgte, das nur vom fernen Gemurmel der Menschenmenge unterbrochen wurde, die sich draußen vor dem Schloß versammelte.

»Vielleicht sollte ich mit Eleyne nach Degannwy zurückkehren ...«, bestand Rhonwen leise auf ihrer Bitte, »wenn es vorbei ist.«

»Vielleicht.« Er stand auf. »Geht jetzt und laßt mich allein.«

Einion wartete draußen vor der Tür auf sie. Er nahm Rhonwens Arm und zog sie in einen stillen Winkel. »Ich werde Eleyne jetzt in meine Obhut nehmen«, sagte er.

»Nein.« Rhonwen schüttelte heftig den Kopf, ihre Selbstgefälligkeit wurde zu Angst. »Nein, sie ist viel zu jung, und du hast sie erschreckt. Sie wird nicht mit dir gehen wollen. Hättest du sie doch bloß in Ruhe gelassen. Oder wenigstens nicht so hart angefaßt ...«

»Sie brauchte meine Anleitung.« Er straffte sich. »Es ist eine Zeit der Veränderung für Gwynedd, wie du sehr wohl weißt. Die Engländerin und ihre Landsleute sind am Ende.« Er lächelte grimmig. »Unter Prince Llywelyn kann Wales endlich zu einer großen, unabhängigen Nation werden. Es ist lebenswichtig, daß Eleyne den Platz an der Seite ihres Vaters und nach ihm den an der Seite ihres Bruders Gruffydd einnimmt. Sie kann ihnen helfen, sie anleiten. Ich denke, wir sind uns darin einig.«

Rhonwen nickte unglücklich. »Es ist schade, daß Dafydds Heirat mit der kleinen de Braose noch nicht stattgefunden hat. Durch die Vorkommnisse hätte er sich den Anspruch auf das Erbe seines Vaters verdorben«, sagte sie und seufzte.

Einion lächelte böse. »Es gibt auch noch andere Möglichkeiten, Dafydd in Ungnade fallen zu lassen. Er ist schließlich der Sohn seiner Mutter.«

»Du vergißt, daß in Eleynes Adern das gleiche Blut fließt«, erinnerte ihn Rhonwen traurig.

Einion lächelte wiederum. »Das Blut der Plantagenet schlummert in ihr. Es ist ihr walisisches Blut, das sie treibt.« Er legte seine schwere Hand auf Rhonwens Schulter. »Hab keine Angst um Eleyne. Ich werde mich um sie kümmern. Sobald de Braose gehängt ist, spreche ich mit ihrem Vater und bringe sie nach Môn zurück.«

XXII

ABER * 2. Mai 1230

Eleyne saß allein im Stall, zusammengekauert hinter dem Block, der zum Besteigen der Pferde diente. Sie war noch immer völlig abwesend. An diesem Tag sollte Sir William sterben. Die Menschenmenge wuchs stündlich an, aus ganz Nordwales kamen die Leute geritten, um den Sproß der verhaßten de-Braose-Familie hängen zu sehen. Niemand sprach ein Wort zu seiner Verteidigung. Selbst wenn es jemand gewollt hätte, was hätte er sagen können? Die Frau eines anderen Mannes zu nehmen, während man als Gast unter seinem Dach weilte, war ein Verbrechen. Joan hatte man bereits in ihr einsames Gefängnis gebracht.

»Du mußt kommen, Eleyne. Dein Vater befiehlt es.« Rhonwen hatte den Auftrag bekommen, Eleyne zu holen. Ihre Augen wurden dunkel vor Entsetzen. »Nein.«

»Du mußt, Cariad. Es tut mir leid.«

Eleyne wich zurück. »Warum?« flüsterte sie.

Rhonwen zuckte hilflos mit den Schultern. »Ich weiß es nicht.« Sie hatte ein schlechtes Gewissen. Warum war sie nicht selbst zu Llywelyn gegangen? Warum hatte sie, um Joan und Sir William zu vernichten, das Kind zum Vater geschickt?

»Du mußt tapfer sein, Princess«, sagte sie leise, »niemand darf merken, wie traurig du bist. Niemand darf eine Princess weinen sehen.«

»Ich werde nicht weinen«, erwiderte Eleyne ohne Zögern. »Er verdient es zu sterben.«

Langsam, mit erhobenem Kopf, verließ Eleyne mit Rhonwen das Schloß und ging den Fluß hinunter nach Gwern y Grog, zur Galgen-Marsch. Dort stand sie neben ihrem Bruder Dafydd und ihrem Vater, als man Sir William de Braose zur Richtstatt brachte. Vor dem Prince blieben sie stehen, und Sir William verbeugte sich leicht.

»Eure Frau war schuldlos, Euer Gnaden«, sagte er leise. »Mich allein trifft die Schuld.« Er ließ den Blick ängstlich über die Menge schweifen, als fürchte er, man hätte Joan hergebracht, damit sie zusähe, wie er starb. Außer der gräflichen Gesellschaft warteten mehrere hundert Menschen auf dem Marschfeld.

Als er erschien, verstummte der Lärm. Er trug nur eine kurze Tunika und Bundhosen. Man hatte seine Hände gefesselt, doch er stand stolz vor Llywelyn und schien erleichtert, als er sah, daß Joan nicht anwesend war. Da fiel sein Blick auf Eleyne, und in seinen Augen war ein Schmerz, als er sich noch einmal verbeugte.

»So, kleine Princess, du bist gekommen, um mich sterben zu sehen. Ich würde dir gern Invictus schenken, mein Liebling. Er ist alles, was ich hinterlasse. Mit Erlaubnis deines Vaters soll er dir gehören.« Dann wandte er sich um und ging unaufgefordert den Weg zum Galgen.

Eleyne schloß die Augen und kämpfte gegen die Tränen an. Sie sah nicht hin, als die Stille der Menge ihr sagte, daß sie ihm die Schlinge um den Hals gelegt hatten, auch nicht, als der ohrenbetäubende Jubel ihr verriet, daß es vollbracht war. Sie blickte zum strahlend blauen Himmel auf und betete darum, nicht weinen zu müssen. Sie wollte die Panik, die sie überkam, beherrschen. Ihr ganzer Körper war kalt vor Entsetzen geworden, denn plötzlich wußte sie es. Dieses Schauspiel hatte sie schon einmal gesehen. Sir William, ihr Freund, der sie genauso betrogen hatte wie ihren Vater, war der Mann ihrer Visionen, ihn hatte sie in dem Feuer gesehen.

Sie hätte ihn retten können! Sie hätte auch ihre Mutter retten können. Und doch hatte *sie* ihrem Vater von Sir Williams Verrat erzählt. Sie war es, die die Kette der Ereignisse in Gang gesetzt hatte. Ihr war die Chance gegeben worden, den Lauf der Dinge zu beeinflussen, und sie hatte es erst jetzt verstanden, jetzt, wo es zu spät war.

Eleyne kämpfte verzweifelt um ihre Selbstbeherrschung. Sie schob Rhonwens Arm weg.

Warum hatte sie es nicht früher begriffen? Sie hätte es aufhalten, hätte sein Leben retten können!

Zitternd stand sie da. Sie sah nichts, niemanden, nicht einmal die Menschenmenge, die an ihr vorbeiströmte.

»Komm, ich bringe dich in dein Zimmer zurück, Cariad«, flüsterte Rhonwen ihr zu. »Es gibt keinen Grund, länger zu bleiben.«

»Ich habe es gesehen, aber ich habe es nicht verstanden.« Eleynes Stimme war heiser. In der Ferne konnte sie das Pfeifen der Strandvögel hören.

»Was hast du nicht verstanden?« Rhonwen hätte sie am liebsten in die Arme genommen. Sie sah Llywelyn langsam vorbeigehen, sein Gesicht war eine Maske aus Schmerz und Zorn. Er schien seine Tochter mit dem weißen Gesicht nicht zu bemerken.

»Das Hängen.« Eleynes Worte waren fast unhörbar. »Ich habe es im Feuer erblickt …«

Rhonwen schloß die Augen und murmelte ein Gebet.

»Ich hätte es aufhalten können. Wenn ich gewußt hätte, wie man die Visionen beherrscht, hätte ich ihn retten können …«

»Nein, Liebling, nein.« Rhonwen schloß sie jetzt wirklich in die Arme, und diesmal stieß Eleyne sie nicht weg.

»Aber verstehst du denn nicht? Darum bekam ich es zu sehen: um ihn zu warnen. Ich hätte ihn warnen können. Ich hätte …« Plötzlich brach sie in Tränen aus. Schluchzend klammerte sie sich an Rhonwen. »Ich hätte es aufhalten können, darum habe ich es im Feuer gesehen. Und trotzdem habe ich ihn verraten. Ich …« Ihre Stimme versagte, sie würgte und schluckte. »Warum habe ich ihn nicht gerettet?«

Rhonwen sah zum Himmel auf. »Vielleicht, weil es sein Schicksal war«, flüsterte sie.

XXIII

7. Mai 1230

Als Llywelyn endlich seine jüngste Tochter zu sich rief, war Einion bei ihm.

»Du kannst nicht in Aber bleiben.« Llywelyn sah mit Widerwillen auf die kleine Person hinab.

»Sir, jetzt wäre der richtige Augenblick, daß ich sie nach Llanfaes bringe.« Einion hatte keine Gelegenheit gehabt, das Kind unter vier Augen zu sprechen; er konnte sich ihre Gefühle vorstellen – ihre Angst, ihre Unsicherheit, ihr überwältigendes Schuldgefühl. Ihm allein war bekannt, was sie wußte, was sie im Feuer gesehen hatte. »Ich habe schon von der Zukunft der Princess an Ihrer Seite gesprochen, Hoheit.«

»Sie hat an meiner Seite keine Zukunft«, erwiderte Llywelyn. Er schloß mit bitterem Gesichtsausdruck die Augen. Jedesmal, wenn er sie in den letzten Tagen erblickt hatte, hatte sie ihn an jene Nacht erinnert, in der seine Welt zusammengebrochen war. Seine zärtliche Liebe zu ihr hatte sich in Zorn und Kummer verwandelt. Jetzt haßte er sie fast.

»Dann, Sir, darf ich sie nach Degannwy, zu Prinz Gruffydd bringen?« Rhonwen trat vor.

Llywelyn schüttelte den Kopf. »Nein.« Er erhob sich langsam. »Mein Entschluß steht fest. Es ist kein Platz mehr für sie in Wales. Eleyne, du wirst zu deinem Gatten gehen. Dein Platz ist jetzt an seiner Seite.«

Alle schwiegen betroffen. Eleynes Blick wanderte von dem verschlossenen Gesicht ihres Vaters zu demjenigen Rhonwens, das weiß geworden war. Sie vermochte nicht klar zu denken; ihre Sinne waren betäubt von den Worten ihres Vaters.

Einions Augen blitzten vor Zorn. »Sir, das kann nicht sein. Sie ist zu jung, und ihr Platz ist hier, in Gwynedd.«

»Sie ist nicht zu jung.« Llywelyns grimmiger Blick wanderte von einem zum anderen. »Es ist schon alles vorbereitet. Sie reist morgen ab. Ich wünsche meine Tochter nicht noch einmal zu sehen.«

ZWEITES BUCH

1230-1241

Viertes Kapitel

Die Wachen Llywelyns standen vor Eleynes Tür; die Damen
der Princess Joan – soweit sie nicht entlassen oder ihrer Herrin
in die Gefangenschaft gefolgt waren – drängten sich in den
Kinderzimmern und packten Kleidung, Bettzeug und Geschenke in Koffer und Truhen. Obwohl er sich weigerte, seiner
Tochter auch nur Lebewohl zu sagen, hatte er doch dafür gesorgt, daß sie Aber mit einem Gefolge verließ, wie es sich für
eine Braut ihres Standes ziemte.

Eleyne saß still inmitten des Getriebes, erstarrt in ihrem Unglück und unfähig zu begreifen, was mit ihr geschah. Es war
alles so plötzlich gekommen. Sie konnte nichts essen, und
nachts lag sie wach und kämpfte gegen die Tränen an. Es war
ihr nicht einmal möglich, in den Stall zu gehen, die Wachen vor
ihrer Tür ließen sie nicht hinaus. Neben ihr schlief Luned, erschöpft von der Aufregung, denn sie sollte mit ihr nach Chester gehen.

Eleyne ergriff das Kopfkissen, auf dem sie lag, und preßte es
an sich, während ihr schreckliche Gedanken im Kopf herum-
gingen. Ihr Gatte war ein Mann; er würde sie in sein Bett nehmen wollen. Er würde mit ihr das tun wollen, was William de
Braose mit ihrer Mutter getan hatte – er, dessen Leichnam noch
immer dort draußen in der Finsternis hing – Aas für die
Krähen. Sie umklammerte das Kopfkissen und spürte Übelkeit, Panik, die ihren Magen zusammenkrampfte. Sie hätte ihn
vor diesem Schicksal bewahren können. Sich selbst bewahren
können. Sie biß sich auf die Lippe, preßte ihren kleinen, ma-

geren Leib fester in das Federbett und krampfte ihre Schenkel in der Dunkelheit zusammen.

Die Schlange der Wagen und Karren sowie ihrer Eskorte aus Bewaffneten war über eine Meile lang, als der Zug die Küstenstraße entlang nach Nordosten aufbrach. Sie setzten über den Conway, folgten der alten römischen Straße bis Sankt Asaphs, überquerten Afon Clwyd und bogen schließlich im Flachland von Dee nach Süden. Hinter Eleyne und Rhonwen ritten Cenydd und Luned, sie saß auf Cadi. Einer der Knechte führte irgendwo hinten Invictus mit. Llywelyn hatte das Pferd seinem Schwiegersohn zum Geschenk bestimmt.

Eleynes Gesicht sah weiß und überanstrengt aus. Dunkle Ringe waren unter ihren Augen. »Was ist er für ein Mensch, kannst du dich erinnern?« Sie ritt näher an Rhonwen heran, ihre kleinen Hände lagen ruhig auf den mit Golddruck verzierten ledernen Zügeln der milchweißen Lieblingsstute ihrer Mutter, die ebenso wie sie in Aber nicht mehr geduldet war. Eleyne hatte Angst.

»Der Earl of Huntingdon?«« Rhonwen war von der Erschütterung ebenso betäubt. »Er ist der Neffe des Earl of Chester und ein Prince of Scotland. Das ist alles, was ich weiß. Und er erwartet uns in Chester Castle.« Sie biß sich auf die Lippen. Wie konnte Einion so etwas zulassen? Wenn Eleyne der Göttin geweiht war, wieso hatte er es dann nicht verhindern können? Sie schloß müde die Augen und spürte, wie die Spannung aus ihrem Körper wich.

Eleyne drängte ihre Stute noch näher an Rhonwens Pferd heran, so daß beide Schulter an Schulter gingen. »Wird er … wird er mich …« Die Frage lag ihr auf den Lippen. »Wird er mich sofort zu seiner Frau machen wollen?« Kläglich platzte sie schließlich damit heraus.

»Es ist sein Recht, Cariad, die Ehe zu vollziehen.« Die ältere Frau versuchte ihrer Stimme einen gleichmäßigen Klang zu geben.

Eleyne schloß die Augen. Und sah wieder das Bild, das sich ihr fortwährend aufdrängte: die sich windenden Leiber, sah den Mann zwischen den verkrampften Schenkeln ihrer Mutter, wie er auf sie einstieß. Hörte seinen Triumphschrei.

»Tut es sehr weh?« flüsterte sie. Sie wollte ihre Hand nach Rhonwen ausstrecken und von ihr getröstet werden. Statt dessen krallte sie ihre Finger in die Mähne des Pferdes. Sie hatte mit Isabella – und auch mit Luned – so oft über den Vollzug ihrer jeweiligen Ehen gekichert und Mutmaßungen angestellt. In der engen, von Hemmungen freien Welt, in der sie lebten, wußten sie schon früh, wie das vor sich ging. Zu oft hatten sie im Dunkeln Leute gesehen – unter Bäumen oder an einer Mauer, doch nie unbekleidet, immer bedeckt. Nie furchterregend. Nie zuvor – nie – hatte sie einen Mann und eine Frau gesehen, die nackt mit einer solchen Wollust kopulierten. Nie zuvor hatte sie eine Frau ihr Kreuz so weit durchbiegen, sich dem Mann darbieten, ihre Fingernägel seinen Rücken zerkratzen sehen, nie hatte sie einen Mann einen solchen wilden Siegesschrei ausstoßen hören wie Sir William in jener fatalen Nacht. Dies alles hatte sich in ihrem Bewußtsein unauflösbar mit jenem anderen Bild vermischt, dem Bild des Mannes mit der Schlinge um den Hals, dem Bild des Mannes, dessen Leib so wild gezuckt hatte und dann erschlafft war und der am Galgen in der Marsch bei Aber schaukelte.

»Es tut nicht weh, Cariad.« Rhonwen zog eine Grimasse, sie versuchte ihre eigene Angst und Wut und Verzweiflung vor ihr zu verbergen; jene Verzweiflung, die sie in der Nacht zuvor einen Augenblick lang auf den Gedanken gebracht hatte, das weiche Kissen auf Eleynes Gesicht zu pressen, um sie vor diesem schrecklichen Schicksal zu bewahren. Doch sie hatte es nicht übers Herz gebracht. Sie schüttelte langsam den Kopf. »Ich habe nie bei einem Mann gelegen, doch ich glaube nicht, daß es weh tut, sonst würden die Leute es nicht so oft tun.«

»Ich glaube, nur die Männer haben daran Vergnügen«, sagte Eleyne leise, und wieder dachte sie an die wie wild kratzenden Fingernägel ihrer Mutter.

In der Ferne vermochten sie bereits die große rote Burg von Chester zu erkennen, die in der spitzen Kehre aufragte, die der Fluß an dieser Stelle beschrieb, und dahinter drängten sich die Behausungen der Stadtbewohner um die Abtei von Sankt Werburgh. Nur noch wenige Stunden, dann würde sie ihren Gatten zum erstenmal seit dem Hochzeitstag wiedersehen, dem Tag, als sie noch ein Kind von zwei Jahren und er ein junger Mann von sechzehn gewesen war.

II
CHESTER CASTLE * Mai 1230

John the Scot, Earl of Huntingdon, war bei seinem Onkel Ranulph, dem Earl of Chester, zu Besuch gewesen, als die Nachricht von der Verhaftung Sir Williams eintraf. Die beiden Männer sprachen über diese ernste Situation, waren allerdings der Meinung, wie alle Männer in England, daß das über Sir William verhängte Todesurteil gerechtfertigt war und keine Wiederaufnahme des Krieges mit England zur Folge haben würde.

Überraschender war die nur wenige Tage darauf folgende zweite Nachricht, daß der Prince of Gwynedd an der Eheschließung zwischen seinem Erben, Dafydd, und Sir Williams Tochter, Isabella, festzuhalten gedachte.

»Unser Nachbar Llywelyn ist ein Realist.« Ranulph griff nach seinem Pokal und nippte von seinem Wein. Er war ein kleiner, untersetzter Mann Mitte Sechzig. Er war, während er sich noch mit seinem Schriftwechsel befaßte, bereits zum Ausritt gekleidet, Handschuhe und Schwert nahe bei sich auf der Truhe. »Er will die Bindung festigen.«

»Und zweifellos erbt das Mädchen jetzt mindestens ein Viertel des de Braoseschen Familienbesitzes«, sagte John träge. Er war Mitte Zwanzig und der genaue Gegensatz seines Onkels. Er war groß und schrecklich mager, sein hübsches Gesicht war bleich und hohlwangig von der Krankheit, die ihn den ganzen letzten Winter lang geplagt hatte. Sogar jetzt noch, obwohl das Wetter warm und milde war, hüllte er sich in einen pelzbesetzten Mantel.

Er nahm einen weiteren jener Briefe, die der Bote aus Gwynedd gebracht hatte, und fing an, ihn aufzufalten. »Das macht sie zu einer wohlhabenden und einflußreichen Dame. Obwohl ich bezweifle, daß jetzt viel Liebe zwischen ihr und der Familie ihres neuen Ehegemahls besteht, nachdem man ihren Vater gehängt hat. Denn zweifellos besitzt sie den starken de Brao-seschen Familiensinn – Heilige Mutter Gottes!« Er hielt plötzlich inne. Er fing an, den Brief zu lesen, den er in den Händen hielt.

Sein Onkel sah auf. »Was ist?«

»Es scheint, daß Llywelyn mir meine Gattin schickt!« John schwieg einen Augenblick, während er das eng beschriebene Pergament durchlas. »Er meint, Aber sei für sie im Augenblick nicht der richtige Ort. Das kann ich verstehen«, unterbrach er sich, »da ihre Mutter im Gefängnis sitzt und der Liebhaber ihrer Mutter an einem Galgen baumelt – er denkt, es sei an der Zeit, daß sie zu mir kommt.«

Lord Chester runzelte die Augenbrauen. »Zweifellos mit einem großen walisischen Gefolge. Also ist Llywelyn der Ansicht, daß auch diese Verbindung gestärkt werden muß.«

John warf den Brief hin, ging ans Fenster und starrte über den Fluß hinweg gen Westen. Es war ein prächtiger Maientag. Vom Turm aus sah man die Weißdornblüten in den fernen Hecken und das rosige Blütenmeer der Obstgärten. Die Sonne lag auf der blendenden breiten Wasserfläche des Flusses, der sich seinen Weg zwischen niedrigen Felsen und Sandbänken zu den Landungsbrücken bahnte, wo zwei Langboote ihre Lasten entluden.

»Sie ist ja noch ein Kind, Onkel.« Er zählte es an den Fingern ab. »Sie kann noch nicht älter als elf sein! Was soll ich bloß mit ihr anfangen?«

»Jage erst mal ihr Gefolge zum Teufel, nimm sie mit auf eine Rundreise, zeige ihr dein Land und entferne dich so weit wie möglich von hier«, sagte Lord Chester lakonisch. »Ich möchte, daß unsere Freundschaft mit dem alten Fuchs fest und diese Ehe wasserdicht bleibt, aber ich möchte ihn mir lieber möglichst weit vom Hals halten. Du tust gut daran, meinem Beispiel zu folgen. Erziehe sie zu einer Frau, wie du sie dir wünschst. Zeige ihr, wer der Herr ist, und sie wird für dich von unschätzbarem Wert sein, mein Junge. Wenn ich einmal nicht mehr bin, bist du Earl of Chester wie auch Earl of Huntingdon, also einer der mächtigsten Männer in England. Du garantierst dann das Bündnis mit Wales, bist mit der Nichte von King Henry verheiratet und kannst, wenn Alexander kinderlos bleibt, auch noch King of Scotland werden. Es wird wenige in der Christenheit geben, die dir dann noch Paroli bieten können.« Er grinste. »Du bist ein Glückspilz. Ich glaube, Llywelyn macht dir ein großes Geschenk.« Er runzelte die Stirn, als John sich mit einem Hustenanfall von ihm abwandte. »Und du solltest, sobald deine Frau dazu fähig ist, ein oder zwei Söhne zeugen, um deine Nachfolge zu sichern«, fügte er etwas grimmig hinzu.

John grinste beschämt und wischte sich den Mund ab. »Vielleicht weiß sie irgendeine wilde walisische Kur für meinen Husten und verwandelt mich in einen Soldaten, der für dich kämpfen kann, Onkel«, sagte er leise. Er wußte, welch eine Enttäuschung er für seinen robusten Oheim war.

III

Eleyne zitterte, als sie durch das Riesentor in den Burghof von Chester ritt. Sie sah hinauf zu den Wimpeln, die am Turm flatterten, und drängte sich noch näher an Rhonwen heran. Eine Zeitlang saßen sie, ohne sich zu bewegen, auf ihren Pferden, dann sah Eleyne eine Schar Männer im Turmeingang erscheinen, der ziemlich hoch über der hölzernen Freitreppe lag. Ranulph, der Earl of Chester, war wohl der kleinere, würdig aussehende weißhaarige Mann mit der rötlichen Gesichtsfarbe und den durchdringenden Augen. Und der da neben ihm stand, war das ihr Gatte? Sie starrte den jungen Mann an. Er ähnelte, wie sie befürchtet hatte, nicht dem Mann ihrer Träume. Er war glattrasiert, schlank und trug die Kleidung eines reichen Klerikers. Sein goldenes Haar glänzte in der Sonne. Er verließ seinen Begleiter, lief die Treppe herunter und kam auf sie zu. Sie merkte, daß sie den Atem anhielt.

Er war es, zweifellos, er näherte sich ihr. »Lady Eleyne?« Er nahm ihre Hand in die seine und hob sie an die Lippen. »Willkommen!«

Hinter ihr fuhren und ritten immer noch Wagen und Bewaffnete in den Burghof ein. Eleyne sah sie nicht. Sie sah hinab in die lächelnden blauen Augen ihres Mannes.

IV

»Bei allen Heiligen, Onkel! Ich kann nicht mit einem Kind schlafen!« John starrte den Earl of Chester voller Entsetzen an. »Sie ist ja noch ein Baby.«

»Auf den Gütern hier gibt es Mädchen, die noch ein paar Jahre jünger sind als sie und die schon Bastarde zur Welt bringen«, widersprach Lord Chester. »Sie ist alt genug. Und du wärst ein Narr, wenn du sie nicht rasch zu deiner Frau machen würdest. Tust du es nicht, tritt ein anderer Mann an deine Stelle. Du ziehst dann einen Bastard als deinen Erben auf!« Sein Gesicht nahm einen milderen Ausdruck an. »Tu, was ich dir sage, mein Junge. Schick ihre Dienerschaft zum Teufel, nimm sie zu dir ins Bett und zeuge mit ihr so schnell wie möglich ein Kind. Wenn du ihr ordentlich zu essen gibst, wird sie schon sehr bald ein paar Rundungen entwickeln, die deine Phantasie beflügeln.

»Vielen Dank für deinen Rat, Onkel.« Johns Lippen waren dünn und schmal. »Aber jetzt im Augenblick fände ich es besser, wenn sie eigene Räume bezieht. Tante Clemence stellt ihr und ihren Mädchen zwei Schlafzimmer im Westturm zur Verfügung. Sobald sie sich an mich gewöhnt und die Trennung von zu Hause überwunden hat, will ich deinen Rat bedenken.« Er wandte sich von seinem Onkel ab und hörte deshalb nicht dessen wütenden Seufzer, sah nicht das skeptische Kopfschütteln seines Oheims.

V

»Wie gefällt es dir hier?« John erschien lautlos hinter Eleyne, während sie an dem hoch oben im Turm gelegenen Fenster stand und unglücklich auf die Burgmauern und die von Menschen wimmelnden Straßen von Chester hinabsah.

Sie fuhr erschrocken zusammen. »Es ist alles sehr groß und laut, Mylord.« Sie warf ihm von der Seite einen Blick zu. Er hatte ein gutmütiges Gesicht und sanfte Hände. Er kam ihr gar nicht so furchterregend vor. Und bislang hatte er sie noch nicht von Rhonwen loszureißen und in sein Bett zu schleppen versucht.

»Städte sind immer so.« Er lächelte auf sie herab, betrachtete ihr mageres, von Sommersprossen übersätes Gesichtchen, ihr rotgoldenes Haar und ihre großen grünen Augen. Sie war ziemlich groß für ihr Alter, reichte ihm aber trotzdem nur bis zu den Ellbogen. »Du wirst dich an sie gewöhnen. Wir werden jedes Jahr viele Städte besuchen, große und kleine.« Er seufzte. »London, Chester, York, Edinburgh, Perth.«

»Du meinst, wir bleiben nicht hier?« Sie hatte das natürlich schon gewußt. Niemand blieb immer an einem Ort. Selbst ihr Vater bereiste regelmäßig seine Schlösser und Burgen in Gwynedd. Trotzdem war Aber immer sein eigentlicher Wohnsitz gewesen, dort gefiel es ihm am besten. Und Aber lag relativ nahe bei Chester. Sie sah zu ihm hoch, versuchte ihre Angst und Qual zu verbergen. Im Zimmer nebenan hörte sie Rhonwen und Luned aufräumen. Ihre Stimmen beruhigten sie, während sie zu diesem großen fremden Mann aufsah. »Kommen wir hierher zurück?« fragte sie heiser. Sie kämpfte gegen ihre Angst und Verzweiflung an und versuchte vor ihm, der sie so aufmerksam betrachtete, ihre Gefühle zu verbergen.

Er lächelte und seine blauen Augen wurden sanfter. »Wir kommen oft hierher zurück, ich verspreche es«, sagte er.

VI

Zwei Wochen später rief der Earl of Huntingdon Rhonwen zu sich. »Lady Rhonwen, wie ich höre, haben Sie zuerst als Amme, später als Kinderfrau für meine Gattin gesorgt – seit sie ein Baby war.« Er saß im Söller am Feuer. Er betrachtete sie aufmerksam. Diese Frau war auf ihre Art schön: Ihre Haut war hell und rein, ihre Augen waren ein dunkles Grau, ihre Haltung war aufrecht und stolz.

»Ich muß Ihnen dafür danken, daß Sie sich all die Jahre so sorgsam um sie gekümmert haben.« Er erhob sich steif aus seinem Sessel und schritt zum Tisch hinüber. »Sie macht Ihnen

Ehre, Madam und ich hoffe, daß dieses« – er nahm einen Beutel vom Tisch – »ein gerechter Lohn für Ihre Mühen sein wird.« Er legte ihn in Rhonwens Hand.

Sie starrte den Beutel an und fühlte die schweren Münzen in dem weichen Leder. »Ich verstehe nicht.«

»Es ist ein Geschenk für Sie, Lady Rhonwen. Meine Frau und ich möchten, daß Sie eine Belohnung erhalten.« Er lächelte etwas.

»Ihre Frau ...« Rhonwen hob die Augen zu ihm auf, der Ausdruck ihres Gesichtes war nichtssagend. Dieser Mann sollte den Haß und die Eifersucht nicht sehen, die sie seit ihrer Ankunft in Chester verzehrten.

»Wir möchten, daß Sie zusammen mit der Eskorte und der übrigen Dienerschaft zu Prince Llywelyn zurückkehren, wenn es soweit ist«, sagte er sanft. »Wir reisen bald zu meinen Ländereien im Süden ab. Es wäre unpraktisch, mit einem so großen Gefolge umherzuziehen.«

»Sie schicken mich fort?« Sie wollte nicht begreifen, was er meinte.

»Ich habe bereits all meine Diener und Damen, die meine Frau benötigt, in der Burg von Fotheringhay, Mylady, sie erwarten uns dort.« Trotz der Sanftheit seines Tonfalls war eine gewisse Ungeduld herauszuhören.

»Nein, nein!« Rhonwen warf den Beutel mit den Münzen hin, verlor ihre Haltung. »Sie können mich nicht wegschicken, das können Sie nicht. Eleyne würde es nicht erlauben. Sie liebt mich ...«

»Sie tut, was ihr Ehegatte sagt, Lady Rhonwen.« John griff nach dem Pokal mit dem Wein, der auf dem Tisch stand. Seine Hand zitterte etwas.

»Nein.« Rhonwen schüttelte den Kopf. »Sie verstehen nicht. Wir waren noch nie getrennt. Seit dem Tag ihrer Geburt kein einziges Mal ...«

»Ich weiß, es ist schwer, Mylady, und es tut mir leid. Doch es ist besser so.« In seinem Tonfall lag eine gewisse Schärfe. »Ich habe noch Briefe zu schreiben.« Er hob die Hand und winkte seinem Sekretarius.

»Nein!« Wie sie diesen Mann haßte, der jetzt die absolute Gewalt über Eleynes Schicksal – und ihr eigenes – besaß. »Sie können mich nicht zur Abreise zwingen. Das können Sie nicht ...«

Der Sekretär machte einen Bückling. »Soll ich die Wache rufen, Mylord?« fragte er.

»Ich bin sicher, daß es nicht nötig ist.« John erhob sich. Er legte die Hand auf Rhonwens Arm, die eine jähe Genugtuung empfand, als sie die körperliche Schwäche des Mannes spürte. »Madam, bitte.«

Mit einem Schluchzen floh sie aus dem Zimmer.

VII

Eleyne war bei der Countess of Chester, nervös saß sie neben ihrer neuen Tante und sah ihr zu, wie sie die Haushaltsausgaben überprüfte. Beide hoben den Kopf, als Rhonwen hereinstürmte.

»Eleyne, du kannst nicht zulassen, daß er mich wegschickt. Das kannst du nicht! Ich muß bei dir bleiben. Ich muß!« Sie übersah Lady Chester, die Anstandsregeln galten nicht mehr, sie fiel vor Eleyne auf die Knie, schlang die Arme um sie und fing an zu weinen.

Eleyne stand erschrocken auf. Sie hatte Rhonwen noch nie weinen sehen. »Was ist denn nur? Wer schickt dich denn weg?«

»Dein Mann.« Sie bemühte sich nicht, den Haß zu verbergen, den sie empfand. »Er schickt mich, uns alle nach Gwynedd zurück.« Rhonwen nahm sich mühsam zusammen, als sie plötzlich die Augen der Countess auf sich ruhen fühlte.

Steif erhob sich Lady Chester. Sie war eine elegante kleine Frau Mitte Sechzig, ihre blauen Augen wirkten etwas blaß. »Ich bin sicher, Sie täuschen sich, Lady Rhonwen«, sagte sie.

Rhonwen schüttelte den Kopf. »Er hat mir einen Beutel voll Gold gegeben und gesagt, ich solle gehen. Aber ich kann sie nicht allein lassen. Bitte, Mylady ...« Sie spürte, daß die Wogen der Panik höher stiegen. Eleyne war ihr Leben; ihr Kind; ihre ganze Existenz.

Eleyne war starr vor Angst. »Ich bin sicher, es ist ein Irrtum, Rhonwen. Lord Huntingdon wirkt so freundlich ...« Sie zögerte, warf der Tante ihres Mannes einen nervösen Blick zu und wußte nicht, was sie tun sollte. »Vielleicht sollte ich mit ihm sprechen ...«

Lady Chester schüttelte den Kopf. In der kurzen Zeit, die Eleyne bei ihr verbracht hatte, war ihr das Mädchen bereits ans Herz gewachsen. Selbst kinderlos, hatte sie sich ihr Leben lang geschämt, daß sie ihrem Gatten keine Erben zu schenken vermocht hatte, die einmal seinen bedeutenden Besitz übernehmen würden. »Später!« sagte sie mit Bestimmtheit. »Laufe nie zu deinem Mann, um irgend etwas, das er angeordnet hat, in Frage zu stellen, Eleyne. Das ist eine der ersten Lektionen, die du lernen mußt. Wenn eine Ehefrau ihre Wünsche durchsetzen möchte«, sie tippte sich mit einem kleinen Lächeln an die Seite ihrer Nase, »dann muß sie das klüger anfangen. Laß die Dinge eine Weile auf sich beruhen, und dann später, wenn du mit ihm allein bist und redest und vielleicht etwas näher mit ihm bekannt wirst ...« Sie legte eine unmerkliche Pause ein. Ihr Mann hatte in den letzten beiden Wochen Abend für Abend über seinen Neffen geklagt – er sei ein willensschwacher, weichherziger, bleichsüchtiger, weibischer Invalide, der zu viel Zeit damit verbrächte, mit dem Mädchen zu reden. Soweit er sehen könne, hätte er ihr noch nicht einmal die Hand geküßt. »Dann«, so fuhr sie fort, »kannst du ihm vielleicht sagen, wie einsam du dich fühlen würdest, wenn man dein ganzes Gefolge fortschickt. Überrede ihn Schritt für Schritt. Ich weiß, er möchte nicht, daß du unglücklich bist.«

VIII

»Laß uns fortlaufen!« Eleyne zog Rhonwen in die Fensternische; ein dicker Wandteppich verbarg sie vor dem übrigen Raum, in dem die Countess sich mit ihren Damen ihren Aufgaben widmete. »Du, ich und Luned«, flüsterte sie aufgeregt.

Rhonwen versuchte die jähe Hoffnung, die bei den Worten des Kindes in ihr aufflammte, zu dämpfen. »Wohin sollten wir denn fliehen?«

»Nach Hause natürlich.«

»Eleyne, Cariad. Wir können nicht nach Hause.« Rhonwen legte ihren Arm um das Kind und preßte die Lippen gegen den Schleier, der Eleynes Kopf bedeckte. »Verstehst du nicht? Dein Vater hat uns die Rückkehr verboten. Aber ist nicht mehr dein Zuhause.«

»Dann will ich zu Margaret in Bramber. Oder zu Gruffydd.«

»Nein, Eleyne. Sie werden deinem Vater gehorchen. Das müssen sie. Sie würden dich zu Lord Chester zurückschicken.« Rhonwen schloß die Augen und versuchte, die Tränen zurückzuhalten. Sie hatte Einion geschrieben, den Brief am Tage nach ihrer Ankunft in Chester aus der Burg hinausgeschmuggelt und ihn gebeten, etwas zu unternehmen. Ihm würde etwas einfallen. Mußte etwas einfallen. Eleyne war doch der Göttin versprochen.

»Wir könnten uns im Wald verstecken.« Eleynes Augen strahlten fieberhaft vor Erregung. »Wenn Lord Huntingdon euch alle wegschickt, geht ihr, als gehorchtet ihr seinem Befehl, und ich verstecke mich in einem der Wagen. Sobald wir aus der Burg heraus sind, können wir beide, du und ich, verschwinden. Rhonwen, das könnten wir tun. Ich weiß, daß uns das gelingen würde.«

Rhonwen biß sich auf die Lippe. »Cariad ...«

»Wir können das ... Ich weiß es ...«

»Und du würdest lieber wie eine Gesetzlose im Wald als bei Lord Huntingdon leben? Bedenke, hier wirst du einmal eine große Dame sein.«

»Ich hasse es, hier zu sein.« Eleyne lehnte sich an die Wand und drückte ihre Wange gegen den kalten Stein. »Ich will keine große Dame sein, ich will nicht – ich will nicht die Frau von irgend jemandem sein. Und ich will nicht in einer Stadt leben. Ich möchte in den Bergen sein und am Meer. Und ich möchte mit dir zusammenbleiben, Rhonwen. Ich kann ohne dich nicht leben.« Noch einmal schwammen ihre Augen in Tränen.

Rhonwen zögerte. So oft in der Vergangenheit hatte sie Eleynes ungestüme Einfälle zu zügeln gesucht, jetzt aber drängte alles in ihr darauf, diesem verrückten Plan zuzustimmen und aus dieser Burg mit all ihren Reichtümern, aus diesem fremden, englischen Bollwerk mit seinen anmaßenden englischen

Herrschaften fortzulaufen. Aber konnte dieses Vorhaben glükken? Und wenn nicht?

Sie warf einen Blick in den dämmrigen Raum, in dem die Countess sich beim Nähen und Spinnen leise mit ihren Damen unterhielt. Lady Chester war freundlich und verständnisvoll, ganz anders als Lord Huntingdon, den sie haßte und dem sie mißtraute. Dennoch, leiden würde Eleyne. Ihr würde man die Strafe auferlegen. Sie sah das hübsche ernste Gesicht des Earl mit der hellen Haut und den strahlend blauen Augen vor sich. Was würde er Eleyne antun, wenn er sie faßte? Ihrem Kind, ihrem Baby, das nie im Leben geschlagen worden war.

Es blieb wenig Zeit … Der Earl hatte sich bereits entschieden. In drei Tagen, nach der Messe, sollten der Wagenzug und die Eskorte die Burg verlassen.

IX

In jener Nacht lag Eleyne wach, ihr Magen hatte sich wieder vor Angst zusammengekrampft. Kurz vor Tagesanbruch stand sie endlich aus dem Bett auf und huschte die Treppe hinunter. Sie irrte durch zugige Gänge und kalte steinerne Treppenhäuser, bis sie einen Ausgang zu dem Hof fand, in dem die Ställe lagen, und dort mußte sie noch einmal suchen. Zuerst entdeckte sie Cadi und verbrachte geraume Zeit bei der sanften kleinen Stute, küßte ihre weiche Nase. Dann schlich sie weiter. Invictus war nicht so leicht zu finden. Er stand bereits bei den Pferden des Earl, für die ein Knecht fortwährend in Bereitschaft lag, um da zu sein, falls eines der Pferde unruhig wurde.

Stumm wie ein Schatten glitt sie in die Box hinein und legte ihre Arme um den riesigen Kopf des Hengstes. Sie küßte seine Nase und seine Wangen und merkte, daß ihre heißen Tränen auf sein Fell fielen. Tief in ihr, hinter einer Mauer, war das Bild des Mannes, der das Pferd geliebt hatte, er trug eine Schlinge um den Hals. Sie vermochte es kaum auszuhalten.

Gegen Morgen kam ihr eine Idee. Als es in der Burg lebendig wurde, man das Tor geöffnet hatte und die ersten mit Waren beladenen Karren aus der Stadt eintrafen, spähte Eleyne aus der Dunkelheit und Wärme des Stalles vorsichtig in den Hof hinaus. Die Wächter machten sich ihre Aufgabe leicht, sie prüften nur die hereinkommenden Wagen, auf die Männer und Frauen, die an ihnen vorbei durchs Tor in die Straßen hinauseilten, achteten sie nicht. Der Ort wimmelte von Menschen, alle rannten durcheinander. Keiner kümmerte sich um den nächsten. Leise band sie das Halfter los. Sie stieg auf die Trennwand der Box, kletterte auf den Rücken des Hengstes und lenkte ihn mit einer sanften Berührung ihrer Hacken den langen Gang zwischen den Boxen hinunter und in den Hof hinaus. Einige Leute starrten das rothaarige Mädchen an, das da wie ein Mann mit gespreizten Beinen auf dem riesigen Gaul saß, doch niemand erkannte sie. Aufrecht und stolz saß sie auf ihrem Liebling, das Herz schlug ihr bis zum Halse, und sie lächelte den Wächter so selbstbewußt an, wie sie nur konnte, als sie das Pferd in den Torbogen unter dem Wächterhaus lenkte. Die Hufe klapperten einen Augenblick lang laut und hohl, dann waren sie beide hindurch, und sie ließ Invictus mit sanftem Druck in einen kurzen Galopp fallen. Sie schlug den Weg am Kai entlang gen Osten ein, mied die Stadt und folgte der Straße, die zur Stadtmauer hinausführte.

Doch schon am Brückentor, das noch verschlossen war, endete ihre Flucht. Als sie sich, unsicher, was sie tun sollte, stadteinwärts nach Norden wandte, hörte sie jemanden rufen. In ihrer Panik sah sie vier Reiter, die sie verfolgten und die sich einen Weg durch die Menschenmenge bahnten. Sie trugen die Livree des Earl über ihrem Kettenpanzer. Verzweifelt suchte sie nach einem Zufluchtsort, um sich zu verstecken, doch Sekunden später hatten sie sie schon gestellt, zwei auf jeder Seite von ihr. Invictus bäumte sich auf, und sie mußte sich in seine Mähne krallen, um nicht hinunterzufallen.

Man brachte sie schnurstracks zu Lord Huntingdon, noch barfuß, mit ungekämmtem Haar, auch trug sie nur ein Unterhemd und ihr Nachthemd darüber – ein schmutziges, ungezogenes, halsstarriges Kind mit Tränenbächen auf den Wangen.

Er schaute sie lange an, dann fragte er sie sanft: »Wo wolltest du hin, Eleyne?«

Sie hatte erwartet, daß er zornig sein würde, nicht sanft. »In den Wald.«

»In den Wald?« wiederholte er. »Warum?«

»Ich will hier nicht ohne Rhonwen leben. Ich kann nicht. Ich wäre lieber eine Gesetzlose oder eine Bettlerin.« Tränen flossen an ihren Wangen hinunter. »Ich will keine Gräfin sein. Ich will Rhonwen.«

Verwirrt ging John zu seinem Sessel hinüber und setzte sich. Er wußte nicht, wie er sie trösten sollte, diese zerlumpte kleine Herumtreiberin, die seine Gattin war.

»Bitte, Eleyne, weine nicht.« Er wußte, daß er eigentlich zornig sein, sie vielleicht sogar auspeitschen müßte.

»Bitte schicken Sie Rhonwen nicht weg.« Ihre großen Augen standen voller Tränen. »Bitte, Mylord …« Sie wußte immer noch nicht, wie sie diesen fremden Mann ansprechen sollte, der ihr Mann war. »Bitte lassen Sie Rhonwen hierbleiben.« Die schlaflose Nacht und die Tränen hatten ihre Augen gerötet und dunkle Ränder darunter entstehen lassen.

Er machte ein finsteres Gesicht. Gewiß, er bedauerte die Entlassung ihres gesamten walisischen Gefolges. Lord Chester hatte ihm mit seinem guten Rat einen Bärendienst erwiesen. Eine solche Maßnahme mußte auch Prince Llywelyn mißfallen, und außerdem machte sie dieses Kind ohne Not noch unglücklicher, als es schon war.

Er rieb sich das Kinn. »Wir werden quer durch England zu meinen Ländereien reisen, zu meinem Kronlehen, dem Honour of Huntingdon, Eleyne. Würde sie dir dahin folgen wollen? Sie würde sich dort sehr fremd fühlen, so weit entfernt von Wales«, sagte er schließlich.

Eleyne starrte ihn an, Hoffnung leuchtete in ihren Augen auf. »Sie würde überallhin mit mir gehen, Mylord.«

»Dann könnte ich es mir vielleicht anders überlegen, das heißt, wenn es dich glücklich machen würde und wenn du versprichst, nicht wieder fortzulaufen.«

»Bitte laßt auch Luned und Marared und Ethil bei mir!« Die Augen des Mädchens glänzten.

Er nickte huldvoll. »Na gut.«

»Und Cenydd. Cenydd hat mir das Leben gerettet, als ich durch die Wasserstraße schwimmen wollte.«

»Als du was?« Er zwinkerte erstaunt.

Beschämt sah sie zu Boden. Das hätte sie ihm nicht sagen sollen. »Mein Vater hat ihn gebeten, mein Leibwächter zu werden«, verbesserte sie ihren Fehler. »Er würde sein Leben dafür geben, mich zu retten.«

»Es wird hier viele geben, deren Aufgabe es sein wird, dich notfalls unter Einsatz ihres Lebens zu beschützen«, sagte er milde. Und wo sie gesteckt hatten, daß sie die Countess of Huntingdon ohne Eskorte aus der Burg reiten ließen, das würde er heute noch von ihnen wissen wollen. »Aber ja, natürlich darfst du auch Cenydd behalten. Aber damit ist Schluß.«

Einen Augenblick lang dachte er, sie würde ihn jetzt umarmen und küssen, doch sie sah zu Boden und knickste vor ihm. »Danke, Mylord«, sagte sie.

X

Vom hochgelegenen Fenster im Hauptturm der Burg aus sahen Eleyne und Rhonwen den langen Zug aus Wagen und Karren aus dem Hof hinausfahren. Sie waren beide taub und starr vor Kummer, als diese letzte Erinnerung an ihr Zuhause, an Wales, unter dem Torbogen des Wachthauses mit dem mächtigen Fallgatter verschwand und westwärts auf die Furt zusteuerte, durch die sie den Dee überqueren würden.

Der Earl of Huntingdon beobachtete Eleyne vom Eingang des Zimmers aus, als sie mit Rhonwen zusammen in der Laibung des Fensters stand. Sein Blick wanderte zu dem schützenden Arm, den die Frau um die schmalen Schultern des Kindes gelegt hatte – der tief unglückliche Gesichtsausdruck des Mädchens, die Verzweiflung in ihren Augen berührte ihn tief. Doch sie gehörte nun ihm, er konnte mit ihr tun, was ihm beliebte. Sie war seine Countess, seine Kindbraut. Doch er wollte ihr Vertrauen und wenn möglich ihre Zuneigung gewinnen.

»Eleyne?« Obwohl er sie mit leiser Stimme rief, sah er die beiden Frauen heftig zusammenzucken. »Lady Rhonwen kann jetzt für eine Weile zu Lady Chester gehen, mein liebes Kind. Ich möchte mit dir in den Stall gehen!«

Einer seiner Knechte hatte ihm von ihrem mitternächtlichen Besuch erzählt, wie sie geweint und ängstlich die Pferde liebkost hatte, aber auch, wie furchtlos sie auf den mächtigen Hengst gestiegen war. Da hatte er gewußt, wie er sich mit ihr anfreunden konnte.

»In den Stall?«

Zufrieden sah er das Aufblitzen ihrer Augen und nickte. »Dein Vater hat mir mehrere Pferde zum Geschenk gemacht, auch dein eigenes steht ja dort. Ich würde sie mir gerne einmal ansehen.« Er streckte die Hand aus, zögernd kam sie zu ihm.

Invictus wieherte seinen Willkommensgruß, als sie zu ihm in die Box stieg. Stroh blieb an ihrem Samtrock hängen. Lord Huntingdon lächelte. »Er scheint dich, wie ich sehe, gut zu kennen!«

Eleyne nickte. »Sir William …« Ihre Stimme zitterte, sie biß sich auf die Lippe, überhaupt nicht vorbereitet auf die Welle des Jammers, die sie bei Nennung dieses Namens überkam. »Sir William hat ihn mir geschenkt, bevor …« das Schluchzen würgte ihr im Hals, »bevor sie ihn gehängt haben.«

Lord Huntingdon zog eine Augenbraue hoch. »Das also war das Pferd von de Braose?«

Eleyne nickte wie betäubt. »Mein Vater wollte, daß Sie ihn bekommen.« Ihr Schmerz über den Verlust des geliebten Tieres, das sie nur so kurze Zeit besessen hatte, war nicht zu überhören.

»Es ist kein Pferd für eine Dame, Eleyne.« Er lächelte sie an. Erst recht nicht für so ein kleines Mädchen wie dich – letzteres blieb unausgesprochen.

»Nein.« Ihre Antwort kam so leise, daß sie fast nicht zu hören war.

»Du mußt recht sattelfest sein«, drängte er sie sanft. Lord Chesters Soldaten hatten ihm das berichtet.

Sie nickte. Eine Hoffnung keimte in ihr. »Könnten wir nicht ein wenig ausreiten?« Sie sah ihrem Ehemann zum erstenmal in die Augen. »Bitte!«

Er erwiderte belustigt ihren Blick. »Ich sehe keinen Grund, weshalb nicht.«

»Und könnte ich dann Invictus reiten?«

»Aha, ich verstehe. Du willst mir zeigen, daß du die Herrin meines neuen Hengstes bist.«

Sie nickte schüchtern. »Ich habe auf ihm ein Wettrennen mit Sir William gewonnen«, sagte sie hoffnungsvoll.

»Ach ja?« Er zog eine Grimasse. »Ich fürchte, ich bin kein so tüchtiger Reiter wie Sir William.«

»Sattle ihn und mein Pferd ebenfalls.« Er wandte sich an den Knecht, der hinter ihnen wartete. »Möchtest du dich umziehen, Mylady?« Er lächelte.

Eleyne warf einen Blick auf ihren Samtrock und stöhnte. »Ich mache mir sonst nie die Mühe.« Sie wollte den günstigen Augenblick unbedingt ausnutzen. Weder Rhonwen noch Lady Chester oder eine der fremden Personen innerhalb dieser hohen Mauern sollte sich einmischen und Lord Huntingdon womöglich von seinem Entschluß abbringen, daß er sie dieses große Pferd reiten ließ.

»Ich verstehe.« Er lächelte.

Ein halbes Dutzend gutberittener Knechte gab ihnen das Geleit. Sie folgten ihnen, als sie sich jenseits des Burghofs und der Stadtmauern nach Süden dem Wald näherten. Eleyne warf ihrem Gatten von der Seite her einen Blick zu und war schockiert, ihn einen stillen Wallach reiten zu sehen, der zwei Handbreit kleiner als Invictus war. Er ritt gut, ein wenig steif allerdings, als fühle er sich im Sattel nicht wohl. Sanft zog sie die Zügel an, so daß Invictus nicht zu große Sprünge machte und das kleinere Pferd Schritt halten konnte.

»Ich dachte, Sie würden einen Destrier reiten«, sagte sie keck, nachdem sie eine Weile schweigend nebeneinander geritten und der Straße aus der Stadt hinaus durch Felder und Wiesen gefolgt waren, bis sie sich unter den frischbelaubten Zweigen des Eichenwaldes befanden.

Er lächelte. »Ein Schlachtroß? Für einen Ausflug in den Wald? In England gehen wir sorgsam mit unseren kostbaren Pferden um, Eleyne.«

Ihre Wangen röteten sich wegen des darin enthaltenen Tadels. »Dann wird es aber kein Rennen werden, wenn wir galoppieren«, sagte sie traurig. »Von denen hier könnte es keiner mit Invictus aufnehmen.« Sie warf einen Blick zurück zu den Pferden der Eskorte, die ihnen paarweise folgten, und betrachtete sie mit Kennermiene.

Lord Huntingdon verbarg sein Lächeln. »Es tut mir leid, daß wir dich enttäuschen.« Vor ihnen verbreitete sich der grasbewachsene Weg zu einer offenen Rennbahn. Er gab seinem Pferd die Sporen, und mit überraschender Geschwindigkeit streckte es seine Beine zum Galopp.

Eleyne verlor keine Zeit. Der riesige Hengst glich einer zusammengerollten Stahlfeder: Als ihre zarten Hände die Zügel lockerten, sprang er vorwärts und donnerte hinter dem Wallach her. Sekunden später hatte er ihn überholt und ließ die anderen weit hinter sich. So schoß er die Rennbahn hinauf.

Sie genoß das Brausen des Windes in ihrem Haar und das Gefühl der mächtigen Muskeln des Pferdes unter ihren Beinen, das Donnern der Hufe auf dem weichen Grund. Ihr Haar flatterte locker auf ihren Schultern, ihre Mütze hatte sie verloren, und die langen Röcke waren ihre mageren Schenkel hinaufgerutscht. Als sie endlich lachend hielt, war sie allein. Hinter ihr war niemand mehr zu sehen.

Außer sich vor Freude schloß sie die Augen und hob das Gesicht gegen die Sonne. Einen Augenblick lang zögerte sie und überlegte, ob sie weiter in den Wald hineinreiten und sich für immer ihrem Ehemann und der Eskorte entziehen sollte. Dann aber ritt sie langsam den Weg zurück, den sie gekommen war.

Sie dachte, er werde wütend auf sie sein, aber seine gerunzelten Augenbrauen waren nur ein Ausdruck seiner Sorge um sie. »Was wäre, wenn du in Schwierigkeiten geraten wärest? Niemand hätte dir helfen können.«

»Ich gerate nie in Schwierigkeiten. Ich bin noch nie im Leben von einem Pferd gefallen ...« Die bewundernden Blicke der Männer taten ihr wohl, und sie merkte, daß sie nun noch stolzer im Sattel saß.

»Das glaube ich dir gern.« Er lächelte ihr zu. »Aber du hättest unerwünschte Gesellschaft bekommen können. Diese Ge-

gend ist ein Schlupfwinkel von Räubern, Dieben und Gesetzlosen. Deshalb muß die Frau eines Earl immer eine Eskorte bei
sich haben. Gelingt es Cenydd, mit dir Schritt zu halten?«

»Nur wenn ich ihn lasse.«

»Und an dem Tag, an dem du durch die Wasserstraße
schwimmen wolltest, hast du ihn da gelassen?« Er verbarg sein
Lächeln vor ihr.

Sie wurde rot und nickte. »Er hat mir das Leben gerettet.«

»Eines Tages, Eleyne, mußt du mir diese Geschichte erzählen«, sagte er freundlich, und er fügte hinzu: »Sir William
hat dir Invictus vermacht, und was mich angeht, gehört er dir,
doch nur, wenn du mir versprichst, ihn langsam zu reiten.«
Sein Gesicht war ernst.

Ihre Augen leuchteten. »Ich verspreche es.« Dann zog sie die
Stirn kraus. »Wollen Sie ihn denn nicht selbst reiten?«

Er schüttelte den Kopf. »Ich war sehr krank, Eleyne. Ich kann
noch nicht so schnell reiten. Meine Knochen sind steif, meine
Glieder schmerzen.« Er lachte. »Doch es geht mir von Tag zu
Tag besser, und lange werde ich der Herausforderung nicht
mehr widerstehen können, daß ich eine Frau habe, die schneller reitet als ich, das verspreche ich dir. Wenn ich mich erholt
habe, werde ich ihn mir einmal von dir leihen.«

XI

Viele Tage war die Reisegesellschaft schon unterwegs, und mit
jedem Tag, der verging, wurde Rhonwen trauriger. Das Land
war stark bewaldet, das Wetter trübe und regnerisch unter den
tief herabhängenden Wolken. Dennoch blühten Rot- und
Weißdorn in den Hecken, und die Bäume waren voll singen-
der Vögel. Auf ihrem Weg über das ebene zentrale Rückgrat
Englands erklommen sie Hügel und ritten zwischen schmalen,
gut gepflegten Feldern hindurch, auf denen dank ergiebigen
Regens die grüne Saat aufgegangen war. Die großen Berge von
Wales hatten sie nun schon weit hinter sich gelassen und damit auch jede Hoffnung auf Rettung. Von Einion war keine
Nachricht, keine Erklärung gekommen, wieso seine Pläne, die

er mit Eleyne gehabt hatte, derart fehlgeschlagen waren. Sie sah immer wieder zu Eleyne hin, die in ihren Mantel gehüllt, der sie vor Wind und Regen schützen sollte, auf ihrer milchig-weißen Stute ein paar Schritte hinter ihrem Ehemann herritt, und fragte sich, woran das Kind wohl denken mochte. Eleyne aber schwieg, nur dann und wann wanderte ihr Blick nach links oder rechts, um die Landschaft zu betrachten, durch die sie kamen. Die langen Tage im Sattel, während sie sich lang-sam, aber unablässig immer weiter nach Süden und Osten bewegten, lasteten auf ihr und ließen ihr viel Zeit zum Nach-denken. Auf der Reise war es ihr nicht mehr möglich, den Bil-dern zu entrinnen, die sie ständig heimsuchten: vom Galgen, vom Bett ihrer Mutter, von Sir Williams hübschem Gesicht und seinem wehmütigen Lächeln, als er in den Tod ging. Hatte er es gewußt? Hatte er gewußt, wer ihn verraten hatte?

Immer wieder versuchte sie, ihr Bewußtsein vor diesen Schreckensbildern zu verschließen und das Gefühl der Schuld und der Reue niederzuringen, das sie zu erdrücken drohte. Und immer wieder brach ihre Verteidigungsmauer zusam-men. Stündlich, so schien es Rhonwen, wurde ihr Gesicht ver-kniffener, bleicher und der Rand unter ihren Augen schwär-zer.

XII
FOTHERINGHAY CASTLE * Juli 1230

Drei Wochen nach ihrer Ankunft rief Lord Huntingdon Eleyne zu sich. »Ich habe einen Brief von deinem Vater.«

Er war noch immer müde von der langen Reise, doch das elende Aussehen des Mädchens entsetzte ihn mehr als sein ei-gener gesundheitlicher Zustand. Eleyne eilte zu ihm. Wie sehr hatte sie auf eine Nachricht von Zuhause gewartet. Gespannt starrte sie auf das Gesicht ihres Mannes, wartete darauf, daß er ihr den Brief gab. Doch er hielt die Rolle mit dem sich herab-ringelnden Blatt fest in seiner Hand. In dem langen Schrift-stück hatte sich keine Botschaft an sie befunden, die er ihr hätte mitteilen können, außer einer einzigen. »Dein Vater schreibt mir, daß dein Bruder Dafydd bald Isabella de Braose heiraten wird«, sagte er nach einer Pause. »Wie es scheint, soll die Hochzeit stattfinden, als wäre nichts geschehen. Sie ist in Aber eingetroffen.«

»Isabella?« Eleyne sah ihn betroffen an. Irgendwo tief in ihrem Innern hatte sie die Hoffnung am Leben erhalten, daß ihr Vater seine Entscheidung bedauern und ihr die Rückkehr gestatten würde – zu Isabellas Hochzeit, von deren Vorbereitung die beiden Mädchen seit so vielen Jahren träumten.

»Ich bin sicher, ihr seht euch bald wieder.« Statt ihr den Brief zu geben, ließ er ihn in einen Kasten fallen, den er verschloß.

Niedergeschlagen riß sie ihre Augen von der Kiste los, in der der Brief verschwunden war, und versuchte, ihre Enttäuschung zu verbergen. »Gefällt es dir in Fotheringhay?« Sie zwang sich zu einem schüchternen Lächeln. Sie hatte ja noch nicht viel gesehen. Das Wetter war zu regnerisch zum Ausreiten gewesen, die Räume allerdings, die man ihr zugewiesen hatte, waren komfortabel eingerichtet. Fotheringhay, eine der Hauptburgen des riesigen königlichen Lehens, das den Namen Honour of Huntingdon trug, war eine große, aus Steinen errichtete Festung am Nene-Fluß in Northamptonshire. Sie lag inmitten einer freundlich wirkenden, ebenen Landschaft aus Wiesen und Feldern, Mooren und Wäldern. Das Dorf draußen vor den Mauern war klein, besaß aber eine Kirche und ein Cluniazenserkloster für Nonnen. In Fotheringhay wurde mit beträchtlichem Aufwand Hof gehalten, Lord Huntingdon war reich. Sein Hof war bei weitem größer als der ihres Vaters, und Eleyne kam alles sonderbar und fremd vor. Ihr einziger Trost, abgesehen von der Anwesenheit Rhonwens und ihrer Damen, war es, daß ihr Gatte immer noch keine Neigung gezeigt hatte, sie in sein Bett zu befehlen. Ihre Zimmerfluchten lagen von seinen weit entfernt.

Sie durchstöberte die Burg, manchmal mit Luned, manchmal allein, fand den Weg zum Stall und zu den Mauern, von wo aus sie in das Land hinausstarren und am frühen Morgen den dichten Nebel wie schäumende Milch über den Flußwiesen sehen konnte, aus der sich Weiden und Erlen wie Geister erhoben. Sie suchte die Türme und die Behausungen der Menschen auf, lächelte schüchtern die Männer und Frauen an, die sie traf, als sie die Küchen, Backstuben, Brauereien und Vorratsräume, den großen Hauptturm auf dem Erdwall und die Kapelle besichtigte. Sie nähte, las und spielte schweigend und zerstreut mit Luned irgendwelche Partien. Von Zeit zu Zeit ritt sie aus. Aus Aber trafen keine weiteren Nachrichten ein. Ihr war, als lebte sie in einer anderen Welt.

John ließ ihr, wie sie fand, genug Zeit zum Eingewöhnen, doch dann rief er sie zu sich. »Eines Tages wirst du die Aufsicht über all meine Burgen führen. Ich habe fähige Kastellaninnen, die bis dahin die Burgen betreuen werden, während sie dir beibringen, wie das zu geschehen hat, und du kannst deine Lektionen und deine Lektüre fortsetzen. Und natürlich darfst du ausreiten, wann immer du es wünschst.« Er ging hinüber zum Feuer, das träge im Kamin schwelte. Er starrte eine Zeitlang hinein und versuchte seine folgenden Worte mit der gebotenen Sorgfalt zu wählen. »Eleyne, ich würde mit dir gerne über etwas reden.« Er runzelte die Stirn. »Ich habe erfahren, daß du unter Alpträumen gelitten hast. Gibt es irgend etwas, das dir besondere Sorgen bereitet?« Er wartete, hoffte, daß sie ihm genügend Vertrauen entgegenbrachte, um ihm eine Antwort zu geben.

Sie war blaß geworden. »Wer hat Ihnen gesagt, daß ich unter Alpträumen gelitten habe?«

»Eine deiner Damen erwähnte es meinem Hofmeister gegenüber.« Er wandte sich um und lächelte freundlich. »Geheimnisse sind hier schwer zu bewahren. In Aber war es sicher nicht anders.«

Er hatte sie mit dieser Bemerkung besänftigen wollen, doch das Gegenteil trat ein. Sie stand da wie gelähmt, und ihre Augen waren auf sein Gesicht geheftet.

»Wenn es damit zu tun hat, daß wir …« Er zögerte, wußte jetzt nicht mehr, wie er es ausdrücken sollte. Er hatte gesehen, wie sie vor seiner Berührung zurückgezuckt war, hatte ihre körperliche Angst vor ihm als Mann gespürt. »Wenn es damit zu tun hat, daß du meine Frau werden sollst, Eleyne, brauchst du nichts zu befürchten.« Über so etwas sprach ein Mann nicht, aber ihre Hilflosigkeit und Zartheit berührten ihn sehr. »Damit, daß wir richtig Mann und Frau werden, wollen wir warten, bis du bereit bist.« Er lächelte ihr aufmunternd zu.

Sie starrte ihn an, ihre Augen ließen ihn nicht los, in die Erleichterung über das, was er gesagt hatte, mischte sich noch etwas anderes, etwas, das sie ihm verbarg. »Bis ich bereit bin, Mylord?« wiederholte sie. »Aber Rhonwen sagte, ich muß mich Ihnen hingeben, wann immer Sie es verlangen, ich meine, sobald Sie wieder gesund sind.« Am Hofe war man der Meinung und sprach auch mehr oder weniger offen darüber, daß den Grafen der ungewisse Gesundheitszustand vom Bett seiner Kindbraut fernhielt.

Er schüttelte den Kopf. »Eleyne, wir werden einander Mann und Frau werden, wenn wir beide fühlen, daß du bereit bist. Bis dahin werde ich dir gegenüber keine solche Forderung erheben.« Er setzte sich steif hin. Wie konnte er denn auch nur daran denken, dieses Mädchen zu nehmen, diese Kleine mit der flachen, knabenhaften Figur und dem Gesicht, das noch immer die unausgeprägten, kindlichen Züge trug? Er war kein Unhold, der sich an Kindern vergriff. Er fand Frauen nur dann anziehend, wenn sie reife, intelligente Personen waren. Er verliebte sich in ihr Wesen, bevor er es sich erlaubte, ihren Leib zu berühren. Daß er darin ungewöhnlich, wenn nicht gar einzigartig war, wußte er, aber er war nun einmal so. Nicht das Tierische, der Moschusduft, die üppigen Rundungen und rotgeschminkten Lippen der Hofdamen, mit denen er verkehrte, zogen ihn an, auch hatte er seit langem keines der Bauern- und Dienstmädchen mehr begehrt.

Der Anblick des jammervollen Gesichtchens holte ihn aus seinen in die Ferne schweifenden Gedanken in die Gegenwart zurück. Er hatte so selten Gelegenheit, mit dem Kind unter vier Augen zu sprechen, immer war die aufmerksame Lady Rhonwen dabei; so sehr sie Eleyne gegenüber auf ihrer Meinung beharrt haben mochte, daß sie sich ihrem Ehegatten hingeben müsse, sobald er es verlange, so sehr war sie auch stets mit böswilliger Sorgfalt darauf bedacht gewesen, das kleine Mädchen nie mit ihm allein zu lassen.

»Gibt es noch etwas, das dir Sorgen macht?« Seine Stimme klang freundlich, einladend, so als ob er mit einem kleinen Tier spräche. »Du kannst und sollst deinem Ehemann alles sagen, Eleyne. Dafür ist er da.« Er sagte es ruhig und mit einem gewissen Lächeln, als er an die Augenbrauen dachte, die eine erfahrenere Gattin bei einer solchen Bemerkung fragend hochgezogen hätte. »Bitte.«

Sie schloß mit einem gramerfüllten Gesichtsausdruck die Augen und kämpfte sichtlich mit sich selbst.

»Komm her!« Er streckte die Hand nach ihr aus, zögernd kam sie auf ihn zu. Er widerstand der Versuchung, sie sich aufs Knie zu setzen, statt dessen legte er zärtlich einen Arm um sie. »Sag es mir. Sobald du es jemandem mitgeteilt hast, werden die Alpträume aufhören.«

Plötzlich konnte sie sich nicht mehr beherrschen. Mit von Schluchzern unterbrochener Stimme erzählte sie ihm alles: ihre Visionen, ihre Träume, die seltsamen Erinnerungen an den rothaarigen Mann, die Begegnung mit Einion. Sie erzählte ihm von dem ersten, schweren Unterrichtstag in der raucherfüllten Hütte, an dem sie Sir William mit dem Strick um den Hals gesehen, aber nicht erkannt hatte.

Christus und seine heilige Mutter! Er konnte all das nicht fassen, was er da hörte! Eleyne hatte nie versucht, sich dem Besuch der Messe mit ihm zu entziehen, die jeden Tag in der Burgkapelle stattfand. Er hatte sie immer für fromm gehalten, soweit sich das feststellen ließ, und er hatte sie aufmerksam beobachtet. Und trotzdem: Das Kind war eine Heidin, eine Hexe, eine Zauberin – und eine Seherin! Und immer noch redete sie. *Sie* war es gewesen, die Sir William im Bett ihrer Mutter entdeckt hatte, *sie* hatte ihrem Vater davon berichtet.

»Und weshalb hast du es ihm erzählt, Liebling? Warum hast du es nicht für dich behalten?« Endlich ahnte er den Grund für ihr schreckliches Schuldgefühl.

»Weil ich ihn haßte!« Sie stampfte mit dem Fuß auf, ihre Stimme war schmerzerfüllt. »Er war mein Freund; er war Isabellas Vater. Er hatte mich Invictus reiten lassen.« Große Tränen rollten ihre Wangen hinunter und wurden von dem weichen goldenen Samt ihres Mantels aufgesaugt. »Und ich haßte meine Mutter. Sie hat ihn mir gestohlen.« Sie fügte nicht hinzu, daß sie ihre Mutter schon immer gehaßt hatte. Auch dieser Gedanke war qualvoll für sie.

»Du haßtest sie so sehr, daß du ihren Tod wolltest?« Er fragte sie mit sanfter, leiser Stimme.

»Ja! Nein! Ich weiß nicht.« Ihre Stimme war so heiser, daß es fast nur ein Flüstern war. Sie lehnte den Kopf in ihrer Verzweiflung an seine Schulter, es war eine so vertrauensvolle und innige Geste, daß es ihn fast unerträglich rührte.

»War irgend jemand mit dir zusammen dort, als du sie sahst?« Er bemühte sich sehr, seiner Stimme einen gleichmäßigen Klang zu geben.

»Nur Rhonwen.«

»Ach, Rhonwen«, sagte er trocken. Er legte eine kleine Pause ein. »Und was sagte sie?«

Wieder das fast unhörbare Flüstern. »Sie sagte, es wäre Verrat.«

»Das war es zweifellos. Eine Ehefrau darf ihren Ehemann nicht betrügen, Eleyne. Deine Mutter hat nicht nur ihr Ehebett besudelt und entweiht, sie hat es auch noch mit einem Mann getan, der der Feind ihres Gatten gewesen ist und dann sein Gast war. Sie hat sich dreifach schuldig gemacht.«

»Aber ich hätte es Papa nicht sagen dürfen«, erklärte sie.

»Wenn du es nicht getan hättest, hätte es ein anderer getan. Zu Recht. Er mußte es wissen.«

»Weshalb war er dann so zornig auf mich?« schrie sie. »Wieso hat er mich weggeschickt? Warum hat er mir die Schuld gegeben?«

Eine abgrundtiefe Verzweiflung war in ihrer Stimme. Er legte den Arm enger um sie, er versuchte sie zu trösten und merkte, daß sie nicht länger vor ihm zurückschreckte. »Er war verletzt und wütend, doch das wird sich wieder legen.«

»Wird es das?« Sie sah ihn voller Zweifel an.

»Natürlich. Prince Llywelyn ist für die Liebe, die er seinen Kindern entgegenbringt, bekannt.«

»Und die Träume? Werden sie jemals aufhören?«

»Sicher.« Er versuchte, Zuversicht in ihr zu wecken. Lieber Gott, ein Kind in ihrem Alter sollte sich wirklich lieber mit Pup-

pen beschäftigen als mit einem solchen alptraumhaften Wirrwarr aus Liebe, Haß und Tod!

»Hast du seither noch andere Träume dieser Art gehabt?« Er
versuchte der Frage einen beiläufigen Klang zu geben. »Irgendwelche weiteren Visionen?«

»Nein.«

»Der Seher deines Vaters tat nicht gut daran, dich solche
Dinge zu lehren, Eleyne. Das weißt du, nicht wahr?« Er tastete
sich vorsichtig vorwärts. »Sie widersprechen ganz und gar den
Lehren der Heiligen Mutter Kirche.«

Sie zuckte kläglich die Achseln. »Einion geht nicht zur
Messe.«

»Nein, das glaube ich. Aber ich dachte, dein Vater wäre ein
guter Christ, Eleyne.«

»Das ist er.« Sie errötete.

»Wieso duldet er dann in seinem Land, daß die alten Götter
und Geister verehrt werden?«

»Ich glaube, er weiß es nicht.«

»Wer hat Einion gesagt, daß du in die Zukunft sehen kannst,
Eleyne?«

»Rhonwen.« Es war kaum mehr als ein Flüstern.

XIII

»Ich möchte Sie nach Wales zurückschicken, Madam.« Er
preßte seine Lippen zusammen.

Rhonwen starrte ihn an, ihr wurde kalt, am ganzen Leib.
»Warum, Mylord? Habe ich in irgendeiner Weise Ihr Mißfallen
erregt?« Ihre Augen sahen ihn herausfordernd an.

»Ich glaube, daß Sie meine Frau auf ungesunde Weise beeinflussen, Lady Rhonwen.« Er schritt hinter dem langen Tisch
auf und ab. »Sie haben sie mit voller Absicht mit Praktiken bekannt gemacht, die unserem christlichen Glauben widersprechen.« Seine Augen wurden schmal. »Mit ketzerischen Praktiken, die ich unter meinem Dach nicht dulden werde.«

»Nein.« Rhonwen weigerte sich, ihm in die Augen zu sehen.
»Das ist nicht wahr.«

Er machte plötzlich eine Kehrtwendung, und ihre Augen trafen sich. »Behaupten Sie, meine Frau sei eine Lügnerin?«

»Was hat sie denn gesagt?« Rhonwen betrachtete ihn trotzig. Sie fältelte die kostbare Seide ihres Rocks. Zwischen ihren Schulterblättern fühlte sie kalten Schweiß.

»Sie sagte mir, Sie hätten sie aufgefordert, zu diesem Barden ihres Vaters, Einion Gweledydd, zu gehen, der« – er stammelte vor Wut – »der sie in irgendeiner Weise eingeweiht hat ...«

»Er hat ihr geholfen – hat sie Ihnen das nicht erzählt?« Rasch hatte sie sich wieder in der Gewalt. Sie beugte sich vor und stützte sich mit den Handflächen auf den Tisch, der zwischen ihnen stand. »Hat sie Ihnen denn nicht von ihren Träumen erzählt? Von ihren Visionen, die sie heimsuchen und quälen? Hat sie Ihnen nicht erzählt, wie sie sie zerreißen?« Sie wartete, die Augen auf ihn gerichtet.

»Sie hat mir gesagt, sie hätte den Tod von Sir William de Braose gesehen, lange bevor er starb.«

Rhonwens Augen wurden schmal. »Das hat sie Ihnen erzählt?«

»Ja, Lady Rhonwen.« Als er aufsah, bemerkte er ihren Gesichtsausdruck. »Dachten Sie denn, daß sie sich ihrem Ehemann nicht anvertrauen würde? Vielleicht sind Sie nicht so unersetzlich, wie Sie gehofft haben.« Seine Stimme klang jetzt scharf und hart. »Sie wird keine weiteren Visionen mehr haben, Lady Rhonwen. Dafür werde ich sorgen. Bitte bereiten Sie sich darauf vor, uns am Ende der Woche zu verlassen.«

»Nein!« Es war ein angsterfülltes, qualvolles Flüstern.

Er überhörte es und schritt zur Tür. »Bis Ende der Woche, Madam«, wiederholte er knapp.

Sie stand dort, wo er sie hatte stehenlassen, minutenlang, und starrte in dem leeren Raum umher. Draußen ertönte der klare, flüssige Triller einer Amsel. Weiter weg, in der Flußaue des Nene, vernahm sie die Rufe eines Kuckucks. Ihr Mund war trocken. Sie spürte einen eiskalten Angstknoten im Magen. Dieser Mann besaß die Macht, sie von Eleyne loszureißen. Die Macht, sie fortzuschicken.

Warum hatte Eleyne sie verraten? Langsam, mit schleppendem Schritt ging sie zur Tür. Sie begab sich die lange Wendeltreppe hinab, die vom Söller in den großen Saal im Zentrum der Burg führte, und trat in den Hof hinaus.

Natürlich war sie im Stall. Sie sah einem zwei Tage alten Füllen zu, das mit steifen Beinen neben seiner Mutter dahinwankte, während man die beiden zur Weide hinausführte.

Das Kind trug schon wieder ein neues kostbares Kleid, diesmal ein dunkelgrünes Wams über einem safrangelben Gewand, und lächelte Rhonwen zu. Sie wirkte jetzt schon älter, selbstsicherer, unabhängiger. Luned, die hinter ihr stand, war ebenfalls prächtig gekleidet, sie verschwand eilig, als sie Rhonwens grimmigen Gesichtsausdruck sah.

»Warum hast du es ihm erzählt?« Rhonwen bekam Eleynes Arm zu fassen. »Warum?«

Nahebei wandten sich zwei Stalljungen um und starrten herüber.

»Du hast deinen heiligen Eid gebrochen!« Ihre Stimme, obwohl sie leise war, bebte vor Wut.

Eleyne errötete schuldbewußt. »Was meinst du?«

»Ich glaube, du weißt es!« Rhonwen schüttelte sie fast.

»Ich mußte mit jemandem reden …«

»Du mußtest mit jemandem reden!« wiederholte Rhonwen wütend. »Weshalb denn nicht mit mir? Warum hast du nicht mit mir geredet?«

Die roten Wangen des Kindes wurden blaß. »Ich weiß es nicht.«

»Du hast ihm – Lord Huntingdon – nicht nur von der Hinrichtung, du hast ihm auch von Einion erzählt; von den allergeheimsten Dingen …«

»Ich habe ihm nicht alles erzählt.« Eleyne wandte sich um und sah ihr ins Gesicht, sie entzog sich Rhonwens Zugriff. »Außerdem soll ich ihm doch alles sagen. Er ist mein Ehemann!« Es war jetzt ein trotziger Klang in ihrer Stimme. »Ich werde allmählich erwachsen, Rhonwen. Ich muß nicht alles tun, was du sagst.«

Rhonwen starrte sie an. Was war mit Eleyne geschehen? Konnte es sein, daß er sie schon zu seiner Frau gemacht hatte? Hatte er sie schon verführt, ohne daß sie, Rhonwen, etwas bemerkt hatte? »Ich dachte, du hast mich lieb, Eleyne«, flüsterte sie.

»Natürlich habe ich dich lieb …« Das Kind sah sie erst steif an, und dann gab es nach, warf sich Rhonwen in die Arme und drückte sie an sich. »Ich liebe dich doch. Natürlich liebe ich dich.«

Rhonwen schlang ihre Arme um den kleinen Mädchenleib, überwältigt von dem Gefühl ihrer Liebe und Sorge. »Er schickt mich weg«, murmelte sie in die weiße Haube hinein, die Eleynes zu Zöpfen verschlungenes Haar bedeckte. Da sie eine verheiratete Frau war, durfte ihr Haar nicht mehr in den Nacken hinab fallen. »Er schickt mich fort.«

Eleyne schlüpfte aus ihrer Umarmung und sah sie an. »Ich lasse es nicht zu, daß er dich wegschickt, Rhonwen«, sagte sie mit einer erstaunlich bestimmten Gelassenheit. »Ich verspreche es dir. Ich lasse es nicht zu, daß John dich fortschickt.« Es war das erstemal, daß sie seinen Vornamen laut aussprach.

Doch dieses Mal blieb er hart. Rhonwen mußte fort. Eleynes Geständnisse hatten ihn erschüttert und empört, und das ganze Gewicht seines Zorns, seines Entsetzens und seines Mißtrauens richtete sich gegen das Kindermädchen.

»Bitte, Mylord. Bitte!« In ihrer Angst suchte Rhonwen ihn erneut auf und fiel ihm zu Füßen. »Lassen Sie mich doch bleiben! Eleyne kann ohne mich nicht leben. Wir waren nie im Leben getrennt, niemals, seit dem Tag, an dem sie geboren wurde. Bitte! Um des Kindes willen.«

»Ich tue es ja für das Kind, Madam«, sagte John gewichtig. »Um sie zu Christus zurückzubringen. Sie hat ja noch Luned und die anderen, die ihr Gesellschaft leisten, und sie hat ja mich, ihren Ehemann. Sie werden uns morgen früh bei Tagesanbruch verlassen, Lady Rhonwen.«

Die Augen voll Tränen lief Eleyne über den Burghof. Nach ihrem qualvollen Abschied hatte Rhonwens Pferd sich draußen auf der Straße gen Norden gewandt. Schon verschwand es zwischen den Bäumen und war bald nicht mehr zu sehen. John lächelte. Zum erstenmal seit vielen Wochen fühlte er sich sicher, und als er dies begriff, war er erschüttert. Hatte diese Frau denn einen so bösen Einfluß auf ihn ausgeübt? Er wollte gerade Eleyne folgen, als er doch stehenblieb. Am besten ließ er sie jetzt eine Weile allein.

Eleyne beachtete die Männer und Frauen nicht, die hinter ihr her starrten. Sie rannte die Treppe hinauf in den großen Turm. Tränen flossen ihr die Wangen hinunter, als sie durch das untere Zimmer lief und zu den höhergelegenen Stockwerken emporzusteigen begann. Es gab dort leere Kammern, in die sich nie jemand zu verirren schien, dort konnte sie allein sein. Kein Mensch würde ihren Kummer sehen.

Sie stieß eine Tür auf und lugte in einen kalten, leeren Raum, der zehn Jahre zuvor das Schlafzimmer von Lord Albemarle gewesen war. Ihm hatte die Burg gehört, als John, damals noch ein Junge, bei seinem Onkel in Chester lebte. Nun war das Zimmer verlassen, die Bettstatt verstaubt, der Wandbehang längst verschwunden. John bevorzugte die Räume über dem neuerbauten Torhaus. Ihre lagen im Südturm nahe dem großen Saal, von wo aus sie zum Fluß hinübersehen konnte.

Sie betrat das stille Gemach, durchquerte es und näherte sich dem Fenster. Es ging ebenfalls nach Süden hinaus in Richtung des Flusses Nene. Ein bleicher Strahl des Sonnenlichts fiel auf einen gefegten Holzboden. In der gegenüberliegenden Wand führte eine niedrige Türöffnung unter einem Rundbogen zu einer kleinen Kapelle, die in das dicke Gemäuer hineingebaut war. Der Altar war noch da. Darauf standen halb abgebrannte Kerzen und ein geschnitztes Kreuz aus Alabaster. Jetzt erst nahm sie den Weihrauchduft wahr. Sie runzelte verwundert die Stirn. Der Duft, stark und fremdartig, hing beißend in der kalten Luft des steinernen Gewölbes.

Plötzlich stand eine Frau hinter ihr, in einem Sonnenstrahl, ihr schwarzer Rock war kostbar und schwer, ihr Schleier aus Seide, ihr bleiches, müdes Gesicht sah überanstrengt aus und war mit einem Ausdruck der Entsagung und Trauer, der fast unerträglich war, zum Altar hin gewandt. Eleyne nahm sie mit Entsetzen wahr, dann trat draußen eine Wolke vor die Sonne. Als der Sonnenstrahl verblaßte, war auch die Frau verschwunden.

Erschrocken rieb sich Eleyne die Augen. Sie wagte sich nicht zu bewegen. Ihr Ehemann hatte ihr verboten, Visionen zu haben. Sie waren böse. Wegen ihrer Visionen hatte er Rhonwen fortgeschickt. Und diese Frau, wer sie auch sein mochte, war nicht aus Fleisch und Blut. Sie wich zurück von dem Ort, an dem die Frau gestanden hatte, sie starrte den leeren Fleck an. Wer war sie? Weshalb war sie gekommen? Und warum hatte sie sich jetzt gezeigt? Eleyne kehrte in die Kapelle zurück und streckte die Hand nach dem Altar aus. Aber der Weihrauchduft war verflogen. Das große, hallende Schlafgemach roch wieder nach Stein und Staub. Sie war allein.

Eleyne versuchte, die Angst zu unterdrücken. Sie lief zur Wendeltreppe und begann hinunterzusteigen. Sie wollte jetzt nur zurück in ihre eigenen, hellen, freundlichen Räume und bei Luned sein, die sich ohne Rhonwen wohl ebenso elend fühlte wie sie. Sie schob den Gedanken an die schwarzgekleidete Frau so weit sie konnte von sich. John durfte niemals erfahren, daß sie immer noch solche Erscheinungen hatte. Niemals.

Nach Atem ringend, blieb sie auf der obersten Stufe der Außentreppe des Hauptturms stehen und blickte in den Hof hinab. Während sie oben in dem verlassenen Gemach geweilt hatte, war eine Reihe von Wagen und Reitern in den Burghof gekommen. Sie fragte sich, wem sie wohl gehören mochten. Dann sah sie, daß John schon draußen war, um seine Gäste zu begrüßen; sie sah sein blondes Haar im Sonnenlicht flattern. Mit einemmal hatte sie die schwarzgekleidete Lady vergessen.

Ihr Gemahl war ihr noch nie so glücklich erschienen, er half gerade einer Frau aus dem Sattel. Es entging ihr nicht, daß er sie in die Arme nahm und auf den Mund küßte. Eleyne war wie gelähmt. Eifersucht beschlich sie. Sie hatte John noch nie eine Dame in die Arme nehmen oder küssen sehen, und noch nie war er so lebhaft gewesen. Sie stand auf der Treppe, starrte hinab auf ihren Ehemann, spürte den kalten Wind im Gesicht und wurde sich der Tatsache bewußt, daß es vom Weinen fleckig und angeschwollen war. Sie sah wie ein dummes, häßliches Kind aus, während diese hochgewachsene, elegante blonde Frau schön war.

Sie merkte, daß man zu ihr heraufschaute. Sie schluckte den Kloß hinunter, den sie im Hals hatte, und ging langsam die Treppe hinab auf sie zu. Sie versuchte so viel Würde auszustrahlen, wie sie konnte: Sie war Johns Frau. Wer diese andere da auch sein mochte, *ihren* Rang besaß sie nicht.

Sie lächelten.

»Eleyne, komm her, mein Liebling«, rief John. Es blieb ihm gerade noch genug Zeit, seiner Begleiterin zuzuflüstern, sie käme wie gerufen – aber wieso im Namen aller Heiligen erst jetzt? »Ich möchte, daß du die von mir auf der ganzen Welt am höchsten geschätzte Person« – so fuhr er fort, ohne die Verzweiflung in Eleynes Gesicht zu beachten – »kennenlernst: meine Schwester Isabel.«

Isabel war mit dem jähzornigen schottischen Edelmann Robert Bruce, dem Lord of Annandale, verheiratet und hatte den Brief ihres Bruders in ihrem Gutshof zu Writtle in Essex erhalten. Er bat sie darin, auf ihrer Rückreise nach Schottland in Fotheringhay Station zu machen und ihn zu beraten, was er mit seiner Frau tun solle. Was er über seine Probleme schrieb, hatte sie faszinierend, amüsant und zugleich entnervend gefunden, zeigte es doch, wie hilflos die Männer waren, was die Welt der Gefühle anging. Die Eifersucht in den Augen des Mädchens, als John sie küßte, war ihr bereits aufgefallen – also empfand das Kind etwas für ihn – und jetzt sah sie den sehnsüchtigen Blick, der an die Stelle der Eifersucht trat.

Isabel zog die Handschuhe ab, dann streckte sie die Arme aus. Als sie Eleyne auf beide Wangen küßte, warf sie über den Kopf des Mädchens hinweg einen Blick auf ihre geheime Waffe, ihren Sohn Robert. Wenn Eleyne von Huntingdon wirklich eine Hexe, ein Wildfang, eine halsbrecherische Reiterin und unkontrollierbare Vagabundin war, der zwölfjährige Robert konnte es in all diesen Disziplinen mit ihr aufnehmen.

»Du bist verrückt«, platzte John später heraus, als sie ihm ihren Plan vortrug. »Ich habe dich hergebeten, damit du ihr wenn möglich etwas Vernunft beibringst und sie aufmunterst, und nicht, damit du ihr einen Spielgefährten mitbringst, der sie noch mehr verdirbt.«

Unerschrocken griff Isabel nach dem Glas, das ihr Bruder ihr kredenzt hatte. Er reichte ihr in seinen kostbaren emaillierten, unbezahlbaren venezianischen Gläsern nur das Köstlichste.

»Du schriebst mir, du wolltest, daß sie diesen fürchterlichen gehetzten Ausdruck im Gesicht los wird«, sagte Isabel unbeirrt. »Und du möchtest sie lachen hören. Rob wird sie zum Lachen bringen. Das garantiere ich dir.«

XV

Drei Tage später lauerte der junge Robert Bruce Eleyne im Stall auf.

»Ich werde mit dir einen Ausflug machen«, sagte er, sobald er sie entdeckte. »Mama sagt, du reitest einen großen Hengst.«

Eleyne bekam einen Schreck. Sie wollte nicht, daß dieser Junge Invictus ritt. Sie wollte nicht einmal, daß er den Hengst sah. Sie ging langsam auf Robert zu und schenkte ihm ein müdes Lächeln.

»Er hat ein Hufeisen verloren«, log sie. »Wenn wir los wollen, müssen wir Sable und Silver nehmen.« Die beiden Stuten paßten, was ihr Gewicht und ihre Schnelligkeit anging, zusammen, beide waren gutmütig und willig. Sie beäugte ihren Gefährten vorsichtig. Er war zwei Zoll kleiner als sie, aber viel kräftiger. Sie ritten wahrscheinlich gleich gut, aber da er ein wenig schwerer war, war sie im Vorteil.

Er sah, daß sie ihn taxierte und grinste. »Weißt du, weshalb wir hergekommen sind?« fragte er, sein Tonfall war freundschaftlich.

Sie wußte sofort, daß sie auf diese Frage nicht eingehen durfte, aber zugleich, daß sie sich ihm stellen mußte.

»Weshalb?«

Er kam näher und wurde vertraulicher. »Ich habe den Brief gesehen, den Onkel John Mama geschickt hat. Es standen schreckliche Sachen über dich drin.«

»Was für Sachen?« Eleyne merkte, daß sie rot wurde. Sie war pikiert.

»Scheußliche Sachen!« krächzte Robert. Er trat ein paar Schritte zurück, bereit wegzulaufen, falls es nötig sein sollte.

»Ich glaube dir nicht. Deine Mutter hat dir Johns Brief bestimmt nicht gezeigt.«

»Hat sie auch nicht! Ich hab ihn mir aus ihrem Schreibkasten geholt!«

»Das tut man nicht ...« Eleyne näherte sich einem Wutanfall. Sie traute dem Jungen nicht. Von Luned und Isabella abgesehen, hatte sie nie mit jemandem in ihrem Alter gespielt, und bestimmt nicht mit jemandem, der sie verhöhnte. Sie wußte nicht, was sie tun sollte und zögerte. Einerseits wäre sie gerne weggelaufen, andererseits wollte sie wissen, was in dem Brief stand.

»Ich kann mir nicht vorstellen, daß du überhaupt lesen kannst«, sagte sie verächtlich.

Das saß. »Natürlich!« rief er sofort. »Es stand drin, du wärst ein sonderbares, von Heimsuchungen geplagtes Kind!« Er streckte ihr die Zunge heraus. »Du sähest in jeder dunklen Ecke Gespenster, und dein Kindermädchen wäre eine Hexe.« Er tanzte ein paar Schritte weg von ihr und wollte sie zu einer Verfolgungsjagd reizen. »Es stand drin, du wärest verrückt.«

»Das bin ich nicht!« Sie war wütend.

»Das bist du doch. Du siehst Spukgestalten.«

»Na und? Kannst du das nicht?« Sie ging zum Angriff über.

Ihr neuer Tonfall überraschte ihn. Er runzelte die Stirn und schüttelte dann zögernd den Kopf.

Sie spürte den Triumph: »Du würdest vor Angst verrückt, wenn du so etwas sähest.«

»Würde ich nicht.« Nun mußte er dagegenhalten.

»Das würdest du. Ja, das würdest du.«

»Gut. Beweise es mir.«

Alle Vorsicht war vergessen. »Ich zeige dir jetzt das Zimmer, in dem ich ein Gespenst gesehen habe.«

Robert zögerte einen Sekundenbruchteil lang, dann nickte er. »Na gut!«

»Und was ist mit dem Reiten?« Eleyne bot ihm einen Fluchtweg an, doch er schüttelte entschieden den Kopf. »Später«, sagte er.

Beide hatten vergessen, daß sie die Countess of Huntingdon und Burgherrin war. Sie waren jetzt zwei Schulschwänzer, die sich von den Ställen wegstahlen und dann quer über den Burghof zum Hauptturm rannten, die so unsichtbar, wie es nur Kinder vermögen, durch das unten gelegene Zimmer glitten und die Treppe zu Lord Albemarles Schlafgemach hinaufschlüpften. Auf dem obersten Treppenabsatz angelangt, blieben sie stehen und keuchten.

»Es war hier«, flüsterte Eleyne. Die Sonne beschien jetzt die andere Seite des großen Turms, und der Raum lag im Schatten.

Robert äugte an ihr vorbei. »Wie sah es denn aus?« zischte er.

Sie lächelte. »Es war nur eine Lady. Sehr schön, in seltsamen schwarzen Kleidern. Sie trug Spitzen hier ums Gesicht herum«, sie deutete es mit den Händen an, »und einen Schleier.«

»Hat sie etwas gesagt?«

Eleyne schüttelte den Kopf.

»Klingt nicht gerade angsteinflößend«, spottete Robert.

Eleyne zog die Stirn kraus. Es fiel ihr schwer zu beschreiben, was sie empfand, wenn sie diese Erscheinungen sah, die durch den hauchdünnen Gazevorhang der Zeit hereinschlüpften und dann plötzlich wieder verschwanden. Sie sah sich in dem Raum um und ging dann auf Zehenspitzen zu dem kleinen Rundbogen. »Komm' mal her«, flüsterte sie. »Ich war in der kleinen Kapelle da.« Sie deutete auf den Durchlaß in der gegenüberliegenden Wand. »Dann habe ich mich umgedreht und sie hier am Fenster gesehen.«

Sie schlichen in den Andachtsraum, Robert folgte ihr auf den Fersen. Beide hielten den Atem an, starrten hierhin und dorthin.

»Riechst du irgendwas Sonderbares?« zischte Eleyne, ihr Mund war sehr nahe an Roberts Ohr.

Er schluckte nervös und schnüffelte vorsichtig. »Ich glaube nicht.«

»Weihrauch«, murmelte sie. »Als sie kam, war hier ein starker Weihrauchduft.«

Robert spürte, wie sich seine Nackenhaare sträubten; er wünschte sich, er wäre reiten gegangen. »Ich rieche nichts.« Seine Augen zuckten nervös, während er den Kopf stillzuhalten versuchte. »Hier ist nichts. Laß uns gehen.«

»Nein. Warte.« Eleyne roch es. Der starke, fremdartige Duft lag unmerklich in der Luft des Betraums. »Sie ist hier«, hauchte sie.

Robert wich einen Schritt zurück und spürte die harten, kalten Mauersteine durch seine Tunika. In seinem Mund war ein trockenes Gefühl. Nervös drehte er den Kopf herum, so daß er durch den Rundbogen zum Fenster sehen konnte. Da war nichts. Er runzelte die Stirn, riß die Augen auf, sah genauer hin, folgte ihrem Blick, seine Hände waren schweißnaß.

»Siehst du sie nicht?« fragte Eleyne leise. Es war nichts dort, und der Duft, soweit er dagewesen war, war fort. Sie sah ihn an. Er schüttelte den Kopf, seine Augen waren weit aufgerissen vor Anstrengung, etwas zu entdecken. Sein Gesicht war käseweiß.

»Es ist nicht die Lady von Fotheringhay«, sagte sie sehr ruhig. »Siehst du es? Es ist etwas Riesenhaftes. Und Häßliches. So häßlich!«

Roberts Gesicht wurde noch weißer. Er preßte sich fest an die Mauer, er wünschte sich, daß die Steine ihn verschluckten.

»Ich kann nichts sehen«, würgte er hervor. »Ich kann überhaupt nichts sehen.« Sein Blick war ein stummer Hilfeschrei. Dann starrte er wieder umher. Ihr Gesicht verzog sich zu einem Grinsen, während sie ihr Lachen unterdrückte, und dann kicherte sie los. »Wenn du dein Gesicht sehen könntest, Neffe Robert«, schalt sie ihn.

»Da ist nichts«, sagte er langsam. Die Angst und das Erstaunen verschwanden aus seinem Gesicht. »Es ist überhaupt nichts zu sehen! Du hast mich angelogen! Du …«

Eleyne kreischte vor Lachen und rannte an ihm vorbei. Sie lief durch das leere Schlafgemach und polterte die Wendeltreppe hinunter, und Robert war ihr dicht auf den Fersen – dann stürmte sie durch das dunkle, tiefer unten im Turm gelegene Zimmer, als Johns Hofmeister in einer Türöffnung erschien und Eleyne anstarrte. Sie blieb wie angewurzelt stehen. Das erhitzte Gesicht und der verrutschte Kopfputz seiner Herrin belustigten ihn. »Guten Tag, Mylady«, sagte er mit einer Verbeugung. »Seine Lordschaft sucht Sie.« Sein Blick wanderte zu dem Jungen hinter ihr, und er verbarg sein Lächeln. »Es ist schön, Sie einmal wiederzusehen, Master Robert.«

Robert grinste unverschämt: »Gleichfalls, Master Steward.« Er wandte sich an Eleyne und verbeugte sich nun auch vor ihr. »Wir dürfen Onkel John nicht warten lassen, Tante Eleyne«, sagte er mit großem Ernst. Dann zwinkerte er ihr zu. »Versuch' mich zu fangen!«

Eleyne zögerte nur eine Sekunde lang, aber da war er schon durch das Zimmer gestürmt, hatte den duftenden Waldmeister auseinandergefegt, der zum Trocknen am Boden lag, und war zum Eingang hinaus.

XVI

Der Earl und die Countess of Huntingdon verließen die Burg zwei Monate nach Isabels und Roberts Abreise. Eleyne vermißte die beiden sehr, denn nach ihrer Gespensterjagd waren Robert und sie Freunde geworden. Beim Abschied hatte er ihr versprechen müssen, sie bald wieder zu besuchen.

In ihrer erneuten Einsamkeit schloß sie sich nun immer mehr an John an und suchte seine Gesellschaft. Rhonwen fehlte ihr sehr, aber sie war auch etwas erleichtert, daß sie nicht mehr unter ihrer Aufsicht stand. Eine angenehme Überraschung war, daß sie kein schlechtes Gewissen mehr hatte, wenn sie mit ihrem Gatten zur Besichtigung seiner Güter aufbrach.

Die Ländereien, die zur Honour of Huntingdon gehörten, waren zum größten Teil flach. Sie erstreckten sich meilenweit, von den Mooren, wo sie ihre Falken fliegen ließen, bis zu den großen Wäldern von Mittelengland, zu beiden Seiten des schwarzen, langsam fließenden Nene.

Eleyne mochte dieses flache Land nicht, so sehr sie sich auch bemühte, John gefällig zu sein; auch daß sie die Städte schön fand, durch die sie kamen, konnte sie nicht gerade behaupten. Weder Cambridge noch Huntingdon noch Northampton sagten ihr zu, als sie langsam von Burg zu Burg reisten, und am wenigsten gefiel es ihr in London, wo er ein Stadthaus besaß. Instinktiv mißtraute sie diesen gedehnt sprechenden, kalten, argwöhnischen Ostlern und sehnte sich nach den Bergen und der wilden See; sie sehnte sich nach den schnellredenden, hurtigen, warmherzigen Menschen von Gwynedd, die sich zwar rasch von ihren Leidenschaften mitreißen ließen, dafür aber lebhaft, zutraulich und gastfreundlich waren. Zweimal versprach ihr John, daß sie den weiten Ritt nach Chester antreten würden und daß sie von dort aus Aber besuchen könne, aber sie wurde enttäuscht, denn John erkrankte am Fieber, das immer aufs neue wiederkehrte und ihn plagte.

XVII
NORTHAMPTON * Mai 1231

Rhonwen blieb stehen, nahm ihren Einkaufskorb in die andere Hand und ging dann langsam zu dem Haus zurück, in dem sie eine Beschäftigung gefunden hatte. Von ihrer neuen Herrin, einer reichen Wollhändlerswitwe, war sie mit offenen Armen aufgenommen worden, damit sie die lärmende Kinderbrut hüte. Zweimal hatte Rhonwen sorgsam formulierte Briefe an Luned gesandt, in denen sie ihr mitteilte, wo sie war, doch sie hatte keine Antwort bekommen. Zu einer Rückkehr nach Wales konnte sie sich dennoch nicht entschließen. Sie mußte in Eleynes Nähe bleiben und irgendeinen Weg finden, zu ihr zurückzukehren.

Zwei Männer lehnten faul an einer Kirchenmauer. Einer von ihnen trug auf seinem Mantel das Wappen Huntingdons. Ihr Mund wurde trocken. Sie zögerte, doch dann ging sie, in ihrer verzweifelten Hoffnung, Neuigkeiten vom Hof des Grafen zu erfahren, auf sie zu.

»Sind Sie einer von Lord Huntingdons Männern?«

Der Mann nickte, dann zwinkerte er. »Aber nicht mehr lange, so wie die Dinge liegen.« Er lehnte sich zurück an die Kirchenmauer und stocherte sich mit dem Zeigefinger zwischen den Zähnen herum. »Der Earl ist todkrank. Ich bin hier, um einen Arzt zu holen.«

»Todkrank?« wiederholte Rhonwen, sie fixierte den Mann so intensiv, daß er zusammenzuckte. »Was hat er denn?«

»Fieber«, sagte der Mann lakonisch. »Aber wen kümmert's. Sein Haushofmeister bezahlt mich.« Er griff in seinen Ranzen, holte einen Silberpenny hervor und schnippte ihn in die Luft. Dem Klirren der Münzen zwischen seinen Fingern nach zu urteilen, als er ihn in seinen Lederbeutel zurücklegte, waren noch viele darin.

»Sind sie wieder in Fotheringhay?« fragte Rhonwen.

Er nickte. »Wie wär's denn mit uns? Wollt Ihr mir nicht ein wenig beim Geldausgeben helfen ...« Er brach ab. Mit einem Wirbeln ihrer Röcke war sie in der Menge verschwunden.

XVIII

FOTHERINGHAY

Johns Krankheit entsetzte Eleyne. Sie litt darunter, ihn so schwach und elend zu sehen. Während sie sich um ihn sorgte, merkte sie, wie sehr er ihr ans Herz gewachsen war, und sie fürchtete sich davor, daß er sterben könnte.

John schlief, Eleyne saß an seinem Bett und strich ihm über die Stirn, als Rhonwen eintrat. Einen Augenblick lang starrte Eleyne sie ungläubig an und konnte sich nicht bewegen, dann warf sie sich ihr in die Arme.

Sie weinte und bat Rhonwen, ihr zu helfen. Rhonwen, die ihrem geliebten Kind nichts abschlagen konnte, vergaß ihren Groll und Haß und mühte sich mehr als je in ihrem Leben, um ihn von seiner Krankheit zu heilen.

Sie mischte aus Kräutern ein Gebräu, mit dem sie sein Fieber herunterbrachten. Sie destillierte einen Sirup, der seinen Husten linderte. Der Arzt sei nicht in Northampton anzutreffen gewesen, berichtete der Bote, als er endlich nach Fotheringhay zurückkehrte. Man würde ihn aber, sobald er wieder zurück sei, sofort zum Earl schicken.

Eleyne hatte Angst, John könnte herausbekommen, daß Rhonwen wieder da war. Nach jenem ersten Eindringen ins Krankenzimmer mußte Rhonwen sich fern von ihm im Destillierzimmer oder in Eleynes Räumen im Turm am anderen Ende des Hofes aufhalten. Eleyne brachte ihm selbst die Medizin ans Bett und sah ihn, voller Angst und Hoffnung zugleich, allmählich genesen.

Als der Arzt des Königs endlich kam, fegte er Rhonwens Medizin verächtlich vom Tisch. Der untersetzte weißhaarige Mann mit den buschigen Augenbrauen und dem langen schwarzen Gewand beugte sich über den Earl, um ihm den Puls zu fühlen, doch er war bereits fieberfrei.

XIX
August 1231

Der Abend graute, das Schlafzimmer lag im Dunkeln. In der Ferne hörte man Donner grollen. Eleyne hob die Hand, und Luned, die ihr das Haar gebürstet hatte, hielt inne. Es war kein Feuer im Kamin, und Eleyne hatte angeordnet, die Lampen zu löschen. Obwohl sie Rhonwen wirklich gern hatte, empfand sie es ab und an als eine Erleichterung, sie einmal nicht um sich zu haben, denn Rhonwen folgte ihr, außer wenn sie bei John weilte, auf Schritt und Tritt. Gerade aber war sie bei Marared im Frauengemach, wo ein reisender Minnesänger aus Aquitanien die Damen mit Liedern unterhielt, die an den heißen, duftenden Süden denken ließen. Eleyne hatte Kopfschmerzen vorgeschützt und die Kühle und Stille ihres eigenen Zimmers mit dem Blick auf den Fluß vorgezogen.

Auf der anderen Seite des Hofes, über dem Torhaus, warf sich John in seinem Bett herum, immer noch war der Arzt bei ihm. Eleyne hatte ihn vor dem Abendessen besucht, ihre Hand schüchtern in die seine gelegt, da aber hatte der Doktor sie mit kategorischem Befehl des Zimmers verwiesen.

Sie hatte dem Arzt am Morgen lange zugesehen, wie er mit großer Sorgfalt Blutegel auf den schwachen Leib ihres Gatten setzte. Er hatte ihm die Tiere auf Brust und Arme gelegt und gewartet, bis sie, vollgesogen mit seinem Blut, in die silberne Schale gefallen waren. John hatte Eleyne mit seinem stillen Lächeln angesehen und sie dann gebeten, ihm etwas vorzulesen. Das hatte sie gern getan, doch ab und zu waren ihre Augen von den Lettern auf der Kalbshaut fort und zu seinem Gesicht geschweift. John war allzu blaß. Er hatte nicht genug Blut, und sicherlich war es falsch, ihm immer noch mehr abzuzapfen. Sie ertappte sich dabei, daß sie sich nach dem Hof ihres Vaters und den weisen Männern aus den Bergen sehnte, die dort verkehrten. Nach Männern wie Einion, der ja ein Ketzer und böser und falscher Mensch sein mochte, wie John so oft gesagt hatte, der aber Rhonwen alles über die Heilkunst gelehrt hatte, was sie wußte, und das war nicht wenig.

»Es ist genug«, sagte sie scharf, als Luned wieder mit dem Bürsten anfangen wollte. Sie stand auf, ruhelos, ging zum Fenster und trat in die Laibung hinein, so daß sie aus der tiefen Nische des Fensters bis weit nach Westen sehen konnte. Dort in der Ferne unter dem Mondlicht lagen die riesigen schlafenden Gipfel von Yr Wyddfa.

»Geh zu Bett, Luned!« Eleyne hatte sich entschieden. »Leg dich hin. Ich gehe hinunter in den Stall.«

Seit Monaten war sie nicht mehr nachts bei den Pferden gewesen. John hatte sich unerbittlich gezeigt: Die Countess of Huntingdon durfte sich nicht wie ein Stalljunge ins Stroh legen – jetzt, da sie seine Frau war, nicht mehr. Sie schlief jede Nacht zwischen seidenen Laken. Eine Countess of Huntingdon durfte nicht im Dunkeln herumgeistern oder allein die Burg erforschen. Auch nicht an der Spitze ihrer Männer galoppieren oder etwa mit ihrem hübschen Zwergfalken auf der Faust zwischen Ginsterbüschen untertauchen. Sittsam, zurückhaltend und spröde – kurz: zimperlich und damenhaft – mußte sie sein und sich allzeit mit Schicklichkeit und Anstand in den ihr angemessenen Formen bewegen.

»Mylady!« Die leise Stimme neben ihr ließ sie innehalten, als sie die Tür zum Burghof erreichte.

»Cenydd?« Sie hatte den Verdacht, daß er sich quer auf die Schwelle vor ihrer Zimmertür schlafen legte, sobald die Burg nachts still geworden war.

»Soll ich Fackeln holen lassen?« Der bärenstarke Mann lächelte zu ihr herunter, seine Schultern waren breit in dem dicken Lederwams. Ihr Haar fiel ihr ein, es hing ihr lose in den Nacken hinab, die hübsche Haube, die sie tragen sollte, war nicht an ihrem Platz.

»Nein, keine Fackeln.« Sie trat hinaus auf die Holztreppe, die von der einzigen Tür des Turms hinunter in den Hof führte.

»Sie sollten nicht allein hinausgehen, Lady.« Die freundliche Stimme mahnte sie hartnäckig.

»Ich bin ja nicht allein!« widersprach sie. Verärgert lief sie mit raschelnden Röcken die Treppe hinunter, dann wandte sie sich zu ihm um. »Du kannst mitkommen, wenn du möchtest. Wenn nicht, gehe in den großen Saal zurück und tue so, als hättest du mich nicht gesehen. Ich möchte ausreiten.«

»Im Dunkeln, Princess?«

»Es ist hell genug. Ich möchte nicht, daß mein Mann davon erfährt, Cenydd. Ich will nicht, daß er sich Sorgen macht. Wenn du mich verrätst, lasse ich dich nach Gwynedd zurückschicken.« Ihr gebieterischer Ton ließ keinen Zweifel daran, daß sie es ernst meinte.

»Sehr wohl.«

Sie lächelte ihm zu. »Nur dieses eine Mal, Cenydd, bevor ich ersticke.« Ihr Charme war zurückgekehrt und das schelmische Lächeln, dem er noch nie widerstehen konnte – kein Mann konnte das. »Bitte!«

Wenn die Stallknechte sich wunderten, daß man sie bat, den großen Hengst für die junge Lady aufzuzäumen, dann verbargen sie es jedenfalls. Invictus wurde hinausgeführt, und Cenydd hob Eleyne hinauf. Hurtig bestieg er seinen eigenen Wallach – aus Angst, sie könnte sogleich in die Dunkelheit galoppieren, doch sie ließ den Hengst, wie es sich gehörte, bis zum Torhaus und Fallgitter im Schritt gehen, zog die Zügel an und wartete geduldig, bis die Seitentür geöffnet wurde, dann ritt sie hindurch, auf die Rennbahn hinaus. Das Gewitter näherte sich. Im Südwesten war der Himmel noch schwärzer als sonst überall, von Zeit zu Zeit zerschnitten ihn zuckende Blitze. Invictus tänzelte unruhig und schnappte übellaunig nach dem ihm folgenden Pferd.

Die riesige Ebene, die geheimnisvoll im Mondlicht dalag, deprimierte sie ebenso wie die mächtige, nirgendwo endende Himmelskuppel – der grenzenlose Horizont, der dieses östliche Land so öde und nichtssagend machte.

»Was ist mit dem Gewitter?« Cenydd konnte den süßen, kalten Regen in der Ferne riechen. Wie die Pferde war auch er unruhig.

»Ich möchte im Gewitter reiten.«

»Nein, Lady, denken Sie an Ihre Sicherheit. Bitte, lassen Sie uns umkehren!« Er wußte, daß sie jetzt nicht draußen sein durfte. Wenn ihr etwas zustieß, würde man ihm die Schuld geben. Er seufzte. Rhonwen war schuld an Eleynes Eigensinn. Das Kind hatte nie gelernt, was Disziplin hieß.

Invictus bleckte böse die Zähne, und Cenydds Wallach wich zur Seite aus.

»Es ist doch gar nicht so dunkel!« Sie zog die Zügel an, Invictus tänzelte auf den Vorderhufen.

»*Warum*, Princess?«

Der mißbilligende Ton ließ sie einhalten, sie kämpfte mit Invictus, der Hengst stand auf der Hinterhand.

»Was sagst du?« Sie hob abwehrend den Kopf.

»Warum müssen Sie ausgerechnet jetzt ausreiten? Das ist nicht sehr damenhaft.«

Selbst im schwachen Mondlicht konnte er sehen, wie ihre Wangen sich verfärbten. »Es gibt viele verschiedene Arten, eine Dame zu sein, Cenydd. Das hat mich mein Ehemann gelehrt. Ich bin eher eine, die wie Rhiannon auf ihrem Schimmel einherprescht, eine, die kein Mann je fangen kann.« Sie sprach den walisischen Namen sehnsüchtig aus.

Cenydd sah sie von der Seite her an. »Das hat Ihr Gatte Sie gelehrt?«

Sie nickte emphatisch.

Sie hatte ihm vorgelesen, während er mit geschlossenen Augen auf dem Ruhebett lag. Zuerst waren ihr diese Stunden an Johns Bett eine Qual gewesen, weil sie sich nach draußen, nach einem Ritt im Sonnenschein sehnte. Als er das bemerkte, behielt er sie anfänglich nur kurz bei sich, dehnte das Zusammensein dann aber von Tag zu Tag unmerklich aus, bis er sie eines Morgens, als es draußen in Strömen regnete, zu sich heranzog, dicht bei sich niedersitzen ließ und ihr lächelnd ein in Leinwand gewickeltes Päckchen reichte.

»Ein Geschenk.«

Sie sah es an und war enttäuscht. So wie es sich anfühlte, konnte es sich nur um ein Buch handeln. Langsam begann sie, die Verpackung aufzufalten. Zu ihrem Entzücken sah sie dann aber, daß es ein Buch in walisischer Sprache war, und als sie die kostbar bemalten Seiten umblätterte, stockte ihr der Atem vor Bewunderung.

»Ich hatte deinen Vater gebeten, ein Buch mit walisischen Geschichten zu schicken, um dich aufzumuntern, Eleyne, und er hat das hier speziell für dich anfertigen lassen. Die Geschichten sind so alt wie die Welt. Seine Barden und Erzähler haben sie seit Jahren gesammelt und aufgeschrieben.« Er wartete, halb belustigt und halb ängstlich, während er sie das Buch durchblättern sah und die Titel aussprechen hörte: Der Traum von Maxen, Die Lady von der Quelle, Peredur. Sie sah John an, ihre Augen glänzten. »Ich kenne diese Geschichten ...«

»Natürlich kennst du sie.« Er lächelte. »Und ich möchte sie auch kennenlernen. Würdest du sie mir vorlesen?« Er sah ihr zu wie so oft, diesem seltsamen Kind, der Tochter eines walisischen Fürsten, der vielleicht von genau den uralten Göttern abstammte, deren Geschichten das Buch erzählte. Vielleicht halfen ihm die Geschichten, sie besser zu verstehen, und vielleicht halfen sie auch ihr, das Heimweh zu überwinden, das ihren Wangen die Farbe raubte.

»Trotzdem, Lady«, fuhr Cenydd mißgestimmt fort, »ich bin sicher, daß er nicht möchte, daß Sie einfach so und ohne Eskorte ausreiten. Die Heide und das Moor sind voll von Räubern, Dieben und anderem Gesindel.« Er ließ seinen Blick über die stille, im Mondlicht liegende Landschaft mit ihren Schatten schweifen, die groß genug waren, ein ganzes Heer zu verbergen, und es schauderte ihn.

Eleyne lachte leichtsinnig. »Wenn es hier irgendwelche Räuber geben sollte, würden wir ihnen einfach davonreiten. Und außerdem habe ich doch dich und dein Schwert zu meinem Schutz.« Hinter ihnen rollte leiser Donner.

Sie erwartete ihn auf einer hell vom Mondlicht beschienenen Lichtung, das Haar hing ihr in wilden Locken um die Schultern, ihr Blut sang vor Begeisterung und Erschöpfung. Da zischte aus dem Nichts kommend ein Blitz vom Himmel herab und explodierte ganz in ihrer Nähe auf dem Erdboden. Der Hengst bäumte sich auf.

Eleyne hatte die Burg vorher nicht gesehen, doch jetzt konnte sie sie klar und deutlich in dem grünen Elfenlicht erkennen. Flammen liefen die Mauern entlang, züngelten über die Dächer und hingen an den Gerüstbäumen wie helle Fähnchen bei einem Turnier. Lieber Gott, der Blitz mußte in das Dach eingeschlagen haben. Entsetzt hörte sie die Schreie und Rufe der Frauen und Männer, die hinter den hochgelegenen Fenstern gefangen waren – zu schmal, als daß sie sich hätten herauszwängen können. Auf dem mit Blei gedeckten Dach sah sie eine Gestalt, einen Mann. Während sie ihn beobachtete, wandte er sich von den Flammen ab und kletterte auf die Brustwehr, von wo er sich in den Rauch hinausstürzte. Sein Schrei ging in dem unten herrschenden Tumult unter.

Verschwommen sah sie jetzt Cenydd neben sich. »Schau doch! O heilige Mutter! Ach, die armen Menschen! Können wir denn nichts tun?« Doch es gab nichts, das sie tun konnten; niemand konnte irgend etwas tun. Sie waren von der Feuersbrunst und dem wallenden weißen und grauen Dach umzingelt und von einer Million Funken übersät.

Ein zweiter Blitz zeigte das breite Band des Flusses, das zwischen ihnen und der Burg lag – und die Linie der Soldaten, die unbeweglich zwischen der Burg und dem Flußlauf standen, in dem das Wasser war, mit dem man sie hätte retten können. Sie kniff die Augen zusammen und versuchte, das Banner des Mannes zu erkennen, der ihr Anführer war, doch der Rauch wälzte sich wieder zum Fluß hinunter. Sie sah nichts mehr.

Der Regen kam, als ob ein riesiger Eimer im Himmel umgestürzt wäre. Innerhalb von Sekunden waren der Boden, die

Pferde und die beiden Reiter durchgeweicht. Eleynes Augen bemühten sich verzweifelt, irgend etwas zu erfassen, doch sie sah nur noch silbrige Nadeln aus Wasser, die ihr ins Gesicht und in die Hände stachen.

Sie merkte, daß Cenydd abgestiegen war und vorn neben Invictus stand. Er hielt das Pferd an der Kandare und sah sie fragend an.

»Alles in Ordnung, Lady?«

Sie konnte kaum seine Augen erkennen, die er zusammengekniffen hatte, sein Haar unter der Lederkappe lag klatschnaß auf seiner Haut.

»Ich … ich weiß nicht.« Sie war seltsam orientierungslos. »Und die Burg …? Der Regen wird das Feuer löschen …«

Cenydd ließ das Zaumzeug einen Augenblick lang los, um sich heftig zu bekreuzigen. »Sie haben ein Feuer gesehen?«

Sie starrte ihn an. »Du mußt es doch auch gesehen haben. Dort …«

Die Heide lag unsichtbar hinter einem Vorhang aus Regen. Wieder zuckte ein Blitz über den Himmel.

»Da ist kein Feuer, Lady, und keine Burg«, sagte er leise.

Fünftes Kapitel

Die Hochzeitsmesse war ganz so gewesen, wie Isabella sie sich erträumt hatte. Die Kathedrale zu Bangor mit ihren dicken Pfeilern und der hochgewölbten Decke glühte im Sonnenlicht, als Prince Dafydd ap Llywelyn, Erbe von Gwynedd, Aberffraw und ganz Nordwales seine Braut nach der Trauung an den Hochaltar führte und dort neben ihr auf einem mit Silber und Gold verzierten Betschemel niederkniete. Hinter ihnen stand sein Vater, allein. Trotz zahlloser verzweifelter Briefe von Joan, in denen sie ihn um Verzeihung anflehte, saß sie noch immer gefangen. Es war ihr nicht gestattet worden, der Eheschließung ihres Sohnes mit der Tochter ihres toten Geliebten beizuwohnen.

Nicht allzu weit von ihm stand mit zusammengepreßten Lippen Eva de Braose, ihr hübsches Gesicht verhüllte ein schwarzer Schleier. Dachte denn niemand, so fragte sie sich, als sie sich in der überfüllten Kathedrale umsah, unter allen diesen Menschen daran, daß der Brautvater, ihr Mann, gehängt worden war? Sie ballte zornig die Fäuste, während die Stimmen des Chors sich emporschwangen. Da berührte sie eine Hand. Neben ihr stand Gwladus, die jetzt mit Ralph Mortimer verheiratet war. Sie empfand ähnlich. Auch sie hatte den schneidigen Sohn ihres verstorbenen Mannes geliebt. In ihrem Kummer senkten die beiden Frauen ihre Köpfe und beteten.

Isabella dachte nicht an ihren Vater. Ihre Hände glitten rasch über die Vorderseite ihres kostbar bestickten Brautkleides und falteten sich dann fromm zum Gebet. Auf ihrem dichten Vorhang aus schwarzem Haar, der ihr fast bis zur Taille hinabhing, saß ein perlenbesetztes goldenes Krönchen.

Sie warf einen verstohlenen Blick auf ihren hübschen Ehemann. Er war groß, sein rotgoldenes Haar schimmerte in dem Sonnenstrahl, der schräg durch die bunten Glasfenster in das Innere der Kathedrale fiel. In der Luft lag der Duft des Weihrauchs.

Dafydd lächelte ihr zu. Seine junge Braut mit ihren hübschen Rundungen gefiel ihm. Ihre dunklen Augen und ihr schwarzes Haar hoben sich von ihrer weißen Haut vorteilhaft ab; sie war klein – noch nicht vierzehn – aber ihre Brüste waren gut entwickelt, und ihre Hüften wiegten sich herausfordernd.

Dennoch hatte er einige Tage vor seiner Hochzeit seinen Vater um ein Gespräch gebeten: »Sicher waren wir im Recht, Sir William hinrichten zu lassen, nur ... Wird Isabella nicht immer voller Groll gegen uns sein?«

»Sie muß lernen, daß der Tod der Sünden Lohn ist«, erwiderte Llywelyn grimmig.

»Ich glaube, das weiß sie«, sagte Dafydd langsam. »Trotzdem ist es nicht leicht für sie zu ertragen. Darf ich ...« er zögerte, »darf ich ihr sagen, daß Eleyne es war, die sie überrascht hat? Sie findet sich dann vielleicht eher mit dem Gedanken ab«, zuckte er die Achseln. »Und da Eleyne nicht mehr in Gwynedd weilt ...«

Llywelyn, von der berechnenden Art seines Sohnes überrascht, prüfte einen Augenblick lang das Gesicht des jungen Mannes. »Du meinst, Isabella braucht einen Brennpunkt für ihren Haß.«

Dafydd lächelte diabolisch. »Gibt es eine bessere Lösung?«

Kurze Zeit nach diesem Gespräch mit seinem Vater zog er Isabella in eine der Fensternischen des neuerbauten Turms von Caernarfon Castle – außer Hörweite ihrer Anstandsdamen. »Mein Liebling, der Schatten deines Vaters steht zwischen uns«, sagte er langsam und nahm zärtlich ihre Hand in die seine. Als Meister in der ritterlichen Kunst der Brautwerbung hatte er seine Verlobte tagtäglich mit Gedichten, Blumen und kleineren Aufmerksamkeiten wie parfümierten Taschentüchern und hübschen Bändern erfreut. »Ich ertrage das nicht.«

Er sah sie mit feierlichem Ernst an und war gerührt, als ihre Augen sich mit Tränen füllten. »Es gibt da etwas, das du wissen solltest, Isabella.« Er sprach so leise, daß sie sich zu ihm vorbeugen mußte. »Ich weiß, sie war deine Freundin, aber ich muß es dir sagen. Eleyne hat deinen Vater verraten. Er hat ihr vertraut, er hat sie wie eine Tochter geliebt – und trotzdem hat sie ihn verraten.«

»Bitte nicht!« Es war eine flehentliche Bitte.

»Es tut mir leid, Isabella. Aber irgendwann hättest du es doch erfahren.«

Sie begann zu weinen, still, dann fing sie langsam an zu begreifen, was er gesagt hatte. Ihre Freundin hatte ihren Vater getötet! Zorn trat an die Stelle der Tränen, eine feuerspeiende Wut. »Wie konnte sie das tun! Ich hasse sie! Das werde ich ihr nie verzeihen!« Genau wie Dafydd es vorausgesehen hatte, vergaß Isabella, daß ihr Vater den Ehebruch ja nicht allein, sondern mit Dafydds – und Eleynes – Mutter begangen hatte.

Das Hochzeitsfest zog sich über viele Stunden hin. Ein Gang folgte dem anderen. Bestens gefüllt waren die Schüsseln und Platten mit den gewürzten Speisen – Spanferkel, Hase, Hecht, Wachtel, Rebhuhn, Schmorbraten, Suppen, Muscheln, Forelle, Lauchtorten, Eiercreme, Honigkuchen, und dazu gab es starken Gascognewein. Fässer mit walisischem Met, Ale und Whisky wurden geleert, fortgerollt und durch neue ersetzt. Isabella, die neben ihrem Gatten saß, war erhitzt und ein wenig betrunken. Ein Gefühl der Übelkeit stieg in ihr auf. Sie versuchte, ihren berauschten Kopf zu beruhigen, indem sie auf die Räder mit den tropfenden Kerzen starrte. Da stand plötzlich ihr Gatte neben ihr. »Geh, Liebling! Mach' dich für mich bereit.« Er schob sie zärtlich zu einer Gruppe kichernder Damen, die sie zu erwarten schienen. Leicht schwankend stolperte sie auf sie zu, während die Freunde des jungen Prince ein Beifallsgebrüll ausstießen.

Im Brautgemach war es still und kühl. Mit zarten Anzüglichkeiten zogen die Dienerinnen Isabella die Kleider aus, wuschen ihr mit Schwämmen, die sie in Rosenwasser tauchten, Gesicht und Körper und salbten sie mit wohlriechenden Ölen.

Sie bürsteten ihr Haar und halfen ihr dann hinauf in das hohe, mit Girlanden und Blumen geschmückte Bett.

Minuten später, während sie sich mit einem spitzen Schrei das seidene Bettuch an den Busen preßte, flog die Tür auf und Dafydd erschien, begleitet von einer Anzahl ausgelassener junger Männer.

Wie durch einen Nebel sah sie ihn, inmitten seiner Freunde. Halb amüsiert, halb ängstlich sah sie zu, wie sie ihm nicht sonderlich sanft die Kleidung vom Leib rissen. Dann war auch er nackt. Sie betrachtete ihn scheu und staunte. Dieser geschmeidige, muskulöse Körper war das Schönste, was sie je im Leben gesehen hatte; und er protzte mit einer großartigen Erektion.

Mit einem Jubelschrei stießen ihn die jungen Männer zu ihr ins Bett und erhaschten dabei einen unerlaubten Blick auf die zauberhaften Rundungen ihrer neuen Princess. Da erschien die Gestalt des Bischofs im Türrahmen, und Stille trat ein. Mit einem Lächeln betrat er das Brautgemach. »Pax vobiscum, meine Kinder.« Er ging zum Bett hinüber.

Isabella schloß die Augen, als das heilige Wasser ihr Gesicht und ihre Brüste netzte. Das Übelkeitsgefühl wurde dadurch um so stärker, das Brautgemach drehte sich um sie. Sie schlug die Augen wieder auf und fühlte, wie sich ihr Magen umstülpte, als sie voller Schreck den Oberschenkel ihres Gatten an ihrem spürte. Es dauerte ewig, bis der Bischof und mit ihm ihre Kammerfrauen und die anderen das Gemach verließen, doch endlich schloß sich die Tür, und sie waren allein.

Mit einer raschen, beinahe wütenden Bewegung fegte Dafydd die Blumen und bunten Bänder vom Bett und ließ sich zurück in die Kissen fallen.

»Gütiger Christus! Ich dachte, sie gingen überhaupt nicht mehr!«

Er streckte einen Arm aus, bekam ihre Schulter zu fassen und zog sie an sich. »Meine hübsche Isabella …«

Stöhnend machte sie sich los und wich zurück. »Mylord«, fing sie an zu weinen. »Ich glaube, ich muß mich übergeben!« Sie sprang aus dem Bett und lief nackt zur Garderobe.

Es dauerte lange, bis sie mit weißem Gesicht und zitternd in das Gemach zurückkam. Dafydd saß im Bett.

Er lächelte sie mitfühlend an. »Besser?«

Sie nickte verlegen, nahm sich einen Mantel und wickelte sich darin ein.

»Hier.« Er hielt ihr seinen silbernen Pokal hin. »Spül dir den Mund aus. Dann fühlst du dich wohler.«

Sie tat wie ihr geheißen und spuckte es in den Wasserkrug. Dann fing sie an, sich das Haar zu bürsten.

»Das wird dich lehren, deinen Wein mit Met zu mischen!« Seine neckende Stimme war direkt hinter ihr. Sie zuckte zusammen.

Seine Hände waren auf ihren Schultern, schälten ihr den Mantel vom Leib. »Komm jetzt zurück ins Bett und wärme dich.« Er war auch nackt, und als sie zurück zum Bett gingen und hineinkrochen, zitterte sie vor Aufregung.

Sie mochte seine Küsse. Und sie mochte seine Hände auf ihren Brüsten. Sie lag da und kam sich seltsam schuldbeladen vor, daß sie die Gefühle ihres Körpers so sehr genoß. Ihre Mutter hatte ihr mit einer gewissen Genugtuung erzählt, daß es weh tun würde, aber das hier, das hier war ein wunderbarer Rausch, und ihr Dafydd war lieb und zärtlich. Sie öffnete schläfrig den Mund und streckte die Lippen aus, um noch einen Kuß zu bekommen.

Sie liebten sich in dieser Nacht dreimal; das erstemal tat es weh, und es war Blut da, doch er hielt ihre Erregung auf fieberhafter Höhe, und so wurde das zweite Mal ein wunderbares Erlebnis. Das dritte Mal, als sie schläfrig und schwer vor befriedigter Lust war, krochen die ersten Sonnenstrahlen über die am Boden verstreuten Blütenblätter und spielten auf ihren ausgestreckten Leibern. Isabella, die Frau von Dafydd ap Llywelyn, war sehr, sehr glücklich.

II
FOTHERINGHAY CASTLE * August 1231

Das Fieber stieg. Eleyne warf sich unruhig in ihrem Bett hin und her. In ihrem Delirium ging sie durch ein Tal voller Blumen. Bei ihr war ein Mann mit rotgoldenem Haar, der ihre

Hand nahm, sie küßte und mit Augen ansah, die so voller Liebe waren, daß sie weinen mußte. Ihre Tränen waren warm und feucht auf ihren Wangen. Dann wachte sie auf, Rhonwen tupfte ihr Gesicht mit einem Schwamm ab, der in Rosenwasser getaucht war, der Mann aber war fort und hatte sie allein gelassen, und wieder mußte sie weinen. Sie erkannte ihren Ehemann fast nicht, der sich von seinem eigenen Krankenbett erhoben hatte, um sie zu besuchen.

In der Burg wurde nur noch geflüstert, die Bewohner sorgten sich um ihre kleine Countess, man mochte sie gern. Sie hatte ihre Herzen gewonnen, mit ihrem verhärmten Gesicht und den großen unglücklichen Augen, und auch später, durch ihr Lächeln, ihr Mitgefühl für andere, durch die Mühe, die sie sich gab, um ihrer Rolle einer Ehefrau und Burgherrin gerecht zu werden, ihrem überschwenglichen Gelächter und ihren leidenschaftlichen Ausritten, von denen sie müde, aber erholt zurückkehrte. Von ihrem letzten Ritt allerdings war sie krank zurückgekehrt.

Schweigend arbeitete Rhonwen im Destillierzimmer, zerstampfte getrocknete Kräuter in ihrem Mörser und versuchte, sich an eine Mischung zu erinnern, durch die sie des Fiebers Herr werden könnte. Sie mußte dabei vorsichtig sein. Der Earl wußte immer noch nicht, daß sie wieder da war, er wußte nicht, daß sie das Heilmittel beschafft hatte, durch das sein Zustand so viel besser geworden war. Er wußte nicht, daß Eleyne die Medizin des Arztes wieder entfernt und stillschweigend durch Rhonwens ersetzt hatte – und daß Eleyne gelächelt und genickt hatte, als der alte Mann die Besserung seines Gesundheitszustandes seiner ärztlichen Kunst zuschrieb. Jetzt geschah es wieder, nur daß diesmal Luned und Marared die Arzneien in das Schlafzimmer der Countess trugen. Lediglich nachts, wenn die Burgbewohner schliefen, wagte Rhonwen, das Kind aufzusuchen, ihr über das Haar zu streichen und ihre Handgelenke und Schläfen mit Rosenwasser zu benetzen.

Sie wog die getrockneten und pulverisierten Kräuter sorgfältig ab und goß kochendes Wasser darüber. Das kleine Destillierzimmer, seit Jahrzehnten schon von dem Aroma der getrockneten Pflanzen und Blüten durchdrungen, füllte sich mit

Duft. Sobald der Aufguß fertig war, wollte sie ihn selbst zu Eleyne bringen. Im Nonnenkloster jenseits der Mauer hatte die Glocke schon vor langer Zeit zum Komplete, dem letzten Gottesdienst des Tages geläutet. Nun konnte sie ihren Schützling gefahrlos besuchen.

Eleyne schlief, ihre Stirn war noch vom Fieber feucht. Ihr Haar lag in wilden, verworrenen Locken auf dem Kissen, als Rhonwen auf Zehenspitzen ins Zimmer trat. Nur eine einzige Lampe brannte neben dem Bett. Dort wachte Ethil in einem Sessel, schlummerte aber von Zeit zu Zeit ein. Sie sprang auf, als Rhonwen erschien. Rhonwen legte einen Finger auf die Lippen, stellte die Flasche mit der Flüssigkeit neben das Bett und legte ihre kühle Hand auf Eleynes Stirn.

»Das Fieber ist gefallen, Lady Rhonwen«, lächelte Ethil. »Der Arzt sagt, nun erhole sie sich endlich.«

Rhonwen zog die Nase kraus. »Daß es ihr besser geht, ist nicht sein Verdienst. Achte darauf, daß sie das hier viermal täglich nimmt, und gib ihr nichts, was er verschreibt. Nichts. Verstehst du?« Sie streichelte zärtlich Eleynes Wange. »Da, Cariad. Bald wird es dir besser gehen ...« Sie brach ab, als die Tür sich hinter ihr auftat.

Der Earl of Huntingdon starrte Rhonwen sekundenlang wortlos an. Seine Augen waren hart. Dann trat er ins Zimmer. »Also hat man mich richtig informiert. Sie haben sich wieder bei mir eingeschlichen. Was tun Sie hier, Madam?« Er näherte sich dem Bett und sah auf Eleyne herab, die unruhig im Schlaf murmelte.

»Ich sorge für mein Kind!« Rhonwen trat einen Schritt zurück. Ihr Herz schlug heftig vor Angst. »Bitte, Mylord, lassen Sie mich bleiben. Sie können mich nicht wegschicken, nicht jetzt, wo sie krank ist.« Sie kehrte zum Bett zurück und stellte sich schützend davor. »Ich bin es, die sie heilt. Nicht Ihr wichtigtuerischer alter Doktor. Er weiß nichts. Gar nichts!« Sie ergriff Eleynes Hand und hielt sie fest. »Wer, glauben Sie wohl, hat *Ihnen* geholfen, Ihnen, Mylord? Das war ich!«

John schüttelte den Kopf. Sein Gesicht war dunkel vor Zorn. »Genug! Ich habe Sie fortgeschickt. Und ich werde Sie nicht bei meiner Frau dulden!«

»Sie können mich nicht zwingen fortzugehen ...« Rhonwen hielt Eleynes Hand noch fester.

»Das kann ich sehr wohl.« John wandte sich an Ethil. »Ruft die Wache.«

Ethil zögerte. »Tut, was ich sage, Frau!« Seine Stimme bekam einen noch härteren Ton. »Ruft die Wache! Sofort.«

Eleyne war erwacht. Sie starrte, ohne etwas zu begreifen, den Mann und die Frau an, die am Bett standen und sich stritten. Ihre Augen waren unnatürlich hell und klar, ihr Gesicht leuchtete im Kerzenlicht.

»John ...« Ihr Flüstern klang heiser.

»Sein Gesicht nahm einen sanften Ausdruck an. »Psst, mein Liebling. Schlaf wieder.« Zu Rhonwen sagte er: »Es ist mein Ernst, Madam. Meine Ärzte sind sehr wohl fähig, für meine Frau zu sorgen. Sie braucht Ihre Hilfe nicht. Sie sind schuld an ihrer Krankheit! Hätten Sie sie so erzogen, wie es sich gehört, dann hätte sie nicht diesen Drang verspürt, mitten in der Nacht auszureiten! Wenn es Sie nicht gäbe, Madam, hätte sie diese Alpträume und Visionen vergessen, die sie quälen.« Er fuhr herum, als zwei Bewaffnete in der Türöffnung erschienen. »Schafft diese Frau fort. Ich möchte, daß sie morgen mittag nicht mehr in meinen Landen ist.« Er sah Rhonwen an. »Gehen Sie nach Wales zurück. Hier werden Sie nicht gebraucht. Wenn ich Sie noch einmal in der Nähe meiner Frau sehen sollte, wird es Ihnen nicht gut bekommen.«

Er sah mit vor der Brust verschränkten Armen zu, wie die beiden Männer auf Rhonwen zugingen. Einer von ihnen nahm sie beim Arm. Sie spie ihn an, und ihre Augen sprühten Feuer. »Das werde ich Ihnen nie vergessen, John of Scotland«, zischte sie, als man sie vom Bett wegzog. »Niemals! Dafür werden Sie eines Tages sterben!«

»So. Geht es dir endlich besser?« Das bekannte freundliche Gesicht ihres Gatten schwamm noch vor ihren Augen, als sie erwachte, aber die Konturen wurden klarer. Sie wälzte sich gequält unter der seidenen Decke hin und her, als er ihr seine Hand auf die Stirn legte. »Das Fieber ist endlich gefallen.«

Das Zimmer hinter ihm war dunkel. Die Bettvorhänge waren zurückgezogen, die schweren Decken fort.

»War ich lange krank?« Müde bewegte sie die Augen, sah sich fragend um.

»Sehr lange. Du bist in den Gewitterregen gekommen, erinnerst du dich? Cenydd brachte dich durchnäßt zurück, und schon lagst du krank im Bett!« Nach Rhonwens erzwungener Abreise war das Fieber erneut gestiegen, und Eleyne hatte irres Zeug geredet. John selbst hatte sich völlig erholt. Die langen Sommertage und die vom Arzt verordnete Ruhe hatten seinen Wangen etwas Farbe verliehen.

Er ließ seinen Blick über ihren mageren, zerbrechlichen Körper wandern, dessen kleine Brüste kaum sichtbare Hügel unter der Bettdecke bildeten. Sie hatte ihm große Sorgen gemacht, als das Fieber sie verzehrte, und in qualvoller Hilflosigkeit hatte er zugesehen, wie Ethil und Marared sich um sie bemühten, wie sie ihr übel schmeckende Tinkturen und Kräuteraufgüsse einflößten, die der Arzt ihr verschrieben hatte. Auch ihre Fieberphantasien vom großen Feuer, das sie auf ihrem Ritt gesehen zu haben glaubte, hatte er gehört.

Er ließ Cenydd rufen, und der berichtete ihm zögernd, was geschehen war.

»Sie saß auf dem Pferd und starrte in die Finsternis. Ihre Augen waren weit aufgerissen, und sie sah etwas, was ich nicht sehen konnte. Sie weinte und beklagte sich über den Rauch in ihren Augen. Dann bat sie mich, ich solle helfen. Sie sagte, da wären Soldaten, die die Männer daran hinderten, mit Eimern zum Fluß zu gehen ...« Er redete weiter. »Doch es war nichts zu sehen, gar nichts ...«

John rieb sich nachdenklich die Wange. »Hast du das früher schon einmal bei ihr erlebt?«

Cenydd schüttelte den Kopf. »Luned weiß von ihren Visionen, Mylord«, sagte er langsam. Für das Kind schien es ihm besser, wenn endlich alles herauskam.

Luneds Gesicht war weiß. »Sie hat sich das alles eingebildet. Es tobte doch ein Gewitter, auch schlug ein Blitz ein.«

»Sie hat aber nun einmal eine Burg brennen sehen, Kind! Wir haben es beide immer wieder von ihr gehört. Sie sah Männer und einen Fluß. Das war kein gewöhnlicher Traum!« Er ging in seinem Zimmer auf und ab. »Vielleicht wollte sie uns warnen. Vor einem Angriff? Hier?« Er kehrte auf dem Absatz um und schritt auf den leeren Kamin zu. Er verfluchte sich. Glaubte er wirklich an so etwas? Er, ein gebildeter, verständiger Mann, glaubte er, daß sie in die Zukunft sehen konnte? Machte er sich deshalb etwa ernsthaft Sorgen? War er so abergläubisch wie die Weiber in den Wäschereien jenseits der Mauern seiner Burg? Er drehte sich zu Luned um. »Ich möchte nicht, daß du irgend jemandem etwas erzählst«, sagte er mit Nachdruck. »Kein Wort, kein Wort darf nach außen dringen, verstehst du mich? Wenn die Dienerschaft fragt, dann sage, es seien Fieberphantasien gewesen. Außerdem, der gesegneten Jungfrau sei Dank, geht es ihr jetzt besser, genug also von brennenden Burgen!«

Eleyne sah sich im Zimmer um. »Wo ist Rhonwen?« fragte sie.

John setzte sich aufs Bett und nahm ihre Hände in seine. »Ich habe sie nach Wales zurückgeschickt, mein Liebling. Ich konnte sie nicht hierbehalten. Es fehlt ihr nichts. Sie ist zu ihren eigenen Leuten zurückgekehrt.«

Er sah, daß ihr die Tränen kamen. »Luned, Marared und Ethil sind ja hier, um dir Gesellschaft zu leisten. Und ich bin auch noch da.« Er lächelte. »Isabel kommt uns auch bald besuchen, sie bringt Robert mit. Du mußt nun schnell gesund werden, damit du mit ihm ausreiten kannst.« Er griff nach der Arznei, die der Arzt dagelassen hatte, half ihr dabei, sich aufzurichten, und hielt das Gebräu an ihre Lippen, damit sie etwas davon trank. »Und deine Schwester Margaret hat dir aus Sussex ein Geschenk gesandt. Sie möchte, daß du sie besuchst, wenn du dich besser fühlst. Es ist ein hübsches Perlenhalsband.«

Eleyne war während ihrer Krankheit gewachsen. Er staunte, daß sie ihm, wenngleich sie so mager wie ein Schilfrohr war, nun bis zur Schulter ging.

»Würdest du gerne eine Königin sein, Kleines?«

»In Schottland?«

Er nickte. Er, John, der Urenkel King Davids I. of Scotland und einziger Sohn des älteren John of Huntingdon und dessen Gattin Maud, der Erbe des Earl of Chester, war auch der mutmaßliche Erbe des bislang kinderlosen King Alexander II.

Ihre Augen leuchteten. »Wie ist Schottland?«

»Schön. Dort gibt es Berge, höher noch als euer Snowdon, und Lochs, Lochs so tief wie die See. Eines Tages werden wir dorthin reisen. Die Schwester deiner Mutter Joan ist mit meinem Vetter, dem König, verheiratet, also stehen wir beide dem Thron nahe.« Er sah sie die Stirn runzeln. »Deine Mutter ist wohlauf, Eleyne. Im Gefängnis zwar, aber gesund.« Er sah sie an. »Keine weiteren schlechten Träume mehr, hoffe ich.«

Sie schüttelte den Kopf. Der Mann mit dem kastanienbraunen Haar war wieder vergessen, nur noch ein Teil der wirbelnden Finsternis ihres Fiebers.

»Und keine brennenden Burgen mehr. Wem immer sie gehören!« Ihr Fiebertraum beschäftigte ihn noch immer.

»Es war keine Ihrer Burgen«, sagte sie, ängstlich darum bemüht, ihn zu beruhigen.

»Wessen denn?« fragte er sanft.

»Es war die Burg Sir Williams.«

Ein langes Schweigen folgte.

»Soweit ich weiß, hat Hubert de Burgh, der Rechtspfleger des Königs, Hay Castle jetzt in seinem Gewahrsam«, sagte er endlich. »Es muß die Vergangenheit gewesen sein, die du gesehen hast, Liebling. Dein Großvater King John hat Hay vor zwanzig Jahren zerstört, nachdem er Sir Williams Großvater und Großmutter geschlagen hatte.«

Er sah ihre Fingerknöchel weiß werden.

»Es ist jetzt alles vorbei. Und am besten, Eleyne, vergessen wir das alles.«

Der Besucher wußte nicht, wie bedeutungsvoll die Nachricht, die er brachte, für den Burgherrn und seine Gattin war. Man hatte ihm frisches Wasser zum Waschen sowie Speisen und Wein gereicht, und nun bezahlte er die Gastfreundschaft, wie es die Höflichkeit verlangte, mit Nachrichten aus dem Land, durch das er geritten war. In Hereford war er gewesen. Dort hatte er von der Plünderung von Hay Castle und auch von den letzten Schlachten gehört, die in Wales wüteten.

»Die Frauen hatten versucht, sich mit ihren Kindern in die Kirche zu retten, aber auch sie wurde in Brand gesteckt. Sie haben alles dem Erdboden gleichgemacht, hörte ich.«

John starrte ihn an. Eleyne, die neben ihm saß, wurde kreidebleich.

»Wer hat das getan?« John streckte die Hand aus und legte sie auf die Hand seiner Frau, die auf dem Tisch lag.

»Der Prince of Aberffraw. Ihr Vater, Mylady. Er hat Hay Castle in Brand gesteckt.«

Etwas später trafen Llywelyns Briefe bei John ein. Er hätte es tun müssen, so erklärte er, um den Einfluß de Burghs in der Grenzmark zu verringern und um den König von England zu gemahnen, nicht zu weit nach Wales einzudringen.

»Das glaube ich nicht«, sagte Eleyne heiser. »Er hat Hay aus Rachelust verbrannt. Weil Sir William so gerne dort war.« Sie holte tief Luft und versuchte, die Tränen zurückzuhalten. »Arme Isabella. Ich frage mich, ob sie sich ihres Lebens in Aber erfreut.«

Sie hatte drei Briefe an ihre Freundin geschrieben; doch sie hatte keine Antwort bekommen.

»Es geht ihr sicher gut«, versuchte John sie zu trösten. »Dein Bruder Dafydd ist ein tüchtiger Kerl. Er sorgt bestimmt bestens für sie.«

Er erwähnte das Feuer nicht mehr, und auch sie kam nicht mehr darauf zu sprechen, zumal sie Hay Castle vor der Zerstörungswut ihres Vaters ebensowenig hätte bewahren können wie Sir William vor dem Strick.

Allerdings wußte sie nun, daß dieses und jenes Schicksal in den Sternen stand. Und daß sie Zugang zu diesem Wissen hatte. Warum aber ermöglichten ihr die unsichtbaren Mächte dies?

V

Wenige Wochen nach der Zerstörung von Hay Castle wurden der Earl und die Countess of Huntingdon nach Westminster gerufen.

»Sie werden ihm nicht erzählen, daß ich das alles gesehen habe?« Sie sah ihn ängstlich an.

»Natürlich nicht. Glaubst du, ich möchte, daß die ganze Welt erfährt, daß meine Frau Visionen hat und die Zukunft voraussieht?«

Sie setzte sich an den großen Eichenholztisch, an dem er geschrieben hatte, und hob einen seiner Federkiele auf. »Es liegt nicht in meiner Macht.«

»Ich weiß! Wenn der König dich aber nach den Gründen deines Vaters für diese Zerstörung fragt, brauchst du ihm nur zu sagen, daß du sie nicht kennst. Sag ihm, alle Briefe deines Vaters sind an mich gerichtet.«

King Henry III. stand vor seiner Nichte, im Gesicht ein spöttisches Lächeln. »Dein Vater macht mir wieder eine lange Nase, Mylady, denke ich.«

Eleyne merkte, daß sie rot wurde. »Nein, Sire, das stimmt nicht.«

»Meine Frau ist der Ansicht, daß es sich bei der Zerstörung von Hay um einen persönlichen Racheakt gehandelt hat, Euer Gnaden.« John legte seine schützende Hand auf Eleynes Arm. »Eine letzte gegen die de Braose gerichtete Geste.«

»Ah, gegen den wollüstigen Sir William, dem es gelungen ist, das Herz meiner Halbschwester zu erobern.« Heinrich lächelte. »Der Mann muß entweder ein Narr oder so liebestoll gewesen sein, daß er dadurch einer wurde.« Er sah sich nach Beifall um für seinen Witz.

Henry Plantagenet war mit seinen vierundzwanzig Jahren ein eleganter, gutaussehender junger Mann mit einem Sinn für

Kunst, was sich in seiner Vorliebe für hübsche Kleidung, luxuriöse Einrichtungen und in ausgefallenen Plänen bemerkbar machte, die er für den Wiederaufbau der Abtei von Westminster entwarf. Noch unverheiratet, war er ein frommer, gerissener und manchmal ziemlich eigensinniger Mensch.

Einen langen Augenblick musterte er Eleyne, dann wandte er sich ab. Sie war ja noch ein Kind. Später, wenn sie mehr Einfluß auf ihren Gatten hatte, würde er sich ihrer bedienen.

VI

Die Huntingdons weilten in ihrem Haus bei London und zwar in Strand, einem rasch wachsenden neuen Vorort zwischen der City und Westminster, als die Nachricht eintraf, daß der Prince of Aberffraw sich schließlich doch seines sündigen Weibes erbarmt und ihr verziehen habe. Nach zweijähriger Haft durfte sie endlich an die Seite ihres Gatten zurückkehren und wurde wieder als seine Ehefrau eingesetzt. Eleyne gab dem Boten, überglücklich über diese Kunde, einen Silberpenny und begab sich zu ihrem Mann.

»Ich kann nach Hause zurück! Wenn Papa ihr verziehen hat, dann hat er mir auch verziehen, nicht wahr? O bitte! Kann ich nach Hause?« Sie waren in den beiden Jahren nicht ein einzigesmal in den Westen gefahren.

John sah sie erstaunt an und nahm den Brief. Es war der erste, den sie aus Aber erhalten hatte, und er kam von Rhonwen.

»Nach Hause? Nach Gwynedd meinst du?«

Sie nickte aufgeregt. »Bitte?« Als sie sah, was er für ein Gesicht machte, hielt sie verlegen inne. »Ich weiß, ich bin Ihre Ehefrau. Ich weiß, daß ich wieder zurückkommen muß, wenn ich vierzehn bin, aber bis dahin könnte ich nach Hause zu Rhonwen. Nach Wales zurück. Und Isabella wiedersehen ...« Ihre Stimme erstarb, ihr Gesicht wurde länger und länger.

»Es tut mir leid, Liebling.« John schüttelte den Kopf. »Du mußt bei mir bleiben. Dein Heim ist jetzt bei mir.«

»Mein Zuhause ist in Gwynedd.« Es war fast ein Schluchzen.

»Nicht mehr, Eleyne. Du bist jetzt die Countess of Hunting-don. Wales ist nicht mehr deine Heimat. Wird es nie wieder sein.«

Tränen stiegen ihr in die Augen. »Es wird immer meine Hei-mat sein. Ich liebe Wales. Ich hasse das hier!« Die zornige Be-wegung ihres Armes umfaßte nicht nur den Raum mit den dicken Eichenbalken, das endlose Geratter von Karren und Wagen draußen vor dem Tor, den stickigen, üblen Geruch der von Menschen überfüllten Straßen, sondern ganz Ostengland und auch die Güter ihres Ehemanns.

»Dann wirst du lernen müssen, es hier zu mögen, Eleyne.« Seine Stimme war ungewohnt streng. Er hatte nicht geahnt, daß sie immer noch von einer Rückkehr zu ihrem Vater träumte. Er hatte gedacht, sie sei glücklich bei ihm, sei zufrie-den, mehr und mehr Zeit an seiner Seite zu verbringen und die komplizierte und manchmal langweilige Verwaltung seiner riesigen Besitzungen zu erlernen. »Eine Rückkehr kommt nicht in Frage.«

»Nie mehr?« Sie warf ihm einen verzweifelten Blick zu.

Er holte tief Luft. »Irgendwann später läßt sich sicher einmal ein Besuch arrangieren, etwa wenn wir uns in Chester aufhal-ten. Doch nur, wenn es dein Vater auch wünscht. Wenn du den Brief sorgfältig liest«, er gab ihn ihr zurück, »wirst du feststel-len, daß auch Lady Rhonwen nichts davon schreibt.«

Luned starrte Eleyne an. »Wir dürfen nicht zurück? Nie mehr?«

Eleyne schüttelte den Kopf und biß sich auf die Lippen, um die Tränen zurückzuhalten. Die Fenster mit den kleinen Schei-ben ließen ein sonderbares grünliches Licht herein, das Kräu-sel und Schatten auf den Fußboden warf. Der herbe Geruch der getrockneten Kräuter, die über den Fußboden verstreut waren, kitzelte im Hals.

»Nein. Unser Leben geht so weiter wie bisher. England ist jetzt meine Heimat.« Eleynes Stimme war matt und tonlos. »Vielleicht wird es eines Tages auch Schottland sein.« Schott-land war ein Märchen. Ein Traum von einer Königin mit einer goldenen Krone. »Nach Aber können wir nur, falls Papa uns einlädt. Luned«, fuhr sie fort, »ich werde Rhonwen schreiben. Und Isabella. Ich werde sie bitten, mit Papa zu sprechen. Bella möchte mich bestimmt dahaben. Allein hat sie in Aber nicht viel Spaß. Es gibt so viel, was wir zusammen tun wollten, so viele Abenteuer. Sie wird sich darum kümmern, daß ich zurück darf. Ich weiß es.«

Die trostlose Realität, die John ihr als ihre Zukunft beschrieben hatte, schob sie beiseite. Sie konnte und wollte sich nicht vorstellen, nie wieder in Wales leben zu dürfen.

VII

Diesmal antwortete ihr Isabella. Eleyne konnte ihren Brief, stumm vor Entsetzen, nicht begreifen. Sie sah ihren Ehemann nicht, der sie sorgenvoll betrachtete. »Was ist denn, Eleyne?« Der Brief hatte sich bei dem üblichen, an ihn gerichteten, kurzen, höflichen Schreiben von Llywelyn befunden, das von dem Streit um die Grenzmark handelte.

Eleyne schüttelte mit finsterem Gesicht den Kopf.

John beugte sich vor, entnahm den Brief ihren schlaffen Fingern und überflog die lockere, kindliche Handschrift. Sekunden später hatte er ihn ins Feuer geworfen.

»Vergiß sie«, sagte er barsch.

»Aber sie ist – sie war meine Freundin.« Eleyne war verwirrt.

»Ich fürchte, man hat aus dir einen Sündenbock gemacht, Liebling. Dein Bruder hat ihr offenbar gesagt, du wärest schuld am Tod ihres Vaters. Du kannst dir vorstellen, warum er das tut. Wenn sie deinem Vater die Schuld geben müßte, wäre ihr Leben dort unerträglich. Da du nicht mehr da bist, entschieden sie sich für diese Lösung.«

»Aber sie war meine Freundin«, wiederholte Eleyne. Sie konnte nicht glauben, daß Isabella sie verraten hatte.

»Offenbar doch wohl nicht.« Sie mußte jetzt ihre Lektion lernen, so hart diese auch sein mochte. »Eine echte Freundin hätte sich anders verhalten.«

»Jetzt werde ich nie mehr nach Hause gehen, nie mehr ...« Der Schock ließ nach, und sie begann, die volle Bedeutung des

Briefes zu erfassen. »Wenn sie mir die Schuld gibt, werden alle anderen es ebenfalls tun. Meine Mutter ...«

John runzelte die Stirn. »Das ist sehr wohl möglich, Liebling.«

Sie stand langsam auf und ging zu dem niedrigen Fenster hinüber. Durch das trübe Glas konnte sie draußen, gleich vor dem Tor, die heftige Auseinandersetzung zweier Fuhrleute beobachten. Die Räder ihrer Wagen hatten sich in der engen Straße ineinander verkeilt, und so sehr sie sich auch mit ihren Ochsen abmühten, die in entgegengesetzte Richtungen zogen, sie bekamen sie nicht auseinander. Das Geschrei fand erst ein Ende, als eines der Räder abgerissen wurde und die Last aus schweren Säcken in die von Schmutz starrende Straße kippte.

VIII

Der Besuch in London endete. John nahm Eleyne wieder einmal auf eine Rundreise zu seinen Gütern mit. Als sie aus der Stadt heraus waren, besserte sich ihre Stimmung etwas. Sie war glücklich, wieder reiten zu können, und begann sich sogar, zuerst etwas widerwillig, dann aber immer stärker, für die Belange der ausgedehnten Ländereien zu interessieren. John ermutigte sie dazu und freute sich über ihre wachsende Zuversicht, ihre natürliche Gewitztheit und ihren trockenen Humor. Er fand auch Gefallen daran, mit ihr über tiefgründigere Themen zu sprechen. Er ließ sich die Geschichten der alten Götter der walisischen Berge erzählen und sprach dafür zu ihr von der Liebe und Sanftmut der Jungfrau Maria. Oft nahm er sie in die Kapellen und Kirchen seiner Besitzungen mit, damit sie dem liturgischen Gesang lauschen und die Schönheit des Goldes und Silbers, des Alabasters und des farbigen Glases sehen konnte: vor allem aber, damit sie den Frieden spürte, den man zu Füßen der Mutter Gottes empfand. Eleyne hatte Einion fast schon vergessen, und nun stellte sie fest, daß sie auch nicht mehr so oft an Rhonwen dachte. Ihr Gatte wurde langsam zum Mittelpunkt ihres Lebens.

Sie tat alles, um nicht mehr von diesen Traumgebilden heimgesucht zu werden, die sie so geplagt hatten. Der Schleier, der Vergangenheit, Gegenwart und Zukunft voneinander schied, sollte nicht mehr zerreißen. Mit der Zeit schien es ihr zu gelingen. Sie versuchte sich abzulenken, so gut es ging. Spürte sie eine schärfere Wahrnehmung, eine intensivere Empfindung und die sonderbare Leere, die die Nähe einer anderen Welt ankündigten, klammerte sie sich an die Kette mit den hübschen hölzernen Perlen und dem Kruzifix, die John ihr gegeben hatte und die sie nun stets um den Hals trug. Je stärker sie sich auf die Gegenwart konzentrierte, um so größer wurde die Zuneigung, die sie ihm gegenüber empfand. Er war mit seinen achtundzwanzig Jahren ein gutaussehender Mann – ernst, gewissenhaft und zärtlich im Umgang mit seiner jungen Frau.

Er sprach niemals von jener Zeit, in der sie mehr als nur Freunde sein würden. Dabei hatte ihre Regel eingesetzt – achtzehn Monate, nachdem Luned zur Frau erblüht war. Als es geschah, hielt Eleyne den Atem an und wartete. Sie war sicher, daß John es wußte und daß er sie nun zu sich ins Bett rufen würde. Doch er gab mit keinem Zeichen sein Wissen zu erkennen, daß sie Frau geworden war. Er behandelte sie so, wie er es immer getan hatte, und erschreckte sie nicht mit Forderungen. Die Monate gingen dahin, und Eleyne faßte immer mehr Vertrauen zu ihm, ja fand Gefallen an ihm.

Im März 1232 besuchte sie King Henry in Fotheringhay. Eleyne half bei den Vorbereitungen für den Empfang und die Bewirtung der riesigen Anzahl von Männern und Frauen seines Gefolges. Zum erstenmal sah sie sich in ihrer Rolle der Countess und Burgherrin. Der Besuch wurde ein großer Erfolg. Deshalb war es um so überraschender, daß sie, als die Sommerhitze über das flache Land hereinbrach, erneut erkrankte. Als John zu King Henry nach Westminster gerufen wurde, wußte er nicht mehr, wie er ihr helfen sollte. Noch einen Besuch in Strand wagte er ihr nicht vorzuschlagen.

Eleynes Schwester Margaret bot ihre Hilfe an. »Schick' sie zu mir«, schrieb sie in ihrem Brief. »Die frische Seeluft der Downs wird ihr helfen, wieder zu Kräften zu kommen.«

John zeigte ihr den Brief und lächelte über das plötzliche Aufleuchten ihrer Augen, als sie zu ihm hochschaute. »Darf ich?«

»Natürlich darfst du. Verbringe den Sommer bei deiner Schwester, und im Herbst kommen wir dann beide wieder nach Fotheringhay.« Er sprach den Gedanken, den er dabei hatte, nicht laut aus: Dann, meine Eleyne, wirst du lernen, meine Frau zu sein.

IX
BRAMBER CASTLE, SUSSEX * Juli 1232

Bramber Castle lag massig in der Sommersonne, als Eleyne über die Brücken ritt, die ihm auf seinem Hügel in dem Arm des Adur-Flusses Schutz boten. Die große, sechzig Meilen von London entfernte Burg beherrschte das ringsherum gelegene Sussex, sie sah auf die Anlegeplätze hinab, an denen zahlreiche Schiffe festgemacht hatten, die während des Nachmittags hereingekommen waren. In der Ferne verloren sich die sanften Hügel der Downs in dem von der Sonne beschienenen Dunst.

Eleyne und Margaret umarmten einander. Margaret war groß, hatte feuerrotes Haar und sprudelte vor Aufregung, als sie die kleine Schwester zum Turm hinüberzog. »Komm und lerne John kennen!«

John de Braose, fünfundzwanzig Jahre alt, ein Jahr älter als seine Frau, erwartete sie auf dem obersten Treppenabsatz. »Lady Huntingdon.« Er verbeugte sich, küßte ihr feierlich die Hand, dann richtete er sich auf und lächelte sie an.

Eleynes Herz hörte fast auf zu schlagen: Seine Augen und wie er den Kopf hielt, alles an ihm erinnerte so sehr an seinen verstorbenen Vetter William, daß sie vor Erstaunen sprachlos war.

»Eleyne?« Margaret nahm ihre Hand. »Was hast du? Geht es dir gut? Komm. Ich möchte dich mit Johns Mutter Mattie bekannt machen – Lady de Braose.« Sie legte Eleynes Hand in die Hand der Frau, die hinter John stand. »Mutter, das ist meine sehr bedeutende kleine Schwester!«

Matilda de Braose lächelte. »Meine Liebe. Ich freue mich so, daß du uns besuchen kommst.« Das schneeweiße Tuch, das Haare, Stirn und Kinn verhüllte, umrahmte ein freundliches Gesicht mittleren Alters mit dunklen, lebhaften Augen. Auch Matilda umarmte Eleyne herzlich. »Komm herein und nimm eine Erfrischung zu dir. Dann kannst du dich zu deiner Schwester setzen und so viel mit ihr plaudern, wie du willst!«

»Sie ist nett, deine Schwiegermutter«, sagte Eleyne, als Lady de Braose die beiden allein gelassen hatte. »Ich dachte, sie würde mich vielleicht hassen.«

»Dich hassen?« Margaret starrte sie verwundert an.

»Isabella, die Cousine deines Mannes, hält mich für schuldig an Sir Williams Tod.« Eleyne stand mit einem unglücklichen Gesicht vor ihrer Schwester und zog die weichen Reithandschuhe aus Ziegenleder aus.

Margaret sah sie nachdenklich an. »Warum?«

Eleyne schien überrascht. »Weil ich sie im Bett angetroffen habe.« Sie hob trotzig das Kinn. »Ich habe es Papa gesagt.«

»Ich verstehe.« Margaret biß sich auf die Lippen und überlegte. »Als ich hörte, daß Papa Mama ins Gefängnis gesteckt hat, habe ich geweint. Sie war immer so loyal ihm gegenüber. Und sie hat ihn geliebt. Es fällt schwer, sich vorzustellen, daß sie sich so etwas Schreckliches hat zuschulden kommen lassen. Es war natürlich Williams Schuld. Er muß sie irgendwie verhext haben.« Sie beugte sich vor und nahm Eleynes Hand. »William de Braose hat nicht viele Freunde in Bramber gehabt, Eleyne. Also brauchst du hier nichts zu befürchten. Williams Vater Reginald hat Johns Erbe gestohlen. John und seine Mutter haben jahrelang darum gekämpft, es zurückzuerlangen. Als Johns Großeltern gestorben waren und die Familie wieder in ihre alten Rechte eingesetzt wurde, gab der König die Ländereien der de Braose Johns Onkel, dem Bischof Giles, weil John noch minderjährig war und unter der Vormundschaft von Matildas Vater stand. Aber nach dem Tode des Bischofs gab der König sie nicht John, sondern Reginald, obwohl John der rechtmäßige Erbe war. Das war ungerecht.« Sie verzog das Gesicht. »Aber genug davon. Komm, lerne meinen Sohn Will kennen!« Sie drückte Eleyne nochmals an ihre Brust. »Ach, wenn ich daran denke, daß er fast neun Jahre alt.ist! Da komme ich mir manchmal wie eine alte Dame vor – mit einem so großen Sohn. Und meine kleine Schwester ist auch schon erwachsen!«

War sie »erwachsen«? Eleyne saß an jenem Abend in dem Zimmer im großen Torhaus, das man ihr und ihren Damen gegeben hatte, und blickte nachdenklich in den blanken metallenen Spiegel, den Luned ihrem Korb entnommen hatte.

Als Eleyne nach dem Mittagessen den Saal verließ, sprach John de Braose sie an. Er lächelte und sagte: »Ich hatte ja keine Ahnung, daß Margarets kleine Schwester so schön ist. Wie kann Lord Huntingdon es ertragen, ohne sie zu sein?«

Sie errötete. »Mein Ehegatte ist in Westminster beim König. Er wird mich nicht vermissen.«

»Nein?« John betrachtete sie mit einem Ausdruck, in dem sich Freundlichkeit und Spottlust mischten. »Dann ist er ein Narr. Wenn Sie meine Frau wären, würde ich Sie keine Sekunde aus den Augen lassen.« Sein Arm, den er ihr um die Schultern legte, war zärtlich und stark. Sie schluckte nervös, an so direkte Annäherungsversuche nicht gewöhnt, und war halb peinlich berührt, halb angenehm von seiner Aufmerksamkeit erregt.

John war ebenso wie sein verstorbener Vetter William ein schöner Mann, kräftig und voller Energie. Plötzlich sah Eleyne ihre Mutter und über ihr Sir William, und sie schloß betäubt von seltsamen, einander widersprechenden Gefühlen die Augen.

Er spürte ihr Zögern, ihr leichtes Schwanken, als die Erinnerung sie traf. »Geht es Ihnen nicht gut?« Er nahm den Arm von ihrer Taille und faßte sie statt dessen am Ellbogen. Sie spürte die Wärme und Kraft seiner Finger durch die Seide ihres Ärmels hindurch.

»Mir fehlt nichts. Wo ist Margaret?« Ihre Stimme klang seltsam atemlos.

Er lächelte. »Sie ist direkt hinter uns, mit Mama. Wieso? Fürchten Sie sich, mit mir allein zu sein?« neckte er sie wieder. Sie errötete.

»Natürlich nicht …«

»Ich merke schon, ich werde mich von Ihnen fernhalten müssen, kleine Schwester.« Er sprach leiser, und seine Stimme klang so, als ob er sich über sie lustig machte. »Sie haben die Macht Ihrer Schönheit entdeckt und möchten sie an mir ausprobieren.«

Ihr Protest fand dadurch ein Ende, daß er sie unterhakte und sich umwandte, um auf seine Frau und seine Mutter zu warten, die eben aus dem Saal kamen.

Hatte er sie wirklich schön gefunden oder hatte er sie nur verspotten wollen? Sie hielt den Spiegel einmal so und einmal so, um ihr Gesicht besser sehen zu können. Er zeigte ihr große grüne Augen mit dunklen Wimpern und breiten, schräg nach oben geschwungenen Brauen; eine Nase, die sich hoch aufwärts reckte wie die eines Kindes, aber bereits die künftigen starken Konturen besaß, außerdem Wangenknochen, die bereits aus der kindhaften Rundung auftauchten. Ihre Nackenlinie und ihr Hals waren lang, ihre Kehle unter dem Schleier weiß und schmal; ihr Mund voll und lebendig, ebenso schnell bereit zum Lachen wie zum Weinen. Plötzlich erlosch das Licht im Spiegel. Der schattige Raum hinter ihr wurde vollends dunkel, dann nahm sie eine Bewegung in dem Dunkel wahr. Sie ließ den Spiegel fallen und drehte sich um. Nur Luned war im Zimmer, sie beugte sich gerade über eine Truhe. Im Zimmer war sonst nichts.

Nachts im Bett dachte sie über John de Braose nach, schläfrig verglich sie ihn mit ihrem Ehemann. Dieser John war selbstsicher, er brauchte sich nicht anzustrengen, um zu gefallen. Er wußte genau, wie er bezaubern und sich einschmeicheln konnte. Ihr John war so anders. Ruhig, ernst und dabei lieb und gut. Strenger, aber auch zärtlicher. Und auf seine Art hübscher. Während sie sich unter ihrer Bettdecke insgeheim selbst umarmte, schloß sie die Augen und versuchte sich vorzustellen, wie es wäre, wenn John de Braose sie küßte, richtig küßte, aber sofort schlug sie die Augen wieder auf. Es schauderte sie, als sie an William und ihre Mutter dachte. Sie versuchte diese Erinnerung zu verscheuchen, während sie sich in ihren Kissen ausstreckte. Als sie die Augen schloß, schwor sie sich, daß sie *das* nie mit irgend jemandem tun würde.

In ihren Träumen kam aber dann doch jemand zu ihr. Jemand, der sie in die Arme nahm und küßte; jemand, der ein

Teil von ihr war; jemand, ohne den sie, hätte sie davon gewußt, einsam gewesen wäre. Sein Gesicht war nicht das des John of Scotland – und auch nicht das von John oder William de Braose. Am Morgen jedoch hatte sie vergessen, daß er dagewesen war.

X

Eleyne fröstelte. In der kleinen Laube am Ende des Kräutergartens war es kalt geworden. Sie sah zum Himmel hinauf, es waren keine Wolken dort oben, nur ein intensives Blau. In der Ferne über den Downs flimmerte die Hitze in dem leichten Dunst. Sie legte ihre Handarbeit neben sich auf die Bank und sah sich um. Margaret und Mattie waren in der Kleiderkammer beschäftigt und gingen mit dem Hofmeister die Rechnungen durch. Will war bei seinem Lehrer, also hatte sie ihr Nähzeug genommen und sich hinaus in die Sonne gesetzt. Von John war nichts zu sehen gewesen. Während der letzten Wochen hatte sie sich daran gewöhnt, nach ihm Ausschau zu halten, mit ihm zu flirten und die seltsame Erregung im Bauch zu spüren, wenn er ihr nahe war, die so sonderbar, so ähnlich den Gefühlen war, die sie in Sir Williams Gegenwart empfunden hatte – und trotzdem auch wieder anders: Diese Gefühle waren stärker, erschreckender. Selbst hier, allein im Garten, merkte sie, daß ihr die Hitze in die Wangen stieg. Entschlossen schob sie den Gedanken von sich. Er war der Ehemann ihrer Schwester. Sie mochte ihre Schwester gern und auch deren Sohn, mit dem sie oft spielte. Auch schwärmte sie für Mattie de Braose, die sanft und mütterlich zu ihr war.

Eleyne fühlte sich einsam, denn ihr fehlten die Stärke und Freundschaft, die ihr Ehemann ihr vermittelt und auf die sie sich immer mehr verlassen hatte.

Nachdenklich betrachtete sie die Handarbeit, die auf ihren Knien lag. Zuerst hatte sie geglaubt, alle in Bramber wären glücklich und zufrieden, doch je mehr sie sie kennenlernte, um so deutlicher nahm sie die Spannungen und Untertöne wahr. Mattie war enttäuscht über ihren Sohn und verbittert; Will war verwöhnt und schlecht erzogen. Und Margaret und John, die äußerlich einander so treu ergeben waren, schienen sich auseinandergelebt zu haben. Margaret hatte sich ihr anvertraut – von ihrer beider Enttäuschung erzählt, daß sie nach Will keine weiteren Kinder bekommen hatte, und von Johns Tändeleien mit anderen Frauen. Eleyne war daraufhin errötet und hatte vor Scham den Kopf hängen lassen. Als Margaret das sah, lachte sie und nahm sie in die Arme. »Betrachte es als Kompliment, Elly. Er interessiert sich nur für die schönsten Frauen.« Sie machte eine Pause und nahm die Hand ihrer Schwester. »Bist du glücklich mit Lord Huntingdon? Nach dem, was du erzählst, scheint er ein lieber und empfindsamer Mann zu sein.« In der Art, wie sie es sagte, gab sie viel über ihr Verhältnis zu ihrem eigenen Ehegatten preis. Eleyne fragte sich, ob sie sich in John de Braose denn so sehr täuschte. Er schien ihr liebenswürdig, amüsant.

»Aber Margaret, du liebst John doch?« Eleyne sah ihre Schwester ängstlich an.

Margaret lächelte. »Natürlich liebe ich ihn«, sagte sie leichthin. »Und ich habe ja auch Glück. Es könnte doch viel schlimmer sein. Ich habe gehört, daß Lord Huntingdon oft krank ist, Elly. Stimmt das?«

Eleyne nickte, ein wehmütiger Ausdruck war in ihren Augen, von dem sie selbst nichts wußte, als sie an ihren Ehegatten dachte. »Ja, er ist sehr oft krank.«

Margaret lächelte. »Dann laß uns zur Lieben Jungfrau beten, daß sie ihn beschützen möge, so wie ich täglich für meinen Mann bete.« Sie senkte den Blick. »Ich habe die Zusicherung des Königs, daß er mich, falls John etwas zustoßen sollte, was die Heilige Jungfrau und alle Heiligen verhüten mögen«, es schauderte sie, »daß er mich nicht zwingen wird, jemanden zu heiraten, den ich nicht mag. Du solltest dir auch so eine Zusicherung holen, Eleyne. Falls deinem John irgend etwas geschieht, wirst du doch auch nicht wollen, daß Onkel Henry dir gegen deinen Willen einen neuen Ehemann wählt.«

Eleyne stockte der Atem. »Aber es wäre doch schrecklich, wenn ich das täte. Es sähe dann ja so aus, als ob ich damit rechnete, daß John stirbt.«

Margaret zuckte die Schultern. »Männer sterben nun einmal, und wenn nicht an einer Krankheit, dann eben in einer Schlacht, Eleyne, genauso wie Frauen im Kindbett sterben. Es ist Gottes Wille. Am besten bereitest du dich darauf vor.«

Lustlos nahm Eleyne ihre Handarbeit wieder auf und säumte die feine blaue Seide mit winzigen, regelmäßigen Stichen. Sie hielt sich gern an diesem Plätzchen auf. Von hier oben aus konnte sie die Downs sehen, und obwohl diese Hügel keinen Vergleich mit Yr Wyddfa aushielten, waren sie doch besser als das Flachland, aus dem der größte Teil des Lehens ihres Gatten bestand. Und besser noch: Im Süden, jenseits der belebten Kais und der breiten Mündung des Adur lag die See. Sie konnte den scharfen, salzigen Geruch des Schlicks riechen, als sich jetzt während der Ebbe der Unterlauf des Flusses zu einem Bach verringerte und die Schiffe und Galeonen auf Grund setzte, bis zur nächsten Flut.

Ein Schatten fiel über ihre Näharbeit. Wieder hatte ein kalter Atem ihre Haut berührt, der Himmel aber war noch immer wolkenlos. Einen Augenblick lang regte sie sich nicht, dann steckte sie die Nadel im Stoff fest und legte ihn wieder beiseite. Ihr Herz schlug unangenehm schnell. Es war jemand bei ihr in dem leeren Garten. Sie schloß die Augen vor all den Gefühlen, die auf sie eindrangen: Kummer, Zorn, Liebe und Angst, richtige Angst.

»Wo bist du? Wer bist du?« Sie merkte, daß sie laut geredet hatte. Die Stille, die ihr antwortete, bebte vor Spannung.

Eleyne sah sich um. Nahe bei ihr bewegten sich die sorgfältig beschnittenen Thymian- und Ysopsträucher; die blassen duftenden Blätter der Frauenminze zitterten. »Wer bist du?« flüsterte sie und fürchtete sich.

Der Lärm und die Rufe, die vom Burghof jenseits der Hecke zu ihr herüberdrangen, waren verstummt, die Stille war hörbar geworden.

»Bitte ...« Eleyne wich von der Bank zurück, ihre Hände zitterten. »Bitte, was willst du von mir?«

Immer noch war Stille um sie herum.

»Was hast du, Eleyne, meine Liebe? Mit wem redest du?« Matilda de Braoses rosenfarbene Röcke rauschten, als sie durch die Buchsbaumhecke kam, die den Garten umgab.

Eleynes Gesicht war weiß. »Es tut mir leid. Ich dachte … Ich dachte, es wäre jemand hier …«

Unten am Fuß des Berges, auf dem die Burg lag, polterte ein Wagen über die Kopfsteine, der Lärm der schweren Räder hallte noch lauter als das Geschrei der Fuhrleute herauf. Die unsichtbare Erscheinung, die im Garten geweilt hatte, war verschwunden.

Mattie zog das Mädchen zur Bank und setzte sich mit ihr. Sie hob Eleynes Näharbeit auf und betrachtete sie. »Du bist eine tüchtige kleine Näherin, Eleyne. Diese Arbeit ist hübsch.« Sie legte sie vorsichtig wieder hin und nahm Eleynes Hand. »Wer, glaubst du, war hier?«

Eleyne zuckte die Achseln. »Ich weiß nicht. Es war nur ein Gefühl …« Sie warf der älteren Frau einen schüchternen Blick zu, überwältigt von dem Bedürfnis, sich jemandem anzuvertrauen. »Ich habe manchmal solche Anwandlungen.«

Mattie lächelte, der frischgestärkte weiße Schleier umgab ihr freundliches Gesicht. »Erzähl' mir davon.«

»Es kommen mir manchmal Bilder vor Augen, so wie in Träumen …« Eleyne sah auf ihre Hand hinab. »So wie von Sir William … ich habe Sir William gesehen, bevor er …« Ihre Stimme erstarb.

»Du hast das Zweite Gesicht?« So wie Mattie es sagte, klang es gar nicht so absonderlich. »Ich weiß, daß viele Menschen in Wales diese Gabe haben, und du bist das siebte Kind deines Vaters, nicht wahr? Das hat mir Margaret erzählt. Auf dir ruht ein besonderer Segen.« Sie schwieg einen Augenblick. »Und gerade hast du etwas gesehen?« Eleyne schüttelte den Kopf. »Nein.«

»Was war es denn?« Es lag keine Ungeduld in der Frage. Mattie spürte Eleynes Einsamkeit und Unsicherheit, und impulsiv schloß sie sie in ihre Arme.

»Ich hatte nur das Gefühl, daß jemand hier sei. Jemand versuchte, mit mir zu reden.« Eleyne schmiegte sich an Matties Schulter und seufzte. »Und sie fürchtete sich …«

»Sie?«

»Ja.« Eleyne zögerte. »Ja, es war eine Frau.«

Mattie lächelte traurig. »Vielleicht hast du recht. Ich habe manchmal auch gedacht … gespürt, daß jemand in diesem Garten ist. Eine andere Matilda.« Sie stand auf. »Die Mutter meines Mannes. Sie hat Bramber nicht sehr gemocht, aber das hier war ihr Lieblingsplatz. Sie hat diesen Garten geschaffen. Ich glaube, von Zeit zu Zeit kommt sie, um über John zu wachen. Er war immer ihr Lieblingsenkel. Sie hat ihn so geliebt.« Ihre Augen füllten sich mit Tränen, wie so oft, wenn sie an ihre geliebte Schwiegermutter dachte, an die Frau, die Matties Vater, der Earl of Clare, während des größten Teils seines Lebens so sehr geliebt, auf deren Namen man sie getauft und die der Großvater dieses Kindes, King John, so grausam ermordet hatte.

Eleyne starrte sie an. »Matilda? Ist sie die Lady … meine Lady, die ich in Hay Castle gesehen habe?«

»Du hast sie gesehen?« Matties Augen weiteten sich.

Eleyne nickte. »Ich dachte damals, sie mag mich. Aber jetzt eben … Ich glaube, sie möchte, daß ich gehe.«

»Nein, bestimmt nicht!« Matilda schloß die Augen, als sie den Schauer fühlte, der ihr über den Rücken lief. »Warum sollte sie wollen, daß du gehst? Dumme Gans, das will sie sicher nicht.« Sie schwieg einen Augenblick. »Wie sah sie aus, als du sie in Hay erblickt hast, meine Liebe?«

»Sie ist sehr groß, hat dunkelrotes Haar und graugrüne Augen …«

Mattie schnappte nach Luft.

»Ich sah ihren Schatten, manchmal deutlich, manchmal, wie er verblaßte.« Sie blickte sich im Garten um. »Hier aber habe ich sie nicht gesehen. Ich habe sie irgendwie im Kopf gespürt. Ich bin nicht einmal sicher, daß sie es war …«

Sie brach ab, als der junge Will in den Garten gelaufen kam.

»Ich habe dich schon überall gesucht! Ich bin mit dem Unterricht fertig. Jetzt können wir reiten. Das können wir doch, Großmama, oder? Eleyne hat gesagt, sie würde mit mir ausreiten.« Er war groß für seine neun Jahre, hatte graugrüne Augen, eine blonde Mähne über einem braungebrannten Gesicht und trug eine zerrissene Tunika. In wenigen Wochen, so hatte er Eleyne anvertraut, würde er seinen Pagendienst bei Sir Walter Clifford antreten. Er war sich nicht sicher, ob er wirklich fort wollte, und Margaret ließ ihn auch nicht so gerne weg. Mattie hatte die Gefahr erkannt, daß er sich zu sehr an die Rockschöße seiner Mutter klammern könnte. Sie hatte John zugeredet, er solle darauf bestehen, daß der Junge fort kam.

»Natürlich darfst du, wenn Eleyne will.« Mattie lächelte. Sie stand auf und schüttelte ihre Röcke aus.

»O ja, sehr gern.« Eleynes Gesicht heiterte sich auf, und sie sagte munter: »Will hat versprochen, daß er mich an die See mitnimmt.«

Als Mattie sie zusammen die Treppe hinunterlaufen sah, die vom Garten in den Außenhof der Burg hinabführte, fröstelte sie. Die Kinder waren doch sicher. Eine Eskorte würde sie begleiten, und natürlich ritt auch der treue Cenydd mit ihnen, wieso nur hatte sie jetzt so ein unangenehmes Gefühl?

»Darf ich Invictus auch mal reiten?« Der Junge sah sehnsüchtig zu Eleyne empor, die auf dem großen Hengst saß und ihre Röcke glättete.

Sie schüttelte den Kopf. »Ich habe dir schon gesagt, daß er zu groß für dich ist.«

»Er ist zu groß für *dich*«, widersprach ihr der Junge und wandte sich seinem Pony zu, das ein halbes Dutzend Handbreit kleiner war.

»Ich bin der einzige Mensch, der ihn reitet«, sagte Eleyne und biß sich auf die Lippe. Es stimmte: Seit man Sir William gehängt hatte, hatte ihn – den Stallknecht ausgenommen – niemand anderes geritten. Sie beugte sich vor und streichelte seine Mähne. »Du gehörst mir, nicht wahr, mein Liebling.«

Sie folgten der Biegung des Flusses nach Süden, wählten hinter dem Hafen von Shoreham die Abkürzung zur Küste, ritten dann an der Küste entlang nach Westen. Von Zeit zu Zeit sprengten sie zum Strand hinunter und konnten dort, während noch Ebbe war, auf dem festen Sand einen Galopp einlegen. Als sie nach Bramber zurückkehrten, waren sie erschöpft, und die Pferde gingen langsam durch die Abendsonne.

Im inneren Burghof stiegen sie ab. Will ging zu Eleyne und streichelte Invictus den Kopf. »Bitte, darf ich ihn einmal reiten, Eleyne? Er ist jetzt müde. Er hat bestimmt nichts dagegen.«

»Nein.« Eleyne streckte störrisch ihr Kinn heraus. »Niemand reitet ihn außer mir.«

»Ach bitte«, schmeichelte der Junge. »Cenydd kann mich doch hochheben. Nur eine Minute.«

»Nein!«

Die Luft war kalt geworden, die Sonne, die im Westen stand, warf den riesigen Schatten des Turmhauses über den Innenhof. Irgendwo in ihrem Kopf spürte Eleyne jetzt wieder die Warnungen, die Angst. »Nein!« wiederholte sie. »Nein, du reitest ihn nicht. Niemals. Niemand darf ihn reiten außer mir.«

»Was ist denn?« Margaret und ihr Gatte traten aus dem großen Saal. Sie standen da und beobachteten die beiden Kinder, belustigt über ihren Streit.

»Sie läßt mich nicht auf das Pferd, Papa!« wimmerte Will, seine Stimme klang todunglücklich. »Ich wollte doch nur einmal auf ihm sitzen.«

»Niemand reitet ihn außer mir.« Eleyne biß die Zähne zusammen.

John de Braose kam die Treppe herunter und legte die Hand auf den Zaum. »Das ist doch Williams Pferd, nicht wahr?«

»Er hat es mir geschenkt«, wiederholte Eleyne hartnäckig. »Will ist noch zu klein. Der Hengst würde ihn abwerfen.«

»Nein, würde er nicht, Papa. Ich bin ein guter Reiter.« Will spürte, daß sein Vater ihn zu unterstützen gedachte, seine Augen glänzten.

»Sie trauen es ihm nicht zu?« John zog eine Augenbraue hoch und sah Eleyne an. Wie immer schmeichelten und neckten seine Augen, forderten heraus.

»Doch.« Sie merkte, daß ihre Wangen rot wurden. »Aber niemand reitet Invictus außer mir.«

John sah belustigt aus. »Sie haben eine sehr hohe Meinung von sich selbst, Mylady. Zweifellos sind Sie schön und talentiert«, er streckte die Hand nach ihrer Wange aus und spürte einen kleinen Lustschauer, als er sie berührte, »aber ich glaube, Sie werden lernen müssen, daß auch andere ihn reiten können.

Lassen Sie mich!« Entschlossen nahm er ihr die Zügel des Pferdes aus der Hand und rief einen seiner Knappen. »Hilf mir beim Aufsteigen! Ich kann jedes Tier reiten, auch das meines Vetters William.« Er lächelte grimmig. Invictus machte einen Schritt zur Seite, als John die Hand nach dem Sattelknauf ausstreckte, der hoch über ihm war. Das Pferd legte die Ohren flach an den Kopf und rollte die Augen.

»Nein, bitte«, flüsterte Eleyne mit weißem Gesicht. »Sie dürfen nicht ... Sie können nicht ...« Sie fühlte Angst rings um sich herum. Die Luft war voll bitter kalter und scharfer Furcht. Brüchig, klar und trotzdem leuchtend, als würde sie im Wasser reflektiert. Als der Knappe John in den Sattel hinaufhalf, stieß das Pferd einen Laut aus und bockte. »Bestie!« Johns Lächeln verschwand, er trat mit den Füßen tief in die Steigbügel und riß die Zügel zurück. Unter seinem wirbelnden langen Mantel sah Eleyne die großen Räder seiner Sporen. »Ich sage dir eins, auf dem ist kein Kind sicher ...« Er brach ab, als das Pferd, überrascht und wütend über die harte, schwere Hand auf dem Gebiß, mehrere Schritte zurücklief, sich aufbäumte und mit den Vorderfüßen schlug. John klammerte sich am Sattel fest, dann rutschte er mit einem Schrei seitwärts ab und schlug auf dem Kopfsteinpflaster auf.

»John?« Margaret stieß einen spitzen, ungläubigen Schrei aus, dann stürzte sie zu ihrem leblos daliegenden Ehemann. »John? *John*!«

Hinter ihr stand zitternd mit wild aufgerissenen Augen der Hengst und scharrte und stampfte. Eleyne lief zu ihm. Sie strich ihm sanft über den Nacken, um ihn zu beruhigen, aber ihre Augen waren auf den leblosen Leib ihres Schwagers gerichtet.

Margaret richtete sich auf, das Gesicht vor Gram und Entsetzen verzerrt.

»Er ist tot«, flüsterte sie. »Er ist TOT!«

Sechstes Kapitel

I
RHOSYR, ANGLESEY * August 1232

Rhonwen hatte die Boten von Osten hereinreiten sehen und zu ihrer Erleichterung und Freude an den Mänteln der Eskorte die Insignien des Earl von Huntingdon entdeckt. Atemlos wartete sie draußen vor dem Saal des Schlosses, die Augen auf das Portal gerichtet. Diesmal mußte ein Brief für sie dabei sein. Eleyne konnte sie nicht vergessen haben.

Im Inneren hörte sie leises Stimmengemurmel, einmal auch lautes Gelächter – wie eine Woge, die sich an den Felsen bricht.

Princess Joan war dort mit ihren Damen. Zwei Tage zuvor waren Prince Llywelyn und Dafydd mit dem Schiff nach Caernarfon gefahren und hatten die Frauen allein zurückgelassen.

Rhonwen zögerte. Die Abneigung Joans ihr gegenüber, der Princess of Aberffraw und Lady of Snowdon, wie sie sich dem Beispiel ihres Gatten folgend nun gerne nennen ließ, war nicht leicht zu ertragen, und etwas anderes, das zeigte sie deutlich, hatte Rhonwen von ihr nicht zu erwarten. Am Tage ihrer Rückkehr nach Aber war Rhonwen zur Princess gerufen worden, in jenen Raum, in dem sie sie vor drei Jahren zuletzt gesehen hatte.

»Lord Huntingdon hat Sie also entlassen.« Joans Augen waren hart.

»Nein, Hoheit.« Es gelang Rhonwen, ihrer Stimme einen demütigen Klang zu geben. »Lord Huntingdon hat mich beurlaubt, damit ich meine Heimat besuchen kann.«

»Beurlaubt?« wiederholte Joan. »Sie irren sich, falls Sie denken, Sie könnten zu ihm zurück. Lord Huntingdon drückt sich in seinem Brief ganz klar aus. Er möchte nicht, daß Sie weiterhin Dienste bei seiner Frau versehen. Niemals mehr!« Sie machte eine Pause. »Wann beabsichtigen Sie, Ihre Familie zu besuchen, Lady Rhonwen?« Ihre Stimme war seidenweich.

»Wie Hoheit wissen, habe ich keine Familie.« Rhonwen sprach leise, aber ruhig. Ihre Familie bestand nur noch aus Cenydd, der aber war bei Eleyne.

»Wenn ich Sie also fortschicken würde, wüßten Sie nicht wohin?«

»Ich werde Eleyne schreiben, Hoheit. Sie wird Lord Huntingdon überreden, mich wieder aufzunehmen.« Rhonwens Worte klangen trotzig.

»Dessen bin ich sicher.« Das Lächeln in Joans Gesicht besagte das Gegenteil. »Doch es wird nicht nötig sein. Sie dürfen bei mir dienen, Lady Rhonwen, solange« – ihre Augen wurden schmal – »nicht der Verdacht aufkommt, daß Sie jemals, jemals den Bastard meines Mannes und dessen Sache unterstützen. Ist das klar?«

»Ja, Hoheit.« Rhonwen wandte ihren Blick von den harten Augen ab.

»Sie weiß es nicht! Die Princess ahnt nicht, wer sie an ihren Mann verraten hat.«

Rhonwen wich einen Schritt zurück, als Isabella, der kleine Wirbelwind, ihr Gemach betrat und die Tür hinter sich zuschlug.

»Sie waren mit Eleyne zusammen! Sie hätten sie daran hindern können! Sie hätten meinen Vater retten können!«

»Ich konnte nichts tun!« Rhonwen brauste auf. »Wenn *ich* sie nicht entdeckt hätte, hätte jemand anders es getan. Sie waren unvorsichtig, schamlos, der ganze Hof hätte sie sehen können.«

»Das ist nicht wahr! Sie hat meinen Vater verführt …«

»Nein, Lady, nein.« Rhonwen empfand plötzlich Mitleid mit dieser Frau, die noch ein Kind war, nur ein Jahr älter als ihre Eleyne. »Machen Sie sich nichts vor. Die beiden konnten ebensowenig voneinander lassen wie zwei Motten von einer Kerze. Wenn Eleyne es nicht gesagt hätte, hätten andere geredet. Es wurde schon überall geflüstert. Doch was nützt es, jetzt darüber zu streiten? Was geschehen ist, läßt sich nicht mehr ändern. Ihr Vater ist tot, möge Gott seiner unglücklichen Seele Frieden schenken, und Llywelyn hat seiner Frau verziehen. Lassen Sie die Geschichte ruhen, Lady!« Sie wandte sich ab und hob einen Stapel frischen Linnens auf, um ihn in die mit Lavendel parfümierte Truhe zurückzulegen.

»Nein, niemals!« Isabellas Augen funkelten vor Zorn. »Ich habe meinen Vater lieb gehabt, und eines Tages werde ich seinen Namen reinwaschen. Ich werde beweisen, daß sie ihn verführt hat. Und ich werde beweisen, daß Sie und Eleyne ihn in eine Falle gelockt haben …«

»Lady Isabella …«

»Schweigen Sie! Vielleicht war auch die Princess an diesem Spiel beteiligt. Vielleicht hat sie ihn sich nur deshalb eingefangen, um ihn hinterher verraten zu können.« Sie sprach leise, ihre Stimme wurde zu einem Zischen. »Was ist ihr denn geschehen? Zwei Jahre in einem komfortablen Exil, und schon ist sie wieder da, an Llywelyns Seite, als ob das alles nicht gewesen wäre. Dafydd sagt, sein Vater vertraue ihr wieder, in jeder Beziehung. Sie dient ihm erneut als Beraterin, führt Verhandlungen für ihn. Sogar Ednyfed Fychen hat er gezwungen, sie wieder als Botschafterin anzuerkennen. Sie verhandelt in seinem Auftrag mit dem König. Mein Vater aber ist tot!« Sie fing an zu schluchzen.

Rhonwen schwieg. Für einen kurzen Augenblick hatte sie in der ungestümen jungen Frau das kleine Mädchen wiedererkannt, das damals in Hay mit Eleyne herumgetollt war. Doch dieser Eindruck verblaßte schnell wieder. Die junge Frau trocknete ihre Tränen und sah sie herausfordernd an.

»Hat Eleyne Sie fortgeschickt?«

»Nein.« Es gelang Rhonwen nicht, den Schmerz zu unterdrücken, der in ihrer Stimme mitschwang.

»Aber ihr Mann. Auch Princess Joan will Sie nicht, und mir geht es ebenso.« Sie machte eine Pause. »Wenn ich es wünsche, wird man Sie entlassen. Man schickt Sie dann in die Berge.« Sie lächelte. »Denken Sie an meine Worte, Lady Rhonwen, für den Fall, daß ich Sie jemals um einen Gefallen bitten sollte.«

Nach diesen Gesprächen aß und schlief Rhonwen verständlicherweise lieber bei den unbedeutenderen Damen Princess Joans. Und sie schrieb Briefe. Immer wieder legte sie sie denen bei, die an Lord Chester und Lord Huntingdon abgingen. Einmal bezahlte sie von ihren geringen Ersparnissen sogar einen Boten, schickte ihn direkt nach Bramber und bat ihn, ihren Brief Eleyne persönlich auszuhändigen. Doch auf keinen ihrer Briefe erhielt sie eine Antwort.

Niedergeschlagen folgte sie dem Hof, von Aber nach Llanfaes, dann nach Cemaes in den fernen Norden von Anglesey, dann hinunter nach Caernarfon und zurück nach Aber. Und nun waren sie wieder über die Wasserstraße hinüber nach Rhosyr gekommen, das am Rande der Treibsandbänke lag.

Zweimal hatte sie mit Einion gesprochen, und immer hatte dieser sie nach Eleyne gefragt. Was sie ihm berichtete, gefiel ihm nicht. Er schüttelte den Kopf und seufzte. »Sie braucht mich. Ihre Gabe zerstört sie. Dieser Mann, ihr Gatte, versteht er sie?«

Rhonwen zuckte die Schultern. »Er ist freundlich zu ihr«, gab sie zögernd zu. »Er hat ihr keine Gewalt angetan. Er ist ein guter Christ.« Die letzten Worte waren nur ein Flüstern.

»Sie ist der Göttin geweiht, Lady Rhonwen. Nichts und niemand kann das ändern. Und ihr Schicksal steht unverrückbar fest. Wenn es an der Zeit ist, wird sie zu uns zurückkehren.«

Rhonwen stand in dem reichverzierten Portal des großen Saals und starrte über die schmale Wasserstraße hinweg zum bewaldeten Festland. Falls ein Brief für sie angekommen war, würde Lady Joan sie dann rufen, oder würde sie ihn ins Feuer werfen, so wie Lord Huntingdon es vermutlich mit all ihren an Eleyne gerichteten Briefen tat?

»Warten Sie hier auf jemanden oder horchen Sie nur wie üblich herum, Lady Rhonwen?« Isabellas Stimme ließ sie zusammenzucken. In der Ferne stieß eine Möwe, die niedrig über das silbrige Wasser dahinflog, einen gellenden Schrei aus. Isabellas schlanke Figur war in rote Seide gehüllt, ihr schwarzes Haar wurde von einem mit Perlen besetzten seidenen Netz bedeckt, sie sah bildschön aus.

Rhonwen zwang sich zu einem Lächeln. »Ich warte auf Briefe ...«

»Warum warten Sie hier? Wieso gehen Sie nicht hinein und fragen?« Isabella lief an ihr vorbei, stieß die Tür weit auf und eilte den dämmrigen Mittelgang des Saales entlang bis zu ihrer Schwiegermutter, der sie mit einem hübschen Knicks ihre Reverenz erwies.

»Lady Rhonwen brennt darauf zu erfahren, ob es Neuigkeiten von Eleyne gibt«, verkündete sie.

Rhonwen war ihr langsam gefolgt, ihr Herz schlug schmerzhaft.

Joan sah auf. »In der Tat, ja.« Ihre Stimme war dünn und angestrengt, als sie mit einem Rascheln ihrer Seidenkleider aufstand und einen Arm um Isabella legte. »Meine Liebe, ich fürchte, ich habe eine schreckliche, schreckliche Nachricht!« Rhonwen erstarrte. War Eleyne etwas zugestoßen? Sie sah, daß Joans Hände zitterten. »Ich habe einen Brief aus Bramber erhalten von Lady Matilda de Braose. Dein Vetter John ... er ist tot. Dieses schreckliche Pferd hat ihn abgeworfen, dieses Pferd ...« Ihre Stimme versagte, Tränen liefen ihr die Wangen hinab.

II
BRAMBER CASTLE

Die Kapelle auf dem Hügel war überfüllt, die Trauergäste standen bis nach draußen um das kleine rechteckige Bauwerk mit dem gedrungenen normannischen Turm herum, das der erste William de Braose zweihundert Jahre zuvor außerhalb der Mauern seiner Burg errichtet hatte.

Eleyne, die wie ihre Schwester und Johns Mutter einen schwarzen Trauerschleier trug, hatte während des ganzen Gottesdienstes unbändig geschluchzt.

Ich bin schuld. Sie wiederholte unablässig diese Worte. *Ich bin schuld. Ich hätte es verhindern können. Ich hätte es wissen müssen.*

Doch sie hatte es nicht verstanden, als die unsichtbare Lady im Garten es ihr hatte erklären wollen.

»Ach, meine Liebe.« Mattie nahm sie in die Arme. »Du darfst dir keine Vorwürfe machen, das darfst du nicht. Du hast alles getan, was du konntest, hast ihn sogar angefleht, er solle dieses Pferd nicht reiten.«

»Sie hat mich warnen wollen. Sie wollte mir sagen, ich solle Bramber verlassen.« Eleyne, die sich an Mattie klammerte, sah sie mit ihrem tränenbenetzten Gesicht an. »Sie hat es gewußt!«

Mattie hielt sie in ihren Armen fest. »Meine Liebe, wir können das, was geschehen soll, nicht verhindern. Wir müssen Gottes Willen hinnehmen. Er entscheidet über diese Dinge, nicht wir. Ich habe so viele Menschen sterben sehen, meine Liebe, ich habe in meinem Leben so viel Kummer und so viel Leid gesehen. Es muß einen Grund dafür geben. Gott muß einen Grund dafür haben, daß er uns so leiden läßt.« Sie wurde nur mit Mühe ihrer Erregung Herr. »Jedenfalls hat John nicht gelitten. Er war sofort tot.«

Sie sprach den Schrei in ihrem Herzen nicht laut aus: Warum? Warum er, der jung, stark und gesund war? Warum hatte er sie nicht überlebt? Sie, die so viele Todesfälle, so viel Kummer ertragen hatte. Hätte Gott ihr diesen einen nicht ersparen können? Weshalb hatte er ihr Eleyne, die Enkelin King Johns, geschickt, damit sie ihr ihren Sohn wegnahm, so wie der Großvater dieses Kindes ihr ihren Gatten weggenommen hatte?

Eleyne stand auf und ging ruhelos zum Fenster. »Danke, daß du Invictus das Leben gerettet hast«, sagte sie langsam.

»Es hätte keinen Sinn gehabt, das Tier zu töten.« Mattie gewann rasch ihre Selbstbeherrschung zurück.

»Was wird Margaret jetzt tun?« Ihre Schwester hatte sich nach dem Unfall geweigert, Eleyne wiederzusehen, und nur Mattie und den jungen Will zu sich gelassen.

»Sie und Will bleiben hier bei mir. Sie besitzt die Zusicherung des Königs, daß man sie nicht zwingen wird, sich gegen ihren Willen erneut zu verheiraten.« In diesem Moment fragte sich Mattie, ob nicht auch Margaret ebenso wie Eleyne so etwas wie ein Zweites Gesicht hatte. Weshalb sonst hatte sie denn so kurz vor dem Unfall, der sie zur Witwe machte, auf dieser Zusicherung des Königs bestanden?

John, der sich gerade von einem neuerlichen Fieberanfall erholte, lag bleich und matt im Krankenbett. Daneben stand sein Arzt und bereitete eine weitere Blutentnahme vor. Eleyne sah ihn schaudernd mit seinen Messern hantieren. »Fühlen Sie sich besser, Mylord?« Der Rückfall ihres Gatten in das alte Leiden zwang Eleyne immer mehr dazu, ihn bei seinen beschwerlichen Pflichten zu unterstützen. Dabei stellte sie zu ihrer Verwunderung fest, daß sie allmählich Gefallen daran fand. Jung und unerfahren wie sie war, spürte sie doch, daß ihr der gut eingespielte Haushalt ihres Eheherrn gehorchte und ihre Entscheidungen respektierte. So wuchs ihr Selbstvertrauen und damit wiederum ihre Autorität.

»Ich habe einen Brief von meinem Onkel bekommen.« John hustete etwas, als er es sagte. »Offenbar ist auch er krank. Seit er aus Frankreich zurück ist, geht es ihm nicht gut. Er möchte, daß wir ihn in Chester besuchen.«

Eleyne fühlte, daß ihre Lebensgeister jäh erwachten. »Können wir das?«

»Sobald ich mich erholt habe, müssen wir zu ihm.« Er machte ein finsteres Gesicht, als der Arzt ein Handtuch auf das Bett legte und sich neben ihn setzte. Die Vene war rasch und mühelos geöffnet, das Blut strömte, vom Arzt geschickt dorthin gelenkt, in die silberne Schale. Eleyne mußte wie stets, wenn sie zusah, ihr Entsetzen verbergen. Zwar behaupteten die Ärzte, daß die häufigen Fieberanfälle und der quälende Husten ihres Gatten auf eine Überfülle an Blut und ein dadurch verursachtes Ungleichgewicht seiner Körpersäfte zurückzuführen seien, sie aber konnte sich nicht vorstellen, daß diese ständigen Blutentnahmen, die ihn schwächten und immer bleicher werden ließen, wirklich gut für ihn waren.

Als der Arzt seine Arbeit beendet und die Wunde verschlossen hatte, nahm sie seinen Platz an Johns Seite ein. »Vielleicht können wir Aber einen Besuch abstatten? Rhonwen könnte dir helfen, ich weiß es«, sagte sie vorsichtig.

John betrachtete sie zärtlich und liebevoll. Während ihres Fernseins war sie schon wieder gewachsen. Seine Gattin wurde immer schöner.

»Sie ist eine Heilkünstlerin«, fuhr sie fort.

»Ich will darüber nachdenken.« John runzelte die Stirn und streckte seinen schmerzenden Leib auf dem Bett aus. »In den nächsten Tagen kommen Isabel und Robert zu uns, die sich auf dem Weg von Essex nach Schottland befinden.« Er wechselte geschickt das Thema. »Wenn ich mich nicht gut genug fühle, mußt du dich um sie kümmern. Würdest du bitte veranlassen, daß die Vorbereitungen dazu getroffen werden?«

Sie nickte. Der Gedanke, allein die Verantwortung für die Bewirtung der Gäste zu tragen, jagte ihr keine Angst mehr ein. Vielmehr freute sie sich auf das Wiedersehen mit ihrer Schwägerin und ihrem Neffen und wußte, daß sie die Jagdausflüge während des Tages und abends die Unterhaltung, die Musik und das fröhliche Gelächter genießen würde.

Am Abend der Ankunft unternahm sie einen letzten Rundgang durch die Burg, um noch einmal zu prüfen, ob alles wie befohlen vorbereitet war. Sie ahnte nicht, wie sehr die Dienerschaft ihres Gatten sie bewunderte und verehrte, als sie ruhig und verständig durch die Räume schritt, alle Einzelheiten besprach und allen das Gefühl gab, daß selbstverständlich auch ohne ihre Anwesenheit alles in vollkommener Harmonie ablaufen würde. Die Dienerschaft wußte es besser.

Plötzlich befand sie sich vor der Kapelle. Es gab eigentlich keinen Grund hineinzugehen, und doch zwang sie etwas, die Tür aufzustoßen. Das einzige Licht kam von der Lampe über dem Altar. Sie ging darauf zu und spürte die Anwesenheit der Lady, die in Fotheringhay umging: ein dunkler Schatten in der Finsternis, ihr Unglück war mit den Händen zu greifen. Blitzartig kam Eleyne die Erkenntnis: Sie und diese Frau waren durch das gleiche Blut miteinander verbunden. Sie streckte ihr halb die Hand hin, doch der Schatten war verschwunden. Die Kapelle war leer.

Sie beendete ihren Rundgang durch die Burg und kehrte in das Herrenzimmer zurück, wo John, in eine lose Tunika und einen warmen wollenen Mantel gewickelt, ein Polster im

Rücken, halb aufrecht im Bett saß. Draußen rissen die ersten Herbststürme die Blätter von den Bäumen, heulten in den Schornsteinen und wehten eisige Zugluft in die Burg.

Vor dem Kamin kniete ein Diener und wärmte etwas Wein in der heißen Asche.

»Ist alles vorbereitet?« fragte John und sah auf, als Eleyne, in ihren warmen, mit Fell besetzten Mantel gehüllt, die Tür hinter sich schloß.

Sie nickte und versuchte, die düstere Stimmung abzuschütteln, in die sie ihr Erlebnis in der Kapelle versetzt hatte. »Die Köche haben den ganzen Tag lang für das Fest gearbeitet. Ich glaube, Isabel wird mit dem Empfang zufrieden sein.« Sie schleuderte die Schuhe von sich, zog sich auf das Bett hinauf und barg die Füße unter ihrem Rock. »Die Nacht ist stürmisch. Ich hoffe, das Wetter bessert sich noch bis morgen. Ob sie trotzdem kommen werden?«

»Sie kommen, verlaß dich drauf.« John lehnte sich zurück und betrachtete seine Gattin liebevoll. Ihr Gesicht hatte in den letzten Monaten seine kindlichen Züge verloren. Er sah jetzt ihre Wangenknochen und die hübschen, dichten Augenbrauen unter dem Schleier, der ihren Kopf bedeckte. Seine Augen schweiften von ihrem schmalen weißen Hals zu ihrem Mieder, unter dem er im Licht der Kerzen, die in dem Leuchter am Fuße seines Bettes flackerten, ihre Brüste zu sehen glaubte. Er verspürte eine sonderbare Erregung und, halb entsetzt von seiner Reaktion, unterdrückte er sie streng. Sie war immer noch ein Kind. Aber nein, sie war vierzehn Jahre alt. Sie war eine Frau.

»Möchtest du etwas Wein?« Sie beugte sich zu ihm herüber, ihre Hand, so leicht, lag auf seinem Arm. Er atmete den lieblichen Duft ihrer Haut ein.

Dann schlug er die Augen auf und nickte. Sie gab dem Diener einen Wink. »Wenn du müde bist, lasse ich dich schlafen.« Mit großer Selbstsicherheit entließ sie seine Diener, dann saßen sie allein beieinander, und ihre Hände schmiegten sich um die Pokale mit dem gewürzten Glühwein.

»Noch nicht.« Er beugte sich vor und legte ihr einen Finger auf die Wange. »Nimm doch bitte den Schleier ab, Eleyne. Laß mich dein Haar sehen.« Er sah sie zumeist nur in ihrer förmlichen Kleidung mit dem unter Schleiern und Kappen verborgenen Haar. Nur selten noch ritt sie so stürmisch, daß es ihr in den Nacken herabfiel, und wenn sie es tat, war er nicht bei ihr, um es zu sehen.

Sie lächelte und stellte ihren Pokal auf den Tisch. Dann zog sie die Nadeln aus ihrem seidenen Schleier und ließ ihn von den Zöpfen gleiten.

»Löse bitte auch dein Haar.« Er setzte sich auf, eine seltsame Spannung entstand zwischen ihnen.

Sie sah ihn an, während sie langsam die Nadeln aus ihrem Haar zog, die Zöpfe zu entflechten begann und die ganze Pracht in Wellen über die Schultern fallen ließ. Dann saß sie endlich mit gelöstem Haar da, war sich des herausfordernden Ausdrucks ihrer Augen nicht bewußt. »Meine liebe Eleyne«, murmelte er. Er brach ab, als der Wind aus unheimlicher Ferne den Schall eines Hornes herbeiwehte. Am anderen Ende des Zimmers glitt vom Kaminbock ein Holzscheit ins Feuer und wirbelte einen Funkenregen auf. Eleyne zuckte zurück, der Zauber des Augenblicks war gebrochen.

»Eleyne.« Es war ein Befehlston in seiner Stimme, wie sie ihn noch nie zuvor vernommen hatte. Tief beunruhigt und verstört, zog sie sich weiter von ihm zurück, sonderbar von dem Feuer angezogen.

»Sofort, Mylord.« Sie entzog sich seinem Zugriff, dann sah er sie zum Kamin laufen und ein weiteres Scheit ins Feuer werfen. Ihr Haar flammte wie Kupfer in dem Licht des Feuers auf, als sie es wie einen Vorhang nach vorne schwang und ihr Gesicht damit verhüllte.

»Eleyne!«

»Der Wächter ... Die Boten ...« Sie starrte ins Feuer, ohne mit der Wimper zu zucken.

»Boten?« Ein Schauer lief ihm über den Rücken, als sie nicht antwortete.

»Ihr Onkel ...« flüsterte sie.

Er mußte sich bemühen, ihre Stimme zu hören, so laut heulte der Wind.

»Ihr Onkel ... ist tot.«

John schoß im Bett hoch. »Was?«

Die Lautstärke seiner Worte ließ sie zusammenzucken. »Ich glaube … ich weiß nicht …« Aus ihrer Träumerei gerissen, war sie plötzlich verwirrt und entsetzt, daß sie verraten hatte, was ihr im Feuer erschienen war. Doch er rügte sie nicht. Er stand auf, raffte den Mantel um seine Schultern und ging zu dem Sessel hinüber, der am Kaminfeuer stand. Er saß darin, als der Bote die Nachricht überbrachte. Ranulph de Blundevill, Earl of Chester, war am 26. Oktober im königlichen Palast zu Wallingford an der Themse verstorben.

Johns Gesicht war grau vor Erschöpfung. »So«, sagte er. »Endlich.«

Eleyne starrte ihn an, verwundert über den fieberhaften Triumph in seinen Augen. »Sie sind froh, daß er tot ist?«

Er schüttelte irritiert den Kopf. »Natürlich nicht! Ich werde Messen für den Frieden seiner Seele lesen lassen – nun, da ich der Earl of Chester bin.«

Eleyne hielt den Blick auf ihre Hände gerichtet. John war immer so passiv gewesen; so sanft und duldsam. Der Ehrgeiz, der plötzlich in seinen Augen aufgeflammt war, erschreckte sie. Er erregte sie aber auch.

Sie warf ihm einen verstohlenen Blick zu. Nun sah sie ihn ins Feuer starren, doch sein Blick war nicht träumerisch. Er war hellwach und entschlossen.

IV

November 1232

In weniger als einem Monat hatte sich John erholt. Er ritt mit Eleyne nach Northampton und ließ sich dort von King Henry III. am 21. November als Earl of Chester bestätigen.

Zwei Tage später erreichte Eleyne ein Bote, während sie gerade den Kunststücken reisender Akrobaten zusah, die dem König zu gefallen trachteten. Sie erkannte nicht sogleich das Zeichen, das er an der Schulter trug.

»Ich habe einen Brief für Euch, Mylady, von Lady Clifford.« Der Mann verneigte sich.

Eleyne kniff die Augen zusammen. »Lady Clifford?« Sie winkte Luned herbei, damit sie dem Mann einen Farthing gäbe. »Kenne ich Lady Clifford?«

Der König, der nahe bei ihr saß und die Frage hörte, wandte sich um. »Eine Überraschung für Sie, Lady Chester.« Er verlieh ihr den Titel auf humorvoll formlose Weise. »Sie kennen sie gut.« Er winkte den Boten fort. »Es scheint eine Eigenschaft Ihrer Familie zu sein, jäh den Namen zu wechseln.« Er lachte und wandte sich wieder der Darbietung der Gaukler zu.

Eleyne warf ihm einen fragenden Blick zu, brach das Siegel und begann den Brief zu lesen und hörte deshalb die begeisterten Schreie der Zuschauer nicht mehr, als die Artisten den Höhepunkt ihrer Darbietung erreichten.

Liebe Schwester, ich weiß, Du wirst überrascht sein, das hier zu lesen. Walter Clifford und ich haben gestern geheiratet. Heute reisen wir in seine Ländereien in der Mark ab. Wir kennen einander seit vielen Jahren. Walters Frau ist vor zwei Jahren gestorben, und als John so plötzlich starb, bat er mich, die Seine zu werden. Wie seltsam, nun wieder so nahe bei Hay zu leben, das John immer als sein Eigentum beansprucht hat. Bitte verstehe, daß ich sehr glücklich bin.

Deine Dich liebende Schwester

Margaret

An den Schluß ihres Briefes hatte Margaret ein Postskriptum gefügt: *Bitte Onkel Henry um eine Zusicherung, daß Du, falls Dein Ehemann sterben sollte, den Mann Deiner Wahl heiraten darfst. M.*

Eleyne sah auf. Die Augen des Königs waren auf sie gerichtet. »So. Die trauernde Witwe hat Ihnen die frohe Nachricht mitgeteilt?«

Eleyne biß sich auf die Lippen. »Davon wußte ich nichts.«

Henry lächelte. »Sie liebt Walter Clifford schon seit mindestens drei Jahren, höre ich. De Braoses Tod muß ein Segen für sie gewesen sein ...«

»Nein!« Eleyne konnte es nicht glauben. »Sie hat John doch geliebt. Und was ist mit Will? Wer kümmert sich um ihn?«

»Um den Jungen?« Der König lehnte sich zurück. »Ich muß noch entscheiden, wer sein Vormund wird. Inzwischen soll sich seine Großmutter in Bramber um ihn kümmern. Seine

Mutter ist zu sehr mit ihrem neuen Ehemann beschäftigt, um das Kind des alten aufzuziehen ...«

Eleyne hatte geglaubt, Margaret und John hätten einander geliebt. Sie hatte jedes Wort der Trauerklage ihrer Schwester geglaubt, und doch hatte die Schwester nur vier Monate später wieder geheiratet. Jetzt wußte sie, warum Margaret unbedingt die Zusicherung vom König haben wollte, einen Mann ihrer Wahl heiraten zu dürfen – sie hatte bereits gewählt!

John erwartete sie in ihrem Zimmer, er saß in Pelze gehüllt am Feuer. In den Händen hielt er einen Becher mit irgendeinem stechend riechenden Gebräu. Eleyne blieb im Türrahmen stehen und betrachtete ihn einen Augenblick lang, bevor sie das Zimmer betrat. Er war zu schwach gewesen, um während des Essens und der Abendunterhaltung im Saal bleiben zu können. In Eleynes Herzen breitete sich Trostlosigkeit aus. Als sie gesehen hatte, daß er und sie ein Zimmer teilen und beide in dem großen, mit einem Vorhang versehenen Bett schlafen sollten, war ihr ein Schauer der Erinnerung über den Rücken gelaufen. Dieser kurze Augenblick in Fotheringhay, in dem er sie betrachtet und berührt hatte, als wüßte er, daß das Kind zu einer Frau geworden war, hatte sie erschreckt und zugleich einen Jubel in ihr ausgelöst. Eine Sehnsucht lebte in ihrem Körper, eine Sehnsucht, die nicht gestillt worden war.

»Wie fühlen Sie sich, Mylord?« Sie ging zu ihm und legte schüchtern eine Hand auf seinen Arm.

»Es geht mir jetzt besser.« Der Ausdruck in seinen Augen war nicht mißzuverstehen, als er sie zu sich heranzog und seinen Arm um ihre Taille legte. »Hier, fülle mir meinen Pokal und trinke auch etwas. Der gewürzte Wein ist ausgezeichnet.« Mit einer Handbewegung schickte er die Diener fort, die hinter seinem Sessel gewartet hatten. »Komm ein wenig zu mir!« Er zog sie zu sich. »Hast du einen Kuß für deinen Ehegatten, Eleyne?«

Sein Kuß war fest und leicht und schmeckte nach Zimt, Muskatblüten und Ingwer. Sie schloß die Augen und erwiderte ihn schüchtern, verwundert über die Erregung, die ein prickelndes Gefühl der Vorfreude ihr Rückgrat hinauf und hinunter schickte. Seltsam bequem saß es sich auf seinem Knie, sie entspannte sich in seinen Armen und streichelte liebevoll seinen

Hals, als er ihr die Zöpfe zu lösen anfing. Dann öffnete er ihr Kleid, seine Finger wanderten hinein und suchten ihre Brüste. Eleyne atmete tief ein, seine Worte verloren sich in ihrem Haar. »Du bist jetzt meine Frau ...«

»Ich weiß, ich weiß.« Schüchtern küßte sie ihm die Wangen und dann, als sie nicht einhalten konnte, den Hals und sogar die Brust unter dem kühlen Leinen seiner Tunika und spürte, wie ihrer beider Erregung wuchs. Endlich war der Augenblick da, endlich würde er sie zu seiner Frau machen. Sie rang nach Luft, als seine Finger ihre Brüste drückten, und sie fing an, an der Verschnürung seiner Tunika zu ziehen.

Da entdeckten seine umherwandernden Finger den Brief, den sie sich ins Mieder gesteckt hatte. »Was ist das?« neckte sie seine Stimme. »Ein Liebesbrief von einem deiner Bewunderer?«

Eleyne lächelte. »Natürlich, Mylord, was sonst?« sagte sie kokett. »Meine Schönheit ist nicht unbemerkt geblieben, wissen Sie.«

Er lachte und hielt den Brief zwischen Zeigefinger und Daumen hoch. »Was tue ich, wenn meine Frau Liebesbriefe bekommt? Soll ich sie schlagen? Fordere ich den Schreiber zum Duell? Oder bewundere ich ihn wegen seines guten Geschmacks und verzeihe ihm seine *billets doux*?«

Sie kicherte jetzt, und ihre Finger spielten zärtlich mit seinen Locken. »Er ist von meiner Schwester Margaret«, flüsterte sie.

»Keine gute Ausrede.« Er schob sie sich bequemer in die Armbeuge und begann, den Brief zu entfalten.

»Es stimmt! Sie hat sich wieder verheiratet und wird in der walisischen Mark leben.« Ihre Augen wanderten zu der schwungvollen Handschrift ihrer Schwester hinüber, die Schatten des Kandelabers tanzten auf dem knisternden Pergament. Plötzlich, durch den Nebel ihrer Zufriedenheit, erinnerte sich Eleyne an das Postskriptum ihrer Schwester. »Bitte! Gib ihn mir zurück!« Sie streckte die Hand aus. Aber er hielt den Brief so, daß sie ihn nicht erreichen konnte, nahe an das Licht der Kerzen. »Sicherlich hast du vor deinem Ehemann keine Geheimnisse.« Er las, eine senkrechte Falte zwischen den Augen. Ein langes Schweigen folgte, nachdem er fertig gelesen hatte.

»Tut mir leid. Ich habe einen Krampf«, sagte er und ließ sie von seinem Schoß herunterrutschen. Er ließ den Brief auf den Sessel fallen, trat ans Feuer, stand da und sah in die Flammen. »Du rechnest also damit, daß ich bald sterbe und dich freigebe, damit du den Mann deiner Wahl heiraten kannst.«

»Nein ...« Sie lief zu ihm und legte ihre Hand auf seinen Arm. »Nein, das stimmt nicht. Margaret sagte ...«

»Margaret!« Er drehte sich jäh um, so daß ihre Hand von seinem Arm abglitt. »Margaret gab ihrer kleinen Schwester hervorragende Ratschläge. Habt ihr schon vor dem Tod von John de Braose darüber diskutiert? War es vielleicht sogar euer Plan, daß er das verfluchte Pferd reiten sollte. War es so?« Sein Gesicht war weiß vor Wut. »Heilige Jungfrau, ich habe mich in dir getäuscht! Sollte ich ihn etwa auch reiten, diesen teuflischen Hengst? Es wäre so viel leichter für dich, nicht wahr, wenn ich vom Pferd stürzte, krank und schwach wie ich bin! Vielleicht aber habt ihr beschlossen, daß es nicht nötig sei, meinem Ableben nachzuhelfen. Schließlich sterbe ich ja ohnehin bald!« Sein Gesicht war hart und zornig.

»Nein!« Eleyne war außer sich vor Schmerz. »Nein. Das stimmt alles nicht. Sie müssen mir glauben, bitte.« Er war schon an ihr vorbei und stürzte bereits zur Tür. »Bitte hören Sie mich doch an, lassen Sie es mich erklären ...«

Während des Bruchteils einer Sekunde sah sie die Verzweiflung in seinen Augen. »Hast du einen Geliebten, Eleyne? Ist es das? Ist da jemand, den du heiraten möchtest? Jemand, den du mir vorziehst?« Er sah weg. »Ich werde in Zukunft auf der Hut sein.«

Sie starrte noch lange die Tür an, nachdem er sie zugeschlagen hatte, dann wandte sie sich in ihrem Unglück zum Bett, das sie mit ihm zu teilen gehofft hatte, warf sich darauf und grub ihre Finger tief in die von Seide bedeckten Daunen.

CEMAES, ANGLESEY * November 1232

Isabella spazierte im Burggarten umher und achtete nicht auf die nassen, wuchernden Gräser, die am Saum ihres Kleides hängenblieben. Sie hob das Gesicht zu der für die Jahreszeit noch ungewöhnlich warmen Sonne auf, schloß die Augen und genoß dankbar die milde Wärme auf ihrer Haut. Eine Damenschar folgte ihr, ihr Gelächter erfüllte den Garten, aber Isabella achtete nicht auf sie. Der Schmerz war wieder da, dieses bohrende Gefühl im Rücken und mit ihm eine sonderbare Müdigkeit, die sie erschreckte. Sie hielt an, merkte, wie naß ihre Schuhe waren. Die Damen hinter ihr blieben ebenfalls stehen und setzten ihr Gespräch mit unverminderter Lautstärke fort.

Princess Joan ruhte sich in ihrem Schlafgemach aus. Das tat sie in letzter Zeit oft, und von Zeit zu Zeit wanderte ihre Hand unauffällig zu ihrem Magen, als litte auch sie an Schmerzen. Isabella interessierte das nicht. Sie sorgte sich einzig und allein um das Kind, das sie in sich trug. Warum mußte es so unangenehm sein? Die Übelkeit, die Unfähigkeit, Essen bei sich zu behalten, außer warmem Milchbrei und mildem Sillabub, einem Getränk aus Milch, Wein und Zucker. Die Schmerzen und die Müdigkeit, die sonderbare Empfindlichkeit ihrer Haut, so daß sie es haßte, wenn Dafydd sie berührte, wie er es manchmal immer noch tat, wenn er da war. Er lachte sie sogar aus wegen ihrer Bitte, er möge sie doch während ihrer Schwangerschaft in Ruhe lassen. Die Frauen lachten auch, während sie um sie herumstanden. Sie verhätschelten sie und gaben ihr zu essen, was sie verlangte, hielten ihr auch die Schale hin, wenn sie sich übergab, und lachten immer noch und nickten und sagten, so ergehe es nun einmal einer jeden Frau, aber das werde auch vorübergehen, bald werde ihr besser. Sie holte tief Luft und versuchte, den Schmerz in ihrem Rücken zu meistern, sie bedauerte, daß sie sich überhaupt zu diesem Spaziergang entschlossen hatte und nicht lieber in ihrem Schlafzimmer geblieben war.

Von ihrem Sitzplatz an der Mauer aus sah Rhonwen ihr mißmutig zu. Isabellas Gesicht war blaß und aufgedunsen.

Wahrscheinlich kam es davon, daß sie ständig Süßigkeiten knabberte. Das Mädchen sah ungesund und unzufrieden aus. Rhonwen verbarg ihr hämisches Lächeln. Während der ersten Monate der Ehe war Dafydd ständig mit Isabella zusammen gewesen, er hatte sie gestreichelt und vor aller Augen liebkost, offenbar von ihren Reizen entzückt. Jetzt aber langweilte er sich in ihrer Gesellschaft. Als ihre Schwangerschaft offenbar wurde, war er mit seinem Vater nach Caernarfon gefahren und hatte seine Gattin mit ihrem Frauenvolk alleingelassen. Rhonwens Augen wurden schmal. Sie hatte Isabella jenen Brief an Eleyne nicht verziehen. Jetzt sah sie Isabella innehalten und die Hand zu ihrem Rücken führen, der Schmerz war ihr vom Gesicht abzulesen. Ihre Damen aber, zu sehr mit ihrem Geplauder beschäftigt, als daß sie das Unwohlsein ihrer Herrin bemerkt hätten, sahen nicht, daß sie sich gegen die Mauer der kleinen Gartenlaube lehnte und Luft zu holen suchte.

Rhonwen stand auf und näherte sich ihr vorsichtig. Isabella schien sie nicht zu bemerken.

»Ist Ihnen nicht wohl, Hoheit?« Rhonwen sah die abergläubische Furcht in Isabellas Augen. Also hatte auch sie diese Geschichte gehört, daß Einion und Rhonwen den alten Göttern dienten. Der Mann, der das erzählt hatte, war umgekommen, sein Boot bei einer Sturmbö vor Pen y Gogarth gesunken. Llywelyn, darüber entrüstet, hatte das Gerede zuerst unterdrückt, die Leute aber hatten weiter getuschelt. Rhonwen und Einion wußten davon und waren beide, jeder aus einem anderen Grund, deswegen keineswegs unzufrieden.

»Ich habe Rückenschmerzen.« Isabellas Stimme klang schmerzerfüllt.

»Das Kind liegt ungünstig«, sagte Rhonwen. »Wenn Sie es wünschen, kann ich Ihnen eine Salbe zum Einreiben für den Rücken geben, die die Schmerzen lindert. Princess Joan hat auch eine solche Mixtur benutzt, als sie schwanger war. Sie hat ihr sehr geholfen.« Rhonwen lächelte den Damen zu, die in einigem Abstand von Isabella stehengeblieben waren. »Eine Ihrer Damen könnte es einreiben. Ich könnte es aber auch tun, wenn Sie es möchten.«

»Sie haben Princess Joan damit geholfen?« Isabella zog ihren Mantel fest um sich, ihr schwangerer Leib wölbte sich noch etwas mehr vor.

»Ja, das habe ich.« Und das war keine Lüge. Einmal, als Joans Mägde anderswo beschäftigt gewesen waren, wenige Tage vor Eleynes Geburt, hatte ihr Rhonwen wirklich den angespannten, schmerzenden Rücken mit einer duftenden Salbe eingerieben.

»Dann sollen Sie es auch selbst tun. Meine Damen würden nicht wissen, wie es gemacht wird.« Mit einer Handbewegung schickte sie die Frauen fort und schlug den Weg zurück zum Schloß ein. »Holen Sie dieses Mittel, sofort. Ich habe solche Schmerzen, ich halte es nicht mehr aus.«

»Verwöhnte kleine Madam!« Isabella hörte Rhonwens gemurmelte Bemerkung nicht mehr, als sie, gefolgt von ihren Damen, enteilte.

Rhonwen hatte einen Topf mit der Salbe in ihrer Truhe. Während sie in ihren Habseligkeiten kramte, ging ihr der Gedanke durch den Kopf, ob sie nicht irgendein Reizmittel in die duftende Salbe hineinmischen solle, doch sie besann sich eines Besseren. Wenn sie Eleyne helfen wollte, mußte sie das Vertrauen dieser drallen, verwöhnten kleinen Prinzessin gewinnen, die früher einmal Eleynes Freundin gewesen war.

Isabella hatte sich mit Hilfe ihrer Damen ihres Kleides und Unterrocks entledigt, saß in ihrem Nachthemd aus Samt und Seide gehüllt im Bett und aß gezuckerte Veilchen sowie in Zimt getauchte Marzipanblumen, als Rhonwen mit dem Topf eintrat, in dem die kostbare Salbe war. Als Isabellas weißer, diskret bedeckter Leib endlich ausgestreckt auf der Ruhestatt lag, entblößte Rhonwen die runden Hinterbacken der schwangeren Frau.

Isabella stöhnte lustvoll, als Rhonwens kräftige Hände ihre verspannten Muskeln zu kneten begannen.

»Sie sind zu verkrampft, Kind«, murmelte Rhonwen. »Entspannen Sie sich. Versuchen Sie zu schlafen. Lassen Sie mich nur machen. Dann wird das Baby schon noch eine bequemere Lage einnehmen.«

»Warum hat Eleyne Sie fortgeschickt?« Isabella, die ihren Kopf auf die Arme gelegt hatte, sah nicht, wie Rhonwens Gesicht einen finsteren Ausdruck annahm.

»Sie hat mich nicht fortgeschickt. Er tat es – Lord Huntingdon. Jetzt werden sie nach Chester gehen und mich wieder zu sich rufen.«

»Glauben Sie das wirklich?«

»Ja, das glaube ich.« Rhonwen nahm noch etwas Salbe aus dem Gefäß. Als sie ihre Hand betrachtete, spürte sie, daß wieder dieses Gefühl der Leere in ihr aufzusteigen drohte. Es mußte einen Weg zurück zu Eleyne geben, und wenn das nicht möglich war, mußte Eleyne eben zu ihr kommen. Dieses verwöhnte Kind vor ihr war der Schlüssel dazu.

»Nein.« Isabella heftete ihren Blick auf den Boden. »Ich will sie hier nicht haben. Sie hat meinen Vater umgebracht.«

»Das ist nicht wahr, Princess. Ihr Vater hat sich selbst umgebracht.« Rhonwen sprach mit gleichmäßiger Stimme. »Es ist grausam, Eleyne diesen Vorwurf zu machen, wo sie Sie doch wie eine Schwester geliebt hat. Bitte, um ihretwillen: Sprechen Sie mit Ihrem Ehemann. Jetzt, da sie Countess of Chester ist, wird Prince Llywelyn auf gute Beziehungen zwischen ihrem Gatten und Gwynedd nicht verzichten wollen. Und Dafydd kann ihn überzeugen. Er würde alles tun, wenn Sie ihn darum bitten.«

Isabella schmollte. »Ich habe Dafydd seit zwei Wochen nicht gesehen.« Obwohl er vor ein paar Tagen in Rhosyr am anderen Ende der Insel gewesen war, hatte er nichts von sich hören lassen; die Damen im Schloß nahe dem Hafen von Cemaes kamen sich vernachlässigt vor.

»So hätten Sie doch einen Grund, ihn herbeizuholen, Prinzessin.« Rhonwens Stimme war leise und vertraulich. »Und Sie könnten ihn mit Ihrem Verständnis für die politischen Zusammenhänge beeindrucken. Sagen Sie ihm, Sie hätten gehört, daß Lord und Lady Chester von nun an in Chester Castle residieren werden, und es sei Ihrer Ansicht nach der richtige Augenblick für den Prince of Aberffraw, seinem Schwager einen Brief zu schreiben und ihn nach Aber einzuladen. Sagen Sie ihm, es stärke in den Augen seines Vaters – wie auch in denen des Königs von England – zweifellos seine Position, wenn es ihm gelänge, diesen Streit beizulegen.«

VI
ABER * Dezember 1232

Der frühe Winter war milde. Die Stürme flauten ab, späte Rosen erblühten noch zwischen den verwelkten und zerrissenen Blättern. Und da sich auch die Straßen in einem guten Zustand befanden, traf Eleyne in der zweiten Dezemberwoche endlich in Aber ein.

Der letzte Monat war für sie bitter und schmerzhaft gewesen. John hatte sich völlig von ihr zurückgezogen. Seit ihrem Streit wegen Margarets Brief war er wütend und unfreundlich zu ihr, obwohl sie ihm unter Tränen versichert hatte, von sich aus nie den Gedanken gehabt zu haben, mit dem König über eine Wiederverheiratung zu reden. Sein Gesundheitszustand jedoch hatte sich gebessert. Er nahm zu, ritt und jagte nun regelmäßig, sein Gesicht bekam einen rötlichen Farbton. Er versuchte nicht wieder, sie zu berühren. Auch ihre Vorlesungsabende waren Vergangenheit. Er wäre zu beschäftigt, sagte er, die Verwaltung der riesigen zusätzlichen Grafschaft von Chester lasse ihm keine Zeit.

Als der Brief des Prince of Aberffraw eintraf, in dem man ihn und seine Frau zum Julfest einlud, lehnte John dankend ab und bat, ihn zu entschuldigen, Eleyne aber könne kommen. Sie war begeistert, als er es ihr sagte. Endlich durfte sie nach Hause zurück, Rhonwen wiedersehen und ihren Vater. Die Ablehnung, die sie von John erfuhr, war fast vergessen, sie schien nur noch an ihre Reise zu jenem Ort zu denken, den sie noch immer als ihre Heimat ansah. Ihre Mutter oder Einion kamen ihr überhaupt nicht in den Sinn. Nichts durfte ihr das Wiedersehen verderben.

John sprach auf ihre Bitte hin am Abend vor ihrer Abreise noch einmal mit ihr.

»Du bist bereit zur Abreise?« Er sah von seinem Schreibtisch auf, ohne das kleinste Lächeln.

Sie nickte. »Wir reiten bei Tagesanbruch los, Mylord.«

»Gut. Überbringe deinem Vater und deiner Mutter meine Grüße.«

»Wann soll ich zurückkehren, Mylord?«

Die Aufregung, in die sie der Gedanke an ihre Rückkehr nach Hause versetzte, vermochte jene seltsame Leere nicht wirklich zu füllen, die nach seiner Abkehr von ihr entstanden war. Sie wäre so gerne zu ihm hingelaufen, hätte so gerne seine schützenden Arme um sich gespürt.

»Ich werde dich zurückrufen, wenn mich nach dir verlangt, Eleyne«, sagte er langsam. Er legte seine Schreibfeder hin. »Komm erst, wenn du Nachricht von mir erhalten hast. Ich bin nicht sicher, ob ich dich immer noch zur Frau haben will. Ich bin mir überhaupt nicht sicher. Es ist noch nicht zu spät, diese Ehe zu annullieren. In den Augen Gottes wurde sie noch nicht vollzogen.« Er wandte sich wieder seinen Briefen zu und sah nicht wieder auf. Sie drehte sich langsam um, kämpfte gegen ihre Tränen an und verließ das Zimmer.

VII

Rhonwen erwartete sie in einem Gästezimmer. Nie wieder würden die geliebten Kinderzimmer im Ty Hir ihr gehören. Sie wurden schon für Isabellas Kind eingerichtet.

»Cariad, wie bist du gewachsen!« Einen Augenblick lang bewegte sich keine von ihnen, dann lief Eleyne durchs Zimmer und warf sich in ihre Arme.

»Natürlich bin ich gewachsen, Rhonwen!«

»Ja natürlich! Eine Herrin mit zwei Grafschaften und einem Gefolge, das größer als das deines Vaters ist!« Rhonwen hielt sie einen Augenblick eine Armlänge von sich, um ihr Gesicht zu betrachten. Wenn er Eleyne genommen und zu seiner Frau gemacht hatte, würde sie es sehen. Sie blickte in die Augen des Mädchens. Es war nichts zu entdecken. »Du bist unglücklich, Cariad. Ich kann das in deinen Augen sehen. Was ist denn?«

»Nichts.« Eleyne wandte sich ab. »Ich bin müde, das ist alles. In Chester gibt es so viel zu tun, so viele Leute sind da, mit denen man reden muß.«

»Wann werde ich meinen Vater sehen, Rhonwen?«

»Bald, Cariad.« Dafydd hatte Llywelyn zwar überredet, die Einladung auszusprechen, aber zu mehr war der Vater nicht bereit. »Ich verspüre nicht den Wunsch, deine Schwester zu sehen«, hatte er seinem Sohn mit unnachgiebiger Härte erklärt und Aber am Tage vor Eleynes Ankunft verlassen. Er war mit großem Gefolge nach Süden geritten.

Joan aber war da, und schon eine Stunde nach Eleynes Ankunft rief sie ihre jüngste Tochter zu sich in den Söller. Mit trockenem Mund stand Eleyne vor ihr, es war ihr bewußt, daß sie ihre Mutter nun überragte und auch viel eleganter als sie gekleidet war, denn Joan trug ein schwarzes Gewand und einen Mantel – zum großen Kummer ihres Gatten war das nach ihrer Rückkehr aus der Verbannung ihre tägliche Tracht geworden. Aber ihre Augen waren noch dieselben – die Augen einer scharfen Beobachterin, als sie ihre Tochter von oben bis unten betrachtete.

»Du bist eine schöne Frau geworden.«

Eleyne errötete. Sie verspürte noch immer eine Abneigung gegen ihre Mutter, aber sie hatte keine Angst mehr vor ihr – und auch keinen Respekt. Wenn diese Frau nicht gewesen wäre, wenn sie ihren Gatten nicht betrogen hätte, wäre Aber noch immer Eleynes Heimat, und die Liebe ihres Vaters wäre ihr geblieben. Ihre Enttäuschung darüber, daß er sie nicht erwartet hatte, schmerzte sie sehr.

»Weshalb bist du gekommen?« Die Direktheit von Joans Frage schockierte sie.

»Vater hat uns eingeladen«, erwiderte Eleyne. Sie hob trotzig den Kopf. »Und ich wollte kommen. Ich habe euch vermißt.«

»Ach tatsächlich.« Die Stimme ihrer Mutter war trocken. »Warum ist dein Mann nicht mit dir gekommen?«

»Er ist zu beschäftigt.« Eleyne antwortete ein wenig zu rasch.

»Und du, du bist nicht zu beschäftigt«, sagte ihre Mutter leise, »und auch noch nicht schwanger, wie ich sehe.« Ihre

Augen glitten prüfend Eleynes schlanke Figur hinunter. »Deine Freundin Isabella ist schon im sechsten Monat.«

Eleyne wandte sich ab, allerdings nicht rasch genug, so daß ihre Mutter ihr unglückliches Gesicht sehen konnte. Ihre Stimme wurde etwas milder. »Du und dein Ehemann, ihr seid zufrieden miteinander, Eleyne?«

»Ja, Mama.«

»Und er hat dich zu seiner Frau gemacht?« Sie schwieg einen Augenblick. »Du verstehst, was ich meine?«

Es war nur ein leichtes Zögern, doch es genügte. Joan zog die Stirn kraus. Unerwartet und zum erstenmal in ihrem Leben verspürte sie ein Gefühl der Zärtlichkeit für ihre widerspenstige, überspannte Tochter. Ihr eigenes Unglück und ihre Einsamkeit während der vergangenen drei Jahre hatten sie nachdenklicher und mitfühlender werden lassen. Ihr Verhältnis zu anderen Menschen hatte sich verändert.

Sie hatte sich davor gefürchtet, Eleyne wiederzusehen. Sie wußte sehr wohl, daß Eleyne sie in jener furchtbaren Nacht entdeckt hatte, aber jetzt, während ihre Tochter nahe bei ihr auf dem Hocker saß und unglücklich ins Feuer blickte, empfand sie deren Einsamkeit und Elend – wie einen Mantel, der sie einhüllte. Eine Welle von Mitgefühl stieg in ihr auf.

»Ist es seine Krankheit?« fragte sie, ihre Stimme klang noch viel sanfter.

Eleyne zuckte die Schultern. »Zuerst sagte er, ich sei zu jung. Dann wurde er krank. Danach, als er mich endlich wollte, begannen wir uns zu streiten.« Ihre Augen waren auf die sanften Rauchschwaden gerichtet, die über das Feuer dahintrieben, während die Flammen an den feuchten Scheiten leckten. Die Luft roch süß und würzig nach dem knorrigen, von Flechten bedeckten Apfelbaumholz.

»Ihr müßt euren Streit beilegen.« Joan nahm ihren Stickrahmen auf und suchte ein neues Stück Seide aus. »Du warst viel allein, denke ich.«

Eleyne nickte.

Joan kniff die Augen zusammen, als sie ihre Nadel vor das Licht der Kerzen in ihrem Leuchter hielt. »Mir ging es zuerst genauso, als ich hierherkam. Ich war doch eine Engländerin und eine Fremde am Hofe deines Vaters. Ich war einsam, und ich hatte Angst.«

»Du?« Eleyne wandte sich zu ihr um und starrte sie an.

»Wundert dich das?« Ihr Ton war abwehrend. »Ich war jung, zwar nicht so jung wie du, aber genauso verletzlich und ohne eine liebende Familie hinter mir, die du ja gehabt hast.« Sie schwieg eine Weile, bemerkte nicht, daß die Vergangenheitsform, in der sie gesprochen hatte, ihrer Tochter die Tränen in die Augen trieb. Meinen Vater kannte ich praktisch nicht. Er und meine Mutter waren nur kurze Zeit zusammen, dennoch war ich da – gebrandmarkt ...«, ihre Stimme wurde schwer vor Bitterkeit, »gebrandmarkt als Bastardtochter King Johns. Ich war keine Prinzessin, obwohl man mich für ehelich erklärt hatte, ich war das Kind einer Nacht-Frau und eines Schlächters!«

»War er wirklich so schlimm?« Eleyne sprach leise. Ihr Großvater war vier Jahre vor ihrer Geburt gestorben, aber auch sie war im Schatten dieses Hasses aufgewachsen, den sein Name immer noch weckte.

»Er hat Schreckliches getan, aber er war ein König«, fuhr Joan nach einer langen Pause fort. »Könige und Fürsten müssen bisweilen grausam handeln.« Wieder schwieg sie.

Dachte sie an ihre Einkerkerung? fragte sich Eleyne und wurde sich mit einem Schock bewußt, daß sie ihrer Mutter gegenüber keine Feindschaft mehr empfand. In diesem ersten richtigen Gespräch, das sie je im Leben mit ihr geführt hatte, war unter dem harten, unsentimentalen Äußeren eine empfindsame, verletzliche Frau zum Vorschein gekommen, und Eleyne empfand so etwas wie Zuneigung zu ihr.

Endlich war es Joan gelungen, ihre Nadel einzufädeln, nun setzte sie den silbernen Fingerhut auf und fing an, das Leinen in ihrem Rahmen mit winzigen Stichen zu besticken. »Weshalb hat er Rhonwen entlassen?«

Diese Frage fiel in die Stille hinein, Eleyne zuckte die Schultern. »Er mag sie nicht.«

»Wirst du sie mitnehmen, wenn du zu ihm zurückkehrst?«

Wieder zuckte Eleyne die Schultern. »Ich mag Rhonwen gern, aber ich möchte ihn nicht erzürnen.«

»Dann laß sie hier. Diese Frau spioniert und intrigiert wie eine Straßenkatze. Sie würde dir dein Leben in Chester nur unnötig erschweren. Du mußt eines lernen, Eleyne, und das ist folgendes: Du kannst dich außer auf dich selbst auf niemanden verlassen, auf niemanden.«

VIII

Isabella vermochte ihren Groll nicht zu verbergen. Eleyne spürte ihn sofort, als sie das Zimmer betrat. Im strahlenden Licht der Kerzen sah das Gesicht des Mädchens hart und feindselig aus; ihre dunklen Augen wirkten berechnend. »Du bist allein gekommen?«

Es war ein Sturm aufgezogen, er heulte von Nordwesten her über das Meer, warf die Wogen krachend ans Ufer und rüttelte an den Fensterläden. Isabella hielt den Mantel um ihren massigen Leib gerafft und saß in dem Sessel, der dem Feuer am nächsten stand. Um sie herum standen zitternd ihre Damen, so dicht am Feuer wie irgend möglich. Eleyne stand allein in der Mitte des Raums und spürte die Welle der Feindseligkeit, des Hasses auf sie zukommen und immer weiter ansteigen, als ob es sich um einen jener schweren Brecher unten am Strand handelte. Angst packte sie. Wieso bloß hatte sie geglaubt, Isabella und sie könnten wieder Freundinnen werden?

»Mein Ehemann war zu beschäftigt, um Chester zu verlassen«, sagte sie ruhig.

»Ich hörte, daß er es gar nicht hat erwarten können, dich loszuwerden«, erwiderte Isabella spitz. »Man nennt dich die kleine Eiszapfenprinzessin, wußtest du das? Eine meiner Damen sagte, die Pagen gingen bereits jede Wette ein, daß du auch noch mit zwanzig Jungfrau bist!«

Eleyne spürte, daß ihr die Röte ins Gesicht stieg. Einige Damen kicherten, ihre Augen blitzten frech und spöttisch.

»Ich weiß nicht, was du meinst!« Sie hob ihr Kinn.

»Ich meine, Schwester«, Isabella betonte dieses Wort sarkastisch, »wenn dein Mann mit dir ins Bett gegangen wäre, hättest du längst ein Kind. Außerdem weiß jeder, daß ihr in getrennten Zimmern schlaft.«

Eleyne meinte ein oder zwei Frauen die Köpfe senken zu sehen, peinlich berührt von dem giftigen Ton ihrer Herrin, das tröstete sie. Ihre anfängliche Betroffenheit wich, sie spürte, daß sie in Wut geriet, und ballte die Fäuste.

»Mein Privatleben geht dich gar nichts an, Bella«, erwiderte sie. »Aber zumindest leben mein Ehegatte und ich in derselben Stadt.« Sie verdrängte, daß sie es gerade nicht mehr taten. »Mein Bruder, höre ich, soll sich, sicher nicht ohne Grund, an das andere Ende von Gwynedd begeben haben.« Sie machte auf dem Absatz kehrt und schritt mit erhobenem Kopf durch das Zimmer.

»*Mörderin!*«

Eleyne blieb stehen. Einen Augenblick lang fragte sie sich, ob sie richtig gehört hätte. Isabellas Flüstern war so laut und klar, ein Schrei hätte nicht deutlicher sein können. Sie wandte sich um, ihr Gesicht war weiß, ihre Augen hart.

»Was hast du gesagt?«

»Ich habe ›Mörderin‹ gesagt«, wiederholte Isabella trotzig. Sie beäugte Eleyne mißtrauisch. »Das bist du doch. Du hast meinen Vater umgebracht.«

Das Schweigen im Söller war vollkommen. Nur das Knistern des Feuers unterbrach die Stille. Die Frauen hielten den Atem an. Eleyne war sehr ruhig, ihr Zorn eiskalt. »Dein Vater ist ein Verräter gewesen. Er hat meine Mutter verführt und meinen Vater hintergangen«, sagte sie mit ruhiger, gleichmäßiger Stimme. »Er hat dich und er hat mich betrogen, ohne darüber nachzudenken, was er tat. Ich habe ihn nicht zum Tode verurteilt, dennoch, er hat dieses Urteil verdient. Mein Vater«, sie machte eine Pause, »hatte keine Wahl, er mußte ihn in den Tod schicken.« Mit dem Bewußtsein, daß aller Augen auf ihren Rücken gerichtet waren, ging sie langsam aus dem Raum und spürte, daß sie recht hatte.

Überrascht von ihrer Kaltblütigkeit blieb sie vor der Tür stehen. Es war ihr, als sei sie durch ein Tor geschritten, das sie von ihrer Kindheit direkt in das Erwachsenendasein führte. Es war ein Schritt, von dem es kein Zurück mehr gab. Gestern wäre sie noch zitternd vor Wut aus dem Zimmer hinausgelaufen, um sich in ihrem Schlafgemach aufs Bett zu werfen und vor Verzweiflung und Wut mit den Fäusten auf die Kissen zu schlagen. Heute hatte sie es anders gemacht.

Infolge der seltsamen Osmose, mittels derer sich Nachrichten und Klatsch im Schloß ausbreiteten, hatte Rhonwen schon von der Auseinandersetzung gehört. Sie lachte sarkastisch. »Du hast einen empfindlichen Punkt getroffen, Cariad. Das Kind war unglücklich, als Dafydd fortritt. Sie betet ihn an, er aber, seit er ihr ein Baby gemacht hat, läßt sie allein.«

Eleyne setzte sich auf das Bett. »Warum ist sie so grausam?«

»Du mußt versuchen, ihre Gefühle zu verstehen.« Rhonwen sah, wie unbewegt Eleyne war, und wußte nicht, wie sie sich ausdrücken sollte. »Sie muß irgend jemandem die Schuld geben, und auf dich war sie schon immer eifersüchtig.«

»Ich dachte, sie wäre meine Freundin.« Müde zog Eleyne die Füße unter ihren Rock.

»Nur eine Freundin für gutes Wetter«, sagte Rhonwen vorsichtig. »Und eine gefährliche Gegnerin, Cariad. Wenn diese junge Frau in der Nähe ist, solltest du dich vorsehen.«

Während des Christfestes war es nicht leicht, irgend jemandem in dem engen Palast aus dem Weg zu gehen. Die eisigen Winde, die Stürme, die Schnee und Regen mit sich brachten und die in einem Schwall strudelnden braunen Wassers alles überschwemmten, trieben die Menschen zusammen. Eleyne hielt sich soviel wie möglich in ihren eigenen Räumen und denen ihrer Mutter auf, mit der sie einige weitere gedankenvolle Gespräche führte.

Eines Abends traf auch ihr Vater mit einer Eskorte von zehn Männern ein. Ihre Fackeln zischten und spuckten im Wind, ihre Pelzmäntel waren mit gefrorenem Schnee verkrustet. Eleyne wartete hinter ihrer Mutter und sah Llywelyn in die Halle hereinstapfen, hörte ihn seinen Leuten Grüße zurufen. Er sah seine Tochter erst, als er wenige Schritte vor ihr stand. Eine Zeitlang starrten sie sich schweigend an. Eleyne hätte sich ihm gern in die Arme geworfen, doch sie hielt sich zurück. Kein Lächeln zeigte sich auf seinem Gesicht. Man hätte eine Nadel fallen hören können. Schließlich sagte Princess Joan: »Willkommen, mein Ehemann. Siehst du, wer hier ist, um das Weihnachtsfest mit uns zu verbringen?«

Eleyne trat vor und verbeugte sich tief. »Papa«, sagte sie.

Ihr Vater streckte die Hand aus und nahm ihre Hand. »Sei willkommen, Tochter«, sagte er leise. Doch er umarmte sie nicht, und Sekunden später hatte er sich schon wieder von ihr abgewandt.

Eine Woche später, nach dem Abendessen, als der Fürst sich mit dem Archidiakon von Sankt Asaph, Ednyfed Fychan und mehreren anderen seiner engsten Freunde und Berater in eines seiner Privatgemächer zurückgezogen hatte, versammelten sich die Bewohner des Schlosses, um einem neuen Harfenspieler aus dem fern im Süden gelegenen Cornwall zu lauschen. Joan winkte Eleyne zu sich, damit sie neben ihr Platz nahm. Eleyne tat dies und warf dabei Isabella einen Blick zu, die wie üblich ein finsteres Gesicht machte. Eleyne dagegen lächelte und betrachtete dann den jungen Mann, der vor ihnen saß und mit einer lieblichen Melodie sein Instrument anstimmte.

Ihre Augen wanderten über die Schar der Höflinge, von denen sie die meisten zeitlebens kannte. Einige fremde Gesichter waren auch darunter. Alle warteten begierig, den neuen Musikanten zu hören.

Schon die ersten Töne, die der Fremde spielte, verrieten den Zuhörern, daß sie einen Meister vor sich hatten, jemanden, der den besten Sängern ebenbürtig war. Beruhigt und zufrieden lehnten sie sich zurück, um den Abend zu genießen.

Doch da unterbrach ein Schrei unvermittelt die Musik, und sofort herrschte eine von Entsetzen erfüllte Stille im Saal. Und schon wieder ertönte ein Schrei, als Echo kam er von den verräucherten Dachsparren zurück. Dann glitt Isabella aus ihrem Sessel, umklammerte ihren Leib.

Es dauerte fünf qualvolle Stunden, bis sie ihr Baby verloren hatte. Während dieser Zeit hörte man ihre Schreie bis in den letzten Winkel des Palastes. Rhonwen eilte zu ihr, um zu helfen, doch Isabella schrie:

»Mörderin! Teufelin! Du hast es getan. *Du*! Du hast es getan. Hexe! Hexerin!« Sie rang nach Worten und klammerte sich in ihrer Qual an die Bettstange über ihrem Kopf. Rhonwen stand da und starrte das leidende Mädchen an, dann verschwand sie wortlos aus dem Zimmer und ging zu Eleyne.

»Eleyne.« Ihre Stimme war tonlos. »Isabella behauptet, ich hätte es für dich getan.«

Eleyne erstarrte, ein eisiges Gefühl beschlich sie. »Für mich?« wiederholte sie. Sie sahen einander in dem dunklen Zimmer an. Das Klagen des Windes war der einzige Laut, den sie vernahmen. »Und, hast du es getan?« Eleynes Flüstern war kaum hörbar.

IX

Es schneite in dieser Nacht, dicke leise Flocken, die vom Norden hereinwirbelten und Berge und Täler gleichermaßen zudeckten, die sich, als der Morgen graute, aus schattigem Weiß in Grau und dann in Blau verwandelten. Der Fluß, von Eis und frostharten Baumwurzeln verlangsamt, rauschte nur leise mit einem trägen Plätschern. In den Ställen gefror das Wasser in den Kübeln zu Eis.

»Ich dachte mir, daß ich dich hier finden würde«, sagte Rhonwen leise. Ihr Atem war eine Eiswolke in der klaren Luft. Auch die Pferde stießen Drachenwolken in die Stille. »Was ist aus Invictus geworden?«

Eleyne seufzte. »Ich habe ihn in Chester zurückgelassen. Es wäre falsch gewesen, ihn mitzubringen. Lord Huntingdon wird sich um ihn kümmern. Es ist ein wertvolles Pferd.« Ihre Worte klangen so, als ob sie mit sich selbst redete. »Wie geht es Isabella?«

»Sie wird es überleben und noch viele Kinder bekommen, keine Angst.« Rhonwen spitzte die Lippen. »Isabella ist kräftig.«

Eleyne schüttelte den Kopf: »Sie wird keine Kinder mehr haben, Isabella nicht.«

Rhonwen schloß die Augen. »Dann ist das der Wille der Götter. Hast du es im Feuer gesehen, Cariad?«

Eleyne zuckte die Schultern. »Es gibt Dinge, die ich einfach weiß.«

»Und was wird mit dir geschehen, Mädchen? Oder siehst du nur das Leben der anderen Menschen in deinen Gesichten?«

Eleyne schluckte. »Für mich habe ich nie etwas vorausgesehen. Vielleicht gibt es für mich keine Zukunft.«

»So etwas darfst du nicht sagen.«

Rhonwen zog die Brauen zusammen, doch da spürte sie wieder jene neue Entschlossenheit Eleynes, die durch die anhaltende Gefühlskälte ihres Vaters noch verstärkt wurde. »Wo ist Einion?«

»Es hat böses Gerede gegeben, und das kam deinem Vater zu Ohren. Er schlug Einion vor, für eine Weile den Hof zu verlassen. Wenn du ihn sehen möchtest, kann ich ihn sicher finden …«

»Nein!« Eleynes Stimme war scharf. »Ich möchte ihn nicht sehen!« Sie wandte den Pferden den Rücken zu und zog die Kapuze des Mantels über ihren Schleier. »Komm. Ich will mit Isabella sprechen.«

X

»Komm ja nicht näher!« Isabella verkroch sich unter ihre Bettdecken. »Du hast mich verhext. Uns alle. Du hast das böse Auge! Zuerst hast du Papa umgebracht, dann Vetter John, und jetzt willst du mich töten! Jeder, dem du nahekommst, stirbt!« Ihre Lippen bebten.

»Das ist nicht wahr.« Eleyne stand nahe der Tür, ein halbes Dutzend Augenpaare war auf sie gerichtet. Zwei der Damen Isabellas bekreuzigten sich, eine machte sogar das Zeichen gegen den Teufel. »Ich wünsche dir nichts Böses. Ich bin deine Freundin …«

»Das bist du nicht!« Isabellas Stimme war schwer vor Bitterkeit. »Du bist eifersüchtig! Du beneidest mich. Um meine Ehe. Um mein Glück. Um mein Baby …« Sie begann laut zu schluchzen, und sofort drängten sich ihre Frauen um sie. Eine von ihnen sagte zu Eleyne: »Bitte gehen Sie, Lady Chester. Sie sehen, wie aufgebracht die Princess ist.«

Eleyne starrte Isabella noch immer an. »Ich bin nicht eifersüchtig. Ich habe ihr nichts Böses gewünscht …«

»Natürlich nicht. Bitte gehen Sie, Mylady, bitte.« Sie brachte Eleyne zur Tür. »Lassen Sie die Princess jetzt schlafen. Ich bin sicher, später wird sie ruhiger sein.«

Der Korridor war dunkel, nur an der Ecke zum Treppenhaus brannte eine Binsenleuchte.

Es war nicht einmal ein Schatten, nur ein dunkler Fleck in der Dunkelheit der Wand, den sie einen Moment lang sah.

»Wer ist da?« Es kam keine Antwort. Auch aus Isabellas Schlafgemach, das hinter ihr lag, drang kein Laut. Es war nichts zu hören als der Wind.

Sie ging zur Treppe und sah hinunter. Die Stufen verschwanden im Dämmerlicht. »Wer ist da?« fragte sie wieder, jetzt mit ruhiger, gleichmäßiger Stimme. Wie im Traum begann sie, die Treppe hinabzusteigen. Ihre Schuhe waren auf dem Holz nicht zu hören, sie vernahm nur das Rascheln ihrer Röcke, die über jede Stufe schleiften und sich hier und da an einer rauhen, abgesplitterten Kante festhakten.

Unten angekommen blieb sie wieder stehen. Die Treppe endete in einer kleinen Halle. Nach rechts führte ein gewölbter Gang, zugehängt mit einem Vorhang, in den großen Saal. Dort saßen viele der Schloßbewohner und lauschten dem Vortrag eines Dichters aus Powys. Links von ihr verband ein hölzerner Gang die Halle mit den anderen verstreut liegenden Gebäuden des Palastkomplexes. Ohne zu überlegen, schlug sie diesen Weg ein. Es war dunkel. Am anderen Ende sah sie das unruhige Flackern einer Fackel. Die Tür zum Hof war versperrt. Das ganze Gebäude war still, von dem Wind abgesehen, der im Dachgebälk klagte, der in den Korridoren und Treppenhäusern heulte, bevor er weiterbrauste, von Aber fort, das steil ansteigende Tal hinauf.

Auch der Korridor lag verlassen da, und in den Küchen dahinter schien niemand mehr zu sein. Die Köche waren wohl, nachdem sie ihre Pfannen geputzt und die Küchenfeuer gelöscht hatten, ebenfalls in den Saal geschlichen, um dem Vortrag des Sängers zu lauschen.

Sie wandte sich zur Tür und packte, als gehorche sie einem von ferne kommenden Befehl, den Querbalken, mit dem sie verschlossen war. Es war ein schweres, aus alter Eiche geschnittenes Kantholz, das in zwei eiserne Ringe – je einen an beiden Seiten des Türrahmens – gerammt war.

Sie zog daran, doch der Balken ließ sich nicht bewegen. Sie legte den Kopf ein wenig zur Seite, als lausche sie noch immer auf eine Stimme im Wind. Rief da jemand nach ihr? Sie horchte erneut, die feinen Härchen in ihrem Nacken richteten sich auf.

Als sie ein zweitesmal am Balken rüttelte, glitt er an der einen Seite aus dem eisernen Ring heraus, schnellte nach hinten und rutschte ihr aus den Händen. Mit großer Mühe lockerte sie nun das andere Ende. Als der schwere Balken zu Boden fiel, sprang die Tür infolge des Windes, der dagegendrückte, augenblicklich auf, und die Fackel hinter ihr erlosch. Eleyne fühlte, wie der Wind an ihrer Kleidung zerrte, hörte das Fauchen in den Bäumen am Hang, die sich krümmten und streckten, dann stieg sie vorsichtig über den herabgefallenen Balken hinweg und schlüpfte in den schneebedeckten Hof hinaus.

Am Tor zum Fluß standen zwei Männer Wache und duckten sich unter die hölzerne Palisade, mit der das untere Ende des Palastbezirks gesichert war.

»Öffnet das Tor!« Eleyne hörte, wie der Wind die Worte von ihren Lippen in die Ferne fortriß. Ihr Schleier zerrte an ihrem Haar, als wolle er sich unter der Kapuze ihres Mantels befreien.

»Mylady?« Einer der Männer hielt eine dunkle Laterne empor. »Wir haben Befehl, nach Einbruch der Dunkelheit niemanden mehr herein- oder hinauszulassen.« Sein schattenhaftes kantiges Gesicht wurde von dem schwachen Glimmer einer brennenden Kerze hinter polierten Hornschirmen erhellt. Er hielt ein Schwert in seiner anderen Hand.

Eleyne reckte sich auf. »Dieser Befehl gilt nicht für mich. Öffnet das Tor!«

Sie sah, wie der Mann seinem Begleiter einen unsicheren Blick zuwarf, der andere nickte. In ihren Augen stand abergläubische Angst, doch Eleyne dachte nicht weiter darüber nach. Sie wußte nicht einmal, weshalb sie den Palast unbedingt verlassen wollte, nicht, wohin sie wollte in dem tiefen, gefrorenen Schnee. Sie wartete, bis man ihr das Tor geöffnet hatte, und ging einfach hindurch. Hinter ihr schloß sich das Tor, sie war allein in der Dunkelheit.

Sie fühlte, wie die Gewalt des Windes sie vorwärtsstoßen wollte, ihr Mantel flatterte um sie herum wie ein lebendes Wesen. Schnee und Hagel stachen ihr in die Wangen, ihre Hände, mit denen sie ihren Mantel zusammengerafft hielt, waren klamm. Irgendwo in der Ferne hörte sie einen Wolf heulen. Sie befand sich auf der Straße, die sich um die Kirche und die Mühle wand und die entlang des Flusses hinauf in die Berge und weiter durchs Gebirge geführt hatte, bevor die Römer gekommen waren, seit der Zeit der alten Götter. Sie fand den Weg leicht im hellen Schnee.

Einion erwartete sie am Flußufer, wo die Bäume wieder Dunkelheit verbreiteten. Unerklärlicherweise fürchtete sie sich nicht. Sie sah zwar nichts im dichten Schneetreiben, aber sie wußte, daß er da war. Sein Mantel war schwarz, sein Bart ein weißer Fleck. Unter ihrem Mantel berührten ihre Finger das Kruzifix – das Kruzifix, das John ihr gegeben hatte.

»Du hast mich gerufen?« schrie sie gegen den Wind an. Trotz der beißenden Kälte des Schnees konnte sie die Erde riechen, den bitteren Weihrauch vermodernder Blätter, vom Schnee durchweicht, den kalten grünen Duft von Farnen und Moos, den Tang, der an den nassen Steinen hing.

»Du warst es, die mich sehen wollte, Princess.«

Hatte sie ihn sprechen wollen? In jenen langen Tagen und Nächten, als sie krank in Fotheringhay lag und die Erinnerungen an ihre Visionen in ihrem Kopf herumgewirbelt waren, hatte sie sich da zu erfahren gewünscht, wie sie die Träume beherrschen könnte? Als sie jener anderen Welt, der Welt jenseits des Schleiers der Gegenwart so nahe gekommen war, hatte sie da begriffen, daß nur Einion den Schlüssel zu diesem Geheimnis besaß?

»Ja, ich brauche deine Hilfe«, sagte sie schließlich. »Ich habe Dinge gesehen, doch ich konnte nicht verhindern, daß sie geschahen …«

Lange Zeit kam keine Antwort, und sie fragte sich, ob er sie trotz des Rauschens der Bäume und des Wassers gehört hatte.

Schließlich wandte er sich um und streckte die Hände aus. Sie legte ihre Hände ohne zu zögern in seine.

»Dein Weg läuft nicht länger durch die Berge von Eryri, Princess«, sagte er langsam. »Deine Bestimmung liegt fern von hier. An dem Tage, an dem du Aber verlassen hast, um zu deinem Ehegatten zu gehen, hast du dich verwandelt, so wie sich der Hase in eine Katze oder wie eine Rehgeiß sich in ein Pferd verwandelt. Du gehst nicht länger den Weg, den ich für dich erhofft hatte. Aber das ist der Wille der Göttin, sie hat dir ihren Segen erteilt. Sie wird dir erlauben, das zu sehen, was du sehen mußt, sie wird dir helfen, ihre Absichten zu verstehen. Du folgst jetzt ihrem Pfad.«

»Und wohin führt mich dieser Pfad?« Sie starrte ihm ins Gesicht. Seine Augen waren kaum zu erkennen in der Dunkelheit.

Wieder das Schweigen. Sie fühlte die Kraft, die durch seine Hände in ihre Hände floß, fühlte, daß seine Augen ihr tief in den Kopf hineinsahen.

»Deine Bestimmung liegt im fernen Norden«, sagte er endlich. »In den Wäldern von Kaledon, im Land der Schotten. Dort wirst du den größten Teil deines Lebens verbringen, dort wirst du sterben.«

Die eiskalten Nadeln des Schnees drangen durch ihren Mantel, machten sie frösteln.

»Und mein Ehegatte wird ein König sein?« Sie flüsterte diese Frage.

»Ich sehe dich an der Seite des Königs. Ich sehe dich als Mutter eines Geschlechts von Königen. Du wirst das Leben eines Königs und du wirst der Tod eines Königs sein. Das Gesicht wird dir gehören und es wird dir versagt sein.« Er hielt inne, seine Worte wurden in die Dunkelheit fortgerissen, und sie fühlte, daß die Kraft seiner Hände erstarb. Er ließ sie los und wandte sich von ihr ab. »Morgen kehre ich nach Môn zurück. Ich habe deinen Vater um meine Entlassung gebeten. Ich möchte meine letzten Tage allein verbringen und mich auf das nächste Leben vorbereiten.«

»An wen soll ich mich wenden, wenn ich Anleitung brauche?« Eine Welle der Angst überschwemmte sie.

»Das vermag ich nicht zu sehen. Doch werde ich es nicht sein. Ich werde sterben, bevor der Schnee im Frühling auf Yr Wyddfa geschmolzen ist.«

»Nein!« Sie erbebte.

»Das ist der Wille der Götter, mein Kind«, antwortete er sanft. »Wir können ihre Entscheidungen nicht in Frage stellen. Ich habe mehr als achtzig Sommer in diesen Bergen gelebt. Meine Aufgabe hier ist erfüllt. Ich habe nur gewartet, um noch einmal mit dir sprechen zu können, und jetzt, da ich es getan habe, werde ich in Frieden ruhen. Geh jetzt, geh zurück zur Halle deines Vaters!«

»Werde ich dich wiedersehen?«

»In diesem Leben nicht.« Er lächelte. »Ich segne dich, Princess, und alle, die du lieb hast. Geh jetzt.«

Sie hob die Hand, aber er war schon verschwunden. In seinen Mantel gehüllt, die Kapuze über das Haar gezogen, war er ein Teil der Schatten, ein Teil der Nacht.

»Lord Einion?« Der Wind heulte, und der Fluß stürzte hinunter zwischen die Felsen. Sie war allein.

Siebtes Kapitel

I
ABER * Januar 1233

Die Asche glühte unter ihren Füßen, als sie in das Feuer ging; vor ihr, in der Ferne, konnte sie die Berge sehen, blau im Dunst. Eine Gestalt erwartete sie und winkte. Sie bewegte sich vorwärts, langsam, sie schwebte nur wenig über dem Boden. Er rief ihren Namen, und sie konnte ihn sehen, wie er sich von ihr entfernte. Er streckte die Arme aus, und sein rotgoldenes Haar leuchtete im flackernden Licht. »Warte!« wollte sie ihm zurufen, doch aus ihrer Kehle kam kein Laut. »Warte ...« Er aber wurde kleiner, schimmerte durch die Hitze des Feuers. Sie wollte ihn erreichen, sein Gesicht sehen. Die Hitze aber verbarg ihn, trennte sie voneinander. Sie mußte durchs Feuer. »Eleyne«, er rief sie jetzt lauter. »Eleyne.«

»Eleyne!«

Prince Llywelyn sah unendlich müde aus. »Ich kann nicht erlauben, daß du noch länger bleibst, Tochter. Es tut mir leid.« Er stand am Fenster des Söllers und sah in den wirbelnden Schnee hinaus. Eleyne hatte ihre Augen ins Feuer gerichtet.

»Das mußt du einsehen. Man sagt mir, Isabellas Kopfschmerzen würden verschwinden und mit ihnen diese Wutanfälle, und deshalb ...« Er zuckte hilflos die Schultern. »Dafydd wird dich nach Chester bringen. Dein Mann wird bereits auf dich warten.«

Sie antwortete nicht.

In gequältem Tonfall fuhr er fort. »Dieser Gedanke von ihr, daß du an allem schuld seist, ist nichts weiter als die Raserei einer verrückten Frau, aber ...«

Er trat näher an sie heran. »Eleyne, hast du gehört, was ich sage?« Er unterdrückte die Wut, die in ihm hochkam. Er hatte genug von zankenden Weibern und deren Sorgen. Die gereizte Stimme seiner Schwiegertochter, ihr hemmungsloses Schluchzen ertönte Tag und Nacht in seiner Halle. Dafydd redete unablässig auf ihn ein, er solle ihm Eleyne vom Hals schaffen, während Joan ihre Ungeduld mit Isabella nicht mehr zu zügeln vermochte. Sie flehte Llywelyn an, er solle die beiden nach Dolbadarn oder Dolwyddelan schicken und Eleyne in Aber bleiben lassen. Immerhin tuschelten die Dienerschaft und der Hofstaat nun endlos über seine jüngste Tochter, und nicht nur über sie. Auch Rhonwen, die Hexe, wie sie sie nannten, bot genügend Gesprächsstoff.

»Eleyne!« Seine Stimme wurde schärfer. »Eleyne, bei der Heiligen Jungfrau, hör' mir zu.« Er legte seine Hand auf ihre Schulter und zog ihr Gesicht zu sich heran.

Ihre Augen waren ausdruckslos.

Ein abergläubischer Schauder durchlief ihn. Sie war fort, seine kleine Tochter, seine Eleyne, und das schöne Gesicht, das so leer zu ihm aufsah, war das einer Fremden – einer Fremden, die aus der glühenden Asche gekommen war, um von einer anderen Welt zu erzählen. »Eleyne, wach auf!«

Jäh sprang sie auf. Das Bild in dem Feuer verschwand, und sie starrte in die zornigen grünen Augen ihres Vaters.

»Was ist los mit dir? Hörst du mich nicht?« Besorgnis war in seiner Stimme.

»Entschuldige.« Doch ihre Gedanken waren weit fort, durch das Feuer hindurch suchten sie den Mann, der sie gerufen hatte, den Mann, an dem ihre Seele hing.

»Hast du den Verstand verloren, Mädchen?« Er rüttelte sie.

»Ich habe dich nicht hereinkommen hören, Papa. Verzeih mir …«

»Also hör' zu.« Es interessierte ihn plötzlich nicht mehr, woran sie gedacht hatte. »Ich sagte, du mußt fort. Und zwar jetzt. Heute. Du bist unter meinem Dach nicht erwünscht. Dein Platz ist an der Seite deines Mannes.«

»Aber Papa …«

Es war dies das erste Mal, daß er allein mit ihr sprach, seit er zurückgekehrt war, und was sie spürte, war eine große Kälte – so wie drei Jahre zuvor.

»Warum muß ich fort? Was habe ich getan?« Sie suchte zu begreifen, was hinter dem düsteren, verschlossenen Gesicht vor sich ging.

Er sah sie kalt an. »Dafydd reitet mit dir. Es tut mir leid, Eleyne, aber du mußt fort. Und nimm deine Frau mit dir.«

»Meine Frau?« rief sie, als die Tür krachend hinter ihm zuschlug.

Rhonwen.

II
CHESTER CASTLE * Januar 1233

Dafydd war nach kurzer Begrüßung des Earl sofort wieder aufgebrochen, ohne eine Erklärung für die plötzliche Rückkehr seiner Schwester abzugeben, die von keinem Boten angekündigt worden war. Auch Rhonwen war ohne ein Wort davongeeilt, um in einem abgelegenen Teil von Chester Castle die weitere Entwicklung abzuwarten, entsetzt von dem Gedanken, man könne sie mit Dafydd zusammen wieder fortschicken. Eleyne mußte ihrem Mann also allein gegenübertreten.

Er sah kräftiger aus, als sie ihn in Erinnerung hatte. Von seinen Freunden und Beratern umgeben, stand er in der Halle, als man sie meldete. Seine Leute bildeten eine heitere, lachende Gruppe, die plötzlich schweigend zurückwich, als sie durch den Saal schritt. Während ihres Aufenthalts in Aber war sie wieder gewachsen und nun schon fast so groß wie er. Ihre Augen trafen sich in einem langen Blick, bevor sie einen tiefen Knicks vor ihm machte. Ihr Herz klopfte heftig.

»Was hat dich veranlaßt zurückzukehren?« Seine Stimme war leise, nur für sie zu verstehen.

»Mein Platz ist an Ihrer Seite, Mylord.«

»Hat dein Liebhaber dich abgewiesen?«

Sie ballte die Fäuste. »Ich habe es Ihnen bereits gesagt: Ich habe keinen Liebhaber. Sie sind es, den ich will.«

»Wohl weil du mittlerweile die Zusicherung deines Onkels, des Königs, erhalten hast, daß du heiraten darfst, wen du möchtest, wenn ich sterbe.« Seine Augen betrachteten sie aufmerksam, seine Stimme klang hart.

»Ich habe den König nicht gesehen, und ich habe ihm auch nicht geschrieben, Mylord.« Es fiel ihr schwer, ihm unverwandt in die Augen zu sehen, aber irgendwie gelang es ihr doch, denn sie wollte, daß er ihr glaubte.

Er verschränkte nachdenklich die Arme. »Dein Bruder hatte Eile, wieder von hier fortzukommen«, sagte er plötzlich.

»Das Wetter ist schlecht, wie Sie wissen. Er wollte mich nicht nach Chester bringen, aber ich bestand darauf.«

»Es hielt dich also nicht mehr in Aber? Oder hat dich dein Vater fortgejagt?« Er brach ab, als ihr jäh die Röte ins Gesicht stieg.

Eleyne versuchte, ihre Stimme zu beherrschen. »Es war nicht mein Vater. Isabella ...« Sie kämpfte gegen ihre Tränen an. Unversehens wandte sie sich von ihm ab und ging zu dem riesigen gemauerten Kamin mit den brennenden Scheiten. Ihr Blick suchte etwas in den Tiefen der Glut, aber dort war keine Botschaft für sie. In der Halle trat eine Stille ein, unterbrochen nur von dem Zischen und Knacken des Feuers.

Plötzlich stand John hinter ihr, er legte seine Hände auf ihre Schultern. Sie erstarrte.

»Eleyne, darf ich dir einen Verwandten vorstellen.« Seine Stimme war merklich sanfter. »Er ist ein Vetter meiner Großmutter, Robert Fitzooth.«

Sie schluckte heftig und zwang sich zu einem Lächeln. Der junge Mann war so groß und gutaussehend wie John. Er verbeugte sich tief.

»Lady Chester. Ich hatte schon alle Hoffnung aufgegeben, Sie noch zu sehen, bevor ich abreise.«

Seine Herzlichkeit und sein Charme waren ungekünstelt und unkompliziert. Sie gestattete ihm, ihr den schweren Mantel von den Schultern zu nehmen und auf eine Bank zu werfen, dann ließ er sich von einem wartenden Pagen einen Becher Wein geben.

»Glücklicher«, flüsterte er dem Earl zu. »Du hast mir nie gesagt, wie schön sie ist. Daß der Schneesturm sich legen, der

Schnee schmelzen und die Sonne aufgehen würde, wenn sie heimkehrt.«

Eleyne lachte und sah, daß John auch lächelte, während er die beiden mit verschränkten Armen beobachtete, duldsam wie ein Erwachsener, der zwei Kindern beim Spielen zusah. »Robin, ich glaube, du gefällst ihr auch«, antwortete er mit einem trockenen Lachen.

Nach dem Abendessen sorgte Robin dafür, daß Spiele und Tänze in der Halle veranstaltet wurden, und während John in seinem Sessel beim Feuer saß, tanzte er mit ihr, so oft es ging. Als die Zeit zum Schlafengehen kam, war Eleyne erschöpft.

Robin betrachtete sie und lachte seinen Vetter an. »Du wirst mich verfluchen, John, aber heute nacht wird deine Frau nur schlafen wollen. Ich hoffe, du verzeihst mir!«

John zwang sich zu einem Lächeln. »Es freut mich, Eleyne glücklich zu sehen.« Er stand auf und nahm ihre Hand. »Trotzdem, du hast recht, es ist schon spät. Zeit zum Schlafen.«

Sie gingen gemeinsam aus dem Saal, links und rechts verbeugten sich die Männer und Frauen.

Der Wind hatte sich gedreht und kam jetzt von Norden. Sie spürten die Kälte, als sie die breite Wendeltreppe zum Schlafgemach hinaufgingen.

Johns Lächeln war verschwunden. »Robin gefällt dir, wie ich sehen konnte.« Seine Stimme war tonlos.

»Er ist in der Tat ein anziehender Mann.« Es lag Trotz in ihrer Stimme.

»Anziehender zweifellos als dein Ehegatte.«

Eleyne lächelte traurig. »In den Augen einer Ehefrau sollte niemand anziehender sein als der Ehegatte, Mylord«, sagte sie mit sanfter Stimme. Einen Augenblick lang sah sie William de Braose vor sich.

»Nein, da hast du recht«, rief er barsch und setzte seinen Weg fort.

Oberhalb der Treppe teilte sich die Galerie. Nach Osten führte sie zu einer kleinen Kapelle und den Privaträumen des Lords. Nach Norden, um den großen quadratischen Hauptturm herum, zu den Gemächern, die für Gäste reserviert waren. Eleyne blieb einen Moment lang stehen, dann holte sie tief Luft und folgte ihrem Ehegatten.

An der Tür zu seinem Zimmer verbeugte er sich höflich vor ihr. »Du darfst dir diesen Raum zu eigen machen, Eleyne. Ich habe Anordnungen getroffen, daß deine Koffer und Bedienung hergebracht werden. Ich selbst werde anderswo schlafen ...« Er betrachtete sie nachdenklich. »... bis du dich von deiner Reise erholt hast.«

»Und dann, Mylord?« Sie wußte nicht, daß ihre Augen ihn anflehten.

»Dann werden wir sehen.« Er streckte die Hand aus, berührte ihre Wange. »Ich nehme nicht an, daß du Lady Rhonwen mitgebracht hast, Eleyne.«

Eleyne erstarrte und konnte ihren Blick nicht von seinen Augen abwenden.

»Du weißt, wie sehr ich dieser Frau mißtraue«, fuhr er fort. »Sie hat einen schlechten Einfluß auf dich.« Er schwieg, als er ihren betroffenen Gesichtsausdruck sah. Dann stieß er die Tür des Zimmers auf und ging hinein.

In der Mitte des Raums stand Rhonwen. Sie beaufsichtigte ein halbes Dutzend Mägde, die eilig Eleynes Kisten auspackten und stapelweise Linnen in die ringsum an den Wänden aufgereihten geschnitzten und bemalten Truhen verteilten. Die Lichter flackerten im Luftzug, der durch das Öffnen der Tür entstanden war. Rhonwen drehte sich um. Einen langen Augenblick betrachteten sie und Lord Chester einander.

Dann wandte er sich zu Eleyne. »Ich dachte, du hättest mich verstanden«, sagte er tonlos.

In jener Nacht warf sich Eleyne in dem großen Bett herum und horchte auf den Wind, der in dem Schornstein heulte. Gegen Morgen hatte sie einen Entschluß gefaßt. Nachdem sie an der Seite ihres Gatten in der Privatkapelle die Messe gehört und die Bewohner des Schlosses ihr Frühstück zu sich genommen hatten, ging sie zu ihm. Er saß am Schreibtisch, sein Gesicht war bleich. Dicht bei ihm wartete sein Sekretär auf Anweisungen.

»Ich würde gern allein mit Ihnen sprechen, Mylord«, sagte sie kühn. Sie sah ihm in die Augen und hielt die Hände gefaltet, um sich Mut zu machen.

Im ersten Augenblick dachte sie, er würde ihr ihre Bitte abschlagen, doch dann wies er dem Sekretär mit einem knappen Nicken die Tür. Mit einer Verbeugung zog sich dieser zurück.

»Robin hat das Schloß verlassen«, sagte er. »Er fürchtete, im Schnee steckenzubleiben, und bat mich, dir sein Lebewohl auszurichten.«

»Wo Sir Robert sich aufhält, ist für mich ohne Belang.« Ihre Augen waren müde, und ihr Kopf tat weh. Sie mußte unbedingt Ruhe bewahren. »Ich komme, um mit Ihnen über Rhonwen zu reden. Wenn es Ihr Wunsch ist, werde ich sie zurück nach Wales schicken. Ich bitte nur darum, ihr eine Aussteuer mitzugeben, so daß sie sich gut verheiraten kann. Ich habe sie so lieb wie eine Mutter und möchte sie nicht gänzlich mittellos von hier fortschicken.«

John sah sie prüfend an. »Hast du mit ihr bereits darüber gesprochen?«

Eleyne straffte ihre Schultern. »Noch nicht, Mylord«, antwortete sie wahrheitsgemäß. Sie lächelte erschöpft. »Ich hatte nicht den Mut dazu. Aber ich werde es sofort tun, wenn das Ihr Wunsch ist.« Der Schmerz in ihren Augen war deutlich zu erkennen, trotz der Entschlossenheit in ihrer Stimme.

Er zögerte. »Du liebst diese Frau wirklich, nicht wahr? Obwohl du weißt, daß sie keine Christin ist.«

»Sie wird zur Messe gehen, wenn ich sie darum bitte, Mylord«, sagte Eleyne mit fester Stimme. Sie holte tief Luft. »Als ich zu Ihnen kam, war ich ein Kind. Ich wußte nicht, daß das, was Einion mir gesagt hat, schlecht war. Er hatte mir angeboten, mir dabei zu helfen, meine Träume zu verstehen. Dafür war ich ihm dankbar. Heute weiß ich, daß das, was ich tat, falsch war. Ich bin keine Priesterin der alten walisischen Götter. Ich bin Ihre Ehefrau, und ich bin kein Kind mehr. Ich habe Einions Lehren hinter mir gelassen, Rhonwen versteht das. Ich habe Einion wiedergesehen …« Sie zögerte. Es war gefährlich, ihm davon zu erzählen. Vielleicht aber war es auch ein Schlüssel zur Zukunft. »Ich habe ihn wiedergesehen, bevor ich nach

Chester zurückkam, und er bestätigte mir, was ich in meinem Herzen bereits wußte. Daß mein Platz an Ihrer Seite ist. Und daß unsere Zukunft in Schottland liegt.«

Sie sah die Erregung in seinen Augen aufblitzen, und da spürte sie eine ähnliche Erregung in sich selbst.

»In Schottland?« wiederholte John. »Das hat er gesagt?«

»Ja, Mylord. Er sagte, mein Platz sei an der Seite des Königs von Schottland, dort würde ich leben, dort würde ich sterben.«

John stand auf. Er warf den Brief, den seine Hand umklammert hatte, auf den Tisch, und beobachtete, wie er sich langsam wieder zusammenrollte. »Es wird also dazu kommen. Wann?« Er fuhr sie an, sein Gesicht brannte vor unterdrückter Leidenschaft.

Sie schüttelte den Kopf. »Das hat er mir nicht gesagt.« Ihr Herz klopfte aufgeregt.

»Und die Zukunft? Hat er Kinder gesehen?« Die Ungeduld und Angst in seiner Stimme ließen sie erröten. »Er sagte, ich würde die Mutter eines Geschlechts von Königen.«

Er klatschte triumphierend in die Hände, streckte den Arm nach ihr aus und ergriff ihre Hand. Sie konnte seinen Atem hören, sein Keuchen. Laß es jetzt geschehen, dachte sie, als sie sich zu ihm hochreckte und ihre Lippen nach seinen Lippen suchten, jetzt, während er erregt und zuversichtlich und stark ist. Laß es jetzt geschehen!

Als lese er ihre Gedanken, murmelte er, während er sie küßte: »Du hast mir gefehlt.« Er schob sie ein Stück weit von sich, als müsse er sich davon überzeugen, daß sie jetzt wirklich eine erwachsene Frau war – und bereit. »Du fürchtest dich nicht?«

Ihr Herz hämmerte wild unter den Rippen. »Nein, nein, nein, ich fürchte mich nicht.« Er zog sie zur Tür, ins Schlafgemach, und drehte den Schlüssel herum. Er ließ seinen Mantel zu Boden gleiten. »Frau …« Er zog sie an sich, küßte sie. Sie fühlte seine Kraft, spürte, wie ihr vor Verlangen schwindlig wurde.

Sie hätte sich am liebsten selbst die Kleidung vom Leibe gerissen, sehnte sich nach seinen Händen, nach seiner Haut auf ihrer Haut. Ihr ganzer Körper sang vor Lebenslust. Aber sie durfte ihn nicht mit ihrer Gier erschrecken, durfte nicht als geile Buhlerin erscheinen. Sie mußte ihm die Führung über-lassen.

Sie drängte sich an ihn. »Süße Eleyne«, murmelte er, seine Lippen an ihrem Ohr. Sie stand still und zitterte vor Erregung, als er sie entkleidete, ihr ein Gewand nach dem anderen aus-zog, ohne innezuhalten, bis nichts mehr ihren Leib vor seinen Augen verbarg. »Ich wußte nicht, daß du so schön bist.«

Seine Hand auf ihrer Schulter war federleicht. Sie fühlte sie kaum, als sie über das Schlüsselbein hinunter zu ihren Brüsten glitt. Als seine Hand ihre Brustwarzen berührte, fuhr es wie ein Blitz durch sie. Sie rang nach Luft. »Habe ich dir weh getan? Ich habe Angst, dir weh zu tun.«

»Das tun Sie nicht, Mylord.« Ihr Stimme klang verführe-risch. »Das tust du nicht.«

Er küßte sie lange und fest, dann zog er sie zum Bett. Sie at-mete schnell und flach, ihre weiße Haut rötete sich im Licht des Feuers. Wie hypnotisiert von seinem Blick und seinen Händen auf ihrem Bauch und ihren Schenkeln, streckte sie sich auf dem Bett aus, merkte nicht, daß, während ihre Arme ihn zu sich her-zogen, ihre Beine sich so gierig spreizten wie die eines Dorf-mädchens, das sich ihrem Geliebten im Heu hingab.

Es war kein heftiger Schmerz, und schon bald fühlte sie, wie ihr Entzücken wuchs. Sein wildes Herz schlug gegen ihres. Dann war alles vorbei. Triumphierend rollte er von ihr herun-ter, keuchte und sah zu dem dunklen Baldachin über ihren Köpfen auf. Das flackernde Licht des Feuers glitt über den Da-mast, bis er wie ein Meer aus lebendigen Edelsteinen glühte. Er stützte sich auf einen Ellbogen und sah sie an. »Bist du glücklich, meine Liebe?« Er lächelte siegreich, und Eleyne er-widerte sein Lächeln. »Ja, sehr.«

»Jetzt bist du wirklich meine Frau.« Er strich ihr zärtlich das Haar aus dem Gesicht, küßte sie liebevoll auf die Stirn und glitt dann aus dem Bett. Sie sah, wie er sich anzog, die lange dun-kelgrüne Tunika, den goldbedruckten Gürtel mit der Haken-schnalle, den schweren Mantel.

Bevor er das Zimmer verließ, trat er noch einmal ans Bett, strich über ihr Haar. »Süße Eleyne, schlaf jetzt, mein Liebling!«

Dabei war ihr nicht nach Schlafen zumute. Ihr Körper verlangte noch immer nach seinem Körper. Sie fühlte sich so lebendig, ihre Haut war so empfindlich, daß ihr der leichte Luftzug, der von der Tür her über den Boden wehte, wie eine Liebkosung eines Mannes erschien. Nie hatte sie sich wacher gefühlt. Doch John war fort.

III
DUNFERMLINE CASTLE, SCHOTTLAND * März 1233

Im Schlafzimmer von Dunfermline Castle waren der König und die Königin von Schottland endlich allein. Alexander II., ein hübscher, breitschultriger Mann von sechsunddreißig Jahren, sah durch das schmale Fenster hinaus zu dem leuchtenden blauen Band des River Forth. Sein flammend rotes, schon von Grau durchsetztes Kopf- und Barthaar glänzte in einem verirrten Sonnenstrahl auf, der durch das Fenster fiel.

Er schloß die Augen, atmete tief ein und zwang sich, gelassen zu bleiben. »Bist du sicher, meine Liebe?« Seine Stimme war zärtlich, Zweifel und Hoffnung sprachen aus ihr.

»Ja«, flüsterte sie. »Ich bin im dritten Monat. Alles ist in Ordnung.«

Er lächelte triumphierend. »Endlich wird ein Erbe für Schottland da sein!« Er zog sie an sich. »Mach, daß es ein Junge wird, Liebling. Ein Junge, der Schottland vorwärts führt und mächtig werden läßt.«

»Schottland ist es doch bereits mit dir als König.« Joanna stellte sich auf die Zehenspitzen, um ihren Gatten auf die Wange zu küssen. Sie seufzte, dann legte sie die Arme um ihren Oberkörper und tanzte eine Pirouette. Joanna, die älteste Tochter King Johns of England, Schwester des gegenwärtigen englischen Königs und Halbschwester von Eleynes Mutter Joan of Gwynedd, war seit ihrem elften Lebensjahr mit Alexander verheiratet und betete ihren schönen Ehemann an. Sie hätte alles auf der Welt für ihn getan, sogar ihr Leben für ihn hingegeben. Nur eines hatte sie in den dreizehn Jahren ihrer Ehe nicht vermocht, ein Kind zu gebären. Monat für Monat, Jahr für Jahr hatte sie Gebete an die heilige Margaret, an die heilige Brigitte und an die Heilige Jungfrau selbst gerichtet, doch Monat für Monat hatten sich diese Gebete als fruchtlos erwiesen. Bis jetzt.

»Wann wollen wir es bekanntgeben?« Sie lief wieder zu ihm und nahm seine Hand. »Ich möchte so gern, daß es alle erfahren.«

»Und ich erst, Liebling, ich erst.« Als er die Freude und Aufregung in ihrem Gesicht sah, verschwanden seine Zweifel, er lachte laut auf. Er empfand eine ungeheure Erleichterung. Ein Sohn! Ein Erbe! Endlich hatte Schottland wieder eine Zukunft, eine Zukunft, die sein Vetter, der in England geborene und ständig kranke Earl of Chester nicht hätte gewährleisten können, wenn er die Erbfolge hätte antreten müssen. Alexander betrachtete ein ums andere Mal den schlanken Leib seiner Gattin – es war keinerlei Zeichen einer Schwangerschaft zu sehen – aber er sah ihr strahlendes Lächeln, und wieder lachte er laut auf. Er hob sie empor und wirbelte sie in der Luft herum, bis auch sie lachte und kreischte.

IV
ANGLESEY * März 1233

Als das Eis schmolz und die ersten wilden Narzissen die von der Sonne beschienenen Ränder der Wiesen in ein blasses Gelb tauchten, ging Einion, dessen stolzer Leib müde geworden war, immer seltener auf die Landzunge hinaus, um über die schmale Wasserstraße nach Eryri und zu dem fernen, unsichtbaren Gipfel des Yr Wyddfa zu schauen. Heute aber tat er es. Die Luft um ihn her roch nach brennendem Eichen- und Apfelbaumholz, aber in den Rauch und den salzigen Duft der See mischte sich die saubere, süße Luft der Berge und des Schnees.

Er sah sie nur noch ab und an in seinen inneren Gesichtern – die junge Frau, der in diesem Winter all seine Gebete und sein Flehen gegolten hatten; die Bilder waren verblaßt, die Zukunft verschwommen und undeutlich, doch durch die Dunkelheit war eine Botschaft zu ihm gedrungen, eine Botschaft des Feuers, die Botschaft, die ihre Bestimmung verriet. Als er endlich zu begreifen begann, was diese bedeutete, mußte er weinen. Ob sie diese Botschaft verstand? Möglicherweise aber bekam sie vor den Wünschen der Götter Angst und verzagte … Einmal mußte er ihr noch beistehen, ein letztes Mal, dann aber mußte sie allein weitergehen.

Seine Finger schmerzten vom Rheuma, als er die Feder in die Hand nahm und ihr mit großer Mühe einen Brief schrieb, sie im Namen der Mächte, die sie ebenso wie er anerkannte und verehrte, unverzüglich zur Landzunge bei Penmôn rief. Er richtete ihn förmlich an die Countess of Chester und vertraute ihn einem Boten an, den er aus dem Palast Llywelyns hatte kommen lassen.

Dann wandte er seine milchig trüben Augen noch einmal den Bergen zu und betete darum, daß die Götter ihm noch einige Wochen Leben gewährten, damit er ihr noch sagen konnte, was sie wissen mußte.

V

CHESTER * April 1233

»Laß uns aufbrechen!« Johns Augen brannten vor Unternehmungsgeist. »Jetzt, da ich wieder gesund bin, werden wir meine Güter im Norden besuchen und von dort aus weiter nach Schottland reisen, damit ich dich dem König und deiner Tante vorstellen kann. Er lächelte. »Es wird Zeit, daß du dein zukünftiges Königreich kennenlernst.«

Sie nickte, wie immer erfreut darüber, ihn tätig zu sehen. Doch etwas in ihr erfüllte sie mit Sorge, die Röte seiner Wangen, das Leuchten seiner Augen verhießen nichts Gutes. Nachts, wenn sie neben ihm lag und seinen hastigen Atemzügen lauschte, suchte ihre Hand manchmal jene Stelle, wo sie unter seinen Rippen das stete Schlagen seines Herzens fühlen konnte, als müsse sie sich davon überzeugen, daß keine Gefahr bestand.

Ende April brachen sie von Chester nach Osten auf, mit ihnen eine lange Kolonne von Dienern, Rittern und Soldaten, Knechten, Wagen und Karren. Sie ritt auf Invictus, dessen vergoldetes Geschirr frisch genäht und ausgestattet worden war, auf ihrem Sattel lag eine seidene Schabracke. Ihr Blick wanderte seitwärts zu ihrem Gatten, und sie betrachtete ihn mit Stolz. Er ritt ein schwarzes Streitroß, das im gleichen Schritt mit Invictus ging.

Ihr erstes Ziel lag im Süden von Yorkshire. Ein altes Herrenhaus in einer sanften Bodenfalte zwischen den Mooren unterhalb der Berge. Es war nur ein kleiner Besitz und bot kaum einem Viertel der Reisegesellschaft Unterkunft, der Rest mußte sich deshalb draußen vor den Mauern Lagerplätze suchen.

Erschöpft von dem langen Ritt, zog sich Eleyne schon früh zurück. Man hatte ihr das mitgeführte Bett aufgestellt, die mit dem Wappen von Chester geschmückten Vorhänge angebracht und die Koffer ausgepackt. Rhonwen war in Chester geblieben. John hatte nach jener ersten Nacht ihrer Rückkehr aus Aber ihren Namen nicht wieder erwähnt, und Eleyne hatte sich daher auch nicht gezwungen gesehen, sie fortzuschicken. Sie hatte sie nur ausdrücklich gebeten, sich von ihrem Ehemann fernzuhalten. Rhonwen bekam Kleidung und Essen und genoß zudem als älteste Zofe und Amme Eleynes Ansehen unter den Leuten. Was wollte sie mehr?

»Es ist ganz gut, daß sie nicht hier ist.« Luned zog den Kamm energisch durch Eleynes dichtes Haar. »Sie weiß, daß Lord Chester sie nicht bei sich haben möchte. Da ist sie lieber zu Hause geblieben. Sie sagte, Sie brauchten sie nicht mehr.«

Eleyne runzelte die Augenbrauen. »Aber das stimmt doch gar nicht. Natürlich brauche ich sie.«

Luned schüttelte den Kopf. »Nicht während Sie in Lord Chesters Bett schlafen. Das hat Rhonwen gesagt.«

Eleyne merkte, daß ihr die Röte ins Gesicht stieg. »Mein Platz ist in seinem Bett«, sagte sie scharf.

»Natürlich.« Luned lächelte rätselhaft. Sie war mit ihren sechzehn Jahren schon eine hübsche junge Frau mit einer schlanken Taille und hohen, festen Brüsten. Aber das Verlockendste waren ihre Augen: ein dunkles, verführerisches Grau, umrandet von langen schwarzen Wimpern. Alle jungen Männer, die sie sahen, verliebten sich augenblicklich in sie. Zwei Kavaliere und doppelt so viele Pagen machten ihr den

Hof, und es verging kaum ein Tag, an dem sie nicht beim Essen an ihrem Platz kleine Geschenke oder Gedichte fand.

»Rhonwen sagte auch, daß sie da sein wird, wenn Sie sie brauchen, wenn Sie erkranken oder schwanger werden. Dann würden Sie sich ihrer wieder erinnern und sie rufen.«

»Wenn ich schwanger werde?« Eleyne berührten diese Worte sonderbar, sie hörte ein Echo von Rhonwens Bitterkeit darin. »Aber ich bin es nicht, noch nicht.« Sie nahm eine Locke ihres Haars und wand sie sich um den Finger.

»Es ist ja noch Zeit«, äußerte sich Luned spitz, »wenn Ihr Mann sich erholt hat.« Also hatten die anderen auch die Wochen gezählt, dachte Eleyne. »Rhonwen sagte mir, sie hätte ein Pulver. Sie könnten es ihm in den Wein tun, er würde dann …« Luned brach mitten im Satz ab, als sie Eleynes Gesicht im Spiegel sah.

»Wie kannst du es wagen! Was fällt Rhonwen ein? Mit meinem Mann ist alles in Ordnung! Alles! Er ist stark und gesund! Er hat sich völlig erholt.«

Luned sah sie erschrocken an nach diesem unerwarteten Temperamentsausbruch. »Ich wollte Sie nicht erzürnen. Rhonwen hat das auch nicht gewollt. Sie wollte Ihnen nur einen Gefallen tun.«

»Schon gut.« Eleyne ging zum Feuer. Das Zimmer war kalt und feucht. »Ich hätte sie jetzt gerne hier. Ich fühle mich ohne sie so allein.« In diesem Augenblick war sie wieder ein Kind.

Draußen war es dunkel. Der Wind heulte über das Moor, als John endlich zurückkam. Er hatte einige Stunden mit dem Kämmerer und dem Verwalter des Besitzes gesprochen und über die Abrechnung der Ernte des vorigen Jahres gestritten. Als er sich neben Eleyne ins Bett legte, streckte er wie so oft die Hand aus, um ihr übers Haar zu streichen. Und wie so oft drehte er sich danach müde um, schlief erschöpft ein und ließ sie allein in die Dunkelheit starren.

Der Waliser zog sich seinen Umhang aus rohem Schafsleder
enger um den Leib und sah sich verstohlen um. Es war schon
geraume Zeit vergangen, seit er dem Diener die Münze gegeben und nach Lady Rhonwen gefragt hatte. Hinter ihm war die
Sonne in einer karmesinroten Wolkenbank versunken, ein kalter Nordwind kam auf. Da der Earl und die Countess fort waren, lag das Schloß seltsam verlassen da. Die Besatzung war
noch da, die Verwaltung auch, der Rest des Hofstaates jedoch
war mit Lord Chester auf Rundreise durch dessen riesige Besitzungen.

Es war fast dunkel, als sie endlich kam. Sie standen unter
dem Dach der Stallungen und redeten eilig ein paar Worte in
walisischer Sprache. Ein Brief wurde übergeben, ein paar
Münzen gingen von der einen Hand in die andere, und der Waliser verschwand in der Nacht.

Rhonwen steckte den Brief in das Mieder und kehrte ins
Frauengemach zurück. Dort waren jetzt nur wenige Damen;
jene, die die Witwe und die Kastellanin bedienten, und zwei
junge Frauen, die kurz vor der Entbindung standen – das waren alle. So fand sie leicht einen stillen Winkel, um sich mit einer flackernden Kerze an die Lektüre des Briefes zu machen,
den Gruffydd an Eleyne geschrieben hatte.

Trotz der etwas gestelzten Ausdrucksweise war die Botschaft klar. Gruffydd hatte sich mit seinem Vater getroffen, und
dieser hatte sich endlich bereit erklärt, seinem ältesten Sohn
die Freiheit zurückzugeben. Von einem Versprechen war die
Rede, daß der Vater ihm die Halbinsel von Lleyn geben werde,
und daß er wieder mit Dafydd zusammenarbeiten dürfe, wenn
er ihn als den Erben seines Vaters anerkenne.

Rhonwen ließ den Brief auf ihren Schoß fallen und richtete
ihren Blick auf den schweren hölzernen Laden, der das Fenster
verschlossen hielt. Und ihre Gedanken waren weit fort. Wenn
er doch nur so vernünftig wäre, sich darauf einzulassen – um
dann den richtigen Augenblick abzuwarten! Sie seufzte und
zog den anderen Brief aus ihrem Kleid, denn es waren zwei

Briefe an diesem Tag angekommen, beide an Eleyne gerichtet. Ein Bote in der Livree des Prince of Aberffraw hatte ihn gebracht. Er hatte gezögert, ihn ihr auszuhändigen. Man hatte ihn bezahlt, gut bezahlt, damit er seinen Brief der Countess of Chester und niemandem sonst übergebe, aber schließlich hatte er sich erweichen lassen. Wußten denn nicht alle, daß Lady Rhonwen die Amme, die Freundin und Vertraute der Countess war? Sie würde den Brief sicher auf schnellstem Wege weiterleiten.

Einions Hand war schwach geworden, seine Schrift war zittrig und irrte unbeholfen über das schlecht geglättete Pergament. Er wollte, daß Eleyne noch einmal nach Môn kam.

Rhonwen senkte den Kopf und betrachtete lange Einions Brief. Er würde Eleyne nicht zu sich rufen, wenn er es nicht für lebenswichtig hielt. Er, dem sie Eleyne anvertraut hatte und den sie sogar noch mehr achtete und verehrte als den Prince. Ihm den Gehorsam zu verweigern, hieße, den Willen der Götter mißachten. Doch wenn sie ihm gehorchte, müßte Eleyne sich von ihrem Ehemann trennen und mit ihr zusammen in ihre Heimat nach Gwynedd reisen.

Sie schritt langsam durch das Zimmer, ihre Röcke streiften über die trockenen, staubigen Kräuter, die am Boden ausgebreitet waren, ihre Augen leuchteten. Diese beiden Briefe gaben ihr die Macht, Eleyne zurückzurufen, sie nach Hause zu bringen. Sie stand lange vor dem Feuer. Ihr schönes Gesicht sah jetzt verhärmt aus, und ihre Augen waren voller Angst, sie schien die Frauen um sich herum nicht zu bemerken.

Was sollte sie tun? Würde Eleyne überhaupt nach Gwynedd zurückkehren wollen und sich in die Streitigkeiten ihrer Brüder hineinziehen lassen, oder würde sie nicht doch lieber bei ihrem Ehemann bleiben? Sie stellte sich Eleynes Gesicht vor, ihre leuchtenden Augen, ihr Wissen, das Dinge betraf, von denen Rhonwen niemals etwas erfahren würde, und hörte sie sagen: *Ach, Rhonwen, ich liebe ihn so sehr.* Da wußte sie, was sie zu tun hatte.

Mit Bedacht ließ sie die beiden Briefe ins Feuer fallen und sah zu, wie sie im Herzen der Flamme zusammenschrumpften und schwarz wurden.

VII
PENMÔN, ANGLESEY * April

In seiner Einsiedlerklause saß Einion und starrte in die Flammen hinein. Er fühlte einen eiskalten Windhauch um die Schultern und das Rückgrat hinunter wehen. Die Schmerzen in den Knochen lenkten ihn von seiner Meditation ab, er konnte an nichts anderes mehr denken als an den kalten Wind, der über die Insel heulte und die Wasserstraße zu Brechern mit weißen Schaumkronen aufpeitschte.

Er beugte sich vor und griff nach einem Holzscheit, um es ins Feuer zu werfen. Er hatte an diesem Morgen in den Flammen den Boten gesehen, wie er Rhonwen den Brief übergab. Er hatte gelächelt. Er war erleichtert. Rhonwen würde wissen, wie dringend er war. Sie würde dafür sorgen, daß Eleyne zu ihm kam. Nur noch ein paar Tage, dann würde sie da sein; nur noch ein paar Tage …

Plötzlich fuhr er auf, er hatte Schmerzen beim Atmen. Die Hütte war voller Rauch. Das Heulen des Windes steigerte sich zu einem gellenden Pfeifen. Er preßte die Hand auf die Brust, versuchte etwas zu erkennen. Er wollte sich aufrichten, doch es gelang ihm nicht. Es war ihm, als ob ein Eisen sein Herz umklammerte und es zerquetschte. Er hörte sich schreien, da hüllte ihn etwas Tiefschwarzes ein. Eine letzte Gewißheit blitzte noch in ihm auf, Eleyne würde nicht kommen. Er hatte es in seinem Herzen längst gewußt: Er würde sie nicht mehr wiedersehen. Rhonwen hatte ihre Götter verraten. Sie hatte den Brief ins Feuer geworfen – in einer jähen Erleuchtung, die ihn erblinden ließ, sah er sie, wie sie es tat. Ihretwegen mußte Eleyne nun, ohne von ihm gewarnt zu sein, der Zukunft entgegensehen.

Als die Schwärze der Nacht alles umfaßte und nur noch das Geheul des Windes in seinen Ohren war, stolperte er zuerst ein paar Schritte ins Dunkle hinein und stürzte dann ins Feuer.

Achtes Kapitel

I
YORKSHIRE * April 1233

»Die Königin der Schotten bekommt ein Kind!«

Der Bote verkündete dem bestürzten Earl of Chester die Nachricht mit boshafter Genugtuung. »Die königliche Hoheit wünscht, daß alle Untertanen an seiner Freude teilnehmen und Dank sagen sollen, daß seine Gebete endlich erhört worden sind. Eure Tante, Mylady«, fuhr er fort und wandte sich an Eleyne, aus deren Gesicht alle Farbe gewichen war, »schickt Euch ihre besonderen Grüße und hofft, daß Ihr und Euer Gatte bald nach Norden reisen werdet, um sie und den König zu besuchen.«

»Du hast mir gesagt, ich würde eines Tages König!« fuhr John seine junge Frau an, sobald sie allein waren. »Heilige Mutter Gottes, und ich habe dir geglaubt! Wie konntest du mir nur solche Lügen erzählen?«

»Ich habe nicht gelogen«, rief Eleyne. »Ich habe dir gesagt, was man mir gesagt hatte.« John stand mitten im Zimmer und rang die Hände so, daß die Knöchel weiß hervortraten. Sie lief zu ihm und legte ihre Hände auf seine Hände. »Ein noch nicht geborenes Baby ...? Es kann noch so vieles geschehen. Außerdem, wer weiß, wann du seine Nachfolge hättest antreten können – King Alexander ist kein alter Mann ...«

Sie hatte ihn mit diesen Worten beruhigen wollen, doch sein Gesicht verfinsterte sich. »Er ist nur acht Jahre älter als ich. Acht Jahre, Eleyne!« John sah sie mit einem traurigen Lächeln an. »Und er ist robust, während ich ...« Er beendete seinen Satz nicht.

»Es geht dir doch aber jetzt wieder gut, du bist kräftiger als je zuvor«, sagte sie mit fester Stimme. »Außerdem könnte er in einer Schlacht fallen! Er hat seine Männer oft gegen die Aufständischen in seinem Königreich anführen müssen, das hast du mir selbst erzählt.«

»Und wenn ich meine Männer in die Schlacht zu führen habe, wie, mein Liebling, wird es mir da ergehen?« Ein Fünkchen Humor war in seine Augen zurückgekehrt.

»Deine Männer würden dir bis ans Ende der Welt folgen.« Sie versuchte, ihre Ungeduld zu beherrschen. »Du mußt ihm jetzt aber einen Brief schreiben, ihm gratulieren und ihm mitteilen, daß wir ihn so bald wie möglich besuchen werden. Ich möchte das Land sehen, in dem wir einst unser Leben verbringen werden.« Sie sah zu ihm auf und küßte ihn auf die Lippen. Sekunden später hielt er sie in den Armen.

»Hast du das denn gesehen? Im Feuer?« fragte er. »Du weißt, was geschehen wird, nicht wahr?« Er hatte vergessen, daß er ihr verboten hatte, in das Feuer zu blicken. Die Berührung ihrer Lippen hatte ihn erregt. Er hob die Hände und fing an, die Haken ihres Mantels zu lösen. »Sag es mir, Eleyne. Sag mir, was du gesehen hast.« In der Eile zerriß er den Kragen ihres Kleides. Er beugte sich über sie und küßte ihre Brüste. Ihre Erregung wuchs mit seiner Erregung, und sie hätte ihm gerne alles gesagt, was er zu hören verlangte, aber sie konnte es nicht. Was die Gesichte anging, konnte sie nicht lügen.

»Ich habe nichts gesehen, Liebster, nichts«, hauchte sie. »Wir müssen warten.« Sie war jetzt nackt, Kleid und Hemd hingen ihr um die Knie, sie hielt seinen Kopf in den Armen, als er ihre Brustwarzen hungrig mit seinen Zähnen berührte. Die Erregung, die der Schmerz auslöste, zuckte durch ihren Bauch. Sie packte ihn bei den Haaren und wünschte sich, daß er sie zu Boden warf und dort bestieg. Aber schon ließ seine Leidenschaft nach, traurig betrachtete er die Schönheit ihres weißen Körpers und griff nach ihrem Kleid. »Es könnte jemand hereinkommen ...«

»Dann schließ die Tür, Liebster.« Sie lächelte ihn an, ihre Augen waren hungrig. »Schnell ...«

Sie riß die Decke vom Bett, warf sie vor dem Feuer auf den Boden, kniete sich darauf und fing mit zitternden Händen an, ihr Haar aufzuflechten.

»Eleyne ...« Seine Stimme war heiser.

»Verschließ die Tür!« Sie wunderte sich etwas über den herrischen Ton, in dem sie es sagte, aber er gehorchte sofort. Während ihre Finger noch immer mit ihrem Haar beschäftigt waren, kniete sie aufrecht auf dem Teppich und wußte, daß ihre Brüste ihn lockten, wußte, als sie sich mit der Schnalle seines Gürtels abmühte, daß er ihr diesmal nicht widerstehen konnte.

Als es ihm gekommen war, lag sie lange Zeit auf dem Rücken ausgestreckt und sah hinauf zum Deckengewölbe. Das Sonnenlicht fiel durch die von Mittelpfosten geteilten Fenster, ließ die warmen Farben der bestickten Wandteppiche aufleuchten, erweckte sie zu einem sonderbaren und wundervollen Leben. Sie spürte die Kälte des Schweißes auf ihrer Haut. Seines, nicht ihres Schweißes. Wie immer hatte ihre Erregung zu keinem Ende gefunden. Sie fand sich mit seinem Kopf in ihren Armen wieder, war verkrampft, starr vor Verlangen und einsam.

In dem Zimmer unter ihnen war es still. Alle gingen sie ihren Arbeiten nach, sogar die Frauen nützten den kalten Frühlingssonnenschein, um sich von ihrem Aufenthalt in der schlecht gelüfteten Halle zu erholen. Der einzige Laut kam von der seufzenden Asche, die abkühlte.

II
ROXBURGH CASTLE, SCHOTTLAND * Mai 1233

»Sire, Sie müssen mit der Königin sprechen.« Der verzweifelte Beamte lief händeringend hinter King Alexander her, der in der großen Halle auf und ab ging. »Sie bittet darum, Sire. Gehen Sie zu ihr.«

»Nein!« Mit zusammengebissenen Zähnen wiederholte Alexander das Wort zum zehntenmal. »Nein! Nein! Nein! Ich will sie nicht sehen.«

»Aber sie macht sich solch schreckliche Vorwürfe, Sire ...«

Der König wandte sich jäh zu ihm um. »Man hat sie ausdrücklich gewarnt, sie solle sich schonen. Alle Zeichen wiesen darauf hin. Es stand sogar in den Sternen!« Er warf die Hände in die Luft. »Doch sie hat nicht darauf gehört! Sie wußte es besser! Sie mußte mit ihrem Falken ausreiten, und nun hat sie den Jungen verloren. Ich will sie nicht sehen, niemanden und auch dich nicht, geh mir aus den Augen!«

Der Mann verbeugte sich mit gramerfülltem Gesicht und huschte zur Tür am westlichen Ende der Halle. Ihn erwartete eine erregte Frauenschar. Ein Blick genügte, und sie wußten die Antwort des Königs. Niedergeschlagen eilten sie fort.

Die Gemächer der Königin waren von Schluchzen erfüllt. Drei Tage waren seit ihrer Fehlgeburt vergangen, und noch immer wurde sie von Weinkrämpfen geschüttelt. Sie trank nichts, sie aß nichts, sie verlangte nur von Zeit zu Zeit nach ihrem Gatten.

»Madam, bitte.« Die verzweifelte Dame, die an ihrem Bett saß, betupfte ihr das Gesicht mit einem Lappen, den sie in Rosenwasser getaucht hatte. »Sie werden andere Babys bekommen, warten Sie nur.«

Joanna entdeckte die Frauenschar an der Tür. Sie richtete sich von ihren Kissen auf, ihr Gesicht war geschwollen und fleckig von den Tränen. »Wo ist er? Wann kommt er?«

Prinzessin Margaret, die jüngste Schwester des Königs, trat vor. Sie schüttelte den Kopf. »Bald, meine Liebe, bald. Alexander möchte dich nicht überanstrengen ...«

»Weil er mir Vorwürfe macht! Nicht wahr? Er weiß, es ist meine Schuld!« Ihre Stimme wurde zu einem Jammerschrei. »Wenn ich nicht ausgeritten wäre; wenn ich zu Hause geblieben und mich ausgeruht hätte ...«

»Sch! Sch!« Margaret nahm ihre Hand und streichelte sie. »Reg' dich nicht auf. Erhole dich jetzt.«

»Nein! Ich muß ihn sehen, ich muß!« Joannas Stimme steigerte sich zu einem hysterischen Geheul. Sie warf das Deckbett von sich, schwang ihre mageren Beine über den Rand des Bettes.

»Euer Gnaden, bitte! Bitte, legen Sie sich wieder ins Bett!« Ihre Damen umringten sie.

»Wo ist der König?« Tränen strömten ihr über das Gesicht.

»Joanna, bitte, bitte beruhige dich …« Margaret faßte sie am Arm. »Er wird bald zu dir kommen.«

»Das wird er nicht, das wird er nicht.« Sie stieß die anderen Frauen so heftig von sich, daß Margaret rückwärts taumelte. Joanna rannte zur Tür, ihr langes Nachthemd schleifte am Boden entlang, sie war barfuß.

Niemand versuchte sie mehr aufzuhalten, aber man folgte ihr die lange Wendeltreppe hinunter. Sie wußte, wo sie ihn finden würde. Im königlichen Stall. Dort wartete er ungeduldig, während die Knechte seinem großen Hengst den Sattel und das Zaumzeug überwarfen. Er hielt einen Pokal voll Wein in der Hand. Er hatte den ganzen Morgen getrunken, war aber noch nüchtern, als er seine Frau barfuß über das Kopfsteinpflaster auf sich zurennen sah.

Ihr Anblick versetzte ihm einen Schock, so daß er seinen Zorn und seine Enttäuschung vergaß. Zum ersten Mal dachte er auch an ihren Schmerz.

Er warf den Pokal zu Boden, der blutrote Wein ergoß sich über das Pflaster. »Joanna! Joanna, Liebste.« Er umschlang sie mit seinen Armen und vergrub sein Gesicht in ihren Haaren.

Schluchzend klammerte sie sich an ihn. »Es tut mir leid, es tut mir so leid! Es ist alles meine Schuld …«

»Nein, nein, es war Gottes Wille.« Er trug sie zurück, trug sie hinein und die Treppe hinauf und tröstete sie, als wäre sie ein kleines Kind, das einen bösen Traum gehabt hatte. Sanft legte er sie auf das Bett. Dann setzte er sich neben sie und nahm ihre Hand. »Ich möchte jetzt nur eines: daß du dich rasch wieder erholst. Dann«, lächelte er, »werden wir es wieder versuchen. Ich will den Arzt rufen, damit er dir etwas gibt, daß du schlafen kannst.« Er deckte sie zärtlich zu und küßte sie auf die Stirn. Als er aus dem Zimmer ging, war seine Miene düster.

Mit unbewegtem Gesicht überbrachte sein Schreiber dem Earl of Chester die Nachricht, daß die Königin der Schotten eine Fehlgeburt erlitten hatte, und den Befehl, nach Schottland zu kommen. Es war Zeit, daß sich der mutmaßliche Thronerbe mit seinem künftigen Königreich vertraut machte.

Rhonwen schreckte aus dem Schlaf und spähte erschrocken umher. Das Zimmer war völlig dunkel. Das Feuer war ausgegangen. Ein leises Schnarchen kam vom Kamin, wo zwei von den Dienstmädchen zusammengerollt unter ihren Decken auf Strohsäcken lagen. Die Kemenate war voller Menschen, und dennoch war es fast still. Sie dachte an die Binsenlichter in der Kiste nahe dem Leuchter und den Feuerstein und den Zunder daneben, aber sie vermochte sich nicht zu bewegen.

»Einion?« Sie hauchte leise seinen Namen.

Er wußte es. Er wußte, daß sie seinen Brief verbrannt hatte, und er war ungehalten. Sie fühlte seinen Zorn durch die Dunkelheit peitschen. Sie umklammerte ein Kissen, das sie sich vor die Brust hielt, und als sie sich nach hinten an die Wand drängte, fühlte sie unter dem reich verzierten Wandbehang den Stein an ihren Schulterblättern.

»Ich habe es doch für sie getan.« Leise aufschluchzend griff sie nach dem Amulett, das sie um den Hals trug, aber was konnte ein Amulett ihr helfen, wenn selbst die Götter zornig auf sie waren?

Stöhnend fuhr eines der Mädchen, die am Herd schliefen, hoch. Sie sah sich in der Dunkelheit um, ihre Hände ertasteten die kalte Asche am Rande des Kamins. Es war ihre Aufgabe, darauf zu achten, daß das Feuer nicht ausging. Ihre Finger, mehlig von dem Aschenstaub, tasteten nach dem winzigen Funken, mit dem sich ein neues Feuer entzünden ließ. Sie fand ihn und verbrannte sich die Hand an der verborgenen Glut, sie kratzte die Reste von Zweigen und Laub darüber, die am Rande des Herdes verstreut lagen, fachte den glühenden Borkenrest vorsichtig mit ihrem Atem an und beobachtete das entstehende Rauchwölkchen.

Zwischen den Vorhängen hindurch sah Rhonwen die Flamme. Sie holte tief Luft: Er war fort und mit ihm die Angst und Verzweiflung. Sie legte ihre feuchte Stirn auf die Knie und spürte, daß ihr das Haar über die Schultern fiel. Vielleicht war es nur eine Warnung gewesen, Eleyne doch noch dazu zu bewegen, nach Wales zurückzukehren. Sie schloß ihre brennenden Augen. Auch das Dienstmädchen war, nachdem sie das Feuer wieder entfacht und ihm neue Nahrung zugeführt hatte, wieder eingeschlafen.

Am nächsten Morgen hatte man in Chester Castle nur ein Thema. Die Königin der Schotten hatte eine Fehlgeburt erlitten. Den Earl und die Countess hatte dies veranlaßt, sofort nach Schottland zu reisen. Sie würden bis zum Herbst fort sein.

Rhonwen hörte es mit aufeinandergepreßten Lippen. Sie hatte lange geschlafen und die Messe versäumt, wie es ihre Art war, auch hatte sie kein Frühstück zu sich genommen. Nur einen Becher mit Wasser verdünnten Weins hatte sie getrunken, den ihr eine der Dienerinnen gebracht hatte. Eleyne reiste also nach Norden weiter, ohne ihr eine Nachricht zukommen zu lassen, ohne sie mitzunehmen. Ihr Kopf schmerzte. Sie nahm eine Stickerei auf, war sie doch daran gewöhnt, immer etwas in den Händen zu haben, und begab sich müde ins Frauenzimmer. Draußen schien die Frühlingssonne. Aus der Stadt hinter den Mauern hörte sie den Alltagslärm, die Rufe und Schreie, das Gelächter, die Musik, das Rumpeln der eisenbereiften Karren auf dem Kopfsteinpflaster, das Brüllen des Viehs, das in dem Pferch jenseits von St. Johns stand und darauf wartete, zum Markt gebracht zu werden. Die anderen Frauen hatten ihre Arbeit mit nach draußen genommen, sie war allein. Sie setzte sich in die Fensternische und ließ das Sonnenlicht auf den Stoff fallen, der auf ihrem Knie lag. Dann griff sie nach der Nadel und begann, einen roten Seidenfaden hindurchzuziehen.

Bring ihr die Botschaft. Die Worte waren so laut in ihrem Kopf, daß sie meinte, jemand hätte sie gesprochen. *Sag ihr* ... Sie legte ihre Handarbeit beiseite. Sie fühlte ihr Herz unregelmäßig unter den Rippen schlagen.

»Wer ist da?« Ihre Stimme klang dünn und quäkend.

Es kam keine Antwort.

Sie dachte an Eleyne, die sich vielleicht schon auf ihrem langen Ritt nach Norden befand. Sie würde nicht zurückkommen. Kein Ruf, wie dringend er auch sein mochte, würde sie nach

Gwynedd zurückbringen. Sie fröstelte. Einions Botschaft ließ Schlimmes ahnen: Hatte er eine Warnung für Eleyne? Eine Botschaft von den Göttern? Sie mußte mit ihrem Mann gehen. Sie gehörte ihm – und sich selbst.

IV
DUNFERMLINE CASTLE * Juni 1233

Mit Fähren und Booten hatten sie sich über das breite, glitzernde Gewässer des Flusses Forth bringen lassen. In der Ferne konnten sie bereits die Burg Dunfermline des alten King Malcolm und die Abteikirche sehen.

Eleyne warf John einen Blick zu. Sein Gesicht war weiß vor Erschöpfung, seine Augen aber leuchteten aufgeregt, und seine Fäuste ballten sich um die kunstvoll verzierten Zügel seines Pferdes, als er zu dem riesigen flatternden Banner über dem Hauptturm der Burg hinaufsah: dem schottischen Löwen auf goldenem Grund, der drohend zum Sprung ansetzte.

Sie waren der östlichen Route von York nach Northallerton und Darlington und weiter nach Durham und Newcastle gefolgt und waren dann über die Brücke, die bei Berwick den Tweed überquerte, nach Schottland hinein geritten. Mit jeder Meile, die sie zurücklegten, war ihre Aufregung größer geworden. Jetzt standen die Tore der Burg weit offen, um sie willkommen zu heißen, und sie konnten die Herolde hören, die schmetternd ihre Ankunft verkündeten.

Eleyne war atemlos vor Erwartung, als sie im Hof abstiegen und in die große Halle schritten, in der der König und die Königin der Schotten standen und sie erwarteten.

Eleynes Blicke richteten sich sogleich auf ihre Tante und suchten in der schlanken, zierlichen Frau, die ein wenig abseits von ihrem Gatten stand und ein schwarzes Kleid trug, eine Ähnlichkeit mit ihrer Mutter zu entdecken. Joannas Gesicht war verhärmt und bleich, ihre Gestalt furchtbar mager unter dem Mantel. Sie hatte keine Ähnlichkeit mit ihrer Halbschwester Joan, außer in ihren Augen, den strahlenden Augen der Plantagenets, die in dem sanften Gesicht auffielen – diese

Augen waren auf sie gerichtet und, wie Eleyne erschreckt wahrnahm, alles andere als freundlich.

Sie blickte hastig fort und sah den König an. Ihr Atem stockte, als sie ihn gewahrte. Sie kannte ihn! Sie hatte sein Gesicht tausendmal in ihren Träumen gesehen. Er war groß, so groß wie John, hatte flammend goldenes Haar, einen Bart und war breitschultrig. John verbeugte sich vor ihm.

»Du hast deine Frau mitgebracht, das freut uns sehr!« Er streckte ihr die Hände entgegen. Sie nahm sie zögernd und merkte, daß ihre Hände zitterten. Sie war völlig verwirrt von dem goldenen Glanz dieses Mannes. Es war der Mann in ihren Träumen, aber er war noch mehr, er war der anziehendste Mann, den sie je gesehen hatte.

»Nun, liebe Nichte, wie gefällt dir Schottland?« Seine Stimme war sanft, als er sie auf die Wange küßte. »Ich hoffe, du wirst deine Tante etwas aufmuntern. Schwere Wochen liegen hinter ihr.« Er starrte Eleyne bewundernd an. Plötzlich schrak er zusammen. »Ich kenne dich.« Seine Stimme war heiser. »Bei der Heiligen Jungfrau, ich kenne dich.« Dann schüttelte er den Kopf und rief über die Schulter hinweg: »Vetter, du hast mir nie geschrieben, daß deine Countess so schön ist. In ganz Schottland wird es keinen Mann mit Blut in den Adern geben, der sich nicht in sie verliebt!« Danach winkte er seinen Dienern, damit sie den Gästen Wein zur Erfrischung brachten.

Eleyne nahm Platz, sie zitterte immer noch. Er hatte es auch gespürt, wie war das nur möglich?

Sogleich meldete sich ihr schlechtes Gewissen. Durfte sie John gegenüber so untreu sein? Sie warf ihrem Ehemann einen Blick zu.

Die Königin neben ihr war noch ganz in ihrem Elend gefangen, ihr war klar, daß alle Männer und Frauen in der großen Halle wußten, weshalb der Earl of Chester da war – er sollte den Thron erben. Daß es ihr nicht gelungen war, das Kind zur Welt zu bringen, hieß in den Augen dieser Leute: Schottlands König besaß keinen Sohn. Und daran änderten auch die vielen Worte nichts, mit denen man sie zu trösten versucht hatte.

Sie sah Eleyne an, wie jung und frisch und schön sie war. Ihre Augen leuchteten, und ihre Wangen waren leicht gerötet, während sie Alexander betrachtete. Sie war jetzt Schottlands Hoffnung. Joanna fühlte die Bitterkeit und den Haß wie Gift in sich aufsteigen. Als Eleyne die Augen ihrer Tante auf sich ruhen fühlte, sprang sie auf, kniete sich neben dem Sessel der Königin nieder und nahm ihre Hände. »Es tut mir so leid ...«

Das Mitgefühl in Eleynes Stimme trieb Tränen des Selbstmitleids in Joannas Augen. »Es tut dir leid?« In ihrem Elend ließ sie ihren Ärger an dem Mädchen aus. »Du solltest froh darüber sein. Jetzt wirst du Schottland einen Erben schenken!« Ihr Schluchzen schallte in den Saal.

Joanna vergaß, wo sie war, wer sie war, vergaß das Protokoll, vergaß alles. Sie rannte an Eleyne vorbei aus dem Saal.

»Ach bitte, warte ...« rief Eleyne. Sie sah ratlos von John zum König. »Bitte, darf ich ihr folgen? Ich wollte sie doch nicht verletzen.«

Alexander lächelte. Einen Augenblick lang schienen seine Augen sie zu liebkosen. »Ja, geh ihr nach, wenn du es möchtest. Sieh zu, ob du sie trösten kannst. Ich kann es nicht.« Er seufzte und wandte sich wieder John zu.

Eine Dienerin führte sie zum Schlafgemach der Königin. Luned und drei ihrer Damen folgten in einiger Entfernung.

Joanna lag schluchzend auf dem Bett, umgeben von ihren Damen, als Eleyne hereinkam.

»Bitte, Euer Gnaden – bitte, Tante, gräme dich nicht.« Eleyne beachtete die anderen Frauen nicht, sie lief zum Bett und nahm die Hände der Königin in ihre Hände. »Du wirst noch Kinder bekommen, ich bin mir sicher. Du darfst uns nicht böse sein, daß wir gekommen sind. Um des Landes willen muß ein Mann benannt werden, der, falls dem König etwas zustößt, das Land regieren kann.« Sie bekreuzigte sich hastig. »Das ist doch aber nur eine Formsache. King Alexander wird viele, viele Jahre leben, und ihr werdet viele Kinder haben, dessen bin ich sicher.«

Die Zuversicht Eleynes stimmte Joanna um, allmählich hörte sie auf zu schluchzen. »Glaubst du das wirklich?«

Eleyne zögerte keine Sekunde. »Ja, das glaube ich«, flüsterte sie.

Joanna zwang sich zu einem Lächeln. Immer noch hielt Eleyne ihre Hand. »Wie kannst du das denn nur wissen?«

»Ich weiß es.« Sie haßte es zu lügen, aber hätte sie ihr die Wahrheit sagen sollen? Sie war vom Mitleid überwältigt. Die Qualen dieser Frau waren andere als die Isabellas; sie konnte Joannas großen Schmerz fühlen.

Ein Rascheln lenkte sie ab, der König stand plötzlich neben ihr. Eleyne wurde plötzlich bewußt, wie einsam sie war, denn die Liebe und das Mitgefühl in seinem Blick waren vollkommen, ebenso wie die Kraft und Stärke seiner Persönlichkeit, die nur auf seine Frau gerichtet waren.

Joanna legte sich zurück in die seidenen Kissen und versuchte zu lächeln. »Liebster, ich hätte eben nicht so einfach weglaufen dürfen.«

Sein Blick wurde wieder streng, doch dann zuckte er die Achseln. Die Lebhaftigkeit und Herzlichkeit Eleynes, das hatte er sofort bemerkt, waren verschwunden. Sie hielt den Blick auf ihre Hände gesenkt, und er spürte, daß sie sehr unglücklich war – fast ebenso unglücklich wie seine Frau.

Er hatte ihr eigentlich nur ein rasches, zuversichtliches Lächeln zuwerfen und ihr sagen wollen, sie möge sich doch wieder zu ihrem Ehegatten begeben, den man bereits mit der gebotenen Feierlichkeit zum Gästehaus der Abtei hinübergeleitet hatte. Aber nun zögerte er, versuchte ihr ins Gesicht zu sehen. Sie hielt es von ihm abgewandt, als fürchte sie seinen Blick.

»Lady Eleyne …« Seine Stimme war schärfer, als er beabsichtigt hatte, doch der gewünschte Erfolg stellte sich ein. Sie hob die Augen auf. Was er sah, überraschte ihn: Ihr Gesicht war schön, ihre Augen waren groß, klar und ruhig, jedoch voll schlechten Gewissens.

Das machte ihn neugierig. »Komm, wir lassen deine Tante allein, damit sie sich ausruhen kann.« Er lächelte und reichte ihr den Arm, nach kurzem Zögern nahm sie ihn. In dem breiten Korridor vor dem Schlafgemach der Königin zog er sie an eines der Fenster. Unter ihnen lag eine tiefe Schlucht, die einen natürlichen Burggraben bildete, dahinter Wald. Über die Bäume hinweg konnte sie in der Ferne das Wasser des Forth glitzern sehen.

»Du mußt deiner Tante verzeihen, Eleyne. Der Verlust ihres Kindes hat ihr Wesen verändert, sie ist eine andere geworden.«

Seine tiefe Stimme war leise. Er betrachtete sie aufmerksam. »Ich bin aber sicher, daß sie bald wieder so wie früher sein wird. Mache dir darüber keine Sorgen.«

Eleyne hob den Blick zu ihm auf. »Ich wollte ihre Freundin sein …«

Ein gespanntes Schweigen entstand zwischen ihnen.

»Und das wirst du auch noch, du wirst sehen. Laß ihr Zeit, aber inzwischen möchte ich, daß du dich amüsierst. Schottland wird dir gefallen.« Er schwieg einen Augenblick. »Verzeih mir, meine Liebe, aber mir ist, als wären wir einander bereits begegnet.«

Eleyne schüttelte den Kopf. »Ich bin noch nie zuvor in Schottland gewesen, Sire.« Dennoch, irgendwie, irgendwo kannten sie einander. Sie spürte, wie ihr Gesicht heiß wurde, riß ihre Augen von ihm los und sah an ihm vorbei zu der Schar der Höflinge und Diener, die auf sie warteten. Luned war dort und kicherte, als ihr einer der hübschen schottischen Herren den Hof machte.

»Reiten Sie gern, Lady?« Der König hatte wieder ihren Arm genommen, und sie wanderten zu der schmalen Wendeltreppe.

»Ja, Euer Gnaden, sehr gern sogar.« Eleyne war erleichtert über den Themenwechsel.

»Gut. Dann werden wir zusammen jagen, denke ich. Und ich habe einen Hof voller junger Kavaliere, die mit ihrem König um die Gelegenheit wetteifern werden, neben Ihnen zu reiten. Robert Bruce, der Lord of Annandale, ist hier am Hof. Sein Sohn, Euer Neffe, ist Euer Freund, höre ich.« Er lächelte, und seine Hand lag fest unter ihrem Ellbogen.

Die hoch oben im Gästehaus der Abtei gelegenen Zimmer, reich ausgestattet mit bestickten Teppichen, waren voller Diener, als Eleyne sich wieder zu ihrem Gatten begab, um das Schlafgemach zu besichtigen. Eindrücke wirbelten ihr im Kopf herum. Die auf der Felsenspitze gelegene Burg wimmelte von Menschen: der König mit seinem Charme und seiner Galanterie; die Königin, angespannt und vergrämt; zahllose Hofleute und eine Schar klatschsüchtiger Gesichter, von denen sich einige bereits bei John einzuschmeicheln suchten, dem Mann, der vielleicht eines Tages ihr König sein würde.

»Hast du die Königin trösten können?« John trat an ihre Seite und nahm sie bei der Hand. Sein Gesicht war bleich und eingefallen.

Eleyne schaute ihn an. »Ich wollte sie trösten, doch …«

»… du weißt, daß sie keine Kinder mehr bekommen wird …« Seine Stimme war zu einem Flüstern geworden. »Erzähle das niemandem, erzähle niemandem von deiner Gabe, Eleyne, niemandem. Es ist sehr gefährlich, die Zukunft zu kennen, besonders an den Höfen von Königen.«

»Wir wissen nicht, ob sie nicht doch noch Kinder bekommen wird, Mylord«, flüsterte sie gequält, »nur, daß sie nicht den Thron erben werden. Vielleicht wird sie Babys bekommen, die sie trösten …«

John schüttelte den Kopf. »Sie werden keine Kinder mehr bekommen. Wir beide wissen es, Eleyne. Es steht so geschrieben.« Hungrig suchte sein Mund ihren Mund. Die Dienerschaft war fleißig bei der Arbeit, und jemand entfachte das Feuer, der scharfe salzige Geruch von brennendem Treibholz durchzog das Gemach.

»Hinaus!« Johns Augen ließen ihre Augen nicht los, während er sie mit der Hand fortwinkte. Die Tür öffnete sich, und die Diener verschwanden. Sie waren allein. Diesmal entkleidete er sie nicht. Er schob ihr die Röcke bis zur Taille hoch, warf sie auf das Bett und drang mit kräftigen Stößen in sie ein. Eleyne spürte ein Angstzittern. Es war, als wüßte er nicht, daß sie da war.

Sekunden später war es vorbei, er rollte weg und keuchte. Zwischen ihren Schenkeln fühlte sie den warmen Samen nutzlos von ihrem Körper auf die Bettdecke tropfen. Sie wollte weinen.

V
Juli 1233

Der Earl of Fife war wieder neben ihr, dunkel, gutaussehend, sein Wallach lief mit Invictus in gleichem Schritt, das helle, vergoldete Ledergeschirr seines Pferdes flatterte, als sie in gestrecktem Galopp dem König folgten. Irgendwo links von ihm, weit voraus, konnten sie das Horn des Jägers und das Bellen der Meute hören. Der Wald leuchtete in frischem Grün.

Malcolm Fife lachte triumphierend. »Sie wittern Blut, Lady. Kommen Sie!« Er schwenkte herum und ritt in den Wald hinein. Ohne zu zögern folgte ihm Eleyne, ihre langen Röcke, die vom Sattel hinabhingen, streiften die Büsche und Bäume, während die Pferde dahindonnerten. Aufgeregt trieb sie Invictus an und schien nicht zu bemerken, daß die Reiter hinter ihr, unter ihnen Isabel Bruce, Lord Annandale und Robert, ihnen nicht gefolgt, sondern den Hauptweg weitergeritten waren.

»Wir sind gleich beim König!« rief Malcolm über die Schulter hinweg. Er riß sein Pferd herum und ritt einen noch schmaleren, zugewachsenen Pfad hinauf. »Jagt ihr Gatte überhaupt nie?« rief er.

»Nein!« rief sie zurück. Es stimmte zwar nicht, doch Lord Fifes gute Laune hatte sie angesteckt, er war so hochgemut, so waghalsig. Sie wollte nicht an John denken, der in den dunklen Räumen des Gästehauses der Abtei bei seinen Büchern saß und eine Sommergrippe auskurierte. Wenn sie an ihn dachte, machte sie sich Vorwürfe. Eigentlich müßte sie bei ihm sein, statt mit dem König zu jagen.

Aber sie biß die Zähne zusammen und trieb Invictus weiter an, seine Behauptung, sein Pferd sei besser als ihres, ärgerte sie. Bei drei Gelegenheiten hatte er sie nun schon herausgefordert. Zweimal hatte sie gewonnen, und einmal war er zuerst beim König gewesen, als das Jagdhorn ertönte und die Jäger sich um den Hirsch drängten, den die Hunde gestellt hatten – um ihm die Kehle durchzuschneiden. Heute hatte sie sich geschworen, als erste an Alexanders Seite zu sein, sie allein, vor all seinen Gefolgsleuten. Mit einem Schrei trieb sie Invictus an, schlug ihm mit der Schlinge des Zügels auf die schwitzende Hinterseite und fühlte die gewaltige Kraft des Hengstes, als er vorwärtsschoß.

Plötzlich tat sich vor ihnen die Schlucht auf. Beide Pferde stemmten sich mit einem Ruck gegen den Abgrund, ihre Hufe rutschten über die bröckelnde Erde.

»Gottverdammt!« Malcolms Gesicht war weiß geworden, während er sich an seinem Pferd festhielt, das wütend ausschlug. »Ist Ihnen auch wirklich nichts passiert?«

Eleyne schüttelte den Kopf und merkte, daß ihr die Beine schrecklich zitterten, als sie zwischen den Bäumen hinunterspähte – die Felsspalte fiel fast senkrecht vor ihr ab. Irgendwo tief unten konnte sie das Rauschen des Baches hören, der durch die Schlucht schoß.

Ohne weiter nachzudenken, lenkte sie Invictus von der Stelle weg. »Hier entlang! Ich höre noch immer das Horn!« Doch das andere Pferd versperrte ihr den Weg. Es war kein Platz da, daß sie ihm hätte ausweichen können. Der Earl stieg vom Pferd. Er war ein stämmiger junger Mann mit frischer Gesichtsfarbe, gutaussehend, mit einem widerspenstigen schwarzen Haarschopf. »Ich glaube, er lahmt. Bitte warten Sie einen Augenblick, Mylady.« Er duckte sich unter den Kopf des Pferdes und strich mit der Hand an dessen Vorderlauf hinunter.

Eleyne zitterte vor Ungeduld. »Wir verlieren den König …«

»Brauchen wir den König?« Bevor sie wußte, was er tat, hatte er sich aufgerichtet. Seine Hände umfaßten ihre Taille, er zog sie vom Sattel herunter. Sie ließ es geschehen, zu überrascht, um Widerstand zu leisten, dann hielten seine Hände ihre Brüste.

Eleyne erstarrte. »Mylord …«

Er zog sie an sich, preßte seine Lippen auf ihre, bog sie über seinen Arm, verschlang ihren Mund in einem tiefen Kuß und griff ihr zugleich gierig ins Kleid. Sie sträubte sich wütend gegen ihn, er aber war ungeheuer stark. Sie spürte, daß sie das Gleichgewicht verlor, fühlte die lockere Erde am Rande der Schlucht wegbröckeln. Sie griff ihm ins Gesicht und hörte ihn fluchen, als einer ihrer Finger in sein Auge traf. Die Klammer seines Armes lockerte sich, sie riß sich von ihm los, stolperte auf Invictus zu, während sie die Schlingen der fest geflochtenen Zöpfe unter ihrer Kopfbedeckung herausrutschen fühlte. Sie zog sich in den hohen Sattel hinauf, schwenkte das Pferd herum und trieb es im Galopp den Weg zurück, den sie gekommen waren.

Der König stand inmitten seiner Gefolgsleute und sah hinab auf einen kapitalen Hirsch. Er blickte spöttisch auf, als sie herbeigeritten kam. »Ich dachte, Sie hätten versprochen, dem Erlegen des Wildes beizuwohnen, Mylady«, rief er und lächelte, als er ihr zerrissenes Kleid und die in Unordnung geratene Haartracht bemerkte.

»Es scheint mir, als ob da ein wenig abseits von der Hauptstrecke gejagt worden ist.« Neben ihm runzelte Lord Annandale die Stirn.

Eleyne merkte, wie sie rot wurde. »Einer Eurer Lords, Euer Gnaden, scheint wenig von den Gesetzen der Ritterlichkeit zu halten«, erwiderte sie. »Er versuchte, mich zu entehren – und meinen Ehemann …«

»Oh, kommen Sie.« Der König schritt auf sie zu. »So schlimm wird es doch nicht gewesen sein. Viele Damen nehmen es als ein Kompliment, wenn ein Mann ihnen seine Bewunderung zeigt.« Er streckte die Hand aus und legte sie auf ihre. Wenn er ihr Zittern fühlte, ließ er es sich jedenfalls nicht anmerken. Seine Augen wurden ernst, als er ihre Hand hielt. »Lord Fife ist ein Hitzkopf, und er hat aus seiner Bewunderung für Sie kein Geheimnis gemacht«, sagte er in einem ruhigen, dringlichen Ton. »Er war es, nehme ich an?« Er suchte unter der Schar der Hofleute nach dem fehlenden Earl. »Das Jagdfieber hat ihn ein wenig zu hungrig auf einen Kuß gemacht, das ist alles. Je weniger man darüber spricht, um so besser, meinen Sie nicht?« Er lächelte, doch sie hörte den Befehl in seiner Stimme.

»Aber Euer Gnaden …«

»Genug, Eleyne.« Seine Finger faßten fester zu. Er hielt ihre beiden Hände auf dem Sattelknauf fest und zerdrückte sie beinahe mit seiner Hand. »Ich werde mit Lord Fife reden.« Nur sie konnte seine Worte hören. »Ich werde ihn daran erinnern, daß Sie eine verheiratete Dame sind, obwohl Sie so frisch und jung und verlockend aussehen.«

Ach, er war der schönste Mann, den sie je gesehen hatte, dieser König der Schotten mit dem goldenen Haar und Bart und den wütenden, befehlsgewohnten Augen, aber er erschreckte sie! Sie spürte die Kraft in seiner Hand, die ihre Hände gefangenhielt, die Kraft seines Willens, als er sie ansah. Plötzlich schüchtern geworden, wandte sie die Augen von ihm ab, und sofort ließ er ihre Hände los. »Genug«, sagte er sanft. »Ich glaube, es ist alles gesagt.«

Sie sah ihn fortgehen, zurück zu den Jägern und Höflingen, den Adligen und Dienstleuten, hörte ihre Reden und ihr Gelächter, sah, wie sie den erlegten Hirsch an den Läufen zusammenbanden und an die Tragestangen hängten, und fühlte sich schrecklich einsam.

VI

»Hast du dich bei der Jagd amüsiert?« fragte John müde. Seine Augen waren entzündet vom Lesen, der Kopf tat ihm weh.

»Nicht sehr.« Eleyne warf den Kopf in den Nacken. »Ich glaube nicht, daß es mir hier gefällt, Mylord.« Der König hatte sie mit seinem Tadel gekränkt, und sie war sehr gereizt.

John schrak zusammen. »Du hast doch hoffentlich den König oder seine Gefolgsleute nicht vergrätzt, Eleyne?«

»Denkst du denn gar nicht daran, daß sie vielleicht mich geärgert haben könnten?« erwiderte sie wütend.

John stand auf und warf die Feder auf den Tisch. »Was soll das heißen?«

»Der Earl of Fife hat mich gezwungen, ihn zu küssen. Er hat versucht, mich zu berühren, mir Gewalt anzutun …«

»Ach, das kann ich gar nicht glauben. Der Earl ist einer der einflußreichsten Männer im Königreich …«

»Und er hat deine Frau zu vergewaltigen versucht!« wiederholte sie. »Als mein Vater einen anderen Mann im Bett mit meiner Mutter fand, hat er ihn wie einen gewöhnlichen Dieb gehängt!«

»De Braose war ein Feind deines Vaters, Eleyne. Das ist nicht dasselbe. Und Lord Fife war nicht mit dir im Bett. Er hat dir einen Kuß gestohlen, das ist alles.«

»Und das macht dir nichts aus?«

»Doch. Das macht mir sehr wohl etwas aus.« Er verschränkte die Arme unter dem Mantel. »Aber ich werde mich deswegen nicht zu Dummheiten hinreißen lassen. Es ist ja nichts geschehen. Betrachte es als Kompliment und sorge von nun an dafür, daß du nicht mehr mit ihm allein bist!«

»Und das ist alles, was du dazu zu sagen hast?« Sie war sprachlos vor Empörung. Ihr strenger Ehemann ließ sich von dieser Nachricht nicht aus der Ruhe bringen. »Du bist wie der König. Du denkst, es ist ein Witz! Der großartige Earl of Fife hat Lady Chester im Wald zu küssen versucht. Oh, sie ist nicht entehrt, sie darf sich nicht einmal darüber ärgern! Sie soll einfach darüber lachen und sich geschmeichelt fühlen!«

»Du hast es dem König erzählt?« John fühlte sich unbehaglich. »Eleyne, er darf von dir nicht den Eindruck bekommen, daß du unter seinen Gefolgsleuten Verwirrung stiftest.«

»Verwirrung?« Eleyne war außer sich. »Vielleicht, mein Herr und Gatte, wäre es nicht geschehen, wenn du wie alle anderen an der Jagd teilgenommen hättest! Vielleicht geschähe so etwas nicht, wenn du dich öfter einmal nach dem Abendessen in der großen Halle sehen ließest …«

»Das genügt!« schrie er wütend. »Darf ich dich daran erinnern, daß es ebensowenig dazu gekommen wäre, wenn du hier bei mir geblieben wärest? In Zukunft wirst du nicht mehr allein fortgehen, sondern hier an meiner Seite ausharren und dich wie eine pflichtbewußte Ehefrau benehmen.«

In der Nacht schlief er mit dem Rücken zu ihr, einen Mantel um die Schultern geschlungen gegen die Feuchtigkeit und Kälte des Regens, der in der Dunkelheit vom Forth herübergeweht und durch die Mauern der Burg gekrochen war. Gegen Morgen fing er wieder an zu husten.

VII

Das große Schloß von Edinburgh stand schwarz auf dem regennassen Felsen. Als Rhonwen hinaufsah, wurde ihr Herz von Angst ergriffen. Würde Eleyne dort den Rest ihres Lebens verbringen? Ihr sorgloses, strahlendes Kind eine Gefangene in diesem kalten, nördlichen Land. Sie verkroch sich in ihren Umhang und sah sich aufmerksam um. Ihre Diener und Pferde waren ebenso müde wie sie nach dem langen Ritt in den Norden, und nun waren sie enttäuscht. Der Hof, so teilte man ihnen mit, befand sich schon seit Wochen in Dunfermline jenseits des breiten Flusses Forth. Sie waren immer noch nicht am Ziel.

Es dunkelte schon, und sie mußten noch irgendwo eine Unterkunft finden. Am Morgen würden sie dann zur Königsfähre weiterreiten, die würde sie hinüberbringen. Sie bahnten sich ihren Weg durch die dichte Menschenmenge zwischen den Marktständen die High Street hinunter. Rhonwen rechnete aus, wie viele ihrer kostbaren Silbermünzen sie noch besaß. Würden sie ausreichen, um Brot und Fleisch zu kaufen und in einem sauberen Bett mit nicht allzu vielen anderen Leuten zu schlafen? Reichten sie auch noch für die Fähre am Morgen?

Sie sah einem ihrer Diener müde zu, als er einen großen, hageren Mann mit hohen Backenknochen und dunklen Augen unter herabhängenden Lidern nach einer Übernachtungsmöglichkeit fragte. Sie bemerkte die Verwirrung in den Gesichtern der beiden, als sie einander zu verstehen versuchten, aber dennoch erhielt er die gewünschte Information. Er deutete die Straße hinunter. »Wir verlassen die Stadt am Nether Bow Port und gehen durch Canon's Burgh; bei der Abtei zum Heiligen Kreuz, die am Waldrand liegt, werden wir ein Gasthaus finden«, rief er. »Von dort aus ist es am Morgen nur noch ein Katzensprung bis zur Fähre.«

Rhonwen trieb ihr Pferd die abschüssige Straße hinunter. Jetzt, da sie Eleyne so nahe war, wurde sie nervös. Was würde Eleyne sagen, wenn sie sie erblickte, wenn sie hörte – und sagen mußte sie es ihr –, daß sie Einions Brief verbrannt hatte, der eine so dringende Botschaft enthalten hatte. Rhonwen war ja auch nur deshalb zu dieser Reise in den Norden aufgebrochen. Überdies mußte sie ihr berichten, daß der alte Mann nun tot war, unerreichbar, und seine Botschaft für immer verloren.

DUNFERMLINE

In jener Nacht träumte Eleyne wieder vom König. Sie erwachte – und spürte den unerbittlichen Rücken ihres Gatten. Sie spürte aber auch, wie lebendig sie war, wie ihr Körper vor Verlangen bebte, ihre Haut, so warm und begierig unter dem Deckbett, sich nach zärtlichen Händen sehnte, ihre Brustwarzen hart und ihre Schenkel weich und empfänglich waren. Es war das dritte Mal, daß sie von Alexander geträumt hatte, und jedesmal hatte sie ihr Gesicht rot vor Scham im Kissen vergraben. Was für eine lüsterne Person war sie doch, daß sie derart schamlose Dinge von dem Vetter ihres Ehegatten – und dem Ehegatten ihrer Tante träumte? Sie strich verstohlen mit der Hand über ihren flachen Leib hinauf zu ihren Brüsten und fühlte, daß sie sich unter ihren Fingern strafften. Draußen hörte sie den schweren Sommerregen endlos auf das Bleidach des Gästehauses fallen und aus den Rinnen gurgeln. Der betäubende Geruch der nassen Erde wehte zu den offenen Fenstern herein und erfüllte den Raum. Jenseits der Bettvorhänge hörte sie es in einem der niedrigen Betten, die ringsum an den Wänden des Zimmers standen, rumoren, dann ein Flüstern, das Knarren von Holz und ein unterdrücktes Kichern.

Sie drehte sich um und sah hinauf zum dunklen Betthimmel. Neben sich vernahm sie Johns tiefe, regelmäßige Atemzüge. Vorsichtig streckte sie die Hand aus, berührte seinen Nacken und strich ihm mit den Fingern den Rücken hinunter. Er bewegte sich etwas und stöhnte, dann schlief er weiter.

IX

»Lady Chester!«

Manchmal sprach der König sie förmlich an, dann wieder nannte er sie bei ihrem Vornamen, Eleyne, und manchmal auch wie seine Frau: »Mädel«. Sie wußte nie, welche Anrede er gerade für sie wählen würde und ebensowenig wußte sie, wenn er sie ins Gespräch zog, ob er es ernst meinte oder ob er sie verspottete.

»Wir haben einen Besucher, der Sie interessieren wird.«

Neben ihm saß Joanna. Robert Bruce, Eleynes Neffe, war bei ihr. Man hatte ihn gerade aus dem Stand eines Pagen in den eines Herrn befördert. Er feierte dies, indem er Eleyne die Zunge herausstreckte, wenn er dachte, daß ihm niemand sonst dabei zusah. Das Gesicht der Königin war bleich, sie war während der letzten Wochen noch weiter abgemagert. Doch ihre Augen sahen jetzt ruhiger aus und waren nicht mehr vom Weinen gerötet. Doch nur Robert gelang es bisweilen, ihr ein Lächeln zu entlocken.

Eleyne durchquerte den Saal. Der Besucher, zu dem sie sich an der Seite ihres Gatten begab, war ein großer Mann. Er trug ein schwarzes Gewand und darüber einen schwarzen Mantel. Sein weißes Haar und der weiße Bart bewegten sich wie Silber im flackernden Licht der Kerzen. Er ist ein Barde, dachte sie, wie Einion. Vielleicht auch ein Seher – und sie fürchtete sich.

Sie war sich bewußt, daß sich viele Augen auf sie gerichtet hatten, als sie den Saal betrat. Daß man über sie redete, ihren Namen mit dem des Earl of Fife in Verbindung brachte, obwohl sie seit jenem fatalen Tag nie wieder mit ihm allein gewesen war; obwohl sie jede Nacht mit ihrem Ehegatten schlief und überhaupt nur selten von seiner Seite wich.

Sie hob ihren Blick, und ihre Augen trafen sich mit denen der Königin. Joanna lächelte sie an. Die beiden hatten sich während der vielen Wochen ihres Aufenthaltes schätzen gelernt. Eleynes von Herzen kommende Freundlichkeit und Offenheit, die sich so sehr von der Gemeinheit und Tücke der Hofdamen unterschied, hatten Joannas Bitterkeit zu mildern vermocht. Als sie das Podium erreichte, knickste Eleyne vor dem König und der Königin. Der große Mann, der nahe bei ihnen saß, erhob und verbeugte sich. Seine Augen waren klar und lebhaft in seinem Gesicht; ohne Tiefe, beweglich, alles sehend.

»Das ist Michael.« Der König erhob sich ebenfalls. »Der größte Seher in ganz Schottland, wenn nicht in ganz Europa.«

Er lächelte ernst. »Er kommt, um mir meine Zukunft zu deuten, nicht wahr, Herr Zauberer?«

Joanna hatte nach ihm geschickt. Verzweifelt wie sie war, wollte sie unter allen Umständen alles über ihre Zukunft erfahren. Doch er hatte ihr vom abnehmenden Mond, der Verfinsterung des Firmaments und der Stellung der Planeten gesprochen.

Eleyne spürte seine Kraft. Wie Einion strahlte er sie in Wellen aus, sie schien alles einzubeziehen, sie war erschreckend. Eleyne stand still und fühlte, daß es sie einschlang, wie ein wirkliches Netz es tat, daß er sie prüfte und in die Winkel ihres Bewußtseins eindrang. Ihre Angst verging so schnell, wie sie gekommen war, und sie sah ihm mit so etwas wie Erleichterung in die Augen. Daß er einen Weg finden würde, mit ihr zu reden, dessen war sie sicher. Nicht jetzt vor dem König und seinem Hof oder vor ihrem Ehegatten, aber später, allein.

X

»Welche Zukunft haben Sie für die Königin gesehen?« In der Dunkelheit der tiefen Bergschlucht blitzte das Wasser weiß gegen die Felsen. Ihrer beider Begegnung war von ihm so arrangiert worden, wie sie es sich vorgestellt hatte. Sein Diener führte sie an diese entlegene Ecke gleich außerhalb der Burgmauer – vorbei an Dienern und Wächtern, als hätte er ihr einen Mantel über die Schultern geworfen, der sie unsichtbar machte.

»Was ich für die Königin sehe, gehört den Göttern und ihr, meine Tochter.« Der Mann war in seinem schwarzen Mantel so schlank wie ein Schilfrohr, kerzengerade, obwohl er sich auf einen Stab stützte.

»Sie wird keine Kinder mehr bekommen.« Eleyne wagte es kaum, die Worte hervorzuhauchen.

»Dennoch wird ein Sohn für Schottland da sein.« Michael lächelte kalt. »Sie haben die Kraft in sich, Madam, aber sie ist nicht ausgebildet. Das ist gefährlich.« Eleyne wandte ihren Blick von ihm ab. Ihr Herz schlug aufgeregt, sie hörte nur den ersten Teil dessen, was er sagte. Einen Sohn für Schottland – ihr Sohn.

»Sie müssen lernen, sich der Wahrheit zu stellen und über sie nachzudenken, denn es kann sein, daß es nicht die Wahrheit ist, die Sie suchen. Den Göttern gefällt es, in Rätseln zu sprechen«, fuhr er belehrend fort. »Hier in Schottland lauert eine Gefahr auf Sie. Haben Ihre Visionen Ihnen das mitgeteilt? Ihre Augen sind voll goldener Diademe, aber zuerst kommt der Tod.«

Eleyne fühlte, daß ein kalter Schauer sie überlief.

»Es muß immer erst der Tod kommen, bevor der Thron von einem Mann auf den anderen übergeht«, flüsterte sie. Sie bedachte nicht, daß es Alexanders Tod sein mußte.

Er lächelte. »Ich würde Sie gern ausbilden, Madam; es ist lange her, daß ich einen Lehrling hatte.«

Einen Augenblick lang war sie versucht, sein Angebot anzunehmen. Diese Kraft – die Gabe des Sehens und das Wissen zu besitzen, mußte wundervoll sein. Doch es war auch erschreckend. »Ich fürchte, dieser Weg ist nicht der meine«, sagte sie traurig. »Mein Platz ist an der Seite meines Mannes. Was für Bilder ich auch immer sehe, ich muß allein versuchen, sie zu begreifen. Wenn sie doch nur klarer wären, wenn sie mir doch nur mehr offenbarten.«

»Die Erklärung von Träumen und Geschichten erfordert ein Studium und Gebete und Fasten, eine zu große Aufgabe für eine glitzernde Countess.« Er lächelte boshaft.

Sie schwieg, in ihr kämpften Entrüstung und Versuchung miteinander, dann sagte sie entschlossen: »So muß ich eben in meiner Unwissenheit ausharren und warten, bis die Götter mir ihren Willen erklären.« Sie schwieg einen Augenblick. »Würden Sie mir eine Frage beantworten?«

Er hob eine Augenbraue. »Nur eine?«

Sie lächelte nervös. »Sie hat mit dem König zu tun.« Ihre Stimme wurde zu einem Flüstern. »Es ist, als hätte ich ihn mein Leben lang gekannt. Und das ist doch unmöglich?« Sie hob ihre Augen zu seinem unergründlichen Gesicht auf. »Oder nicht?«

Er stützte sich nachdenklich auf seinen Stab, die Augen in die Ferne gerichtet. »Es ist durchaus möglich«, sagte er, »daß Sie einander schon ewig kennen.«

Ein seltsamer Schauer berührte ihren Rücken. *Und habe ich ihn schon einmal geliebt?* wollte sie ihn fragen. *Liebe ich ihn schon ewig?* Aber sie wagte es nicht, beschämt und ängstlich wegen ihrer Gedanken. »Warum träumen wir Dinge und haben Visionen«, brach es aus ihr heraus, »wenn wir unsere Bestimmung doch nicht ändern können?«

Er lächelte. »Darin, Mylady, irren Sie sich.« Er lauschte dem leisen Plätschern des Baches in der Dunkelheit. »Die Götter senden uns Warnungen, damit wir sie beachten, doch nur, wenn wir Sterblichen sie verstehen können und wollen.«

Sie schluckte. »Sir William? Hätte ich William retten können?«

Er zuckte die Achseln. »Ich weiß nichts von Sir William. Aber die Bestimmung, das Schicksal lastet schwer über Ihnen. Ich sehe es in der Luft, die Sie umgibt. Ich höre das Klirren der Schwerter. Ich sehe vergossenes Blut. Ich sehe es in Vergangenheit und Zukunft.« Er sah sie wieder an, aber seine Augen waren auf nichts Bestimmtes gerichtet, fast so, als sähen sie nichts. »Ich sehe Sie als Mutter eines Geschlechts von Königen.« Es war das, was Einion gesagt hatte.

»Und werde ich eine Königin sein?« Ihre Frage verflüchtigte sich fast unhörbar im Rauschen des Wassers.

Michael war lange Zeit still. In der Nähe schwebte eine Eule durch den Wald, ein weißer Geist in der Dunkelheit. Als sie den Bach überquerte, krächzte sie einmal, eine höhnische Stimme in der Stille. Michael schüttelte nur den Kopf. »Ich sehe nichts mehr«, sagte er endlich.

Die Bäume über ihnen waren dichte Baldachine vor den Sternen.

XI

Die Halle war voller Menschen. Sie stank nach Wein, gerösteten Ochsen, Schweiß und den Blumendüften der Toilettenwasser und Parfüms. Als sie sich ihren Weg durch die Menge bahnte, schüchtern und betäubt vom Lärm der Musik und den Stimmen, dem Geschrei und Gelächter, ruhten Eleynes Augen

auf den beiden Männern, die nebeneinander am Ende des Saales saßen. Der König und der Earl waren in ein Gespräch vertieft und hörten den Lärm offenbar nicht, der um sie herum
herrschte. Als sie dahinschritt, eine schlanke, in scharlachrote
Seide gekleidete Gestalt, hob Alexander den Kopf. Ihre Augen
trafen sich, sie spürte diesen sonderbaren Schock des Wieder-
erkennens wie immer, wenn sie einander ansahen. John, ihr
bleicher, hübscher Ehemann, aber war wie ein Fremder für sie.

XII

Rhonwen stand direkt vor dem Earl und der Countess of Chester, ihre Hände in die weiche, nasse Wolle ihres Mantels verkrampft, ihre Kapuze, die vom Regen durchtränkt war, auf die
Schulter zurückgeschoben.

»Ich habe Nachrichten aus Gwynedd, Mylady.«

Eleyne trat vor, nahm Rhonwens Hände und küßte sie auf
die Wange. »Ich freue mich so, dich zu sehen.« Es lag Trotz in
ihrer Stimme.

»Wirklich, Cariad?« Rhonwen prüfte ihr Gesicht. Das Kind
sah gesund aus. Und trotzdem war da ein Schatten in ihren
Augen. Es schien nicht alles so zu sein, wie es sein sollte. Sie
blickte über Eleynes Schulter hinweg auf ihren Ehemann.

»Wie Sie sehen, Lady Rhonwen, freut sich meine Frau über
Ihre Ankunft.«

Rhonwen erstarrte. Obwohl in seiner Stimme jede Herzlichkeit fehlte, war doch auch keine besondere Feindseligkeit in
seinem Verhalten zu erkennen. Es war, als ob er zerstreut, mit
seinen Gedanken anderswo wäre.

Sie umarmte Eleyne.

»Meinem Vater und meiner Mutter, Rhonwen, wie geht
es ihnen?« Eleyne zog sie in eine Ecke, wo sie ungestört waren.

»Es geht ihnen beiden gut, Cariad.« Rhonwen sah sich
um, niemand sollte hören können, was sie Eleyne zu sagen
hatte. »Gruffydd und Senena sind frei, endlich frei! Dein Vater
hat Gruffydd sogar einen Teil des Landes von Lleyn gegeben,

und er und Dafydd sind, wenigstens für den Augenblick, Freunde.« Sie senkte ihren Blick, und Eleyne lächelte.

»Also trachtet Gruffydd immer noch danach, sein Erbe zu erlangen?«

»Das wird er auch. Schon bald. Eleyne, ich habe dir viel zu erzählen.« Rhonwen war tatsächlich nicht nur in eigener Sache unterwegs. Kurz vor ihrer Abreise war sie eine Stunde lang von Prince Llywelyn in ihre geheime Mission eingeweiht worden. Was ihr dabei zu Ohren kam, hatte ihre kühnsten Träume übertroffen und sie vorübergehend sogar Einions Tod vergessen lassen. Der Prince sprach nicht nur davon, Gruffydd in seine angestammten Rechte auf Nordwales wieder einzusetzen, er erläuterte ihr auch einen noch viel umfassenderen Plan. All dies sollte sie als mündliche Botschaft Eleyne und durch diese Lord Chester und durch diesen wiederum dem König der Schotten überbringen. Zur Sicherheit wurde nichts schriftlich festgelegt, jedes Risiko mußte vermieden werden. Llywelyn hatte Rhonwen die Geheimnisse dreier Nationen anvertraut.

»Wir müssen unbedingt miteinander sprechen, Cariad«, sagte Rhonwen leise. »Ich habe Nachrichten von deinem Vater.«

Eleyne betrachtete aufmerksam Rhonwens Gesicht, dann nickte sie. »Wir essen mit dem König und der Königin in der Halle zu Abend. Danach reden wir miteinander.«

Die Kerzen waren heruntergebrannt, das weiche Bienenwachs lag in duftenden gelben Klumpen auf dem Tisch. Rhonwen und Eleyne hatten Llywelyns Plan eines Bundes zwischen ihm, Alexander und den Führern der wachsenden Opposition der englischen Barone gegen King Henry ausführlich erörtert. Sobald John aus der Halle des Königs zurückkehrte, würden sie auch ihn einweihen, aber vorläufig war das Thema abgeschlossen. Rhonwen, deren Augen vor kaltem Fanatismus geleuchtet hatten, als sie Llywelyns Plan erklärte, lehnte sich erschöpft zurück. Sie war zu müde, auch nur die Hand nach dem Met auszustrecken, den die Diener, bevor sie gingen, den beiden Frauen in dem kleinen Gästezimmer eingeschenkt hatten. Dennoch brannte Rhonwen immer noch etwas auf der Seele.

Eleyne betrachtete, die Ellbogen auf dem Tisch, durch die Kerzenflamme hindurch das Gesicht ihrer einstigen Amme.

»Was ist, Rhonwen? Was willst du mir noch erzählen?« Ihre Stimme war sanft, dennoch hörte Rhonwen auch einen gebieterischen Unterton darin mitschwingen, ein Echo ihres Vaters.

Sie seufzte. »Als der Schnee noch hoch auf dem Boden lag, erreichte mich ein Brief für dich, von Lord Einion.« Ein langes Schweigen folgte. Eleynes Augen wichen nicht von ihrem Gesicht. »Er befahl dir, du sollest zu ihm nach Môn kommen.«

»Und was ist mit dem Brief geschehen?« fragte Eleyne.

»Ich habe ihn verbrannt.« Rhonwens Mund war plötzlich trocken. »Ich wollte, daß du glücklich würdest mit deinem Ehemann. Ich wußte, daß du nicht so bald nach Gwynedd zurück wolltest.«

»Und hast du Einion das gesagt?«

»Er weiß es.« Rhonwen fröstelte, und Eleyne sah ihre Hand verstohlen zu ihrem Hals wandern, an dem sie unter ihrem Kleid verborgen das Amulett trug. »Er war wütend auf mich.«

»Was wollte er mir sagen, weißt du das?« fragte Eleyne.

Rhonwen legte die Hände über ihre Augen. Stumm schüttelte sie den Kopf.

»Dann will ich ihn besuchen, sobald wir wieder in den Süden kommen.«

»Nein, nein, Cariad, das ist unmöglich! Er ist tot!« rief Rhonwen. »Er starb, nachdem er den Brief geschrieben hatte. Selbst wenn ich ihn dir geschickt hätte, wäre es zu spät gewesen!«

Es stimmte zwar, doch glaubte sie es selbst nicht. Wäre Eleyne gekommen, hätte er noch auf sie gewartet – er hätte einen Weg gefunden, um am Leben zu bleiben.

»Ich würde gerne wissen, was er mir sagen wollte«, murmelte Eleyne. Es war kein Vorwurf in ihrer Stimme, kein Zorn, nur Neugier.

Rhonwen schluckte. »Er hat es mir zu erklären versucht«, flüsterte sie, »dreimal hat er es mir zu erklären versucht …«

Eleyne fühlte, daß ihre Nackenhaare sich aufrichteten. Einion und Michael hatten beide ihre Bestimmung gesehen. Was mochte Einion nur gesehen haben, daß er selbst dem Tod die Stirne zu bieten versucht hatte, um es ihr noch mitzuteilen?

Neuntes Kapitel

I
ROXBURGH CASTLE * Juli 1235

»Geh nicht! Bitte geh nicht!« Joanna warf sich schluchzend ihrem Ehemann zu Füßen.

»Joanna, Mädel ...« Sie stellte die Geduld des Königs auf eine harte Probe.

»Bitte. Du wirst sterben! Du darfst nicht gehen.«

»Ich muß.« Er hob sie auf und setzte sie beiseite, als wäre sie eine Stoffpuppe, die ihm im Weg lag. Dann nickte er noch einmal den Männern zu, die ihm die Rüstung anlegen wollten. »Ich habe jetzt genug von den Aufständischen in Galloway. Ich werde diese Leute ein für allemal lehren, was es heißt, sich gegen mich aufzulehnen. Sie haben meine Befehle mißachtet und sich einen Bastardlord zum Führer gewählt. Sie werden sich daran gewöhnen müssen, Alan von Galloways Töchter als Nachfolgerinnen in der Herrschaft anzuerkennen. Jetzt bitte, allerliebste Lady, laß mich meiner Pflicht nachkommen.«

»Lord Chester reitet nicht mit. Obwohl Alan ein Schwager von ihm war!« warf sie ihm an den Kopf. »Er ist nicht so unvernünftig, sich in ein Nest von Dieben und Rebellen zu begeben!« Ihre Stimme hatte sich zu einem Kreischen gesteigert. »Vielleicht möchte er ja auch nur hierbleiben, um deinen Thron zu erben, falls du im Kampfe fällst.«

Nach zweijähriger Rundreise über ihre Güter in Chester und Huntingdon sowie drei Londonbesuchen weilten Eleyne und John, von Alexander eingeladen, wieder einmal in Schottland.

Alexander zog die Augenbrauen zusammen. »Rede keinen Unsinn. Du weißt genau, er ist krank.« Er hob die Arme, damit man ihm über das dicke gepolsterte Lederwams das Kettenhemd auf die Schultern legen konnte. Der Rüstknappe schnallte den Brustharnisch darüber, und schließlich hängte man ihm noch den Mantel um. »Zu Margarets Hochzeit bin ich wieder da, Mädel.« Sein Ton war herzlich, er versuchte sie aufzuheitern. »Hilf du ihr nur bei ihrem Aufputz! Dann hast du zu tun, bis ich wiederkomme.«

Joanna gab ein mattes Lächeln von sich. Sie schämte sich ihrer Tränen. So oft hatte sie ihren Gatten schon in den Krieg ziehen sehen, immer voller Angst, aber auch voller Stolz – bis jetzt.

Alexander gab seinen Männern einen Wink, damit sie beiseite traten, und schritt zur Tür. »Ich werde dir draußen vor dem versammelten Hof Lebewohl sagen, Joanna. Ich wünsche, daß du mich mit einem Lächeln und deiner Gunst in den Krieg schickst. Du bist die Königin, auch du mußt Stärke zeigen.«

Das Heer, seit Tagen außerhalb der Burg versammelt, hatte die Zelte abgebrochen. Die Kolonnen der Bewaffneten waren zum Abmarsch bereit und warteten nur noch auf den König, damit er sie führte. Im Burghof vor dem Turm drehte Alexander sich um und küßte die Hand seiner Frau. Joannas Augen waren vom vielen Weinen rot und geschwollen, doch jetzt gelang es ihr, die Tränen zurückzuhalten. Neben ihr stand, mit weißem Gesicht, Eleyne. Als Alexander ihre Hand nahm, knickste sie tief, ohne ihm ins Gesicht zu sehen. »Christus möge mit Euch gehen, Euer Gnaden.« Es war ein Flüstern. Er drückte ihr kurz die Hand, dann ging er weiter zu seiner Schwester Margaret, der hübschen sanften Margaret, die bald die Frau des Earl Marshals von England werden sollte. Er lächelte ihr zu und erhielt ein aufmunterndes Lächeln zurück. Dann hob er vor den versammelten Höflingen zum Zeichen des Aufbruchs die Hand.

II

Eleyne hielt den Mantel fest zusammen, als wäre ihr kalt, ihre Stickerei hatte sie neben sich auf die steinerne Fensterbank gelegt. Der Tag war heiß und schwül, kein Lüftchen regte sich.

Im Raum hinter ihr plauderten die Königin und ihre Damen lustlos über ihre Handarbeiten. Aus Galloway war noch keine Nachricht gekommen.

Von schlechtem Gewissen geplagt, nicht an der Seite des Königs und seines Schwagers Lord Annandale zu kämpfen, hatte sich John mit den Beamten, die regelmäßig von Chester und den Huntingdonschen Gütern herbeigereist kamen, ins Gästehaus eingeschlossen und in die Verwaltungsangelegenheiten seiner Liegenschaften vertieft. Dort befand er sich jetzt und starrte ins steinerne Deckengewölbe empor. Was war, wenn der König fiel? Was war, wenn ein Bote mit der Nachricht eintraf, Alexander habe eine tödliche Wunde empfangen? Er schloß die Augen.

Eleyne mochte sich nicht mehr mit ihrer Stickarbeit beschäftigen. Ihr Kopf schmerzte. Sogar im kühlen steinernen Bau des alten Burgturms war die Luft unangenehm feucht. Auch hatte sie es aufgegeben, der Unterhaltung zu folgen, der sich die Damen um sie herum widmeten. Die Stimmen verschwanden in der Ferne, und für einen Augenblick fielen ihr die Augen zu.

Sie war siebzehn und zu einer ruhigen, schönen jungen Frau erblüht, äußerlich selbstsicher, beliebt bei der Dienerschaft und bei ihren Gefährtinnen. Zwar war sie noch immer exzentrisch in ihren Vorlieben, ihrer Leidenschaft für Pferde und von sonderbaren Stimmungen erfüllt, aber sie war freundlich – und eine Prinzessin, also verzieh man ihr vieles. Eines aber hatte sie noch immer nicht, ein Kind. Dieser Gedanke quälte so manchen, am meisten sie selbst.

Das Horn des Wächters auf dem Turmhaus unterbrach alle Unterhaltung. Die Fensternische war plötzlich voller Frauen. Hinter ihnen saß unbeweglich die Königin. Eleyne sah, daß ihre Fingerknöchel weiß waren.

Der Bote war erschöpft, staubbedeckt und immer noch außer Atem, als er vor Joanna niederkniete.

»Man hat uns angegriffen, Madam, als wir nach Galloway kamen. Die Rebellen überfielen unsere Männer bereits, als sie das Lager aufschlugen.« Er rang nach Luft. »Doch sie wurden besiegt. Durch Gottes Gnade war der Earl Ross aufgehalten worden, so daß er sich mit seinen Männern noch nicht mit dem Hauptheer vereinigt hatte. Deshalb konnte er die Rebellen von der Seite her angreifen, überraschen und überwältigen. Ihre Niederlage war vollkommen.«

»Und der König?« Joannas Stimme war tonlos und hart. »Was ist mit Alexander?«

»Er ist wohlauf, Euer Gnaden. Er befahl Walter Comyn, in Galloway zu bleiben und den Aufstand endgültig niederzuwerfen. Mich bat er, zurückzureiten und Euch zu sagen, daß er sich mit seinen Lords auf dem Rückweg zu Princess Margarets Hochzeit befindet.«

Joanna schloß die Augen. »Der Heiligen Jungfrau sei Dank!«

Eleyne stimmte lautlos in diesen Dank ein; sie hatte fast während des gesamten Berichts den Atem angehalten.

Rhonwen hatte Eleyne die ganze Zeit beobachtet. Ihr Gesicht sah nachdenklich aus, plötzlich bekam Eleyne es mit der Angst: Es war ihr, als hätte sie ihr größtes Geheimnis entdeckt. Doch wie konnte sie das? Es war ein so schreckliches Geheimnis, daß Eleyne es sich selbst kaum eingestand. Ein Geheimnis, das ihr tief in der Seele weh tat: Sie hatte sich in einen Mann verliebt, der der Ehemann ihrer Tante, also ihr Onkel war – Alexander von Schottland.

Später, vor dem Schrein der Queen Margaret in der Abtei von Dunfermline, entzündeten die Damen des Hofs Kerzen und sprachen Dankgebete. Eleyne, die an Joannas Seite war, blickte zu dem großen geschnitzten Kruzifix über dem Altar auf. Hatte ihr Ehemann für Alexanders Tod gebetet? Wenn ja, dann hatte sie nichts davon gemerkt. In ihrem Herzen dankte sie ohne Unterlaß dafür, daß der Mann, von dem sie so oft träumte, noch am Leben war.

III
BERWICK-UPON-TWEED * 28. Juli 1235

King Alexander hatte ein Treffen seines Rates in Berwick abgehalten. Er brauchte Geld, um die Strafexpedition nach Galloway zu bezahlen, aber auch für die Hochzeit, die – um King

Henry zu trotzen, der noch nicht seinen Segen gegeben hatte – mit Glanz und Gloria abgehalten werden sollte.

Er hatte mit John noch einmal lange unter vier Augen über Llywelyns Vorschläge gesprochen. Das informelle keltische Bündnis gegen Englands räuberischen König rückte immer mehr in den Bereich des Möglichen. Beide wußten sie, daß sie jemanden brauchten, der ihnen half, ihr Vorgehen untereinander besser abzustimmen. Eleyne war intelligent, energisch und so voller Temperament, daß niemand sie verdächtigen würde, wenn sie im Lande umherritt. Sie wäre eine ideale Botin für alle Nachrichten, die sie untereinander auszutauschen hatten.

»Sie wird sich freuen, wieder einmal in ihre Heimat reisen zu dürfen«, lächelte John. »Aber sie hat Feinde in der englischen Partei von Gwynedd.«

Alexander zog eine Augenbraue hoch. »Ihre Mutter?«

John schüttelte den Kopf. »Ich habe das Gefühl, mit ihrer Mutter ist es besser geworden. Nein, es ist die kleine de Braose. Aus alten Freundinnen werden bisweilen die schlimmsten Feinde.«

Alexander lachte. »Jedenfalls bin ich sicher, daß sie das Ohr Llywelyns hat, bei ihrer gewinnenden Art.«

»Manchmal wäre es mir lieber, sie hätte etwas weniger Erfolge dieser Art.« John zog ein böses Gesicht. »Unter Euren Lords gibt es einige, die immer noch zu sehr um sie herumscharwenzeln.«

»Aber Sie haben sie doch immer im Auge.«

John schob abrupt seinen Sessel zurück, als wolle er aufstehen. Dann erinnerte er sich, daß er beim König saß, und sank wieder in die bestickten Polster zurück. »Ich traue ihr von ganzem Herzen«, sagte er kalt, »sie würde mich nie entehren. Mit niemandem.«

Es war einen Augenblick lang still.

»Ich freue mich, das zu hören, Vetter«, antwortete der König.

Der 1. August war als Datum für die Hochzeit der jüngsten Schwester des Königs mit dem Earl Marshal of England festgesetzt – ein Akt des Trotzes gegenüber King Henry und ein

Ereignis, dem der Hof schon lange gespannt und aufgeregt entgegensah.

Wie es hieß, hatte sich King Henry vier Jahre zuvor unsterblich in Margaret verliebt und sie zu seiner Königin machen wollen. Auch sie sei von dem hübschen jungen König hingerissen gewesen, allerdings war ihre ältere Schwester mit dem Oberrichter des Königs, Hubert de Burgh, verheiratet, einem Mann, der in Ungnade gefallen war. Henrys Ratgeber überzeugten ihn daher, daß es nicht passend für den König wäre, die jüngere Schwester der Ehefrau von de Burgh zu heiraten. Margaret war zuerst untröstlich, doch mit der Zeit schien es, als gäbe es doch noch andere Möglichkeiten für sie.

Der erste Teil des Hochzeitsfestes war vorüber, und die Gäste spazierten über die Wiese, die zu Füßen der Burgmauer lag. Der Tweed floß silbrig in der Nachmittagssonne, auf seiner anderen Seite lag die englische Grenze.

Irgendwo spielte eine Gruppe von Minnesängern eine Auswahl neuester Musik und lehrte dazu die Schritte – einmal zur Seite, dann wieder vorwärts –, während eine Schar von jungen Leuten diese nachzutanzen versuchte und zu den Refrains mitklatschte.

Rhonwen beaufsichtigte eine Dienerin, die Eleynes Saum hochsteckte, der beim Ringtanz unter den Fuß der enthusiastischen Dame neben ihr geraten war. Als die Reparatur zu ihrer Zufriedenheit ausgeführt worden war, schickte sie das Mädchen mit einem Kopfnicken fort.

»Was stimmt nicht zwischen dir und Lord Chester, Cariad?« Damit niemand sie belauschen konnte, führte Rhonwen Eleyne ein wenig abseits. »Als ich euch in Chester Castle sah, wart ihr zwei verliebte Turteltauben, in Schottland aber betrachtet er dich so sehnsuchtsvoll wie ein Hund, den man nicht in die Küche läßt. Und du zuckst jedesmal zusammen, wenn du ihn siehst, als hättest du ein schlechtes Gewissen.«

Eleyne zog ihren Arm weg. »Das bildest du dir nur ein, Rhonwen. Es ist alles in Ordnung.«

»Vielleicht der hübsche Lord Fife?« Rhonwens Augen wurden schmal. »Mir ist aufgefallen, wie er dich beobachtet.«

»Ach der.« Eleyne tat ihn mit einem Schulterzucken ab. »Der König, mein Onkel, hat ihm gesagt, er solle sich von mir fernhalten.« Sie fühlte, daß ihr die Röte in die Wangen stieg und wandte sich ab, um den Fluß zu betrachten. Es war Ebbe, und die Sonne spiegelte sich im Schlick, verwandelte ihn in kostbare, mit Goldflecken übersäte Seide.

»Der König?« Die leise, sanfte Stimme neben ihr tastete sie ab. »Und die Königin, deine Tante, was sagt sie dazu?«

»Sie findet es amüsant«, erwiderte Eleyne mit trockenen Lippen. »Sie zieht mich auf mit meinen Verehrern.«

Nahe bei ihnen fingen irgendwelche Gäste an zu lachen, und kichernd rannten ein paar Mädchen vorbei, die von zwei jungen Männern verfolgt wurden. Der Wind wurde stärker. Die schmucken Rundzelte, die man um die Mauern der Burg aufgebaut hatte, fingen an zu knattern, ein Geräusch, das sich dem steten, hämmernden Rhythmus der Pfeifen und Violen, der Becken und der Tamburins harmonisch einfügte.

Rhonwen lächelte. Da war etwas. Oh ja, da war etwas. Irgendwann würde es ihr gelingen, Eleyne das Geheimnis zu entlocken.

Die Chesters wurden in ein großes Zelt aus knallbuntem Tuch geführt. Draußen vor dem Zelt, neben dem Feuer, das man bei Anbruch der Dämmerung entzündet hatte, waren Stühle aufgestellt. Die Festlichkeit um sie herum nahm ihren Fortgang, und der Trubel wurde immer lauter. Als Eleyne zu den hohen Mauern von Berwick Castle aufsah, fröstelte es sie.

Endlich war das Bankett vorbei und das Brautpaar zu seinem Hochzeitsgemach im großen Turm aufgebrochen. Nun konnten sie und John die Halle mit ihrem Geruch nach Küche und Weinkeller und erhitzten Menschentrauben verlassen und sich zwischen den Dutzenden von Feuern hindurch den Weg zu ihrem eigenen Feuer bahnen. Ihre Dienerschaft bereitete den Glühwein, und im Zelt sahen sie im warmen Licht der Lampe Berge von Decken und Fellen. In einer Nacht wie dieser waren sie überflüssig, dennoch freuten sie sich auf ihr weiches Bett.

John ließ sich in einen Sessel fallen, streckte alle viere von sich und seufzte laut vor Erschöpfung. »Vielleicht können wir uns hier, bevor wir nach Süden reiten, ein paar Tage ausruhen.«

»Die Bürger von Berwick würden es uns nicht danken; sie klagen jetzt schon über die vielen Leute, die in der Stadt kampieren«, sagte Eleyne schläfrig. »Sie würden uns am liebsten alle so schnell wie möglich loswerden.«

John schnaubte wütend. »Sie sollten sich doch freuen, daß ihre Stadt mit der königlichen Hochzeit geehrt worden ist. Du ...« er winkte einem der jungen Minnesänger, der, sein Instrument auf dem Rücken, in ihrer Nähe eine Verschnaufpause eingelegt hatte. »Kannst du uns ein Schlaflied spielen, damit wir die richtige Bettschwere bekommen?«

Der Junge kicherte ausgiebig. »Jawohl, Mylord.« Er nahm sein Instrument von der Schulter, hockte sich mit untergeschlagenen Beinen ans Feuer und fing an zu spielen.

Eleyne schloß die Augen. Sie hatte seit dem Morgengrauen gegessen und getrunken und getanzt, jedenfalls kam es ihr so vor, und sie war müde. Sie wollte fort aus Schottland. Sie träumte noch immer vom König. Sie ertappte sich dabei, daß sie ihn ansah, ihre Finger sehnten sich danach, sein goldenes Haar zu berühren. Sie verbrachte Stunden auf den Knien und betete um Vergebung – doch wer sollte sie ihr gewähren? – die Heilige Jungfrau, die so rein war? Würde sie eine sterbliche Frau verstehen, würde sie ihr helfen können, gegen die Sünde in ihrem Herzen zu kämpfen? Oder die heilige Brigitte, die Patronin ihres Geburtstags, würde sie helfen? Auch Queen Margaret, die ganz Schottland als Heilige verehrte und deren Wunder erwiesen waren, könnte sie anrufen.

Sie durfte einfach nicht an ihn denken. Sie mußte ihre Träume beherrschen. Sie mußte Schottland verlassen, sie durfte ihn nie wieder sehen. Außerdem hatte sie ihre Tante liebgewonnen, und auch Joanna, so schien es ihr, mochte sie jetzt.

Ganz gegen ihren Willen blickte sie noch einmal zu den Burgmauern auf, deren Zinnen sich in der Dunkelheit verloren. Einsamkeit lag über diesem Ort. So laut die Musik, so ausgelassen die Menschenmenge auch sein mochte, Eleyne spürte trotzdem Trauer. Jenseits des Zeltlagers, jenseits der Gräben und Palisaden, die die Stadt umgaben, erstreckten sich die schwarzen Hügel hinaus in die Finsternis.

Der Junge spielte zum Abschluß eine sanftere Melodie – diese Musik war verlockend und klar vor dem Hintergrundgetöse, das um sie herum stets aufs neue anschwoll. Sie beugte sich vor, um ihn besser zu hören – und als sie die Augen aufschlug, sah sie sich, wie sie in das Feuer starrte.

IV
DOLBADARN CASTLE, GWYNEDD * Ende August 1235

»Warum? Warum muß ich hierbleiben?« Isabella blickte wütend auf den schiefergrauen Himmel und die schwarzen Berge, die sie umgaben. Oben auf dem Felsen, an der Straße von Caernarfon ins Conwaytal, lag Dolbadarn Castle mit seinem riesigen Turm und der majestätischen Halle unter hohen, von Stechginster und Geröll bedeckten Bergketten. Es war ein trostloser Ort.

»Ich möchte an den Hof deines Vaters zurück. Da habe ich wenigstens etwas Spaß.« Schmollend kehrte sie dem Fenster den Rücken zu. »Hat es damit zu tun, daß Senena dort ist? Hat sie etwas dagegen, daß ich Engländerin bin?« Ihre Stimme war bitter und sarkastisch.

Dafydd seufzte. »Gruffydd ist in Lleyn, und Senena ist bei ihm. Wir sind nicht auf Befehl meines Vaters hier, Bella, das weißt du genausogut wie ich. Es gibt gewisse Dinge zu erledigen.«

»Ich glaube, wir sind hier, weil sie uns dort aus dem Weg haben wollen.« Sie rannte durchs Zimmer auf ihn zu. »Und wenn du zu dumm bist und es nicht siehst, ich sehe es! Dein Vater plant etwas. Und er will dich nicht dabei haben. Also muß es irgend etwas mit Gruffydd sein. Wie kann er nur so dumm sein, ihm zu vertrauen!«

Wütend kehrte sie auf dem Absatz um, so daß ihre Röcke aufwirbelten.

Dafydd lächelte reumütig. Sie war gewitzt, seine kleine Frau, und wie so oft schätzte sie die Situation ganz richtig ein. Nur in einer Hinsicht irrte sie sich. Der Plan, den Llywelyn und Gruffydd ausgeheckt hatten, schloß ihn selbst ein. Nur Isabella wollten sie nicht in Aber haben.

»Liebling.« Er folgte ihr ans Fenster und legte die Hände auf ihre Schultern. Er mußte ihren Verdacht zerstreuen, auch um den Preis einer Lüge. »Wie ich sehe, muß ich dich in ein Geheimnis einweihen. Gruffydd und ich planen ein Treffen. Ich reite morgen nach Criccieth, um mit ihm zu reden. Ich werde nur zwei Tage fort sein. Ich möchte, daß du hierbleibst, damit es so aussieht, als wäre ich auch noch hier. Ich bin bald wieder zurück, und dann reiten wir beide nach Caernarfon zur Princess, meiner Mutter.« Er küßte sie auf die Stirn. Natürlich hatte er das nicht wirklich vor. Das Familientreffen mit Eleyne fand in Aber statt.

Auf den Gedanken, Isabella könnte ihm den Gehorsam verweigern, kam er nicht.

V
GWYNEDD * August 1235

Es war Eleynes erster Besuch in Aber seit Isabellas Fehlgeburt und ihrer eigenen schimpflichen Rückkehr nach Chester. Damals war tiefer Winter gewesen. Jetzt herrschte der Sommer im Land. Die Wolken hingen niedrig über den Bergen, und Donner rollte um die verborgenen Gipfel von Eryri. Sie hatte nur wenige Leute bei sich, Rhonwen, Luned, zwei Damen und nicht mehr als ein Dutzend Männer, die sie durch dichten Nebel über die hochliegende, schlechte Straße von Conwy nach Aber begleiteten.

Eleyne schwieg während des Ritts, in ihrem Kopf schwirrten zahllose Gedanken. Die Botschaften von King Alexander und John an ihren Vater, die Grußworte Joannas an ihre Halbschwester, Erinnerungen an die Hochzeit mit all ihrem Pomp und Zeremoniell – und, sie mußte es zu ihrer Schande eingestehen, Gedanken an Alexander. Immer wieder versuchte sie, diese sündigen Anwandlungen aus ihrem Kopf zu verbannen.

»Wir werden vor Einbruch der Dämmerung ankommen.« Rhonwen ritt neben ihr. Sie sah Eleynes sorgenvolles Gesicht. »Was ist, Cariad? Möchtest du nicht nach Hause?«

Ihre Worte holten Eleyne aus ihren Träumen in die Gegenwart zurück. »Natürlich möchte ich nach Hause. Wales hat mir gefehlt.« Die letzten Worte waren kaum zu hören. Blitze zuckten am Horizont, und in der Ferne donnerte es unheilvoll.

»Wirst du mit Einion sprechen?« Rhonwens Stimme war sehr leise.

»Was sagst du da? Einion ist doch tot!«

»Du kannst dennoch mit ihm sprechen, Cariad. Hier in Gwynedd.« Rhonwens Ton wurde dringend. »Ich kann es spüren. Er möchte, daß du Verbindung mit ihm aufnimmst und ihm zuhörst! Hier, wo sein Geist immer noch stark ist.«

Eleynes Augen weiteten sich, und es fröstelte sie trotz der drückenden Hitze. Aus Gewohnheit griff ihre Hand nach dem Kruzifix. Rhonwen sah die Bewegung und warf ihr einen finsteren Blick zu. »Du kannst dich nicht von den alten Göttern abwenden, du gehörst ihnen«, sagte sie streng. »Sie lassen dich nicht gehen.«

»Natürlich lassen sie mich gehen«, entgegnete Eleyne. »Ich will mit Einion nichts zu tun haben. Nichts! Ich will nicht wissen, was er mir zu sagen hatte. Verstehst du? Ich will es nicht wissen!«

VI

ABER

Llywelyn umarmte seine jüngste Tochter zur Begrüßung. »Wie ich sehe, geht es dir gut.« Ihre blitzenden Augen und ihr strahlendes Lächeln sagten ihm das. Er drückte sie kurz an sich, dann ließ er sie los, und sie fand sich in Gruffydds Armen wieder, der sie ebenfalls umarmte. Ihre Begrüßung mit Dafydd war zurückhaltender.

»Und meine Mutter, ist sie nicht hier?«

Gruffydd blickte zu seinem Vater. »Deine Mutter zieht es vor, in Caernarfon zu warten, und ich habe nichts dagegen. Worüber wir hier reden, ist nichts für King Henrys Spione.«

»Das genügt, Gruffydd!« sagte Llywelyn barsch. »Deine Stiefmutter ist uns allen gegenüber treu und loyal. Ich möchte kein Wort gegen sie hören.«

Einen Augenblick lang herrschte gespanntes Schweigen.

»Und Isabella?« fragte Eleyne endlich. »Wo ist sie?«

»In Dolbadarn.« Dafydd war nicht bereit, mehr dazu zu sagen, und Eleyne fragte auch nicht danach. Sie empfand es als eine Erleichterung zu wissen, daß Isabella bei den Gesprächen nicht dabei sein würde.

Eleyne reiste im Auftrag des schottischen Königs, sie war zudem die Sprecherin ihres Ehegatten. Dabei erwies sie sich als eine ebenso geschickte Verhandlungsführerin, wie es einst ihre Mutter gewesen war. Das Gespräch mit ihrem Vater und ihren Brüdern dauerte über zwei Tage, und nur langsam erzielte man eine Übereinkunft. Diese galt es, sofort King Alexander zu überbringen.

Jedoch mußte sie ohne John nach Schottland reiten, denn wenn sich der Earl of Chester schon wieder mit dem König der Schotten traf, hätte das Anlaß zu Spekulationen gegeben. Daß seine Frau ihre Tante besuchte, mit der sie so eng befreundet war, würde niemanden verwundern.

Ihr Herz fing an, schneller zu schlagen. Es überlief sie ein Schauer. Sie wollte Alexander nicht sehen, nicht jetzt. Sie konnte das schlechte Gewissen nicht ertragen, das ihre Gefühle in ihr erzeugten, doch sie wußte, daß ihr nichts anderes übrigblieb. Nein, sie konnte sich ihrem Auftrag nicht widersetzen.

Irgendwo jenseits der Mauern hörte sie eine Eule schreien. *Tylluan*. Die Unglücksbringerin. Es schauderte sie.

VII

Isabella traf ein, als die Mittagssonne am heißesten brannte. Ganz in Weiß gekleidet, ihr rabenschwarzes Haar von einem juwelenbesetzten Netz bedeckt, stieg sie im Hof des Palastes vom Pferd und eilte, ihren Schwiegervater zu begrüßen. Ein langes Schweigen entstand, ihre Augen richteten sich sofort auf Eleyne. Ihr Gesicht verdunkelte sich. »Ich hätte es mir ja denken können, daß du hinter diesem ganzen Betrug steckst. Nie zuvor hat mich Dafydd belogen.« Sie warf ihrem Ehegatten einen verächtlichen Blick zu. Als sie sich dem Prince näherte, knickste sie tief, dann setzte sie sich so weit wie möglich von den anderen entfernt an den Tisch. »Ich bin von dieser geheimen Sitzung ausgeschlossen, nicht wahr?«

Llywelyn lächelte ihr zu und verbarg sorgsam die starke Irritation, die ihr Anblick stets in ihm hervorrief. »Du bist willkommen, Schwiegertochter.« Er erhob sich steif von seinem Stuhl. »Unser Gespräch war für heute ohnehin schon beendet. Deine Gegenwart wird uns den Nachmittag versüßen!«

Der Prince of Aberffraw streckte Eleyne die Hand entgegen und geleitete sie zur Tür. »Ich habe ein Pferd, zu dem ich gern deine Meinung hören würde, Tochter.«

Gruffydd holte beide am Fuß der Treppe ein. Er verbeugte sich vor seinem Vater. »Ich habe Dafydd mit seiner Frau allein gelassen.« Er hob die Augen zum Himmel auf. »Mögen die Götter ihm beistehen, Isabella schimpft, als ob er ein unartiges Hündchen wäre.«

Llywelyn lachte. »Ich fürchte, die Dame ist trotz ihrer Jugend nicht das gehorsame Weibsbild, das Dafydd gerne hätte.« Er lächelte seiner Tochter liebevoll zu. »Der Himmel bewahre uns vor eurem Geschlecht.«

Isabella fand Eleyne später im Söller. Die beiden jungen Frauen sahen einander schweigend an. Eleyne wollte einem von Llywelyns Schreibern gerade einen Brief an ihre Schwester Margaret diktieren. Sie gab dem Mann einen Wink, er solle verschwinden, stand auf und fand es seltsam beruhigend, daß sie einen Kopf größer als Isabella war.

»Ich freue mich, dich zu sehen, Schwester«, sagte sie vorsichtig.

»Wirklich? Das überrascht mich und geht wohl nur dir so.« Isabella stemmte die Hände in die Taille. »Du bist in ihre Geheimnisse eingeweiht, nicht wahr? Die wichtige, schöne, intelligente Eleyne. Wo aber ist dein Mann?« Ihre Stimme hatte den singenden Tonfall der Bergbewohner angenommen. »Könnte es sein, daß er wieder krank ist? Oder nimmst du ihn nicht mehr auf deine Reisen mit? Läßt ihn einfach zu Hause mit deinem Pferd. Dem Pferd meines Vaters.« Sie rümpfte die Nase.

Eleyne versuchte sie zu unterbrechen, aber Isabella sprach weiter. »Sie hassen dich alle, vergiß das nie. Aus welchem Grund du auch immer hier sein magst, es ist nur deswegen, weil du ihnen nützlich bist. Wenn du fortreitest, haben sie dich bereits vergessen. Und außerdem halten sie dich alle für eine Lügnerin und Intrigantin.«

Eleyne holte tief Luft. Im ersten Augenblick hatte sie sich auf Isabella stürzen wollen, aber damit hätte sie sich nur auf das Spiel dieses Mädchens eingelassen, und das wäre dumm und kindisch gewesen. Sie zwang sich also zu einem Lächeln. »Du klingst noch genau wie die Isabella, mit der ich früher in Hay spielte. Stört es Dafydd nicht, daß du nie erwachsen geworden bist?« Isabella war tatsächlich noch immer das verwöhnte, kleine Mädchen, das einmal der Liebling ihres Vaters gewesen war. Jetzt mußte Dafydd sie verwöhnen, und zweifellos tat er es, um den Frieden zu wahren.

Isabellas Augen blitzten. »Ich spiele nicht falsch und spioniere herum. Sag mir, kletterst du immer noch auf Bäume und reitest du immer noch wie eine Wilde auf Pferden, die für Männer gedacht sind, oder hat es dein Gatte aus dir herausgeprügelt?«

Ein Gedanke schoß in Eleynes Kopf: ob Dafydd sie vielleicht geschlagen hatte, um ihrer Herr zu werden? Wenn ja, dann war es ihm nicht geglückt. Isabella tat ihr fast leid. »Ja, ich reite immer noch wie eine Wilde und ich klettere auf Bäume, wenn ich muß. Warum auch nicht? Eines nämlich habe ich gelernt, Isabella: Wer im Lande das Sagen hat, bestimmt selbst und befolgt nicht, was andere bestimmen. Darüber solltest du einmal nachdenken, wenn du Princess of Gwynedd werden willst.« Sie schritt langsam zur Tür.

Rhonwen hatte gehorcht. »Es wäre besser, du würdest es dir nicht völlig mit ihr verderben, Eleyne. Denke an die Aufgabe, die du übernommen hast. Vielleicht mußt du eines Tages zwischen Dafydd und dem König vermitteln. Was ist, wenn Madam sich einmischt und dir das Betreten ihrer Burg untersagt?«

»Dafydd würde das nicht gestatten.«

»Er steht unter ihrem Pantoffel.«

Eleyne schüttelte den Kopf. »Er läßt sie vielleicht in diesem Glauben. Dennoch wird er sich von ihr nichts sagen lassen. Er weiß genau: Wenn seine Ehefrau ihm nicht gehorcht, wie soll ihm dann das Volk von Wales gehorchen?«

»Und wenn es ihm nicht gelingt, gibt es auch noch andere Wege, diesem Unsinn ein Ende zu machen.« Rhonwens Augen wurden schmal. »Ich lasse nicht zu, daß sie dir schadet.« Sie lächelte vieldeutig. »Außerdem: Gruffydd ist für das Bündnis mit Schottland, wie du weißt. King Henry aber hat Dafydd schon als Erben seines Vaters anerkannt. Der Prince ist ein Narr, Dafydd ins Vertrauen zu ziehen.«

»Rhonwen«, Eleyne wollte ihr Mißtrauen zerstreuen. »Auch Dafydd kämpft für Wales.«

Rhonwen verzog das Gesicht. »Dafydd kämpft nur für sich selbst. Gruffydd aber kämpft für Wales. Eleyne, vergiß trotz deiner juwelenbesetzten Rosenkränze nicht, welchen Göttern du dienst, und vergiß nicht, auf welcher Seite du stehst, wenn du dich als Botschafterin des Königs von Schottland betätigst!«

Eleynes Augen blitzten. »Du bist unverschämt, Rhonwen.«

»Ja – aber es steht mir als deiner Kinderfrau zu, dich an deine Pflichten zu erinnern, wenn du dich über dich selbst erhebst und deine Aufgabe aus den Augen verlierst!« Rhonwens Gesicht war dunkelrot. Sie stürmte die Treppe hinunter und schlug die Tür, die in den Hof führte, hinter sich zu.

Eleyne erwähnte den Vorfall später ihrem Vater gegenüber. Zu ihrem Erstaunen warf Llywelyn den Kopf in den Nacken und lachte. »Ich habe mich der Lady Rhonwen bedient, weil mir klar war, daß ihre leidenschaftliche Parteinahme für Gruffydd sie an unsere Sache binden würde«, sagte er. »Aber auch, weil sie entbehrlich ist.«

»Entbehrlich?« wiederholte Eleyne leise.

»Natürlich. Im Falle eines Verrats hätte ihr niemand Glauben geschenkt. Wir hätten uns ihrer spielend entledigen können.«

»Du hättest sie getötet?« Eleyne war entsetzt.

»Ich werde, wenn es nötig ist, jeden töten, der unsere Sache verrät, Eleyne«, sagte er streng. »Diese Frau hat dich aufgezogen, und du hängst an ihr. Aber die Angelegenheiten unseres Landes stehen über allen persönlichen Gefühlen.« Er schwieg einen Augenblick. »Ich hatte früher einmal Angst, sie und Einion Gweledydd hätten dich für ihre unchristlichen Zeremonien eingenommen. Nun ist Einion tot, mit ihm ist auch der letzte Aberglaube ausgestorben, Christus sei Lob und Dank.« Er wirkte fast erleichtert.

»Doch etwas anderes: Reite für ein, zwei Tage nach Caernarfon und besuche deine Mutter! Sie würde sich sehr darüber freuen, selbst wenn es nur für einen Tag ist. Ihr geht es nicht sehr gut.«

»Was fehlt ihr denn?«

»Sie ist müde und hat keine Kraft mehr.« Sie schwiegen eine Zeitlang.

»Sie sollte in Aber sein, Papa, oder in Llanfaes. Dort lebt sie gern. Caernarfon ist so ein kalter, düsterer Ort. Und wenn sie krank ist ...«

»Sie wollte nicht hier sein, nicht solange Gruffydd und Senena hier sind. Sie hat Angst, daß ich mir die Sache mit Dafydd als meinem Nachfolger noch anders überlege. Mein Entschluß aber steht fest: Dafydd ist mein Erbe. Gruffydd ist ein viel zu großer Hitzkopf. Er genießt im Lande keine Unterstützung.«

»Natürlich nicht. Weil du deine Gefolgsleute immer wieder gezwungen hast, Dafydd die Treue zu schwören.« Eleyne achtete sorgfältig darauf, daß ihre Stimme neutral klang.

»Und so wird es bleiben.« Llywelyn wurde ärgerlich. »Genug jetzt! Ist dein Ehegatte wohlauf?«

»Es geht ihm gut, Papa. Nach der Rückkehr aus Schottland fing er wieder an zu husten, aber er hat sich erholt.«

»Er hätte sicher gern einen Erben.«

Eleyne mied die forschenden Augen ihres Vaters und zuckte die Achseln. »Gott hat es noch nicht für richtig gehalten, uns ein Kind zu schenken.«

»Aber die Ehe ist doch wohl vollzogen?«

Sie fühlte die Röte die Wangen emporsteigen. »Ja, Papa, die Ehe ist vollzogen.«

VIII

CAERNARFON

Joan lag im Bett, als man Eleyne den Weg in das Schlafgemach im neuerbauten Turm von Caernarfon wies. Lächelnd streckte sie Eleyne die Hände entgegen. Ihr Gesicht war blaß und verhärmt, aber ihre Augen waren lebhaft. Sie richtete sich in ihren Kissen auf und zog Eleyne zu sich.

Eleyne empfand eine jähe Zuneigung. »Was fehlt dir, Mama? Bist du krank?«

»Ich habe manchmal Schmerzen.« Sie lächelte. »Doch erzähl' mir lieber, was es Neues gibt. Und sag mir, was dein Vater und seine Söhne ausgeheckt haben.«

Gerade wollte Eleyne antworten, da rang Joan plötzlich nach Luft, sie spürte fürchterliche Schmerzen in der Magengegend.

Eleyne sprang erschrocken auf.

Doch Joan schüttelte den Kopf. »Nichts, nichts. Das geht bald vorbei. Reg dich nicht auf!« Dann sank sie ins Bett zurück und schloß die Augen. Ihr Gesicht war grau.

Als sie eingeschlafen war, schlich Eleyne aus dem Zimmer und stieg langsam die Treppe in die Halle hinunter. Abends redeten sie dann weiter.

»Ich wollte, du und ich, wir wären früher Freundinnen geworden«, flüsterte sie. Dann bat sie ihre Tochter, Briefe an Margaret, Gwladus, Gwenllian und Angharad zu schreiben. »Bitte deine Schwestern in meinem Namen, sie mögen zu mir kommen.«

»Mama.« Dieser Wunsch machte Eleyne Angst.

Ihre Mutter aber streckte die Hand nach ihr aus und wechselte das Thema. »Ich hätte dich nicht Rhonwen überlassen dürfen. Sie hat uns zu Feindinnen gemacht, weißt du. Sie war immer eifersüchtig, weil sie kein Kind hat. Sie wollte dich für sich selbst, Eleyne.« Sie schwieg eine Zeitlang. »Rhonwen wollte dich Bridget nennen, wegen der Feuersbrunst am Tage deiner Geburt, doch wir nannten dich nach der heiligen Helena …« Sie schien einen Augenblick mit ihren Gedanken abzuschweifen, dann fuhr sie fort. »Jemand sagte mir, sie wäre auch eine Göttin gewesen, eine Göttin des Lichts.« Sie schwieg

297

wieder. »Dein Vater hatte eine Zeitlang Angst, Rhonwen könne dich mit ihren heidnischen Sitten vergiften. Ich habe ihm gesagt, daß sie das niemals wagen würde. Einer der Barden deines Vaters glaubte auch an die alten Geschichten.« Ihre Stimme wurde schwächer.

Eleyne sagte nichts dazu.

»Eleyne!« Die Stimme ihrer Mutter wurde plötzlich scharf. »Rhonwen ist böse. Ich bin so froh, daß sie nicht mehr bei dir ist ...«

»Rhonwen ist nicht böse, Mama. Sie liebt mich. Sie würde niemals etwas tun, womit sie mir schaden könnte«, sagte Eleyne leise.

»Dir vielleicht nicht. Aber sie war es doch, die dir gesagt hat, du sollst William und mich an deinen Vater verraten, nicht wahr?« Es war das erste Mal, daß sie von jener Nacht sprach.

Eleyne biß sich auf die Lippe. »Mama, das ist so lange her und längst vergessen.«

»Vergessen!« Joans Augen blitzten wütend auf. »Nein, es ist nicht vergessen! Ich habe ihn geliebt, weißt du. Allerdings nicht so, wie ich deinen Vater liebe.« Sie ließ sich ins Kissen zurückfallen und nahm fast flehend Eleynes Hand. »Es war etwas Seltsames, Neues, Verbotenes. Es war so aufregend. Ich war nur die Schmeicheleien der Höflinge gewöhnt, William aber war anders. Durch ihn fühlte ich mich lebendig.« Sie schloß die Augen. »Du warst eifersüchtig, nicht wahr, Kind? Du wolltest nicht, daß deine alte Mutter seine Aufmerksamkeit genoß, die dir und diesem fürchterlichen Pferd gehören sollte. Du hast das nicht verstanden. Ich wollte deinen Vater nicht betrügen. Ich hatte ihn so gern, aber ...« Ihre Worte wurden unhörbar.

Gegen ihren Willen sah Eleyne wieder das Bild vor sich auftauchen, ihre Mutter nackt im Bett mit Sir William. Nun aber sah sie es mit den Augen einer Frau. »Du hast Vater geliebt, aber er hat dir nie Lust bereitet«, murmelte sie.

Joans Augen forschten in Eleynes Gesicht. »Du verstehst mich«, sagte sie endlich.

Eleyne nickte. »Ich glaube.« Sie lächelte traurig.

Joan spürte, wie unglücklich sie war.

»Hast du je einen anderen geliebt?«

Eleyne schüttelte heftig den Kopf. »Ich würde niemals, niemals meinen Ehemann betrügen.« Es klang so scheinheilig, und sie bedauerte es, nicht geschwiegen zu haben.

Joan lachte bitter. »Das sagt sich so leicht. Vielleicht hattest du bisher nur keine Gelegenheit dazu. Was hättest du getan, wenn der, den du liebst, dich plötzlich geküßt hätte? Wenn er dich von allen anderen fortgelockt hätte zu einem Ritt und du dich mit ihm allein auf einer Moosbank wiedergefunden hättest, bedeckt von Buschwindröschen und Veilchen?« Sie fing an zu schluchzen.

»Mama!« Eleyne beugte sich vor und küßte sie auf die Stirn. »Mama, bitte weine nicht.«

IX
SEPTEMBER 1235

Eleyne wollte aus Sorge um ihre Mutter noch einige Tage bleiben, doch ihr Vater drängte sie zur Abreise.

Sie reiste zuerst nach Chester, verbrachte dort drei Tage mit John und setzte dann ihre Reise mit Rhonwen, Luned und einer kleinen Eskorte ausgesuchter Kavaliere fort. Angeblich folgte sie einer dringenden Einladung ihrer Tante Joanna, die sie nach Kinghorn an ihr Krankenbett bat. In Wirklichkeit trug sie, in ihr Mieder eingenäht, die beiden Briefe ihres Ehemanns und ihres Vaters.

Je näher sie Schottland kam, um so nervöser wurde sie. Einerseits verlangte es sie danach, Alexander wiederzusehen, andererseits aber schämte sie sich ihres Verlangens und litt entsetzlich unter ihrem schlechten Gewissen. Warum hegte sie solche Gefühle? Sie liebte doch ihren Ehegatten. John war lieb, verständnisvoll und sah gut aus. Was konnte sie sich anderes wünschen? Es war so viel mehr, als viele Frauen hatten. Der König dagegen hatte sie nie wirklich angesehen. Als sie den Solway mit seinem silbern glitzernden Sand durchquert hatten und durch den Wald von Ettrick und Teviotdale nach Norden ritten, verschlechterte sich das Wetter. Wind kam auf, und Regen schoß hernieder.

Der Forth war stürmisch, der Wind peitschte das Wasser zu hohen, von Schaumkronen bedeckten Wellen auf, als sie in Dalmeny ohne ihre Pferde an Bord der Fähre gingen. Das andere Ufer war unsichtbar in der grauen Dämmerung. Kalt und schlotternd in ihrer nassen Kleidung hatte sich Eleyne in den Windschatten der Kajüte gesetzt und starrte in die trübe Finsternis hinaus.

Das Boot schlingerte und schäumte durchs Wasser, während die Takelage flatterte und krachte.

»Ich bin froh, wenn wir endlich da sind«, sagte Rhonwen, deren Augen von der Kälte tränten, und setzte sich neben Eleyne. »Bis zum Königsschloß in Kinghorn ist es nicht mehr weit.« Eleyne aber dachte nur an eines, an Alexander, den König von Schottland.

Das königliche Schloß lag nahe dem Hafen von Kinghorn, am Fuße der blaßrosa Klippen. Joanna empfing Eleyne mit offenen Armen: »Sieh nur, wie krank ich bin!« Sie lachte, und Eleyne stimmte ein, sie konnte der guten Laune der Königin nicht widerstehen. Alexander war nicht da. Das sagte ihr die ganze Atmosphäre des Hofes; die Ställe waren halbleer, und statt des Wimpels des Königs flatterte die Fahne der Königin am Wachtturm über dem Tor. Halb enttäuscht, halb erleichtert erwiderte sie die Umarmung der Königin. »Du siehst viel besser aus als letztes Mal, da ich dich sah, Tante.«

»Es geht mir auch wieder besser.« Joanna nahm sie beim Arm und führte sie zum Feuer. »Und ich bin glücklich, ich bin nämlich wieder schwanger!« Sie war sehr aufgeregt.

Eleyne erstarrte, der König war vergessen, Johns Gesicht tauchte vor ihr auf. »Bist du sicher?«

»Nicht ganz, aber es ist fast zwei Monate her, daß ich geblutet habe. Ach Eleyne, liebe Eleyne! Ich bin sicher, meine Gebete sind erhört worden!«

»Und der König ist sicher ebenso glücklich.« Eleyne ballte die Fäuste.

»Ich habe es ihm noch nicht gesagt.« Die Freude wich ein wenig aus Joannas Gesicht. »Ich habe es nicht gewagt. Falls ich mich irren sollte, es wäre entsetzlich.«

»Wo ist er?« Eleyne vermochte sich nicht mehr zu beherrschen.

Joanna lächelte. »Natürlich. Du hast es eilig, deine Botschaften zu überbringen. Er wird morgen oder übermorgen wieder hier sein. Wir wußten ja nicht, wie lange du für den Ritt bis Kinghorn brauchen würdest ...«

X
KINGHORN

Der König befand sich in seinem Arbeitszimmer neben der Halle, als er Eleyne am folgenden Nachmittag zu sich rief.

Der Kämmerer, der ihr den Weg gewiesen hatte, ließ sie allein und zog die schwere Eichentür hinter sich ins Schloß. Sie waren ungestört, von dem großen Jagdhund abgesehen, der vor dem Feuer lag. Sie knickste tief.

Der König hatte am Fenster gestanden und in dem trüben Licht des regnerischen Tages einen Brief gelesen. Er wandte sich ihr mit einem Lächeln zu und warf den Brief auf den Tisch. Die Kerzen in dem riesigen silbernen Kandelaber zitterten im Luftzug. »So, Lady Chester.« Eine Zeitlang rührte er sich nicht.

Sein Schweigen entnervte sie. »Ich habe Briefe, Euer Gnaden.« Aufgeregt hielt sie ihm die beiden Briefe hin. Am Abend zuvor hatte sie sie im flackernden Kerzenlicht vor dem Zubettgehen aus ihrem Mieder geholt. In der Nacht hatten sie unter ihrem Kopfkissen gelegen.

»Wie geht es dir, Eleyne?« Er machte keine Bewegung, um die Briefe entgegenzunehmen, sie stand da und hielt sie ihm hin. Langsam ließ sie die Hand sinken.

»Es geht mir gut, Onkel, danke.«

»Und deinem Mann?«

Sie sah zu Boden und betete darum, daß er nicht merkte, wie aufgeregt sie war. »Ihm geht es auch gut. Er schickt dir seine Grüße.«

Ihre Hände wurden feucht. Sie schluckte und versuchte zu lächeln.

»Gefällt dir die Rolle einer königlichen Botin?« Er setzte sich auf die Ecke des Tisches. Sie sah, daß der schwere goldene Faden der Stickerei am Saum seines Mantels zerrissen war. Der Mantel war naß und schmutzig vom Ritt.

»Sehr, Sire.«

»Das dachte ich mir, daß dir die Rolle einer Spionin gefallen würde.« Er lächelte. »Bist du denn auch bereit, dich an den englischen Hof zu deinem Onkel Henry zu begeben und ihm ein paar Geheimnisse zu entlocken?« Es klang spaßig, doch er meinte es ernst. »Es würde mich interessieren zu erfahren, wie eine Frau die Dinge sieht. Wir Männer streiten und argumentieren und beißen uns dabei in irgendwelchen Kleinigkeiten fest. Manchmal verlieren wir sogar den Überblick. Deine Mutter war deinem Vater immer eine große Hilfe. Ihr Bruder Henry hat stets gern auf ihren Rat gehört. Meinst du, daß er auch auf dich hört?«

Eleyne zögerte. »Ich kenne meinen Onkel kaum, Euer Gnaden. Seit meiner Heirat haben wir uns zwar oft gesehen, aber nie viel miteinander gesprochen. Ich glaube, er mag mich, doch …« Sie zuckte die Achseln. »Ich saß nur ein- oder zweimal bei ihm am Tisch.«

»Dann mußt du dir ein bißchen Mühe geben und mit deinem Charme auf ihn einwirken. Schmeichle ihm, ich bin sicher, es wird dir gelingen.« Er lächelte schelmisch.

Sie merkte, daß sie rot wurde. Ohne es zu merken, hatte sie begonnen, die Briefe zu zerknittern, die sie in ihren Händen hielt.

Er verschränkte die Arme. »Du kommst gut mit Joanna aus? Das freut mich. Sie hat eine traurige Zeit hinter sich.«

»Sie wirkt viel fröhlicher«, sagte sie vorsichtig. »Ich freue mich, daß sie so gesund und munter ist.«

»Hat sie dir etwa erzählt, sie sei wieder guter Hoffnung?« Er drehte sich zum Feuer, stand da und rieb sich langsam die Hände. »Sie hat dir davon erzählt, ich spüre es. Doch es spielt sich alles nur in ihrem Kopf ab. Die Ärzte haben es mir gesagt. Sie ist nicht schwanger und wird es wahrscheinlich auch nicht

werden.« Er schlug sich mit der Faust in die Handfläche: »Du
weißt es selbst, wenn mir etwas zustößt, wirst du die nächste
Königin der Schotten sein.«

Er kehrte dem Feuer den Rücken und betrachtete sie wieder
aufmerksam, sah ihr betrübtes Gesicht. »Was ist denn? Gefällt
dir dieser Gedanke nicht?«

Eleyne schüttelte den Kopf. »Ich fände es schrecklich, wenn
Euch etwas zustoßen würde …«

Er brach in ein brüllendes Gelächter aus. »Mir würde es noch
weniger gefallen, das kannst du mir glauben! Doch gib mir
diese Briefe, bevor du sie völlig zerknautschst.« Er nahm sie
aus ihrer Hand. Einen Augenblick lang berührten sich ihre Finger, dann wandte er sich von ihr ab und dem Tisch zu.

Sie stand am Feuer und starrte in die Flammen, während
er las. Das Treibholz brannte mit grüner Flamme. Als es in
Aschestücke zerfiel, sah sie die Flammen züngeln, einander
verschlingen und sich jagen in dem Rauch. Draußen peitschte
der Regen die Mauern und sprühte durchs offene Fenster auf
den Boden. Auf den Steinplatten des Fußbodens bildete sich
eine Pfütze. Der Hund seufzte im Schlaf und leckte sich die
Lefzen.

Sie sah einen Reiter in den Flammen, den Kopf über den Hals
des Pferdes gebeugt, sein Mantel flatterte hinter ihm her. Um
ihn herum sah sie Bäume, deren Äste sich im Sturm streckten.
Sie sah Blitze zucken. Hörte den Donner rollen im leisen Knistern der Flammen. Ohne sich dessen bewußt zu sein, ging sie
näher an das Feuer heran, ließ sich auf einem Knie nieder, um
genauer zu sehen.

Der König senkte seinen Brief und beobachtete sie.

Die Hufe des Pferdes donnerten einen Sandweg hinunter.
Sie hörte das Heulen des Windes, sah die tanzenden, wippenden Schatten und wurde von einem Blitzstrahl erschreckt, der
Pferd und Reiter blendete. Sie hörte das Brüllen des Pferdes,
als es stürzte …

»Eleyne! Vorsicht!« Ihr Schleier war in die Nähe der Funken
geraten.

»Eleyne!« Alexander ließ die Briefe fallen und hatte mit zwei
Schritten das Zimmer durchquert. Er packte sie am Arm und

riß sie hoch. »Mädchen, was ist los mit dir? Du verbrennst dich noch!«

Einen Augenblick lang standen sie da und starrten einander an. Er hielt noch immer ihren Arm. Auge in Auge standen sie da. Dann endlich sprach sie. »Es tut mir leid, ich …« Sie zögerte, fühlte seine Finger glühend heiß durch die Seide des Ärmels. »Mir war schwindlig. Ich …«

»Erwartest du ein Kind?« Er hielt sie immer noch fest, sein Gesicht war nahe bei ihrem.

Sie schüttelte den Kopf. »Nein, nein. Bitte.« Sie versuchte ihren Arm aus seiner Hand zu befreien, seine Kraft ängstigte sie. Ihr Herz schlug wie wild. Jäh ließ er sie los.

Er sah wütend aus, als er an den Tisch zurückkehrte. »Streck' den Kopf aus dem Fenster und atme tief durch, damit dir besser wird«, befahl er ihr verärgert, »und dann laß uns die Briefe besprechen.«

Der Wind war wie Eis auf ihren brennenden Wangen, und der Regen, der ihr ins Gesicht prasselte, stach ihr in die Augenlider, er lief ihr den Hals hinunter, so daß die Vorderseite ihres Kleides augenblicklich durchnäßt war.

Alexander lachte. »Zuerst versucht sie, sich zu verbrennen, und jetzt will sie sich ertränken. Es scheint, als täte sie alles, um nicht ihrem König dienen zu müssen.«

Sie zitterte nun nicht mehr, als sie vor ihm stand. Sein Gesichtsausdruck verriet, daß er mit sich rang. Schließlich sagte er: »Ich kenne dich, es ist wahr. Die Heilige Jungfrau weiß, woher, doch ich spüre, daß ich dich schon zeit meines Lebens kenne.« Er holte tief Luft. »Gütige Jungfrau, Mädchen, bist du schön!« Er sagte es beinahe verwundert, als er die Hand nach ihrem Schleier ausstreckte und ihn aufhob, um ihr sanft die Regentropfen abzutupfen, die immer noch wie Tränen auf ihren Wangen lagen. Er tippte ihr zärtlich mit dem Finger auf die Nasenspitze und wandte sich von ihr ab. »Doch zu den Geschäften!

Ich möchte, daß du meine Schwestern in England besuchst und mit ihren Ehegatten sprichst.« Er runzelte plötzlich die Stirn. »Das könnte für dich als Untertanin King Henrys gefährlich werden. Wie allen, die Land in England und Schottland besitzen. Unsere Länder leben im Augenblick miteinander in Frieden, und Gott möge dafür sorgen, daß es so bleibt, aber Henry stellt selbst die Geduld eines Heiligen manchmal auf die Probe. Deshalb ist ein Ring von Verbündeten wichtig, der ihm widersteht.« Er lächelte sie vielsagend an.

Sie lächelte zurück – ruhiger jetzt, ihre Visionen hatte sie schon fast vergessen, die Abdrücke seiner Hand an ihrem Arm verblaßten. Sie war wieder Herrin ihrer selbst.

Keiner von ihnen beiden hatte etwas gehört, bis die Tür aufsprang, und Joanna hereinwankte. Blut war an ihren Händen und am Rock ihres Kleides. Sie sah von einem zum anderen, dann brach sie in Tränen aus.

»Kein Baby«, schrie sie. »Wieder kein Baby!«

XI

»Sie ruht, Sire.« Eleyne stand vor dem König, der bleich und erschöpft in seinem großen Sessel vor dem Feuer saß. Das ganze Haus war still, sogar der Hund, der den Schmerz seines Herrn spürte, hatte den Kopf auf die Pfote gelegt und bewegte sich nicht. »Rhonwen hat ihr einen Schlaftrunk gereicht, und Lady Auda wacht bei ihr.«

»Setz dich, Eleyne.« Die Stimme des Königs war heiser. »Ich bin froh, daß du da warst, als es geschah. Ihren Damen gelingt es nicht, sie zu beruhigen.«

»Passiert ihr das denn öfter?« Eleyne war entsetzt.

»Ja. Aber nicht … nicht so.« Er schwieg einen Augenblick lang. »Das Leben am Hof macht sie unglücklich. Wenn sie den Bauch einer anderen Frau anschwellen sieht, muß sie weinen. Immer wieder habe ich sie wegen ihrer Kinderlosigkeit trösten müssen. Ich dachte zuerst, dein Anblick würde sie traurig stimmen. Du bist jung und glücklich und du kannst ein Dutzend Kinder bekommen. Ich dachte, sie würde eifersüchtig werden, aber du hast ihr Vertrauen gewonnen.« Er rieb sich müde das Kinn. »Ich weiß nicht, was sie tun wird, wenn du tatsächlich ein Kind zur Welt bringst.« Er sagte es nachdenklich, leise, jedoch in einem Tonfall, daß es wie eine Frage klang.

Eleyne starrte in das Feuer. »Aber ich erwarte kein Kind«, sagte sie schließlich.

Der König antwortete nichts darauf. Sie konnte seine Gedanken lesen. War auch sie unfruchtbar? Würde Schottlands Königshaus mit ihr aussterben? Gern hätte sie ihm gesagt, daß sie um die Zukunft wußte, doch sie erinnerte sich an Johns Warnung und blieb still. Es war nicht gut, davon zu sprechen, vor allem nicht zum König.

Am folgenden Abend rief Alexander sie wieder in sein Privatkabinett. Er saß an dem breiten Eichentisch, als sie im Türeingang erschien. Wieder war er allein. Ohne ein Wort zu sagen, schritt er zur Tür und drückte sie hinter ihr ins Schloß. »Warst du heute bei der Königin?«

Eleyne nickte. »Es geht ihr besser.« Joanna hatte in dem verdunkelten Zimmer gelegen und an die Decke gestarrt. Sie hatte nicht ein Wort gesagt, als Eleyne zu ihr gekommen war.

Der König seufzte. »Bei der Jungfrau, ich wollte, es wäre wahr! Also, Lady Chester, was soll ich tun?« Seine Augen blickten halb traurig, halb spöttisch.

Sie erwiderte seinen Blick und versuchte, seine Gedanken zu lesen. »Sie müssen zärtlich zu ihr sein, Sire. Sie ist sehr unglücklich.«

»Das bin ich auch.« Er sah sie nachdenklich an. »Und du, Eleyne. Bist auch du unglücklich?« Seine Stimme war sehr ruhig.

Sie schüttelte den Kopf, wagte nicht zu atmen. Ihre Fäuste, die sie in den Falten ihres Mantels versteckte, ballten sich, daß die Nägel sich in ihre Handflächen bohrten.

»Haben Sie irgendwelche Briefe, die ich zu meinem Vater mitnehmen soll, Sire?«

Langsam stand er auf und ging zu ihr hinüber. Wie geistesabwesend berührte er ihre Wange.

»Nein.«

Sie schüttelte den Kopf und wich zurück.

»Ich werde die Briefe morgen fertig haben«, sagte er leise. »Laß mich jetzt allein!«

Sie verbrachte fünf Tage in Kinghorn. Am fünften Tag traf ein Bote mit einem Brief von Eleynes Schwester Margaret ein. Sie las ihn mit Erstaunen. Ihre Mutter war nach Aber zurückgekehrt und hatte gleich danach einen Rückfall erlitten. Man fürchtete um ihr Leben. Ihre Schwestern Gwenllian und Angharad waren bei ihr, doch sie fragte nur nach Eleyne.

»Ich muß sofort zu ihr!« Eleyne war bei Joanna, die auf dem Bett lag, noch immer zu matt, um aufzustehen. Der König war zwei Tage zuvor nach Cupar geritten, ohne ein Wort der Erklärung.

»Nein, geh nicht fort. Ich brauche dich!« Joanna richtete sich auf, sie war erregt. Ihr Haar war nicht gekämmt, ihr Gesicht bleich und eingefallen.

»Ich muß, Tante. Mama ist krank. Es könnte sein, daß sie stirbt.« Eleynes Stimme wurde lauter, sie zitterte.

»Du darfst nicht fort, nicht ohne Alexanders Erlaubnis.« Triumphierend warf sich Joanna in ihre Kissen zurück. »Ohne die Briefe kannst du nicht abreisen.« Das stimmte.

Eleyne holte tief Luft. »Dann muß ich sie mir holen.«

Margarets Bote, der Tag und Nacht geritten war, hatte bei dem heftigen Regen und den morastigen Wegen mehrere Tage von Aber bis Kinghorn gebraucht. Es konnte sein, daß es bereits zu spät war. Dennoch befahl Eleyne ihren Begleiterinnen zu packen. Trotz Joannas Bitten hatte sie sich entschlossen, Kinghorn sofort zu verlassen, den König aufzusuchen, die Briefe in Empfang zu nehmen und dann nach Süden zurückzureiten. Daß sie sich danach sehnte, ihm noch einmal gegenüberzutreten, bevor sie fortritt, hätte sie sich nie eingestanden.

Die Straßen waren Sümpfe, und die Pferde kamen nur langsam voran. So erreichten sie erst nachmittags das Städtchen Cupar.

Der König war von Bittstellern umlagert, als Eleyne herankam. Einen Augenblick lang zögerte sie, blieb am Rande der Menschenmenge stehen und starrte sein hübsches Gesicht an. Er sprach mit einem Mann, der vor ihm stand. Zu ihrem Schrecken stellte sie fest, daß es Lord Fife war.

Cenydd hatte ihr mittlerweile einen Weg zum König gebahnt.

Als der König sie sah, brach er sein Gespräch ab. Er schien nicht erfreut, sie zu erblicken. »Lady Chester?«

Etwas schnürte ihr die Kehle zusammen, als sie vor ihm knickste. »Verzeihen Sie, Sire, aber ich muß nach Wales zurück. Meine Mutter ist schwer krank!« Sie stockte. »Sie stirbt.«

Er reagierte überaus ärgerlich, sie wußte warum und senkte beschämt den Blick. Ihr Besuch sollte ja privaten Charakters sein und nur ihrer Tante gelten. Würden die Leute sich nicht fragen, weshalb sie meilenweit in die falsche Richtung geritten war? Doch nun war es zu spät, das wußte auch der König. »Verzeiht«, sagte er zu den Anwesenden, »ich würde gern mit Lady Chester sprechen, bevor sie fortreitet – allein.«

Ihr Herz fing wild zu schlagen an, doch die Männer verbeugten sich und zogen sich zum anderen Ende des Saales zurück. Alexander setzte sich wieder und streckte die Hand aus. Sie ging zu ihm.

»Ich habe keine Zeit gehabt, Briefe zu schreiben«, sagte er leise. »Richte deinem Vater aus, daß ich noch abwarten werde. Es besteht die Möglichkeit, einen Vertrag mit Henry zu schließen, und diese Chance möchte ich nicht aufs Spiel setzen. Besuche uns im Frühling, wenn ich meine Pläne überdacht habe, ich werde dann entscheiden, was zu tun ist. Du kannst, wenn du Margaret besuchst, dem Earl Marshal dasselbe ausrichten.« Er lächelte. »Es tut mir leid, von der Krankheit deiner Mutter zu hören. Ich werde für sie beten.«

Das war alles. Sie wartete noch einen Augenblick, aber er hatte schon Lord Fife zu sich gewinkt.

Der Earl lächelte ihr zu, sein Blick glitt hungrig über ihren Körper, als er sich verbeugte. »Lady Chester, es tut mir leid zu hören, daß Sie uns schon wieder verlassen. Ich hatte nicht gewußt, daß Sie in Schottland waren, sonst hätte ich Ihnen längst meine Aufwartung gemacht.«

Eleyne trat einen Schritt zurück. »Ich habe meine Tante besucht, Mylord. Ich hatte nicht vor, irgend jemanden zu sehen außer ihr und meinem Onkel. Leben sie wohl.«

Lord Fife wandte sich dem König zu und verbeugte sich. »Sire, darf ich Eure schöne Nichte bis zur Grenze begleiten? Ich habe hier alles erledigt und ich würde es mir als eine Ehre anrechnen, mit ihr gehen zu dürfen.«

Eleynes Augen flogen flehentlich zum Gesicht des Königs. »Bitte, Mylord, sagen Sie ihm, daß das nicht nötig ist.«

Alexander ließ sich mit seiner Antwort Zeit. Wenn er mit ihr zusammen war, verbarg Eleyne meistens ihre Gefühle, maskierte sie mit einer kalten, fast herben Förmlichkeit, aber gerade hatte er Wut und Enttäuschung in ihren Augen gesehen und, als sie Malcolm of Fife ansah, kalten Haß. Er fand sie faszinierend, diese schöne Nichte seiner Frau – dieses Mädchen, das er, wie ein Gefühl ihm sagte, seit tausend Jahren kannte. Er fand sie anziehender als jede andere Frau, der er seit langem begegnet war. Aus diesem Grund hatte er Kinghorn auch so plötzlich verlassen. Sie war gefährlich für ihn, eine verbotene Frucht. Allein der Gedanke an sie war bereits Inzest.

Er wandte sich wieder dem Earl zu. Dem Mann stand die Gier ins Gesicht geschrieben. »Schon gut, liebe Eleyne, ich werde Lord Fife bitten, noch ein wenig hierzubleiben. Ich brauche seine Dienste, und Sie brauchen dieselben offensichtlich nicht.« Er verbeugte sich steif und förmlich. »Leben Sie wohl, Nichte, und Gott sei mit Ihnen!«

XIII

ABER * Februar 1237

Sechzehn Monate waren seit Eleynes überstürzter Rückkehr nach Aber vergangen. Ihre Mutter, die ihr damals kräftiger vorgekommen war, als sie zu hoffen gewagt hatte, verließ ihr Bett mittlerweile überhaupt nicht mehr. Gerade hatte sie wieder einen Rückfall erlitten. Ihr Zustand verschlechterte sich dramatisch.

Eleyne hatte diese Monate mit Reisen verbracht. Sie und John waren dabei auch des öfteren mit King Henry zusammengekommen. In Nottingham erreichte sie die Nachricht von Joans Todeskampf. Sie brach sofort auf.

Alle waren da, Joans sechs Kinder: Dafydd mit Isabella, Margaret, Gwenllian, Gwladus, Angharad und Eleyne. Das Ende war nahe.

Rhonwen saß am Tisch, ihre flinken Finger zählten die Kerzen. Einige fehlten. Es waren hundert in der Kiste gewesen, genug für mehr als zwei Tage in dieser dunkelsten Zeit des Jahres. Nun aber waren nur noch Kerzen für einen Tag darin. Sie beobachtete den Jungen, der mit seinem Messer die Kerzenstümpfe von den Haltern löste und in einen Ledereimer warf. Die Stümpfe standen als wertvolle persönliche Vergünstigung den Hausverwaltern zu, das Stehlen von Kerzen war eine andere Sache. Der Dieb mußte gefunden werden. Sie spitzte die Lippen, schloß den Deckel des Kastens und stand auf. Es gab keine Aufsicht hier, keine Ordnung. Senena war mit Gruffydd in Criccieth, und Isabella – sie schüttelte den Kopf, als sie den fehlenden Schlüssel zum Kasten suchte –, Isabella war immer noch ein Kind. Sie wurde von ihrem Ehemann abwechselnd verwöhnt und gescholten. Bei der Dienerschaft war sie unbeliebt, man fand sie so giftig wie eine Schlange und von ebenso geringem Nutzen.

Endlich entdeckte sie den Schlüssel, er lag in den alten, trockenen Binsen unter der Truhe, offensichtlich seit vielen Wochen. Eine solche Unordnung in der Haushaltsführung hätte Eleyne nie zugelassen.

Auch was Joans Zustand anging, war Eleyne, bei weitem die jüngste von allen Töchtern, die gefaßteste. Vielleicht aber kam das auch daher, weil sie mit ihren Gedanken anderswo war, seit nun schon sechzehn Monaten.

Der Besuch in Kinghorn hatte Rhonwen damals über alles aufgeklärt. Sie liebte ihn! Ihr Kind, ihre Eleyne liebte den König der Schotten! Es war so offensichtlich gewesen: das Erröten, das Stammeln, der Trotz, die Gespräche unter vier Augen, die verstohlenen Blicke, die schlaflosen Nächte. Nein, das Mädchen liebte den Earl of Chester nicht. Rhonwen aber wollte sie glücklich sehen.

Joan starb am Lichtmeßtag. Ihr Gatte und all ihre Kinder standen an ihrem Bett. Llywelyn, dem die Tränen über das Gesicht liefen, hielt die Hand seiner Frau. Sie war zu schwach zum Sprechen, aber sie hörte die Segenswünsche, spürte das Mitgefühl. Einer nach dem anderen sank auf die Knie und betete. Als das Ende kam, war es so sanft, daß Llywelyn eine Weile brauchte, bis er es merkte. Ihr Leichnam sollte auf der Insel Môn bestattet werden, Einions Insel. Man schaffte ihn hinüber.

Rhonwen ging nicht zum Requiem und auch nicht zur Beerdigung. Sie wartete allein im Söller auf die Rückkehr der Trauernden. Das Zimmer war dunkel; es war zwar noch früh, doch der finster aussehende Himmel hing voller Wolken mit nassem Schnee, und die See war wie schwarzer Schiefer. Sie fröstelte: Einion war wieder da; die Luft war schwer von seinem Zorn.

Jedesmal, wenn sie mit Eleyne nach Gwynedd heimkehrte, fühlte sie ihn. Und Eleyne spürte ihn auch, dessen war sie sicher. Doch sie sträubte sich gegen seinen Einfluß, klammerte sich an ihr Kruzifix und wich vor den Schatten zurück, so daß er ihr seine Botschaft nicht übermitteln konnte. Und jedesmal war seine Enttäuschung und Verzweiflung größer geworden. Rhonwen machte sich entsetzliche Vorwürfe.

Schon bald kehrte der Trauerzug vom Friedhof zurück. Es würde sich keine bessere Gelegenheit mehr bieten, ihr schlechtes Gewissen endlich zu beruhigen. Rhonwen lächelte grimmig. Nun, da die Engländerin endlich tot und Eleyne von der Trauer und den langen qualvollen Monaten der Krankheit ihrer Mutter zu erschöpft war, um sich zu wehren, würde es ein leichtes sein, sie zu Einions Grab zu bringen und zu tun, was getan werden mußte.

Sie fing Eleyne ab, die mit rotgeweinten Augen ins Zimmer trat. »Komm schnell, bevor du dir deinen Mantel ausziehst!« Hysterisch bestand Rhonwen auf ihrer Forderung. »Es wird nicht lange dauern! Die Pferde warten schon. Du bist wieder hier, bevor sie dich vermissen. Du mußt mitkommen, mitkommen zu Einions Grab. Du schuldest ihm so viel! Den Rest der Nacht, den Rest deines Lebens kannst du um deine Mutter trauern! Aber jetzt mußt du mit mir kommen!«

Eleyne war zu müde und zu niedergeschlagen, als daß sie mehr als ein Kopfschütteln zustande gebracht hätte. Langsam ließ sie sich auf das Bett hinab und zog die bestickten Handschuhe aus. »Sei nicht närrisch, Rhonwen. Ich habe es dir ein dutzendmal gesagt, ich will Einions Grab nicht sehen!«

Rhonwen stand über ihr. »Hast du dich nie gefragt, Cariad, was er dir so dringend sagen wollte?« zischte sie. »Deine Bestimmung liegt in Schottland. Was aber bedeutet das?« Rhonwen beugte sich so tief über sie, daß Eleyne ihren Atem auf der Wange fühlte. »Einion kann es dir sagen! Vielleicht wollte er dir von dem König der Schotten erzählen!« Ihre Augen blitzten triumphierend, als sie sie schuldbewußt zusammenzucken und erröten sah.

»Was meinst du?«

»Du weißt, was ich meine. Denkst du, ich sehe nicht, wie du dich jeden Monat in der Hoffnung wiegst, empfangen zu haben? Doch nichts geschieht. Dein Muttersöhnchen von einem Earl kann kein Kind zeugen. Er ist impotent! Und Queen Joanna ist unfruchtbar!« Rhonwen trat noch näher an sie heran. »Frag Einion! Frag ihn, was sein wird. Jetzt!« Rhonwens Finger schlossen sich um Eleynes Handgelenk.

Langsam, mit nur halbem Bewußtsein dessen, was sie tat, erlaubte Eleyne es Rhonwen, sie vom Bett hochzuziehen. Immer noch in ihren schweren Pelz gekleidet, Haar und Gesicht von dem schwarzen Schleier bedeckt, folgte sie ihr zur Seitentür in der Mauer. Hinter ihnen in der großen, aus Holz erbauten Halle war der Leichenschmaus schon in vollem Gang. Man hatte sie nicht vermißt. Die Leute dachten, sie hätte sich wie ihre Schwestern Angharad und Margaret vor Kummer in ihr Zimmer zurückgezogen.

Der Lärm des Festes war zuerst, wie immer bei Begräbnissen, gedämpft, doch schon bald bis zur üblichen Lautstärke angeschwollen, obwohl keine Musikanten spielten. Die einzige Musik an diesem ganzen Tag waren der monotone Gesang der Mönche und die getragene Totenklage der Barden gewesen.

Rhonwen hatte Einions Grab schnell gefunden. Es lag tief im Wald und war durch einen schmalen, aufrecht stehenden Stein gekennzeichnet. Darauf befand sich keine Inschrift, kein Name und kein Zeichen – nur die Reste einer Flechte, die auf ihm gewachsen war, lange bevor man den Stein hier aufgerichtet hatte. Wer damals seinen Leichnam in der Asche seiner einsamen Klause entdeckt hatte, wußte sie nicht. Sie wußte auch nicht, wer ihn hier, weit entfernt vom geweihten Boden, gesegnet nur mit den Riten seines eigenen Glaubens, beerdigt hatte. Sie wußte nur eines: Einion würde erscheinen! Sie stieg vor dem grasbedeckten Hügel ab, auf dem Streifen schmelzenden Schnees lagen. Die Bäume, die ihre Äste darüberstreckten und ineinanderflochten, waren kahl und nackt vor den dahinziehenden Wolkenfetzen. Dahinter stand der Vollmond am Himmel.

Eleyne rührte sich nicht. In ihrem Kopf war ein kreisender Wirrwarr aus Trauer und Erschöpfung. Wie ihre Schwestern hatte sie die letzten Nächte am Bett ihrer Mutter gesessen, und wie sie hatte sie seit dem Tod ihrer Mutter wenig geschlafen. Der Ritt durch die kalte Nacht hatte sie betäubt. Es war weiter, als sie gedacht hatte, und je tiefer sie in den Wald hineinritten, desto nervöser wurde sie. Rhonwen hatte recht. Er war hier, neben ihnen. Er war in den Bäumen, im fließenden Mondlicht, im Heulen des Windes.

Und er wollte ihr ihre Bestimmung verkünden.

»Steig ab, ich binde die Pferde fest.« Rhonwen stand neben Eleynes Pferd. Der Sturm hatte ihr die Kapuze in den Nacken geweht und peitschte ihr das Haar ums Gesicht, wo es sich aus ihren Zöpfen gerissen hatte.

Eleyne gehorchte. Sie starrte den Grashügel an, ihr Mund war trocken vor Furcht.

Rhonwen entzündete in einer kleinen Schale, die sie mitgebracht hatte, ein Feuer und stellte sie vorsichtig auf das Grab. An ihrem Gürtel trug sie einen ledernen Beutel. In ihm befanden sich getrockneter Schierling und Mohnsamen, Pfefferkraut, Beifuß, Vogelbeeren und Salweidenborke. Sie reichte

Eleyne den Beutel. »Nimm etwas davon heraus und streue es in die Flammen«, flüsterte sie ihr zu. Eleyne steckte die Hand in den Beutel und betastete die zerbröselten Blumenblätter, roch den bitter würzigen Duft der Kräuter. Sie nahm eine Handvoll heraus und warf es in die Flamme. Einion war sehr nahe.

Rhonwen begann ein Totenklagelied zu singen, das sich in dem Heulen des Windes und in den Ästen über ihren Köpfen verlor. Wie hypnotisiert von diesen Tönen steckte Eleyne ihre klammen Finger noch einmal in den Beutel. Der Wind fing die Kräuter auf und wirbelte sie fort in die Schatten des Waldes.

Rhonwens Augen waren auf den Schnee zu ihren Füßen gerichtet, der nahezu unsichtbar wurde, als der Mond hinter den Wolken verschwand. Unmerklich wurde ihr Klagelied lauter, dann warf sie den Kopf in den Nacken, hob die Arme und starrte in den Himmel hinter den Bäumen hinauf.

»Komm!« schrie sie. »Von jenseits des Grabes befehle ich dir zu erscheinen. Meine Lady erwartet dich. *Komm*!«

XVI

John saß neben Margaret und stocherte lustlos in dem Essen auf seinem Teller herum. Mehrmals hatte er sich vom Tisch erhoben, um nach Eleyne zu suchen, doch er hatte sie nicht finden können. Dann stand plötzlich Cenydd neben ihm. »Ich muß mit Euch sprechen, Mylord.« Das Gesicht des Mannes war sorgenzerfurcht.

John warf seine Serviette hin, stand auf und folgte ihm aus der Halle.

»Es ist meine Schuld, Mylord.« Cenydd war wütend auf sich selbst. »Sie sind mir entwischt. Rhonwen muß es geplant haben. Aber ich weiß, wo sie sind. Ich glaube, wir sollten ihnen folgen.« Er hatte erraten, was seine Base vorhatte, und dieser Gedanke ließ seine Haut kribbeln.

John betrachtete nachdenklich sein Gesicht und nickte dann kurz. »Hole vier Männer, so schnell du kannst!«

Sie ließen die vier Männer mit den Pferden am Waldrand und folgten im Mondlicht behutsam den Hufabdrücken von Rhonwens und Eleynes Pferden. Am Rande der Lichtung stoppten sie, verborgen im dichten Unterholz und in nahezu völliger Dunkelheit. Sie vernahmen deutlich Rhonwens leisen Gesang in der kalten, klaren Luft.

»Was tun sie da?« hauchte John. Er konnte die beiden Frauen und zwischen ihnen die rauchende Schale auf dem niedrigen Erdhügel sehen.

»Sie stehen am Grab des Sehers Einion«, flüsterte Cenydd.

»Gütiger Christus!« John bekreuzigte sich. Er spürte, wie ihm vor Furcht die Nackenhaare kribbelten. Seine Gattin wirkte geistesabwesend, betäubt, während sie in die rote Glut der rauchenden Schale blickte. Der schmelzende Schnee ringsum war von blutroten Lichtpunkten übersät.

Die beiden Männer sahen einander an, plötzlich zog Cenydd sein Schwert. Das Schaben des Metalls war ein häßlicher Laut im Klagegesang des Windes. »Wir müssen es unterbinden«, sagte er.

»Eleyne!« John bahnte sich einen Weg durchs Unterholz. »Siehst du denn nicht, was diese Frau tut?« Seine Stimme war harsch vor Zorn.

Eleyne schien ihn nicht zu hören. John entriß Cenydd das Schwert, drehte es um und hielt es empor, so daß es die Form eines Kreuzes zeigte. Seine Nerven waren aufs äußerste gespannt. »Ich verbiete das! Eleyne – geh! Geh, solange du noch kannst! Lauf!« Das Schwert vor sich haltend, blieb er stehen. Die Luft um ihn her war wie Eis, es war eine Barriere zwischen ihm und seiner Frau, die mit den Händen zu greifen war.

»Eleyne!«

Sie schien ihn nicht zu hören. Sie stand völlig still da und starrte auf das Grab.

John fluchte auf Cenydd, der wie gelähmt hinter ihm stand. »Tu endlich etwas, pack sie, pack Rhonwen, du Narr! Ergreife sie! Stopf ihr den Mund! Siehst du denn nicht, was sie tut? Sie beschwört den Toten!«

Cenydd wich zurück, seine Augen rollten. »Berühren Sie sie nicht, Mylord! Tun Sie es nicht!«

Rhonwen wirbelte herum und sah sie an, als würde sie sich erst jetzt der Gegenwart der Männer bewußt. In ihrer Hand blitzte ein Messer. »Er ist hier!« zischte sie. »Horch, Eleyne, horch! Er ist da. Höre auf das, was er dir sagt.« Sie hob wieder ihre Hände empor, und der Wind heulte auf. Er steigerte sich zu einem schrillen Pfeifen, er riß an den Ästen und er fegte die Wolken fort, so daß der kalte, ferne Mond wieder zum Vorschein kam.

Eleyne hob den Kopf: »Einion …?«

Einer der Wächter war John und Cenydd gefolgt. Er spähte erschrocken aus seinem Versteck zwischen den Bäumen herüber.

»*Nein*!« Mit einem Angstgebrüll warf John sich auf sie. Er riß ihr den Beutel aus der Hand und schleuderte ihn zu Boden. »Einion ist tot! Er ist *tot*, Eleyne! Er hat dir nichts zu sagen!« Doch das Pfeifen des Windes war zu laut, als daß sie seine Stimme hätte hören können. »Diese Frau ist wahnsinnig, siehst du das nicht? Sie ist wahnsinnig!« Er packte Eleyne am Handgelenk und zog sie vom Grab weg. »Cenydd, rufe die Männer!«

»Lassen Sie sie los!« Rhonwen drehte sich um, leichtfüßig wie eine Katze, und stellte sich ihm in den Weg, sie hielt noch immer das Messer in der Hand. »Sie gehört uns! Sehen Sie doch!« rief sie triumphierend. »Sehen Sie, John of Scotland, sehen Sie!«

Wider Willen folgte John ihrem Zeigefinger. Im hellen Mondlicht konnte er eine große, zitternde Gestalt mit langem weißem Haar und einem dunklen Gewand erkennen, die in der Hand einen Stab hielt und gespenstisch hinter dem Grab aufragte.

Starr vor Angst, ließ er Eleynes Handgelenk los, das Schwert zitterte. In seinem Versteck zwischen den Bäumen fiel der Wächter auf die Knie und bedeckte das Gesicht mit den Händen.

»Sprich, Lord Einion!« schrie Rhonwen. »Sieh, ich habe sie dir hergebracht. Sprich! Sage es ihr!«

»Nein, du tückische Höllenkatze, nein!« Cenydd kam als erster zu sich und warf sich auf Rhonwen. »Du Hexe! Du …!«

Seine Hände suchten ihr das Messer zu entreißen, sie kämpften miteinander, wankten hin und her.

John umschlang Eleyne. »Komm, fort von hier. Um des gütigen Christus willen, komm!«

»Er ist weg.« Eleyne starrte mit weißem Gesicht dorthin, wo gerade noch der Geist gestanden hatte. So plötzlich, wie er gekommen war, hatte sich der Wirbelwind wieder gelegt. Man hörte jetzt nur noch das Keuchen des Mannes und der Frau, die im Schnee miteinander rangen.

»Er ist niemals hier gewesen! Es war eine Spiegelung des Mondlichts. Er ist niemals hier gewesen, Eleyne!« John zerrte sie zu den Bäumen. »Komm, schnell, bevor …«

Plötzlich ertönte hinter ihnen ein gurgelnder Schrei. Cenydd sank langsam auf die Knie in den Schnee, die Hände gegen den Bauch gepreßt. Das Blut, das zwischen seinen Fingern und aus seinem Mund hervorquoll, war schwarz im Mondlicht.

»Wachen!« Johns Stimme schallte hinaus in die Stille. »Wachen!« Er stieß Eleyne beiseite und stürzte zu Cenydd.

Rhonwens Augen waren weit aufgerissen. Sie fletschte die Zähne in einer Grimasse voller Haß und warf sich, noch immer im Besitz des Messers, auf John. Einen Augenblick lang kämpften sie miteinander.

Hinter ihm war der Wächter wieder so weit zu sich gekommen, daß er John zu Hilfe eilen konnte, während die anderen Wachen aus der Dunkelheit hervorbrachen. Als sie sich Rhonwen näherten, stieß sie das Messer mit aller ihr noch verbliebenen Kraft nach Johns Herz. Der dicke Stoff seines Mantels lenkte die Klinge ab, er fühlte, wie sie ihm den Arm ritzte, doch sie ging vorbei. Die Männer packten Rhonwens Arme und rissen sie zurück.

Keuchend kniete John neben Cenydd. »Er ist tot«, sagte er.

Rhonwen stand still zwischen denen, die sie gefangen hatten und sah auf den Earl hinab, der im Schnee kniete. Ihr Gesicht war vom Haß verzerrt. »Ich verfluche dich, John of Scotland«, schrie sie. »Ich verfluche dich im Namen aller Götter. Mögest du ewig in der Hölle braten!«

Zehntes Kapitel

I
LLANFAES

Die Zelle hatte nur ein Fenster, oben unter dem Dach. Aber so konnte Rhonwen den Mond sehen, hoch und einsam, weit jenseits der Wolkenfetzen, die darüber hinwegjagten. Sie hatten sie in Ketten gelegt und ihr Stroh hingeschüttet wie einem Tier. Sie erinnerte sich, daß sie einen Schrei ausgestoßen hatte, einen hohen, gellenden Schrei, der sich immer weiter fortsetzte in ihrem Schädel. Cenydds Blut war auf ihrem Mantel getrocknet, sie konnte es fühlen. Dunkel erinnerte sie sich an den Dolch in ihrer Hand, und an Einions Zorn und Enttäuschung, seine Verzweiflung, nicht sprechen zu können.

Eleyne hatte auch geschrien. Warum? Hatte sie auch ihren Mann zu erstechen versucht? Sie wußte es nicht mehr.

Wo war Eleyne? Warum kam sie nicht?

Sie legte die gefesselten Hände über den Knien zusammen und zog diese an sich, weil sie fror. Die Zelle war zwar sauber – man hatte sie den Winter über als Vorratsraum benutzt – aber die Kälte und Feuchtigkeit des Erdbodens drangen durch das Stroh. Sie fühlte einen dumpfen Schmerz in die Knochen kriechen. Leise fing sie an zu weinen.

II

»Papa! Bitte, laß mich zu ihr!« Eleyne war verzweifelt. »Bitte, sie hat es für mich getan!«

»Sie hat deinen Leibwächter, ihren eigenen Vetter, für dich

getötet?« Llywelyn starrte sie an. Sein Zorn und Entsetzen zitterten in der Luft. Lord Chester hatte ihm von dem Geschehenen berichtet. Hexerei. Geisterbeschwörung. Mord. Gütiger Jesus, *Dew*! Seine Tochter war eine Totenbeschwörerin!

Eleyne holte tief Luft. »Lord Einion hat mir geschrieben, bevor er starb. Er wollte mich dringend sprechen, aber Rhonwen verbrannte den Brief. Als er starb, fing sie an, sich Vorwürfe zu machen, daß ich nun niemals mehr erfahren würde, was er mir sagen wollte.« Sie nahm seine Hand, so wie sie es früher als Kind getan hatte. »Bitte, Papa, ich habe meine Mutter verloren. Nimm mir nicht meine Amme. Ich habe sie lieb.« Tränen waren in ihren Augen.

»Die Frau hat einen Mord begangen, Eleyne. Sie muß den Preis zahlen.« Irgendwie gelang es ihm, ruhig mit ihr zu sprechen. Eleyne durfte nicht hineingezogen werden, so weit sie daran beteiligt war, mußte man es verbergen.

Eleyne klammerte sich an ihn. »Nein, bitte, du darfst Rhonwen nicht töten! Du darfst es nicht.« Sie schluchzte jetzt. »Sie hat es für mich getan.«

»Sie hat einen Mann getötet, Eleyne, und nach den Gesetzen von Wales muß sie dafür büßen«, sagte Llywelyn mit schwerer Stimme. Bei Unserer Lieben Frau, begriff sie denn nicht, daß auf Totenbeschwörung die Todesstrafe stand? Sie hatten beide den Tod verdient.

Llywelyn war in den wenigen Tagen seit dem Tode seiner Gattin um zehn Jahre gealtert. Sein kantiges Gesicht war aufgedunsen, seine Augen waren vor Schlafmangel geschwollen. Drüben in der großen hölzernen Halle auf der anderen Seite des Hofes dauerte das Leichenbegängnis noch an. Als man ihn gerufen hatte, hatte er kein Zeichen gegeben, daß es beendet werden sollte.

»Deine Kinderfrau, Eleyne, ist eine Ketzerin«, sagte Llywelyn. »Sie hat die größte aller Todsünden begangen. Wie du.« Er fügte diese letzten Worte mit schrecklichem Nachdruck hinzu.

Eleyne erstarrte. Sie sah ihren Vater und dann ihren Ehemann an, der in einem Sessel nahe beim Feuer saß. Es war Blut an seinem Mantel.

»Papa.« Eleynes Worte waren voller Angst. »Du kannst uns nicht dafür bestrafen, daß wir Einion beschworen haben.«

»Lady Rhonwen hat ihn beschworen«, sagte Llywelyn langsam. »Sie als Anstifterin muß den vollen Preis bezahlen. Dein Ehemann wird mit dir das tun, was er für richtig hält.« Er verschränkte die Arme in seinem Mantel.

»Nein!« Sie fing wieder an zu schluchzen. »Nein, das könnt ihr nicht tun! Ihr könnt sie nicht töten. Ich lasse es nicht zu …« Sie warf sich auf die Knie und umklammerte den Rocksaum des Gewandes, das ihr Vater trug.

Llywelyn legte ihr sanft die Hand auf den Kopf. Er seufzte. »Wir werden die Entscheidung Gott überlassen, Eleyne. Morgen wird Er über sie urteilen. Wenn Er sie für unschuldig erachtet, wird sie frei sein. Mehr kann ich nicht für sie tun.«

Eleynes Augen waren weit vor Entsetzen. »Was meinst du?«

»Ein Gottesurteil. Ich habe den Befehl gegeben, daß man sie der Feuerprobe des heißen Eisens unterziehen soll …«

»*Nein*, Papa, nein!« Eleyne war kreidebleich. »Lieber gütiger Christus …«

»Sir«, wandte John leise ein, »es ist rund zwanzig Jahre her, daß das Konzil die Durchführung solcher Verfahren durch den Klerus verboten hat. Sie wollen doch nicht …«

Llywelyn wandte sich jäh zu ihm um. »Wagen Sie es nicht, meine Entscheidung in Frage zu stellen, Mylord! Diese Frau hat das Gedenken an meine Gattin besudelt und meine Tochter zur Todsünde verleitet. Nur Gott kann ein gerechtes Urteil über sie fällen, denn, wie der Gesegnete Christus bezeugen möge, ich vermag es nicht! Sie wird sich morgen dem Gottesurteil stellen. Wenn sie schuldig ist, wird sie sterben!«

III

Lord und Lady Chester hatte man ein Gemach in einem der Gebäude zugewiesen, die um den Hof herum standen. Wolldecken und Felle lagen auf dem Bett.

Luned kleidete die verstörte Eleyne aus und hüllte sie in einen warmen Umhang.

»Wo ist sie?« flüsterte Eleyne. John war in die Dunkelheit hinausgegangen.

»Sie haben sie in Ketten gelegt.« Luned biß sich auf die Lippe, in ihren großen Augen standen Tränen. »Stimmt es, daß sie sich einem Gottesurteil unterziehen muß?«

Eleyne nickte, noch immer betäubt vom Entsetzen.

»Und hat sie … stimmt es, daß sie Lord Einion von den Toten heraufbeschworen hat?« Luned bekreuzigte sich heftig.

Eleyne starrte sie aus trüben Augen an. »Wer hat dir das erzählt?«

»Einer der Wächter ist Ihnen in den Wald gefolgt und hat Sie beobachtet. Es wird in der Halle darüber getuschelt.« Luned schauderte es. »Er sagt, Einion sei aus dem Grabe gestiegen, so groß wie ein Baum, und Flammen seien aus seinen Händen gekommen …« Sie brach mit einem Angstschrei ab, als die Tür aufging.

John kam geduckt herein und stampfte den Schnee von den Stiefeln. Die Kerzenflammen krümmten sich, als er die Tür zustieß. »Der Wind wird wieder stärker.« Er band seinen Umhang am Hals auf und warf ihn hin. »Geh, Mädchen, und komm bei Tagesanbruch wieder.« Er wartete, bis Luned in die Dunkelheit hinausgeschlüpft war. »Das Gericht wird nach der Terz abgehalten.«

Eleyne biß sich auf die Lippe. »Arme Rhonwen.«

»Sie ist schuldig.« John legte den Arm um sie. »Du mußt dich damit abfinden, Liebling. Du kannst sie nicht retten. Das kann jetzt nur noch Gott.«

Ihre Augen füllten sich wieder mit Tränen. »Sie hat es für mich getan.«

»Dann war es eine große Narretei. Du brauchst keinen Zauber und keinen Mord. Christus und Unsere Liebe Frau – mehr braucht niemand zu seinem Schutz.« Er hielt sie auf Armlänge von sich und sah sie an. Seine Augen waren voll Mitleid. »Ich weiß, du hast sie lieb, Süßes. Ich habe dir gegenüber oft nachgegeben, wenn es um Lady Rhonwen ging, aber diesmal werde ich es nicht tun.« Er zog sie wieder an sich.

Sie rang nach Luft. Die Bewegung, bei der der Ärmel seiner Robe hochrutschte, brachte eine häßliche Wunde an seinem

Unterarm zum Vorschein, die sich bereits zusammengezogen und mit einem unregelmäßigen Schorf bedeckt hatte. »Hat sie das getan?«

Er nickte grimmig. »Du mußt sie vergessen, Eleyne. Sie ist böse.« Er machte eine Pause. »Du hast zugelassen, daß sie es tat, Eleyne. Ein Teil ihrer Schuld liegt auch bei dir. Du hast ihr bei ihren bösen Künsten geholfen, und du hast nicht auf mich gehört, als ich dir zurief, du mögest zu mir kommen. Nur Unsere Liebe Frau kann wissen, welche Buße der Priester dir für deine Sünden auferlegen wird.«

Eleyne wurde blaß, ihre Angst um Rhonwen wurde von der Angst um sich selbst in den Schatten gestellt. Sie hatte John noch nie so ernst gesehen.

»Nein.« Sie wich vor ihm zurück. »Ich kann nicht beichten.«

»Du mußt, Eleyne, um deiner Seele willen.« Er schob ihr Gewand zurück, so daß er ihren Leib sehen konnte, berührte ihre Brust und strich ihr mit dem Finger hinauf zur Kehle. Beider Atem war ein frostiger Nebel in dem kalten Kerzenlicht. »Morgen vor der Messe und auch heute abend werde ich dich züchtigen.«

Es bereitete ihm kein Vergnügen, sie zu schlagen. Sie hatte ihm getrotzt und war in den Wald hinausgeritten, um Hexerei und Totenbeschwörung zu betreiben. Sie hatte ihr Leben aufs Spiel gesetzt und sein Leben gefährdet, denn Rhonwen hatte ihn beinahe getötet. Um ihrer selbst willen mußte er sie bestrafen, schwer bestrafen.

IV

Rhonwen starrte entsetzt zur Tür. Sie hatten ihr gesagt, was mit ihr geschehen sollte. Der Torwärter und der Priester, der das Kruzifix vor sich hertrug, hatten ihr ausführlich, in allen Einzelheiten das Gottesurteil erklärt, das sie erwartete. Und sie hatten ihr gesagt, daß Eleyne sie nicht retten könne.

Rhonwen sah wieder zur Tür hin und hielt den Atem an. Das Mondlicht war längst aus dem Fenster verschwunden, doch der Himmel war noch immer dunkel. Es konnte noch nicht Morgen sein.

»Wer ist da?« flüsterte sie. Sie kniete sich hin, von den Ketten in ihrer Bewegung gehemmt, und starrte in die Finsternis.

Es waren wahrscheinlich Ratten oder vielleicht ein Hofhund, der an den Riegeln schnupperte. Da war es wieder – ein leises Kratzen, als der Riegel zurückgeschoben wurde. Ihr Herz schlug immer schneller; sie preßte sich mit dem Rücken an die Wand und fühlte das Gewicht des Eisens, wie es an ihren Handgelenken zerrte. Kamen sie jetzt schon zu ihr? Wollten sie sie hier ohne Zeugen erwürgen und ihren Leichnam ins Meer werfen? Kalter Schweiß lief ihr den Rücken hinunter. Ihr Körper zitterte vor Angst. Jetzt hörte sie, wie der Schließhaken entfernt wurde, das leise Ächzen der Türangeln, als der Druck der Verriegelung nachließ.

Heilige Brigitte, steh mir bei!

Die Tür öffnete sich. Sie konnte noch immer nichts sehen, denn auch draußen war es stockfinster. Die Fackel an der Seitenwand des Gebäudes war erloschen. Vor Angst schluchzend versuchte sie, vor dem zurückzuweichen, was da kam, was auch immer es sein mochte. Da, eine Fackel am anderen Ende des Hofes brannte noch. Sie beleuchtete den wirbelnden Schnee und, von hinten, die Gestalt, die in der Türöffnung stand.

»Nein, bitte.« Ihre Fingernägel hatten sich in ihre Handflächen gebohrt. »Nein, bitte …«

Sie kämpfte wie wahnsinnig gegen die Ketten an, als die Gestalt eintrat. Doch dann hörte Rhonwen plötzlich ein sonderbares Donnern in ihren Ohren, es wurde alles schwarz um sie, und sie fiel zu Boden.

V

Eleyne hatte nur einmal aufgeschrien, als ihr Gatte sie zu schlagen begann, dann wurden ihre Schreie von den Fellen erstickt, die auf dem Bett lagen. Aber sie hatten es gehört, die Spione, die an den Schlüssellöchern lauschten. Im Gästezimmer am anderen Ende des Hofes hatte Isabella ihr Mädchen flüstern gehört und gelacht, als sie in das Bett ihres Ehegatten stieg.

Schmale Tageslichtstreifen drangen durch den Fensterladen des kleinen Zimmers. Eleyne lag mehrere Minuten lang da und versuchte die dunklen Ecken des Zimmers zu ergründen. Sie fühlte sich steif und wund. Neben ihr lag John und schlief, er kehrte ihr den Rücken zu. Sie zog sich zähneklappernd eine Pelzdecke über den Körper, dann wälzte sie sich auf den Bauch, begrub das Gesicht in den Armen und fing an zu schluchzen.

John erwachte davon. Er wandte sich ihr zu und zog sie an sich. »Mein Liebling, sorge dafür, daß ich dir das nie wieder antun muß.« Liebevoll hielt er sie an seine Brust und küßte ihre nassen Wimpern. Er schüttelte den Kopf. »Nimm einmal an, wir wären nicht dazugekommen. Gütiger Jesus, Eleyne, ich könnte es nicht ertragen, daß dir etwas geschieht.«

Eleyne schloß die Augen, ihr Gesicht lag an seiner Schulter. »Können wir etwas tun, um sie zu retten?« flüsterte sie. Ihre Stimme war heiser.

»Es ist nicht mehr in unserer Hand, Eleyne. Sie hat jetzt Gottes Urteil zu empfangen.«

Eleyne entzog sich ihm und kniete sich vor ihn hin, plötzlich rebellisch geworden. Das Haar fiel ihr nach vorn über die Brüste. »Glaubst du das wirklich? Glaubst du, daß Gott sie richten wird?«

Ihre Nacktheit in dem trüben Licht, das im Zimmer herrschte, erregte ihn. »Wir müssen es glauben.«

»Ich habe dich gefragt, ob du es glaubst.«

Er sah eine rote Strieme, einen Abdruck seines Gürtels, der sich ihren Schenkel hinauf und dann schräg über ihre Hinterbacke zog. Die Haut war auf beiden Seiten blau verfärbt.

»Natürlich glaube ich es. Ich denke, wir müssen glauben, was die Kirche sagt.«

Er beugte sich vor, bekam eine Handvoll ihres Haares zu fassen und zog so fest, daß sie gegen ihn fiel. »Genug, Eleyne, vergiß sie«, befahl er. Er drückte ihren Rücken ins Bett und begann, ihre Brüste zu küssen, ohne den Zorn in ihrem Gesicht zu beachten.

Es dauerte mehrere Minuten, bis sie des Geschehens draußen im Hof gewahr wurden. John hob den Kopf und horchte, dann stieg er aus dem Bett und griff nach seiner Kleidung.

»Was ist? Ist es soweit?« Eleyne richtete sich auf und zitterte.

»Nein. Noch nicht«, sagte John grimmig. Er schritt zur Tür, riß den Querbalken zurück und zog sie auf. Blendendes, kaltes Licht ergoß sich ins Zimmer. Es hatte die Nacht über stark geschneit, der Hof war weiß und frisch. An den Dächern ringsum hingen Eiszapfen.

Eleyne zuckte zusammen, als die kalte Luft sie traf. Sie zog die Decke über sich, kroch aus dem Bett und lief zu ihren Kleidern. Sie hingen kalt und feucht an einem Haken an der Wand.

VI

Die Tür war von außen mit einem Balken versperrt gewesen, als die Wachen die Zelle öffneten, und sie hatten, das behaupteten sie jedenfalls, die ganze Nacht lang ihre Posten nicht verlassen. Die Zelle aber war leer. Von Rhonwen und den Ketten keine Spur.

Das Stroh lag flach da und war nicht zerwühlt, das Wasser in dem Krug, das man ihr hingestellt hatte, war zu Eis erstarrt. Kein Tropfen war vergossen worden. Es gab keine Fußspuren in dem dicken weißen Schneeteppich, weder zu ihrer Zelle hin noch von der Zelle weg.

Die Männer und Frauen, die nervös durch die offene Tür hineinsahen, waren der Ansicht, der Teufel hätte sie geholt. Man rief den Priester von Sankta Maria, damit er die Zelle mit Weihwasser besprengte.

»Glaubst du, sie ist entkommen?« Eleyne hatte erst Unserer Lieben Frau Dank gesagt und dann zur Sicherheit auch noch den alten Göttern.

John schüttelte den Kopf. Er sah Luned zu, wie sie das Haar seiner Frau zu Zöpfen flocht. »Ich nehme an, dein Vater hat sie heimlich erwürgen lassen. Das hätte ich an seiner Stelle auch getan. Nun beeile dich, daß du fertig wirst, es ist Zeit, daß du beichtest. Ich möchte nach der Messe zurück nach Chester reiten.«

Isabella verzog das Gesicht zu einer Grimasse. Sie haßte die Fastenzeit. Ewig gesalzenen Fisch mit Brot, das machte sie lethargisch und ihre Haut käsig. Dafydd hatte sie seit Wochen nicht berührt, und so hatte sie sich die Zeit damit vertrieben, den Haushalt ihres Schwiegervaters in Aber neu zu organisieren. Nun, da sie sich damit befaßte, fand sie sogar Gefallen daran. Ein besonderes Vergnügen bereitete es ihr, Princess Joans Damen zu entlassen und in die verschiedenen umliegenden Klöster zu schicken. Sie gab bekannt, daß sie gern einige junge Mädchen aus den Familien der Parteigänger ihres Gatten in Dienst nehmen würde und Senena, ihre drei Söhne sowie das neue Baby am Fürstenhof nicht länger willkommen waren. Gegen Gruffydd allerdings vermochte sie nichts auszurichten. Sie lächelte grimmig: Dafydd würde sich Gruffydd schon irgendwann vornehmen – falls Gruffydd es sich nicht ohnehin schon bald wieder mit seinem Vater verdarb. Er schien nicht fähig zu sein, seinen Jähzorn zu zügeln oder seine Gedanken für sich zu behalten.

»Es freut mich, Schwiegertochter, du verwaltest mir mein Haus mit großem Geschick.« Llywelyn lächelte milde. Er fragte sich sogar, ob er das Mädchen nicht unterschätzt hatte. Sie war ruhiger geworden und in ihre Verantwortung hineingewachsen. Außerdem, hübsch war sie schon immer gewesen, und jetzt wurde sie, was zu besingen die Dichter des Hofes nicht säumten, schön. Er vermißte seine eigenen Töchter, die alle mit ihren Gatten zurückgekehrt waren. Auch Joan fehlte ihm. Ach, wie sehr sie ihm doch fehlte. Immer häufiger dachte er jetzt an den Tod. Seine einst so robuste Gestalt war in sich zusammengesunken, sein Lebenswille hatte ihn verlassen. Und da Dafydd nun langsam seinen Platz einzunehmen begann, war es Zeit, sich mit seinen Gedanken Gott zuzuwenden.

Er seufzte, als er beim Feuer saß in dem Söller, der nun zu seinem privaten Arbeitszimmer geworden war. Wie sehr sehnte er sich nach dem Frühling. Der Winter hatte schon zu lange gedauert. Er sehnte sich auch nach Frieden, doch zwischen seinen beiden Söhnen herrschte wieder Streit. Die beiden würden sich nie einigen. Besonders Gruffydd brachte ihn zur Verzweiflung, doch er liebte seinen ältesten Sohn. Er konnte sich selbst – in einer jüngeren, ehrgeizigeren Gestalt – in ihm wiedererkennen. Auch betete er seine vier Enkel an. Den ernsten, ruhigen Owain, der seiner Mutter ähnlich war; den ungestümen, gewitzten, zutraulichen Llywelyn; den träumerischen, musikalischen Rhodri; und jetzt das Baby, Dafydd, das man, so vermutete Llywelyn, so genannt hatte, um den Bruder zu beschwichtigen. Es war an der Zeit, daß er sie wiedersah. Vielleicht fühlte er sich in ein oder zwei Tagen wohl genug, um loszureiten.

Er erhob sich und schritt steif zum Schreibtisch, auf dem ihn ein Stapel Briefe erwartete. Einer, das sah er sofort, trug das große Siegel von Chester. Er zog die Stirn kraus. Wieder einmal hatte Eleyne sein Leben durcheinandergebracht. Sie hatte am Hof Verwirrung gestiftet, Princess Joans Beerdigung gestört und die Erinnerung an diese geheiligte Begebenheit beschmutzt.

Er hatte beschlossen, über Joans Grab ein Mönchskloster für Franziskaner errichten zu lassen. Die Brüder würden in Ewigkeit für ihre Seele beten und dabei allmählich das Sakrileg jener Nacht durch heilige Handlungen abbüßen. Schon der Gedanke an Rhonwens Todsünde machte ihn zornig. Wie hatte sie dies nur tun können? Und wie konnte Eleyne es dieser Frau gestatten, solche verbrecherischen Zeremonien auszuführen? Tote aufzuwecken! Aufgeregt trommelte er mit den Fingern auf dem Tisch herum. Lord Chester hatte ihm versichert, seine Tochter sei keine Komplizin bei diesem Verbrechen gewesen, sondern unschuldig, aber dennoch …

Nun würden sie es nie mehr erfahren. Rhonwen war ungestraft entkommen, vom Teufel geholt, den sie verehrte, so flüsterten seine Höflinge. Er fühlte wieder die Enttäuschung und den Zorn in sich aufsteigen, das Pochen in seinem Kopf. Er wandte sich abrupt zum Pagen, der in der Ecke des Zimmers wartete. »Bring mir etwas zu trinken, Junge. *Chwisgi!* Dann rufe einen Schreiber her!« Er legte die Hand über die Augen und beugte sich über den Tisch. Er mußte aufpassen, daß er nicht wieder zornig wurde, denn davon bekam er immer höllische Kopfschmerzen. Er mußte ruhig bleiben und die Briefe beantworten. Er griff nach dem ersten. Seine Hand zitterte, sein Ärmel riß das Tintenfaß um. Überrascht sah er den Strom der schwarzen Tinte langsam, zähflüssig über den Tisch rinnen. Das Zimmer drehte sich, der Schmerz in seinem Kopf war unerträglich. Mit einem lauten Schrei legte er seine Hand an die Schläfe und brach dann über dem Tisch zusammen. Seine Hände umkrampften das tintenverschmierte Holz. Der Page fand ihn auf dem Boden. Langsam tropfte ihm die Tinte ins Gesicht.

VIII
FOTHERINGHAY * März 1237

Die Flammen brannten jetzt klarer, sie leckten die Rückwand des Kamins, umschlangen die Scheite, fraßen die trockenen Zweige, die Eleyne langsam in das Feuer fallen ließ. Ein Holzklotz knackte laut, und sie warf nervös einen Blick über die Schulter. Die Tür aber war zu, sie hatte den Schlüssel herumgedreht. Sie war allein. Die Kerzen waren längst heruntergebrannt, und das Zimmer war dunkel. Sie warf den letzten Stock ins Feuer. John war mit dem größten Teil seiner Verwalter nach Northampton zum König geritten. Sie hatte ihn darum gebeten, in Fotheringhay bleiben zu dürfen, und er hatte es ihr erlaubt. Er hoffte, daß sie endlich schwanger geworden war.

Während der letzten Wochen hatte sie Kräuter aus dem Destillierzimmer herübergebracht und in einer kleinen Truhe versteckt, zu der nur sie einen Schlüssel besaß. Luned glaubte, es lägen Briefe darin. Es war Vollmond – die günstigste Zeit für das, was sie vorhatte. Das Mondlicht würde die Wolkendecke in dieser Nacht nicht durchdringen, dennoch konnte sie die Macht des Gestirns spüren. Sie fühlte seine Zauberkraft und seinen Sog.

Sie hatte eine Weile gebraucht, um ihren Mut zusammenzunehmen, aber ihr schlechtes Gewissen wegen Rhonwens Tod (wenn sie denn wirklich tot war) sowie ihr zunehmender Ärger über Johns Verhalten hatten an ihr genagt.

Zwischen ihnen hatte sich etwas verändert, sie war in keinerlei Hinsicht mehr ein Kind. Sie fühlte sich ihm jetzt ebenbürtig, und ihre Unabhängigkeit von ihm nahm zu. Die Nacht, in der er sie geschlagen hatte, hatte sie in Aufruhr versetzt. Seither war in ihr auch wieder die Lust an einsamen Ritten erwacht. Nur war kein getreuer Cenydd mehr da, der sie beschützte.

Sie erhob sich und ließ ihr Gewand zu Boden gleiten. Außer direkt vor dem Feuer war es im Zimmer sehr kalt. Sie fröstelte, als sie die Truhe aufschloß und die kleine silberne Schüssel nebst Löffel sowie die Päckchen mit den Kräutern herausnahm. Sie mischte sie sorgsam in der Schüssel und trug sie zum Fenster, dessen Läden sie weit öffnete. Vom Fensterbrett aus bot sie die Mischung dem Himmel dar, fühlte den eisigen Regen auf ihrer kalten Haut prickeln, dann warf sie die Mischung ins Feuer. Dicker, beißender Rauch füllte den Kamin, die Schwaden drangen ins Zimmer. Sie keuchte und hustete, während sie davor kniete und darauf wartete, daß der Rauch sich verzog. Endlich konnte sie tief genug in die Flamme hineinsehen. Mit leiser, aber fester Stimme rief sie nach Einion.

Die Flammen fielen in sich zusammen, und sie hörte den Wind draußen im Treppenhaus klagen. Der Luftzug rüttelte an den Türangeln und hob die Wandbehänge hoch, da sah sie ein Bild in der Flamme. Sie beugte sich vor und fühlte, daß die Hitze ihr die Lider versengte; da war eine Gestalt, sie lag auf dem Bett. Um sie herum standen andere Gestalten, sie blieben undeutlich. War er das? War es Einion? Doch das konnte nicht sein, Einion war allein gestorben. Und John? War es John?

»Einion«, rief sie. »Einion, komm zu mir!« Doch das Bild löste sich auf. Enttäuscht, mit finsterem Gesicht stand sie auf. Trotz all ihrer sorgfältigen Vorbereitungen war es ihr mißglückt. Ihre Fragen waren noch immer unbeantwortet.

Das Feuer brannte jetzt ganz ruhig. »Bitte!« Sie kniete sich erneut hin und streckte flehend die Hände aus. »Bitte, komm.« Plötzlich war ein anderes Bild da; sie sah ein Pferd in kurzem Galopp, die Augen groß und stolz im Donner, der Sattel glitschig vom Regen, die Hufe rutschten im Schlamm. Der Reiter beugte sich vorwärts, trieb das Pferd an. Der Donner des Hufschlags dröhnte ihr in den Ohren, dann wieherte das Pferd, seine Hufe suchten nach einem Halt, und sie sah den Reiter durch die Luft fliegen. So schnell, wie es gekommen war, war das Bild verschwunden.

Sie zitterte vor Angst. Wer war das? Wer ritt da in den Tod? John war es nicht, dessen war sie sicher. Dieser Mann saß zu selbstsicher im Sattel, seine Schultern waren zu breit. Leider verbarg ihr der flatternde Mantel sein Gesicht.

»O bitte, zeig mir sein Gesicht«, flüsterte sie. »Und zeige mir Rhonwen. Sage mir, ob sie wirklich tot ist. Oder ob mein Vater sie gefangenhält.« Sie kniete sich ein drittes Mal hin und beugte sich vor, die Dämpfe des Feuers machten sie benommen, sie starrte in das Herz der Flamme. Wieder sah sie das Bett. Es war in Aber, sie konnte das Schlafzimmer deutlich erkennen. »Papa!« flüsterte sie. »Es ist Papa.« Sie rieb sich die Augen, ihr Herz pochte vor Angst. Das Bild verschwand.

Eleyne zog sich den Mantel über, kehrte zum Fenster zurück und beugte sich so weit hinaus, wie das Gitter es zuließ, der kalte Regen fiel ihr ins Gesicht, prasselte auf ihre Lider, durchnäßte ihr Haar. Sie zitterte heftig. »Papa«, flüsterte sie in die Nacht hinaus. »Papa.« Hinter ihr brannte das Feuer nur noch mit niedriger Flamme, aber der beißende Geruch der Kräuter blieb.

Hoch darüber wurde die Wolkendecke einen Augenblick dünner und glühte perlmuttfarben, wo sie den kalten Frühlingsmond verbarg. Dann schob sich erneut eine graue Schicht davor.

IX
NORTHAMPTON CASTLE

John sah auf den Brief hinab, den er in der Hand hielt. Er war von seinem Schwager Dafydd. Der alte Fürst hatte einen Schlaganfall erlitten und lag bewußtlos darnieder. Dafydd bat den Earl of Chester, King Henry zu informieren und ihm auszurichten, daß er an seiner Treue dem König gegenüber unerschütterlich festhalte. Er bat John auch, Eleyne nichts zu sagen: *Traurigerweise wäre sie hier nicht willkommen, außer natürlich, wenn Vater stirbt, in diesem Falle würden wir Euch zum Begräbnis erwarten.*

Die Worte, von einem Schreiber hingeworfen, klangen kalt und gefühllos für einen Sohn, dessen Vater im Sterben lag. John fragte sich, welches wohl Gruffydds Gefühle in dieser Situation waren.

King Henry war gerade dabei, sich eine schier endlose Reihe von Gesuchen anzuhören, als John sich ihm näherte. Der König gab den Schreibern einen Wink, damit sie die geduldig wartende Menge zurückdrängten.

»Lieber Lord Chester, kommen Sie, um mich vor meinen Pflichten zu retten?« Henry schenkte ihm ein halbes Lächeln. Wie stets war er prunkvoll gekleidet. An diesem Tage trug er ein mit Gold besticktes Gewand aus verschiedenfarbigen Stoffen und einen scharlachroten Mantel mit einem Saum, der mit Edelsteinen geschmückt war. Seine junge Frau, Eleanor, saß neben ihm auf dem Podium. Sie war erst vierzehn Jahre alt, und ihr Gesicht wirkte unwirsch vor Langeweile.

»Eine traurige Nachricht, Sire.« John verbeugte sich. »Ich habe einen Brief von Dafydd ap Llywelyn. Er bittet mich, Euch zu sagen, daß sein Vater krank ist und vielleicht sterben wird.«

Henry runzelte die Stirn. »Das ist in der Tat eine schlechte Nachricht. Nordwales wurde von Llywelyn gut regiert.« Er stand seufzend auf und warf die seidene Schleppe seines Mantels über die linke Schulter. »Ich kann allerdings nicht behaupten, daß es mich überrascht. Ich hörte, er habe seinen Lebenswillen eingebüßt, als meine Halbschwester starb. Darf ich den Brief sehen?« Mit seinen scharfen Augen hatte er das gefaltete Pergament entdeckt, das John noch immer in der Hand hielt.

John reichte es ihm zögernd und beobachtete den König beim Lesen. Endlich sah Henry auf. In seinen Augen war ein spöttischer Ausdruck. »Ihre Frau ist mehr als einmal ein Dorn in Llywelyns Fleisch gewesen, wenn ich mich recht erinnere. Wo ist sie? Wir haben sie hier in Northampton vermißt.«

»Sie ist in Fotheringhay, Sire.«

»Und wird sie sich dort bezähmen können?« Henrys Lächeln war fast boshaft. Die Gerüchte von Eleynes wilden Ritten hatten den Hof erreicht.

John fühlte, wie ihm plötzlich heiß wurde. »Oh, das wird sie, Sire. Aber es wird ihr das Herz brechen, wenn sie erfährt, daß sie zu Hause nicht wohlgelitten ist.«

»Wir dürfen beide raten«, erwiderte der König, »wer diese Bitte von Dafydd ap Llywelyn wohl zu verantworten hat. Es ist kein gutes Omen für Llywelyns Erbe, wenn sein Nachfolger, so tüchtig er auch sein mag, sich von einer Katze an der Nase herumführen läßt, die er zur Frau genommen hat. Die Familie de Braose liebt es, Probleme zu verursachen.« Er schwieg einen Augenblick. »Eleyne hat ihre Tante letztes Jahr mehrmals besucht, höre ich?«

John erstarrte. »Eure Schwester, die Königin der Schotten, war krank, Sire. Sie scheint eine große Zuneigung zu ihrer Nichte gefaßt zu haben.«

»Ähnlich groß wie die Ihre zu dem Gedanken an ein eigenes Königreich, nicht wahr?« Henry lächelte kalt. »Hauptsache, Sie vergessen nicht, wem Sie zur Treue verpflichtet sind, als Earl of Chester und auch – wenn es je dazu kommen sollte – als König der Schotten.«

John verbeugte sich knapp. Diese Geste erlaubte es ihm, dem Blick des Königs auszuweichen. Er murmelte etwas, das man als Zustimmung deuten konnte, und war sehr erleichtert, als er bemerkte, daß die Wartenden annahmen, er hätte Abschied vom König genommen. Mit einer weiteren Verbeugung drehte er sich von dem Monarchen weg. Die Wendung, die das Gespräch genommen hatte, gefiel ihm nicht. Es war an der Zeit, nach Fotheringhay zurückzukehren und Eleyne von der Krankheit ihres Vaters in Kenntnis zu setzen.

»Ich will diese Frau nicht unter meinem Dach haben!« Senena starrte ihren Mann wütend an, ihre Augen sprühten Funken.

Gruffydd erwiderte ihren Blick mit gleicher Wut. »Herrgott, Frau! So lasse ich mit mir nicht reden. Wenn ich sage, sie bleibt, dann bleibt sie!«

Jenseits der schmalen Fenster des Burgfrieds von Criccieth Castle donnerte die See gegen die Klippen, die Sturzwellen mit ihren weißen Schaumkronen kamen von Südwesten in die Bucht gerollt, stauten sich und hüllten die Strände in Wolken von Gischt. Regen prasselte vom Wind getrieben herunter, die Fahne mit dem roten Löwen ragte hoch über dem neuerbauten Turm steif in den Himmel und deutete hinüber nach Eryri und zur grauen Wolkenmasse, die die Berge verhüllte. »O nein!« Senena schüttelte den Kopf. »Ich gehorche dir in den meisten Dingen, mein Ehemann, aber hierbei nicht!« Ihr Wollkleid bauschte sich um ihre Figur, die noch immer an die Geburt ihres letzten Kindes erinnerte. Sie war so groß wie ihr Ehegatte, und wenn sie sich erregte wie in diesem Augenblick, war ihr Temperament so stark wie das seine. »Du bringst sie hier weg! Raus mit ihr aus Gwynedd, aus Wales, hörst du mich?«

Gruffydd setzte sich und stützte die Ellbogen auf die Knie. Er betrachtete sie zornig, das Kinn auf den gefalteten Händen. »Und was soll ich deiner Meinung nach mit ihr tun?«

»Schick sie weg! Schick sie zurück zu deiner Schwester! Da will sie doch hin.«

Gruffydd zog die Stirn in finstere Falten. »Sie kann nicht zu Eleyne. Lord Chester würde sie festnehmen lassen. Sie kann nicht zu ihrer Familie, die hat sie ohnehin nie anerkannt. Außerdem haben sie ihr blutige Rache, Galanas, geschworen, weil sie Cenydd getötet hat.«

Senena schauderte es. »Auge um Auge. Ein Leben für ein Leben. Das ist gerecht. Weshalb hast du sie hergebracht?«

»Einions wegen. Sie hat ihm treu gedient.«

Senena schüttelte den Kopf. »Darin irrst du dich. Sie dient Eleyne. Was auch immer sie in der Nacht getan hat, sie hat es auf ihre verdrehte Art einzig und allein für Eleyne getan.«

Gruffydd hob eine Augenbraue. »Ich sollte meinen, eine solche Treue hätte Dank verdient.«

»Vielleicht«, sagte Senena. »Dennoch will ich sie nicht unter meinem Dach. Ihre Treue ist zu gewalttätig und zu einseitig! Ich will sie hier nicht haben!«

Gruffydd rieb sich das Kinn. »Und wer soll ihr das bitte sagen?«

»Du.« Sie warf ihm dieses Wort an den Kopf.

»Und was ist, wenn sie uns verflucht, so wie sie John of Chester verflucht hat?«

Senena schwieg. Sie konnte das Pochen des Windes gegen die Mauern hören, so dick sie auch sein mochten. In der Ferne, über dem Geheul, vernahm sie den gellenden Schrei einer Möwe. Sie fröstelte. Das war ein Omen, kein Zweifel. Sie straffte die Schultern. »Wir spucken auf ihren Fluch und werfen sie ins Meer.«

Gruffydd wurde blaß. »Heilige Brigitte! Bist du wahnsinnig, Frau?« Er stand auf. »Ich verbiete dir, mit ihr zu sprechen. Ich werde es selbst tun.« Er zuckte herum, als sich hinter ihm die Tür öffnete. Rhonwen stand in der Türöffnung, in einen dicken Plaidmantel gehüllt, das Haar nach Art der Frauen in den Bergen von Wales von einem weißen Kopftuch bedeckt. Ihr Gesicht war bleich und verhärmt.

Senena merkte, daß ihr Mund trocken geworden war. Wieviel hatte sie gehört? Bei dem Sturm und dem Lärm der Brecher unten an den Felsen sicherlich nichts. Aber – wer wußte, was für Kräfte diese Frau besaß? Senena lächelte nervös und schämte sich ihrer Doppelgesichtigkeit: »Lady Rhonwen, Sie sind willkommen.«

»Lügen Sie nicht, Princess. Ich bin so willkommen wie der Rabe beim Hochzeitsfest: Eine Frau mit Blut an den Händen ist nirgendwo ein gern gesehener Gast, dessen bin ich mir wohl bewußt. Aber Sie haben nichts zu befürchten. Ihr Mann hat mir das Leben gerettet, und ich bin immer seine Freundin gewesen.«

Rhonwen schritt, von Schmerzen geplagt, zum Feuer, das unstet flackerte und schwelte, während der Wind in den Kamin herunterfuhr und Funken über den Fußboden stoben. Als Gruffydds Diener ihr die Ketten von den Fußgelenken schlagen wollte, war der Meißel ihm aus den klammen Fingern geglitten und tief in ihr Bein eingedrungen. Die Wunde eiterte seither und war trotz großer Bemühungen nicht verheilt.

Sie setzte sich, ohne daß man sie dazu eingeladen hätte, in Senenas Sessel und schloß die Augen für eine Weile, als sie wieder eine Welle der pulsierenden Hitze überkam, die von der Wunde ausging und sich zu ihrem Knie hinaufzog. Sie biß die Zähne zusammen und sah mit grimmiger Freude, daß Gruffydd die Finger gekreuzt hielt. »Ihr wollt mich also loswerden.«

Gruffydd sah zu Boden. »Die Männer meines Vaters werden bald kommen. Es ist nur eine Frage der Zeit.«

»Aber ihr würdet mich doch nicht ausliefern?« Sie beobachtete ihn ungerührt.

»Natürlich nicht. Aber wir sind niemals sicher, solange Sie in Wales bleiben. Die Galanas ist mächtig, ihre Kraft reicht weit. Das wissen Sie so gut wie ich.«

»Und meinst du nicht, daß meine magischen Kräfte mich beschützen werden?« Sie lachte bitter. »Die Leute erzählen sich, ich sei in Gestalt einer Eule aus der Zelle geflogen, aber du weißt die Wahrheit. Ich besitze keine magischen Kräfte. Ich bin eine verwundete Katze, das ist alles.« Sie schwieg und dachte nach.

»Aber Sie haben Einion von den Toten heraufbeschworen«, wandte Senena ein. »In ganz Gwynedd redet man darüber.«

Rhonwen schüttelte den Kopf. »Einion kam, weil er kommen wollte. Oh, da war ein Zauber in der Nacht am Werk und eine gewaltige Macht. Aber sie kam nicht von mir.«

»Woher denn?« flüsterte Senena.

»Von Eleyne.« Rhonwen sah sie triumphierend an. »Habt ihr das nicht gewußt? Die ganze Kraft kommt von Eleyne!«

Sie schwiegen eine lange Zeit. »Ich habe gehört, sie hätte das Zweite Gesicht«, sagte Gruffydd vorsichtig.

Rhonwen lächelte spöttisch. »Oh, sie hat mehr als das Gesicht, viel mehr. Und ihre Zukunft steht in den Sternen!« Sie umkrampfte ihren Oberkörper mit beiden Armen, als wieder eine Schmerzwelle von ihrem Bein emporschoß. »Sie wird es ihnen zeigen! Lord Llywelyn, Dafydd und der englischen Puppe, seiner Frau. Sie wird es allen zeigen. Wo ist sie jetzt?«

Senena sah zu ihrem Ehemann hinüber. »Eleyne ist nach England zurückgekehrt. Ich glaube, sie ist in Fotheringhay.«

»Und sie hat nicht nach mir geschickt, weil Lord Chester mich haßt. Ich hätte ihn beinahe umgebracht, wißt ihr.«

»Ich weiß«, erwiderte Gruffydd böse. »Sie sind eine Närrin, Mylady. Sie haben sich mächtige Feinde gemacht. Aber daß Eleyne Ihnen keine Botschaft geschickt hat, kommt daher, daß alle Welt glaubt, sie wären tot. In Aber hat man gemunkelt, der Prince habe sie insgeheim umgebracht, und ich sehe keinen Grund, dem zu widersprechen. Er allein weiß, daß es nicht stimmt, und er ist zu krank, als daß er es irgend jemandem sagen könnte.«

»Sie muß es wissen. Eleyne weiß es bestimmt, daß ich noch lebe. Sie wird es im Feuer gesehen haben.« Rhonwen schaute ins Feuer, als sähe sie eine Bestätigung in den zischenden Holzscheiten.

Senena trat vor und legte ihr zögernd die Hand auf die Schulter. »Wohin werden Sie gehen?«

»Zu Eleyne natürlich. Sie braucht mich. Sobald mein Bein besser ist und das Wetter sich etwas aufgeklärt hat, werde ich Euch um ein Pferd bitten und zu ihr reiten. Ihr braucht nicht zu befürchten, daß ich einen Augenblick länger als nötig hierbleiben werde.«

»Aber was ist mit Lord Chester?« fragte Gruffydd nüchtern. »Er wird Sie nicht mit offenen Armen aufnehmen, Mylady.«

»Das hat er noch nie getan.« Unter Schmerzen richtete sich Rhonwen auf. »Lord Chester ist für Eleynes Zukunft ohne Bedeutung. Ich glaube nicht, daß ich mir seinetwegen Sorgen machen muß. Ich werde darauf achten, daß er uns nicht im Wege steht. Ich habe ihn an Einions Grab verflucht, und ich verfluche ihn jede Nacht.« Sie lachte plötzlich laut auf. »O nein, Lord Chester wird mich nicht hindern.«

Schneeglöckchenteppiche wuchsen am Ufer des Nene unter den Mauern der Burg von Fotheringhay. Eleyne glitt vom Sattel und fing an, einige Blumen zu pflücken, sie wandte ihrem Ehemann den Rücken zu, damit er nicht ihre Tränen sah. Er hatte bis nach der Jagd gewartet, um es ihr zu sagen. Sie waren fast schon zu Hause gewesen, die Pferde schritten ruhig über das Marschland der Burg zu, als er sie beiseite rief.

»Wenn es von ihm abhinge, würde er dich natürlich sehen wollen«, sagte er langsam. »Er ist nicht tot. Es ist eine Art Anfall. Gut möglich, daß er sich wieder erholt.«

»Er kann die Hände nicht bewegen, und er kann nicht mehr richtig sprechen«, sagte sie.

Sie achtete nicht auf den zornigen Ausdruck in seinem Gesicht, als sie ihm gestand, daß sie es bereits wußte. Wußte, daß ihr Vater krank war. Alle weiteren Einzelheiten, die sie kannte und die sie ihm nun mitteilte, vergrößerten sein Entsetzen.

»Vielleicht erholt er sich ja doch noch. Es hat keinen Sinn, nach Aber aufzubrechen, bevor wir wissen, wie es um ihn steht.«

»Er will mich sehen. Darum habe ich von seiner Krankheit erfahren.« Sie fing an, heftig zu zittern, trotz ihres Umhangs aus warmen Fellen.

»Nein, mein Liebling, er würde dich dort nicht haben wollen.« Er seufzte. Das wenigstens hatte sie nicht gesehen: daß ihr Bruder ihr zu kommen untersagte. »Und Dafydd ebensowenig. Es tut mir leid.«

»Du meinst, man verbietet mir, zu ihm zu kommen?« Sie sah ihn betroffen an, die Schneeglöckchen in der verkrampften Hand. In ihren Augen sah er die Tränen, die einen Augenblick an ihren Wimpern hingen, dann wandte sie sich ab. Sie ging langsam zum Fluß und stand eine Zeitlang am schlammigen Ufer. Dann führte sie die Blumen an die Lippen, warf sie hoch in die Luft und sah zu, wie sie sich über das dunkle, langsam fließende Wasser verteilten.

John war ihr gefolgt. »Er wird dich immer lieben, Eleyne.«

Sie wandte sich ihm ruckartig zu. »Was ist, wenn er stirbt? Was ist, wenn er bereits tot ist?«

»Dann ist es Gottes Wille.« Die kalte Luft drang ihm in die Kehle, und er begann zu husten. Er trat zurück, während er nach Luft rang, und preßte seine Hand auf die Brust.

Sie starrte ihn an und sah die Farbe aus seinem Gesicht weichen, bis auf zwei Flecken der Schwindsucht, die auf seinen Wangen erschienen. »Du hättest heute in der Burg bleiben sollen«, sagte sie wie geistesabwesend. »Ich wußte nicht, daß du wieder krank bist.«

»Ich bin nicht krank.« Er unterdrückte den Husten. »Es ist nur der kalte Wind. Komm, laß uns jetzt zurückreiten, es wird dunkel.«

Nebelschwaden wehten vom Fluß herauf über die Wiesen und in die Wälder. Sie konnten in der Dämmerung die Burg sehen, eine dunkle Silhouette am finsteren Himmel.

»Laß mich dir beim Aufsitzen helfen.« Einen Augenblick lang stand er da und sah ihr in die Augen. »Du weißt, daß ich dich liebe, ja?« Er sah zu Boden, beschämt wie ein Knabe.

Sie starrte ihn einen Augenblick an, dann fing sie an zu weinen.

»Eleyne.« Seine Arme umschlangen sie. »Eleyne, mein Liebling.« Er konnte ihre Figur nicht ertasten unter dem dicken Umhang. Ihre Wangen waren kalt, ihre Tränen aber heiß, als sie in den Kragen seines Umhangs liefen. Er drückte sie fest an sich, er hatte die versammelte Dienerschaft vergessen, die zusah, während ihre Pferde unruhig in der Kälte stampften. Seine Lippen suchten ihre Lippen, als er sie schließlich in die schützende Hülle seines Umhangs zog.

Sie blieben an diesem Abend nicht lange in der Halle. Sobald das Abendessen verzehrt war, zogen sie sich in ihr Schlafgemach zurück, und John befahl, die Kerzen anzuzünden. Am Feuer sitzend sah Eleyne dem Diener zu, wie er von einer Kerze zur anderen schritt. Langsam zogen sich die Schatten aus dem Zimmer in die Ecken zurück. Jenseits der Fensterläden war die Nacht still. Ein dichter weißer Nebel hing über dem Fluß und hüllte die Burg in ein leise tropfendes Schweigen. Kein Ton drang aus der großen Halle herauf. Ein fahrender Sänger unterhielt die Anwesenden mit einer Folge sanfter, träumerischer Balladen, und nachdem die Teller fortgeräumt und die Kochfeuer gelöscht waren, kam man in der Burg schon früh zur Ruhe. Der Diener zündete die letzte Kerze an, verbeugte sich und zog sich zurück. John warf sich in seinen Sessel und streckte die Füße gegen das Feuer. »Singst du mir etwas vor?« Er lächelte Eleyne an.

Sie ging zu ihm, setzte sich ihm zu Füßen und lehnte ihren Kopf an seine Knie. Der Verlust Rhonwens und ihrer Mutter war schrecklich für sie gewesen, aber die ganze Zeit hindurch hatte John ihr beigestanden. Sogar wenn sie zornig auf ihn gewesen war, hatte er ihr Kraft gegeben, so wie er ihr auch jetzt Kraft gab, allein dadurch, daß er da war.

Er liebte sie in dieser Nacht mit großer Zärtlichkeit, danach schlief sie sofort ein, in seinen Armen. Draußen wurde der Nebel dichter. Er wirbelte und leckte an den schweren Fensterläden und glänzte an den Mauern der Burg. Die Männer, die in der Nacht Wache hielten, wandten sich, da sie nichts sahen, bald dankbar ihren Kohlenpfannen zu.

John lag wach und starrte die Bettvorhänge an, sah die Reflexe der Glut aus dem Kamin an den schweren Deckenbalken. Er hatte angefangen, stark zu schwitzen, und fühlte, wie seine Glieder zu zittern begannen. Er zog seinen Arm vorsichtig unter Eleynes Schulter fort, setzte sich auf und starrte zu ihr hinunter. Er konnte ihr Gesicht nicht sehen, aber sie ächzte leise und kuschelte sich näher an ihn. Er lächelte, seine Hand strich zärtlich über ihr Haar, und nach einem Augenblick wurde ihr Atem wieder ruhiger. John schwang die Beine über den Rand des Bettes und stand auf. Sofort schwand die Hitze aus seinem Körper, er fing an, vor Kälte zu zittern. Er zog sich seinen Bettmantel über die Schultern, ging zum Feuer und trat gegen die Torfsoden, die auf den Scheiten lagen. Sofort flammte das Feuer wieder auf. Auf seiner Stirn spürte er den eiskalten Schweiß; er roch den starken, strengen Schweißgeruch seines Körpers. Er setzte sich hin, verschränkte die Arme und drückte den Umhang an die Brust, er schaukelte vor und zurück, doch die Übelkeit wurde immer größer. Draußen konnte er die Stille hören, sie war wie eine feste Wand, wie der Nebel, der vom Nene heraufzog. John fröstelte und erinnerte sich, nicht zum ersten Mal, an Rhonwens Fluch.

XII
ERYRI * April 1237

Das Pferd lahmte. In der Ferne trillerte ein Brachvogel. Der nasse Mantel hing schwer auf Rhonwens Schultern, als sie sich bückte und mit steifen, klammen Fingern den Hinterlauf des Pferdes abtastete. Die Berge lagen in Nebelschwaden, der Boden war ein Sumpf aus Erde und Schneematsch. Zweimal war sie vom Pfad abgekommen und hatte kostbare Zeit damit verloren, ihn wiederzufinden, war kreuz und quer durch das Heidekraut und die Blaubeerbüschel gestapft. Nun wurde es dunkel, sie konnte das bleiche Flackern der Totenlichter sehen, der seltsamen Elfenlichter, die sich im Zwielicht über dem Sumpfgras zeigten und ihr Angst machten.

Senena hatte ihr das Pferd, etwas Geld, ein Extrakleid und Schuhe gegeben, es hing alles in einem Bündel an ihrem Sattel. Sie wäre gern länger in der Burg von Criccieth geblieben, bis ihr Bein verheilt, das Wetter besser und die Jagd nach ihr abgeblasen waren. Doch Dafydd glaubte nicht daran, daß der Teufel sie geholt hatte. Er nahm an, daß sie entflohen war, und hatte überall Alarm geschlagen. Man wollte sie deshalb forthaben, je früher, desto besser.

Rhonwen richtete sich auf und sah sich um in dem Nebel, der sie umgab. Das Pferd konnte an diesem Abend nicht mehr weiterlaufen, sie mußte einen Unterschlupf finden. Ihre Augen suchten die Umrisse von Bäumen und Felsen in dem grauen Dunst auszumachen, sie horchte, ob in der Nähe Wasser plätscherte, doch der Nebel deckte alles zu.

Ein Hund spürte sie auf. Sie hörte ihn bellen und starrte um sich, ihr Herz hämmerte vor Aufregung, als sie herauszufinden suchte, woher die Laute kamen. Dann hörte sie schlurfende Schritte auf losem Geröll. Ein alter Mann, schlecht zu Fuß in seinen weichen Lederschuhen mit den dünnen Sohlen, einen Schafspelz um die Schultern, stand nur wenige Fuß von ihr entfernt. »Seien Sie gegrüßt, Mistress, haben Sie sich verirrt?« Er war klein und verhutzelt, seine Augen prüften neugierig ihr Pferd und das Bündel, das am Sattel hing.

»Mein Pferd lahmt.« Sie zwang sich, mit kräftiger Stimme zu sprechen. »Gibt es hier irgendwo in der Nähe eine Unterkunft für mich?«

Er lachte – ein krächzender, pfeifender Laut, der nicht sonderlich angenehm war. »Sie sind in meinem Haus willkommen, Mistress, wenn Sie es wünschen. Es ist nicht weit von hier. Ich kann mir Ihr Pferd ansehen, meine Frau wird Ihnen zu essen geben, und Sie dürfen auch das Bett mit uns teilen.« Er legte seine Hand auf die Zügel des Pferdes. »Sie sind beträchtlich von der Straße abgekommen. Gut, daß ich Sie entdeckt habe, der Berg ist tückisch für die, die ihn nicht kennen.« Sie humpelte hinter ihm her, während er ihr Pferd den steilen Abhang wieder hinunterführte. Es schien ihr eine endlos lange Zeit, bis sie ans Ziel kamen, aber endlich sah sie eine kleine Behausung aus dem Nebel auftauchen. Auf den Ruf des alten Mannes hin wurde ein helles Viereck sichtbar. Jemand hatte die Decke zurückgeschoben, die vor dem Eingang hing. Der Mann winkte Rhonwen, sie solle eintreten. »Gehen Sie, wärmen Sie sich. Ich kümmere mich um Ihr Pferd.«

Rhonwen nahm das Bündel vom Sattelhaken, wandte sich erleichtert dem Licht zu und duckte sich, um in die kleine Kate einzutreten. Sie war wunderbar warm, ein helles Feuer brannte in der Mitte des einzigen Raums. Links hinter der niedrigen Trennwand drängten sich eine Kuh und mehrere Schafe in der Dunkelheit aneinander. Die Frau des alten Mannes, Rhonwen fiel dies sogleich auf, als sie sie schüchtern zu dem Berg aus Farnkraut wies, der als Bett, Sitz und Tisch diente, war fast noch ein Kind. Als das Mädchen Wasser aus dem Kessel goß, damit ihr Gast sich die Hände und das Gesicht waschen könne, sah Rhonwen etwas von ihrem blonden Haar unter dem groben weißen Kopftuch.

»Sie sind verletzt, Mistress?« Die scharfen Augen des Kindes hatten ihr Humpeln bemerkt. Rhonwen setzte sich hin, schob sich das Bündel als Lehne in den Rücken und schleuderte mit einem Ächzen ihre durchnäßten Schuhe von sich. Das Mädchen kniete vor ihr nieder. Mit zarten Fingern faltete sie Rhonwens nassen, dreckigen Rock zurück und starrte auf das Leinen, das die Wunde bedeckte. Frisches Blut und Eiter vermischten sich mit dem Schmutz des Verbandes.

Die Hitze machte Rhonwen allmählich schläfrig. Sie sah zu, wie das Mädchen eine Schale mit frischem Wasser und saubere Tücher holte, wie sie eine dicke grüne Salbe auf die Wunde strich und sie verband. Dankbar ergriff Rhonwen eine Schale Met, die man ihr anbot. Als der Mann zurückkam, schlief sie schon beinahe.

»Ich habe mich um ihr Pferd gekümmert«, sagte er. »Es ist nebenan bei den anderen Tieren. Ich habe einen Stein aus seinem Huf herausgeholt. Morgen ist die Quetschung besser.« Er setzte sich neben sie und ließ sich auch eine Schale Met geben. In dem Kochtopf über dem Feuer brodelte etwas. Es duftete appetitlich, und der Mann schnupperte hungrig.

»Wo wollen Sie hin?« Er beobachtete Rhonwen neugierig. Sie erstarrte förmlich wegen seiner schlechten Manieren. Kein Hausherr sollte seinen Gast fragen, wohin er wollte oder wie lange er zu bleiben gedachte. Sie rang sich zu einem Lächeln durch: »Ich reite nach Chester.«

»Chester?« Er starrte sie verdutzt an. »Das ist ein weiter Weg. Seine Augen waren von Rhonwen zu dem Bündel gewandert, gegen das sie lehnte. »Vor allem für eine Dame.«

Rhonwen wurde hellwach. »Ich habe meine Begleiter unterwegs verloren«, sagte sie ruhig. »Sie müssen aber noch in der Nähe sein. Sobald dieser verdammte Nebel sich verzogen hat, werden sie mich finden.«

»Das freut mich zu hören. Es ist gefährlich, allein auf diesen Straßen. Es gibt allerlei Diebe und Gesetzlose in den Bergen. Das ist kein Ort für eine Lady ohne Begleitung.« Er sah seiner Frau zu, wie sie den Inhalt des Kochtopfs mit der Schöpfkelle in drei hölzerne Schalen füllte. Sie griff in das irdene Gefäß, holte ein Stück grob gebackenen Brotes heraus, brach es in Stücke und gab Rhonwen davon.

»Ich heiße Annest«, sagte sie. »Und mein Mann Madoc.«

»Ich bin Rhonwen.« Die Worte waren heraus, bevor sie sie zurückhalten konnte, aber ihr Gastgeber verriet mit keinem Zeichen, daß der Name ihm etwas sagte. Er war zu sehr damit beschäftigt, sich sein Stew aus der Schale in den Mund zu schieben. Rhonwen probierte ihres. Es schmeckte nach Lauch und irgendeinem Wildvogel, das Fett schwamm in großen glänzenden Augen auf der Brühe. Nach kurzem Zögern begann sie zu essen und spürte, wie ihr die Wärme durch die Adern strömte.

Sie aßen schweigend, der kleine Raum war nur von dem Feuer erhellt. Hinter der Wand hörte sie die Tiere sich bewegen. Der scharfe Geruch des Dungs wehte zu ihnen herüber. Zweimal beugte sich Madoc vor, um Rhonwens Schale mit Met zu füllen, und zweimal trank sie sie hastig leer. Nachdem sie den letzten Rest ihres Brotes gegessen hatte, lehnte sie sich erschöpft gegen ihr Bündel.

Das Feuer war erloschen, als sie aufwachte. Ihr Kopf schmerzte heftig. Mit halbgeschlossenen Augen griff sie nach ihrem Mantel, der am Feuer getrocknet hatte. Sie zog ihn über, dankbar über das dicke, schwere Tuch. Sie schlief schon beinahe wieder, als sie draußen jemanden flüstern hörte. Sie erstarrte und horchte angestrengt hinaus, ihre Gastgeber waren nicht mehr in der Hütte. Sie waren draußen und schienen sich aufgeregt miteinander zu unterhalten. Wieder lauschte sie angestrengt, aber sie konnte nicht verstehen, worüber sie sprachen. Hellwach und aufs äußerste gespannt richtete sie sich auf, fühlte nach ihrem kostbaren Bündel und schob es hinter sich. Etwas stimmte nicht. Sie hatte Madoc vom ersten Augenblick an mißtraut, sie hätte ihrem Gefühl gehorchen sollen. Wenn sie doch nur ein Messer hätte. Sie hatte Senena gebeten, ihr eine Waffe mitzugeben, aber diese dumme Frau hatte nur gelacht. »Haben Sie noch nicht genug Schaden angerichtet?« hatte sie Rhonwen gefragt.

Sie hörte das Rascheln des Farnkrauts, als die beiden wieder hereinkrochen. Es war stockfinster, dann flackerte Licht auf, als Madoc die Torfstücke, die auf der Glut lagen, beiseite schob. Seine Silhouette stand still vor dem schwachen Licht, dann wandte er sich zu ihr um. Sie hatte damit gerechnet, daß er ein

Messer in der Hand hätte, aber es war die Schlinge eines Stricks.

Ihr Herz pochte wie rasend vor Angst, als ihr Kopf plötzlich in erstickender Schwärze verschwand. Annest war unbemerkt von hinten an sie herangekrochen und hatte ihr einen Sack über den Kopf gestülpt. In Sekunden war sie gefesselt, danach wurde der Sack wieder entfernt. Sie lag auf der Seite, Hand- und Fußgelenke eng beieinander, wie Geflügel, fertig für den Bratspieß.

Madoc kicherte und trat gegen das Feuer, so daß die Flamme hochschoß. Er setzte sich ihr gegenüber, sein Gesicht wurde vom Feuer erleuchtet. »So, meine feine Dame. Als ich von den Gesetzlosen in den Bergen gesprochen habe, wußte ich nicht, daß ich eine unter meinem Dach hatte.« Er rieb sich die Hände. »Sieh mal nach, was in ihrem Beutel ist, Cariad!« wies er seine Frau an, die zitternd neben der Tür kniete. Annest sah Rhonwen mit vor Entsetzen geweiteten Augen an und schüttelte den Kopf.

»Los, Frau, sie kann dir nichts tun!« Madoc griff nach seinem Metkrug und goß sich den Rest daraus ein. Dann warf er ihn über die Schulter nach hinten ins Dunkle. »Du wirst uns reich machen, Lady. Der Prince hat eine Belohnung ausgesetzt für den, der dich fängt, und auch die Familie von Cenydd ap Maredudd will dich, tot oder lebendig.« Seine Augen wurden schmal. »Vielleicht zahlt sie sogar noch mehr als der Prince, wer weiß?«

Rhonwen stöhnte, obwohl sie es zu unterdrücken versuchte. Ihre Hand- und Fußgelenke schmerzten fürchterlich, und von ihrer Wunde am Bein lief ein Schmerz zu ihrem Knie hinauf. »Bitte, lassen Sie mich wenigstens aufrecht sitzen.« Sie verachtete sich selbst wegen des wimmernden Tonfalls ihrer Stimme.

Madoc überhörte es. Seine Augen waren auf das Bündel gerichtet, das Annest an das Licht des Feuers gezogen hatte. »Los. Mach es auf!«

Sie tat es und zog das Kleid heraus – aus weicher, kostbarer Wolle, ein feines, leinenes Hemd, ein Paar Lederschuhe und dann den kleinen Beutel mit den Münzen. Annest wog ihn in der Hand, warf ihn hoch und fing ihn wieder auf. Madocs Augen glitzerten bei dem Geräusch der Münzen.

»Leere ihn aus!« zischte er. Sie fummelte an dem Riemen herum, mit dem die Öffnung des Beutels zugeschnürt war. Mit einem Ausruf der Ungeduld faßte er an seinen Gürtel und warf ihr seinen Dolch hin. »Schneid' ihn auf, du dummes Stück! Schneid' ihn auf.«

Die Hände des Mädchens zitterten, als sie die Klinge unter den Lederriemen schob und ihn durchschnitt. Ein Häuflein glänzender Münzen ergoß sich auf den Boden. Walisische Silberpfennige mit dem Kreuz der Münze von Rhuddlan lagen schimmernd im Licht des Feuers. Madoc leckte sich die Lippen. »Sie tragen ein Vermögen bei sich, Lady Rhonwen. Zweifellos, um sich Ihren Weg durch Wales freizukaufen.« Er bekam einen Schluckauf und ächzte verdrießlich. »Wußten Sie nicht, daß Ihr Name auf allen Marktplätzen und von allen Kanzeln, aus allen Mündern und selbst von den Schnäbeln vorbeifliegender Adler verkündet wird?« Er schnappte seiner Frau eine neue dickbauchige Metflasche aus der Hand, die sie ungefragt aus dem Dunkeln hervorgeholt hatte. Er zog den Verschluß mit den Zähnen heraus, setzte das Gefäß an die Lippen, trank gierig und wischte sich dann den klebrigen Rest mit dem Handrücken vom Mund, bevor er sich auf seinen Ellbogen lehnte und versonnen die Münzen anstarrte. »Schön«, sagte er träumerisch. »Schön.«

»Was wollen Sie mit mir tun?« fragte Rhonwen endlich. Sie versuchte immer noch, ihre Lage erträglicher zu machen.

Madoc sah sie aus trüben Augen an. »Ich weiß es nicht. Vielleicht lasse ich sie um dich feilschen, wie um eine Stute auf dem Pferdemarkt.« Er lächelte zufrieden und rülpste. »Vielleicht sollten wir dich ein bißchen mästen, eh? Bekommen dann vielleicht einen besseren Preis für dich. Mit einem Fohlen im Bauch!« Er ließ seine Augen unverschämt über ihren Körper wandern.

Rhonwen schüttelte sich vor Ekel. Der Haß, den sie gegen diesen Mann empfand, war größer als alles, was sie je im Leben gefühlt hatte. Er brannte wie Feuer. Wie ein ätzendes Gift, das ihre Adern zerfraß. Sie wunderte sich beinahe, daß die

Stricke, die sie fesselten, nicht qualmend von ihren Gliedern abfielen. Sie war jetzt endgültig aus ihrer Betäubung erwacht, ihr Verstand arbeitete scharf wie ein geschliffenes Messer. Er wollte sie nicht töten, soviel war klar. Sie hatte Zeit, sich auszudenken, wie sie ihm entkommen konnte. Aber schon spürte sie wieder einen neuen Schmerz wegen der gekrümmten Lage, in der sie sich befand. Sie versuchte, ihre Handgelenke auseinanderzuzerren, aber er hatte den Strick grausam fest herumgebunden. Sie hörte ein Kichern von jenseits des Feuers und sah, daß er sie beobachtete. »Wie ein Stück Geflügel liegst du da, meine Hübsche, du wirst mir nicht entkommen«, sagte er selbstzufrieden. Er setzte wieder die bauchige Flasche an die Lippen. Sie sah seinen Adamsapfel auf- und niedergehen, als er schluckte, und die Schatten des Feuers huschten über seine vom Wetter gegerbte Haut. Hinter ihr ließ sich Annest nieder und hüllte sich fröstelnd in ihren Umhang. Sie hatte keinen Tropfen des Getränks angerührt.

Das Feuer war erneut niedergebrannt, bevor die große Flasche endlich leer war. Madoc lag schnarchend mit offenem Mund auf dem Farnhaufen. Rhonwen sah den Dolch, der längst wieder in seinem Gürtel steckte. Der Beutel mit den sorgsam eingesammelten Münzen lag unter seiner Hand.

»Annest!« Sie konnte das Mädchen von dort, wo sie sich befand, nicht sehen. »Annest, bist du da?«

Sie hörte ein Rascheln im Farnkraut, aber es kam keine Antwort. »Annest, bitte, mein Bein tut so weh. Könntest du die Stricke nicht etwas lockern?« Wieder kam keine Antwort, doch sie konnte in der Stille hören, daß das Mädchen den Atem anhielt. »Bitte. Du hast mir geholfen. Du hast meine Füße gebadet und mich wie einen Gast aufgenommen. Du hast meine Wunde behandelt. Ich bitte nur darum, daß du den Strick an meinen Fußgelenken lockerst. Er wird es nicht merken.« Der Schmerz in ihrer Stimme war echt.

Annest setzte sich auf und strich sich das Haar aus den Augen. Sie sagte nichts.

»Bitte, Annest.«

»Ich traue mich nicht«, flüsterte das Mädchen.

346

Rhonwen mußte lächeln. Das Mädchen hatte geantwortet, ihr Widerstand ließ nach.

»Bitte hilf mir, Annest. Es tut so weh.«

Rhonwen hörte es wieder leise rascheln. In dem ersterbenden Licht des Feuers sah Rhonwen fast nichts, nur das lange flachsblonde Haar des Mädchens, das ihr über die Schultern ihres Kleides hing.

»Wenn ich die Stricke lockere, werden Sie mir nichts tun?«

»Nein, natürlich nicht.« Rhonwen biß sich auf die Lippe, als eine neue Schmerzwelle ihr Bein heraufschoß.

Annest berührte ihre Fesseln. Der Strick war sehr fest zwischen ihren Hand- und Fußgelenken gespannt, so daß er ihren Kopf fast bis zu ihren Knien hinunterzog. Ihre Haut war so gefühllos, daß sie Annests kalte Finger kaum spürte, die an den Knoten herumtasteten.

»Ich bekomme die Fesseln nicht auseinander. Sie sind zu fest.«

»Dann schneide sie durch. Bitte, Annest, hab Mitleid mit mir.« Plötzlich fing Rhonwen an zu schluchzen.

»O bitte, weinen Sie nicht. Sie wecken Madoc auf«, sagte Annest unglücklich.

»Schneide den Strick an meinen Fußgelenken durch. Ich kann ja doch nicht fliehen, wenn meine Hände noch gefesselt sind. Und mit meinem verletzten Bein kann ich sowieso nicht laufen.« Madoc schnarchte und wälzte sich auf die andere Seite. Sie hielten den Atem an. Fast sofort begann er erneut zu schnarchen, diesmal etwas leiser.

»Er sieht es. Am Morgen sieht er, daß ich Ihnen geholfen habe. Dann schlägt er mich.«

»Er sieht es nicht, wenn wir die Stricke verbrennen. Er wird sich sowieso nicht mehr daran erinnern, was er getan hat, nach all dem Met. Ach bitte.« Rhonwen schloß die Augen, als eine neue Schmerzwelle sie traf. »Hast du ein Messer?«

Annest nickte, griff an ihren Gürtel. Sie zog ein kleines Messer heraus. Mit einem Blick zu ihrem Ehemann begann sie, an Rhonwens Fesseln zu schneiden. Es dauerte endlos, bis sie den Strick an ihren Fußgelenken durchtrennt hatte. Leise stöhnend konnte sich Rhonwen ein wenig strecken. »Hier, schneide die

347

auch durch.« Rhonwens Unterlippe blutete, so sehr hatte sie darauf gebissen, um nicht vor Schmerzen zu schreien.

»Mach schon. Bitte!« Rhonwen spürte, wie ihr das Blut zurück in die Glieder strömte, als die Knoten sich lockerten.

»Sie tun aber nichts ...«

»Das habe ich dir schon gesagt.«

Gleich würde sie frei sein. Sie entspannte ihren verkrampften Körper, fühlte das lange Haar des Mädchens über ihren Arm streichen, roch ihre ungewaschene Haut.

»Eh! Was ist los!« Fluchend kam Madoc hoch. »Was machst du denn da? Willst du, daß sie wegläuft?«

Als er sich auf Rhonwen stürzte, griff Rhonwen mit ihren gefesselten Händen nach dem Messer, das Annest hatte fallen lassen. Sie warf sich mit einem Ruck auf die Knie, als Madoc sie erreichte, und stieß ihm das Messer mit einer schnellen Bewegung durchs Wams unter die Rippen. Er brach in ein Wutgeheul aus.

»Komm mir nicht zu nahe, du Bastardsohn von einem Schwein!« keuchte Rhonwen. Das warme Blut, das die Klinge herunterlief, sagte ihr, daß es sein Ziel erreicht hatte. »Komm mir nie wieder zu nahe.« Sie hielt das Messer mit der Spitze nach vorn gerichtet, als er neben ihr in die rotglühende Asche stolperte. Er preßte seine Hände in die Bauchgegend, sein Atem ging stoßweise.

»Du Miststück, Miststück, Miststück. Annest! *Annest, hilf mir!«* Rhonwen sägte wie besessen an den letzten Strängen des Stricks, der ihre Füße festhielt. Irgendwie gelang es ihr auch, die Messerklinge unter den Strick zu bekommen, der ihre Handgelenke umschlang, aber das Messer war zu stumpf. Auf der anderen Seite des Feuers konnte sie die in sich zusammengesunkene Silhouette des Mannes sehen. Seine Flüche waren kaum noch hörbar. Annest hatte sich nicht von der Stelle gerührt. Sie schluchzte hysterisch und preßte sich am anderen Ende der Hütte gegen die Wand.

Rhonwen gab nicht auf, endlich fühlte sie, wie sich erst ein, dann ein zweiter Strang des Seils lockerte und riß. Noch eine wahnsinnige Anstrengung, und es war vollbracht. Der

Strick fiel zu Boden, sie war frei. Grimmig kauerte sie mit dem Messer in der Hand da und wartete darauf, was Madoc tun würde.

Sein Atem war ein Röcheln, als er sich aufraffte und nach dem Dolch tastete, der in seinem Gürtel steckte. Sie sah die Klinge aufleuchten, als er ihn vor sich hielt. »Ich mache dich fertig, du Miststück! Ich bringe dich gehäutet und ausgeweidet zu deiner Familie!«

Von Annest kam ein Angstgeheul. Keiner von beiden beachtete sie. Sie standen Auge in Auge da, die Messer in den Händen. Auf Madocs Wams breitete sich langsam ein Fleck aus, schwarz im schwachen Licht der Flamme. Er preßte die Hand auf den Bauch, und als er sie wieder fortnahm, war sie naß vom Blut. »Miststück!« schrie er wieder. »Miststück! Dafür bringe ich dich um!« Er hustete mühsam.

Rhonwen war völlig ruhig. Alles hing von den nächsten Sekunden ab. Wenn sie Eleyne jemals wiedersehen wollte, mußte sie siegen. Sie richtete sich etwas auf und machte einen Schritt vorwärts. Sie lächelte, als sie sah, daß er Angst hatte. »Die Götter stehen mir bei, alter Mann«, flüsterte sie. »Du kannst mich nicht töten, du bist schon tot. Sieh, dein Lebensblut tropft auf den Boden wie Rattenpisse!«

»Annest!« Seine Stimme war nun schwächer, mitleidheischend. »Annest, hilf mir. Töte sie …«

Rhonwen trat zur Seite, mit dem Rücken zur Wand. Sie konnte jetzt Annest sehen. Das Mädchen hatte sich nicht bewegt.

»Sie hilft dir nicht, alter Mann. Sie haßt dich. Du hast sie zu oft geschlagen«, sagte sie. »Sieh dir das Blut an. Merkst du nicht, daß dir dein Leben zwischen deinen Fingern wegläuft? Du leckst wie ein Sieb!« Sie lachte leise.

Er sah hinab, und sie hörte ihn einen gellenden Schrei des Schmerzes und der Angst ausstoßen. Als begriffe er erst jetzt, wie schlimm er verwundet war, stolperte er und fiel auf die Knie. »Stirb, alter Mann, stirb!« sagte sie. Es war so etwas wie eine freudige Erregung in ihrer Stimme. »Sieh, was denen geschieht, die sich gegen den Willen der Götter in Dinge einmischen, die sie nichts angehen!«

»Nein!« Annest schrie. »Nein, du böse Frau! Er stirbt nicht!« Sie stürzte sich auf Rhonwen, die Finger zu Krallen gekrümmt. »Laß ihn in Ruhe, du Hexe!«

Die beiden Frauen rangen miteinander, dann fiel Annest nach hinten. Mit einem leisen Seufzer brach sie vor Rhonwens Füßen zusammen, den Dolch im Herzen.

Rhonwens Augen wurden schmal. »Dummes Kind«, sagte sie leise. »Du hättest nicht zu sterben brauchen.« Sie zog das Messer mit einem Ruck aus dem Leib des Mädchens und wandte sich wieder Madoc zu. »Dein Tod aber ist aus vielen Gründen nötig, alter Mann«, murmelte sie. »Du hast die Gesetze der Gastfreundschaft gebrochen. Und du hast dich den Göttern widersetzt.« Sie trat zu ihm.

Madoc duckte sich, seine Kraft war fast dahin, die eine Hand preßte er noch immer gegen seinen Bauch, in der anderen hielt er den Dolch. Er fletschte die Zähne, knurrte wütend wie ein Tier, das in die Enge getrieben wurde, und stach nach ihr. Sie wich zurück, verlor fast das Gleichgewicht, als wieder der Schmerz ihr Bein hinaufschoß. Dann ging sie auf ihn zu, langsam, Auge in Auge, sie staunte über ihre Furchtlosigkeit.

In einer Sekunde war es vorbei. Ihre Bewegung war zu schnell für ihn. Er sah das Blitzen ihrer Klinge nicht mehr. Er fühlte nur einen Augenblick lang den brennenden Schmerz in seinem Hals, dann wurde alles schwarz.

Lange Zeit stand Rhonwen unbewegt da, dann endlich ließ sie den Dolch fallen und ging zur Türöffnung. Der Nebel hatte sich verzogen, im Osten über den Bergen war der Himmel etwas heller geworden. Die Luft war frisch und kalt und von einer gesegneten Reinheit. Irgendwo in der Nähe hörte sie Wasser plätschern, dort würde sie sich das Blut abwaschen können. Das Haus aber reinigte sie mit Feuer.

Elftes Kapitel

I
FOTHERINGHAY CASTLE * April 1237

»Dein Vater ist wieder gesund!« John trug den Brief in das Destillierzimmer, wo Eleyne mit zwei ihrer Frauen den Vorrat an Kräutern und Arzneien prüfte.

Er drückte ihr den Brief mit einem Lächeln in die Hand. Sein Gesicht war noch hagerer geworden, und er sah müde aus. Er fing an zu husten und preßte die Hand gegen die Brust.

Der Brief stammte vom Sekretär ihres Vaters. »Der Prince ist weitgehend wiederhergestellt, dem Herrn sei Dank. Er kann sprechen und hat den Gebrauch all seiner Glieder wiedererlangt. Wir danken jede Stunde, daß er uns erhalten geblieben ist. Einen Teil des westlichen Gwynedd wie auch einen Teil von Powys hat er seinem Sohn Gruffydd gegeben und vertraut ihm von Tag zu Tag mehr.«

»Bist du jetzt glücklich?« John war über ihr strahlendes Gesicht belustigt, das sie ihm zuwandte.

»Sehr.« Sie lief zu ihm hin und fiel ihm um den Hals. »Ach, ich bin so froh!« Sie wirbelte ausgelassen durchs Zimmer.

Einen Tag später traten sie bereits eine ihrer langen Rundreisen an – sie mußten wieder einmal all ihre Güter besuchen. In ein paar Monaten war überdies eine Reise nach Schottland geplant. Es schien ein geschäftiges Jahr zu werden. Doch in ihrem Schloß in Suckley erkrankte John erneut.

Als das zarte Grün des Frühlings sich im Grenzland ausbreitete und die Wiesen entlang des Flusses mit Narzissen übersät waren, legte er sich hustend und vom Fieber geschüttelt ins Bett. Eleyne ließ den Arzt kommen und schickte Luned los, in den Truhen, die sie aus Fotheringhay mitgebracht hatten, Tinkturen und Elixiere zu suchen. Sie saß an seinem Bett und hielt seine Hand. »Du mußt rasch wieder gesund werden, es gibt so viel zu tun.«

Er nickte. Sein Atem war flach und keuchend, seine Haut gerötet und feucht.

Sie kuschelte sich an ihn. »Ich möchte dir etwas sagen.«

Eigentlich war es noch zu früh, um zu hoffen, aber zum ersten Mal war ihre Blutung nicht pünktlich gekommen, und an diesem Morgen hatte sie beim Aufwachen Übelkeit und Schwere in sich gespürt. Als Luned ihr die Stirn gewaschen hatte, hatten sie einander angesehen und gelächelt vor Aufregung. Nun, da sie John sah, überkam sie jäh die Angst, er könnte vielleicht nicht wieder gesund werden, und sie konnte ihm ihre aufregende Neuigkeit einfach nicht länger vorenthalten. Sie wollte ihm Hoffnung machen. Seinen Lebenswillen stärken.

»Es ist möglich, daß ich schwanger bin.« Sie sah die Freude in seinen Augen aufleuchten.

»Bist du ganz sicher?«

Sie schüttelte den Kopf. »Dazu ist es noch zu früh.«

»Ach Eleyne, mein Liebling.« Er richtete sich auf und zog sie an sich. »Ich kann dir nicht sagen, wie glücklich mich das macht. Es dauert schon so lange.«

»Rhonwen hat mir gesagt, ich sei noch zu jung. Ich müsse nichts weiter tun, als zu warten.« Die letzten Worte hatte sie gemurmelt. Rhonwen fehlte ihr. Sie dachte noch immer an sie, obwohl sie irgendwie auch froh war, sie los zu sein. Der Arzt trat ein und verbeugte sich. Als Eleyne John küßte und zögernd von seinem Bett herunterrutschte, sah sie, wie der Arzt nach dem Puls ihres Mannes griff. Sie bemerkte aber nicht den sorgenvollen Gesichtsausdruck des Arztes beim Anblick der glühenden Haut und der fiebrigen Augen des Earl of Chester.

Den Kopf in einen weißen Schal gehüllt, hielt sich Rhonwen so lange in der Umgebung des Schlosses auf, bis sie erfahren hatte, was sie wissen mußte. Der Earl und die Countess waren noch immer in Fotheringhay.

Rhonwen hatte jetzt zwei Tiere bei sich, ihr Pferd und einen Maulesel, den sie in Madocs Stall gefunden hatte. Sie hatte die Hütte systematisch geplündert und die wenigen Besitztümer an sich genommen, soweit sie etwas wert waren – einen Kochtopf, Annests Sonntagsschuhe, die unter dem Backstein vergrabenen Pfennige und einen wollenen Schal. Dann hatte sie die Tiere losgebunden und die Kate angezündet. Es war nicht viel da, das brennen konnte, das Torfdach war naß, die Wände waren aus Stein. Wenige Stunden später befand sie sich bereits auf der Landstraße und hatte eine genügend große Entfernung zwischen sich und die einsame Behausung auf dem Hügel gelegt. Sie benötigte noch vier qualvolle Tage, bis sie endlich Chester erreichte, und nun stand ihr schon wieder ein langer Ritt quer durch England bevor. Der schlimmste Teil ihrer Flucht allerdings lag hinter ihr. Sobald sie erst einmal die Grenzmark durchquert hatte und in England war, würde sie niemand mehr suchen. Sie besaß nun zwei Tiere und wollte sich, bevor sie die Stadt verließ, noch einen bewaffneten Begleiter mieten. Allein würde sie von nun an nicht mehr reisen.

III
SUCKLEY

»Um der Heiligen Jungfrau willen, Eleyne, du darfst nicht reiten!«

John war seit drei Tagen wieder aus dem Bett. Draußen vor den Mauern des Schlosses brachte der milde Sonnenschein die Blätter der Hecken zur Entfaltung. Die Knospen an den Schlehdornbüschen waren Trauben aus winzigen Samenperlen, die

Kätzchen hingen golden an den Sträuchern, und die ersten gefiederten Blätter kamen an den Weiden am Bach hervor. Die Hand am Zügel von Invictus, drehte sie sich erstaunt zu ihm um. »Warum? Mir geht es doch gut.« Er sah matt und ungesund aus mit seinem aschfahlen Gesicht und stützte sich auf den Arm eines Dieners.

»Bitte, Eleyne, tu es nicht.« Er stieß den Mann von sich und stand, wenn auch nicht ohne einige Mühe, aufrecht da. »Ich verbiete es dir.«

Sie fühlte den bekannten Aufruhr in sich, der sie fast erstickte. Es war schon lange her, daß er ihr etwas verboten hatte. Seit Wochen waren sie einander wie Freunde, wie Liebende zugetan. Sie vertraute ihm, sie achtete ihn. Sie sorgte und grämte sich unablässig um ihn, wenn er krank war. Und wenn er darniederlag, leitete sie das Ganze, kümmerte sich um alles und tat, wie ihr gefiel, ritt aus, wenn sie mochte. Der Pferdeknecht beobachtete sie, und sie sah eine Andeutung von Spott in seinen Augen aufblitzen. Er bewunderte sie, aber er genoß es auch, sie verlegen zu sehen. Sie biß sich wütend auf die Lippe und ließ zögernd die Zügel los. »Nimm du ihn, Hal. Laß ihn galoppieren und bring ihn danach wieder hierher. Ich brauche ihn vielleicht später, um meinen Falken fliegen zu lassen.«

Mit erhobenem Kopf nahm sie Johns Arm. »Laß uns allein«, befahl sie, als der Diener ihr folgen wollte. »Wir wollen im Garten spazierengehen.«

Es gab einen hübschen Garten an der Westseite des Schlosses, nahe dem Burggraben. Die Blumenzwiebeln stießen schon aus dem Rasen hervor, und an den Mauern hingen Efeu und Weinrosen mit jungen Knospen.

Sobald sie allein waren, ließ sie seinen Arm los und wandte sich ihm mit wütend blitzenden Augen zu. »Warum? Warum demütigst du mich vor der Dienerschaft?«

»Muß ich dir wirklich erklären, was der Königin der Schotten zugestoßen ist.«

»Der Königin der Schotten hatten die Ärzte untersagt auszureiten, weil bei ihr eine Fehlgeburt drohte. Bei mir ist davon nicht die Rede. Ich weiß noch nicht einmal sicher, ob ich schwanger bin!«

»Natürlich bist du schwanger.« Er streckte die Hand aus und nahm ihre Hand. »Sei nicht ärgerlich, Liebling. Ich mache mir nur Sorgen um dich.«

»Dann hindere mich bitte nicht daran zu reiten.« Sie schenkte ihm ein zuversichtliches Lächeln. »Um dich, mein lieber Ehegatte, müssen wir uns kümmern. Du siehst erschöpft aus. Haben die Ärzte dir überhaupt erlaubt aufzustehen?«

Er zog die gebeugten Schultern hoch. »Der Mann ist ein Narr. Er zapft mir andauernd Blut ab und läßt mich so schwach werden wie eine Frau. Es bekommt mir besser, wenn ich aufstehe und etwas umhergehe.«

Ihre Wut ließ nach. »Ich wollte, Rhonwen wäre hier, sie verstand sich so gut auf Medizin und Zauberformeln, die Menschen gesund machen.« Sie schwieg einen Augenblick. »John? Was ist? Weshalb schaust du mich so an?«

Er hatte ihre Hand losgelassen und sich abgewandt. »Rhonwen haßte mich, Eleyne. Manchmal glaube ich …« Er verschluckte die Worte und beugte sich über einen Rosenstrauch, betrachtete die zarten roten Knospen der Blätter.

»Was glaubst du?«

»Sie hat mich in jener Nacht an Einions Grab verflucht. Sie hat mich verflucht.«

»Und du glaubst, ihr Fluch hätte dich krank gemacht?«

»Ja, das glaube ich.«

»Aber sie hatte mich lieb, sie würde niemals jemandem etwas Böses antun, den ich liebe.« Sie nahm ihn beim Arm und drückte ihn fest an sich. »Sie war in jener Nacht außer sich, sie wußte nicht, was sie tat.«

»Oh, sie wußte es sehr wohl.« Er schwieg einen Augenblick, dann fing er an zu husten.

»Nein, bitte sag das nicht.« Eleyne ging weg von ihm, in das hohe feuchte Gras, in dem die goldenen Butterblumen wuchsen. »Meinst du, daß sie tot ist?«

»Ja«, sagte er barsch.

»Glaubst du, mein Vater hat sie töten lassen?«

»Ja, jemand hat es getan.«

»Eine der Damen meiner Mutter hat mir geschrieben, Dafydd hätte Rhonwen für vogelfrei erklärt und eine Belohnung ausgesetzt für den, der sie fängt.«

»Das mußte er tun. Sonst hätte er zugegeben, daß sie tot ist. Vergiß sie, Eleyne. Sie lebt nicht mehr. Wir werden sie nie mehr wiedersehen.«

Eleyne runzelte die Stirn. »Aber sie ist nicht tot. Sie verfolgt dich. Du hast es Pater Peter gebeichtet, nicht wahr?«

»Er hat das Weihrauchfaß geschwungen und Gebete gemurmelt. Und dann, als er dachte, ich sähe nicht hin, hat er das Zeichen gegen das böse Auge gemacht und ein Amulett an seinem Hals unter dem Kruzifix berührt. Der Mann ist ein abergläubischer Narr.« Er grinste. »Aber es geht mir nicht besser. Ich habe Angst vor ihr.«

Eine Woche darauf war er kräftiger, und nachdem die Pacht in Suckley eingetrieben war, brachen sie erneut auf. Eleyne ritt auf einer sanften, alten Stute neben ihrem Ehemann. Unmittelbar hinter ihnen fuhr ein riesiger, mit Polstern ausgelegter Wagen, für den Fall, daß sie sich ausruhen müßte. Es war nicht nötig. An jenem Morgen hatte sich die Blutung eingestellt. Es war ihr zwischen den Beinen heruntergelaufen und hatte all ihre Hoffnungen fortgespült. Sie hatte geweint, aber sie hatte es John nicht zu sagen gewagt. Er sah jetzt viel besser aus, viel gesünder, er saß so stolz auf seinem Pferd neben ihr. Sie drückte das Kreuz durch, um den Schmerz in ihrem Becken zu lindern. Sie wünschte sich Invictus herbei, gern wäre sie, ohne anzuhalten, auf ihm dahingaloppiert, bis der kalte Wind und das Sonnenlicht ihr Bewußtsein so leergefegt hätten, wie ihr Schoß es jetzt war. Doch der Hengst befand sich unter der Obhut ihres Knechts irgendwo hinten beim Troß.

John würde es verstehen. Enttäuscht sein, aber nicht zornig. Sie warf ihm einen Blick zu, wollte es ihm sagen, doch sie brachte nicht den Mut dazu auf.

IV
FOTHERINGHAY * Mai 1237

Rhonwen erreichte Fotheringhay zwei Tage vor dem Fest von
Mariä Verkündigung. Man empfing sie in Ehren, wenn auch
mit allerlei Seitenblicken. Mit frischen Pferden und einer jungen Magd, die ihr eine der Damen mitgab und die aus dem
Dorf stammte, setzte sie ihre Flucht zu Eleyne fort, nun wieder
in Richtung auf die walisische Grenze.

V

John nahm Eleyne in die Arme und küßte sie. Draußen vor
ihrem Fenster jubilierte eine Amsel auf einem Eschenzweig.
Das fröhliche Lied, so flüssig und golden in der Dämmerung,
wollte nicht enden. »Gräme dich nicht, Liebling«, murmelte
er. »Wir werden mindestens ein Dutzend Kinder haben! Das
ist dir doch prophezeit worden, erinnere dich. Du hast es mir
erzählt: Es steht in den Sternen.« Sie schmiegte sich an ihn. Sie
waren an diesem Morgen mit den Hunden ausgeritten, hinter
einem Hasen her. Der Tag war großartig verlaufen, sie waren
glücklich und erschöpft nach Hause zurückgekehrt. Sie hatten gut gespeist, waren ins Bett gegangen und hatten sich geliebt, bis sie endlich in einen tiefen Schlaf gesunken waren.
Als John sie aufweckte, war es noch immer dunkel. Seine
Hand suchte unter der Decke nach ihr, tastete sie gierig überall ab. Nachdem sie sich erneut geliebt hatten, lagen sie wach
und redeten miteinander, bis die ersten Laute des morgendlichen Vogelgesangs durch die dicken Bettvorhänge zu ihnen
drangen.

VI

DARNHALL, WALD VON DELAMERE
Das Fest von Helen von Caernarfon

Rhonwen holte sie ein, als sie fast schon wieder in Chester waren, an Eleynes Namenstag. Sie hielt ihre Pferde an der Dorfschmiede an und fragte erschöpft nach dem Weg zum Schloß.

»Ist die Countess hier?« erkundigte sie sich bei dem Schmied, als er in das Sonnenlicht heraustrat.

»O ja, sie ist da, Gott schütze sie.« Der Schmied rieb sich die Hände an seiner Lederschürze ab. »Ich bin erst vor drei Tagen oben gewesen und habe ihren großen Hengst beschlagen.«

Rhonwen schloß die Augen und war erleichtert. »Und der Earl? Ist er auch hier?«

»O ja. Er blieb schon eine Weile, habe ich gehört.« Der Mann betrachtete ihre Pferde mit fachmännischem Blick. »Sie kommen von weit her.«

Rhonwen lächelte ihn grimmig an. »Das stimmt.« Sie griff in ihren Ranzen und fand den letzten Pence, der von ihrem Schatz geblieben war. Sie warf ihm die Münze hin. »Nehmen Sie das für Ihre Mühe, mein Freund.« Sie zog am Zügel, und das Pferd setzte sich in Bewegung. Ihre Diener folgten ihr langsam nach. Der Schmied sah hinter ihr her, bis er sie aus den Augen verlor, dann starrte er die halbe Münze an. Er biß darauf: Sie war echt. Die Frau mußte wahnsinnig sein.

Sie ritt in einen Obstgarten, in dem die Apfelbäume voll rosa Blüten standen, und stieg vom Pferd. »Geh los und suche Luned, Lady Chesters Mädchen. Sag ihr, sie soll zu mir kommen. Sprich sonst mit niemandem, hörst du?« Jetzt, da sie ihr so nahe war, konnte sie es gar nicht erwarten, Eleyne wiederzusehen, doch sie mußte vorsichtig sein. Was sollte werden, wenn Lord Chester sie verhaftete? Was sollte werden, wenn er sie nach Gwynedd zurückbringen ließ, damit man sie dort vor Gericht stellte? Sie überließ die Pferde ihrem Knecht, schritt langsam durch den Garten und stützte sich auf das von Flechten bedeckte Gatter. Sie hatte jetzt wenigstens ihr Kind gefunden.

Die Sonne war über den Obstgarten dahingewandert und im Nebel hinter dem Wald verschwunden, als endlich jemand kam. Es war Luned. Sie lief durch das vom Tau nasse Gras und fiel Rhonwen um den Hals. »Ich hätte nie gedacht, daß ich Sie wiedersehen würde.« Sie hielten einander lange in den Armen.

»Wie geht es Eleyne? Ich sehne mich danach, sie zu sehen.«

»Es geht ihr gut.« Luned umklammerte ihre Hand. »Sehr gut sogar, sie und der Graf sind glücklich.«

»Sie ist glücklich, weil sie denkt, daß ich tot bin?« Rhonwen gelang es nicht, die Empörung in ihrer Stimme zu unterdrücken.

»Nein, nein, natürlich nicht. Sie vermißt Sie sehr. Wir alle haben Sie vermißt. Aber sie konnte nicht in Erfahrung bringen, was geschehen ist.«

»Dabei hätte sie eine Möglichkeit gehabt.« Rhonwens Stimme klang gepreßt.

Luned ließ ihre Hand los und stützte sich auf das Gatter. »Sie starrt manchmal ins Feuer, und ich kann an ihrem Gesicht erkennen, daß sie irgendwelche Dinge sieht. Der Earl aber möchte das nicht. Er hat sie geschlagen, wissen Sie, nachdem das geschehen war. Und er hat ihr verboten, wieder in die Flammen zu blicken. Die Dienerschaft hat zu tuscheln angefangen. Und der Priester von Fotheringhay hat ihretwegen dem Earl gegenüber sehr harte Worte gebraucht und sie Buße tun lassen.«

Rhonwen starrte sie an, kalt vor Entsetzen. Er hatte sie geschlagen und ihr das Gesicht zu verbieten gesucht. Dafür würde er bezahlen.

Sie lehnte sich mit dem Rücken an das Gatter und starrte zu den Ästen der Apfelbäume hinauf. Es dämmerte. Sie lachte bitter. »Er hat allen Grund, Angst vor mir zu haben.«

»Was wollen Sie tun?« Luned beäugte sie mißtrauisch.

»Ich weiß nicht. Ich kann nirgendwohin. Ich habe kein Geld.«

»Ich kann Ihnen Geld geben.« Luned griff durch einen Schlitz in ihr Kleid und zog eine Börse heraus. »Da, und ich kann Ihnen mehr besorgen. Aber Sie dürfen nicht in der Nähe bleiben. Hier sind Sie in Gefahr.« Sie überlegte. »Sie könnten zur Abtei am Vale Royal gehen. Niemand würde Sie dort vermuten. Bleiben Sie im Gästehaus und halten Sie Ihr Gesicht bedeckt. Ich werde mich, sobald ich kann, mit Ihnen in Verbindung setzen, aber lassen Sie niemanden wissen, wer Sie sind. Sie wären nicht mehr sicher, wenn der Graf herausbekäme, daß Sie noch leben. Ich werde Eleyne sagen. daß Sie hier sind, sobald sich eine Gelegenheit dazu bietet.«

»Wenn sich eine Gelegenheit dazu bietet? Siehst du sie denn nicht jeden Abend?«

Luned lächelte. »Der Earl entkleidet sie selbst. Sie sind gerade sehr ineinander verliebt.«

Rhonwen zuckte zusammen, als hätte sie ein Schlag getroffen. »Das ist nicht wahr! Sie liebt einen anderen. Der Earl hat sie irgendwie hypnotisiert.« Sie lächelte kalt. »Aber diesen Zauber werde ich brechen. Gute Göttin, wie muß sie sich danach sehnen, daß ich ihr helfe!«

Luned betrachtete sie skeptisch. »Das glaube ich gar nicht, Rhonwen. Sie kommt mir so glücklich vor.«

»Aber ich weiß es.« Rhonwen streckte sich müde. »Also sag mir, wo diese Abtei ist. Ich werde dort auf eine Nachricht von dir warten. Ich hoffe, es ist nicht so weit, mir schmerzen alle Glieder, nachdem ich dreimal quer durch England geritten bin auf der Suche nach euch!«

»Es ist nicht weit. Sie sind dort, bevor es dunkel ist, und man wird Sie gastfreundlich aufnehmen, solange Sie« – sie zögerte »– solange Sie keinen Anstoß erregen, Lady Rhonwen. Lassen Sie es sich nicht anmerken, daß Sie nicht an das glauben, was man dort praktiziert. Sonst kommt alles heraus.«

»Hältst du mich für eine Närrin?« schnauzte Rhonwen sie an. »Natürlich werde ich mich vorsehen. In ihre Messen und Gebete werden sie mich nicht bekommen, aber ich werde höflich bleiben und zahlen, was ich ihnen schuldig bin.«

VII

DARNHALL MANOR HOUSE

»Robin!« Eleyne erkannte den hochgewachsenen Besucher trotz des mächtigen Umhangs, der ihn einhüllte. »Also kommst du uns endlich doch einmal besuchen.«

»Mylady.« Robert Fitzooth bückte sich, um sie zu küssen. »Wie geht es dir? Und wie geht es meinem Vetter?«

Eleyne nahm ihn bei der Hand und führte ihn zu einem Sessel. »Es geht ihm gut. Er ist im Augenblick bei unserem Hausmeister. Ich werde einen Boten schicken, der ihm sagt, daß du da bist. Er wird sich freuen, dich zu sehen. Luned, sag' dem Diener, er soll uns etwas Wein bringen.«

Luned winkte einen Pagen herbei. Es war fast Mittag, und noch immer hatte sie keine Gelegenheit gehabt, Eleyne unter vier Augen zu sprechen und ihr von Rhonwen zu berichten. Wollte sie es überhaupt? Sie liebte sie beide, Rhonwen genauso wie Eleyne, aber Rhonwen hatte sich verändert. Sie war jetzt verbittert und herrschsüchtig, ihre Anwesenheit stellte eine Bedrohung dar.

»Luned? Luned, der Wein!« Eleynes Stimme riß sie aus ihren Gedanken. Eleyne verließ ihren Gast und kam herüber zu dem Tisch, an dem Luned stand. »Was ist denn mit dir?« Sie lächelte sie liebevoll an.

Luned warf einen Blick hinüber zu Sir Robert, der mit einem seiner Begleiter sprach. »Ich muß Ihnen etwas sagen, Mylady«, flüsterte sie hastig, »aber es ist immer jemand bei Ihnen.«

»Robin, bitte verzeih. Ich bin gleich wieder da.« Eleyne raffte ihre Röcke zusammen und rauschte, von Luned gefolgt, aus der Halle in den hellen Sonnenschein. »Hier in der Laube hört uns niemand. Was gibt es?«

»Rhonwen ist da.«

Eleyne starrte sie an. »Rhonwen! Sie lebt? Wo? Wo ist sie?«

»Ich habe sie nach Vale Royal geschickt. Hier bei uns wäre sie nicht sicher. Auch dachte ich nicht, daß Sie sie hier haben möchten.«

Eleyne schloß die Augen, schier betäubt von der Neuigkeit. »Du hast recht. Lieber Gott, ich habe nicht gedacht, sie wiederzusehen! Wie ist es ihr ergangen? Wo ist sie gewesen?«

Luned lachte. »Ich bin sicher, Sie wird es Ihnen selbst erzählen wollen.«

VIII
DIE ABTEI VON VALE ROYALE

Der Abt erwartete sie in seiner Wohnung, die in einem steinernen Haus abseits der anderen Klostergebäude lag. Es war kalt in dem Zimmer. »Darf ich Ihnen ein Glas Wein anbieten?« Der Abt machte Anstalten, ihn selbst zu servieren.

Sie nickte dankend. »Mylord! Herr Abt! Ich komme, um hier eine Freundin zu besuchen, die gestern abend bei Ihnen eingetroffen ist.«

Er zog die Stirn in Falten. »Ich dachte mir schon, daß es sich darum handeln könnte.« Er reichte ihr mit einer Verbeugung den bis zum Rand gefüllten Pokal. »Ich mußte allerdings Ihre Freundin bitten, mein Haus zu verlassen.«

Eleyne erstarrte. Der Abt, ein kleiner, magerer Mann mit einem gutmütigen, von Sorgenfalten durchzogenen Gesicht und einem silbernen Haarkranz über wäßrigen grauen Augen, setzte sich ihr gegenüber.

»Es tut mir leid, Mylady, wenn Ihnen das Kummer bereiten sollte. Doch die Frau, die gestern hierherkam, ist eine Gesetzlose, die von den Männern des Königs gesucht wird. Sie ist eine Ketzerin und eine Mörderin. Ich konnte es ihr nicht erlauben, die Nacht unter meinem Dach zu verbringen. Ich hätte sie eigentlich festnehmen lassen müssen, aber ...« Er seufzte und schüttelte den Kopf.

Eleyne leckte sich die Lippen, die trocken geworden waren. »Woraus schlossen Sie, daß sie eine Gesetzlose sei, Mylord, Herr Abt?«

Der Abt seufzte. »Es tut mir leid, Lady Chester, aber man kennt Ihre Lady. Sie ist zu lebhaft, zu auffallend, als daß die Männer sich ihrer nicht erinnern würden. Sie wollte nicht zur Messe gehen, deshalb sprach ich mit ihr. Da erkannte ich sie und schickte sie fort. Ihre Diener behielt ich hier, ich habe ihnen heute morgen die Absolution erteilt und ihnen etwas Geld gegeben.«

»Und Rhonwen?« fragte Eleyne endlich. Der Wein in dem Pokal in ihrer Hand war unberührt.

»Ich habe sie weggeschickt, ich sagte es schon, und sie ist mit ihrem Pferd und ihrem Leben von hier fortgeritten.« Er machte eine Pause. Sein Gesicht war voller Mitgefühl. »Ich verstehe, sie war Ihre Kinderfrau, Mylady, und ich begreife, daß Sie sie geliebt haben, aber lassen Sie sich von ihr nicht in die Irre führen. Diese Lady ist eine Gefahr für jeden, der mit ihr in Berührung kommt. Sie ist böse. Ich habe es selbst am ganzen Leibe und mit ganzer Seele empfunden.«

Eleyne wandte sich zur Tür. »Vielleicht haben Sie recht, Herr Abt. Dennoch, sie war meine Kinderfrau, und sie liebt mich. – Und ich liebe sie.«

IX

John saß mit Robin zusammen, sie spielten Schach, als Eleyne in die Halle trat. Beide Männer erhoben sich.

»Wo warst du?« fragte John. »Es ist spät.«

Sie zog die Handschuhe aus und warf sie neben das Schachbrett. »Ich weiß«, sagte sie scharf. Sie war hungrig und müde und enttäuscht. »Ich bin zur Abtei geritten. Auf dem Rückweg durch den Wald haben wir uns verirrt.

Robin zog einen schweren Sessel heran. »Hier, setze dich ans Feuer. Mach' ihr keine Vorwürfe, John. Du darfst deine Lady nicht erzürnen!« Er grinste seinen Vetter unverschämt an.

Wider Erwarten wurde es ein angenehmer Abend. Robin brachte Eleyne einen Pokal mit Wein und überreichte ihn ihr, mit einem Knie auf dem Fußboden, eine saubere Serviette über dem Arm. Dann kam er auch noch mit einer silbernen Platte voller Leckerbissen.

Ihrer Liebe sicher, wurde John nicht mehr von Eifersucht geplagt, wenn er sah, wie man mit Eleyne flirtete und lachte. Er lachte mit ihnen, angesteckt von dem Charme und Humor des jungen Mannes, und nicht zum erstenmal wünschte er sich einen Sohn gerade so wie Robin.

Plötzlich wurde es ruhiger. Die Männer und Frauen setzten sich auf die Bänke oder warfen ihre Mäntel auf den mit Binsen bestreuten Fußboden, um sich darauf zu legen. Mit einem erwartungsvollen Pssst! wandten sich alle Augen den Musikanten zu, die ihre Instrumente zu stimmen anfingen. Der Anführer der Truppe verbeugte sich vor Eleyne.

»Lady Chester. Was sollen wir für Sie spielen? Ein Liebeslied vielleicht?« Er zog auffordernd die Augenbrauen hoch.

»Ja.« Eleyne lächelte. »Ein Liebeslied bitte.« Sie streckte ihre Hand nach John aus. Er nahm ihre Hand und preßte sie an seine Lippen.

X

Nahe der Tür lag ein Küchenmädchen neben einem der Köche. Er hatte seinen Mantel über sie beide ausgebreitet und die Hände unter ihrem Rock. Sie lag still, fühlte die wachsende Erregung und wußte, daß sie bald fortschleichen würden in den Stall. Niemand würde es merken, wenn sie hinausschlüpften. Sie wandte sich dem Mann an ihrer Seite zu und zog entschlossen seine Hand zwischen ihren Beinen weg. Er machte ein grimmiges Gesicht, dann verstand er. Er erhob sich, nahm seinen Mantel und ergriff ihre Hand. Auf Zehenspitzen gingen sie an den Bänken entlang, stiegen über Schlafende hinweg und erreichten die Tür.

Im Hof war es sehr kalt. Aus ihrem Mund stieg ihr Atem in weißen Wölkchen. Unfähig, länger zu warten, zog er sie an sich, steckte die Hände unter ihr Kleid und griff nach ihren Brüsten.

»Nicht hier. Laß uns in den Stall gehen, da ist es wärmer«, hauchte sie. Sie nahm ihn bei der Hand, blieb aber wie angewurzelt stehen.

»Was ist?«

»Ich weiß nicht. Sieh nur!« Sie hielt den Atem an.

»Wo?« Es war ein Unterton von Angst in ihrer Stimme gewesen.

Eine weiße Gestalt stand im Dunkeln zwischen der Mauer und dem Westflügel des Schlosses. Sie war kaum zu erkennen, eine Geistererscheinung im Nebel. Sie bewegte sich langsam und glitt auf die Tür der großen Halle zu.

»Heilige Jungfrau!« keuchte der Mann. Er stand da wie gelähmt und vermochte sich weder umzudrehen noch fortzulaufen.

Vor der Tür des Saals blieb die Gestalt stehen, anscheinend konnte sie sich nicht entscheiden, ob sie eintreten sollte oder nicht. Sekunden später war sie in der Dunkelheit verschwunden.

XI
DARNHALL * Der Tag der Heiligen Columba

Luned zog die Haarnadeln eine nach der anderen aus Eleynes Zöpfen und griff nach dem Kamm. »Geht es ihm noch nicht besser, Mylady?« fragte sie teilnahmsvoll.

»Vielleicht ein bißchen, ich weiß es nicht. Der Arzt behauptet es zwar, doch er fiebert immer noch.«

Sie war gerade aus dem kleinen Zimmer gekommen, in dem John sich auf dem schmalen Bett herumwälzte, das man dort für ihn aufgestellt hatte. Er hustete schrecklich, von Krämpfen geschüttelt, die nur von Zeit zu Zeit etwas nachließen.

Sie sah Luned an. »Er sagt, er hätte Rhonwens Geist gesehen.«

Luned biß sich auf die Lippe. »Das ganze Schloß ist deswegen in Aufruhr. Vier Personen haben sie jetzt schon gesehen. Was sollen wir tun?«

»Warum sucht sie uns heim?« Eleyne schob den Kamm weg, ging zum Feuer und starrte hinein. »Wir gehen in den Wald, aber sie ist nirgendwo zu finden. Dann kommt sie hierher und quält uns!«

»Könnte es nicht sein …« Luned zögerte, »könnte es nicht sein, daß sie wirklich ein Geist ist?« Das Mädchen wurde blaß.

»Unsinn, sie ist so lebendig wie du und ich.«

»Warum ist sie dann weiß gekleidet? Warum bewegt sie sich so lautlos? Warum spricht sie mit niemandem?«

»Weil alle Angst vor ihr haben.« Eleyne kehrte zu dem Hocker zurück und nahm wieder Platz.

»Werden Sie es Ihrem Gatten oder Sir Robert erzählen, daß sie am Leben ist?«

»Nein. Aber ich möchte Rhonwen sehen, ich möchte mit ihr sprechen und ihr Geld geben. Dann aber will ich, daß sie verschwindet.«

Luned nickte. Aber es gab da noch etwas, das sie Eleyne sagen mußte. Etwas, das ihr nicht mehr aus dem Kopf ging.

»Mylady, als ich mit Rhonwen sprach, sagte sie mir … sie sagte mir, Sie liebten jemand anderen als den Earl.«

Ein Augenblick völliger Stille trat ein. Eleyne warf den Kamm hin und stand auf. »Wie kann sie es wagen! Ich habe nie jemand anderen geliebt als John, niemals. Und ich bin ihm treu. Das bin ich immer gewesen. Wie konntest du« – sie starrte Luned wütend an – »wie konntest du nur so etwas denken?«

»Weil heute abend in der Halle darüber getuschelt wurde«, erwiderte Luned leise. »Deshalb. Und ich fragte mich, woher dieses Gerücht stammt.«

Sie brachte John das Essen selbst ans Bett, eine Schale mit duftendem Stew, heißer, geronnener Milch und süßen Eierkuchen, aber er hatte gar keinen Appetit, und sie sah, wie sehr er abgemagert war.

Das Wetter war für die Jahreszeit ungewöhnlich naß und kalt geworden. Sie horchten auf den Sturm, der von Südwesten her das Tal heraufgeheult kam und die Blätter von den Bäumen riß. Robin verwaltete mit Eleynes Hilfe die Grafschaft. Von Rhonwen hatte man seit zwei Wochen nichts mehr gehört oder gesehen, und Eleyne ritt nun nicht mehr in den Wald hinaus. Sie war zu sehr mit dem beschäftigt, was im Haus vor sich ging.

Endlich schwand das Fieber, John lag mit klaren Augen im Bett, den Kopf aufs Kissen zurückgelegt. Eleyne war weiß vor Erschöpfung, sie setzte sich zu ihm, und er nahm ihre Hand. »Mein Liebling, du siehst so müde aus. Es tut mir leid, daß ich dir so sehr zur Last falle.«

Sie küßte ihn zärtlich auf die Stirn. »Hauptsache, es geht dir jetzt wieder gut.«

»Ja, es geht mir gut. Ich dachte, der Fluch dieser Frau würde mich diesmal wirklich umbringen.« Er zog eine Grimasse. »Draußen in der Sonne, wo die Vögel singen, erscheint mir das alles lächerlich, meine Angst, meine Befürchtungen, aber nachts, beim Schein der Kerzen, wenn das Fieber mich gepackt hält, dann meine ich sie jedesmal zu sehen, wenn ich die Augen schließe.«

»Wen?« Ihr Mund war trocken geworden.

»Deine geliebte Rhonwen. Hast du nicht gehört, daß man ihren Geist gesehen hat?«

Eleyne blickte auf ihre Hände hinunter. »Ja, ich habe es gehört.«

»Und du wolltest nicht glauben, daß sie tot ist.« Seine Stimme war leise und sanft. »Ich weiß ja, wie sehr du sie geliebt hast, Eleyne. Du warst noch zu jung, um zu begreifen, daß sie ein böser Mensch war. Ich bin nur froh, daß sie nicht mehr lebt.« Er richtete sich auf. »Wo ist Robin?«

»Er arbeitet mit deinem Sekretär und schlägt sich mit den Staatsgeschäften herum.« Sie lächelte. »Der arme Robert. Er ist in den letzten Tagen ziemlich schmal und blaß geworden. Welch ein Glück, daß wir ihn haben. Er ist so fleißig, als ob … als ob seine Interessen dieselben wären wie deine.«

»Du meinst, als ob er mein Erbe wäre?« fragte John mit finsterem Gesicht. »Ich wollte, er wäre es. Dann brauchte ich mir nicht so viele Sorgen zu machen. Aber meine Nichten und meine Schwester werden die Güter erben, falls mir etwas zustoßen sollte.« Mit sich und seinen Gedanken beschäftigt, achtete er nicht auf ihren Gesichtsausdruck. Doch plötzlich sah er die Tränen in ihren Augen. »Liebling, verzeih, das war grausam von mir. Es ist immer noch Zeit, viel Zeit.« Er zog sie an sich. »Du wirst mir sechs prächtige Söhne und sechs schöne Töchter schenken, und zusammen werden sie die Welt beherrschen.« Er zerzauste ihr zärtlich das Haar. »Du wirst sehen.«

»Sie erwartet Sie in der alten Köhlerhütte«, hatte der Bote gesagt. »Kommen Sie mittags, aber allein.«

»Sie können nicht allein gehen«, sagte Luned bestimmt. »Ich werde mit Ihnen kommen.«

Eleyne war hin- und hergerissen zwischen ihrer Sehnsucht nach Rhonwen und ihrem Zorn: Nachdem Rhonwen so viel Angst verbreitet hatte, schickte sie nun offen und anmaßend diese Nachricht los – ausgerechnet jetzt, da es John wieder besser ging.

Der Wald duftete lieblich, die Blätter hingen schwer an den Ästen und Zweigen, und am Reitweg wuchsen trotz der fortgeschrittenen Jahreszeit noch Teppiche von Sternhyazinthen. Als sie zur Köhlerhütte kam, sah sie sich vorsichtig um. Nichts deutete auf die Gegenwart eines menschlichen Wesens hin. Die Hütte war in sich zusammengestürzt und lag verlassen da. Sie band das Pferd an den Ast eines Baumes und ging hinüber, um einen Blick hineinzuwerfen. Rhonwen wartete im Innern. Sie war abgemagert und bleich, ihre Kleidung war zerrissen und hing ihr in Lumpen am Leibe. Ihre Schuhe waren fast völlig zerfetzt, und sie trug eine dicke weiße wollene Kutte.

Als Eleyne sie erblickte, verschwand ihr Zorn. Sie hielten sich lange in den Armen. Dann saßen sie nebeneinander auf einem umgestürzten Baumstamm in der Waldlichtung, und Rhonwen erzählte ihre Geschichte.

»Also Gruffydd hat dich gerettet«, sagte Eleyne endlich. »Das freut mich, ich hätte es mir denken können. Aber jetzt. Wo willst du hin?« Sie sah Rhonwen unverwandt an. »Du kannst nicht bei mir bleiben, und nach Wales zurück kannst du auch nicht.«

»Doch.« Rhonwens Augen fieberten triumphierend. »Ich kann überallhin gehen, wenn der König mich begnadigt. Der König von England ist dein Onkel, und er wird dir jeden Gefallen tun, um den du ihn bittest.« Rhonwen ergriff ihre Hände. Ihr Griff war sehr fest. »Wenn der König mich begnadigt, kann mir nicht einmal der Prince of North Wales etwas tun. Dann bin ich sicher.«

Einen Augenblick lang ließ sich Eleyne von ihrem Optimismus mitreißen, aber dann schüttelte sie den Kopf. »John würde es mir niemals erlauben, daß ich mich mit einer solchen Bitte an den König wende. Du hast ihn sehr zornig gemacht, Rhonwen.« Sie fügte nicht hinzu, daß er Angst vor ihr hatte.

»Pah!« Rhonwen spuckte aus. »Ich gebe nicht so viel auf deinen englischen Earl! Außerdem habe ich gehört, daß er stirbt.« Ihre Augen blieben ruhig an Eleynes Gesicht haften. »Du liebst einen König, Cariad, erinnere dich. Deine Zukunft liegt bei ihm in Schottland und nicht bei deinem Earl, diesem Muttersöhnchen.«

Eleynes Augen blitzten vor Zorn. »Wie kannst du es wagen! Du irrst dich. Was du sagst, ist böse! Ich liebe John. John!«

»So.« Rhonwen hob eine Augenbraue. »Das glaubst du tatsächlich? Er hat dich also gezähmt, wie einen Falken für die Beize, ich kann die Wurfriemen an deinen Füßen sehen.« Sie stand auf, unruhig geworden. »Aber er ist nicht Manns genug, dir ein Kind zu machen.«

Eleyne wurde rot. »Das ist eine Gemeinheit, so zu reden … und es ist nicht wahr. Ich liebe John. Er ist lieb und gut zu mir, und er ist mein Mann. Ich will keinen anderen, und ich möchte nichts mehr von diesem Geschwätz hören. Ich verstehe ja, daß du verbittert und unglücklich bist, aber es ist in jeder Hinsicht deine Schuld. Wie konntest du nur Cenydd töten? Er war ein guter Mann. Ich dachte, du hättest ihn gern.«

»Ich habe ihn auch gern gehabt.« Rhonwen sah sie trotzig an. »Ich wollte ihn nicht töten.« Sie zog eine Grimasse. »Ich habe noch nie zuvor jemanden getötet. Jetzt aber habe ich drei Menschen getötet.«

Eleyne schloß die Augen. Das unangenehme Gefühl, das sie vom ersten Augenblick an gehabt hatte, als Rhonwen zu erzählen anfing, wurde zum Entsetzen. Sie betrachtete Rhonwen und suchte nach irgendeinem Zeichen von Gram oder Reue. Sie entdeckte nichts dergleichen.

»Du befindest dich im Zustand der Todsünde«, flüsterte sie.

»Sünde?« Rhonwen lachte bitter. »Vielleicht. Für Cenydd werde ich eines Tages zahlen müssen. Für die anderen beiden nicht. Sie waren Räuber, Namenlose. Madoc die Kehle durchzuschneiden, war nicht schwerer, als einem Huhn den Hals umzudrehen. Wegen dieser beiden werde ich nicht in der Hölle deiner christlichen Priester brennen.«

»Oh, Rhonwen!« Eleyne verzweifelte.

»Du bist entsetzt. Dann haben wir jetzt die Rollen getauscht, Cariad. Plötzlich bist du die pflichtbewußte Lady, und ich bin die Rebellin in meiner gestohlenen Mönchskutte und meinen zerfetzten Schuhen.« Sie stand dicht vor Eleyne. »Ich war wie eine Mutter für dich, du kannst mich nicht meinem Schicksal überlassen. Du wirst einen Weg finden, wie du beim König meine Begnadigung durchsetzen kannst. Dein Earl braucht es nicht zu erfahren.«

»Ich werde es ihm sagen, Rhonwen. Ich möchte ihn nicht hintergehen.«

Rhonwens Augen wurden schmal: »Heißt das, du willst mir nicht helfen?«

»Natürlich werde ich dir helfen. Wenn es mir möglich ist. Ich werde versuchen, John zu überreden …«

»Nein, Cariad, dein Earl rührt keinen Finger für mich. Er würde mich suchen lassen. Dann müßte ich für immer verschwinden, und du würdest mich nie mehr wiedersehen. Nie mehr!«

XIII

Robin warf den Kopf zurück und lachte. »Dein Kindermädchen lebt bei einer Räuberbande im Wald! Kommt es daher, daß du eine so feurige Rebellin bist?«

»Ich finde das nicht lustig, Robin. Ich muß einen Weg finden, wie ich ihr helfen kann.« Eleyne hatte ihr Pferd neben dem seinen angehalten, auf der Faust einen hübschen Falken.

»Irre ich mich, wenn ich annehme, daß du sie nicht unbedingt wieder bei dir haben möchtest?«

»Sie macht mir Angst.« Eleyne seufzte. »Aber ich möchte ihr dennoch helfen, ohne John zu kränken.«

»Er verabscheut sie, glaubt aber, sie wäre tot. Vielleicht läßt du ihn besser in diesem Glauben.« Er runzelte nachdenklich die Augenbrauen. Versprich ihr doch, daß du mit dem König redest, sobald du ihn siehst, aber nur unter der Bedingung, daß sie sich so weit wie möglich entfernt. Bis dahin gibst du ihr Geld, damit sie unter anderem Namen in London oder Winchester oder irgendwo sonst bequem leben kann.«

Eleyne streichelte die zarten rostbraunen Brustfedern des Vogels auf ihrem Handgelenk. »Und du meinst, sie geht darauf ein!«

»Ich hoffe.« Er sah zu den Bäumen hinauf, zu den vom Sonnenlicht gesprenkelten Blättern vor einem Himmel aus reinstem Saphir. »Weißt du was«, sagte er, »ich beneide sie beinahe um ihr Leben im Wald. Zu dieser Jahreszeit muß es herrlich sein, keinen Menschen über sich zu wissen, zu leben, wo es einem gefällt, und das Wild des Königs zu verspeisen, bis man so fett ist, daß man sich nicht mehr rühren kann.«

»In den Nächten aber ist es naß und kalt und einsam«, erwiderte Eleyne.

Robin faßte die Zügel. »Komm, wir haben noch einen weiten Weg vor uns.«

XIV

»Du willst mich also wegschicken.« Rhonwens Hände umkrampften den Beutel voll Münzen, den Eleyne ihr in die Hand gedrückt hatte.

»Nur bis ich eine Gelegenheit habe, mit dem König über dich zu sprechen. Du kannst nicht mit mir kommen, das mußt du doch einsehen.«

»O ja, das sehe ich ein.« Rhonwens Stimme klang bitter. Sie warf das Geld auf den Boden.

Doch Eleyne blieb hart: »Mit diesem Geld kommst du lange aus. Du erhältst dafür überall ein Dach über dem Kopf und kannst dir eine Dienerin nehmen. Wenn du ein Zuhause gefunden hast, schreib mir deine Adresse. Doch solltest du einen anderen Namen wählen, einen Namen, den nur wir beide kennen, du und ich.«

Rhonwen sah zu dem Säckchen Geld zu ihren Füßen hinab. »Welchen Namen, Cariad?« fragte sie mit einem rätselhaften Lächeln.

Eleyne stieß einen Seufzer der Erleichterung aus. »Wir wollen dich Susanna nennen. Von Zeit zu Zeit, wenn wir am Hof von Westminster oder Winchester sind oder wo immer du dann auch lebst, komme ich dich besuchen.«

»Du rechnest also nicht damit, daß der König mich bald begnadigt?« fragte Rhonwen trocken.

»Ich werde mich darum bemühen.« Eleyne küßte sie. »Ich verspreche es.«

Rhonwen zögerte, dann griff sie beinahe traurig in ihren Ranzen und holte einen kleinen Leinenbeutel heraus. »Um zu beweisen, daß ich eher verzeihen kann als dein Earl, habe ich im Wald einige Kräuter für ihn gesammelt, die verhindern sollen, daß seine Schwäche wiederkehrt. Mache für ihn einen Tee daraus.«

Eleyne nahm den Leinenbeutel und drückte ihr die Hand. »Deine Arzneien haben ihm immer geholfen. Danke.«

Rhonwen hob eine Augenbraue. »Ich weiß, daß du mich liebst, aber du bist jetzt erwachsen, bist nicht mehr dieselbe, die du einmal warst. Jetzt bist du Herrin über riesige Besitzungen, und dein Gatte ist ein mächtiger Edelmann. Wozu brauchst du da noch eine Kinderfrau?« Sie bückte sich und hob das Bündel mit dem Geld auf. »Ich werde dir schreiben, Cariad, und ich werde da sein, wenn du mich brauchst. Hab keine Angst.«

XV

Eleyne legte das Päckchen mit den Kräutern in eine kleine Truhe neben ihrem Bett. Es war schon alles gepackt und bereit zum Aufbruch. Beim ersten Licht würde sich der lange Zug aus Pferden und Wagen in Richtung Chester in Bewegung setzen.

Sie lächelte John zu. Er saß schon ausgekleidet und in seinen dicken Schlafrock gehüllt im Sessel nahe dem Feuer. Sein Gesicht war bleich und ausgezehrt, sein Husten hatte sich noch nicht gebessert, aber er bestand darauf, die Reise am nächsten Morgen anzutreten. Er sehnte sich nach den weitläufigen Räumen der Burg in Chester und dem Komfort, der ihn dort erwartete. In dem kleinen Landhaus, in dem sie sich befanden und das ihnen zuerst so hübsch und ruhig vorgekommen war, fühlte er sich zu beengt. Wegen der Dienerschaft hatten sie nur wenig Privatsphäre. Er sah Eleynes Mädchen zu, wie sie Eleyne entkleideten und ihr das Haar bürsteten, dann schickte er sie mit einer Handbewegung fort. »Komm, setz dich zu mir.«

Sie kniete sich neben ihn und legte ihren Kopf an sein Knie, sanft fuhr er ihr mit der Hand über das Haar. Es war lange her, daß sie sich zum letztenmal geliebt hatten.

»Freust du dich, daß es morgen endlich weitergeht?«

Sie lächelte und sah hoch zu ihm. »Robin hat mir geholfen. Ich war traurig, als er heute fortgeritten ist.«

John nickte. »Ich hoffe, du hast ihn nicht allzu liebgewonnen.«

Eleyne fielen plötzlich die Gerüchte ein, die, wie Luned sagte, noch immer nicht verstummt waren: sie wäre ihm untreu. Einige Schwätzer brachten sie mit Robin in Verbindung. Sie nahm Johns Hand. »Wollen wir zu Bett gehen, Liebling? Wir haben morgen einen anstrengenden Tag vor uns.«

»Sehnst du dich so nach deinem Ehemann? Nun, warum nicht? Rufe den Jungen, damit er Holz aufs Feuer legt.«

Sie liebten sich so zärtlich und sanft, als hätten sie Angst, der andere könne zerbrechen, dann sank John erschöpft in die Kissen zurück. Plötzlich begann er zu husten. Einige Minuten lang lag sie da und hörte ihm zu, dann erhob sie sich aus dem Bett, entzündete eine Kerze und brachte sie ans Bett zurück. »John, was ist mit dir?« Er hustete und krümmte sich, sein ganzer Körper zuckte krampfartig, und eine Blutspur erschien auf seinem Kinn. »Soll ich den Arzt holen?«

Er schüttelte wie wild den Kopf. »Etwas zu trinken«, keuchte er, »nur etwas zu trinken.«

Sie lief zu der Truhe an der anderen Seite des Zimmers, auf der ein Krug mit Wein und zwei Pokale standen. Mit zitternden Händen goß sie etwas in den einen Pokal. Es gelang ihr, seinen Oberkörper anzuheben und ihm das Weinglas an die Lippen zu halten. Er trank daraus und fiel dann zurück aufs Bett. Der Schweiß lief ihm über den Körper. »So etwas Dummes«, flüsterte er, »ich muß Staub in den Hals bekommen haben.«

Sie stellte den Weinpokal ab. »Ruhe dich aus, ich bringe dir eine Arznei, die deinen Husten lindert.«

Luned war sofort da, als sie sie rief, stocherte das Feuer in Brand und besorgte einen kleinen Kochtopf, während Eleyne die Kräuter sortierte, die Rhonwen ihr gegeben hatte. Schlüsselblumen waren dabei und wilder Thymian von den sonnigen Bergkuppen jenseits des Waldes, auch Baldrianwurzeln und Blätter vom Fingerkraut, Weißdornblüten, Wermut und pulverisierte Borke vom Erlenbaum. Sie roch daran, strich mit den Fingern hindurch. Außerdem bittere, dunkle Blätter, die sie nicht kannte, Blätter aus dem dichten Wald, den Rhonwen jetzt ihr Zuhause nannte. Sie kippte die ganze Mischung in das kochende Wasser, nahm es vom Feuer, damit es zog, und roch den starken, erdigen Duft, der aus der Brühe aufstieg. John schlummerte jetzt, sein Atem ging schwer, der Schweiß stand ihm auf der Stirn.

Luned kam zum Bett herüber. »Soll ich den Arzt rufen?« flüsterte sie.

Eleyne schüttelte den Kopf. »Laß ihn schlafen. Wenn er aufwacht, gebe ich ihm Rhonwens Medizin.«

Sie legte sich neben ihn, horchte auf seinen pfeifenden Atem. Ein- oder zweimal schlief sie ein und zuckte bei der geringsten Bewegung, die er machte, zusammen, während er sich auf den Kissen herumwälzte.

Die Morgendämmerung kam und mit ihr der Kammerherr. Er sah sich den Schlafenden an und schüttelte den Kopf. »Soll ich den Leuten sagen, daß wir heute nicht fahren?« fragte er. Eleyne nickte. Diener kamen und gingen, auf Zehenspitzen schritten sie durchs Zimmer, brachten Feuerholz, schichteten es auf, steckten frische Kerzen in die Leuchter. Schließlich erschien der Arzt mit seinen Messern.

Eleyne stand zwischen ihm und seinem Patienten. »Sie werden ihn nicht zur Ader lassen, er ist zu schwach.«

»Mylady.« Der Mann schnalzte vor Ärger mit der Zunge. »Es ist das einzige, was ihm hilft. Ich muß es tun.«

»Nein. Lassen Sie ihn schlafen. Es wird ihm guttun, zu schlafen.«

»Mylady …«

»Nein! Lassen Sie uns allein! Ich erlaube nicht, daß Sie ihm Blut abzapfen.«

Der Mann zog ein finsteres Gesicht. »Auf Ihre eigene Verantwortung, Lady.« Er rauschte aus dem Zimmer.

Hinter ihr regte sich John. »Gut gemacht, mein Liebling«, flüsterte er. »Ein Sieg, in der Tat.«

Sie setzte sich neben ihn und nahm seine Hand. »Wie fühlst du dich?«

»Müde.« Er versuchte zu lächeln. »Sehr müde. Bring mir etwas Wein und schick' bitte nach dem Priester.«

Sie beugte sich über die Truhe, auf der die Kräuterbrühe, jetzt abgekühlt und durch ein Stück Musselin geseiht, in einer lasierten Schale stand. Die Flüssigkeit war grün wie ein Katzenauge. Sie hob vorsichtig Johns Kopf und hielt die Schale an seine Lippen. »Nicht Wein, mein Liebling, Medizin ist es, was du brauchst.«

Er schluckte es mit Mühe und legte sich dann wieder hin, seine Augen waren geschlossen. »Den Priester, Eleyne, bitte rufe ihn!«

Sie schickte Luned los, und der Priester kam, er schlurfte ins Zimmer, in den Händen das Viatikum. Er hatte es schon so oft für den Earl getan, daß er kaum hinsah, als er die Beichte abnahm und die Absolution erteilte. Nachdem er seine Gebete gesprochen hatte, gab er ihm seinen Segen und zog sich zum Kamin zurück, wo er sich setzte, während Eleyne ihren Platz an Johns Seite wieder einnahm.

Lange Zeit war es still, sie dachte, er schliefe, dann schlug er die Augen auf. »Eleyne, hast du den Brief vom König bekommen?« Er machte eine Pause und versuchte Luft zu holen. »Wie deine Schwester Margaret. In dem steht, daß du deinen nächsten Ehemann selbst wählen darfst.«

»Nein!« Sie ergriff seine Hand. »Nein, habe ich nicht. Ich will keinen anderen Ehemann.«

Er verzog das Gesicht. »Ich glaube, mein Liebling … Nein, hör' mir zu.« Er legte ihr den Finger auf die Lippen. »Wenn … wenn mir etwas zustößt, möchte ich, daß du mir etwas versprichst. Ich möchte, daß du zu Alexander gehst.« Er hustete, sie sah ihn vor Schmerz zusammenzucken. »Er wird sich um dich kümmern und dafür sorgen, daß du zu deinem Recht kommst. Versprich es mir!«

Alexander.

Eleyne schüttelte jämmerlich den Kopf. »Dir wird nichts zustoßen. Du wirst wieder gesund, und morgen oder übermorgen reiten wir nach Chester.«

»Das glaube ich nicht.« Sein Flüstern war so schwach, daß sie es kaum hören konnte. »Versprich es mir, Eleyne. Geh nicht zu King Henry. Ich kenne ihn, ich weiß, was er …« Er hustete wieder und umklammerte ihre Hand mit erstaunlicher Kraft.

Er beendete seinen Satz nicht mehr. Das hellrote Blut, das er über die Bettdecke spie, kam direkt aus der Arterie. Ihr Kleid rötete sich und wurde feucht. Er erstickte.

Es war schnell vorbei. Aber noch lange saß sie da und hielt seinen Kopf in den Armen. Hinter ihr füllte sich das Zimmer mit Menschen. Luned versuchte, sie wegzubringen, aber sie wollte sich nicht von der Stelle rühren. Es wurde Nachmittag. Die Sonne schien ins Zimmer, eine seltsame Stille herrschte in dem Landhaus und auch in dem Dorf, das dahinter lag. Die Nachricht verbreitete sich rasch. Boten ritten nach Chester, nach Schottland und zum König, vom Kammerherrn des Earl abgesandt.

Im Schlafzimmer wurde die Stille vom Arzt unterbrochen. »Das ist Ihre Schuld, Mylady. Sie haben ihn umgebracht«, sagte er grimmig. »Sie haben mich weggeschickt und ihm einen Trank eingeflößt, von dem ich nichts wußte, möglicherweise Gift …«

Eleyne starrte ihn an. Sie war betäubt und so kalt wie der Leichnam, den sie noch immer in den Armen hielt. »Nein, ich habe ihn geliebt.«

Der Mann verzerrte das Gesicht. Er hob den Becher auf, der auf der Truhe neben dem Bett stand, und roch an dem, was von der Medizin noch da war. »Atropin! In diesem Trank sind

Nachtschatten und Bilsenkraut. Man hat den Grafen vergiftet!«

Eleyne schüttelte erneut den Kopf.

»Mylady, wagen Sie mein Wissen zu bezweifeln? Aber natürlich! Sie haben es ja schon oft in Zweifel gezogen. Jetzt wissen wir, warum.« Er wandte sich an die Schar derer, die im Schlafzimmer standen und ihm voller Entsetzen zuhörten. »Dieses Getränk ist vergiftet. Die Countess ist eine Mörderin!«

Zwölftes Kapitel

Der Halbpfennig, den Rhonwen dem Jungen aus dem Dorf gab, stammte aus dem Beutel, den Eleyne ihr gegeben hatte. Der Junge war auf leisen, nackten Sohlen den Waldweg heraufgerannt gekommen, als die Glocken des Klosters zu läuten begannen.

»So«, flüsterte sie, »endlich ist sie frei.« Sie sah den Jungen wieder im Wald verschwinden, dann bückte sie sich, hob ihre Habseligkeiten auf und hängte sie an den Sattel. Es war kein weiter Ritt zum Herrenhaus. Diesmal brauchte sie nichts zu befürchten, ihr Feind lebte nicht mehr, und Eleyne hatte das Regiment übernommen.

Das Herrenhaus war in Aufruhr. Karren und Wagen, längst gepackt für den Aufbruch, standen unbeaufsichtigt da, Maultiere und Pferde warteten in langen Reihen, während Dienerschaft und Bewaffnete ziellos umherwimmelten, in die Halle gingen und wieder herauskamen, in einem ständig hin und her wogenden menschlichen Gezeitenwechsel.

Sir Robin, von einem in gestrecktem Galopp dahineilenden Reiter eingeholt, hatte sich gerade wieder eingefunden und war sofort ins Schlafzimmer hinaufgelaufen, wo Eleyne noch immer die Totenwache hielt. Das Zimmer war inzwischen beinahe leer. Man hatte den Leichnam des Earl aufs Bett gelegt, gewaschen, in einen Samtmantel gehüllt und ihm ein Kruzifix zwischen die gefalteten Hände gesteckt. Der Priester murmelte Gebete, während der Kammerherr an der Tür Robin gegenüberstand und in erregtem Ton auf ihn einredete.

In diesem Moment betrat Rhonwen das Zimmer und sah sich um, der Diener machte einen Bückling und verschwand. Sie rief Eleynes Namen.

Eleyne erhob sich. »Du! Du warst es. Du hast mir die Kräuter gegeben! Du hast ihn umgebracht!«

Rhonwen hielt ruhig ihrem Blick stand. »Wie kannst du so etwas denken, Cariad?«

»Sie beschuldigen mich des Mordes!« Eleynes Stimme zitterte. »Der Arzt sagt, es sei Gift, was du mir gegeben hast …«

»Wenn ich Gift in die Mischung getan hätte, würde ich dann hierherkommen?« erwiderte Rhonwen langsam. Sie kniff die Augen zusammen. »Würde ich dann zu dir kommen? Wer beschuldigt mich dessen? Der Arzt, sagst du? Derselbe Mann, der den Earl mit seinen Blutegeln und seinen Schröpfmessern hundertmal beinahe getötet hat?«

Der Kammerherr räusperte sich. »Ich habe bereits erklärt, daß keine Rede ist von Mord«, murmelte er. »Das ist eine ungeheuerliche Behauptung! Der Earl ist seit vielen Jahren krank. Wir alle wußten, daß es nur eine Frage der Zeit war. Er ist mit jedem Anfall schwächer geworden. Die Countess war es, die ihn mit ihrer Liebe und Fürsorge so lange am Leben erhalten hat.«

»Und mit meinen Arzneien!« rief Rhonwen. »Wenn der Arzt so sicher war, daß es sich um Gift handelte, weshalb hat er ihm dann kein Mithridat als Gegenmittel verabreicht? Ich denke, der Arzt müßte angeklagt werden, den Tod des Earl beschleunigt zu haben, indem er ihn mit Schwefel, Vitriol und Salpeter behandelt hat!«

»Rhonwen.« Eleyne, deren Gesicht grau vor Erschöpfung war, ging einen Schritt auf sie zu. »Rhonwen, bitte …«

»Schon gut, Cariad.« Rhonwen nahm ihre Hände. »Du bist außer dir. Ich bin sofort hierher geeilt, als ich hörte, was geschehen ist. Ich wußte, daß ich dir beistehen muß, ungeachtet jeder Gefahr.«

Eleyne hatte immer noch nicht geweint. Ihr ganzes Wesen war wie betäubt vom Schreck des plötzlichen Todes. Als sie schließlich von John weggeführt worden war und man ihn aufs Kissen gebettet hatte, wurde ihr erst wirklich bewußt, daß er gestorben war. Er war fort. Es schien ihr, als ob sie einen Fremden sähe.

Luned hatte ihr die Hände und das Gesicht gewaschen, ihr aus dem blutbefleckten Gewand herausgeholfen, sie in den Samtumhang gehüllt und dann zurück an das Bett geführt, wo sie niedergekniet war mit leerem Bewußtsein. Sie hatte keine Gebete gesprochen für seine Seele. Sie hatte auch nichts von Liebe geflüstert. Er war fort – es hatte keinen Sinn, mit einer leeren Hülle zu sprechen. Sie hörte und sah die Menschen nicht, die hinter ihr ins Zimmer traten und wieder hinausgingen. Sie hatte auch Robin nicht bemerkt, der so aufgeregt mit dem Kammerherrn sprach. Sie hatte nichts von alledem mitbekommen, bis Rhonwen ins Zimmer trat.

Das Begräbnis sollte in Chester stattfinden. Der lange Trauerzug wand sich langsam zur Abtei des heiligen Werburgh. Dort wurde John of Scotland, Earl of Chester und Huntingdon, nahe dem Hochaltar zur Ruhe gebettet.

Gruffydd kam zur Beerdigung und erklärte danach, er nähme Eleyne mit nach Aber.

»Nein!« Rhonwen trat ihr, die Augen schmal vor Zorn und Wut, in ihrem Schlafgemach in Chester Castle entgegen. »Nein! Du mußt nach Schottland. Du hast mir selbst gesagt: Der Earl hat dir aufgetragen, nach Schottland zu gehen!«

»Ich kann nicht«, fuhr Eleyne sie an. »Ich bringe es nicht fertig. Es wäre falsch.« Sie wollte und konnte jetzt nicht an Alexander denken.

»Es wäre falsch?«

»Ich schulde es Johns Andenken. Ich kann nicht zu Alexander! Es sähe aus, als ob …«

»Als ob du den letzten Wunsch deines verstorbenen Gatten erfüllst«, sagte Rhonwen scharf.

»Rhonwen, sei nicht böse.« Eleyne setzte sich, ihr bleiches Gesicht wurde vom strengen weißen, nonnenhaften Witwenschleier umrahmt. »Ich weiß, daß du nicht mitkommen kannst. Ich weiß auch, daß ich dich brauche, noch dringender aber muß ich meinen Vater sehen. Gruffydd sagt, er sei noch immer nicht gesund und verbringe viele Stunden bei den Mönchen, als wüßte er, daß ihm nicht viel Zeit bleibt. Er wünscht mich zu sehen, und ich möchte ihn auch sehen. Später werde ich nach Schottland gehen.«

II
ABER * Juli 1237

Isabella saß auf dem Podium, umgeben von einer Schar hübscher Mädchen, ihren Hofdamen. Seit Joans Tod hatte sie wieder zugenommen.

»Natürlich weißt du, wieso Papa dich nach Aber kommen läßt.«

»Papa?« Eleyne starrte sie an und hob eine Augenbraue, als ihre Schwägerin sich dieser Verwandtschaftsbezeichnung bediente.

Isabella lächelte. »Er bat mich, ich solle ihn so nennen, da er keine Töchter mehr im Haus hat. Er läßt dich kommen, um dich wieder zu verheiraten, Gwynedd braucht Verbündete. Nur bezweifle ich, daß er noch einmal so eine gute Partie für dich findet wie den Earl of Chester. Ich frage mich, wie du damit zurechtkommen wirst, die Ehefrau eines bloßen Freiherrn zu sein!«

Eleyne zuckte zusammen, als hätte sie ihr einen Schlag versetzt. Sie holte tief Luft. »Ich glaube nicht, daß Papa vorhat, mir einen neuen Ehemann zu suchen. Außerdem«, sie war sich der Frauen ringsumher bewußt, die ihr zuhörten, »glaube ich, daß ich schwanger bin. Mit Johns Erben. Es wäre meine Pflicht, ihn aufzuziehen und ihm zu helfen, bis er alt genug ist, die Grafschaft zu übernehmen.« Sechs Wochen waren seit ihrer letzten Blutung vergangen.

Isabella lachte. »Du siehst nicht schwanger aus«, sagte sie unfreundlich. Ihr Tonfall war ätzend. »Das wird dich nicht vor dem Heiratsmarkt bewahren.«

»O doch, das wird es«, sagte Eleyne mit fester Stimme. »Glaub mir, Isabella: Papa wird mich nicht gegen meinen Willen mit irgend jemandem verheiraten. Auch King Henry wird das nicht tun. Dessen bin ich sicher. Ich möchte nie wieder heiraten!«

Isabella brach in schallendes Gelächter aus. »Eleyne! Ich bin zwanzig! Und du bist ein Jahr jünger als ich! Du wirst heiraten müssen. Nicht wahr, Papa?«

Von Eleyne unbemerkt, hatte der Fürst die Halle betreten und schritt langsam auf das Podium zu. Er stützte sich auf einen Stock, aber davon abgesehen, schien er wieder im Besitz seiner alten Kraft zu sein.

»Was gibt's denn?« Ächzend ließ Llywelyn sich in seinen Sessel hinab. »Wie geht es dir, Liebling?« Er streckte die Hand nach Eleyne aus.

»Sie muß doch wieder heiraten, nicht?«

»Wenn es an der Zeit ist, vielleicht. Es eilt aber nicht. Ich bin sicher, daß der König Eleyne erlauben wird, das zu tun, was sie für richtig hält. Sie ist jetzt eine reiche und mächtige junge Frau. Die Ländereien, die sie erbt, sind riesig.« Er lächelte ihr liebevoll zu. »Aber vor allen Dingen müssen wir wieder etwas Farbe in ihre Wangen bekommen und ihren Kummer lindern. Ich weiß, wie es ist, einsam zu sein. Dagegen gibt es kein anderes Heilmittel als die Zeit.« Er drückte ihr wieder die Hand.

»Oder einen anderen Mann«, murmelte Isabella – aber so, daß alle es hörten.

Llywelyn lächelte in seinen Bart hinein, während Eleyne die Zähne zusammenbiß. »Kümmere dich nicht darum, Kind«, sagte er leise. »Madam ist so scharfzüngig wie immer, mein Sohn kann ein Lied davon singen. Und wenn du wirklich schwanger bist«, er sah sie nachdenklich an, »wird sie es dir nie verzeihen.«

»Ich glaube, ich bin es.« Sie lächelte und legte unbewußt für einen Augenblick die Hände schützend auf ihren immer noch flachen Bauch. Ein Baby für John – einen Erben. Wie sehr hatte er sich danach gesehnt. Es traten ihr Tränen in die Augen, obwohl sie sich geschworen hatte, sich auf keinen Fall so der Öffentlichkeit zu zeigen. Sie wandte Isabella den Rücken zu. »Ich muß mich ausruhen, Papa, ich bin so müde.«

»Natürlich.« Llywelyn erhob sich steif. »Erhole dich so gut du kannst, mein Kind.« Er legte ihr seine Hand auf die Schulter und zog sie zärtlich in die Armbeuge hinein. »Ich bin froh, daß du nach Hause gekommen bist.« Er führte sie zur Tür am entgegengesetzten Ende des Saals. »Deine Amme, Lady Rhonwen«, sagte er unbeholfen, »sie hat so oft zwischen uns gestanden. Ich bin froh, daß sie nicht mehr lebt.« Als er merkte, wie sie erstarrte, zog er sie enger an sich heran. »Ich weiß nicht, was mit ihr geschehen ist, aber wäre sie in Haft geblieben, dann hätte sie gewiß die höchste Strafe für das bekommen, was sie in der Nacht nach der Beerdigung deiner Mutter getan hat.« Er machte eine Pause, als sie die Tür erreichten, starrte in den Hof hinaus. »Sie war böse, Eleyne, eine Dienerin des Teufels. Ich glaube, ich werde immer frömmer auf meine alten Tage. Das tröstet mich. Ich bete mehr, als ich es früher getan habe. Vielleicht wurden mir dadurch die Augen geöffnet für das, was ich von Anfang an hätte sehen müssen: Sie hatte einen schlechten Einfluß auf dich. Sie ist zwischen dich und deine Mutter getreten. Es ist besser, daß sie tot ist.« Er hatte sie nicht angesehen, während er sprach.

Eleyne hielt die Augen geschlossen. Rhonwen war bei ihrer Schwiegermutter und deren Damen in Chester. Eleyne hielt die geballten Fäuste in den Falten ihres schwarzen Rocks versteckt und sagte nichts. Was gab es auch zu sagen?

III

Während der folgenden beiden Wochen blieb Eleyne zum Trauern wenig Zeit. Tag für Tag kamen Boten zu ihr mit Beileidserklärungen der Könige von England und Schottland sowie aller Edelleute im Land. Endlos war die Schlange der Gutsverwalter und Sekretäre, die sie empfangen mußte, das riesige Erbe von Chester und Huntingdon mußte aufgelistet werden, bevor man es unter die Erben aufteilen und das Land berechnen konnte, das Eleynes Wittum zufallen sollte.

Einer von ihnen, der Sekretär des Königs, Peter de Mungumery, blieb längere Zeit in Aber, bevor er nach Fotheringhay aufbrach. Dort mußte er eine Liste all der riesigen Besitzungen anfertigen, die zur Honour of Huntingdon gehörten, und eine Bewertung dieser Ländereien vornehmen: der Güter in Northampton, Rutland, Bedford sowie derer in Huntingdonshire selbst und derer in Middlesex. Denn wenn es keinen direkten Erben gab, würde diese gewaltige Hinterlassenschaft den drei überlebenden Schwestern des Earl zufallen – Maud, die niemals verheiratet gewesen war, Isabell Bruce, Lady von Annandale, und Ada, Lady von Hasting – und außerdem den beiden Töchtern von Johns älterer Schwester Margaret, Lady von Galloway, die im vergangenen Jahr in Schottland verstorben war. Ein Rechtsstreit war bereits ausgebrochen, da Alexander von Schottland die Ländereien von Huntingdon für sich beanspruchte, während Robert Fitzooth den Titel vom König verlangte.

Wenn kein direkter Erbe vorhanden war … Peter blieb in Aber, um zu erfahren, ob ein Kind da war. Eleyne betete jeden Tag darum.

Doch es sollte nicht sein. Als sie sich langsam von der Erschütterung erholte, in die Johns Tod sie versetzt hatte, stellten sich die Blutungen von selbst wieder ein, und sie mußte zugeben, daß es keinen direkten Erben für die Grafschaft von Chester gab. Sie wußte, daß unzählige Menschen, vom König bis zum letzten Diener der Grafschaft, auf diese Nachricht warteten. Es war demütigend für sie, eine so private Sache derart öffentlich zu machen, aber als noch viel niederschmetternder erlebte sie die offenbare Freude, mit der Isabella auf ihr Unglück reagierte!

King Henrys Bote hatte lange Zeit hinter verschlossenen Türen bei Llywelyn gesessen, und Eleyne, die solche Besuche inzwischen gewohnt war, wartete in der Laube darauf, daß man sie hinzuzog, sie rechnete mit endlosen Diskussionen über Pacht und Pächter und Wittumsland.

Aus Langeweile pflückte sie Gänseblümchen und beobachtete ihre Damen dabei, wie sie mit dem Baby einer der jungen Frauen spielten, die zu Isabellas Hof gehörten. Als sie zwischen den Bäumen hindurch ihren Vater und einen Besucher auf sich zukommen sah, wußte sie auf den ersten Blick, daß etwas nicht stimmte: Llywelyns Gesicht war grau vor Müdigkeit, sein Mund sah verkniffen aus.

Im Hals würgte sie die Angst. Wie durch einen Nebel sah sie, daß die Frauen das Baby aufhoben und sich an das andere Ende des Gartens zurückzogen. Llywelyn blieb vor ihr stehen. »King Henry hat befohlen, daß du nach Chester zurückkehren sollst«, sagte er ohne irgendeine Vorrede. »Dieser Herr hier wird dich begleiten.«

»Aber warum?« Eleynes Blick wanderte von ihrem Vater zu dem Fremden hin und wieder zurück. Der Besucher verbeugte sich. Er war groß und hager und wie sie völlig schwarz gekleidet. Diese Farbe ließ sein Gesicht wie das eines Leichnams erscheinen.

»Gestatten Sie, daß ich mich Ihnen vorstelle, Mylady. Ich bin Stephen von Seagrave, ehedem Oberrichter von England, einer der Beamten seiner Majestät. Der König hat mir aufgetragen, Sie zurück nach Chester zu bringen, wo Sie in ehrenhafter Weise untergebracht werden sollen, bis die Untersuchungen gegen Sie hinsichtlich gewisser Anschuldigungen abgeschlossen sind. Man beschuldigt Sie, den Tod Ihres Gatten mittels tückischer Gifte herbeigeführt zu haben.«

»Das ist eine Lüge!« platzte Eleyne heraus. »Eine schreckliche, grausame Lüge!«

Stephen zuckte die Achseln. »Ich bin sicher, daß sich das sehr rasch herausstellen wird. Doch wie der Fall auch liegen mag, der König wünscht, daß Sie dort bleiben, bis er entschieden hat, was mit Ihnen geschehen soll.«

»Mit mir geschehen soll?« wiederholte Eleyne.

»Er beabsichtigt, Sie mit einem seiner Lehnsmänner zu verheiraten.«

»Nein!« Eleyne starrte ihn an. »Nein, das kann er nicht tun! Ich will nicht wieder heiraten …«

»Verzeihung, Mylady, es handelt sich um einen Befehl des Königs«, sagte Stephen knapp. Sie sah Metall unter seinem Mantel schimmern und begriff, daß er eine volle Rüstung unter seiner Robe trug. »Sie sind jung und, gestatten Sie mir diese Äußerung, sehr schön. Es wäre ein Verbrechen, wenn Sie nicht wieder heiraten würden.«

»Außerdem bist du sehr reich. Der König möchte sich zweifellos der Sympathie irgendeines Höflings versichern«, fügte Llywelyn hinzu. Seine Stimme klang müde. »Ich wollte, ich könnte dir das ersparen, Eleyne, aber auch ich muß mich dem Willen des Königs fügen.«

Eleyne biß sich auf die Lippen. Sie war so zornig, wie sie es noch nie zuvor in ihrem Leben gewesen war. »Du meinst, es ist gut für dich – oder vielleicht für Dafydd! Das ist es, nicht wahr? Es ist gut für Dafydd, wenn man sieht, daß du King Henry in dieser Angelegenheit unterstützt. Und zweifellos hat Isabella auch ein Wort mitreden dürfen!«

»Nein, Liebling, Isabella weiß nicht einmal …«

»Aber Dafydd.«

»Ja.«

»Und Dafydd hat dir geraten zuzustimmen …«

»Ja, das hat er getan, aber …« Auch Llywelyn wurde zornig.

»Und Gruffydd, weiß er, was vor sich geht? Weiß er, was für mich geplant wird?«

»Nein.«

»Warum nicht?«

Llywelyn runzelte die Stirn, Zornesröte stieg ihm ins Gesicht. »Gruffydd ist, wie du weißt, in Powys. Eleyne, ich werde schon wissen, was für dich am besten ist.«

»Am besten? Ich habe gerade den liebsten Ehegatten der Welt verloren, einen Mann, mit dem ich den Rest meines Lebens verbringen wollte. Ich möchte mich nicht wieder verheiraten.«

»Deine Ehe mit Lord Chester war arrangiert, Eleyne. Darf ich dich daran erinnern, daß du mit ihm verheiratet wurdest, als du noch ein kleines Kind warst. Ich wüßte nicht, warum deine nächste Ehe nicht ebenso glücklich werden sollte. Lord Chester wäre der erste, der das verstehen würde.«

Nein, er hat mir gesagt, ich solle nach Schottland gehen. Sie sprach es nicht aus, aber sie erinnerte sich an seine Worte. *Geh nicht zu King Henry.* Das waren seine letzten Worte. Er hatte das hier vorhergesehen und sie davor bewahren wollen. Sie schloß die Augen und versuchte, die Wut zu beherrschen, die in ihr emporstieg. »Was sagt denn King Alexander zu alledem? Hat er nicht darüber mitzuentscheiden, was die Wiederverheiratung der Witwe seines Erben angeht?«

Llywelyn zog die Augenbrauen zusammen. »King Alexander hat bereits den Neffen deines Mannes, den jungen Robert Bruce, den neben ihm ältesten männlichen Nachkommen von King David of Scotland, zu seinem präsumtiven Erben erklärt, für den Fall, daß er keinen eigenen Sohn mehr bekommt. Und außerdem verhandelt King Henry mit Lord Chesters Schwestern über den Rückkauf der Ländereien von Huntingdon, so daß die schottische Verbindung mit der Grafschaft von Huntingdon ohnehin bald enden wird«, fügte er hinzu. »Wie ich höre, erhebt Sir Robin Fitzooth Anspruch auf die Grafschaft, da es keinen anderen nahestehenden Erben gibt. King Alexander wird an dem, was mit dir, mein Liebling, geschieht, keinerlei Interesse haben. Er wird der Entscheidung King Henrys zustimmen.«

Eleyne starrte ihn an. »Er wird zustimmen?« wiederholte sie. »Er wird also bei der Beratung hinzugezogen?« Eine Hoffnung regte sich in ihr.

»Man wird ihn höflich davon in Kenntnis setzen«, erklärte Stephen. »King Alexander verhandelt seit geraumer Zeit mit King Henry über einen Friedensschluß zwischen den beiden Ländern. Ich bezweifle, daß er den bereits erzielten Fortschritt aufs Spiel setzen würde, indem er sich in irgendwelche Entscheidungen mischt, die King Henry Sie betreffend gefällt hat.« Seine harten grünen Augen glitzerten vor Befriedigung. Er hatte dieses widerspenstige Mädchen bei Hofe gesehen, und er empfand jetzt eine große Genugtuung dabei, daß er daran mitwirken durfte, ihr die Flügel zu stutzen.

»Wir können nach Chester aufbrechen, wann immer Sie bereit sind, Mylady«, sagte er mit öliger Bescheidenheit. »Seine Majestät hat angeordnet, daß die Güter von Chester vorläufig von seinen Dienstmännern verwaltet werden sollen: Heinrich von Audley, Hugh Despenser und mir selbst. Ich muß sofort zu meinen Pflichten zurückkehren, aber ich sehe ein, daß ihre Dienerschaft die Abreise vorbereiten muß. Würden zwei Tage dafür ausreichen?«

»Zwei Tage?« Eleyne war außer sich vor Entsetzen.

»Drei, wenn Sie es wünschen. Ich stehe Ihnen zur Verfügung, desgleichen die Eskorte der königlichen Hoheit.« Er prüfte ihre schlanke Gestalt mit kritischem Auge. Sie war zweifellos die gefährlichste Art von Frau: eine Versucherin, wie geschaffen dafür, Männer in die Irre zu leiten und ihre Seelen in Gefahr zu bringen. Er schauderte unter seinem schwarzen Mantel und wandte sich von ihr ab.

IV

»Nein!« Eleyne lag auf dem Bett und schlug mit den Fäusten auf das Kopfkissen. »Ich gehe nicht mit ihm, Papa kann mich nicht zwingen!«

»Pst!« Luned warf über die Schulter hinweg einen Blick in das stille, dunkle Zimmer. »Du wirst nichts dagegen tun können.«

Eleyne setzte sich auf. »Denke nur, sie erklären mich für schuldig, John ermordet zu haben.« Sie schloß die Augen und schüttelte den Kopf. »Das würde doch niemand glauben, niemand!«

Luned machte ein finsteres Gesicht. »Befürchtest du nicht … ich meine … Rhonwen hatte nicht viel für Lord Chester übrig …« Die letzten Worte flüsterte sie.

»Nein, sie würde so etwas nicht tun.« Eleyne preßte ihre Fingerknöchel gegen die Augen. »Das könnte sie nicht. Es war kein Gift im Tee. Das sind alles Phantasien dieses dummen, eifersüchtigen Arztes, der Angst hat, daß seine Unfähigkeit herauskommt. Ich muß selbst mit Onkel Henry reden. Dann wird er begreifen, wie närrisch dieser Vorwurf ist. Er kann mir das nicht antun. Er hat Margaret erlaubt, sich ihren Ehegatten selbst auszusuchen. Er muß mir dasselbe Recht zugestehen.«

»Und glaubst du, diese schwarze Krähe wird dich an den König heranlassen?« fragte Luned leise. Stephens Gesichtsausdruck war ihr aufgefallen, als er Eleyne beobachtet hatte.

»Natürlich. Wenn ich es ihm befehle.«

»Das glaube ich nicht.« Luned schüttelte den Kopf. »Er ist die Art von Mann, der weder links noch rechts blickt, wenn er sich etwas vorgenommen hat. Und er haßt Frauen.«

»Ja, das glaube ich auch. Und er hat Angst vor ihnen. Wenn ich also gehe, dann muß ich es ohne seine Erlaubnis tun.« Sie zog die Füße unter den Rock, schlang die Arme um die Knie und machte ein nachdenkliches Gesicht.

Luned unterdrückte ein Lächeln. Sie kannte diesen Ausdruck. »Ich komme mit«, sagte sie leise.

Eleyne lächelte. »Ich wollte, ich hätte Invictus hier.«

»Ich bin froh, daß du ihn nicht hast, sonst würdest du mir sicher davonreiten. Aber es stehen genug schnelle Pferde in deines Vaters Stall. Wann brechen wir auf?«

»So schnell wie möglich.«

»Heute abend noch, meinst du?« Luned blickte zur Tür.

»Sofort.« Zum erstenmal seit vielen Tagen leuchtete Eleynes Gesicht auf. »Jetzt gleich! Das wird ein Schock für die schwarze Krähe. Kannst du für jeden von uns ein Bündel packen, während ich uns etwas Geld besorge?« Sie kroch aus dem Bett und lief zu einem kleinen Kasten, der auf dem Tisch stand. Darin befand sich ein Berg von Silbermünzen, die sie aus Chester mitgebracht hatte, um damit die Leute auszuzahlen, die John gedient hatten. Sie schüttete das Geld in einen Lederbeutel, den sie in ihrem Bündel versteckte, und griff nach ihrem Mantel. Die Kerzen waren noch keinen halben Zoll heruntergebrannt, seit ihr der Gedanke gekommen war, aus Aber zu fliehen.

Luned löschte alle Kerzen bis auf eine, hob ihre Sachen auf und öffnete die Tür. Der Korridor lag verlassen da. Die Treppe am anderen Ende führte abwärts in die Dämmerung.

Mit dem Finger auf den Lippen ging Eleyne auf Zehenspitzen voraus, sie trug ihr Bündel unter dem Arm und hatte den Mantel übergeworfen. Im Llys war man längst zu Bett gegangen, die Feuer waren mit feuchtem Torf zugedeckt, die meisten Fackeln gelöscht. Unten auf der letzten Krümmung der Treppe spähte sie umher. Der Wächter am Eingang schlief. Als sie ihn beobachtete, veränderte er seine Lage, schmatzte mit den Lippen und sank wieder zurück, sein Kopf hing auf die Schulter hinab, während er an der Wand hinunterrutschte, als ob sie ein weiches Kissen wäre.

Sie lächelte Luned zu.

Im Handumdrehen waren sie an ihm vorbei, die warme sommerliche Luft, die durch die offene Tür hereindrang, bewegte ein wenig sein Haar, störte ihn aber nicht in seinem Schlaf. Dann rannten sie über den Burghof. Aus dem Stall ein Pferd herauszubekommen, das vermochten sie nicht, zu viele Burschen schliefen im Stroh, von den Paaren ganz abgesehen, die sich dorthin verkrochen hatten. Statt dessen wandten sie sich dem Torhaus zu. Die Wachen befanden sich wohl auf dem Posten, hatten aber keinen Befehl erhalten, der Tochter Llywelyns den Ausflug in die Nacht hinaus zu verwehren, und ließen sie passieren. Es geschah schließlich nicht zum erstenmal.

Sie runzelte die Stirn, als ihr Einion und die geheimnisvollen Botschaften einfielen, die aus der Dunkelheit zu ihr gedrungen waren. So viel Zeit war seither vergangen. Und was hatte er ihr gesagt? Ihre Haut kribbelte vor Furcht und Aufregung. Sie hielt so plötzlich an, daß Luned beinahe mit ihr zusammengestoßen wäre. Einion hatte prophezeit, daß sie ein Geschlecht von Königen hervorbringen würde. Und daß ihre Zukunft in Schottland läge. Natürlich! Sie wäre ja eine Närrin, wenn sie zu Henry ritte. Statt dessen wollte sie sich gen Norden wenden und Alexander aufsuchen, wie John es ihr aufgetragen hatte.

Die Pferde grasten am anderen Ende der Wiese, wo der Fluß breiter wurde und langsamer über das flache Land zum Meer hin floß. Sie waren geisterhafte Körper unter den Sternen, standen bis zu den Fesseln tief im weißen Nebel.

»Wie wollen wir sie einfangen?« flüsterte Luned, von der ätherischen Schönheit der Pferde beeindruckt.

»Laß mich das machen.« Eleyne ließ ihr Bündel zu Boden gleiten. Sie nahm die beiden geflochtenen Gürtel heraus, die als Halfter dienen sollten. Sattel und Zaumzeug hatten sie nicht mitnehmen können, weil beides in der verschlossenen Kammer lag. Es mußte also irgendwie mit diesen Gürteln gehen. Sie raffte ihre Röcke, kletterte über das Gatter und ging durch das taunasse Gras. Luned sah ihr nach, der schmalen Gestalt, die nicht mehr als ein Schatten im Sternenlicht war.

Ein Pferd witterte sie, dann hoben auch die anderen die Köpfe, spitzten die Ohren und beobachteten sie, als sie näherkam. Luned hörte ein Wiehern in der Dunkelheit und lächelte. Sie würden ihr nicht widerstehen können. Welches Pferd brachte das fertig? Und wirklich, gleich sammelten sie sich um Eleyne herum und rieben die Nasen an ihren Händen, als sie zwei von ihnen auswählte und ihnen die Gürtel um die Hälse legte. Wie eine Jungfrau auf der Jagd nach dem Einhorn, dachte Luned. Jetzt kam sie zurück, an jeder Seite ein Pferd; die anderen folgten neugierig, leichtfüßig mit wehenden Mähnen und Schweifen.

Mit wenigen geschickten Griffen ihrer schmalen Hände knüpfte Eleyne Zaumzeug für die beiden Pferde zusammen und half Luned, vom Gatter aus aufzusitzen, dann schwang sie sich selbst auf eine leichtfüßige Silberstute, die wie ein Teil des Sternenlichts war.

»Wir nehmen die Straße hinauf in die Berge«, rief sie. »Und dann nach Schottland.«

Plötzlich lachte sie laut heraus.

V

CHESTER * August 1237

Rhonwen starrte hinaus über die Dächer von Chester und seufzte. Die Stickerei, an der sie gearbeitet hatte, lag auf dem Tisch hinter ihr, Seidenstoff, Nadeln und Scheren, alles auf einem Haufen. Sie hatte rasende Kopfschmerzen.

Die alte Countess of Chester sah auf. »Sie werden sie finden, meine Liebe. Sie kann nicht weit sein, nicht wahr?« Sie blickte fast vorwurfsvoll zur Tür des Söllers und runzelte die Stirn. Dahinter stand eine der Wachen des Königs.

Nachdem er ohne Eleyne nach Chester zurückgekehrt war, hatte Stephen das ganze Schloß in Alarmbereitschaft versetzt und die noch verbliebenen Anhänger und Diener des Verstorbenen und seiner flüchtigen Witwe mehr oder weniger unter

Hausarrest gestellt. Es wehte jetzt das Banner des Königs über der Burg, die Verwaltung lag in Stephens Händen und denen seiner beiden Kollegen. Zum Schloßvogt hatte der König John de Lacy, den Earl of Lincoln ernannt.

Sie hatten nicht lange gebraucht, um herauszubekommen, daß Rhonwen eine Mitwisserin und Vertraute der Geflohenen war, und ebenso schnell erfuhren sie, daß es sich bei ihr um eine gesuchte Mörderin und Ketzerin handelte. Doch sie ließen sich Zeit. Rhonwen konnte ja nirgendwohin entkommen. Alle anderen Frauen befanden sich in Haft, aus Rhonwen aber ließ sich vielleicht ein Hinweis entlocken, wohin Eleyne geflohen war.

Nach der Entdeckung ihrer Flucht hatte Stephen Reiter in alle Richtungen ausgesandt. Er glaubte ihre Gedankengänge sehr genau zu kennen. Sie würde natürlich versuchen, zu ihrem Onkel Henry durchzukommen und ihn zu bitten, seinen Entschluß umzustoßen. Deshalb rechnete er zunächst damit, sie innerhalb von Stunden wieder einzufangen, und er wurde sehr zornig, als er Eleynes und ihrer Begleiterin nicht habhaft werden konnte. Die beiden waren wie vom Erdboden verschluckt.

»Setzen Sie sich, meine Liebe.« Die Stimme der Gräfin war überraschend fest. »Zeigen Sie diesem ungehobelten Burschen nicht, daß Sie sich aufregen. Er muß jeden Augenblick hier sein.« Sie schob Rhonwen die Stickerei hin. »Sie wissen doch, wohin sie ist, nicht wahr?« fragte sie leise.

Rhonwen zuckte die Achseln. »Vielleicht.«

»Nach Schottland?« Die Witwe lächelte. »Der liebe John war immer so gern dort. Es sollte mich wundern, wenn das nicht etwas auf seine Witwe abgefärbt hätte. Und Alexander würde sie vor Henrys albernen Plänen sicher beschützen.«

Rhonwen ließ den Blick mißtrauisch den Tisch hinunterwandern. Die anderen Damen hörten ihnen zu, und jede von ihnen konnte Eleyne verraten.

»Ich weiß es nicht, Mylady. Wirklich nicht. Es gibt so viele Menschen, die sie aufnehmen würden. Selbst hier in Chester. Er wird sie niemals finden, sobald sie unter Freunden ist.«

»Sie ist in der Tat sehr beliebt.« Clemence nickte. »Armes Kind, sie muß so enttäuscht gewesen sein, als sie sehen mußte, daß sie kein Kind von John zur Welt bringen wird. Das war ein grausamer Schicksalsstreich.«

»In der Tat.« Rhonwen nickte fromm und stellte Eleyne in die Obhut ihrer Götter. Sie würde es nach Schottland schaffen, dessen war sie sicher – und dann ihre Freunde nachkommen lassen.

VI
DIE STRASSE NACH NORDEN * August 1237

Erst als es tagte, erkannten sie, was sie sich da vorgenommen hatten. Wenn sie nach Schottland reiten wollten, würden sie dafür viele Tage brauchen. Sie mußten die Hauptstraße meiden, Städten und Dörfern ausweichen. Sie besaßen weder Sättel noch Zaumzeug für die Pferde, sie hatten keine Eskorte und nichts zu essen. Zwar trugen sie Geld bei sich, aber wenn sie irgendwo anhielten und etwas dafür zu kaufen versuchten, würde man sie erkennen. Eleyne gab sich keinen trügerischen Hoffnungen hin. Stephen würde sie nicht so ohne weiteres entkommen lassen. Sie hatten nur einen Vorsprung von ein paar Stunden, wenn überhaupt, und die Eskorte des Königs, die sie zurück nach Chester bringen sollte, war sicher schon hinter ihr her.

Luned mußte, in ihren dunklen Mantel gehüllt, an die Türen abgelegener Gehöfte klopfen und Brot und Käse kaufen. Außerdem beschaffte sie sich und Eleyne unter dem Vorwand, sie hätte ihren Umhang verloren, zusätzliche Mäntel, damit sie sich des Nachts auf dem harten Erdboden vor der Kälte schützen konnten. Sich Zaumzeug und Sättel für ihre Pferde zu besorgen, wagten sie vorerst nicht.

»Sie hätten nicht so ein prächtiges Pferd wählen sollen«, bemerkte Luned trocken. Die hübsche Stute mit der Silbermähne und dem Silberschweif hatte in den vergangenen drei Tagen viele begehrliche Blicke auf sich gezogen, und auch die beiden Frauen, die da ohne Sattel und ohne männliche Begleitung ritten, hatten Aufmerksamkeit erregt.

»In der nächsten Stadt, die an unserem Weg liegt, werden wir beim Sattler vorsprechen«, entschied Eleyne.

»Und Sie glauben, daß wir den Leuten dort nicht auffallen? Selbst wenn ich allein hingehe, ich müßte ja Sättel und Zaumzeug für zwei Pferde verlangen!« Luneds Stimme war scharf.

»Du wirst dem Mann sagen, es sei ein Geschenk für deinen Liebsten«, erklärte Eleyne. »Natürlich mußt du dann ziemlich elegantes Zeug kaufen, aber ich habe ja Geld. Wir können es jetzt sicher auch einmal wagen, irgendwo haltzumachen. Die schottische Grenze kann nun nicht mehr weit sein. Hoffentlich erreichen wir bald Kendal. Dort werden wir Halt machen und das Geschirr für die Pferde kaufen.«

Die Straße war bis dahin einigermaßen gut gewesen. Sie waren von Chester aus, das sie in sicherer Entfernung umgangen hatten, fast ständig der Straße nach Norden gefolgt, aber nun wurde der Weg allmählich steiler. Sie und die Pferde brauchten ein wenig Ruhe: Eleyne lenkte sie in den Schatten einer Baumgruppe. Auf einem umgestürzten Baum ließ sie sich müde nieder, behielt aber die geflochtenen Zügel ihrer Stute in der Hand. Das Pferd senkte den Kopf und begann zu grasen.

Luned betrachtete sie voller Mitgefühl, als sie ihr eigenes Pferd an eine Birke band. »Sie sind erschöpft. Lassen Sie mich allein nach Kendal gehen. Das ist weniger gefährlich. Wir dürfen es auf keinen Fall riskieren, daß man Sie erkennt, nun, da wir es schon fast geschafft haben.« Sie sah, daß Eleyne zögerte. »Ich ruhe mich etwas aus. Dann lasse ich mich von einem der Fuhrleute mitnehmen, die ab und zu vorbeikommen. Ich kann unmöglich ohne Sattel und Zaumzeug in die Stadt reiten, sonst denken die Leute, ich hätte das Pferd gestohlen. Aber wenn ich allein ankomme und zu Fuß, ist es ungefährlich. Ich werde ja nicht gesucht.«

Eleyne mußte ihr recht geben. Wenn man sie auf dieser Seite der schottischen Grenze entdeckte, war alles verloren. Und wenn King Henrys Männer ihr folgten, würden sie in jeder Herberge, in jedem Kloster und Gasthaus nach ihnen fragen, überall, wo die beiden vorbeigekommen sein könnten. Luned löste die Bündel von ihrem Pferd und warf sie auf den Boden.

Eleyne war entschlossen und mutiger als irgendwer sonst, dem sie je begegnet war, aber die Anstrengungen der vergangenen Wochen fingen an, sich bemerkbar zu machen. In der

Nacht hatte Luned sie leise weinen gehört, und jetzt bei Tageslicht, obwohl ihre Augen vor Aufregung strahlten, war sie so müde, daß sie sich kaum noch aufrecht halten konnte.

Eleyne nickte und seufzte. »Du hast ja recht. So ist es weniger gefährlich. Nimm genug Geld mit und kaufe nur Zaumzeug. Bei zwei verschiedenen Sattlern, damit sie nicht mißtrauisch werden. Wir können uns dann später noch Sättel besorgen.«

»Es wird aber nicht mehr genug Geld für Sättel bleiben, Mylady.« Luned hatte einen Blick in den Geldsäckel getan. »Sättel sind teuer. Wir sollten versuchen, so viel Geld wie möglich zu behalten – wir werden es vielleicht noch brauchen.«

»Es ist nicht mehr so weit bis Schottland«, erwiderte Eleyne. Sie hatte ihr Leben lang im Wohlstand geschwelgt, und es war ihr nie der Gedanke gekommen, daß sie eines Tages plötzlich kein Geld mehr haben, daß sie außer diesem kleinen, sich ständig verringernden Schatz aus Silbermünzen mittellos sein könnte.

»Es sind mindestens noch fünf oder sechs Tage bis Edinburgh, Tage, die uns noch manches abverlangen werden«, warnte Luned.

Eleyne seufzte. »Ich bin mir nicht einmal sicher, ob wir uns in Schottland zeigen dürfen, bevor wir bei Alexander angekommen sind«, sagte sie. Sie schleuderte die Schuhe fort.

»Aber sobald wir bei ihm sind, haben wir nichts mehr zu befürchten.«

Eleyne starrte in die Ferne, wo das Grün der Bäume im morgendlichen Dunst verschwamm. Mürrisch rieb sie sich die Augen und wandte sich zu Luned um. »Geh, du hast dich genug ausgeruht! Ich glaube, es ist Markttag heute. Es sind sehr viele Leute unterwegs.«

Sie sah Luned den Weg durch den Wald zurückgehen und den steinigen Abhang hinuntersteigen, bis sie verschwunden war. Es dauerte keine fünf Minuten, und schon hielt ein Wagen an. Die dicke Frau, die ihn fuhr, ließ sie aufsteigen. Kurz darauf wünschte sich Luned, sie wäre ihrer Einladung nicht gefolgt, denn auf dem Wagen lag ein Berg halb getrockneter Häute, über dem Schwärme von Schmeißfliegen kreisten.

Eleyne führte die beiden Pferde tiefer in den Wald hinein und band sie sicher fest, dann verstaute sie die Bündel unter einem Holunderbusch und wanderte in das Gehölz, das aus Sträuchern und kleineren Bäumen bestand. Dahinter lag eine Wiese, die von Blumen übersät war. Durch sie floß ein rauschender Wildbach, der das Gehölz von dem tieferen, dichteren Forst trennte, welcher den Hügel hinauf wuchs, bis die Berge die Bäume abschüttelten und sich im Sonnenlicht hoch auftürmten. Sie ging bis zum Wasser und setzte sich ins Gras, um sich den Staub der Landstraße von den Händen und Füßen zu waschen. Das Wasser war eiskalt und erfrischend, sie trank lange und dankbar davon. Sie war hungrig, aber sie hatten am Morgen den letzten Rest ihrer Vorräte verzehrt. Immer noch barfuß, wanderte sie am Bach entlang. Halb im Schatten und halb im Sonnenlicht fand sie wilde Erdbeeren. Sie legte sich zurück in das hohe Gras, blickte zwischen den Halmen zu einer hübschen Birke auf und ließ sie sich schmecken.

Sie mußte eingeschlummert sein, denn plötzlich war die Sonne um mehrere Grad nach Westen gewandert. Sie sah es an den Schatten, die länger geworden waren. Sie fragte sich, was sie wohl aufgeweckt haben mochte, da sah sie über sich ein Eichhörnchen sitzen und sein Gesicht mit den Pfoten putzen. Es erstarrte, als es sie gewahrte, fing wütend an zu zittern und verschwand.

Sie setzte sich auf. Als das Eichhörnchen fort war, kam ihr der Wald ungewöhnlich still vor. Sie zog die Brauen zusammen, auf einmal hellwach, ihre Nerven waren zum Zerreißen gespannt. Sie war nicht allein, das spürte sie, jemand beobachtete sie. Ihr Blick glitt über die Lichtung auf der anderen Seite des Bachs, dann sah sie sich, so gelassen sie konnte, um. Der Wald war jetzt dunkler, als sie ihn in Erinnerung hatte, die Bäume standen näher beieinander. Sie verfluchte sich, daß sie sich so weit von ihren Pferden und den Bündeln entfernt hatte, denn dort befand sich ihre einzige Waffe – ein kleines Messer. Das Gefühl, beobachtet zu werden, verstärkte sich, ihre Nackenhaare kribbelten. Der Schatten der Bäume kam näher. Jetzt hatte er das Gras erreicht, auf dem ihr schwarzes Kleid um sie herum ausgebreitet war. Der Stoff wurde schnell grau wie eine Flamme, die jemand zum Erlöschen brachte.

War man ihr etwa gefolgt? Befanden sich Stephens Männer hier im Wald? Sie richtete sich auf, achtete darauf, daß ihre Bewegungen so natürlich wie möglich wirkten. Dann strich sie das getrocknete Gras von ihrem Kleid. Der Wunsch, jetzt einfach aufzuspringen und wegzurennen, war schier überwältigend stark. Aber sie zwang sich, ganz langsam aufzustehen und den Weg, den sie gekommen war, zurückzugehen. Von irgendwoher aus den dunklen Bäumen jenseits des Baches starrten Augen nach ihr. Sie erwartete jeden Augenblick, einen Pfeil in ihrem Rücken zu spüren.

Nichts geschah. Die Stille um sie her war drückend. Die Welt hielt vor ihr den Atem an.

Endlich war sie wieder bei den Pferden, tauchte in den Schatten des Waldes ein, dankbar, daß sie ein schwarzes Kleid trug. Sie blieb an einer uralten Eiche stehen, deren Stamm knorrig war und so mächtig, daß sich ein Dutzend Männer hinter ihm verbergen konnte. Sie schlüpfte dahinter und spähte den Weg zurück, den sie gekommen war. Das Waldstück wirkte verlassen. Nichts bewegte sich, aber sie spürte es von neuem: eine Erscheinung in der grünen dunstigen Ferne. Eine Erscheinung, aber keine menschliche.

»Einion?« hauchte sie. Zwischen den Schulterblättern spürte sie eisigen Schweiß. Sie strengte ihre Augen an, versuchte das von Schatten gefleckte Laub der Bäume zu durchdringen.

Wie konnte Einion hier sein, so weit von Wales entfernt? Wieso war er ihr gefolgt? Sie spürte ihn überall um sich herum, seine Enttäuschung, seine Verzweiflung hämmerte gegen die Barrieren des Schweigens, die ihn von ihr trennten. Sie konnte seine Empfindungen fühlen, die an ihr zerrten, seine Schreie, die sie hören sollte und nicht hören konnte.

»Was ist denn?« schrie sie, ihre Stimme war heiser vor Angst. »Was ist? Sag es mir!« Doch nur die Stille des heißen Nachmittags antwortete ihr. Sie lehnte die Stirn gegen den Baum. Er war warm, beruhigend und fest.

Das Feuer, sieh in das Feuer!

Waren diese Worte in ihrem Kopf, oder hatte sie sie soeben gehört? Sie schluckte, versuchte sich zu beruhigen.

Das Feuer, sieh in das Feuer!

Es war viel Zeit vergangen, seit sie Gesichte im Feuer zu sehen versucht hatte. Das letzte Mal hatte sie ihren Vater im Krankenbett erblickt, und das Feuer hatte ihr nicht alles gesagt, weder, daß er sich wieder erhole, noch, daß John sterben würde. Sie hatte nicht gewußt, daß ihr nur noch so wenig Zeit mit ihrem Ehemann blieb, daß er sie ohne einen Erben zurücklassen würde. Alles, was Einion ihr gesagt hatte, war falsch gewesen. Sie würde niemals die Mutter von Königen sein. Hatte Einion ihr etwa das sagen wollen – daß seine Prophezeiungen falsch gewesen waren?

»Ich weiß, daß du dich geirrt hast!« rief sie. »Du hast dich getäuscht, was Schottland angeht. John ist tot!« Tränen traten ihr in die Augen. »Er ist tot! Er wird nie König von Schottland werden ...«

Sieh ins Feuer ...

»Ich kann nichts im Feuer sehen. Ich verstehe es nicht.«

Sieh ins Feuer ...

Sie starrte verzweifelt umher, ihre Hände zitterten. Ihr Atem kam in schmerzhaften Stößen. Sie wußte, daß sie es tun mußte, denn sie wollte wissen, was ihr diese seltsame Stimme so dringend mitzuteilen hatte.

Fast wie eine Schlafwandlerin ging sie auf die Lichtung zu, auf der sie die Pferde gelassen hatte. Sie standen da und schlummerten in der Hitze, ihre Flanken schlaff, die Augen geschlossen. Sie öffneten sie auch nicht, als sie durch das Gras auf sie zukam. Eleyne kniete nieder und zog die Bündel aus dem Busch hervor. In Luneds Sachen fand sie einen Feuerstein und Stahl. Sie ging damit zur entgegengesetzten Seite der Lichtung und kratzte ein Loch in den Boden. Sie sammelte dünne Blättchen von Birkenrinden, trockenes Laub, von der Sommerhitze gedörrtes Moos und Flechten, häufte sie auf und begann, den Feuerstein zu schlagen. Es dauerte mehrere Minuten, bis sie einen Funken zustande brachte. Ihre Hände zitterten, und sie war so ungeschickt wie noch nie im Leben, aber endlich sah sie ein Rauchfähnchen aufsteigen und Minuten später eine winzige Flamme. Sie warf den Feuerstein hin, wölbte die Hände über der Feuerzunge und blies vorsichtig hinein.

Sie brauchte eine Weile, bis sie den Brand entfacht hatte, so wie sie ihn haben wollte, bis eine stete Glut erzeugt war, die sie mit Stücken morschen Holzes fütterte und mit duftenden Blättern zum Qualmen brachte. Ich bin wahnsinnig, dachte sie, ganz verrückt. Was tue ich denn hier? Entzünde auf Befehl eines Geistes ein Feuer! Sie betete, daß man die Rauchfahne nicht von der Straße aus sah, und es dauerte lange, bis sie irgendwelche Bilder in der Glut erblickte. Die Augen brannten ihr vom Rauch, ihr Kopf war schwer, und sie wartete angestrengt, was sich ihr im Feuer zeigen würde. Dann kamen sie langsam, flackernd, undeutlich: Pferde, die durch den Rauch galoppierten. Ein Schwert konnte sie in der Hand eines Reiters schimmern sehen, ein im Wind flatterndes Banner, das Zeichen darauf war nicht zu erkennen. Sie beugte sich vor. »Zeig es mir«, flüsterte sie. »Zeig es mir, ich warte …« Sie streckte die Hand ins Feuer aus, als ob sie den Rauch zerteilen wollte, und sah seltsam abwesend zu, wie die blauen Flämmchen an ihren Fingern leckten. Sie empfand keinen Schmerz. Die Flammen streichelten freundlich und zutraulich ihre Hand und schließlich, durch sie hindurch, erblickte sie sein Gesicht: das dünne, eingefallene Fleisch, das weiße Haar, wild wie Rauch, die Skeletthand, die er ihr entgegenstreckte, als er zu sprechen anfing. Sie bemühte sich, es zu verstehen, ihr Bewußtsein streckte sich durch den Rauch ihm entgegen, versuchte, ihn zu begreifen.

Hinter ihr war Luned auf die Lichtung gekommen, einen schweren Beutel in der Hand. Eleyne kniete neben dem Feuer, die Hände in der Asche, die Augen offen, aber sie sahen sie nicht, sie waren auf irgendeinen Gegenstand gerichtet, der für Luned unsichtbar war. Sie rannte zu ihr hin. »Hör auf!« schrie sie und riß Eleyne von dem Feuer zurück. »Was tust du denn da? Bist du wahnsinnig? Liebe Jungfrau! Sieh dir doch deine Hand an! Du brennst!«

Eleynes Gesicht war leer – sie wußte nicht einmal, wo sie war, und sie erkannte die Frau nicht, die an ihrem Arm zog. Dann verschwand der Nebel vor ihren Augen, und plötzlich spürte sie den furchtbaren Schmerz. Wie gelähmt starrte sie ihre Finger an. Das Fleisch der einen Hand war rot und glänzte, von Rußflecken übersät.

»Halte sie ins Wasser. Schnell, damit sie abkühlt. *Komm*!« Luned riß ärgerlich an ihrem Arm. »Was hast du dir denn dabei gedacht, die Hand ins Feuer zu stecken?« Schimpfend und ihr gut zuredend zog sie Eleyne über die Wiese bis zum Rand des Baches, wo sie sie niederknien ließ und sie zwang, die verbrannte Hand in das eiskalte Wasser zu stecken. Eleyne schrie vor Schmerz auf und versuchte sich loszureißen, aber Luned hielt ihr Handgelenk fest und tauchte die von Blasen bedeckten Finger tiefer in den Bach. »Laß sie da drin. Du mußt das Feuer aus der Hand herausholen. Rhonwen hat es mir gezeigt, als ich klein war und im Kinderzimmer im Ty Hir in Aber in die Glut gefallen war.«

Eleynes Zähne hatten zu klappern begonnen, was ebensosehr von dem Schock wie von der Kälte des Gebirgsbachs kam. »Um Himmels willen, hab Mitleid mit mir, das ist genug.«

»Nein, erst muß die Hitze heraus.« Luned tippte vorsichtig mit dem Finger auf eine der Brandwunden. »Ich kann immer noch das Feuer spüren. Laß sie drin, bis sie kalt ist. Was hast du denn da gemacht?« Luned kniete neben Eleyne und betrachtete sie neugierig. »Du hast das Feuer doch nicht angezündet, um dich zu wärmen, und zum Kochen war ja nichts da.«

»Nein.«

»Warum dann? Warum?«

Eleyne blickte auf ihre Finger im strömenden Wasser zwischen den zarten grünen Farnwedeln, als Luned ihr Handgelenk losließ und sich an den Rand des Baches setzte.

»Hast du ins Feuer gesehen, weil du etwas über die Zukunft erfahren wolltest?«

»Vielleicht.« Sie konnte Luned nicht von dem Geist erzählen, den sie zwischen den Bäumen wahrgenommen hatte. Von den Schmerzen des Mannes, der gestorben war und dessen Botschaft niemand an sie weitergegeben hatte. Von der Zukunft, die in einer Reihe von nicht erzählten Rätseln herumwirbelte und auf ihren Verstand einhämmerte.

»Hast du denn irgend etwas erblickt?«

Eleyne schüttelte den Kopf. »Die Bilder fingen gerade an zu kommen, als du mich vom Feuer zurückgerissen hast.«

»Zum Glück, und zwar im letzten Augenblick. Wäre ich später gekommen, hättest du dich in die Flamme geworfen.«

Eleyne richtete sich auf und hielt sich die Hand vor Augen. »Sie ist jetzt nicht mehr so rot.« Sie sah Luned an. »Du bist früher wiedergekommen, als ich dachte.«

»Ich habe das Zaumzeug und etwas zu essen. Und Neuigkeiten!« Luned wendete ihren Rock um und riß einen Streifen vom Saum ihres Unterrocks ab, um Eleynes Hand damit zu verbinden. »Die Boten des Königs sind in Kendal gewesen. Sie haben erraten, daß du nach Schottland willst, und überall nach dir gefragt. Sie haben Beschreibungen von uns und unseren Pferden. Mich allein ohne Pferd hat niemand erkannt, aber wir werden es von jetzt an sehr schwer haben.«

Eleyne biß sich auf die Lippe und sah über die Wiese hinweg zum Wald. Zwischen den Bäumen war jetzt niemand mehr. Einion war fort. Die Sonne, die hinter dem Berg am Ende des Tals untergegangen war, hinterließ lange schwarze Schatten auf dem Erdboden, aber sie waren leer, ohne Bedrohung. Fröstelnd setzte sie sich an den Rand des Baches und blickte mit düsterem Gesicht über ihre verbundene Hand hinweg. »Dann können wir nur noch nachts reiten.«

»Und müssen uns von Städten und Dörfern fernhalten. Das dürfte nicht allzu schwer sein.« Luned lächelte. »Wollen wir etwas essen? Danach können wir aufbrechen. Die Pferde sind ausgeruht. Wir können reiten, solange der Mond am Himmel steht, und schlafen, wenn er untergeht.«

Sie kamen in der Dunkelheit nicht sehr schnell vorwärts. Die Pferde mußten sich die ansteigende Straße hinauf vorsichtig ihren Weg ertasten, und die beiden Frauen waren sich sehr wohl der schwarzen Abgründe hinter den Bäumen und Felsen bewußt, als der Pfad immer steiler und schlechter wurde. Die Nacht war kalt und kristallklar. Jeder Laut, den die Hufe der Pferde verursachten, jedes Klirren des neuen Zaumzeugs wurde tausendfach verstärkt und schien von den Felsen hinter ihnen widerzuhallen.

Der Mond ging im Westen unter. Eine Zeitlang setzten sie ihren Weg im Sternenlicht fort, dann, als die Morgendämmerung sich ankündigte, sahen sie in dem Tal unter sich ein kleines Dorf mit eng beieinanderstehenden Häusern. »Wir können da nicht hinunter«, flüsterte Eleyne. »Wir sind den kürzesten Weg geritten. Also werden sie uns hier erwarten.« Sie sah sich in der Dämmerung um und suchte nach einem Unterschlupf, aber so hoch oben auf dem Paß wuchsen nur wenige Bäume. Im Osten hinter den Bergen wurde der Himmel schon hell und schimmerte grün. »Wir müssen so weit wie möglich von dieser Straße weg.« Sie ritt voraus in eine schmale Schlucht hinein und weiter bis in den Schatten mehrerer hoher Kiefernbäume. »Hier gibt es Gras für die Pferde und Wasser. Ich glaube nicht, daß sie uns von der Straße aus sehen können …« Sie brach ab. »Was ist?«

Luned hatte den Kopf gehoben. Sie horchte. Ihre Hand lag auf der Nase ihres Pferdes, um es am Wiehern zu hindern. »Es sind Pferde hinter uns«, flüsterte sie.

Sie hielten den Atem an und wichen weiter zurück ins Dunkle, als der Hufschlag lauter wurde – es schien eine beträchtliche Anzahl von Pferden unterhalb der Stelle, an der sie sich befanden, die Straße heraufzukommen. Dann hörten sie ein scharfes Kommando durchs Tal hallen, die Pferde hielten an.

»Sie wissen, wo wir sind«, hauchte Eleyne, ihr Herz hämmerte vor Angst.

»Aber wieso? Mich hat niemand erkannt.«

»Anscheinend doch. Komm.« Eleyne begann ihre Stute weiter die Klamm hinaufzuführen, suchte sich ihren Weg über den felsigen Grund und betete, daß es oben am Ende noch einen Ausgang gab. Wenn nicht, saßen sie in der Falle.

Die Pferde hinter ihnen hielten immer noch inne, aber ein neuer Laut drang an ihre Ohren: das aufgeregte Bellen eines Jagdhundes.

Eleyne biß sich auf die Lippe. »Sie haben Hunde. Jetzt entkommen wir ihnen nicht mehr.« Sie sah zu dem Felsen hoch, der sich über ihnen auftürmte. »Außer …« Sie legte die Hand auf den Felsen. Er war eisig, schwarz in der grauen Dämmerung. »Laß die Pferde stehen«, flüsterte sie. »Laß alles hier. Klettere.«

Luned starrte sie an. »Ich kann nicht.«

»Du mußt, es bleibt nichts anderes übrig. Die Hunde sind hinter den Pferden her. Sie werden nicht wissen, wohin wir sind.«

Sie gab der grauen Stute betrübt einen Kuß auf die seidige Nase und wandte sich lautlos dem Felsen zu.

Ihre Hand tat unerträglich weh. Sie hatte die ganze Nacht lang geschmerzt, und als sie die Finger benutzte, um ihre Röcke hochzuraffen und unter den Gürtel zu stecken, wurden die Schmerzen noch schlimmer. Sie biß die Zähne zusammen, stellte einen Fuß auf einen schmalen Vorsprung und zog sich hoch, so daß sie über dem Weg stand. Luned folgte ihr. Der Fels war glitschig vom Tau und sehr kalt. Eleyne klammerte sich daran, sah den Hang hinunter und erblickte ihre Verfolger: drei Männer zu Fuß, die zwei Jagdhunden folgten. Sie waren fast unter ihnen.

Sie zwang sich hinaufzublicken und sah oberhalb der Stelle, an der sie sich befand, eine überhängende Wand – es ging nicht weiter hinauf. Sie konnten nun nichts mehr tun, als sich an die Oberfläche des Felsens zu klammern und zu beten, daß die Männer sie nicht sähen. Sie hielt den Atem an und wartete. Luned hing bewegungslos neben ihr.

In der klaren Morgenluft konnten sie jedes Wort der Männer unter ihnen hören, als sie näherkamen.

»Bin ich froh, wenn ich endlich wieder in meinem warmen Bett liege«, rief der eine, »mit einer heißblütigen Katze, die mir die Füße heiß macht.« Die Erwiderung des anderen ging in einem schallenden Gelächter unter.

Die Männer bewegten sich lässig, unbewaffnet und, soweit Eleyne sehen konnte, gut gelaunt vorwärts, bis sie auf die beiden Pferde stießen.

»Hier sind sie.« Die Worte hallten deutlich durch das Tal. »Die Hunde haben die Frauen bald gefunden. Aus dieser Schlucht führt kein Weg heraus.«

Einen Augenblick lang waren sie nicht mehr zu sehen, als sie das Buschwerk am Fuße des Felsens durchquerten, dann erblickte Eleyne sie direkt unter sich. Die Hunde bellten wie wild, und alle drei Männer sahen zu ihr und Luned hoch.

»So, unsere entfleuchten Vögel haben sich auf den Felsen ge-
hangelt!« Laut lachend, die Hände in die Hüften gestützt,
stand der Anführer der drei Männer unter ihnen und starrte
sie an. »Kommen Sie herunter!«

Eleyne krallte sich fester an den Felsen und schloß die
Augen, gelähmt vor Angst. Sekunden später hörte sie ein
scharfes Ping! Ein Pfeil war ein paar Fuß weit links von ihr gegen den Felsen geprallt.

»Kommen Sie herunter, Lady Chester, oder der nächste geht
durch den Rücken Ihrer Magd.« Der scherzhafte Ton war aus
der Stimme des Mannes verschwunden.

»Einverstanden.« Eleynes Stimme war heiser. »Gut, wir
kommen hinunter.«

Als sie unten am Fuß des Felsens anlangte, zitterte sie am
ganzen Körper, ihre verbrannten Finger bluteten durch den
Verband hindurch. Sie konnte nicht einmal mehr stehen und
sank fast augenblicklich hilflos zu Boden.

Der Mann machte ein besorgtes Gesicht. »Bringt die Pferde
hier herauf. Ich glaube nicht, daß die Lady laufen kann.« Er
ging auf Eleyne zu.

»Lassen Sie sie in Ruhe.« Luned stieß ihn weg.

Er trat beiseite. »Wir kehren sofort nach Kendal zurück«,
sagte er, »und suchen einen Arzt auf, der sie verbindet, bevor
wir losreiten.«

»Losreiten?« Eleyne sah ihn müde an.

»Nach Chester. Der König hat befohlen, daß Sie, sobald man
Sie gefunden hat, umgehend nach Chester zu schaffen sind.«
Er grüßte sie mit einer knappen Verbeugung. »Seine Hoheit
sagt, es sei nicht die richtige Zeit für einen Schottlandbesuch.«

VII
CHESTER CASTLE * August 1237

Eleyne schlief im gräflichen Gemach, und es wurden ihr alle
Ehren zuteil, die ihr als Countess of Chester zustanden. Aber
sie war eine Gefangene. Der Earl of Lincoln, John de Lacy, hatte
ihr das mitgeteilt. Sie durfte weder ausreiten noch die Stadt be-

suchen. Auch durfte sie Gesandte oder Boten nur empfangen, wenn er dabei war. Briefe schreiben war ihr nicht erlaubt, weder an ihren Vater noch an ihre Tante oder an ihren Onkel in Schottland.

Rhonwen behandelte ihre Hand mit Salben, die die verbrannte Haut geschmeidig machten und heilten. Sie schalt sie abwechselnd dafür, daß sie weggelaufen war und daß sie sich hatte einfangen lassen. »Dadurch hast du dich ins Unrecht gesetzt, Cariad. Jetzt passen sie auf. Sie rechnen damit, daß du es noch einmal versuchen wirst.« Sie zog den kühlen, in Butter getauchten seidenen Verband fester und legte Eleynes Arm in die Binde, die sie ihr um den Hals geknotet hatte. »Du hättest lieber warten sollen, bis King Alexander deine Übersiedlung nach Schottland verlangt.«

»Aber er verlangt sie nicht …«

»Doch. Countess Clemence hat es mir erzählt. Er hat King Henry einen geharnischten Brief geschrieben und ihm mitgeteilt, daß du als Witwe seines Erben zu ihm kommen müßtest. King Henry hat es abgelehnt.«

»Natürlich.« Traurig schritt Eleyne zum Fenster des Söllers und sah hinaus, über die Mauer in die von Menschen wimmelnde Gasse. »Er hat bereits einen Mann für mich, so scheint es, dessen Namen er mir allerdings bisher noch nicht mitzuteilen geruht.«

Sie wandte sich jäh um und zitterte vor Ungeduld. »Lieber, guter Christus! Ich bin drauf und dran, ein Seil aus Bettlaken zu knüpfen und mich daran über die Mauer zu lassen! Wie kann er es wagen, mir so etwas anzutun! Ich bin eine der höchstgeborenen Damen im Land. Ich bin eine Princess of Wales und Scotland, und er behandelt mich wie eine Hündin, die sich auf seinen Befehl hin zu paaren hat!«

»Es ist schon immer so gewesen, Cariad.« Rhonwen rümpfte die Nase über Eleynes Vergleich.

»Ich tu's nicht!« Eleyne kam zurück an den Tisch, an dem Rhonwen saß, und starrte sie wütend an. Lieber sterbe ich.«

»Das meinst du nicht wirklich, nicht du solltest sterben, sondern der Mann, der sich mit dir verkuppeln läßt, obwohl er weiß, daß du ihn nicht willst.« Rhonwen machte eine Pause, ihre Augen waren hart. Dann schüttelte sie den Kopf. »Er muß ein großer Mann sein, wenn er die Countess of Chester heiraten soll – ein Prince zumindest.«

»Es gibt keinen Prince, mit dem ich nicht in dem verbotenen Grad verwandt wäre.« Eleyne ging auf und ab. »Wie konnte er mir das antun? Warum hält er es geheim? Ich müßte doch als erste wissen, wen er für mich ausgesucht hat. Oder hat er Angst, es mir zu sagen? Fürchtet er sich vor dem, was ich tun werde, wenn ich erfahre, wen er für mich bestimmt hat?«

In der Stadt außerhalb der Burgmauern herrschte ein geschäftiges Treiben, der Lärm aus den Gassen drang herauf zum Turm und mit ihm der Gestank des Abfalls. Die langen Augusttage waren erbarmungslos heiß. Im Viertel der Kaufleute wütete eine Krankheit. Zudem scholl Nacht für Nacht das Geschrei von Streithähnen zu ihnen herauf, die Männer in der Stadt wurden immer gereizter.

Die Wunden an Eleynes Hand waren abgeheilt, es blieben nur zwei kleine rote Narben, die sich über die Knöchel zweier Finger hinzogen. Ihr Schmerz über Johns Tod ließ nach, die Trauer um ihn war tief in ihr begraben unter den Sorgen und der Verzweiflung und der Wut, die mit jedem Tag zunahmen. Tagaus, tagein ging sie entweder im Söller auf und ab oder in dem winzigen Garten unten im Hof, innerhalb der engen Mauern – zehn Schritte in Richtung der untergehenden Sonne, vier Schritte hin und zurück, von Norden nach Süden. Die von Blumen übersäte Rasenbank an der Seite hatte sich längst in grauen unfruchtbaren Staub verwandelt. Jenseits der Burgmauern floß nur noch wenig Wasser im Bett des Flusses, für kurze Zeit, wenn die Flut zurückwich, glänzte der Schlick auf, dann wurde er rissig wie Wüstenboden.

Die Bäume außerhalb der Mauern bekamen ein mattes Aussehen, und die Blätter vergilbten. Peter de Mungumery kehrte von der Inspektionsreise aus den Besitzungen in Huntingdon zurück und verbrachte viele Stunden im Schreibzimmer der Burg bei Gesprächen mit Lord Lincoln, seinem Juristen Richard de Draycott und seinem Hausmeister Richard des Gatesden sowie Eleynes altem Gegner Stephen Seagrave. Eleyne wurde weder hinzugezogen, noch teilte man ihr je das

Ergebnis der Beratungen mit. Eleynes hochmütige Fragen taten sie mit geduldiger Verachtung und schmallippigem Schweigen ab. Der September kam, dann der Oktober. Schließlich fand die Trockenheit ein Ende, und sintflutartiger Regen verwandelte die staubigen Straßen, Wiesen und Felder innerhalb von Stunden in Moräste. Endlich, als die ersten Stürme von Westen über das Land dahinzurasen begannen, trafen Nachrichten über Eleynes künftigen Ehegatten ein.

John de Lacy rief sie nicht selbst in die große Halle. Statt dessen ließ er sie durch Boten bitten, die ihr mitteilten, man erwarte sie dort und werde ihrer harren, bis sie käme. In den großen Sesseln auf dem Podium nahe dem Feuer saßen er und Stephen Seagrave, nicht weit von ihnen stand Peter de Mungumery. Als Eleyne auf sie zuging, gefolgt von zwei ihrer Damen, erhoben sich beide. Sie schritt ruhig zu dem Grafensessel, ließ sich darin nieder und betrachtete die beiden mit Mißfallen.

»Sie wünschen mich zu sprechen, Gentlemen?«

Die Burg erzitterte im Sturm, die Fensterläden klapperten, die Türen schlugen in den Angeln hin und her, der Boden bewegte sich und wisperte, die Wandbehänge bauschten sich unbehaglich auf. Überall qualmten die Feuer unangenehm.

De Lacy verbeugte sich. »Der König hat endlich eine Mitteilung geschickt, Mylady. Die Mordanklage gegen Sie wurde fallengelassen.« Er machte eine Pause. »Der König hat, so scheint es, jemanden gefunden, der bereit ist, Sie zu heiraten, obgleich der Verdacht nicht gänzlich zerstreut ist. Ihre Hochzeit wird hier stattfinden und zwar nächsten Monat, am Tag vor Martini.«

Eleyne spürte, wie ihr Magen sich verkrampfte, aber sie machte ein gleichgültiges Gesicht. »Aha. Und nun werde ich wohl den Namen meines künftigen Ehemannes erfahren?«

»Natürlich, Madam.« De Lacys Augen vermochten nicht seinen Triumph zu verhehlen. »Es ist jemand, den ich sehr gut kenne. Der Brief des Königs setzt mich davon in Kenntnis, daß dieser – Gentleman«, er machte eine Pause, »nächste Woche vom König selbst in den Ritterstand erhoben wird. Es handelt sich um niemand anderen als den Bruder meines verstorbenen Schwiegervaters, Robert de Quincy.«

»Seinen jüngsten Bruder«, warf Stephen Seagrave milde ein. »Ein junger Mann, etwa in Ihrem Alter, Madam.«

Eleyne starrte ungläubig von einem zum anderen: »Man will mich mit dem jüngsten Sohn eines Earl, mit einem Mann verheiraten, der nicht einmal einen Titel hat?«

»Sie werden unter diesen Umständen natürlich den Titel Ihres verstorbenen Gatten behalten, Madam ...«

»Mit einem Mann, der noch nicht einmal zum Ritter geschlagen ist ...« redete sie weiter, ohne ihm zuzuhören.

»Er wird ja rechtzeitig vor der Hochzeit zum Ritter geworden sein«, fügte Stephen beruhigend hinzu. Dieser Auftrag gefiel ihm. »Seine Hoheit baten mich, Madam, dem jungen Mann ein Darlehen zu geben, von vierzig Pfund, damit er sich für die Hochzeit einkleiden kann. Nur bis eine Übereinstimmung bezüglich Ihres Wittums erzielt ist. Soweit ich weiß, besitzt Robert kein oder nur ein sehr geringes eigenes Vermögen.«

Eleyne betrachtete ihn kalt. »Ich kenne diesen Robert de Quincy nicht einmal ...«

»Nein, Madam, obwohl er immerhin ein Schwager der Tante Ihres verstorbenen Gemahls ist. Ich glaube, er steht im Dienst seines älteren Bruders, des derzeitigen Earl of Winchester. Die beiden haben sich sehr viel in Schottland im Dienste King Alexanders aufgehalten. Wie Sie wissen, hat Lord Winchesters Gattin Elena das Amt des Vogtes von Schottland mit in die Ehe gebracht. Ich bin sicher, daß der König der Schotten den Beschluß King Henrys gutheißen wird.«

»Nein.« Eleyne schüttelte den Kopf. »Nein, er wird ihn nicht gutheißen. Man würdigt mich durch diese Ehe herab, Sir. Ich bin eine Princess of Wales. Es ist undenkbar, daß ich einen Mann ohne einen Titel heirate.« Sie erhob sich.

Die Männer erhoben sich ebenfalls, Stephen versuchte nicht, sein triumphierendes Schmunzeln zu verbergen. »Der König, Ihr Onkel, hält diese Partie für gut genug, Madam«, sagte er glatt. »Sie wird dem Earl of Winchester sehr gefallen.«

»So ist es!« Eleynes Augen blitzten zornig auf. »Man will mich diesem ... diesem Nichts geben, damit mein Onkel die Unterstützung des Earl of Winchester erlangt!«

»So sieht es aus.« Stephen nickte und lächelte dem Grafen von Lincoln unverhohlen zu. »Und natürlich wird es auch eine Mahnung an die Adresse des Prince of Gwynedd sein, der ja nur ein Vasall des Königs von England ist. Prince Dafydd bedurfte gelegentlich der Erinnerung an diese Tatsache, sagte man mir.«

Eleyne starrte den Earl sprachlos vor Empörung an. »Haben Sie daran gedacht, was mein Vater und meine Brüder tun werden, wenn sie diese Neuigkeiten hören?«

John de Lacy zuckte die Achseln. »Sie werden nichts tun, Madam. Das garantiere ich.«

VIII

CHESTER * November 1237

»Er ist da.« Nesta hatte sich schon im Morgengrauen in die Fensternische gesetzt.

Nesta, eine große, plumpe Frau, deren wirres braunes Haar sich kaum unter ihrer Haube bändigen ließ, war in Chester geboren und aufgewachsen und arbeitete schon seit ihrem zwölften Lebensjahr als Magd in der Stadt. Daß sie nun der Countess of Chester dienen durfte, bedeutete eine große Ehre für sie. »Gehen Sie in die Halle hinunter, um ihn zu begrüßen?«

»Nein, das tue ich nicht.« Eleyne ballte die Fäuste so sehr, daß ihre Knöchel weiß wurden.

»Sie müssen aber hinuntergehen, wenn man Sie ruft.«

»Dann müssen sie mich hinuntertragen.« Eleyne sank in ihren Sessel zurück und starrte in das bescheidene Feuer, das im Kamin flackerte. Drei Wochen waren vergangen, seit man ihr das Datum ihrer Eheschließung mitgeteilt hatte. Seit drei Wochen hatte sie weder Luned noch Rhonwen noch irgendeine andere ihrer Damen und Mädchen gesehen. Als sie von ihrem Gespräch mit John de Lacy und seinen Kollegen zurückgekommen war, hatte sie festgestellt, daß sie nun wirklich eine

Gefangene war, denn sie durfte ihren Söller und ihr Schlafzimmer nicht mehr verlassen. Schlimmer noch, sie wurde jetzt
von Fremden bedient, die man speziell zu diesem Zweck eingestellt hatte. Sie bekam keine Gelegenheit mehr, einen Brief
an ihren Vater zu senden, der, als er den Namen des ihr bestimmten Gatten erfuhr, in seiner ohnmächtigen Wut beinahe
einen zweiten Schlaganfall erlitt, nach Schottland ebensowenig. Es gab keine Möglichkeit eines Entkommens, und darüber,
was ihren Gefährtinnen zugestoßen war, vermochte sie auch
nichts in Erfahrung zu bringen. Es gab nichts, was sie tun
konnte. Sie war hilflos.

»Wenn er das wäre, der da, vorneweg und hoch zu Roß! Der
ist ja so hübsch!« Nesta fuhr fort, von ihrem Fensterplatz aus
zu berichten. »Da, jetzt steigt er ab. Er ist groß, größer als sein
Diener. Er ist sehr dunkel. Schwarzer Typ, würde ich sagen …«

»Weg vom Fenster!« befahl ihr Eleyne scharf. »Und geh wieder an deine Handarbeit. Wir sind keine Bauern, daß wir los-
rennen und die Leute anstarren.« Ihr Mund war trocken, ihre
Kehle wie zugeschnürt.

Nesta hörte nicht auf sie. »Er hat nicht viele Diener, nur vier
Männer und einen Wagen. Ich glaube, da sind Ihre Hoch-
zeitsgeschenke drin. Jetzt kommt er auf den Turm zu, ja, er
blickt hoch.« Sie kicherte schrill. »Ich glaube, er hat mich gesehen.«

Eleynes Stimme war eisig. »Schließe sofort die Fensterläden
und komm vom Fenster weg.«

Als die Einladung zum Abendessen aus der großen Halle
eintraf, lehnte Eleyne ab. Minuten später kam leicht keuchend
Stephen Seagrave, er drängte sich an der Magd vorbei ins Zimmer.

»Es tut mir leid zu hören, daß Sie Kopfschmerzen haben, Madam. Aber wir müssen, glaube ich, trotzdem auf Ihrer Anwesenheit bestehen. Ihr Verlobter ist eingetroffen und möchte Sie
gerne kennenlernen.«

»Dessen bin ich sicher«, entgegnete Eleyne ruhig. »Aber ich
habe das Gefühl, ich muß ihn enttäuschen.«

»Sie meinen, Sie weigern sich?«

»Ich meine, ich weigere mich.«

»Dann werden Sie ihn erst morgen bei der Vermählung kennenlernen.«

Eleyne würdigte ihn keines Blickes. »Ich habe Ihnen bereits gesagt, ich werde Robert de Quincy nicht heiraten.«

»Doch, das werden Sie, Madam«, Stephen sprach mit zusammengebissenen Zähnen. »Es ist der Befehl des Königs.«

Sie lächelte müde. »Das glaube ich nicht. »Wenn Majestät mich verheiraten möchte, muß er es mir selbst sagen. Ich nehme von einem Lakaien keine Botschaften an.«

Sie sah ihn noch immer nicht an, so entging ihr der glitzernde Haß in seinen Augen.

»Oh, ich glaube, Sie werden feststellen, daß Lakaien …«, er machte eine Pause, als müsse er seines Zornes Herr werden, »über Methoden verfügen, Sie zum Gehorsam zu zwingen. Lord Lincoln hat mich ermächtigt, jede Methode zu benutzen, die ich für richtig erachte, um Sie zu überzeugen.« Er sagte es so ruhig, daß sie seine Worte kaum zu hören vermochte. »Täuschen Sie sich nicht, morgen, nachdem Sie Ihr Ehegelübde abgelegt haben, werden Sie zur Hochzeitsmesse in der Kapelle sein.«

»Sie haben ihn sehr zornig gemacht«, flüsterte Nesta, als er die Tür hinter sich schloß.

»Das ist möglich.« Eleyne machte die Augen zu und lehnte sich in den Sessel zurück. »Der Mann ist ein Narr.«

»Das glaube ich nicht, Mylady.« Nesta hatte Eleyne in den drei Wochen, die sie ihr jetzt diente, ins Herz geschlossen.

IX

Robert de Quincy war der Ritt nach Chester endlos vorgekommen, was am Wagen lag, der mitgeführt werden mußte. Außerdem war er müde, und es ödete ihn an. Trotzdem, es hatte sich gelohnt. Unbewußt leckte er sich die Lippen. Seine künftige Braut war schön, jung, reich und von höchstem Rang, das hatte ihm der König persönlich mitgeteilt. Ein Geschenk aus der königlichen Schatulle von vierzig Pfund hatte es ihm erlaubt, sich neue Kleider zu bestellen, eine feine Spange für seinen Mantel und zwei Paar Stiefel aus weichem Leder – und Haar und Bart hatte man ihm noch an diesem Morgen frisch geschnitten und parfümiert. Alle weitere Kleidung, die er wollte, so hatte der König ihm versichert, würde Lady Chester bezahlen.

Daß der König die Ehe aus reiner Berechnung arrangiert hatte, machte ihm nichts aus. Er schob das ganze nach hinten in seinen Kopf. Worauf es jetzt allein ankam, war, daß Eleyne von Chester und ihr Wittum bald ihm gehören würden.

Er hatte zur Treppe des Turms hinaufgeschaut und erwartet, daß sie ihn begrüßte. Aber es standen nur zwei nüchtern gekleidete Männer am Eingang. Er sah überhaupt keine Frauen, außer den Dienstmädchen, die im Hof umherhuschten. Er ließ seinen Blick über die Fenster in der hohen Mauer gleiten. Dort oben war sie wahrscheinlich und äugte, auf den Tod neugierig, wie ihr neuer Gatte aussah. Er mußte lächeln, und seine Schritte federten, als er die Treppe hinaufging.

Stephen Seagrave verneigte sich, als der junge Mann oben ankam. »Sir Robert, willkommen in Chester. Ich habe die Countess durch einen Boten von Ihrer Ankunft unterrichtet.« Er hatte den jungen Mann mit einem Blick taxiert: oberflächlich, aufgeblasen und wahrscheinlich aufgrund der bevorstehenden Eheschließung unter einer übertriebenen Einschätzung seiner eigenen Bedeutung leidend. Stephen lächelte grimmig in sich hinein. Die Konfrontation von Braut und Bräutigam würde für beide ein Schock sein.

Robert grinste ihn freundlich an. Er nahm den Pokal mit dem Wein, betrat den Saal und sah sich um. Der König hatte es zwar nicht erwähnt, aber es war möglich, sehr gut möglich, daß er ihn, wenn er begriff, was für ein tüchtiger junger Mann er war, zum Earl of Chester und Herrn über alles hier machen würde.

Ein Diener flüsterte etwas in Seagraves Ohr, und sein Gesicht verdunkelte sich vor Zorn. Ohne ein Wort zu Robert schritt er aus dem Saal.

Robert trank seinen Wein und stellte den Zinnpokal dann ab. Wo war Seagrave? Und wichtiger noch: Wo war seine Braut? Er merkte, wie ihm heiß im Kopf wurde, er hatte einen besseren Empfang erwartet.

»Sir Robert!« Als Seagrave endlich zurückkam, sah er wütend aus. »Es tut mir leid. Es scheint, daß Lady Chester Kopfschmerzen hat und sich nicht in der Lage sieht, heute abend zu Ihnen herunterzukommen.« Er lächelte. »Die Lady ist eine anmaßende junge Frau, Sir Robert, gewöhnt, daß alles nach ihrer Pfeife tanzt. Wie es aussieht, ist sie nicht erfreut über die Wahl, die Seine Majestät hinsichtlich ihres Ehegatten getroffen hat.« Seine Augen funkelten böse, und seine Worte waren in der ganzen Halle zu hören.

Robert fiel der Unterkiefer herunter. Er war zu überrascht zum Sprechen. Dann stieg ihm die Zornesröte ins Gesicht.

»Wollen Sie mir sagen, sie weigert sich, mich zu begrüßen?« Seine Stimme war sehr leise. Es standen viele Männer und Frauen in der Nähe. Irgendwo kicherte jemand.

Stephen Seagrave betrachtete ihn kalt, und Robert hatte den Eindruck, daß er sich an seinem Unbehagen ergötzte.

»Wie gesagt, sie ist eine anmaßende junge Frau, die ihre eigene Bedeutung überschätzt. Ich bin sicher, daß sie von der Sicherheit und Herrschaft profitieren wird, um die ein willensstarker Ehemann sie bereichern kann.« Er beäugte Robert, dann sah er mit einem wegwerfenden Achselzucken anderswohin. »Sie wird bei ihrer Eheschließung zugegen sein, Sir Robert, das verspreche ich Ihnen.«

»Es freut mich, das zu hören.« Unterdrückter Zorn schwang in Roberts Stimme mit. »Sobald wir verheiratet sind, werde ich meiner Frau Manieren beibringen.« Er griff nach seinem Pokal. »Wein!« schrie er den Dienern zu. »Wein und dann ein Abendessen, morgen wird Hochzeit gefeiert!«

X

Eleyne wurde am folgenden Tag im Morgengrauen geweckt und noch in ihrem Schlafgewand in den Söller gerufen, wo das Feuer soeben angezündet worden war. Es flackerte hell, ohne Wärme zu verbreiten. Stephen saß in ihrem Sessel, und bei ihm befanden sich zwei Bewaffnete. Zwischen ihnen stand Rhonwen. Ihre Handgelenke waren in Ketten.

Stephen sah mit verkniffenen Augen zu Eleyne hoch, betrachtete ihr langes, herabwallendes Haar, ihren nackten Hals und den Spalt ihres weißen Busens.

»Guten Morgen, Mylady.« Er lächelte. »Ich hoffe, sie haben gut geschlafen. Sobald Sie Ihr Hochzeitskleid angelegt haben, gehen wir zusammen in die Kapelle hinunter, wo Sir Robert Sie erwartet.«

Eleyne hatte bei Rhonwens Anblick der Atem gestockt. »Was tut Lady Rhonwen hier? Warum ist sie in Ketten?«

Stephen ließ den Kopf sinken. »Mylady, Sie sind doch eine kluge Frau. Wir brauchen es Ihnen wohl kaum näher zu erklären. Lady Rhonwen wird vom Gericht wegen Mordes, Totenbeschwörung und Giftmordes gesucht. Sie ist, soweit ich weiß, auch in Ihren Fall verwickelt. Ich würde allen einen Gefallen tun, wenn ich sie ohne weiteres Federlesens aufhängen würde …«

Lady Rhonwen schnappte entsetzt nach Luft, und Stephen lächelte breiter. »Genau. Ich könnte mich dazu überreden lassen, ihr das Leben zu schenken, aber nur, wenn die Hochzeitszeremonie harmonisch verläuft.«

Eleyne starrte ihn wütend an. »Das ist …«

»Das ist Ihre Schuld, Lady. Wären Sie damit einverstanden gewesen, Ihrem König zu gehorchen, hätte ich es nicht nötig gehabt, mich eines solchen Hebels zu bedienen.« Er wandte sich an einen der Bewaffneten, der einen zusammengerollten Strick hervorzog. Er warf das eine Ende über den Deckenbalken und knotete das andere zu einer Schlinge. Geschickt streifte er sie Rhonwen über den Kopf.

Eleyne lief auf ihn zu, doch der Mann stieß sie zurück.

»Nein, das können Sie nicht tun!«

»Ich kann, Mylady.« Stephens Augen wurden schmal. »Aber ich tue es nicht, wenn Sie mir gehorchen. Gehen Sie und ziehen Sie Ihr Hochzeitskleid an.« Seine Stimme hatte den üblichen leisen Tonfall verloren und war harsch geworden.

Rhonwens Gesicht sah grau aus. Sie hatte kein Wort gesagt.

Eleyne starrte sie verzweifelt an, dann wandte sie sich langsam zu ihrem Schlafzimmer um. »Ich erwarte, daß der Strick und die Ketten entfernt sind, wenn ich in dieses Zimmer zurückkomme.«

Stephen lachte spöttisch.

Das Hochzeitskleid war aus silbrigem Stoff. Sie hatte nicht erlaubt, daß man es ihr anpaßte und zuschnitt, so hing es ihr locker um die Taille, als Eleyne durch den Innenhof zur Tür der Kapelle schritt, wo der Bischof wartete, um das Sakrament der Ehe zu zelebrieren.

Ihr künftiger Gatte war auch silberfarben gekleidet und trug einen scharlachrot gefütterten Umhang über seinem Mantel. Er war in der Tat sehr groß, größer als Eleyne, und sehr schlank, sein Gesicht war von herber Schönheit unter dem mächtigen schwarzen Bart, seine Augen waren nußbraun. Er starrte sie eine Minute lang an, sein Gesicht war kalt.

»Madam.« Er streckte ihr seine Hand hin. Eleyne beugte den Kopf. Ihre Hand war eiskalt, als sie sie ihm gab.

Die Ehegelübde nahmen nur ein paar Minuten in Anspruch, dann schritten sie in die Kapelle und standen nebeneinander vor dem Altar. Eleyne war wie betäubt. Sie hatte ihren Ehegatten nur einmal angesehen: Seine Augen leuchteten vor Gier.

Nach der Messe blieb Eleyne auf der Treppe der Kapelle stehen. Sie entzog ihre Hand dem Arm ihres Ehemannes und wandte sich an Stephen Seagrave, der unmittelbar hinter dem Earl und der Countess of Lincoln stand.

»Schicken Sie mir Rhonwen.«

Stephen verbeugte sich. »Alles zu seiner Zeit, Mylady …«

»Sofort«, erwiderte sie, ihre Stimme war eisig. »Ich rühre mich nicht vom Fleck, außer sie kommt zu mir.«

Robert warf seiner neuen Ehefrau einen prüfenden Blick zu, sagte aber nichts.

Stephen zögerte. Er sah Lord Lincoln an und zog eine Augenbraue hoch. Nach einem unmerklichen Nicken Lord Lincolns wandte er sich zu Eleyne. »Sehr wohl. Es ist unzweckmäßig, sie noch länger in Haft zu halten. Holt sie her!« Er rief es einem der Beamten zu, die in der Nähe standen.

Die Prozession blieb, wo sie war, im eisigen Novemberwind. Eleyne war so kalt, daß sie kaum ihre Hände oder Füße spüren konnte, trotzdem bewegte sie sich nicht. Mit erhobenem Kopf stand sie da, ohne ihren Ehemann anzusehen. Hinter ihr warteten die Trauzeugen in der Kapelle und flüsterten miteinander.

Als Rhonwen erschien, waren die Ketten entfernt. Sie war blaß, aber sie lächelte.

»Nun. Vielleicht können wir zum Hochzeitsfest hineingehen?« fragte John de Lacy, seine Stimme klang gequält.

Eleyne entfernte sich von ihrem Ehemann und küßte Rhonwens bleiche Wange. »Geht es dir gut?«

Rhonwen nickte. »Du hast mir das Leben gerettet, Cariad.«

»Ja.« Einen Augenblick lang sah Eleyne Rhonwen an. Ihr Gesicht war düster. Dann kehrte sie an die Seite ihres Ehemannes zurück.

Man hatte das Hochzeitsbett im großen Gästezimmer der Burg aufgestellt. Dort fand sich Eleyne schließlich mit Robert de Quincy allein wieder. Er hatte bei dem Fest eine Menge getrunken, und sein hübsches Gesicht war gerötet. Er bestand darauf zuzusehen, wie Luned und Nesta seine Frau entkleideten und Rhonwen ihr mit aufeinandergepreßten Lippen das Haar bürstete. Eleyne behielt ihr Hemd an und zog das samtene Nachtgewand darüber. Dann wandte sie sich ihm zu. Er war noch immer vollständig bekleidet.

»Möchten Sie, daß ich Ihre Diener rufe, Sir?«

Er lächelte. »Das ist nicht nötig, du kannst mich ausziehen.«

Sie starrte ihn an. »Ich?«

»Ja, du, Frau. Sei meine Dienerin!« Seine Stimme war unverschämt. Stephen Seagraves Rat leuchtete ihm ein: Seine anmaßende junge Frau mußte erzogen werden. Und wenn er sich, während er sie erzog, einigen seiner bevorzugten Gelüste hingeben konnte, um so besser. Er wollte sofort damit beginnen. In den schweren, mit Schnitzereien versehenen Sessel zurückgelehnt, streckte er die Beine von sich und sagte: »Zieh mir die Schuhe aus.«

Eleyne zögerte, sein Gesicht wurde dunkelrot. »Du hast gerade vor Gott gelobt, mir zu gehorchen, Frau. Zieh mir die Schuhe aus!«

»Ich bin nicht Ihre Dienerin«, widersprach sie ihm hitzig, ihre Augen blitzten vor Empörung. Sie ging zur Tür und öffnete sie. »Rufen Sie Sir Roberts Diener«, sagte sie zu der Wache, die draußen stand. Sie schloß die Tür und kehrte zu ihm zurück. »Wissen Sie, wer ich bin?«

Er warf den Kopf zurück und lachte. »Ja, du bist meine Frau.«

»Ich bin die Countess of Chester, Sir, und diesen Titel werde ich behalten, bis ich sterbe, da Sie keinen haben, den Sie mir geben können.«

Die Tür ging auf, und ein Mann steckte den Kopf herein. »Sie haben mich rufen lassen, Sir Robert?«

»Nein.« Robert lehnte sich in den Sessel zurück. »Habe ich nicht. Meine Frau wird mich bedienen. Du kannst gehen, Edward, ich brauche dich heute nacht nicht mehr.« Er wartete, bis die Tür geschlossen war, dann stand er auf. Er ging zu Eleyne hinüber, stand vor ihr und lächelte.

Sie sah den Schlag nicht kommen, der sie traf. Seine Hand bewegte sich so schnell, daß sie keine Zeit hatte, ihr auszuweichen, die Handfläche traf sie voll ins Gesicht. »Es ist wirklich ein Jammer. Im ganzen Schloß wird man an deinen blauen Flecken sehen, daß ich meine Frau schon so früh habe züchtigen müssen.« Er verschränkte die Arme vor der Brust, während sie ihr Gleichgewicht wiederfand. »Wie ich hörte, ist die Frau, die du nach unserer Vermählung zu dir riefst, eine gemeine Mörderin«, fuhr er mit sehr ruhiger Stimme fort. »Master Seagrave sagte, wenn ich irgendwelche Schwierigkeiten hätte, mich deines Gehorsams zu versichern, sollte ich die Frau dem Henker übergeben.«

Eleyne rang nach Luft, und ein sieghafter Ausdruck glitt über sein Gesicht. »Meine Schuhe, Madam«, befahl er ihr. Er setzte sich aber nicht hin, fast blind vor Wut mußte sie vor ihm niederknien und ihm zuerst die Schuhe und dann die Beinkleider ausziehen. Sie nahm ihm den schweren Mantel von den Schultern und hängte ihn so, wie er es ihr befahl, an einem Haken an der Wand auf, dann nahm sie ihm den schweren Gürtel ab und hängte ihn neben den Mantel. Sein Gewand war nun geöffnet, sie sah das schwarze Haar, das seine Brust bedeckte, und seine Schultern, die sehr breit waren. Als er nur noch in seinen leinenen Unterhosen vor ihr stand, überkam sie eine Art Panik. Langsam hob er die Hand und löste die Verschnürung, die sie festhielt, ließ sie zu Boden fallen.

»Nun du, Frau«, sagte er. »Zieh dieses abscheuliche Hemd aus. Laß sehen, was ich mir da eingehandelt habe!«

Mit geballten Fäusten stand sie da und versuchte ihn nicht anzusehen, wie er so aufdringlich vor ihr stand. Im Zimmer war es völlig still, dann lachte er. »Vielleicht soll ich meinen Diener hereinrufen, damit er dich auszieht, Lady Chester«, sagte er leise.

Sie schloß die Augen und schluckte heftig. Irgendwie bewegte sie dann die Hände, so daß sie die Schnur lösten, die ihr Nachtgewand zusammenhielt, und ließ es zu Boden fallen. Dann weitete sie den Ausschnitt ihres Hemdes und ließ auch dieses von ihren Schultern gleiten. Sie sah ihn nicht an. Sie spürte seine Hände, die über ihren Körper glitten. Sie blieb völlig kalt, erlaubte ihm aber, sie zum Bett zu führen. Dort legte sie sich hin, wie er es ihr befahl, erlaubte ihm, ihre Beine zu spreizen. Es war, als ob sie sich von ihrem Körper getrennt hätte.

Es tat weh. Es tat sehr weh, und sie biß die Zähne zusammen, um nicht zu weinen. Sie drehte ihren Kopf zur Seite, damit er nicht ihr Gesicht sah. Glücklicherweise war es bald vorbei, er zog sich zurück und ließ sie in einem Zustand, in dem sie sich seltsam unverletzlich vorkam. Er konnte mit ihrem Körper tun, was er wollte, er erreichte sie nicht.

Als er endlich laut schnarchend auf dem Bett ausgestreckt dalag, kroch sie weg und zog ihr Nachtgewand an. Dann ging sie zum Feuer. Sie fühlte sich vollkommen taub.

Das Feuer war fast ganz heruntergebrannt – die Asche war weiß, und das Scheit, an dem noch eine Flamme flackerte, war naß und qualmte. Müde bückte sie sich nach dem Korb, in dem sich noch ein Vorrat befand, und legte ein paar trockene Hölzer nach. Einen Augenblick lang geschah nichts, dann schlugen Flammen heraus.

Ein Reiter galoppierte auf sie zu, eine Hand am Zügel, die andere nach ihr ausgestreckt. Sie hörte ihn ihren Namen rufen.

»Wer bist du?«

Sie rief die Worte laut, beugte sich näher zum Feuer hin. Das Haar fiel ihr nach vorn über die Schultern.

Er kam jetzt näher, sie konnte fast sein Gesicht erkennen. Er lächelte. »Warte auf mich«, rief er. »Warte auf mich, mein Liebling.« Sie hörte das Donnern der Hufe seines Pferdes, sah seine Schabracke aufblitzen, und plötzlich erkannte sie ihn.

»Was im Namen der Jungfrau tust du?« Die Hand auf ihrer Schulter war so schwer, daß sie das Gleichgewicht verlor und vorwärts in die Asche stürzte. Nackt stand ihr Ehemann über ihr, sein Gesicht im Feuerschein war voller Wut. »Mit wem hast du geredet? Mit wem?« Sie versuchte, seinem Tritt auszuweichen, aber er traf ihren Oberschenkel, und sie zuckte zusammen. »Was hast du da gemacht?«

Sie blickte durch den Vorhang ihres zerzausten Haars zu ihm auf und sah in seinen Augen außer seinem Zorn die Angst.

Sie lachte. »Was ich gemacht habe?« flüsterte sie. »Ich habe in die Flammen geschaut, um mir die Zukunft anzusehen. Ich wollte wissen, wie unsere Ehe wohl ausgeht.«

Er leckte sich nervös die Lippen. »Und was hast du gesehen?« Wider Willen mußte er sie das fragen.

»Ich sah den Tod«, erwiderte sie langsam und sah ihn erbleichen.

Doch das stimmte nicht. Sie hatte Alexander von Schottland gesehen.

Dreizehntes Kapitel

I

Im Morgengrauen kroch Eleyne aus dem Bett und ging zum Stall. Die Knechte stutzten, als sie die blauen Flecke in ihrem Gesicht entdeckten und waren peinlich berührt. Sie fütterte Invictus mit Leckerbissen, küßte ihn auf die Nase, wählte ein anderes Pferd und ließ ihn zurück. Robert durfte nicht wissen, wie sehr sie an diesem Pferd hing.

Sie sah ihren Mann erst beim Abendessen wieder, als sie neben ihm am großen Tisch saß und von seinem Teller aß, so wie sie einst von Johns Teller gegessen hatte. Er schien in prächtiger Stimmung zu sein.

»Du bist ohne mich ausgeritten?« Er spreizte die Finger in das Rosenwasserbecken, das der Page ihm reichte, und griff nach der Serviette. »Warum?« Seine Stimme klang unschuldig und gar nicht laut, sein Gesicht sah nicht unangenehm aus, er gab sich interessiert.

»Du schliefst noch«, erwiderte sie. »Ich wollte dich nicht stören.« Sie gab dem Pagen einen Wink zu verschwinden und nickte dem Diener zu. Das Mahl konnte beginnen.

Robert lächelte, als er seinen Pokal hob, damit man ihn mit Wein füllte. »In Zukunft bleibst du im Bett, bis ich dir aufzustehen erlaube. Und dann reiten wir zusammen aus.«

»Wenn du möchtest.« Sie fühlte Wut in sich aufsteigen, zwang sich jedoch, ihn anzulächeln. Sie wollte ihn nicht vor versammeltem Hofstaat brüskieren und ihm damit Gelegenheit geben, sie öffentlich zurechtzuweisen.

Sie aß wenig, trank fast nichts und sah schweigend zu, wie er immer wieder den Pagen rief, damit er ihm den Pokal aufs neue füllte. Die anderen Männer am Tisch beobachteten ihn, ihr Gesichtsausdruck war unergründlich, als sie Roberts Hand zitternd gegen den Stiel des Pokals stoßen und ein paar Tropfen Wein auf den Tisch verschütten sahen.

»Wir haben Musikanten aus der Provence hier«, sagte John de Lacy schließlich. »Soll ich sie bitten, uns etwas zu spielen?«

Robert erhob sich leicht schwankend, starrte seine Gäste an und lächelte. »Meine Frau und ich gehen zu Bett«, verkündete er, um deutliche Aussprache bemüht. »Sie können den Teufel bitten, daß er für Sie spielen soll, wenn Sie möchten!« Er faßte Eleynes Handgelenk und zog sie hoch. »Madam.«

Eleyne blieb ruhig. Sie wußte sehr gut, daß sich in der großen Halle aller Augen auf sie richteten. Als sie den breiten Gang zwischen den Tischen hindurch zur Tür am anderen Ende der Halle schritten, wurde es so still, daß man eine Stecknadel hätte fallen hören können.

Das Schlafzimmer war dunkel, das Feuer brannte und strahlte Wärme aus. Robert ließ ihr Handgelenk los und blieb in der Mitte des Zimmers stehen. »Warum brennt hier nur eine einzige Kerze?« Seine Stimme klang verdrießlich.

»Sie haben uns nicht so bald vom Abendessen zurückerwartet.« Eleyne ging zum Tisch und zündete mit der brennenden Kerze die andere im Kandelaber an. Mit jeder Flamme wurde der Raum heller, wenngleich auch die gewölbte Decke im Dunkeln blieb. Draußen herrschte bittere Kälte, und in den Zinnen seufzte der Wind.

»Bursche!« Robert brüllte nach dem Jungen, der ihm von der Halle herauf gefolgt war. »Mehr Licht! Ich möchte sehen, was ich tue!« Er ließ sich in den Sessel fallen, der am Feuer stand, und sah dem Diener zu, der im Zimmer umherging und überall an den Leuchtern die Kerzen anzündete. Am anderen Ende des Raums, unter dem Baldachin der Vorhänge, stand das Bett.

»Genug. Jetzt hole einen Eimer Wasser!« Roberts Stimme klang völlig nüchtern.

»Wasser?« wiederholte Eleyne.

»Wasser«, wiederholte er und lachte.

»Warum willst du Wasser?« Ein kleiner uneingestandener Angstknoten krampfte sich in ihrem Magen zusammen.

»Das wirst du sehen.« Er verschränkte die Arme über der Brust.

Es dauerte lange, bis der Knabe keuchend mit dem großen Eimer voll Wasser zurückkam. Er setzte ihn erleichtert auf dem Fußboden ab, wobei ihm etwas auf die Schuhe schwappte. Von der Tür aus zeigte eine nasse Spur die Treppe hinunter den Weg, den er mit seiner Last vom Brunnen aus zurückgelegt hatte.

Robert lächelte. Er schien trotz des langen Wartens nicht ungeduldig geworden zu sein. »Gieße es ins Feuer.«

»Sir Robert?« Der Junge starrte ihn an.

»Hast du gehört? Du sollst es ins Feuer gießen.« Robert stand auf, und der Junge hob hastig den schweren Eimer auf. Leicht stolpernd trug er ihn zum Kamin und kippte das Wasser in die flammende Glut, die aufzischte und in einer Dampfwolke erlosch. Sofort darauf begann die Kälte sich im Zimmer auszubreiten.

Robert nickte grimmig und zufrieden. »Jetzt laß uns allein.«

Der Junge lief zur Tür, der leere Eimer schlug ihm gegen die Knie.

»Warum hast du das Feuer löschen lassen?« Nur mit Mühe gelang es Eleyne, sich zu beherrschen. Sie spürte, wie Wut und Angst in ihr aufstiegen.

Er schlug die Arme übereinander. »Ich habe es deinetwegen getan, Frau. Wir wollen doch nicht, daß du zuviel in die Zukunft blickst, nicht wahr. Vor allem nicht, wenn das, was du da siehst, dir Angst einjagt.«

Er begann seinen Umhang aufzuknüpfen. »Jetzt darfst du mir die Schuhe ausziehen.«

Sie wich zurück. »Nein, ich bin nicht deine Dienerin.«

»Aber ja, das bist du sehr wohl. Wenn ich es dir sage.« Er ließ den Umhang zu Boden fallen. »Erinnere dich an Lady Rhonwen, mein Liebling, mit dem Strick um den Hals.« Seine Bewegung war so schnell, daß ihr keine Zeit zum Ausweichen blieb. »Ich glaube, du hast noch immer nicht begriffen, was Gehorsam heißt. Ich nehme an, deine großartigen Titel sind dir zu Kopf gestiegen. Jetzt zieh mich aus.«

Sie trat beiseite. »Nein. Sie sind ein Ritter, Sir. Sie sollten sich von einem Mann, Ihrem Knappen ausziehen lassen. Sicher ist es entwürdigend für Sie, wenn eine Frau Sie entkleidet.« Obwohl sie sich darum bemühte, sie zu unterdrücken, war die Verachtung, die sie für ihn empfand, nicht zu überhören.

»Aber doch nicht, wenn die Frau eine Princess ist«, rief er höhnisch. »Wirst du wohl tun, was ich sage?«

»Nein!« Sogar die Gefahr, in der Rhonwen schwebte, war vergessen. »Ich werde zu meinem Onkel, dem König gehen. Ich werde ihm zeigen, was du mir angetan hast.« Sie betastete ihre Wange. »Er wird mich in Schutz nehmen.«

Nach einem kurzen Zögern schüttelte er den Kopf. »Du müßtest erst einmal bis zu ihm vordringen, mein Liebling. O ja, ich möchte, daß du zum König gehst. Du sollst doch dafür sorgen, daß ich bei Hofe ein Amt bekomme, nur laß uns zuerst sicherstellen, daß du weißt, wie eine gute Ehefrau sich benimmt.« Seine Stimme wurde immer leiser und drohender. »Vielleicht sollten wir in Zukunft unser Augenmerk darauf richten, deine blauen Flecke diskreter zu plazieren.« Als er sich auf sie stürzte, wich sie ihm aus, sie hörte ihn keuchen, als er auf dem Absatz kehrtmachte, um sie nicht entkommen zu lassen. Sie warf sich gegen die mächtige Eichentür, ihre Finger suchten nach der Verriegelung. Sie fand sie. Es gelang ihr, den Bolzen halb herauszuziehen, aber da war er schon hinter ihr und schlug ihn wütend mit der Faust zurück ins Schloß. Als er sie beim Arm packte und herumriß, roch sie seinen vom Wein säuerlichen Atem und merkte, wie betrunken er war.

Sie versetzte ihm einen Tritt, aber er achtete nicht darauf, sondern schleifte sie, schreckliche Flüche ausstoßend, durch das Zimmer. Sie schlug und kämpfte gegen ihn an, aber er war viel stärker als sie. Mühelos gelang es ihm, sie mit einer Hand festzuhalten, während er die kunstvoll geflochtene Kordel vom Baldachin riß, so daß die Bettvorhänge herabfielen. Mit der Kordel verschnürte er ihre Handgelenke und schlang sie daraufhin einige Male um den eichenen Pfosten ihres Lagers. An ihn band er sie fest.

Er keuchte, als er zurücktrat, um sein Werk zu betrachten. Der Schleier war ihr bei dem Handgemenge vom Kopf gerissen worden, das Haar hing ihr jetzt aufgelöst über die Schultern. Er betrachtete sie, wie sie wehrlos vor ihm lag, lächelte und zog langsam seinen Dolch aus der Scheide. Sein Lächeln wurde zu einem Grinsen, als er hörte, wie sie beim Anblick der blitzenden Klinge nach Luft rang. Er prüfte mit dem Daumen die Schärfe der Schneide und weidete sich an ihrer Angst. Dann fing er an, ihr systematisch und mit großer Sorgfalt die Kleider vom Leib zu fetzen und verwandelte nach und nach ihren Mantel, ihr Gewand und das Hemd, das sie darunter trug, in ein Häuflein schimmernder Lumpen.

Zufrieden damit, daß sie nackt war, ließ er sie liegen und ging zu der Truhe an der Wand. Dahinein hatte er offenbar während des Tages in weiser Voraussicht eine Rute aus dünnen Birkenreisern gelegt. Er bog sie, das erstarrte Lächeln lag noch immer auf seinem Gesicht. »Von nun an werden sich deine blauen Flecke dort befinden, wo nicht einmal der König sie zu sehen bekommt, meine Prinzessin«, sagte er sanft.

Sie war hilflos. Ihr blieb nichts anderes übrig, als die Zähne zusammenzubeißen, damit er ihre Schreie nicht genießen konnte, während er sie schlug. Als er endlich erschöpft damit aufhörte, lag sie schlaff und ohnmächtig auf der Matratze und merkte kaum mehr, daß er sie losband.

»Willst du es immer noch dem König sagen?« Sein Mund war nahe an ihrem Ohr, und sie spürte seinen heißen, stinkenden Atem auf ihrem Gesicht. »Wenn ja, gebe ich dir Rhonwens Kopf als Geschenk mit.«

Er fing an, sich zu entkleiden. Sie hob den Kopf, das Haar hing ihr in die Augen, und ihr Gesicht brannte trotz der bitteren Kälte, die in dem Zimmer herrschte. Ihr ganzer Körper tat weh, besonders die Striemen an ihren Schenkeln und ihrem Gesäß schmerzten. Sie spürte klebriges Blut, das aus kleinen Wunden sickerte, aber sie gönnte ihm die Befriedigung nicht, zu denken, er hätte sie besiegt. Sie richtete sich schwankend auf, gerade als er sich seines letzten Kleidungsstücks entledigte.

»Wo willst du hin?« Er lächelte jetzt, als er, nackt wie sie, die Hände in die Hüften gestützt, das Glied mächtig erhoben, vor ihr stand. »Leg dich auf das Bett!«

Sie wagte es, den Kopf zu schütteln. »Nein!« Ihr Mund war so trocken, daß sie kaum sprechen konnte. »Ich schlafe nicht mit dir. Raus!« Es war keine Bitte. Es war ein Befehl.

Sein Gesicht verdunkelte sich, er kam einen Schritt auf sie zu, wollte sie am Handgelenk packen, aber sie war schneller als er. Mit Krallenfingern kratzte sie ihm von oben nach unten über das Gesicht und sah zu ihrer Freude, daß sich zwei Streifen dunklen sickernden Blutes seine Wange hinunterzogen. Er stieß einen Wutschrei aus, bekam sie zu fassen, warf sie auf den Boden und griff ihr mit beiden Händen ins Haar. Sie brüllte vor Schmerzen, als er sie auf die Knie hochzog und mit zurückgerissenem Kopf einen Augenblick lang festhielt, bevor er ihr seinen roten, von aufgestautem Blut prallen Penis in den Mund stieß. Blind vor Wut und Ekel schlug sie mit ihren Fäusten auf ihn ein, aber er bezwang sie, und sie vermochte sich erst von ihm zu befreien, als er sie selbst, endlich befriedigt, von sich stieß.

Während er sich lachend aufs Bett warf, hastete sie zur Garderobe und fing an, sich in das dunkle Latrinenloch zu erbrechen. Ihr nackter Leib war eiskalt und schimmernd vor Schweiß. So kniete sie dort lange Zeit und stützte die Stirn auf den Rand des kalten, hölzernen Sitzes, bevor sie die Kraft fand, sich aufzurichten. Mit ihren von den Fesseln noch immer tauben Händen zog sie sich den Ehering vom Finger, den er ihr am Tag zuvor aufgesteckt hatte. Sie wog ihn einen Augenblick lang in der Hand, als ob sie seinen Wert abschätzen wollte, dann ließ sie ihn vier Stockwerke tief in den stinkenden Graben fallen.

Sie zitterte am ganzen Leib, als sie in das Schlafzimmer zurückkehrte. Robert schnarchte. Sie riß den zerfetzten Bettvorhang vom Haken und hüllte sich darin ein, dann wandte sie sich ab und kämpfte gegen eine neue Welle des Ekels an. Nachdem sie noch ein paar Schritte auf die verriegelte Tür zugetaumelt war, brach sie auf dem Steinfußboden zusammen.

II

Als sie aufwachte, war sie, von Blutergüssen übersät, so steif, daß sie sich kaum zu rühren vermochte. Das Bett war leer. Das Feuer brannte, und Luned beugte sich über sie.

»Wo ist er?« Als Eleyne sich aufrichtete, wurde ihr schwindlig.

Luned preßte die Lippen aufeinander. »Ich habe heißes Wasser und Salben bestellt.«

Die Blutspuren am Vorhang waren Beweis genug für das, was sich zugetragen hatte. Schweigend half ihr Luned beim Waschen und Salben der Blutergüsse und Platzwunden, dann zog sie ihr ein Hemd aus hauchdünner Seide an, darüber das Kleid.

»Ich habe die Rute aus Birkenreisern ins Feuer geworfen«, sagte sie, als sie Eleyne das Haar bürstete.

»Gut.« Ihre Augen trafen sich. »Hast du ihn heute früh schon gesehen?«

Zum erstenmal lächelte Luned. »Alle haben ihn gesehen. Er wird in seinem Gesicht sehr lange diese Male tragen.«

III

»Du mußt fort von hier, siehst du das nicht ein?« Eleyne schüttelte Rhonwens Arm. »Solange du hier bist, hat er mich in der Hand. Ich kann mich nicht gegen ihn wehren.«

»Dieser Mann ist ein Tier!« schrie Rhonwen. »Man darf so einen Menschen nicht am Leben lassen! Ich schaffe ihn dir vom Hals. Ich weiß ein Mittel …«

Eleyne wandte sich von ihr ab. »Nein, das ist keine Lösung.« Sie verbannte diesen Gedanken aus ihrem Kopf – den Gedanken an das dunkelgrüne Gebräu in dem Pokal, dessen erdigen Geruch sie in Johns Sterbezimmer eingeatmet hatte.

Rhonwens Augenbrauen waren gerunzelt. »Wie willst du mit ihm fertig werden? Er wird immer wieder Gewalt anwenden. Das ist die einzige Sprache, die die Männer kennen. Und dagegen sind wir machtlos.«

»Ich werde mir etwas einfallen lassen«, sagte Eleyne. »Aber du mußt fort. Verstehst du das nicht?«

Rhonwen seufzte. »Wohin?«

»Ich kann dir Geld geben …« Eleyne dachte fieberhaft nach. »Du mußt an einen Ort übersiedeln, an dem niemand dich kennt, wo du unter einem angenommenen Namen leben kannst. Dann erst bist du in Sicherheit. Und ich werde deine Begnadigung durchsetzen, ich verspreche es dir. Ich weiß, daß mein Mann sich nach einer Stellung bei Hofe sehnt. Er kann sie aber nur über mich erreichen.«

Countess Clemence half ihr. Über den jungen Mann an Eleynes Seite hatte sie sich rasch eine Meinung gebildet. Er war oberflächlich, habgierig und lasterhaft, und nichts von dem, was Eleyne ihr von ihm erzählte, war geeignet, sie eines anderen zu belehren. Sie nickte sofort, als Eleyne ihr beichtete, was sich zugetragen hatte, wobei sie ihr die abscheulicheren Einzelheiten ersparte. »Ich werde Rhonwen und Luned Geld geben«, sagte sie, »damit sie sich in London niederlassen können, wo ich Häuser besitze. Es ist undenkbar, daß du eine derartige Behandlung weiter über dich ergehen läßt.« Sie zögerte. »Dennoch, sei vorsichtig, Kind! Er ist ein gehässiger junger Mann.«

»Ich werde vorsichtig sein.« Eleyne ergriff Clemences Hände. »Sie sind wie eine Mutter zu mir gewesen. Sie werden mir sehr fehlen, wenn wir Chester verlassen.«

Clemence lächelte traurig. »Und du bist mir eine Tochter gewesen, die ich nie hatte. In meinen Gebeten werde ich immer an dich denken. Ich weiß nicht, was jetzt mit der Grafschaft von Chester geschehen wird. Dein Ehemann hofft, durch dich in ihren Besitz zu gelangen.« Sie schnaubte verächtlich. »John de Lacy meint auch, daß er sie bekommt, aber ich denke mir, der König wird das Fehlen eines unmittelbaren Erben zum Vorwand nehmen, um sich die Grafschaft selbst anzueignen. Ich muß dann natürlich auch von hier verschwinden. So werde ich mich auf die Ländereien meines eigenen Wittums begeben und kann dort, wenn sie es wünschen, Lady Rhonwen und die kleine Luned bei mir aufnehmen. Aber fürs erste sind sie in London sicher.«

Abends, nachdem Rhonwen abgereist war, widerrief Eleyne die Anordnung ihres Mannes, das Feuer zu löschen.

»Laß es brennen«, befahl sie, als der Diener mit dem Wassereimer hereingestolpert kam, um die Flammen im Kamin zu löschen. »Wir lassen das Feuer heute an.«

Roberts Augenbrauen zogen sich zusammen. »Ich sagte, es wird gelöscht.«

»Heute abend nicht.« Sie sprach mit so fester Stimme, daß er zögerte, und sie nützte diesen Augenblick rasch aus. »Du kannst gehen, nimm den Eimer mit. Sir Robert hat es sich anders überlegt, was das Schlafen im kalten Zimmer angeht.« Sie lächelte dem Jungen zu und erwartete Roberts Wutausbruch, Robert aber schwieg. Er harrte aus, bis die Tür sich hinter dem Knaben geschlossen hatte.

»Das wirst du sehr bald bedauern«, sagte er leise. »Ich dulde nicht, daß eine Frau mich verhöhnt.« Die Kratzer auf seiner Wange glühten.

Eleyne hatte auf diesen Augenblick gewartet. Ihr Zorn war stärker als ihre Angst. »Wenn Sie im Kalten schlafen wollen, Sir, schlage ich vor, Sie legen sich in den Stall. Falls Sie hier schlafen wollen, werden Sie sich wie ein Ritter und Gentleman zu benehmen haben. Tun Sie das nicht, wird der König es erfahren. Ich habe ihm bereits geschrieben und ihm mitgeteilt, daß ich zu ihm kommen werde. Und glauben Sie nicht, Sir, daß ich mich scheuen würde, dem König meinen Rücken zu zeigen zum Beweis der Behandlung, die ich von Ihnen erfahren habe. Ich werde ihm jeden Fingerbreit meines Körpers zeigen, wenn es nötig ist.«

Roberts Gesicht verriet Unsicherheit. »Willst du dich mit mir anlegen?«

»Ich nenne dir nur die Spielregeln, nach denen wir diese Ehe in Zukunft führen werden.«

»Eine Zukunft ohne deine Kinderfrau.« Seine Augen glitzerten.

Sie nickte. »Eine Zukunft frei von Drohungen dieser Art. Rhonwen und Luned sind fort. Es gibt hier jetzt niemanden mehr, für den ich auch nur so viel empfinde.« Sie schnippte ihren Finger unter seiner Nase. »Und falls Sie sich eine Karriere im Dienst des Königs erhoffen, Sir, müssen Sie sich schon an meine Bedingungen gewöhnen.«

Er konnte sie natürlich einsperren und vom König fernhalten. Er konnte nach Gesetz und Gewohnheitsrecht alles mit ihr tun, was ihm gefiel, außer sie töten, dennoch war sie sich ziemlich sicher, daß er ihre Bedingungen akzeptieren würde. Er suchte die Gunst des Königs zu gewinnen, und das konnte er nun einmal nur über sie.

V

Dezember 1237

Als sich endlich eine Gelegenheit bot, nach London aufzubrechen, ergriffen Eleyne und Robert diese – jeder von ihnen aus anderen Motiven – sofort beim Schopf. Der Hof befand sich in Westminster, und Roberts Bruder, Lord Winchester, hatte ihnen vorgeschlagen, ihn im Februar, wenn das Eis dem lang ersehnten Tauwetter wich, im Süden zu besuchen.

Sie waren seine Gäste in einem Steinhaus, das in einem der gerade entstehenden Teile Londons südlich der Themse lag. Dort traf ein Brief für Eleyne ein. Sie nahm ihn mit einem Seitenblick zu ihrem Mann an und hoffte, daß er ihn nicht gesehen hatte, aber sein Auge war sofort darauf gefallen. Das Siegel war verschwommen. Sie erkannte es nicht sogleich.

»Ein Brief, Madam«, sagte er mit jenem glatten Lächeln, das sie hassen gelernt hatte. »Bitte, erlauben Sie mir, daß ich ihn mir ansehe.«

»Er ist an mich gerichtet, Sir«, erwiderte Eleyne mit vor Empörung bebender Stimme. Sie sah, daß man ringsum in der Familie ihres Mannes die Augenbrauen hochzog und zwang sich zu einem Lächeln.

Die Botschaft war von Rhonwen, dessen war sie sicher. Lieber Gott, wie konnte diese Frau so töricht sein, ihr offen an diese Adresse zu schreiben? Es war drei Monate her, daß Rhonwen und Luned aus Chester Castle fort in die eisige Winternacht geritten waren. Seither hatte sie nichts mehr von ihnen gehört.

Robert beugte sich vor, riß ihr den Brief aus der Hand, entfernte das Siegel und las. Eleyne beobachtete ihn nervös. Es dauerte eine Weile, bis er aufblickte. Sein Gesicht war alles andere als wutverzerrt – es drückte vielmehr Genugtuung aus.

»Er ist von deiner Tante, der Königin der Schotten. Sie ist in London eingetroffen und möchte, daß du sie besuchst.«

»Tante Joanna?« Eleyne war gänzlich unvorbereitet auf diese Nachricht und die freudige Erregung, die sie gleichzeitig durchfuhr. »Und der König der Schotten? Ist er nicht in London?« Ihr Herz hatte sehr heftig zu schlagen begonnen. Vor Angst, er könnte die Sehnsucht in ihren Augen bemerken, sah sie zu Boden.

»Natürlich nicht.« Er warf den Brief auf den Tisch. »Die Königin hat den Schrein des heiligen Thomas zu Canterbury besucht und befindet sich auf dem Weg zurück nach Schottland.«

»Dann will ich ihr noch heute meine Aufwartung machen.« Eleyne konnte die Freude, die sie bei diesem Gedanken empfand, nicht verhehlen. »Es ist so lange her, daß ich Tante Joanna das letzte Mal gesehen habe.«

»Du reitest nicht ohne mich.« Robert nahm den Brief vom Tisch, ging zum Kamin und warf ihn ins Feuer. Eleyne hatte keine Gelegenheit gehabt, ihn zu lesen.

Lord Winchester runzelte die Stirn. »Du kannst ihre Hoheit, die Königin von Schottland, nicht besuchen, Robert. Wie ich hörte, ist sie noch nicht wieder ganz gesund. Sie wird dich nicht empfangen wollen.«

»Dann muß Eleyne eben warten, bis sie dazu bereit ist«, widersprach ihm Robert mit finsterer Miene. »Eleyne hat ohnehin noch sehr viel zu erledigen. Wir wollen morgen bei ihrem Onkel vorsprechen.«

Er hatte sich auf Eleynes Kosten eine vollständige neue Garderobe bestellt: eine bestickte langärmlige Tunika, über die er einen kostbaren Wappenrock ziehen würde. Dazu gehörten neue scharlachrote Strümpfe mit kreuzweise gebundenen Kniegürteln und neue Schuhe aus weichem Leder mit silbernen Schnallen. Seine Frau, so hatte er entschieden, ohne sie zu fragen, sollte ihr Hochzeitsgewand anziehen, dazu den juwelenbesetzten Kopfschmuck, den ihr die Königin der Schotten zur Vermählung geschenkt hatte.

Eleyne fing darüber keinen Streit mit ihm an. Es war ihr gleich, was sie trug. Worauf es ihr allein ankam, das war, den König unter vier Augen zu sprechen. Sie wollte ihrem Onkel sagen, was er ihr angetan hatte, indem er sie Robert de Quincy zur Frau gab. Und sie mußte Rhonwens Begnadigung von ihm erlangen.

Die Abtei von Westminster lag in hellem Sonnenlicht, als die Countess of Chester sich am nächsten Morgen an der Seite ihres Gatten zum Palast von Westminster begab, wo der König sie empfangen wollte. Bei ihm war seine junge Gemahlin, Queen Eleanor, und neben dieser saßen die Königin der Schotten und Margaret, die Countess of Pembroke.

»Nun, Nichte, wie gefällt dir dein neuer Gemahl?« rief Henry aufgeräumt, als sie erschien. Eleyne knickste, aber sie antwortete nicht. Ihr Gesicht war finster. »Es ist gut, Sie wiederzusehen, Onkel.«

King Henry warf einen Blick über ihre Schulter weg zu Robert, der sich mit vollendeter Grazie vor ihm verneigte. Dann fuhr er fort. »Wie du siehst, ist deine Tante Joanna hier. Und Prinzessin Margaret. Sie baten ausdrücklich darum, mir Gesellschaft leisten zu dürfen, als ich ihnen sagte, daß du heute morgen zu mir kommst.« Er lächelte erst seiner Schwester und dann der Frau zu, in die er einst so verliebt gewesen war.

Joanna wirkte sehr bleich und müde. Ihre Augen, mit denen sie Eleyne ansah, sprachen von ihrem Unglück, trotzdem lächelte sie. »Ich hoffe, du wirst mich in meinen Gemächern im Tower besuchen, Eleyne. Ich kehre bald nach Schottland zurück und würde gerne mit dir reden.«

»Das würde ich auch gerne, Mylady«, sagte Eleyne lächelnd, »falls ich meinen Gatten dazu überreden kann, mich einmal allein ausgehen zu lassen.« Sie milderte diese Worte mit einem Lächeln, aber der harsche Ton ihrer Stimme war unmißverständlich.

Henry zog eine Augenbraue empor. »Ich bin sicher, er wird dir jede Art von Besuch erlauben, den du machen möchtest, Eleyne.« Nicht zum erstenmal zwickte ihn sein Gewissen wegen der Art, wie er seine Nichte in diese Ehe gehetzt hatte. Er hatte sich mit dem Gedanken beruhigt, daß Robert ein forscher junger Bursche und sicher ein besserer Ehemann als der ständig kranke Earl of Chester war, aber als er sie nun zusammen erblickte, wußte er, daß er sich getäuscht hatte. Roberts unterwürfiges Lächeln stach seltsam von seinen kalten Augen ab, und mochte er auch noch so elegant gekleidet sein, er hinterließ wegen seines anmaßenden Auftretens und der besitzergreifenden Art, mit der er in diesem Moment den Arm seiner Gattin packte, einen unangenehmen Eindruck.

»Ich werde Sie bitten, mir hier zu Diensten zu stehen, Sir Robert«, sagte er mit fester Stimme. »Ihre Frau wird sich derweil ihrer Familie widmen können.«

VI

DER TOWER VON LONDON * Februar 1238

»Weshalb hast du ihn denn geheiratet?« Joanna lag auf dem Bett, sie hatte ihre Damen zum anderen Ende des Zimmers geschickt, so daß sie sich ungestört mit Eleyne unterhalten konnte.

»Es blieb mir keine Wahl.« Eleyne beschrieb ihr, was geschehen war, und die Augen ihrer Tante weiteten sich vor Bestürzung.

»Alexander hat nichts davon gewußt, dessen bin ich sicher. Als er mit Henry in York zusammentraf, haben sie über dich gesprochen, das hat er mir erzählt. Er sagte, Henry hätte ihm erklärt, du seiest mit der Hochzeit einverstanden und freutest dich.« Joanna legte den Kopf zurück ins Kissen und schloß die Augen. »Alexander bedauerte es, daß du jemanden heiraten wolltest, der keinen Titel besitzt. Er glaubte, du müßtest dich fürchterlich in den Jungen verliebt haben, und der König füge sich deiner Laune.«

Eleyne starrte sie voller Entsetzen an. »Wie konnte denn irgend jemand glauben, daß ich Robert freiwillig heiraten würde?« rief sie. »Ich hasse ihn!«

Joanna biß sich auf die Lippe. »Ich glaube dir, arme, süße Eleyne. Mein Bruder ist ein Dummkopf. Wenn die Ehe aus Gründen der Erbfolge geschlossen worden wäre, würde ja niemand etwas dagegen einwenden können. Aber daß er dich mit einem völlig unbedeutenden Menschen verheiratet ...« Es schüttelte sie.

»Er hat es getan, um meinen Vater zu kränken.« Eleyne verschränkte die Arme über der Brust, sie fror trotz des mächtigen Feuers, das im Kamin brannte. »Mir fällt kein anderer Grund für diese grausame Entscheidung ein. Er hat Papa damit sehr weh getan. Und nicht nur ihm. Ich muß jetzt den Rest meines Lebens mit diesem Mann verbringen. Ich muß ihm gehorchen. Ich muß seine Kinder austragen, ich ...«

Das war eine gedankenlose Bemerkung. Sie hätte sich am liebsten auf die Zunge gebissen. Joanna unterbrach sie: »Ich bin zum Schrein des heiligen Thomas in Canterbury gegangen, und ich habe den Schrein des heiligen Eduard in Westminster besucht. Ich habe sie um ihre Hilfe angefleht, so wie ich auch zu unserer heiligen Margaret und zur heiligen Brigitte gebetet habe. Ich habe unzählige Kerzen entzündet.« Sie lächelte matt. »Einer von ihnen muß mich hören.«

»Natürlich, das werden sie.« Eleyne nahm ihre Hände und drückte sie sanft. »Du bist doch noch so jung, viel jünger als meine Mama, als sie mich bekam.«

»Ich bin achtundzwanzig. Als sie so alt war wie ich jetzt, hatte deine Mutter bereits vier Kinder.«

Eleyne lächelte bekümmert. »Ich verstehe dich. Ich habe ja auch so sehr darum gebetet, für John ein Kind zur Welt bringen zu können, aber es sollte nicht sein.«

Sie saßen da und schwiegen, und da sie offenbar so traurig waren, ließ es sich Auda, Joannas Kammerfräulein, angelegen sein, sie zu trösten, indem sie leise Laute zu spielen begann.

Das Mädchen der Queen of Scotland blieb lange fort. Als sie schließlich zu Rhonwen zurückkam, war sie außer Atem, und ihre geröteten Wangen verrieten, daß sie mehrere Minuten in der engen steinernen Passage damit verbracht hatte, irgendeinen hübschen jungen Herrn zu küssen.

»Ihre Hoheit will Sie jetzt empfangen, Mylady«, stieß sie hervor und brachte ihr Häubchen in Ordnung. Sie genoß ihren Aufenthalt in den königlichen Gemächern des großen Turms von London.

Rhonwen folgte dem Mädchen in feierlichem Ernst die lange Treppe hinauf, und von dort führte sie der Kammerdiener der Königin, Hugh de Gurley, in das nach Osten gelegene Schlafzimmer, in dem Joanna auf einem Berg weicher Kissen ruhte.

Joanna beantwortete Rhonwens Knicks mit einer Handbewegung. »Haben Sie eine Nachricht von Lady Eleyne mitgebracht?«

»Ich habe Lady Eleyne seit vielen Monaten nicht gesehen, Euer Gnaden.« Rhonwen reichte ihr eine Schachtel, in der sich Geschenke befanden: Honig, Zuckerwerk und Kuchen, um den Appetit der kränkelnden Königin anzuregen. »Ihr Ehemann hat mir den Tod angedroht. Außerdem hat er mit dieser Drohung meine Herrin erpreßt. Es war eine unhaltbare Situation. Ich lebe in London in einem Haus, das zum Wittum der alten Countess of Chester gehört.« Rhonwen betrachtete die Königin eingehend, besonders ihre bleiche Haut, die dunklen Ringe unter ihren Augen und ihre trägen Bewegungen. »Jedoch nur so lange, bis Eleyne beim König eine Begnadigung für mich erlangt hat.«

Joanna fiel in die Kissen zurück. »Wir haben davon gehört. Ich nehme an, Eleyne wird meinen Bruder um Gnade ersuchen, während sie hier ist.«

»Dann ist sie hier?« Rhonwen lächelte. »Ich hatte Gerüchte gehört, aber ich war nicht sicher. Darum habe ich Euch um eine Audienz gebeten, ich wußte, daß sie Euch besuchen würde, wenn sie in London ist.«

Die Königin lächelte. »Sie ist mit Sir Robert in Southwark, auf der anderen Seite des Flusses. Sie wohnen beim Earl of Winchester. Der Earl ist unser Vogt in Schottland und wird mich bald heimbegleiten.«

Rhonwen schüttelte den Kopf. »Ich habe Nachrichten nach Fotheringhay gesandt, um ihr zu sagen, wo ich bin, aber ich bezweifle, daß sie sie erhalten hat.«

Isabella nickte. »Sie hat mir etwas von ihrer Ehe erzählt. Sie ist nicht glücklich.« Sie richtete sich plötzlich auf, in ihren Augen leuchtete das Feuer der Intrige. »Mylady, wenn Sie Eleyne ungestört treffen wollen, können Sie es hier tun. Auf Befehl des Königs muß Sir Robert ihr nämlich erlauben, mich allein zu besuchen – offenbar besteht dieser darauf, sie überallhin zu begleiten. Arme Eleyne, sie darf nicht einmal mehr ihr schreckliches Pferd reiten. Aber hier im Tower kann sie sich von ihm erholen.«

Rhonwen betrachtete sie amüsiert. Die Frau war eine Närrin, im Augenblick jedoch von Nutzen. Also konnte ihre Existenz noch für eine kleine Weile hingenommen werden.

VIII

Es war ein frohes Wiedersehen. Sie lagen sich lange in den Armen, während Joanna ihnen belustigt zusah. Drei Monate, es kam ihnen wie eine Ewigkeit vor.

Rhonwen trug ein elegantes neues Kleid, ihre neuen Leinenhandschuhe hatte sie auf den Tisch geworfen. Die Countess Clemence hatte ihr die Bewirtschaftung eines ihrer Häuser übertragen, und Rhonwen fand nun Vergnügen daran, von fürstlichen und gräflichen Protokollen à la Gwynedd und Chester ungehemmt, in dem großen, verschachtelten Gebäude schalten und walten zu können. Sie erfüllte ihre Aufgabe mit Bravour.

»Und Luned? Wie geht es ihr?« Eleyne saß ihr gegenüber nahe beim Feuer, neben der Königin.

Rhonwen zog die Stirn kraus. »Verheiratet.«

»Verheiratet? Mit wem? Seit wann denn? Wo ist sie?«

»Mit einem Londoner Seidenhändler, seit vorigem Monat, sie lebt in der Milk Street. Ich habe ihr gesagt, sie solle sich Ihre Einwilligung holen, aber das wollte sie nicht. Sie sagte mir, sie wolle nur meine, aber wenn ich sie ihr nicht gäbe, ginge sie auch ohne weg. Sie war entschlossen, noch vor der Fastenzeit zu heiraten. Sie wollte nicht warten. Sie wurde am Tag vor Sankt Valentin getraut. Er ist ein wohlhabender junger Mann, sieht gut aus und ist von ihr berauscht. Was konnte ich da sagen?«

Eleyne lächelte. »Ist sie glücklich?«

Rhonwen nickte.

»Das freut mich für sie. Sag' ihr, sie hat meinen Segen. Ich würde sie gerne sehen.«

»Richten Sie ihr aus, sie soll zu uns kommen«, warf Joanna ein. »Wenn sie mit einem Seidenhändler verheiratet ist, können wir ihrem Ehemann vielleicht etwas abkaufen.«

IX

Sie kamen noch dreimal zusammen, das letztemal war auch Luned dabei, ihre Kleidung war feiner als Eleynes. Robert, der das Geld verwaltete, das sie von ihrem Wittum bekam, gab viel für seine eigene Garderobe aus. Seine Frau, so erklärte er, hätte schon genug Kleider, und kochend vor Wut mußte sich Eleyne mit seiner Entscheidung abfinden.

Diese letzte Begegnung verlief nicht gut. Joanna, der wie üblich Auda und der getreue Hugh de Gurley aufwarteten, war leidend und gereizt und hatte beschlossen abzureisen.

»Ich kehre nach Hause zurück«, sagte sie und griff in die neue Schachtel mit Zuckerwerk, die Rhonwen mitgebracht hatte. »Zurück zu Alexander.« Ihre Augen wanderten zu Luned, die ihren Burschen Anweisung gab, die Seidenrollen auszupacken, die sie mitgebracht hatten. Anzeichen einer Schwangerschaft, von der sie ihnen allen so aufgeregt und streng vertraulich erzählt hatte, waren jedoch noch nicht zu erkennen. »Aus so einer Seide kann ich mir neue Kleider machen lassen, um ihm beim Osterfest in Dunfermline zu gefallen.«

»Es sind die neuesten Muster, Euer Gnaden.« Luned lächelte mit professionellem Stolz. »Direkt von einigen unserer besten Weber, etwas Besseres werdet Ihr nicht finden. Nicht einmal die Queen of England hat diese Stoffe bisher gesehen.«

Eleyne betastete ehrfürchtig die neuen Waren und mußte sich eingestehen, sie würde sich Luneds Stoffe nicht leisten können.

Die Königin kaufte vier Dutzend Ellen Seide und schenkte Eleyne sofort Stoff für zwei lange Kleider. »Eine Gabe von deinem Onkel und mir«, sagte sie.

Entzückt strich Eleyne über das federleichte Gewebe und entfaltete es. Das eine war hellgrün mit einem krapproten Faden, das andere ein scharlachroter Samit, ein schwerer Seidenstoff.

Rhonwen schloß sich ihr an und bewunderte die Stoffe ebenfalls. »Ich nehme sie mit und mache dir Kleider daraus, Cariad«, sagte sie leise.

»Würdest du das tun, Rhonwen? Niemand näht so gut wie du.«

Rhonwen nickte. »Ich habe zwei erstklassige Schneider in der Milk Street. Sie werden nach meinen Angaben arbeiten und sie besticken – so gut wie ich selbst. Komme in drei Tagen zur Anprobe.«

»Mir fällt schon etwas ein, wie ich es schaffen kann.« Sie umarmte Joanna. »Du bist so lieb. Wann sehe ich dich wieder?«

Joanna dachte einen Augenblick nach. »Komm zu uns nach Schottland! Dein Ehemann war schon oft mit seinem Bruder zusammen an Alexanders Hof. Lord Winchester besitzt viel Land in Schottland, und ich bin sicher, daß es Gründe für dich gibt, uns zu besuchen.« Sie lächelte wehmütig. »Ich weiß, daß Alexander dich gerne wiedersehen würde.«

Eine kurze Pause trat ein. Eleyne spürte, wie die Röte in ihre Wangen emporstieg.

»So, du willst eine Begnadigung für diese Mörderin.« Henry rutschte auf seinem Prunksessel zurück. »Sie muß dir eine Menge bedeuten.«

Der Earl of Winchester und sein Bruder hatten die Halle verlassen, um sich die neuen Pferde des Königs anzusehen. Sie war zurückgeblieben und flehte ihren Onkel an, ihrem Gesuch zu entsprechen.

»Meine Mutter hat sie beauftragt, mich aufzuziehen, Sire. Sie hat sich von meiner Geburt an um mich gekümmert. Sie hat den armen Cenydd in Notwehr getötet – um mich zu retten.«

Henry runzelte die Stirn. »Ich bin nicht sicher, ob das die Geschichte ist, die ich gehört habe.«

»Dann hat man Euch nicht die Wahrheit erzählt, Sire. Hätte man Euch richtig informiert, dann hättet Ihr sie schon begnadigt«, bettelte Eleyne. »Ich brauche sie, Euer Gnaden. Ich habe nicht viele Freunde oder Diener, seit ich mit Robert de Quincy verheiratet wurde.«

Sie hielt seinem Blick stand. Er verzog den Mund zu einer trotzigen Miene. »Du beklagst dich doch hoffentlich nicht über den Gatten, den ich dir ausgesucht habe?«

»Natürlich nicht, Sire.« Ihr Gesicht war ebenso trotzig wie seines. »Aber ich bin sicher, daß Ihr mir die Gesellschaft Lady Rhonwens gestatten werdet in dem Leben, das Ihr für mich ausgesucht habt.«

»Ich denke, es läßt sich machen. Und wenn es dich glücklich macht, also gut. Ich kann mir nicht denken, daß diese Frau noch irgendeine weitere Gefahr darstellt. Komm nächste Woche, und ich lasse eine Begnadigung aufsetzen!«

»Könntet Ihr es nicht jetzt gleich tun, Onkel?«

Er schüttelte gereizt den Kopf. »Geh jetzt, bevor ich es mir anders überlege!«

Robert machte keine Schwierigkeiten, als sie ihm drei Tage später sagte, sie ginge aus, denn der König hatte ihn gerade zusammen mit Lord Winchester zu sich rufen lassen, und er war erpicht darauf, sofort zum Hof zu eilen.

Das Haus im Chester Court befand sich unweit der Gracechurch Street. Rhonwen verfügte über gut ausgebildetes, gehorsames Personal, mit dessen Hilfe sie es ausgezeichnet in Ordnung hielt, und führte dabei ein prächtigeres Leben, als Eleyne es zuletzt in Fotheringhay hatte führen können.

Die Kleider hingen in dem großen, luftigen Schlafzimmer, von dem aus man in einen kleinen Innenhof und Garten mit Kieswegen und Rosenbeeten sah. Rhonwen, von den beiden Schneidern flankiert, erwartete sie. Sie umarmte sie innig, denn Eleyne hatte ihr die bevorstehende Begnadigung bereits mitteilen lassen.

Das Anprobieren dauerte nicht lange. Rhonwen wußte Eleynes Maße noch genau. Als sie aber sah, wie mager Eleyne geworden war, machte sie ein finsteres Gesicht. »Du siehst ja wie eine Hungerleiderin aus, Cariad?« Sie nahm zärtlich Eleynes Hand. »Du bist doch nicht krank?«

»Nein.«

»Dann bist du unglücklich.«

»Natürlich bin ich unglücklich! Was erwartest du denn? Oh, er schlägt mich nicht mehr, und er zwingt mich nicht mehr zu Dingen, die ich nicht will.« Sie verzog das Gesicht zu einer kläglichen Grimasse. »Aber nur, damit ich ihm beim König zu einer Karriere verhelfe. Dafür würde er alles tun.«

»Du wärest wohl lieber in Schottland.« Rhonwen sprach so leise, daß die Schneider es nicht hören konnten.

»Rhonwen, ich habe dir doch gesagt …«

»Psst! Ich weiß, was du mir gesagt hast, aber du bist nicht mehr mit dem Muttersöhnchen verheiratet! Er ist tot. Dein Herz ist frei und kann gehen, wohin es will.«

»Es möchte nirgendwohin gehen, Rhonwen.«

»Das glaube ich nicht, Cariad. Und ich glaube, dein Herzenswunsch wird sich bald erfüllen.«

Vier Tage später stellte sich Eleyne in einem ihrer neuen Kleider dem König vor. Als Robert es sah, wurde er kreideweiß vor Wut.

»Woher hast du das Geld dafür? Beim Leib des gütigen Christus, meinst du denn, du kannst noch immer wie in deinem früheren Leben das Geld aus dem Fenster werfen?«

Eleyne unterließ es zu erwähnen, daß der Mantel ihres Mannes auch neu war. Es war bereits der dritte neue Mantel, den sie seit ihrer Ankunft in London an ihm sah, und natürlich hatte er alles von ihrem Geld bezahlt.

»Es war ein Geschenk, Sir«, sagte sie mit einem kalten Lächeln, »von der Queen of Scotland.«

»Ach so. In dem Fall, nehme ich an, werden wir ihr dankbar für die erwiesene Großzügigkeit sein.« Er machte ein böses Gesicht und schaute auch noch finster drein, als sie den Palast von Westminster betraten.

Diesmal war der König nicht allein zu sprechen. Es störte sie, daß Robert neben ihr stand, als sie ihre Frage an Henry richtete. »Haben Sie die Angelegenheit, über die wir letzte Woche gesprochen haben, abschließen können, Euer Gnaden?«

Der König sah sie mit verwundertem Gesicht an. »Welche Angelegenheit denn, Nichte?«

»Die Begnadigung, Sire.«

»Die Begnadigung?« Er rieb sich die Wange mit dem Handrücken. »Ach ja, die Begnadigung. Ich hatte noch keine Zeit. Frage mich nächste Woche!«

»Aber Euer Gnaden.«

»Nächste Woche.« Er schielte mit verkniffenen Augen zu ihr auf. »Ich habe noch nicht entschieden, ob ich diese Frau überhaupt begnadigen werde. Ich muß erst Erkundigungen einziehen …«

Eleyne war einen Augenblick lang sprachlos. »Aber Ihr habt es versprochen …«

»Ich habe überhaupt nichts versprochen, Lady Chester.« Er betonte ihren Titel. »Ich werde daran denken. Nächste Woche.«

Aus dem Augenwinkel heraus sah sie, daß Roberts Gesicht sich verfinsterte. Er biß die Zähne zusammen. »Aber Mylord, Onkel, hört mich doch bitte an ...«

»Lassen Sie uns allein!« Henry rief es so laut und barsch, daß die Männer und Frauen unterhalb des Podiums in ehrfürchtigem Schweigen erstarrten und zu den Personen hinaufsahen, die um den Thron des Königs herumstanden. Er wandte sich einem Boten zu, der gerade hereingekommen war. »Nun, was gibt es?«

Eleyne war entlassen. Sie holte tief Luft, betäubt von dem Betrug, aber die Nachricht, die der Mann keuchend hervorstieß, der vor dem König auf die Knie gefallen war, ließ sie erstarren und löschte für einen Augenblick jeden anderen Gedanken aus.

»Die Queen of Scotland, Sire. Sie liegt im Sterben.«

Henry stand auf. »Was sagst du da?«

»Eure Schwester liegt im Sterben, Sire! Sie wollte heute nach Schottland aufbrechen, aber in der Nacht wurde sie krank. Heute morgen fiel sie in Krämpfe, und jetzt ist sie dem Tode nah.«

»Nein.« Eleynes geflüsterter Protest blieb ungehört.

Der König sah den Boten an, als könnte er nicht verstehen, was der Mann sagte. »Meine Schwester?« wiederholte er schwer atmend. »Liegt im Sterben? Aber wieso? Sie war doch noch gesund, als sie mir vor zwei Tagen Lebewohl sagte.« Er schüttelte den Kopf und versuchte zu begreifen, was der Mann gesagt hatte. »Sind die Ärzte bei ihr?«

»Ja, Sire.«

»Und können sie ihr nicht helfen, um des barmherzigen Christus willen?«

»Sie sagen, ihr ist nicht mehr zu helfen, Euer Gnaden. Nur ein göttliches Eingreifen könne ihr jetzt noch helfen.« Der Bote bekreuzigte sich, und der König und alle, die ihn umgaben, taten es ihm nach.

»Ich muß zu ihr.« Eleyne war unter den ersten, die sich von dem Schock erholten. »Bitte, Onkel, laßt mich mitkommen.«

Er nickte zerstreut. »Arme Joanna ...«

Eleyne lief durch die von Menschen erfüllte Halle zur Tür, ließ Robert beim König stehen.

Im ganzen großen Schloßhof wimmelte es von Menschen. Sie sah zwei Ritter auf tänzelnden Rössern zum Tor hereinreiten, die frisch aus dem Stall kamen. Sie raffte ihre neuen scharlachroten Röcke und rannte zu ihnen.

»Bitte, Sirs, kann mir einer von Ihnen sein Pferd leihen und der andere mit mir zum Turm reiten? Es geht um Leben und Tod!« Ihre Hand lag schon am Zügel des Pferdes, das ihr am nächsten war.

Der Mann starrte sie mit offenem Mund an, dann brach sein Gesicht in ein Grinsen aus. Er kannte diese Gestalt in Scharlach nicht, aber ihre großen grünen Augen und ihr schönes Gesicht genügten. »Natürlich, Mylady. Für Sie tue ich alles!« Er glitt vom Sattel und half ihr hinauf. »Geleite die Dame, wo auch immer sie hin will, Edmund«, rief er seinem Begleiter zu. »Selbst wenn sie ins fernste Cathay möchte, bringe sie dorthin!« Er verbeugte sich tief.

Eleyne reagierte automatisch auf die gute Laune dieses hübschen jungen Mannes, indem sie mit der Hand ihre Lippen berührte, aber schon gab sie dem Pferd einen Tritt in die Weichen und lenkte es an den königlichen Wachen vorbei zur Brücke über den Tyburn, fort von Westminster zur City of London. Edmund galoppierte neben ihr her. »Sir Edmund de Merton, zu Ihren Diensten, Lady«, rief er. »Darf ich fragen, wohin Sie so hitzig preschen?«

»Die Queen of Scotland liegt im Sterben«, schrie Eleyne.

Sir Edmund trieb sein Pferd an, um Schritt mit ihr zu halten, aber sie war ihm schon voraus und lenkte ihr Pferd durch das Gewühl aus Wagen und Karren, das die Straßen verstopfte. Es fiel ihm schwer, sie nicht aus den Augen zu verlieren, aber als sie schließlich am Tower ankam, war er wieder neben ihr. Eleyne sprang vom Pferd. »Danke.« Das Lächeln, das sie Edmund gleichzeitig mit den Zügeln des geliehenen Pferdes zuwarf, war von einer solchen Traurigkeit, daß er wie betäubt stehenblieb. Dann war sie fort.

Joanna lag in dem verdunkelten Raum, von ihren Dienstboten umgeben. Sie lag völlig unbeweglich da und schien kaum zu atmen unter den samtenen Decken. Die Männer und Frauen, die um das Bett herumstanden, traten zurück, als Eleyne sich auf Zehenspitzen dem Bett näherte und Joannas Hand ergriff. Sie war kalt.

»Aber wieso? Wie kann sie denn sterben?«

Ein alter Mann im schwarzen Gewand, der den Stab eines Arztes trug, trat vor.

»Die Königin ist oft krank gewesen, Mylady. Sie hat in ihrem Schoß ein Fieber. Wegen dieses Leidens konnte sie keine Kinder bekommen, und um Heilung zu suchen, unternahm sie ihre Pilgerfahrt nach Canterbury. Es scheint«, er bekreuzigte sich, »daß es sogar für ein Eingreifen des heiligen Thomas schon zu spät war.«

»Aber sie hat mir doch gesagt, daß es ihr besser ginge.«

»Sie hat Euch das gesagt, was sie sich selbst erhoffte, Mylady. Sie konnte die Wahrheit nicht ertragen.«

Joanna starb, als jenseits der hohen Mauern des mächtigen Schlosses die Dämmerung über die Stadt herabsank. Ihr Leben glitt so unmerklich hinweg, daß eine Zeitlang niemand ahnte, daß sie schon nicht mehr war.

Auf dem Tisch neben ihrem Bett stand eine kleine, leere Schachtel. Das lange grüne Bändchen, mit dem sie verschnürt gewesen war, lag daneben in einem Staub aus verzuckerten Krümeln.

XIII

SOUTHWARK

»Du hast mich hintergangen!« Robert holte erneut zum Schlag aus, und seine Hand traf ihr Gesicht. Er war bald nach Ihrer Rückkehr von Joannas Sterbebett in ihr Zimmer gekommen. »Du läufst zum König und bittest ihn um eine Begnadigung für diese Frau! Wie kannst du es wagen, mich zu verhöhnen! Willst du mich zum Gespött des Hofes machen?« Er hob wieder die Hand.

Eleyne wandte ihr Gesicht nicht von ihm ab, sondern starrte ihn mit wütenden Augen an. »Rhonwen ist meine Dienerin.

Meine Amme. Wenn ich es für richtig halte, mit dem König über sie zu sprechen, geht das dich nichts an.«

Sie brach ab, als ein scharfer Schlag seiner Hand ihren Wangenknochen traf. »Ich will sie nicht in meinem Haus haben«, sagte er mit zusammengebissenen Zähnen.

»Darf ich Euch daran erinnern, daß keines der Häuser, in denen wir leben, Euch gehört, Sir.« Sie wich mit kerzengerader Haltung vor seiner Hand zurück und wußte: Wenn er sie jetzt noch einmal schlug, würde sie zurückschlagen. »Dieses Haus gehört Eurem Bruder. Fotheringhay ist ein Teil meines Wittums. Ihr habt mich mit nichts als vier Bediensteten und einer Wagenladung irgendwelcher Sachen geheiratet. Die Kirche, sogar der König haben Euch wohl als nominellen Herrn über mich eingesetzt, Gatte, aber Gott sieht alles, was Ihr tut. Und er urteilt!« Sie wich hinter den Eichentisch zurück. »Ihr mißbraucht Eure Macht, die man Euch über mich verliehen hat. Ihr vergeudet mein Wittum, und jetzt wagt Ihr es auch noch, meine Beziehungen zu meinem Onkel, dem König, in Frage zu stellen. Dem König, in dessen Dienst zu treten Ihr Euch erhofft!« Sie beugte sich vor und stützte sich mit ihren Fäusten auf den Tisch. »Ich brauche dem König nur eines zu sagen: daß Ihr ungeeignet für den königlichen Dienst seid, und er wird Euch in den entferntesten Winkel seines Königreiches verbannen.«

Robert wurde blaß, aber es gelang ihm ein dünnes Lächeln. »Wenn er das tut, wirst du, Gattin, mit mir kommen!«

»Mit dem größten Vergnügen. Ich weile gern in den wildesten Gegenden, erinnert Ihr Euch? Ich bin in den Wäldern und Bergen zu Hause. Die Götter dort beschützen mich.« Zu ihrer großen Befriedigung wurde sein Gesicht noch bleicher. »Wenn wir für die Ewigkeit in der Hölle aneinander gefesselt sind, Gatte, werde ich davon profitieren«, fuhr sie erbarmungslos fort. »Das Feuer und das Eis sind mein Element. Überall, wo die Hölle ist, wird mein Zuhause sein.«

Draußen vor der dicken Eichentür standen Nesta und die beiden jungen Diener und preßten ihre Ohren an die Ritzen. Nesta hielt den Atem an und wartete auf seine Erwiderung.

Es kam keine. Robert versuchte, gleichgültig die Schulter zu zucken, und ließ sich dann in einen Sessel fallen.

»Ich frage mich, ob der König weiß, daß er mich mit einer Teufelin verheiratet hat«, beklagte er sich.

»Oh, das weiß er.« Ihre Augen waren smaragdgrün im Kerzenlicht. »Und er hört es jedesmal, wenn du mich schlägst, wenn du mein Erbe vergeudest, jedesmal, wenn du meine Bedienten mißhandelst – und er wartet ab.«

»Er wird nichts für dich tun, weil er meinen Bruder braucht …«

»Und fürchtet, daß dein Bruder sich mit Alexander von Schottland verbünden könnte.« Eleyne unterdrückte den Schmerz, von dem ihre Stimme zu erbeben drohte. »Und glaub' nicht, daß du mich daran hindern kannst, den König aufzusuchen. Wenn ich nicht bei ihm im Palast erscheine, wird er nach mir fragen.«

»Das hatte ich gar nicht vor.«

»Wenn du bei Hofe etwas erreichen möchtest, Gatte«, fuhr sie ohne Pause fort, »dann mußt du mich bei guter Laune halten, oder ich schwöre dir, daß ich deinen Untergang herbeiführen werde.«

XIV

In ihren Zobelmantel gehüllt, hatte sich Eleyne aus dem Sturm herausgekämpft und stand in der Halle von Rhonwens Haus. »Ich habe den König ein dutzendmal an sein Versprechen gemahnt.« Sie warf den Mantel ab und ging zum Feuer hinüber. »Es macht mich so wütend. Er braucht es doch nur seinen Schreiber aufsetzen zu lassen und sein Siegel darunterzusetzen. Das kostet ihn nicht mehr Zeit als einen Atemzug.«

Rhonwen stand am Kamin und hatte ihre Hände in die Ärmel ihres Mantels gesteckt.

»Und du, Cariad? Empfindest du noch Trauer wegen Joannas Tod?«

»Natürlich bin ich erschüttert. Du weißt, wie gern ich sie hatte …«

»Aber nicht so gern wie ihren Ehegatten. Warum willst du es denn abstreiten? Deine Tante ist tot. Er ist nicht mehr dein Onkel. Es gibt nun keine Blutsbande mehr, die deine Liebe zu einer Sünde machen würden.«

Eleyne war schockiert. »Stell dir vor, jemand hört uns!«

»Es ist niemand hier, der es hören könnte. Niemand außer dem Wind, der in den Wandbehängen raschelt. Deine Zukunft liegt in Schottland. Erinnere dich an Einions Worte! Deine Zukunft liegt nicht bei dem verdorbenen Schlingel, der dein Ehemann ist. Sie liegt bei den Königen.«

Eleyne starrte hinunter ins Feuer. »Wenn ich zu ihm gehen könnte …«

Rhonwen fragte: »Wer könnte ihm denn besser als du das Beileid King Henrys, seines Schwagers, übermitteln?«

»Aber Robert würde mitkommen.«

»Du brauchst ihn dort, Cariad, um einen Skandal zu vermeiden. Sobald er da ist, kann man ihn leicht ablenken – oder sich seiner entledigen.«

Eleyne dachte plötzlich an das grüne Bändchen am Bett der sterbenden Königin. Dann erschien das Bild der erdig grünen Arznei, die an Johns Todesbett gestanden hatte. Sie sah Rhonwen in die Augen und versuchte, ihre Gedanken zu lesen. War sie zu so kaltblütigen Morden fähig? Eleyne überkam eine große Angst, als sie das Gesicht ihrer Amme und Kinderfrau anstarrte. Rhonwen wich ihrem Blick nicht aus. Ihr Gesichtsausdruck war undurchdringlich, aber es fand sich eine Unbarmherzigkeit darin, die sie abstieß. Eleyne suchte sich zu beruhigen. Rhonwen würde niemals so etwas tun. Das konnte sie gar nicht. Das Bild von Cenydd tauchte auf. Rasch unterdrückte sie es. Es war ein schrecklicher Unfall gewesen, sie hatten miteinander gerungen, es war kein Vorsatz dabei gewesen. »Ich werde dich nicht begleiten, Cariad. Wenn diese Begnadigung so viele Unannehmlichkeiten zwischen dir und dem König schafft, vergessen wir das alles am besten vorläufig. Laß mich hier in London. Ich komme, wenn du mich brauchst.«

Es kam alles wie gewünscht. Der König war auch der Meinung, daß Eleyne die ideale Übermittlerin seines Beileides wäre. Und Robert sollte sie begleiten. Sie brachen mitten in einem fürchterlichen Märzsturm auf, etwa zwei Dutzend Reiter und zehn Packpferde spritzten durch den Schlamm und kämpften sich den weiten Weg durch Regen und Schnee nach Schottland hinauf.

Alexander weilte in Edinburgh. Er empfing Robert und Eleyne an einem grauen Nachmittag. Die Burg hoch oben auf dem Felsen war kalt und zugig, das mächtige Feuer in der Halle prasselte zur Finsternis des Himmels empor, der so weit entfernt war. Der König, in einem schwarzen Umhang über seiner bestickten Tunika, erhob sich vom Tisch, an dem er mit einer Schar seiner Berater über einem Berg von Briefen gesessen hatte.

Eleyne blieb so plötzlich stehen, daß der Diener, der ihr folgte, fast mit ihr zusammengestoßen wäre, und sie merkte, daß ihr Herz pochte, als sie ihn zum Rande des Podiums kommen sah.

»Lady Chester, Sir Robert, ich grüße Euch.« Sein Ton war förmlich.

Robert neben ihr war, ihrem Beispiel folgend, ebenfalls stehengeblieben. Sie zwang sich, mit erhobenem Kopf, die Augen auf seine Augen gerichtet, auf Alexander zuzugehen. Am Rande des Podiums knickste sie tief. »Wir bringen Euch die Grüße und das Beileid des Königs von England, Sire. Er war – wir waren bei Eurer Königin, als sie starb ...« Ihre Stimme wurde immer leiser, Tränen waren in ihren Augen.

Alexander ging auf sie zu, nahm ihre Hand und richtete sie auf. »Ich bin froh, daß du dort warst. Sie hat dich gern gehabt, Mädel. Es ist gut, daß du den weiten Ritt hierher nicht gescheut hast.« Er lächelte Robert zu und verbeugte sich vor ihm. »Und Euch danke ich auch.« Er sah ihn etwas länger an als nötig, dann wandte er seine Aufmerksamkeit wieder Eleyne zu. »Komm, setz dich ans Feuer und nimm eine Erfrischung zu dir. Morgen reiten wir nach Dunfermline, um das Osterfest zu feiern!«

XVI
DUNFERMLINE CASTLE

Erst zwei Tage vor Ostern ergab sich eine Gelegenheit, den König allein zu sprechen. Fünf qualvolle Tage und schlaflose Nächte waren vorausgegangen, während denen sie ihre Hoffnungen und ihre Angst vor ihrem Ehegatten und sogar vor sich selbst zu verbergen suchte. Alexander war in seinem Arbeitszimmer mit drei Schreibern zusammen, als er sie kommen ließ. Als sie vor ihm knickste, schlug ihr Herz voller Furcht und Erregung. Sie nahm den Stuhl, den er ihr anbot, und wies die drei Männer an, das Zimmer zu verlassen.

Auf seinem Schreibtisch stand ein Kästchen, das geöffnet war, und sie sah, daß es Juwelen enthielt. Er lehnte sich mit verschränkten Armen gegen den Schreibtisch.

»Joanna hat zwölf Tage, bevor sie starb, ihr Testament gemacht. Sie wollte, daß du etwas bekommst, das dich an sie erinnert. Ich habe ein paar Ringe und Ketten ausgewählt, von denen ich dachte, daß sie dir gefallen könnten.«

Sie hatte so oft davon geträumt, mit ihm allein zu sein, aber jetzt wußte sie nicht, was sie sagen sollte. Sie ertrank in seiner Gegenwart, sie sehnte sich danach, ihn zu berühren, und trotzdem stand dieses Schmuckkästlein wie eine steinerne Wand zwischen ihnen. Es verkörperte Eleynes Schuldgefühle.

Sie biß sich auf die Lippe. »Danke, Sire!«

»Komm her und sieh sie dir an.« Er hatte sich nicht von der Stelle gerührt.

Sie ging halb betäubt auf ihn zu. Das Schmuckkästchen stand mitten auf dem Tisch. Um es zu erreichen, mußte sie an Alexander vorbeigehen.

Er nahm einen Ring mit Granatsteinen und Perlen heraus und hielt ihn ihr hin. Sie reichte ihm ihre Hand und hielt den Atem an, als er ihr den Ring über den Finger streifte. Seine Berührung brannte wie Feuer.

»Bist du glücklich mit deinem neuen Ehemann?« fragte er leise und konzentrierte sich nur auf ihre Hand.

»Nein.« Sie führte es nicht weiter aus.

»Du hast ihn wider Willen geheiratet?«

»Ja.«

»Ich kann mir nicht vorstellen, daß die feurige Lady Chester so etwas hat geschehen lassen.« Seine Lippen verzogen sich zu einem spöttischen Lächeln.

»Mir blieb nichts anderes übrig. Man hat mich gezwungen. Durch einen Befehl des Königs von England.« Sie sah ihm in die Augen und wußte nicht, wie durchschaubar sie war – alles lag offen in ihrem Gesicht: ihre Hoffnung, ihre Angst, ihre Liebe, ihre Sehnsucht, ihre Verzweiflung. »Man hat mir berichtet, Ihr wäret einverstanden gewesen.«

»Man hat mich nicht gefragt. Henry sagte mir, er hätte eine passende Partie für dich, und du wärest hoch erfreut darüber. Wir waren in York …«

»Und Ihr wolltet den Vertrag mit England nicht aufs Spiel setzen.« Ihre Stimme war schwer. »Das Leben einer Frau ist ja nur von untergeordneter Bedeutung.«

»Das stimmt nicht, Eleyne. Du warst sehr reich, und es war wichtig, daß du wieder heiratest …«

»Wieso? Um meinen Reichtum wegzugeben? Um einem verschwenderischen, unreifen Niemand zu erlauben, ihn in Saus und Braus zu vergeuden, ein Vermögen für Wappenröcke und bestickte Gamaschen auszugeben, mit denen er sich schmückt, während seine Frau gestopfte Kleider trägt und kein Geld hat, um ihre Diener zu bezahlen!« Ihr war die Röte ins Gesicht gestiegen. »Ich werde Euch bitten müssen, meinem Mann zu sagen, Sire, daß Ihr mir diese Juwelen geschenkt habt, sonst wird er sie mir wegnehmen, um sie zu verpfänden oder zu verkaufen.«

Alexander starrte sie an. »Das tut mir leid.« Er ging zum Fenster hinüber, es war trotz der Kälte ohne Läden. Nach Süden hin sah man den Forth, der strahlend blau im eisigen Sonnenlicht leuchtete. Als er sich umwandte, hatte er seinen Zorn in der Gewalt.

»Ich werde mit deinem Ehemann sprechen. Er wird dir nichts mehr wegnehmen.« Es war ein gewisser Ton in seiner Stimme, der sie aufhorchen ließ. Was sie in seinem Gesicht sah, trieb ihr die Röte in die Wangen.

»Euer Gnaden ...« Ihre Stimme war atemlos. Ohne es zu wissen, war sie einen Schritt auf ihn zugegangen.

Lange Zeit sah er sie schweigend an, ohne sich zu rühren, dann endlich streckte er die Arme nach ihr aus und zog sie an sich. Sein Mund war hungrig, als er ihren Mund fand, er umarmte sie so heftig, daß sie kaum Luft bekam. Sie wollte keine Luft, sie wollte aufhören zu existieren und sich in der Ewigkeit wiederfinden. Sie wollte in ihn hineinschmelzen wie kalter Winterschnee in der heißen Sommersonne. Sie spürte, wie ihr Körper vor Verlangen bebte, wie ihre Hüften sich gegen seine Hüften preßten und ihre Brüste sich schmerzhaft nach der Berührung seiner Hände sehnten. Sie dachte nicht an John, nicht an Joanna. Sie dachte nicht an Robert. Dieser Mann war ihre ganze Welt, ihr ganzes Sein, ihre Bestimmung.

Immer noch hatte er kein Wort gesprochen, sie wollte auch gar nicht, daß er etwas sagte. Sie wollte nicht, daß Worte zwischen sie träten.

Fast ohne es zu wissen, zog sie an den Schnüren ihres Kleides, bot ihm ihren Hals, ihre Brüste dar, keuchte, als er gierig nach ihren Brustwarzen griff. Da streifte sie sich die Kleider von den Schultern und trat mit den Füßen darauf, so daß sie nackt war, als er sie zu Boden drückte und an seinem eigenen Gewand zerrte.

Sie klammerte sich an ihm fest, zog ihn auf sich herunter, schlang ihre Beine um seine Hüften und fühlte, daß er mit einer Kraft in sie hineinstieß, die ebenso herzzerreißend wie köstlich war.

Als ihre aufgestaute Erregung sich in einem langen, tierischen Triumphgeheul entladen hatte, legte ihr der König die Hand auf den Mund. Er lächelte zu ihr hinab, seine Augen waren silberne Schlitze. »Du hetzt uns alle Wachen des Schlosses auf den Hals, wenn du so schreist«, sagte er sanft, seine Stimme war heiser vor Leidenschaft. Er senkte sich mit dem Mund auf ihre Brust hinab, und sie fühlte, daß ihr Atem wieder schneller ging.

»Was ist, wenn jemand hereinkommt?« hechelte sie. Sie hätte ihn nicht von sich stoßen können, selbst wenn sie es gewollt hätte. Ihr ganzes Sein war mit seinem verschmolzen, und sie umklammerte ihn, als hätte sie einen Teil ihrer selbst gefunden.

»Es wird niemand hereinkommen«, sagte er zärtlich. Er richtete sich auf und griff über seinen Kopf hinweg nach den Juwelen. Dann schmückte er ihren nackten Leib mit den goldenen Ketten und kostbaren Steinen, als ob es Girlanden wären, und bettete ein Diadem aus blassen Flußperlen in das seidige Haar, das ihren geheimsten Ort verdeckte.

»Liebes, ich habe dich begehrt«, murmelte er endlich, »seit ich dich zum erstenmal sah.«

Sie fühlte sich, als wäre ihr Körper auf Luft gebettet. Sie schwamm in einem Meer aus Glückseligkeit. »Ich bin für dich bestimmt. Selbst John ...« sie zögerte, dann fuhr sie fort, »selbst John hat gesagt, ich solle zu dir gehen.«

Er streichelte ihren Bauch, sein Finger preßte das Schmuckstück, das er auf ihren Nabel gedrückt hatte. »Queen Eleyne. Du wirst mir Söhne schenken, ja? Wunderbare, starke, gesunde Söhne.« Er beugte sich über sie und küßte wild ihre Lippen.

»Ich würde dir alles schenken, alles.«

XVII
DUNFERMLINE CASTLE

Robert fand den Kasten mit den Juwelen an demselben Nachmittag in einer ihrer Truhen. Er nahm ihn heraus, öffnete ihn und wühlte in dem Geschmeide herum. »Woher hast du die?« Sein Gesicht war scharf, voller Verdacht.

»Meine Tante hat sie mir vererbt.« Sie nahm ihm den Kasten aus der Hand und stellte ihn auf den Tisch neben ihrem Spiegel. Eleyne war in ihren Gedanken bei der Liebe, die sie mit dem König vereint hatte, das Gefühl war noch immer da.

Robert, mißtrauisch, spürte die Veränderung, die sie durchgemacht hatte. »Woher hast du sie?«

»Vom König.« Sie sah ihn mit weit offenen Augen an. »Und falls du daran denkst, irgend etwas davon zu verkaufen ...«

Sein Blick wurde scharf. »Dein Kleid hat einen Riß. Ich glaube, du solltest dir vor dem Abendessen ein anderes Kleid anziehen, dann kannst du vielleicht auch deine neuen Sachen anprobieren.«

»Ich ziehe mich um, wenn Nesta heraufkommt.« Sie wich mißtrauisch vor ihm zurück.

»Du ziehst dich jetzt um.« Ohne es ganz zu begreifen, witterte er den Duft der Liebe an ihrem Körper; der Duft erregte ihn und er merkte, wie sein Glied steif wurde. Sie war schön und stolz und gab sich gar keine Mühe, die Verachtung zu verbergen, die sie für ihn empfand, darum war ihre Unterwerfung für ihn mit einem um so größeren Genuß verbunden. Er wollte, daß sie niederkniete und es in den Mund nahm, während ihre Augen vor Wut und Demütigung Feuer spien. Sie war in seiner Gewalt, und er konnte mit ihr tun, was er wollte.

Vierzehntes Kapitel

I
DUNFERMLINE CASTLE * Juni 1238

»Wir reiten nach Falkland.« Robert stand vor seiner Frau, die Hände in die Hüften gestützt. »Als Gäste des Earl of Fife.«

»Nein.« Eleyne schüttelte den Kopf. »Das ist nicht möglich. Der König würde es nicht erlauben.«

»Weil er deine Gesellschaft so genießt?«

Seine Stimme war voller Sarkasmus. »Denkst du, ich weiß nicht, was sich abspielt? Alle im Schloß wissen es. Du benimmst dich wie eine Hure. Du bietest dich ihm an, wenn du ihn siehst ...«

»Das ist nicht wahr!« An die Stelle der Angst war ein Mantel eisiger Ablehnung getreten, in den sie sich hüllte, wann immer ihr Ehemann ihr nahe kam.

Dennoch mußte sie ihm nachgeben. Alexander legte es ihr nahe.

»Ich glaube, du mußt gehen. Die Leute tuscheln schon genug, wie sollten sie auch nicht, wo ich dir doch auf Schritt und Tritt folge wie ein verliebtes Hundejunges, das sich nirgendwo so wohl fühlt wie in deinem Schoß.« Das Licht des Feuers spielte sanft auf ihrer Haut und verwischte die Schatten, die über den Rundungen und Kanten ihrer Körper lagen, während sie sich auf einem Berg von Pelzen vor dem Feuer in den Armen hielten ... »Außerdem vernachlässige ich schändlich mein Königreich.«

»Aber ich kann dich nicht verlassen.«

»Du mußt. Nur für eine Weile.« Er stützte sich auf den Ellbogen, zog ihr Gesicht an sich und küßte sie leidenschaftlich.

»Denkst du, ich möchte, daß du mich verläßt? Meinst du, ich kann den Gedanken ertragen, daß du im Bett mit deinem Gatten liegst, während du bei mir liegen solltest?«

Seine Hände glitten über ihren Körper, tasteten und verschlangen ihr Fleisch, während sie zitternd unter ihm lag, ihre Schenkel spreizten sich für seine suchenden Finger. Es dauerte mehrere Minuten, bis sie wieder sprechen konnte.

»Warum schickst du ihn nicht zurück nach England?«

»Ja.« Er lächelte. »Vielleicht werde ich das tun. Ich schicke ihn weg und erkläre freiwillig meine Bereitschaft, mich selbst deiner anzunehmen.«

»Dann brauche ich nicht nach Falkland?« Sie bog ihr Rückgrat durch, so daß ihr Kopf auf das Fell hinabhing, und reckte sich ihm hingebungsvoll entgegen. »Ich brauche Lord Fife nicht wiederzusehen?«

Der König hob den Kopf, und seine Augen wurden schmal. »Du hast doch keine Angst mehr vor Lord Fife?«

Sie konnte sich diese sonderbare Furcht nicht erklären, die sie überkam, wann immer der Mann in ihrer Nähe war. »Nicht solange du mich beschützt.«

II
FALKLAND CASTLE * Juni 1238

Das Falklandschloß stand im Schatten der Lomondhügel. Die große Festung der Earls of Fife besaß einen mächtigen runden Turm, eine Halle, eine Kapelle und zahlreiche weitere Gebäude innerhalb der hohen Ringmauer.

Nach drei Tagen gelang es dem Earl, Eleyne allein zu sprechen. »Mylady, ich glaube, Sie meiden mich.«

»Lord Fife.« Eleynes Damen waren außer Hörweite, in ihr Geplauder vertieft.

»Ich habe Sie noch nicht zu Ihrem Gatten beglückwünscht.« Er zog eine Augenbraue hoch. »Oder sollte ich Sie vielleicht bemitleiden?«

Sie reckte hochmütig die Schultern zurück. »Ich verstehe Sie nicht, Sir.«

»Nein? Nun gut, aber vergessen Sie nicht: Wenn Sie einen Mann brauchen, einen kräftigen Mann ...« er zögerte für den Bruchteil einer Sekunde, so daß ihr die Betonung des vorletzten Wortes nicht entgehen konnte, »der Sie in irgendeiner Weise ritterlich beschützt, dann stehe ich Ihnen gerne zu Diensten.«

»Ich habe bereits einen Beschützer«, erwiderte sie scharf.

Er verbeugte sich. »Dann werde ich warten. Sie dürfen jederzeit auf mein Angebot zurückkommen. Einstweilen wird es Sie freuen zu hören, daß der König bei der ersten Jagd der Saison am Mittsommertag mein Gast sein wird. Wir haben einige prächtige Hirsche hier im Falklandwald.«

Er war ihr nicht nahe gekommen, aber sie spürte seine Augen, die über ihren Körper dahinglitten und ihn gierig verschlangen, die sie mit der Leidenschaft eines Liebhabers abtasteten. Ihr Herz war schwer voll böser Ahnung.

Zur Jagd am Mittsommertag trug Eleyne ihr Kleid aus Silbersamt und darüber einen Mantel aus dunkelgrüner Seide, ihr Haar war unter einem Schleier aus feinster Gaze zu Zöpfen geflochten und zusammengesteckt. Sie sollte einen milchweißen Zelter reiten, der eine Schabracke mit den Farben Blau und Silber trug, ein Geschenk Lord Fifes. Eleyne hatte es nicht annehmen wollen, so sehr sie sich auf den ersten Blick in das Pferd verliebt hatte, aber Robert bestand darauf. In seiner ständigen Geldgier hatte er den Wert des Pferdes auf vierzig Pfund geschätzt und es für sie angenommen.

Als sie vor dem König knickste, war ihr bewußt, daß hundert Augen sie beobachteten. Alexander berührte ihre Hand und lächelte sehr ernst. Sie hatten sich zum Frühstück am Rande des Waldes unter den Bäumen versammelt. Sobald die Jäger den ersten Hirsch entdeckt hatten, wollten sie aufbrechen, der König mit seinen Edelleuten an der Spitze des Feldes. Als der König sich von Eleyne entfernte, näherte sich ihr der junge Robert Bruce, seine grauen Augen waren voller Schabernack. »Mama schickt dir Grüße und die besten Wünsche aus Lochmaben, Tante Eleyne.« Er betonte gravitätisch das Wort ›Tante‹. »Sie sehnt sich nach der Zeit bei dir in Fotheringhay zurück.«

Eleyne hatte ihre Augen mit Mühe vom König losgerissen, aber Roberts Charme war unwiderstehlich. »Hör auf, mich Tante Eleyne zu nennen«, schalt sie ihn. »Ich bin jünger als du, Robbie!«

»Unsinn! Du bist hundert Jahre älter!« Robert verbeugte sich wieder, seine Augen neckten sie. »Es sei denn, du kannst das Gegenteil beweisen. Indem du rechtzeitig beim Halali erscheinst.«

King Alexander hatte Robert Bruce, Johns Neffen, da John tot war, zu seinem präsumtiven Erben ernannt, und man traf ihn nun oft am Hofe des Königs an. Der Gedanke, daß Robert und dessen Söhne Schottlands Zukunft sein könnten, hatte Eleyne einen schmerzhaften Stoß versetzt, als sie zum erstenmal die Bedeutung seiner neuen Stellung begriff, aber das hatte an der Tatsache, daß sie ihn mochte, nichts geändert.

Sie lachte. »Ich werde da sein, Neffe. Keine Angst.«

Zum Frühstück hatte man eine leinene Tischdecke auf dem Boden ausgebreitet, und als sie alle dem Beispiel des Königs folgten und sich darumherum lagerten, saß plötzlich Eleynes Gatte neben ihr. Er war ihr so nahe, daß er ihr das Kleid zerdrückte. Sie zog daran, ärgerte sich und hörte, wie der Stoff in ihrer Hand leise riß. Niemand sonst bemerkte es.

Robert de Quincy spürte Eleynes Unruhe. »Wir reiten zusammen«, sagte er leise. »Hinter den anderen.«

Sie war wütend. »Warum?«

»Weil ich es sage. Ich habe keine Lust, mit dem König zu reiten.«

»Aber ich. Ich reite nie am Schluß des Feldes, niemals.« Wieder versuchte sie aufzustehen, aber er hielt sie fest.

Eleyne wartete machtlos, sah zu, wie einer nach dem anderen aufstand und zu den Pferden ging. Sie warf sehnsüchtige Blicke zu dem weißen Zelter hinüber, der neben Roberts Pferd unter den Bäumen am Rande der Lichtung stand.

Als sich endlich auch der König erhob, wandte er sich ihr zu und lächelte. »Gehen Sie eine Wette ein, Mylady? Wer als erster beim Gralloch sein wird?«

»Meine Frau reitet heute am Schluß des Feldes, Sire.« Robert stand auf und zog Eleyne mit sich hoch. Er ließ ihren Arm auch danach nicht los.

Der König machte ein besorgtes Gesicht. »Sie sind doch nicht krank …?«

»Nein, sie ist nicht krank, sie will nur mit mir reiten.« Robert de Quincy sah den König an, dann schlug er die Augen nieder. Alexander zog eine Augenbraue hoch, sagte aber nichts.

Lord Fife schaltete sich ein. Er trat über das Tischtuch hinweg, zog sich die Handschuhe an. Offensichtlich hatte er den Wortwechsel mitgehört. Er zwinkerte ihr zu, als ob sie beide sich zu irgend etwas verschworen hätten. »Ich hoffe, das Pferd gefällt Ihnen, Lady Chester!« sagte er laut. »Es ist eines der besten in meinem Stall. Und ich würde gern an Ihrer Seite reiten, um zu sehen, wie er sich macht. Ich bin sicher, Sir Robert hat nichts dagegen!«

Eleyne entzog ihren Arm dem Griff ihres Ehemannes. »Danke, Mylord, ich nehme Ihr Angebot gern an.« Sie warf Robert de Quincy einen giftigen Blick zu und ließ ihn stehen. Jeder Begleiter war besser als ihr Ehemann.

»Gefällt es Ihnen?« Als sie nebeneinander über die grasbedeckte Reitbahn trotteten, warf Malcolm of Fife einen prüfenden Blick auf ihr Pferd. Der Wallach war ein prachtvolles, kräftiges Tier mit wehender Mähne und einem ebensolchen Schweif. Er hielt den Kopf stolz empor, als ob ihm die Schönheit der Frau, die er trug, bewußt war. »Ich habe ihn Tam Lin genannt.«

Sie war neugierig, trotz ihrer Abneigung gegen den Mann. »Das ist ein seltsamer Name.«

Fifes hübsches Gesicht verlor seinen üblichen mürrischen Ausdruck und leuchtete auf. »Nach dem Elfenritter auf dem milchweißen Streitroß. Aber nennen Sie ihn bitte, wie Sie möchten.«

Eleyne schüttelte den Kopf. »Er soll Tam Lin heißen.« Das Jagdhorn schallte durch den Wald. »Sie haben den Hirsch gefunden. Jetzt werden wir sehen, wie schnell dieses Pferd ist.«

Bis zum Abend hatten sie fünf Hirsche erlegt. Rosse und Reiter waren müde, als sie in den Hof der Falklandburg zurückkehrten. Eleyne ritt zwischen dem König und dem Earl, begeistert und glücklich. Es war ein wunderbarer Tag gewesen. Lord Fife war an ihrer Seite geblieben, und die meiste Zeit hatten sie in der Nähe des Königs zugebracht. Die beiden Männer flirteten mit Eleyne, machten ihr Komplimente, wandten ihr ihre ganze Aufmerksamkeit zu. Ihren Ehemann hatte sie mehrere Stunden lang nicht gesehen. Als sie absaß, verabschiedete sie sich mit einer Umarmung von Tam Lin und drehte sich dann zum König um, der sie belustigt ansah.

»Küßt du deine Pferde immer mit solcher Inbrunst, Mädel?« fragte er humorvoll.

»Wenn ich sie mag.« Sie warf den Schleier zurück und reckte die Arme über den Kopf, weil sie sich steif fühlte, eine Geste sinnlicher Hingabe, die unter den Hofdamen, die nahe bei ihnen absaßen, einige hochgezogene Augenbrauen zur Folge hatte. Es war ihnen keine Einzelheit des Tagesablaufes von Lady Chester entgangen. Sie hatten jeden Blick und jedes Lächeln gesehen, das der König und der Earl ihr zuwarfen. »Ich liebe meinen hübschen Tam Lin«, fuhr sie fort. »Lord Fife hat ihn mir geschenkt. Seid Ihr eifersüchtig, daß ich so hübsche Geschenke bekomme?«

»In der Tat, das bin ich. Ich werde Lord Fife beobachten müssen.« Der Earl sprach mit den Jägern, und für einen Augenblick nahm die Stimme des Königs einen ernsteren Ton an. »Kann es sein, daß du deine Abneigung gegen ihn überwunden hast? Vielleicht sollte ich ihn bitten, einen fernen Außenposten meines Königreiches aufzusuchen, während du in Schottland bist.«

»Er könnte meinen Ehemann mitnehmen«, schlug Eleyne vor.

Die Leute drängten sich um sie herum. Einige der Jäger trugen die erlegten Tiere hinein. Eleyne wurde von Alexander getrennt und wandte sich, immer noch glücklich, zur Burg. An diesem Abend würden sie in der Halle schmausen, aber zuerst wollte sie sich ein anderes Kleid anziehen.

Nesta erwartete sie im Schlafzimmer, auf einem Dreifuß über dem Feuer stand ein Krug mit heißem, wohlriechendem Wasser zum Waschen für sie bereit. Robert de Quincy war, wie sie zu ihrer Erleichterung feststellte, nicht zu sehen. Sie trat aus dem zerrissenen Kleid, als Nesta das Wasser in die Schale goß. »Meinst du, daß du das nähen kannst?«

»Ich nehme an, Mylady.« Nesta brach ab, als die Tür aufging und Robert hereinkam. Er betrachtete das Bild, das sich ihm darbot, und Eleyne richtete sich auf, das Waschwasser lief ihr den Hals und die Arme hinunter, in ihr tief ausgeschnittenes Hemd hinein. Sie trug nichts darunter.

»Raus!« Er wies Nesta mit einer Bewegung des Kopfes zur Tür. Nesta knickste und hastete an ihm vorbei, ließ die beiden allein.

»Du hast mich vor dem ganzen Hof lächerlich gemacht«, sagte er langsam.

Eleyne musterte ihn trotzig, stand immer noch über der Schale mit dem Wasser, ihr nasses Haar lockte sich über den Schultern. »Wenn du vorne mitgeritten wärest, hättest du dich an meiner Seite befunden.«

Er lächelte. »Das nächstemal werde ich den Grauen reiten, und wenn mir das Pferd nicht gefällt, lasse ich es töten.« Ihr Gesicht wúrde weiß. »Oh, ich habe gehört, wie du die Arme um seinen Hals geschlungen hast. Der ganze Hof sieht zu – wie du deine Liebe dem Tier zuwendest.« Er setzte sich breitbeinig auf den Stuhl, der am Tisch stand, die Arme über der hohen Lehne verschränkt.

»Warum wäschst du dich im Hemd?« Er wechselte abrupt das Thema. »Eine solche Sittsamkeit paßt doch gar nicht zu einer so stürmischen Frau. Zieh es aus!«

»Man erwartet uns bei Tisch.«

»Ja, und wir werden erscheinen. Wir möchten doch weder unseren Gastgeber noch den König enttäuschen, oder?«

Sie sah ihn mißtrauisch an. »Dann sollte ich mich anziehen …«

»Gleich, aber zuerst zieh' dein Hemd aus. Denke an das Pferd, Eleyne, es wäre doch traurig, ein so schönes Tier zu töten, nicht wahr?«

Sie wußte, was er wollte. Er wollte sie demütigen und erniedrigen. Danach würde er sie schlagen. Und ihr dann mit übertriebener Höflichkeit beim Ankleiden behilflich sein. Es war schon so oft geschehen. Sie wußte, daß es ihn erregte. Aber diesmal würde sie es nicht zulassen. Sie trat von der Schale mit dem kalten Waschwasser zurück und nahm das Handtuch, das Nesta auf das Bett geworfen hatte.

»Wenn du das Pferd anrührst, werde ich dem König sagen, was du mir antust«, sagte sie in ihrer Verzweiflung, »und er wird dich töten lassen. Glaub nicht, daß er nicht schon daran gedacht hätte ...« Sie sah sein Gesicht erbleichen. »Du bist ihm im Weg. Nur weil ich ihn darum bat, hat er dich bisher verschont.« Die Angst um das Pferd hatte ihr Kraft gegeben. Sie ging auf ihn zu und freute sich zu sehen, daß er zusammenzuckte. »Wenn Tam Lin etwas geschieht, irgend etwas, wenn er auch nur einen Stein in den Huf bekommt, dann weiß ich, wer schuld ist.«

»Der König würde es nicht wagen, mich anzurühren, mich, einen Botschafter Englands!«

»Botschafter? Ich war Onkel Henrys Botschafter, nicht du. Du bist kein Botschafter.«

Seine Augen wurden schmal, ein triumphierendes Lächeln erschien in seinem Gesicht. »Da irrst du dich: Ich habe die Briefe von ihm getragen, ich bin im Besitz der offiziellen Geleitbriefe für den Ritt nach Schottland, ich diene als Henrys Botschafter.« Er grinste, als er sah, wie ihre Miene sich verfinsterte. »Das wußtest du nicht, was? Und sollte mich der König der Schotten oder sonst irgend jemand in Schottland töten, wird Henry wissen wollen, warum. Und der kostbare Friede, den dein Alexander geschlossen hat, ist nicht mehr für einen Farthing Hafermehlkuchen wert! Nein, King Alexander wird mir nichts tun. Wenn er könnte, hätte er es schon getan.« Er verschränkte die Arme. »Und du weißt das, Liebling, sonst wärst du längst schon mit der Liste deiner Anklagen zu ihm gekrochen. Möchtest du für einen Krieg zwischen England und Schottland verantwortlich sein? Möchtest du, daß die ganze Welt erfährt, daß der König der Schotten mit seiner Nichte Inzest begeht? Weißt du, was auf Inzest steht, Gattin, wenn die Kirche es herausbekommt?«

Eleynes Mund war trocken, ihr Trotz zu Asche geworden. Und bevor sie sich umdrehen konnte, hatte er sie bei den Hand-

gelenken gepackt. Sie sträubte sich wie wahnsinnig, aber er war
wie immer viel stärker. Er fesselte ihr die Hände mit ihrem eigenen Gürtel auf den Rücken und zwang sie auf die Knie. Dann
zog er sich aus. Wie immer erregten ihn ihre stumme Wut und
die Angst in ihren Augen. Als er für sie bereit war, war er riesig.

Ihre blauen Flecke waren, wie er versprochen hatte, unsichtbar, als sie an seiner Seite die große Halle betrat und ihren
Platz an der Seite des Königs einnahm. Ihr Gesicht war bleich,
aber es gelang ihr zu lächeln. Rechts von ihr saß Robert de
Quincy, ihr Mann. Er trug eine steife Robe aus schwarzer, über-
reichlich bestickter Seide. Er sah ungeheuer zufrieden aus, als
er seinen ersten mit Wein gefüllten Pokal hob. Bevor das Essen
vorüber war, lag er, den Kopf zwischen Tellern und Schüsseln,
ausgestreckt auf dem Tisch.

Der König warf ihr einen Blick zu. »Soll ich ihn auf Euer Zimmer bringen lassen?«

»Ich glaube, frische Luft würde ihm besser bekommen«, erwiderte Eleyne scharf. Sie hatte den ganzen Abend kaum ein
Wort hervorgebracht.

Alexander winkte Diener von der Ecke des Podestes herbei.
»Tragt Sir Robert hinaus auf den Hof und laßt ihn unter den
Sternen schlafen«, ordnete er an. Als sie fort waren, wandte er
sich ihr wieder zu. »Hat Euch die Jagd gefallen?«

»Sie hat mir sehr gefallen.« Sie wollte, daß er sie in die Arme
nahm. Wollte sich bei ihm ausweinen, wollte ihn bitten, ihr zu
helfen, wollte ihm ihre blauen Flecke zeigen, wollte, daß er hin-
ausstürmte und Robert de Quincy mit eigenen Händen tötete.
Aber sie mußte Ruhe bewahren. Sie durfte nicht den Frieden
zwischen den beiden Ländern aufs Spiel setzen, nur weil ihr
Ehemann sie schlug. Und ebensowenig durfte sie Alexander der
Gefahr der Exkommunikation – oder Schlimmerem – aussetzen.

Alexander legte seine Hand auf ihre Hand. »Ich muß Euch
später allein sprechen.«

»Nein!« Es war beinahe ein Angstschrei. »Nein«, wiederholte sie leise. »Nicht hier. Alle würden es erfahren …«

»Ich nehme an, es wissen ohnehin schon alle, Liebling.«
Alexander lächelte. »Aber sie sehen es ihrem alten König nach
und drücken ein Auge zu.«

Die Burg schlief, als der Diener des Königs leise an die schwere Eichenholztür klopfte. Er flüsterte mit Nesta, und Nesta kam auf Zehenspitzen zu Eleyne ans Bett. Eleyne lag wach, versuchte ihren schmerzenden Körper auf der Matratze zu entspannen. Obwohl schon lange nach Mitternacht, war es noch immer hell, sie hatte die Bettvorhänge offen gelassen.

»Der König will Sie sehen«, flüsterte Nesta gewichtig. Sie stellte ihre Kerze neben dem Bett ab, hob Eleynes samtenen Schlafrock auf und hielt ihn ihr zum Anziehen hin. Nun würde der König wenigstens die blauen Flecken der armen Lady sehen; diesmal konnten sie ihm kaum entgehen. Er hatte ihr schon von den ersten Tagen ihres Aufenthaltes in Schottland an Geld, und nicht wenig, gegeben, damit sie als Botin zwischen ihm und ihrer Herrin diente, und sie tat bereitwillig ihr Bestes, um Eleyne zu helfen. Wie die gesamte Dienerschaft von Chester verachtete sie Sir Robert.

Eleyne wollte ihm ausrichten lassen, sie fühle sich nicht wohl, aber sie sehnte sich doch zu sehr nach ihm. In ihren Mantel gehüllt folgte sie dem Diener des Königs auf Zehenspitzen zum königlichen Schlafgemach, das fast neben ihrem lag. Dort hatte man ein Feuer entzündet, der König saß beim Licht einer einzigen Kerze daneben. Als der Diener die Tür hinter sich geschlossen hatte, stand Alexander auf und streckte die Hände aus. Sie sprachen kein Wort. Sie barg ihren Kopf an seiner Brust, und es vergingen mehrere Minuten, bis er begriff, daß sie weinte.

»Eleyne?« Er hielt sie von sich weg und sah ihr ins Gesicht. Im schwachen Licht der Kerze konnte er ihre Züge kaum erkennen, aber er spürte ihre heißen Tränen, als er mit dem Zeigefinger ihre Wange berührte. »Was ist, Mädchen?«

Sie traute sich nicht zu sprechen, wollte nur festgehalten werden. »Sag es mir!« Seine Stimme war voller Sorge.

»Ich kann nicht. Es spielt keine Rolle, solange ich bei dir bin.«

»Eleyne, ich habe dich noch nie weinen sehen.« Jetzt ließ er sie los. Er wandte sich zum Tisch um, nahm die Kerze und entzündete mit ihr ein halbes Dutzend weiterer Kerzen, so daß die

Schatten zurückwichen und er ihr Gesicht deutlicher erkennen konnte. Er fluchte leise und nahm sie wieder in die Arme. »Hat dieser Bastard de Quincy dir weh getan?«

Sie nickte. »Es spielt keine Rolle, ich bin daran gewöhnt …«

»Daran gewöhnt?« Sein Flüstern wurde zu einem Brüllen. »Bei Christus, es soll ihm leid tun, daß er je geboren wurde! Ich lasse seinen Kopf am Spieß auf dem …«

»Nein, nein! Bitte, das darfst du nicht! Das kannst du nicht tun.« Sie schluchzte jetzt hemmungslos. »Siehst du das denn nicht ein? Er hat damit gedroht, King Henry von uns zu erzählen; der Kirche will er verraten, daß wir Inzest begehen.« Ihre Stimme erstarb, und sie warf sich schluchzend auf die Polster, die vor dem Kamin ausgebreitet waren. »Er sagt, das werde zum Krieg führen«, fuhr sie fort. »Onkel Henry wird es als Vorwand benutzen, um in Schottland einzufallen. Ach, mein Liebling, siehst du das denn nicht, er hat recht, wir können nichts dagegen tun.« Schluchzend, die Fäuste in die Augen gepreßt, wippte sie auf den Knien vorwärts und rückwärts.

»Er überschätzt seine Bedeutung«, sagte der König kurz. All seine Instinkte sagten ihm, daß Robert de Quincy sterben mußte, aber zuallererst war er ein Staatsmann, und Schottland kam zuerst, sogar noch vor diesem schönen, wilden Geschöpf, das er, wie er sich endlich selbst eingestanden hatte, bis zum Wahnsinn liebte.

Er kniete neben ihr nieder und zog sie an sich, küßte sie langsam auf die Lippen. Sie erwiderte seine Küsse, konnte der Sehnsucht, die er mit seinen Küssen in ihr weckte, nicht widerstehen, ließ es zu, daß er ihr den Schlafrock auszog. Sie hörte ihn tief atmen, als er die Striemen auf ihren Gesäßbacken sah.

»Das ist nicht wichtig, Liebling«, flüsterte sie. »Das macht mir alles gar nichts aus, solange ich dich habe.« Sie schlang die Arme um seinen Hals und zog ihn zu sich. »Wenn Schottland meinetwegen Schaden nähme, würdest du mich eines Tages hassen. Das könnte ich nicht ertragen.« Ihre Zunge war in seinem Ohr, flatterte an seiner Kinnbacke herunter und tiefer, suchte in dem goldenen Haar, in das sie ihr Gesicht preßte, als sein Gewand sich öffnete, die darin verborgenen, kleinen, aufgerichteten Brustwarzen.

Das Licht des Feuers verwandelte sein Haar in einen Heiligenschein. Sie lächelte zu ihm empor, legte sich zurück in die Kissen und zog ihn mit sich, sie hielt seinen Kopf in beiden Händen, führte ihn hinunter zu ihren Brüsten, sie wollte ihre ganze Pein und Angst und Demütigung und Erniedrigung in dem goldenen Körper des Königs verlieren, der sie anbetete. Sie rang nach Luft, als seine Lippen ihre Brustwarzen umfaßten, mit ihr spielten und daran saugten, und ihr Körper bog sich von dem weichen Stapel der Kissen empor, ihm entgegen.

Sie warf ihren Kopf herum und starrte in das Feuer, sie sah es nicht, ihr Blick war nach innen gerichtet, sie fühlte nur den stärker werdenden Rausch der Lust, die sich zum Crescendo und zur Entladung steigerte.

Der Reiter in den Flammen galoppierte schnell, sein Mantel wehte im Wind, die Blitze zuckten in den brennenden Scheiten, die das Bild umrahmten, das Banner über seinem Haupt war ein brüllender, zum Sprung ansetzender Löwe. Er ritt zu schnell, er sah den unebenen Weg unter den Hufen des Pferdes nicht, er hatte das Pferd nicht mehr in der Gewalt, er war zu furchtlos, trieb es an, immer schneller, und lachte triumphierend in den Regen hinein.

»Eleyne, was ist?« Die Stimme des Königs war scharf. Gerade als ihr Körper bereit schien, den Höhepunkt zu erreichen, war sie still und geistesabwesend geworden, fast als ob sie ihn nicht mehr sah. Er spürte, daß ihre Haut unter seinen Händen kalt wurde. »Eleyne!« Er richtete sich auf, nahm ihr Gesicht zwischen seine beiden Hände. »Was ist? Wo bist du?« Angst stach ihn wie ein Messer.

Sie starrte ihn mit ausdruckslosem Gesicht an, als er über ihr kniete, sie sah noch immer den galoppierenden Reiter vor sich, dann warf sie einen Blick ins Feuer. Er war nicht mehr da. Die Flammen waren erloschen, nur noch ein Rest aus Glut und Asche lag da, zu der die Scheite zerfallen waren.

Alexander folgte ihrem Blick, die Haare in seinem Nakken richteten sich auf. »Du hast etwas im Feuer gesehen?« fragte er scharf. Sie nickte und zitterte furchtbar. »Sei nicht böse.«

»Warum sollte ich böse sein?« Er richtete sich auf und zog eine der Decken über ihre Schultern, bevor er sich in sein Gewand hüllte.

»Was hast du gesehen?«

»Einen Mann. Einen Reiter.«

»Wen?«

Sie zuckte die Schultern. »Ich sehe nie sein Gesicht.«

»Du hast ihn schon früher gesehen?« Er spürte ihre Angst.

Sie nickte kläglich. »Mehrmals. Und ich habe auch andere Dinge gesehen.« Plötzlich wollte sie keine Geheimnisse mehr vor ihm haben. »Ich habe Hay Castle brennen sehen. Und ich habe die Krankheit meines Vaters gesehen. Einmal, als Kind, sah ich das Massaker an den Druiden auf Môn.« Sie brach ab. Es war jemand bei ihnen im Zimmer. Die Temperatur war so plötzlich gefallen, daß sie Alexanders Atem als Wolke in der Luft zwischen ihnen sah. Zwei Kerzenflammen qualmten und erloschen, ließen eine Spur beißenden blauen Rauches zurück.

Sie sah den König umherblicken, als ob er es auch spürte. Sein Gesicht war weiß. Still erhob er sich und nahm seinen Mantel. Aus den Falten zog er einen Dolch. Aber das schattenhafte Schlafgemach war leer.

»Einion ...« Sie hatte den Namen unbewußt geflüstert und forschte in den Schatten, während ihre Finger sich in die Decke krampften. Einion hatte sie an der Seite eines Königs, er hatte sie als Mutter eines Geschlechtes von Königen gesehen. Unbewußt legte sie unter den Falten der Decke die Hand auf ihren Bauch.

»Was ist das?« Alexanders Flüstern war harsch. Er war zur Wand zurückgewichen, während er den Dolch von einer Hand in die andere wechseln ließ, als ob er ihn wiegen wollte, seine Augen waren überall, sein ganzer Körper zum Angriff bereit.

Eleyne schüttelte den Kopf. »Es ist nichts, es geht vorbei ...«

»Nichts? Es war jemand hier ...«

»Ja, Mylord, und er ist fort.« Eleyne lächelte matt.

»Du hast einen Namen genannt.«

»Einion. Er war der Barde meines Vaters. Er hat mich gelehrt, ins Feuer zu blicken.«

»Gütiger Christus!« Alexander sah sich wieder argwöhnisch im Zimmer um. Die verbliebenen Kerzen brannten jetzt wieder ruhig, und die sonderbare, unnatürliche Kälte, die Grabeskälte, war verflogen. Alexander hielt noch immer den Dolch in seiner rechten Hand, zog sich den Mantel über die Schultern, bückte sich und warf ein paar Kiefernholzscheite in die Glut.

»Meine Eleyne ist also eine Seherin.« Seine Stimme war sanft. »Und die Geister der Toten beschützen sie.« Hinter ihm sprühten die Scheite blaue Funken in den Kamin hinauf.

»Nein, so ist es nicht. Er will mir etwas mitteilen ...«

»Er möchte dir etwas mitteilen?« Alexander steckte den Dolch in die Scheide an seinem Gürtel und warf ihn zurück auf den Hocker. Er kreuzte die Arme über der Brust. »Dein Barde wählt dafür nicht gerade die beste Zeit, was meinst du?«

»Es tut mir leid.« Eleyne lächelte erschöpft. »Haßt du mich jetzt?«

»Warum sollte ich dich hassen?« Er erholte sich rasch. »Es gibt auch in Schottland Seher. Es ist eine Gabe unseres Volkes, eines jeden Volkes. Du hast Michael kennengelernt.« Er legte ihr den Arm um die Schultern. »Aber du hast Angst.«

»Ich kann die Visionen nicht beherrschen, und ich kann sie nicht verstehen. Diese hier«, sie streckte ihren Arm zum Feuer aus, »ist eine Warnung, das weiß ich. Aber wovor? Wen sehe ich da immer wieder? Und genau deshalb ist Einion gekommen. Er möchte mir helfen, daß ich es verstehe.« Tränen waren in ihren Augen.

Er zog sie an sich. »Vielleicht hast du mich gesehen?«

Die Fahne mit dem Löwen darauf. Die flatternde, sich blähende Fahne. War es die Fahne des Königs? Vielleicht. Aber den Mann im Mantel, diesen Kopf – kannte sie nicht. »Wenn du es wärst, Liebling«, flüsterte sie, »wüßte ich es.«

IV

Es war noch früh am Morgen, als der König Robert de Quincy in sein Schlafzimmer rufen ließ. Die Asche des Feuers war erkaltet, und die Kerzen waren zu Wachspfützen heruntergebrannt. Es war keine Spur mehr von der sonderbaren Kälte da, die den Raum durchdrungen hatte. Die beiden schmalen Fenster ließen in breiten Bahnen das frühe Sonnenlicht herein, das über den Fußboden fiel und die gegenüberliegende Wand erleuchtete.

Roberts Kopf dröhnte, und seine Zunge fühlte sich wie altes Leder an, als er vor dem König stand. Er betrachtete den König mißtrauisch, er fragte sich, warum er ihn wohl gerufen hatte, aber Alexanders Gesicht verriet nichts, als er mit dem Rücken zum erloschenen Feuer dastand. Er hatte dafür gesorgt, daß sie allein waren. Das Gesicht des jungen Mannes war von der Farbe kalten Schweineschmalzes, aber seine kleinen braunen Augen sahen ihn mit einer unverschämten Vertraulichkeit an.

Alexander krümmte die gefalteten Hände zusammen, dann lächelte er. Und zum erstenmal fühlte sich Robert ihm gegenüber unsicher.

»Ihr seid mein Gast als Botschafter des Königs von England«, sagte Alexander schließlich.

Robert nickte, beobachtete aufmerksam des Königs Gesicht, aber Alexanders Ausdruck blieb gleichgültig.

»Ich habe Nachrichten für meinen Schwager in England«, fuhr der König fort, »die ich unverzüglich zu übermitteln bitte. Noch heute.«

»Aber Sire …«

»Laßt Euer Gefolge hier, Sir Robert, damit Ihr so schnell wie möglich bei King Henry seid. Ihr müßt zu Peter und Paul in Westminster sein. Ich weiß, daß ich mich auf Euch verlassen kann.« Er hatte ihm vier Tage gegeben, um London zu erreichen.

Roberts Augen verengten sich zu Schlitzen, er wünschte sich, daß sein Kopf klarere Gedanken hervorbrächte. Seine Frau … sie steckte dahinter. Sie und ihr königlicher Liebhaber wollten ihn aus dem Weg haben.

»Ich werde Eleyne mitnehmen, Sire …«

»Nein, Sir Robert.« Der König verschränkte die Arme über der Brust. »Eure Gattin ist hier besser aufgehoben. Ihr wird kein Unheil geschehen, während Ihr fort seid.« Die Art, wie er es sagte, bewirkte, daß Robert unangenehm die Kopfhaut kribbelte. Die Hure hatte ihm also alles gesagt und ihm zweifellos die Striemen gezeigt. Er schüttelte sich, versuchte, einen klaren Kopf zu bekommen und sich zu erinnern. Gestern abend, bevor er all den Gascognerwein getrunken hatte, was hatte er da mit ihr getan? Er trat von einem Fuß auf den anderen. Doch wohl nicht mehr als üblich.

»Ich muß darauf bestehen, Eleyne mitzunehmen.« In Roberts Stimme wurde ein drohender Unterton hörbar. »Sie ist hier nicht sicher vor einem Skandal. Und der Verurteilung durch die Kirche.« Robert zwang seine Lippen zu einem anzüglichen Lächeln. »Euch als König und Witwer kann das vielleicht egal sein, aber ihr und mir nicht.«

Alexander ballte die Fäuste. »Es wird keinen Skandal geben, Sir Robert.« Er machte eine Pause. »Am einfachsten wäre es für alle, wenn Eure Frau Witwe wäre.« Er sah Robert in die Augen, und der junge Mann wandte seine Augen als erster ab. »Und bildet Euch nicht ein, daß Euer Tod irgendwelche Folgen haben würde«, fuhr er unbarmherzig fort. »Der König von England braucht den Frieden mit Schottland ebenso wie Schottland den Frieden mit ihm braucht. Der Tod eines unwichtigen Boten in irgendeinem einsamen Moor durch die Hand einer Schar von Straßenräubern würde nicht einmal einen Briefwechsel auslösen.« Der König trat einen Schritt vor. »Ich erwarte keine Antwort auf meine Briefe von King Henry. Habe ich mich deutlich genug ausgedrückt?«

V

Lord Fife erwartete ihn, als er zur großen Halle ging, die königliche Tasche mit den Briefen hing am Riemen in seiner Hand. »Schickt er Sie fort?« Lord Fife vergeudete keine Zeit mit Förmlichkeiten.

Robert hob stolz das Kinn. »Er hat eine dringende Botschaft für den König von England.«

Fife lachte. »Und er ist Sie los.«

Robert starrte ihn wütend an. »Was geht Sie das an?«

Lord Fife zuckte die Schultern. »Nichts. Aber es gefällt mir nicht, daß unser König sich zum Narren macht. Er muß irgendwie von ihr getrennt werden. Befehlen Sie ihr doch, hier in Falkland zu bleiben! Ich kümmere mich um sie.«

»Sie meinen, er würde still und ruhig fortreiten und sie hierlassen.«

Robert prüfte das Gesicht des Mannes und versuchte, dessen Gedanken zu lesen. »Sie werden es ja ohnehin tun«, sagte er schließlich, erstaunt darüber, wie einfach die Gedanken des Mannes zu verstehen waren. »Sie werden Eleyne hier behalten und dem König sagen, sie wäre mit mir fortgeritten, nicht wahr? Sie möchten sie für sich selbst haben!«

Der Earl lächelte grimmig. »Ich würde nichts tun, womit ich den Zorn des Königs erregen könnte, Sir Robert, glauben Sie mir.«

Lord Fife wartete am Stall, als Eleyne zu Tam Lin hineinging. Sie sah ihn erst, als es zu spät war. Als sie in die Box kam, um dem Pferd zu zeigen, wie gern sie es hatte, fiel der Schatten seiner untersetzten Gestalt auf sie.

»Mein Geschenk, Mylady, behagt Euch also noch immer.« Er war sehr nahe bei ihr, aber sie konnte wegen der hölzernen Trennwand nicht weiter zurückweichen.

»Ja sehr, Mylord.« Sie sah ihn an, während ihre Hand noch immer das weiche Maul des Pferdes streichelte. Das wunderbare Gefühl der Erleichterung, das sie empfunden hatte, als sie Robert von zwei Männern begleitet fortreiten sah, hatte sie noch nicht verlassen. Dennoch betrachtete sie Malcolm mit einem gewissen Mißtrauen. »Ich bin Ihnen sehr dankbar.«

Abrupt wechselte er das Thema. »Ihre Affäre mit dem König kann nicht so weitergehen, Mylady«, sagte er barsch. »Das müssen Sie wissen. Es wird schon darüber geredet. Der König muß wieder heiraten. Er braucht einen Erben …«

Eleyne überkam ein eisiges Gefühl. »Ich weiß nicht, wovon Sie reden«, erwiderte sie.

»O ja, doch.« Malcolms Stimme war seidenweich. »Ich bin der mächtigste Earl im Königreich Schottland, und der König hört auf meinen Rat. Es wird vielleicht eines Tages meine Ehre und meine Pflicht sein, Alexanders Sohn zu krönen. Erniedrigen Sie sich nicht, Eleyne. Kommen Sie mit mir …«

Sie starrte ihn wütend an. »Wie können Sie mir so etwas vorschlagen? Niemals!« Sie duckte sich unter Tam Lins Kopf hindurch, so daß das Pferd zwischen ihnen stand.

»Tante Eleyne?« Die Stimme, die vom anderen Ende des Stalls kam, ließ Malcolm mit einem zornigen Ausruf herumfahren. Der junge Robert Bruce stand dort, die Hände in die Hüften gestemmt, einen spöttischen Ausdruck im Gesicht.

»Robbie!« Erleichtert ging Eleyne zu ihm hin.

Er grinste. »Seine Hoheit, der König, fragt nach dir, Tante Eleyne. Ich glaube, er plant einen Ausritt mit seinen Falken.« Er verbeugte sich gravitätisch vor dem Earl.

Malcolm starrte den jungen Mann wütend an, dann lächelte er. Wenn es keinen Königssohn gab, konnte der junge Robert Bruce eines Tages König werden. Es war besser, es sich nicht mit ihm zu verderben. Er konnte warten.

VI

Robert de Quincy verlangsamte den Lauf seines Pferdes und warf seinen Begleitern einen Blick zu. Sie waren auf sein Verlangen hin im gestreckten Galopp geritten, und die Pferde waren erschöpft. Als die Straße hoch über die Pentlands führte und dann zum Wald von Ettrick abfiel, zogen sie die Zügel an, um zu verschnaufen.

Robert hob den Weinschlauch aus seinem Sattelbogen heraus und setzte ihn an die Lippen. »Heute abend sind wir an der Grenze.« Er reichte James Comyn das Behältnis mit dem Wein. »Dann halten wir an und überlegen uns das noch einmal.«

»Überlegen uns das noch einmal, mein Freund?« fragte James. »Sie müssen die Briefe des Königs schnell nach Westminster bringen. Da gibt es nichts zu überlegen.«

»Nein?« Robert griff nach der versiegelten Tasche mit den Briefen und betastete sie nachdenklich. »Alexander will mich nur aus Schottland entfernen, die Briefe sind nur ein Vorwand.«

»Dann sind Sie ein Narr, Mann.« James gab ihm den Weinschlauch zurück und nahm die Zügel fester in die Hand. »Und was mich angeht, möchte ich nicht dabei sein, wenn Sie das tun.«

Die Straße senkte sich vom Moorland in dichte Wälder hinab, die Atmosphäre war bedrückend, kein Lüftchen regte sich. Robert griff wieder nach dem Weinschlauch und ließ das Pferd langsam hinter den beiden her trotten.

Im Schatten eines Dornendickichts warteten Männer auf sie, ihre Schwerter funkelten in den letzten Strahlen der untergehenden Sonne. James Comyn fand keine Gelegenheit mehr, sich zu wehren – bevor er seine Waffe ziehen konnte, war das Schwert unterhalb des Brustkorbs in seinen Bauch eingedrungen, er sank auf den Waldboden. John Gilchrist erging es etwas besser. Er zog sein Schwert und hatte noch Zeit, es mit dem Ruf »Straßenräuber!« wild um seinen Kopf herumzuschwingen, bevor auch er vom Sattel fiel. Die beiden reiterlosen Pferde donnerten den grasbewachsenen Pfad hinunter und verschwanden.

Robert schleuderte entsetzt den Weinschlauch in die Richtung, aus der die Räuber kamen, und peitschte auf sein Pferd ein. Das Tier bockte, schoß den Weg zurück, den sie gekommen waren, und war innerhalb von Minuten im Wald verschwunden.

Es dauerte lange, bis er das von Panik ergriffene Pferd zum Halten brachte. Er horchte angestrengt. Von Verfolgern war nichts zu hören. Ernüchtert und erschrocken lenkte Robert, ohne noch einen Gedanken an Rückkehr zu verschwenden, sein müdes Tier erneut in Richtung Süden.

DER TAG JOHANNES DES TÄUFERS, 29. August 1238

Die heißen, drückend schwülen Augusttage dehnten sich in die Länge, und der Donner war nie fern. Der schöne alte Palast von Scone lag in einem Hitzedunst. Es war sehr still in den Räumen des Königs, Eleyne lag in Alexanders Armen. Sie waren beide nackt.

Das Klopfen an der Tür klang heftig und dringend. Alexander setzte sich auf, seine Augenbrauen zogen sich zusammen. Seine Diener hatten den Befehl, ihn niemals zu stören, wenn er mit Lady Chester allein war.

Das Klopfen wiederholte sich. Er streifte sein Gewand über, ging zur Tür und schob den Riegel beiseite. Eine dunkle Gestalt wartete draußen im dämmrigen Korridor. Der König hörte eine geflüsterte Botschaft und machte ein finsteres Gesicht.

»Ich muß fort, mein Liebling.« Er zog sich rasch an. »Aber warte hier, ich bin bald wieder da.« Er kniete nieder und legte die Hand auf ihre Brust, während sie schläfrig da lag, wo er sie verlassen hatte. »Schließe die Tür hinter mir ab!«

Sie brauchte keine zweite Aufforderung. Ihre Hände zitterten, als sie Feuerstein und Stahl gegeneinanderschlug und einen Funken zustande brachte, dem sie im Kamin Nahrung gab. Es hatte seit Tagen kein Feuer gebrannt, und der Zunder war trocken wie Staub. Sie besaß keine Kräuter, um den duftenden Rauch zu erzeugen. Sie mußte jetzt ohne dieses Mittel auskommen.

Immer noch nackt, kniete sie vor den Flammen und wartete ungeduldig darauf, daß sie Hitze erzeugten und zu lodern anfingen.

Draußen näherten sich Schritte, sie kamen den mit Steinplatten ausgelegten Korridor herauf. Sie hielt den Atem an; die Schritte kamen näher – sie hörte das doppelte Aufprallen schwerer Stiefel, den metallischen Klang langer Sporen. Sie kamen zur Tür und hielten an, bewegten sich aber weiter. Sie schloß seufzend die Augen.

Die Zukunft, die Zukunft, ihr Schicksal, ihre Bestimmung. Würde sie den König heiraten? Würde sie, und alles wies darauf hin, ein Kind bekommen? Würde dieses Kind der schottische Thronerbe sein? Sie mußte es wissen.

Zeig mir, zeig mir die Zukunft. Sie kniete sich näher zum Feuer hin, die Hände ausgestreckt. *Ich muß es wissen.* Ihre Augen röteten sich, gereizt und trocken von der Hitze. Der Schweiß lief ihr zwischen den Brüsten herunter, und in ihren Fingerspitzen kribbelte es warnend. »Bitte zeig es mir«, bettelte sie laut.

Würden sich die Flammen zu einem Bild zusammenfügen? Sie beugte sich vor, das Haar fiel ihr über die Schultern, sie kniete vor den zerbrochenen Zweigen und Borkenstücken im Kamin.

Die Flammen knisterten fröhlich auf, fraßen die trockenen Stücke. Draußen hatte das Sonnenlicht einen kupferroten Farbton angenommen – Donner rollte um die Berge von Perthshire.

Sie hörte Alexanders Schuhe mit den weichen Ledersohlen nicht. Sein Klopfen klang dringend und herrisch. »Eleyne, öffne die Tür!«

Alexander starrte sie an und schlug die Tür hinter sich zu. »Niemals, *niemals* wieder darfst du diese Tür öffnen, ohne angezogen zu sein. Angenommen, jemand hätte gesehen ... Eleyne ... warum hast du ein Feuer entzündet?« Er ging hin und trat gegen die Scheite. Dann wandte er sich um. »Du hast in die Zukunft gesehen?«

Sie stand immer noch an der Tür, ihre Hände und Arme waren mit Holzasche und Ruß beschmiert. Ihre Augen waren rot.

»Oder hast du die Toten beschworen?« Sein Gesicht wurde dunkel vor Zorn. »Ist es das?«

Sie hatte Angst. »Nein, ich habe versucht ... in die Zukunft ... ich mußte es wissen«, endete sie mit einem Flüstern.

»Du mußtest es wissen? Was mußtest du wissen?«

»Was geschehen wird.« Sie sah ihn voller Angst an. »Es wurde von Einion Gwynedd geweissagt, daß ich die Mutter eines Geschlechtes von Königen werden würde. Ich mußte es wissen«, fuhr sie eilig fort. »Ich mußte wissen, wann. Wir dachten immer, er spräche von meiner Ehe mit John.« Sie holte zitternd tief Luft. »Aber das sollte nicht sein. Und jetzt ...« Ihre Stimme erstarb.

»Und jetzt«, wiederholte er.

Sie sah die Wut in seinen Augen und streckte schüchtern die Hand aus, berührte seinen Arm. »Ist Robert auch tot? Wie seine zwei Gefährten?« flüsterte sie.

Er nickte.

»Und warst du es? Hast du den Befehl erteilt?«

»Ich habe den Befehl erteilt.« Er sprach mit schwerer Stimme, starrte hinab in die Reste der glimmenden Scheite. »Gott verzeih mir, ja, ich habe den Befehl gegeben. Ich konnte es einfach nicht zulassen. Gütiger heiliger Christus, ich mußte dich zu meiner Frau haben!«

Eleyne keuchte, es kam schmerzhaft, stoßweise aus ihr heraus. »Ich trage Euer Kind, Mylord.« Sie hatte es ihm ganz anders sagen wollen, zärtlicher, inniger.

»Gütiger Jesus! Wie lange habe ich auf diesen Augenblick gewartet!« Er nahm sie in die Arme, ihr weicher, weißer Leib preßte sich gegen sein Gewand. Er fuhr ihr mit den Fingern durch das Haar und zog sanft ihren Kopf zurück, drückte seine Lippen auf ihre.

»Wirst du mich heiraten?« Sie bog ihren Hals vor zu seinen Küssen und fühlte, wie sie schwach wurde, wie immer, wenn er sie berührte.

»Ja«, hauchte er. »Ich werde dich heiraten.«

»Und Robert?«

»Robert ist tot.«

VIII

LONDON * September 1238

Die Themse plätscherte hungrig gegen die Mauer, kleine Wellen spielten mit dem Seegras und den Abfällen, die dort herumschwappten. Es war Flut. Der Bote zog Robert de Quincy in einen dunklen Winkel in der Ecke des Schleusentorturms und der Mauer und blickte vorsichtig über seine Schulter, bevor sich sein Mund Roberts Ohr näherte.

»Eure Gattin bekommt ein Kind – vom König der Schotten.«

Roberts Augen weiteten sich. »Wer hat dir das gesagt?«

Der Fremde zuckte mit den Schultern. »Ich soll es Euch ausrichten. Auch, daß es der König war, der Euch töten lassen
wollte. Man denkt in Schottland, Ihr wäret tot, und Eure Witwe
wäre frei, King Alexander zu heiraten.«

Robert legte die Hand an die Kragenöffnung seines neuen
Gewandes, es fröstelte ihn. »Woher weiß man denn, daß es das
Kind des Königs ist?« prahlte er. »Es könnte meines sein!«

»Dann beansprucht es für Euch.« Der Mann beäugte ihn unverschämt. »Wenn Ihr es glaubt, und wenn Ihr es wagt.«

Roberts Mund war trocken vor Angst, aber eine stete Wut
rührte sich in seinem Magen. Wie konnte sie es wagen? Sie hatten vor aller Welt einen Hahnrei aus ihm gemacht, und außerdem hatten sie ihn loswerden wollen wie ein Stück Unrat. Das
sollten sie bereuen.

IX

DUNFERMLINE CASTLE * Oktober 1238

»Es wird nicht lange dauern, Mädel.« Alexanders Hände lagen
auf ihren Schultern.

Die Tränen liefen ihr über das Gesicht. »Ich möchte nicht,
daß du weggehst.«

»Ich auch nicht, Eleyne«, sagte er und wurde ungeduldig.
»Aber es muß sein.«

Man sah es ihrem Bauch jetzt an. Aber noch immer hatte
Alexander nicht gehandelt. Es blieben nur noch drei oder vier
Monate bis zur Geburt des Kindes. Sie mußten bald heiraten.

Sie hatte mit dem Reiten aufgehört, aus Angst, es könnte
dem Baby schaden. Ihr ganzes Sein war nun von diesem Leben in ihr gefesselt, das eines Tages eine Krone tragen würde.
Sie wußte noch nicht, daß Boten vom Hofe King Henrys eingetroffen waren – und daß in einem der Briefe berichtet wurde,
daß Robert de Quincy am Leben war.

Alle Lords und Fürsten von Wales waren auf Befehl von Prince Llywelyn zusammengekommen. Noch einmal wollte er ihre Versicherungen und Eide hören, daß sie von nun an Dafydd treu ergeben sein wollten.

Isabella saß da und sah zu, wie die Bediensteten ihres Mannes letzte Hand an seine prunkvolle Kleidung legten, die Falten seines Gewandes bürsteten und geradezogen.

Dann winkte er seine Dienerschaft hinaus und wandte sich ihr zu. »Also, wie sehe ich aus?« Er trug den Talaith, die kleine Krone, die das Zeichen seines Ranges war.

»Hübsch.« Sie lächelte mit einer Spur ihrer alten Koketterie. »Jeder Zoll der größte Prince, den Wales je gesehen hat.«

»Kein Prince wird jemals größer sein als mein Vater, Isabella.«

»Doch, du.« Sie stand auf, bewegte sich mit Seidengeraschel auf ihn zu und stellte sich auf die Zehenspitzen, um ihn zu küssen. »Du wirst es sehen, Dafydd, von morgen an wirst du ganz Wales beherrschen.«

Außerhalb des Gästehauses war Wind aufgekommen, er heulte durch den Wald im Tal jenseits der Abtei. Die einsamen Hügel waren dunkel unter den dahinziehenden Wolken.

»Nicht solange Gruffydd noch so große Teile von Gwynedd und Powys besitzt. Vater will, daß er Gwenwynwyns Nachfolge in Mittelwales antritt. Aber dann wird er mir für den Rest meiner Tage ein Dorn im Fleische sein.«

»Er darf die Herrschaft dort nicht antreten.« Isabellas Augen wurden schmal. »Sobald die Fürsten erst einmal dir, mein Gatte, Treue geschworen haben, hat er keine Freunde mehr. Und dein Vater wird sich zufrieden nach Aberconwy zurückziehen und beten. Dann gehört dir das Feld. Doch etwas anderes: Wo ist eigentlich die Countess of Chester jetzt, wissen wir das?«

Dafydd lächelte. Die Katze zeigte wieder ihre Krallen. Das hörte er an dem Klang ihrer Stimme. Sie wußte sehr gut, wo Eleyne war. Er schüttelte gravitätisch den Kopf. »Sie arbeitet, so hoffe ich, an der Stärkung des Bundes zwischen Wales und Schottland.«

Isabella lachte schrill. »Ach, so nennt man das? Aber Robert de Quincy hatte dafür ein anderes Wort, als er bei Papa war.«

Wenn Robert de Quincy sich bei seinem Besuch in Aber einen Monat zuvor von Eleynes Vater ein gewisses Mitgefühl erhofft hatte, so war er zweifellos enttäuscht worden. Llywelyn wollte gerade nach Aberconwy zurück, wo er immer mehr Zeit mit Beten zubrachte, und hatte seinen unerwünschten und ungeliebten Schwiegersohn derart barsch abgefertigt, daß es an Unhöflichkeit grenzte. Was eine Ehegattin tat, so erklärte er, das gehe nur ihren Ehemann etwas an, und wenn er Eleyne nicht beherrschen könnte, dann sollte er den Grund dafür in seinem eigenen Charakter suchen.

Die Kunde von Eleynes Bindung an den König der Schotten hatte Dafydd ungeheuer erfreut; wenn sie ihn heiratete, wäre das die beste und größte Beleidigung für Henry, die man sich in Aber vorstellen konnte. Das hatte er auch zu seinem Vater gesagt, und er hatte hinzugefügt: »Wenn diesem jungen Mann auf seinem Weg aus Wales heraus ein Unfall zustoßen sollte, täten wir der ganzen Welt einen Gefallen!«

Llywelyn aber hatte ein finsteres Gesicht gemacht und mit zitternder Hand nach dem Kruzifix gegriffen, das er um den Hals trug. »Mord ist keine Lösung, mein Sohn, obwohl auch ich in mir diese Versuchung verspüre. Ein Bündnis mit dem König von Schottland wäre sehr, sehr gut für Wales.« Er lächelte mit einem Funkeln in seinem Auge, das an alte Zeiten erinnerte. Dann seufzte er. »Aber ich möchte mein Gewissen nicht mit dem Tod dieses verderbten jungen Mannes belasten. Auch deines nicht!« fügte er hastig hinzu.

Einen Augenblick lang dachten beide an Gruffydd. Er hätte nicht gezögert. Aber Gruffydd war nicht da.

DUMBARTON CASTLE

William, der Earl of Mar, saß neben King Alexander. Er warf seinen Genossen einen bitterbösen Blick zu. Nach langen, geheimen Gesprächen hatte man ihm den Auftrag gegeben, und nun saßen alle da, plauderten und ließen ihn mit seinem König allein.

Alexander lehnte sich in seinen Sessel zurück und seufzte. »Noch zwei Tage, dann können wir nach Roxburgh zurück.«

»Ich hoffe, Sir.«

Hinter ihnen im Zimmer räusperte sich jemand.

»Wie ich höre, brüstet sich Robert de Quincy an Henrys Hof damit, daß er Vater wird, Sire.« Er blickte hinunter auf seine Hände und beobachtete das Funkeln des Steins in seinem Ring. Er wagte einen Blick zum Gesicht des Königs und wünschte, er hätte es nicht gesagt, so herzzerreißend war der Schmerz, den er darin sah.

»Sir Robert sagt auch, Ihr hättet versucht, ihn töten zu lassen«, murmelte er sanft. »Doch gleichgültig, was Robert noch sagen wird, und selbst wenn er sie freigäbe«, – er machte eine Pause – »oder wenn er stürbe, als Witwer ihrer Tante könntet Ihr sie nicht einmal mit einem päpstlichen Dispens heiraten«, so fuhr er mannhaft fort. »Ihr würdet Schottland auseinanderreißen.«

»Ich weiß.«

Einen Augenblick lang dachte William, er hätte sich verhört. So leise war das Flüstern aus der würgenden Kehle des Königs gewesen.

Die drei anderen Männer sahen ihnen, halb im Dunkel der Schatten verborgen, zu. Sahen, daß ihr König die Hände vor das Gesicht schlug. »Wie werde ich es ihr sagen, William?«

Lord Mar biß sich auf die Lippe. »Ich bin sicher, sie wird es verstehen«, sagte er hoffnungsvoll. Insgeheim bezweifelte er es.

Das bittere Lächeln des Königs schien zu bedeuten, daß er genauso dachte. Er rang um Fassung. »William, sagt mir: Wen, denken meine Lords, soll ich heiraten? Habt Ihr eine Liste Eurer Töchter bereit? Oder muß ich eine ausländische Prinzessin heiraten?« Er stand abrupt auf. »Ich liebe sie, William.« Es war ein qualvoller Schrei.

»Sie ist eine sehr schöne Frau, Sire.« William stand ebenfalls auf. »Ich bin sicher, sie wird weiterhin …« Verlegen suchte er nach Worten.

»Meine Geliebte sein?« Alexander lachte bitter. »Aber sie verdient etwas Besseres als das, William. Etwas viel Besseres.«

XII
PERTH CASTLE * Februar 1239

Die Stürme waren schlimmer geworden, hatten Bäume entwurzelt, Dächer von den Häusern gerissen und heulten wie die Totengeister in den Kaminen, peitschten den Regen gegen die schmalen Fenster. Eleyne hatte an diesem Morgen einen Brief von Alexander bekommen. Er wurde noch immer fern im Westen aufgehalten. Es würde mindestens eine Woche dauern, bis er zu ihr zurückkehren könnte.

Sie wußte von dem Gerücht, daß Robert lebte, aber sie hatte keine Möglichkeit, die Wahrheit herauszubekommen. Als die Wochen dahingingen, wurde sie immer elender und unsicherer. Sie aß nichts. Sie schlief nicht. Warum brauchte der König so lange? Sah er denn nicht, daß die Zeit drängte? Sie mußten verheiratet sein, bevor das Kind zur Welt kam. Das war wichtiger als irgendein Zank zwischen seinen ewig streitenden Untertanen. Er hatte doch Leute, die das für ihn erledigen konnten. Die Nadel, mit der sie eben noch an ihrer Stickerei gearbeitet hatte, glitt zwischen ihren Fingern weg. Sie stieß einen Schmerzensschrei aus, als ein Blutfleck auf ihrem Finger erschien.

Im Brausen des Windes hörten sie das Getrampel der Stiefel nicht. Als die Tür aufsprang, blickten die Frauen um sie herum verwundert auf, ebenso sie selbst. Robert de Quincy hielt ein Schwert in der Hand. Hinter ihm stand eine Schar von Bewaffneten, die die Insignien des Earl of Fife an ihren Mänteln trugen.

»Also hier bist du, Liebling.« Er blickte sich in dem Raum um, die Schatten der wild flackernden Kerzen zuckten umher. Eine der Damen stieß einen Schrei aus. Die anderen starrten ihn an, zu ängstlich, um sich zu bewegen.

Eleyne stand auf. Ihr Gesicht war weiß und überanstrengt, das Herz schlug ihr würgend im Hals. »Unsere Ehe ist vorbei.«

»Unsere Ehe ist nicht vorbei, Liebes, sie hat ja eben erst begonnen. Hol' deinen Mantel!« Seine Augen waren über die geduckt dasitzenden Frauen hinweggehuscht und hatten Nesta entdeckt. »Wir reiten noch heute abend nach England.«

Nesta leckte sich nervös die Lippen. »Meine Lady ist dazu nicht in der Verfassung, Sir Robert«, sagte sie vorsichtig, verwundert über ihren Mut.

»Nicht in der Verfassung?« Robert mußte die Stimme erheben, um das Geheul des Windes zu übertönen. »Das lassen Sie nur mich entscheiden!«

Eleynes Hand fuhr schützend zu ihrem Leib. »Ich trage den Sohn des Königs.«

»Sie tragen meinen Sohn, Madam.« Roberts Stimme war herrisch. »Und er wird unter meinem Dach zur Welt kommen. Wir reiten heute abend nach England ab.«

»Nein.« Sie wich vor ihm zurück. »Der König …«

»Der König ist hundert Meilen weit entfernt. Wir werden in England sein, bevor er auch nur hört, daß du fort bist. Du bist meine Frau, und jedes Kind, das du trägst, ist mein Kind, und ich bestehe darauf, daß es in England zur Welt kommt. Hole ihren Mantel!« Diese letzten Worte brüllte er Nesta zu, während er auf Eleyne zuging und sie am Handgelenk packte. Er trug einen Panzer unter seinem Mantel und dem Umhang. Immer noch hielt er sein Schwert in der rechten Hand.

»Wachen!« schrie Eleyne. »Wo sind die Wachen?« Sie versuchte, sich von ihm loszureißen.

»Die Wachen sind anderswo, und sie haben keinen Befehl, mich von meiner Frau fernzuhalten.« Er hatte ihr jetzt seinen Arm um die Schultern gelegt. »Ich rate dir, ohne irgendwelches weitere Getue mitzukommen, Liebling, sonst fügst du dir und meinem Sohn noch einen Schaden zu.«

Nesta hastete mit weißem Gesicht fort, um Eleynes dicken Umhang zu holen. »Ich komme mit.« Sie legte ihn ihr liebevoll um die Schultern, aber Robert stieß sie fort. »Sie braucht keine Bedienung. Aus dem Weg, Frau!« Er schwitzte, als er sich zur Tür hin wandte und Eleyne mit sich zerrte.

Sie trat nach ihm und versuchte verzweifelt, sich von ihm loszureißen, aber sie wußte, daß er zu stark für sie war.

»Ruft Hilfe herbei«, schrie sie über ihre Schulter hinweg. »Gebt dem König Nachricht, um Himmels willen, sagt es dem König …«

Mit einem barschen Kopfnicken stieß Robert sie zu einem seiner Männer, der Mann hob sie auf, und in Sekundenschnelle trug man sie zur Tür.

Robert drehte sich zu den Frauen um, die sich vor ihm duckten. »Niemand von euch wird um Hilfe rufen«, sagte er leise. »Niemand.« Er hob sein Schwert und drückte die Spitze sachte gegen Nestas Hals. Sie stöhnte vor Angst, ihre Augen rollten, und ihre Pupillen sahen zur Decke. »Wenn doch, so ziehe ich jeder Frau in diesem Raum den Hals lang, ihr gackernden Hühner.« Er gab seinem Schwert einen leichten Stoß, ein Blutfleck erschien auf Nestas weißer Halsbinde. Sie stöhnte wieder, wurde vor Schreck halb ohnmächtig. Er brach in ein bellendes Gelächter aus, als er das Schwert zurückzog, und folgte den anderen Männern hinaus, zog die Tür ins Schloß und verriegelte sie. Auf dem Weg durch das tieferliegende Stockwerk des Turms warf er den Schlüssel in den Brunnen.

Er setzte Eleyne vor sich aufs Pferd und gab dem Gaul die Sporen, so daß er durchs Tor preschte. Zu beiden Seiten begleiteten ihn seine Männer mit brennenden Fackeln, während sie im Galopp die Straße nach England hinunterritten.

Da sie den Wind im Rücken hatten, kamen sie gut voran, waren aber innerhalb kurzer Zeit bis auf die Haut durchnäßt. Eleyne zitterte vor Kälte und Angst und Zorn, dennoch galt ihr einziger Gedanke dem Baby, als die Pferde den Weg entlangdonnerten. Es ging durch einen breiten Fluß, und sie fühlte, daß das eisige Wasser an ihren Röcken zerrte.

Es wurde hell, bevor sie ihr Ziel erreichten. Die Pferde schritten hintereinander durch ein Tor in einer hohen Ringmauer und hielten auf einem Hof, vor einem kleinen Turm. Robert saß ab und hob sie herunter. »Wir bleiben ein paar Stunden hier.« Er nahm sie beim Arm und wandte sich zu der Tür, wo ein alter Mann stand, der sie erwartete.

»Wo sind wir hier?« Eleyne konnte in der Ferne Wogen gegen Klippen krachen hören und den scharfen grünen Geruch des Meeres wittern. Sie tat einen Schritt vorwärts und zuckte schmerzhaft zusammen. Ihre Füße waren taub, und alle Muskeln taten ihr weh.

»Bei Freunden.« Robert grinste. »An einem sicheren Ort, wo dein Liebhaber dich nicht finden wird.« Er nahm sie beim Arm und zog sie zur Tür.

Den Mann, der dort wartete, hatte sie noch nie gesehen. Er verbeugte sich vor ihr. »Meine Frau hat mit ihrer Bedienten ein Zimmer für Ihre Lady vorbereitet, Sir. Sie wird es dort bequem haben.«

»Danke.« Robert, der noch immer ihren Arm festhielt, folgte dem Mann. Eine enge Wendeltreppe wand sich empor.

Die Schlafkammer befand sich in der Turmspitze. Ein Feuer brannte, und ein Bett war aufgedeckt. Zu müde, um an irgend etwas anderes als Schlaf zu denken, erlaubte es Eleyne der Frau kaum mehr, ihr die nassen Kleider vom Leib zu ziehen. Innerhalb von Minuten war Eleyne, die Arme schützend über ihrem Leib gekreuzt, eingeschlafen.

Am späten Morgen erwachte sie, aber das Zimmer lag noch im Dunkeln. Es war voll von dem Gedröhn und Donnern der Meereswogen. Robert stand an ihrem Bett. »Wir müssen weiter. Mistress Gillespie hat trockene Kleider und etwas zu essen für dich.«

Jetzt, da Eleyne sich ausgeruht hatte, war auch ihre Entschlußkraft zurückgekehrt. »Ich reite nirgendwohin. Möchtest du, daß ich dieses Kind verliere?«

Roberts Augen wurden schmal im Licht der Kerze, die er hielt. »Nein. Ich möchte nicht, daß du es verlierst. Ich möchte, daß es zu Hause zur Welt kommt. In Fotheringhay. Wir werden langsam reiten, sobald wir aus Schottland heraus sind. Ich werde eine Trage oder einen Wagen oder so etwas besorgen. Wir sollten morgen in Berwick sein.«

»Der König wird dich töten …«

Robert lächelte kalt. »Meinst du nicht, daß er dich inzwischen geheiratet hätte, wenn er das beabsichtigte? Süße Eleyne, der König wird dich nicht heiraten. Und ich sage dir, warum. Er weiß, daß das Kind nicht von ihm ist.«

»Es ist von ihm.« Ihr Schrei war voller Angst.

Robert stellte die Kerze ab und setzte sich aufs Bett neben sie. »Arme Eleyne. So ehrgeizig. Nicht zufrieden damit, daß sie eine Countess of Chester ist, möchte sie die Queen of Scotland sein. Nun, Süße, es wird nichts daraus. Du bist meine Frau, und du bleibst es. Und all deine Kinder …«, er legte ihr seine schwere Hand auf den Bauch, »werden meine sein. Ist das klar?« Er saß eine Zeitlang da und betrachtete sie, dann stand er auf. Als er das Zimmer verließ und die Tür schloß, hörte sie, daß er den Riegel vorschob.

Es kostete sie einige Mühe, sich zum Fenster zu schleppen. Sie zog den Laden auf. Der Wind hatte nachgelassen, wehte ihr aber immer noch eiskalt ins Gesicht, als sie sich über die breite, nasse Brüstung beugte und durch die schmalen Spitzbogenfenster sah. Der Turm stand mitten im Wald, hoch über dem Meer. In einiger Entfernung sah sie Wogen, die sich am Strand brachen und Wolken von Gischt emporwirbelten. Am nebligen Horizont erkannte sie eine Reihe von kleinen Inseln. Sie wandte sich vom Fenster ab und ließ ihren Blick über den runden Raum gleiten. Er war nur sparsam eingerichtet. Zwei Truhen und ein Bett, mehr stand nicht darin. Zwei Vorhänge an den Wänden verdeckten Rundbögen mit Nischen darunter, deren eine sich als Garderobe entpuppte, während die andere einen winzigen Altar enthielt. Sie betrachtete eine Weile das Kruzifix. Darüber befanden sich zwei sehr schmale Fenster, die mit kleinen gelblichen Glasscheiben versehen waren. Sie waren in Blei eingefaßt und ließen fast gar kein Licht hindurch.

Die Gebete, die sie sprechen wollte, kamen nicht über ihre Lippen. Statt dessen empfand sie im Rückgrat dumpf ziehende Schmerzen. Mit einem Stöhnen drückte sie ihre Hände dagegen, die Geste einer hochschwangeren Frau, kehrte zum Bett zurück und setzte sich.

Sie aß das, was man ihr zu essen brachte, und zog die Kleider an, die man ihr hinlegte. Mistress Gillespie wollte nicht mit ihr sprechen. Wenn Eleyne sie fragte, wo sie sich befänden, schüttelte sie streng den Kopf. Eleyne nahm aber an, daß sie irgendwo in Fife waren. Die Männer, die bei Robert waren, trugen Fifes Wappen an den Mänteln. Aber warum sollte Malcolm of Fife Robert helfen? Er würde sich den König doch nicht zum Feind machen wollen, und außerdem hatte es ihr geschienen, als ob er sie immer noch für sich selbst begehrte.

Sie war mit ihren Überlegungen nicht weitergekommen, als Robert erschien, um sie abzuholen. Er besah sich ihre Kleidung, sie roch nach Rauch, war aber inzwischen getrocknet. Er nickte. »Ich freue mich, daß du beschlossen hast, Vernunft anzunehmen. Die Pferde stehen bereit.«

Sogar jetzt konnte sie ihm wahrscheinlich noch ausreißen, vorausgesetzt, sie bekam ein ordentliches Pferd. Das war ihre einzige Chance. Sie biß die Zähne zusammen wegen der ziehenden Schmerzen im Rücken und folgte ihm die enge Wendeltreppe hinunter.

Zu ihrem Schrecken wollte er, daß sie sich hinter ihn in den Sattel setzte. »Es ist besser für das Baby, wenn du bei mir bist. Außerdem brauchen wir nicht weit zu reiten.«

Es war kaum eine halbe Meile bis hinunter zu dem kleinen Hafen, in dem an der Mole ein Boot auf sie wartete und in der Dünung auf und ab tanzte.

Eleyne starrte es voller Entsetzen an. »Da steige ich nicht hinein.«

Jäh sah sie ihre Hoffnung auf eine Fluchtmöglichkeit schwinden und spürte, wie Panik sie ergriff.

»Aber ja doch, Liebling. Der Fährmann bringt uns über den Forth. Drüben auf der anderen Seite habe ich frische Pferde, die auf uns warten.« Er warf das Bein über den Sattelknauf, glitt hinab und zog sie mit sich hinunter. Zwei von Fifes Männern kamen mit ihnen und hoben sie in das Boot. »Nein!« Verzweifelt versuchte sie aufzustehen, aber Robert war schon neben ihr. »Sitz ruhig, oder du fällst über Bord«, schrie er gegen den Wind an. Sie fand sich hilflos im Schutz seines Armes wieder, als man das Segel hochzog.

Sie landeten an einem einsamen Sandstrand, wo zwei Männer zu Pferde sie im Schatten eines Kiefernwaldes mit ausgeruhten Rossen erwarteten. Der Fährmann ließ das Boot auslaufen, und man hob Eleyne hinaus. Sie war durchnäßt von der Gischt und fror bis in die Knochen. Ihr Rücken schmerzte stärker als vorher.

Eleyne nahm sich Zeit, um Luft zu holen, und fühlte, wie ihre Schuhe in den weichen Sand einsanken. »Ich kann nicht mehr.«

Robert hielt an. Ihm war sterbensübel, und seine Beine gehorchten ihm kaum noch. So klar ihm war, daß sie schnell weiter nach Süden reiten mußten, um sich so weit wie irgend möglich der Verfolgung durch den König der Schotten zu entziehen, so hatte er doch in diesem Augenblick keinen anderen Wunsch als den, sich hinzulegen und zu sterben. »Ich will die Männer mit den Pferden fragen, ob es irgendwo einen Ort gibt, an dem wir uns ausruhen können«, sagte er.

Man brachte sie zu einer Kate am Rande eines nahegelegenen Fischerdorfes. Die Pferde kamen irgendwo unter, und man zeigte Robert einen Schober voller Heu, in dem er schlafen konnte, während eine fröhliche junge Frau, die barfuß ging und ihre Röcke zu den Knien aufgeschürzt hatte, Eleyne schüchtern ins Haus führte. Der ganze Raum roch sehr stark nach Fisch, aber das Bett war ein Haufen aus getrocknetem Heide- und Farnkraut, über den Schafsfelle gebreitet waren. Für Eleyne war es der allerbeste Ort auf Erden.

Sie erwachte von einem jähen, entsetzlichen Schmerz, als ein scheußliches Messer ihr ins Rückgrat stach und ihren Unterleib zusammenkrampfte. Während sie schlief, mußte die Nacht hereingebrochen sein. Das Feuer glomm unter Grassoden, und sie konnte in dem schwachen Lichtschein die Gestalt ihrer Gastgeberin erkennen, die auf der anderen Seite der Herdstelle schlief. Der Schmerz kam wieder, und sie hörte sich laut aufschreien.

Die junge Frau schreckte hoch. »Mylady? Was fehlt Ihnen?«

Eleyne lag still und zitterte heftig. »Mein Baby«, keuchte sie. »Ich glaube, es kommt.«

Die Frau zog behende die Grassoden vom Feuer, nahm ein paar Zweige von dem Treibholzberg in der Ecke und warf sie hinein. Als es brannte, hatte sie bereits eines ihrer kostbaren Talglichter angezündet und in den eisernen Halter gesteckt, der auf dem Kasten in der Ecke stand. Dann wandte sie sich zu Eleyne um und legte ihr, um sie zu trösten und zu beruhigen, eine Hand auf die Stirn.

Eleyne stöhnte erneut. Sie setzte sich auf und schaukelte, die Arme fest um ihren Oberkörper geschlungen, vorwärts und rückwärts.

»Was tun wir jetzt?« schrie sie. »Sie müssen mir Hilfe holen.« Alexander, wo war Alexander?

Die ängstlichen Rufe der Frau brachten Robert herbei, der in die Hütte trat, dann rannte die junge Frau, einen Schal um den Kopf geschlungen, in die Finsternis hinaus, um ihre Nachbarin zu holen.

Robert starrte Eleyne an, sein Gesicht war weiß und hohlwangig im rauchigen Licht. Er wagte es nicht, ganz hereinzukommen. Ein sonderbares Lächeln lag auf seinem Gesicht.

»Es ist deine Schuld«, schrie sie, als sie ihn in der Türöffnung sah. »Wenn ich das Baby verliere, bist du schuld. Und ich selbst werde dich töten, wenn Alexander mir nicht zuvorkommt. Das werde ich tun!« Die Tränen strömten ihr über das Gesicht. Sie fühlte plötzlich, daß ihr warmes Wasser zwischen den Beinen hinunterfloß und in das Schafsfell sickerte.

Robert bewegte sich nicht vom Fleck. Er nahm zugleich angeekelt und gleichgültig das Bild einer Frau mit aufgelöstem rotem Haar und einem riesigen Leib in sich auf.

Die Frau des Fischers kam fast augenblicklich wieder zurück und brachte eine ältere Frau mit. Sekunden später hatte sie Robert aus der Hütte gewiesen. Er stand draußen in seinen Umhang gehüllt und sah über den Strand hinweg zu dem schwarzen Wasser. Irgendwo da draußen fischte der Mann dieser Frau mit den anderen Männern zusammen in kleinen Booten in dem dunklen, stürmischen Meer. Er suchte seines Zorns Herr zu werden, denn sie hatte ihn wieder einmal überlistet: Nun kam dieses Kind also doch in Schottland zur Welt.

Eleyne schrie einmal auf, gerade als die Sonne am stürmischen östlichen Himmel zwischen den Wolken als blutroter Feuerball aufging. Dann lag eine unheimliche Stille über der

Fischerhütte. Es dauerte lange, bis die Frau des Fischers erschien. Als er sich nicht umdrehte, berührte sie ihn schüchtern am Ellbogen.

»Das Baby ist geboren, Mylord«, flüsterte sie, »aber es ist zu klein, um zu leben. Möchten Sie es sehen?«

»Was ist es?« Seine Stimme war ausdruckslos.

»Ein Junge.«

»Ein Junge.« Er wiederholte das Wort langsam. Dann schüttelte er den Kopf. »Nein, ich möchte es nicht sehen.«

Eleyne lag da mit einem Berg von Säcken im Rücken, es gab keine Kissen im Haus, das Kind ruhte, eingewickelt in einen blutigen Fetzen von ihrem Hemd, in ihrem Arm. Es war so winzig, dieses kleine Würmchen, ihr Traum von Schottlands Zukunft. Seine Gesichtszüge waren vollkommen, sein Haar ein herrliches Rotgold, seine Fingerchen waren in sich gekrümmt wie von einem Wachsbildner geschaffen. Seine Augen flatterten etwas unter durchsichtigen Lidern, und sein Mund öffnete sich ein bißchen für die Brust, an der zu saugen es niemals die Kraft haben würde.

Tränen liefen Eleyne über das Gesicht, als sie sein Gesichtchen küßte und es festhielt, bis es starb.

Die alte Frau, die sie entbunden hatte, hatte es auf ihre Bitte hin Alexander getauft.

Fünfzehntes Kapitel

I
ABERDOUR CASTLE * März 1239

Als sie sich so weit erholt hatte, daß sie aufstehen konnte, brachte Robert sie zurück über den Forth nach Aberdour. Er trug sie die Wendeltreppe hinauf in das Turmzimmer und überließ sie Mistress Gillespie. Dann schickte er nach Nesta und den Damen.

Eleyne hatte seit dem Tode des Babys nicht mehr gesprochen. Kein Zorn, keine Wut überkam sie, nur ein schrecklicher, stummer Schmerz. Es dauerte viele Stunden, bis sie ihr das Baby abnehmen konnten. Sie wiegte seinen kleinen Körper in ihren Armen, ihre Lippen in seinem weichen Haar, und weinte, als ob es ihr das Herz brechen wollte. Als es den beiden Frauen schließlich gelang, es ihr wegzunehmen und in einen Fetzen sauberen Wollstoffs zu wickeln – das einzige Leichentuch, das sich für den Sohn des Königs finden ließ –, hatte sie so viel Blut verloren, daß sie zu schwach war, um stehen zu können. Weder sie noch Robert waren bei der Beerdigung auf dem Kirchhof am Strand.

Ostern kam und ging, und Robert kehrte allein nach England zurück. Er ritt einfach eines Tages weg und ließ sie in Aberdour. Er spürte kein Verlangen, sie mitzunehmen. Nur eine immer größere Angst vor dem, was Alexander tun würde, wenn er erfuhr, was geschehen war. Es dauerte einige Tage, bis Eleyne sich zu fragen anfing, ob Robert zurückkommen würde. Nach weiteren zwei Tagen hatte sie begriffen, daß sie keine Gefangene mehr war. Nach weiteren sechs Tagen kam Alexander.

Er setzte sich zu ihr aufs Bett und nahm ihre Hände. Lange Zeit sprachen weder er noch sie, dann schließlich sah sie ihn an. Sein Gesicht war grau vor Schmerz.

»Woher wußtest du, daß ich hier bin?«

»Malcolm of Fife hat es mir gesagt.«

»Seine Männer haben Robert geholfen, mich zu entführen.« Der König zog die Brauen zusammen. »Er sagt, er hätte Robert erlaubt, Aberdour zu benutzen. Er hätte nicht gewußt, daß du hier wärest.«

»Hast du nicht nach mir gesucht?«

»Natürlich habe ich nach dir gesucht!« Zum erstenmal war so etwas wie Gefühl in seiner Stimme zu hören. »Heilige Jungfrau! Ich wäre fast gestorben, als ich sah, daß du fort warst. Ich habe das Königreich abgesucht, aber niemand wußte auch nur die Richtung, in die er dich fortgeschleppt hatte!«

»Warum hast du so lange dort im Westen zugebracht, bevor du zu mir zurückkamst?« Sie trug ein Leinenhemd und einen wollenen Umhang über den Schultern und saß, gegen die Kissen gelehnt, im Bett. Sie war sehr mager geworden. »Wir hätten heiraten können. Und du hättest einen Sohn gehabt.« Ihre Stimme versagte, aber es kamen keine Tränen. Sie hatte keine Tränen mehr.

»Du wirst wieder Kinder bekommen, Eleyne. Du bist noch sehr jung.«

Du, nicht wir.

»Du hattest nie vor, mich zu heiraten.« Es war nur ein Flüstern.

»Du bist schon verheiratet, Eleyne. Wenn du von Anfang an mir gehört hättest ...« Er machte eine Pause. »Wir wissen nicht einmal sicher, ob das Kind von mir war.« Seine Stimme war zärtlich, aber fest.

Sie schloß die Augen. Draußen fing der Wind wieder an zu klagen und rührte die Wellen auf, die zwischen den Klippen zu wispern anfingen. Es war ein Geruch von Schnee in der Luft. »Er war dein Sohn. Er sah aus wie du. Er hatte deine Haarfarbe.« Ihre Stimme zitterte.

Endlich redete er. »Eleyne, wir dürfen einander nicht mehr sehen. Du verstehst das, nicht wahr? Das Wohl Schottlands muß vor allem anderen kommen, sogar vor meinem Glück. Wäre ich kein König, wäre ich irgend jemand anderer, dann könnte mich niemand von dir losreißen. Niemand.«

»Schickst du mich zu Robert zurück?« Ihre Stimme war tonlos, sie sah ihn nicht an. Ihr Ehemann würde straffrei ausgehen. Der Mord an ihrem Baby sollte ungesühnt bleiben.

»Du hast ihn nie verlassen«, sagte Alexander sanft. »Du gehörst ihm. Das ist Gottes Wille.«

»Gottes Wille«, wiederholte sie. »Nein, das ist nicht Gottes Wille.« Ihre Stimme wurde lauter. »Es war Gottes Wille, daß ich dein Kind tragen sollte, daß ich die Mutter eines Königsgeschlechts werden sollte! Das stand in den Sternen.«

Er schüttelte den Kopf.

»Du schickst mich doch nicht weg?« Es war, als begriffe sie jetzt erst, was er sagte. »Ich kann nicht ohne dich leben. Um Himmels willen.« Sie warf sich ihm leidenschaftlich um den Hals und umklammerte ihn wild schluchzend.

Er legte seine Arme um sie und hielt sie lange schweigend fest. Er lauschte dem sanften Seufzen der See. »Ich werde dich immer lieben, Eleyne, immer.« Zögernd schob er sie von sich und wandte sich zur Tür.

Sie bewegte sich nicht vom Fleck. Zehn Minuten später, als Nesta den Kopf ins Zimmer steckte, saß sie immer noch auf dem Bettrand und starrte mit ausdruckslosem Gesicht die Wand an.

II
April 1239

Der König weilte wieder in Dunfermline. Sie ritt langsam auf Tam Lin in den großen Burghof unter Malcolms Turm, körperlich wiederhergestellt, obwohl sie immer noch bleich und sehr mager war. Ihr Mantel war aus weißem Pelz, weiß war ihr Gesicht, milchig weiß ihr Pferd – das alles wirkte märchenhaft in dem feinen weißen Aprilschnee, der gerade hier und da gefallen war. Mehr als ein Mann bekreuzigte sich, als er sie erblickte.

Man erwartete sie nicht, und niemand begleitete sie außer der getreuen Nesta und Master Gillespie. Niemand eilte herbei, um die Countess of Chester willkommen zu heißen und mit einem Zeremoniell vor den König zu geleiten. Sie warf wehmütige Blicke umher und lächelte Nesta zu. »Empfängt man so diejenigen, die in Ungnade gefallen sind?«

Nesta biß sich auf die Lippe. Sie fürchtete sich.

Eleyne schritt auf das Portal zu. Die Wachen standen dort, nahmen Haltung an, der Ausdruck ihrer Gesichter war unpersönlich, so wie man es ihnen beigebracht hatte, sie ließen sie durch, auch der Kammerherr des Königs, den man in die Halle gerufen hatte, ließ sie passieren. Der König befand sich mit Lord Fife und Lord Mar in seinem Privatgemach. Zwei seiner Sekretäre waren bei ihm.

Er drehte sich um, als sie erschien, und sie sah die steilen Falten zwischen seinen Augen. Es gab also keine Hoffnung für sie.

Sie ging auf ihn zu, kerzengerade in ihrem weißen Mantel, und knickste tief.

»Sire.«

Er nahm ihre Hand und hob sie auf. »Lady Chester.«

Er wartete höflich darauf, daß sie zu sprechen anfing, und sie spürte, daß Malcolm of Fifes Augen auf ihrem Gesicht ruhten. Seine Gedanken vermochte sie nicht zu erraten.

Der König machte es ihr nicht leicht.

»Ich komme, um Abschied zu nehmen, Sire.«

»Ihr kehrt nach Fotheringhay zurück?« Seine Stimme war heiser.

»Nein.«

»Wohin denn?« Er haßte ihren ruhigen Stolz mehr, als er ihre flehentlichen Bitten gehaßt hatte. Er erinnerte ihn daran, daß sie königlicher Abstammung war. Sie war eine Princess. Plötzlich hielt er es nicht mehr aus. Er schnalzte mit dem Finger, gab seinen Leuten ein Zeichen. »Lassen Sie mich allein. Ich möchte mit Lady Chester unter vier Augen sprechen.«

Sie erlaubte es sich nicht, auf einen Sinneswandel zu hoffen. Sie hatte keine Veränderung in seinen Augen gesehen.

»Du hättest lieber nicht herkommen sollen«, sagte er, sobald sich die Tür hinter dem letzten Diener geschlossen hatte. »Du machst es keinem von uns beiden leicht.«

»Ich bin nicht hergekommen, um es mir leicht zu machen.« Sie kämpfte gegen ihr Verlangen an, zu ihm zu laufen, zwang sich, zu bleiben, wo sie war. »Hast du dich entschieden, wen du heiraten wirst?« Ihre Stimme war hart.

Er seufzte.

»Hast du dich entschieden?« Ihre Augen blitzten gefährlich. »Sag es! Das schuldest du mir. Oder muß ich warten, bis ich es von anderen vernehme?«

Er schüttelte ungeduldig den Kopf. »Ich werde eine Dame aus Frankreich zur Frau nehmen, Marie, die Tochter des Barons de Couci.«

»Und dann wirst du mich vergessen.«

»Ich werde dich nie vergessen, Eleyne.« Der Schmerz in seiner Stimme war spürbar. »Gütiger Jesus, ich werde dich nie vergessen. Wie könnte ich? Du bist ein Teil von mir!« Ein langes Schweigen folgte, dann wurde er plötzlich lebhaft. »Hast du noch die Geschenke, die ich dir gegeben habe? Ich möchte, daß du sie behältst. Sie werden dir …«, er suchte nach einem Wort, »Sicherheit verschaffen.«

Sie preßte die Lippen aufeinander. Gerne hätte sie ihm seine Geschenke vor die Füße geschleudert, aber sie konnte es nicht. Sie waren alles, was sie vor der Armut bewahrte, außer sie ging zu Robert zurück.

»Ich werde dir Briefe an deinen Vater mitgeben, Eleyne. Wenn du sie bitte für mich nach Wales bringen würdest. Als königliche Botschafterin bekommst du eine Eskorte und einen Geleitbrief von mir, der dich schützt, und du hast einen Grund, nach Hause zurückzukehren.«

Sie schenkte ihm ein wehmütiges Lächeln. Also sollte sie sich mit ihrem verletzten Stolz und ihrem gebrochenen Herzen in Gwynedd verstecken. Immerhin würde Robert dort nicht hinkommen.

Alexander kam auf sie zu und küßte sie auf die Stirn, dann ließ er sie stehen und ging.

Am Morgen hatte er zwei Briefe für sie, einen für Lly-welyn und einen für Dafydd. Unter dem Arm hielt er ein kleines zappelndes Wolfshundjunges, das er in ihre Hände legte. »Ich weiß, es wird die Lücke in deinem Herzen nicht ausfüllen«, sagte er sanft, »nichts kann sie ausfüllen, aber er wird dir mit seinem ganzen Leben gehören.«

Sie schloß den Hund in ihre Arme. Sie spürte seine Zunge, rauh und ungeduldig, auf ihrer Nase. Dann wandte sie sich ab, damit er ihre Tränen nicht sah.

III
LLANFAES, ANGLESEY * Mai 1239

Llywelyn brachte sie in seinem Herrenhaus in Llanfaes unter, wo sie Isabella nicht zu oft zu sehen brauchte, aber nichtsdestoweniger – Isabella kam. Sie lächelte. Ihr hübsches Gesicht sah nicht mehr so aufgeschwemmt aus. In ihrem Haar saß ein verschlungenes goldenes Diadem.

Als man Isabella in die Halle führte, spürte Eleyne, daß sich ihr Magen zusammenzog, aber sie stand auf und streckte lächelnd die Hand aus. Isabella zeigte ihre Grübchen und setzte sich mit Seidengeraschel neben sie.

»Wußtest du, daß Dafydd Gruffydd und Owain zurück nach Criccieth schicken mußte?« fragte Isabella sofort.

Eleyne nickte. Llywelyn, müde und krank, hatte sich nun endgültig in die Abtei von Aberconwy zurückgezogen, um seine letzten Tage im Gebet zu verbringen. Dafydd war sein alleiniger Erbe. Man hatte ihr von dem Trick berichtet, mit dem Dafydd seinen Bruder und dessen ältesten Sohn in eine Falle gelockt und die beiden gefangengenommen hatte. Er wollte keine Opposition dulden bei der Wahl, der er sich als Llywelyns Erbe in der Versammlung des walisischen Adels zu stellen hatte.

Aber Isabella war aus einem anderen Grund da. »Dafydd hat einen Brief aus Schottland erhalten.« Ihre Stimme wurde etwas lauter. »Ich dachte, ich sollte es dir lieber sagen.«

Eleyne wußte schon, was Isabella ihr mitteilen wollte. Sie hatte davon geträumt. Alexander war verheiratet. Eine andere Frau war seine Königin.

»Du wußtest es schon, nicht wahr?«

Isabella war von ihrem Stuhl aufgestanden und stand hinter ihr. »Dein Geliebter hat geheiratet – die Tochter eines französischen Barons.«

»Ich weiß.« Eleyne gelang es, ihrer Stimme einen gleichgültigen Ton zu geben.

»Was wirst du tun?« Der Spott in Isabellas Stimme war sanfter geworden; an seine Stelle war echte Neugier getreten.

»Ich weiß es nicht.«

»Was ist mit deinem Ehemann?«

»Das weiß ich auch nicht.«

»Du mußt zu ihm zurückgehen.«

»Nein, ich gehe niemals wieder zu ihm zurück, niemals.«

IV

Es war leicht, in Llanfaes allein zu sein. Dafydd und Isabella hatten ihr einige Bedienstete überlassen, aber mehr hatte sie nicht von ihnen annehmen wollen. Ihr Körper brauchte Ruhe, um zu heilen. Ihre Seele brauchte Stille. Zu Pferde erkundete sie die liebliche Landschaft von Anglesey und sah sich an den prächtigen Kornfeldern und grünen Wäldern satt, ihr Hündchen folgte ihr überallhin. Sie hatte es auf den Namen Donnet getauft, was Geschenk bedeutete. Denn sie und Alexanders Geschenk waren unzertrennlich geworden.

Eines Tages trieb ihre Neugier sie auch zu Einions Grab.

Es war nicht leicht, die Stelle zu finden. Rhonwen hatte sie damals im Dunkeln dorthin geführt, in dieser schrecklichen Nacht. Seither war so viel geschehen.

Sie begann mit ihrer Suche an der Einsiedlerklause im Wald, in der Einion seine letzten Jahre verbracht hatte. Das Dach war eingestürzt, Sträucher waren zur Tür hereingewachsen. Sie band Tam Lin an einem Baum am Rande der Lichtung fest und wies Donnet an, bei dem Pferd zu bleiben, dann ging sie langsam auf die zerfallenden Mauern zu.

In der Ferne hörte sie den Ruf des Brachvogels, einen einsamen Schrei, der ihr in den Ohren klang. Ihre Haut kribbelte vor Angst, aber sie zwang sich weiterzugehen, überquerte die Türschwelle und bahnte sich ihren Weg durch Nesseln und Weidengesträuch bis in die Mitte der Hütte.

Seine wenigen Besitztümer lagen noch immer auf dem rohgezimmerten Bord. So groß war die Achtung vor dem weisen alten Mann, daß niemand sie berührt hatte. Die kleinen Kästen mit den Kräutern und Gewürzen waren von der Nässe aufgeplatzt und verschimmelt. Einige waren längst zerfallen, ihr Inhalt vertrocknet und verfault. Seine Bücher, seine Messer und den kleinen Topf, in dem er seine Kräuter aufzubrühen pflegte, das alles hatte man ihm ins Grab gelegt.

Sie sah sich ängstlich um, aber sie spürte ihn nicht. Sie war allein. Sie nahm einen der Kästen in die Hand und roch daran. Es roch nach feuchtem Waldboden. Nichts deutete darauf hin, was er einmal enthalten haben mochte. Kein Hinweis fand sich, mit was für Kräutern Rhonwen seinen Geist beschworen hatte.

Die Sonne brannte ihr auf den Kopf, und sie fühlte, daß es in ihren Schläfen zu pochen begann. Sie nahm das Pferd beim Zügel und schritt langsam, von Donnet gefolgt, im Schatten der Bäume dahin. Der Weg war jetzt kaum mehr zu erkennen, überwachsen von Bäumen und Gebüsch, aber sie erinnerte sich an jenen einen Nachmittag vor so vielen Jahren, als Einion sie in den Wald geführt und ihr von den Vögeln erzählt hatte.

Sein Grab lag unter einer Eiche, ein halbes Dutzend Schritte vom Weg entfernt. Sie erkannte es, als sie den Grabstein sah. Sie saß ab und band Tam Lin an einen Baum, dann rief sie Donnet und legte die Hand auf seinen Kopf. »Bleib hier«, flüsterte sie. Der Hund winselte.

Sie hatte weder Kräuter bei sich noch einen Feuerstein, um Flammen und Rauch zu erzeugen. Wenn er sprechen wollte, mußte er es von sich aus tun. Er war es, der sie belogen hatte.

»Warum?« rief sie laut aus. »Warum hast du mir gesagt, ich würde einst eine Königin sein?«

In dem nahegelegenen Unterholz hörte sie einen Zaunkönig singen. Der Wind raschelte in den Bäumen, und Donnet knurrte leise vor sich hin.

»Das wolltest du mir doch noch sagen, nicht wahr? Daß du dich geirrt hast! Daß meine Zukunft nicht in Schottland liegen würde.« Ihre Stimme schallte durch den Wald, und in einiger Entfernung richtete sich ein Hase auf den Hinterläufen auf. »Deine Götter haben dir falsche Kunde gegeben, Lord Einion. Sie hatten keine großen Pläne mit mir! Wie müssen sie gelacht haben, als sie mich mit meinen Träumen sahen!«

Doch es war niemand da, der sie hörte.

V

Drei Tage darauf besuchte Eleyne ihren Vater.

Sie sprach nicht von Alexander. Wozu auch?

»Wie kannst du erlauben, daß Dafydd seinen Bruder einsperrt!« Sie saß nahe bei ihm, wußte, daß sein Augenlicht schwach geworden war. »Bitte, Papa, du bist immer noch der Prince!« Ihre Hand wanderte zum Kopf des Hundes, der neben ihr saß.

Llywelyn schüttelte sein Haupt. »Du mußt mit Dafydd sprechen. Er herrscht jetzt in Gwynedd.«

»Aber ungerecht«, sagte sie aufbrausend.

Er lächelte. »Bist du immer noch so ein Hitzkopf, Kind? Nein, er regiert nicht ungerecht. Er ist der richtige Nachfolger.«

Danach ritt Eleyne zu Dafydd und setzte sich Isabellas bissigen Bemerkungen aus, doch sie erreichte nichts. Dafydd war unerbittlich.

Gruffydd saß nicht weit von ihr in seiner Burg auf der Halbinsel Lleyn gefangen. Dafydd gestattete es Eleyne, ihn zu besuchen. Ihm selbst erlaubte er nichts. Als der alte Fürst im folgenden Jahr starb, gestattete Dafydd es Gruffydd nicht einmal, bei der Beerdigung des Vaters in Aberconwy zu erscheinen.

Eleyne war mit Dafydd und Isabella, mit ihren Schwestern und deren Ehemännern dort, und es schien, als ob ganz Wales weinte. Sie hatte ihn geliebt, und nun war er nicht mehr. Sie kehrte nach Llanfaes zurück, aber sie wußte, daß sie nicht mehr lange dortbleiben könnte. Sie hatte es in Isabellas Gesicht gesehen, als sie beim Requiem in der Kapelle standen.

VI

August 1240

»Dieses tückische Miststück hat King Henry dazu angestiftet, uns zu überfallen!« schrie Isabella. »Sie hat ihn angebettelt, er soll ihren Gruffydd befreien! Eine prächtige Patriotin!« Hinter ihrer Wut steckte echte Angst, und in diesem Augenblick war ihr Streit mit Eleyne vergessen. Die Nachricht, die der völlig erschöpfte, von Staub bedeckte Bote ihnen brachte, versetzte sie in Panik.

Senena hatte, so schien es, Criccieth heimlich verlassen und war nach Shrewsbury geritten, um den König zu sprechen.

Der alte Prince war kaum in seinem Grabe gewesen, als auch schon Streit ausgebrochen war. Eifersüchteleien, Grenzdispute, uralte Rechnungen – alles, was zu Llywelyns Zeiten niemand anzugehen gewagt hatte, wurde mit dem Nachfolger sogleich ausgefochten. Statt friedlich das Erbe des Vaters anzutreten, sah Dafydd sich plötzlich mitten im Chaos. Also lud ihn sein Lehnsherr, King Henry, nach Shrewsbury ein, damit er ihm Aufklärung über die Situation verschaffte. Dafydd war wütend, aber was blieb ihm anderes übrig, als zu gehorchen. Dann jedoch, als das Datum nahegerückt war, an dem er vor ihm erscheinen sollte, blieb er zu Hause und rief statt dessen die walisischen Heere zusammen.

Weit entfernt im Osten, jenseits der Berge, ließ King Henry seine Frau und den fast ein Jahr alten Sohn Edward in der Burg zurück und brach, von Senenas Nachricht ermutigt, von Shrewsbury nach Rhuddlan auf, marschierte geradewegs auf das nordwalisische Herzland zu. Dafydd, der plötzlich ohne Verbündete und ohne Freunde dastand, wich immer weiter vor ihm zurück. In Degannwy unterbrach er seine Flucht, um die Burg zu schleifen, damit Henry sie nicht als Stützpunkt benutzen konnte, und zog sich erst dann in die unter einer Dunstglocke liegenden Berge zurück.

»Gütiger Christus! Ich kann ihn nicht aufhalten!« Er fuhr sich mit den Fingern durch das Haar. »Sogar das Wetter ist gegen uns. Er ist mit seinen Truppen durch das Moor marschiert, als ob es fester Boden wäre! Er scheint unschlagbar zu sein! Er kann jeden Augenblick in Conway auftauchen.«

»Dann geh und verhandle mit ihm«, drängte ihn Isabella. »Was bleibt dir denn sonst übrig? Schließe einen Pakt mit ihm. Er will nicht gegen dich kämpfen. Er will nur etwas klarstellen, das ist alles. Du sollst ihn als deinen Lehnsherrn anerkennen und dich ihm unterwerfen, dann wird er dir helfen, den Aufruhr niederzuschlagen, der dich bedroht. Um Gottes willen, Dafydd, du mußt es tun! Willst du ihn hier in Aber haben?«

»Sie hat recht«, sagte Eleyne, die Dafydd zu sich hatte holen lassen. Dafydd tat ihr leid. Seine Verbündeten hatten ihn verraten, weil sie auf seine Machtfülle eifersüchtig waren. Llywelyn hatte ihn zu stark gemacht, und jetzt fürchteten sie um ihre Privilegien. »Verhandle, bevor es zu spät ist.«

»Was du vorschlägst, ist die Unterwerfung«, sagte Dafydd.

Ein peinliches Schweigen folgte.

»Entweder du tust es, oder du verlierst alles«, murmelte Eleyne schließlich.

Diesen Rat hatte ihm Ednyfed Fychen auch gegeben, der der angesehenste Ratgeber seines Vaters gewesen war und der nun ihm zur Seite stand.

Am Abend vor seiner Abreise aus Aber rief Dafydd Eleyne zu sich in den kleinen Raum, der das Arbeitszimmer seines Vaters gewesen war. »Ich muß dir etwas verraten. Isabella hat deinem Mann geschrieben.«

»Das glaube ich nicht!« Es war, als ob alles in ihr zu Eis erstarrte.

»Doch, und es tut mir leid. Ich wundere mich nur, weshalb sie so lange gewartet hat.« Er lächelte, als bäte er sie um Verzeihung. »Sie ist mir sehr treu, Elly. Ich glaube, so wie die Dinge liegen, ist es vielleicht besser, du verläßt Gwynedd.«

Eleyne schloß die Augen. Würde Isabella sie denn nie in Frieden lassen?

Dafydd gab ihr eine Eskorte von vier Mann und zwei Frauen mit, die sie und Nesta aus Wales hinausbringen sollten. Er fragte sie nicht, wohin sie sich nun wenden wollte, und sie verriet es ihm auch nicht. Er gab ihr ein bißchen Geld. »Es gehört dir nach Papas Testament«, sagte er leise. Sie war froh über dieses Geld. Davon konnte sie eine Weile leben, ohne noch mehr von Joannas Schmuck verkaufen zu müssen.

VII

LONDON * Oktober 1240

Als sich Eleyne mit Donnet, der dem Pferd folgte, dem Haus der alten Lady Chester in der Gracechurch Street näherte, zog sie sich ihren Schleier über das Gesicht. Sie wollte von niemandem erkannt werden.

Eleyne folgte der alten Frau, die sie begrüßt hatte, und fand sich dann in einem dunklen Sprechzimmer im ersten Stock wieder, wo man sie allein ließ.

Es dauerte lange, bis Rhonwen erschien. Sie stand im Türeingang und sagte kein Wort, dann lief sie auf Eleyne zu und schloß sie in die Arme. Tränen flossen ihr über das Gesicht. »Du hast mir so gefehlt, Cariad, und ich habe solche Angst um dich ausgestanden. Wo warst du denn?«

Eleyne weinte auch. »Ich war in Llanfaes. Ich war bei Papa, als er starb, und Dafydd ließ mich bleiben.«

»Ich hatte gedacht, du wärest noch immer in Schottland.« Rhonwen schüttelte den Kopf. »Hast du deinen Mann gesehen?«

»Isabella hat ihm verraten, daß ich aus Schottland fort bin, und er weiß auch, daß ich nicht mehr unter Alexanders Schutz stehe.« Eleyne wunderte sich, daß sie es so ruhig aussprechen konnte, fast als ob es ihr gleichgültig geworden wäre. »Sie hat ihm außerdem mitgeteilt, daß ich mich in Wales aufhalte, darum konnte ich nicht mehr dort bleiben. Und deshalb bin ich hier. Ich wußte nicht, wohin ich sonst hätte gehen können.«

Fast ein Jahr hatte Eleyne unerkannt in London gelebt, jedoch wurde ihr von Monat zu Monat mehr bewußt, daß sie so nicht mehr weiterleben wollte, in steter Angst vor der Entdeckung. Sie beschloß daher, ihr Versteck zu verlassen, und bat King Henry um eine Audienz. Er empfing sie sofort.

Ein Blick durch den Saal hatte ihr gezeigt, daß keiner der De-Quincy-Brüder beim König weilte. Er lächelte. »Gruffydd und Senena sind auch in London, sie wohnen als meine Gäste im Tower.«

Eleyne war fast sprachlos vor Entsetzen. Davon hatte sie nichts gewußt. »Als Eure Gefangenen?«

»Als meine Gäste.« Er musterte sie finster. »Es freut mich, dich endlich wieder einmal zu sehen. Du warst lange fort, hast wohl so lange um deinen Vater getrauert. Wir haben dich bei Hofe vermißt.« Eine Pause trat ein. »Dein Mann fühlt sich völlig allein ohne dich. Er wird sich sehr freuen, daß du wieder da bist.«

»Euer Gnaden …« Sie versuchte ihn zu unterbrechen, aber er hob die Hand. »Er hat mir viel darüber erzählt, wie sehr er dich vermißt und wie sehr er sich darauf freut, dich wieder an seiner Seite zu haben. Wales und Westminster liegen einfach zu weit voneinander entfernt, Eleyne, und so …«, seine Augen waren stechend, bohrten sich in ihren Schädel hinein, »ist es auch mit Schottland. Dein Platz ist an der Seite deines Mannes. Hier bei Hofe.«

Das Gespräch verlief nicht so, wie sie es sich gewünscht hatte. In panischer Angst versuchte sie etwas zu sagen, aber er fuhr unerbittlich fort.

»Ich erinnere mich …«, er lächelte, aber sein Gesicht war gefühllos, »daß du mich einst batest, ich solle eine Begnadigung für eine Frau aufsetzen lassen, die bei dir dient. Lady Rhonwen, nicht wahr?« Sie erstarrte voller Mißtrauen. »Dein Mann hat mit mir über diesen Fall gesprochen und sich für ihre Begnadigung eingesetzt. Ich glaube, Eleyne, es wird möglich sein, ihr diese Begnadigung auszufertigen.« Er lächelte wieder. »Sobald du dich wieder in Roberts Bett befindest, in das du gehörst.«

August 1241

»Ich werde in Ihre Halle und an Ihr Kaminfeuer zurückkehren.« Sie trat ihrem Ehemann in dem getäfelten Söller des Earl of Winchester entgegen. Sie waren zum erstenmal, seit er sie vor mehr als zwei Jahren in Aberdour zurückgelassen hatte, wieder miteinander allein. »Aber ich werde nicht in Ihrem Bett schlafen.«

»Dann schläfst du eben auf dem Fußboden.« Sein Ton war ohne jede Nuance, sein Gesichtsausdruck aber war hart.

»Gern.« Das Schweigen, das auf ihre Erwiderung folgte, wurde von dem Geratter der Räder auf dem Katzenkopfpflaster unter dem Fenster unterbrochen.

»Kaum der richtige Ton, mit dem du dir eine Begnadigung für deine Giftschlange von Amme verdienen könntest.« Robert verzog die Lippen zu einem verachtungsvollen Grinsen.

»Vor den Leuten werde ich wieder deine Frau sein. Genügt das nicht, um deine Eitelkeit zu befriedigen?« Sie ging einen Schritt auf ihn zu, unwillkürlich zuckte er zurück. Sie war sehr mager geworden, ihr Gesicht sah streng aus, nüchtern und ernst. Und es war eine Kälte darin, die ihn abstieß. Er hatte sich darauf gefreut, sie sich wieder gefügig zu machen, ihr Zorn und ihre Verachtung hatten ihn früher oft gereizt, aber nun, als er diese kalten, erschreckenden Augen sah, geriet sein Interesse an ihr ins Wanken.

»Willst du denn diese Begnadigung immer noch? Ja oder nein?« fragte er mürrisch. Er zog seinen Dolch aus der reich verzierten Scheide an seinem Gürtel und begann sich mit übertriebener Langsamkeit die Fingernägel zu schneiden.

»Ja.«

Es war nicht klar, ob die Resignation ihrer Stimme den Klang raubte, oder ob es der Haß war. Wie auch immer, das alles bereitete ihm kein Vergnügen.

»Dann werde ich zum König gehen und sie dir besorgen.«

FOTHERINGHAY CASTLE * September 1241

Den Sommer über hatte eine furchtbare Hitze geherrscht, und die Trockenheit hatte das Korn auf den Halmen verdorren lassen. Im ganzen Land suchten die Frauen und Männer den Himmel nach Regenwolken ab. Aber auch der Herbst brachte nicht die ersehnte Erleichterung.

Eleyne, die sich besorgt der Pferde annahm, denen sie immer mehr Zeit widmete, sah das Gras schwinden und wußte, daß sie im Winter sehr wenig Heu haben würden. Wenn Robert sich nicht zwanghaft juristischen Streitereien widmete, die er zwecks Festigung des Anspruchs seiner Gattin auf ihr Wittumsland für nötig erachtete, gab er sich im Wald mit Bauernmädchen, die ihm in altehrwürdiger Weise zu Diensten waren, Weingelagen hin. Er schlief nicht in Eleynes Bett.

Sie hatte Rhonwen mit ihrer Begnadigung in London zurückgelassen. Stillschweigend waren die beiden Frauen übereingekommen, daß es vorläufig so am besten war.

Mit aufgerollten Ärmeln, auf dem Kopf einen breitrandigen Strohhut, prüfte Eleyne zusammen mit dem Hufschmied eine Wunde am Fesselgelenk einer ihrer Stuten, als Robert sie fand. Donnet war wie immer ganz in der Nähe und schlief im Schatten. Robert stand da und beobachtete sie, unangenehm berührt vom Anblick ihrer gebräunten Arme und rauh gewordenen Hände, dann erinnerte er sich, weshalb er da war, und suchte in seinem Lederbeutel nach dem Brief.

Sie sah ihm mißtrauisch zu, als er sich ihr näherte. Er hatte offenbar schon wieder kräftig getrunken, obwohl es noch nicht einmal Mittag war.

»Ein Brief, Liebling, von meinem Bruder in Schottland.«

Sie nahm ihren Hut ab und wischte sich mit dem Unterarm über die Stirn. Es blieb ein kleiner staubiger Strich darauf zurück. »Roger dachte, es würde dich vielleicht interessieren. Die Königin der Schotten wurde zu Roxburgh glücklich von einem Sohn entbunden.«

Sie war unvorbereitet. Er sah den Schmerz und die Erschütterung in ihren Augen, als hätte er ihr einen Schlag versetzt.

Jetzt hatte er sie also endlich einmal getroffen. Er faltete den Brief wieder zusammen. Es würde so leicht sein, das Messer in der Wunde herumzudrehen und sie zu beobachten, wie sie zuckte und sich abquälte, wie eine Eidechse, die man auf einen Dolch spießt. »Ich glaube, wir sollten hinreiten, was meinst du? Und dem kleinen Prinzen gemeinsam unsere Aufwartung machen«, fuhr er fort. »Roger sagt, der König hätte dein Erscheinen befohlen. Ich nehme an, er möchte sich mit seinem Sohn vor dir brüsten.«

XI
ROXBURGH CASTLE * September 1241

Sie konnte ebensowenig nein sagen, wie sie aufhören konnte zu atmen. So groß der Schmerz auch war, den sie sich damit bereitete, sie mußte zu Alexander. Ihm nahe zu sein, im selben Raum mit ihm zu sein, selbst wenn seine Frau und das Kind dabei waren, dieser Aussicht konnte sie nicht widerstehen. Sie wußte, daß Robert sie damit quälen wollte. Er würde sie beobachten und sich an ihren Qualen weiden, aber trotzdem wollte sie dieser Einladung folgen.

Die Dürre hielt an, aber im kühlen Norden wuchs mehr Gras auf den Wiesen, und die Bäume, die sich in der Sonne bereits golden und rostbraun färbten, waren nicht so vertrocknet. In Roxburgh fanden sie eine Unterkunft unweit der Burgmauer. Rhonwen, von einem Boten herbeigerufen, war an Eleynes Seite und half ihr in ihr schönstes Kleid. Es war aus dunkelblauer Seide mit Silberbesatz und wurde an ihrer viel zu schmalen Taille von einem schweren, mit getriebenen Silberornamenten bestickten Gürtel zusammengehalten.

Sie erschienen gegen zwölf Uhr am Tag nach ihrer Ankunft in der Burg, und Robert gab dem Beamten, der die Schar der im Hof wartenden Bittsteller beaufsichtigte, ihre Namen an. Sie wurden sogleich hineingebeten. Der König und die Königin saßen auf einem Podest am entfernten Ende der Halle. Eleyne zwang sich, neben Robert herzugehen, mit hocherhobenem Kopf und festem Schritt, und hörte das Geflüster, als sie an den König herantrat und knickste. Er hatte sich erhoben, als sie näherkam, und für einen Augenblick trafen sich ihre und seine Augen. Er wirkte nicht unbedingt erfreut, sie zu sehen.

»Lady Chester, die Witwe meines Vetters John«, sagte er schließlich zu seiner Frau. »Und Sir Robert de Quincy, ihr Gatte.«

Queen Marie lehnte sich in ihrem geschnitzten Thronsessel zurück, ihre Handgelenke lagen locker auf den Armlehnen, ihre dunklen Augen beobachteten sie aufmerksam. Sie hatte ein wuchtiges, etwas finsteres Gesicht mit einer olivfarbenen Haut, ihr Haar war schwarz und auf kunstvolle Weise schneckenartig um ihre Ohren herumgeschlungen, was die Breite ihrer Kinnpartie betonte. Eleyne begriff sofort: Die Königin wußte genau, wer sie war.

Robert lächelte die Königin an. »Madam, wir kommen, um Euch zu der Geburt Eures Sohnes zu beglückwünschen. Es ist ein wunderbares Ereignis für Schottland.«

»In der Tat, das ist es.« Die Stimme der Königin war schleppend. »Schottland hat lange darauf gewartet. Es war freundlich von Ihnen beiden, hierherzukommen und Ihre guten Wünsche zu übermitteln. Wie ich hörte, sind Sie auf dem Weg zu Ihrem Bruder, Sir Robert?«

»In der Tat, Madam.« Robert verbeugte sich.

Eleyne sah zu Alexander. Seine Augen lagen auf ihrem Gesicht.

»Dann wollen wir Sie nicht aufhalten.« Die Königin hatte Eleyne nicht angesehen. Sie reichte Robert die Hand, und er küßte sie.

Alexanders Augen wurden schmal. Sie sah krank aus. Unglücklich. Ihr Gesicht wirkte fast ausgemergelt. Aber sie war immer noch die schönste Frau, die er je gesehen hatte. Und seine Gattin brüskierte sie vor aller Welt.

»Aus Gründen der Gastfreundschaft kann ich es Ihnen einfach nicht erlauben, so bald nach Ihrer Ankunft weiterzureisen, Lady Chester«, sagte er, und er mußte sich anstrengen, diese Worte hervorzubringen, weil seine Kehle in dem Ansturm der Gefühle wie zugeschnürt war. »Ich möchte, daß Sie mit Ihrem Gatten in der Burg wohnen. Der Vogt von Schottland befindet sich auf dem Weg hierher. Sie brauchen ihm nicht nachzureisen, um ihn zu treffen.«

Ein Raunen ging durch die Menge der Anwesenden, und die Gesichtsfarbe der Königin wurde etwas dunkler.

Auch Eleyne stieg die Röte ins Gesicht. Ihre Augen trafen sich mit denen Alexanders, ein leichtes Lächeln spielte um seine Lippen. Es war nur ein winziger Triumph, aber besser als nichts.

Als Countess of Chester saß sie neben dem König am großen Tisch. Es dauerte lange, bis die Konversation eine solche Lautstärke erreicht hatte, daß er sich ihr zuwenden und mit ihr sprechen konnte, ohne daß andere es hörten.

»Warum bist du gekommen?« fragte der König.

»Du hast uns kommen lassen.« Sie achtete darauf, daß ihre Stimme ruhig und gleichmäßig klang.

»Nein, Mädchen, das hätte ich dir nicht angetan.«

Sie seufzte. »Ich hätte es mir denken können.«

»Bist du jetzt mit ihm zufrieden?« Alexanders Hand lag nahe bei ihrer Hand auf dem Tisch.

»Wie könnte ich zufrieden sein! Ich weiß, daß es nicht anders ging, und ich freue mich mit dir. Du hast endlich einen Sohn.«

»Ja.« Er lächelte breit. »Alexander. Er ist ein hübscher Bursche. Du sollst ihn gleich sehen.« Er bemerkte nicht den schmerzlichen Ausdruck in ihrem Gesicht bei dem Gedanken an den anderen, ihren kleinen Alexander, der in einem namenlosen Grab am kalten windigen Strand des Firth of Forth ruhte.

Sie lag in dieser Nacht mit Robert zusammen in einem Bett im Torhausturm der Burg. Er rührte sie nicht an. Er war betrunken. Still weinte sie sich in den Schlaf und dachte an Rhonwen und Nesta, die hinter dem Vorhang in ihren Betten schliefen, und an Donnet, am Boden zu Füßen ihres Bettes.

Das Baby war dick, gesund und krähte lustig, als die Amme es aufhob und Eleyne in die Arme legte. Es war warm und schwer, seine tiefblauen Augen sahen zu ihr auf, und sein

Mündchen spitzte sich zu einem zahnlosen Lächeln. Heiße Tränen traten aus ihren Augen.

»Ich möchte, daß du seine Patentante wirst«, sagte Alexander in das kurze Schweigen hinein, als sein Sohn und Erbe vorübergehend verstummte, um Luft zu holen.

Er wollte damit sagen, daß er sie verstand.

»Und die Königin? Will sie das auch?« Sie drückte das Baby fester an sich.

»O ja.« Ihre Augen trafen sich, und er zwinkerte. »Es ist Maries größter Wunsch.«

Sie wandte ihr Gesicht ab, konnte es nicht ertragen, ihn so nahe bei sich zu haben und ihn nicht berühren zu dürfen.

»Eleyne.« Sein gequältes Flüstern war so leise, sie fragte sich, ob sie es sich nicht nur eingebildet hätte.

Sie senkte den Kopf, um das Näschen des Babys zu küssen, und warf ihm dabei einen Blick zu. Was sie in seinen Augen sah, ließ sie nach Luft ringen.

XII

Drei Tage später war es soweit. Rhonwen hatte es arrangiert.

In schwere Umhänge gehüllt, schlüpften die beiden Frauen aus der Seitenpforte und betraten die außerhalb der Burgmauern gelegene, von Menschen wimmelnde Stadt. Rhonwen geleitete sie ein schmales Gäßchen hinunter und in einen kleinen Hof hinein. Außen an der Hausmauer wand sich eine Treppe hinauf in das Stockwerk oberhalb der Bäckerei, dort betraten sie ein kleines Zimmer, das stark nach frischem Brot duftete. Unter dem hohen, schmalen Fenster floß der Tweed langsam durch sein steinernes Bett, er führte wenig Wasser und war nur ein Rinnsal, voll von Abfällen.

»Verriegle die Tür hinter mir«, flüsterte Rhonwen. »Öffne sie nur dann, wenn du sechsmal ein solches Klopfen hörst.« Sie tippte mit dem Knöchel gegen den Fensterrahmen. »Hier im Korb findest du Wein und Pasteten, wenn ihr von der Liebe hungrig werdet.« Sie zwinkerte. »Das Bett ist nicht so übermäßig sauber, aber wenn es gut genug für einen König ist, ist es auch gut genug für dich!« Kichernd schlug sie mit der Faust auf die Bettdecke, und sie rümpfte die Nase, als eine Staubwolke sich erhob.

Eleyne ging zum Fenster: Ein widerlicher Geruch nach Moder und Abfällen wehte vom Fluß herüber, und das Zimmer war stickig und sehr heiß. Sie sehnte sich danach, die Kleidung abzuwerfen, aber sie wagte es nicht.

Sie ging auf und ab. In der Ferne riefen die Glocken der Abtei von Kelso die Mönche zur None. Ihre Röcke wirbelten kleine Staubwolken vom blanken Fußboden auf. Sie hörte Stimmen aus dem unter ihr gelegenen Laden, als die Frauen der Stadt ihren Teig zum großen Ofen des Bäckers brachten. Ein Hund bellte auf der anderen Seite der engen Straße. Die Straße zur Burg hinauf ratterten Wagenräder über das Kopfsteinpflaster.

Kindergeschrei und das Geräusch spritzenden Wassers ließen sie an das nach hinten gelegene Fenster zurückkehren. Sie sah drei kleine Knaben, die sich auszogen, lachend in den Fluß sprangen und einander in dem beinahe stehenden Gewässer naß spritzten. Sie stand lange da und beobachtete sie, dann ging sie zum Bett und setzte sich hin.

Sie mußte eingeschlafen sein, denn als sie etwas später zum Fenster zurückkehrte, befand sich die Sonne hinter den Häusern, und die Knaben waren längst verschwunden. Unten im Laden war es still, und sogar der Straßenlärm war verstummt.

Er kommt nicht mehr.

Resignation bemächtigte sich ihrer. Sie nahm das Tuch von Rhonwens Korb, griff nach der Pastete und dem Wein. Endlich hörte sie jemanden die hölzerne Stiege emporkommen, er nahm immer zwei Stufen auf einmal. Dann klopfte es rasch hintereinander an den Türrahmen.

Eins, zwei, drei, vier, fünf, sechs.

Er trug einen schweren Umhang und eine Kapuze über dem rotgoldenen Haar und warf die Tür mit dem Fuß hinter sich ins Schloß, während er sie mit der gleichen Bewegung seines Körpers in die Arme nahm.

»Eleyne, süße Eleyne, dachtest du, ich käme nicht mehr? Mädel, du hast mir ja so gefehlt!« Er zog sie fest an sich. »Meine

Eleyne, wie kann das Schicksal uns nur so voneinander trennen?« Es war ein gequälter Aufschrei.

Sie klammerte sich an ihn. »Du bist ein König. Dein Schicksal liegt nicht in deiner Hand«, sagte sie düster. Sie sah zu ihm auf, erschüttert von der Leidenschaft seiner Worte. Warum hatte er ihr den Rücken zugekehrt, wenn er so empfand? Warum hatte er Marie geheiratet?

»Du hast recht. Mein Schicksal muß meiner Pflicht, meinem Land untergeordnet sein. Und trotzdem weiß ich jetzt, daß ich ohne dich nicht leben kann!« Er wiegte sie in seinen Armen. »Ach, was sollen wir tun, Mädel?«

»Wenn unsere Liebe von den Göttern gemacht ist«, flüsterte sie zärtlich, »braucht sie den Segen der Kirche oder der Menschen nicht.«

Einen einzigen atemlosen Blick lang ertranken sie in den Augen des anderen, dann waren seine Lippen auf ihren Lippen, auf ihrem Haar, auf ihren Augen, auf ihren Wangen. Er küßte sie fortwährend, als er sie auszog, bis er sie nackt in den Armen hielt. Er trat zurück, seine Augen liebkosten ihren Leib mit einer solchen Zärtlichkeit, daß sie die Berührung seines Blicks auf ihrer Haut spürte, wie er sie streichelte und entflammte, und sie merkte, wie sie heftig und tief zu atmen anfing, als wäre er schon in ihr.

Endlich zog auch er seine Tunika aus. Sie löste ihre Zöpfe mit zitternden Händen und schüttelte den Kopf, so daß die Locken ihr in einer Wolke um das Gesicht wirbelten.

XIII

Sie kamen noch dreimal in dem Zimmer über der Bäckerei zusammen, bevor Alexander nach Stirling Castle aufbrechen mußte. Niemand schien ihre Rendezvous bemerkt zu haben, und in jener ersten Nacht, dem einzigen Mal, da Eleyne bis zum Morgen fort war, hatte sich Robert derartig betrunken, daß er bewußtlos in der großen Halle liegengeblieben war. Jeden Tag fürchtete sich Eleyne vor dem Streit, der ausbrechen würde, wenn Robert ihr erklärte, sie müßten wieder zurück nach England, aber er schien auf seinen Bruder Roger warten zu wollen.

XIV
STIRLING CASTLE * Oktober

»Ich habe eine Nachricht vom König.« Rhonwen zog Eleyne beiseite. »Du sollst ihn im Haus des Scherenschleifers am Fuß des Burgbergs treffen. Sir Robert ist zusammen mit seinem Bruder ausgeritten. Ich habe sie selbst fortreiten sehen, und die Königin ist wie immer bei dem Kind. Also dürfte es keine Schwierigkeiten geben.« Sie zupfte an Eleynes Umhang. »Bist du glücklich, Cariad?«

Eleyne nickte stumm. »Ich liebe ihn so sehr. Ich kann nicht ohne ihn leben.«

»Obwohl du niemals seine Königin werden kannst?«

»Trotzdem.« Eleyne lächelte. »Einion hat sich geirrt. Wir müssen das akzeptieren. Oder die Götter haben es sich anders überlegt.«

»Du hast doch nicht wieder in die Zukunft gesehen?«

»Nein, Rhonwen«, lachte sie. »Ich will jetzt nur die Gegenwart, das ist alles, Robert aus meinem und den König in mein Bett.«

Rhonwen schüttelte den Kopf, dann sagte sie: »Für mich ist nur eines wichtig, Cariad. Daß du glücklich bist.«

Die schmale Straße lag verlassen da, als sie über die rohen runden Pflastersteine schritten und an den Hausfronten nach dem Zeichen des Scherenschleifers suchten. Sie fanden es. Das Haus lag weiter zurück, im Schatten der Burgmauer. Davor stand ein Wagen mit einem Verdeck und einem davorgespannten Ochsengespann. Die Mäuler der Tiere, die in der Hitze schläfrig wirkten, staken in Futtersäcken. Der Laden war verschlossen und vergittert, und in dem Haus dahinter war es völlig still. Rhonwen ging voraus, einen Gang hinunter, der an der Seite des Hauses entlangführte. Er roch übel und war dunkel, aber Eleyne achtete nicht darauf. Sie war viel zu aufgeregt.

»Hier entlang«, flüsterte Rhonwen. »Behalte die Kapuze auf – falls wir jemandem begegnen.« Sie öffnete die Tür behutsam und ging voraus, in das Haus hinein. Im Innern führte eine schmale Treppe empor zu einem Raum, in den wegen der vorgeklappten Fensterläden fast kein Licht fiel. Es genügte gerade eben, daß man vier in schwarze Mäntel gehüllte Gestalten erkennen konnte.

Rhonwen schoß herum. »Lauf weg!« schrie sie, aber es war zu spät. Hinter Eleyne tauchte ein weiterer Mann auf. Er hielt einen Dolch in der Hand.

»Guten Tag, Mylady.« Robert trat vor, während er sich seinen Umhang vom Leib riß und sich verbeugte. »Es tut mir leid, dich enttäuschen zu müssen, doch an diesem zärtlichen Beisammensein heute wird seine Majestät, der König, nicht teilnehmen.« Er lächelte. »Aber er wird vertreten: An seiner Statt beehrt uns die Königin mit ihrer Gegenwart.« Er verbeugte sich vor der Gestalt, die links von ihm stand, sie trat vor und schob ihre Kapuze zurück.

»Lady Chester.« Marie lächelte und nickte graziös. »Ich mußte selbst kommen, um mich zu überzeugen.«

»Zu überzeugen?« wiederholte Eleyne.

»Daß das Gerücht auf Wahrheit beruht. Daß Sie sich dazu hergeben, meinem Gatten als Hure zu dienen.« Sie lächelte wieder. »Sir Robert, wir wünschen Ihre Frau nie wieder bei Hofe zu sehen.«

»Nein.« Eleyne wich einen Schritt zurück, eine Treppenstufe hinunter, aber der Mann, der unten stand und den Dolch in der Hand hielt, schien nicht bereit, sie vorbeizulassen.

Sie brauchten nicht lange, um sie zu fesseln, ihr einen Knebel aus Lumpen in den Mund zu stopfen und die Kapuze über das Gesicht zu ziehen, dann trugen sie sie ohne große Umstände die Treppe hinunter, durch den Laden und warfen sie unten in den Ochsenkarren. Eine Peitsche sauste herab, der Wagen ruckte los und fing mit großem Gequietsche und Gekrache an, langsam den steilen Hügel in die Stadtmitte hinunterzuholpern.

Ohnmächtig vor Angst und Wut, halb erstickt unter der Kapuze, rollte Eleyne in dem Wagen hilflos von einer Seite zur anderen. Sie schlug hart gegen irgendeinen Teil des Wageninneren, und es wurde ihr vor Schmerzen fast schwarz vor den Augen. Danach war sie zu betäubt, um noch zu begreifen, was mit ihr geschah. Sie wußte nicht, ob Rhonwen bei ihr war. Sie hörte nur das Quietschen und Krachen und Knarren des schaukelnden Fahrzeugs und dann und wann den Peitschenknall des Kärrners.

Sie verlor jedes Gefühl für Zeit. Sie wußte nicht, ob Minuten oder Stunden vergangen waren, als das Geräusch galoppierender Pferde den schwerfälligen Trott der Ochsen ablöste und sie mit einem Ruck anhielten. Robert sprang in den Wagen herein, schob ihr die Kapuze vom Gesicht herunter in den Nacken und befreite sie vom Knebel. Rhonwen lag fest verschnürt und völlig bewegungslos neben ihr.

»Nimm ihr bitte den Knebel aus dem Mund, sie bekommt keine Luft.« Eleyne rang ihrem trockenen Mund diese Worte ab.

»Gut.« Aber er machte keine Anstalten, Rhonwen zu helfen. Ihre Arme waren taub, und ihre Knöchel waren schmerzhaft geschwollen. Es war entsetzlich heiß in dem dicken Umhang. Ihre Augen kehrten zu dem Körper zurück, der unbeweglich neben ihr zwischen dem Stroh lag.

»Wo bringst du uns hin?«

»An einen Ort, wo der König dich nie finden wird.«

»Wirst du mich nicht töten?«

»Wenn du tot bist, nützt du mir nichts, Frau. Ich verlöre doch dein Einkommen, nicht wahr? Also bist du von nun an wieder meine treue und gehorsame Frau. Deinen geliebten Alexander wirst du nie mehr wiedersehen.«

Sechzehntes Kapitel

I
CAERNARFON * September 1241

»Du reitest nach London?« fragte Isabella ihren Dafydd mit großen Augen. »Aber warum?«

»Der König befiehlt es.« Dafydd trat wütend gegen einen Schemel, der in der Nähe stand.

»Er will, daß ich die Vereinbarung, die wir vorigen August in Rhuddlan getroffen haben, noch einmal bestätige.«

»Als du ihn Gruffydd als Gefangenen hast mitnehmen lassen?« Isabella zog eine Augenbraue hoch. »Willst du ihn jetzt wieder um seine Freilassung anbetteln?«

»Nein. Trotzdem ist es nicht richtig, daß Gruffydd dort ist. Unser Streit geht England nichts an. Henry hat damit nichts zu schaffen.«

»Dann hättest du ihm Gruffydd nicht ausliefern sollen!« Sie konnte sich diesen Seitenhieb nicht verkneifen, obwohl sie die Farbe der Wut im Gesicht ihres Mannes sah.

»Mir blieb keine Wahl. Du selbst hast mich dazu gedrängt.«

II
LONDON * 29. September, Michaelis

Isabella hatte schon immer vom Hof geträumt: Es war aufregend, lauter reiche Leute, ein buntes Menschengewühl, ständige Aufregung und überall Klatsch. Und eines der ersten Gerüchte, das sie hörte, war die Geschichte von dem seltsamen Verschwinden der Countess of Chester.

Sie hörte sie von Lady Winchester, die kürzlich aus Stirling zurückgekehrt war.

»Sie wissen doch, man sagt, sie sei Alexanders Geliebte!«

»Das war, als sie ihn zu heiraten hoffte.« Isabella hatte rasch begriffen, daß sie als Schwägerin der Verschwundenen eine gewisse Berühmtheit erlangt hatte.

Lady Winchester lächelte. »Aber sie haben ihre Beziehung nach Eleynes Rückkehr an Alexanders Hof wieder aufgenommen. Wußten Sie das nicht? Isabel Bruce hat es mir erzählt.«

»Dann hat er sie vielleicht in ein Liebesnest irgendwo in den Bergen entführt.« In Isabellas Sarkasmus schwang eine stille Sehnsucht mit.

»Ich glaube das nicht.« Lady Winchester war nachdenklich. »Ich höre, daß sich der König ernsthaft Sorgen um sie macht. Robert sagte ihm, sie sei glücklich in Fotheringhay gelandet, aber sie ist nicht dort! Und wenn sie vorhatte, nach Fotheringhay zu gehen, warum hat sie dann nicht ihren Hund mitgenommen? Sie betet das Tier an. Nichts könnte sie dazu bewegen, sich von ihm zu trennen.«

Die Frauen sahen einander schweigend an.

»Glauben Sie, daß ihr etwas zugestoßen ist?« flüsterte Lady Winchester schließlich.

III

STIRLING * Oktober 1241

Alexander warf den Brief mit einem Ausruf der Ungeduld vor sich auf den Tisch. »Denkt der Mann wirklich, daß ich ihm das abnehme?«

Ihm zu Füßen rührte sich Donnet und spitzte die Ohren. Widerwillig hatte er sich damit abgefunden, daß dieser Mann aus irgendeinem seltsamen Grund sein neues Herrchen war, aber er schmachtete noch jede Sekunde des Tages nach Eleyne.

Queen Marie warf einen Blick auf den Brief. »Sir Robert hat wieder geschrieben?«

»Aus Fotheringhay. Er sagt, seine Frau sei wohlauf. Er sagt, sie wolle den Hund nicht mehr.« Er schlug mit beiden Fäusten auf den Tisch. »Gütiger Christus, hält er mich für einen Narren?« Er drehte sich jäh zu seiner Frau um. »Sie wissen mehr davon, als Sie zugeben wollen, Madam. Glauben Sie denn, ich weiß das nicht?« Seine Augen waren voller Wut. »Wenn ihr irgend etwas geschehen ist …«

»Ich bin sicher, es ist ihr nichts geschehen.« Maries Stimme klang auf irritierende Weise herablassend. »Mein Gatte, wollt Ihr es denn nicht begreifen? Diese Frau hat Euch satt. Sie ist eine Hure. Sie wechselt öfter einmal ihren Liebhaber. Das verleiht ihren schalen Vergnügungen eine gewisse Pikanterie.« Sie lächelte, als sie sah, wie wütend ihr Mann die Fäuste ballte, und erhob sich.

»Bitte. Wirf den Hund hinaus auf den Hof, wo er hingehört! Er stinkt.«

IV
DER TOWER ZU LONDON * Oktober 1241

»Ihr habt Euren Bruder besucht?« King Henry warf sich in seinen Stuhl mit der hohen Lehne und bedeutete Dafydd und Isabella, daß sie sich auf die beiden niedrigen Stühle, die vor ihm standen, setzen sollten.

Henry lehnte sich zurück, seine Augenlider hingen halb herunter. »Man sollte meinen, es sei zu Eurem Vorteil, wenn Ihr Gruffydd aus dem Weg habt.«

Dafydd machte eine kleine Verbeugung. »Ich sehe einen Waliser nicht gern in einem englischen Gefängnis, Sire«, sagte er mit fester Stimme. »Wer es auch sein mag.«

»Ah.« Henry strahlte ihn an. »Und wie steht es mit walisischen Frauen? Ich wäre mehr als glücklich, wenn Ihr Lady Senena mitnehmen würdet, sobald Ihr London verlaßt.«

»Das muß die Lady selbst entscheiden, Sire. Im Augenblick ist sie entschlossen, bei ihrem Mann zu bleiben. Ich glaube, sie meint, sie kann hier mehr ausrichten, und hofft, Euch überreden zu können, ihn freizulassen.«

»Ich verstehe.« Henrys Gesicht war ausdruckslos, als er aufstand und zum Fenster ging. Er sah in den Hof hinunter. Zwei

Raben stritten um einen Haufen Unrat in der Ecke, sie zerrten am Aas irgendeines Tieres herum.

»Ich habe über die Frage der Erbfolge nachgedacht«, fuhr er nach einer kurzen Pause fort, während Dafydd und Isabella ihn schweigend beobachteten. »Eure Erbfolge.« Er sah erst Dafydd und dann Isabella an. »Ihr habt noch keine Kinder, nicht wahr?«

Röte stieg in Isabellas Gesicht. »Wir hoffen die ganze Zeit auf ein Baby, Sire ...«

»Glaube ich gern.« Henry schob ihren Einwurf beiseite. »Und ich bin sicher, daß Ihr bald gesegnet sein werdet, aber bis dahin bin ich nicht glücklich bei dem Gedanken, und Ihr seid es zweifellos auch nicht, daß Euer Halbbruder oder irgendeiner seiner Söhne das Fürstentum Nordwales erben könnte.«

Als Dafydd endlich sprach, war seine Stimme schwer vor Mißtrauen. »Was meint Ihr, Sire?«

»Ich habe eine Vereinbarung entworfen.« Der König zeigte auf den Tisch, auf dem ein Dokument neben einem Tintenfaß und etlichen Federn lag. »Es wäre ratsam, wenn Ihr als Interimslösung mich als Euren Erben einsetzen würdet.«

»Nein!« Dafydd schlug mit der Faust auf den Tisch, so daß die Federn hüpften.

»Nein?« wiederholte der König milde. »Ich glaube, wenn Ihr ein wenig darüber nachdenkt, werdet Ihr feststellen, daß es ein ausgezeichneter Vorschlag ist.«

V

»Jetzt siehst du, was du angerichtet hast!« Dafydd hatte kaum abgewartet, daß sich die Tür ihres Zimmers schloß, als er sich auch schon an Isabella wandte. »Wenn wir Kinder hätten ...«

»Es ist nicht meine Schuld, daß wir keine haben.« Isabellas Stimme wurde hysterisch und laut. »Ich weiß, daß ich Kinder bekommen kann. Habe ich es dir nicht bewiesen? Hast du nicht das Baby gesehen, das ich dir geschenkt habe ...«

»Das Baby, Isabella«, er schauderte, »war tot.« Er bekreuzigte sich. »Und seither hat sich nichts mehr in deinem Bauch geregt.«

»Und weißt du, warum nicht?« Sie beugte sich vor, ihre Augen glitzerten. »Weil deine Schwester mich verflucht hat.«

VI
LOCH LEVEN CASTLE * Februar 1242

Der tagelange Regen hatte das kleine Schlafzimmer in ein feuchtes, trostloses Gefängnis verwandelt.

Rhonwen, die am Kamin kauerte, wandte sich zum Fenster, an dem Eleyne stand und hinaus auf das schwarze Wasser des Loch starrte. »Was gibt es denn da draußen zu sehen?«

Die eine Seite von Rhonwens Gesicht war immer noch geschwollen von dem schweren Streich, den ihr drei Monate zuvor einer von Roberts Halunken mit seinem Schlagholz versetzt hatte. Sie hatte einen Tag lang bewußtlos gelegen und war erst aufgewacht, als sie an ihrem Ziel ankamen.

Aus dem Ochsenkarren waren die beiden Frauen in einen leichteren Pferdewagen umgeladen und dann für die letzten paar Meilen auf zwei Packpferde geschnallt worden, als ob sie irgendwelche Gepäckstücke wären. Als die Pferde am Ufer des großen Sees zum Stehen kamen, waren sie in ein Ruderboot geworfen und über das Wasser zu der einsamen Burg auf dieser Insel geschafft worden.

Eleyne hatten sie in das Schlafzimmer der Burg geschleift, wo Robert seiner Wut und Enttäuschung freien Lauf ließ. Als er, im Heck des Bootes sitzend, das sie auch hergebracht hatte, endlich wieder von der Insel Abschied nahm, lag seine Frau bewußtlos auf dem Bett.

Auf der Burg hielten sich drei Bewaffnete und ebensoviele Diener auf. Eleyne und Rhonwen durften sich frei bewegen. Wohin hätten sie auch fliehen können? Ein Boot gab es nicht. Der Nachschub kam alle paar Wochen vom Festland herüber, während der übrigen Zeit waren sie von der Welt abgeschnitten. Allmählich gelang es Eleyne, Rhonwen gesundzupflegen, und langsam erholte auch sie sich von ihren Verletzungen. Rhonwen zeigte ihr, welche Heilkräuter es auf der winzigen Insel gab und lehrte sie die Zubereitung von Mitteln, von denen Eleyne noch niemals gehört hatte.

Aber es war noch jemand auf dieser einsamen, stillen Insel, eine Frau in einer schwarzen Robe und mit einer steifen Halskrause aus Spitzen. Eleyne entdeckte sie, als sie allein durch das Zwielicht an der hohen Mauer ging, sie blieb stehen und starrte sie an. »Sie?« Sie rieb sich die Augen. Es war die Frau, die sie in Fotheringhay gesehen hatte: die schwarze, schattenhafte Erscheinung, die in dem oberen Stockwerk jenes Turms im fernen Northampton umging. Aber wie konnte das sein? Die beiden Frauen sahen einander schweigend an, beide in ihrem Elend eingeschlossen. Eleyne erkannte an dem Ausdruck ihrer Augen, daß auch sie sich erinnerte, dann brach die Dämmerung herein, die Schatten wurden schwarz, die Frau verschwand. Eleyne fühlte, wie ihr Herz unter ihren Rippen schlug. Sie trat vor und spähte in die Finsternis. »Wo bist du?« rief sie leise. »Wer bist du?«

Erst viel später merkte Eleyne, daß sie schwanger war.

»Ist es das Kind des Königs?« Rhonwen küßte sie zärtlich.

»Natürlich ist es das Kind des Königs. Robert ist mir – war mir ...«, verbesserte sie sich mit einem Schauder, »seit Monaten nicht mehr nahegekommen!« Sie stand da und sah über das schwarze Wasser zu den niedrigen Bergen hinüber, die sie von Alexander trennten.

»Dann stimmte die Prophezeiung vielleicht doch«, flüsterte Rhonwen. »Vielleicht wird das Kind in deinem Bauch wirklich eines Tages ein König sein.«

Als Robert wiederkam, sah man ihre Schwangerschaft bereits. Draußen rasten heulend die Winterstürme über das Loch, wühlten das flache Gewässer zu schäumenden Wogen auf, schleuderten Gischt gegen die Mauern des Turms. Er warf den Umhang von sich und drehte sich zu ihr, um sie zu betrachten, sein schwarzes Haar war vom Regen glatt. In seinem Gesicht war kalter Zorn, als sein Blick langsam ihre Figur hinabwanderte.

»Das Kind deines Liebhabers, nehme ich an – meines mit Sicherheit nicht.«

Eleyne zog ihren Mantel wehrlos um sich herum.

»Das Kind des Königs.« Sie hob das Kinn. »Und diesmal wirst du es nicht wagen, Hand an mich zu legen.«

»Nein?« Er sprach mit täuschend mildem Tonfall.

Sie schluckte. Das Baby trat sie heftig, und sie legte unwillkürlich ihre Arme um den Leib, um es zu beschützen. »Er weiß es«, sagte sie in ihrer Verzweiflung. »Er weiß von dem Baby. Wenn irgend etwas geschieht …«

»Er weiß gar nichts.« Robert lächelte. »Er glaubt, du wärest in Fotheringhay, wohin du von deinem Onkel geschickt wurdest. Deinem anderen Onkel.«

»Was habe ich doch für ein Zuhause!« schrie Robert plötzlich auf. »Ich kehre zu meiner Frau zurück, und was sehe ich? Lauter finstere Gesichter! Wein! Bringt mir Wein! Und Kerzen und etwas Anständiges zu essen. Gottverdammt, was ist das hier für ein Empfang!«

Niemand rührte sich. Robert verzog das Gesicht zu einer bitterbösen Miene. Mit drei Schritten war er bei Rhonwen. Er packte sie beim Arm, riß sie hoch und schleuderte sie zur Tür. »Hast du gehört, Frau? Wein!«

»Es ist nur wenig Wein da, Mylord, und Kerzen sind knapp. Feuerholz desgleichen.« Eleynes Stimme klang müde. »Die Stürme haben so schlimm gewütet, daß das Boot nicht herüberkommen konnte. Du hättest diese Dinge selbst mitbringen sollen.« Eleynes Stimme war heiser. »Du bist hier nicht willkommen, Robert.«

»Das merke ich«, sagte er. »Es wird dich daher auch freuen zu hören, daß ich bald wieder abreise.«

Er blieb kaum zwei Tage bei ihnen, und während dieser Zeit rührte er sie nicht an. Statt dessen leerte er das letzte Fäßchen Wein im Keller. Er war sehr betrunken, als er Eleyne aus ihrem Schlafzimmer rief.

»Ich kehre nach England zurück.« Er sprach schleppend, seine Augen waren wäßrig und blutunterlaufen. »Ich kehre nach England zurück«, wiederholte er und bemühte sich, die Worte deutlich auszusprechen. »Du bleibst hier, bis du verfaulst. Du und dein Bastard.« Er sackte gegen die Wand. »Hier wird man schnell vergessen, im Loch Leven Castle.« Er for-

mulierte seine Worte mit ungeheurer Sorgfalt. »Sehr schnell.«
Plötzlich brach er in ein schrilles Kichern aus. »Es sollte mich
nicht wundern, wenn ich dich vollkommen vergesse.«

»Ich hoffe es.« Eleynes Stimme war kalt.

»Du möchtest, daß man dich vergißt?«

»Daß du mich vergißt, ja.«

Robert kicherte wieder. »Und der König, ja, der wird dich
auch vergessen. Ich habe ihn auf meinem Weg hierher in Roxburgh besucht. Ich habe ihm Grüße von dir ausgerichtet und
ihm erzählt, daß du sehr glücklich bist. Du bist doch glücklich,
Liebling?« Er stieß sich von der Wand ab und rülpste. »Obwohl
ich mir nicht vorstellen kann, wie du es mit diesem Weib zusammen aushältst.« Er machte Rhonwen gegenüber eine
obszöne Geste. »Ja, ich glaube, ich werde dir noch einen letzten Gefallen tun. Ich werde dich von ihrer Gegenwart befreien.«

»Das ist nicht nötig, Robert.« Eleynes Stimme war ruhig und
gleichmäßig, obwohl sich ihr vor Angst der Magen umdrehte.
Das Baby spürte es und trat sie unterhalb der Rippen, Eleyne
zuckte zusammen.

»Aber ja doch.« Er stürzte sich auf Rhonwen und bekam ihr
Handgelenk zu fassen. »Peter!« schrie er. »Peter! Wir müssen
auf dem Rückweg noch diesen Abfall im See versenken.«

»Nein!« schrie Eleyne. »Nein, das darfst du nicht ...« Sie
krallte sich verzweifelt in seinen Arm fest, aber er stieß sie weg.

»Doch, süße Gattin. Nimm sie!« Er warf Rhonwen seinem
Burschen in die Arme, der die Treppe heraufgekommen war.
»Steck sie in einen Sack und schaff' sie zum Boot.«

»Nein!« Beide Frauen schrien jetzt. Rhonwen trat wie rasend
um sich, als der hochgewachsene junge Mann sie aus dem Zimmer schleifte. Schluchzend lief Eleyne hinter ihr her zur
Treppe, aber Robert fing sie ab. Er schlug ihr mit der flachen
Hand ins Gesicht. »Willst du deinen kostbaren königlichen Bastard in Gefahr bringen?« brüllte er. »Laß sie!«

»Warum? Warum tust du das?«

Er lachte nur und rannte die Treppe hinunter.

Eleyne folgte ihm, aber in der engen Pforte des Unterge-
schosses trat ihr der alte Kastellan entgegen. »Bitte, Andrew ...«

»Es tut mir leid, Mylady. Aber es ist zwecklos.« Er versperrte ihr den Weg mit seinem Arm.

In dieser Nacht ließ sie in dem Kamin in ihrem Zimmer ein Feuer entzünden. Andrew legte viel Holz auf, obwohl nur noch wenig auf der Insel vorhanden war, und zündete es mit einem Seitenblick zur Countess an. Eleyne schaukelte vor- und rückwärts, die Arme um ihren Bauch geschlungen. Ihre Augen waren längst tränenleer, ihr Gesicht aber war so von ihrem Elend gezeichnet, daß es sogar das wenig empfindsame Herz des alten Mannes berührte.

»Soll ich meiner Frau sagen, daß sie heraufkommen und sich zu Ihnen setzen soll, Lady?« erlaubte er sich zu fragen, als das Feuer zu seiner Zufriedenheit zu lodern begonnen hatte. Seine Janet war eine gute Seele, die sich so unverblümt über Sir Robert geäußert hatte, daß er ihr eine Ohrfeige hatte versetzen müssen vor lauter Angst, de Quincy oder einer seiner Männer könnte es hören. Schließlich bezahlte Sir Robert sie ja dafür, daß sie sich um die Countess kümmerten und sie auf der Insel festhielten, und er bezahlte ihm mehr, als er sich je erträumt hatte.

Eleyne schüttelte schluchzend den Kopf.

»Dann lasse ich Euch jetzt allein, Lady.«

Eleyne saß, nachdem er fort war, lange Zeit unbeweglich da. Dann erhob sie sich langsam. Das Feuer war zu einer freundlichen Glut in sich zusammengesunken und qualmte, weil das Holz so feucht war. Sie fühlte sich leer und einsam, und nur die Angst leistete ihr Gesellschaft, als langsam noch einmal die Tränen unter ihren Lidern hervorzuquellen begannen. Von ihrer geisterhaften Mitgefangenen war nichts zu sehen.

Sie ging zum Fenster, blickte auf das schwarze Wasser des Lochs, vor Kälte erstarrt, dann wandte sie sich wieder ab und trat zum Feuer. Sie bückte sich unbeholfen, um noch ein Scheit in die Glut zu werfen, und hielt den Atem an. Da war ein Bild in den Flammen. Sie fiel in der staubigen Asche am Rande des kleinen Feuerplatzes auf die Knie, ihr Herz klopfte vor Angst. Sie starrte in das Zentrum der Glut.

Er war da, der Reiter, er erfüllte ihren Kopf, erfüllte das Bild im Feuer, ritt von ihr fort, wer weiß welchem Schicksal entgegen. Wer war er, und was hatte er mit ihr zu tun? Sie wußte es nicht.

Alexander, wo bist du? Komm zu mir, bitte!

Bitte. Sie sprach mit dem Feuer, als ob es etwas Lebendiges wäre, und streckte sich langsam zu den Flammen hin. Als sie diesmal spielerisch an ihren Fingern zu lecken begannen, war niemand da, der sie hätte zurückreißen können.

VII

De Quincys Männer hatten Rhonwen mit einem einzigen Strick gefesselt und ihr dann einen großen Mehlsack über den Kopf gestülpt. Halb ohnmächtig vor Angst und fast an dem Mehlstaub erstickend, der noch in dem Juteleinen hing, spürte Rhonwen, daß zwei Männer sie aufhoben und roh über den Erdboden schleiften. Zweimal stieß sie gegen irgend etwas, dann wurde sie in ein Boot geworfen.

Der Strick um ihren Körper war nicht sehr sorgfältig gewickelt, ließ sich lockern, und sie zerrte und riß an dem groben Material, so stark sie konnte.

»Gütige Brigitte, rette mich«, wisperte sie verzweifelt, als sie den unverwechselbaren Laut von Roberts betrunkenem Gelächter nahe bei ihrem Kopf hörte. »Gütige Lady, hilf mir!«

Sie konnte nicht verstehen, was sie sagten. Das Boot hatte jetzt zu schwanken aufgehört, und sie spürte, wie es durch das kalte Wasser glitt, das sie dicht unter sich auf der anderen Seite der dünnen Planken ahnen konnte. Eine Panik ergriff sie, und sie fing am ganzen Leib zu zittern an. Jeden Augenblick konnten sie mit dem Rudern aufhören.

»Gütige Lady, rette mich!« Sie zerrte jetzt von innen an dem Sack, es war ihr gleichgültig, ob sie es sahen. Einen Augenblick später sagte ihr ein neuerlicher gemeiner Tritt, daß es bemerkt worden war. Plötzlich wiegte sich das Boot nicht mehr hin und her. Sie fühlte, daß Hände nach den Ecken des Sackes griffen.

Sie schrie und schrie, während sie sich mit ihr abmühten. Das Boot schaukelte gefährlich auf dem schwarzen Wasser, dann spürte sie die harte Kante des Dollbords unter ihren Rippen; sie hing, wie es ihr vorkam, eine Ewigkeit darüber, bis die, die sie gefangen hatten, mit einem Triumphschrei ihre Füße in die Luft hoben und sie mit dem Kopf voraus über Bord kippten.

Der Sack schwamm, um sie herum zuerst noch mit Luft gefüllt, begann dann zu sinken. Rhonwen fühlte, wie sich über ihrem Kopf die eiskalte Schwärze schloß.

VIII

Als Eleynes Schreie durch das Treppenhaus gellten, ließ Andrew die Flasche mit dem Dünnbier fallen, die er gerade zum Tisch tragen wollte, und keuchte die Wendeltreppe hinauf.

Als er das Zimmer betrat, ergriff ihn ein solches Entsetzen, daß er sich nicht von der Stelle zu rühren vermochte. Eleyne lag mit ausgebreiteten Armen in der Asche. Flammen zuckten um ihren Kopf.

»Heiliger Jesus!« Er stürmte durchs Zimmer, riß ein Tuch vom Bett, warf es auf sie und erstickte die Flammen.

»Janet!« Er zog Eleyne aus dem Kamin zurück ins Zimmer und brüllte so laut er konnte: »Janet! Um des gesegneten Christus willen, Frau, komm so schnell du kannst!«

»Was ist? Ist es das Kind?« Sie rang nach Luft, ihr Gesicht glänzte vor Schweiß.

»Die Lady ist gestürzt. Hilf mir, Frau, sie ist zu schwer für mich.« Er zog an Eleynes Arm, ohne daß er sie zu bewegen vermochte. »Komm, wir legen sie auf das Bett!«

»Ist sie tot?« Janet hatte sich nicht von der Türöffnung fortbewegt.

»Hör auf zu faseln und hilf mir!«

Gemeinsam zogen sie Eleyne auf das Bett.

»Heilige Jungfrau, sieh dir diese Verbrennungen an!« Seine Frau starrte entsetzt hinunter.

»Oh, die arme Lady.«

IX

Rhonwens Lungen waren am Zerplatzen; rote Sterne schossen ihr durch den Kopf, explodierten in ihrem Gehirn. Ihre Bewegungen wurden schwächer. Jeden Augenblick würde sie Luft holen müssen und dabei das weiche schwarze Wasser hereinlassen, das ihre Lungen füllen, in ihre Adern dringen und sie für immer hinabziehen würde. Mit einer letzten verzweifelten Anstrengung zerrte sie am Saum des Sackes und fühlte, daß er riß. Sie stieß zuerst den Arm durch das Loch, dann den Kopf. Das Wasser war voller Schilf, war glitschig und zäh wie Leder, und während ihre Finger nach den Sternen griffen, bekam sie einen halb versunkenen Baumstumpf zu fassen.

X

»Ihr schönes Haar. Oh, Andrew, ihr schönes Haar.« Janet strich mit einem Bausch weicher Lammwolle Buttermilch über Eleynes Gesicht und Kopf.

»Fürchterlich.« Es würden schreckliche Narben zurückbleiben. »Ist das Baby noch am Leben?«

Janet wischte sich die Finger an der Schürze ab und legte die Hand auf Eleynes Bauch. »Ich fühle, daß es sich bewegt, doch wer weiß? ... Ich wollte, Lady Rhonwen wäre hier.« Ihr weiches, rundliches Gesicht, gerötet und gegerbt vom Winterwind, war vom Mitleid zerknittert, sie fing an zu weinen.

»Du machst das gut, Frau, sehr gut.« Es klang zuversichtlicher, als er sich fühlte. Langsam, müde, hob er die Überbleibsel von Eleynes Kopfschmuck und die angekohlten Reste ihres Haars auf. Er ließ sie achselzuckend ins Feuer fallen, das aufzischte und sie knisternd in Asche verwandelte.

Eleyne lag da und starrte an die Decke, als das Mädchen ihr die neuen Verbände um den Kopf legte. Es war eine kleine, magere junge Frau, fast noch ein Kind, ihre Kleidung war zerlumpt, das ungekämmte Haar hing ihr lose um das schmale, quicklebendige Gesicht. Als das Mädchen endlich fertig war, richtete sie sich auf und deckte ihre Patientin wieder zu. »Ich habe alle Wunden mit Lavendelwasser gewaschen und Umschläge aus Flachssamen aufgelegt. Die meisten Wunden werden gut abheilen und keine Narben hinterlassen. Zum Glück ist ihre Kopfhaut nicht verbrannt. Die Asche auf Ihrem Kopf hat Sie gerettet.« Sie runzelte die Stirn. »Aber Sie müssen essen, Mylady, um gesund zu werden und wegen des Babys. Soll ich Ihnen etwas bringen, bevor ich zu Bett gehe?«

Eleyne schüttelte den Kopf. Sie wendete sich zu dem Mädchen, als ob sie sie zurückhalten wollte, aber dann zuckte sie vor Schmerz zusammen.

»Rhonwen …« flüsterte sie.

Das Mädchen sah zu Boden und schüttelte den Kopf. »Es tut mir leid, Mylady …«

»Hat Robert sie mitgenommen?«

Sie nickte.

»Dann ist sie tot.« Eleynes Stimme klang verzweifelt.

»Wir wissen es nicht.«

»Doch. Er wollte sie schon lange umbringen.« Eleyne wandte ihr Gesicht ab, als die Tränen unter den geschwollenen Lidern hervorzuquellen begannen.

XII

Als Rhonwen erwachte, war es heller Tag. Sie hob den Kopf und sah sich um. Das Wasser vor ihr war grün vor Schilf und Wasserpflanzen, ein Stück weit entfernt konnte sie das Ufer sehen. Vorsichtig zog sie sich höher auf den Baumstamm hinauf. Er drehte sich unter ihr, aber sie merkte jetzt, daß das Gewirr seiner Äste ihn festhielt. Wenn sie doch nur ihre Füße befreien könnte ...

Sie brauchte lange. Der Strick war naß und hatte sich mit dem Sack verheddert. Ihre Füße waren um die Gelenke herum angeschwollen, aber schließlich gelang es ihr, die Knoten zu lösen, und sie stieß den Sack mit den Füßen weg. Dann lag sie lange Zeit da und versuchte, all ihren Mut zusammenzunehmen, denn sie mußte den Baumstamm loslassen, der ihr das Leben gerettet hatte. Schließlich zwang sie sich dazu, ihre Hände davon zu lösen. Sie plumpste in das eisige Wasser und strampelte durch Schilf und Schlamm zum Ufer hin. Der Weg schien kein Ende zu nehmen, aber schließlich wurde der Boden unter ihren Füßen doch fester und das Wasser flacher.

Der Regen weckte sie auf. Die Sonne war verschwunden, und vom Himmel hingen tief die schweren Wolken herab. Von Norden her blies ein kalter Wind. Über das Wasser hinweg konnte sie Loch Leven Castle liegen sehen. Müde richtete sich Rhonwen auf. Sie mußte den König benachrichtigen.

Als der Hausmeier des Earl of Fife sie entdeckte, wankte sie und stolperte, als ob sie betrunken wäre. Zuerst wollte er an ihr vorbeireiten, aber etwas ließ ihn den Lauf des Pferdes verlangsamen. Es dauerte eine Weile, bis er in der schlammbespritzten Frau mit dem wirren Haar und den nackten, blutenden Füßen das Kinderfräulein der Countess of Chester wiedererkannte.

Er ließ sie hinter sich aufsitzen und wandte sich in Richtung Falkland Castle. Dort legte man sie erst einmal ins Bett und gab ihr einen Brei aus Milch und Brot zu essen. Endlich durfte sie schlafen. Sie wußte nicht mehr, wer sie war oder was mit ihr geschehen war.

Das Fieber brannte vier Tage lang, dann endlich erwachte sie mit klarem Kopf. Minuten später hatte man den Earl an ihr Bett gerufen.

»Wie könnt Ihr einen solchen Mann am Leben lassen?« Sie zitterte vor Wut. »Ich dachte, Ihr empfändet etwas für Lady Chester, Mylord. Das Pferd, das Ihr meiner Lady geschenkt habt, war doch eine Liebesgabe!«

Sein Gesicht rötete sich vor Zorn. »Sie will nichts von mir wissen, Lady Rhonwen. Sie ist vom König berauscht.«

»Dann müßt Ihr sie aus der Ferne lieben.« Rhonwen zwang sich zu einem Lächeln. Sie wußte, daß sie sich etwas einfallen lassen mußte, um seiner gekränkten Eitelkeit zu schmeicheln. »Ihr müßt meiner Lady Eure Verehrung mit Euren Taten beweisen. Wenn Ihr dem König von ihren Leiden berichtet, gewinnt Ihr damit seine Gunst, und meine Lady wird begreifen, wie sehr Ihr sie liebt.«

Sie beobachtete sein Gesicht genau. Malcolm war ein derber Kämpe, gutmütig und rauh, ein Mann, der wenig Worte machte und der nicht schlecht aussah. Er war hart, fair, kein Höfling, aber sie konnte sehen, daß die Vorstellung, sich in einen ritterlichen Liebhaber zu verwandeln, ihm gefiel. Sie bangte stumm. Wenn er ihr nicht half, mußte sie unverzüglich selbst zum König reiten, und sie zweifelte daran, ob sie die Kraft haben würde aufzustehen, geschweige denn einen so weiten Weg zurückzulegen. Sie wartete noch einen Augenblick, dann sagte sie: »Wenn Ihr sie liebt, Mylord, könnt Ihr nicht untätig bleiben und sie so leiden lassen. Das ist ein elendes Loch, in dem sie schmachtet.«

XIII

Das Mädchen war es, das die Boote zuerst sah.

»Sie kommen!« Sie rannte in die Burg und schwenkte ihren Korb herum, so daß Schneeglöckchen, Huflattich, Knaben- und Schöllkraut hinausfielen. »Es kommen zwei Boote von Kinross herüber, Mylady. Dann haben wir endlich wieder Brot und Wein im Haus!«

»Bitte, Gott, laß es nicht meinen Mann sein.« Eleynes Gesicht war grimmig, als sie mühsam mit den anderen zu den Zinnen hinaufstieg und zusah, wie die Boote langsam über das von der Sonne beschienene Wasser herüberkamen. Die Narben ihrer Verbrennungen waren noch rot und empfindlich in dem hellen Licht, aber ihre Kraft war wieder da, und das Baby schien wunderbarerweise alles gut überstanden zu haben.

Es saß ein Dutzend Männer in jedem der beiden Boote, und außerdem waren noch Fässer und Kisten darin, die sicher den ersehnten Nachschub enthielten. Eine neue Angst flackerte in ihr auf. »Das sind doch nicht die gleichen Boote wie sonst!«

»Nein, Mylady.« Andrew beschirmte seine Augen mit der Hand wegen des Glanzes, der auf dem Wasser lag. Lange Zeit sprach er nicht. Als er endlich redete, war seine Stimme schwer, als könne er nicht glauben, was er sah. »Es ist der König.«

Eleyne rang nach Luft. Ein Schock der Erleichterung schüttelte ihren ganzen Körper. »Sind Sie sicher?«

»Ja, Madam, ganz sicher. Sehen Sie doch selbst. In dem zweiten Boot. Jetzt können Sie seine Standarte deutlich erkennen.«

Sie kniff die Augen zusammen, dann stieß sie einen leisen Angstschrei aus. »Nein, ich will ihn nicht sehen. Ich will nicht, daß er mich sieht.« Sie zog den dichten Schleier, den sie über ihr verbranntes Haar gelegt hatte, halb über ihr Gesicht. »Ich kann nicht …«

Janet und Andrew sahen ihr nach, als sie zur Treppe lief.

»Sie will Euch nicht sehen, Euer Gnaden.« Der alte Mann begrüßte den König kniend. Seine Hände zitterten.

»Was meinst du damit, daß sie mich nicht sehen will?« Der König sah ihn wütend an. Donnet war an seiner Seite. »Natürlich will sie mich sehen.«

Seine Hände bebten.

Andrew warf seiner Frau einen Blick zu und zuckte die Schultern. »Es ist hier sehr viel geschehen, Sire.«

»Ich weiß. Lady Rhonwen hat es Lord Fife erzählt.«

»Lady Rhonwen lebt?« Das Gesicht des alten Mannes fing an zu strahlen vor Freude.

»Sie lebt.« Der König schürzte die Lippen. »Ich bezweifle, daß de Quincy sich noch einmal in Schottland sehen lassen wird. Wenn ja, wird er mit seinem Leben für das bezahlen, was er hier getan hat. Lady Rhonwen ist in Falkland. Es geht ihr immer noch sehr schlecht. Jetzt möchte ich Lady Chester sehen.«

»Sire.« Janet stieß ihren Mann beiseite. »Ihr versteht uns nicht. Es hat hier einen Unfall gegeben. In der Nacht, in der Lady Rhonwen abgeholt wurde.« Sie verzog das Gesicht zu einer Grimasse und sah ihren Mann an, der an ihrem Ärmel zog.

»Nein, ich muß es ihm sagen! Er muß es wissen. Sie hat Verbrennungen erlitten. Schwere Verbrennungen.«

»Gütiger Jesus! Wieso, in Gottes Namen?«

»Ich weiß es nicht, Sire, sie war allein. Sie muß hingefallen sein.«

»Es ist ihre verdammte Besessenheit vom Feuer!« Alexander schüttelte den Kopf.

»Wo ist sie?«

Danach saß er auf dem Bett und legte ihr zärtlich die Hand auf die Schulter. »Sag doch etwas, Liebling, bitte.«

Sie schüttelte stumm den Kopf. »Geh!« Sie hatte das Gesicht der Wand zugekehrt und den dichten Schleier darüber gezogen. »Bitte.« Ihre Stimme klang tränenerstickt.

»Nein, ich werde nicht gehen.« Er nahm sie bei den Schultern und zog sie zu sich, da bemerkte er ihren geschwollenen Leib. »Du bekommst ein Kind von mir?«

Sie griff mit ihren noch immer verbrannten Fingern nach seiner Hand.

Er lächelte. »Er strampelt.«

»Er strampelt sehr viel.«

Plötzlich nahm er den Rand des Schleiers auf und schlug ihn zurück. Sie wartete erstarrt darauf, den Abscheu in seinem Gesicht zu sehen, als seine Augen langsam über ihre Gesichtszüge dahinglitten, aber sie sah diesen Abscheu nicht. Er legte ihr liebevoll einen Finger auf die Schläfe. »Armer Liebling, dein schönes Haar wird wieder wachsen. Schau, ich kann es schon sehen, hier.« Sein Finger strich ihr über die Stelle, an der ihre Augenbraue gewesen war. »Es sind nur die Spitzen verbrannt. Es ist nicht so schlimm.«

»Und die Narben?« Ihre Stimme war heiser.

»Die Narben werden verschwinden.«

»Ich kann sie nicht sehen, ich habe keinen Spiegel.« Sie sah ihn mit einem flehentlichen Ausdruck in den Augen an.

»Dann werde ich dein Spiegel sein.« Er lächelte. »Schau, sie erschrecken mich überhaupt nicht. Mir tut es nur leid, daß du Schmerzen hast.« Er legte seine Hand auf ihre Hand und sah, daß sie zurückfuhr. »Hast du wieder Bilder in den Flammen gesehen? Die Zukunft unseres Babys?«

Sie zuckte die Schultern. »Ich sah den Mann auf dem Pferd. Nicht dich. Jemand anderen. Ich wollte ihn berühren, er sollte sich umdrehen, ich wollte sein Gesicht sehen.« Sie zog den Schleier wieder über ihren Kopf. »Ich wollte sehen, ob es mein Sohn war.« Die Tränen begannen ihr erneut die Wangen hinunterzurollen.

Er stand auf und ging zum Fenster. »Weiß de Quincy, daß es nicht sein Kind ist?«

»Ja.«

Eine lange Pause folgte. »Wie lange wollte er dich hier allein lassen?«

»Ich weiß nicht. Vielleicht für immer.«

Der König blieb vier Tage lang, es waren glückliche Tage. Sie gingen auf der Insel spazieren, sie lagen auf dem Bett zusammen. Er küßte ihren Bauch und ihre Brüste, wieder und wieder ihr wundes Gesicht und ihre Hände. Aber als es Zeit zum Aufbrechen war, ließ er sie dort. »Diese Burg steht jetzt unter meiner Aufsicht. Du bekommst Essen und Wein und Bedienung und Wachen, die dich vor de Quincy und seinen Männern schützen.« Er machte eine Pause. »Du bist hier sicher, Eleyne.«

Die Königin stand zwischen ihnen, obwohl es keiner von beiden erwähnte. Sie nickte. »Ich will nicht fort, nicht jetzt. Nicht bevor das Baby geboren und mein Gesicht besser geworden ist.«

Um ihre Angst zu lindern, hatte er ihr einen Spiegel aus venezianischem Glas herbeischaffen lassen. Sie verbrachte Stunden mit der Betrachtung ihres Gesichts, und ihre Fingerspitzen fuhren fortwährend um die Narben herum. Sie weinte.

XIV

Lord Fife brachte Rhonwen drei Tage nach des Königs Abreise zu Eleyne zurück.

Er brachte ihr auch Geschenke mit: Bahnen kostbarer Seide, Leckereien und ein kleines Stundenbuch. Er küßte ihr die Hände und ging wieder fort.

Acht Wochen später wurde ihr Baby geboren. Die Geburt verlief rasch und leicht. Ein Priester, der von Kinross herüberkam, taufte es auf den Namen John.

Es lebte nur sieben Stunden.

DRITTES BUCH

1244-1250

Siebzehntes Kapitel

Es war sehr dunkel in dem Haus in der Gracechurch Street. Der Himmel draußen war schwarz. Donner hallte über den engen Hof, und der Regen prasselte herunter. Das Wasser strömte die Gosse entlang und schwemmte Unrat fort.

Robert de Quincy stand am Tisch. In der Hand hielt er ein Schriftstück, das das Siegel des Königs von England trug.

Eleyne, die am Kamin stand, starrte es an, machte aber keine Anstalten, es entgegenzunehmen.

Robert legte es auf den Tisch. »Da, bitte. Wie ich es dir versprochen habe. Die Genehmigung des Königs, daß du deinen Bruder Gruffydd im Tower besuchen darfst.«

»Danke.«

Das Haar war wieder gewachsen, aber es fanden sich viele silberne Strähnen in dem Rotgold, obwohl sie erst sechsundzwanzig Jahre alt war. Dennoch lockte es sich so wild und üppig wie eh und je. Ihr Gesicht war immer noch schön. Die Narben an ihrer Stirn wurden teilweise durch ihren Kopfputz verborgen. Eine weitere befand sich an ihrem Mundwinkel. Auch über die Knöchel ihres Handrückens zogen sich mehrere glänzende rote Male.

Sie sah ihn heute zum zweiten Mal innerhalb von drei Jahren. King Henry hatte es ihm untersagt, Eleyne in Fotheringhay zu besuchen. Lange Zeit hatte er furchtbare Angst gehabt, ihm könne jemand einen Dolch in den Rücken stoßen. Doch diese Angst ließ allmählich nach. Er weilte jetzt zu Besuch im

Stadthaus der Countess of Chester, um ihr den Brief des Königs zu übergeben.

»Bist du gesund?« Er lächelte vorsichtig.

»Ja.«

»Eleyne …«

»Bitte geh jetzt.« Ihre Stimme war tonlos. Sie kreuzte die Arme vor der Brust und hielt den Brief, den sie mittlerweile aufgenommen hatte, mit festem Griff davor, als ob er ein Schild wäre.

Er zuckte die Schultern, ging zur Tür, öffnete sie. Dann wandte er sich um. »Grüße deinen Bruder von mir.«

Sie antwortete nicht.

II
DER TOWER ZU LONDON * März 1244

»Eleyne. Endlich. Wie geht es dir, kleine Schwester?«

Eleyne starrte ihn an. Der hübsche rothaarige Bruder, der er früher einmal gewesen war, hatte sich in einen dickbäuchigen Glatzkopf verwandelt.

»Um Himmels willen, Gruffydd, was haben sie dir angetan?« Sie warf sich ihm in die Arme.

»Den Fettwanst meinst du? Der verschwindet wieder, sobald ich frei bin. Du wirst es sehen. Senena hat mich mit fünfzig Schimpfnamen bedacht, als sie das letzte Mal hier war.« Sein Gesicht nahm einen traurigen Ausdruck an. »Gott, wie sie mir fehlen! Aber ich bin froh, daß sie wieder fort sind. Es ist hier kein Leben für sie. Hast du Senena und die Jungens gesehen?«

»Es ist für niemanden ein Ort zum Leben!« entgegnete Eleyne. »Nein, ich habe sie nicht gesehen. Ich bin seit Papas Tod nicht mehr in Gwynedd gewesen.«

»Also hast du auch unseren geliebten Bruder seither nicht mehr gesprochen.« Gruffydds Stimme klang barsch.

»Nein, niemanden.«

Rhonwen hatte sich zurückgezogen und saß auf der Fensterbank, die mit Kissen ausgestattet war. Es gab Wandbehänge in dem Raum, einen Tisch, Bänke und Hocker und einen Sessel nahe dem Feuer. Auf dem Tisch zwischen den Kerzenständern konnte sie allerlei Gegenstände sehen, mit denen màn sich die Zeit vertreiben konnte: ein Schachbrett, auf dem noch die Figuren von der letzten Partie standen; Pergament und Federn, Bücher, einen kleinen ledernen Würfelbecher und mehrere leere Weinpokale.

»Gruffydd, wie kannst du es hier bloß aushalten? Wie kannst du denn hier leben – ohne zu reiten, ohne zu lachen, ohne zu kämpfen?«

»Mir bleibt keine Wahl.« Er legte den Arm um sie. »Ich lebe hier als Gefangener, kleine Schwester. Du weißt das genauso wie ich, du weißt, warum. Wegen der Verräterei unseres Bruders!« Seine Stimme war voll Bitterkeit. »Aber wir wollen nicht über mich reden. Erzähle mir von dir! Warum bist du nicht in Schottland?«

»Alexander will mich nicht. Ich habe ihm zwei Söhne geboren, Gruffydd, und sie sind beide gestorben.« Ihre Stimme war heiser.

»Ich dachte, er liebt dich, Cariad.« Er legte seine Hände auf ihre Schultern. »Er hat eine Frau, die ihm Kinder gebiert. Er wollte dich nur für die Liebe, nicht wahr?« Er sah ihr mit ungeheurem Mitleid in die Augen. »Hast du ihn überhaupt nicht mehr gesehen?«

Sie schüttelte wortlos den Kopf.

Alexander hatte ihr Nachrichten und Geschenke gesandt, aber sie war zu tief in ihrem Elend versunken, als daß sie darauf hätte antworten können – wenn er selbst nicht kam. Sie wollte keine Geschenke, sie wollte ihn. Zwei Wochen nach der Beerdigung des kleinen John hatte sie Loch Leven Castle verlassen und war zu dem langen Ritt zurück nach England aufgebrochen. Er schickte niemanden hinter ihr her, der sie aufhalten sollte.

Sie war wie betäubt zurück nach Süden geritten, nach Fotheringhay.

Es kam ihr nie der Gedanke, Robert könne in Fotheringhay erscheinen, und er erschien auch nicht. Sie fragte sich nicht, wo er sein könnte oder was ihn am Kommen hinderte. Es genügte ihr, daß er nicht kam. Von ihrem Hund, ihren Pferden und der stillen Schönheit der ländlichen Umgebung getröstet, erholte sie sich. Sie ritt aus oder widmete sich der Verwaltung des Grundbesitzes, der ihr von ihrem Wittum geblieben war.

Alexander schickte ihr weiter Geschenke und Briefe, aber sie reagierte nicht darauf. Er kam nicht, er ließ sie mit ihrer Trauer allein. Ihr Stolz verbot es ihr, ihn zu bitten, daß er zu ihr kommen möge. So sehr sie sich auch nach seiner Umarmung sehnte, ihr Herz wurde allmählich zu Eis. Der Gedanke an den winzigen John, der so still in seinem kleinen Sarg lag, zerschmetterte sie jedesmal, wenn sie an Schottland und Schottlands König dachte.

»Und hast du Alexander wenigstens geschrieben? Oder ihm eine Nachricht zukommen lassen?« Gruffydd sprach mit sanfter Stimme, blieb aber hartnäckig.

»Sollte er mich sehen wollen – weiß er, wo er mich finden kann.«

»Vielleicht wartet er auf ein Zeichen von dir.«

»Ich glaube nicht. Er hat jetzt eine Frau, die ihn unterhält.« Sie wandte sich von Gruffydd ab und ging zum Tisch hinüber. Sie betrachtete das Schachbrett, dann hob sie eine der geschnitzten Elfenbeinfiguren auf und bewegte sie nachdenklich. »Wir sind zwei elende Narren, nicht wahr?«

»Es sieht so aus.« Er grinste.

»Ich habe wenigstens eine Entschuldigung«, fuhr sie fort. »Du nicht. Schau dir an, in welchem Zustand du bist, Gruffydd. Wie konntest du es hinnehmen, daß man dir derart übel mitspielt? Wie hältst du es aus zuzusehen, daß Henry Gwynedd an sich reißt, sollte Isabella Dafydd keinen Sohn mehr gebären? Ist dein Erbe dir denn so gleichgültig geworden? Und was ist mit deinen Kindern? Schuldest du es ihnen nicht? Owain, Llywelyn, Rhodric und Dafydd. Mußt du nicht versuchen, hier herauszukommen?« Ihre Augen blitzten zornig. »Tu ihnen das nicht an, Gruffydd. Es scheint hier kaum Wachen zu geben. Ich an deiner Stelle wäre längst geflohen. Oder gefällt dir dieses fette Leben hier?« Sie klopfte ihm so fest auf den Bauch, daß er zusammenzuckte. »Du überraschst mich, Bruder. Ich dachte, du wärest aus härterem Holz geschnitzt.

Wales braucht dich draußen und nicht hier in London, wo du allmählich verschimmelst!«

Er lief rot an vor Zorn. »Was soll ich denn tun? Sie verschließen und verriegeln die Türen, und da draußen stehen sehr wohl einige bewaffnete Männer, um mich an der Flucht zu hindern, du hast sie doch gesehen. Es ist die Festung des Königs, Eleyne! Ich bin nicht aus Gesundheitsgründen hier. Ich bin ein Staatsgefangener!«

»Aber an den Fenstern sind keine Gitter. Dort kannst du heraus!« entgegnete sie. »Laß dir etwas einfallen. Es sind schon andere Gefangene aus dem Tower entkommen.« Sie setzte sich wütend auf einen der geschnitzten Hocker.

Er lächelte. »Immer noch die alte Eleyne. Mit ihrem Feuereifer.«

»Nein, nein, das ist vorbei. Ich lebe jetzt wie ein Bauer auf dem Land mit meinen Pferden und Hunden.«

Gruffydd lachte laut auf. »Und du wagst es, mich zu kritisieren, weil ich fett werde!«

»Nein, weil du aufgibst.«

»Und was tust du, Eleyne?« Nun mußte er es ihr heimzahlen. »Du findest dich damit ab, allein zu leben und überläßt deinen Geliebten seiner zänkischen Ehefrau! Und kümmerst dich nicht um Gwynedd und die Politik.« Er war vor Wut rot geworden.

Durch das Fenster konnten sie tief unten im Hof die Raben krächzen hören, die über einem Hundekadaver herumflatterten.

»Ich habe keinen Geliebten«, flüsterte sie schließlich.

»Hat er das gesagt?«

»Nein, aber …«

»Eleyne, geh zu ihm!« Er setzte sich hin und beugte sich vor, die Ellbogen auf den Knien. »Ich gehe eine Wette mit dir ein – ich werde es versuchen, wenn du es versuchst. Ich wette hundert Pfund, daß ich eher bei Senena in Criccieth zu Abend esse, als du auf den Knien deines Geliebten in Roxburgh sitzt.«

Sie lächelte. »Ich besitze keine hundert Pfund, Gruffydd.«

»Ich auch nicht. Sixpence also, Sixpence und einen Kuß.«

Er wartete und beobachtete ihr Gesicht, versuchte ihre Gedanken zu lesen, als sie in das Feuer starrte.

Es war so lange her, seit sie sich zum letztenmal irgendwelchen Hoffnungen hingegeben hatte. Wenn sie an Alexander dachte, traten immer die kleinen, bleichen Gestalten ihrer Babys dazwischen. Aber jetzt, in diesem Augenblick, als sie in Gruffydds Zimmer im Turm zu London saß, glaubte sie, einen Hoffnungsschimmer zu sehen.

Gruffydd erkannte, daß eine Veränderung in ihr vorging und lächelte. »Du und ich, wir geben nicht auf. Nein, wir kämpfen! Nur hatten wir das beide vorübergehend vergessen«, sagte er sanft.

Rhonwen, die in der Fensternische saß, achtete auf jedes Wort. Gruffydd gelang hier etwas, womit sie selbst immer wieder gescheitert war. Sie hielt den Atem an und wagte es nicht, sich zu rühren, aus Angst, sie könnte diesen magischen Augenblick stören.

»Ich nehme an, es könnte nichts schaden.« Eleynes Herz fing an, schneller zu schlagen.

»Nein, das kann nichts schaden.« Er nickte heftig. »Bei Gott, Eleyne, du tust mir gut. Du hast ja so recht, ich habe mich mit meiner Gefangenschaft abgefunden wie ein Kapaun, der auf den Koch wartet. Ich will zurück nach Wales und um das kämpfen, was mir gehört.« Er drückte sie so fest an sich, daß sie nach Luft rang. »Wir werden uns hier in London nicht mehr wiedersehen.« Er sah sie an, plötzlich ernst geworden. »Gott segne dich, kleine Schwester. Bleib gesund und werde glücklich!«

»Und du auch, Bruder.« Eleyne küßte ihn auf die Wange. »Wenn ich nach Wales komme, bringe ich dir Grüße von Schottlands König mit.«

»Top!« Gruffydd spuckte sich in die Handfläche und klatschte damit gegen die ihre. »Die Wette gilt.«

GRACECHURCH STREET, LONDON

Nun, da sie es sich erlaubt hatte, an Alexander zu denken, war für alles andere kein Platz mehr. Jetzt sehnte sie sich mit allen Fasern ihres Herzens nach ihm. Etwas von dem, das hinter der Mauer ihres Elends dahingewelkt war, erwachte zu neuem Leben.

»Glaubst du denn, daß Alexander mich noch immer will?«

»Natürlich will er dich immer noch«, sagte Rhonwen. »Ich garantiere es dir. Seine Liebe zu dir ist etwas ganz Besonderes. Ich habe nie einen Mann gesehen, der so verliebt war.«

»Wieso ist er dann nicht zu mir gekommen?« Eleyne ging zum Spiegel und betrachtete ihr Gesicht. Sie berührte ihre Stirn mit den Fingerspitzen. Die Narben waren verblaßt. Im Kerzenlicht sah man sie fast nicht mehr.

»Er ist deshalb nicht gekommen, weil er dich zu sehr achtet. Er wollte das, was du auch wolltest, selbst wenn das Warten ihn umbringt«, sagte Rhonwen zärtlich. »Aber er hat gewartet und nie die Hoffnung aufgegeben.«

»Woher weißt du das?« Eleyne wandte sich vom Spiegel ab und sah sie an.

»Ich weiß es.« Rhonwen lächelte rätselhaft. In ihren Augen war noch immer diese sonderbare wütende Leere, die seit ihren Erlebnissen im Loch darin lauerte. »Alexander von Schottland ist einer der wenigen Männer, die ich uneingeschränkt bewundert habe. Der einzige Mann, dem ich je begegnet bin, der meine Eleyne verdient. Anders als dieser Unflat von deinem Ehemann.«

Eleyne lächelte. »Ich frage mich, ob du Alexander deshalb so gern magst, weil er ein König ist.«

Rhonwen lächelte, und Eleyne ahnte etwas von der alten Herzlichkeit und Wärme in ihren Augen. »Es hilft«, sagte sie freimütig. »Aber vor allem ist er ein Ehrenmann. Er wird auf dich warten, wenn du den Mut hast, zu ihm zurückzukehren – und du hast diesen Mut.«

»Ja, ich glaube, ich werde es tun.«

»Um die Wette mit deinem Bruder zu gewinnen, müssen wir bald aufbrechen.«

»Ich glaube«, lachte Eleyne, »ich kann es mir leisten, einen Sixpence zu verlieren ...«

IV
DER TOWER

Manchmal, wenn er oben am Fenster stand, glaubte Gruffydd den frischen, reinen Wind vom Yr Wyddfa zu wittern.

Er wandte sich um und betrachtete seine Mithäftlinge, wie sie da vor dem Fenster saßen: die beiden treuen Waliser Ion und Emrys, die sich wie viele ihresgleichen bereitgefunden hatten, mit ihm ins Exil und in die Gefangenschaft zu gehen.

Eleynes Besuch hatte ihn unruhig gemacht.

War es ihm mit seiner Wette denn wirklich ernst gewesen, oder hatte er sie nur anstacheln wollen, in dieser elenden Welt doch noch ihr Glück zu suchen? Er war sich nicht sicher.

Gruffydd seufzte. Er war einmal ein Kämpfer gewesen, aber die Lust dazu war ihm vergangen. Zuviel hatte ihm im Weg gestanden: die Ablehnung seines Vaters, Dafydds Erfolg und jetzt die Verbindung zwischen Dafydd und dem König von England. Sein Schicksal schien besiegelt. Er konnte ihm nicht mehr entrinnen.

Er hatte nie wirklich an Flucht gedacht. Alle wußten, daß es unmöglich war, aus dem Turm zu entkommen – außer man verfügte über Freunde und Geld, und selbst dann war es schwierig. Aber jetzt, als er hinunter in den Innenhof blickte, begann sich langsam ein Plan in seinem Kopf zu entwickeln. Sobald er erst einmal dort unten angelangt war, konnte er sich sicherlich leicht verbergen, bis es Tag wurde. Dann, wenn die schweren Tore aufgingen, um die Wagen mit den frischen Vorräten aus der Stadt hereinzulassen, brauchte er sich nur einen leeren Karren auszusuchen, hinaufzuklettern und sich unter ein paar leeren Säcken zu verbergen, und schon war er in dem Gewimmel der Menschenmenge verschwunden.

Er schmunzelte. Worauf wollte er denn noch warten? Der Sankt-Davids-Tag war genau der richtige Zeitpunkt, um die Heimreise anzutreten.

»Ion. Emrys. Hört mal zu!«

Sie mußten allerlei Bettücher zusammenknoten und dann bis zur dunkelsten Stunde in dieser Nacht warten, bis kurz vor der Wachablösung. Wenn die Männer müde waren, die Posten standen. Wenn sie froren und sich um ihre Kohlenpfannen hockten. Dieser Augenblick war der beste Zeitpunkt.

»Ich gehe als erster.« Ion schlug dem Prinzen auf die Schulter. »Es wird Zeit.« Sie hatten sich der Hilfe eines ihrer treuesten Diener versichert. Nachdem der letzte von ihnen hinuntergerutscht war, sollte er die Bettücher losbinden.

Ion schwang sich hinaus und war verschwunden, draußen ließ er sich, während er sich mit den Füßen gegen die Mauer abstützte, langsam hinunter, griff immer mit der einen freien Hand unter die andere, mit der er sich gerade festhielt, und gelangte so nach endlos scheinenden Minuten auf dem Pflaster des Hofes an. Gruffydd sah den hellen Fleck seines aufwärtsgewandten Gesichts. Dann lief Ion in Deckung, in einen der dunklen Torbögen hinein.

»Jetzt gehe ich.« Gruffydds Herz schlug sehr schnell.

»Viel Glück, mein Freund. Gutes Gelingen!« Emrys klopfte ihm auf die Schulter.

Sie sahen in atemlosem Schweigen zu, wie Gruffydd sich in die tiefe Fensternische hinauswagte und, mit den Füßen zuerst, zur Öffnung strebte. Das Fenster war nicht sehr breit, und er merkte, daß er sich mit den Hüften zu beiden Seiten einklemmte. Er wand sich mühsam hin und her, am ganzen Körper brach ihm der Schweiß aus. Warum war er nur so dick? Er versuchte, sich hindurchzuquetschen. Gütiger Christus! Es ging nicht. »Schiebt mich durch!« keuchte er.

Emrys stemmte die Hände gegen die Schultern seines Prinzen, endlich gelang es. Gruffydds Schwerpunkt kippte mit einem Ruck nach außen, er packte die Tücher fester und ließ sich hinunter. Ein scharfer, reißender Laut, als ob Tücher zerrissen, folgte. Sein Herz hörte schier auf zu schlagen, doch die verknoteten Bettücher hielten sein Gewicht aus, und stückchenweise begann er sich abwärts zu hangeln. Die Sehnen in seinen Schultern zuckten, seine Handgelenke taten unsäglich weh. Beißender Schweiß lief ihm in die Augen. Wieder schien sich der Strang in seiner Hand mit einem Ruck zu lösen, und wieder machte sein Herz einen verzweifelten Sprung! Gütiger Jesus! Fast hätte er ihn vor lauter Angst losgelassen!

Über ihm in der Dunkelheit begann sich unter der Anspannung der Reffknoten zu lösen, mit dem das zweite und dritte Bettuch miteinander verschlungen waren. Die Schlinge drehte sich auf, und die Enden fingen an, sich auseinanderzuziehen.

Es ist nicht mehr weit, es ist nicht mehr weit. Verbissen hangelte er sich hinunter, Hand unter Hand. Er sah den mächtigen Turm über sich aufragen vor den Sternen, und die schwarzen Löcher der Fenster gähnten wie Mäuler zwischen den weißgeputzten Steinen. Er konnte das Seil nicht sehen, aber er spürte, daß es wieder nachgab und ins Rutschen kam. Der Schweiß auf seiner Schulter prickelte eisig.

Gütiger Christus, bitte, mach, daß es hält. Er versuchte sich zu beeilen und zappelte mit den Beinen, die ihm dabei helfen sollten, aber seine Muskeln waren erschlafft, sein ganzer Körper schrie und protestierte gegen dieses Gewicht.

Als die Bettücher rissen, befand er sich noch dreißig Fuß über dem Pflaster.

V

GRACECHURCH STREET

Eleyne war schon aufgesessen, als ein Trupp königlicher Reiter zum Tor hereingeritten kam. Der Offizier brachte sein Pferd so jäh vor ihr zum Halten, daß es sich aufbäumte, und grüßte mit gezücktem Schwert.

»Lady Chester, ich habe einen Haftbefehl gegen Sie.«

Eleyne starrte ihn entsetzt an. Ihr war am ganzen Körper kalt geworden.

»Und wessen beschuldigt man mich?«

»Der Beihilfe zum Fluchtversuch eines Gefangenen aus dem Tower Seiner Majestät.« Der Mann trat vor.

»Gruffydd?« Es war nur ein Flüstern. Wenn er es gehört hatte, ließ er es sich jedenfalls nicht anmerken. »Sie müssen mich jetzt zum Tower begleiten, Mylady. Befehlen Sie Ihren Leuten, ins Haus zurückzukehren! Sie werden London heute nicht verlassen.«

»Meine Damen werden mich begleiten«, sagte sie zu dem Offizier und achtete darauf, daß ihre Stimme so fest wie möglich klang. Sie gab Rhonwen und Nesta ein Zeichen, daß sie aufsitzen sollten, dann trieb sie Tam Lin vorwärts.

Als sie durchs Tor in den Innenhof der Burg ritten, standen dort überall kleine Gruppen von Menschen herum und flüsterten: Soldaten, Diener und Leute aus der Stadt. Eleyne spürte, daß ihre Augen sie beobachteten, merkte, daß sie über sie redeten. Plötzlich hatte sie große Angst.

King Henry erwartete sie in seinen Räumen im Weißen Turm.

»So!« Er fuhr herum, als sie eintrat, und starrte sie an. »Bist du jetzt zufrieden? Ich hätte mich an deine Fähigkeiten erinnern sollen, was das Herbeiführen von Unglücksfällen angeht. Und von Menschenopfern!« Er wirbelte auf sie zu, ganz in Scharlach und Gold gehüllt, seine Diener und Ratgeber duckten sich entlang der Wände. »Nun, Madam, haben Sie sich das letzte Mal in fremde Angelegenheiten eingemischt!« Er streckte seinen Kopf vor mit einer Geste maßloser Wut. »Ich habe Alexanders Bitte entsprochen, als er mich bat, ich möge es Ihnen erlauben, allein zu leben. Auf seinen Wunsch hin habe ich Ihren Gatten hier bei mir beschäftigt und Ihnen ferngehalten. Aber jetzt werde ich das nicht mehr tun!«

Eleyne starrte ihn an und versuchte zu begreifen, was er ihr mitteilen wollte, aber Henry fuhr fort. »Das ist jetzt vorbei! Ich schicke Sie zu de Quincy zurück. Ich werde Alexander von nun an keinen Gefallen mehr tun! Ich sollte Sie einsperren für das, was Sie getan haben!«

Eleyne merkte, daß ihre Hände zitterten. Ihre Gedanken wirbelten wirr in ihrem Kopf herum.

»Ich verstehe nicht. Wo ist Gruffydd? Ich will ihn sehen. Was auch immer er getan hat, ich habe nichts damit zu tun.«

»Euer Gnaden!« Ein Priester, der auf einer Bank hinten in dem Zimmer gesessen hatte, stand auf und trat vor. »Lady Chester weiß offenbar nicht, was geschehen ist.«

Einen Augenblick lang war Henry sprachlos, aber sein Zorn war ungebrochen. »Dann werde ich es ihr sagen müssen! Dein Bruder, Nichte, ist tot!«

»Gestorben? Mein Bruder?« Eleyne starrte ihn an, ihr Gesicht war weiß.

»Gestorben«, wiederholte Henry. »Du hast ihm gestern bei deinem Besuch eingeredet, daß er einen Fluchtversuch unternehmen soll, nicht wahr? Drei Jahre lang war er zufrieden, als unser Gast hier im Tower zu leben. Du besuchst ihn, und in derselben Nacht versucht er, vom Dach herunterzuklettern. Gütige Jungfrau! Ich verliere meine Geisel, und jetzt wird dein anderer Bruder wieder ganz Wales in Aufruhr versetzen!« Er schlug mit beiden Händen auf den Tisch.

Eleyne versuchte, ihre Tränen zurückzuhalten. »Wo ist er?« Der König hatte recht. Es war ihre Schuld. Gruffydds Tod war allein ihre Schuld.

»Er liegt in der Kapelle des heiligen Johannes, Mylady.« Der Priester betrachtete ihr verzweifeltes Gesicht mit einem gewissen Mitgefühl. »Ich bin sicher, Ihre Gnaden wird es Euch erlauben, ihn noch einmal zu sehen, um Abschied von ihm zu nehmen.«

Henry nickte böse. »Sage ihm adieu, und dann kehrst du mit deinem Mann nach Fotheringhay zurück. Ich habe ihm aufgetragen, dich dort zu beaufsichtigen. Es wird für dich nicht möglich sein, noch einmal nach Schottland zu reisen. Auch Wales ist dir untersagt.« Er verschränkte die Arme vor der Brust. »Und ich möchte dich und deinen Mann bei Hofe nicht mehr sehen.«

»Es ist alles deine Schuld!« Robert de Quincy kochte vor Wut.
»Wir hatten beide eine gewisse Freiheit, wir waren bei Hofe,
und jetzt sind wir beide verbannt.« Er sah den Troß mit ihrem
Gepäck in den Burghof von Fotheringhay hereinkommen. Er
stand auf der Treppe vor dem Turm. »Und ich bin zu deinem
Kerkermeister ernannt! Diesmal vom König persönlich.« Er
lächelte grimmig. »Was für eine Ironie! Du mußt zugeben, du
spielst eine komische Rolle. Es ist eine ganz schöne Leistung
von dir, was du dir da alles eingebrockt hast.« Seine Stimmung
änderte sich. »Es wird nett werden, Liebling, nicht wahr, wenn
wir wieder zusammenkommen, Mann und Frau?«

»Ich glaube nicht. Für keinen von uns«, erwiderte sie. Sie
würde es keinen einzigen Tag mit ihm aushalten. Tam Lin war
noch frisch. An diesem letzten Tag ihrer Reise war sie kaum
zehn Meilen geritten. Sobald Robert vom Wein betäubt über
den Resten seines Mittagessens einnickte, wollte sie nach Norden weiterreiten.

Eleyne hatte darauf bestanden, daß Rhonwen in London
blieb, Hal desgleichen. In Fotheringhay war niemand, dem sie
ihren Plan hätte anvertrauen können. Sie würde allein aufbrechen, schnell reiten und beten, daß Alexander sie mit offenen
Armen empfing. Sie duckte sich, hinaus aus dem kalten Wind,
in den Turm hinein, und dann stand sie in dem dunklen, kalten Zimmer im ersten Stock. Jemand hatte ein Feuer angezündet, aber es glomm und schwelte nur mürrisch, von den nassen Scheiten ringelte sich Qualm empor und wurde seitwärts
über den Fußboden weggesaugt. Die Binsen waren vertrocknet und uralt, Möbel waren keine aufgestellt. Fürwahr kein
Ort, an dem sie sich heimisch fühlen könnte.

Es fröstelte sie, dann sah sie sich um. Ihre Freundin war wenigstens noch da – die Lady, die sie in Loch Leven Castle gesehen hatte ... diese Dame, mit der sie infolge irgendeiner sonderbaren Alchemie des Blutes verwandt war.

»Finster, nicht wahr?« Robert stand neben ihr, berührte ihre
Schulter. »Es wird uns ziemlich schwerfallen, uns hier zu un-

terhalten.« Er nahm ihren Arm, und sie spürte den ihr bekannten schmerzhaften Griff seiner Finger mit einem Schauder. »Du unterliegst nun meiner Gewalt, Liebling, hat der König es dir gesagt? Für den Fall, daß du den unerklärlichen Wunsch verspüren solltest wegzulaufen. Nicht, daß Alexander dich noch wollte. Hat Henry dir das auch erzählt? Der König der Schotten lehnt es ab, dir noch einmal die Einreise zu gestatten. Er interessiert sich nicht mehr für dich. Aber das wußtest du ja schon, nicht wahr? Und falls dein Verhalten mir irgendeinen Grund zur Beunruhigung geben sollte, habe ich vom König die Erlaubnis, dich einzuschließen.« Er machte eine Pause. »Und dich so zu züchtigen, wie ich es für richtig halte. Und kein Schotte, ob edel oder gemein, König oder Bauer, wird mich davon abhalten.«

VII
FOTHERINGHAY * Ostern 1245

Innerhalb von vier Monaten war sie schwanger, am Ostertag des folgenden Jahres setzten die Wehen ein. Robert stand an ihrem Bett, als die Schmerzwellen durch ihren Körper liefen. Er lächelte.

»Diesmal weiß ich wenigstens, daß es meines ist. Mein Sohn.« Er war völlig nüchtern. Er beobachtete sie interessiert, aber ohne innere Beteiligung, als die Frauen um sie herumhuschten und das Zimmer vorbereiteten. Der Tischler hatte an diesem Morgen eine Wiege ins Schlafzimmer hinaufgebracht. Sie war hübsch geschnitzt und poliert und mit winzigen Betttüchern und -decken ausgestattet, die Windeln hingen bereits zum Anwärmen am Feuer.

Alice Goodwife stand neben Eleyne und hatte ihre Hand fest auf den Bauch ihrer Herrin gelegt. »Er wird jetzt bald kommen, Mylady, ich kann es spüren, Eure Muskeln sind ganz gespannt und bereit. Mädchen, hol' ein Tuch für das Gesicht meiner Lady!« Alice hörte nicht mit ihrem sachverständigen Abtasten auf, als eine der Dienerinnen Eleynes Stirn abwischte. Eleyne stöhnte. Keine ihrer beiden vorigen Geburten hatte sie auf diese Schmerzen vorbereitet. Beide waren sehr schnell vor sich gegangen, die Babys waren klein gewesen. Sie ächzte und rollte sich weg von den tastenden Fingern der Hebamme, zog die Knie an den Bauch. Dann setzte sie sich mühsam auf.

»Ich muß umhergehen. Ich halte das nicht mehr aus. Helfen Sie mir!« Der Schweiß lief ihr über das Gesicht.

»Am besten liegt Ihr still, Mylady.« Alice stieß sie mit überraschender Energie zurück in die Kissen.

»Ich kann nicht stilliegen! Um Himmels willen, bitte! Ein Tier läuft doch auch herum …«

»Ihr seid kein Tier, Mylady. Meint Ihr, unsere Heilige Jungfrau hat so ein Gewese gemacht, als sie ihr süßes Baby zur Welt brachte?« Die Frau beugte sich mit zusammengekniffenen Augen über sie, ihr Atem stank nach Zwiebeln. »Dem Baby zuliebe, liegt jetzt still!«

»Nein.« Eleyne stieß sie weg. »Ich muß auf und ab gehen. Ich muß!« Sie trat die Decke weg und versuchte, die Beine über den Bettrand zu schwingen. Ihr Hemd war voller Blut.

»Stilliegen, Eleyne!« Roberts Stimme klang barsch über dem Geräusch ihres keuchenden Atems und des aufgeregten Gewispers der Frauen. »Oder ich lasse dich an das Bett binden. Ich erlaube nicht, daß meinem Sohn etwas zustößt.«

Eleyne schloß die Augen, sie wußte, daß Alices Gesichtsausdruck sich nicht verändert hatte. »Kümmert Euch nicht darum, Mylady«, sagte Alice leise, »aber Ihr müßt jetzt stilliegen!«

Eleyne biß sich auf die Lippe, als ein weiterer Krampf durch ihren Körper fuhr, sie schmeckte salziges Blut auf der Zunge und begriff, daß sie zu schwach zum Streiten war. Ihr Körper war erschöpft. Sie fühlte, daß der Schmerz sie trug und aufhob, als wäre er eine Woge, die sie in einer weichen Dunkelheit absetzte. Dann riß die nächste Wehe sie zurück ins Bewußtsein, sie schrie. »Um Gottes willen, tut etwas!« Sie umklammerte Alices Hände, warf den Kopf zurück und kämpfte gegen den Schmerz an. Während sie das tat, erblickte sie Robert, der mit vor der Brust verschränkten Armen an der Wand lehnte. Mehrmals hatte er das Zimmer verlassen und war fortgegangen, um zu essen, zu trinken und sich auszuruhen, aber er war immer wiedergekommen. »Geh weg!« schrie sie. »Geh weg! Raus hier. Raus!«

»Nicht eher, als bis ich die Geburt meines Sohnes gesehen habe.« Seine Stimme war ruhig, aber sie hörte ihn gar nicht. Sie hatte sich in die Kissen geworfen und packte das zu einem Halteseil gedrehte Tuch, das die Frau an den Bettpfosten gebunden hatte, damit sie sich daran festklammern konnte. Alice gab Eleyne ein mit Koriander versehenes Tuch in die Hand und sagte ihr, sie solle es sich auf das Gesicht legen. »Atmet es ein, Mylady, atmet die Dämpfe ein! Dann wird es leichter.«

»Wenn die Beine des Kindes in der Quere liegen, so daß es nicht heraus kann, werden sie beide sterben.« Die alte Frau, die das sagte, schüttelte den Kopf und machte ein düsteres Gesicht. »Ich habe schon früher Babys umgedreht, Mylady, laßt mich Euch lieber ansehen.« Schließlich stieß sie Alice mit dem Ellbogen beiseite, zog die Bettdecke weg und fing an, Eleyne unter dem blutbefleckten Hemd mit überraschender Sanftheit abzutasten. »Nein, es ist eine gewöhnliche Geburt. Heilige Mutter, sei gepriesen! Ich kann den Kopf fühlen. Es dauert jetzt nicht mehr lange.« Sie wischte sich die Hände mit peinlicher Sorgfalt am Rande des Bettuchs ab und sah hinunter auf Eleyne, die erschöpft dalag und halb eingenickt war. »Das Kind bleibt am Leben, meine Liebe, und wird groß und stark.« Sie legte ihre Hand auf Eleynes Stirn. »Noch eine kleine Weile, und sie ist da.«

»Sie?« Eleynes Augen flackerten auf.

Die Frau kicherte, als hätte sie einen saftigen Witz gerissen. »Da wette ich mein Geld drauf.«

Zwanzig Minuten später war das Baby geboren. Robert trat vor. »Mein Sohn!« sagte er triumphierend.

»Eure Tochter, Sir.« Alice hielt das nackte Kind hoch, die pulsierende Nabelschnur hing noch an seinem Bauch.

Roberts Gesicht lief dunkel an. »Aber ich wollte einen Sohn!« Er trat angeekelt zurück.

»Die Menschen bekommen das, was Gott ihnen schickt!« Alice reichte das Baby der alten Frau.

Eleyne lag erschöpft auf dem Bett und wandte ihm langsam den Kopf zu. »Man muß ein Mann sein, um einen Sohn zu zeugen«, flüsterte sie heiser.

»Und du denkst, ich wäre keiner?« Roberts Stimme war gefährlich leise. Er kam drohend auf sie zu. »Das hast du ausgeheckt. Um mich zu verhöhnen! Du mit deinen Zaubersprüchen und deiner Zukunftsdeutung. Das wird Ihnen aber noch leid tun, Mylady, sehr leid tun.« Es schien, als würde er sie schlagen wollen.

Alice trat zwischen ihn und das Bett. »Meine Lady muß jetzt schlafen, Sir.« Sie kreuzte die Arme mit einer solchen Unerschrockenheit vor ihrer Brust, daß Robert innehielt und auf dem Absatz kehrtmachte.

Eleyne wollte das Kind nicht. Sie wandte ihren Kopf ab, und Alice winkte die Amme herbei, die schon gewartet hatte.

Die alte Frau, die zugesehen hatte, während die jungen Mädchen Eleynes schmerzenden Körper wuschen und die Bettwäsche wechselten, setzte sich auf das Bett. »Ich habe es Ihnen ja gesagt. Das Mädchen wird am Leben bleiben.«

»Die anderen sind gestorben.« Tränen liefen ihr über das Gesicht. »Meine beiden kleinen Jungen. Ich habe sie in meinen Armen sterben sehen.« Sie hatte sie gewollt. Für sie gebetet. Und alles umsonst.

»Seht her, Mylady!« Die alte Frau nahm das in Windeln gewickelte Kind der Amme ab. »Seht, sie will Euch, segnet sie. Schaut Euch ihr Gesichtchen an. Sie wird schön werden, Eure Tochter.«

»Wenn sie am Leben bleibt.« Eleynes Augen waren geschlossen.

»Sie wird.« Die Stimme der Frau war so stark, daß alle in dem Zimmer mit dem, was sie gerade taten, aufhörten und zu Eleyne und ihrer Tochter sahen.

Eleyne schlug die Augen auf, und die Frau legte ihr das Baby in die Arme.

»Sie ist Euer Kind, Mylady«, flüsterte sie. »Was geht Euch denn der Vater an? Sie ist Euer Fleisch und Blut. Sie will Eure Liebe.«

Eleyne sah auf das in Windeln gehüllte Bündel in ihren Armen. Der Haarflaum auf dem Kopf des Babys war dunkel, die Augen, die ohne zu blinzeln in ihre Augen sahen, waren tiefblau wie die Mitternacht. Ohne daß sie es wollte, schlossen sich ihre Arme um das Baby, und ohne zu wissen, was sie tat, beugte sie sich über das Köpfchen und berührte es mit den Lippen, um es zu liebkosen.

Drei Tage später, während sie schlief und das Baby neben ihr in der geschnitzten Wiege lag, ritt Robert aus der Burg und dann auf die Straße nach Süden. Er hatte nur noch bis zur Taufe gewartet. Seine Tochter hatte den Namen Joanna erhalten.

VIII
ROXBURGH CASTLE

Marie de Couci wartete, bis der Kammerherr ihres Mannes, gefolgt von den Schreibern und Kanzleidienern, das Zimmer verlassen hatte. Alexander sah zu ihr auf und wartete. Er war müde und wollte jetzt etwas essen, Wein trinken und sich entspannen. Der Gesichtsausdruck seiner Frau wirkte selbstgefällig und blasiert.

»So, meine Liebe. Du willst mir etwas sagen?«

Marie blickte zu Boden, ihr Ausdruck verschleierte sich.

»Mylord, wenn ich es Euch nicht sage, wird es jemand anderes tun. Ihr müßt es wissen.« Ihr Blick leuchtete triumphierend.

»Lady Chester ist mit einer Tochter niedergekommen.« Sie machte eine Pause. »Von ihrem Ehemann.«

Alexander hatte es schon vor Jahren gelernt, seinen Gesichtsausdruck zu beherrschen. Sie würde nie erfahren, wie sehr ihn diese Nachricht getroffen hatte.

IX
ABER * Februar 1246

Isabella erhob sich langsam, ging zum Feuer und warf den Brief in die Flammen. Also war Eleynes Kind noch immer am Leben, wuchs und gedieh. Sie hatte seit jener ersten Meldung von dieser Geburt während der letzten Monate regelmäßig

Nachrichten von einem der Dienstmädchen Eleynes erhalten. Jedesmal hatte sie geweint, immer heimlich, immer waren es bittere Tränen um ihren eigenen, unfruchtbaren Schoß. Und ihre Tränen waren diesmal von noch viel mehr Angst begleitet gewesen, da Dafydd zusammen mit Ednyfed Fychen, der der Berater seines Vaters gewesen war und jetzt ihm diente, die Einzelheiten der Erbfolge festgelegt hatte. Es war undenkbar, daß King Henry Dafydds Erbe blieb. Das Erbe würde vielmehr nun, da Gruffydd tot war, auf Gruffydds ältesten Sohn Owain zurückfallen. Auf Owain, der drei jüngere Brüder hinter sich hatte, die alle kräftig und kerngesund waren. Was Isabella so weh tat, war, daß sie jetzt alle annahmen, daß es keinen direkten Erben mehr geben würde; keinen Sohn für Dafydd. Sie stampfte schmollend mit dem Fuß auf und seufzte.

Gruffydds Tod hatte Dafydd jeglicher Notwendigkeit enthoben, sich King Henry gegenüber noch weiter zurückzuhalten. Nun trafen Meldungen ein, daß dieser sich zu einem regelrechten Feldzug gegen Wales entschlossen hätte. Ausgerechnet jetzt aber lag Dafydd krank danieder. Er hatte etwas gegessen, das ihm nicht bekommen war, und sich mit Bauchschmerzen in sein Schlafzimmer zurückgezogen. Ein paar Stunden später hatte er begonnen, sich zu erbrechen, und es war immer schlimmer geworden. Isabella seufzte wieder. Es störte sie alles, was ihn von ihrem Bett fernhielt. Sie brauchte ihn von ganzem Herzen, es war mehr als nur die körperliche Liebe, es war eine Besessenheit. Je öfter sie sich liebten, um so größer war die Chance, daß sie befruchtet wurde. Ihre Hand wanderte zu ihrem Hals. Drei Amulette hingen nun dort, drei, um den bösen Blick abzuwenden und Eleynes Fluch. Denn in ihren Augen war es Eleynes Schuld, daß sie keine Kinder hatte.

Sie kehrte zum Feuer zurück und trat wütend gegen die Scheite, zwischen denen der Brief aus Fotheringhay zu Asche geworden war. Vielleicht würde sie heute nacht empfangen. Die Sterne standen günstig. Sie wollte zuerst vor dem Feuer in Rosenwasser baden und sich dann von ihren Dienerinnen wohlriechendes Öl in die Haut reiben lassen. Sie berührte sanft ihre Brüste und schloß die Augen. Zwei Tage zuvor hatte sie gelobt, daß sie ihr schönstes Halsband dem Schrein in Holywell stiften würde, sollte sie schwanger werden. Die Jungfrau würde ihr heute nacht sicherlich helfen.

Doch am Abend ging es Dafydd noch schlechter. Er lag gekrümmt vor Schmerzen da und hatte Fieber bekommen. Isabella überfiel plötzlich eine große Angst. Sie sah den Kreis der Ärzte an, die um sein Bett versammelt waren. »Was ist los mit ihm?«

Ednyfed stand nahe bei ihr, sein Gesicht drückte Sorge aus. »Er hat eine Schwellung im Leib«, sagte er leise. »Die Ärzte fürchten, es handelt sich um eine Art Verstopfung.«

»Er wird doch nicht sterben?« schrie sie, ihre Stimme glitt aus einem Flüstern in eine Panik hinein.

Ednyfed sah sie mit gerunzelten Brauen an. »Natürlich nicht!«

»Aber Sie haben den Priester holen lassen, damit er ihm die letzte Ölung gibt?« Sie hatte gerade erst den Mann entdeckt, der in der Ecke kniete. Sie fing heftig zu zittern an. »Dafydd! Dafydd!« Sie warf sich auf das Bett. »Was ist? Was ist denn mit dir?«

Er schlug die Augen mit Mühe auf. »Zuviel Wein und gutes Leben, Liebling, das ist alles. Bald geht es mir besser.« Er streckte die Hand nach ihrer Hand aus. »Mach dir keine Sorgen. Morgen bin ich wieder gesund, du wirst sehen.« Es gelang ihm ein gespenstisches Grinsen.

Sie nickte, biß sich auf die Lippe und drückte seine Finger.

Bald danach versank er in einen unruhigen Schlaf, aber er wachte wieder auf, krümmte sich vor Schmerzen und klammerte sich an ihre Hand. Diesmal lag er im Delirium. Er erkannte sie nicht mehr.

Als das graue Licht des nächsten Tages das Zimmer zu erhellen begann, lag er endlich wieder still und schlug die Augen auf. Er lächelte sie an wie ein Gespenst. »Der Schmerz ist fort«, sagte er und wunderte sich. »Der Heiligen Jungfrau sei es gedankt, der Schmerz ist weg.«

»Gott sei Dank.« Sie hatte sich die ganze Nacht nicht von seinem Bett weggerührt. Sie beugte sich vor und küßte seine Stirn.

»Trinkt das, Mylord.« Einer der Ärzte trat vor, mit einer Phiole. Er trank es, sein Gesicht verzog sich zu einer Grimasse, dann legte er den Kopf aufs Kissen zurück und schloß die Augen.

Zwei Stunden später war er tot.

»Er schläft!« Isabella warf sich auf das Bett und umklammerte seine Hände. »Er wird aufwachen. Es ging ihm doch besser. Er ist nicht tot. Nein!« Sie zog wie eine Wahnsinnige an ihm, sein Kopf rollte seitwärts auf dem Kissen, etwas Schleim lief ihm aus dem Mundwinkel, und seine Augen öffneten sich. »Dafydd! Dafydd! Sehen Sie? Er lebt! Ich habe doch gesagt, daß er lebt!« Plötzlich fing sie zu schluchzen an, und ihr ganzer Körper bebte von ihrem krampfhaften Weinen.

FOTHERINGHAY * 1. März 1246

Eleyne spielte mit ihrer kleinen Tochter, als die Nachricht vom Tode ihres Bruders eintraf. Sie las den Brief zweimal und saß dann da und starrte ins Leere, der Brief hing von ihren kraftlosen Fingern herunter. Joanna kroch zu ihr und griff nach dem roten Siegel, das am Band herabhing.

Eleyne war wie betäubt. Sie hatte ihre beiden Brüder geliebt, und jetzt hatte sie sie beide verloren. Es kamen ihr die Tränen, und die kleine Joanna, die ihre kleinen Fäuste in Eleynes Kleid gewühlt hatte, sah mit ernsten Augen zum Gesicht ihrer Mutter auf. Eleyne bückte sich, um das Kind mit einem traurigen Lächeln aufzuheben, und Joanna bohrte ihren Stummelfinger in Eleynes Wange.

Nesta schrieb Rhonwen, und Rhonwen kam.

»Also ist Owain jetzt der Fürst.« Rhonwen tätschelte Joanna und steckte ihr einen Bonbon in den Mund. »Gruffydd ist gerächt.«

»Rhonwen!« Eleyne sah sie vorwurfsvoll an.

»Nun? Du solltest doch auch froh sein! Und überhaupt, Cariad? Was tust du denn immer noch hier in Fotheringhay? Dein Mann ist fort. Ich war ganz sicher, daß du nach Schottland reiten würdest, sobald du dich von der Geburt erholt hättest.«

Eleyne zog die Stirn kraus. »Alexander hat mir keine Nachricht geschickt ...«

»Natürlich nicht. Zweifellos hat ihm seine Queen Marie erzählt, du lägest jede Nacht in den Armen deines Mannes. Willst du ihn denn nicht wiedersehen?« Rhonwen trug Joanna zur Tür.

»Natürlich ...«

»Und worauf wartest du dann? Auf die Erlaubnis deines Mannes?« Ihr Ton war bissig. Sie übergab Joanna dem Kindermädchen und kam zu Eleyne zurück. »Du mußt immer noch ein Kind für Schottland zur Welt bringen, Cariad. Ich weiß nicht, wie oder warum, aber das ist deine Bestimmung.« Ihre Augen funkelten plötzlich fanatisch.

»Das stimmt nicht. Einion hat sich geirrt.«

»Er hat sich niemals geirrt.« Rhonwens Gesicht hatte in den letzten Monaten tiefe Furchen bekommen, die senkrechten Falten zwischen ihren Augen schienen sich fest eingegraben zu haben. »Du hast ein hübsches Kind hier, aber es ist nicht das Kind, das die Götter dir versprochen haben.« Sie machte eine Pause. »Du darfst dich von seinem Vater nicht mehr berühren lassen.«

»Nein.« Eleyne sah dem Kindermädchen nach, das Joanna aus dem Zimmer trug.

»Es wäre besser, er wäre tot.« Rhonwens Stimme war sehr sanft.

Eine lange Pause folgte. »Ja.« Eleyne biß sich auf die Lippe.

Ein triumphierendes Lächeln glitt über Rhonwens Gesicht. »Es freut mich, daß du mir zustimmst.«

Eleyne fuhr herum. »Ich will nicht, daß er umgebracht wird.«

»Warum nicht?«

»Ich – bin – seine – Frau.« Die Worte waren kaum zu hören.

»Nein.« Rhonwen schüttelte den Kopf. »Man hat dich gezwungen, Gelübde abzulegen, die gar nichts bedeuten vor einem Gott, dem alles gleich ist.« Sie legte ihre Hände auf Eleynes Handgelenke. »Und du haßt ihn.«

»Ja, ich hasse ihn.« Eleynes Augen blitzten. »Doch ich bin nicht nach Schottland aufgebrochen, weil ich nicht zu Alexander kriechen will. Wenn er mich will, muß er mich holen lassen.« Sie streckte die Schultern heraus.

Rhonwen lächelte. »Ich bin sicher, daß er das tun wird«, sagte sie sanft. »Ich bin sicher, er wird es tun.«

XI
DYSERTH * März 1246

Der Abt von Basingwerk verbeugte sich. Er sah aus, als liefe er auf Zehenspitzen über dünnes Eis, als er sich an Isabella wandte. Sie starrte ihn ärgerlich an. »Also? Weshalb wollten Sie mich sehen, Herr Abt?«

»Wie Ihr wißt, Fürstin, war Euer verstorbener Gatte Schutzherr unserer Abtei …«

»Und hat sie mit einem hübschen Betrag bedacht.« Ihre Stimme war giftig. »Wenn Sie wegen einer Spende zu mir kommen, Herr Abt, muß ich Sie enttäuschen, ich habe kein Geld, bis mein Wittum geregelt ist.«

»Ihr mißversteht mich, Princess.« Der Abt verbeugte sich wieder. »Ich bin nicht gekommen, um an Eure Großzügigkeit zu appellieren.« Er holte tief Luft. »Ich bin auf Befehl des Königs hier.«

»Oh?« Sie sah ihn mißtrauisch an.

»Wie es scheint, haben Seine Gnaden beschlossen, daß …«, er machte eine Pause und leckte sich die Lippen, »Ihr Euch zu den Schwestern in Godstow zu begeben habt!«

»Was wollen Sie damit sagen?« Isabellas Hände waren eiskalt geworden.

Henry hatte Owain erlaubt, Dafydds Nachfolge anzutreten, unter der Bedingung, daß er und sein Bruder Llywelyn den König als ihren Lehnsherrn anerkannten.

»Er wird mich nicht in eine Nonne verwandeln!« Ihre Stimme wurde scharf und laut. »Ich hoffe, Majestät hat nicht vor, mich dorthin zu verbannen.«

Der Abt zuckte die Achseln. »Ich habe meine Anweisungen, Madam. Ich soll Euch zu Lady Flandrina, der Äbtissin von Godstow bringen. Das ist der Befehl des Königs.«

»Nein, ich weigere mich,« rief Isabella aufgebracht. »Es tut mir leid, Herr Abt. Ich muß Sie enttäuschen. Sie werden ohne mich zurückkehren.«

Sie nahm seine Hand, kniete nieder und gab seinem Ring einen flüchtigen Kuß – ein paar Zoll über dem kalten Amethyst auf seinem ebenso kalten Finger – und rauschte aus dem Zimmer.

Der Abt starrte traurig auf die Tür, die von der Wucht, mit der Isabella sie hinter sich zugeschlagen hatte, immer noch zitterte. »Arme Frau. Sie ist viel zu jung für eine solche Gefangenschaft.«

XII
ROXBURGH CASTLE * August 1246

Das Haus lag an der Hauptstraße in Roxburgh, nicht weit von der Bäckerei, in deren Obergeschoß sie und Alexander so glückliche Stunden verbracht hatten. Der reiche Händler, dem es gehörte, interessierte sich nicht für die Identität der beiden Kaufmannsfrauen, die die Räume im Erdgeschoß gemietet hatten. Sie führten schwere Geldbörsen mit und waren gut gekleidet unter ihren nüchternen Umhängen: Das war alles, was zählte. Sie hatten zwei Bediente dabei sowie ein Kindermädchen für das Baby und einen großen Hund. Er fragte sie nicht, welcher Art ihr Geschäft in Roxburgh sei.

Er war nicht dort, als die ältere Frau aus dem silbernen Fluß Tweed Wasser schöpfte und die Schüssel auf eine Bank unter die Sterne setzte, um mit ihren gemurmelten Beschwörungen das Mondlicht in das Wasser hineinzulocken und durch Rühren in der schwarzen Tiefe des Topfes glitzernde Kreise zu erzeugen, bevor sie ihn hineinbrachte und die junge Frau daraus trinken ließ. Dieser Zauber sollte dazu dienen, ihre Identität zu verbergen, sie für alle anderen außer dem König unsichtbar, für ihn aber unwiderstehlich zu machen.

XIII

Die große Halle der Burg war voller Menschen, und Alexander war nach dem Mittagessen guter Laune. Er hat sein Pferd und seinen Falken bestellt und freute sich auf einen schönen Nachmittag. Marie war nach dem Essen sogleich wieder aufgestanden, um sich mit ihrem Jungen zu beschäftigen. Auch das steigerte sein Wohlbefinden.

Er erhob sich mit einem zufriedenen Seufzer vom Tisch und ging dann langsam durch die Halle zur Pforte. Er hörte schon das Klappern der Hufe draußen auf dem Pflaster und den Pfeifton des Vogels, der sich auf die Faust seines Falkners freute.

Er war nicht sicher, warum sein Auge auf jene Frau fiel. Vielleicht, weil sie gänzlich unbewegt mitten in dem Wirrwarr stand?

Gütiger Christus! Sie war endlich zu ihm zurückgekehrt. Endlich ihres Mannes überdrüssig wieder bei ihm!

Er sah sich rasch um. Wem konnte er vertrauen! Niemand sonst hatte sie erkannt. Niemand sonst hatte sie auch nur wahrgenommen in dem großen Gewühl, das ihn überallhin begleitete.

Er bewegte sich weiter, ohne mit irgendeinem Zeichen zu verraten, daß er sie gesehen hatte, hinaus auf die Treppe und hinunter zu seinem Pferd. Dann erst winkte er einem seiner Stallknechte und flüsterte ihm etwas ins Ohr. Der Knecht fand sie, obwohl sie jetzt allein war. Er besah sie sich neugierig und zuckte die Achseln. Wenn der König mit einer völlig verschleierten Frau aus der Stadt Versteck spielen wollte, die nicht einmal so viel Verstand besaß, sich ihr bestes Kleid anzuziehen, wenn sie zum Hofe kam, ging ihn das nichts an. Ihn ging nur die Belohnung etwas an, die man ihm versprochen hatte, wenn er seine Botschaft ausrichtete.

Ihr Lächeln war wie der Sonnenaufgang nach einer Nacht voller Regen. Er sah es unter ihrem Schleier, nur für einen kurzen Augenblick, als er ihr die Botschaft zuflüsterte, und dann fühlte er, daß sie ihm eine Münze in die Hand drückte – eine Münze, die heiß war von ihrer Hand. Mit einem Wirbeln ihrer Röcke war sie verschwunden.

Der Nebel lag auf dem Gras, trieb durch den Wald und verbarg den Fluß. Sie ritt langsam, mit lockerem Zügel, die Augen auf den Hügel gerichtet, der vor ihr lag. Er war kegelförmig, ragte nicht sehr hoch vor dem Horizont auf, deutlich sah sie im Mondlicht die zerfallene Ruine der alten Festung liegen. Sie gehörte den Altvorderen, den Feen und Elfen. Die Menschen, die in dieser Gegend lebten, kamen nicht gern an diesen Ort. Sie fröstelte und fühlte ihre Nackenhaut sich regen und spannen. Als könnte er ihre Gedanken verstehen, legte Tam Lin die Ohren zurück und wich ganz von selbst den Schatten aus.

Sein Pferd war schon da, stand festgebunden unter den Bäumen. Sie band Tam Lin daneben und schaute zum Gipfel des Hügels. Der Mond stand hoch, sein Licht war nicht mehr sanft und diffus. Jetzt warf er einen kalten, lieblosen Strahl auf das weiche, von den Schafen kurzgefressene Gras. Sie raffte ihre Röcke zusammen und begann hinaufzuklettern.

Als sie den Gipfel erreichte, hämmerte ihr Herz, ihre Kehle war trocken und zugeschnürt. Weit unten konnte sie Tweeddale liegen sehen, das tiefliegende Flußtal, das bis zum Rand mit Nebel gefüllt war. Sie schloß die Augen und machte das Zeichen, das sie schützen sollte. Sie waren immer noch da, die Altvorderen.

Alexander saß, in seinen dicken Umhang gehüllt, die Arme um die Knie geschlungen, auf einem Steinblock. Ein Schwert lag neben ihm, die Klinge glänzte im Mondlicht.

Sie ging wortlos auf ihn zu und sah ihm ins Gesicht, als er ihren Schleier hob. Wenn er sie nicht mehr wollte, würde sie es jetzt erfahren.

Er lächelte. Er öffnete seinen Umhang, zog sie an sich und hielt sie fest. Beide schwiegen eine geraume Zeit.

»Bist du endlich deines Ehemannes überdrüssig geworden?« fragte er dann.

Ihre Augen weiteten sich. »Ich lebe nicht mit meinem Ehemann zusammen. Seit Joannas Geburt habe ich ihn nicht mehr gesehen.«

»Joanna.« Seine Stimme war nachdenklich, dann fuhr er fort. »Und warum kommst du dann erst jetzt?«

»Ich wußte nicht, ob du mich noch wolltest.«

»Dich wollte!« wiederholte er. »Ich bin beinahe wahnsinnig geworden, als man mir sagte, du wärest zu de Quincy zurückgekehrt?«

»Wer hat dir das gesagt?«

»King Henry.«

»Du hast es ihm geglaubt?«

Er war einen Augenblick lang stumm. »Es muß eine Ehre bei den Königen geben, Eleyne. Du hast auf meine Geschenke und Briefe nicht geantwortet. Ich dachte, du wolltest nichts mehr von mir wissen. Nachdem ich vom Tod unseres Kindes gehört habe. Ich dachte, nach den beiden ...« Er verstummte.

Sie lächelte traurig. »Ich wollte nur dich, Mylord, keine Briefe oder Geschenke. Dich.«

Langsam hob er die Hand und berührte ihr Gesicht.

»Gütiger Christus! Wie konnten wir so viel Zeit verschwenden? Jeden Tag, der verging, habe ich dich in meinen Armen vermißt!« Er zog sie enger an sich. »Du trotzt deinem König, indem du hier bist, Eleyne.«

Sie drängte sich zu ihm. »Ich würde der Welt trotzen, wenn du es von mir verlangst«, sagte sie. »Und ich muß immer noch einen Sohn für Schottland gebären. Einen Sohn, der leben und eines Tages der Ahn eines Königsgeschlechts sein wird.« Sie legte einen Finger auf seine Lippen. »Ich weiß, daß du und ich niemals heiraten können. Ich bin zufrieden damit, deine Geliebte zu sein. Wir überlassen es dem Schicksal, es soll für die Rechtmäßigkeit unserer Kinder sorgen.«

Als sie sich küßten, öffnete sie das Mieder ihres Kleides. Seine Finger waren rauh und kalt von dem mondbeschienenen Stein. Sie hörte ihren stoßweisen Atem, als seine Arme sich um ihren nackten Körper schlangen.

»Ich lasse dich nie wieder fort, Eleyne«, murmelte er. »Ich will, daß du für immer mir gehörst.«

Achtzehntes Kapitel

I
GODSTOW, OXFORDSHIRE
Aschermittwoch, 13. Februar 1247

Isabella starrte aus dem Fenster ihrer Zelle in den dunklen Himmel hinaus. Es war eiskalt in dem kleinen Raum, und trotz des pelzgefütterten Umhangs, den sie über ihrem schwarzen Gewand trug, waren ihre Hände und Füße blau. Bald würde sie in den Anwärmraum gehen und sich dort mit den anderen Schwestern zusammen um das Feuer drängen. Es handelte sich um einen reichen Konvent. Viele der Damen waren aristokratische Relikte wie sie selbst, die der König nach dem Motto »Aus den Augen, aus dem Sinn« hier abgeladen hatte. Einige von ihnen würden wieder hinauskommen. Zu ihnen glaubte auch sie zu gehören.

Der Mond stand hoch, sein Gesicht war sonderbar blutrot, und er goß ein unheimliches Licht über die schneebedeckten Dächer der Gebäude des Klosters aus. Sie erinnerte sich nicht, ihn je zuvor so gesehen zu haben.

Ihre Tiere merkten das auch, sie waren unruhig. Die Pferde im Stall hinter dem Schlafsaal schnaubten und scharrten, und irgendwo draußen, weit weg vom Kloster, heulte ein Hund.

Schaudernd nahm sie ihre Kerze und trug sie zu der Truhe, die ihr als Bücherständer, Schrank und Tisch diente. Dort lag ein kleines Stundenbuch und das kostbare Pergament, das sie zusammen mit Federn und Tinte aus der Schreibstube beschafft hatte. Dies würde ihr fünfter Brief werden – den eine der Laienschwestern aus dem Kloster hinaustrug, um ihn der

zweifelhaften Barmherzigkeit irgendeines Menschen anzuvertrauen.

Dieser hier sollte an Eleyne gehen. *Liebe süße Schwester.* Das
war ein guter Anfang. *Um unserer langen Liebe füreinander willen muß ich dich um einen letzten Gefallen bitten.*

Hol' mich hier raus, das war der Kern der Sache. Sie war verzweifelt, eine Gefangene, nur daß es anders hieß, und sie sollte
nie mehr einen Mann sehen, außer sie zählte den alten Priester
mit, der ihre Messen zelebrierte, und den Bischof, der kam, um
die Mutter Oberin wegen der Nachlässigkeit zu schelten, die
in diesem Hause herrschte, und wegen der Anzeichen für
Wohlstand und Komfort, die er darin allenthalben sah. Komfort! Isabella rümpfte die Nase. Dieses Haus kam dem, was sie
sich unter der Hölle vorstellte, näher als alles, was sie bisher
gesehen hatte. Eleyne mußte sie hier herausholen. Sie hatte ja
Zugang zu King Henrys Hof. Sie würde ihr bestimmt helfen.

Isabella beugte sich wieder zu dem kleinen Lichtkreis hin,
den die Kerzenflamme warf, und sah zu ihrer Bestürzung, daß
die Federspitze sich spaltete und einen feinen Tintenregen
über die Seite spritzte.

Das leise Poltern in der Ferne hörte sich zuerst wie Donner
an. Sie sah verwundert auf. Der Fußboden, auf dem sie kniete,
schien sich unter ihr bewegt zu haben. Sie ließ die Feder fallen und klammerte sich an die Truhe. Der Kerzenständer
schwankte heftig und kippte um. Er rollte zum Rand der Truhe
und fiel hinunter auf den Boden.

Schreie in der Ferne brachten sie auf die Beine. Sie streckte
die Hand aus, suchte den Türknauf, und dann stand sie endlich draußen im kalten Korridor. Die Welt um sie herum schüttelte sich wie ein Hund. Ziegel polterten vom Dach des Klosters, und das Krachen einstürzender Gemäuer war zu hören.

Dann war es vorbei. So plötzlich, wie es begonnen hatte, erstarb das Beben und ließ eine völlige Stille zurück.

Isabella stand da und rührte sich nicht, ihr Herz schlug wie
rasend vor Angst, und vom Kloster aus sah sie zu, wie die anderen Nonnen aus der Kapelle hinausströmten. Manche von
ihnen schrien und heulten, einige waren verletzt. Sie konnte
wenigstens zwei erkennen, denen das Blut vom Kopf lief. Ge-

rade als sich ihre Stimme in der Morgenandacht zu der himmlischen Schönheit des Chorals erhoben hatte, war die große, gitterförmig durchbrochene Wand der Empore eingestürzt, und große Brocken des Mauerwerks waren in den Chor hinabgefallen. Es war ein Wunder, daß alle noch lebten.

Als Isabella sich den anderen zugesellte und über die Verletzten beugte, um zu sehen, ob sie helfen könnte, blieb die Äbtissin stehen und starrte sie an. »Wo waren Sie? Waren Sie nicht in der Kapelle?« Isabellas Finger waren tintenverschmiert, sie hielt noch immer die zerborstene Feder in ihrer rechten Hand.

»Ich war in meiner Zelle und habe geschrieben, Mutter Oberin.« Weil sie sich in einem Zustand völliger Verwirrung befand, platzte sie mit der Wahrheit heraus. »Was war das? Was ist geschehen?«

»Ich glaube, ein Erdbeben.« Die Äbtissin schürzte die Lippen. »Ich habe von solchen Dingen gelesen. Sie sind ein Zeichen für Gottes Zorn. Für seinen Wunsch, die Sündhaften und die Abtrünnigen zu bestrafen.« Sie rang die Hände. »Erst gestern erhielt ich wieder einen Brief vom Bischof, in dem er mich warnte. Er sagte, wir wären den Versuchungen Satans erlegen. Wir hätten uns zu weit von der Ordensregel entfernt. Gott werde uns strafen. Er werde unsere Verirrungen nun nicht länger zulassen. Äußerste Strenge sei jetzt geboten. Und hier hat der Allmächtige uns das Zeichen gesandt.« Sie fiel zwischen den zerbrochenen Dachziegeln und dem Glas der Fenster auf die Knie, und schluchzend begann sie zu beten. Die anderen Nonnen bekreuzigten sich und folgten ihrem Beispiel, als der Blutmond im Westen versank und eine bleiche, wäßrige Sonne hinter der Kapelle aus dem Dunst aufzusteigen begann.

Am selben Tag entblößten sich die Nonnen ihres Komforts. Sie legten härene Hemden an, die Dienerinnen wurden entlassen, und die Äbtissin erklärte, daß sie nun mit doppelter Strenge fasten würden. Wärmespendendes Feuer, Zusatzdecken, Wein und das Sprechen miteinander wurden untersagt. Auch der Kontakt mit der Welt der Laien draußen wurde, da von dort die Versuchung kam, abgebrochen.

Isabella, die den anderen in ihrer Angst nicht nachstand, warf den unvollendeten Brief in jenes große Sündenfeuer, das sie im Hof entzündeten und das die Objekte der Bequemlichkeit und des Hochmuts verzehrte. Ihre Nahrungsmittel und Zusatzdecken bekamen die Armen, die Nonnen wandten sich wieder ihren Gebeten zu. Sie konnten nicht wissen, daß wegen dieser Warnung Gottes überall im Süden Englands und in Wales Angst und Schrecken ausgebrochen waren. Gott hatte sogar den wiedererrichteten Turm der Sankt-Davids-Kathedrale einstürzen lassen. Auf King Henrys Befehl mußte im ganzen Land gebetet werden. Das Ende der Welt wurde vorhergesagt.

II
ROXBURGH * Februar 1247

Alexander lachte. »Also hat Gott London und England bis in die Grundfesten erschüttert. Ich denke, Henry wird sich die Warnung zu Herzen nehmen und wenigstens ein Jahr lang auf den Knien herumrutschen!« Er nahm die kleine Joanna auf den Schoß. »Hast du schon Nachricht von deinem Wittumsland im Süden? Sind große Schäden entstanden?«

Eleyne zuckte die Achseln. Sie sah dem König zu, wie er mit ihrer Tochter spielte.

Er hob den Kopf. »Ich glaube, du mußt das nachprüfen, Eleyne.« Sein Gesichtsausdruck war plötzlich sehr nüchtern.

Sie sah ihm in die Augen und merkte, daß er traurig war. Das Herz wurde ihr schwer. »Du willst mir sagen, daß ich gehen muß?«

Er nickte. »Marie weiß von dir. Ich habe keine Ahnung, wie es uns gelungen ist, deine Anwesenheit so lange geheimzuhalten, aber jetzt hat sie es herausbekommen. Ich möchte nicht, daß man dich vor drei Nationen bloßstellt und demütigt.«

»Das ist mir gleich!« schrie sie.

»Ich weiß, mein Liebling. Aber mir nicht«, sagte er zärtlich. »Laß mich auf meine Art mit Marie umgehen. Ich muß in den Westen, ich habe immer noch vor, die westliche Insel von Norwegen zu kaufen und ein für allemal alle Probleme zu lösen, die durch die Lords und ihre Kriegsflotten entstanden sind. Ich muß mich um die Probleme der entfernten Winkel meines Königreiches kümmern, und während ich weg bin, mußt auch du fort. Ich werde dich sehr bald zurückrufen.«

Er lächelte, und das Lächeln zeigte seinen Schmerz deutlicher, als es Tränen vermocht hätten. »Ich verspreche es«, sagte er liebevoll. Er stand auf und nahm die Hand des kleinen Mädchens – nahm sie, um die Mutter näher an sich heranzuziehen. Er drückte sein Gesicht in den Bauch des Kindes und brachte das kleine Mädchen zum Kichern. Er küßte Joannas Handfläche, schloß die Stummelfinger und pustete zärtlich darüber hinweg, um sein Versprechen zu besiegeln. Die Kleine quietschte vor Vergnügen.

»Ich habe ein Geschenk für dich ...«

»Ich will kein Geschenk!« Die Schärfe ihres Tonfalls zeigte, wie unglücklich Eleyne in Wirklichkeit war, wie elend sie sich fühlte.

»Doch.« Er lächelte, und plötzlich war er fröhlich. »Ich habe es extra anfertigen lassen. Schau her!« Er griff in die samtene Tasche, die an seinem Gürtel hing, und nahm ein Päckchen heraus. »Öffne es!«

Sie stellte Joanna auf den Fußboden und nahm es entgegen. »Ich will nichts als deine Liebe«, wiederholte sie.

»Die hast du. Immer.« Er legte seine Hände auf ihre Hand. »Aber es ist nicht immer möglich, mich zu haben, und so kannst du etwas von mir haben. Unser Versprechen. Es stellt immer eine Verbindung zwischen uns her, so weit wir auch voneinander entfernt sein mögen.«

Sie hob die Augen zu ihm auf und lächelte. »Aber ich werde dich wiedersehen?« Sie brauchte seine Zusicherung. Irgendwo in ihrer Nähe hing unsichtbar ein Schatten über ihnen. Sie spürte es mit einem plötzlichen Schauder.

»Du wirst mich wiedersehen. Ich verspreche es dir.«

Sie sah ihm lange in die Augen, und dann, beruhigt, begann sie, das Päckchen auszuwickeln. Vom Gewicht her und wie es sich anfaßte, mußte es sich um irgendein Schmuckstück handeln.

Eine feine goldene Kette. Daran befand sich ein mit Edelsteinen besetzter emaillierter Anhänger. »Wie schön!«

»Rätst du, was es ist?«

»Es ist ein Adler. Ein Adler, der aus einem Feuer aufsteigt.«

»Kein Adler.« Er lächelte. »Ein Phönix.« Er hob einen Finger an ihr Gesicht und berührte sanft die Narben an ihrer Schläfe. »Für meinen Phönix. Denn du bist schöner als je zuvor dem Feuer entstiegen.«

Sie starrte das Schmuckstück an. Die winzigen Augen des Vogels waren aus Rubinen, und die Flammen, aus denen er sprang, waren aus glänzend emailliertem Gold mit Rubinen und Lapislazuli. »Wußtest du, daß ich in einem Feuer zur Welt gekommen bin?«

Sein Blick galt nur ihr. »Nichts überrascht mich bei meiner Eleyne. Dann trifft das Phönixzeichen doppelt zu. Du bist in jeder Weise eine Tochter des Phönix. Trage den Phönix für mich. Er wird uns stets zusammenbringen, wenn du mich brauchst, nimm ihn in die Hand und denke an mich. Ich werde es wissen und zu dir kommen, wenn ich kann.« Er lächelte, dann wurde sein Gesicht ernst. Sie konnte die Qual in seinen Augen sehen. »Wenn wir einander in diesem Leben nicht haben können, Eleyne, dann wirst du im Jenseits die meine werden, das schwöre ich dir. Das hier ist ein Symbol meiner unsterblichen Liebe in alle Ewigkeit.«

Wieder spürte sie, daß der Schatten über ihr hing, und mit so etwas wie Angst vor der überwältigenden Kraft seiner Liebe öffnete sie die Kette und legte sie sich um den Hals. »Ich komme eines Tages nach Schottland zurück«, flüsterte sie. »Eines Tages werden wir zusammen sein, mein Liebling. Ich weiß es.«

Sie schuldete ihm immer noch ein Kind. Einen Sohn, der leben und gedeihen würde.

Er küßte sie. »Ich weiß«, sagte er.

III
LLANFAES * April 1247

Im Herrenhaus in Llanfaes rannte Joanna wie eine Wilde herum. Ihr helles Kinderlachen war überall zu hören. Donnet folgte ihr so besorgt wie eine Mutter und überwachte sie ständig. Er setzte sich in die Ecke des Zimmers und sah das Kind mit seinen großen braunen Augen an. Er ließ sich alles gefallen, ihre Umarmungen, daß sie ihn stieß und quetschte, mit ihren Stummelbeinen auf ihm herumkletterte, auf ihm ritt und ihre Füße dabei in seine seidigen grauen Flanken preßte.

Es war für alle eine willkommene Abwechslung, als die beiden jungen Herrscher von Aberffraw, Eleynes Neffen Owain und Llywelyn, Eleyne aufforderten, sie nach Woodstock zu begleiten.

»Onkel Henry hat ausdrücklich darum gebeten, daß du mitkommst«, beschwatzte Owain sie in der verstaubten Junggesellenfestung, die Aber jetzt war. »Nun, da wir einen Vertrag geschlossen haben, wollen wir uns einmal in Ruhe mit ihm hinsetzen und die Probleme klären.«

»Also hat Henry gewonnen.« Eleyne sah die beiden jungen Männer, erst den einen und dann den anderen, an.

Owain zuckte die Achseln, aber in Llywelyns Augen sah sie so etwas wie Empörung aufblitzen. »Wir gewinnen dadurch Zeit, um unsere Position zu festigen, Tante Eleyne«, sagte er ruhig. »Wir brauchen jetzt Zeit. Laß Henry denken, daß alles so läuft, wie er es wünscht. Später werden wir Gwynedds Größe wiederherstellen, hab keine Angst!«

IV
WOODSTOCK * April 1247

Als sie die große Halle des königlichen Palastes zu Woodstock betrat, fiel ihr als erster von allen Anwesenden Robert de Quincy auf. Sie erstarrte, aber er hatte sie schon entdeckt.

Eleyne blieb stehen. Verzweifelt sah sie sich nach einem Fluchtweg um, aber der König kam schon auf sie zu.

»Lady Chester.« Seine Stimme klang herrisch. Sie machte einen tiefen Knicks. »Sie und Ihr Ehemann werden sich morgen früh zu einer Audienz bei mir einfinden. Allein!«

Heilige Brigitte, sollte sie ihn denn nimmermehr loswerden? Sie wollte wegrennen. Sie wollte schreien.

»Tritt ihm gegenüber. Auge in Auge, Tante Eleyne.« Llywelyn stand neben ihr. »Sag ihm, du möchtest getrennt von Robert leben. Sag ihm, wie sehr du Robert haßt. Er wird dich verstehen.« Die Augen des jungen Mannes waren eindringlich. »Er möchte sich Alexanders Freundschaft bewahren. Er wird dir helfen.«

Es regnete. Draußen vor ihrem Fenster konnte sie es auf das Pflaster des kleinen Hotels prasseln hören. Außerhalb der Mauern trommelte der Regen auf die rotgrünen Blätter der Eichen, die sich gerade entfalteten. Nesta, Joanna und ihre Amme Maggie schliefen. Eleyne stützte sich auf den Ellbogen und spähte umher, sie hielt den Atem an. Dann hörte sie es wieder: Der Türriegel bewegte sich. Langsam und knarrend ging die Tür auf. Sie wußte, daß es Robert war, bevor sie die Umrisse seiner Gestalt vor dem Licht der Fackel draußen im Korridor sah.

Sie griff nach der Bettdecke und preßte sie sich gegen die Brust. Neben ihr stöhnte Nesta.

»Was willst du?« Ihre Stimme klang furchtbar laut. Robert zuckte zusammen, und die beiden Frauen fuhren entsetzt in ihren Betten auf. Joanna fing an zu weinen.

Robert torkelte gegen die Wand und starrte mit leerem Blick in die Dunkelheit. »Ich will meine Frau.« Er sprach undeutlich und schlenkerte mit den Armen herum. Dann stolperte er vorwärts in das Zimmer hinein und packte Nesta beim Arm. »Verschwinde! Nimm den Balg mit.«

»Du bleibst, wo du bist!« wies Eleyne Nesta an. »Geh raus, Robert. Los jetzt. Du bist betrunken! Laß uns allein, oder ich rufe die Wache!«

»Ruf doch!« Robert bekam einen heftigen Schluckauf. Er sah das Kind mit bösen Augen an und stürzte sich vorwärts, er bekam mit einer Hand Eleynes Schulter zu fassen und riß die Bettdecke weg. Seine Augen wurden schmal, als er das blitzende Schmuckstück zwischen ihren Brüsten sah, das an der feinen goldenen Kette um ihren Hals hing. Aus den Prismen der Edelsteine ergoß sich das Licht in tausend Reflexen über ihre weiße Haut. »Hübscher Klunker. Zweifellos ein Vermögen wert.« Er griff danach und riß es ab, zerriß die Kette.

Eleyne schrie auf. Sie versuchte, es ihm wieder zu entreißen, aber er war für sie unerreichbar fortgetaumelt. »Dafür bekomme ich eine Menge zu trinken!« jubilierte er. »Was regst du dich denn so auf? Von wem du es wohl hast? Soll ich mal raten?«

»Gib es her!« Joannas Schreie hatten sich trotz Maggies verzweifelter Schaukelbewegung ins Hysterische gesteigert. Robert hielt den Phönix an der Kette baumelnd hoch, so daß er im flackernden Licht der Fackel aufblitzte und funkelte, und wich vor Eleyne zurück. Sie bekam ihn zu fassen, als er die Tür erreichte, mit einem boshaften Stoß warf er sie zu Boden und lachte, als er das Schmuckstück in seine Gürteltasche steckte.

Als sie sich endlich aufgerafft hatte, war er fort.

»Hat er Euch weh getan, Mylady?« Nesta kam herbeigerannt, um ihr zu helfen.

Stumm schüttelte Eleyne den Kopf. Sein Schlag war an ihrer Schulter abgeprallt. Sie stürzte zur Tür und sah hinaus, Robert aber war nirgendwo mehr zu entdecken – verschwunden in dem Labyrinth der Bauten und Passagen, die den riesigen, in alle Richtungen wuchernden Palastkomplex ausmachten.

Eleyne konnte nicht mehr einschlafen, auch nicht, als Joanna endlich wieder ruhig schlummerte und die tiefen Atemzüge der beiden Frauen von ihren guten Nerven erzählten. Eleyne kochte vor Wut, und es war immer noch dunkel, als sie sich zum Stall bewegte. Sie hatte Donnet bei Tam Lin gelassen. Leise rief sie den Hund und ging, nachdem sie der Versuchung, sich auf Tam Lins Rücken zu schwingen, widerstanden hatte, zu den Obstgärten jenseits der Parkmauer.

Es überraschte sie nicht, Robert bereits an der Seite des Königs zu sehen, als sie ankam. Er betrachtete sie selbstgefällig, Haar und Bart waren frisch hergerichtet. Sein Gewand sah neu aus.

Eleyne knickste vor dem König, ihre Hand lag auf Donnets Kopf.

Henry lächelte. »So, Nichte. Ich habe ein paar Schriftstücke für dich zum Unterzeichnen …«

»Meßt Ihr Eurem Bündnis mit Schottland irgendeinen Wert bei, Euer Gnaden?« Eleyne sah dem König herausfordernd in die Augen. Ihre Stimme war klar und gleichmäßig, als sie ihn unterbrach.

Er runzelte erstaunt die Augenbrauen. »Wir sind nicht hier, um über Schottland zu diskutieren ...«

»Ich glaube, doch. Der König der Schotten hat mir ein wertvolles Juwel geschenkt. Es sollte meine Sicherheit und ein Teil meines Wittums sein. Letzte Nacht hat mein Mann ...«, sie warf Robert den flüchtigsten aller Blicke zu, »es gestohlen.«

Henry zog die Stirn kraus. »Ich glaube kaum ...«

»Wenn ich Alexander sage, daß Ihr diesen Diebstahl geduldet habt«, fuhr Eleyne fort, »wird er wütend und enttäuscht sein. Er hat mir immer gesagt, Ihr wäret ein Ehrenmann, und bisher war auch ich seiner Meinung.«

Henry seufzte. »Geben Sie es ihr zurück, de Quincy.«

Robert schüttelte den Kopf. »Den Tand einer Hure? Ich habe ihn verkauft ...«

Eleyne rang nach Luft. »Das ist unmöglich. Dafür war gar keine Zeit ...«

»Holen Sie es zurück!« unterbrach sie die ärgerliche Stimme King Henrys. »Ich gebe Ihnen zwölf Stunden Zeit, Ihrer Frau dieses Juwel zurückzugeben, Sir Robert, oder Sie werden des Diebstahls angeklagt. Jetzt lassen Sie mich allein! Sie beide. Ich habe Ihre Streitereien satt.« Er hatte vergessen, warum er sie eigentlich hatte sprechen wollen.

Eleyne verließ das Zimmer des Königs. Sie ging direkt zum Stall und befahl, Tam Lin zu satteln. Ihr Zorn und ihre Erschöpfung nach der schlaflosen Nacht und der lange Ritt vom Tag zuvor hatten sie unruhig gemacht. Und sie vermißte ihren Phönix. Sie hatte sich an das Gefühl gewöhnt, ihn zwischen ihren Brüsten zu tragen. Er brachte sie Alexander nahe.

Llywelyns Stimme weckte sie aus ihren Träumen auf, während sie dem Stallknecht zusah, wie er Tam Lin das Zaumzeug anlegte.

»Würdest du mit mir reiten, Tante Eleyne? Unsere Gespräche mit dem König beginnen erst morgen, also dachte ich, ich sollte Tante Isabella in Godstow besuchen. Das schulde ich ihr.« Er wirkte verlegen.

»Also hast du Gewissensbisse. Es war unfreundlich von Euch, sie zum Verlassen Abers zu zwingen.«

»Wir haben sie nicht gezwungen!« Pikiert sah er sie an. »Der König hat befohlen, daß sie ins Kloster soll.«

»Aber ihr habt nichts dagegen eingewandt, oder?« fragte Eleyne ihn liebenswürdig. »Ich komme mit. Arme Isabella.« Ein Besuch bei ihr würde immer noch besser sein als ein Aufenthalt unter einem Dach mit ihrem Ehemann.

Isabella war bleich und abgemagert. Die schwarze Tracht der Benediktinerinnen stand ihr nicht. Sie sah erst Llywelyn, dann Eleyne und dann wieder Llywelyn an und lachte laut auf. »So. Welchem Glücksfall verdanke ich diesen Besuch? Oder kommt ihr her, um mich nach Hause zu bringen?«

Llywelyn sah zu Boden. »Der König entscheidet, wann du das Kloster verlassen darfst, Tante Isabella. Wir kommen dich besuchen, um zu sehen, ob es dir gut geht.«

»Und um euch an meinem Elend zu weiden?« Isabella ging ruhelos hin und her. »Also jetzt, da ich euch gesehen habe, geht es mir gut. Ihr dürft zu King Henry zurückkehren und es ihm ausrichten. Sagt ihm, ich bin wahnsinnig glücklich. Sagt ihm, ich bin hier regelrecht aufgeblüht. Und daß ich jeden Tag für ihn bete!« Sie stampfte mit ihrer Sandale auf den von Binsen bedeckten Boden. »Und du, *Schwester*?« Sie sah Eleyne an, ihre Augen wurden schmale Schlitze. »Freust du dich über deinen Erfolg? Oh, es war ja so schlau von dir, nicht wahr? Wie du dafür gesorgt hast, daß Gruffydds Söhne Dafydds Nachfolger werden konnten ...« Plötzlich weinte sie.

»Isabella!« Bekümmert ging Eleyne auf sie zu. »Ach, meine liebe Isabella, bitte ...«

»Rühr mich nicht an!« Isabella zuckte zusammen und wandte ihnen den Rücken zu. »Geht! Beide! Überlaßt mich Gott!«

V
WOODSTOCK

King Henry rief Eleyne an diesem Abend in sein privates Arbeitszimmer. Er war nicht allein. Bei ihm war sein Sohn Edward. Mit seinen acht Jahren schon ein großer Junge, sehr mager und auf seine Art so hübsch wie sein Vater. Altklug – seiner grausamen und bösen Zunge wegen bei den Höflingen seines Vaters nicht beliebt. Er besaß in Woodstock seinen eigenen Hofstaat und eine eigene Wohnung. Er war seinem neuen Lehrer Peter von Wakering gerade entronnen und saß auf einem kleinen Schemel, wartete ungeduldig darauf, daß er ausreiten konnte. Er starrte Eleyne mürrisch an, als sie hereinkam, und da sie es spürte, erwiderte sie den Blick des Jungen, als sie ihren Knicks vor dem König machte. Edwards Gesicht verfinsterte sich noch mehr. Er mochte Leute nicht, die seinen Vater während der kostbaren Stunden in Anspruch nahmen, in denen er ihm gehörte.

Henry beachtete ihn nicht. Während Eleyne stumm darauf wartete, daß er zu sprechen anfing, ging er zwischen dem hübschen bleiverglasten Fenster und der Tür auf und ab, dann hinüber zu seinem höher gelegenen Schreibtisch.

»Ich habe dein Juwel hier.« Er hob es auf und wog es in der Hand.

Eleyne fühlte, daß ihr Herz einen Sprung machte, dennoch beobachtete sie Henrys Gesicht mit wachsamen Augen und versuchte, seine Gedanken zu lesen.

»Es ist ein hübsches kleines Ding«, sagte Henry endlich, machte aber keine Anstalten, es ihr zurückzugeben.

»In der Tat, Sire, ich mag es sehr gern.«

»Du sagst, der König der Schotten habe es dir gegeben.« Henry sah hoch.

Sie schluckte. Dann nickte sie. Sie war nicht sicher, welche Richtung das Gespräch nehmen würde. Edward ließ sich kein Wort entgehen.

»Ich möchte Alexander nicht kränken«, fuhr Henry nachdenklich fort. »Wie du weißt, ehre und respektiere ich ihn, und ich mag seine Schwester, die Countess of Pembroke, sehr gern ... aber ebensowenig möchte ich den König von Frankreich verletzen, der natürlich die Königin der Schotten unterstützt.« Er wandte sich von ihr ab. »Ich kann deine Besuche in Schottland nicht dulden«, sagte er langsam, »und ich kann nicht für das Stillschweigen deines Mannes einstehen. De Quincy ist ein Hitzkopf und ein Trinker.« Er streckte die Hand aus und ließ den Phönix in ihre Handfläche fallen. »Ich wünsche dir alles Gute, Nichte, aber ich glaube, es ist am besten, ich höre nichts mehr von diesen Besuchen, verstehst du?« Seine durchdringenden blauen Augen trafen ihre Augen, und sie sahen einander an. »Und als Belohnung dafür, daß ich beide Augen zudrücke, solltest du mir helfen, deine beiden Neffen in der walisischen Frage zur Vernunft zu bringen. Und bevor du von Isabella de Braose anfängst: Ich möchte nichts mehr von ihr hören. Man ödet mich morgens, mittags und abends mit dieser Geschichte an. Und von Sir Robert de Quincy möchte ich auch nichts mehr hören und sehen.«

»Sir Robert hat den Palast verlassen, Papa«, krähte Edward dazwischen. »Ich habe ihn zu Prince Llywelyn sagen hören, daß er abreist.« Er betrachtete Eleyne mit einem seltsam berechnenden Gesichtsausdruck.

Der König fuhr herum. Er hatte vergessen, daß sein ältester Sohn anwesend war. »Warte im Hof auf mich, Junge«, sagte er knapp.

»Ja, Papa.« Edward sprang auf und verbeugte sich demütig. Er wandte sich zur Tür, dann blieb er stehen. »Sir Robert war sehr wütend.« Edward lächelte bösartig. »Er hat alle möglichen schlechten Sachen über Lady Eleyne gesagt.«

Eleyne schloß die Augen. Was auch immer Robert gesagt haben mochte, sie wollte es nicht hören. Sie schloß ihre Hand fester um den kostbaren Phönix, als wäre er ein Talisman. Als sie die Augen aufschlug, sah sie, daß Edward sie scharf beobachtete.

»Er sagte, keiner könnte ihr trauen«, fuhr Edward fort, bevor sein Vater ihn daran hindern konnte. »Und er sagte, sie wäre eine Hexe und eine Mörderin.«

»Das reicht, Edward!« donnerte Henry. »Ich habe dir gesagt, du sollst draußen warten.«

»Ja, Papa.« Edward senkte seinen Blick. Er hatte ungewöhnlich lange Wimpern für einen Knaben. Sie gaben ihm ein fast schüchternes Aussehen. »Ich dachte nur, das interessiert Euch.«

VI

FOTHERINGHAY

Drei Wochen lang rechnete Eleyne mit einem erneuten Auftauchen Roberts. Aber er kam glücklicherweise nicht, dafür aber traf Rhonwen, aus London kommend, bei ihr ein.

»So, Cariad!« Rhonwen hatte das Kinderzimmer besichtigt, einen Rundgang durch die Burg unternommen und war zufrieden, daß alles wie am Schnürchen lief. »Wann gehst du nach Schottland zurück? Du willst doch sicherlich nicht darauf warten, daß er dich ruft, jetzt, da er aus dem Westen zurück ist?«

Anfang Juli brachen Eleyne und Hal Longshaft, der als ihr Hofmeister nach Fotheringhay zurückgekehrt war, in schlichte Mäntel gehüllt allein nach Norden auf.

Sie genossen den Ritt, unbeschwert von Gepäckwagen und Bediensteten. Ihr gefiel die leere Straße, die Verkleidung, die Geschwindigkeit, mit der sie vorankamen, und sie genoß das Abenteuer und die Erregung, in die sie der Gedanke versetzte, daß sie Alexander unbemerkt eine Botschaft übermitteln würde. Vor allem aber freute sie sich darauf, wieder mit ihm zusammenzusein.

Es stellte sich heraus, daß er allein, ohne die Königin, in Berwick weilte, und so konnten sie ohne Schwierigkeiten in dem Haus unterhalb der Burg zusammenkommen, in dem sie wohnte.

»Niemand wird je erfahren, daß ich in Schottland gewesen bin.« Sie küßte ihn, und ihre Hände wühlten sich in sein Gewand. »Ich bin ein Schatten. Nichts als ein Stäubchen in einem Sonnenstrahl. Wenn du einmal zwinkerst, bin ich nicht mehr da.«

Er lachte und zog sie auf seine Knie, seine Hand lag auf ihren Brüsten. »Dann muß ich aufpassen, daß ich es nicht tue.« Er beugte sich über ihre Brustwarzen und umkreiste erst die eine und dann die andere mit seiner Zunge, bis sie vor Lust schrie.

Es blieb ihnen nur eine kurze Zeit, die sie zusammen verbringen konnten. Er mußte sofort wieder nach Norden reiten, und sie konnte nicht mit ihm kommen, aber ihr Besuch hatte ihrer Hoffnung neue Nahrung gegeben. »Ich werde es dir mitteilen, wenn du zu mir kommen kannst.« Er küßte sie gierig und versuchte, so viel wie möglich von ihr zu bekommen, bevor sie auseinandergingen. »So werden wir manchmal zusammensein, und ich kann den Traum von dir mit mir nehmen.« Er griff nach dem Phönix und zog sachte daran, so daß sie zu ihm kommen mußte, ihre Brüste drängten sich gegen seine Brust. »Du darfst es nie abnehmen. Es verbindet uns. Es verbindet meine Seele mit deiner Seele.« Sein Mund suchte ihren Mund, und sie fühlte seine drängende, forschende Zunge, die sie gefangennahm und die ihre Hingabe verlangte.

Sie ritt in jenem Jahr noch zweimal nach Schottland, im nächsten Jahr dreimal und einmal im Frühling des Jahres, das darauf folgte. Jedesmal wurde sie von Hal begleitet. Jedesmal blieb ihr Besuch, soweit sie wußte, unentdeckt. Jedesmal weinte sie, wenn sie feststellte, daß sie noch immer kein Kind von ihm trug. Die Monate dazwischen, wenn ihr Körper schlief, waren friedliche Zeiten, sie beschäftigte sich mit Joanna und ihren Pferden. Ihre Schönheit war jetzt voll erblüht, aber sie hüllte sich in Mäntel und Schleier und spielte die sittsame Hausfrau. Von ihrem Ehemann war indes überhaupt nichts zu sehen.

VII
ROXBURGH * April 1249

Es war dunkel in dem kleinen Schlafzimmer, obwohl die Nacht hell war. Eleyne stand am Fenster und sah hinaus zu dem riesigen bleichen Mond. Er würde nur noch ein paar Tage hier sein, dann ritt er wieder zu den Inseln im Westen.

Der König hatte während der kurzen Augenblicke, die sie miteinander verbringen konnten, an andere Dinge gedacht, und sie war nicht sicher, ob er jetzt kommen würde. Heimlich hatte er sie in die Burg geholt, damit sie ihm noch näher war, aber jetzt mußten sie nur noch vorsichtiger sein, und er hatte sie in diesem Zimmer erst einmal besucht. Sie betastete vorsichtig den Phönix. Ihr Haar war offen, so wie der König es am liebsten mochte, es lag schwer auf ihrer Schulter, und unter dem seidigen grünen Samt ihres Mantels war sie nackt. Sie hatte Parfüm und Öl in ihre Haut gerieben und roch den Duft von Rosen und Jasmin, wenn sie sich bewegte.

Sie beugte sich aus dem Fenster des Turms und blickte über die vom Mond beleuchtete Landschaft. Die Stadt sah man von hier aus nicht, und die Landschaft war ein Kaleidoskop aus silbernen Schatten, die schwere Kälte des Taus lag wie ein seidener Schleier auf Bäumen und Gräsern. Dieser Eckturm in der äußeren Ringmauer war ein einsamer Ort, man benutzte ihn als Vorratsspeicher. Laute aus den Höfen und Ställen konnte sie hier nicht hören. Die Stille wurde nur von den Schreien einiger Eulen unterbrochen, die sich jenseits des Flusses auf der Jagd befanden, in der Ferne vernahm sie das Heulen eines Wolfes.

Sie schlief bereits, als er endlich kam. Er trug weder eine Kerze noch eine Laterne bei sich, als er leise die Tür öffnete und hinter sich verriegelte. Es brannte kein Feuer im Kamin. Das Zimmer war eisig kalt. Er stand im Mondlicht und starrte auf sie hinab. Als sie sich im Schlaf bewegte und zu ihm hinwandte, nahm er sie in die Arme.

Er war noch immer bei ihr, als sie im Morgengrauen erwachte, sein Kopf lag auf ihrer Schulter, seine Hand auf ihrer Brust, er schlief tief und ruhig. Sie beobachtete ihn, nahm gierig alle Einzelheiten seines schlafenden Gesichts in sich auf, versuchte sich jeden Zoll, jedes Haar, jede Pore, jede goldene Wimper einzuprägen, als er sich schläfrig umdrehte und wieder nach ihr griff.

Erst lange danach war sie fähig zu sprechen. »Du versäumst die Messe.«

»Ich werde die Messe hören, bevor wir losreiten.«

»Mußt du heute fort?« Sie klammerte sich an ihn.

»Du weißt es, Eleyne.« Er setzte sich auf. Dann legte er seine Hand auf ihre Lippen. »Du weißt, ich hasse es, Abschied zu nehmen.« Er streckte die Hand nach ihrer schweren Brust aus, um sie zu streicheln, aber im letzten Augenblick berührte er statt dessen den Phönix.

Er zog sich an, aber sie machte keine Anstalten, sich ebenfalls anzukleiden. Als er fertig war, beugte er sich über sie und küßte sie noch schnell auf die Stirn.

»Gott sei mit dir, mein Liebling«, flüsterte er. Dann war er fort.

VIII

FOTHERINGHAY

In ihrem Traum sah sie Einions Grab unter sich liegen. Wilde Narzissen tanzten im Wald um den von Flechten bewachsenen Stein. Als sie ihre Hand darauflegte, war er kalt.

»Also, wo ist Schottlands Sohn?« flüsterte sie laut. »Wo? All deine Vorhersagen waren Lügen.« Ihre Hände wanderten traurig zu dem Phönix an ihrem Hals. Von dort hinten, von jenseits der feuchten, bittersüßen Wälder und Wiesen, über die Flutwellen mit ihren weißen Schaumkronen hinweg, trug der Südwind den Duft der Bergluft herbei. Die mächtige Stille der einsamen Gipfel, die nur vom Schrei des Adlers und dem Rauschen der Wasserfälle hoch oben auf den Geröllhalden unterbrochen wurde, drang an ihr Ohr. Er war da, nahe bei ihr. Sie sah, daß Tam Lins Ohren sich flach an den Kopf legten. Sie sah Donnets Nackenhaar sich aufrichten, als eine Amsel schreiend aus dem Dickicht aufflog, und sie sah den Wirbel des toten Laubs auf der grasbewachsenen Schneise.

Geh zurück. Die Stimme war in ihrem Kopf. *Geh nach Schottland zurück, geh zurück.*

Das Schweigen, das im Wald widerhallte, war voller Drohungen. Als die Luft ihre Haut berührte, war etwas Eisiges darin.

Wenn du ihn behalten willst, geh zu ihm – jetzt.

Hoch in den Cwms von Eryri lag noch Schnee. Wölfe durchstreiften die Täler auf der Suche nach Lämmern. Der Schrei einer Dohle von den hohen Felsen hallte durch die kristallene Stille.

Geh zurück, geh zurück. Geh nach Schottland. Geh.

Sie trat einen Schritt beiseite, ihre Hand fuhr zum Kopf des Hundes, als der Wirbel der toten Blätter sich legte. Dann wandte sie sich nachdenklich ab.

Wie konnte sie nach Schottland zurückkehren, wenn Alexander selbst sie fortgeschickt hatte?

IX
KERRERA, ARGYLL * 1. Juli 1249

Alexander lag auf einem Berg von Teppichen und sah zu dem aufgerollten Segel hoch. Sein Kopf dröhnte, ihm war schwindlig. Der strahlend blaue Himmel hinter dem Gespinst der Stütztaue, die den Mast hielten, schien sich zu bewegen und zu pulsieren wie ein mit Blut gefülltes Herz.

Er hörte sich stöhnen und fühlte sogleich das weiche, kühlende Tuch auf der Stirn. Er mußte sich zwingen, auf die Beine zu kommen. Er mußte sich seinen Männern zeigen. Wo waren sie? Er stöhnte erneut, versuchte den Kopf hochzuheben, und dann fiel er zurück. Gottverdammt! Er war krank. Was war denn mit ihm los? War es etwas, das er gegessen hatte oder hatte es mit den verdammten Schmerzen in seinem Kopf zu tun? Er war noch nie zuvor in seinem Leben krank gewesen. Der Besuch war zudem friedlich verlaufen. Erfolgreich sogar. Er schloß die Augen. Aber der Schmerz ging nicht weg.

»Sire.« Er konnte die Stimme ganz nahe bei sich hören, die dringend nach seiner Aufmerksamkeit verlangte. »Sire? Können Sie mich hören?«

Natürlich konnte er ihn hören. Sah der Narr denn nicht, daß er ihn hören konnte? Er versuchte wieder, die Augen zu öffnen, aber er war zu müde für eine solche Anstrengung.

»Sire.« Die Stimme kam wieder – drängender, lästig, ließ ihn nicht schlafen.

»Sire, wir bringen Sie auf die Insel Kerrera.«

Der König drehte unruhig den Kopf herum. Laßt mich ruhig hier. Er dachte, er hätte es laut gesagt. Aber er selbst hatte ihnen zuvor diesen Befehl gegeben – sie sollten ihn an Land bringen. Er hatte darauf bestanden, bevor diese böse Krankheit ihn so fest in den Klauen hielt und als er noch hatte sprechen können. Bei ihm knieten zwei der obersten Kapitäne seiner Flotte und sahen einander besorgt an. Einer rief nach der Sänfte, die sie aus einem Segel hatten falten lassen.

Zwei Tage lang lag er krank in der Bucht von Oban auf der Insel Kerrera. Am dritten Tag ließen die Schmerzen nach. Er schlug die Augen auf.

»Eleyne?« Er konnte sie deutlich sehen. Sie saß im Fenster, ihr Haar glänzte in der Sonne. Er lächelte. Wie böse sie gewesen war, als er sie wegen der silbernen Strähnen in ihrem schimmernden kastanienbraunen Haar geneckt hatte. Er war froh, daß sie nach Schottland zurückgekommen war. Sie hatte ihm immer so sehr gefehlt, wenn sie fortgegangen war. Es war, als ob ihm ein Glied seines Körpers genommen würde.

»Eleyne?« Er versuchte es wieder, aber sie schien ihn nicht zu hören. Sie sah aus dem Fenster nach Westen. Er konnte hinter ihr die untergehende Sonne erkennen, Eleyne war jetzt ein Schattenriß vor dem flammenden Himmel, und ihr Haar leuchtete wie Feuer. Tochter des Phönix, Kind des Feuers. Warum kam sie nicht zu ihm? Warum preßte sie nicht ihre Lippen gegen seine Lippen? Er begehrte sie. Er brauchte sie. Er versuchte, die Hand auszustrecken.

Ein Priester kniete bei ihm, seine Lippen bewegten sich stumm, während er betete. Die Männer des Königs standen um ihn herum mit gespannten Gesichtern und sahen auf Alexander hinab. Der Blutsauger, den sie vom Festland geholt hatten, schüttelte wieder den Kopf. Der König würde bei Sonnenuntergang sterben; er kannte die Anzeichen. Es gab nichts mehr, das er oder irgend jemand tun konnte.

Alexander runzelte ein wenig die Augenbrauen, als er sich bemühte, sie deutlicher zu erkennen. Die Sonne ging nun unter, Eleyne verschwand auch. Sie mußte seinen Sohn beschützen, um Schottlands willen. Warum kam sie nicht zu ihm? Er sehnte sich so sehr nach ihrer Berührung. Vielleicht sollte er zu ihr gehen.

Er raffte sich mit der letzten Anstrengung seiner Willenskraft auf, er durfte sie nicht aus den Augen verlieren. Er mußte bei ihr bleiben. Wohin sie auch gehen mochte, er würde sie begleiten, in die Finsternis hinein oder in das Licht, das dahinter lag.

Als die Sonne unterging und der Raum in Dunkelheit versank, setzte sich der König auf, verwundert darüber, daß es so leicht war. Er erhob sich und warf einen Blick auf das Bett, auf dem er gelegen hatte. Sein Körper lag noch da, bucklig dahingestreckt vom Fieber. Rundherum konnte er seine Männer sehen, wie sie ungläubig auf ihn hinunterstarrten.

»Er ist tot, meine Lords.« Er hörte die Worte des Blutsaugers wie aus weiter Ferne, aber schon hatte er sich weiterbewegt. Irgendwo da draußen in der Dunkelheit jenseits der untergegangenen Sonne mußte er Eleyne finden.

X
FOTHERINGHAY * 8. Juli 1249

Eleyne wachte plötzlich auf und horchte. Als der Hornruf des Wächters in der Stille verhallte, hörte sie das Klopfen ihres Herzens sehr laut in ihren Ohren. Das Schlafzimmer lag im Dunkeln, sie war allein. Ihr Hofstaat war klein. Ihre Damen schliefen irgendwo im Turm: Rhonwen in ihrem eigenen Zimmer mit ihren beiden Dienerinnen auf der Nordseite nahe dem Kinderzimmer, Nesta eine Tür weiter.

Sie glitt aus dem Bett, zog das Hemd an und lief zum Fenster. Das Mondlicht lag glitzernd auf der großen Schleife des Flusses Nene. Dahinter verschmolzen Felder, Sumpfwiesen und Wälder zu einem flachen Schachbrett aus Silber und Schwarz. Irgendwo hinten beim Kloster hörte sie zwei Eulen schreien, als sie über die gemähten Wiesen jagten, und näher bei ihr die feinen Piepslaute der Fledermäuse.

Immer noch schläfrig, brauchte sie eine Weile, bis sie merkte, daß ihre Kehle wie zugeschnürt war vor Angst und ihr ganzer

Körper vor Schrecken eiskalt. Sie beugte sich über das Fensterbrett, sah in das Mondlicht hinaus und fühlte, wie die Kälte der Nachtluft ihr Gesicht berührte. Ihre Hände bebten.

»Alexander.«

Sie flüsterte seinen Namen, aber es kam keine Antwort. Sie öffnete das Kästchen auf dem Tisch, in dem sie ihren Schmuck aufbewahrte, und nahm den emaillierten Phönix heraus. Die feine Kette war zerrissen. Sie hatte einen Goldschmied aus Northampton rufen wollen, aber irgendwie war es ihr entfallen. Sie hielt den Anhänger eine Weile in der Hand und starrte in die Dunkelheit. Sogar ohne Kerzenlicht schien der Phönix zu leuchten, die Rubinaugen reflektierten ein Sternenlicht, das das Zimmer nicht erreicht hatte. Sie spürte, daß ihr die Tränen kamen. Traurig küßte sie den Anhänger und legte ihn in den Kasten zurück. Es fröstelte sie.

Alexander.

Sein Name ging nicht weg. Etwas stimmte nicht. Er brauchte sie.

Sie nahm den seidenen Schal und warf ihn sich um die Schultern über das Hemd. Die Burg war still. Sie gingen immer früh ins Bett, außer wenn sie Gäste hatten. Immer noch barfuß, lief sie die Treppe hinunter, Donnet hinter ihr her, und durchquerte das im unteren Stock gelegene Zimmer. Dort schliefen ein Dutzend Leute in ihre Umhänge gehüllt um die leise knisternde Glut des großen Feuers. Keiner von ihnen schien das Hornsignal vernommen zu haben.

Sie kam an der Tür an und zog sie auf – vom Wächter war nichts zu sehen.

Die steinerne Treppe, die vom Turm hinunter in den Hof führte, war eiskalt und feucht vom Tau, aber sie spürte es kaum, als sie hinab und dann über die hohen, schlüpfrigen Kopfsteine des Platzes an der Halle vorbei zum Torhaus lief. Der Graben lag schwarz und still im Schatten der Mauer, über dem Wasser hing ein Schleier aus weißem Nebel. Die Zugbrücke war hochgezogen, und aus der Wächterstube kam kein Lebenszeichen. Als Eleyne hineinlief, sprangen die Wächter auf.

»Ich habe den Hornruf gehört«, schrie sie. »Es ist ein Bote da.«

Der Hauptmann der Wache trat verlegen vor und zog seine Tunika gerade. »Es hat keinen Alarm gegeben, Mylady.« Er sah seine Männer scharf an. »Es ist seit Einbruch der Dunkelheit niemand draußen auf der Straße gewesen.«

»Aber ich habe es gehört!« Sie wußte, was für einen Eindruck sie auf sie machte. Das lange weiße Hemd, die nackten Füße, der Seidenschal, das ungeflochtene Haar, der fehlende Schleier.

»Nicht von hier, Lady.« Nachdem er seine Kleidung geordnet hatte, wirkte der Hauptmann selbstbewußter.

»Dann habe ich es geträumt.« Es klang verwundert. Sie ließ die Schultern hängen, ihre Stimme hatte die Schärfe verloren. »Es tut mir leid.« Als sie ihr nachblickten, bekreuzigte sich der Hauptmann.

Im Morgengrauen kam der Traum – wenn es ein Traum war – wieder. Sie hörte das Horn, sprang in Panik aus dem Bett und lief zum Fenster. Ein Wetterumschwung kündigte sich an. Der Morgen war heiß, es donnerte in der Ferne, der süße Duft der Erde mischte sich mit dem kühlen grünen Geruch des Flusses.

Die Berührung an ihrer Schulter war federleicht. Im ersten Augenblick ignorierte sie es, dann fuhr sie herum. Es war niemand da. Die Zugluft hatte den Wandbehang angehoben, sonst nichts. Ihr Schmuckkasten stand offen auf dem Tisch, sie war sicher, daß sie ihn geschlossen hatte. Sie ging hin, nahm wieder den Phönix heraus und starrte ihn im schwachen Licht des Morgens an. Sie zog die Kette aus der Öse heraus und warf sie zurück in den Kasten, dann fädelte sie den Anhänger auf ein schwarzes Samtband und hängte ihn sich um den Hals. Sie fühlte das harte, glänzende, kalte Emaille wie den Tod zwischen ihren Brüsten.

Es war lange her, daß sie zum letztenmal ins Feuer gesehen hatte. Sie kniete vor dem Kamin nieder, schob die Grassoden beiseite, mit denen die Glut bedeckt war und blies hinein. Die kalte Angst in ihr hatte nichts mit ihren Träumen zu tun.

Alexander!

Sie beugte sich zu den Flammen vor. Ihre Augen waren naß. Sie konnte nichts mehr sehen, und plötzlich merkte sie, daß sie weinte.

Alexander!

Die Tür rüttelte in ihren Angeln, die Wandbehänge bauschten sich auf. Asche wehte ihr aus dem Kamin zu, und mit einem Funkenregen brach ein Scheit von einem Ende zum anderen entzwei.

Es waren keine Bilder in den Flammen, nur ein Weinen.

XI

Robert de Quincys Pferd war schweißgebadet, und er war allein. Eleyne saß mit all ihren Leuten in der großen Halle, als er hereinstolziert kam. Sie wußte sofort, daß er sehr viel getrunken hatte. Sie sah ihn zum ersten Mal seit zwei Jahren wieder.

Er kam auf das Podium und den großen Tisch zu, an dem sie mit einigen der führenden Personen ihres Hofstaats saß. Ein angstvolles Gefühl beschlich sie.

»Du weißt natürlich, warum ich komme und was ich dir erzählen will.« Er stand, die Hände in die Hüften gestemmt, einen Fuß vorgestreckt, da. Sein eleganter Mantel war schlammbespritzt und zerrissen, seine Tunika voller Schweißflecken.

»Nein, das weiß ich nicht.« Sie versuchte, ihrer Stimme einen neutralen Klang zu geben.

»Was? Hat dir denn das Feuer nicht gesagt, was dich erwartet?« Er sprach besonders laut, damit überall im Saal Stille einkehrte.

Eleyne hörte den Priester, der neben ihr saß, scharf Luft holen, und sie ballte die Fäuste. »Was hast du mir zu sagen?«

Robert lachte. »Also weißt du es nicht! Wie sonderbar. Jetzt bist du glücklich, aber in ein paar Minuten wirst du zerstört und niedergeschlagen sein.« Er betrachtete sie mit beinahe kühlem Interesse, innerlich völlig unbeteiligt. »Ich werde dir sogleich das Herzchen brechen!«

Eleyne spürte, wie die Angst in ihr größer wurde. »Beabsichtigst du diese Mitteilung noch heute bekanntzugeben?« fragte sie ihn kalt. »Wenn ja, beeile dich, bevor das Horn zum Abendessen ruft.«

Wende dich ab, kehre ihm den Rücken zu, auch allen anderen. Laß ihm nicht den Triumph. Er soll nicht sehen, wie weh es dir tut. Was es auch sein mag.

Aber sie wußte es ja schon. Sie wußte es seit einer Woche. Und ihr Herz brach bereits.

Robert kicherte jetzt still vor sich hin. Er trat auf das Podium zu, begann zu schwanken und entschloß sich, lieber auf der Stufe Platz zu nehmen. So war sein Gesicht der großen Halle zugewandt, als er endlich sprach, und Lachtränen rannen ihm über das Gesicht.

»Er ist tot, Liebling. Dein König ist tot! Ich war bei King Henry, als Boten aus Schottland die Nachricht brachten. Es geziemte sich, dir diese Kunde sogleich selbst zu übermitteln …«

Seine Stimme verschwand in einem Nebel. Er wirbelte und strudelte um sie herum, verstopfte ihr die Ohren, hüllte ihren Kopf ein, ließ ihre Augen erblinden. Sie machte einen Schritt vorwärts und fühlte, daß ein Arm sich um sie legte.

Rhonwen. Aber sie hielt sich kerzengerade und sie weinte nicht. Mit Rhonwen an ihrer Seite stieg sie langsam vom Podium hinunter, an ihrem kichernden Ehemann vorbei, und schritt die lange Halle hinunter zum Ausgang.

Sie ging in die Kapelle und kniete sich auf die Fliesen vor dem Altar. Rhonwen war an der Tür stehengeblieben. Bienenwachskerzen brannten vor einer Statue der Jungfrau. Sie sah sie nicht. Sie sah überhaupt nichts. Ihr Kopf war eine einzige Leere, in der es sich drehte, ein Wirbel aus namenloser Qual.

Robert kam erst viel später. Er hatte gegessen und noch mehr getrunken, aber jetzt stand er sicherer auf den Beinen. Er kam in die Kapelle hereinmarschiert und fand sie immer noch auf den Knien mit geschlossenen Augen. Ihr Gesicht war durchscheinend vor Erschöpfung und Trauer.

Sie vermochte sich seiner nicht zu erwehren, und niemand von ihren Leuten griff ein, als er sie durch den Innenhof und dann an Scharen von ihn anstarrenden Männern und Frauen vorbei die steilen Stufen hinauf in das Turmhaus und weiter hinauf zu den Schlafzimmern zerrte. Sie schlief nicht in dem großen Schlafzimmer, das früher einmal John gehört hatte, aber dorthin brachte er sie jetzt. Das große Bett stand ohne Vorhänge in der Dunkelheit, die mächtige Federmatratze war verschimmelt und voller Mäuse, der Fliesenboden kalt ohne Binsenbelag.

Sie wehrte sich nicht einmal mehr gegen ihn. Sie unterwarf sich, als er ihr die Kleidung vom Leib zog und ihr die Hände fesselte. Sie kniete wie eine erstarrte Statue vor ihm, als er auf sie zustolziert kam und ihr befahl, sie solle den Mund aufmachen – und später, als sie schmerzhaft auf dem Rücken vor ihm lag, unter sich die gefesselten Hände und ihn immer wieder in sich hineinstoßen ließ, verließ ihr Bewußtsein gänzlich ihren Körper, den er erniedrigte, und erlaubte es sich, fortzutreiben.

Ihre Handgelenke waren noch gefesselt, als Rhonwen sie im Morgengrauen fand. Robert hatte ein paar Stunden lang alle viere von sich streckend auf ihrem unbewegten Körper geschlafen, dann war er aufgewacht und auf der Suche nach neuem Wein fortgestolpert. Er war nicht zurückgekommen.

»Verbietest du es mir immer noch, ihn zu töten?« Mit zusammengepreßten Lippen zerschnitt Rhonwen Eleynes Handfesseln.

»Wozu sollte sein Tod jetzt noch gut sein?« Eleynes Finger waren weiß und leblos, sie sah seltsam geistesabwesend zu, wie Rhonwen sie sanft zu massieren begann.

XII

Eine Woche darauf erhielt Eleyne einen Brief von Malcolm of Fife. Robert war ausgeritten, als der Bote ankam, was ihr überaus recht war, denn der Brief brachte sie zum Weinen. Er war höflich und zurückhaltend, er enthielt die Fakten.

Ein plötzliches Fieber hatte Alexander niedergeworfen, während seine Flotte in Oban Bay vor Anker lag. Er kämpfte dagegen an, bestand darauf, daß man ihn auf die Insel Kerrera rudere, und da war er gestorben. Seinen Leichnam hatten sie zur Beerdigung in die Abtei von Melrose gebracht, wie er es schon lange in seinem Testament festgelegt hatte. Sein achtjähriger Sohn war fünf Tage nach seinem Tod in Scone gekrönt worden; der alten Tradition folgend, daß nur der Earl of Fife das Recht dazu hatte, hatte Malcolm ihn selbst auf den heiligen Stein gehoben. Aber schon war, wie es schien, Streit unter den Großen Schottlands ausgebrochen. Die engsten Berater des Verstorbenen, Sir Alan Durward und Lord Mentieth, kämpften verbissen darum, wer von ihnen während der Minderjährigkeit des jungen Königs die Macht ausüben sollte. Am Ende seines Briefes spendete Malcolm ihr jenes Krümelchen Trost, dessen sie so dringend bedurfte. »Madam, der König hat in seinem letzten Fieberanfall Euren Namen mehrmals erwähnt und darum gebeten, daß Ihr für die ewige Ruhe seiner Seele beten mögt.« Als ihr die Tränen in die Augen stiegen, warf sie den Brief hin. Erst viel später las sie den letzten Satz: »Mylady, seid meiner dauernden Treue und Ergebenheit gewiß, solange ich atme.«

XIII

Anfang November wußte sie, daß sie wieder schwanger war. Robert war nur ein paar Tage lang in Fotheringhay geblieben. Er wurde es rasch müde, sie zu quälen, und er hatte, obwohl er es nicht einmal sich selbst gegenüber zugeben mochte, auch Angst vor dem kalten, überlegten Haß, der ihm aus den Steinen der Burg und der Luft, die sie umgab, entgegenschlug. Aufgrund intensiver Bemühungen war es ihm gelungen, sich wieder Zutritt zum Hofe King Henrys zu verschaffen. Am gleichen Tag, an dem er verschwand, hatte sie das Bett hinaustragen und im äußeren Hof verbrennen lassen.

Es schien seltsam, daß das Leben so wie früher weiterging, nachdem er fort war. Sie beaufsichtigte das Gestüt und ritt regelmäßig um das Herrenhaus herum. Sie aß und schlief und beschäftigte sich mit ihren Handarbeiten und redete und wartete gleichgültig, während ihr Bauch zu wachsen anfing. Es würde ein Mädchen werden. Robert konnte keinen Sohn zeugen, dessen war sie sicher.

Ihre Träume waren ausgeträumt. Ihre Liebe war tot. Ihr Herz lag wie Blei in ihr. In der Weltgeschichte war für sie kein Platz.

Ihre Söhne würden niemals Könige werden. Einion war ein Scharlatan gewesen, ihre Visionen hatten sich als von Dämonen inspirierter Unsinn eines fiebernden Bewußtseins herausgestellt. Sie würde nie mehr nach Schottland zurückkehren, wo ihr Patensohn nun König war – fest an die Schürzenbänder seiner Mutter gefesselt, während Alan Durward die Geschäfte führte. Schottland war ein Ort der Träume und Erinnerungen, ein Ort der zerbrochenen Hoffnungen.

Die geisterhafte Frau, die in den leeren Zimmern der Burg spukte, vermochte ihr wenig Trost zu spenden. Ihrer beider Unglück war ein Teil des Stoffs, aus dem die Geschichte bestand. Es umspann sie und hielt sie fest in dem Gewebe, das für die Ewigkeit gemacht war und aus dem keine von ihnen sich jemals befreien konnte.

XIV
FOTHERINGHAY

Hawisa wurde 1250 am Sankt-Georgs-Tag geboren, zwei Wochen nach ihrer Geburt kam Robert zurück. Er starrte lange das Würmchen in der schweren hölzernen Wiege an, dann sah er zu Eleyne auf. »Noch ein Mädchen?«

»Das war Gottes Wille.«

»Ach ja? Oder hast du nicht vielmehr mit Zaubermitteln und gewissen Tränken dafür gesorgt?« Sein Gesichtsausdruck war hart und seine Stimme trocken.

Eleyne zuckte die Schultern. »Es hat mich nicht gekümmert, welchen Geschlechts das Kind war. Es ist gesund und getauft.«

»So eine fürsorgliche Mutter!« Er beugte sich über die Wiege und nahm das in Windeln gepackte Bündel heraus. »Wenigstens sieht man, daß es meines ist.« Das Baby hatte dichtes schwarzes Haar, die Augen saßen nahe beieinander über der kleinen Nase. »Wo ist Joanna?« Als er im Sommer zuvor nach Fotheringhay gekommen war, hatte er nicht einmal nach seiner Tochter gefragt.

Eleyne erstarrte. »Irgendwo bei den Kindermädchen«, sagte sie vorsichtig.

»Weißt du es denn nicht?« Sein Ton war halb anklagend, halb spöttisch.

»Natürlich weiß ich es. Sie ist bei ihnen gut aufgehoben.« Eleyne hatte plötzlich Angst. Sie wollte nicht, daß er ihre schöne Tochter sah. Sie wollte ihm überhaupt kein Recht an diesem Kind zugestehen.

»Hoffe ich.« Er legte das Baby wieder in die Wiege.

Sie fürchtete sich davor, daß er in der Nacht an ihr Bett kommen würde, aber er erschien nicht. Sie lag wach, wagte vor Angst nicht, die Augen zu schließen, aber die Nacht verlief ruhig.

Als Rhonwen am Morgen zu ihr kam, funkelten ihre Augen vor Haß. »Er hat die Kleine mitgenommen.«

»Mitgenommen?« Obwohl immer noch halb im Schlaf, kam es Eleyne vor, als ob sich dieses Wort in ihr Gehirn bohrte. Sie richtete sich auf und sah hinüber zur Wiege.

»Nicht das Baby, Cariad. Joanna. Er hat Joanna mitgenommen.« Rhonwens Stimme war brüchig.

»Heilige Mutter Gottes!« Auf Eleynes verzweifelten Schrei hin fing Hawisa an zu schluchzen, aber ihre Mutter kümmerte sich nicht um sie. Sie warf sich den Mantel über und war schon fast an der Tür, bevor Rhonwen sie aufhalten konnte. »Es ist sinnlos. Sie sind längst fort. Er hat sie nachts geholt. Die kleine Sarah Curthose hat versucht, ihn daran zu hindern. Er hat ihr dafür das Gesicht zu Brei geschlagen.«

»Er hat Joanna nach London mitgenommen.« Eleynes Brüste schmerzten, als das Baby schrie. Sie legte Hawisa in ihre Armbeuge, öffnete ihr Hemd und spürte den üblichen scharfen Schmerz, als der kleine Mund sich um ihre Brustwarze schloß. »Wir werden hinter ihm herreiten. Jetzt sofort, sobald die Pferde bereit sind.« Ihr Gesicht war finster. »Sorge dafür, Rhonwen!«

Von den Dienern und dem Baby behindert, erreichten sie London erst gegen Mittag des folgenden Tages. Zwei Stunden später ritt Eleyne in ihrem schönsten Kleid zum Westminsterpalast. Sie konnte sich, erschöpft von dem langen Ritt und so kurz nach der Geburt, kaum noch im Sattel halten und brach fast zusammen, aber trotzdem ritt sie bis vor das Tor der Halle und glitt dort von Tam Lins Rücken herunter. Als ein Knecht angelaufen kam, um das Pferd zu übernehmen, taumelte sie.

Die große Halle war von Menschen überfüllt, aber sie sah, daß den König wie üblich seine Edelleute und Diener umgaben. Er schien ein großes Buch zu studieren, als Eleyne sich ihren Weg zum Podium bahnte. Er sah auf, als sie sich näherte. »Nichte. Ich habe es dir nicht erlaubt, am Hof zu erscheinen.«

Eleyne glückte ein tiefer Knicks. »Mein Kind kam gesund zur Welt, Euer Gnaden, und wurde getauft, aber mein Ehemann ist nach London zurückgekehrt. Ich muß ihn dringend sehen und ich hoffe, ihn bei Euch zu finden.«

Henry lächelte kalt. »Er ist hier gewesen, aber nicht heute.« Er beugte sich vor und sah ihr ins Gesicht. »Du bist wohlauf, Nichte?«

»Wohlauf ja, Sire, danke.« Sie sah Mitgefühl in seinen Augen. Wofür? Weil Alexander jetzt tot war?

Sie trat noch einen Schritt auf ihn zu. »Robert hat mein kleines Mädchen mitgenommen, und ich habe Angst um sie.« Sie vermochte die Worte nicht mehr zurückzuhalten. »Ihr müßt mir helfen, sie zu finden. Bitte.« Ihre Augen füllten sich mit Tränen. »Sie kennt ihn nicht. Er war betrunken. Er hat ihr Kindermädchen fast totgeschlagen ...« Sie war sich der Leute um ihn herum bewußt, aber sie nahm trotzdem seine Hand und fiel auf die Knie. »Bitte helft mir, bitte!«

Henry runzelte die Brauen. »Sie sprechen von seiner Tochter.«

»Ich spreche von einem kleinen Mädchen, das ihn nicht einmal kennt.«

»Das gibt es leider allzu oft.«

»Aber doch wohl nicht, Sire, daß ein Mann ein Kind wegnimmt, ohne auch nur das Kindermädchen mitzunehmen, das sich um dieses Kind kümmert.«

»Aber warum sollte er denn so etwas tun?« Henry machte ein erstauntes Gesicht. Er hatte seine Hand noch nicht zurückzuziehen versucht.

»Weil er wußte, daß er mir damit weh tun würde. Er hat immer ein Vergnügen daran gehabt, mir weh zu tun.« Sie hielt dem Blick des Königs stand, bis dieser peinlich berührt die Augen abwandte.

»Nun gut. Ich werde Männer losschicken, die ihn suchen sollen«, murmelte er. »Ich gebe dir Nachricht, wenn wir sie gefunden haben.«

Der König sah ihr nach, wie sie den Weg zurück durch den Saal zur Tür ging. Sie war früher einmal so schön, so temperamentvoll gewesen. Jetzt sah es aus, als wäre ihre Lebensflamme schwächer geworden.

Er schnauzte seinen Sekretär an. »Sorgen Sie dafür, daß Robert de Quincy unverzüglich gefunden, daß ihm seine Tochter weggenommen und ihrer Mutter zurückgegeben wird!«

Robert de Quincy und Joanna aber waren nirgendwo zu finden.

XV
GODSTOW * Juli 1250

Isabella saß im Garten in der Sonne und stickte, als die Nonne kam, um sie in das Sprechzimmer der Äbtissin zu holen. Sie war mager und bleich, ihre Augen waren vor Langeweile trübe. Ihre Zerknirschung und Angst hatten nach dem Erdbeben wie bei den anderen Schwestern mehrere Monate lang angehalten, aber als das normale Klosterleben wieder anfing und das Ende der Welt nicht kam, verblaßte ihre Frömmigkeit.

Sie hatte von neuem begonnen, Briefe zu schreiben: an den König, an ihre Verwandten, die de Braose, an ihre Neffen in Wales; lange jämmerliche Briefe, in denen sie um ihre Freilassung bettelte. Sie haßte das Kloster. Wie andere reiche Damen, die die Gesellschaft aus dem einen oder anderen Grund ausgestoßen hatte, durfte auch sie nun wieder Dienstmädchen haben, ihre Kleidung war aus feinster Seide, ihr Essen erlesen und reichhaltig, mit nur ganz geringen Zugeständnissen an die Fastengebote, und sie trank dazu den besten Wein. Dennoch, sie war eine Gefangene. Sie durfte niemals die Mauern des Konvents verlassen.

Die Äbtissin Flandrina war zwei Jahre zuvor verstorben, ihre Nachfolgerin war die große, elegante Emma Bloet, eine freundliche, aufrichtige Person, die ein tiefes Mitgefühl gegenüber Isabella, ihrer Gefangenen, empfand, wenngleich diese das allerdings nicht ahnte. Sie betrat das Sprechzimmer der Äbtissin mit einem mürrischen Gesicht. Zweifellos wollte die Oberin ihr wieder eine Strafe für irgendein winziges Vergehen auferlegen.

Sie kniete nieder und küßte den Ring der Oberin. Erst als sie aufblickte, sah sie den schlanken jungen Mann in der Livree des Königs von England. Ihr Herz machte vor Aufregung einen Sprung. Endlich erbarmte sich der König ihrer, hatte erkannt, wie sinnlos es war, sie einzusperren. Dafydd war tot. Sie war keine Waliserin. Nun würde er sie freilassen.

Sie spürte, daß sie unter den Augen des jungen Mannes zu wachsen und aufzublühen begann wie eine verwelkte Rose, die man ins Wasser stellt. »Endlich sind Sie da und bringen mich zum Hof!« Sogar ihre Stimme hatte wieder einen frischen Klang, als sie sich an den jungen Mann wandte, aber an seiner Stelle antwortete ihr die Äbtissin.

»Nein, Schwester, er ist nicht gekommen, um Sie irgendwohin zu bringen.« In dem Ton ihrer Stimme lagen Verzweiflung und Mitleid. »Sir John ist hier, um Erkundigungen wegen der Tochter ihrer Schwägerin, Lady Chester, einzuziehen.«

Isabella begriff nicht. Ihre Hoffnung war so groß, der Augenblick der Erregung und Erleichterung so intensiv gewesen, daß ihr das Gesagte jetzt unverständlich blieb.

»Lady Chesters Tochter?« wiederholte sie verdutzt.

»Der Vater hat die Kleine entführt. Man nimmt an, daß er sie irgendwo auf dem Land versteckt hat«, erklärte ihr Sir John peinlich berührt. Er hatte den Lebenshunger in den Augen der Princess of Aberffraw gesehen, und sie tat ihm leid. Sie mußte einmal recht hübsch gewesen sein, obgleich sie nun verblichen war und ihre Gesichtszüge sich verhärtet hatten. »Der König dachte sofort an Euch, da Ihr Lady Chesters Schwägerin seid.«

»Ich habe Sir John gesagt, daß Sie keine Besucher empfangen«, sagte die Äbtissin, »und es ist unmöglich, daß das kleine Mädchen hier versteckt sein könnte.«

»Nein.« Isabellas Stimme war hart. »Es ist unmöglich, daß sie hier versteckt sein könnte.«

Dreimal hatte sie an Eleyne geschrieben und niemals eine Antwort erhalten. Daß die von ihr gewählte Botin – eine Laienschwester aus dem Bauernhof des Klosters – alle Briefe, die sie geschrieben, sofort an die Äbtissin weitergeleitet hatte, die sie wiederum gelesen und verbrannt hatte, ahnte Isabella nicht. Denn diese Botin nahm immer ihr Geld und versprach, die Briefe loszuschicken. Und Isabella glaubte ihr und schrieb weiter. Eleyne, so glaubte sie, ergötzte sich genauso wie alle anderen an ihrer Gefangenschaft und an ihrem Unglück.

Sie betrachtete Sir John unter ihren Wimpern hinweg, und der Selbsterhaltungstrieb war stärker als ihre Verbitterung. »Ich würde gern helfen, wenn ich könnte. Meine Schwester Eleyne steht meinem Herzen von jeher sehr nahe. Wenn Sie mich vielleicht zu ihr bringen könnten …«

»Sie wissen, daß das unmöglich ist, meine Liebe«, erklärte ihr die Äbtissin mit ruhiger Stimme. Sie hatte den schmachtenden Blick gesehen, den Isabella dem jungen Ritter zugeworfen hatte. »Alles, was Sie für das kleine Mädchen tun können, ist beten, so wie es nun alle Schwestern hier aus vollem Herzen tun werden. Bitte, Sir John, sagen Sie dem König, daß wir bei Ihrer Suche leider nicht helfen können. Es tut uns leid.«

Sie stand neben Isabella am Fenster des Sprechzimmers und sah zu, wie Sir Johns Knappe das Pferd seines Herrn zur Pforte führte. Die jungen Männer saßen auf und ritten fort, ohne auch nur einen Blick zurück zu werfen. Als die Äbtissin Isabella von der Seite her ansah, seufzte sie.

Isabella weinte.

XVI
GRACECHURCH STREET * August 1250

Eleyne beugte sich über den großen Krug und schöpfte mit den Händen etwas Wasser daraus. Sie spritzte es sich dankbar ins Gesicht, sie wußte, daß die langen durchweinten Nächte ihre Augen gerötet und dunkle Ringe darunter gezeichnet hatten.

Sie hatte noch immer nichts von Joanna gehört. Eine stickige, übelriechende Hitze lag über London, und es wütete eine Seuche in der Stadt, aber sie harrte immer noch aus. Der König und der Hof waren längst abgereist, mit ihm der größte Teil des Adels. Die großen Häuser waren verschlossen.

Sie beugte sich wieder über den Krug und wollte ihre Hände gerade noch einmal in das kühle Flußwasser tauchen, als sie innehielt. Sie starrte in die dunkle Tiefe des Krugs. Einen Augenblick lang glaubte sie ein Gesicht in dem Wasser erblickt zu haben. Nicht ihr eigenes Spiegelbild – ihr rotgoldenes Haar, das niedergedrückt von ihrem Kopfputz war, den sie auf das Bett geworfen hatte – nein, sondern ein kleinerer, dunklerer Kopf. Den Kopf eines kleinen Mädchens. Sie traute ihren Augen nicht und versuchte, durch die Schatten hinunterzuschauen, als sie das Wasser sich bewegen sah, das an die rauhe Glasur schwappte. Dort war sie: Joanna, die Arme ausgestreckt. Joanna rief sie, ohne daß sie ihre Stimme hören konnte, und hinter ihr – Eleyne hatte Angst, daß die Vision aufhören könnte – hinter ihr eine Burg. Eine Burg, umgeben von Wasser.

Sie fuhr so jäh herum, daß sie den Krug von der Truhe stieß, er fiel zu Boden und zerbrach. Das Wasser durchtränkte die staubigen Waldmeisterreste, die dort lagen. Der Lärm rief Rhonwen herbei. Sie kam angelaufen. »Was ist, Cariad? Was hast du getan?«

»Joanna! Sie ist in Schottland. Er hat sie nach Loch Leven gebracht.« Eleyne fieberte vor Aufregung. »Was für Närrinnen sind wir doch gewesen, daß wir daran nicht gedacht haben! Laß sofort die Pferde kommen.«

»Allen Göttern sei Dank, daß sie gesund ist!« Rhonwen fragte nicht, wieso Eleyne es wußte und erinnerte sie auch nicht an ihr Gelöbnis, nie wieder schottischen Boden betreten zu wollen.

XVIII
LOCH LEVEN

Die Abenddämmerung brach herein, als die vier Reiter endlich am Ufer des Loch ankamen und über das dunkle, stille Gewässer hin zu der Burg auf der Insel sahen. Eleyne hatte Hawisa und die Amme bei Luned und ihren drei Kindern gelassen. Daraufhin waren sie und Rhonwen, begleitet von Sir Thomas Bohun und Sir David Paris, mit halsbrecherischer Geschwindigkeit nach Norden geritten.

»Wie wollen wir da hinüberkommen, Lady?« Sir Thomas beugte sich vorwärts im Sattel und tätschelte den schweißbedeckten Hals seines Pferdes. »Gibt es irgendwo Boote?«

»Du solltest Lord Fife bitten, uns zu helfen«, bemerkte Rhonwen ruhig. »Er würde alles für dich tun.« Es schauderte sie. Mit diesem Ort verbanden sie nur unglückselige Erinnerungen.

Sir Thomas saß ab, führte sein erschöpftes Pferd zum Seeufer, ließ es saufen und sah zu, wie das Wasser ihm von den weichen Lippen tropfte. »Ist Lord Fife in der Nähe?« Er stand da, kniff die Augen zusammen und sah hinüber zur Insel.

»Irgendwo muß ein Boot liegen. Wenn wir nach Kinross reiten, werden wir eines finden.« Jetzt, da sie ihrem Ziel so nahe war, wollte sie keine Verzögerung mehr in Kauf nehmen. Die Mauern der Burg schienen sehr weit weg zu sein. Auf der Insel war kein Anzeichen von Leben zu erkennen, soweit sie das feststellen konnte, und auf dem See sahen sie nur schlafende Möwen.

Sir David war ein Stück weiter geritten, sein Pferd stand bis zur Brust im Schilf. »Hier liegt eine Art Boot«, rief er leise

Ein Kahn mit flachem Boden und mit Paddeln, die darin lagen, befand sich sorgfältig versteckt im Schilf. Eleyne rang nach Luft vor Aufregung. »Wir drei paddeln hinüber. Rhonwen, du bleibst hier bei den Pferden.« Sie drückte ihr die Hand. »Wenn wir beim Morgengrauen nicht zurück sind, reite nach Falkland Castle und suche den Earl of Fife. Sage ihm alles und bringe ihn her, daß er nach uns sieht!«

Rhonwen blickte ihnen nach, als das Boot langsam fortschwamm. Es war kaum zu sehen, aber das Tropfen des Wassers von den Paddeln klang laut herüber in der Stille, als die beiden jungen Männer es vom Ufer forttrieben. Sie stand lange da. Für David und Thomas war das alles ein großes Abenteuer, aber in Eleynes Gesicht hatte sie die Angst und Anspannung und das furchtbare Gewicht des Kummers gesehen, der wieder erwacht war, als sie das Seeufer erreicht hatten. Eines Tages – sehr bald – sollte Sir Robert de Quincy mit seinem Leben dafür bezahlen, daß er so grausam gewesen war.

Als der Mond hinter der Wolkendecke hervorkam und die Insel in sein silbernes Licht tauchte, fluchte Thomas. Ein leichter Dunst zog über das Wasser herüber. Er erreichte das Ufer der Insel und schob sich zögernd auf die Mauern zu.

»Bitten Sie um Einlaß«, flüsterte Eleyne. »Hämmern Sie gegen das Tor. Sie seien Freunde von Lord Fife. Man wird Sie empfangen.«

»Und Sie?« David sah sie nachdenklich an.

»Stellen Sie fest, wer dort ist. Wenn Robert hier ist, müssen Sie Joanna finden und zu mir bringen. Wenn er nicht hier ist, können Sie mich hineinlassen.« Sie zweifelte nicht daran, daß Joanna sich in der Burg befand.

Sie hielt den Atem an, als sie frech in das Mondlicht traten und Arm in Arm den Weg hinauf zum Burgtor wanderten. Thomas hämmerte mit dem Griff seines Schwertes dagegen, und beide fingen an zu rufen.

Lange Zeit glaubten sie, daß niemand dort sei, dann endlich sahen sie eine kleine Gestalt oben auf der Mauer erscheinen. Einen Mann, der eine Hornlaterne trug.

»Andrew«, hauchte sie.

Minuten später schwang die kleine Tür in dem mit Eisen beschlagenen Tor auf, und die beiden Männer gingen hinein. Sie schloß die Augen und flüsterte ein Dankgebet – so weit, so gut.

Sie kamen nicht wieder. Eleyne lehnte sich gegen einen Baumstamm und sah zu, wie das Mondlicht langsam über die grauen Steinmauern wanderte. Robert mußte dort sein. Wenn er nicht dort wäre, wären sie wieder herausgekommen, um sie zu holen. Sie spürte die Angst im Bauch, als ob ihr jemand mit einem Messer hineinstäche.

Ihre Tochter war da drin. Sie hatte sie über Hunderte von Meilen hinweg gerufen, nun war sie zu ihr gekommen und vermochte ihr nicht zu helfen. Ihre Finger wanderten Trost suchend zu dem Anhänger unter ihrem Kleid. Sie zog den Umhang enger um sich herum, sank hinunter in das feuchte Gras, den Rücken gegen den rauhen Baumstamm gelehnt und zog fröstelnd die Knie an.

Der Himmel im Osten war in ein leuchtendes Grün getaucht, als die Tür sich wieder öffnete und drei Gestalten in das kalte Morgengrauen schlüpften. Eine von ihnen trug ein schlafendes Kind, das in eine Decke gewickelt war.

Eleyne, deren Augen vor Übermüdung zugefallen und deren Glieder steif von der Kälte waren, fuhr mit einem Ruck hoch und war sofort wach. Ihr Herz schlug aufgeregt. Sie lief zu ihnen hin, aber Thomas winkte ihr zu, sie solle zurück unter die Bäume treten, er hatte den Finger auf die Lippen gelegt.

»Wecken Sie sie nicht auf. Sie ist gesund. Alles in Ordnung.« Er grinste seinen Begleiter an, der das Kind trug.

»War Robert da?«

Thomas nickte grimmig. »Wir haben ihn unter den Tisch getrunken. Es hat nicht viel gebraucht. Er war schon fast bewußtlos, als wir ankamen. Andrew sagt, er wird bis mittags schlafen, aber darauf können wir uns nicht verlassen. Wir müssen schnell von hier weg.«

Nachdem er Eleyne in das Boot geholfen hatte, übergaben sie ihr Joanna. Die Kleine schlief noch. Warm und schwer kuschelte sie sich mit einem kleinen Lächeln in den Schoß ihrer Mutter.

Als das Boot leise durch den Dunst dahinglitt, verwandelte sich das Grün des Himmels allmählich in Gold. Irgendwo in der Nähe rief ein Moorhuhn, der Ruf hallte über das stille Wasser. Eleynes Arme schlossen sich enger um das kleine Mädchen, und sie küßte die geschlossenen Augen ihrer Tochter.

Den ganzen Morgen ritten sie ohne Pause. Sie fanden fast sofort eine Fähre, die sie über den Forth brachte und ritten unverzüglich weiter gen Süden. Robert würde ihnen schon auf den Fersen sein. Hellwach jetzt, redete Joanna viel. Ihr Papa hatte ihr ein neues Pony und neue Kleider geschenkt. Sie freute sich zwar, ihre Mutter wiederzusehen, der Aufenthalt in Loch Leven Castle hatte ihr aber offenbar gefallen.

Als sie an Melrose vorbeikamen, mußte Eleyne anhalten. So sehr sie in Eile waren, ohne ein letztes Lebewohl konnte sie nicht weiterreiten.

Der Abt Matthew begrüßte sie allein in der neuen Halle der alten Abtei unterhalb der Berge von Eildon. Falls er ahnte, wer sie war, verriet er es doch mit keiner Regung, sondern lauschte ihrer leisen Bitte mit gnädig geneigtem Kopf. »Es ist natürlich ein Segen für uns, daß viele Pilger das Grab unseres Königs besuchen kommen«, sagte er. Er starrte nachdenklich die völlig verhüllte, unbekannte Frau an, die ihn um eine Audienz gebeten hatte und die vor ihm mit solcher Demut kniete, um seinen Ring zu küssen. Er spürte, welchen Kummer sie litt, obwohl sie sich so sehr zu beherrschen versuchte.

Er machte sich nichts vor. Er wußte, daß der König zu seinen Lebzeiten viele Damen gekannt hatte. Die Zahl der königlichen Bastarde, die in führende schottische Familien geheiratet hatten, war ein Beweis für diese Tatsache, aber die Dame, die vor ihm kniete, rief seine Verwunderung hervor. Sie war jünger als die anderen, verletzlicher und würdevoller. Er erriet, wer sie war: Ganz Schottland wußte, daß Alexander in seinen späteren Jahren nur noch eine einzige Frau angesehen hatte. Der alte Mann lächelte. Er beschloß, sie selbst in die große Abteikirche zu führen.

Des Königs Grab lag vor dem Hochaltar, das in Alabaster ausgeführte Bildnis des Verstorbenen wurde von vier großen Kerzen beleuchtet. Eleyne blieb davor stehen und starrte die kalten, starren Gesichtszüge des in Stein gehauenen Gesichts an, die harten, förmlichen Locken des Bartes, den Helm und die Krone darauf. Ihr Herz schlug sehr schnell, und ihre Kehle war wie zugeschnürt. Sie bekam keine Luft. Das Licht, das kühl und trübe durch das farbige Glas des großen Fensters im Osten hereinfiel, tauchte den bleichen Stein in Schatten. Die Abtei war völlig still.

Der Abt wich zurück und stand da, die Kapuze nach vorn über den Kopf gezogen, die Arme tief in den Ärmeln, seine Lippen bewegten sich im Gebet. Es war, als ob sie allein wäre. Eine Weile stand sie da und versuchte, der Qual Herr zu werden, die in ihrer Brust wütete, dann bewegte sie sich zu dem Betschemel am Fuß des Grabes. Sie schluckte heftig und hob ihre Augen zum Fenster empor. Das farbige Glas verschwamm. Sie konnte nichts sehen.

Sie waren zehn Meilen von Roxburgh entfernt, als die Reiter sie erreichten. Sie trugen die königliche Livree.

Eleyne erstarrte im Sattel. Ihre Freude darüber, Joanna vor sich zu sehen, wie sie ihre beiden Stummelbeinchen links und rechts vom Sattelknauf streckte und ihr Kleidchen zu den Oberschenkeln hinaufgerutscht war, verschwand in einer neuen Welle des Elends, das sie überwältigte. Das waren nicht mehr Alexanders Männer, diese Reiter trugen die Livree ihres Patensohns. Sie kämpfte gegen die Tränen an, und da sie wußte, daß sie ihren Verfolgern nicht entkommen konnte, befahl sie ihren Begleitern, die Pferde zu zügeln, wartete und betete leise, daß Robert noch betrunken schlafen möge.

Der Führer der Reiterei salutierte. »Sir Thomas, Sir David, Lady Chester. Ihre Gnaden, die Königin, wünscht, daß Ihr sie in Roxburgh Castle aufsucht.«

»Die Königin?« rief Eleyne.

»Woher wußten Sie, daß wir in Schottland waren?« fragte Thomas scharf.

»Sie wurden gestern auf Ihrem Weg nach Norden gesehen, Sir.« Einer der Reiter hatte sich zum Sprecher gemacht. »Ihre Gnaden waren nicht erfreut, daß Sie nicht so höflich waren, ihr aufzuwarten, vor allem, da Lady Chester nicht um die Erlaubnis nachgesucht hatte, Schottland besuchen zu dürfen und auch keinen Geleitbrief für diese Reise besitzt.«

Eleyne verfluchte sich im stillen selbst, daß sie in Maries Falle gegangen war. »Das war mein Fehler, ich war in Eile.«

»In der Tat, Madam.« Das Lächeln des Mannes zeigte, daß er Bescheid wußte. »Das hat ihre königliche Hoheit auch vermutet.«

Eleyne fühlte, wie die Wut in ihr hochstieg. Dieser Dummkopf hielt sie auf, und Robert würde sie einholen. »Ich werde es der Königin erklären«, sagte sie von oben herab. »Ich bin sicher, sie wird mich verstehen und uns weiterreiten lassen.«

»Dessen bin ich sicher.« Er ritt neben ihr, und sie zweifelte nicht, daß er an ihrer Seite bleiben würde, bis sie Roxburgh Castle erreicht hatten.

XIX
ROXBURGH CASTLE

Queen Marie saß in ihrer Staatsrobe auf dem Podest, als Eleyne in die große Halle geleitet wurde. Sie hielt Joanna an der Hand, die beiden jungen Männer gingen neben ihr, gefolgt von Rhonwen.

»Ich nehme an, Sie haben Ihren Mann in Fife besucht«, begann die Königin ohne Vorrede.

Eleyne versuchte, ihren Haß gegenüber dieser Frau zu verbergen, die ihr Alexander genommen hatte. »Ihr seid gut informiert, Ma'am«, sagte sie trocken.

»Natürlich. Da der König – mein Sohn – noch so jung ist, mache ich es mir zur Aufgabe, alles zu wissen, was in Schottland vor sich geht.« Sie lehnte sich in ihren reichverzierten Sessel zurück. »Und ich höre, Sie haben auch Melrose besucht.« Ihr Gesicht lief dunkel an. »Können Sie ihn nicht einmal jetzt in Frieden lassen?« zischte sie. Sie starrte Eleyne wütend an.

Ihre nächste Frage klang seidig weich, und die Königin stellte sie mit einer Unschuldsmiene. »Warum kehrt Ihr Mann nicht zusammen mit Ihnen nach England zurück?«

Eleynes Stimme war eisig. »Ihm ist nicht wohl, Euer Gnaden.«

»Ah!« Die Königin gab ein schnippisches Gelächter von sich. »Armer Sir Robert. Obwohl es eine große Erleichterung für ihn sein muß, Sie endlich ganz für sich allein zu haben.« Ihre Stimme war voller Anspielung und Drohung, ihr Lächeln honigsüß. Zufrieden, daß sie sich klar ausgedrückt hatte, wandte sie ihre Aufmerksamkeit nun dem Kind zu, das sich hinter Eleynes Röcken versteckte. »Ist das Ihre Tochter?«

»Das ist meine Tochter Joanna …« Zu spät versuchte sie den Namen zurückzuhalten, die Augen der Frau verhärteten sich bei der Erwähnung des Namens von Alexanders erster Frau. »Nach meiner Mutter Joanna genannt«, sagte Eleyne sanft. Sie spürte Joannas Angst und Unruhe, als das Kind die gespannte Atmosphäre wahrnahm.

»Sie haben keine Söhne, wie ich weiß.« Die Königin drehte rachsüchtig das Messer in der Wunde herum.

»Keine Söhne, Euer Gnaden«, wiederholte Eleyne mit fester Stimme. »Keine Söhne, die überlebt haben.«

»Richtig.« Marie lächelte wieder. »Ich beabsichtige Sie hier-zubehalten, Mylady, bis es Ihrem Ehemann wieder gut genug geht, daß er mit Ihnen nach Süden reiten kann.« Ein Ausdruck des Triumphes erschien auf ihrem Gesicht, als sie Eleyne zu-sammenzucken sah. »Sie sind mir als Gast willkommen, das versichere ich Ihnen.« Sie wandte sich an Thomas. »Ihr Vater ist hier, Sir Thomas, ich bin sicher, Sie werden erfreut sein, ihn zu sehen. Und Lord Fife ist mit Sir Alan Durward zusammen auch gerade angekommen. Wir werden uns heute abend sicher sehr angeregt unterhalten.«

Eleyne trat vor. »Wünschen Sie uns wirklich hierzubehal-ten, Euer Gnaden?« fragte sie eindringlich. »Die Erinnerun-gen, die ich Ihnen zurückbringe, können keine glücklichen sein.«

Die Königin zuckte. Einen Augenblick lang sagte sie nichts. »Ja, Mylady, ich wünsche wirklich, daß Sie hierbleiben. Ich möchte mit eigenen Augen sehen, wie man Sie Ihrem Ehemann zurückgibt.«

XX

Malcolm of Fife traf Eleyne außerhalb der großen Halle. Sein Haar fing schon an zu ergrauen, und es zog sich eine häßliche Narbe über seine Wange, von einem Sturz, den er im Jahr zu-vor erlitten hatte.

»Sie müssen mir helfen, mit Joanna zu entkommen.« Eleyne verschwendete keine Zeit, sondern zog ihn in eine Ecke. »Ich komme mir wie eine Gefangene vor. Sie weidet sich an meinen Qualen.«

Malcolm nickte. »Ich fürchte, genauso ist es. Sie weiß, daß man Ihnen Joanna gegen Ihren Willen genommen hat. Robert hat sich ganz offen dieser Tatsache gerühmt, auch, daß er Sie schlägt. Unsere gnädige Königin macht kein Geheimnis aus dem Haß, den sie Ihnen gegenüber empfindet. Sie möchte sie so viel wie nur irgend möglich quälen. Sie haben ihr so viel gestohlen.«

Eleyne sah weg. »Sie hat mich bestohlen.« Ihre Stimme war schmerzerfüllt.

»Ich kann Sie mit dem Kind nach Falkland bringen. Es ist ein Risiko, aber ich bin bereit, es für Sie einzugehen.« Er machte ein verlegenes Gesicht. »Ich kann Sie beschützen, und ich werde mit Ihrem Ehemann fertig werden.«

Sie zögerte. Mit Malcolm zu gehen, hieße von einer Falle in die nächste tappen, aber was blieb ihr anderes übrig? Und schließlich hatte sie ihn um Hilfe gebeten.

Er lächelte. »Genau betrachtet bin ich das kleinere Übel.«

Sie lachte laut auf. »Vielleicht haben Sie recht, Mylord, aber ich habe keine Lust, nach Norden zurückzukehren. Ich habe mir ein Heim in England geschaffen.«

»Mit Robert de Quincy?«

»Als Herrin meiner selbst. Wenn er zurückkommt, gehe ich zu meinen Neffen nach Wales. Wenn ich mich in den Bergen von Eryri verstecke, findet Robert mich nicht. Niemand findet mich dort.«

»Ich würde Sie finden.« Er betrachtete sie mit jenem Hunger in den Augen, den sie von früher kannte. »Sie werden eines Tages mir gehören, Eleyne. Warum wollen Sie sich dagegen wehren? Warum soll ich Sie nicht diesem Bauern von Ehemann wegnehmen? Ich könnte Sie zufrieden machen, und ich könnte Ihnen Söhne schenken.«

Sie zuckte zusammen. »Ich will keine Söhne.«

»Unsinn. Alle Frauen wollen Söhne. Der König ist nicht mehr, Eleyne, vergessen Sie ihn.«

»Ich werde ihn nie vergessen!« Sie sah Malcolm böse an. Sie verlor die Haltung. Warum mußten sie denn alle so quälen? »Es tut mir leid, Mylord, aber ich kann nicht mit Ihnen kommen.«

Er hob die Augenbraue. »Dann kann ich Ihnen nicht helfen, dann müssen Sie hierbleiben.« Er verbeugte sich. »Aber eines Tages werden Sie kommen, Eleyne. Und der Tag ist nicht mehr fern.«

XXI

Man hatte Rhonwen und Joanna zu den Kinderzimmern gebracht, die früher dem jungen König gehört hatten. Eleyne aber sah sich am Abend wiederum der Königin gegenüber. Marie lächelte, als Eleyne mit hoch erhobenem Kopf durch die lange Halle auf sie zukam und sich dabei bitter ihrer schäbigen Kleidung, ihres Mangels an Gefolge und der höhnisch tuschelnden Höflinge bewußt war. Als sie ihren Knicks vor dem Thron machte – vor Alexanders Thron – sah sie die Augen ihrer Rivalin triumphierend aufblitzen. »Ich habe eine Überraschung für Sie, Lady Chester«, sagte Marie mit zuckersüßer Stimme. »Ich hatte meine Leute ausgeschickt, um zu erfahren, wie es Ihrem Ehemann geht, und siehe da, er war bereits hinter Ihnen her. Wie schön, daß wir ihm sagen konnten, wo Sie sind! Sir Robert?« Sie drehte sich um und winkte Robert aus den Schatten hinter dem Podest hervor.

Ehemann und Ehefrau starrten einander an und achteten nicht auf das Schweigen, das in dem ganzen großen Saal eintrat. Seine Tunika war verschmutzt, sein kostbarer bestickter Mantel zerrissen. Seine Augen waren blutunterlaufen und sein Gesicht vom Alkohol verwüstet.

»So.« Es gelang ihm, diesem Wort einen zugleich anklagenden, triumphierenden und drohenden Klang zu geben. Er keuchte leise.

»So.« Ihr Echo war eisig.

»Wo ist sie?«

»Gut aufgehoben. In Sicherheit.«

Robert stierte sie an. »Wir kehren nach Loch Leven zurück«, sagte er. »Mach' sie reisefertig.«

»Nein.« Eleyne ballte ihre Fäuste, der genüßliche Ausdruck in Maries Gesicht war ihr sehr wohl bewußt. »Ich glaube, du wirst feststellen, daß du in Fife nicht mehr bleiben kannst.«

»Ach.« Robert unterdrückte ein Rülpsen. »Dann gehen wir eben anderswohin.«

Eine Gruppe von Leuten erschien in der Tür. Eleyne sah zu ihrem Kummer, daß einer von ihnen Roberts Bruder war, der Vogt von Schottland, Roger de Quincy. Er stand da, als wäre er tief in Gedanken, dann ging er entschlossen zur Königin und fiel vor ihr auf ein Knie.

»Es tut mir leid, meinen Bruder hier in einem solchen Zustand zu sehen, Euer Gnaden. Ich hoffte, es wäre nicht wahr, als man mir sagte, er wäre seiner Frau und Tochter nach Roxburgh gefolgt. Ich habe Anweisungen von King Henry, daß er und Lady Chester nach England zurückkehren sollen. Wenn einer der beiden dieser Anordnung nicht Folge leistet, wird das Kind, Joanna de Quincy, unter Vormundschaft des Königs gestellt.«

Verblüfft schwiegen alle im Saal. »King Henry hat hier nicht zu bestimmen«, versetzte die Königin.

»Gewiß nicht, Madam, jedoch sind mein Bruder und seine Frau Untertanen King Henrys.« Rogers Stimme war fest.

»Sie sind auch Untertanen meines Sohnes«, sagte sie unsicher.

»Ich glaube, Ihr müßt sie gehen lassen, Euer Gnaden.« Roger schenkte ihr ein routiniertes Höflingslächeln. »Schottland will sich sicher wegen einer so unbedeutenden Angelegenheit nicht mit Henry verfeinden. Ich werde sie selbst nach England bringen.«

Es war offensichtlich, daß die Königin ihn respektierte. In seiner Rolle als Vogt war Roger de Quincy einer ihrer engsten Berater. Aber sie hatte sich bis jetzt noch nicht eingestanden, wie sehr sie diese Frau haßte. Sie vor ihrem Rüpel von Ehemann zittern zu sehen, war so ungeheuer befriedigend für sie gewesen. »Sie haben recht.« Sie hatte sich entschieden. »Nehmen Sie beide mit!«

Zwei Tage lang sprach Robert nicht mit ihr während ihres langen Rittes nach England. Er ritt am Schluß des Zuges und tat so, als wäre sein Bruder nicht da; Rhonwen, die ihn mit mörderischen Augen anstarrte, warf er haßerfüllte Blicke zu; von Zeit zu Zeit zog er aus der Tasche, die an seinem Sattelknauf hing, den mit einem Stöpsel versehenen Weinkrug heraus, hängte ihn an den Zeigefinger und kippte ihn mit dem Arm hinauf zum Mund.

Die dritte Nacht verbrachten sie in dem Gästehaus einer einsamen Abtei in den Mooren von Yorkshire, eingehüllt in ihre Mäntel schliefen sie zusammen in einem einzigen kleinen Raum unter dem gewölbten Steindach. Die Männer der Eskorte waren draußen bei den Pferden.

Eleyne lag mit dem Kopf auf ihren Satteltaschen. Sie starrte hinauf zur schattenhaften Decke und lauschte den Geräuschen der Männer um sie her. Robert schnarchte laut, ein leerer Weinschlauch lag neben ihm. Hinter ihm schlief sein Bruder in seinen Umhang gehüllt. Der Fußboden war hart, das Feuer fast ausgegangen, und trotz der eng beieinander liegenden Schläfer breitete sich eine feuchte Kälte in dem Raum aus.

Langsam setzte sie sich auf. Vorsichtig, um keinen der anderen zu stören, griff sie mit der Hand in die Satteltasche. Ganz unten lag, in ein seidenes Taschentuch geschlagen, der Phönix-Anhänger. Sie hatte ihn dort versteckt, weil sie fürchtete, Robert könnte ihn an ihrem Hals gewahren. Sie nahm ihn heraus, betrachtete ihn und sah, wie sogar das fast völlig erloschene Feuer sich noch in den dunkel funkelnden Augen widerspiegelte. Sie betrachtete ihn lange, dann legte sie sich die Kette um den Hals und steckte das Schmuckstück in das Mieder ihres Kleides, so daß es zwischen ihren Brüsten lag. Es brachte ihn ihr immer nahe.

Sie schlang die Arme um die Knie und sah hinaus durch die offene Tür. Das steile Dach der Abtei stand schwarz vor den Sternen, und sie roch die süße, kühle Nachtluft, die hereinwehte und sich mit der verbrauchten des Schlafraums mischte. Leise stand sie auf und ging auf Zehenspitzen zur Tür. Der

Mann, der die Wache hatte, nickte stumm, als er sie erkannte. Das Gras war feucht von dem Tau. Sie ging fort von dem Gästehaus, hinüber zu dem großen dunklen Schatten der Scheune, die zu der Abtei gehörte. Hinter ihr schlief Joanna ruhig in Rhonwens Arm. Sie war jetzt in Sicherheit, aber was würde geschehen, wenn sie beim König eintrafen? Was würde er tun, wenn er die beiden de Quincys vor sich sah?

Roger hatte seinem Bruder mit scharfen Worten befohlen, nüchtern zu werden, bevor sie den König erreichten, und Robert hatte gelächelt und genickt, ja, das würde er tun. Wenn er vor dem König erschien, hatte ihm der Barbier längst Haar und Bart geschnitten, man hatte ihn gewaschen, mit duftendem Öl und Pomade eingerieben und in eines jener neuen Gewänder gehüllt, die zweifellos schon auf ihn warteten, wenn er nach London zurückkam. Dann würde er wieder ganz der zuverlässige und seinem König treu ergebene Höfling sein.

Sie sah nur eine Möglichkeit, ihm zu entrinnen. Sie mußte mit ihren Kindern aus Fotheringhay nach Wales fliehen und sich in den Bergen verstecken. Dort, wo er sie niemals finden würde. Aber damit verlor sie alles: ihr Einkommen, ihren Besitz, ihren Status. Doch sie war dann auch endlich frei und brauchte nicht mehr die endlosen Alpträume zu erdulden – diese quälenden Gedanken, was Robert ihr antun würde oder was er in irgendeinem wahnsinnigen Rausch seinen Töchtern zufügen könnte. Sie schloß die Augen und atmete die kühle Nachtluft ein.

Im Tor des Gästehauses stand Robert und beobachtete seine Frau, während sie sich langsam immer weiter von ihm entfernte und in die Dunkelheit hineinwanderte. Stumm hatte er die Arme vor der Brust gekreuzt und torkelte etwas. Er stieß sich von dem Türpfosten ab und ging um die Seite des Hauses herum, wo er sich gegen die Mauer erleichterte. Dann wandte er sich um und folgte ihr.

Er bemühte sich nicht, leise zu gehen, dennoch hörte sie ihn nicht kommen. Tief in Gedanken versunken, ging sie immer langsamer und sah nicht den samtenen Himmel von Yorkshire, sondern die eisbedeckten Gipfel von Yr Wyddfa. Dort würde sie mit Owains und Llywelyns Hilfe in einer der Burgen leben, die ihr Vater gebaut hatte, dort würden ihre Töchter frei und ohne Angst aufwachsen.

Als sie sich umdrehte und ihn erblickte, war er nur noch wenige Fuß von ihr entfernt, hatte die Hände in die Hüften gestemmt und sah sie mit einem entwaffnenden, freundlichen Lächeln im Gesicht an. Zum Weglaufen war es zu spät.

»Endlich.« Er sprach langsam und deutlich. »Du und ich allein. Wenn ich meine Frau nehme, tue ich es nicht gern vor Zuschauern.« Seine Faust schloß sich um ihr Handgelenk. »Dann habe ich immer Hemmungen, weißt du. Es macht mir nicht so viel Spaß.«

Sie riß ihre Hand los. »Rühr mich nicht an!«

»Warum denn nicht? Du bist doch meine Frau. Vor Gott und dem Gesetz gehörst du mir.«

»Nein.« Sie wich zurück. »Ich gehöre niemandem. Niemandem!«

»Ach ja? Jetzt, da dein schottischer König dich verlassen hat?« Er stürzte sich auf sie, und es gelang ihm, sie am Mantel festzuhalten. Sie befreite sich noch einmal. Doch sie wußte nicht, wohin sie laufen sollte, und er war mittlerweile nüchtern geworden. Er riß sie an sich und suchte mit seinem Mund nach ihrem Mund. »Wir müssen dir die Hände fesseln, damit du gehorchst, nicht wahr?« murmelte er, als er mit seinen nassen, heißen Lippen an ihrem Gesicht saugte. »Meine schöne Frau muß wieder lernen, wer ihr Herr und Meister ist. Ich habe ihn dabei, den Strick – damit du stillhältst. Damit wir genießen können.«

Er hielt sie mit der einen Hand fest und nestelte an seinem Gürtel herum, während sie mit grimmiger Wut nach ihm trat und sich loszureißen versuchte. Ihre Nägel berührten sein Gesicht, aber da zog er die Schlaufe eines Stricks um ihr Handgelenk, bog ihr den Arm nach hinten auf den Rücken und griff nach ihrer anderen Hand.

Der Wirbel eines eiskalten Windes in der Stille der Nacht ließ sie beide zurücktaumeln. Robert stolperte und verlor das Gleichgewicht. Er starrte in die Dunkelheit hinein. Da war etwas, etwas zwischen ihm und Eleyne. Eine Gestalt. Er schrie und schlug darauf ein, aber sein Schlag traf nicht. Seine Faust ging hindurch. Es war nichts da als die Schatten des Sternenlichts. Betäubt schüttelte er den Kopf, dann erholte er sich und lief hinter ihr her, bekam den Strick zu fassen, den sie hinter sich herschleifte, riß daran mit aller Kraft. Dieser verdammte Wein hatte ihn so benebelt, daß er sich irgendwelche Dinge einbildete.

»Robert!«

Roger de Quincys Stimme schallte entsetzlich laut in das Keuchen seines Bruders. Ein knochenharter Faustschlag, der Robert mitten ins Gesicht traf, folgte. Er ging zu Boden, krümmte sich zusammen und blieb liegen.

Eleyne war zu verstört, als daß sie sich hätte rühren können. Dann sah sie auf und starrte umher. Roger de Quincys Eintreffen hatte sie befreit. Aber davor, in der eisigen Dunkelheit. Sie versuchte zu verstehen, was sie gesehen hatte. Wer oder was hatte ihren Mann aus dem Schatten heraus angegriffen? Was auch immer es gewesen war, es hatte sie gerettet.

Die sanfte Hand des Schwagers auf ihrer Schulter brachte sie in die Wirklichkeit zurück.

»Danke.« Sie lächelte ihn zitternd an, während er den Strick von ihrem Handgelenk löste.

Rogers Mund wurde hart. »Es tut mir leid. Ich habe dem König mein Wort gegeben, daß Robert sich in Zukunft ritterlich benehmen würde.«

Eleyne raffte den Mantel um sich herum und tastete nach dem Phönix. Sie warf einen Blick auf ihren Mann, der zusammengekrümmt am Boden lag. »Wenn Ihnen das doch nur gelänge.« Ihre Stimme war heiser von dem Schock.

Roger lächelte. Die Schönheit und Würde seiner Schwägerin berührten ihn jedesmal, wenn er sie sah, aber diesmal war noch etwas an ihr, das er nie zuvor gesehen hatte – etwas Wildes und Unberührbares, als sie an ihm vorbei in die Nacht hinausstarrte. Sie erinnerte ihn an einen ungezähmten Falken.

»Er wird von nun an wie ein Ritter leben, Madam«, versicherte er ihr. »Überall in der Christenheit folgen jetzt Männer dem Ruf des Königs von Frankreich und nehmen das Kreuz auf sich. King Henry hat entschieden, daß Ihr Gatte einer von jenen sein wird, die in das Heilige Land ziehen sollen.«

Ihre grünen Augen waren riesig in dem bleichen Gesicht. »In das Heilige Land?«

Er nickte. »Ihr Gatte wird Sie und Ihre Familie nun sehr lange nicht mehr belästigen, meine Liebe. Er wird nach Jerusalem reiten.«

Hinter ihm, auf dem Moor, wärmte sich der Wind etwas auf. Die Luft war plötzlich klar.

VIERTES BUCH

———

1253–1270

Neunzehntes Kapitel

I
SUCKLEY MANOR * Juni 1253

Seit ihr Gatte sich nach Frankreich eingeschifft hatte, um zu seiner Reise in das Heilige Land aufzubrechen, lebte Eleyne in Suckley Manor, einem Gutshaus in den Hügeln von Malvern, das zu ihrem Wittumsbesitz gehörte. Ihr Vater hatte es ihr mit in die Ehe gegeben, als sie sich mit John vermählte. Die pfirsichfarbenen Mauern waren von Obstgärten, Parks und Feldern umgeben, die zu dem Herrenhaus gehörten. Sie herrschte über dieses Anwesen, als wäre es ein Königreich. Das Gutshaus, die Landwirtschaft, das Gestüt und die Pachthöfe, alles kündete von Reichtum und Frieden.

Zweimal waren Briefe von Robert gekommen, die letzten vor zwei Jahren, dann nichts mehr. Michael, ihr Rittmeister, erinnerte sich noch an de Quincy. Er hatte ihn im Rausch einmal heftig geschlagen. Jetzt führte er die Aufsicht über die Pferdezucht der Countess.

»Ich gehe hinein, Michael.« Sie wandte sich ihm mit dem schönen, langsamen Lächeln zu, das das Herz eines Mannes zum Schmelzen bringt und in ihm, wenn auch nur für eine Sekunde, die Frage aufkommen läßt, ob sie – aber nein, natürlich würde sie es nie tun. Sie zeigte kein Interesse an Männern. Mit ihren fünfunddreißig Jahren war sie immer die tugendhafte Frau, die ihre Kinder liebte, sich um ihren Besitz kümmerte und, soweit er wußte, keusch allein schlief. Er hatte natürlich von diesen Geschichten gehört, wer hatte das nicht? Daß sie einen Geist zum Liebhaber habe, eine große Gestalt, die man manchmal im Zwielicht an ihrer Seite sah, aber wer wollte so etwas glauben?

Er nahm das Fohlen beim Zügel und sah ihr nach, wie sie, gefolgt von ihren Hunden, zum Gutshaus schritt. Keine andere Dame, von der er gehört hatte, würde so, wie Lady Chester es tat, ohne ein Gefolge auf ihrem Besitz umherreiten und spazierengehen, aber vielleicht genügten ihr ihre Hunde als Begleiter. Er betrachtete sie mürrisch, die großen grauhaarigen Tiere, Lyulf und Ancret, beide drei Jahre alt, Nachkommen des alten Donnet, den ihr, wie es hieß, der verstorbene König der Schotten geschenkt hatte. Sobald sie am Haus ankam, würden die Hunde sich vor die Tür in den Schatten legen und auf ihre Befehle warten. Erst dann erhielten die Damen im Haus eine Gelegenheit, mit ihrer Herrin zu sprechen. Sie wurden von Lady Rhonwen befehligt, die Ordnung unter ihnen hielt und auch die beiden Mädchen erzog, die sonst, wenn es allein nach ihrer Mutter gegangen wäre, barfüßig und wild wie die Kinder der Leibeigenen auf dem Bauernhof umhergelaufen wären. Er sah die kleine Hawisa, ein stämmiges Mädchen mit einem kräftigen Kinn und dem Aussehen ihres Vaters, aus dem Haus springen und sich ihrer Mutter in die Arme werfen. Mit einem Grinsen führte Michael die Pferde zum Stall. Wenn es nun wiederum nach Hawisa ginge, würde er Lady Chester an diesem Tage nicht mehr zu sehen bekommen.

»Wir brauchen neue Kleider für das Mittsommernachtsfest!« plapperte Hawisa aufgeregt, als ihre Mutter sie wieder herunterließ.

Eleyne sah sie an und lächelte. »Dann erzähl' mir, wie sie aussehen sollen!« Halb war sie in ihren Gedanken noch bei den Pferden und ihrem besten Hengst, der einer Verletzung am Bein wegen im Stall bleiben mußte. Er war der einzige Sohn von Invictus, und sie liebte ihn deshalb besonders. Aber dann wandte sie sich ganz Hawisa zu und bückte sich, ihr einen Kuß zu geben.

»Meines ist gelb, mit kleinen Schleifen hier und hier und hier«, die fliegenden Hände des kleinen Mädchens schienen auf all ihre Körperteile zu deuten, »und Joannas rot. Und wir wollen Ancret und Lyulf Bänder um den Hals tun – ein rotes und ein gelbes.«

Eleyne lachte entzückt. »Das mögen sie bestimmt.«

Sie lebte jetzt sehr zurückgezogen. Nur einmal war sie wieder in Aber gewesen, zur Beerdigung ihrer Schwester Gwladus. Sie hatte mehrere Tage mit Margaret und Angharad zusammen im Ty Hir verbracht und war dann traurig nach Hause zurückgekehrt. Ein- oder zweimal hatte sie der Versuchung nachgegeben, sich bei Hofe sehen zu lassen, und ganz gegen ihre eigentliche Überzeugung war sie zwei Jahre zuvor nach York geritten, um der Hochzeit ihres zehnjährigen Patensohns Alexander mit ihrer Cousine Margaret, Henrys jüngster Tochter, beizuwohnen. Elend und einsam, von der schottischen Königin und den Damen ihres Hofes brüskiert und den Nachstellungen Malcolm of Fifes ausgesetzt, war sie nach Hause zurückgekehrt und hatte versucht, sie alle zu vergessen.

Sie dachte nun nicht mehr an Schottland. Rhonwen hatte sie es untersagt, über die Vergangenheit zu sprechen, und an der Zukunft war sie nicht interessiert. Die Gegenwart genügte. Sie war noch nie in ihrem Leben so zufrieden gewesen. Der einsame Ort in ihrem Herzen, den einmal Alexander ausgefüllt hatte, lag nun irgendwo tief in ihr verschlossen und verriegelt. Die Kinder, die Pferde, die Hunde – sie genügten ihr. Jetzt. Während des Tages. Und wenn sie es sich manchmal in der Nacht erlaubte, den verschlossenen Raum zu öffnen und sich vorstellte, daß Alexander immer noch seine Hand über sie hielt, dann war das ein Geheimnis, das sie mit niemandem teilte.

Etwas hatte sich nicht verändert: Noch immer schätzte sie ihre Unabhängigkeit über alles. So ritt sie viele Meilen über Land, nur von ihren beiden Hunden begleitet, und sie bestand immer noch darauf, allein zu schlafen, etwas, worüber ihre Damen längst aufgehört hatten, sich zu wundern. Sie alle bewunderten ihre ausgefallenen Launen und ihre Überspanntheit. Sie war ihre Countess, des Königs Nichte, als Princess geboren, und sie züchtete die besten Pferde in allen zehn Grafschaften!

Sie schloß seufzend die Tür hinter sich und streckte wohlig die Arme über den Kopf aus. Es war ein anstrengender Tag gewesen, aber sie hatte ihn genossen. Das Bein des Hengstes heilte gut ab, die Vorbereitungen zum Fest nach dem heutigen

Fastentag konnten beginnen. Sie lächelte. Die Mädchen waren fast krank vor Aufregung. Als Überraschung hatte sie für jede von ihnen bei einem Silberschmied in Worcester eine hübsche Armspange bestellt.

Sie ging zum Fenster. Es war ein wunderbarer Abend, die Juninacht voll zauberhafter sommerlicher Düfte: frischgemähtes Gras, Rosen und Geißblatt von den Hecken und der flüchtige Hauch von den Bergen von Malvern, der sie ein wenig an Eryri erinnerte.

Es war ein Augenblick, in dem sie sich eigentlich freuen sollte, ein Augenblick vollkommenen Glücks, und doch hatte sie für den Bruchteil einer Sekunde ein unheimliches Flüstern vernommen. Sie starrte in die helle Nacht hinaus und lauschte angestrengt, aber dort war nichts zu hören außer nächtlichen Geräuschen. Mit einem Frösteln wandte sie sich vom Fenster ab. Es war noch etwas zu erledigen, bevor sie ihre Damen heraufrief, damit diese ihr das Kleid aufbanden und das Haar bürsteten. Sie stand vor dem Schreibtisch und nahm den Brief auf, der dort lag. Er war von Isabella.

»… Wenn du den König um meine Freilassung bittest, wird er einwilligen. Er hat dich immer gern gemocht. Bitte, um der Liebe der Heiligen Jungfrau willen, hilf mir. Ich sterbe an diesem Ort …«

Sie seufzte. Vermutlich drangen die süßen Düfte und das vielversprechende Flüstern dieser warmen Juninacht auch in die kalten, steinernen Zellen von Godstow. Es würde nur ein paar Minuten in Anspruch nehmen, dem König und Isabella zu schreiben und ihr wenigstens etwas Hoffnung zu machen. Sie wußte, daß sie Isabella dann bei sich aufnehmen mußte und daß diese alte Freundin ihr hier in Suckley nichts als Unannehmlichkeiten bereiten würde. Aber es war ihre Pflicht, der Unglücklichen zu helfen.

Die Kerze war fast heruntergebrannt, als sie die Briefe beendet hatte, und nun läutete sie Nesta. »Nimm sie mit und sag' Sam, er soll noch heute nacht losreiten und sie nach Godstow und London bringen!«

»Heute nacht noch?« Nesta starrte sie an. »Aber es muß schon Mitternacht sein!«

»Heute nacht noch!« wiederholte Eleyne. Sie kehrte zum Fenster zurück und wartete darauf, daß Nesta wieder erschien. Als sie sich auf die breite Fensterbrüstung stützte, erstarrte sie und lauschte. Sie hörte die Eulen schreien, die im Park jagten, aber es war noch etwas anderes dort. Ein seltsames, unbestimmbares Gefühl der Bedrohung lag in der Luft. Es war lange her, daß sie so etwas verspürt hatte.

Sie wollte weggehen vom Fenster, ihr Gesicht in das Kissen drücken, die Bettdecke über den Kopf ziehen und sich verstecken. Sie sah die Hunde an, die beide an ihrem gewohnten Platz beim Kamin schliefen. Die Härchen auf ihren Armen prickelten vor Angst, Lyolf hob jetzt den Kopf und betrachtete sie. Er merkte, wie unruhig sie war, und stand auf, seine Nackenhaare sträubten sich, seine Augen wirkten verwundert.

Als Nesta zurückkehrte, stand sie immer noch so da, ihre Hand lag auf dem Kopf des Hundes. Nesta kam es vor, als lausche ihre Herrin auf etwas sehr weit Entferntes.

»Mylady?«

Eleyne schüttelte den Kopf. »Ach nichts, ich dachte, ich hätte etwas gehört …«

Sie winkte den Hunden, daß sie sich wieder auf ihren Platz am Kamin zurückbegeben sollten und setzte sich, damit Nesta ihr das Haar lösen konnte. »Wo sind die Kinder?«

»Sie schlafen, Mylady. Was sollten sie sonst tun?« Nesta lachte.

»Ich habe ihnen heute nacht keinen Kuß gegeben.« Warum war das plötzlich so wichtig?

»Sie haben sie doch vom Morgen bis zum Abend tausendmal geküßt!« Nesta hob den Kamm auf und begann, Eleynes Zöpfe aufzuflechten. »Und beim ersten Sonnenstrahl sind sie wieder auf, morgen ist Mittsommernacht. Auf den Hügeln werden die Johannisfeuer brennen. Vom Turm aus können Sie es sich anschauen.« Die Feuer wurden entzündet, um die bösen Geister fernzuhalten, die in dieser Nacht der Nächte so frei herumschweiften. War es das, was sie gespürt hatte? War da draußen etwas Böses? War Einion nach so langer Zeit wiedergekehrt, um ihr weiter seine Lügen einzuflüstern? Eleyne runzelte die Augenbrauen. »Schicke Rhonwen zu mir.« Sie schob Nestas Hand weg. »Schnell. Ich muß mit ihr sprechen.«

Sie stand auf und ging hinüber zu ihrem Schmuckkasten, der auf der Wäschekommode nahe bei ihrem Bett stand. Ihre Hand zögerte über dem Deckel, dann nahm sie ihn ab. Der Phönix lag oben auf den anderen Schmuckstücken, in einen seidenen Lappen eingewickelt. Er funkelte in ihrer Hand. Sie wußte, daß Alexander da war, wenn sie den Anhänger in der Hand hielt. Nachts nahm sie ihn manchmal aus dem Kasten und legte ihn unter ihr Kopfkissen, dann fiel es ihr überhaupt nicht schwer, sich vorzustellen, daß er bei ihr war. Und wenn dieses Gefühl so stark wurde, daß sie es kaum noch ertragen konnte, nahm sie den Phönix unter dem Kissen fort und legte ihn zurück in den Kasten. Nur so konnte sie ihr seelisches Gleichgewicht bewahren. Die Tür ging auf, rasch legte sie den Anhänger auf den Tisch, als schäme sie sich.

Rhonwen hatte schon geschlafen. »Was ist denn, Cariad?« Sie bewegte sich jetzt etwas langsamer, ihre Gelenke waren steif, und ihre Knochen schmerzten selbst im warmen Sommer.

»Horch!« Eleyne hob eine Hand empor. »Kannst du etwas hören?« Nesta war Rhonwen ins Zimmer herein gefolgt, sie lauschten beide. Die Asche raschelte leise im Kamin. »Irgend etwas stimmt nicht. Ist es Einion?«

Rhonwen machte ein überraschtes Gesicht. »Es ist lange her, seit du zum letztenmal von ihm gesprochen hast. Ich dachte, du glaubtest nicht mehr daran.«

»Ich glaube nicht an seine Prophezeiungen! Wie könnte ich?« sagte Eleyne bitter. »Aber er verfolgt mich immer noch.«

»Nein, Cariad, was es auch immer sein mag, er ist es nicht.« Rhonwen setzte sich auf den Bettrand. Sie hatte einen Verdacht. Gerüchte, daß Eleyne mit Geistern verkehrte, waren ihr zu Ohren gekommen. Sie hatte insgeheim darüber gelächelt. Das Kind hatte immer mit Geistern verkehrt, aber jetzt gab es einen bestimmten Geist, der über sie wachte. Wenn es der Mann war, an den sie dachte, dann segneten die Götter sie beide. Sie hatten die Liebe von Eleyne und ihrem König geheiligt. Mit ihrem Segen konnte selbst der Tod sie nicht voneinander trennen.

»Es ist alles in Ordnung. Warum gehst du nicht schlafen? Deine Kinder werden sehr früh aufwachen.«

Die Hunde hörten die Schritte in der Halle lange vor den Frauen, dennoch überraschte das laute Klopfen sie alle. Hal Longshaft trat ein, bevor Nesta Zeit hatte, die Tür zu öffnen. Er war sichtlich beunruhigt.

»Mylady, es sind Bewaffnete draußen auf der Straße.«

»Bewaffnete?« Also das war es. Es drohte ihnen Gefahr, aber eine menschliche Gefahr. Robert! Robert war aus dem Heiligen Land zurückgekehrt. Robert, den sie nie wiederzusehen gehofft hatte. Ihr Magen fing an, sich vor Angst zu drehen.

»Hugh Fletcher hat sie gesehen, Mylady. Er wollte Sam ein Stück begleiten, aber als er die Männer gesehen hat, ist er zurückgekommen, um uns zu warnen. Ich habe die Leute geweckt und eine doppelte Wache ans Tor geschickt. Hugh sagt, er kennt den Anführer nicht. Er sagte, sie tragen dunkle Umhänge über den Zeichen auf ihren Mänteln. Sir Robert aber sei es mit Sicherheit nicht, Mylady.«

Er hatte ihre Gedanken erraten. »Gib an alle Männer Waffen aus«, sagte sie ruhig, »und bete!« Was konnten ihre Diener, ihr Hausgesinde gegen Bewaffnete ausrichten? Es gab hier keine Garnison und keine Leibwache für sie. Wenn es sich um einen Angriff von Dieben und Gesetzlosen handelte, die in der wilden Grenzmark lebten, konnte sie nichts tun. Sie wandte sich an Rhonwen, als Hal fortlief. »Warum habe ich die Gefahr nicht früher erkannt …?«

Rhonwen schüttelte den Kopf. Mach' dir keine Vorwürfe! Menschen, die mit der Gegenwart zufrieden sind, drängt es nicht, die Zukunft zu erfahren. Außerdem droht uns vielleicht gar keine Gefahr.« Ihre Stimme klang beruhigend. »Vielleicht sind es harmlose Reisende.«

»Nimm die Kinder, Rhonwen. Bring sie in den Wald, über den Bach hinüber!« Eleyne nahm ihre Hand hoch. »Schnell. Ich möchte, daß sie aus dem Haus kommen, so weit weg wie möglich.«

»Aber Cariad …«

»Tu, was ich sage. Rasch. Bitte. Bring sie in Sicherheit! Ich schicke Hal zu euch hinaus, sobald die Gefahr vorüber ist. Und nimm die Hunde mit, sie geben ihr Leben für die Kinder. Geht jetzt. Geht mit Rhonwen!« Sie deutete auf Rhonwen, die beiden Hunde gehorchten ihr.

Eleyne stand auf der Treppe außerhalb der Eingangstür des alten Gutshauses, als die Reiter draußen vor dem Tor ankamen und brüllten, daß man sie einlassen solle.

»Wer ist dort?« Die Stimme des Wächters klang dünn in der warmen Nachtluft.

»Sag Lady Chester, Malcolm of Fife ist da, er will mit ihr sprechen.« Die Stimme hallte deutlich über den kühlen, grünen Graben jenseits der Mauer.

Eine Welle der Erleichterung erfaßte Eleyne. Sie hatte ihre Fäuste so sehr geballt, daß ihre Nägel sich in die Handflächen hineingebohrt hatten. »Öffnet das Tor!« rief sie. Sie trat vor, als das alte Eichentor knarrend aufging und die Bewaffneten über die Brücke und in den Hof ritten.

Malcolm saß ab und verbeugte sich. »Lady Chester! Wir kommen spät!«

Sie lächelte ihn an. »Seid willkommen!«

Er folgte ihr in die Halle des Hauses, und sie befahl, das Feuer wieder anzufachen und Kerzen und Fackeln in die Halter zu stecken.

»Sie sind einen weiten Weg geritten, Sir Malcolm«, sagte sie, als sie sich in ihren Sessel setzte und ihm den gegenüberstehenden anbot.

»Ich komme aus Fife.«

»Und Sie sind auf dem Weg in den Süden? Nach Bristol vielleicht, um den König aufzusuchen?«

»Nein.« Er beugte sich vor. »Ich komme Ihretwegen.«

Sie lächelte abwehrend, ihre Angst kam wieder. »Meinetwegen?«

»Ihr Ehemann ist tot, Eleyne. Sie sind frei, Sie können wieder heiraten.« Er sprach leise, die neugierigen Blicke von Eleynes Gesinde waren ihm bewußt.

»Tot?« Der Schock, den diese Worte in ihr auslösten, durchschnitt ihre Angst wie ein Messer. »Robert ist tot?«

»Haben Sie das nicht geahnt? Sie haben doch seit zwei Jahren nichts mehr von ihm gehört.«

»Woher wissen Sie das? Wer hat Ihnen gesagt, daß Robert tot ist?«

»Ich weiß es.« Er lehnte sich mit einem Lächeln in seinen Sessel zurück. »Das Schicksal Robert de Quincys war für mich immer von besonderer Bedeutung. Er wird nie mehr zurückkommen, um Sie zu quälen. Sie sind frei.«

Ihre Erleichterung war nur von kurzer Dauer, als sie über das nachdachte, was Malcolm alles gesagt hatte, zwischen den Zeilen.

»Sie erweisen mir eine große Ehre, Mylord«, sagte sie vorsichtig, aber seinen bisher nur angedeuteten Antrag abwehrend, »doch ich will nicht wieder heiraten. Und ich habe die Zusicherung meines Onkels, des Königs von England, dafür.« Sie hatte keine solche Zusicherung, doch das konnte Malcolm ja nicht wissen.

»Ich beabsichtige nicht, Ihren Onkel zu fragen, Madam.« Malcolms Stimme wurde etwas leiser. »Ich habe zu lange gewartet. Sie gehören jetzt mir.«

»Vielleicht sprechen wir morgen früh darüber?« Sie zermarterte sich wie eine Wahnsinnige das Hirn. In der Nähe sah sie Michael stehen, die Hand am Schwertgriff. Er hatte noch nie zuvor ein Schwert getragen. »Sie und Ihre Männer werden müde sein, und eine so wichtige Angelegenheit sollte man in aller Ruhe besprechen.«

Er lachte leise. »Es gibt nichts zu besprechen. Wir reiten heute nacht ab.«

»Nein!« Wütend sah sie ihn an. Sie trat auf ihn zu und war sich der Stille in der Halle bewußt. »Verlassen Sie mein Haus, jetzt sofort, bevor ich meine Wache rufe!«

»Ich dachte, das wäre Ihre Wache.« Mit einem Lächeln sah sich Malcolm in der schattigen Halle um.

Sie waren alle da: ihre Dienstmädchen, ihre Damen, Hal, Michael, die meisten Stallburschen, sogar Kenrick, der Koch, seine Küchenjungen und die drei Pagen, die nach ihrem Dienst bei ihr in das Haus eines Ritters kommen sollten, um dort die standesgemäße Ausbildung zu erhalten. Ihr war schlecht vor Angst. Sie hauchte ein Stoßgebet, daß Rhonwen die Kinder wie befohlen in den Wald gebracht hätte, dann sah sie Malcolm in die Augen. »Bitte verlassen Sie mein Haus, Sir! Es tut mir leid, aber Ihre Aufmerksamkeiten sind mir nicht willkommen.« Es war plötzlich Kälte in der Luft.

»Ich bin sicher, Sie werden es lernen, mich zu lieben, Eleyne, und es tut mir leid, so handeln zu müssen, aber wie Sie schon sagten, Ihr Onkel ist der König, und es ist besser, wenn er gar nicht erst erfährt, was aus Ihnen geworden ist. Wir entfernen uns leise von hier und verschwinden für immer in der Dunkelheit. Wenn Sie tun, was ich sage, wird niemandem etwas geschehen.«

»Nein.« Sie hob die Stimme. »Ich komme nicht mit Ihnen.«

»Dann muß ich Gewalt anwenden. Sie haben diese Leute mit Ihren eigenen Worten zum Tode verurteilt, Eleyne von Chester.« Er schnippte mit dem Finger, seine Männer zogen die Schwerter. Das Kratzen des Stahls war ein häßliches Geräusch in dem friedlichen alten Haus.

»*Michael!*« hörte sie sich schreien, als Malcolm vorwärtssprang, ihr Handgelenk packte und sie in seine Arme riß. Nesta, die süße, treue Nesta, hob die Hand, die bösen scharfen Spitzen ihrer Schere blitzten in ihrer Faust. Ein Bewaffneter trat auf sie zu, und Nesta brach mit einem geräuschlosen Gurgeln zusammen, er hatte ihr sein Schwert durch den Bauch gestoßen. Eleyne konnte nichts tun. Malcolm hatte ihr die Arme auf den Rücken gedreht, trug sie durch das Getümmel zur Tür und kümmerte sich nicht um ihre verzweifelten Zuckungen. In der schattigen Halle fand ein Gemetzel statt. Frauen lagen am Boden in Blutlachen zwischen den Männern. Eine Feuerwand erfaßte die Gobelins, als einer von Malcolms Männern eine Fackel nahm und sie an die Wandbehänge hielt.

Wortlos trug er sie zu seinem Pferd, warf sie über den Sattel, saß hinter ihr auf und trieb das Pferd fast im selben Augenblick zum Galopp an. Zwei seiner Reiter folgten ihm. Es war das letzte, was sie durch ihr wehendes Haar hindurch sah, bevor ihr schwarz vor Augen wurde.

II
GODSTOW

Isabella öffnete den Brief mit zitternden Händen. Das Siegel von Chester war scharf und abweisend unter ihren Fingern, das Siegel einer Frau, die jetzt ihre eigene Herrin und frei war. Sie verzog das Gesicht mit einem Blick auf die Almosenpflegerin, die nahe bei ihr saß und mit arthritischen Fingern die Perlen ihres Rosenkranzes drehte. Dachten die etwa, sie würde nicht merken, daß der Brief geöffnet worden war? Sie hatten das Siegel mit einer Messerklinge abgehoben und dann wieder geschmolzen, um es erneut daraufzudrücken.

Eleynes Brief war kurz. Er war vom Tag vor Sankt Johannis datiert, also zwei Tage alt. »Habe Geduld, liebe Isabella. Ich habe für dich an den König geschrieben und bin sicher, daß er dir erlauben wird, zu mir zu kommen, da ich dich hier aufnehmen kann ...«

»Aufnehmen kann!« Isabella wiederholte wütend diese Worte. Dann zuckte sie die Achseln. Es war doch gleich, Hauptsache, sie kam aus dem verdammten Konvikt heraus! Nur weil der Name des Königs darinstand, hatten sie sich gezwungen gesehen, ihr diesen Brief schließlich doch auszuhändigen. Sie trauten sich nicht, ihn zu verbrennen. Sie ballte die Fäuste über dem Pergament. Aber wie auch immer, sobald sie aus dem Kloster heraus war, bekamen sie keine zehn Pferde wieder hinein.

III

Die Kinder; sie mußte zu den Kindern.

Der Gedanke hämmerte ihr im Rhythmus der Pferdehufe im Kopf herum.

Die Kinder, Heilige Jungfrau, die Kinder.

Sie versuchte sich zu bewegen, aber ihre Glieder waren wie Blei.

Es war heller Tag, sie hatte jedes Gefühl für die Zeit verloren. Die Sonne brannte heiß auf die Kapuze ihres Mantels. Es war so stickig, sie bekam keine Luft mehr, das eiserne Band um ihre Rippen zog sich immer mehr zusammen.

»Joanna, Hawisa ...« Sie flüsterte die Namen nur, dennoch hörte es jemand. Plötzlich lief das Pferd langsamer, das eiserne Band um ihre Taille lockerte sich. Es war der Arm eines Mannes.

»Bist du aufgewacht?« Malcolm sah sie an. Er zog ihr die schwere Kapuze vom Gesicht. »Wir halten an und rasten, sobald wir über die Grenze sind.«

»Die Grenze?« Ihre Lippen waren so trocken, daß sie kaum sprechen konnte.

Er grinste. »Ja. Es dauert nicht mehr lange.«

»Joanna. Hawisa!« Sie versuchte seinen Arm wegzustoßen, aber er schien es nicht zu bemerken. Statt dessen gab er seinem Pferd einen Tritt, so daß es wieder zu galoppieren begann, nicht so schnell wie vorher. Er drehte sich um und schrie seinen Männern zu, sie sollten ihm folgen. Ihr Gedächtnis war leer. Sie erinnerte sich nicht an das Gemetzel. Sie hatte nur schreckliche Angst um ihre beiden Mädchen. »Joanna, Hawisa.« Ihre Lippen formten die Namen von neuem, aber es kam kein Ton heraus.

Als die Sonne unterging, machten sie in dem wilden, öden Hügelland halt und schlugen ein Lager in der Heide auf. Eleyne taumelte, stolperte fort von den Männern und sank vor einem moorigen Wasserloch zu Boden, tauchte das Gesicht in die braune Flüssigkeit, um einen klaren Kopf zu bekommen. Ihr war schwindlig, es pochte in ihren Schläfen. Malcolm kam hinter ihr her und stand dann, die Hände in die Hüften gestemmt, da, sah ihr zu. Ihre Hände und ihr Gesicht tropften, während sie im Heidekraut kniete. »Was ist geschehen?« fragte sie. Hinter ihr lag ein verschwommener Fleck aus Wirrwarr und Grauen. Sie erinnerte sich an nichts mehr, außer an das Geschrei und an das Feuer. Ihr Gedächtnis sträubte sich, etwas preiszugeben. »Joanna, Hawisa!«

»Denk nicht mehr an sie!« Sein Gesicht war hart. »Vergiß sie.«

»Wie können Sie das sagen?« Ihre Augen sahen ihn wütend an. »Meine Kinder! Meine beiden kleinen Mädchen!

Was haben Sie mit ihnen getan? Was ist mit ihnen gesche-hen?«

»Nichts ist mit ihnen geschehen.« Einen Augenblick lang sah er zu Boden. »Kinder waren nicht da, als wir das Haus ange-steckt haben.«

»Sie haben es verbrannt?« Eine Weile war sie zu erschüttert, um zu sprechen. Suckley, ihr hübsches, friedliches Zuhause. »Und die Pferde? Sie haben die Ställe auch angesteckt?«

Er schüttelte heftig den Kopf. »So etwas brächte ich nicht fer-tig. Die Ställe blieben unberührt.«

»Die Pferde haben Sie verschont?« Sie schien nur fähig, das zu wiederholen, was er sagte. Ihr Gedächtnis hatte das meiste von dem, was geschehen war, ausgelöscht.

Malcolm nickte. »Die, die laufen können, werden nach Schottland gebracht. Ich weiß, wie sehr Sie an den Pferden hän-gen.«

»Sie stehlen meine Pferde, und Sie brennen mein Haus nie-der.«

»Ich bin kein Pferdedieb, Eleyne.« Er sah sehr ernst drein. »Die Pferde gehören Ihnen.«

»Und wem gehöre ich.« Es war keine Frage.

»Sie gehören mir.«

»Und wenn ich Ihnen nicht gehören möchte?«

»Das werden Sie schon wollen mit der Zeit.« Er verschränkte die Arme vor der Brust. »Wenn Sie etwas essen wollen, müs-sen Sie zum Feuer kommen.«

»Ich will nicht mit Ihnen essen.« Sie stand auf, schwankte et-was und sah ihn an. »Ich werde nicht mit Ihnen essen und ich werde nicht mit Ihnen schlafen.«

Er bewegte sich ein paar Schritte von ihr fort. Überall um sie herum erstreckte sich die Einöde der Heidelandschaft unter dem blutroten Himmel. In der Ferne rief ein Brachvogel.

»Tun Sie, was Sie wollen, Mylady«, rief er ihr nach. »Aber Sie werden mit mir schlafen. Heute nacht und jede Nacht, für den Rest Ihres Lebens.«

»Nein!« Sie fuhr herum. »Niemals!«

Er lächelte. »Wenn Sie sich Ihres guten Namens wegen Sor-gen machen sollten: Wir heiraten sofort, wenn wir in Falkland ankommen. Obwohl ich immer den Eindruck hatte, daß Ihr Ruf Sie nicht interessiert.« Er legte den Kopf auf die Seite. »Ich habe lange auf dich gewartet, Eleyne, unglaublich lange. Ich habe nicht vor, noch länger zu warten. Aber im Augenblick sehe ich, daß du nicht zufrieden bist, bevor du nicht wegzulaufen versucht hast. Also lauf weg und sieh, wie weit du kommst. Ich nehme dich erst, wenn du bereit bist.«

Sie sah ihn zum Feuer gehen, wo schon Wildbret am Spieß briet. Sie konnte das Fleisch riechen, ihr Magen drehte sich um, obgleich er vor Hunger knurrte. Sie wußte, daß es sinnlos war. Es gab nirgendwo einen Ort, an dem sie sich hätte verstecken können. Eine Wildnis aus Heidekraut und Riedgras umgab sie, hier und da von Dornenbüschen und Kiefern durchsetzt. Sie ging minutenlang geradeaus, stolperte über Grasbüschel und Sumpfwollkraut, dessen Halme sich in der hereinbrechenden Dämmerung auf und ab bewegten.

Die Männer lagerten sich um das Feuer. Sie hörte ihr Gelächter und ihre Rufe, als sie es sich auf dem weichen Boden bequem machten. Sie blieb schließlich an einer alten Kiefer stehen, lehnte sich dagegen und schloß die Augen. Sie konnte ihm nicht entrinnen. Wohin sie auch ging, was auch immer sie tun mochte, Malcolm würde sie finden. Sie lächelte grimmig. War es das, was Einion vorhergesagt hatte? Ein Leben und ein Tod in Schottland.

Es verging viel Zeit, bis Malcolm kam. »Es tut dir nicht gut, Hunger zu leiden«, sagte er liebevoll.

Sie stieß sich von dem Baum weg. »Ich werde Sie nicht heiraten«, sagte sie.

»Wir sprechen morgen darüber.« Er nahm ihren Arm.

Seine Männer machten ihr Platz, und sie setzte sich auf seinen zusammengefalteten Mantel, während man ihr eine Portion vom gerösteten Herz eines der Tiere brachte, die Malcolms Männer an diesem Morgen während des Ritts erlegt hatten.

Sie gaben ihr Wein aus einer ledernen Flasche zu trinken. Während sie aß, zog einer der Männer eine Vogelknochenflöte hervor und begann, ein Lied darauf zu spielen, das wehmütig und sehnsüchtig klang. Die Mittsommernacht brach herein, und es sollte nicht richtig dunkel werden.

Sie machte keinen Versuch, sich gegen ihn zu wehren, als Malcolm sie schließlich etwas abseits von den Männern, nahe der sterbenden Glut des Feuers in seinen Umhang hüllte. Als er ihr Kleid hochzog und mit einer fast zärtlichen Gier in sie eindrang, sah sie über seine Schulter hinweg in dem glühenden Torf das Gesicht eines anderen Mannes – des Mannes, der sein König gewesen war.

IV
WESTMINSTER * 28. Juni 1253

King Henry betrachtete lange den Brief, bevor er zu Roger de Quincy aufsah. »Wann ist das geschehen?«

»Am Tag vor Sankt Johannis. Das Haus ist völlig zerstört worden, niemand ist am Leben geblieben, niemand. Sie hatten es offenbar auf die Pferde abgesehen. Die Zuchthengste und Stuten waren ein Vermögen wert.« Roger holte tief Luft. Er hatte es gesehen. Er war sofort hingeritten, als der Bericht bei ihm eintraf, innerhalb von ein paar Stunden war er dort. Der Brand schwelte noch, die hingeschlachteten Männer, Frauen und Kinder waren noch nicht begraben – auch die wenigen verbliebenen Pferde nicht, sie hatten sie im Hof vor den Ställen getötet.

»Und meine Nichte?« fragte Henry mit erstickter Stimme.

»Sie muß auch dort umgekommen sein, Sire. Und ihre Kinder mit ihr. Sie waren nicht zu finden. Es waren viele –« Roger machte eine Pause, um sich zu räuspern – »viele der Leichen ganz und gar unkenntlich.«

»Beim grundgütigen Christus! Wurde irgend etwas unternommen, um dieser Diebe und Mörder habhaft zu werden?«

»Alles Denkbare geschieht bereits, Sire. Es gibt da oben in den Wäldern eine Menge Banditen. Wer weiß, vielleicht war es der Schurke Robin Fitzooth, Robin Hood, wie ihn jetzt manche nennen, ein Dieb, der behauptet, er sei der Earl von Huntingdon. Er reitet manchmal durch dieses Gebiet, habe ich gehört, und er muß von ihrem Reichtum gewußt haben.«

Henry hob wieder das Pergament auf. »Sie müssen dann wohl Ihrem Bruder schreiben und ihm mitteilen, daß seine Frau tot ist. Und seine Kinder auch.« Er schüttelte den Kopf. »Wird Zeit, daß er nach Hause kommt.«

»Sehr wohl, Sire, ich schicke ihm sofort eine Nachricht. Es hatte geheißen, er sei tot, aber das war nur ein Gerücht. Er war die letzten Monate über in Akkon, und ich bin sicher, er wird froh sein, daß er zurückkehren darf.« Roger preßte seine Lippen aufeinander. »Die arme Eleyne. Sie hat kein glückliches Leben gehabt.«

Henry warf das Pergament hin. »Ich werde Messen für ihr Seelenheil lesen lassen.« Er seufzte. »Und ich werde ihre Hinterlassenschaft regeln. Ihr Wittumsland ist sehr wertvoll. Sehr.«

V

FALKLAND CASTLE, FIFE * 27. Juni 1253

Der Priester war sehr betrunken. Er leierte seinen Text herunter, segnete sie flüchtig und streckte sich dann am Boden hin, um seinen Rausch auszuschlafen. Malcolm lachte. »So, Mylady, was ist es für ein Gefühl, die Frau des Earl of Fife und Thane of Falkland zu sein? Ist es nicht schön, in Schottland zu leben?« Der Ring, den er ihr an den Finger gesteckt hatte, trug einen großen Cabochon-Rubin – rundum poliert, aber ohne Facetten. Er saß ihr eng wie eine Schelle am Finger, oberhalb des Knöchels.

»Die Ehe ist ungültig«, fuhr sie ihn an. »Niemand wird sie jemals anerkennen.«

»Aber ja.« Er nahm ihre Hand und führte sie durch seine Armbeuge, als fädele er eine Nadel ein. »Bevor diese Woche vorüber ist, hat der König unsere Ehe gesegnet.«

Die Burg war auf sie vorbereitet. Man hatte die große Halle und das Schlafzimmer des Brautpaars mit Blumengirlanden geschmückt. Er hatte Diener herbeibefohlen, und Ballen von Stoff warteten darauf, zu Kleidern, Mänteln und Umhängen für sie verarbeitet zu werden. Ein Elfenbeinkamm und ein dazu passender Spiegel, drei Broschen aus getriebenem Gold und Emaille warteten in einem Zedernholzkasten an ihrem Bett. Malcolm, der mit seinem Ehrgeiz nun endlich am Ziel war, zeigte sich so begeistert wie ein Hund mit zwei Schwänzen.

»Ich bleibe nicht bei Ihnen.« Jetzt, da sie sich von ihrer Erschöpfung zu erholen begann und der erste dumpfe Schock über das Geschehene überwunden war, wuchs ihr Zorn ins Unermeßliche. Dennoch vermochte sie sich noch immer nicht an das, was sich in jener Nacht in Suckley zugetragen hatte, zu erinnern. So sehr sie auch grübelte, das Gefühl der Angst, ein allgemeiner Wirrwarr und Rauch – das war alles, was ihr im Gedächtnis geblieben war. Aber wie konnte dieser Mann es wagen, sie sich wie eine Frucht vom Baum zu pflücken, nur weil er sie haben wollte? Diese Ehe ging nicht einmal auf die politische Entscheidung eines Königs zurück, sondern auf nichts anderes als die Gier und Wollust eines Mannes. »Ich schwöre vor Gott, ich werde nicht bei Ihnen bleiben.«

Hinter ihnen in der Kapelle von Falkland Castle brannten die Kerzen. Der Priester lag auf der Schwelle und schnarchte. Seine Füße ragten in den Hof hinaus, aber sein Kopf lag im Heiligtum der Kirche.

Malcolm lachte. »Zwinge mich nicht, dich einzusperren, Liebling. Das würde dir nicht gefallen und mir ebensowenig.« Er drückte ihren Arm. »Hier bei uns sollst du Pferde haben, deine eigenen und noch viel mehr – so viele du willst«, versprach er ihr, »und Freiheit, alles, was dein Herz begehrt, und einen Mann, der dich befriedigt. Wenn du aber gegen mich kämpfst, dann muß ich dich gefangensetzen. Dann hättest du keine Pferde, mein Liebling, nur Wasser und Brot, bis du gehorchen lernst.« Er betrachtete sie nüchtern. »Henry hätte dich am Ende wieder mit irgend jemand anderem verheiratet, das weißt du sehr wohl. Komm, gib es zu! Ich kann dich glücklich machen. Deine Kinder wirst du bald vergessen. Sie sind in England, da geht es ihnen gut. Wir werden mehr Kinder haben. Söhne, viele Söhne.« Sein Arm griff ihr um die Taille. »Ich *werde* dich glücklich machen, Liebling.«

Es war sinnlos, mit ihm zu streiten. Um ihm zu entkommen, mußte sie klug und sehr vorsichtig sein.

Er schlief mit den Armen auf ihren Brüsten und mit dem Oberschenkel auf ihren Beinen, die Hitze seines Körpers war unerträglich auf ihrer Haut, aber beim Liebesakt war er, verglichen mit Robert, wenigstens zärtlich. Auf eine seltsame, halb schüchterne Art wollte er ihr Lust bereiten, und seine Bemühungen, ihr zu gefallen, kontrastierten scharf mit seiner triumphalen Besitzgier. Sie lag lange wach und sah hinauf in die Schatten des Schlafzimmers, nachdem er endlich eingeschlafen war, die Finger seiner Hand hatte er in ihr Haar gekrallt, und sie war so vollkommen seine Gefangene, als wenn er sie ans Bett gefesselt hätte, wie Robert es oft getan hatte.

Alexander!

Es kam ihr vor, als hätte sie laut seinen Namen gerufen. Doch niemand kam. Es war nichts als der Wind im Kamin zu hören.

Am folgenden Tag hatten sie Besuch. Marie de Couci strahlte in mit Perlen besetzten seidenen Gewändern, als sie mit ihrem Gefolge in die große Halle geleitet wurde.

»Ach, da habe ich mich also nicht geirrt, die schöne Lady Chester ist hier! Ist es wahr? Sie haben sie zu Ihrer Frau gemacht?«

»Ja, in der Tat. Unser Geheimnis ist schnell herausgekommen, Madam.«

Das Lächeln der Königin wurde breiter. Sie ging an Malcolm vorbei, setzte sich auf den Ehrensessel in der Halle und ordnete sorgfältig ihre Röcke um sich herum. »Eure Brautwerbung war etwas stürmisch, höre ich«, sagte sie leichthin. Eleyne schien sie nicht beachten zu wollen.

Malcolm ging etwas beschämt auf sie zu. »Madam, ich …«

»Und Sie haben wirklich alle, die im Haus waren, umgebracht?« fuhr sie erbarmungslos fort. »Alle, ausnahmslos? Malcolm, mein Freund, wie gierig müssen Sie auf sie gewesen sein?« Sie sah Eleyne kühl an, als schätze sie sie ein. »Sie versteht es offensichtlich, Männer anzulocken.« Sie streckte einen Fuß aus und betrachtete die Spitze ihres Schuhs, die mit Seidenfäden bestickt war. »In England denken die Leute, sie wäre tot. War das etwa auch geplant?«

Malcolm sagte nichts, aber Eleyne trat vor. Bei den Worten der Königin hatte ihr Herz zu schlagen aufgehört. »Was meinen Sie damit, er hätte alle im Haus umgebracht?« Ihre Stimme war eisig. Ihre Augen waren so groß, daß sie wie große hohle Schatten in ihrem Schädel aussahen. »Was meinen Sie damit?«

Die Königin zuckte in ihrem Sessel zurück. »Meine Liebe, ich wiederhole nur, was ich gehört habe. Sie waren doch da. Sie müssen wissen, was geschehen ist.«

Die beiden Frauen sahen einander an, dann wandte sich Eleyne an Malcolm. »Wie viele Menschen haben Sie umgebracht?« fragte sie. Ihre Stimme klang dünn und hoch in ihren Ohren.

»Ich habe niemanden umgebracht.«

»Aber Ihre Männer haben es getan. Meine Kinder. Sie haben meine Kinder umgebracht …« Ihre Stimme wurde zu einem Schrei. Die Angst, die irgendwo tief in ihr gelauert hatte, war plötzlich unglaublich real.

»Nein!« rief er heftig dazwischen. »Ich habe keine Ahnung, was mit ihnen geschehen ist, und es ist mir auch vollkommen gleich. Das ist Vergangenheit. Vergessen Sie sie. Sie sind jetzt hier. Bei mir.«

»Und Sie denken, ich könnte bei dem Mann bleiben, der meine Babys ermordet hat?« Die Bilder kamen zurück, blitzartig: Gewalt, Blut, Entsetzen. Nesta, die liebe, treue Nesta mit einem Schwert im Bauch, ihre großen Augen voller Schmerz flehten sie an. Michael im dunkelblauen Gewand, rot von dem klaffenden Loch in seiner Brust, als er zu ihren Füßen zusammenbrach.

»Sie werden das tun, was ich Ihnen sage!« Malcolm war mit seiner Geduld am Ende.

»Mörder!« schrie Eleyne. »Ihr Herr, der König, wird mich aus dieser Scheinehe befreien!« Sie fing heftig zu zittern an, als sie vor ihm zurückwich, ihre Erinnerungen tauchten auf, ein schwarzer, blutiger Alptraum.

Die Königin lehnte sich zurück, um dieses Schauspiel zu genießen. »Das glaube ich nicht, meine Liebe. Alexander, mein Sohn, war hocherfreut, als er von Malcolms Hochzeit hörte, hocherfreut. Er hat seinen Segen bereits gegeben.«

Eleyne schüttelte den Kopf. »Das würde er niemals tun. Und das wird auch der König von England, mein Onkel, nicht tun, wenn er hört, was geschehen ist.«

Sie täuschte sich.

VI
WESTMINSTER * Juli

»Was meinen Sie damit: Sie lebt?« herrschte Henry den Earl of Winchester an. »Wie kann sie noch leben?«

Roger de Quincy ging ein paar Schritte um den Tisch herum. »Sie lebt, und es geht ihr gut. Mein Hofmeister hat sie mit eigenen Augen gesehen. In Schottland erzählt man sich, sie sei mit ihrem Liebhaber auf und davon! Die ganze Sache war vorher abgesprochen. Er kam, brannte das Haus nieder, so daß man annehmen sollte, sie wäre tot, und nahm sie mit.« Er schlug wütend seine beiden Fäuste zusammen. »Diese tückische Eleyne hat mich zum Narren gehalten! Sie hat uns alle hintergangen und getäuscht. Ich habe ihr geglaubt, als sie sagte, Robert mißhandele sie. Wir alle haben ihr geglaubt, dabei wollte sie nur, daß wir ihr Robert vom Hals schaffen. Gottverdammt, war ich ein Idiot!«

»Und wer ist ihr neuer Liebhaber?« Nach anfänglichem Unglauben erholte sich Henry von dem Schreck, den Lord Winchesters Erklärung ihm bereitet hatte.

»Lord Fife. Er hat sie mit zu sich nach Schottland genommen. Er behauptet sogar, er hätte sie geheiratet.«

Henry zog eine Augenbraue hoch. »Das sieht ihr ähnlich, diesem Schottenflittchen, ganz gleich, wer der Mann ist.« Sein Zorn kam erst allmählich heraus. »Nun gut. Sie möchte, daß ihre englischen Freunde und Verwandten sie für tot halten, sie soll ihren Willen haben. Was England angeht, so ist meine Nichte bei diesem Feuer umgekommen. Ihr Land und ihre Habe sind beschlagnahmt. Sind ihre Kinder denn noch am Leben?«

Robert machte ein bitteres Gesicht und schüttelte den Kopf. »Meine Informanten teilen mir mit, daß sie sich nicht in Schottland befinden. Offenbar leben sie nicht mehr. Ich kann mir nur schwer vorstellen, daß sie eine so widernatürliche Mutter ist. Aber es waren Roberts Kinder ...« Er brach ab und seufzte. »Und Robert?« fragte Roger schließlich. »Was soll ich ihm sagen?«

Der König setzte sich und winkte seine Schreiber herbei. Auf dem Tisch lag der Brief, den Eleyne ihm wegen Isabella gesandt hatte. In seinem Gram über Eleynes Tod hatte er schon ihrem letzten Wunsch stattgeben und Isabellas Entlassung aus der Gefangenschaft in Godstow anordnen wollen. »Vernichten Sie das«, sagte er kurz. »Ich möchte den Namen Isabella de Braose nie wieder hören.«

Er wandte sich wieder an Roger. »Sagen Sie Ihrem Bruder, seine Frau ist tot«, entschied er kurz und bündig. »Sonst wird er sie wahrscheinlich noch umbringen.«

VII

Eleynes Gedanken kreisten nur um ihre Flucht. Endlich bot sich eine Gelegenheit. In den dunklen Umhang eines ihrer Dienstmädchen gehüllt, schlüpfte sie im Morgengrauen an der Wache vorbei. Der Mann, der den Dienst am Tor versah, sah ihr nicht ins Gesicht und stellte keine Fragen. Zwei Stunden später bezahlte er für seine Unachtsamkeit mit dem Leben.

Sie kam nicht sehr weit. Malcolms Hunde holten sie ein, als sie erst zwei Meilen von der Burg entfernt war. Instinktiv hatte sie sich dem dunklen Bergrücken des Lomond zugewandt, weil sie sich dort eine Zuflucht erhoffte, aber es war sinnlos. Als die Hunde sie stellten, fletschte sie die Zähne wie ein gefangenes Tier, wahnsinnig vor Kummer und Zorn.

»Ich will nicht zu dir zurück. Laß mich los! Wie kann ich mit einem Mann leben, der meine Kinder umgebracht hat, der meine Freunde ermordet hat!« Das Bild der beiden Mädchen, die am Vorabend von Sankt Johannis so glücklich gewesen waren, sich nach den neuen Kleidern gesehnt hatten und den Hunden seidene Halsbänder flechten wollten, stand vor ihr – und dahinter jenes andere Bild von Nesta und Michael, dem lieben, sanften Michael –, auf ein Schwert gespießt wie ein Tier, als er ihr hatte zu Hilfe kommen wollen. Sie konnte die kalten Schwerter in den Leibern ihrer Mädchen fühlen, ihre Schreie hören und die kleinen Hände sehen, die sich nach ihr ausstreckten und sie anflehten, sie solle sie retten.

»Ich habe deine Kinder nicht umgebracht.« Er stützte sich aufs Schwert und sah sie an. Sie hatte ihren Schleier verloren, das Haar hing ihr hinab bis zu den Schultern. Ihr Kleid war voller Grasflecken, Gesicht und Hände waren von der Sonne verbrannt, als sie ihm stolz und wütend wie eine Wildkatze gegenüberstand. Sein Gesichtsausdruck wurde sanfter. Sie war alles, was er sich erträumt hatte, diese schöne walisische Prinzessin. Und endlich gehörte sie ihm.

Sie sah sein Lächeln nicht. »Die Königin hat es gesagt ...«

»Die Königin wollte dir weh tun, Eleyne. Sie hat dir nie verziehen, daß du ihr den Mann gestohlen hast. Meine Männer haben deine Töchter nicht getötet. Kleine Mädchen sind für mich keine Gefahr. Söhne, das wäre etwas anderes, aber du hast keine Söhne. Denke lieber an die Söhne, die du mir gebären wirst.«

»Nein, niemals.«

Er lächelte nachsichtig. »Doch, das wirst du. Du wirst tun, was ich mir wünsche, Liebling.«

VIII
FOTHERINGHAY CASTLE * Juli 1253

Die Burg schlief im Licht der Morgensonne. Das Tor war noch geschlossen, aber aus den Schornsteinen der Backhäuser stieg Rauch auf. Rhonwen stand an der Wegbiegung und sah zu den Mauern hinüber. Sie war erschöpft, aber Zorn und Verzweiflung trieben sie weiter. Neben ihr standen die beiden kleinen Mädchen mitten auf der Straße, todmüde, mit nackten, staubigen Füßen und zerrissenen Kleidern. Daneben saßen die beiden großen Hunde.

»Ist Mama hier?« Joannas kleine Hand glitt in Rhonwens Hand.

Rhonwen versuchte, ihren Gram zu verbergen. »Nein, Cariad, sie ist nicht hier.«

Sie war zum Haus zurückgeschlichen und hatte die rauchenden Trümmer, die niedergemetzelte Dienerschaft und die verbrannten Leichen gesehen. Sie hatte sich an die letzten Reste ihres gesunden Menschenverstandes festgeklammert und nach Eleynes Leichnam gesucht. Sie hatte Eleyne nicht gefunden, aber im Grunde ihres Herzens wußte sie, daß ihr geliebtes Kind tot war. Die Angreifer, wer auch immer sie gewesen sein mochten, waren zu gründlich gewesen, zu plötzlich war dieser Überfall gekommen. Niemand konnte dieser Feuersbrunst entronnen sein. Mit gebrochenem Herzen stöberte sie in dem ausgebrannten Söller herum und fand dort auf dem angekohlten Tisch, auf den Eleyne ihn am Abend vor der Mittsommernacht hatte fallen lassen, den Phönix. Rhonwen rieb den Ruß ab, der daran klebte, während ihr die Tränen aus den Augen quollen, küßte das Schmuckstück und steckte es in die Tasche. Dann ging sie in den Hof hinaus und suchte sich ihren Weg zwischen den getöteten Pferden hindurch. Einige Pferde waren fort. Tam Lin aber lag da mit gebrochenem Bein, den Kopf hatte man ihm mit einer Eisenspitze durchbohrt. Rhonwen starrte die Überreste des schönen Pferdes an, über denen die Fliegen kreisten. Ihr wurde schlecht. Endlich wandte sie sich ab.

IX

Dervorguilla Balliol war am Tag zuvor in Fotheringhay eingetroffen, sie wußte noch nicht, daß die große Burg und das dazugehörige Land, da es nicht mehr zu Eleynes Wittum gehörte, nun bald als Teil ihres Erbes an sie zurückfallen sollte.

Als sie hörte, wer eingetroffen war, sah sie ungläubig auf. »Lady Rhonwen? Und die Kinder?« Sie rannte sofort zu ihnen. »Eleyne? Wo ist Tante Eleyne? Ach, dem gütigen Heiligen Christus sei Dank, daß ihr noch lebt und gesund seid.« Sie nahm die beiden kleinen Mädchen auf die Knie und drückte sie an sich.

Rhonwens Schweigen ließ sie schließlich aufblicken. »Tante Eleyne?« wiederholte sie flüsternd.

Wortlos schüttelte Rhonwen den Kopf.

Dervorguilla bekreuzigte sich. Sie erhob sich langsam und seufzte. »Wollen Sie sie nach London bringen?«

»Nein. Ich lasse sie bei Ihnen. Ich will herausbekommen, wer es getan hat.« Rhonwens Gesicht war finster vor Gram, ihre Augen ausdruckslos. Sie legte ihre Hand auf Lyulfs Kopf. »Ich werde seinen Namen erfahren, und dann werde ich ihn töten.«

X

LOCH LEVEN CASTLE * August 1253

Sie fand alles auf der Insel: Beifuß, Esche, Apfelbäume, Wermut und das gemeine Schildkraut oder Helmkraut, den blauen Augentrost. Es brannte zuerst nicht sehr gut, beißender Qualm stieg auf, die Flammen waren trüb und matt.

Sie blickte über den schmalen Streifen des weißen Sandes hinweg, auf dem sie ihr Feuer entzündet hatte, zu den grauen Mauern der Burg. Hier konnten sie sie nicht sehen und würden sie auch nicht suchen, nicht vor dem Abend jedenfalls. Das Wasser des Loch war klar und leuchtete blau. Kleine Wellen plätscherten auf den Sand, blitzende Lichtreflexe tanzten um die Insel herum und blendeten ihre Augen.

Sie hatte so oft zu fliehen versucht, daß Malcolm sie schließlich seufzend nach Loch Leven Castle gebracht hatte. »Es ist nur für kurze Zeit«, sagte er. »Ich muß nach Stirling, aber wenn ich wiederkomme, nehme ich dich mit nach Falkland zurück. Bis dahin hast du es vielleicht gelernt, mich besser zu schätzen.«

Zuerst war sie froh. Es war eine Erlösung, frei von ihm zu sein, ihr Körper gehörte wieder ihr, und sie hatte Zeit zum Nachdenken. Abends saß sie da, sah den Mond über den Bischofsbergen aufgehen und plante ihre Flucht. Tagsüber durfte sie die Burgherrin spielen und war darin gar nicht übel, aber alle Männer und Frauen, die ihr dienten, standen treu zu Malcolm, ihrem Herrn. Andrew und Janet lebten nicht mehr auf der Insel. Hinüber aufs Festland zu kommen, war unmöglich. Bestechung, Schmeichelei, Bitten, Wutanfälle, nichts half. Ihre Wärter waren höflich, sogar unterwürfig gegenüber der Lady Fife, aber unerbittlich.

Während die Zeit verging, glaubte sie manchmal wahnsinnig zu werden. Sie aß, schlief, stickte und trauerte um ihre Kinder und tat sonst nichts. Es war die Eingebung eines Augenblicks, jetzt wieder einmal in die Flammen zu blicken und Visionen heraufzubeschwören.

Sie beugte sich vor und legte noch eine Handvoll Kräuter ins Feuer. Eigentlich hätte sie sie zuerst trocknen müssen, aber das hätte Tage oder Wochen gedauert, und sie hatte keine Zeit mehr dazu. Sie mußte jetzt sofort wissen, warum Alexander nicht mehr zu ihr kam.

Es begann im Kopf, es kreiste, ihr wurde langsam schwindlig, aber es war kein unangenehmes Gefühl. Sie lehnte sich zurück und ordnete ihre Röcke. Sobald die Flammen richtig brannten, würde sie die Bilder sehen können.

Zuerst war der Reiter da. Er zog die Zügel an, das Pferd bäumte sich auf, seine Flanken dampften im Regen. Sie sah den Wind in dem flatternden Banner und die nassen Hände des Mannes am Zügel.

Laß mich dein Gesicht sehen, bitte, zeig mir dein Gesicht.

Sie beugte sich vor. Wer war er, dieser breitschultrige Mann? Warum sah sie ihn immer wieder? Aber er hatte sich von ihr abgewandt, er trieb sein Pferd vorwärts und ritt weiter, sie verlor ihn aus den Augen in dem Nebel, den die Flammen heraufbeschworen.

Eleyne fluchte leise.

Zeig mir mehr, zeig mir die Zukunft, meine Zukunft.

Ihr Kopf war jetzt schwer, und sie fühlte sich benommen, aber da waren noch andere Bilder, sie verschoben sich, veränderten sich fortwährend. Ein Mann – Alexander! Ihr Alexander. Wimmernd streckte sie die Hand aus und sah ihn lächeln. Auch er streckte ihr die Hand entgegen, und ihre Finger berührten einander beinahe. Dann war er fort.

Tränen standen ihr in den Augen. Sie hatte es die ganze Zeit gewußt, es nur nicht wahrhaben wollen: Ohne den Phönixanhänger konnte sie ihn nicht erreichen, und dieses kostbare Bindeglied zwischen ihnen war ihr beim Feuer in Suckley verlorengegangen.

Aber jetzt kamen andere Bilder, Kinder. Sie sah Kinder. Mehrere, sie spielten am Strand hinter den Flammen. Sie rieb sich die Augen. Da waren zwei kleine Mädchen, sie spielten fröhlich am Wasser, suchten Kieselsteine, um sie über die Wellen hüpfen zu lassen. Joanna? Hawisa?

Sie richtete sich halb auf, ein Kloß stak ihr im Hals, sie streckte die Arme nach ihnen aus. Aber sie waren fort. Es war niemand da, nichts als der verlassene Strand. Neue Tränen liefen ihr über die Wangen. Sie drehte sich um – nach den anderen. Sie liefen fort: Fünf Knaben und zwei andere Mädchen, sie rannten, sprangen zu den Bäumen hin.

Kommt zurück!

Sie versuchte, sich noch einmal aufzurichten, aber ihre Beine waren verkrampft, sie stolperte. Sie hörte ein Gelächter – das Lachen der Kinder hallte zwischen den Bäumen hindurch. Schnell waren sie verschwunden. Sie sank zurück auf den Boden, vor das Feuer. Aber die Flammen waren leer und erstarben.

»Hast du irgendwelche Kinder auf der Insel gesehen?« fragte sie am Abend ihr Mädchen.

»Kinder, Mylady?« Emmot sah sie verwundert an.

»Sind welche von drüben herübergekommen?«

»Heute ist kein Boot gekommen, Mylady. Gar niemand.«

Eleyne sprach nicht mehr von ihnen. Sie hatte ihre Gesichter nicht sehen können. Sie hatte auch ihre Stimmen nicht richtig gehört. Nur Schreie hatte sie vernommen, im Wind und im Geraschel der Blätter an den Bäumen.

Zwei Wochen später wußte sie, daß sie Malcolms Kind trug.

Zwanzigstes Kapitel

I
LOCH LEVEN CASTLE * 1253

Mit jedem Mal wurde es leichter. Nach einer Weile brauchte sie das Feuer nicht mehr. Als auf den stickigen August der klare, warme September folgte, merkte sie, daß sie auch im Wasser Bilder sehen konnte. Sie sah die Kinder in der Tiefe ihrer irdenen Wasserschüssel, sie sah Tam Lin hingeschlachtet am Boden liegen, sie sah die Hunde in der Sonne tollen. Manchmal sah sie Joanna und Hawisa mit ihnen spielen, aber sie war nicht sicher, ob sie noch lebten.

Dann kam Malcolm. Er kam von Dunfermline, mit Geschenken und Wein. Als er in dieser Nacht zu ihr ins Zimmer trat und ihre Damen fortschickte, war er voller Begehren. Er löste mit zitternden Händen die Bänder ihres Hemdes und streifte es ihr von den Schultern hinunter. Er sah, wie voll ihre Brüste waren; langsam hob er die Hände zu ihnen auf und schloß sie über den Rundungen.

»Du bist noch viel schöner, als ich dich in Erinnerung hatte«, flüsterte er.

Sie erwachte, seine Hand lag auf der Rundung ihres Bauches, während er neben ihr auf dem Bett saß. »Du trägst meinen Sohn.« Es klang wie ein Staunen. Als sie nickte, beugte er sich über sie und küßte ihren Bauch. »Ich bringe dich nach Falkland zurück. Ich möchte dich bei mir haben.«

Er behandelte sie, als wäre sie aus kostbarem Glas. Sie durfte keinen Finger mehr rühren. Er umgab sie mit Bediensteten, überhäufte sie mit Kleidern und blieb, wenn es ihm möglich war, an ihrer Seite. Als sie ihn um einen walisischen Harfenspieler bat, ließ er einen herbeiholen. Als sie sich einen Garten südlich der Burgmauer wünschte, ließ er einen graben und bepflanzen. Als sie von ihm verlangte, daß er sie nicht mehr berühren solle, zog er sich schüchtern zurück und überließ sie ihren Träumen.

II
September

Rhonwens Hand fuhr wieder zu dem Dolch, den sie in ihrem Kleid versteckt bei sich trug, und sie lächelte grimmig. Ancret und Lyulf waren mit ihr gekommen, und es schien fast so, als verstünden sie ihre Gedanken.

Sie bedauerte, daß es der Earl of Fife war, der Eleyne ermordet hatte. Als ihr die Geschichte zu Ohren gekommen war, hatte sie es zuerst nicht glauben wollen. Sie hatte geschwiegen und den Gerüchten gelauscht, die man sich in den Hallen der Burgen von Lady Lincoln erzählte, schließlich war es ihr zur Gewißheit geworden: Eleyne war tot. Der König hatte Messen für ihr Seelenheil angeordnet und begann, ihren Besitz zu verteilen, niemand aber zog Malcolm zur Rechenschaft. Niemand fand, daß er bestraft werden mußte. So traf Rhonwen ihre Vorbereitungen.

Die Kinder waren in Sicherheit. Da ihre Mutter tot war und ihr Vater sich noch im Heiligen Land aufhielt, wurden sie der Vormundschaft des Königs unterstellt und einstweilen ihrer Nichte, der liebevollen Countess of Lincoln, übergeben. Rhonwen mochte die Lady gern und vertraute ihr.

Unauffällig verschwand sie eines Nachts und machte sich zu ihrem Ritt gen Norden auf.

Vor ihr lag jetzt im Schatten des Lomondberges die Burg von Falkland, und von dem großen Turm hing schlaff die Standarte des Earl, die einen Reiter mit gezücktem Schwert zeigte. Sie sah einen schwerbeladenen Karren quietschend in das Gewölbe unter das Torhaus fahren, die Schatten der scharfen eisernen Spitzen des hochgezogenen Fallgitters fielen schräg über die Ladung, als er hineinfuhr und verschwand. Es sah so alltäglich, so friedlich aus. Und trotzdem würde der Earl innerhalb eines Tages tot sein und sie selbst wahrscheinlich ebenfalls. Ihre Hand glitt zu dem Dolch, und sie lächelte.

Der bewaffnete Wächter am Eingang erinnerte sich offenbar noch an sie von ihren früheren Besuchen in Falkland, denn er stellte ihr keine Fragen. Er winkte sie vorwärts. »Wo ist der Earl?« Ihre Stimme klang heiser vor Erschöpfung.

»Er ist fort, aber die Countess ist hier, Mylady. Sie finden sie in ihren Räumen im großen Turm.«

Rhonwen wollte nichts mit Lord Fifes Gattin zu tun haben, wer auch immer sie sein mochte. Sie hatte den Entschluß gefaßt, ihn zu töten, und es sollte noch heute geschehen.

Der Mann nickte, sie konnte hineingehen. Plötzlich sprang Lyulf von ihr weg und rannte über den Hof. Ancret riß sich unversehens ebenfalls von Rhonwens Hand los, die ihn festhalten wollte, und folgte ihm.

Rhonwen lief hinter ihnen her, in ihren Zorn und ihr Erstaunen über das ungehörige Verhalten der Hunde mischte sich ein Fünkchen Hoffnung. Sie hatte die Hunde noch nie so schnell dahinjagen sehen, und sie waren seit langem nicht mehr so aufgeregt gewesen wie in diesem Augenblick.

Niemand hielt sie an, als sie die Treppe in das Untergeschoß des Turms hinaufstieg. Die Hunde waren verschwunden, aber Rhonwen lief weiter, sie lief durch den Raum hindurch zur Treppe, die weiter nach oben hinaufführte. Am Eingang zu dem Zimmer des Earl hielt sie keuchend an.

Eleyne war da, sie hatte ihre Arme um Lyulfs dicken Hals gelegt und küßte den Kopf des Hundes, während Ancret sich zwischen die beiden zu drängen versuchte und ihr die Hände leckte. Es dauerte lange, bis sie aufsah, Tränen liefen ihr über das Gesicht. Erst jetzt entdeckte sie Rhonwen im Eingang des Zimmers. Sie richtete sich auf und streckte die Arme aus. »Rhonwen! Joanna? Hawisa? Wo sind sie?«

Der Schreck war so groß, daß Rhonwen sich zuerst nicht zu rühren vermochte, aber das Entsetzen in Eleynes Gesicht, die ihr Schweigen falsch deutete, riß sie in die Wirklichkeit zurück. »Sie sind in Sicherheit, Cariad, es geht ihnen gut.« Lange hielten die beiden Frauen einander schluchzend in den Armen, während Eleynes Damen verwundert zusahen, dann trat Emmot vor. »Ich weiß nicht, ob mein Lord möchte, daß Sie Besucher haben, von denen er nichts weiß, Mylady«, wandte sie schüchtern ein.

Eleyne lächelte. »Er hat nichts gegen Rhonwen einzuwenden.« Sie beugte sich zu den wild hechelnden Hunden hinab und küßte ihnen nacheinander die Köpfe. »Oh, Rhonwen, ich kann es gar nicht fassen, daß du hier bist! Ich dachte, du wärest tot!« Sie weinte und lachte zugleich.

»Dasselbe dachte ich von dir.« Rhonwens Stimme war seltsam tonlos. »Was ist mit dir geschehen? Die ganze Welt denkt, du wärest tot. King Henry läßt Seelenmessen für dich lesen, deine Ländereien sind neu verteilt und die Mädchen der Vormundschaft des Königs unterstellt.« Ihre forschenden Augen glitten über Eleynes Gestalt. »Hattest du uns vergessen?«

Eleyne schluchzte auf. »Vergessen! Wie kannst du das sagen? Man hat mich gegen meinen Willen hierhergebracht und zur Ehe gezwungen. Man bewacht mich Tag und Nacht!«

»Du bist schon wieder verheiratet? Wie konnten sie dich zwingen, erneut zu heiraten?« fragte Rhonwen.

»Robert ist tot!« Eleyne schob Rhonwens fragend ausgestreckte Hand beiseite und schritt durchs Zimmer.

»Tot? Ja?« Rhonwens Stimme folgte ihr. »Dann weiß man es in England noch nicht. Dort heißt es nämlich, daß er unterwegs von Akkon nach London sei.«

Es folgte eine lange Pause.

»Bist du sicher?« flüsterte Eleyne. Unbewußt war ihre Hand zu ihrem Bauch gewandert, dorthin, wo Malcolms Kind lag.

»Als ich die Kinder von Lady Dervorguilla in Fotheringhay zu Lady Lincoln brachte, die der König zu ihrem Vormund ernannt hat, sagte sie mir, man hätte Briefe an ihn abgesandt, damit er so schnell wie möglich heim käme.«

»Gütiger Jesus!« Eleyne starrte sie entsetzt an.

»Mylady.« Ann Douglas, eine ihrer neuen Gesellschafterinnen, hatte mit wachsender Empörung zugehört, jetzt rang sie die Hände. »Es ist nicht wahr. Was diese Frau Ihnen sagt, ist eine Lüge. Sie sind vor Gott und dem Gesetz verheiratet!«

»Wirklich?« Eleyne fühlte sich wie betäubt. Ihre Freude darüber, daß die Kinder in Sicherheit waren, verflüchtigte sich, als ihr das volle Ausmaß der schrecklichen Wahrheit zu dämmern begann. Malcolms Plan war gelungen. Die ganze Welt hielt sie für tot. Ihre Kinder hatte man einer anderen Frau gegeben, und der König hatte ihre Ländereien konfisziert. Eine unsägliche Wut packte sie. Sie schüttelte unwirsch Ann Douglas' Hand ab, die sie festhalten wollte.

»Jetzt weiß ich wenigstens endlich die Wahrheit! Deshalb hat niemand nach mir gesucht oder gefragt, und niemand ist mir zu Hilfe gekommen! Ich habe mir nicht vorstellen können, daß die Leute annehmen würden, ich sei tot.« Sie schwieg einen Augenblick. »Aber was Robert angeht, mußt du dich irren, Rhonwen. Malcolm hätte mich nicht geheiratet, wenn Robert noch am Leben wäre. Das wäre ja die schrecklichste aller Sünden.«

Er hatte ihr die Wahrheit gesagt: Ihre Kinder lebten noch. Auch daß Henry sie für tot hielt, hatte er ihr gesagt. Also stimmte es auch, daß Robert tot war. Falls es aber nicht stimmte: Was war sie dann, und was war dann das Kind, das sie trug?

»Du scheinst Lord Fife zu mögen, Cariad?« fragte Rhonwen. Besuchte ihr geisterhafter Liebhaber Eleyne noch immer, oder war auch er vergessen? Sie griff verstohlen in ihr Bündel und berührte den Phönix, der dort lag. Aber sie gab ihn Eleyne nicht.

»Ich ihn mögen?« wandte sich Eleyne ihr wütend zu. »Er hat mich als Gefangene hierhergebracht!«

»Du siehst nicht wie eine Gefangene aus.« Es waren außer im Torhaus keine Wachen zu sehen gewesen.

»Nein, weil alle in dieser Burg meine Wächter sind! Sie ist meine Wächterin!« Sie warf ihren Arm wütend in die Richtung, in der Ann stand. »Und sie.« Diesmal war Emmot gemeint. »Jedesmal, wenn ich geflohen bin – und ich habe zu fliehen versucht – hat man mich zurückgebracht. All meine Briefe wurden abgefangen!« Sie ging auf und ab. »Und jetzt trage ich sein Kind in mir! Was soll ich tun? Wohin soll ich gehen?«

Rhonwen schritt steifbeinig zu einem Stuhl und setzte sich mit einem Seufzer hin. Vielleicht würde sie den Dolch doch noch brauchen. Aber die Spannung wich von ihr, sie fühlte sich matt und erschöpft. »Du könntest jederzeit nach Aber zurück«, sagte sie müde. »Der junge Llywelyn mag dich sehr gern. Er würde dich sofort aufnehmen, das weißt du.«

Eleyne blieb stehen. »Muß ich denn immer wieder nach Aber zurück?«

»Nein, Mylady!« Ann nahm ihr Handgelenk. »Bitte. Ihr Zuhause ist jetzt hier in Falkland.«

Eleyne zuckte die Achseln. Jetzt ging es nur noch um eines. »Würde Malcolm meine Töchter hier bei sich aufnehmen?«

Ann lächelte. »Ich glaube, er würde alles tun, um Sie glücklich zu machen, Mylady.«

III

November

Auf ihre Briefe an Margaret of Lincoln erhielt sie keine Antwort. Auf Malcolms vorsichtige Anfragen bei King Henry folgte die knappe Erwiderung, jetzt, da die Mutter tot sei, habe man die Kinder ihrer Cousine anvertraut, und dort seien sie gut aufgehoben. Auf Malcolms Interesse an den Kindern ging Henry nicht ein, und er verriet auch nicht, daß er wußte, wer die neue Gemahlin des Earl of Fife war. Ebensowenig erwähnte er den Vater der Kinder.

»Hab Geduld!« Malcolm langweilte die ganze Geschichte. »Du hast doch bald wieder ein Kind, mit dem du dich beschäftigen kannst.«

Diesen Satz wiederholte er noch oft, bevor er nach Stirling ritt.

»Du mußt nach England und sie holen.« Eleynes Geduld war endgültig erschöpft. Sie nahm Rhonwens Hand. »Du mußt. Du mußt sie holen und hierher nach Falkland bringen. Malcolm gibt dir eine Eskorte mit. Stiehl sie, entführe sie, tu, was du willst. Aber bitte, bitte bringe sie her! Du mußt jetzt aufbrechen, bevor der Winter da ist.«

In der Nacht, bevor sie losritt, händigte Rhonwen Eleyne ein Päckchen aus. Eleyne sah es an. Lange Zeit bewegte sie sich nicht. Sie konnte ihn spüren: Alexander. Er war jetzt neben ihr im Zimmer, dort, zwischen ihren Händen, in den Schatten. Sie schloß die Augen und hob das Päckchen an die Lippen. »Der Phönix?« fragte sie atemlos.

Rhonwen nickte. »Ich habe ihn in dem ausgebrannten Haus gefunden.«

Eleyne entfaltete das weiche Ledertuch und hielt den Anhänger in der Hand. »Er hat mir gesagt, ich hätte nichts von Malcolm zu befürchten«, flüsterte sie. Ihre Hand ging zu ihrer Schulter, als ob eine andere Hand dort läge – eine seltsame intime Bewegung –, und Rhonwen lächelte, als sie es sah.

IV

Anfang Januar fing es an zu schneien. Bald blockierten Schneewehen die Straßen und machten das Reiten unmöglich. Auf die großen Feuer wurde zusätzlich Holz geschichtet, und Minnesänger und Harfenspieler hielten den Hofstaat bei Laune.

Eleyne schlief morgens immer sehr lange, ihr Körper war so schwer, und sie war fortwährend müde. Das gesalzene Fleisch, das es im Winter gab, schmeckte ihr nicht, und es mißfiel ihr, die Tage im Haus zu verbringen und kaum jemals herauszukommen. Sie sehnte sich danach auszureiten, sie sehnte sich nach ihren Kindern. Am sonderbarsten aber war, daß sie sich in der häuslichen Enge, Nacht für Nacht mit dem Ehemann an ihrer Seite, der ihr besitzergreifend die Hand auf den schwangeren Leib legte, schrecklich einsam vorkam. Ihr Geliebter war nicht zu ihr zurückgekehrt. Aus Angst, Malcolm könnte ihn entdecken, wagte sie es nicht, ihren Phönix auf der Brust zu tragen. Sie versteckte ihn statt dessen.

Etwas besuchte sie allerdings im kalten, winterlichen Sonnenlicht, etwas, das andere niemals erblickten: die Lady im schwarzen Samt. Aber hier trug sie Weiß und Silber und lächelte. Eleyne wußte, daß sie in Falkland glücklich war. »Wer bist du?« Sie sprach die Worte laut aus, als die Lady über die schneebedeckten Gärten schwebte – eine Geistererscheinung, kaum sichtbarer als der Schnee selbst.

Marie ...

Vielleicht hatte sie sich den Namen der Frau eingebildet, die das gleiche Blut wie sie selbst in den Adern hatte und deren Schicksal mit ihrem eigenen in Fotheringhay, in Falkland und in der bitteren Einsamkeit von Loch Leven verbunden war, aber ihre Anwesenheit tröstete Eleyne an jenen langen, verzweifelten Tagen.

Wochen vergingen, und Rhonwen ließ noch immer nichts von sich hören. Zuerst wartete Eleyne ruhig, beschäftigte sich tagsüber mit ihren Pferden, die in die Ställe eingepfercht waren, kümmerte sich um die Haushaltung und nahm zum erstenmal die Rolle der Ehegattin Malcolms an. Er überließ ihr daraufhin die finanziellen Angelegenheiten seines Grundbesitzes. Fife war weder eine reiche noch eine große Grafschaft. Als eine der ursprünglichen sieben Grafschaften Schottlands war sie winzig, verglichen mit den Ländereien, die sie als Countess of Chester unter sich gehabt hatte, aber Fife verfügte über Macht und Einfluß in Schottland und besaß in gewisser Hinsicht von alters her einen hohen Rang, weil die Earls of Fife das Recht hatten, unter dem heiligen Kreuz des Clans der Macduff Zuflucht zu suchen und auch dem schottischen König bei dessen Krönung die Krone aufs Haupt zu setzen.

Sie füllte ihre Tage mit allerlei Beschäftigungen aus, aber nie hatte sie einen Raum für sich; sie konnte nirgendwohin gehen, um ins Feuer oder Wasser zu starren und zu sehen, wie es Rhonwen ging; nirgendwo konnte sie Alexander herbeibeschwören. Nacht für Nacht lag sie wach, lauschte auf Malcolms regelmäßiges, leises Schnarchen und versuchte, sich zu entspannnen, während der Wind über das flache Land von Fife heulte und gegen die eisbedeckten Mauern der Burg prallte. Diese Nacht insbesondere war kälter als alle anderen zuvor. Ihr Rücken schmerzte; ihre Beine taten weh. Und ihr Herz auch. Sie richtete sich mühsam in den Kissen auf und überlegte, ob sie wieder aufstehen sollte, um zur Garderobe zu gehen. Aber der Raum war bitterkalt. Das Feuer gab nur wenig Wärme ab, und sie zögerte, unter der warmen Bettdecke hervorzukriechen. Sie griff mit der Hand unter das Kopfkissen, unter dem sie, in ein blauseidenes Taschentuch eingeschlagen, den Phönix gelegt hatte. Sie wälzte sich noch einmal auf die Seite, schloß die Augen und preßte das kalte Schmuckstück an die Lippen.

Die Hand auf ihrer Brust weckte sie auf. Die Bettücher waren zurückgeworfen, als ob sie geträumt hätte, ihre Brüste erregt. Sie runzelte die Stirn: Malcolm hatte bisher ihren Wunsch respektiert, sie nicht zu berühren. Dann hörte sie ihn neben sich schnarchen. Er schlief fest. Sie lag still, verwirrt, denn sie fühlte wieder die Berührung auf ihrer Brust, als ob Lippen sie in der samtenen Dunkelheit liebkosten. Waren ihre Augen geöffnet oder geschlossen? Sie wußte es nicht. War sie wach oder schlief sie? Wieder die leichte Berührung, das Streicheln seiner Finger über ihre Brüste, über ihren Bauch … mit einem heimlichen Schauder legte sie sich zurück in die Kissen und breitete ihre Arme aus. Sie spürte seine Wärme, seine Kraft, seine Sehnsucht und zuletzt das Streicheln seiner Lippen auf ihren Lippen, als ihre Schenkel sich öffneten, um ihn zu empfangen. Malcolm schlief immer noch, als Eleyne lustvoll zu stöhnen begann, während ihr Traum sich erfüllte.

Von nun an kam er jede Nacht zu ihr. Sie sah ihn nie und versuchte auch nie, mit ihm zu sprechen; aber er gab ihr das Gefühl für ihren Körper zurück und machte sie glücklich in ihrem einsamen Bett. Eines Nachts aber erwachte Malcolm. Eine Weile blieb er still, er wußte, daß seine Frau neben ihm in der Dunkelheit wach lag. Er fühlte ihre Spannung, ihre Erregung. Es irritierte ihn. Sie hatte ihm deutlich gemacht, daß sie ihn nicht wollte, solange ihr Bauch so dick war, und doch spürte er, wie erregt sie war. Vorsichtig streckte er die Hand aus und legte sie auf eine schwere, volle Brust.

Halb im Schlaf, ohne zu wissen, ob es ein Traum oder die Wirklichkeit war, drehte Eleyne sich zu ihm um. Sie wollte die Härte eines Mannes in sich spüren, seine Lippen auf ihren Brüsten, seine Haut auf ihrer Haut. Als Malcolm in dem schattenhaften Gesicht des Feuers ihr Gesicht ansah, erblickte er den Hunger darin und lächelte. Sie schloß die Augen. Er war nicht Alexander, sie hatte es zu spät gemerkt. Es war nur ihr Ehemann, und trotzdem, in diesem Augenblick wollte sie ihn.

Er war nicht sehr zärtlich in dieser Nacht, und sie antwortete ebenso darauf, zerkratzte ihm die Schultern mit ihren Fingernägeln, grub ihre Zähne in seinen Hals und umklammerte seine Hüften mit ihren Schenkeln, als ob sie ihm den ganzen Samen aussaugen wollte. Sie fand aber keine Befriedigung dabei, er bereitete ihr keine Lust, denn irgendwo in der Dunkelheit des Raums fühlte sie Alexanders Zorn und Verzweiflung. Als er endlich erschöpft von ihr herunterfiel, wandte sie sich mit dem Gesicht zur Wand, verschränkte die Arme über den Brüsten und spürte, wie ihr die Tränen über das Gesicht liefen.

V

März 1254

Als Rhonwen zurückkam, waren die Kinder nicht bei ihr.

»Sie wollten nicht mitkommen, Cariad. Sie sind so verliebt in ihre Cousine Margaret, und sie glauben, du wärest tot!« Sie hob ihre Hand, als Eleyne sie zu unterbrechen versuchte. »Ja, ich habe ihnen natürlich gesagt, daß du nicht tot bist. Aber das machte es nur noch schlimmer. Joanna wurde sehr wütend. Du hättest sie verlassen. Ich habe es ihr immer wieder zu erklären versucht, aber sie sind noch klein, und es ist lange her, daß sie dich zum letztenmal gesehen haben. Hawisa ist auch noch zu klein, um irgend etwas zu begreifen, außer daß sie ihre Schwester und Margaret Lincoln liebt.« Sie lächelte. »Sie sind dort glücklich und in Sicherheit und in guter Pflege …«

»Du willst sagen, ich soll sie dort lassen …«

»Cariad …«

»Du wagst es! Du sagst, ich soll sie dort lassen. Sie aufgeben! Du hast sie nie richtig geliebt, weil sie Roberts Kinder waren.«

»Das ist nicht wahr, und das weißt du genau.« Rhonwen empörte sich. »Ich liebe sie und ich liebe dich. Und wenn du den Teufel liebtest, ich würde losgehen und ihn dir holen! Aber hier hast du keine Wahl.« Rhonwen nahm Eleynes Hände. »Hör mir zu! Es ist der Wunsch ihres Vaters, daß sie dort bleiben.«

»Was?« Eleyne starrte sie an, mit weißem Gesicht.

»Er hat ihnen geschrieben. Ich habe den Brief gesehen.«

»So! Er lebt also wirklich noch.« Eleyne ließ sich langsam auf einen Stuhl nieder. Sie legte die Hand auf den Rücken.

»Vor drei Monaten jedenfalls war er noch am Leben.«

»Dann wird mein Kind ein Bastard sein, wenn es zur Welt kommt!« Sie stand wieder auf. »Vor drei Monaten, hast du gesagt? In drei Monaten kann alles Mögliche geschehen. Der Krieg im Heiligen Land ist grausam, sagt man.«

Rhonwen beobachtete sie aufmerksam. »Bist du denn glücklich mit Lord Fife?«

»Nein.« Ihre Antwort kam rasch. »Abgefunden habe ich mich vielleicht mit ihm. Womöglich wäre es anders, wenn Joanna und Hawisa hier wären. Er ist gut zu mir und er liebt mich. Aber ich kann ihm niemals verzeihen, was er in Suckley getan hat. Und er hat mich angelogen.« Sie schüttelte den Kopf, ihre Stimme war schwer vor Verzweiflung. »Er hat gesagt, Robert wäre tot.«

»Nein, das glaube ich nicht, vor einem Priester würde er nicht lügen.« Wenn Alexander Malcolm duldete, dann würde es Rhonwen – vorläufig – auch tun. »Er muß geglaubt haben, daß Robert tot sei. Robert war schließlich drei Jahre fort, ohne daß man von ihm gehört hat.« Rhonwen lächelte schmeichlerisch. »Cariad, bestimmt ist Malcolm of Fife ein tausendmal besserer Ehemann als Robert de Quincy. Wenn Henry dich offiziell für tot erklären kann, dann kannst du doch dasselbe mit Sir Robert tun!«

VI

Wie zum Trost für den Verlust der Mädchen war die Geburt leicht, und das Baby, ein Junge, ein gesundes Kind. Malcolm war sprachlos vor Freude, erstaunt und verlegen zugleich, wie vollkommen sein Sohn war. Er berührte die Hände des Kindes vorsichtig mit einem Finger, als ob er sich vergewissern wollte, daß sie echt waren. Eleyne sah das glückliche Staunen in seinem Gesicht und stellte fest, daß sie ihn beinahe mochte.

»Er ist schön«, sagte er schließlich.

Sie lächelte zufrieden. Er wurde auf den Namen Colban getauft. Sie hatte befürchtet, daß er ihn nach dem König würde nennen wollen, aber vielleicht war er doch taktvoller, als sie dachte.

Wie schon früher, erholte sie sich rasch von der Geburt, sie begann wieder zu reiten, und Malcolm legte ihr keinerlei Hindernisse in den Weg, denn er war jetzt sicher, daß sie nun nicht mehr vor ihm würde fliehen wollen. Eleyne schrieb ein weiteres Mal an Margaret of Lincoln.

VII

GODSTOW * April 1254

Isabella starrte die Äbtissin an. »Ich glaube Ihnen nicht. Ich habe vor knapp einem Jahr einen Brief von Lady Chester bekommen. Sie schrieb mir, ich könnte zu ihr ziehen. Sie hat es mir versprochen. Sie wollte mit dem König reden …«

»Es tut mir leid.« Emma Bloet hatte so sehr gehofft, daß Isabella sich nun endlich mit Anstand und Würde in ihren Ruhestand schicken würde, wie es sich angesichts ihres Ranges und ihrer Stellung gehörte. Der uferlose Streit war für sie beide aufreibend.

»Eleyne of Chester ist tot, meine Liebe. Daran läßt sich nichts ändern.«

»Nein, sie ist meine Freundin. Sie ist meine Schwester …«

Die Äbtissin seufzte. »Wir sind gehalten, für ihre Seele zu beten.«

»Und ich? Was wird jetzt aus mir?« Isabella krampfte die Hände ineinander, damit sie zu zittern aufhörten.

»Sie werden hierbleiben, meine Tochter.« Plötzlich verlor die Oberin die Geduld. »In Gottes Haus. Bis Sie sterben.«

FALKLAND CASTLE * Januar 1257

Malcolm stand mit dem Rücken zum Feuer und spürte, wie die Wärme den Regen aus seiner Kleidung heraustrocknete. Er setzte den Pokal an die Lippen, kippte den Wein die Kehle hinunter und streckte den Arm gleich wieder aus, damit man ihm nachfülle. Er seufzte. Der Machtkampf am Hofe des königlichen Knaben wurde ermüdend und langweilig. Ein paar Tage in Falkland und zwei Nächte im Bett seiner Frau würden ihn wiederherstellen. Er reckte die Schultern, merkte, wie die verkrampften Muskeln sich widersetzten. »Das wird morgen eine gute Jagd werden. Wenn das verdammte Wetter bloß etwas besser wird.«

»Wo ist denn Lady Fife?« fragte Alan Durward und hielt dem Mundschenk seinen Pokal hin, damit er ihn wieder füllte. »Die große Halle ist langweilig ohne sie.«

Malcolm winkte einen Diener herbei und schickte ihn zu Eleyne in den Söller, aber statt seiner Gattin erschien Rhonwen. Groß und streng stand sie da und sah Malcolm nachdenklich an. Diese Frau war ihm zuwider, obwohl er sich stets bemühte, seine Feindseligkeit zu kaschieren.

»Meine Lady ist schon zu Bett gegangen«, sagte sie schließlich. »Sie fühlte sich nicht wohl.«

»Nicht wohl?«

Rhonwen lächelte fein. Es war nicht ihre Aufgabe, die erneute Schwangerschaft preiszugeben, die sich nach zwei langen Jahren des Wartens endlich eingestellt hatte.

Sie wollte gerade noch etwas hinzufügen, als die Tür am anderen Ende der Halle aufsprang und eine vom Regen durchnäßte Gestalt erschien. Malcolms Augen wurden schmal, als er John Keith sah, einen seiner Boten, dem er besonders vertraute. Er hatte ihn einen Monat zuvor noch einmal zu Margaret of Lincoln entsandt, um sie zu überreden, den beiden Kindern wenigstens einen Besuch bei ihrer Mutter zu gestatten.

Keith bahnte sich rasch einen Weg durch die Menschentrauben, die sich um die großen Feuer in der Halle drängten.

Ohne Umstände zog er ihn beiseite. »Ich muß Sie unter vier Augen sprechen.«

»Was ist denn, Mann?«

»Robert de Quincy ist in London«, sagte John Keith leise.

Malcolm wurde weiß. All die Jahre hatte es immer wieder Gerüchte gegeben, de Quincy sei noch am Leben, aber er hatte nicht daran geglaubt. Er hatte es nicht gewagt, einen solchen Gedanken zuzulassen. Nichts durfte seine Ehe gefährden.

»Sind Sie sicher?«

»Ja, er ist bei King Henry, er hat auch schon die Kinder Ihrer Gattin besucht.«

Malcolm fluchte. »Bei der Heiligen Jungfrau! Ich kann es nicht glauben!« Er schlug wütend die Fäuste aufeinander.

»Lord Fife.« Rhonwens leise Stimme direkt neben ihm ließ ihn jäh herumfahren, und er fluchte noch einmal. Ihre Augen waren beinahe farblos im Licht des Feuers. Er fühlte einen abergläubischen Schauder sein Rückgrat hinauflaufen. Sie hatte es gehört. Verdammt! Sie hatte es gehört!

Sie lächelte ihn kalt an. »Meine Lady würde Sir Roberts Rückkehr nicht begrüßen«, sagte sie. »Sie darf es nicht erfahren.« Diese klaren, unergründlichen Augen trafen sich mit seinen Augen und hielten sie fest. »Nicht – bevor er tot ist.«

Malcolm widerstand dem Drang, sich zu bekreuzigen. Gütiger Christus, diese Frau jagte ihm Angst ein! »Es scheint, daß unsere Gedanken denselben Weg gehen, Lady Rhonwen.«

Sie nickte. »Es sollte unverzüglich geschehen.«

Also stand sie doch auf seiner Seite. Er sah John Keith an. »Der Mann hat wahrscheinlich bei seinem Besuch im Heiligen Land die Beichte abgelegt. Er ist auf den Tod vorbereitet. Lassen Sie ihn möglichst schnell sterben.«

John Keith verbeugte sich.

Malcolm nickte knapp. »Und achten Sie darauf, daß niemand erfährt, wie oder warum er starb.«

Keith grinste. »Das wird nicht einmal Sir Robert selbst erfahren, Mylord.«

Einundzwanzigstes Kapitel

I
Februar 1257

»Ich komme mit.«

John Keith drehte sich überrascht um, als er die sanfte Frauenstimme neben sich hörte. Er war gerade im Begriff, aufs Pferd zu steigen. Es war die Amme der Countess, Lady Rhonwen.

»Mein Lord hat mir befohlen, schnell zu reiten!«

»Ich kenne Ihre Angelegenheit, Master Keith«, erwiderte sie. »Und ich werde Sie begleiten.« Beim Anblick ihres Lächelns durchfuhr es ihn kalt.

Sie brauchten fünf Tage, bis sie in London ankamen. Unterwegs wechselten sie mehrmals die Pferde. In London führte Rhonwen ihn zu dem Haus in der Gracechurch Street. Es gehörte jetzt Dervorguilla Balliol, sie hatte es nach dem Tode der Countess Clemence vor vier Jahren geerbt, aber Rhonwen war dort immer noch gern gesehen. Es dunkelte, als sie auf den Hof ritten und das Tor sich hinter ihnen schloß.

Er hatte einen Überfall auf der Straße geplant – rasch und anonym, aber Rhonwen schüttelte den Kopf. Ein Messer in die Rippen, das war ihr zu wenig. Sie wollte, daß Robert wußte, woher sein Tod kam, und sie hatte alles geplant. Ein Ballen feinster Seide aus Luneds Vorrat sollte als Köder dienen.

Robert konnte dem günstigen Angebot, von dem ihm am Tag zuvor ein Diener etwas zugeflüstert hatte, nicht widerstehen. Seide. Die beste und zu einem lächerlichen Preis. Er fand den Weg zu dem leerstehenden Laden hinter Sankt Paul und ließ seinen Burschen wie befohlen draußen bei den Pferden.

Als er Rhonwen erkannte, war die Tür hinter ihm schon verriegelt.

Sie hatte wirklich Seide auf dem Tisch ausgebreitet. »Gefällt sie Ihnen?« Sie stand mit verschränkten Armen da und sah ihn an. John Keith stand an der Tür und hielt den Dolch bereit.

Robert warf einen Blick auf den Stoff. Glatt und sinnlich, ein schönes Scharlachrot, es war die Farbe des Bluts. Plötzlich wurde ihm trocken im Mund, er nickte. Sein eigener Dolch steckte in der Gürteltasche unter dem Mantel. Er wich ein paar Schritte zurück in Richtung Tür. »Ich höre, meine Frau ist mit einem neuen Liebhaber durchgebrannt«, schimpfte er mit verächtlichem Gesichtsausdruck. »Sie mörderische, heidnische Lady!«

Rhonwen lächelte. »Meine Herrin weiß nichts von meinem Vorhaben, Sir Robert. Nichts. Sie aber sollen alles erfahren.« Sie hatte sich immer noch nicht von der Stelle bewegt.

Er hatte den schweigenden Mann an der Tür gesehen. Der Mann war schmal, aber auch kräftig. Er wünschte sich, er hätte in der Nacht zuvor nicht so viel getrunken. Die Schlampe am Verkaufstisch war gefährlich wie eine Viper und wahrscheinlich genauso schnell. Er bewegte die Hand langsam auf den Dolch zu, aber John Keith war zu schnell für ihn. Bevor er begriffen hatte, was vor sich ging, hielt ihm der Schotte seinen Dolch an die Kehle. »Halt still«, knurrte er, »und tu, was sie sagt!«

Rhonwen hatte sich noch immer nicht gerührt. Mit zurückgeworfenem Kopf, starr vor Furcht, glitten Roberts Augen seitwärts zu ihrem Gesicht.

Wieder lächelte sie. Sie ging auf den Tisch zu. »Es freut mich, daß Ihnen die Seide gefällt. Sie wird Ihnen als Leichentuch dienen.« Sie zog einen Strick darunter hervor.

Er wurde bleich. »Sie wagen es nicht, mich anzurühren ...«

»Nein?« Sie ringelte den Strick über ihren Arm und streichelte die Hanffasern.

Sie brauchtes nur ein paar Augenblicke, um ihm die Hände auf den Rücken zu fesseln und ihn zu dem senkrechten Balken in der Mitte des Raums zu zerren. Er kämpfte wütend gegen sie an, aber es gelang ihnen schließlich. Sie fesselten ihm die Beine und steckten ihm einen Lumpen in den Mund.

Rhonwen lehnte sich zurück und betrachtete ihn. »Sehen Sie, wie es ist, Mylord, gefesselt und hilflos zu sein. Macht es Ihnen Spaß, wenn Ihnen das angetan wird?« Sie sah die Angst in seinen Augen.

»Was haben Sie eigentlich noch mit ihr gemacht, Mylord?« fuhr sie ruhig fort. »Sie hat es niemals irgendeinem Menschen erzählt. Sie hat sich zu sehr geschämt. Und gleich wird es Ihnen leid tun, daß die Horden der Ungläubigen Sie nicht getötet haben, Mylord, denn das, was ich Ihnen jetzt antun werde, wird tausendmal schlimmer sein als alles, was diese Feinde des Christentums sich haben einfallen lassen.«

Ohne John Keith anzusehen, streckte sie ihre Hand aus. Er gab ihr den Dolch. Allmählich wurde sogar ihm übel. So hatte er sich das nicht gedacht. Ein Messer zwischen die Rippen. Einen sauberen Schnitt durch die Kehle. So arbeitete ein Mann, aber das hier ...

Sorgfältig darum bemüht, ein unbewegtes Gesicht zu machen, trat er zurück und verschränkte die Arme vor der Brust.

Als sie fertig war, hatte er sich in einer Ecke übergeben. In seinen Ohren gellte Roberts ersticktes Schreien, das zu einem Gurgeln wurde, als sie ihm die abgetrennten Geschlechtsteile in den Mund stopfte.

Die Stille, die dann folgte, war noch entsetzlicher. John Keith starrte sie an, die Galle stieg ihm die Gurgel empor. Er hatte viele Männer sterben sehen. Ein paar davon hatte er selbst umgebracht. Aber niemals hatte er einen Menschen mit einem solchen berechnenden Haß morden sehen.

Sie war blutbesudelt. Aber ihr Gesicht war ungerührt, als sie den Dolch abwischte und ihm zurückgab. »Ich werde mich umziehen«, sagte sie ruhig. »Dann können wir aufbrechen. Holen Sie mir meine Satteltasche und schicken Sie seine Diener fort. Sagen Sie ihnen, er reite mit uns nach Fotheringhay. Bis jemand die Leiche findet, sind wir wieder in Schottland. Nun gehen Sie schon, Mann! Worauf warten Sie?«

Seine Hände zitterten. Gütiger Christus! In ihren Augen hatte er den Wahnsinn gesehen. Er nickte. Was spielte es für eine Rolle, wie es geschehen war? Lord Fifes Befehl war ausgeführt.

»John.« Ihre Stimme war jetzt sanft. »Er hat meiner Lady sehr weh getan.«

II
FALKLAND CASTLE * 9. Februar 1257

Eleyne sah von den Listen auf, die sie studierte, als Malcolm hereinkam. In Gedanken war sie noch bei den Preisen für Hafer und Heu, Bohnen, Erbsen und anderes Pferdefutter. Er stand einen Augenblick lang mit einer sonderbaren Miene da. Sie versuchte zu erraten, was in seinem Kopf vorging. Er sah immer noch gut aus, etwas grauer vielleicht und härter im Gesicht. »Was ist? Was ist denn geschehen?«

Er antwortete nicht. Sein Blick wanderte von ihrem Gesicht zu ihrem Bauch, sie war jetzt im vierten Monat, ihre Schwangerschaft begann sich gerade zu zeigen.

»Wir müssen nach Sankt Andreas reiten.«

»Warum?« Sie legte die Feder hin und streckte ihre verkrampften Finger.

»Ich muß zum Archidiakon.«

»Und ich muß mitkommen?«

»Ich glaube ja.«

Sie stand auf und ging zu ihm. »Was ist denn, Malcolm?« Sie hatte ihn noch nie in einem solchen Zustand gesehen – verkrampft und erregt, die Muskeln gespannt wie bei einem Mann, der in die Schlacht reiten will.

Er lächelte sie an. »Mach dich bereit, Liebling. Wir reiten sofort los.«

»Ist der Bischof wieder da?«

Er schüttelte den Kopf.

III

Der Archidiakon empfing sie im Torhaus. Er verbeugte sich, als Malcolm ihn begrüßte. »Alles ist bereit, Mylord.«

»Wird es in der Kathedrale sein?«

»Jawohl, Mylord, alles ist vorbereitet.« Er bedachte Eleyne mit einem feinen Lächeln. »Würden Sie sich gern zuerst etwas ausruhen, Mylady, nach Ihrem langen Ritt?«

»Danke, Archidiakon. Ich werde mich später ausruhen. Zuerst möchte ich wissen, worum es geht.« Eleyne wandte sich an ihren Gatten. »Ich glaube, es ist an der Zeit, daß du mir sagst, warum wir hier sind.« Sie betrachtete sein Gesicht mit ruhigen Augen.

Der Archidiakon scharrte unbehaglich mit den Füßen. Malcolm runzelte die Stirn. »Wir werden heiraten.«

»Heiraten?« Eleyne war verblüfft. Zu verblüfft, um etwas zu sagen.

»Offenbar hatte man mich damals falsch unterrichtet, als man mir sagte, dein Ehemann sei tot«, fuhr er mürrisch fort. »Jetzt aber habe ich den endgültigen Beweis, daß er tot ist. Diese Vermählung dient dazu, unsere Ehe gegen jede Möglichkeit eines Zweifels zu sichern.«

Eleyne war einen Augenblick lang stumm. »Wo ist er denn gestorben?« fragte sie schließlich. Es war keine Trauer in ihrer Stimme, nur kalte Neugier.

»In London«, erwiderte Malcolm. Vorsichtig behielt er ihr Gesicht im Auge.

»Woran ist er gestorben?« Sie sah ihn an.

»Ich glaube, an einem Fieber. Aber was auch immer die Ursache gewesen sein mag, er ist jetzt tot. Wir sind hierhergekommen, um Absolution von allen Sünden der Bigamie zu erhalten, um noch einmal zu heiraten und zu bestätigen, daß alles ohne jeden Zweifel den Gesetzen entspricht und daß Colban mein legitimer Erbe ist. Wir reiten morgen nach Edinburgh, wo der König mich zu einer privaten Audienz empfangen wird. Er hat sich bereit erklärt, ein Dokument zu unterzeichnen, das den Segen der Kirche über dem Haus Fife bestätigt. Ich werde es mit dem großen Siegel ausgefertigt bekommen, daß Colban mein legitimer Erbe ist.«

»Ich verstehe.« Eleynes Stimme war tonlos. »Also bin ich in den vergangenen vier Jahren deine Hure gewesen?«

»Nein, Mylady, nein.« Der Archidiakon trat vor. »Sie haben im guten Glauben gehandelt, Witwe zu sein. Das sollte der Kern Ihrer Beichte sein. Gott und unsere Heilige Jungfrau werden Ihre Sünde mit Nachsicht betrachten. Die Absolution wird Ihnen erteilt.«

Sie richtete sich empört auf und wandte sich an Malcolm. »Du hast mich entführt, du hast mich vergewaltigt und zur Ehe gezwungen. Doch nun ist es meine Sünde, die hier die Absolution erhalten soll.« Ihre Stimme war schwer. »Und ich nehme an, ich muß auch Buße tun.«

Die beiden Männer sahen einander an. »Lord Fife war noch nicht verheiratet, Mylady«, sagte der Archidiakon unbehaglich.

»Nein.« Eleyne widerstand dem Drang, die Hand schützend auf die leichte Schwellung ihres Bauches zu legen.

»Ihre Buße wird nicht schwer sein, Mylady«, fuhr der Archidiakon fort. »Lord Fife hat mich von dem unschuldigen und keuschen Charakter Ihrer Liebe in Kenntnis gesetzt.« Er blickte zu Boden.

»Laßt uns jetzt zur Tat schreiten!« Malcolm wurde unruhig. »Ich möchte es so bald wie möglich hinter mich bringen.« Er wandte sich zur Tür.

Der Sturm wurde stärker. In der großen Kathedrale flackerten die Kerzen, das Wachs lief an ihnen hinunter und tropfte auf die Fußbodenfliesen, als sie durch die schmale, in die große Eichenholztür an der Westseite eingelassene Pforte das Gotteshaus betraten. Der Archidiakon führte sie zu einer Seitenkapelle.

Eleyne stand da, während der Regen von ihrem Umhang tropfte, und sah zum Altar. Colban und ihrem anderen, noch ungeborenen Kind zuliebe mußte sie sich dieser Zeremonie unterwerfen. Sie mußte eine Sünde beichten, die sie nicht begangen hatte. Sie war gezwungen, Malcolm zu heiraten, um die Legitimität ihrer Kinder zu sichern. Wenn nötig, mußte sie vor ihrem Patensohn auf die Knie fallen und ihn um seine Zustimmung bitten – das Erbe ihrer Kinder hing davon ab.

IV
Juni 1257

Macduff, der zweite Sohn des Earl of Fife, kam an einem warmen, von süßen Düften erfüllten Junitag zur Welt. Sie sah das Kind, das sie in ihren Armen hielt, und lächelte das kleine Bürschlein an. Sie öffnete den Brustausschnitt ihres Hemdes, legte den kleinen, suchenden Mund an ihre Brust und spürte sogleich den eifrigen Sog, der seltsame Krämpfe in ihrem Schoß auslöste.

Eleyne war sich immer noch nicht sicher, ob es sich nun um Träume handelte oder ob Alexander wirklich zu ihr kam. Manchmal kam er, wenn sie im Bett neben ihrem schlafenden Ehegatten lag, meist aber geschah es, wenn sie allein schlief – während der Strahl des Mondlichts über den Fußboden kroch und zwischen die Bettvorhänge glitt, oder beim ersten Licht am Morgen, das kalt und grau wie die See ihr Gesicht berührte. Dann spürte sie seine Lippen auf ihren Lippen, seine Hände auf ihren Brüsten, und während sie schlafend und ergeben dalag, fühlte sie, wie sich auf seinen Befehl hin ihre Schenkel öffneten.

V
DUNFERMLINE * September 1257

Alexander begrüßte Eleyne mit großer Freude. »Tante Eleyne, ich muß dir unbedingt mein neues Pferd zeigen.« Er grinste sie an, als wären sie zwei Verschwörer. »Du verstehst von Pferden mehr als irgendeiner meiner Berater.«

Eleyne lachte. »Es ehrt mich sehr, wenn Ihr das denkt, Sire.«

»Lady Fife.« Queen Margaret hatte die Hand auf den Arm ihres Mannes gelegt, als sie sich vorbeugte. Sie war noch ein Kind, hübsch, übersprudelnd, gutmütig, während ihr Gatte bereits ein Mann wurde. Pferde langweilten sie. »Wir werden zweifellos sofort sämtliche Ställe aufsuchen, aber vorher mußt du meinen neuesten Verehrer kennenlernen.« Kichernd streckte sie ihre Hand nach dem jungen Mann aus, der zu ihren Füßen auf dem Podest gesessen hatte. »Donald, das ist Lady Fife.«

Der Sohn des Earl of Mar war groß, dunkelhaarig wie sein Vater und erstaunlich hübsch.

»Wenn du sein Herz eroberst, Tante Eleyne, schreibt er dir ein Gedicht.« Der König kicherte gutmütig. »Er überhäuft meine Frau damit.«

Eleyne lächelte den jungen Mann an. Er war mindestens ein oder zwei Jahre älter als der König, und sie sah, daß viele Damen der Königin ihn heimlich anbeteten.

»Dann muß ich mich bemühen, sein Herz zu erobern«, sagte sie sofort. »Ich liebe Gedichte, und es ist viele Jahre her, daß jemand ein Gedicht für mich geschrieben hat.«

Donald warf ihr einen schüchternen Blick zu. »Mein Herz ist der Königin verpfändet, Mylady«, sagte er mit stiller Würde. »Aber wenn sie es erlaubt, werde ich Ihnen das schönste Gedicht der Welt schreiben.«

Eleynes Interesse war geweckt. In seiner Stimme waren eine Kraft und ein ruhiges Selbstvertrauen, die von Reife zeugten.

Margaret kicherte. »Tu das, Donald, ich bitte dich darum. Ich erlaube es dir, die nächsten hundert Gedichte Lady Fife zu widmen. Ich habe schon viel zu viele.« Sie stand auf und sah sich mit fröhlicher Miene um. »Kommt, laßt uns zu den Ställen gehen, ich habe die Redereien satt!«

Als sie sich umwandten, um King Alexander vom Podest herunter zu folgen, trat Lord Mar vor. Er wußte, daß sein Sohn von den Damen am Hof vielfach bewundert wurde, das hatte seine Freundschaft mit dem jungen König gefördert, aber als er sah, wie Donald Eleynes Hand an die Lippen hob, verfinsterte sich sein Gesicht. Er zog seinen Sohn beiseite, als die jungen Leute zum Stall aufbrachen.

»Halte dich von Eleyne of Fife fern, mein Junge«, murmelte er. »Sie ruft überall, wohin sie auch kommt, Ärger und Schwierigkeiten hervor.«

»Ich habe nur angeboten, ihr ein Gedicht zu schreiben, Vater. Du weißt, daß ich der Königin diene.«

William of Mar blickte himmelwärts, Lord Buchan, der neben ihm stand, grinste mitfühlend. Der Junge war von der höfischen Liebe besessen. Ein paar Monate in den Bergen im Norden mit einem Schwert in der Hand, während ihm der eisige Regen den Hals hinunterrann, würden ihn schnell heilen.

VI

Eleyne saß am Fenster ihres Schlafzimmers in Dunfermline und starrte über den silbrigen Forth hinweg. Während Malcolm wieder einmal in eine der zahlreichen Gesprächsrunden verwickelt war und von Tag zu Tag zorniger und unglücklicher wurde, erwartete man von ihr, daß sie bei der Königin und ihren Damen saß, aber diesmal hatte sie Kopfschmerzen vorgeschützt. Ihre Kinder fehlten ihr. Colban, mit seinen dreieinhalb Jahren ein entzückendes Knäblein, und der kleine Macduff, ein Baby von drei Monaten, von der ihn stillenden Amme und Rhonwen umsorgt, waren in Falkland geblieben. Außerdem hatte sich die Atmosphäre am Hof stark abgekühlt, seit Marie, die Mutter des Königs, mit ihrem neuen französischen Ehemann zurückgekehrt war.

Es war still im Schloß. Ihr Zimmer war leer. Die Dienerschaft steckte anderswo, und ihre eigenen Damen hatte sie hinunter in die Halle geschickt. Zum erstenmal seit langer Zeit war sie völlig allein.

Sie sah hinter sich in den leeren, stillen Raum und spürte eine plötzliche Enge im Hals. Er war hier: Alexander, ihr Alexander. Sie spürte seinen Atem auf ihrer Wange, ein hauchfeines Streicheln über ihre Brüste und hörte ein Flüstern in den Schatten. Gehorsam stand sie auf und ging zum Bett, schläfrig, schlaff von der Augusthitze, und öffnete ihr Kleid.

Das leise Klopfen an der Tür schien ein Teil ihres Tagtraums zu sein, mehr nicht. Sie sah sich träge im Zimmer um und lächelte.

Das Klopfen kam ein zweitesmal, lauter. So plötzlich, wie es gekommen war, verschwand das Wesen aus dem Zimmer. Sie war wieder allein. Hastig brachte sie ihr Kleid in Ordnung und rief: »Herein!«

Die Tür öffnete sich einen Spalt, und Donald of Mar sah ins Zimmer.

»Mylady Eleyne? Man hat mir gesagt, Sie fühlten sich nicht wohl. Die Königin sagte, ich sollte Ihnen mein Gedicht bringen ...« Er errötete und hielt immer noch den Ring des Türgriffs in der Hand.

Eleynes Ärger verschwand. Mit einem Lächeln winkte sie ihn zu sich. Alexander – ihr eigener winziger Alexander – wäre jetzt im Alter dieses jungen Mannes gewesen, wenn er noch lebte. »Wie Sie sehen, bin ich ganz allein und langweile mich sehr. Ich möchte gern Ihr Gedicht hören, Sir.« Ihr geisterhafter Besucher war vergessen. Sie fühlte nicht die Seelenqual im Zimmer, auch nicht die Kälte, als sie Donald einen Hocker anbot. Es kam ihr nicht in den Sinn, eine Anstandsdame herbeizurufen.

Er trat ins Zimmer und schloß sorgsam die Tür. Die Pergamentrolle hatte er sich in den Gürtel gesteckt, aber obwohl er sie mitgebracht hatte, brauchte er sie nicht. Er konnte sein Gedicht auswendig.

Eleyne hörte ihm zu. Seine Stimme war tief und musikalisch, die Worte waren kraftvoll und schön. Sie lauschte amüsiert und berührt, ihr war nicht bewußt, daß die Begegnung mit ihrem Phantomgeliebten, obgleich es nur ein Vorspiel gewesen war, ihre Augen groß und glänzend gemacht und ihrer Haut eine solche Farbe und Sanftheit verliehen hatte, daß sie Donald an den innersten Teil der zarten Blütenblätter einer süßen Heckenrose erinnerte.

Nach seinem Vortrag trat ein langes Schweigen ein. Die Worte hatten hier und da gestelzt und etwas umständlich geklungen, aber es durchzog sie eine Sinnlichkeit, die ihr den Atem verschlug. »Sie sind ein wirklicher Dichter, Donald«, sagte sie schließlich. »Solche Männer ehrt man in meinem Lande sehr.«

Er lächelte ernst. »Auch in Schottland, Lady Eleyne. Nur dann nicht, wenn sie die ältesten Söhne eines Earl sind.« Die

Bitterkeit seiner Stimme paßte nicht zu diesem hübschen Gesicht und den klaren, grauen Augen.

»Ihrem Vater gefällt es nicht, einen Dichter zum Sohn zu haben?« fragte sie verwundert.

»Nein, nicht grundsätzlich. Junge Männer sollen ja Gedichte schreiben und ihren Damen den Hof machen. Nur ...«

»Nur sollten sie nicht so gut darin sein, ja?«

Er lachte, halb verlegen, halb erfreut. »Ich habe keine Lust auf Kriegszüge und Lanzenstechen. Da werden Sie mich für ein Mädchen halten.« Er fuhr schüchtern fort. »Sie reiten besser als die meisten Männer, Mylady.«

»Ich habe aber noch nie an einem Turnier teilgenommen«, neckte sie ihn. »Ich glaube nicht, daß ich mich beim Lanzenstechen sehr bewähren würde. Bitte lesen Sie mir noch ein Gedicht vor.«

»Wirklich?« Er versuchte, seine Freude zu bezähmen.

»Ja, wirklich«, bestand sie auf ihrem Wunsch.

Danach kam er oft zu ihr. Gedichte ihr zu Ehren folgten eins aufs andere, und dann brachte er ihr schüchtern seine Geschenke. Eine Rose. Ein Bändchen. Einen hübschen Ring aus Gold, mit Meeresperlen besetzt.

Malcolm schüttelte sich vor Lachen. »Der junge Hund ist vernarrt in dich! Sei vorsichtig, Liebling, oder die Königin wird auf dich eifersüchtig. Weißt du, er hat aufgehört, für sie Gedichte zu schreiben! Ja, er sieht sie kaum noch an.«

Eleyne errötete. Donald war kein junger Hund. So jung er auch sein mochte, er war ein Mann, und sie war halb schockiert und halb fasziniert von der Art und Weise, wie sie auf ihn reagierte. Es war mit den Händen zu greifen, daß sie sich von ihm angezogen fühlte, und je öfter sie ihn sah, um so schwerer fiel es ihr, ihm zu widerstehen.

»Der Junge ist ein Dichter«, sagte sie vorsichtig. »Er würde jedem seine Gedichte vortragen, der ihm zuhört, und die Königin ist zu beschäftigt.«

»Und du bist es nicht.«

Sie sahen einander schweigend an. Ein Abgrund hatte sich zwischen ihnen aufgetan. Malcolm wandte zuerst die Augen ab. »Ich kehre nach Falkland zurück, wenn der Hof nach Stirling geht«, sagte er abrupt. »Der König und die Königin haben mich gebeten, dich hierzulassen. Zweifellos möchten sie, daß du an Prince Llywelyn schreibst oder mit seinem Botschafter sprichst, der hierher unterwegs ist, wie ich höre, also werde ich dich bei deinem Dichter lassen.« Er lachte harsch. »Sei nett zu ihm, meine Liebe. Vergiß nicht, er ist nur ein Knabe.«

Er lachte immer noch, als er aufs Pferd sprang und fortritt.

VII

In der großen Halle von Stirling trat Donald auf sie zu. Wie üblich, war eine Gruppe um den jungen König geschart, der Earl of Mar war auch dabei. Eleyne sah, wie er erst seinen Sohn und dann sie ansah. Er machte ein nachdenkliches Gesicht.

»Ihr Ehegatte ist nicht hier?« Donalds Stimme war schmerzhaft dringlich.

Eleyne schüttelte den Kopf.

»Und Sie gehen nicht mit ihm?« Plötzlich trat die Angst des jungen Mannes offen zutage.

Impulsiv legte Eleyne die Hand auf Donalds Ärmel. »Nein, ich bleibe hier. Ich möchte mich nicht von meinem Dichter trennen.« Es war ihr plötzlich bewußt, daß sie die Wahrheit sprach. Sie mochte diesen jungen Mann gefährlich gern. Er besaß so vieles von dem, wonach ihre Seele lechzte: Poesie, Ritterlichkeit, Charme. Er war jung, romantisch. Welche Frau konnte einer solchen Kombination widerstehen nach den Jahren mit Robert und mit Malcolm? »Ich werde Ihnen befehlen, mir treu zu dienen und jeden meiner Wünsche zu erfüllen.« Ihre Stimme nahm einen komisch ernsten Ton an. »Wenn wir morgen mit dem König und der Königin in den Wald gehen, möchte ich, daß Sie mich begleiten.«

Donalds Gesicht klärte sich auf. Er verbeugte sich tief, mit einem kleinen Schlenker seiner Hand. »Ich stehe Ihnen zu Diensten, Lady.«

Man hatte das Picknick als Zerstreuung für den König und die Königin arrangiert. Es sollte eine Erholung von den eintönigen Ratssitzungen bieten. Auf einer Lichtung im Park des

Königs hatte man Tücher und Decken ausgebreitet. Von Tagesanbruch an wurden Körbe mit Speisen und Weinen für das Fest hinausgetragen. Es wurden Feuer entfacht, an denen das Fleisch geröstet werden sollte. Musikanten, Gaukler, Troubadoure und Minnesänger waren in Grüppchen unter den Bäumen versammelt und warteten auf das Erscheinen der prächtig gekleideten Hofgesellschaft.

Es war ein heißer Tag, kein Lüftlein wehte. Die Bäume warfen immer noch große Schatten über das Gras, aber es lag schon ein Teppich aus frischen goldenen Blättern auf dem sonnenverbrannten Rasen. Die Männer und Frauen, die aus dem Schloß strömten, versammelten sich an diesen kühleren Orten und setzten sich um die von Speisen bedeckten Tücher herum. In der Luft herrschte ein lauter Wirrwarr von Stimmen und Gelächter, und bald ertönten die fröhlichen Klänge von Flöte und Trommel, Harfe und Fiedel unter den Bäumen.

Eleynes Augen ruhten auf Donald, sie wußte, daß mehrere andere Damen den Sohn des Earl of Mar ebenfalls sehnsüchtig betrachteten. So war sie belustigt, als der junge Mann ihr Berge von Leckerbissen auf das weiße Semmelbrot lud und von jedem der großen Tranchierbretter diejenigen Portionen für sie auswählte, die er für die saftigsten erachtete. Er trug ein Gewand aus dunkelgrünem Stoff, das von einem einfachen Ledergürtel zusammengehalten war. Sein Bart war sorgfältig gestutzt, und in der Tasche an seinem Gürtel trug er, wie sie annahm, ein weiteres Geschenk für sie bei sich. Sie wußte, daß sie ihn nicht weiter ermutigen durfte. Sie wußte, daß sie mit dem Feuer spielte, aber sie konnte sich nicht mehr beherrschen.

Die meisten Damen am englischen Hof spielten mit der Liebe. Sie ermutigten ihre Bewunderer, ihnen Gedichte zu schreiben; sie nahmen Geschenke an. Sie flirteten, sangen und lachten mit ihren Verehrern, ihren jungen Lieblingen und trugen bei den Turnieren ihre Abzeichen und Farben. Es bedeutete nichts; ihre Ehemänner drückten ein Auge zu. Es war so Sitte. Auch in Schottland.

Eleyne sah das königliche Paar auf den Sesseln unter einer Eiche sitzen, von der der königliche Baldachin herabhing. Alexanders Mutter Marie war bei ihnen, ihr Mann saß ein wenig abseits. Die kleine Königin war mager, ihr Gesicht spitz und weiß. Eleyne überlief ein unangenehmer Schauder, als sie sie ansah.

Etwas berührte ihre Hand, und sie wandte ihren Blick dorthin. Donalds sensible Finger lagen auf ihren Fingern. Dann bewegte er die Hand. »Ihr Essen, Mylady«, sagte er sanft.

Sie betrachtete ihn. Sein hübsches Gesicht hatte noch nicht ganz die männliche Härte. Auf seinen Wangen über dem Bart lag noch die zarte Blüte der Jugend, unbeschädigt von der Akne, die manche seiner Altersgenossen verunstaltete, und sie merkte, daß sie sich danach sehnte, die Rundung seiner Wange zu berühren.

Donald aß wie ein Pferd, mit großer Begeisterung. Eleyne verbarg ein Lächeln und schob ihm ihre eigenen Portionen zu. Es wäre ein Jammer gewesen, die saftigen Stücke verkommen zu lassen, die er mit einer solchen Sorgfalt für sie ausgewählt hatte.

Als das Mahl beendet war, legten sich viele in den Schatten, um zu schlafen, während der Harfenspieler seinem Instrument ein träges Schlummerlied entlockte. Eleyne war unruhig, sie stand auf und streckte Donald die Hand hin. »Wollen wir spazierengehen? Im Wald ist es kühler. Ich habe keine Lust, hier zu sitzen und hundert Leute rülpsen und schnarchen zu hören.«

Sie wartete nicht, um zu sehen, ob er ihr folgte. Der kühle Schatten des Waldes schloß sich um sie, und nach wenigen Schritten hörte sie die Musik nicht mehr. Die Stille des Nachmittages war erstickend. Alle Lebewesen im Wald schliefen. Sie fuhr sich mit der Hand über den Nacken, hob das Haar in der Binde hoch, die als Teil des Schleiers ihren Kopf bedeckte, und wandte sich lächelnd zu Donald um, der dicht hinter ihr war. Sie hatte den Phönix in ihrem Koffer gelassen.

»Ich nehme an, Sie würden lieber nackt im Bach baden, als hier mit mir zu lustwandeln.« Sie lehnte sich gegen einen Baumstamm und spürte den Schweiß unter ihren Brüsten.

»Nein, ich möchte nirgendwo anders auf der Welt sein.« Er kam auf sie zu. »Eleyne ...«

»Nein, Donald.« Sie hob die Hand, als sie den Ausdruck in seinem Gesicht sah. Die Intensität der Leidenschaft in den Augen des jungen Mannes erschreckte sie.

Was würdest du tun, wenn dein Liebhaber dich eines Nachts herauswinkt und im Schatten unter dem Mond küßt? Wenn er dich zu einem Ritt von allen anderen fortlockt und du mit ihm allein bist?

Irgendwo aus der Erinnerung tauchte das Echo des Gespräches auf, das sie vor all den Jahren mit ihrer Mutter geführt hatte, als diese ihr von William de Braose erzählte. Jetzt endlich verstand sie die schreckliche Lage, in der ihre Mutter sich befunden hatte. Ja, jetzt begriff sie alles.

»Eleyne, bitte.« Donalds Stimme durchbrach ihre Träumerei. »Ich liebe Sie. Gewähren Sie mir doch einen Kuß.«

»Nein, Donald.« Sie sehnte sich danach, die Arme nach ihm auszustrecken. »Nein«, wiederholte sie, diesmal mit sanfterer Stimme. »Es wäre nicht richtig. Ich bin alt genug, daß ich Ihre Mutter sein könnte.« Keinem von ihnen beiden fiel es auf, daß sie ihren Mann nicht erwähnte.

Sie stieß sich von dem Baum ab, duckte sich an ihm vorbei und lief ein paar Schritte über die grasbewachsene Schneise.

»An dem Tag«, rief Donald hinter ihr her, »an dem Sie hundert werden, werden Sie so schön wie eine frische Rosenknospe sein, und ich werde Ihre Augenlider und Ihre Lippen wie samtene Blütenblätter im Sonnenlicht küssen.«

Eleyne unterdrückte ein Lächeln. Sie mußte diesem Spiel nun Einhalt gebieten, oder er würde Schmerzen erleiden. »Donald ...« sagte sie.

Er schüttelte streng den Kopf. »Nur einen Kuß, Mylady, das ist alles, was ich begehre. Wollen Sie mir den wirklich versagen?«

Wie sehr sie seine Gesellschaft, seine Geschenke, Gedichte und Komplimente auch genoß, wieviel Vergnügen es ihr auch bereitete, derart offen bewundert, umworben und begehrt zu werden, so anziehend sie ihn auch befand – jetzt mußte sie dem ein Ende machen. »Nein, Donald, wir sollten zu den anderen zurückkehren.«

»Bald.« Er stand zwischen ihr und dem Pfad, der zu der Lichtung führte. »Zuerst verlange ich eine Buße dafür, daß Sie den

Spaziergang schon so rasch beenden wollen.« Seine Worte kamen leicht daher, aber seine Augen waren ernst, als er sich ihr ·näherte.

»Donald«, sagte sie unsicher.

»Pst.« Er legte seine Hände auf ihre Schultern und zog sie an sich. »Nur eine Buße.«

Seine Lippen waren kühl und fest auf ihren Lippen. Es war nichts Knabenhaftes oder Schüchternes mehr an ihm. Die Hände, mit denen er sie hielt, waren die Hände eines Mannes. Schockiert und überwältigt war sie von der Welle des Verlangens, die sie erfaßte, von der Versuchung, sich ihm in dieser Umarmung ganz hinzugeben. Als sie ihn wegstieß, zitterte sie. »Das hätten Sie nicht tun sollen, Donald.«

Der Wald war plötzlich sehr kalt geworden. Die Sonne war verschwunden, ein kleiner, boshafter Wirbelwind peitschte das tote Laub vom Boden auf und ließ es in Staubwolken kreisen. Eleyne war unbehaglich zumute, und sie sah sich um. Sie spürte den Zorn in der Luft, er war wie eine Spannung, aus der Blitze zucken konnten. Plötzlich hatte sie Angst. »Donald«, sagte sie, »wir haben geflirtet, du hast mir schöne Gedichte geschrieben, und ich fühle mich geschmeichelt. Aber mehr als das kann es nicht sein.« Sie versuchte, ihrer Stimme einen sanften Ton zu geben, um das starke Verlangen zu überspielen, das er in ihr geweckt hatte. »Sei vernünftig. Suche dir ein Mädchen, das du heiraten kannst.« Ein Mädchen in deinem Alter, wollte sie gerade sagen, aber die Worte blieben ihr im Hals stecken. Sie schritt langsam zu der Lichtung zurück.

Am folgenden Tag ritt sie mit Erlaubnis des Königs nach Falkland, zu ihrem Mann.

VIII

ROXBURGH CASTLE * Dezember 1257

Als Malcolm zu Beratungen nach Roxburgh gerufen wurde, begleitete ihn Eleyne und ließ ihre beiden Knaben wieder einmal in Rhonwens Obhut zurück.

Donald of Mar war mit seinem Vater zusammen in der Burg des Königs. Er wohnte den Beratungen bei, aufmerksam, ernst, und wieder machte er der Königin den Hof. Der junge Mann war gewachsen, seine Schultern waren breiter geworden. Eleyne betrachtete ihn heimlich, schockiert und halb belustigt, daß ihr Herz schneller als sonst schlug. Er schien sie nicht gesehen zu haben, aber an diesem Abend, als sie mit einigen Damen zusammensaß und stickte, während sie den Liedern eines Troubadours aus Frankreich lauschten, wurde ihr ein Brief in die Hand gedrückt.

Zur Vesperstunde im Garten der Königin. Der Brief war nicht unterzeichnet.

Donald wandte ihr den Rücken zu, während er sich angeregt mit Lord Buchan unterhielt. Sie steckte sich den Brief ins Kleid. Seine Bitte zu erfüllen war unmöglich.

IX

»Du bist gekommen.«

Das Flüstern in der Dunkelheit kam von hinter ihr. Zuerst hatte sie gedacht, es sei niemand im Garten. Die schmalen Kieswege lagen geharkt im Mondlicht, und der Schatten der Burg schnitt eine harte Diagonale durch die regelmäßig angeordneten Beete.

Sie drehte sich langsam um. »Ja, ich bin da.«

»Ich wußte, daß du kommen würdest.«

Sie hielt den Atem an: Was tat sie hier? Ein Stelldichein im Mondschein?

Sie hatte Donald während der letzten Monate zu vergessen versucht. Aber immer wieder hatte sie sich an seinen Kuß erinnert. Sie hatte seinen Brief verbrannt – aber sie war gekommen. War es die Aufregung, der sie nicht widerstehen konnte? Oder dachte sie an ein Rendezvous? War es ihr Verlangen nach Donald, nach seinem Charme, seinem Aussehen, seiner Liebe und Zärtlichkeit, war es die Erinnerung an seinen Kuß?

Donald hatte hörbar aufgeatmet. Er kam einen Schritt näher. Er hielt eine frosterstarrte, weiße Rosenknospe in der

Hand. »Für dich.« Er reichte sie ihr, sie nahm sie mit einem Lächeln.

Donald sah hinab auf die Blume. Er wollte Eleyne sagen, daß sie das schönste Geschöpf sei, das er je gesehen hatte. Sie war so graziös, so lieblich, so makellos. Er sehnte sich danach, sie zu küssen, ihre Haut unter seinen Lippen zu fühlen. Sie war so sinnlich, verglichen mit den Mädchen, die ihm seine Eltern vorführten. So kühl und gelassen, verglichen mit den Damen der Königin, die kicherten, herumalberten und ihn geziert hinter vorgehaltenen Händen anlächelten. Gütige Heilige Jungfrau, wie sehr er sie begehrte!

»Es ist Wahnsinn.« Sie konnte ihn spüren, den anderen, den geisterhaften König, ihren Phantomgeliebten. Er war ganz nahe bei ihr. Er war zornig. Die Luft knisterte von seiner kalten, ohnmächtigen Wut.

Donald lächelte und streckte die Hände nach ihr aus. »Ich will dich«, sagte er hilflos.

Sie wäre fast zu ihm gegangen. »Donald …«

»Es tut mir leid.« Er unternahm eine gewaltige Anstrengung, sich zu beherrschen. »Ich habe kein Recht dazu. Verzeih mir bitte.«

»Es gibt nichts zu verzeihen.« Sie lächelte. »Welche Frau könnte dir böse sein?«

Sie reckte sich zu ihm hinauf und küßte ihn, einmal, leicht auf die Wange, dann wandte sie sich um und floh.

X

Donald traf Eleyne an diesem Abend in einem dunklen Winkel des Kräutergartens.

»Was ist?« Sie legte ihre Hand auf seine Wange. Sein Brief war so dringlich gewesen, daß sie ihn nicht hatte ignorieren können.

»Mein Vater weiß es«, platzte er heraus. »Man muß uns beobachtet haben! Er hat befohlen, daß ich umgehend zurück nach Kildrummy soll.«

Vielleicht war es gut so. »Ah«, sagte sie matt. »Und wirst du ihm gehorchen?«

Er schüttelte heftig den Kopf. »Wie könnte ich dich verlassen? Aber er ... er sagte, du und dein Mann, ihr reist auch ab.«

Sie verzog den Mund zu einem schiefen Lächeln. »Das stimmt. Malcolm wurde aus dem Rat des Königs ausgeschlossen. Ich dachte, der Grund dafür wäre, daß sie ihm nicht trauen, aber anscheinend ist es meine Schuld.«

»Wenn mein Vater weiß, daß ich dich liebe, wird dein Mann es auch bald herausbekommen«, sagte Donald.

Eleyne stand da und lehnte sich gegen die Mauer. Der Stein war eiskalt. »Ich persönlich gebe nicht so viel darauf, was Malcolm denkt. Aber er ist eifersüchtig, Donald. Er würde dich umbringen, wenn er dächte, daß ich deine Liebe erwidere.« Die Nüchternheit ihrer Feststellung brachte seine Nackenhaare zum Kribbeln. »Es wäre besser für dich, wenn du nach Kildrummy gehst und mich vergißt.« Und für mich auch. Diese Worte sprach sie nicht aus.

»Nein.«

Sie sah ihn an, prüfte sein Gesicht mit ernsten Augen im Sternenlicht. »Du würdest so viel für mich wagen?«

»Viel, viel mehr, Mylady. Ich würde mit Drachen und Ungeheuern aus der Tiefe des Meeres kämpfen.«

Sie lachte. »Oh, Donald! Und was ist mit Geistern? Würdest du auch gegen Geister kämpfen?«

»Mit allem. Mit Mantikoras, dem Ungeheuer mit menschlichen Köpfen, mit dem Einhorn und dem mörderischen Basilisk!« Ohne zu überlegen, zog er sie in seine Arme, seine Augen leuchteten. »Oh, mein Liebling.«

»Warte ...« Sie erstarrte. »Es kommt jemand.« Sie stieß ihn weg.

Donald horchte. »Nein, es ist der Wind.« Er nahm sie bei der Hand und zog sie wieder an sich. »Es kommt ein Gewitter. Du kannst die Bäume im Park draußen vor der Mauer hören.«

War es der Wind? Oder war es Alexander, der aus den Schatten heraus zusah? Eleyne spürte plötzlich die Kälte auf ihrer Haut, ein Gefühl des Schreckens lag in der Luft. Dann, so plötzlich wie es gekommen war, war es wieder fort.

Sie beruhigte sich wieder. »Vielleicht kämpfen dort Drachen.«

»Oder sie paaren sich im Dunkeln. Das Brüllen, das du hörst, ist ihr Lustschrei.« Er legte die Arme um sie herum. »Bitte, geh morgen nicht mit ihm weg.«

Diesmal stieß sie ihn nicht von sich. »Ich muß«, flüsterte sie. »Ich muß, Donald, oder wir sind beide verloren.« Sie berührte zärtlich sein Gesicht. »Ich muß meine Kinder sehen.«

»Aber du kommst zurück.«

Sie atmete heftig, erschrocken über ihr Begehren, das wie ein Hunger war und sie überwältigte, als er sie wieder an sich zog. »Natürlich komme ich wieder.«

»Bald?«

»Bald, ich verspreche es.« Sie warf einen Blick über ihre Schulter. »Ich muß gehen.«

Donald runzelte die Augenbrauen. »Du …« er machte eine Pause, er konnte nicht die richtigen Worte finden. »Du läßt dich doch nicht von Lord Fife anrühren …« Seine Stimme verlor sich in der Stille.

Eleyne berührte seine Lippen mit ihrem Zeigefinger. »Er ist mein Mann«, sagte sie zärtlich. »Ich kann ihn nicht daran hindern.«

Als sie allein zu dem großen Turm der Burg zurückkehrte und das Licht der Kerzen in den Türen und Fenstern sah, waren Tränen in ihren Augen. Sie war viel zu weit gegangen. Sie durfte ihn nicht wiedersehen. Einen wunderbaren Augenblick lang hatte sie wirklich geglaubt, daß Donald of Mar ihr Liebhaber werden würde. Aber um seinetwillen und um ihrer selbst willen durfte es nicht dazu kommen.

XI

»Der Earl ist mit seinem Sohn nach Kildrummy geritten.«

Marie de Couci hatte Eleyne nach Stirling zurückgerufen. Sie hielt sich in ihrem Söller auf, das Gespräch aber fand keineswegs unter vier Augen statt. Mehrere Damen und Herren waren anwesend, unter ihnen auch Robert Bruce.

»Es ist Ihnen zweifellos klar, welch eine Schmach es für Donald bedeutete, daß man ihn für unwürdig erachtete, die Ritterwürde zu erlangen. Sein Leben ist damit verpfuscht!«

Eleynes Mund war trocken.

»Ich nehme an, Sie möchten erfahren, wieso man ihn für unwürdig hält«, fuhr die Königsmutter erbarmungslos fort.

»Nein, Euer Gnaden, ich möchte es nicht wissen«, antwortete sie und sah der Frau in die Augen.

Marie lächelte. »Ich finde, das sollten Sie aber.«

Robert hustete. »Euer Gnaden, ich glaube nicht, daß irgend jemand von uns es wissen möchte. Wir sollten uns hüten, darüber Vermutungen anzustellen. Unser Mitgefühl gilt Lord Donald, belassen wir es dabei.«

Eleyne atmete dankbar auf.

Der Mund der Königsmutter hatte sich ärgerlich zusammengezogen, und sie preßte die Lippen aufeinander, aber angesichts des festen Tones, in dem Robert sich geäußert hatte, konnte nicht einmal sie das Thema weiter ausbreiten. Sie wandte sich von Eleyne ab, setzte sich in den mit Kissen bedeckten Sessel am Feuer und legte ihre Füße auf die Fußbank, die ihr eine ihrer Damen unterschob.

XII
EDINBURGH CASTLE * Dezember 1259

»Donald of Mar ist hier.«

Rhonwen stand Eleyne in dem kleinen Schlafzimmer gegenüber, das man den Fifes in dem großen Turm der Burg zugewiesen hatte. Es war im folgenden Winter, als der König sie zu sich rief. Draußen heulte der Wind über den Loch Nor, schlug gegen die Fensterläden und rüttelte an den schweren Türen, als wären sie aus dünnen Brettern gemacht.

Eleyne erstarrte. Sie hatte Lord Mar in der großen Halle beim König erblickt, aber von Donald war nichts zu sehen gewesen.

Sie wandte sich ab, um in ihrem Koffer ein emailliertes Halsband zu suchen, das sie am folgenden Tag zu ihrem Kleid tragen wollte. Ihr Herz schlug schnell. Donald of Mar war hier, in

Edinburgh, unter demselben Dach wie sie. Sie holte tief Luft. Sie durfte nicht an ihn denken. Sie durfte ihn in der großen Halle nicht einmal ansehen. Ihre Finger wanderten zu dem Phönix an ihrem Hals. Sie wußte kaum, was sie tat, als sie die Kette über den Kopf zog, den Anhänger in den Schmuckkasten legte und den Deckel schloß.

»Ich denke, du wirst es ihm nicht erlauben, dich wieder zu belästigen«, sagte Rhonwen, als sie Eleyne aus dem Mantel half und ihn sich über den Arm legte.

»Ich habe keinen Grund anzunehmen, daß er mich belästigen wird«, erwiderte Eleyne scharf. »Es ist zwei Jahre her, daß ich ihn zuletzt gesehen habe.«

»Jetzt ist er aber hier. Und er hat dich die ganze Zeit nicht aus den Augen gelassen.«

»Dann ist er ein Narr.« Eleyne drehte sich um, damit Rhonwen ihr das Kleid aufschnüren konnte. Sie vermochte sich nicht vorzustellen, daß er in der Halle gewesen war und daß sie ihn nicht gesehen hatte.

»Du würdest es mir doch sagen, Cariad, wenn du wünschtest, daß ich ihn verjage«, sagte Rhonwen sanft.

»Das würde ich dir sagen«, flüsterte Eleyne.

Sie war schon im Bett, die Vorhänge waren geschlossen, als ein Klopfen an der Tür Rhonwen im Licht des Feuers hochfahren ließ.

Rhonwen öffnete vorsichtig die Tür. Donald of Mar stand draußen im Gang, eine flackernde Fackel in der Hand. »Es tut mir leid, ich dachte …«

»Sie dachten, das wäre das Zimmer der Countess of Fife«, flüsterte Rhonwen böse. »Sie will Sie nicht sehen. Verstehen Sie?« Der junge Mann tat ihr beinahe leid, er machte so ein enttäuschtes Gesicht in dem unruhig zitternden Licht. »Und nun gehen Sie, bevor Lord Fife heraufkommt und Sie hier findet.«

»Lord Fife unterhält sich mit meinem Vater und Sir Alan Durward. Sie werden stundenlang reden …« Donald warf einen Blick an Rhonwen vorbei zum Bett, sein Gesicht begann zu strahlen. »Mylady.«

Eleyne schob, als sie das unterdrückte Flüstern an der Tür hörte, die Vorhänge ihres Bettes zurück. Ihr Haar war gelöst, ihre Schultern waren nackt unter dem Umhang, in den sie sich gehüllt hatte, sie schwenkte die Beine über den Bettrand hinweg und stand auf. »Donald.« Ihre Stimme war heiser. Plötzlich schlug ihr Herz heftig unter den Rippen. »Was tust du hier?«

»Eleyne! Mylady!« Er drängte sich an Rhonwen vorbei, warf sich Eleyne zu Füßen und küßte ihre Hand. »Oh, süße Lady, es ist so lange her. Sie haben mir so sehr gefehlt.«

Eleyne warf einen Blick auf Rhonwen. »Paß an der Tür auf!« befahl sie ihr leise. Sie nahm Donalds Hand und zog ihn empor. »Hier ans Fenster, wir müssen miteinander reden.«

Rhonwen hatte den kleinen Dolch herausgezogen, den sie immer noch in ihrem Gürtel unter ihrem Mantel trug. »Ich kann um Hilfe schreien, Mylady.«

»Sei keine Närrin!« rief Eleyne ungeduldig. »Siehst du nicht, daß ich es will! Wenn du mich liebst, hilf uns. Paß auf und sag kein Wort!«

Sie ließ Rhonwen stehen, die sie mit leicht geöffnetem Mund weiterhin anstarrte, und zog Donald zum Fenster hin, wo ein dicker Vorhang die kalte Nische vom Zimmer trennte. In der eisigen Kälte dahinter standen sie und starrten einander in der Dunkelheit an. Vorsichtig streckte Donald die Hände aus. »Meine süße Geliebte.«

Beim Anblick seines Gesichts waren all ihre Vorsätze und Malcolm mit ihnen vergessen. Auch ihre Träume von Alexander. Die letzten beiden Jahre. Er war gewachsen und, wenn das überhaupt möglich war, noch schöner geworden. Sie spürte seine Lippen, das war alles, was zählte. Verzweifelt schüttelte sie den Kopf. »Donald, das ist Wahnsinn.«

»Ich brauche dich so. Und du begehrst mich doch auch, sag nicht nein.« Seine Hände glitten zärtlich in ihren Mantel hinein. Sie rang nach Luft, aber sie stieß ihn nicht weg. Fast zögernd hob sie ihr Gesicht und fühlte seine Lippen auf ihren Lippen. Es war nicht der Lufthauch eines Phantomgeliebten. Es war der richtige Kuß eines leidenschaftlichen Mannes.

»Wir dürfen das nicht«, hauchte sie, als sie seinen Kuß erwiderte.

»Ich glaube, wir müssen«, entgegnete er. In den letzten beiden Jahren hatte er von Eleyne of Fife geträumt, in seinen Träumen hatte sie ihm ganz gehört. Alle Vorsicht vergessend, forderten seine Hände plötzlich mehr, und er schob ihren Mantel weg. »Du willst es genauso sehr wie ich, nicht wahr, tu nicht, als ob es nicht stimmt.« Sie konnte sein Lächeln in der Dunkelheit hören.

»Donald ...« flüsterte sie, es war fast ein Stöhnen. Ihre Knie wurden weich. Er hatte recht. Ja, sie wollte ihn. Verzweifelt. Sie konnte ihm nicht widerstehen, als er seinen Mantel auf den Boden warf in der engen Nische zwischen den Fenstersitzen und sie hinabzog.

An der Tür stand Rhonwen mit verschränkten Armen, starrte den dicken Vorhang an, das Messer hielt sie noch immer in der Hand. Ihre Lady liebte also Donald of Mar, und der Ehemann wie auch der geisterhafte Liebhaber wurden nicht mehr gebraucht. Sie setzte sich und streckte ihre Hände zur Wärme des Feuers hin.

Endlich lag Eleyne still, ihr Körper war gesättigt von dem jungen Mann, der schlafend dalag, seine Beine zwischen ihren und sein Kopf schwer auf ihrer Brust. Sie hatte kein schlechtes Gewissen, sie schämte sich nicht. Der Fußboden unter dem Mantel war mörderisch kalt, außerdem konnte Malcolm jeden Augenblick zurückkommen. Doch sie vermochte den Gedanken nicht zu ertragen, daß sie diesem Zustand ein Ende machen sollte. Sie hob die Hand und berührte seine sich herunterringelnden Locken.

Als sie die Augen aufschlug, sah sie empor zu dem steinernen Fensterbogen über ihren Köpfen. Da war etwas, ein dunkler Schatten in der Dunkelheit. Sie kniff die Augen zusammen, um besser sehen zu können. Es war fast so, als säße jemand auf dem Rand der Bank.

Der Kummer und der Zorn, die sie trafen, waren wie Gewichte, die sie mit den Händen greifen konnte. Sie füllten die Nische am Fenster aus, in der sie lag, und hüllten sie und Donald in ein giftiges Miasma.

Alexander! Ihre Lippen formten die Worte, obwohl kein Laut kam. *Es tut mir leid, oh, mein Lieber, es tut mir so leid.*

GODSTOW * Januar 1260

Die Äbtissin von Godstow starrte den großen, rothaarigen jungen Mann an, der vor ihr stand. Er und seine Begleiter trugen dunkle Umhänge über ihren Rüstungen, und sie konnte keine Wappen an ihren Mänteln entdecken, aber seine Anmaßung verriet seine Abstammung. Sie richtete sich streng auf.

»Es tut mir leid. Niemand darf die Princess of Aberffraw sehen.« Ihr Ton zeigte deutlich, daß sie den Gebrauch dieses Titels geschmacklos fand.

»Warum nicht?« Llywelyn, der sie mit Mißtrauen und Widerwillen betrachtete, tat es allmählich leid, nach Godstow gekommen zu sein. Ursprünglich hatte er es eine gute Idee gefunden, die Witwe seines Onkels aus King Henrys Klauen und dem Kerker des Konvents für alte Frauen zu befreien. Damit würde er in einem Augenblick Henrys Nase zwicken, da sich der König von England, in die Forderungen seiner Barone nach Reformen verwickelt, weitere Probleme an seiner Haustür schlecht leisten konnte. Und Isabella de Braose nach Wales zurückzuholen, könnte ihm jetzt nützlich sein, vorausgesetzt, er hielt sie von Aber fern. Aber seinen jungenhaft romantischen Plan, eine Erholung von seinen Streitereien mit Owain und seiner neugewonnenen Vorherrschaft als Prince of Wales – diesen neuen Titel Prince of Wales benutzte er erst seit ein oder zwei Jahren –, hatte er nicht richtig durchdacht, und er schien ihm nun auf einmal undurchführbar zu sein.

»Heilige Mutter, ich bitte Euch, erlaubt es mir, sie zu sehen. Ich war der Princess wie ein Sohn. Sie würde mich gern sehen, das versichere ich Euch.«

Die Züge der Äbtissin nahmen einen sanfteren Ausdruck an. »Sie hatten mir nicht gesagt, daß Sie ihr so nahestanden.«

»Sehr nahe.« Er lächelte gewinnend. Er konnte ihr nicht erklären, wie nahe er ihr stand, sonst würde diese Frau erraten, daß sie mit dem Prince of Wales sprach.

Die Äbtissin schien sich zu einem Entschluß durchgerungen zu haben. »Unter diesen Umständen kann ich Ihnen vielleicht erlauben, sie zu sehen. Die arme Frau hat in all den Jahren kaum Besuche gehabt. Vielleicht wird Ihre Gegenwart ihr die letzten Stunden erleichtern.«

»Die letzten Stunden?« wiederholte Llywelyn. »Was meinen Sie damit?«

Die Äbtissin runzelte die Stirn. »Es tut mir leid. Ich dachte, Sie wüßten es. Ich dachte, deshalb wären Sie gekommen. Schwester Isabella liegt im Sterben.«

XIV

Isabella lag im letzten Bett des Spitals, nächst dem Feuer. In den anderen lagen zwei gebrechliche, alte Nonnen, die nicht mehr die Kraft zum Gehen hatten, und eine Novizin, deren hohes Fieber sie nicht daran hinderte, sich im Bett aufzurichten, als sie den großen jungen Fremden der Pflegerin ins Zimmer folgen sah.

Er setzte sich auf Isabellas Bett, schickte die Begleiterin weg und nahm Isabellas Hand. Sie war dürr und schlaff zwischen seinen Händen.

»Tante Isabella? Du mußt gesund werden. Ich komme, um dich nach Wales zurückzuholen.« Sein Flüstern drang durch den stillen Raum.

Er meinte, sie hätte ihn nicht gehört, aber nach ein oder zwei Minuten öffnete sie die Augen.

»Llywelyn?« Ihre Stimme war sehr schwach.

Er grinste. »Der bin ich.«

»Du würdest mich nach Aber zurückbringen?«

Er drückte behutsam ihre Hand. »Sobald du dich gesund genug zum Abreisen fühlst.«

»Letztes Jahr habe ich mich gesund genug gefühlt.« Ihre Stimme gewann etwas von ihrer alten Schärfe zurück. »Und im Jahr davor und in dem Jahr davor. Warum bist du damals nicht gekommen? Warum hast du meine Briefe nicht beantwortet?«

»Die Zeit war noch nicht reif!« Er wich ihrem Blick nicht aus.

»Die Zeit war noch nicht reif.« Sie wiederholte leise diesen Satz. »Und jetzt ist es zu spät, Llywelyn. Ich komme nie mehr nach Aber zurück.«

»Natürlich ...« Seine Stimme klang zuversichtlich. »Wir bringen dich in einer Sänfte hin.«

»Nein. Wenn ihr das tätet, würdet ihr mit meinem Leichnam eintreffen.« Sie lächelte, und er sah den Schmerz in ihren Augen. »Und das ist es nicht wert. Meine armen Knochen zu befreien, das würde Henry kaum ärgern.« Sie lächelte wieder. »Wir hätten gut zusammengepaßt, du und ich, Llywelyn, Sohn von Gruffydd, wenn wir eine Gelegenheit gehabt hätten, uns früher kennenzulernen. Wir sind beide Realisten.«

Sie richtete sich schmerzerfüllt in ihren Kissen auf. Ihre Bettwäsche war weich und sauber, während die alte Nonne in dem nächsten Bett so grobe Laken hatte, daß er die Rauheit des Gewebes von dort, wo er saß, sehen konnte.

»Ich wäre beinahe herausgekommen, weißt du«, fuhr sie fort. »Eleyne erklärte sich einverstanden, mich aufzunehmen.« Sie schnaufte verächtlich. »Ich habe sie mit Briefen belästigt, bis sich schließlich ihr schlechtes Gewissen meldete und sie Henry überredete. Dann starb sie.«

»Tante Eleyne ist nicht tot.«

Isabella hörte nicht auf das, was er sagte. »Da war eine Feuersbrunst. Niemand hat mir Bescheid gesagt, niemand hat sich die Mühe gemacht. Sie haben mich vergessen.« Ihre Stimme war dünn und bitter. »Der Mohnsirup, den sie mir gegen die Schmerzen geben, macht mich ganz wirr im Kopf, aber daran erinnere ich mich noch. Eleyne ist in Suckley ums Leben gekommen.«

In Llywelyns Augen war Mitleid, als er sich vorbeugte. »Nein. Henry hat es nur für richtiger gehalten anzunehmen, sie sei tot, aber das ist sie nicht. Lord Fife hat sie nach Schottland gebracht.«

Einen Augenblick lang fragte er sich, ob sie ihn verstanden hatte. Ihre Augen waren geschlossen, es dauerte eine Weile, bis sie wieder sprach. »Sie lebt?« fragte sie matt. »In Schottland?«

Er nickte. »Sie und Lord Fife sind verheiratet.«

Sie wandte ihren Kopf von ihm ab. »Haben sie Kinder?«

»Sie haben zwei Söhne.«

»Ach«, sagte sie mit erstickter Stimme. »War sie denn so viel schöner als ich, daß die Männer losgerannt sind, um sie zu heiraten und um ihren Körper zu kämpfen und sich ihrer anzunehmen, während man mich ohne Kinder und ohne Liebe hat verfaulen lassen?«

Llywelyn verfluchte sich im stillen, daß er ihr die Wahrheit gesagt hatte. »Sie konnte sich selbst nicht helfen, Tante Isabella, und sie konnte dir nicht helfen. Ich nehme an, wenn sie die Wahl gehabt hätte, dann hätte sie es vorgezogen, ihre eigene Herrin zu bleiben, so wie du. Für die englischen Höfe ist sie jedenfalls gestorben. Ihr Wittum, ihre Ländereien, ihre beiden Töchter, die sie von de Quincy hatte – alles hat man ihr genommen. Was die englischen Register angeht, ist sie 1253 gestorben.«

Isabellas Augen waren naß vor Tränen. »Und was die englischen Register angeht, werde ich wahrscheinlich niemals sterben. Der Tod einer Nonne in einem Kloster verdient keine Eintragung ins Register. Mein Wittum ist an die Kirche gegangen. Aus meinem Schoß sind keine Kinder gekommen, um mich zu betrauern. Niemand wird lesen, was Isabella de Braose, der Witwe von Dafydd ap Llywelyn, geschehen ist.«

Llywelyn nahm ihre Hände, seine Stimme klang munter und fröhlich. »Werde nur schnell wieder gesund, dann wird die Welt, wenn du in hohem Alter mit einem Dutzend Enkelkindern stirbst, von dir in den Chroniken lesen. Meine Barden werden Gedichte über dich schreiben, von denen der Vortrag eines jeden einen Monat in Anspruch nehmen wird, und von deiner Schönheit wird man bei Harfenmusik in ganz Wales singen.«

Sie lächelte. »Du bist wie dein Onkel Dafydd, du hast Charme. Bist du schon verheiratet?« Er schüttelte den Kopf, und sie seufzte. »Du mußt heiraten, Kinder kriegen, dafür sorgen, daß Erben da sind, die dir folgen können.« Sie tätschelte seine Hand. »Dein Großvater wäre so stolz auf dich gewesen. Jetzt reite nach Hause und vergiß mich! Ich werde tot sein, bevor du die walisische Grenze erreichst. Bezahle jemanden dafür, daß er mir in Hay eine Messe liest. Ich war dort als Kind so glücklich. Geh!« Sie stieß ihn fort. »Bevor die Äbtissin errät, wer du bist.«

Zögernd stand er auf. »Hast du irgendeinen Wunsch?«

Sie schüttelte den Kopf. »Sage nur der Countess of Fife, daß ihr Fluch besser gewirkt hat, als sie es sich je hat erträumen können. Mein Körper wurde von dem Krebs aufgefressen, den sie mir mit ihrem bösen Blick und ihren gemeinen Zaubersprüchen in meinen Leib gewünscht hat. So wie sie mich verflucht hat, so verfluche ich sie. Ich bete darum, daß ihre berühmte Fruchtbarkeit ihr Untergang sein wird. Ich bete, daß sie in Schottland genauso schmerzhaft sterben wird, wie ich hier in England sterbe. Ich werde sie zweifellos in der Hölle wiedertreffen!«

Ihre Stimme hatte sich zu einem Geschrei gesteigert, die anderen Nonnen starrten sie entsetzt an.

Mit einem Schluchzen stürzte sich das Mädchen mit dem hohen Fieber aus dem Bett, stolperte zu Isabella hin und nahm ihr Kruzifix ab, das sie um den Hals trug. »Schwester, um Himmels willen, um der Liebe der Heiligen Jungfrau willen, sagt doch so etwas nicht! Das ist eine Todsünde.« Sie preßte Isabellas Finger um das Kreuz zusammen. »Bitte, sage, daß du es nicht so gemeint hast!«

»Ich habe es so gemeint!« Isabella raffte ihre letzte Kraft zusammen, um sich aufzurichten. Als sie endlich saß, schleuderte sie das Kruzifix von sich. »Jedes Wort habe ich so gemeint!«

Zweiundzwanzigstes Kapitel

I
FIFE * Herbst 1262

Der Weg war schmal und gefährlich. Donald beugte sich tief über den Kopf des Pferdes und kniff die Augen zusammen, um etwas in dem starken Regen zu erkennen. Es würde bald dunkel sein. Seine neuesten Gedichte und ein Geschenk – ein hübscher Ring mit den eingravierten Worten »ewige Liebe« – steckten tief unten in seiner Tasche.

Ein Windstoß bog die Bäume und toste weiter durch die Wälder. In der Ferne hörte er einen Wolf heulen. Da erblickte er ihn endlich, den einsamen Turm, der hoch über den Bäumen auf der Felsspitze stand. Von hier aus wirkte er mächtig, eine uneinnehmbare Festung, aber er war schon längst verlassen, an einzelnen Stellen bröckelten die Mauern, die eichene Tür hing schief in den Angeln.

Er lenkte sein Pferd den gewundenen Pfad hinauf und stieg halb blind vom Regen endlich an einem alten, etwas außerhalb des Turms liegenden Gemäuer ab; es war frisch mit Schilf gedeckt, genau wie Eleyne es beschrieben hatte. Die Schäfer benutzten es im Sommer, heute nacht aber würde es als Stall dienen. Ihr Pferd war schon dort. Er nahm rasch den Sattel ab, seine Hände zitterten vor Erwartung, und nachdem er die Tür mit einem Keil versperrt hatte, überließ er die Tiere sich selbst.

Es gelang ihnen so selten zusammenzukommen, daß, wenn sie einmal zusammen waren, die Heftigkeit ihrer Leidenschaft fast unerträglich schien. Er hatte nie mit ihr darüber gesprochen, daß der König sich nach wie vor weigerte, ihm die Ritterwürde zu verleihen. Ihre Liebe war einfach das Wichtigste in seinem Leben, sie war jedes Opfer wert.

Die Satteltaschen über den Schultern, lief er zum Eingang des Turms. Dessen unterer Raum war leer, der Fußboden ein Haufen Geröll und Unkraut, ein starker Tiergeruch kam aus der Dunkelheit. Er rümpfte die Nase und sah sich mit zusammengekniffenen Augen um. Die Treppe in der Mauerrundung war stockfinster.

»Eleyne?« rief er.

Vorsichtig setzte er den Fuß auf die unterste Stufe. »Nel?« Er begann hinaufzusteigen, seine Füße schurrten über loses Geröll und Mörtel. Heftig stolpernd, langte er endlich im oberen Raum an. Er war kleiner als derjenige unten und ebenfalls leer.

»Nel?« Er hörte die Angst in seiner Stimme. »Wo bist du?«

Er rannte über den staubigen Fußboden zu dem dunklen Loch in der gegenüberliegenden Wand, das der Eingang zu einer weiteren Treppe war. Diese Wendeltreppe war schmal und äußerst steil. Er tastete sich vorsichtig nach oben, eine Hand auf dem kalten Stein des Geländers, die andere befühlte die Stufen, die vor ihm lagen. Oben angekommen, blieb er außer Atem stehen. Dieser kleinste Raum ganz oben im Turm hatte einen Teil seiner Decke verloren, der Regen plätscherte auf den Steinboden. Auch er war leer.

»Nel!« rief er scharf. Es war jetzt echte Angst in seiner Stimme, und plötzlich hörte er durch das Geräusch des Regens hindurch ein unterdrücktes Kichern.

»Nel?« rief er wiederum, sein Herz machte einen Sprung. Also versteckte sie sich. Er ließ seine Satteltaschen in den Durchgang fallen, trat hinaus in den Raum und sah sich um. Es gab nirgendwo mehr eine Möglichkeit, sich zu verbergen, als in dem zerbröckelnden Rundbogen, in dem einstmals das Fenster gewesen war. Er ging auf Zehenspitzen darauf zu. Da saß sie, nicht weit vom Abgrund entfernt. Drei Stock hoch über dem Felsen. Er packte ihr Handgelenk mit einem Triumphschrei, zog sie in seine Arme und bedeckte ihr Gesicht mit Küssen.

»Du Närrin!« Er drückte sie fest an sich und genoß das Gefühl ihres warmen Fleisches unter der weichen Wolle ihres

Kleides. Er griff nach hinten, um es aufzuschnüren, doch sie schüttelte den Kopf. Immer noch lachend, befreite sie sich und stieß ihn weg. »Laß uns ein Stockwerk tiefer gehen. Dort ist Holz zum Heizen im Kamin. Hundert alte Dohlennester sind hineingefallen, trockenes altes Farnkraut ist da, und ich habe Essen und wollene Decken unten.« Sie war auch außer Atem, so begierig wie er selbst.

Er lachte vor Freude. »Und ich habe Wein und ein paar Brautgeschenke für meine Allerliebste.« Er deutete auf seine Satteltaschen.

Jetzt mußte sie warten, während er das Feuer entzündete und zwei silberne Pokale, einen Schlauch voll Wein, das Essen und seinen pelzgefütterten Umhang ausbreitete. Dann winkte er ihr zu. »Das Feuer wird uns bald wärmen, aber ich glaube, du solltest deine nassen Kleidungsstücke ausziehen.«

Sie lächelte. »Ich will, wenn du willst.« Sie kauerte auf den wollenen Decken und starrte abgelenkt in das Feuer, das zornig die feuchten Zweige zerknackte. Sie meinte, etwas in den Flammen gesehen zu haben, das sich bewegte, und sie spürte das Beben der Angst und des Schmerzes in der Luft, aber das war Unsinn. Der Phönix lag ja in einem verschlossenen Schmuckkasten in Falkland. Sie trug ihn jetzt nicht mehr.

Sie wußte nicht, daß Rhonwen, als sie sah, daß er unnütz dort herumlag, den Anhänger aus seinem Versteck genommen hatte. Es handelte sich um einen mächtigen Talisman, so viel war ihr schon klargeworden. Er war etwas Besonderes, er enthielt die Liebe des Königs, und er beschützte Eleyne. Ohne ihr etwas davon zu sagen, hatte Rhonwen ihn in den Saum ihres Umhangs eingenäht. Der Pelz war so schwer, daß ihr das zusätzliche Gewicht des Talismans niemals auffallen würde, und er würde sie beschützen, wo auch immer sie war.

Donald folgte der Richtung von Eleynes Blick. »Du meinst doch nicht, daß jemand den Rauch sehen wird?« fragte er vorsichtig.

»Nein. Das ist unmöglich. Wir sind hier ganz sicher.« Das unangenehme Gefühl, das einen Augenblick lang dagewesen war, das Gefühl, daß etwas nicht stimmte, war so rasch wieder verschwunden, wie es gekommen war. »Gleich wird es dunkel.«

»Und niemand verfolgt dich?« Er näherte sich ihr fast ehrerbietig und fing an, ihre Zöpfe zu lösen.

»Nein, niemand. Rhonwen deckt mich. Wir brauchen keine Angst zu haben.«

Sie lächelte, als er sich an den Verschnürungen ihres Kleides zu schaffen machte. Zärtlich nahm sie seine Hände in ihre Hände und küßte seine kalten, ungeschickten Finger, dann entkleidete sie sich rasch. Mit einem Schauder, halb der Kälte wegen, halb vor Erwartung, kniete sie nackt vor ihm und fing an, die Spange zu lösen, die seinen Mantel zusammenhielt.

»Oh, Nel.« Er zog sie an sich, er konnte sich nicht länger beherrschen. »Oh, mein Liebling, wie habe ich gebetet, daß dieser Augenblick kommt. Es ist so lange her seit dem letzten Mal. Ich dachte, ich würde wahnsinnig, an dich zu denken und warten zu müssen.« Er zog sie an sich und küßte sie immer wieder.

Das Krachen eines fallenden Steins brachte Donald mit einem Entsetzensschrei auf die Füße. Er starrte umher, versuchte mit den Augen die Dunkelheit, die ihn umgab, zu durchdringen. »Was war das?«

»Der Wind, es muß der Wind gewesen sein.« Eleyne setzte sich auf. Sie zog die beiseite geworfene wollene Decke um die Schultern und zitterte heftig. Sie merkte, daß das Feuer ausgegangen war und kein Licht mehr abgab. »Komm zurück.« Sie streckte die Hand aus, aber er stand mit dem Rücken zu ihr und starrte mit zusammengekniffenen Augen in die Finsternis.

»Es ist jemand hier«, flüsterte er.

Eleyne ballte die Fäuste. »Rede keinen Unsinn, das ist nicht möglich. Hierher kommt niemand!«

»Ich sehe trotzdem nach.« Er schlüpfte in sein Gewand und streckte die Hand nach dem Dolch aus, der an seinem Gürtel hing. Er zog ihn leise aus der Scheide. Die Klinge leuchtete im Lichtstrahl einer verirrten bleichen Flamme, die über die erkaltende Glut züngelte.

Draußen klagte der Wind in den Bäumen, und das Rauschen des Regens auf den Herbstblättern wurde lauter. Er lächelte ihr aufmunternd zu, dann legte er den Finger auf die Lippen. Sie horchten beide angestrengt in die Stille des alten Turms.

Die Hand berührte ihre Schulter so plötzlich, daß sie entsetzt aufschrie. Donald fuhr herum, er hielt den Dolch vor sich hin. »Was ist das?«

»Es *ist* jemand hier, er hat mich angefaßt.« Eleyne klammerte sich an die wollene Decke, sprang auf und wich zur Wand zurück. Ihre Zähne klapperten vor Kälte und Angst. »Verlaß mich nicht, geh nicht hinunter. Es ist jemand hier, in diesem Raum.«

»Das kann nicht sein.« Donalds Stimme beruhigte sich jetzt, sie klang besänftigend und fest. »Warte, laß mich etwas auf das Feuer werfen.« Er bückte sich und suchte in dem Unrat auf dem Fußboden eine Handvoll Äste zusammen, die aus Dohlennestern stammen mochten, sowie uraltes, trockenes Farnkraut. Er warf es in die Reste der Glut, den Dolch hielt er noch immer in der Hand, und drehte sich mit dem Gesicht zum Raum. Als der Zunder aufflammte, war die leere Kammer voller Schatten. Sein eigener Schatten fiel über den Boden und dann die Mauerwand hinauf. Als er sich bewegte, verkürzte er sich in grotesker Weise und wurde dicker, aber in den zuckenden Reflexen der Flammen konnten sie sehen, daß das Gelaß, in dem sie sich befanden, leer war.

»Er ist hinuntergegangen«, hauchte Donald. »Bleib hier.«

»Geh nicht …« Ihre ängstliche Bitte war kaum zu hören. Ihre Angst steigerte sich. »Donald, spürst du es nicht? Es ist jemand hier, in diesem Raum.«

Der Zorn war mit den Händen zu greifen: eine kalte, berechnende Wut, die immer größer wurde, je lauter es draußen stürmte. Als das Licht des Feuers zu einer steten Glut wurde, sah sie, daß Donald es jetzt auch spürte.

»Was ist das?« flüsterte er. »Was geht hier vor?« Der Staub wirbelte ihm um die Füße, ein Mörtelregen fiel von der gewölbten Decke herab.

»Alexander«, hauchte sie und starrte wild umher. »Alexander, nein, bitte!«

Donalds Kinnbacken traten hervor, sein Gesicht war grimmig. »Gütiger Jesus, Nel, ich kann ihn nicht sehen, wo ist er?« Er fluchte, als wieder ein Stein von der Decke herabfiel. »Das bricht alles zusammen. Komm, wir müssen hier raus …«

»Nein!« Eleyne lief vorwärts und klammerte sich an seinem Ärmel fest. »Nein, das will er ja erreichen. Er will uns hinaus in den Sturm schicken, er will uns voneinander trennen. Bleib hier. Laß uns in Ruhe, bitte!« schrie sie die Schatten an. »Ich will dich nicht, verstehst du? Ich will dich nicht mehr!« Ihre Stimme wurde zu einem hysterischen Geheul, als sie die Dunkelheit anschrie.

Die Haare in Donalds Nacken sträubten sich wie Hundehaare. »Gütiger Jesus, Nel, was geht hier vor?«

»Gib mir deinen Dolch!« Eleyne streckte die Hand aus. »Schnell, gib ihn her!«

Ohne nachzudenken, drehte er ihn um und reichte ihn ihr. Das Feuer hinter ihm war wieder am Erlöschen. Eleyne hob den Dolch vor sich auf, den Griff nach oben gerichtet – das uralte Zeichen des Schutzes und des Segens.

»Im Namen des heiligen Kreuzes befehle ich dir, uns zu verlassen.« Sie steigerte ihren Satz zu einem wilden Schrei, mit dem sie gegen das Brausen des Windes anheulte. »Verlaß uns jetzt, ich will dich nicht. Ich liebe Donald of Mar. Du bist tot, verstehst du nicht? Du bist tot, und ich lebe! Ich brauche einen lebendigen Mann. Quäl dich nicht. Bitte geh. Jetzt!« Ihre Augen füllten sich mit Tränen, sie bebte so sehr, daß sie nicht mehr zu stehen vermochte. Sie brach zusammen, auf die Knie, ihre Finger umklammerten noch immer den Dolch. Donalds Gesicht war weiß. Er bekreuzigte sich, dann hockte er sich neben sie und legte die Arme um sie.

»Ist er fort?« Der Raum war immer noch voll von dem Geräusch des Windes und des Regens.

Sie hob den Kopf, nach einer Weile nickte sie. Wortlos umklammerte sie Donalds Arm und zitterte heftig. »Es tut mir leid«, flüsterte sie. »Es tut mir so leid.«

Er drückte ihr die Schulter. »Schon gut. Es ist vorbei.« Er küßte sie zärtlich auf die Wange, dann ließ er sie los. »Ich hole uns etwas Wein.« Sein Mund war trocken und seine Stimme heiser. Als er den Stöpsel aus dem Weinschlauch zog und den Wein herauszugießen versuchte, merkte er, daß seine Hände ihm nicht gehorchen wollten, so zitterten sie. Schließlich gelang es ihm doch, und er wandte sich ihr wieder zu. Sie hatte ihr Kleid und ihren Umhang angezogen und saß schweigend da, die Arme fest um die Knie geschlungen.

Er gab ihr den silbernen Pokal in die Hand und schloß ihre Finger um dessen Stiel. »Trink das.«

Gehorsam nippte sie daran und spürte, wie der herbe rote Wein ihr die Kehle hinabbrann. Sie nippte nochmals und sah zu, wie Donald weiteren Unrat ins Feuer warf, schließlich auch das Ende eines alten Eichenbalkens, das in der Ecke der Kammer gelegen hatte. Das Feuer loderte auf und entwickelte eine stete Glut.

»Kannst du mir sagen, was das alles bedeutet?«

»Alexander.« Sie leckte sich die Lippen und holte zitternd Luft. »Er war jemand, der mich sehr geliebt hat.« Sie trank noch einen Schluck Wein.

Donald sagte nichts. Sein Wein blieb unberührt in dem Pokal in seiner Hand.

Sie sah den Ausdruck in seinem Gesicht, Enttäuschung und Kälte erfaßte ihr Herz. »Er ist tot«, fuhr sie fort.

Ein langes Schweigen folgte, dann hob Donald seinen Pokal an die Lippen. »Irre ich mich, oder sprechen wir von dem verstorbenen König?« Seine Stimme war seltsam tonlos.

Sie nickte.

»Er muß dich wirklich geliebt haben.«

Sie lächelte wehmütig, dann nickte sie wieder.

»Und hast du ihn geliebt?« Er warf den Pokal beiseite und kreuzte die Arme über der Brust.

»Aber das ist so lange her. Ich liebe jetzt dich.« Sie sah bittend zu ihm hoch. »Oh Donald, hilf mir.«

Er schüttelte verwirrt den Kopf. »Ich dachte, Lord Fife wäre mein Rivale. Gegen einen Mann aus Fleisch und Blut kann ich kämpfen, aber gegen einen Geist?« Er bekreuzigte sich wieder.

»Du kannst auch gegen einen Geist kämpfen«, sagte sie leise, »wenn deine Liebe stark genug ist.«

»Kann ich das?« Er sah sie an. »Vor einem Geist kann ich die Tür nicht verriegeln! Ich kann dich nicht forttragen und vor einem Geist verstecken! Wir sind hierhergekommen, um den

Menschen zu entgehen, du hast mir versprochen, daß uns hier niemand finden könnte, aber er hat uns gefunden! Wie kann ich dagegen kämpfen?« Seine Stimme wurde laut vor Angst und Wut.

Eleyne biß sich auf die Lippe. »Ich weiß es nicht, aber du mußt gegen ihn kämpfen. Du mußt.«

»Kommt er auch zu dir, wenn du mit Lord Fife zusammen bist?«

»Nein.«

»Warum nicht?«

»Weil ich Malcolm nicht liebe. Er ist nicht auf Malcolm eifersüchtig.« Sie stand auf. »Siehst du das denn nicht? Er kommt her und verfolgt uns, weil ich dich so sehr liebe. Er ist eifersüchtig.« Die Tränen liefen ihr über das Gesicht. »Donald, ich weiß nicht, wie ich es schaffen soll, daß er weggeht. Ich habe ihn geliebt. Ich habe ihn weitergeliebt, bis ich dich traf, aber jetzt ...«

»Jetzt?«

»Jetzt will ich einen richtigen Mann. Ich möchte einen Geliebten aus Fleisch und Blut. Ich möchte jemanden, der mich in seinen Armen hält und mich so fest an sich drückt, daß mir die Luft wegbleibt!«

Er lächelte und streckte die Hände aus, um sie an sich zu ziehen. Ihr Körper war eiskalt. »Dann müssen wir zusammen gegen ihn kämpfen. Sag ihm, er soll weggehen und sich eine Phantomlady suchen, die ihn warm hält.« Als er lächelte, hatte er Fältchen in den Augenwinkeln.

Sie stellte sich auf die Zehenspitzen und küßte ihn auf den Mund.

»Hast du mir ein Gedicht mitgebracht?« fragte sie. Sie zitterte immer noch.

Er nickte. Er ließ sie los, ging zu seinem Mantel hinüber und fand die Tasche, die er an seinem Gürtel getragen hatte. »Und noch etwas, ein Geschenk für dich.« Sachte zog er eine kleine Schachtel hervor, die den Ring enthielt. Er öffnete sie, nahm ihn heraus und brachte ihn ihr.

»Schließe die Augen und gib mir die Hand.« Der Ring paßte an den dritten Finger ihrer rechten Hand. Sie sah ihn entzückt

an, hielt ihre Hand zum Feuer hin und versuchte, die Inschrift
zu lesen.

»Was steht da?«

»Ewige Liebe.«

II

Als Eleyne nach Falkland zurückkam, ging sie als erstes zu
dem Schmuckkasten, in dem sie den Phönix versteckt hatte. Sie
öffnete den Deckel und wühlte in den Juwelen. Der Anhänger
war nicht mehr da.

Rhonwen war lautlos in das Zimmer gekommen, stand da
und sah, daß Eleyne den Inhalt des Schmuckkästchens auf ihr
Bett kippte. »Was suchst du denn, Cariad?« Eleyne hatte nicht
einmal ihren Umhang ausgezogen.

»Den Phönix, wo ist der Phönix?« Eleyne fuhr mit der Hand
über die Juwelen hin, breitete sie aus. »Ich finde ihn nicht!«

»Weshalb brauchst du ihn denn so dringend, daß du dir noch
nicht einmal die Zeit nimmst, den nassen Umhang auszuziehen?«

»Ich brauche ihn!« Eleynes Hände bebten.

»Dann suche ich ihn dir.« Rhonwens Stimme klang beruhigend. »Laß mich dir den Umhang abnehmen und etwas
Glühwein bestellen, während du dir die Hände wäschst.
Schau, das Mädchen hat dir heißes Wasser gebracht.« Sie löste
die Spange an Eleynes Schulter und nahm ihr den Umhang
weg. Sie brauchte nur eine Minute, um die Naht mit ihrer kleinen Schere aufzutrennen. Als sie Eleyne den Anhänger
zurückbrachte, war er in ein blaues Seidentüchlein gehüllt.
»Hier ist er, Cariad, du hast ihn nebenan in deinen Koffer getan. Mir war so, als hätte ich ihn dort gesehen.«

Eleyne nahm den Anhänger mit zitternden Händen entgegen. »Bitte laß mich allein, Rhonwen, ich möchte allein sein.«

Der Phönix lag in ihrer Hand und glühte freundlich in dem
Licht des Feuers. Sie konnte ihn jetzt fühlen. Nicht länger zor-
nig, zärtlich war er nun, ein liebender Schatten, der sich an ihre
Schulter schmiegte.

»Ach, mein Lieber«, murmelte sie. »Bitte gib mich frei.«

Draußen preßte Rhonwen ihr Ohr an das dicke Holz der Tür, doch sie konnte nichts verstehen.

III
Februar 1263

Es vergingen vier Monate, bis Donald und Eleyne wieder zusammenkommen konnten. Diesmal in Macduffs Burg am südlichen Rande des Königreiches von Fife. Malcolm ritt dort nur selten hin. Sie war nach ihren Vorfahren, den Macduffs genannt, wie ihr Sohn, war primitiv und kahl und stammte aus der Zeit, als die ersten Mormaers of Fife geherrscht hatten.

Diesmal war Rhonwen bei ihr, zwei Damen begleiteten sie. Zwei Ritter bildeten ihre Eskorte. Rhonwen hatte jeden von ihnen sorgfältig ausgewählt. Sie mußten loyal sein und das Geheimnis für sich behalten oder vielmehr den jungen Herrn ignorieren, der auf seinem prächtigen braunen Pferd aus der Dunkelheit auftauchte und die Wendeltreppe hinaufhuschte, wo ihre Lady wartete. Diesmal war der Phönix nicht dabei. Er lag eingewickelt in seinem seidenen Tüchlein in dem Schmuckkasten in Falkland. Rhonwen hatte nachgeprüft, wo er sich befand und ihn dort gelassen. Sie wollte nun selbst am Ort sein, um über Eleyne zu wachen, deshalb brauchte ihr Liebling diesmal keinen Talisman.

Sie hatten Glühwein und heißes Essen dabei, das Hylde, eines ihrer Mädchen, ihnen an die Tür brachte. Der aufgeschüttete Berg aus getrocknetem Heidekraut und Farnwedeln, der als Bett dienen sollte, war mit Tüchern, wollenen Plaids und Fellen bedeckt, und das Feuer nährte sich von einem tüchtigen Berg aus Scheiten. Eleyne trug ein seidenes Kleid. Darunter ein Hemd aus feinstem, beinahe durchsichtigem Batist. An ihrem Finger steckte Donalds Ring, ihre Haut war mit nach Rosen duftender Salbe eingecremt.

Als er sie erblickte, blieb er im Eingang stehen und lächelte. »Du bist die schönste Frau der Welt!«

Sie lachte. »Wenn ich in meinem Alter in deinen Augen auch nur ein bißchen schön bin, bin ich zufrieden.«

»Ich habe dir wieder ein Geschenk mitgebracht.« Er schloß die Tür hinter sich und schob den Riegel vor. Dann kam er zu ihr und ließ sich auf ein Knie nieder. »Sieh!«

Sie sah hinab auf seine geschlossene Faust. »Du verwöhnst mich.«

»Natürlich.«

»Was ist es?«

»Schließ die Augen, und ich lege es dir an.«

Sie tat, was er ihr sagte. Sie fühlte seine Hände auf ihrer Schulter, und daß er ihr eine feine, kalte Kette um den Hals legte.

»Jetzt darfst du wieder schauen.«

Sie schlug die Augen auf und schielte hinunter auf ihre Brüste. Zwischen ihnen, auf der blauen Seide ihres Kleides, lag ein Anhänger. Er hatte die Gestalt eines Pferdes. »Donald! Wie hübsch das ist!«

»Ich habe es extra anfertigen lassen.« Er sah zufrieden aus, glücklich darüber, daß sie sich freute. »Jetzt möchte ich etwas Wein haben. Ich hörte, es gibt auch etwas zu essen. Ich habe Hunger.«

Er setzte sich auf den Boden und betrachtete die Platte mit den Speisen, die nahe beim Feuer stand. Sie lächelte, und ihre Finger streichelten das Schmuckstück. Wonach es sie hungerte, das war sein Körper, doch sie wartete, weidete ihre Augen an ihm, während er genußvoll aß.

Da blickte er auf. »Du beobachtest mich.«

»Natürlich.«

Er lachte. »Hier gefällt es mir besser als in dem schrecklichen Turm, in dem es so gespukt hat.« Er füllte sich seinen Pokal nach und beugte sich vor, um auch ihren nachzufüllen. »Wir haben uns das alles nur eingebildet, nicht wahr? Der Sturm, die Schatten und das Geräusch des Windes haben uns erschreckt.«

Einen Augenblick lang war sie still. Dann nickte sie langsam. »Ja, wir haben uns nur gegenseitig Angst gemacht.« Sie blickte ihm über die Schulter hinweg zur Tür und dann zum Fenster, das gegen die Nacht mit Läden gesichert war. Es regnete auch in dieser Nacht, und ein Sturm, der von Süden kam, schmetterte die Wogen unterhalb der Burg krachend gegen die Felsen. Aber das Feuer brannte hell, auch die Kerzen brannten. Außerdem war sie dreimal in dem Zimmer im Kreis herumgegangen und hatte den Platz gegen Alexander versiegelt. Als sie es tat, war ihr, als spüre sie seine Trauer und seinen Zorn.

Es fröstelte sie. »Wollen wir zu Bett gehen?«

Donald nickte, aber er machte keine Bewegung zu dem Berg Decken hin. Er hatte auch zum Fenster gesehen und streckte die Hand wieder nach dem Wein aus.

»Soll ich mich ausziehen?« Sie stand auf, ihre Hände bewegten sich nach hinten zu ihrem Rücken, um das Kleid aufzuschnüren.

Endlich sah sie seine Augen lustvoll aufleuchten. Er hob seinen Pokal wie zu einem Toast. »Zieh dich dort aus, im Licht des Feuers. Ich möchte zusehen.«

»Dann sieh zu.« Sie ließ die Schnüre durch die Ösen gleiten, die sie festhielten, zog das Kleid über die Schulter hinweg und ließ es zu Boden fallen. Seine Augen weiteten sich, als er das hauchdünne, schimmernde Hemd erblickte. Der feine Stoff lag fest auf ihren Brüsten, und man sah die dunklen Schatten der Brustwarzen darunter. Er fuhr sich mit der Zunge über die Lippen und stellte den Pokal hin.

»Komm.« Seine Stimme war heiser.

Sie gehorchte ihm. Sie befanden sich innerhalb des Kreises. Dort konnte ihnen niemand etwas tun. Sie stand vor ihm, als er seine Hände zärtlich über ihren Körper gleiten ließ. Hier zählte nichts, weder Alexander noch Malcolm noch der Altersunterschied zwischen ihnen. Nichts, außer daß er mit ihr zusammen war und daß sie ihm gehörte. Ihr Hunger nach ihm war körperlicher Art, wie ein Schmerz. Sie ging zu dem Bett, legte sich darauf und winkte ihn an ihre Seite. Er warf sich neben sie, und langsam, ganz langsam fing er an, ihr Hemd hochzuschieben, glitt mit der Hand ihr Bein hinauf vom Knöchel bis zum Oberschenkel.

Fünf Minuten später zog er sich zurück und setzte sich auf. Er schwitzte. »Gütiger Jesus, es tut mir leid! Ich muß dauernd daran denken, daß sich jeden Augenblick eine Hand auf meine Schulter legen kann!« Er bedeckte das Gesicht mit den Händen. »Ich weiß, daß ich mir das alles nur einbilde! Auch im Turm neulich – es war niemand da. Trotzdem verfolgt mich dieser Gedanke!« Er stand auf, ging zum Feuer zurück und griff nach dem Wein. »Es geht mir gleich besser! O Christus, Nel, was mußt du von mir denken! Du denkst bestimmt, daß ich mich wie ein Mädchen benehme ...«

»Donald.« Eleyne streckte die Hand aus. »Komm zurück, du bist hier ganz sicher. Er wird nicht kommen, ich verspreche es.«

»Ich weiß. Er existiert nicht.« Donald kippte den Wein hinunter und goß sich gleich noch einmal ein. »Es ist nur dieses Gefühl – ich fühle diese eiskalte Hand auf meiner Schulter!« Er schauderte.

Sie ging zu ihm und nahm ihm den Pokal aus der Hand. »Er kann nicht an uns heran, Donald. Ich habe einen Kreis in den Raum gezeichnet, er kann da nicht drüber weg. Wir sind wirklich in Sicherheit.«

»Du hast was getan?« Sein Gesicht war so weiß wie ihr Hemd.

Sie sah ihn ängstlich an. »Ich habe einen Kreis gezogen.«

»Glaubst du, daß er wirklich da ist?« Er wich vor ihr zurück. »Ja! Du glaubst an ihn. Du glaubst, daß er wirklich da ist! Du sagtest, du hättest ihn weitergeliebt, nachdem er gestorben war! Meintest du das ernst? War es so? Heilige Jungfrau! Was hast du ihn nur mit dir tun lassen?«

»Donald, bitte.« Plötzlich fürchtete sie sich. »Vergiß ihn ...«

»Wie kann ich ihn vergessen? Wenn er ein lebendiger Mann wäre, könnte ich gegen ihn kämpfen. Ich könnte dich wegtragen und vor ihm verstecken. Ich könnte ihn sehen, um Himmels willen! Aber das hier!«

Ihre Hände fingen an zu zittern. »Wir sind nicht in Gefahr. Es ist niemand da. Ich liebe dich.«

Fast schüchtern legte sie ihm ihre Hand auf die Schulter. Er erstarrte. »Schläft er mit dir, dieser Geist? Wie ein ekelhafter Inkubus, ein widerlicher Dämon?«

»Nein!«

»O doch, er tut es. Ich sehe es in deinen Augen.« Sein Zorn verrauchte, und nun war er nur noch furchtbar unglücklich. »O Nel, wie kann ich mich mit einem König messen? Ich weiß nicht, ob er wirklich da ist, aber ich kann es mit ihm nicht aufnehmen. Jedesmal, wenn ich dich sehe, werde ich ihn jetzt neben dir sehen. Jedesmal, wenn ich dich berühre, werde ich mir vorstellen, daß er dich auch berührt.«

Er bückte sich und nahm seinen Mantel auf. Ihre Stimme erhob sich in panischer Angst. »Donald, du darfst mich nicht verlassen.«

»Meine Liebe, ich kann nicht bleiben.« Er sah sie voller Trauer an. »Du gehörst König Alexander. Malcolm macht es nichts aus, dich mit ihm zu teilen, ich aber, ich kann es nicht.«

IV
August 1263

Rhonwen hatte sofort gewußt, daß die Affäre mit Donald of Mar vorbei war. Eleyne zeigte nicht, wie unglücklich sie war, und fuhr nach außen hin mit ihrem gewohnten Leben fort. Sie widmete sich mit immer größerer Leidenschaft ihrer Pferdezucht und dem Aufbau ihres Gestüts. Den Schmerz in ihrem Herzen sah, so nahm die alte Amme an, niemand außer ihr selbst. Ihre vorsichtigen Erkundungen ergaben, daß Donald sich wieder nach Mar begeben hatte. Der Stolz ihrer Herrin würde es nicht erlauben, einen Mann gegen seinen Willen zurückzuholen. Wollte sie ihn überhaupt zurückhaben? Rhonwen beobachtete sie aufmerksam und wartete.

Eines Morgens, als sie bei Eleyne saß und an den winzigen goldenen Knoten arbeitete, die den Kragen einer der Tuniken Malcolms zieren sollten, ruhten Rhonwens Augen wieder einmal auf dem Gesicht der jüngeren Frau, die ganz in Gedanken zu sein schien. Eleynes Finger waren tintenverschmiert wie die eines Kindes. Sie hatte seit ihrem Eintreffen in Falkland angefangen, die Listen ihrer Pferdezucht in das große Hauptbuch einzutragen, jedes Fohlen, das sie aufgezogen hatte, sollte darin aufgeführt sein, seit einigen Minuten aber hatte sie nichts mehr geschrieben. Die Farbe trocknete an ihrer Feder, und sie starrte vor sich hin, der Ausdruck in ihrem Gesicht war nur zu deutlich. Schaudernd las Rhonwen ihre Gedanken. Eleyne of Fife hatte einen neuen Geliebten! Die Röte ihrer Wangen, die Munterkeit ihrer Augen und der verträumte Ausdruck ihres Gesichts ließen keinen anderen Schluß zu – da war ein Mann.

Die Stickerei fiel Rhonwen auf die Knie, sie merkte es nicht einmal, als all ihre Sinne sich schärften. Es war nicht möglich! Sie wußte doch alles von ihr! Und Donald of Mar konnte es nicht sein. Ihre Neugier erwachte.

Vorsichtig, verstohlen beobachtete sie Eleyne einige Tage. Der Ort, an dem sie ihn traf, war offensichtlich der Stall. Damals in Suckley hatte sich Rhonwen ja auch oft gefragt, ob Eleyne nicht vielleicht bei dem netten jungen Mann Trost gefunden hatte, der ihr Rittmeister geworden war. Er hatte sein Leben für sie hingegeben, vielleicht gab es noch viele andere Männer, die dasselbe tun würden.

Der Marschall, dem in Falkland die Pferdeställe unterstanden, war Thomas of Cupar, ein Mann von fünfundsechzig Jahren, der seit über vierzig Jahren eine spiegelblanke Glatze hatte. Er war ein hervorragender Pferdekenner und widmete sich hingebungsvoll seiner Aufgabe. Zweifellos respektierten und mochten er und Eleyne einander – aber eine Liebesbeziehung? Nein. Rhonwen wußte, daß das nicht in Frage kam. Heimlich verfolgte Rhonwen sie auf all ihren Wegen durch die Burg und stellte fest, daß sie mit allen Männern, mit denen sie sprach, auf dieselbe Art und Weise umging. Diese Liebenswürdigkeit hatte sie ja schon als Kind besessen. Mit all ihren Leuten, vom leitenden Beamten bis zum jüngsten Pagen, sprach sie mit großer Würde und Anmut zugleich. In ihren Augen war eine fast nicht wahrnehmbare Koketterie, die besagte, daß sie sie als Männer anziehend fand und schätzte, allerdings nur, solange ihnen bewußt war, daß sie die Grenzen nicht überschreiten durften.

Rhonwen versuchte ihr mittels beiläufiger Fragen das Geheimnis zu entlocken, aber Eleyne reagierte darauf stets mit einem etwas sarkastischen Lächeln. Sie liebte Rhonwen natürlich wie eh und je, dessen war die alte Frau ganz sicher, aber sie vertraute sich ihr immer seltener an. Diese Zurückhaltung Eleynes stimmte Rhonwen traurig. Rhonwen wußte den Grund für diese Entfremdung. Sie hatte so oft nicht eingreifen können, wenn Eleyne ihre Hilfe gebraucht hätte, und so hatte sie es sich angewöhnt, ihre Gedanken für sich zu behalten. Daß Eleyne es Rhonwen übelnehmen könnte, wenn sie ihr nachspionierte, sie überwachte und heimlich ihren eigenen Vorstellungen und Wünschen entsprechend zu manipulieren suchte, kam der alten Frau niemals in den Sinn. Sie merkte auch nicht, daß Eleyne *sie* manchmal beobachtete und überwachte.

Zweifellos war da jemand. Sie erkannte die Zeichen jedesmal wieder, aber nur dann, wenn Eleyne allein war und sich unbeobachtet glaubte. Es mußte sich also nachts abspielen. Mitten in der Burg kam er zu ihr. Es gab ja auch gar kein Hindernis, sobald ihr Mann fort war. Sie hatte nun einmal diese seltsame Gewohnheit, allein, ohne ihr Personal im Zimmer zu schlafen. Ihre Dienerinnen verließen sie, wenn sie zu Bett ging. So lief sie nicht Gefahr, gestört oder entdeckt zu werden, wenn sie ihren Geliebten empfing. Wachen gab es nur am Eingang des Turms.

Der betreffende Mann versteckte sich also abends nach dem Essen in der Halle irgendwo im Turm, bevor die Wachen dessen Eingang für die Nacht zusperrten. Rhonwen wartete auf ihre Chance, diesen Dingen auf den Grund zu gehen.

Eleynes junges Mädchen, Meg, fürchtete sich etwas vor der alten Amme ihrer Herrin – die Habichtsnase, die glitzernden Augen, die durchdringende Stimme mit dem seltsamen ausländischen Tonfall, all das machte ihr Angst. Auch hielten die Diener der untergeordneten Ränge die alte Dame durchweg für eine Hexe. Zu ihr war Rhonwen allerdings immer freundlich gewesen, und die Kinder beteten sie an. Als Rhonwen also von ihr verlangte, sie solle sich in der Fensternische hinter dem dicken Vorhang verstecken, der Eleynes Zimmer gegen die Kälte von draußen abschirmte, erhob sie keine Einwände.

»Ich muß mit deiner Lady spät abends unter vier Augen sprechen«, erklärte Rhonwen ihr die Situation, »und ich möchte nicht, daß die übrige Dienerschaft davon erfährt, darüber redet oder irgendwelche Mutmaßungen anstellt. Also darf niemand auch nur ahnen, daß ich dort bin. Selbst du mußt es vergessen. Verstehst du mich?«

Sie brachte eine warme Decke mit in ihr Versteck und ein Kissen, das sie auf den kalten Stein des Fenstersitzes legte, und lächelte Meg aufmunternd zu, als das Mädchen den schweren Vorhang vor die Fensternische zog. Trotz der Bleiverglasung war es bitterkalt darin, und der Wind mit einem Geruch nach Holzfeuerrauch, eisigen Wäldern und der fernen See drang durch ein Dutzend Ritzen und Spalten.

Erst spät kam Eleyne in ihr Zimmer. Sie hatte in der großen Halle gesessen und der Musik ihres Harfenspielers, Master Elias, gelauscht. Der junge Mann war von Geburt an blind, aber die Laute, die seine Finger den Saiten des Instruments entlockten, klangen wie ein Chor von Engelsstimmen. Eleyne zweifelte nicht daran, daß er der beste Harfner war, den sie je gehört hatte, obwohl sie als Waliserin so etwas ihrem Mann gegenüber nie zugegeben hätte. Malcolm war in Dunfermline – oder Roxburgh – oder Edinburgh – sie wußte nicht, wo er war, und es interessierte sie auch nicht. Zweifellos weilte er beim König, und solange er nicht in Falkland erschien, war sie zufrieden.

Sie saß mit geschlossenen Augen in ihrem Sessel in der großen Halle, in der Hand einen Pokal mit Wein. Die Zeit, zu der sie sich gewöhnlich zu Bett begab, war längst überschritten, doch sie lauschte noch immer den Klängen. Es dauerte eine Weile, bis sie merkte, daß Elias nur noch für sie spielte. Die meisten Männer und Frauen waren aus der großen Halle fortgeschlichen, und diejenigen, die geblieben waren, schliefen bereits fest, die Tische und Bänke waren weggeräumt. Die Leute lagen in ihre Umhänge gehüllt da, um die Nacht im Saal zu verbringen. Sie stand auf und ging dorthin, wo der blinde Harfenspieler saß. Sie bat die Musiker oft, ihr und ihren Damen im Schlafzimmer ein Schlummerlied zu spielen, bevor sie zu Bett gingen. Dort oben war es gemütlich. Sie konnte am Feuer sitzen, die Augen schließen und ihre Gedanken schweifen lassen, während ihre Damen das Zimmer für die Nacht vorbereiteten.

»Würden Sie zu mir hinaufkommen und für mich spielen?«
»Ich werde jederzeit für Sie spielen, Lady.«

Sie lächelte. »Dann sagen Sie Ihrem Jungen, daß er Ihre Harfe nehmen soll, und kommen Sie hinauf in mein Zimmer.« Er war ein hübscher Mann: nicht groß und eher schmächtig, aber seine Arme waren muskulös und seine Finger flink mit den für einen Harfenspieler charakteristischen Schwielen. Als er aufstand, war er einen Kopf kleiner als sie. »Meine Musik spricht zu Ihrer Seele, Mylady?« Er schaute ihr scheinbar ins Gesicht, als ob er sie deutlich vor sich sähe.

Sie nickte, und obwohl er ihre Geste nicht wahrnahm, schien er mit ihrer Antwort zufrieden. Er folgte ihr mit einem Stock in der Hand. Hinter ihm ging sein Diener mit der kostbaren Harfe.

Eleyne überquerte eilig den kalten Hof und hielt den Kopf des Windes wegen gesenkt, ihr folgten zwei ihrer Damen. Die Treppe im großen Turm war breit und steil, von brennenden Fackeln erhellt, die man in den Haltern gelassen hatte, auf jedem Treppenabsatz brannten zwei. Die Fackel vor ihrem Schlafzimmer tropfte, heißes Harz ergoß sich auf den Boden.

Meg schlief im Sessel beim Feuer, als Eleyne hereinkam. Das Zimmer war von einer einzigen Kerze erleuchtet. Mit einem leisen Angstschrei sprang das Mädchen auf und warf, obwohl sie es nicht wollte, einen Blick auf den Vorhang vor der Fensternische. »Mylady! Entschuldigung.«

»Keine Angst, mein Kind. Es tut mir leid, daß ich heute so spät komme. Geh doch gleich zu Bett. Und Annabel und Hylde, Sie gehen bitte auch. Lassen Sie mich allein mit der Musik.« Sie setzte sich auf einen Hocker und zeigte auf ihren Sessel, weil dort der Harfner sitzen sollte. Sein Diener stellte das Instrument mit großer Vorsicht hin und führte den Meister zu dem angewiesenen Platz. Dann zog er sich zurück, um still im Schatten zu sitzen, als Elias mit sanften Fingern die Harfe stimmte, bevor er zu spielen begann.

Rhonwen war hinter dem Vorhang eingeschlafen. Sie erwachte mit einem Ruck, als die Tür sich öffnete und Eleyne ins Zimmer trat. Die alte Dame kreischte fast vor Angst auf, aber irgendwie gelang es ihr, ihren Schrei zu unterdrücken. Sofort wußte sie wieder, wo sie war. Sie hörte das Gemurmel auf der anderen Seite des Vorhangs und dann das Geräusch der Tür, als sie geschlossen wurde. Sie hielt den Atem an. War Eleyne allein, oder befand sich jetzt jemand bei ihr? Plötzlich wurde Rhonwen klar, daß sie sich an dem einzigen Ort versteckt hielt, an dem sich jemand in dem Zimmer verbergen konnte. Falls jemand Eleyne belauschen wollte, würde er sich genau hier verkriechen.

Sie zitterte und rechnete fast damit, daß jemand den Vorhang auseinanderzog und hereinglitt.

Aber nichts geschah. Sie wartete in der Dunkelheit mit angehaltenem Atem, plötzlich vernahm sie Harfenlaute. Stimmen konnte sie nicht hören, nur diese Töne, die in der Stille erklangen, als der Mann sein Instrument stimmte. Dann setzte die Musik ein. Sie war sanft und getragen. Wohltuend, fröhlich und verführerisch. Rhonwen ging näher an den Vorhang heran, zog ihn vorsichtig einen Fingerbreit von der Wand weg und hielt das Auge an diesen Spalt. Das Zimmer war von einigen Kerzen und der dunklen roten Glut des Feuers erhellt. Sie sah Eleyne friedlich auf dem Hocker sitzen, die Ellbogen auf den Tisch gestützt. Die Kerze flackerte ein wenig und warf Schatten über ihr Gesicht. Der Harfner hatte ihr halb den Rücken zugewandt, er saß nahe beim Feuer, und seine Finger strichen die Töne von den Saiten. Sie schienen allein zu sein. Von Meg, Annabel oder Hylde war nichts zu sehen. Rhonwen setzte sich wieder zurück und spürte, wie ihr die Kälte in die Knochen fuhr, so daß sie steif wurden und schmerzten. Der Wind drang klagend durch eine Ritze im Fenster hinter ihr. Es war ein trauriger, von Einsamkeit kündender Laut. War der Harfenspieler Eleynes Geliebter? Rhonwen bewegte sich wieder vorwärts zu dem Spalt hin, um sich sein Gesicht näher anzusehen, obwohl sie wußte, daß es Elias war. Niemand konnte so spielen wie er. Sie lauschte und sann über diesen neuen Gedanken nach, dann schüttelte sie den Kopf.

Sie zog den Kopf zurück und setzte sich wieder auf die Fensterbank. Sie fror und wäre gern ins Bett gegangen, aber nun saß sie gefangen.

Sie mußte jetzt in dieser Nische ausharren, bis Eleyne eingeschlafen war.

Das Geräusch von Stimmen weckte sie ein zweites Mal auf. Die Musik war zu Ende. Rhonwen beugte sich vor und lauschte.

»Es ist jetzt an der Zeit, daß ich Sie verlasse, Mylady«, sagte er leise. »Ich werde morgen wieder für Sie spielen.«

Eleyne richtete sich starr auf, und Rhonwen sah, daß sie plötzlich mißtrauisch wirkte. »Sie wissen es.« Ihre Stimme klang scharf in der Stille des Zimmers.

Elias lächelte. »Ich weiß es, Mylady. Ich brauche keine Augen, um zu sehen, und so sehe ich denn auch Dinge, die andere nicht sehen können.« Er erhob sich, sein Diener richtete sich auf und eilte zu seinem Herrn, um ihm beizustehen. Rhonwen war überrascht. Sie hatte den Jungen an der Wand in der Nähe der Tür gar nicht bemerkt gehabt.

Eleyne wartete höflich. Erst als sie die Treppe hinunter waren und das tiefergelegene Stockwerk des großen Turms erreicht hatten, ging sie zur Tür und verriegelte sie hinter ihnen. Dann kehrte sie zum Feuer zurück und warf mehrere große Scheite darauf. Sie blies die Kerze aus, die auf dem Tisch stand, und ging zu ihrem Bett. Offensichtlich würde sie nun nicht mehr nach ihren Mädchen rufen.

Das Zimmer war fast dunkel. Das rötliche Licht des Feuers flackerte die Wände hinauf und warf tiefdunkle, samtene Schatten auf den Boden. Da wurde Rhonwen klar, daß Eleyne doch nicht allein war. Ein Mann stand nahe bei ihr in dem dunklen Schatten neben ihrem Bett. Rhonwen rang so heftig und schmerzhaft nach Luft, daß Eleyne und der Mann es hören mußten, trotzdem wandten sie sich nicht nach ihr um.

Wo mochte er die ganze Zeit gesteckt haben? War er schon im Zimmer gewesen, als sie es mit Meg zusammen betreten hatte? Sie merkte nicht, wie sich die Haare in ihrem Nacken und an ihren Armen aufrichteten, als Eleyne langsam auf ihn zuging, ganz so, als wandele sie im Schlaf. Rhonwen sah von der fremden Gestalt nicht mehr als einen dunklen Schatten vor der Dunkelheit der Bettvorhänge, als der Mann die Arme ausbreitete und um Eleyne schloß.

Ein brennendes Scheit stürzte in die Glut, Rhonwen zuckte zusammen, als ein Funkenregen in den Kamin hinaufjagte, aber weder Eleyne noch ihr Geliebter bewegten sich. Sie waren ganz und gar nur miteinander beschäftigt. Rhonwen beobachtete sie fasziniert, teils schämte sie sich ihrer Lüsternheit, aber sie war nicht fähig, ihre Augen von diesem Anblick zu lösen, bis Eleyne sich schließlich von ihm abwandte. Mit traumwandlerischen Bewegungen begann Eleyne sich auszuziehen. Der Mann machte keine Anstalten, ihr dabei zu helfen. Er war beiseite getreten, und Rhonwen mußte ihre Augen sehr anstrengen, um sicher zu sein, daß er noch da war. Sein Schatten verschmolz mit den Vorhängen des Bettes. Eleynes Kleid fiel zu Boden, und Rhonwen sah das weiße Leuchten ihrer Arme, als sie die Hände hob, um ihre Zöpfe zu lösen. Sie schüttelte das Haar, so daß es ihr auf die Schultern hinabfiel, dann zog sie sich das Hemd über den Kopf und streckte sich träge und sinnlich, als ob sie ihre Reize zur Schau stellen wollte; die Kleider fielen ihr zu Füßen. Rhonwen sah, daß auch er nackt war. Auf einmal prickelte ihr warnend die Kopfhaut. Sie hatte nicht gesehen, daß er sich ausgezogen hatte; sie hatte nicht gesehen, daß er sich überhaupt bewegte.

Irgendwie fürchtete sie sich plötzlich sehr. Nicht ein einziges Mal hatte sie sein Gesicht gesehen. Sie hatte keine Ahnung, wer er war, und sie merkte, daß sie, halb vor Kälte und halb vor Entsetzen, zu zittern angefangen hatte.

Das Zimmer wurde dunkler, als das Feuer herunterbrannte; sie konnte die beiden jetzt kaum mehr sehen. Sie standen immer noch da, einer in den Armen des anderen verloren, als zögerten sie beinahe, sich aufs Bett zu werfen und den Akt zu vollziehen, zu dem ihre Leidenschaft sie führen mußte. Rhonwens Kehle war nun sehr trocken geworden und das Zimmer so kalt, daß sie ihre Füße nicht mehr spürte. Sie sah sehnsüchtig zum Feuer hin, und fast als Antwort auf ihr Verlangen nach

Wärme stürzte ein brennendes Scheit von dem aufgeschichteten Holzstoß. Eine Flammenzunge loderte empor und tauchte den Raum in ein helles, bernsteinfarbenes Licht. Rhonwen sah zum Bett und erkannte sein Gesicht.

Für einen Augenblick war ihr Entsetzen so groß, daß sie nicht mehr atmen konnte. Sie vergaß, daß sich ihre Hände am Vorhang festhielten, und als sie einwärts kippte, stolperte sie, fiel hin und riß die Vorhänge auf. Stöhnend brach sie zwischen den beiden Fensterbänken zusammen und legte schützend die Arme um den Kopf.

Eleynes Stimme war scharf vor Zorn: »Was machst du denn da? Steh auf!«

Rhonwen hob den Kopf und suchte in wildem Entsetzen den toten König. Er war fort. Eleyne stand vor ihr, allein. Sie hatte ihr Bettgewand angezogen, ihr Gesicht war weiß vor Wut. Rhonwen sah den Phönix zwischen ihren Brüsten funkeln.

»Seit wann bist du hier?«

Rhonwen zitterte so furchtbar, daß sie nicht zu stehen vermochte. »Ich habe geschlafen. Ich muß eingeschlafen sein, während ich auf dich wartete …« Sie suchte nach Ausreden, während ihr noch all das, was sie gesehen hatte, durch den Kopf blitzte. »Bitte entschuldige, Cariad, ich muß von der Fensterbank heruntergefallen sein. So etwas Dummes.« Sie kniete zu Eleynes Füßen, Tränen liefen ihr über das Gesicht. Sie hob jammernd die Hände empor, Eleyne nahm beide Hände, ihr Gesicht besänftigte sich.

»Du hast die ganze Zeit geschlafen?« Es klang, als wäre sie erleichtert.

Rhonwen nickte heftig, sie konnte Eleyne nicht in die Augen sehen. »Ich habe geträumt. Mir träumte, ich hörte Musik, dann wachte ich auf und lag am Boden. Bitte verzeih mir, ich muß dich so erschreckt haben.« Sie war verzweifelt darum bemüht, sich zusammenzureißen. Sie hatte gewußt, daß der König Eleyne besuchte, aber ihn mit eigenen Augen als richtigen Mann zu sehen, der sie in die Arme nahm … bei diesem Anblick hatte sie der Schock überwältigt. Er war immer noch ein Mann, und er konnte Eleyne wie ein Mann lieben. Rhonwen stöhnte, als sie sich mühsam aufrichtete und mit steifen Gliedern zum Feuer wankte.

»Es ist sehr kalt in deinem Zimmer, Cariad«, sagte sie, und ihre Stimme zitterte.

»Weil es mitten in der Nacht ist«, sagte Eleyne verständnisvoll und wieder versöhnt. »Ich bringe dich zu deinem Zimmer und passe auf, daß du auch wirklich zu Bett gehst.« Sie bückte sich und warf noch ein Scheit ins Feuer. Es brannte jetzt hell. Das Licht breitete sich bis in die dunklen Ecken nahe dem Bett aus. Es war niemand dort. Nichts war dort, nicht einmal ein Schatten.

Dreiundzwanzigstes Kapitel

I

Drei Nächte vergingen, bis Alexander zurückkam. Rhonwen beobachtete Eleynes Gesicht, sie ging ihr nach, sie lauerte ihr auf, so wußte sie es, als er wieder da war. Aus der Dunkelheit der Hauswand erkannte Rhonwen die traumwandlerische Zufriedenheit in Eleynes Augen, sah die schwere Sinnlichkeit ihres Körpers, als sie über den Hof zum Stall ging.

Rhonwen lief mit schmalen, zusammengepreßten Lippen die Wendeltreppe hinauf zu Eleynes Schlafzimmer. Es war leer, wie sie es erwartet hatte. Sie trat leise ein, schloß die Tür hinter sich und schob den Riegel vor. Der Holzstoß im Kamin war aufgeschichtet, um den ganzen Tag vor sich hinzuschwelen. Die Fensterläden waren geöffnet und der schwere Vorhang vor der Fensternische zurückgezogen. Draußen regnete es, und ein trübes Licht drang in den Raum. Es fiel auf den Fußboden zum Bett hin und spielte mit den Vorhängen.

Rhonwen ging auf die Schlafstatt zu, dorthin, wo sie die große, schattenhafte Gestalt gesehen hatte, sie bezwang ihre Angst. Die Zimmermädchen hatten das Bett sehr ordentlich hergerichtet, sie glätteten die Tücher und Decken jeden Morgen. Die dicke, mit Stickereien versehene Tagesdecke lag darauf. Von Eleynes nächtlichem Gefährten war nichts zu sehen.

»Seid Ihr da?« murmelte Rhonwen laut. Sie wartete, halb ängstlich, halb erleichtert über die hallende Leere und Stille des Zimmers. »Wo seid Ihr?« Sie lauschte wieder und spähte umher. »Ich bin auf Eurer Seite. Ich weiß, wie sehr Ihr sie geliebt habt, ich habe es von Anfang an gewußt. Sie kann Euch immer noch ein Kind gebären.« Sie sank langsam auf die Knie.

»Ich helfe Euch, ich tue alles, was Ihr wollt. Einion Gweledydd hatte recht, nicht wahr? Sie wird Euch ein Kind gebären. Euer Sohn wird sterben und keinen Erben hinterlassen, und dann werdet Ihr meine Eleyne, meine Cariad brauchen. Dann werdet Ihr ihr ein Kind schenken, und ich werde mich seiner annehmen. Ich nehme mich all ihrer Babys an. Wenn ich damals bei ihr gewesen wäre, dann wären Eure kleinen Buben nicht gestorben.« Das dünne Tageslicht lag wie ein flacher See auf dem Fußboden. Im Kamin rauchte das Feuer. Das Schlafzimmer war leer.

»Hört auf mich!« schrie sie. »Bitte! Hört auf mich!«

Sie erhob sich und eilte zum Schmuckkasten, der auf dem Tisch stand, sie warf den Deckel zurück. Sie wühlte in Eleynes Juwelen herum, ihre arthritischen Finger waren steif vor Kälte, aber schließlich fand sie den Phönix. Sie drückte ihn mit einem Triumphschrei an sich und wandte sich wieder dem Bett zu. »Seht Ihr, ich habe ihn! Hiermit ruft sie Euch herbei, nicht wahr? Es ist Euer Talisman. Und sie ahnt nicht, daß ich es weiß. Sie hält mich für eine törichte, alte Frau, aber das bin ich nicht.« Rhonwen kniff listig die Augen zusammen. »Ich sehe alles und ich warte ab. Ich bin Eure Dienerin, allergnädigster König.« Sie war außer Atem. Bewegte sich da endlich etwas, dort nahe an der Wand, hinter den schweren, säulenartigen Falten des Bettvorhangs? »Ich tue alles, was Ihr verlangt.« Unter Schmerzen kniete sie nieder und sprach zum Vorhang. »Ich beseitige den Grafen für Euch.« Ihre Stimme wurde leiser. »Ich kenne Gifte, von denen niemand etwas ahnt, ich habe sie schon früher angewendet, um ihr zu helfen. Sie wird nicht wissen, wie es geschehen ist, aber sie wird frei sein. Sie wird Euch allein gehören.« Rhonwen betrachtete den emaillierten Phönix in ihrer Hand mit kokettem Augenaufschlag. »Mein hübscher Vogel. Du wirst uns helfen, nicht wahr? Du wirst deinem König und seiner Lady dienen und sie zusammenbringen.« Sie legte den Kopf schief auf die Seite. »Aber jetzt muß ich dich wegtun. Wir wollen doch nicht, daß jemand von unserem Geheimnis erfährt, nicht wahr?« Sie erhob sich wieder. »Niemand außer dir, mir, dem König und meiner süßen Lady darf davon wissen.«

Hylde führte ihr Auge näher an das Schlüsselloch der Tür heran. Sie sah die alte Frau deutlich vor dem Bett knien, aber hören konnte sie nichts, denn Rhonwen war zu weit von ihr entfernt. Nur einmal hatte sie ihre Stimme erhoben. »Hört auf mich«, hatte sie gerufen. »Bitte hört auf mich!« Sie flehte irgend jemanden an. Hylde preßte sich noch näher an die Tür. Wer war dort mit ihr zusammen in dem Zimmer? Hylde hegte Rhonwen gegenüber ein tiefes Mißtrauen. Von Meg hatte sie erfahren, daß die alte Frau sich drei Nächte zuvor im Schlafzimmer ihrer Herrin versteckt hatte, und Hylde beobachtete die unheimliche Alte seither noch argwöhnischer als ehedem. Die Hexe führte etwas im Schilde.

Hylde sah etwas in Rhonwens Hand funkeln, als sie sie bittend emporhob. Sie hielt es, wie andere Leute ein Kruzifix oder einen anderen heiligen Gegenstand hielten – um das Böse abzuwehren. Aber gab es dort unter den Juwelen ihrer Herrin überhaupt ein Kruzifix? Sie hatte nie eines erblickt, abgesehen von dem geschnitzten Kreuz, das sie manchmal an ihrem Rosenkranz trug. Hylde bekreuzigte sich und wünschte, sie könnte denjenigen sehen, mit dem Rhonwen sprach. Sie merkte, daß sie zu zittern angefangen hatte, und warf einen Blick hinter sich. Die gähnende Wendeltreppe, die von unten her schwach erleuchtet war, konnte sie nur ein Stück weit erkennen. In der Stille hörte sie das sanfte, klagende Geräusch des Windes.

Als Rhonwen das Zimmer endlich verließ, verbarg sich Hylde in der Dunkelheit der nach oben führenden Treppe. Sie wartete, bis Rhonwens schlurfende Schritte in der Ferne verhallt waren, dann ging sie auf Zehenspitzen hinunter. Nur eine einzige Person, nämlich Rhonwen, hatte das Zimmer verlassen. Die andere, mit der sie geredet hatte, mußte also noch drinnen sein.

Hylde überlegte nicht lange, sondern riß die Tür auf. »Was tun Sie im Zimmer meiner Lady …« Sie blieb wie angewurzelt stehen und sah sich um. Das Zimmer war leer. Aber es war doch jemand mit Rhonwen zusammen darin gewesen? Die alte Hexe hatte sich mit Sicherheit nicht allein darin aufgehalten. Hylde fing an, systematisch den Raum zu durchsuchen. Zuerst die Garderobe, dann die Truhen, sodann die Fensternische, die Lücke hinter dem Bett, die schweren Bettvorhänge. Sie kroch sogar ein Stück weit in den Kamin hinein und lugte durch den Rauch hinauf in den Schornstein. Es war niemand da. Das Zimmer war leer.

Die Härchen auf ihren Armen prickelten vor Angst. Sie ging zum Schmuckkasten und zog die Haspe zurück: unverschlossen, trotz ihrer Warnungen – dann hob sie den Deckel auf und starrte den Wirrwarr aus Broschen, Ketten und Ohrringen an, der darin lag. Ganz unten, eingewickelt in Seidentücher, fand sie zwei Anhänger. Sie hatte die Countess nie einen von ihnen tragen sehen, aber einmal hatte sie sie ausgewickelt, um sie Hylde zu zeigen: einen phantastischen, funkelnden Phönix mit Juwelenaugen, der aus einem Nest aus Flammen sprang, und ein schönes tänzelndes Pferd. Ebenfalls am Grunde des Kastens eingewickelt lag ein kleiner goldener Ring, in den etwas eingraviert war. Genau wie sie es sich gedacht hatte, war kein Kruzifix darin und auch kein Ring, der eine heilige Reliquie enthielt. Sie klappte den Deckel wieder zu und zog die Haspe durch die Öffnung. Nun blieb nur noch eine Erklärung übrig für das, was Rhonwen getan hatte: Sie hatte Hexerei betrieben und etwas oder jemanden mit einem Zauberbann belegt.

Hylde vertraute sich an diesem Abend Eleyne an, die sich gerade zum Essen umzog. Sie scheuchte die anderen Damen fort, bevor sie ihr berichtete, daß sie Rhonwen belauscht und beobachtet habe. Rhonwen hätte sich drei Nächte zuvor in ihrem Schlafzimmer versteckt. Sie rechnete mit einer Reaktion auf diese Enthüllungen und wurde auch nicht enttäuscht: Eleynes Gesicht zeigte abwechselnd Angst und Wut, bis sie sich endlich zu beherrschen vermochte.

»Sie hat einen Zauber angewendet, meinen Sie?«

Hylde zuckte die Achseln. »Sie hat laut geredet, Mylady, und etwas vor sich hingehalten – etwa so.« Und sie hielt sich die Hand vor die Nase. »Es klang, als ob sie jemanden anbettelte. Ich habe das Zimmer durchsucht, aber es war niemand darin.« Sie sah sich ängstlich um und wußte, daß ihre Arme wieder eine Gänsehaut bekommen hatten.

Eleyne raffte den Mantel um die Schultern und wandte sich ihrem Schmuckkasten zu. Hylde beobachtete sie. Würde die Lady es merken, wenn jemand darin herumgewühlt hatte? Aber Eleyne nahm nur eine Spange heraus, um den Mantel zu befestigen, und ließ den Deckel wieder auf den Kasten fallen, ohne noch einen Blick hineinzuwerfen.

»Erzähle es niemandem«, sagte sie zu Hylde. »Ich werde mit ihr reden. Wenn sie Zaubersprüche aufsagt, damit ich in meinem Alter noch ein Kind bekomme, werde ich wütend auf sie sein.« Sie lächelte. »Ich liebe meine Kinder sehr, aber falls die Heilige Mutter Gottes es für richtig hält, mich endlich unfruchtbar zu machen, dann soll es so sein. Ich werde mich nicht beklagen.«

Damit mußte sich Hylde zufriedengeben.

II

Eleyne rief Rhonwen noch am selben Abend nach dem Essen zu sich ins Schlafzimmer. Sie entließ ihre anderen Damen und wandte sich sofort der alten Frau zu, als sie allein waren.

»Ich höre, du hast mir nachspioniert. Warum?« Ihre Augen waren hart. Rhonwen war der einzige Mensch, den sie nicht täuschen konnte.

Rhonwen ließ sich langsam am Feuer nieder und sah Eleyne an. »Ich weiß es.«

»Was weißt du?«

»Ich habe ihn gesehen.«

Ein langes Schweigen folgte, während Eleyne nicht die Augen von ihr abwandte und zu begreifen versuchte, wovon sie sprach.

»Wen hast du gesehen?« fragte sie.

»Den König«, flüsterte Rhonwen. »Keine Angst, Cariad, dein Geheimnis ist bei mir sicher. Du bist für große Dinge auserwählt, und ich kann dir helfen.« Sie lächelte zuversichtlich. »Ich habe mit ihm gesprochen, verstehst du. Ich habe ihm gesagt, daß ich dir helfen würde ...«

»Du hast mit ihm gesprochen?« Eleyne war kreideweiß. »Du hast ihn gesehen?«

Rhonwen nickte stolz. »Er wird dich schwängern, Cariad, du wirst sein Kind austragen, seinen Sohn. Er wird König werden, genau wie Einion Gweledydd es prophezeit hat. Er hat damals die Wahrheit verkündet. Siehst du?«

»Ich werde sein Kind austragen?« Eleyne starrte sie ungläubig an. »Nein, du verstehst das nicht richtig – so ist das nicht mit ihm. Er ist nicht wirklich.« Sie rang verzweifelt die Hände. »Du hättest mir nicht nachspionieren dürfen, Rhonwen. Das war nicht recht von dir. Und du weißt es.«

Rhonwen schüttelte den Kopf. »Er hat sich gefreut. Er braucht mich, um Lord Fife loszuwerden. Wir müssen uns seiner entledigen, Cariad. Er steht uns im Weg.«

»Nein!« Eleyne hockte sich neben sie und nahm ihre Hände. Rhonwen sah jetzt wie eine alte Frau aus, nur ihre Augen waren unverändert – es waren die kalten, ruhigen Augen einer Fanatikerin. Als Eleyne diese Augen sah, bekam sie Angst. »Rhonwen, du darfst Lord Fife nichts antun. Du hast doch nicht schon etwas vorbereitet, wie?«

Rhonwen schüttelte den Kopf. »Sobald der Earl aus dem Weg ist ...«

»Er kommt bald zurück. Und ich möchte nicht, daß ihm ein Leid geschieht, verstehst du mich?« Eleyne umklammerte ihre Hände. Sie fürchtete sich – nicht vor dem, was Rhonwen wußte, sondern vor dem, was sie tun könnte. Schon der Gedanke, wozu Rhonwen fähig war, erschreckte sie. »Er hat mich Alexander nicht weggenommen, das war Robert. Malcolm ist der Vater meiner Kinder, und wenn – falls! – ich noch ein Kind bekommen sollte, würde in den Augen der Welt natürlich Malcolm der Vater sein. Was wäre aber, wenn ich als Witwe schwanger würde und dann ein Kind zur Welt brächte? Denke mal darüber nach, Rhonwen, was man dann über mich sagen würde!«

»Aber der König ...«

»Überlasse den König mir, liebe Rhonwen.« Eleyne gab ihr einen Kuß auf die Stirn. »Und jetzt geh ins Bett und laß mich allein. Ich möchte nichts mehr davon hören, verstehst du?«

Rhonwen richtete sich langsam auf. »Wenn du mich brauchst ...«

»Wenn ich deine Hilfe brauche, rufe ich dich. Ich verspreche es.«

Eleyne saß lange Zeit da, nachdem Rhonwen gegangen war. Nicht ein einziges Mal starrte sie in die Schatten. Sie fröstelte und setzte sich näher ans Feuer. Wenn Rhonwen ihn tatsächlich gesehen hatte, dann wurde er stärker. Plötzlich fürchtete sie sich.

III

Oktober 1263

Die Nachricht, die Malcolm mitbrachte, verdrängte alle anderen Gedanken aus Eleynes Kopf.

»Das kannst du nicht tun!« Sie sah ihren Gatten entsetzt an. »Eine eheliche Verbindung mit den Durwards ist völlig unmöglich!«

Malcolm machte ein böses Gesicht. »Es ist alles schon arrangiert!«

»Dann mußt du absagen. Mein Sohn wird nicht die Tochter dieses machtgierigen Lügners, dieses betrügerischen Emporkömmlings heiraten!«

»Ich habe dir gerade gesagt, Eleyne, es ist alles schon arrangiert!« Malcolms Gesicht wurde dunkel vor Zorn. »Ich möchte, daß er sie heiratet.«

»Nun, und ich möchte es nicht!« entgegnete sie. »Du weißt doch, Malcolm, was das für Leute sind!«

»Die kleine Anna ist die Enkelin des verstorbenen Königs«, sagte Malcolm mit einem sanften, schmeichlerischen Ton. Seine Augen funkelten. »Das sollte dir gefallen.«

»Mir gefallen?« Eleyne fragte sich einen Augenblick, ob er es vergessen hatte, oder ob er sich dumm stellte. »Ihre Mutter war ein Bastard von King Alexander!« Sie machte eine Pause und fürchtete sich plötzlich, weil sie seinen Namen ausgesprochen hatte. »Und wie kann es mir gefallen, daß dieser erbärmliche Durward, der sich in den Adel einzuschleichen trachtet, zu dem er nicht gehört, sogar mit Hilfe des Papstes die Grafschaft von Mar an sich zu reißen versucht hat? Was er natürlich mangels Legitimität rasch wieder aufgeben mußte.« Sie war blaß geworden vor Zorn.

»Du setzt dich so energisch für die Grafschaft von Mar ein, Liebes.« Malcolm packte sie beim Handgelenk und zog sie heftig an sich. »Ich dachte, diese Narrenposse mit Donald of Mar ist längst ausgestanden. Könnte es sein, daß ich mich irre? Was geht dich das überhaupt an, wem die Grafschaft von Mar gehört?«

»Nichts!« schrie sie wütend. »Aber ich sehe, wozu dieser Durward fähig ist, daß er es jetzt auf eine der ältesten Grafschaften Schottlands abgesehen hat. Bist du blind? Nachdem es ihm mißlungen ist, Mar zu ergaunern, schenkst du ihm Fife!«

»Seiner Tochter«, knurrte Malcolm. »Sie soll es haben, mit meinem Segen!«

IV

FIFE

Der Weg wurde schmaler, als sie sich dem Rand der niedrigen Klippen näherten. Unter sich, durch die Bäume hindurch, sah sie die glänzende Wasserfläche des Firth of Forth. Die Wellen glitzerten im eisigen Wind, der die weißen Schaumkronen in die schmale Bucht hineintrieb. Ihr wilder Ritt hatte sie in die Küstengegend nahe Macduffs Burg gebracht.

Am Ende der Bucht wurden die niedrigen Klippen immer flacher und liefen dann wie große schwarze Rippen ins Meer hinaus. Sie kniff die Augen zusammen gegen das grelle Licht des Himmels und sah draußen die Insel May und noch weiter dahinter den vom Nebel umhüllten Buckel des Bass-Felsens liegen. Ihre Ohren waren vom Rauschen des Windes und der Wellen erfüllt, sie horchte, ob sie noch etwas anderes hören konnte. Sie sah sich um. Es war niemand da. Nichts als der Wind, der die Birken und Erlen schüttelte, ihre beiden Hunde Raoulet und Sabina und das ungeduldige Pferd. Sie ließ den

Zelter im Schritt weitergehen, und nach kaum einer Viertel-
meile entdeckte sie den Pfad. Er führte im Zickzack am Fels-
abhang hinunter bis zum Strand. Sie glitt vom Sattel, band das
Pferd an einen Baum und rief die Hunde zu sich, bevor sie hinabzusteigen begann. Sie rutschte manchmal auf der losen Erde
und dem Sand aus, mußte sich an den harten Grasbüscheln
festhalten, um nicht das Gleichgewicht zu verlieren, und immer waren ihre Ohren von dem Lärm der heranrauschenden
und wieder zurückweichenden Wellen des Meeres erfüllt.

Der Junge war an ihrer Seite, noch bevor sie ihn bemerkte,
er rannte mit nackten Füßen auf sie zu. Er verbeugte sich, betrachtete mißtrauisch die großen Hunde und blieb in gehöri-
gem Abstand vor ihr stehen.

»Mein Master heißt Sie willkommen, Mylady«, grinste er, es
war das freche Grinsen eines schmutzigen Gesichts, in dem
zwei blaue Augen leuchteten. Er winkte ihr zu, daß sie sich zu
dem Felsen begeben solle, als ob es sich um das Vorzimmer eines Audienzsaals handelte. Ihr war fast so, als ob man sie bereits erwartete! Eleyne lächelte ihm verwundert zu, sie mochte
seinen frechen, herausfordernden Blick.

»Und wer ist dein Master, junger Sir?« Sie hatte es schon erraten, aber sie wollte sicher sein. Sie legte ihre Hand auf Raoulets Kopf, als er ein leises Knurren von sich gab. Die Augen
des Jungen wanderten zu dem Hund, sie sah ihn nervös werden und zögern. »Er tut dir nichts«, versicherte sie.

Er wagte vorsichtig einen Schritt auf sie zu. »Mein Master ist
der größte Zauberer in Schottland.« Er wandte seine Augen
nicht von Raoulets Zähnen ab, während der Hund gleichmäßig hechelnd an Eleynes Seite saß.

Erleichtert, daß sie Adam, den Seher, so schnell gefunden
hatte, sah sie sich um. Die Höhle, in der er die Sommermonate
verbrachte, hatte früher Michael, seinem Lehrer, gehört und
vor ihm wahrscheinlich einer langen Reihe von Sehern und
heiligen Männern. Sie kam zu ihm, um ihn über das Schicksal
Colbans, ihres Sohnes, zu befragen. Die Entscheidung Malcolms, ihn mit der Tochter Durwards zu verheiraten, hatte sie
in große Sorge gestürzt. Nun erhoffte sie sich von dem Seher
Aufschluß über die Zukunft und Rat.

»Erwartet mich dein Master etwa?« fragte sie den Jungen.

»O ja.« Der Junge nickte heftig. »Er sagte, heute träfen zwei Bestimmungen zusammen.« Er wiederholte diesen Satz. »Er hat die Konjunktion schon vor vielen Monaten in den Sternen gesehen und dann wieder, als er die Zeichen deutete.« Dem Jungen schwoll die Brust im Gefühl der eigenen Wichtigkeit. »Ich habe Lord Donald geholt. Ich bin auf dem Maultier nach Dunfermline geritten und habe die Botschaft in die Halle des Königs gebracht.«

»Lord Donald?« wiederholte Eleyne. Ein Knoten der Aufregung zog sich in ihrem Bauch zusammen.

Sie rannte den Strand hinauf, in die Richtung, aus der der Junge gekommen war, die beiden Hunde liefen bellend neben ihr her. Ihre Schuhe füllten sich mit Sand, und sie stolperte über ihre Röcke, als sie keuchend auf die Stelle unterhalb der niedrigen Felsen zustürmte, an der sie schon den Eingang zur Höhle entdeckt hatte.

Drinnen war es dunkel, sie stand still, sah gar nichts mehr nach dem blendenden Sonnenschein. Aber als ihre Augen sich an das Dämmerlicht gewöhnten, entdeckte sie einen schwachen Lichtreflex an der Wand, die vor ihr lag. Die Höhle führte unter den Felsen und bog dann im rechten Winkel zur Seite ab. Eleyne schnalzte mit dem Finger, so daß die beiden Hunde sich sofort hinter sie begaben und dann im Sand des Höhlenbodens niederließen, um auf sie zu warten. Sie schritt auf Zehenspitzen vorwärts. Das Herz schlug ihr bis zum Hals, als sie die Biegung erreichte und einen Blick um die Ecke warf. Die Wände der Höhle waren mit seltsamen Zeichen bedeckt – es waren Symbole der alten Götter, aber auch frühe christliche Kreuze. Es war dies lange ein ganz besonderer, heiliger Ort gewesen. Die beiden Gestalten, die sich über einen aus Treibholz gefertigten Tisch beugten, schienen in Gedanken versunken zu sein und sich auf etwas zu konzentrieren, das sie nicht erkennen konnte. Adams große, hagere Gestalt war von ihr abgewandt, den anderen Mann aber sah sie von vorn und starrte ihn an. Sein von der flackernden Kerze erhelltes Gesicht war deutlich zu erkennen. Donald of Mar zeichnete etwas mit dem bloßen Finger auf den Tisch.

Ihr Herz tat weh vor Sehnsucht nach ihm. Er hatte sich in den letzten sechs Monaten verändert. Seine Schultern waren noch breiter geworden, sein Gesicht wirkte ernster und herrischer, es hatte, wie sie mit Bedauern feststellte, den früheren verträumten, sehnsüchtigen Ausdruck zum Teil verloren.

»Bitte kommen Sie herein, Mylady.« Adam hatte sich nicht umgedreht, aber seine Stimme hallte durch die Höhle. »Wir haben Sie erwartet.«

Sie näherte sich ihm gehorsam, wie unter Hypnose, und stand im Kerzenlicht, ihre Augen ruhten auf Donalds Gesicht. Sie sah, daß seine Augen schmal wurden, obwohl er nicht überrascht zu sein schien, sie wiederzusehen.

»Woher wußten Sie, daß ich komme?« Zu ihrer Verwunderung war ihre Stimme ganz ruhig.

Endlich richtete sich Adam auf. »Es stand geschrieben. Ich habe mir erlaubt, dem Schicksal nachzuhelfen, indem ich Vorkehrungen traf, daß Lord Donald hierherkam, um Sie zu erwarten. Die Zeit ist knapp. Man darf nichts dem Zufall überlassen.«

»Das klingt so, als ob Sie nichts von Zufällen halten«, erwiderte sie leise. Sie spürte, daß in ihrem Innern etwas Sonderbares vor sich ging: als ob ein großer Eisblock in ihr schmolz. Der Schmerz, den sie nach der schrecklichen Nacht in Macduffs Burg, als Donald sie verlassen hatte und in die großen, dunklen Berge des Nordens zurückgekehrt war, so sorgfältig in ihrem Inneren versteckt und vergraben hatte, löste sich in einer eigentümlichen, halb träumerischen Wärme auf.

Adam verschränkte streng die Arme vor der Brust. »Man kann die Götter behindern, genauso wie man ihnen helfen kann. Zu trotzen vermag man ihnen aber niemals. Manchmal stimmt das Schicksal eines Menschen nicht mit dem eines anderen überein; der eine Mensch stirbt, und ein anderer muß in die entstandene Lücke treten, um sein Schicksal zu erfüllen. Alle aber folgen sie am Ende dem vorgeschriebenen Weg.«

Sie schwiegen. Vom Kerzenlicht geblendet, sahen Eleyne und Donald einander an.

»Und mein Schicksal ist hier?« fragte Eleyne schließlich.

»Ihr Schicksal ist in Mar«, sagte Adam langsam.

V

Es war zwei Tage später.

Malcolm schritt in der großen Halle zu Falkland auf und ab. »Um der lieben Heiligen Jungfrau willen, sie kann doch nicht von der Erdoberfläche verschwunden sein.«

»Sie hat ihre Hunde mitgenommen, Mylord.« John Keith stand vor dem Earl, sein Gesicht war von Sorgenfalten zerknittert. »Mit diesen großen Bestien an ihrer Seite ist sie nicht in Gefahr. Die beschützen sie, es gibt keinen Grund zur Beunruhigung. Sie wurde vom Unwetter überrascht und hat irgendwo Zuflucht gesucht, das ist alles. Es gibt ja zahllose Orte dieser Art, an die sie sich begeben haben kann.«

Draußen rollte der Donner wieder um die Lomondberge herum und brachte die Fensterscheiben zum Erzittern. Im Forst nördlich der Burg riß der Wind die Blätter von den alten Eichen und wirbelte sie wie federleichte Goldstücke durch die Luft, bis sie in durchweichten Haufen aufeinanderlagen. Sir Alan Durward stand am Kamin und wärmte sich die Hände. »Sie schmollt. Das haben Sie selbst gesagt. Sie wird zurückkehren, wenn sie merkt, daß die Hochzeit stattfindet, ob es ihr nun gefällt oder nicht.« Colban saß unruhig an einem Tisch und versuchte sich auf ein Puffspiel mit seinem Bruder zu konzentrieren. Macduff schlug ihn mühelos.

Durward und Malcolm hatten gerade das Hochzeitsdatum festgesetzt. In drei Wochen sollte die Ehe geschlossen werden.

Malcolm runzelte die Stirn. Etwas stimmte nicht, er konnte das spüren. Und es war mehr, als daß Eleyne und er sich gestritten hatten. Etwas Atmosphärisches hatte sich verändert. Ein Blitz erleuchtete die hohen, schmalen Fenster der großen Halle, dann folgte ein Donnerschlag.

Sie kam drei Tage später zurück. Dabei zeigte sie keinerlei Reue und weigerte sich, ihm zu sagen, wo sie gewesen war. Aber in ihrem Schritt war eine neue Beschwingtheit, ihre Haut hatte einen rötlichen Schimmer, was seine alte Begierde wieder weckte. Seine Frau strahlte vor Glück.

VI

Colbans Vermählung mit Anna Durward fand an einem stürmischen Tag Ende Oktober statt. Die Braut war eine dicke, fröhliche Vierzehnjährige; der aufgeregte, selbstbewußte Bräutigam, der sich seiner Tüchtigkeit rühmte, war gerade zwölf. Schon nach wenigen Monaten verkündete seine Frau, daß sie schwanger war.

Donald fand das ungeheuer lustig. »Warum schockiert dich das denn so?« Er streichelte Eleynes Schultern, während sie auf dem Fußboden vor dem Feuer in Macduffs Burg saß und sich an seine Knie lehnte – dort, wo sie zum letztenmal zusammen gewesen waren. Die Decken vor dem Kamin, auf denen sie sich geliebt hatten, waren zerwühlt. Das Licht des Feuers flackerte über ihre nackten Leiber, die ruhig und entspannt waren. Er sah ihre schweren Brüste, das runde Fleisch ihrer Schenkel und spürte, daß die Erregung in ihm wieder mächtig wurde. Ihr Körper war fest und hart; ihre Figur war die einer Frau Mitte Zwanzig, aber es war ihre Reife, die ihn entflammte. Der muntere Charme eines jungen Mädchens wie Anna Durward hätte keinerlei Begehren in ihm hervorgerufen.

»Ich nehme an, es schockiert mich, weil Colban immer noch mein Kind ist. Es ist doch erst gestern gewesen, daß er mein Baby war.« Sie zuckte die Achseln. »In meinen Augen ist er noch kein Mann.«

»Er ist kein Mann«, schnaufte Donald spöttisch. »Er ist ein frühreifer Knabe, aber er wird bald ein Mann sein. Laß ihm ein bißchen Freiheit, dann findet er sich schon zurecht.« Seine Hände glitten verlangend über ihren Körper.

Viel später, schläfrig und erschöpft, wandte sie sich ihm wieder zu. »Warum bist du nicht früher zurückgekommen, wenn du mich immer noch liebtest?«

»Ich bin nach Kildrummy geritten und habe versucht, dich zu vergessen. Ich habe meinem Vater gehorcht. Ich hatte wohl Angst.«

Eleyne richtete sich vom Boden auf, so daß sie sein Gesicht sehen konnte. »Jetzt hast du keine Angst mehr?«

»Ich habe nie aufgehört, an dich zu denken, so sehr ich mich auch dagegen gesträubt habe. Manchmal bist du mir bei Hofe begegnet. Oh, ich habe aufgepaßt, daß du mich nicht sahst, aber ich habe dich oft gesehen. Und in meinen Träumen habe ich mit Alexander um dich gerungen. Es war ein Zweikampf in den Wolken. Ich hatte den Eingang zur Hölle zu suchen und ihm dorthinein zu folgen. Zweimal habe ich Adam um Hilfe gebeten, als ich ihn am Hofe traf, und er deutete mir an, ich hätte einen Platz in deiner Zukunft, welchen aber, das konnte er mir nicht sagen. Damals noch nicht. Jetzt erst ließ er mich holen und erzählte mir, du kämest zu ihm in die Höhle. Die Sterne hätten unsere Vereinigung angezeigt.« Er lächelte. »Er hatte recht. Ich will dich, Nel, und ich bin nicht mehr bereit, ohne dich zu leben.« Seine Finger glitten in ihr Haar. »Ich nehme es mit allem auf, um dich zu behalten.« Sie sah in seinem Gesicht, wie stark und zuversichtlich er jetzt war, als er sich über sie beugte und sie auf die Lippen küßte. »Besucht er dich immer noch?«

Er brauchte ihr nicht zu sagen, von wem er sprach. Es war seltsam, daß keiner von ihnen beiden an Malcolm, ihren Gatten, dachte. Sie nickte und fühlte, wie er erstarrte. »Ich war einsam«, flüsterte sie. »Ich konnte ihm nicht widerstehen.«

»Und du wolltest es auch nicht.« Er sah ihr tief in die Augen.

»Nein, ich wollte es auch nicht, ich konnte es nicht. Ich war verzweifelt, ich hatte das Gefühl, wie unter einem Zauberbann zu stehen, der mich an ihn fesselte.«

»Und wenn ich da bin, wirst du ihn dann immer noch in deinem Bett willkommen heißen?«

Langsam schüttelte sie den Kopf. »Ich will nur dich.«

Keiner von ihnen beiden spürte, wie kalt es mit einemmal in dem Raum wurde.

Rhonwen warf die Kleidungsstücke, die sie aus der Truhe genommen hatte, wieder hinein, ließ den Deckel darauf fallen
und wandte sich der nächsten Truhe zu. Seit mehreren Tagen
durchsuchte sie nun schon Eleynes Habseligkeiten und hatte
ihn immer noch nicht gefunden. Der Phönix war verschwunden. Daß Eleyne ihn nicht mehr trug, hatte sie bereits festgestellt, aber er lag auch nicht im Schmuckkasten, ebensowenig
in der Truhe an ihrem Bett und auch nicht unter ihrem Kopfkissen.

»Ich werde ihn finden, Sire, ich finde ihn für Euch!« so sprach
Rhonwen die Luft irgendwo in der Nähe der Bettvorhänge an.
»Sie liebt Euch noch immer. Sie gehört Euch noch immer.« Der
Regen plätscherte gegen das Fenster, und in der Ferne grollte
der Donner.

Eleyne war so beschäftigt und glücklich und voller Zuversicht, aber Rhonwen spürte, daß sich etwas verändert hatte.
Zuerst glaubte sie, Donald of Mar wäre zurückgekehrt, aber
nichts deutete darauf hin, und Eleyne traf offenbar auch keine
Anstalten, irgendwelche Begegnungen mit ihm zu arrangieren. Rhonwen kam es nie in den Sinn, daß Eleyne sich Hylde
oder Meg anvertrauen könnte, aber nicht ihr.

Am Ende fand sie den Phönix und entnahm das kleine
Päckchen mit einem triumphierenden Lächeln der Truhe im
Söller. Weshalb hatte Eleyne sich eine solche Mühe gegeben, ihn
zu verstecken? Sie wickelte ihn aus, da lag er nun in ihrer Hand,
und das Emaille leuchtete freundlich auf der dunkelblauen
Seide. Es war ihr fast so, als könnte sie das Schmuckstück sum-
men hören von einem eigentümlichen Leben, das es erfüllte.

Sie brachte es in das Schlafzimmer zurück und achtete darauf, daß niemand dort war, der sie belauschen konnte, als sie
die Tür hinter sich schloß.

»Ich habe es!« flüsterte sie, heiser vor Erregung. »Ich habe es
wiedergefunden – für Euch. Jetzt könnt Ihr endlich zu ihr
zurück.« Sie steckte es unter das unterste der Pfühle und Kissen und strich die Tagesdecke glatt.

VIII

Eleyne warf sich unruhig im Bett herum. Das Unwetter war zurückgekehrt, und die Nacht war feucht. Sie hörte den heftigen Regen unablässig auf das Dach der Kapelle prasseln, das unter ihrem Fenster lag.

Bald wollte sie sich wieder mit Donald treffen. Sie wollte zur Abtei von Balmerino reiten und einen Tag mit ihm in einer der nahegelegenen Scheunen verbringen, bevor sie beide wieder in ihr jeweiliges Leben zurückkehrten. Sie seufzte sehnsüchtig, als sie an ihn dachte.

Plötzlich berührte sie etwas an ihrer Schulter – eine Hand, mit einem festen Druck. Sie riß die Augen auf und starrte in die Dunkelheit, da erleuchtete ein Blitz vom Fenster her das Zimmer. Sie richtete sich langsam auf und spürte das angstvolle Pochen ihres Herzens.

»Geh weg!« flüsterte sie. »Bitte.« Wieder zuckte ein Blitz hinter dem Fenster und warf geisterhafte Schatten in den Raum. Sie raffte das Bettuch eng um sich. Es brannte kein Feuer im Kamin. Die Nacht war zu schwül. In den Abständen zwischen den Blitzen des Sommergewitters war das Zimmer so dunkel wie ein Grab.

In der Finsternis kam er zu ihr, seine Lippen befahlen ihr zu gehorchen, seine Hände griffen nach ihr, er war sich seiner Sache sicher. Sie konnte nichts gegen ihn tun, er kannte sie viel zu gut. Ihr Körper fügte sich demütig, sklavisch seinem Drängen. Betäubt von der Hitze der Nacht und den Träumen, die sie erregt hatten, öffnete sie sich ihm. Als sie einschlief, als der Schweiß zwischen ihren Brüsten sie kühlte und ihr Haar feucht auf dem Kissen lag, lächelten ihre Lippen. Donald war vergessen.

IX

Es fiel nicht schwer, den Anhänger am Morgen, bevor die Zimmermädchen das Bett herrichteten, aus seinem Versteck zu entfernen. Rhonwen brachte ihn in den Söller zurück und legte ihn wieder dorthin, wo sie ihn gefunden hatte. Ihr genügte ein Blick auf Eleynes Gesicht, um festzustellen, daß ihre List gelungen war. Es würde nicht schwer sein, den Phönix in der folgenden Nacht wieder unter Eleynes Kissen zu verbergen.

X

Adams Höhle war verlassen. Alles wies auf seine Nähe hin – die sorgfältig zusammengerollte Bettdecke, die Bücher, der Sternhöhenmesser, die Flaschen und Kästen mit den Kräutern – dennoch war von ihm oder seinem Jungen nichts zu sehen. Sie warf einen Blick auf die eingeritzten Zeichen an den Wänden, denen eine sonderbare urtümliche Macht innewohnte, dann kehrte sie zum Höhleneingang zurück und setzte sich in den Sand.

Das Wetter war umgeschlagen, es wehte jetzt ein warmer Südwind über die Wasserfläche des Forth, kräuselte sie und brachte den süßen, würzigen Duft der Pentlandberge mit.

»Guten Tag, Mylady.« Als Adams Stimme neben ihr ertönte, sprang sie erschrocken auf. Leise wie ein Schatten war er hinter ihr aufgetaucht. Er sah ihr bleiches Gesicht, die dunklen Ringe unter ihren Augen und ihre verkrampften Hände, mit denen sie ihren langen Umhang festhielt. »Lord Donald ist nicht bei Ihnen«, stellte er leise fest.

»Nein.« Sie biß sich auf die Lippe, dann streckte sie die Hände nach ihm aus. »Bitte, Sie müssen mir helfen!«

Donald war verschwunden. Sie hatten zwar eine Zusammenkunft vereinbart, aber der Schatten von Alexander stand zwischen ihnen, als sie auseinandergingen.

»Natürlich. Ich helfe gern, Mylady, wenn ich es kann. Bitte kommen Sie herein.« Er deutete auf einen der beiden dreibeinigen Hocker, die an beiden Seiten des Tisches standen. Von dem Jungen war nichts zu sehen.

Sie setzte sich, und ihre grünen Augen starrten seine unergründlich dunklen Augen an. »Es ist der König«, sagte sie.

Adam wich ihrem Blick nicht aus. Sie brauchte ihm nicht zu erklären, von welchem König sie sprach. »Wenn ein Mann eine

Frau von Ewigkeit an geliebt hat, fällt es ihm schwer, sie frei-
zugeben«, sagte er mit einem bitteren Lächeln. »Sie müssen
ihm helfen.«

»Wie? Wie kann ich ihm helfen?« rief sie. »Ich bin zwischen
den beiden hin- und hergerissen, zwischen dem Lebenden und
dem Toten. Ich liebe sie beide, aber …«. Sie stockte.

»Aber Sie ziehen den Lebenden dem Toten vor.« Adam betrachtete die langen braunen Finger seiner Hände, die leicht
gefaltet vor ihm auf dem Tisch lagen. »Und Sie wissen, daß Ihre
Zukunft in Mar liegt.«

Sie nickte.

Er ging zum Ausgang der Höhle, sein langer Schatten fiel
hinter ihm auf den sandigen Boden.

»Ihr Schicksal ist mit dem königlichen Geschlecht und dem
Blut von Schottland verquickt«, sagte er schließlich, kniff die
Augen zusammen und blickte hinaus über das silbrig glänzende Wasser. »Über die Jahrhunderte hinweg verbinden Sie
das alte Blut von Alba – Schottland – und Albion – England mit
dem zukünftigen Schicksal dieses Landes. Ihre Nachkommen
werden einst die halbe Welt regieren.«

Als er so wie ein Schattenriß im Licht vor ihr stand, konnte
sie seinen Gesichtsausdruck nicht erkennen. Das Haar sträubte
sich wirr um seinen Kopf herum, die Sonne hinter ihm ließ es
aufleuchten. »Ich habe die Sterne studiert und tausendmal Ihre
Zukunft gelesen, Lady Fife, aber ich kann Ihnen darüber hinaus keine Einzelheiten mitteilen. Welches Ihrer Kinder Ihr Blut
in die Zukunft tragen wird, vermag ich nicht zu sehen. Ebensowenig kann ich erkennen, ob der Vater ein König, ein Graf
oder ein gemeiner Mann ist. Es tut mir leid.«

»Aber Sie wissen, daß meine Zukunft in Mar liegt? Was für
eine Rolle spielt mein Mann bei alledem? Und mein Sohn und
dessen Frau, die ein Bastard aus königlichem Blut ist? Aus
Alexanders Blut.« Eleyne erhob sich so plötzlich, daß der
Hocker umkippte und in den Sand fiel.

Adam schüttelte den Kopf. Die Schatten hingen schwer über
dem Haus von Fife, so viel hatte er gesehen, aber er beabsichtigte nicht, es ihr zu erzählen. »Ich kann Ihnen nicht mehr verraten«, sagte er. »Es tut mir leid. Sie müssen selbst sehen, wie

Sie Ihren königlichen Liebhaber und Ihren irdischen, Ihren Ehemann und Ihre Söhne und Töchter miteinander versöhnen. Die Götter werden Ihnen den Weg in die Zukunft zeigen. Ich kann es nicht.«

XI
FALKLAND CASTLE * August 1264

Auf Anraten von Sir Alan Durward hatte King Alexander III. sich einverstanden erklärt, Colban, so jung er auch war, die Ritterwürde zu verleihen. Bei dem darauf folgenden Fest saß Eleyne an Malcolms Seite und lächelte ihrem ältesten Sohn mit ungeheurem Stolz zu. Er war groß geworden – größer als seine Frau, die ihn offenbar entzückte. Seit der Geburt von Annas Baby war auch er gereift. Seine Lehrer berichteten, er hätte sich gebessert. Ruhiger war er geworden, auch stritt er sich nicht mehr so heftig wie früher mit seinem jüngeren Bruder. Ihre Augen wanderten zu Macduff hinüber, zu diesem ernsten Neunjährigen, dessen Würde und Zärtlichkeit nichts von der kriegerischen Zukunft erahnen ließ, die Adam ihm prophezeit hatte.

Sie beobachtete ihn wehmütig, entrückt von dem Lärm, der um sie herum immer mehr anschwoll. Der König lachte. Er hatte einen der kostbaren silbernen Kelche erhoben und trank mit Malcolm. Das Licht Hunderter von Kerzen fing und verstärkte sich in dem glänzenden Metall und blendete sie einen Augenblick lang. Sie kniff die Augen zusammen, verwirrt, als der Lärm um sie her verebbte und durch das Brausen der See ersetzt wurde. Sie sah jetzt, wie der Wind sich in dem Haar des Königs verfing und es von seinem Gesicht zurückkriß, sie fühlte, wie der Sturm an seinem Umhang zerrte, sah sein Pferd durch den Regen stürzen und hörte es wiehern, als es bockte und fiel. Sie wollte aufstehen und die Hand nach ihm ausstrecken, da sah sie hinter dem König den Umhang seines Vaters und seines Vaters Hand. Sie zitterte am ganzen Leib, während sie langsam wieder zu sich fand.

»Es ist ja gut, Mylady, ich bin hier.« Die Arme, die sich so fest um ihre Schultern legten, waren Rhonwens. »Niemand hat es gesehen, Cariad, niemand hat es bemerkt.« Sie drückte Eleyne einen Pokal in die Hand. »Atme tief durch und beruhige dich.«

Eleynes Gesicht war naß vor Tränen. »Was war das?« Sie umklammerte das Weinglas, nippte daran und fühlte, wie die Wärme durch ihren eiskalten Körper floß.

»Du hast dein Zweites Gesicht wiedererlangt.« Rhonwen sah sie mitfühlend an. »Die Göttin hat wieder ihre Hand auf dich gelegt.«

»Woher weißt du das?«

»Ich weiß es. Ich habe es hundertmal geschehen sehen.« Rhonwen beugte sich näher zu ihr hin. »Du hast den König angeschaut. Hast du seine Zukunft erblickt?«

Eleyne beobachtete den jungen König, der mit Malcolm of Fife lachte und Späße machte. Ihre Augen trafen sich, und er hob seinen Pokal, um einen Trinkspruch auszubringen, dann wandte er sich wieder ab. Das Kerzenlicht fing sich in den Edelsteinen der Krone, die er trug.

Langsam schüttelte Eleyne den Kopf. »Ich erinnere mich nicht, ich weiß nicht mehr, was ich gesehen habe.«

Der Rauch der Kerzen stieg hoch bis ins Gebälk und verlor sich in der Dunkelheit. Eleyne sah Colban an, ihren Sohn, und legte die Hand an ihren schmerzenden Kopf. Und wenn eines Tages der Sohn ihres Sohnes der König der Schotten würde?

Rhonwen flüsterte ihr ins Ohr: »Mylady, man schaut dich an.« Sie nahm Eleynes Hand und rieb sie warm. »Du bist so blaß, trinke noch etwas Wein.«

Malcolm wandte sich auch um und betrachtete seine Frau. Sein Gesicht war rot von der Hitze und dem Wein. Seine Schmerzen waren neuerdings nicht mehr so schlimm, und er fühlte sich wieder kräftiger. »Geht es dir nicht gut?«

»Ich bin überwältigt.« Eleyne berührte seine Hand mit so etwas wie Zärtlichkeit. »Das ist heute ein großer Tag für uns beide, mein Gatte.«

»Ja, das ist wahr.«

Die letzten Gänge des Mahles wurden hereingetragen. Eleyne war müde und nahm nichts mehr zu sich, halb belustigt sah sie zu, wie an den Tischen unterhalb des königlichen Podestes die Köpfe einer nach dem anderen in die Brotreste und Knochen fielen, die vom Festmahl geblieben waren, und wie sich Schnarchen in die Schreie, das Gelächter und die Musik zu mischen begann. Da bemerkte sie einen Mann, der sich seinen Weg zwischen den Tischen bahnte. Es war lange her, daß sie zum letztenmal die Livree der Countess of Lincoln gesehen hatte. Viele Jahre, seit ihre Nichte sich zum letztenmal dazu herabgelassen hatte, ihre verzweifelten Briefe bezüglich ihrer Töchter zu beantworten. Kein Tag verging, ohne daß sie ihrer gedachte, keine Nacht, ohne daß sie sie in ihre Gebete einschloß, aber sie hatte schon längst jede Hoffnung aufgegeben, sie wiederzusehen.

Sie sah den Boten auf sich zukommen. Warum sollte ihr Margaret of Lincoln nach so länger Zeit eine Nachricht zukommen lassen?

Als er das Podest erreichte, rief der junge Mann: »Ich suche Lady Rhonwen.«

Rhonwen erhob sich von ihrem Platz und berührte seine Schulter. Eleyne sah, daß ein Brief von seiner Hand in ihre wanderte, sah das Blitzen einer Münze, als Rhonwen den Mann an einen der unteren Tische führte, wo er essen konnte. Sie sah das Pergament in Rhonwens Hand, als sie es öffnete und las. Als Rhonwen aufblickte, waren Eleynes Augen auf ihrem Gesicht.

Der Brief stammte nicht von der Countess of Lincoln. Eine ihrer Damen, mit der Rhonwen sich angefreundet hatte, hatte es auf sich genommen, den Hof in Fife davon zu unterrichten, daß man Eleynes älteste Tochter Joanna, die jetzt siebzehn Jahre alt war, im Sommer verheiratet hatte. Ihr Mann war der kürzlich verwitwete Earlmarshal of England, Sir Humphrey de Bohun. Ein Mann, dessen Sohn zwei Jahre älter als das Mädchen war.

Am folgenden Tag schickte Eleyne Joanna ein Hochzeitsgeschenk: einen silbernen Kasten und einen mit Edelsteinen besetzten Rosenkranz, dazu einen Brief.

Acht Wochen später kamen die Geschenke zurück. In dem Kasten fand sie ihren Brief wieder. Er war zerschnitten.

Wenige Monate später wurde Joanna Witwe. Diesmal schrieb Eleyne nicht.

FALKLAND CASTLE * Januar 1266

Donald hielt sich ständig im Norden auf, wo er die Grafschaft seines Vaters verwaltete und durch Streitigkeiten mit den Nachbarn im Hochland abgelenkt war. Sich freizumachen, fiel ihm immer schwer, aber als das Eis, das der Ostwind brachte, die Straßen von Mar unpassierbar zu machen drohte, lenkte er, ihrem Rufe folgend, sein Pferd nach Süden. Eleyne sehnte sich so sehr nach ihm, daß sie eine weitere Zusammenkunft in Macduffs Burg plante.

Malcolm war gereizt. »Warum willst du denn fortreiten? Um Himmels willen, Frau, das ist ja Wahnsinn! Wir brauchen bei diesem Wetter nirgendwo nachzusehen, geschweige denn in dem uralten Gemäuer.«

Er spürte Schmerzen in der Brust, war sichtlich erzürnt. Ihr kleiner Enkel, den ihm die in das Kerlchen vernarrten Kindermädchen gewöhnlich vom Leibe hielten, spielte lärmend zu seinen Füßen, und er hatte wieder einmal Streit mit Macduff gehabt; die ruhige Art seines jüngsten Sohnes entpuppte sich jetzt als Starrsinn und Hochmut.

Malcolm hatte schon lange nicht mehr so viel Zeit mit seiner Frau unter demselben Dach verbracht, aber er fühlte sich nicht gerade glücklich. In der Nacht zuvor war er schon wieder impotent gewesen. Es war ihre Schuld. Zuerst hatte er den Gerüchten nicht geglaubt, aber im stillen hatte er sie beobachtet, und nun war er sich sicher. Er wußte nicht, wann diese Affäre begonnen hatte, aber bei Gott, sie sollte ihn nicht länger zum Narren halten.

»Ich muß fort.« Sie zog ihre Handschuhe an. »Du hast mir die Verwaltung deiner Besitzungen aufgetragen und dich bisher nicht über die Ergebnisse beklagt. Seit ich die Dinge in die Hand genommen habe, bringen sie fast fünfhundert Pfund Sterlingsilber im Jahr ein!«

»Ich weiß, ich weiß, aber ich will einfach nicht, daß du jetzt wegreitest.«

»Ich muß aber.« Sie war so hungrig nach Donald, es war ein körperliches Verlangen, das sie nicht zu bezwingen vermochte.

»Ich verbiete es dir.«

»Du verbietest es mir?« Sie starrte ihn an. »Das kannst du nicht!«

»Ich kann es und ich tue es auch, du bist meine Frau und du wirst mir gehorchen.« Seine Gesichtsfarbe wurde dunkler. »Nimm den Balg da weg!« sagte er zu Duncans Kindermädchen. »Und du, mein Junge«, brüllte er seinen jüngeren Sohn an, »du gehst los und sagst ihnen, sie sollen die Pferde deiner Mutter zurück in den Stall bringen.«

Macduff zögerte.

»Hast du nicht gehört, was ich sage?« wandte er sich ihm wütend zu. »Ich habe deiner Mutter verboten auszureiten. Und weißt du, warum? Willst du den Grund dafür wissen?« Er drehte sich zu ihr um. »Dachtest du, ich wüßte es nicht? Ich würde es nicht herausbekommen? All diese Sorgen und Mühen um meinen Grundbesitz! Dieses Pflichtbewußtsein, diese strapaziösen Übernachtungen draußen auf meinen Ländereien! Dein Liebhaber scheint überall auf dich zu warten, mit seinen Gedichten und Küssen!«

Er hob die Hand, als ob er sie schlagen wollte, dann wandte er sich ab. »Sie sind eine Hure, Madam. Sie sind Ihr Leben lang eine Hure gewesen. Zuerst mit dem König – obwohl Sie doch mit Lord Chester verheiratet waren, dann …«

»Dann mit dir!« sagte Eleyne. Ihre Worte waren ein Peitschenschlag. »Du hast mich zu einer Hure gemacht, Malcolm, als du mich geheiratet hast, hast mich gezwungen, in Bigamie zu leben. Und wenn Robert nicht gestorben wäre, wäre ich bis heute eine Hure – deinetwegen.« Sie sah zu ihrem Schrecken, daß Macduff immer noch im Zimmer stand, sein Gesicht war weiß vor Entsetzen. Plötzlich tat er ihr leid, und sie fühlte sich schuldig.

»Geh bitte, dein Vater und ich müssen miteinander reden.« Macduff lief auf sie zu. »Bitte, Mama, streitet euch nicht!«

Malcolm aber war außer sich vor Zorn. »Genug ist genug!« Plötzlich hielt er ein, wankte einen Schritt rückwärts. Ein seltsamer, verwunderter Ausdruck erschien in seinem Gesicht.

»Malcolm!« Eleyne streckte die Hand aus. Er hatte sich an den Hals gegriffen. »Malcolm, was ist denn?« Er stolperte und sank auf die Knie, vor ihren entsetzten Augen fiel er zu Boden und rührte sich nicht mehr.

»Heilige Brigitte!« Eleyne war im ersten Moment zu schokkiert, um sich zu bewegen. »Jemand soll einen Arzt holen«, rief sie, ihre Stimme war schrill vor Angst. »Und ihr beide – helft mir, ihn zum Bett zu tragen. Schnell!«

Rhonwen hielt Eleyne am Mantel fest, als sie dem Körper ihres Ehegatten folgte, den man auf einer Tischplatte zu seinem Schlafzimmer trug. Ihre Augen waren zornig. »Du hast also gelogen. Die ganze Zeit gelogen!« fauchte sie. »Du hast dich mit Donald of Mar getroffen. Du hast deinen König betrogen!«

»Das geht dich nichts an!« keuchte Eleyne.

»Es *geht* mich etwas an, ich habe es King Alexander versprochen. Du gehörst ihm!«

»Weißt du auch, was du da sagst? Weißt du das? Wenn ich mit dem König zusammensein soll, muß ich erst einmal sterben!«

Rhonwen wurde bleich und schwieg. Die beiden Frauen sahen einander lange und hart an, dann wandte Eleyne sich um und rannte hinter den Männern her, die ihren Ehemann die Treppe hinauftrugen.

Malcolm war noch immer bewußtlos, als Eleyne zu ihm trat. Der Mönch an seinem Bett, ein reisender Heiler, der auf seinem Weg nach St. Andrews in Falkland Rast machte, hatte seine Hand Malcolm auf die Stirn gelegt. »Es ist ein Anfall, Mylady. Es war zuviel Galle in seinem Körper.«

Eleyne sah hinab auf ihren Ehegatten. »Wird er es überleben?«

Der Mönch zuckte die Achseln. »Wenn er den Tag und die Nacht übersteht, kann er sich erholen. Aber der Mond nimmt ab, und es ist Ebbe. Das sind keine guten Zeichen.«

Sie biß sich auf die Lippe. »Armer Malcolm.« Sie legte ihre Hand auf Malcolms Hand und sah Macduff an. »Geh und sage deinem Bruder, er soll herkommen. Und, Macduff ...«, sie lächelte ihren Sohn traurig an, »sag den Leuten, sie sollen meine Pferde in den Stall zurückbringen. Ich reite heute nicht aus.«

Als die Dämmerung hereinbrach, entzündete man eine Anzahl von Kerzen in dem Zimmer. Colban und Anna standen neben Macduff am Fußende des Bettes. Anna warf Eleyne einen feindseligen Blick zu.

Eleyne saß am Kopfende neben ihrem Ehegatten, als er die Augen öffnete und sich zu einem Lächeln zwang.

»Wirst du ihn heiraten, wenn ich nicht mehr bin?«

Eleyne schüttelte den Kopf. »Du erholst dich wieder.«

»Nein.« Er schloß die Augen und streckte die Hand nach ihr aus. Nach einem kurzen Zögern nahm sie sie.

»Es gibt da etwas, das ich dir sagen muß«, brachte er zögernd hervor. »Es belastet mein Gewissen.«

»Der Priester ist hier.« In einer Ecke des Zimmers wartete der Kaplan der Burg mit dem heiligen Abendmahl.

»Nein, nein. Ich beichte ihm später.« Das Sprechen fiel ihm schwer. »Nein, es ist etwas, das ich dir gestehen muß, damit ich leichteren Herzens sterben kann.«

»Was ist es?« Es war seltsam, daß sie so wenig empfand. Sie hatte fast vierzehn Jahre lang mit diesem Mann das Bett geteilt und gelernt, ihn zu achten. Manchmal hatte sie ihn beinahe gemocht, aber sie hatte ihn niemals geliebt.

»Robert de Quincy – dein Ehemann.« Malcolm versuchte Luft zu holen, lange Zeit brachte er nichts hervor. Als sie schwieg, bemühte er sich weiterzusprechen. »Ich dachte wirklich, er wäre tot, als ich dich holen kam, dann hörte ich, daß er noch lebte. Ich … ich habe ihn töten lassen.«

Sie wollte sprechen, aber ihre Stimme versagte.

»Deine Amme hat es getan«, fuhr er fort. »Sie ist eine Mörderin.« Er kicherte. »Eine gefährliche Frau.«

Sie schien ihn nicht gehört zu haben. Ihre Augen waren auf Colbans weißem Gesicht.

»Eleyne …«, fuhr Malcolm mit matter Stimme fort, »verzeihst du mir? Ich habe es für dich getan.«

Seine Finger glitten aus ihrer Hand, und sie bemühte sich auch nicht, sie wieder zu ergreifen. Sie erhob sich und sah ihn lange an, dann wandte sie sich ab.

»Eleyne.« Er bemühte sich, den Kopf zu heben. »Eleyne, bitte, komm zurück.« Seine Stimme wurde zu einem Schluchzen.

Sie stand vor der Tür, bis einer der weinenden Diener sie ihr öffnete, dann ging sie die Wendeltreppe hinunter. Sie blickte nicht zurück.

Colban fand sie zwei Stunden später im Stall. Die Augen des Jungen waren rot vom Weinen.

»Ist es vorbei?«

Er nickte.

»Und hat der Priester ihm die Absolution erteilt?« Ihre Stimme war schwer vor Bitterkeit.

Wieder nickte Colban. »Mama. Ist es wahr? Bin ich ein Bastard?«

Eleyne runzelte die Augenbrauen. Langsam erhob sie sich und legte ihre Arme um die schmalen Schultern ihres Sohnes. »Nein, du bist kein Bastard. Ich habe deinen Vater im guten Glauben geheiratet … zweimal. Und deine Legitimität wurde von der Kirche, vom König und dem Kanzler von Schottland bestätigt. Du bist jetzt der Earl of Fife, Colban, niemand wird es bestreiten, obwohl du, wie ich annehme, wirst warten müssen, bis du alt genug bist, daß der König dir den Titel bestätigen kann.« Sie lächelte müde. »Gott gebe der Seele deines Vaters die Vergebung, die sie sucht.«

»Warum hat er dich geheiratet?« Colban schob nervös die Füße auf dem Boden hin und her.

»Weil er mich geliebt hat.«

»Und hast du ihn geliebt?« Colbans Augen waren voller Schmerz. Einen Augenblick lang war sie versucht, ihn zu belügen. Aber dann schüttelte sie den Kopf.

»Nein. Ich habe ihn nie geliebt.«

»Und hast du uns geliebt?«

»Oh, Colban!« Sie gab ein kleines Lachen von sich. »Natürlich habe ich euch geliebt. Ihr habt meinem Leben Sinn gegeben. Ihr habt mir alles bedeutet. Alles.« Sie machte eine Pause. »Als ich Joanna und Hawisa verlor, dachte ich, ich würde vor Kummer sterben. Aber dann kamt ihr, du und dein Bruder. Ihr habt mir das Leben zurückgegeben, Colban, alles.«

»Und Donald of Mar?« Seine Stimme war zu einem Flüstern geworden.

Macduff hatte es ihm bereits erzählt. »Wir können es uns nicht aussuchen, in wen wir uns verlieben, Colban, es geschieht einfach. In einem Augenblick bist du noch du selbst, bist frei und bestimmst über dein Schicksal, im nächsten schon bist du versklavt. Aber das hat nie einen Einfluß auf meine Liebe zu dir und Macduff gehabt, das wird es auch niemáls haben.« Sie faßte ihn bei den Händen. »Du mußt mir das glauben. Du bist verheiratet. Du weißt, daß die Liebe eines Mannes und einer Frau anders ist als die Liebe, die man für seine Kinder empfindet.« Sie lächelte.

»Ich glaube nicht, daß ich Anna so liebe, wie du es beschreibst.« Seine Stimme war traurig.

»Du wirst sie lieben. Du wirst sie lieben lernen.« Sie legte die Hand auf seine Schulter.

»Komm, laß uns hineingehen.«

»Mama.« Colban hatte sich nicht von der Stelle gerührt.

»Was ist?«

»Wirst du jetzt zu ihm gehen?«

»Ich weiß nicht, was geschehen wird«, sagte sie leise. »Ich weiß es nicht.«

XIII

Sie ließ den Deckel zurückfallen. Er war nicht da. Der Phönix war fort. Sie wandte sich zu ihrem Schlafzimmer, dann blieb sie stehen. Rhonwen stand am Eingang. »Suchst du etwas, Cariad?«

»Meinen bestickten Gürtel. Er ist nicht in meiner Kommode.«

»Er hängt am Haken, wo Meg ihn hingehängt hat. Du hättest ihn sehen müssen.« Rhonwen trat ins Licht. »Du wirst ihn doch wohl nicht zur Beerdigung tragen?«

Der Phönix aber war im Zimmer, er lag unter dem Federbett. In dieser Nacht und auch in allen folgenden Nächten kam der König zu Eleyne, um sie zu trösten.

Vierundzwanzigstes Kapitel

I
FALKLAND CASTLE

Donald traf zwei Wochen nach der Beerdigung in Falkland ein. Eleyne empfing ihn allein in ihrem Söller. Er küßte ihr die Hand. »Du weißt, weshalb ich hier bin.«

Ihr Herz schlug sehr schnell. Sie merkte, daß sie nicht zu sprechen vermochte. Sie sehnte sich so sehr danach, ihn zu berühren, daß sie ihm am liebsten um den Hals gefallen wäre.

Donald streckte die Arme aus und zog sie an sich. Sein Mund berührte ihren Mund voller Verlangen, er war so hungrig wie sie selbst, aber dann schob er sie von sich weg. »Ich bin gekommen, um dich zu bitten, meine Frau zu werden.«

»Donald.« Es war ein Flüstern.

Sie spürte die Angst und Qual in den Schatten, die sie umgaben, Alexanders Angst.

»Du willst doch, nicht wahr? Ich habe schon mit dem König geredet. Mit unserem König.« Seine Stimme war harsch.

»Das hast du getan?« Sie sah ihn erstaunt an.

»Ich bin sofort zum Hof geritten, als ich von Malcolms Tod hörte. Nur das hat mich so lange von dir ferngehalten.« Er lächelte. »Der König mag mich, und dich hat er immer geliebt. Seine Mutter war nicht da und konnte sich zum Glück nicht einmischen.« Seine Stimme hatte für einen kurzen Moment einen bitteren Klang bekommen. »Er sagte, er würde alles tun, um uns glücklich zu machen.«

»Und dein Vater?«

»Wir werden meinem Vater nichts sagen, bis wir verheiratet sind. Ich bin erwachsen. Und du bist es auch. Wir sind beide frei. O ja, das sind wir. Dein Geist wird uns nicht bis nach Mar folgen, und die Zustimmung des Königs haben wir. Was brauchen wir noch?« Er nahm sie in seine Arme.

Rhonwen wartete auf sie in ihrem Schlafzimmer, sie hielt etwas in der Hand. Eleynes Augen wanderten zu dem offenen Schmuckkasten, der auf dem Tisch stand. »Ich habe dich nicht gerufen«, sagte sie scharf.

Rhonwen lächelte. »Nein, aber jemand anderes hat mich gerufen.« Sie hob ein wenig die Hand, Eleyne sah das Leuchten des Goldes, als der Anhänger zwischen ihren Fingern hin und her schwang. »Jemand, der nicht will, daß du Donald of Mar empfängst.«

Eleyne drehte sich wieder zu Rhonwen um. »Leg den Anhänger hin.«

»Warum?« Rhonwen lächelte.

»Weil ich es sage. Leg ihn in den Schmuckkasten zurück!«

»Der Phönix bringt ihn zu dir, nicht wahr?« Rhonwen hielt das Schmuckstück hoch ins Licht. Ihre Augen wurden schmal. »Laß es uns doch jetzt versuchen. Komm, wir rufen ihn und fragen ihn, was er davon hält, daß Donald of Mar hierher nach Falkland kommt. Ja, wir fragen ihn …«

»*Nein!*« schrie Eleyne. »Ich verbiete es.«

»Du verbietest mir, ihn zu rufen? Aber du sagst doch, er wäre nur eine Phantasiegestalt. Wenn das stimmt, wie kann ich ihn dann herbeirufen?« Rhonwen trat schnell hinter den Tisch, während sie den Phönix weiterhin hochhielt. »Kommt!« rief sie laut. »Kommt, Euer Gnaden, kommt her zu ihr. Tut Ihr es nicht, wird Donald of Mar sie mitnehmen …«

»Es ist schon zu spät«, sagte Eleyne ruhig. »Ich habe Donald die Ehe versprochen.«

Rhonwen fuhr zusammen, ihr Unterkiefer sank herunter. »Was hast du getan?«

»Ich habe Donald of Mar versprochen, ihn zu heiraten.« Eleyne beugte sich über den Tisch und entriß Rhonwens schlaffen Fingern den Anhänger. Einen Augenblick lang stand sie da, dann warf sie ihn in den Schmuckkasten hinein und schlug den Deckel zu. »Alexander ist tot, Rhonwen! Ich lebe! Wir können nichts mehr für einander sein. Ich werde sein Andenken immer in Ehren halten. In meinem Herzen werde ich ihn immer lieben, aber er ist tot und fort. Donald lebt. Ihn liebe ich, ihn will ich heiraten. Zum erstenmal in meinem Leben habe ich die Chance, mit jemandem zusammenzusein, den ich liebe und dem ich vertraue. Willst du mir das verwehren?« Sie nahm Rhonwens kalte Finger zwischen ihre Hände. »Bitte, gib mir deinen Segen.«

Vorsichtig entzog Rhonwen ihre Hände denen Eleynes. »Ich kann nicht«, flüsterte sie.

»Warum nicht?«

»Du gehörst King Alexander. Einion Gweledydd hat es vorhergesagt …«

»Einions Vorhersagen waren falsch.«

»Nein!«

»Sie waren falsch. Hör mal, du hast Adam gesehen. Auch er hat mir die Zukunft prophezeit. Er hat gesagt, meine Zukunft läge in Mar. Wenn ich eine königliche Dynastie begründe, dann wird es durch Colban und Anna geschehen. Sie ist King Alexanders Enkelin …«

»Ihre Mutter war ein Bastard …« Rhonwen spie wütend diese Worte aus.

»Sir Alan Durward hat trotzdem Großes mit seiner Tochter vor. Bitte, Rhonwen, vergiß Einion Gweledydd. Denke an mich!«

»Ich denke ja an dich, Cariad.« Rhonwen verschränkte die Arme, schob sie grimmig in die Ärmel ihres Mantels und richtete sich zu ihrer vollen Größe auf. »Du hättest eine Königin werden sollen.«

»Ich werde wieder eine Countess sein, wenn Donald seinen Vater beerbt. Das ist genügend Glorie für mich.« Eleyne lächelte Rhonwen mit einem flehenden Ausdruck an. »Bitte. Ich will nicht die Frau eines Toten sein.«

Rhonwen schüttelte langsam den Kopf. »Rufe ihn. Erkläre es ihm. Versuche zu erfahren, was der König denkt. Jetzt!« Die Augen der alten Frau funkelten vor leidenschaftlicher Erregung. Sie eilte zum Feuer und fummelte in der Tasche herum, die sie an ihrem Gürtel trug. Dann hielt sie die zermahlenen

Kräuter in der Hand. »Siehst du, ich habe sie immer bei mir für den Fall, daß er mich braucht – die magischen Kräuter, um die Geister zu beschwören.«

»Nein!« schrie Eleyne. »Ich verbiete es!«

»Deinem König verbietest du zu erscheinen? Das ist Hochverrat!« Sie hob die Hand und warf die Kräuter auf die glühenden Scheite. Sie knisterten und spuckten, ein beißender, schwefliger Geruch verbreitete sich im Zimmer.

»Du dumme, alte Närrin!« rief Eleyne verzweifelt. »Es wird nicht wirken!«

Aber es wirkte. Sie spürte, daß er näherkam. Das Zimmer wurde kalt. Sie merkte, wie zornig und unglücklich er war, seine Wut war wie ein Tuch, das sich über allem ausbreitete. Sie sah sich entsetzt um. »Geh weg! Bitte, geh weg! Ich liebe Donald. Ich werde ihn heiraten. Bitte geh weg!«

Die Kerzen auf dem Tisch fingen an zu schmelzen, Qualmwolken stiegen auf, und die Fensterläden klapperten. Draußen legte sich eine Eiswolke über das Land, der Himmel verschwand im Nebel.

Rhonwen fiel auf die Knie, ein triumphierendes Lächeln leuchtete auf ihrem Gesicht. »Er kommt. Er will dich. Du gehörst ihm, Cariad. Du entkommst ihm nicht. Jetzt steht nichts mehr zwischen euch.«

»Gütige Heilige Mutter!« Der Wind, der heulend zum Fenster hereinfuhr und die Läden krachend zu Boden schmetterte, riß Eleyne den Schleier vom Kopf. Sie fuhr herum und hielt sich schützend den Arm vor die Augen, als die Kerzen erloschen und heißes Wachs über den Tisch spritzte. Das Feuer im Kamin flammte zornig auf und loderte den hohen Schornstein empor, während der Wind westwärts über die Berge wirbelte.

II

Sie brachte es nicht über sich, den Phönix in den Brunnen zu werfen. Lange stand sie mit dem Juwel in der Hand da und sah hinab auf den tief unter ihr liegenden Kreis des schwarzen

Wassers. Das kalte Emaille, die Rubine und die eisblauen Saphire würden keine Gefahr mehr für sie sein, sobald sie da unten im Wasser lagen. Ihre Verbindung mit Alexander wäre für immer gelöst. Er war hier, bei ihr. Sie spürte ihn, wie er sie anflehte. Ihre Augen füllten sich mit Tränen.

»Bitte gib mich frei, Liebling«, flüsterte sie in die Dunkelheit des Brunnenschachtes. »Mißgönne mir doch nicht mein Glück mit Donald. Laß mich zu ihm gehen.«

Sie streckte die Hand aus. Die Kette hing einen Augenblick lang blinkend an ihren Fingern über dem Wasser, dann zog sie sie abrupt zurück.

Sie wickelte den Anhänger wieder in das Seidentuch, wandte sich um und lief zurück zur Treppe. Im zweiten Stock des großen Turms befand sich neben dem Schlafzimmer des Earl eine kleine private Kapelle. Sie war sehr dunkel, der Geruch von Weihrauch hing in der Luft. Es brannte nur eine kleine Kerze vor der Statue der heiligen Gottesmutter. Zögernd ging sie auf den Altar zu.

Sie schob das kleine Päckchen so weit sie konnte hinter den Altarrücken, dann trat sie zurück und murmelte ein kurzes Gebet. Sie bekreuzigte sich und rannte dann fort aus dem weihrauchgeschwängerten, düsteren Kabinett.

Rhonwen wich rasch zurück in die Nische, die sie verbarg. Später würde sie mit einer lebenslangen Gewohnheit brechen und in die Kapelle eintreten. Später, wenn der König es befahl.

III

Fastnachtsdienstag 1266

Sie heirateten heimlich. Der König und die Königin waren ihre Trauzeugen in Kinross und hatten freundlicherweise außerdem dafür gesorgt, daß der Earl und die Countess of Mar in Roxburgh weilten. Noch am selben Nachmittag ritten Donald und Eleyne nordwärts nach Mar. Es schneite, und die Wege waren tückisch, aber sie waren beide zu glücklich, als daß sie es bemerkt hätten. Die Wagenladungen mit Eleynes Habseligkeiten zusammen mit einigen ihrer Pferde würden ihnen nach

Norden folgen, sobald der Schnee schmolz. Die Hunde begleiteten sie wie immer.

Eleyne hatte unter Tränen Abschied von Colban, von Macduff und von ihrem kleinen Enkelsohn Duncan genommen. Rhonwen hatte sie befohlen, in Falkland zu bleiben und weiterhin das Enkelkind zu beaufsichtigen. Der König hatte für die beiden Söhne Malcolms die Vormundschaft übernommen, aber versprochen, daß Eleyne sie wie bisher ausüben durfte.

»Laß Donald und mir ein bißchen Zeit«, flüsterte sie ihrem ältesten Sohn zu. »Nur ein bißchen Zeit, dann komme ich wieder zu euch.«

IV

KILDRUMMY CASTLE * Fastenzeit 1266

Die riesige Burg von Kildrummy lag breit und flach in dem weiten Tal des Don. Der Schnee hatte das ganze Land, die Berge und das breite Flußtal, die Moore und die Forsten mit einem gleichmäßigen Weiß zugedeckt, und an den Türmen und Mauern blitzten die Eiskristalle im Sonnenlicht. Eleyne zog mit einem Freudenruf die Zügel an. Ihr Schimmel blieb stehen. »Es sieht aus, als wäre es aus Schnee erbaut! Ein Turm aus Schnee in einem verschneiten Land. Wie hübsch!«

Donald strahlte sie an. In ihren weißen Pelzen und auf ihrem weißen Pferd sah sie wie eine Schneeprinzessin aus.

Er brachte Eleyne sofort in das runde Schlafzimmer hinauf. Ein mächtiges Feuer loderte im Kamin, und ein Dutzend Kerzen brannte in den Haltern, als er ihr den Umhang löste und auf den Boden warf. Lachend blies er sich auf die eiskalten Finger, um sie zu erwärmen, entkleidete seine Frau und zog sie zum Bett. »Endlich!« Er küßte ihre Augen, ihre Nase und Ohren. »Endlich gehörst du mir! Und niemand wird dich mir jemals wieder wegnehmen können!« Seine Hände auf ihren Brüsten waren kalt, und sie kreischte wie ein Mädchen, als er sich mit einem Triumphschrei auf sie warf, seinen Mund auf ihren Mund preßte.

Während der nächsten beiden Wochen kamen sie zur Belustigung des ganzen Hauswesens von Kildrummy nur äußerst selten aus dem Bett. Die kichernden Dienerinnen brachten ihnen auf riesigen Tabletts Essen und Wein und sorgten dafür, daß das Feuer und die Kerzen nicht ausgingen. Vergeblich bemühten sie sich, nicht auf die vorgezogenen Bettvorhänge zu starren und das erstickte Gelächter dahinter zu überhören.

V
19. März 1266

Es war der Sankt-Josephs-Tag – ein Tag, der, wie die Legende besagt, all den an diesem Tag Geborenen ein fruchtbares Jahr und ein glückliches Leben verhieß –, als der Earl und die Countess of Mar nach Hause zurückkehrten.

William und Elizabeth trugen noch ihre Reiseumhänge, an denen Schneekristalle hingen, die rasch von der Hitze des Feuers schmolzen.

Donald hatte kaum Zeit, seine Tunika überzuziehen und sich mit den Fingern durch das Haar zu fahren. »Konntet ihr nicht unten warten, um uns zu begrüßen, Vater? Wart ihr so gespannt, daß ihr in unser Schlafzimmer kommen mußtet?«

»Ist es wahr?« William war hochrot im Gesicht vor Zorn. »Stimmt es, daß du verheiratet bist?« Seine hellen Augen wanderten zu Eleyne, die nur halb von einem Tuch bedeckt und mit wirrem, bis auf ihren Rücken herabhängendem Haar auf dem Bett kniete.

»Ja, es ist wahr.« Donald versuchte, seiner Stimme einen gleichmäßigen Klang zu geben, er brauchte sich nicht zu verteidigen. »Lady Fife hat mir die große Ehre erwiesen, meine Frau zu werden. Mit dem Segen des Königs und der Königin.«

»Gütiger Jesus!« Elizabeth of Mars Stimme war harsch. »Weißt du, was du getan hast?«

»Ja, Mama.« Der gleichmäßige Tonfall fiel Donald nicht leicht. »Ich habe die schönste Frau der Welt geheiratet.«

»In der Tat.« Elizabeths kalter Sarkasmus war verletzend. »Eine Frau, die von einem Bett ins nächste rennt wie eine läu-

fige Hündin. Eine Frau, die schon verheiratet war, bevor ich –
deine eigene Mutter! – geboren wurde! Du dummer Junge hast
dich mit einer Frau verheiratet, die wahrscheinlich über das
Alter hinaus ist, in dem sie Kinder bekommen kann! Gütige
Heilige Jungfrau, hast du daran nicht gedacht? Bist du so berauscht von ihrem Fleisch, daß du deine Pflicht gegenüber der
Grafschaft Mar vergessen hast?«

Donald wurde krebsrot. »Mama, wie kannst du es wagen!
Bitte verlaßt dieses Zimmer.« Er ging zum Bett zurück, setzte
sich hin und legte seine Arme um Eleynes Schultern. Sie kniete
mit weißem Gesicht und sprachlos vor Erschütterung auf dem
Bett. Er wandte sich wieder an seine Eltern. »Ihr werdet meine
Frau um Verzeihung bitten, oder wir verlassen diese Burg und
kehren nie wieder zurück.«

William sagte: »Um Verzeihung bitten, das mußt du. Du hast
diese Familie zerstört. Durch deine Sorglosigkeit und Selbst-
sucht ist Lady Fife in diese peinliche Lage geraten. Du tätest
gut daran, zuerst sie und dann uns um Verzeihung zu bitten.«

Er kehrte auf dem Absatz um und ging hinaus, aber seine
Frau folgte ihm nicht sogleich. Sie war eine beeindruckende
Erscheinung. Ihre dunklen Augen waren schwarze Kieselsteine in ihrem Adlergesicht, sie starrte Eleyne lange wütend
an, dann wandte auch sie sich ab. Ihr Umhang hinterließ eine
Spur aus geschmolzenem Schnee auf dem von trockenem Heidekraut bedeckten Boden, als sie aus dem Zimmer schritt.

»Zieh dich an!« Donald stand auf. Seine Hände zitterten vor
Zorn.

»Was willst du tun?«

»Wir reiten fort.«

Sie schüttelte den Kopf. »Wenn wir das tun, dann haben sie
gewonnen.«

Er war erstaunt. »Du willst nach alledem noch hierbleiben?«

»Am liebsten würde ich sie nie wiedersehen, aber wir werden es trotzdem tun. Du und ich, wir werden heute abend mit
ihnen am Tisch sitzen und ihnen zeigen, daß wir zu glücklich
und zu stark sind, als daß sie uns mit ihrem Vorurteil treffen
könnten.« Sie ließ das Laken fallen und stieg aus dem Bett.

Donalds Augen glitten über ihren Körper, und sie erstarrte.

»Es stimmt nicht, Donald«, flüsterte sie. »Ich bin nicht zu alt, um dir Kinder zu gebären.« Sie legte ihre Arme um seinen Hals und preßte sich leicht schwankend gegen ihn. »Ich werde dir zwölf Söhne schenken, mein Liebling.«

Er lächelte und küßte sie.

»Halb so viele genügen mir bereits«, flüsterte er und lachte. »Mein armer Liebling, weshalb hassen sie dich so?«

»Dein Vater hat mich schon immer gehaßt«, sagte sie traurig. Sie stieß ihn weg, zog sich versonnen das Laken um die Schultern und ging zum Feuer.

Es war das erstemal seit ihrer Ankunft, daß Donald und Eleyne in Williams neu erbautem großem Saal erschienen. Sie hatte sich mit ihrem Haar und ihrem Kleid größte Mühe gegeben. Um den Hals trug sie den Anhänger mit dem tänzelnden Pferd, den Donald ihr geschenkt hatte, an den Fingern trug sie seine Ringe.

Die Mars begrüßten sie kalt, als sie ihre Plätze einnahmen.

»Vater, Eleyne und ich werden nach Falkland Castle übersiedeln«, sagte Donald, als man die ersten Speisen hereintrug.

Elizabeth legte ihr Messer hin. »Ich fürchte, wir müssen dich enttäuschen, Donald. Sir Alan und Lady Durward sind vorläufig nach Falkland Castle gezogen, um bei ihrer Tochter und ihrem Enkel zu sein. Sir Alan scheint deine Ehe ebensowenig zu billigen wie wir.« Sie lachte bitter. »Er hat erklärt, deine Frau würde nur über seinen Leichnam nach Falkland zurückkehren.«

Donald knirschte mit den Zähnen.

»Sei kein Narr, Junge.« William nahm sich eine riesige Portion gekochten Hecht und sah sich die Austern an, die in einem Bett aus Ingwer und Safran lagen. »Ihr könnt hierbleiben. Ihr beide. Wir reiten in ein paar Tagen wieder in Richtung Süden, und ich übergebe dir die Verwaltung der Grafschaft.«

»William!« platzte Elizabeth heraus. »Das darfst du nicht.«

»Wir können nichts mehr daran ändern, Elizabeth.« William seufzte. »Die Heirat ist rechtsgültig, und der König hat ihnen seinen Segen gegeben. Es ist nun einmal geschehen.«

FALKLAND CASTLE * Juli 1266

Rhonwen stand lange an der Tür der Kapelle. Es war dunkel. Die Burg schlief, nur eine Kerze brannte vor der Statue der Gottesmutter, der Priester hatte noch einmal den Docht beschnitten, bevor er zu Bett gegangen war. Rhonwen spürte das Prickeln der Angst in ihrem Nacken und spähte zum Altar. Dahinter irgendwo hatte Eleyne den Anhänger versteckt. Sie mußte sich überwinden. Sie mußte diese Kapelle betreten, was aber würde ihr zustoßen, wenn sie ihre Hand an den Altar dieses Heiligtums legte? Ihre Finger wanderten wie von selbst zu dem Amulett an ihrem Hals.

Ein Gebet murmelnd, das sie an die Göttin ihrer walisischen Berge richtete, ging sie auf Zehenspitzen zwei Schritte weit hinein und hielt den Atem an. Die kleine Kapelle roch nach kaltem Weihrauch. Er hing in den Ritzen der Steine, aus denen die Wände gefügt waren, und in der Luft, die sie umgab. Ihr Herz schlug sehr schnell, während sie auf den Altar zuschlich.

Als sie ihn endlich erreicht hatte, tastete sie den Zwischenraum dahinter mit den Fingern ab. Der Schweiß lief ihr in die Augen. Sie atmete hörbar durch den Mund. Heilige Brigitte, sie fühlte ihn nicht. Es war nichts da. Sie steckte die Finger noch tiefer hinein und versuchte jetzt, ihren ganzen Arm wie einen Keil hinter das geschnitzte, eichene Altarblatt zu schieben.

Die Kerzenflamme flackerte. Ein paar Wachstropfen spritzten auf das Brett vor der Statue, ein Rauchfähnchen stieg spiralförmig in die Luft auf. Der Schatten in der Ecke der Kapelle hinter dem Betschemel war auch aus Rauch. Rhonwens Hände zitterten heftig.

Von der Panik einer letzten Anstrengung getrieben, stieß sie ihre Finger noch weiter vor, tastete verzweifelt in der Leere herum und berührte plötzlich etwas Weiches. Vorsichtig krümmte sie ihre Finger um den Gegenstand und zog dann das Seidentuch mit dem kostbaren Schmuckstück heraus.

VII
KILDRUMMY

Eleyne begegnete Morna das erste Mal in einer einsamen Schlucht, in die sie, nur von ihren Hunden begleitet, geritten war. Die Frau sammelte Blumen am Fluß, als Eleyne anhielt, um ihr Pferd zu tränken. Sie richtete sich auf, um Eleyne zu betrachten, ihre Augen waren ohne Scheu, als die Frau des Herrn von Mar aus dem Sattel glitt. Die beiden Frauen sahen einander mit der seltsamen Einfühlung an, die zwei Menschen sofort zu Freunden werden läßt, ohne daß sie auch nur ein Wort miteinander sprechen.

Eleyne lächelte. »Guten Tag, Mistress.« Die Frau war hochschwanger, Eleyne schätzte sie als etwas jünger, als sie selbst war.

Sie nickte würdevoll zur Begrüßung. »Sie möchten vielleicht auch etwas trinken.« Ihre Stimme war leise und musikalisch. Sie warf dem Pferd und den Hunden Raoulet, Sabina und Sabinas Sohn Piers einen Blick zu, als die Tiere durstig von dem kühlen braunen Wasser tranken. Sie brauchte nicht zu fragen, wer die Besucherin war. Die Kunde von Lord Donalds Frau, die in Samt und Seide ohne Eskorte wie ein Mann auf ihrem Pferd ritt, gefolgt von drei großen Hunden, war meilenweit ins Land hinausgedrungen.

»Für Sie«, die Frau lächelte, »habe ich etwas, das Sie sicher lieber zu sich nehmen – Blaubeerwein. Wenn Sie mir folgen wollen, Mylady.« Sie ging los, ohne sich umzudrehen, der Weidenkorb an ihrem Arm war mit Blumen gefüllt.

Ihr Haus, das zwischen dem Kiesufer des Flusses und einem flachen Hügel stand, war eine aus Steinen errichtete Hütte mit Torfdach. Sie ging hinein und wies Eleyne, die ihr folgte, als Sitzplatz den mit wollenen Decken belegten Haufen aus Heidekraut an, der ihr selbst als Bett diente. Das Haus war makellos sauber, gefegt mit einem Reisigbesen, der an der Wand stand, und sparsam eingerichtet mit einer Truhe aus rohem Eichenholz, einem Kasten, in dem Mehl und Getreide waren, einem Tisch mit zwei Hockern und zum Backen der Haferkuchen einem polierten Bannockstein am Feuer. Der Becher, in dem sie ihr den Wein zu trinken gab, war aus fein ziseliertem Silber. Eleyne nahm ihn wortlos entgegen. Es kam Eleyne gar nicht in den Sinn, daß ein so kostbarer Becher nicht in eine derartige Hütte paßte und gestohlen sein konnte. Sie nippte an dem Wein und lächelte. »Der ist gut.«

»Ja.« Die Frau nickte. »Er ist der beste, den sie in Mar bekommen können.« Sie faßte sich mit der Hand in den Rücken und nahm mit Anstand auf dem Boden Platz, ihre zerlumpten und geflickten Röcke wirbelten den Staub des trockenen Erdbodens auf.

»Ist Ihr Mann ein Schäfer?« Eleyne sah sich in der Hütte um.

»Ich habe keinen Mann, Lady. Ich lebe lieber für mich allein. Das Kind …«, die Frau legte mit einer zärtlichen und stolzen Geste die Hand auf ihren Bauch, »nun ja, vielleicht ist das ein Kind der Zaubergeister.« Sie verzog ihr Gesicht zu einer humorvoll finsteren Grimasse und schüttelte den Kopf mit gespielter Verzweiflung. »Ich heiße Morna, Mylady. Ich bin Wahrsagerin, so nennen mich die Hüttenbewohner jedenfalls.«

Eleyne lächelte. »Ich habe von Ihnen gehört. Die Leute in der Burg schätzen Ihre Kräfte sehr hoch ein.«

Sie war außerordentlich beliebt, diese Morna der Bergschluchten. Eleyne hatte ihren Namen oft gehört in Geschichten, die von Heilungen und Magie und Liebeszaubern erzählten. Sie beugte sich zu ihr vor und stellte den Becher auf den Boden ab. »Vielleicht können Sie mir helfen.«

»Möchten Sie, daß ich Ihnen Ihre Zukunft deute?« fragte die Frau ungläubig. »Gewöhnlich kommen die Burschen zu mir und wollen den Namen der Lady wissen, die sie heiraten werden. Sie haben aber schon einen Ehemann.«

»Aber werde ich ihm einen Sohn schenken?« Wie verzweifelt ihre Worte klangen, wußte Eleyne erst, als sie heraus waren.

Die Frau beugte sich vor und nahm Eleynes Hände in ihre Hände. Sie drehte sie um, mit der Handfläche nach oben, und betrachtete sie. Eleyne merkte, daß sie den Atem anhielt. Ihre Hände wurden heiß in den kühlen Händen der Frau. Als

Morna schließlich aufblickte, lächelte sie. »Sie werden Ihrem Mann drei Söhne schenken.«

»Drei!« rief Eleyne überrascht. Sie lachte, halb ungläubig, halb entzückt. »Ich hatte gedacht, ich wäre über das Alter, in dem ich Kinder bekommen kann, hinaus. Ich habe noch immer meine Tage, aber es ist neun Jahre her, daß ich schwanger war. Wenn das stimmt, werde ich die glücklichste Frau der Welt sein.«

»Ich hoffe es, Mylady.«

»Wann? Können Sie sehen, wann es geschehen wird?«

Die andere Frau nickte. »Ihren ersten Sohn tragen Sie bereits in sich.«

Eleyne stand auf. Sie ging aus dem Haus, stand da und starrte wie betäubt zum Fluß hinab.

Morna folgte ihr. »Wieso fragen Sie mich das alles? Sie haben doch selbst das Zweite Gesicht.«

Eleyne schüttelte den Kopf. »Ich sehe andere Dinge. Es sind Visionen aus der Vergangenheit und der Zukunft, aber was mich selbst betrifft, sehe ich nicht. Ich habe versucht, es zu lernen, aber es geht nicht.«

Morna kreuzte die Arme über dem Bauch. »Sie haben zu lange in den Burgen und an den Höfen des Südens gelebt. Wenn Sie sehen lernen wollen, werden die Berge es Ihnen beibringen. Sie brauchen nur still zu sein und zu lauschen und die Augen zu öffnen.«

VIII

An einem heißen Augustabend, nachdem sie in den Hügeln zusammengewesen waren, ritten Donald und Eleyne nach Kildrummy zurück. Donald hatte sie vor sich auf sein Pferd gesetzt und hielt sie in den Armen. Eleynes Zelter folgte ihnen in einigem Abstand. Sie ritten den langsam fließenden Don entlang, in dem jetzt des heißen Sommers wegen wenig Wasser war, vorbei an dem einsamen Kloster von Cabrach, dessen steinerne Gebäude in der Wärme des Spätsommers vor sich hin schlummerten.

Der Burghof war voller Pferde, Wagen und Menschen.

Donald hielt sein Pferd an, sah sich um und bekam einen Schreck. »Meine Mutter!«

»Nein!« Eleyne drehte sich entsetzt in seinen Armen nach ihrem Gatten um.

»Doch, sie ist es. Schau, es ist ihr Wimpel, und die Wagen tragen ihr Wappen.« Er glitt vom Pferd und hob Eleyne herunter.

»Du hast ihr von dem Baby erzählt!« sagte sie vorwurfsvoll.

»Nein, das habe ich nicht, mein Liebling. Aber du kannst nicht erwarten, daß die Leute ein Geheimnis ewig für sich behalten.« Er betrachtete stolz ihre vollere Taille. »Komm, laß uns feststellen, was sie will.«

Die Countess of Mar war in der großen Halle. Sie trug einen Umhang und Handschuhe, obwohl der Abend warm war, und starrte mit schreckgeweiteten Augen das lose geflochtene Haar und die Sonnenbräune in dem Gesicht und an den Armen ihrer Schwiegertochter an.

»Es stimmt also.« Ihre Augen wanderten zu Eleynes Bauch hinab. »Du trägst tatsächlich das Kind meines Sohns. Da komme ich ja gerade noch rechtzeitig.« Sie wandte sich an Donald. »Wie ich höre, habt ihr euch im gräflichen Schlafzimmer eingerichtet. Bitte weise die Dienerschaft an, daß sie die Räumlichkeiten für mich freimacht. Du kannst mit deiner Frau woanders schlafen. Ich schlage vor, Madam«, wandte sie sich an Eleyne, »daß Sie sich anständig kleiden und Ihr Haar bedecken. Was sollen meine Leute von Ihnen halten. Und wie ich höre, Donald«, fuhr sie fort, »hast du die Verwaltung der Güter von Mar ebenso vernachlässigt wie die Obliegenheiten des Königreichs. Jetzt, da ich hier bin, kannst du dich beidem wieder widmen. Ich werde mich um deine Frau kümmern.«

Eleyne erwartete, daß Donald es seiner Mutter untersagen würde, so mit ihr zu reden, doch er äußerte sich nicht. Schüchtern fragte er: »Es macht dir nichts aus, in ein anderes Zimmer umzuziehen, mein Liebling?«

»Natürlich nicht«, sagte sie so kühl sie konnte. »Ich werde sofort Anweisungen erteilen. Bitte entschuldigen Sie mich, Lady Mar.«

Sie verbeugte sich vor Elizabeth und verließ die große Halle. Donald folgte ihr nicht.

»Niemand verbietet mir das Reiten, Lady Mar«, sagte Eleyne kalt zu ihrer Schwiegermutter, die am folgenden Morgen in das Schlafzimmer gekommen war und Eleynes Dienerinnen fortgeschickt hatte.

»Dann sollten Sie es sich selbst verbieten, Madam.« Elizabeth setzte sich in den Sessel am Feuer. »Und den Wert des Lebens Ihres Kindes achten. Gewiß brauche ich Sie nicht darauf hinzuweisen, daß es sich in Ihrem Alter nicht ziemt, in Ihrem Zustand auf dem Land herumzugaloppieren. Sie sollten der Ruhe pflegen.«

Eleyne zügelte mit Mühe ihr Temperament. »Ich bin es gewöhnt zu reiten, und ich versichere Ihnen, daß es mir nicht schaden wird. Ich bin immer geritten, wenn ich schwanger war, bis zur letzten Woche vor der Entbindung.«

»Und haben zwei Kinder verloren, wie ich mich entsinne.« Lady Mar sah ihr ins Auge.

Eleyne wurde es heiß. »Aber keines von beiden ist gestorben, weil ich geritten bin.« Sie wechselte das Thema. »Haben Sie vor, lange in Kildrummy zu bleiben?«

»Es ist mein Zuhause. Ich beabsichtige, hier zu leben und die Güter zu verwalten.« Elizabeths Augen leuchteten triumphierend. »Vielleicht waren Sie es gewöhnt, die Ländereien of Fife unter sich zu haben, Madam, und vieles geschah so, wie Sie es wollten, aber hier wird es von nun an ganz anders sein. Das werden Sie noch merken, denke ich. Sie sind nicht die Herrin dieses Landes oder dieser Burg. Das bin allein ich. Hier sind Sie nichts als die Ehefrau des Erben.«

Fünfundzwanzigstes Kapitel

I
FALKLAND CASTLE * Sommer 1266

Colban saß am Schreibtisch seines Vaters und starrte mit leerem Blick vor sich auf die Eichenholzplatte. »Alles, was du zu tun hast, ist, den Befehl zu geben, Junge«, hatte Sir Alan Durward gesagt. »Tu es jetzt.« Er war aus dem Zimmer gegangen, und Colban saß da und starrte mit unglücklichem Gesicht den Diener an, der neben der Tür wartete. Colban räusperte sich, holte tief Luft und sagte: »Hole Lady Rhonwen!« Seine Stimme glitt vom Tenor hoch und quietschte unangenehm im Falsett, der Diener verbarg ein Lächeln, verbeugte sich und wandte sich ab.

Immer noch kerzengerade und schlank, mit weißem Haar unter dem Häubchen, trat Rhonwen langsam ein. Sie war, so schätzte sie, in ihrem sechsundsechzigsten Jahr. So alt wie das Jahrhundert.

Als sie Colban so förmlich hinter dem Schreibtisch stehen sah, mußte sie lächeln. Er hatte sich gut gemacht in seinem Versuch, in die Fußstapfen seines Vaters zu treten. Lord Fife fehlte ihm, und Rhonwen wußte, daß das, was er als den Verrat seiner Mutter ansah, ihn tief getroffen hatte. Doch er hatte es nicht gezeigt. Er hatte seine Aufmerksamkeit Anna zugewandt und seinem Sohn und sich darauf konzentriert zu lernen, wie die Grafschaft Fife zu führen war. Wenn ihn die Einmischung seines übermächtigen Schwiegervaters ärgerte, ließ er es sich jedenfalls nicht anmerken.

»Sie haben mich rufen lassen, Mylord?«

Er nickte, und sie sah ihn nervös schlucken. »Lady Rhonwen, es tut mir leid, aber Sir Allan und Lady Durward – das heißt, ich finde, daß es Zeit ist, jemanden, der ein bißchen jünger ist, mit der Kindererziehung zu betrauen.«

Sie sah, wie ihm auf der Oberlippe der Schweiß ausbrach. »Ich werde Ihnen natürlich eine Pension geben. Und ich werde Sie immer lieb haben ...«, das gehörte nicht zu der Ansprache, die er vorbereitet hatte, und er wurde rot, es war ihm peinlich, »aber ich glaube, es ist besser, wenn Sie gehen.«

Rhonwen war nicht überrascht. Eine nach der anderen hatte man Eleynes persönliche Dienerinnen und Gesellschafterinnen degradiert und in entlegene Burgen der Grafschaft versetzt. Es war nur eine Frage der Zeit gewesen.

»Ich bin froh, daß du es mir selbst gesagt hast, Cariad. Ich werde traurig sein, den kleinen Duncan nicht aufwachsen sehen zu können, und du und dein Bruder, ihr werdet mir fehlen, aber wie du sagst, ich werde alt.« Sie schüttelte wehmütig den Kopf.

»Was wirst du tun, Rhonwen?« Plötzlich war er wieder ein Junge. Er rannte um den Schreibtisch herum und nahm ihre Hand.

»Ich werde natürlich zu deiner Mutter gehen. Sie wird sich um mich kümmern.«

»Meine Mutter.« Colban wandte sich ab, seine Schultern wurden starr, und seine Augen zeigten, wie unglücklich er war. »Sie hat uns vergessen. Sie schreibt uns nie.«

»Sie hat euch nicht vergessen.« Rhonwens Stimme war zärtlich. »Hast du dich jemals gefragt, ob ihre Briefe vielleicht nicht bei euch ankommen.« Der Junge sah doch wohl, daß Durward jeden Kontakt zwischen Eleyne und ihren Söhnen unterband. »Erinnere dich, wie sehr sie Joanna und Hawisa liebt, obwohl die beiden sich entschlossen haben, sie aus ihrem Leben zu verbannen. Tue ihr das nie an, Colban!« Sie streckte die Hand aus und berührte seine Schulter, merkte, wie starr sie war und wie verzweifelt er sein mußte. »Du wirst bald dein eigener Herr sein, Cariad, dann kannst du sie so oft besuchen, wie du willst und dann wirst du sehen, daß sie dich immer noch liebt.«

»Aber warum ist sie so schnell mit Donald of Mar verschwunden?« Das verwirrte ihn. »Warum hat sie nicht gewartet und richtig Abschied von uns genommen?«

Rhonwen wußte die Antwort darauf. Sie war geflohen, weil sie sonst nicht die Kraft gehabt hätte, sich von Alexander loszureißen. »Sie ist so schnell verschwunden, weil zu viele Leute sie daran hindern wollten zu heiraten. Wenn sie gewartet hätte, wären sie vielleicht stärker gewesen als deine Mutter, aber dann, so dachte deine Mutter, wäre sie unglücklich geworden.«

»Und ist sie jetzt glücklich?«

»Ich weiß es nicht.« Ihr starres Lächeln verbarg ihre wahren Gefühle. »Ich hoffe es.«

II

Mornas Baby kam im Morgengrauen des 1. August, am Tag des Brotopfers, zur Welt. Sie entband das Mädchen selbst, ohne Hilfe, und machte ihre Arbeit gut. Sie wickelte es in einen Spitzenschal, den Eleyne ihr in der Woche davor gebracht hatte. Sie nannte die Kleine Mairi, und als Eleyne kam – nicht mehr allein, sondern um des lieben Hausfriedens willen in Begleitung einer ihrer Damen –, schlief das Baby satt in einer Wiege aus geflochtenem Schilf. Eleyne beugte sich über das Kind und lächelte. Dann stockte ihr Lächeln. Nur einen Augenblick lang meinte sie, in den Schatten der Hütte Flammen gesehen zu haben, die um die Wiege herum züngelten.

Morna hatte nicht gesehen, was geschehen war. »Die Heilige Jungfrau und die gütige Brigitte mögen dich beschützen«, murmelte sie unhörbar. Vielleicht war es ihre eigene Geburt, die sie gesehen hatte, mehr nicht – ein Bild, das aus der Vergangenheit aufgetaucht war. Obwohl der Augusttag still und schwül war, hatte sie zu frösteln angefangen.

Morna trat hinter sie. »Bald sind Sie dran«, sagte sie leise. »Ihres wird ein Junge sein.«

Eleyne saß auf dem Rand des hohen Bettes und sah zu, wie ihre Kammerfrauen Agnes und Bethoc ihr Kleid auf einen Haken an der Wand hängten, ihre Schuhe wegstellten und das Zimmer für die Nacht vorbereiteten. Es war die zehnte Nacht, in der Donald nicht kam.

Ihr Rücken schmerzte, und sie fühlte sich schwer und krank und langweilte sich, durch ihren Zustand und die Abgeschiedenheit der Grafschaft Mar, die ihr zuvor so sehr gefallen hatte, von der Welt abgeschnitten. Sie sah hinab auf ihren riesigen Leib und stöhnte.

Sie konnte sich nun nicht länger einreden, daß Donald sie anziehend fand. Jetzt, da ihr Leib aufgeschwollen war, hatte er sich zurückgezogen, er entkleidete sie nun nicht mehr, um ihren Bauch zu küssen, er rührte sie überhaupt nicht mehr an und schlief nicht mehr mit ihr im selben Bett. Überwältigt von ihrem Elend und ihrer Einsamkeit wandte sie sich ab, damit die Damen nicht ihre Tränen sahen.

»Agnes«, sagte sie, »holst du mir eine Molkebrühe? Dann kann ich vielleicht besser einschlafen.«

Sie hatte ihn verloren. Er war fort. Ihr Bett war leer und kalt. Agnes nickte verständnisvoll. »Ich hole sie sofort, Mylady.«

Eleyne entließ Meg und Bethoc und lehnte sich in die Kissen zurück. Ihr war seltsam unwohl. Ihr Kopf tat weh, ihre Augen waren müde. Sie warf einen Blick zu den schmalen Spitzbogenfenstern hin, die nach Westen gingen. Dort war die Sonne hinter dicken schwarzen Wolken versunken.

Alexander.

Es war viele Wochen her, seit sie zum letztenmal an ihn gedacht hatte, aber mit einemmal spürte sie, daß sie sich nach ihm sehnte. Sie war allein und sie brauchte ihn, sie war verloren ohne einen der beiden Männer, die sie liebte.

Als Agnes zurückkehrte, war sie zu Eleynes Verwunderung nicht allein: Rhonwen war bei ihr.

Eleyne starrte die alte Frau eine volle Minute lang in völligem Schweigen an, dann stemmte sie sich hoch und rutschte vom Bett herunter. Sie wußte jetzt, weshalb ihre Gedanken zu Alexander zurückgekehrt waren, und einen Augenblick lang fühlte sie, wie eine Welle der Panik über sie hinwegrollte.

»Dein Gesicht ist käseweiß, Cariad, und deine Augen sind geschwollen. Was hast du denn angestellt?«

»Das siehst du doch.« Eleyne bewegte sich unbeholfen zu einem Hocker hin und nahm darauf Platz. »Wieso bist du nach Kildrummy gekommen? Ich habe dich nicht gerufen.« Sie wollte Rhonwen nicht im Haus haben. Sie wollte die Angst, das Mißtrauen und das Grauen nicht.

Rhonwen setzte sich nahe bei ihr hin. Sie war erschöpft nach dem langen Ritt. »Sir Allan hat deinen Sohn gezwungen, mich fortzuschicken. Er will nicht, daß irgendwelche Freunde von dir in Falkland bleiben.«

Eleyne sah sie nachdenklich an. »Bist du denn meine Freundin?«

Rhonwen machte ein verzweifeltes Gesicht. »Wie kannst du so etwas fragen? Natürlich bin ich deine Freundin. Ich habe dich lieb und ich will dein Bestes.«

»Den Eindruck hatte ich damals nicht«, erwiderte Eleyne scharf.

Rhonwen zuckte die Schultern. »Ich habe getan, was ich tun mußte.«

»Und dienst du immer noch Alexander?«

Rhonwen sah weg. »Er ist nicht wiedergekommen, seit du uns verlassen hast.« Der Phönix war in ihrer Satteltasche, sorgfältig in Lammwolle eingewickelt.

»Gut.« Eleyne beobachtete sie aufmerksam. »Wenn du hierbleibst, verlange ich deine vollkommene, ungeteilte Loyalität gegenüber meinem Mann. Ich will Alexander hier nicht haben.«

»Natürlich, Cariad«, antwortete Rhonwen demütig. »Ich werde dir in jeder Weise dienen. Er würde ohnehin nicht kommen, während du das Kind eines anderen Mannes trägst.«

Eleyne entließ Agnes, schenkte zwei Becher mit Glühwein ein und reichte Rhonwen einen. »Trink das und dann erzähle mir, was in Falkland geschehen ist. Wie geht es meinen Jungen?«

Als Rhonwen endlich zu Ende gesprochen hatte, legte Eleyne den Kopf auf die Arme. »Armer Colban, armer Macduff. Ich habe den beiden so oft geschrieben. Glauben sie wirklich, ich hätte sie vergessen?«

Rhonwen schüttelte den Kopf. »Sie wissen jetzt, daß Sir Allan alles abfängt, was du schreibst. Du mußt Nachrichten losschicken, die ankommen. Schreib dem jungen König, Cariad. Die Durwards können ihn nicht hindern, deinen Söhnen Grüße auszurichten.«

Rhonwen fand sofort heraus, wo Donald nun immer hinging. Die hübsche Maid von der Molkerei der Burg hatte glänzendes rotes Haar und Haut wie Dickmilch. Elizabeths Zofe Maggie erzählte es Bethoc, und Bethoc erzählte es Rhonwen, daß Elizabeth Donald gesagt hatte, er solle seine Frau in Ruhe lassen; mit ihr zu schlafen, während sie schwanger war, sei eine Sünde.

Rhonwen war hin- und hergerissen, einerseits freute sie sich über diesen Beweis für Donalds Untreue, andererseits hätte sie Eleyne in ihrem Elend gern einen Trost zukommen lassen.

Als sie es ihr sagte, wohin er ging, um sich verwöhnen zu lassen, weinte Eleyne.

»Ich wußte es, ich glaube, ich habe sie zusammen gesehen«, schluchzte sie. »Er hat sie so angeschaut, wie er mich anzuschauen pflegte. Und kannst du es ihm vorwerfen!« Sie preßte die Hände in die Seiten. »Guck mich an! Ich sehe widerlich aus.«

»Du bist schön, Cariad. Und nun, da du weißt, wo dein Mann seine Nächte verbringt, sollst du auch erfahren, daß Lady Mar ihm gesagt hat, er müsse dich in Ruhe lassen.«

»Lady Mar?« Eleyne blickte auf, die Tränen blitzten an ihren Wimpern.

»Wer sonst?« Rhonwen hatte sich rasch eine ungünstige Meinung von der Countess gebildet. »Er hätte dich nicht verlassen, wenn sie ihm nicht gesagt hätte, daß es eine Todsünde wäre, mit einer Frau zu schlafen, während sie schwanger ist.«

»Todsünde?« Eleyne war entgeistert.

Rhonwen nickte. »Sei froh, daß er jetzt nicht bei dir im Bett liegt, während du so dick und unbeholfen bist. Er kommt zurück, sobald du entbunden hast. Du wirst es sehen.«

IV

Oktober 1266

Gratney wurde um Mitternacht geboren, als der erste große Herbststurm das breite Flußtal hinauffegte, gegen die Burgmauern schlug, die Brustwehr über dem südwestlichen Turmhaus zum Einsturz brachte und den Bach in der Schlucht hinter der Burg in einen tosenden Wasserfall verwandelte.

Es war ein großes Baby mit dem Haar und den Augen seines Vaters. Die Geburt ging leicht, und sogar Elizabeth zeigte sich zufrieden, daß ihr erster Enkelsohn ein gesunder, munterer Erbe zu sein schien.

Erschöpft sank Eleyne ins Bett zurück. Man hatte sie gebadet, sie ruhte in frischer, nach Lavendel duftender Bettwäsche, ihr Haar lag lose auf ihren Schultern. Jetzt erst durften sie Donald zu ihr lassen. Er setzte sich auf das Bett und nahm ihre Hand. »Meine schöne, kluge Geliebte.« Er beugte sich vor und küßte sie auf den Mund.

Neben ihnen lag das Baby und schlief in seiner geschnitzten eichenen Wiege.

V

Donald stand allein an der Brustwehr des Schneeturms und starrte in die ferne Hügellandschaft hinaus. Hinter ihm schlummerte das Schloß im Wintersonnenschein.

Er kam aus dem Schlafzimmer, dort hatte er bei Eleyne und dem Baby gesessen und ihnen zugeschaut, als sie langsam in einen warmen Schlaf versunken waren. Er beugte sich über die kalte, steinerne Balustrade und stützte das Kinn auf die Handfläche. Sein Sohn war das schönste Kind, das er je gesehen hatte, winzig und zart, er hatte leuchtend blaue Augen und lange dunkle Wimpern, die, wenn er schlief, auf einer Haut so weiß wie Alabaster lagen.

Es hatte wohl noch niemand ein Gedicht über ein Kind geschrieben, außer über den Heiland selbst, aber schon gingen ihm die Worte der Anbetung durch den Kopf.

Es dauerte einen Augenblick, bis er merkte, daß jemand hinter ihm stand. Verärgert über die Störung fuhr er herum.

Es war niemand da.

Verwundert blickte er über die Steinplatten, die das Dach des Turmes bildeten, hinweg. Die Tür zur Wendeltreppe stand offen, so wie er sie hinterlassen hatte. Drinnen war es dunkel. Er ging über das Dach, bückte sich und spähte hinein. Die Treppe verschwand nach unten in der Finsternis. Es war keinerlei Geräusch von Schritten zu hören, die sich aus den tieferen Winkeln des Turms entfernten.

Er duckte sich und sah sich wieder mit einem unbehaglichen Gefühl um, der Rock seines schweren Gewandes flatterte gegen die Mauer neben ihm.

Über den steilen Abhang der Schlucht hinter der Burg hinweg sah er die Bäume am Abhang des gegenüberliegenden Hügels, hinter dem Steinbruch, aus dem das Baumaterial für die Burg kam. Die Bäume bewegten sich im Wind, der stärker wurde, in den Ästen der großen schottischen Kiefer klagte und die letzten Eichen- und Birkenblätter raschelnd zum Erdboden hinabwehte.

Er zitterte heftig. Gütiger Christus, er konnte den Angstschweiß zwischen seinen Schulterblättern spüren! Er starrte wieder umher, dann rannte er zur Treppe.

»Nel!«

Immer zwei Stufen auf einmal nehmend, hastete er die schmale Wendeltreppe Stockwerk um Stockwerk abwärts, bis er außer Atem das Schlafzimmer erreichte.

»Nel! Bist du da?« Ohne daß er es wußte, hatte er die Hand am Griff des Dolches.

Sie schreckte hoch.

»Was ist denn? Was hast du?« Sie schloß den kleinen Gratney fest in die Arme.

Er sah auf sie hinab und steckte verlegen den Dolch in die vergoldete Scheide zurück.

»Was ist los, Donald?« Sie streckte die Hand nach ihm aus und sah ihm ins Gesicht. Da wußte sie, was geschehen war.

»Ist Alexander wieder da?« Stumm formten ihre Lippen diese Frage, während ihre Augen seine Augen festhielten.

Er zuckte die Schultern. »Ich habe nichts gesehen. Ich kann es einfach nicht glauben, daß er uns verfolgt. Ich muß es mir eingebildet haben.«

»Nein, du hast dich nicht getäuscht.« Ihre Arme schlossen sich fester um das Baby. »Er ist hier.« Rhonwen mußte ihn irgendwie mitgebracht haben, und jetzt, da sie nicht mehr Donalds Kind in ihrem Schoß trug, suchte er sie.

Sie schmeckte die sonderbare metallische Schärfe der Furcht auf ihrem Gaumen. Langsam kniete sie sich im Bett hin. »Bitte geh weg!« rief sie leise. »Bitte, Mylord, mein Liebling. Bitte, wenn du mich liebst, geh.«

Donald hielt den Atem an. Er merkte, daß seine Hände zitterten.

»Bitte hol' mich jetzt nicht«, bettelte Eleyne, und es waren Tränen in ihren Augen. »Bitte, noch nicht.«

»Gütiger Christus!« flüsterte Donald. »Was meinst du mit *noch nicht*?« Er sprang zum Bett, schlang seine Arme um Eleyne und das Baby. »Was meinst du damit?« wiederholte er in seiner Angst und Qual.

Eleyne zitterte. »Ich … ich weiß nicht.« Sie schluchzte. »Ich werde lange vor dir alt werden, Donald …«

»Sag so etwas nicht!« Seine Augen blitzten vor Zorn. »Ich verbiete dir, so etwas zu sagen! Er bekommt dich nicht, niemals, hörst du mich? Ich habe dir schon gesagt …«, er schüttelte den Kopf wie ein verwundetes Tier, »ich habe dir schon gesagt, daß ich sogar in der Hölle gegen ihn kämpfen werde. Du gehst nicht zu ihm, Nel, niemals. Du bist *meine* Frau! Hörst du mich? Meine Frau!«

Er merkte plötzlich, daß sie weinte, und zwischen ihnen gefangen stieß Gratney einen dünnen Klagelaut aus, während sein kleines Gesicht elend verzerrt war. Eleyne küßte ihn zärtlich, und dann sah sie zu Donald auf und lächelte ihn durch ihre Tränen hindurch an.

»Wir werden zusammen gegen ihn kämpfen«, sagte sie leise. »Irgendwie werden wir uns seiner erwehren. Wir schaffen es. Ich verspreche es dir.«

VI

Eleyne saß in der Fensternische und zermarterte ihr Gehirn. Sie war erneut schwanger, und wieder zog Donald sich von ihr zurück. Dabei wußte er doch, wie sehr sie seine Liebe brauchte, wußte, daß sie ohne sie nicht leben konnte. Und dennoch war er davongeritten.

Sie schlang die Arme um ihren Bauch und machte ein trauriges Gesicht.

Rhonwen, die hinter ihr stand, kannte Eleynes Gedanken und grinste spöttisch. Sie wußte, die Zeit war reif, Alexander konnte kommen.

»Lord Donald ist nichts für dich. Cariad. Hast du das noch nicht eingesehen? Hast du noch nicht begriffen, wer dich wirklich liebt?«

Eleyne drehte sich zu ihr um. Sie fürchtete sich fast vor dem, was sie in Rhonwens Augen sehen würde. Ihr Gesicht war verhärmt. »Niemand liebt mich, während ich schwanger bin«, sagte sie müde. »Auch Alexander nicht.«

»Ich kann ihn zu dir bringen«, flüsterte Rhonwen. »Sieh!« Sie streckte die Hand aus, die sie hinter ihrem Rücken verborgen gehalten hatte. Es lag etwas Funkelndes darin. Als das emaillierte Schmuckstück an der Kette zwischen Rhonwens Fingern baumelte, rang Eleyne nach Luft.

»Ich hatte ihn versteckt …«

»Und er hat mir gesagt, wo.« Rhonwen ließ den Anhänger vor Eleynes Augen kreisen. »Er hat mich dorthin geführt und mir befohlen, ihn dir zu bringen. Er bindet dich an ihn. Du kannst ihn nicht wegwerfen. Du kannst ihn nicht verstecken. Er wird dich immer finden.«

Eleyne streckte die Hand aus, aber Rhonwen trat rasch einen Schritt zurück. »Ich will ihn für dich aufbewahren, Cariad. Wir dürfen ihn nicht wieder verlieren, verstehst du?«

Eleynes Augen funkelten vor Zorn. »Du mischst dich in Dinge ein, die dich nichts angehen, Rhonwen. Gib ihn her!«

Rhonwen schüttelte den Kopf. Sie glitt zurück, schob den Phönix in den Schlitz ihres Rocks und steckte ihn in die Tasche, die sie an einem Gürtel über dem Hemd trug. »Der König hat mir gesagt, ich soll gut darauf aufpassen«, rief sie triumphierend.

»Er wird nicht kommen.« Eleyne versuchte nicht, ihn ihr abzujagen. »Er wird nicht kommen, während ich Donalds Kind trage.«

VII

Tag für Tag mußte Eleyne neben Elizabeth am gräflichen Tisch sitzen. Diese war während der letzten zwölf Monate sehr abgemagert. Sie hielt sich meistens in ihren Räumen auf und erschien manchmal gar nicht zum Essen, aber wenn sie es tat, dann immer mit jenem schmallippigen Ausdruck abgrundtiefer Verachtung für Eleyne im Gesicht.

Zweimal war Elizabeths Bruder, der Earl of Buchan, in Mar erschienen, und jedesmal hatte er seine Frau mitgebracht. Wenn Elizabeth de Quincy an Lady Mars Seite saß, kam Eleyne sich verloren vor.

»Sie sitzen nebeneinander und starren mich wütend an«, erzählte sie Morna und nahm die kleine Mairi aufs Knie. »Ich weiß nicht, welche von den beiden mich mehr haßt.«

»Arme Lady.« Morna lachte. »Sie sind eine Bedrohung für die beiden. Sie sind jung – o ja, das sind Sie verglichen mit den beiden –, Sie sind schön und vor allem sind Sie fruchtbar, während ihr Schoß bereits vertrocknet ist.« Morna setzte sich neben sie auf die Grasbank. »Und keine der beiden kann vergessen, daß ein König Sie liebt.«

»Also ist die Geschichte auch schon in den Schluchten von Mar bekannt.« Sie fröstelte.

»Ich brauche keine Gerüchte, um zu wissen, was den Menschen geschieht, die ich liebe«, sagte Morna vorwurfsvoll. »Ich höre es im Wind, ich höre es im Regen und ich lese es von den Wolken ab.«

»Und aus dem Feuer«, fragte Eleyne leise, »haben Sie jemals etwas aus dem Feuer erfahren?« Sie berührte Mairis Gesicht mit der Fingerspitze.

Für eine Weile sagte Morna nichts und betrachtete Eleyne. »Nein«, sagte sie schließlich. »Ich sehe nichts im Feuer.«

Dann schwiegen sie lange. »Ich höre natürlich auch Gerüchte«, fuhr Morna mit einem energischeren Ton fort. »Zum Beispiel soll King Henry Ihren Neffen Llywelyn als Prince von ganz Wales anerkannt haben.«

Eleyne lächelte. »Es ist seltsam, wie der Schatten von Yr Wyddfa sich bis zu den Bergen Schottlands erstreckt.« Es fröstelte sie. »Ich bete darum, daß ihm alles gelingt.«

»Sie sehen Schwierigkeiten für ihn in der Zukunft?« fragte Morna vorsichtig.

»Vielleicht. Ich weiß nicht, was ich sehe, außer daß das Schicksal schwer auf meiner Familie lastet.« Eleyne seufzte. Als in der Woche zuvor die Nachricht vom Tod ihrer Schwester Angharad eingetroffen war, hatte sie bitterlich geweint. Aber es war so lange her, daß sie eine ihrer Schwestern gesehen hatte. Margaret, die ihr geschrieben hatte, um sie zu benachrichtigen, war selbst drei Jahre zuvor zum zweitenmal Witwe geworden und nun zu krank, um an Angharads Beerdigung teilzunehmen.

Morna beobachtete sie. »Das Schicksal lastet schwer auf Ihnen, meine Freundin, gewiß.« Sie lächelte. »Von zwei Männern zugleich geliebt zu werden, ist niemals leicht. Es ist sogar noch schwerer, wenn Sie die Liebe beider Männer erwidern.«

Eleyne sah zu ihr auf. »Sie wissen, daß Alexander mir nach Mar gefolgt ist?«

Morna zuckte die Schultern. »Ich höre es im Wind und im Regen. Eines Tages werden Sie sich entscheiden müssen.«

»Aber jetzt noch nicht.« Es war eine Bitte. Eleyne schlug fröstelnd die Arme um ihren Oberkörper. »Er kommt nicht zu mir, wenn ich schwanger bin. Es ist, als ob er nicht da wäre, als ob er nur ein Traum wäre. Wenn er nicht da ist, fällt es mir schwer, überhaupt an ihn zu glauben.«

»Vielleicht ist er ein Traum.«

»Vielleicht bin ich für ihn nicht da. Vielleicht bin ich der Traum.« Eleyne setzte Mairi ab und richtete sich auf. »Ach, Morna, warum ist Donald nur fortgegangen?«

»Mag sein, daß er Ihnen fehlt.« Morna zog ihre Tochter an sich und küßte das kleine Mädchen auf die Stirn. »Aber Sie selbst sind für sich da. Das ist die einzig wahre Wirklichkeit«, sagte sie geheimnisvoll. »Nur: Sie lassen sich zu sehr von Ihren Leidenschaften beherrschen, meine Liebe.«

»Ich kann nicht anders.« Eleyne schüttelte den Kopf. »Ich liebe ihn so sehr.«

Sie meinte Donald.

Elizabeth of Mar folgte ihr heimlich, als sie das nächstemal Morna besuchte, ihr kastanienbrauner Zelter wurde von vier Reitern flankiert.

»So, hierher begibst du dich also. Ich dachte, es steckte vielleicht ein Mann dahinter.« Sie schnalzte mit dem Finger. Einer ihrer Begleiter sprang vom Pferd und half ihr beim Absitzen.

Die kleine Mairi war in Eleynes Armen eingeschlafen. Vorsichtig, ohne sie aufzuwecken, legte sie das Kind auf den Erdboden und beherrschte mit Mühe ihren Zorn. »Wie lieb von Ihnen, daß Sie sich Sorgen um mich machen. Aber wie Sie sehen, bin ich nicht bei einem Mann, ich besuche eine Freundin.«

»Eine Freundin?« Die Countess of Mar sah auf Morna hinab, die am Fluß im Gras saß.

Morna lächelte sie unbekümmert an. »Ich könnte auch eine Freundin von Ihnen sein, Lady Mar, wenn Sie es wollen.« Ihre leise Stimme ließ Elizabeth mitten im Schritt innehalten. »Ich sehe den Schmerz in Ihnen, und ich könnte Ihnen helfen, wenn Sie es wollen.«

Elizabeth starrte sie an. Ihr Gesicht war weiß, ihrem hageren, zerfurchten Antlitz sah man die Strapaze des langen Ritts an. »Warum? Sind Sie eine Art Blutegel?« sagte sie spöttisch.

»Nein, aber ich verstehe etwas von der Heilkunst«, erwiderte Morna, »und ich kenne eine heilige Quelle, deren Was-

ser Ihnen helfen und Sie mit einem langen Leben segnen
würde.«

»Ach.« Elizabeth zögerte nur den Bruchteil einer Sekunde
lang, dann wandte sie sich wieder ihrem Pferd zu. »Ich schlage
vor, Sie wenden diese Kunst in Ihrem Dorf an, dort wird sie zweifellos von einigem Nutzen sein. Eleyne, begleite mich bitte.«

»Ich werde rechtzeitig zum Mittagessen zurück sein.«

VIII
September 1267

Eleyne ruhte auf ihrem Bett. Ihr Rücken schmerzte, und sie war
müde. Das Kind in ihrem Leib trat nun nicht mehr so viel, es
war zu eng in seinem dunklen Gefängnis. Ihr Bauch war dicker,
als er je bei irgendeiner ihrer anderen Schwangerschaften gewesen war. Ein paar Wochen zuvor, als noch Platz gewesen
war, hatte das Kind unaufhörlich gestrampelt, und sie hatte
sich gefragt, ob sie vielleicht mehrere Babys zur Welt bringen
würde, so wie es Sabina, die Hündin, ein paar Wochen zuvor
getan hatte. Sie seufzte und versuchte, eine bequeme Lage auf
dem Bett zu finden. Da wurde sie zur Countess Elizabeth ins
Zimmer gebeten.

Lady Mar lag auf ihrem Bett, ihr Gesicht war bleich. Es war
ein heißer Tag gewesen, die Mauern der Burg hielten noch die
Hitze zurück, während draußen zum erstenmal in diesem Jahr
der schwere Herbsttau zu fallen begann.

»Du sagst, du wüßtest, wo die heilige Quelle ist?« fing Elizabeth ohne Vorrede an.

Eleyne nickte. Ein Jahrhundert zuvor oder mehr hatte ein
Einsiedler sich eine Steinklause daneben gebaut. Jetzt kamen
dort Pilger hin, um in dem heiligen Wasser zu baden, oder dem
Heiligen, der sie bewachte, Opfer zu bringen.

»Ich möchte dorthin reiten.« Elizabeth preßte die Hand gegen ihre Brust.

Eleyne starrte sie verwundert an. »Aber es ist weit. Oben in
den Bergen und schlecht zu erreichen. Morna wird Ihnen Wasser von der Quelle bringen …«

»Das ist sinnlos!« Elizabeth legte sich zurück in die Kissen und preßte die Lippen fest aufeinander, während eine Schmerzwelle sie traf. »Morna ist fort von ihrer Hütte. Wie ich höre, ist sie manchmal tagelang oder wochenlang nicht da. Ich kann nicht warten, bis sie zurückkommt. Ich möchte selbst zu der Quelle.«

»Das können Sie unmöglich!« Eleyne wollte der Frau zwar helfen, aber jetzt erschrak sie. »Es ist ein langer Ritt, und der Weg ist steil. Selbst für jemanden, der gesund ist, ist es anstrengend. Man kann doch das Wasser hierherholen …«

»Ich möchte dort hin. Ich muß dort hin«, wiederholte Elizabeth hartnäckig und zwang sich hoch, bis sie saß. »Ich werde für morgen früh eine Sänfte bestellen, und du mußt mich hinführen.«

»Das kann ich nicht. Das wäre Wahnsinn«, rief Eleyne. Die andere Frau tat ihr leid. Sie sah die Angst und Qual in ihren Augen. »Es wäre eine Tollheit, wenn Sie so weit zu reiten versuchen, während Sie krank sind.«

»Es wird mich umbringen, wenn ich da nicht hinkomme«, Elizabeth schüttelte den Kopf. »Ich muß. Siehst du das nicht ein? Ich denke seit Wochen nur noch daran. Ich muß dorthin, es ist meine einzige Chance.« Eleyne wollte ein weiteres Mal widersprechen, doch Elizabeth ließ das nicht zu. »Als deine Schwiegermutter befehle ich dir, mich zu begleiten.«

IX

Sie hatten eine Eskorte von zehn Mann dabei. Elizabeth hatte es ihren Damen verboten, sie zu begleiten. Eleyne schüttelte den Kopf, als der Knecht ihr Pferd brachte. So sehr sie auch die Sänfte haßte, sie wußte, daß sie in ihrem Zustand nicht mehr reiten durfte.

Sie reisten sehr langsam, bogen fast sofort von der Straße ab und bewegten sich über das unebene, langsam ansteigende Gelände immer weiter hinauf. Eleynes Sänfte befand sich an der Spitze der Reiterei, der diesen Ausflug mißbilligende Sir

Duncan Comyn ritt an ihrer Seite. Er hatte darauf bestanden, mitzukommen, und die Eskorte persönlich ausgewählt.

Eleynes Rücken schmerzte, sie war sehr müde. Ab und zu rief sie, man solle anhalten, dann spähte sie umher, um sich in der Gegend von der ihr ungewohnten Sänfte aus zu orientieren.

Bei einer dieser Pausen wandte sich Duncan im Sattel zu ihr um. »Meinen Sie, wir sollen einmal nachsehen, wie es ihr geht?«

Eleyne nickte und ruhte sich ein wenig aus, während er nach hinten ritt. Über den stärker werdenden Wind hinweg hörte sie Elizabeths scharfe Stimme. Sie fragte, warum zum Teufel denn schon wieder angehalten worden sei. Und sie hörte Sir Duncans gemurmelte Verwünschung, seine Cousine sei eine selbstsüchtige, böse, alte Vettel und verdiente es, in der Hölle zu schmoren. Sie lächelte. Es war beruhigend zu wissen, daß sie auf dieser Reise nicht ohne Verbündete war.

Sie fanden schließlich die Quelle, und sie kletterte müde aus der Sänfte heraus, gestattete Sir Duncan gern, ihr in die aus Steinen erbaute Kapelle und auf die steinerne Bank zu helfen, die dem Einsiedler vor vielen Jahren als Sitzplatz und Bett zugleich gedient hatte. Er rief seine Männer und ließ sie in den Ring aus geschwärzten Steinen, der offenbar seit Jahrhunderten die Feuerstelle darstellte, Holz zusammentragen und anzünden. Dann erst ging er, um Elizabeth beim Aussteigen behilflich zu sein.

Die Quelle sprudelte sanft unter einem überhängenden Felsen hervor und füllte ein flaches Becken, das von glatten Steinen eingerahmt war. Seit undenklichen Zeiten hatten die Pilger ihre Opfer an dieser Stelle deponiert. Farbige Stoffetzen, Steine und Münzen lagen in dem glitzernden Wasser, geschützt von kleinen, sich ringelnden Farnen, die strahlend grün in der Nachmittagssonne leuchteten.

»Jetzt möchte ich, daß Sie mich und meine Schwiegertochter hier allein lassen. Nehmen Sie all Ihre Männer mit. Ich möchte niemanden sonst hier haben.« Elizabeths krächzende Stimme war immer noch kräftig, als Sir Duncan ihr aus der Sänfte half. »Sie können morgen mittag wiederkommen.«

»Mylady, wir können Sie nicht hierlassen!« Sir Duncan war entsetzt.

»Warum nicht? Es wird uns niemand ein Leid antun. Zum Schutz laßt uns die großen Hunde meiner Schwiegertochter hier. Macht Feuer und laßt genug Holz da, damit wir es warm haben, packt die Decken aus und bringt mir alle wollenen Decken und Handtücher aus der Sänfte. Und dann geht! Ich habe nicht die Absicht, hier zu baden, während ein Dutzend Männer mich durchs Farnkraut beobachtet.«

Sir Duncan appellierte an Eleyne. »Mylady …«

»Tut, was ich sage!« unterbrach ihn Elizabeth scharf. »Ich muß allein sein und im Mondlicht baden. Das ist ein Teil der Kur. Sie kann bleiben und sich ihren eigenen Segen vom Wasser holen, aber niemand sonst. Überhaupt niemand!« Sie schwankte etwas, hielt sich die Hand an die Brust. »Geht jetzt!«

Eleyne schloß vor Verzweiflung die Augen und wünschte sich inbrünstig, sie hätte sich nicht auf diese Badereise eingelassen. Der wilde Ausdruck in den Augen ihrer Schwiegermutter machte ihr Angst. »Wenn Sir Duncan und seine Männer außer Sichtweite warten«, sagte sie, »genügt das doch. Sie können uns dann zurückbringen.«

»Nein!« schrie Elizabeth wie eine Rasende. »Sie sollen gehen. Ich muß auf den Mond warten. Es ist meine einzige Chance. Meine einzige Chance«, wiederholte sie mit zusammengepreßten Zähnen.

»Tun Sie lieber, was sie sagt«, flüsterte Eleyne Sir Duncan zu. Sie sah Elizabeth an. »Die Heilige Jungfrau und die heilige Brigitte werden uns beschützen.« Und das werden auch die alten Götter, die hier wachen, dachte sie. Deren Macht groß ist in diesen Bergen. Und denen die heilenden Quellen gehören.

Mit einem letzten ängstlichen Blick auf Eleyne tat Sir Duncan, worum man ihn bat. Die wollenen Decken und Handtücher wurden in der Kapelle aufgestapelt, das Feuer entfacht und ein ordentlicher Berg Holz aus dem Wäldchen am Fuße der Felsen herbeigeschafft, trockene Äste vom Vogelbeerbaum und Kiefern- und Birkenzweige und sogar stachlige Dornenbüsche in der Ecke aufgestapelt, dann rückte die Eskorte ab. Sie waren allein.

Eleyne und Elizabeth sahen den Reitern nach, wie sie sich den Abhang hinunter entfernten, schließlich wandte sich Elizabeth ihr zu. »Wir essen jetzt etwas, und dann warten wir, bis der Mond aufgeht«, sagte sie.

Die beiden Frauen saßen in der verlassenen Kapelle am Feuer, als die Dämmerung von Osten her hereinbrach und purpurne Schatten über die Schluchten warf. Es wurde rasch dunkel. Durch die offene Tür sah Eleyne zum Himmel auf. Er war fern und kalt und durchsichtig wie ein aquamarinblauer Opal, darin die karmesinroten Streifen der Wolken. Die Schatten zwischen den Bergen wurden schwarz und sanft und geheimnisvoll. Von irgendwo weit in der Ferne ertönte das Geheul eines Wolfes. Eleyne sah, wie ihre Hunde die Ohren flach an den Kopf legten. Ihre Nackenhaare hatten sich gesträubt, aber keines der Tiere rührte sich von der Tür weg, die sie bewachten.

»Ist es soweit?« Elizabeths heisere Stimme ließ Eleyne zusammenzucken.

»Der Mond geht gleich auf.« Eleyne drehte sich um. Sie schnappte überrascht nach Luft. Elizabeth hatte sich ihres Kleides entledigt. Als sie so in ihrem weißen Hemd unter dem Umhang dastand, wirkte sie wie eine geisterhafte Erscheinung in der Dunkelheit, während sich das silbrige Mondlicht allmählich über den Abhang ausbreitete.

Elizabeth schüttelte die Schuhe von den Füßen und ging dann, langsam und mühsam atmend, auf die glatten, flachen Steine des Beckenrandes zu. Eleyne folgte ihr und ergriff ihren Arm, als die Frau stolperte. »Sie wollen doch nicht eintauchen? Das Wasser ist eiskalt!« protestierte sie.

»Halte meinen Umhang. Das wird mich wärmen, wenn ich später herauskomme.« Elizabeth griff sich an den Hals, um die Schnur zu lösen.

»Spritzen Sie sich etwas naß. Das genügt doch«, versuchte Eleyne sie zurückzuhalten. »Hier, ich hole Ihnen etwas Wasser …«

»Lassen Sie mich in Ruhe!« herrschte Elizabeth sie an. Ihre Stimme war scharf und laut. Sie stieß Eleyne weg und ging die letzten Schritte zum Rand des Beckens allein.

Das Mondlicht flutete über das dunkle Wasser, während die schwarzen Wolkenstreifen nach Westen jagten. Elizabeth zögerte und holte Luft, als das Wasser silbern wurde. Vorsichtig stieg sie in das flache Felsenbecken. Das eisige Wasser näßte ihr Hemd und ihre Fußknöchel, dann reichte es, als sie weiterging, bis zu ihren Knien empor. Sie konnte ihren Herzschlag hören, ihr Kopf war voll von diesem Geräusch. Das Mondlicht füllte ihre Augen. Langsam erhob sie ihre Arme zum Himmel.

Auf der Bank saß Eleyne und sah ihr zu, links und rechts von ihr die beiden Hunde. Sie sah Elizabeth vorsichtig bis zur Mitte des Beckens gehen und die Hände zum Mond erheben. Sie lächelte wehmütig. Also erinnerte sich auch diese Frau, die von der alten keltischen Linie der Earls of Buchan abstammte, an die alten Götter. Eleyne fröstelte, sie verkroch sich in ihren Umhang, als der Wind auffrischte, der über den Abhang wehte, und sie zuckte zusammen – das Kind in ihrem Bauch bewegte sich schmerzhaft, als ob es spürte, wie unbehaglich ihr war. In Gedanken bei dem ungeduldigen Leben in ihrem Bauch, brauchte sie einen Augenblick, bis sie sah, was passiert war.

»Hilf mir!«

Sie ließ den Umhang der Frau fallen und lief zum Beckenrand. Elizabeth war in das Wasser gefallen, ihre Arme schlugen um sich, ihr Gesicht war schmerzverzerrt.

Eleyne spürte kaum die Kälte an ihren Beinen, als sie Elizabeths Arm zu fassen bekam. Der Kopf der Frau baumelte herab. Eleyne biß die Zähne zusammen und zog sie aus dem Wasser. Elizabeth war zwar sehr hager, aber auch sehr groß und mit ihrem vom Wasser durchtränkten Hemd ungeheuer schwer. Eleyne hörte sich selbst schluchzen, während sie sie noch ein Stück weiter herauszog. Sie zitterte am ganzen Leib, und plötzlich fuhr ihr ein messerscharfer Schmerz in den Rücken. Er strahlte bis in ihren Bauch aus.

Sie sank neben Elizabeth auf den Beckenrand und rang nach Luft. Dann nahm sie eine der kalten, schlaffen Hände und fing an, sie zu reiben, damit sie warm wurde. »Können Sie mich hören?« Die Stimme versagte ihr und wurde zu einem Schluchzen, als der Schmerz sie erneut überkam.

Sie starrte hinauf zum Mond und atmete tief ein und aus, versuchte, ihren Herzschlag zu besänftigen. Ihr ganzer Körper hatte sich plötzlich qualvoll zusammengekrümmt.

»Heilige Brigitte, hilf mir!«

Sie war mit einer hilflosen, kranken Frau allein in der Wildnis, und ihr Baby kam.

Elizabeth, die kaum noch bei Bewußtsein war, sah auf zu ihr. »Was ist denn?« murmelte sie. Durch ihren eigenen Schmerz hindurch hatte sie endlich auch Eleynes Verzweiflung wahrgenommen.

»Mein Baby. Es kommt.«

Elizabeth verzog das Gesicht zu einer Grimasse. Ihr Atem ging stoßweise und rasselnd. »Laß mich hier. Geh hinein ins Warme«, murmelte sie. »Geh!« Sie streckte ihre zu einer Klaue gekrümmte Hand nach Eleyne aus. »Gott segne dich!« Sie machte eine Pause. »Tochter.«

Eleyne starrte auf sie hinab und biß die Zähne zusammen, als eine weitere Schmerzwelle sie traf. Sie umklammerte Elizabeths Hand.

Als ihr Kopf zur Seite fiel, öffneten sich ihre Augen etwas, aber es war kein Leben mehr darin. Ihr rasselnder Atem war verstummt. Eleyne ließ ihre Hand los und starrte von Panik ergriffen um sich. Der Berghang lag verlassen da. Die Nacht war lautlos. Nur der Silbermond wachte über die vom Schmerz ergriffene Frau, als sie neben dem Leichnam ihrer Schwiegermutter kniete. Das einzige Geräusch kam von der sanft sprudelnden Quelle.

Sie merkte, daß sie wieder zu zittern begann, und nach einem kurzen Zögern nahm sie den Umhang von Elizabeths Leichnam und warf ihn noch über ihren. Sie richtete sich mühsam auf und taumelte zur Kapelle, die Hunde drängten sich ängstlich an sie, während sie laut aufschluchzte, wenn eine neue Schmerzwelle sie überkam. Am Eingang der Kapelle drehte sie sich um und sah zurück auf die tote Frau, die ausgebreitet auf dem weichen Bett aus Moos und Farnkraut am Rande der Quelle lag. Einen Augenblick lang beneidete sie sie um ihren Frieden.

Es war kurz vor dem Morgengrauen. Eleyne richtete sich etwas auf von ihrem Bett. Das Feuer war am Ausgehen, sie mußte Holz nachlegen. Irgendwie gelang es ihr, und sie beendete ihre Vorbereitungen für die Geburt. Sie hatte Streifen von ihrem Hemd gerissen, um das Baby darin einzuwickeln. Auch waren genügend Decken da, um es und sich selbst warm zu halten. Sie zog Fäden aus dem Saum, um damit die Nabelschnur abzubinden. Sie mußte einen klaren Kopf behalten. Das Leben ihres Babys und wahrscheinlich auch ihr eigenes hingen davon ab. Sie mußte sich ihrer früheren Geburten erinnern und es allein schaffen.

Die ersten Sonnenstrahlen fielen bleich und kalt über den Fußboden, als das Kind endlich aus ihrem Schoß herausglitt und leise wimmernd dalag. Es war ein Junge. Eleyne tat, was nötig war. Sie raffte ihre letzte Kraft zusammen, band die Nabelschnur ab und biß sie mit den Zähnen durch, dann trocknete sie das Baby sorgfältig in einem der Handtücher ab, wickelte das winzige Wesen in den Streifen, den sie von ihrem Hemd gerissen hatte, und schlug es in eine Decke ein. Dann legte sie sich ihren Kleinen an die Brust. Sie lehnte sich zurück und schmiegte das Baby an sich. Sobald die Nachgeburt heraus war, würden die Schmerzen aufhören. Aber sie hörten nicht auf, sie wurden schlimmer, und Eleyne bekam Angst. Sie sah hinab auf das Baby, das in ihren Armen eingeschlafen war, und legte es neben sich.

Als die Schmerzen wieder einsetzten, fiel sie in Ohnmacht. Ihr erschöpfter Körper verkrampfte sich und wehrte sich dagegen. Ab und zu wachte sie von neuen Krämpfen ihrer verzerrten Muskeln auf, und dann kam das zweite Kind heraus. Irgendwie fand sie noch die Kraft, ein weiteres Mal die Nabelschnur abzubinden und das Baby in die Decke zu wickeln, die neben ihr lag, doch dann tauchte sie in die Finsternis ein.

Sechsundzwanzigstes Kapitel

I

Draußen bogen sich die Bäume im Wind, ihre Äste streckten sich, und die Blätter wirbelten zur Erde. Über die Hügel hinweg rasten große purpurne Schatten.

Rhonwen hatte es nicht fassen können, daß Sir Duncan die beiden Frauen tatsächlich allein zurückgelassen hatte. Sie war, kaum hatte sie davon gehört, sofort losgeritten. Sie hatte Agnes und Bethoc mitgenommen, Sir Duncan begleitete sie. Er führte sie sicher den Hang hinauf und danach weiter durch die Täler, bis sie in Sichtweite der Quelle waren und dann nebeneinander das Heiligtum erreichten.

»Heilige Jungfrau!« Sir Duncan starrte entsetzt den Leichnam an, der, mit einem Fuß noch immer im Wasser, am Rande des Beckens lag. Die Raben und Gabelweihen hatten sich schon über ihr Gesicht hergemacht. Es war Blut auf den Steinen und auf ihrem Hemd – das langsame, schwarze Blut des Todes. Von Eleyne keine Spur.

Zuerst wollte Raoulet sie nicht durchlassen, aber Rhonwen redete ihm so lange gut zu, bis er beiseite wich, so daß sie und Bethoc eintreten konnten.

»Heilige Mutter!« Bethocs Augen gewöhnten sich zuerst an die Dunkelheit der fensterlosen Eremitenklause. Eleyne lag in einem blutdurchtränkten Umhang am Boden. Ihr Gesicht war heiß, ihre Augen geschlossen. Neben ihr hatte sich die große Wolfshündin zusammengerollt, die beiden Babys lagen warm und quicklebendig zwischen ihren Pfoten an ihrem fellbedeckten Leib.

Rhonwen und Bethoc waren sprachlos, dann endlich sprach Rhonwen. »Zwillinge! Und einer ist Alexanders Kind«, hauchte sie. »Gütige Lady, es ist ein Wunder geschehen!« erhob sich ihre Stimme im Triumph. »Donald of Mars Sohn mußte dem des Herrschers Platz machen!«

Bethoc starrte sie verwirrt an. Sie bekreuzigte sich. Dann ging sie auf Zehenspitzen auf Eleyne zu. »Ist die Herrin am Leben?« flüsterte sie.

Rhonwen nahm Eleynes Hand und rieb sie zärtlich, um sie zu wärmen. »Sie atmet, aber nur schwach. Es ist ein Wunder, daß es hier warm geblieben ist.« Sie sah zu dem erlöschenden Feuer hin und schüttelte sich. »Aber es sind an diesem Ort mächtige Kräfte am Werk. Sie wachen über die Geburt eines Königssohns.« Sie bückte sich und hob ehrfürchtig das Kind auf, das in den Hemdfetzen gewickelt war. »Der ist es. Der Erstgeborene. Lord Donalds Kind war meiner Herrin nicht wichtig. Sie hat es nicht einmal eingewickelt.«

Bethoc überlief ein abergläubischer Schauder, dann machte sie ein vorwurfsvolles Gesicht. Rasch griff sie sich das zweite Kind und wickelte es in ihren Umhang ein. »Wer auch immer der Vater dieser Kinder ist, wir müssen uns um sie und um ihre Mutter kümmern«, schalt sie Rhonwen.

Rhonwen nickte. Ihr Triumph war überwältigend. Endlich hatte Alexander seinen Sohn!

II

»Ich schwöre bei Gott, daß sie beide deine Söhne sind!« Eleyne war entsetzt über die Wut in Donalds Gesicht.

»Wie kann das sein? Alle Welt weiß, daß Zwillinge nur von Frauen geboren werden, die mit zwei Männern geschlafen haben. Meine Mutter hat mich gewarnt, und ich habe ihr nicht geglaubt!« Er schlug sich mit der Faust in die Handfläche.

»Donald, bitte!« Eleyne war noch zu schwach, als daß sie aus dem Bett hätte aufstehen können. Es war drei Tage nach Elizabeths Beerdigung auf dem Dorffriedhof von Kildrummy. Sieben Tage nach der Taufe der Zwillinge in der Burgkapelle, die Pater Gillespie vorgenommen hatte. Auf Rhonwens Anweisung hin hatten sie die Namen Duncan und Alexander bekommen. Weder Donald noch Eleyne waren bei der Taufe gewesen. Rhonwen auch nicht.

»Ich schwöre, daß ich mit keinem anderen Mann geschlafen habe. Ich schwöre es! Ich bin dir treu gewesen.« Tränen liefen ihr die Wangen hinunter, und sie umklammerte seine Hand. »Ich schwöre es, Donald.«

Donald wandte sich dem Bett zu. »Würdest du auch auf die heiligen Reliquien schwören?« fragte er unsicher.

»Ich würde auf alles schwören, was du willst.«

Er wirkte immer noch nicht überzeugt. »Aber du hast Zwillinge zur Welt gebracht. Wie kann das geschehen?«

Eleyne lachte bitter. »Wie wohl, mein Ehemann? Wir haben uns zuviel geliebt, das ist alles. Es wundert mich, daß es beim erstenmal, als Gratney geboren wurde, nicht auch Zwillinge waren!« Sie hob herausfordernd eine Augenbraue, als sie ihn ansah, und war erleichtert, daß sie die Antwort in seinen Augen fand, die sie suchte.

III

FALKLAND CASTLE * 1268

Der Besuch war kein Erfolg. Bethoc, Agnes und Rhonwen waren in Kildrummy geblieben, um sich dort um die drei Söhne zu kümmern, aber Eleyne fehlten die Kinder sehr. Colban und Macduff waren reserviert, aber höflich. Anna war feindselig. Eleynes Enkel Duncan erinnerte sich gar nicht mehr an sie. An ihrem letzten Abend in Falkland folgte Eleyne Colban in das Kontor seines Vaters, von dem man zu den Lomondbergen hinübersah.

»Seid ihr, du und Anna, immer noch zufrieden?« Sie legte die Arme auf seine Schultern und zwang ihn, ihr in die Augen zu sehen.

»Wir kommen ganz gut miteinander aus, Mama.«

»Und dein Bruder, ist er glücklich?« Nachdem er sie fröhlich begrüßt hatte, war Macduff verschwunden. Er war auch nicht zum Abendessen erschienen.

Colban zuckte die Schultern. »Ich glaube nicht. Mach' dir keine Sorgen, Mama, wir sind erwachsene Männer. In zwei Jahren bin ich volljährig. Sorge dich lieber um deine neue Familie.«

Sie sah ihn noch eine Zeitlang an, überwältigt von ihrer Liebe zu diesem stolzen, unabhängigen Jungen, dann wandte sie ihren Blick ab. »Ich liebe all meine Kinder gleichermaßen, Colban, aber es gibt im Herzen einer Mutter immer einen besonderen Platz für ihren ältesten Sohn.« Sie lächelte. »Ich bin sehr stolz auf dich.«

Er wirkte etwas peinlich berührt, dann endlich legte er die Arme um sie und drückte sie rasch und fest an sich.

Von Falkland aus begaben sie sich nach Dunfermline, wo sie einige Zeit privat beim König verbrachten. Als sie wegritten, hatten sie Briefe für ihren Neffen dabei; denn sie wollten weiter, nach Süden, nach Wales.

Sie war hin- und hergerissen, sie sehnte sich so sehr nach ihren Jungen, aber die Chance, wieder einmal ihre Heimat zu sehen und Donald dort Yr Wyddfa zu zeigen, war eine Versuchung, der sie schwerlich widerstehen konnte. Und die Befehle des Königs waren eindeutig. Genau wie vor ihm schon sein Vater wollte auch der Sohn, daß sie ihm als Mittlerin, als königliche Botschafterin diente. Unter dem Vorwand, ihre Familie zu besuchen, konnte sie mit ihrem Neffen über ein keltisches Bündnis zwischen Wales und Schottland reden.

IV
ABER * Juni 1268

Am Mittsommertag war Eleyne wieder daheim in Aber.

»Nun, hat es sich verändert?« Llywelyn, den Talaith, die kleine goldene Krone der walisischen Fürsten, auf dem Kopf, kam herunter vom Podest in seiner Halle und drückte sie an sich.

Sie sah sich um und schüttelte den Kopf. »Yr Wyddfa ist noch da und die Wasserstraße und dahinter die Insel. Ich kann noch immer die Berge riechen. Und noch immer Afon Aber im Tal hören.« Sie sah Rhonwen an, die geweint hatte, als sie wieder über die Grenze nach Wales gekommen war. Vor ihrem Aufbruch von Falkland Castle hatte Eleyne sich ihrer erinnert und sie gebeten, sie nach Wales zu begleiten, damit sie ihre Heimat wiedersah. Aber Eleyne hatte auch noch zwei andere Gründe: Sie wollte nicht, daß die alte Frau ihr Kinderzimmer in Kildrummy regierte, vor allem wollte sie sie nicht bei Sandy haben. Auch fragte sie sich insgeheim, ob sie ihren Neffen oder eine ihrer noch lebenden Schwestern, Gwenllian oder Margaret, überreden könnte, Rhonwen bei sich in Wales zu behalten.

Llywelyn schnitt eine Grimasse. »Dir hat es hier als Kind gefallen, erinnere ich mich. Während ich den größten Teil meiner Kindheit in Gefangenschaft verbringen mußte!« Er seufzte.

»Erzähle mir von Isabella.« Bisher hatte er nur gesagt, daß sie gestorben war.

Er zuckte die Achseln. »Da gibt es nichts zu erzählen. Sie litt an einer verzehrenden Krankheit.«

»Und du warst bei ihr, als sie starb?«

Er nickte.

»Hat sie irgend etwas über mich gesagt?«

»Nein«, erwiderte er abrupt.

V

»Donald.« Sie rüttelte ihn sanft an der Schulter. »Donald, bist du wach?« Sie hatten sich in der Nacht lange und leidenschaftlich geliebt, jetzt schlief er fest, ein Arm hing über den Bettrand. Sie lächelte zärtlich und schlüpfte aus dem Bett. Die Diener und Dienerinnen auf den Liegen schliefen auch. Es war noch nicht ganz hell.

Leise zog sie ihr Hemd an und dann ihr Kleid und ihren Umhang und ging auf Zehenspitzen zur Tür. Sie nickte den Hunden zu, daß sie ihr folgen sollten, und trat auf die dunkle Treppe hinaus. Meg öffnete ein schläfriges Auge, beobachtete sie und überlegte, ob sie aufstehen sollte, aber Eleyne war schon draußen. Zweifellos wollte die Lady reiten. Wenn sie eine Begleitung gewünscht hätte, dann hätte sie jemanden geweckt.

Es war lange her, daß Eleyne sich aus der Halle hinaus – und durchs Tor am Nachtwächter vorbeigeschlichen hatte und dann den Hügel hinunter, an der Schmiede, der Kirche und der Mühle vorbei durchs Dorf und immer weiter gelaufen war.

Mit einem wehmütigen Lächeln erinnerte sie sich all der vergangenen Jahre, während sie am Ufer entlangschritt. Die Hunde tollten an ihrer Seite. Zum Reiten war sie an diesem Morgen nicht aufgelegt, sie hatte die letzten drei Wochen im Sattel verbracht. Sie sehnte sich jetzt nach einem friedlichen Spaziergang am Fluß, während allmählich die Sonne aufging und den farblosen kalten Morgen mit ihrem Licht durchflutete. Nachdenken wollte sie über das, was vergangen war, und über die Menschen, die nicht mehr lebten. Über ihren Vater und ihre Mutter und Dafydd und Gruffydd, die beide mit ihrem Vater in Aberconwy begraben waren, ja, und sogar über Isabella.

Das Dorf lag bereits hinter ihr, und sie folgte dem Flußtal. Die Luft war kalt unter den Bäumen und von dem Geruch faulenden Holzes erfüllt. Der Pfad, den sie entlangging, lag, obwohl sonst viel benutzt, zu dieser frühen Stunde noch verlassen da.

Rhonwen, die ihr gefolgt war, machte eine kleine Pause. Es war wichtig, daß Eleyne sie nicht entdeckte, falls sie sich umsah. Sie mußte einen gewissen Abstand zu ihr halten. Die alte Frau fröstelte in der kalten Morgenluft und sah durch die Bäume zu den Bergen hinauf, die noch in Nebel gehüllt waren. Beinahe wäre sie umgekehrt.

Eleyne, in Gedanken versunken, ging langsam weiter, sie träumte, und als sie das Blau des Eisvogels unter den Bäumen aufleuchten sah, mußte sie lächeln. Sie blieb stehen und suchte den Vogel, der nun verschwunden war. Plötzlich spürte sie, wie kalt es in der schattigen Schlucht war. Sie hüllte sich fester in ihren Umhang und sah sich um. Der Nebel war schon durch den Wald nähergekommen, er hüllte die spinnwebenbedeckten Sträucher ein und kroch über das alte faulige Holz, das am Weg lag. Beide Hunde waren verschwunden, erforschten begierig die morgendlichen Gerüche. Die Vögel schwiegen, der Nebel zog dichter heran und mit ihm kam die kalte, erstickende Aura der Bedrohung.

Sie zögerte, dann ging sie entschlossen noch einige Schritte weiter und blieb wieder stehen. Sie zog den Umhang noch enger um sich und warf einen Blick zum Berg hinauf. Die dünnen Flecken des Sonnenlichts auf dessen höher gelegener westlicher Seite waren verschwunden – sie sah nun nichts mehr als Nebel.

Plötzlich bekam sie keine Luft mehr. Der Nebel war überall um sie herum, er berührte ihr Gesicht, durchtränkte ihre Kleidung. Jemand war nahe bei ihr, aber sie konnte nichts sehen. Die Stille schlug ihr gegen die Trommelfelle.

»Wer ist da?« Sie fuhr herum und streckte die Hände vor sich hin. »Wer?«

Aber sie wußte es schon. Sie spürte, daß er mit ihr sprechen wollte, sie fühlte seine Verzweiflung, die ihr um den Kopf herum zusammenschlug, die kalte Luft vibrierte gegen ihren Mund, ihre Augen und Ohren.

»Einion?« Sie drehte und drehte sich, ihre Füße rutschten auf der nassen Erde. »Bitte laß mich in Ruhe.«

Ein Wind kam von irgendwoher. Die Luft war lebendig, nahe bei ihr fingen die Bäume an, sich zu bewegen und zu knarren, ihre Äste schlugen ins Wasser, sprühten Gischt, zerrissen den Nebel.

Sie war vom Weg abgekommen, sie spürte die Brombeerranken, die an ihren Röcken hängenblieben, Nesseln peitschten ihr über das Gesicht, und ein Dornenzweig wickelte sich um ihren Arm, riß ihr Gewand auf und hinterließ einen langen, blutigen Kratzer. Sie schrie auf, als sie den Halt verlor und stürzte. Der Wind zerrte noch immer an ihrem Kopf, sie merkte, daß die Kapuze ihres Umhangs herunterfiel, der Wind fuhr ihr ins Haar und riß es los, so daß die Strähnen herunterhingen.

Da sah sie ihn: groß, sein weißes Haar wehte im Wind, seine Augen durchbohrten sie wütend. »Meine Prophezeiung ist wahr gewesen.« Die Worte explodierten in ihrem Kopf. »Es war die Wahrheit! Das Kind. Das Kind. Deine Tochter. Dein Kind ...« Die Worte verhallten. »Dein Kind ...«

»Nein!« schrie Eleyne. »Laß mich in Ruhe!« Sie schlug verzweifelt um sich. »Geh weg!« Wie eine Wahnsinnige versuchte sie, auf die Füße zu kommen. »Ich glaube dir nicht. Ich will es nicht wissen. Geh weg. Laß mich in Ruhe.« Sie keuchte, bekam kaum Luft. Da sah sie eine Gestalt, die auf sie zu rannte.

»*Cariad!*« Rhonwen röchelte und preßte sich die Hand in die Seite. Hinter ihr waren die beiden Hunde. »Ich habe dich schreien hören! *Dew!* Was ist? Was ist geschehen?« Sie starrte entsetzt Eleynes zerrissene, verschmutzte Kleidung an und ihr gerötetes Gesicht. »Was ist? Bist du gestürzt?« Nebelfetzen flogen immer noch herüber zwischen den Bäumen.

Eleyne ergriff ihren Arm. Ihre Zähne klapperten. »Einion!« keuchte sie.

»Einion?« Rhonwens Gesicht wurde weiß, sie schaute umher. Alles, was sie gesehen hatte, war der stille, weiße Nebel, der den Berg herabgeflossen war, bis er Eleyne eingehüllt hatte. »Was hat er gesagt?« Sie legte die Arme um Eleyne und hielt sie fest.

»Ich weiß es nicht. Ich habe es nicht verstanden. Er sagte, die Prophezeiung sei wahr. Er hat von einem Kind gesprochen.« Sie weinte.

Rhonwen spürte, wie ihr Liebling am ganzen Körper bebte. »Du mußt ins Feuer sehen, Cariad, da wirst du die Zukunft erblicken. Deine und die des kleinen Alexander.« Sie versuchte zu lächeln. »Es ist fast, als ob du Angst davor hättest.«

Eleyne schüttelte den Kopf. »Ich will die Zukunft nicht sehen. Ich will nicht wissen, was als nächstes geschieht.«

»Ach, Cariad. Dein ganzes Leben ist vorherbestimmt. Du mußt nur mutig sein und in die Flammen schauen.«

Eleyne schüttelte den Kopf. Das Sonnenlicht fiel schräg über den Bergrücken, traf aufs Wasser und schickte blitzende Diamanten in die Schatten. »Ich dachte früher, Alexander wäre mein Schicksal«, flüsterte sie. »Ich würde ihn heiraten und eine Königin sein ... und als er starb, wollte auch ich sterben. Ich konnte es nicht ertragen, ohne ihn zu leben.« Sie redete mit sich selbst.

»Dann kam Donald. Die Schatten wichen zurück, und ich dachte nicht mehr an das Schicksal. Meine Liebe war so stark, daß es keine Fragen mehr gab, die ich stellen konnte. Kein anderer Mann als Donald konnte mein Schicksal sein.«

Rhonwen schüttelte den Kopf. »Nein. Lord Donald hat dich dem König gestohlen.«

»Niemand hat mich gestohlen, Rhonwen.« Eleyne hatte sich jetzt beruhigt. Die Sonnenstrahlen waren stärker geworden.

VI

Die Augustsonne war unbarmherzig heiß. Die Berge glühten. Die Erde trocknete aus und bekam lange Risse. Gras und Getreide verdorrten, die Bäume fingen an, ihre Blätter abzuwerfen, als ob es Herbst wäre. In den prächtigen Obstgärten von Aber trugen die Bäume kleine, harte Äpfel, die vor ihrer Zeit rot wurden, sie hingen an Ästen, die vor Trockenheit aufplatzten. Die Luft war schwer und staubbeladen, sie brachte den Rauch von hundert Waldbränden mit.

Donald und Eleyne lagen nach dem Mittagessen zusammen in ihrem Schlafzimmer. Sie waren beide nackt. Sie hatten sich geliebt, und dann hatten sie geschlafen. Die ganze Welt schlief. Die Dienerschaft, die gewöhnlich das Zimmer mit ihnen teilte, war zum Berghang hinter der Burg gegangen, wo die Bäume und das Farnkraut ihnen Schatten spendeten und wo eine leichte Brise von der Wasserstraße heraufwehte.

Eleyne erwachte plötzlich. Sie hatte von Colban geträumt und versuchte, sich an den Traum zu erinnern, doch der Traum war fort. Sie stützte sich auf den Ellbogen und schaute auf Donald hinunter. Sein Gesicht war gereift, auch sein Körper war kräftiger geworden. Die kleinen Lachfalten in seinen Augenwinkeln versprachen, daß er noch anziehender werden würde. Sie lächelte still vor sich hin, küßte ihn sanft auf den Mund und merkte, daß ihr Körper sich spontan regte, als er, noch halb im Schlaf, die Arme ausstreckte und sie zu sich zog.

Am Nachmittag traf ein Brief für ihn ein. Er las ihn, während er an der Tafel neben dem Fürsten saß, und auf seinen wütenden Aufschrei hin wandte Llywelyn sich ihm zu.

»Schlechte Nachrichten aus Schottland, mein Freund?«

Eleyne beugte sich vor. »Was ist denn, Donald? Was ist geschehen?«

»Vater!« Donald schlug den Brief mit der Hand auf den Tisch, zwischen die Speisen. »Er hat wieder geheiratet.«

»Dein Vater ist noch immer ein aktiver Mann«, sagte Llywelyn. »Du willst ihm doch sicher nicht die Annehmlichkeiten verbieten, die eine Frau ihm bereiten kann.«

»Wen, Donald?« warf Eleyne ein. »Wen hat er geheiratet?«

»Muriel, Malise of Strathearns Tochter.«

Eleyne zwang sich zu einem Lächeln. »Freut mich. Sie wird gut zu ihm sein.«

Muriel of Strathearn war mehrere Jahre jünger als sie selbst.

»Freu dich bloß nicht!« fuhr Donald sie an. »Er wird Kinder bekommen. Vielleicht sogar versuchen, mir mein Erbe zu nehmen.«

»Glaubst du wirklich, daß er mich so sehr haßt?« rief Eleyne bestürzt, dann schüttelte sie den Kopf. »Nein. Er betet Gratney und die Zwillinge an. Er würde nie etwas tun, um sie von der Erbfolge auszuschließen.« Sie streckte die Hand über den Tisch und ergriff seine Hand.

VII
KILDRUMMY CASTLE * September 1268

Sie war glücklich, wieder zu Hause zu sein. So sehr sie auch geglaubt hatte, daß Wales ihr fehlen würde. Daß sie jetzt wieder bei ihren drei Jungen in den kühlen Bergen im Norden weilte, erfüllte sie mit ungeheurer Freude. Rhonwen aber hatte sich leider geweigert, in Wales zu bleiben. Eleyne hatte es zuerst mit Überredung versucht; sie hatte ihr sogar die Rückkehr nach Kildrummy verbieten wollen, doch Rhonwen hatte nur die Lippen zusammengepreßt und war eisern geblieben in ihrer Ablehnung von Eleynes Ansinnen.

Und Eleyne konnte nicht all die Jahre vergessen, in denen die Frau ihr hingebungsvoll gedient hatte. So war sie schließlich doch wieder weich geworden und hatte nachgegeben.

Schon wenige Tage nach ihrer Rückkehr wußte sie, daß sie wieder schwanger war. Sie ging sofort zu Morna.

»Ich kann dieses Kind nicht bekommen. Ich verliere Donald. Morna, ich bin zu alt, um noch Kinder zu gebären. Sie müssen mir helfen.«

Morna starrte sie an. »Sie bitten mich, Ihnen zu helfen, es zu verlieren?«

»Sie haben es für die Hüttenfrauen doch auch getan.«

»Aber für Sie werde ich es nicht tun. Entschuldigen Sie bitte, aber das kann ich nicht.« Morna runzelte die Augenbrauen. »Es ist ein besonderes Kind. Sonst hätten die Götter Ihnen nicht erlaubt, es zu bekommen. Geben Sie den Gedanken auf, daß Sie es loswerden wollen. Wenn Sie es fertigbrächten, würden Sie es sich nie verzeihen.«

»Ich würde es mir nie verzeihen, wenn ich Donald verlöre.« Eleyne fuhr fort. »Sehen Sie das denn nicht? Jedesmal, wenn ich schwanger war, ist er weggegangen. Er kann diesen Anblick nicht ertragen. Meinen Sie, er kommt dann noch einmal zu mir zurück? Ich bin alt, Morna, alt! Ich habe graue Haare und Falten im Gesicht und am Hals. Meine Brüste hängen herunter, und mein Bauch ist nicht mehr flach. Noch ein Kind, und ich sehe aus wie seine Großmutter!«

Morna war belustigt. »Lassen Sie mich Ihnen sagen, was ich sehe: eine schöne Frau mit rotgoldenem Haar und ein paar silbernen Strähnen darin, und einen schlanken, festen Körper. Doch sie ist mehr als nur ein Körper. Sie hat Charme und Humor, sie ist intelligent und kennt die Männer und weiß, wie sie ihnen gefallen kann.« Sie lächelte. »Sehr wenige Frauen gefallen ihren Männern so, wie Sie Donald gefallen.«

VIII

Eine Woche später ging Donald mit ihr durch den Kräutergarten, den sie auf dem sanft abfallenden Hang außerhalb der Südmauer jenseits des großen Grabens angelegt hatte.

»Muriel ist schwanger«, sagte er ohne Vorrede. Die Frau seines Vaters hatte Elizabeths Räume im Schneeturm übernommen. Sie war still und angenehm und schien geneigt, Eleyne die Verwaltung der Burg zu überlassen.

»Ich weiß.« Eleyne vermied es, ihm in die Augen zu sehen.

»Sie ist eine hübsche Frau.« Donald bückte sich, pflückte einen Zweig Pfefferminze und drehte ihn zwischen den Fingern. »Die Schwangerschaft scheint ihr zu bekommen.«

Eleyne biß die Zähne zusammen.

Er lachte laut auf. »Ich weiß es, Liebling. Ich habe es gelernt, die Zeichen zu deuten. Du wirst auch jeden Tag schöner.« Er legte seine Hand auf ihren Bauch und tätschelte ihn.

Eleyne hielt sie fest. »Diesmal gehst du nicht weg, nein? Versprichst du mir das?« Sie verachtete sich, als sie es sagte, aber sie konnte nicht anders. »Wenn du bei Hofe sein mußt, nimm mich mit. Ich kann es nicht ertragen, ohne dich zu sein.«

Er legte den Arm um sie. »Ich werde dich nicht verlassen. Ich finde dich unendlich begehrenswert, wenn ich weiß, daß du noch einen Sohn für mich trägst.«

»Und wenn es ein Mädchen ist?«

Er grinste. »Wenn es ein Mädchen ist, freue ich mich sogar noch mehr. Ich hätte gern eine Tochter, vor allem eine, die genau wie ihre Mutter aussieht.«

IX

1269, AM TAG VOR SANKT VALENTIN

Ein Sturm aus dem Norden brauste über die Grampianberge, der dichte Schnee bedeckte alles, der Himmel hinter dem blendenden Weiß war düster und drohend, die Burg trotz der großen Feuer kalt und zugig.

Eleyne und Muriel saßen mit ihren Damen um das Feuer herum in der großen Halle und stickten beim Licht von hundert Kerzen, während Donald mit seinem Vater am Tisch eine Partie Schach spielte. Im Saal, in dem der größte Teil der Burgbewohner noch saß, hatte man Tischplatten und -böcke fortgeräumt, und ein Minnesänger spielte eine Folge alter Balladen mit Kehrreimen, die alle mitsingen konnten.

Eleyne warf Donald einen verstohlenen Blick zu. Nachdem er einen Zug gemacht hatte, schaute er in den Saal. Eleyne folgte Donalds Blick, und ihr Herz setzte für einen Augenblick aus. Catriona, die Frau des Bäckers, die ihr rotes Haar unter eine grüne Haube gesteckt hatte, saß nahe beim Minnesänger. Donald und sie lächelten sich zu.

Eleyne schloß die Augen. In der Nacht zuvor war Donald nicht zu ihr ins Bett gekommen. Es hatte wieder angefangen, und diesmal konnte sie nicht seiner Mutter die Schuld geben. Ohne sich dessen bewußt zu sein, legte sie das feine Stück Leinen hin, auf das sie einen Blumenrand stickte, und ihre Hand legte sich auf den sanft schwellenden Hügel an ihrem Bauch.

Bethoc warf Agnes einen Blick zu, sie spürte das Unglück ihrer Herrin. Rhonwen, die sich in dem flackernden Licht kurzsichtig auf ihre Stickerei konzentrierte, schien nichts zu bemerken.

Eleyne blieb im Saal, bis die Kerzen zu weit heruntergebrannt waren, als daß sie noch etwas hätte sehen können. Sie fürchtete sich vor dem Zubettgehen. Sie wußte, daß er nicht kommen würde.

Die ganze Burg war lebendig vom Heulen des Windes, während der wirbelnde Schnee die Luft erfüllte und in alle Ritzen eindrang, unter den Türen hindurchkroch und zu den Fenstern hereinkam. Agnes folgte ihr und trug eine Kerze, die sie in dem Vorratsraum unten im Erdgeschoß besorgt hatte. Die Flamme stand fast waagerecht, heißes Wachs tropfte ihr über das Handgelenk, und sie zuckte zusammen. Am Eingang zu ihrem Zimmer wandte Eleyne sich um und streckte die Hand danach aus. »Danke Agnes, ich brauche dich heute nacht nicht mehr.«

»Aber Mylady …« protestierte Agnes. In den dunklen, sich bewegenden Schatten traten ihre Nase und ihre Augen deutlich hervor. »Lassen Sie mich Ihnen doch beim Ausziehen helfen.«

»Nein«, sagte Eleyne scharf. »Ich kann das selbst. Gute Nacht, Agnes.« Sie nahm ihr die Kerze ab, griff nach der Klinke und stieß die schwere Tür ihres Schlafzimmers auf. Es war völlig dunkel drinnen. Sie schloß die Tür und lehnte sich dagegen.

In den tanzenden Schatten der Kerzenflamme sah sie nur das große Bett. Die Decke, die darauflag, war glattgezogen. Das Bett war leer.

Bis zu diesem Augenblick hatte sie sich geweigert zu weinen, aber jetzt fingen die Tränen an, ihr über das Gesicht zu laufen.

Sie erwachte, als ihr ein Licht ins Auge schien. Rhonwen stand über ihr. »Du erkältest dich, Cariad«, sagte sie. »Ich habe den Jungen gerufen, damit er das Feuer anzündet. Komm, ich helfe dir beim Ausziehen, damit du dich ins Bett legen kannst!«

»Nein, ich will nicht.« Eleyne kniff die Augen zusammen, von Rhonwens Kerze geblendet. »Bitte laß mich schlafen.«

»Wenn ich dich ausgezogen und zugedeckt habe.« Mit viel gutem Zureden gelang es Rhonwen, Eleyne die Schuhe auszuziehen, dann raffte sie die Decken zusammen und breitete sie über ihr aus. »Ich will nicht, daß du weinst, Cariad. Nie wieder.« Rhonwen machte ein grimmiges Gesicht. »Und jetzt schlafe! Ich kümmere mich um alles.«

Eleyne kuschelte sich mit dem Gesicht ins Kissen und freute sich, daß es wieder dunkel wurde, als Rhonwen die Kerzen nahm, mit ihnen fortging und die Tür hinter sich schloß.

Eleyne versank in lautlosem Jammer, dann schlummerte sie für eine Weile ein, bis sie plötzlich hellwach wurde und aufschreckte. Rhonwens Worte waren ihr eingefallen, und mit schrecklicher Klarheit erkannte sie jetzt, was ihre alte Amme gemeint hatte.

»Donald!« Sie fuhr im Bett hoch. »Grundgütige Heilige Jungfrau! Donald!« Sie tastete in der Finsternis herum, fand einen Kerzenhalter neben ihrem Bett, lief zum Kamin, in dem die Glut des frisch aufgelegten Torfs ihr entgegenleuchtete, hielt die Kerze hinein und wartete ungeduldig darauf, daß der Docht sich entzündete. Dann rannte sie zur Tür.

Wo war er? Wohin würde er mit seiner Mätresse gehen? Schluchzend lief sie die Treppe hinauf und merkte erst jetzt, daß sie in der Kälte barfuß war.

Kildrummy war eine riesige Burganlage. Fünf Türme, durch steinerne Korridore miteinander verbunden, die Kapelle, die Küchen, das Backhaus, die Schmiede, die Ställe und Lagerräume und die große Halle selbst, all das lag innerhalb der hohen Mauern. Er konnte sie überallhin gebracht haben.

Der Türwächter starrte sie verschlafen an, als sie mit der Kerze in der Hand, von der das weiße Wachs herunterströmte, durch die Vorratskammer auf ihn zugerannt kam. »Lady Rhonwen. Haben Sie Lady Rhonwen gesehen?« schrie sie. »Schnell, Mann! Sie muß eben noch hiergewesen sein. Ist sie hinausgegangen?«

»Nein, Mylady. Niemand ist hinausgegangen.« Der Mann starrte sie verwirrt an.

»Öffnen Sie die Tür, lassen Sie mich hinaussehen!«

Sie überhörte seine Proteste und wartete ungeduldig, während er den Riegel zurückzog und die Tür aufriß. Eine wirbelnde Wand aus Weiß begrüßte sie. Sie sah nichts. Ihre Kerze und seine Laterne erloschen sofort, und sie standen in der Finsternis. »An mir kommt niemand vorbei, Mylady«, rief er, aber seine Stimme verlor sich im Geheul des Sturms.

Sie wartete, angstvoll schlug ihr Herz, als er den Zunder suchte und ins Feuer hielt, um seine Laterne und ihre Kerze wieder anzustecken. »Niemand geht in einer solchen Nacht hinaus, Lady«, wiederholte er.

»Ja, gut, danke.« Sie wandte sich um. Sie befanden sich also immer noch im Turm – oder in einem der Außentürme der Ringmauer.

»Mutter Gottes, hilf mir! Mach, daß ich sie rechtzeitig finde.« Sie wandte sich nach links und rannte wieder auf die Treppe und den Korridor zu, der den Schneeturm mit dem benachbarten Turm verband. Der riesige, gerade erst fertiggestellte Südwestturm, in dem sie ihre Gäste unterbrachten, war um diese Jahreszeit leer – die Bediensteten und die anderen Burgbewohner saßen jetzt lieber um die großen Feuer in der Halle herum. Die Korridore lagen verlassen da, die Binsenlampen, die sie gewöhnlich erleuchteten, waren längst ausgegangen, die Ecken voll tanzender Schatten, die Eleynes Kerze warf.

»*Rhonwen*!« schrie sie. Sie hörte ihre Stimme dumpf in dem Gewölbe widerhallen und unter dem Geheul des Sturms ersterben. »*Donald*!« Wie eine Wahnsinnige starrte sie in einen leeren Vorratsraum, der an dem Korridor lag. Es war niemand darin. Ihm gegenüber befand sich ein anderer, der mit großen Tongefäßen voll Senf und Honig, mit Fässern voll gedörrtem Fisch und gesalzenem Rindfleisch, mit Zuckerbroten, verschlossenen Gewürzschränken und Getreidesäcken gefüllt war. Sie hielt die Kerze hoch und versuchte, bis nach hinten in den Raum zu blicken, dann eilte sie weiter, stieß eine Tür nach der anderen auf.

»Donald!« Ihre Stimme war dünn. Er konnte sie unmöglich hören. Vielleicht war es schon zu spät. Langsam begann sie emporzusteigen, merkte, wie die Panik ihr die Kehle trocken machte, wie ihr die Brust eng wurde, als sie zu keuchen anfing und immer weniger Luft bekam.

»*Donald!*« Sie hielt an und starrte hinauf. »Donald!« Er hörte sie nicht. Wo auch immer er sein mochte, zweifellos hatte er die Tür geschlossen und war mit seiner rothaarigen Geliebten beschäftigt. Sie konnte nur hoffen, daß er den Riegel vorgeschoben hatte, so daß Rhonwen nicht an ihn heran konnte.

Das Echo einer Tür, die irgendwo über ihr in dem leeren Turm zuschlug, ließ sie zusammenzucken. Wie eine Rasende rannte sie weiter, stolperte über ihre Röcke und hätte beinahe die Kerze fallen lassen.

X

Rhonwen hielt ihre Kerze empor. Ihre weichen Ledersohlen waren stumm auf den Steinplatten, das Flüstern ihrer Röcke verlor sich im Heulen des Windes. Den Turm des Wächters und den halbfertigen Turm in der südöstlichen Ringmauer hatte sie schon durchsucht. Dort waren sie nicht, auch nicht im warmen Backhaus oder in einer der Küchen. Sie packte den Kerzenhalter fester und fühlte, wie ihr das warme Wachs auf die Finger tropfte, während sie die Stufen hinaufstolperte. Im Gürtel steckte ein frischgeschliffenes Messer.

Sie sah nach oben. Die Tür der Kammer im oberen Stock war verschlossen. Das Licht der Kerze zuckte wild über das dicke Eichenholz. Sie wartete, um Luft zu holen und bis die Flamme ihrer Kerze ruhiger brannte, dann legte sie die Hand auf den

Türgriff. Der eiserne Ring war eiskalt und schwer. Mit einem stummen Fluch bückte sie sich und stellte die Kerze hin, dann packte sie den Ring mit beiden Händen und begann ihn zu drehen. Die Tür saß starr in den Angeln. Rhonwen hielt den Atem an und drückte. Die Tür quietschte, als sie langsam aufsprang, dieses Geräusch aber ging in dem Brausen des Sturms unter, der durch die unverglasten Spitzbogenfenster drang. Ihre Kerze erlosch.

Sie schlich langsam vorwärts in dem dunklen, vom Sturmgeheul erfüllten Raum, zog leise den Dolch aus dem Gürtel und stand dann da, betrachtete das Bild, das sich ihr bot.

Donald umarmte seine Geliebte auf einem Berg leerer Mehlsäcke. Im Lichtkreis der Lampe leuchtete Catrionas weißer Leib unter dem flammenden Rot ihres Haars. Ihre Augen waren riesig und voller Entsetzen, als sie zu der alten Frau emporsah, die einen nackten Dolch in der Faust zückte.

Hinter ihr schlug der Wind die Türe zu.

XI

»Hier also.« Rhonwen sah voller Verachtung auf Donald hinunter. »Sie sind nicht besser, als ich dachte, nicht besser als irgendein anderer Mann, obwohl meine Lady Sie für eine Art Gott gehalten hat!« Ihre Faust ballte sich um den Griff des Dolches. »Und zweifellos werden Sie auch wie jeder andere Mann bluten.«

Donald, dessen Gewand um die Taille herumhing, sah hilflos zu ihr auf. Sein Mantel und der Gürtel, in dem sein Dolch war, lagen außerhalb der Reichweite seines Arms.

»Rhonwen!« Seine Stimme war ein heiseres Flüstern. »Sie verstehen nicht!« Er versuchte, die Frau von sich zu schieben, aber sie lag, vor Angst gelähmt, auf ihm.

»Rhonwen, warten Sie.« Seine Augen schweiften hinüber zu der Schwelle, wo seine Waffe lag und dann zu ihr zurück, unwiderstehlich von der schimmernden Klinge in ihrer Faust angezogen.

»Ich habe lange genug gewartet«, sagte Rhonwen sanft. »Ja, ich habe zu lange auf diesen Augenblick gewartet. Sie haben meiner Lady nichts als Herzeleid und Kummer bereitet. Sie sind wertlos. Dreck.« Ihre Finger krümmten sich fester um den Griff des Messers, als sie es über ihren Kopf erhob.

Die Tür sprang krachend auf.

»Rhonwen! Nein!« Eleynes Schrei ließ Rhonwen einen Augenblick aufhorchen, aber er lenkte sie nur kurz ab. »Es muß sein, Cariad, ich muß es tun.« Sie hob ihren Arm, bis die Klinge in dem matten Licht der Lampe aufleuchtete. »Er hat dich betrogen. Er verdient es nicht zu leben. Ich will dich deinem König zurückgeben. Ich muß.«

Als sie sich auf Donald stürzte, warf sich Eleyne auf sie und packte den Arm, der den Dolch hielt. »Du darfst ihn nicht töten! Ich verbiete es!« Sie kreischte, als ihre Finger sich um Rhonwens Handgelenk schlossen. »Laß es fallen. Laß es fallen!«

Rhonwen aber riß sich von Eleyne los, die sie umklammert hielt, sprang ihn mit einem tierischen Knurren an und stieß das Messer in seine Schulter.

Eleyne griff nach ihrer Hand. »Nein!« schrie sie, als das Blut aus Donalds Arm floß. »Um Himmels willen, nein!«

Die beiden Frauen schwankten und rutschten auf den am Boden verstreuten Säcken aus. Rhonwens Blick war leer. Ihre Lippen waren zu einem bösen Grinsen verzerrt, sie fletschte die Zähne, als sie sich erneut auf Donald stürzte.

Sie war überraschend stark für eine Frau ihres Alters, und Eleyne, von der Schwangerschaft schon schwerfällig geworden, war noch vom Treppensteigen außer Atem. Dennoch, sie nahm noch einmal alle Kraft zusammen und drückte den Dolch, so weit sie konnte, von Donald weg. Endlich merkte sie, daß Rhonwens Arm nachgab.

Es folgte ein Augenblick absoluten Schweigens, als Rhonwen zurückwich. Ein Ausdruck des Erstaunens erschien auf ihrem Gesicht. Ihr Mund öffnete sich. »Du hast mich umgebracht, Cariad«, murmelte sie. »Dummes Kind. Ich habe es doch für dich getan ...« Sie brach zusammen, auf die Knie. Blut floß aus ihrem Mundwinkel. Der Dolch steckte noch in ihrer Brust, als sie rückwärts auf den Berg Säcke fiel. Eleyne lehnte sich keuchend gegen die Wand, Tränen flossen ihr über das Gesicht, als Catriona ihr Hemd ergriff und aus dem Zimmer floh.

»Ist sie tot?« flüsterte Eleyne schließlich, ihre Stimme verlor sich fast im Windgeheul.

»Ja.« Donald biß sich auf die Lippe. »Sie ist tot.« Er bückte sich, zog den Dolch heraus und warf ihn auf den Boden.

Er ging zu seiner Frau und wollte sie umarmen, aber sie stieß ihn weg. »Rühr mich nicht an!«

»Eleyne!« Seine Hände fielen hinab. »Ich weiß, daß du wütend bist, aber …«

»Aber was?« Ihre Augen loderten vor Wut. »Ich habe dich gerade dabei ertappt, daß du eine andere Frau liebst und …«

»Das heißt gar nichts.«

»Natürlich heißt das etwas!« Sie schrie hysterisch. »Ich habe fast mein Baby verloren, weil ich hinter Rhonwen hergerannt bin, um dich zu retten und jetzt … und jetzt …«, ihre Augen füllten sich mit Tränen, »jetzt ist sie tot, und ich habe sie umgebracht.«

»Du hast mir das Leben gerettet, Liebling.«

»Ich habe sie umgebracht!« Rhonwen lag auf dem Rücken, ihre Augen standen weit offen und starrten leer zur Decke hinauf. »Ich habe sie getötet …« Sie hielt ihre Hände vor sich hin und sah sie voller Abscheu an.

»Und wie viele Menschen hat sie in ihrem Leben getötet, Nel?« fragte Donald sanft. »Du hast mir gesagt, sie hätte zugegeben, Robert de Quincy umgebracht zu haben. Und du sagtest auch, du hättest sie in Verdacht, daß sie andere Leute vergiftet hat: John of Chester, Alexanders Königin – vielleicht sogar Malcolm! Gütiger Jesus, Eleyne. Es ist ihr beinahe gelungen, mich zu töten!« Er griff sich mit der Hand an die Schulter, wo sein Gewand sich allmählich rot färbte, an seinen Fingern klebte Blut. »Jesus allein weiß, weshalb du sie bei dir behalten hast!«

Einen Augenblick lang standen sie beide da und starrten auf Rhonwens Leichnam hinunter. Eleyne schüttelte den Kopf. »Aber sie hat mich geliebt«, flüsterte sie. »Und ich habe sie getötet!«

»Sie war wahnsinnig, Eleyne.« Müde bückte sich Donald, hob einen Sack auf und warf ihn über Rhonwens Gesicht und Schultern. »Komm jetzt weg hier.«

»Es muß jemand bei ihr bleiben.«

»Ich kümmere mich darum.« Er hob die Laterne auf. »Woher wußtest du, wo ich war?«

»Ich habe den ganzen Turm durchsucht.«

»Du wußtest, was sie vorhatte?«

Eleyne nickte. »Sie hatte da etwas in Wales gesagt: Wenn du mich zum Weinen brächtest, würde sie dich töten.«

»Und ich habe dich zum Weinen gebracht?« Donalds Gesicht war schmerzverzerrt.

»Heute abend wurde mir klar, daß du wieder zu dieser Frau gegangen bist, und ich wußte, daß du diesmal nicht zurückkommen würdest.« Sie zuckte hilflos und wütend die Achseln.

Sie kniete neben Rhonwen nieder und zog sachte den Sack von ihrem Gesicht. Sie berührte ihre Augen mit sanfter Hand und schloß sie. Dann nahm sie ihre ganze Würde zusammen, stand auf und wandte sich zur Tür.

»Eleyne.« Seine Stimme ließ sie anhalten. »Ich liebe dich. Diese Hure bedeutet mir nichts. Überhaupt nichts, das schwöre ich.«

Sie lächelte matt. »Gute Nacht.«

Er folgte ihr nicht. Als sie von der Tür aus zurückblickte, stand er da und sah auf Rhonwens Leichnam hinab.

Siebenundzwanzigstes Kapitel

I
KILDRUMMY CASTLE * 1269

Eleynes Tochter Isabella kam Ende Mai zur Welt. Zur Erinnerung an dieses Ereignis schenkte Donald seiner Frau eine goldene Filigrankette.

Keiner von ihnen kam je wieder auf die Ereignisse vom Vorabend des Sankt-Valentins-Tages zu sprechen. Rhonwen wurde ohne ein christliches Requiem, das sie verabscheut hätte, in einem nicht markierten Grab in den Wäldern weit nördlich der Burg beerdigt. Als endlich der Schnee taute, legten vier Männer aus dem Dorf ihren einbalsamierten Leichnam ins Grab. Auf Eleynes Bitte hin blieb es Morna überlassen, Blumen auf das Grab zu pflanzen und zu ihrem Seelenheil Gebete an die alten Götter zu richten. Catriona und ihren Mann schickten sie nach Aberdeen und gaben ihr genügend Geld mit, daß sie sich bei den Bürgern dort als Bäckerin niederlassen konnte.

Ein paar Tage nach Rhonwens Tod brachte Bethoc einen kleinen hölzernen Koffer zu Eleyne ins Zimmer und stellte ihn auf den Tisch. »Ich habe, wie befohlen, all ihre Kleider weggegeben, Mylady«, sagte sie sanft. »Aber hier sind noch mehr persönliche Dinge. Ich dachte ...« Sie zögerte und sah Eleyne in das bleiche, überanstrengte Gesicht. »Ich dachte, es läge Ihnen vielleicht daran.«

Sie berührte den Koffer lange Zeit nicht, dann endlich ging sie darauf zu und legte ihre Hand auf das Holz. Es war auf walisische Art mit Schnitzereien verziert. Sie erinnerte sich daran noch aus der Zeit, als sie ein kleines Kind gewesen und der Koffer Rhonwen überallhin gefolgt war. Von Aber nach Llanfaes, von Caernarfon nach Degannwy und Hay. Und später nach Chester, Fotheringhay und London. Sie kämpfte gegen ihre Tränen an, drehte den Schlüssel im Schloß herum und hob den Deckel auf. Es lagen jämmerlich wenige Besitztümer darin – ein Elfenbeinkamm, ein paar emaillierte Spangen und eine silberne Brosche, einige Perlen und ein seidenes Tuch. Eleynes Hände wanderten zu dem Tuch, dann nahm sie es aus dem Koffer und faltete es auseinander.

Der Phönix lag in ihrer Hand. Sie starrte ihn an und wurde von Sehnsucht ergriffen. Er war so schön, er fing das schwache Morgenlicht ein, das durch die Spitzbogenfenster fiel. Sie nahm ihn, ging zur Fensterbank und setzte sich. Nachdenklich wog sie ihn in der Hand. Er war die Verbindung, und sie mußte sich seiner entledigen.

II
KILDRUMMY CASTLE * Januar 1270

Sie betete ihre Kinder an. Gratney, mit seinen drei Jahren ein pausbäckiger Schelm, der ständig irgend etwas ausheckte, war schon ein begeisterter Reiter und krallte sich in die Mähne seines fetten kleinen Ponys, das sie auf dem Markt in Aberdeen gekauft hatten. Seine Zwillingsbrüder schienen ebenso wild und ehrgeizig zu sein, sie purzelten übereinander wie die Hundejungen, mit denen sie herumtollten – die drei Kinder waren die lärmenden Lieblinge aller Bewohner der Burg.

Insgeheim beobachtete Donald die Zwillinge beim Spiel und suchte nach Unterschieden zwischen den beiden, achtete unwillkürlich auf Kennzeichen oder Verhaltensweisen, an denen sich feststellen ließe, daß eines von ihnen das Kind eines anderen Mannes war – eines Mannes, der seit zwanzig Jahren nicht mehr lebte –, aber er entdeckte nichts dergleichen. Im Gegenteil, wenn sie bei seinen Besuchen im Kinderzimmer kicherten und miteinander rangen und auf ihm herumkletterten, merkte er, daß er auf all die quirligen kleinen Körper, die sich ihm an den Hals hängten, mit derselben Liebe und Freude reagierte. Genauso wie seine Frau: Nicht ein einzigesmal ertappte er Eleyne dabei, daß sie eines der Kinder vorzog – Duncan bekam genauso viele Küsse und Klapse wie Alexander.

Als sie mit zweiundfünfzig Jahren feststellte, daß sie wiederum schwanger war, weinte Eleyne. Sie war so lebhaft und munter wie eh und je. Sie war gesund, nichts tat ihr weh. Ihr Haar glänzte und war kräftiger als je zuvor, und Donald hatte sich in den vergangenen vier Jahren wenn möglich noch liebevoller als zuvor gezeigt. Diesmal sagte sie es ihm gleich. Er starrte sie an. Dann lachte er. Dann küßte er sie. »Meine schöne, fruchtbare Frau!«

»Bleibst du bei mir, Donald?« Sie vermochte die Furcht in ihrer Stimme nicht zu unterdrücken.

»Ich verspreche es.« Er küßte sie wieder.

III

KILDRUMMY * März 1270

Keinerlei Vorahnung kündigte das Unglück an. Sie sah nichts in den Flammen. Als Donald zu ihr ins Destillierzimmer kam, traf er sie mit einer Schürze über dem Kleid an, wie sie in einem alten Buch Rezepte studierte.

»Nel …« Schuldbewußt schob sie einen Kasten mit getrockneten Veilchenwurzeln über die Seite. Das Rezept versprach, die Treue des Ehegatten zu stärken.

Donald zögerte. Wie konnte er es ihr sagen? Sein Mund war trocken. Er wußte nicht, wie er anfangen sollte. Warum hatte er den Brief nicht mitgebracht? Dann hätte er ihn ihr zeigen können.

Plötzlich hatte sie Angst. »Was ist? Was ist geschehen?«

»Colban … er ist tot, Eleyne.«

»Tot?« Die Farbe wich aus ihrem Gesicht. »Das ist unmöglich.«

»Sein Pferd … ist gestürzt.«

Sie stand da wie betäubt, den Stößel in der Hand, mit dem sie gearbeitet hatte.

»Nein.« Ihr Flüstern war jämmerlich. »Ich hätte es vorausgesehen. Es kann nicht sein. Es ist unmöglich.«

»Es tut mir so leid, mein Liebling.« Er streckte die Arme aus, und blind kam sie zu ihm.

»Ich muß nach Falkland.«

Er runzelte die Stirn. »Meinst du, daß das klug ist?«

»Natürlich nicht!« rief sie. »Aber ich muß! Ich muß dort sein. Verstehst du nicht?« Ihre Stimme war gebrochen. »Ich muß ihn sehen.«

IV
FALKLAND CASTLE

»Es tut mir leid, Mylady.« John Keith machte ein unglückliches Gesicht, als sei es ihm peinlich. »Lady Fife will Sie nicht empfangen.«

»Was sagen Sie?« Erschöpft nach ihrem überstürzten Ritt von Mar war Eleyne in dem Bewußtsein, noch immer dazuzugehören, bis an die Tür der großen Halle in Falkland geritten. Es war ihr nicht in den Sinn gekommen, daß man ihr den Eintritt verwehren könnte.

»Das muß ein Irrtum sein, Sir John«, sagte Donald scharf. »Meine Frau ist gekommen, um Lady Fife und ihrem kleinen Sohn in diesem schrecklichen Augenblick beizustehen.«

»Ich weiß.« Keith zuckte bekümmert die Schultern. »Sie hat mir gesagt, ich soll sie nicht hereinlassen.«

»Wo ist der Leichnam meines Sohnes?« brachte Eleyne heraus, ihre Kehle war wie zugeschnürt.

»In der Kapelle, Mylady.«

»Ich nehme an, Lady Fife verbietet mir nicht das Betreten der Kapelle.« Eleyne wartete nicht auf eine Antwort. Sie ritt zur Tür der Kapelle – in der ihre erste Vermählung mit Malcolm stattgefunden hatte und ihre beiden Söhne getauft worden waren –, glitt vom Pferd und ging in die kühle Dunkelheit hinein.

Sein Leichnam lag auf einer Bahre vor dem Altar, das Schwert hatte man ihm zwischen die Hände gelegt. Kerzen brannten am Kopf- und Fußende. Eleyne ging langsam auf ihn zu, bis sie neben der Bahre stand, und starrte hinunter auf ihn, sie sah die Mönche nicht an, die nahe bei ihm beteten. Colban sah jünger aus als das letztemal, da sie ihn gesehen hatte, im Jahr zuvor. Sein Gesicht war heiter, jungenhaft, glücklich. Er war siebzehn Jahre alt.

Sie schloß die Augen und spürte, wie ihr schwindlig wurde. Sie weinte nicht, sie beugte sich über ihn und küßte ihn sanft auf die Stirn, dann kniete sie sich auf den Betschemel zu seinen Füßen.

Hinter ihr hatte Sir Alan Durward die Kapelle betreten. Er stand einen Augenblick lang neben Donald, ohne zu sprechen, und sah Eleyne an.

»Es tut mir leid, daß Anna so grausam war«, sagte er schließlich leise zu Donald. »Anna ist außer sich vor Schmerz. Natürlich sind Sie beide hier willkommen. Es ist undenkbar, daß Sie nicht an der Beerdigung teilnehmen.«

Weder seine Frau Margaret noch seine Tochter Anna brachten Eleyne auch nur eine Spur von Mitgefühl entgegen. Sie sprachen kein Wort mit ihr, und zu Eleynes großem Kummer durfte sie ihren Enkelsohn Duncan nicht sehen.

»Es tut mir leid, Mama«, sagte Macduff mit geröteten Augen und bleichem Gesicht. »Anna will nicht, daß du zu dem Jungen gehst.« Er wußte nicht, wie er es ihr erklären sollte: Seine Schwägerin meinte, ihre Schwiegermutter hätte den bösen Blick.

»Warum?« Eleyne war verwirrt und verletzt.

Er zuckte die Achseln. »Laß ihr Zeit. Sie wird darüber hinwegkommen.« Er grinste matt. »Ich habe ein bißchen mit Duncan geplaudert, der Onkel mit dem Neffen, weißt du, und er läßt dir liebe Grüße ausrichten.«

»Weiß er, was geschehen ist?« fragte sie Macduff. Er war in vielen Dingen genau wie sein Bruder, allerdings, wie sie zugeben mußte, eine robustere und zuverlässigere Ausgabe. Sie spürte, wie sehr sie ihn liebte, als sie ihn gegen die Tränen ankämpfen sah.

»Er weiß, daß sein Vater tot ist. Er weiß, daß er der neue Earl ist oder eines Tages sein wird.« Macduff grinste wehmütig. »Es ist ein Jammer, daß ein Bruder keinen Anspruch auf das Erbe hat. Ich wäre ein guter Earl geworden.«

Eleyne lächelte. »Ja, ganz gewiß.« Sie legte ihren Arm um den Jungen und drückte ihn an sich.

V

Mai 1270

Zwölf Wochen nach ihrer Rückkehr, als Donald Kildrummy wieder verließ, um mit seinem Vater zusammen am königlichen Rat teilzunehmen, lächelte Eleyne, küßte ihn und wünschte ihm alles Gute. Wenn die Götter es wollten, würde er zu ihr zurückkommen. Er tat es – drei Tage nach Marjories Geburt im August, brachte Geschenke für sie und alle Kinder und eine Einladung des Königs mit.

»Er ruft dich zu sich an den Hof, mein Liebling«, sagte er, als sie sich mit Muriel zusammen in der großen Halle an den Tisch setzten. Die Frau seines Vaters hatte sich mit Eleyne angefreundet. Kinderlos nach ihrer ersten, traurigen Fehlgeburt, hatte die Countess of Mar, obgleich sie jünger als Eleyne war, gelassen die Rolle der Vertrauten der Kinder übernommen. »Er sagt, du seiest zu lange nicht mehr bei ihm gewesen. Sobald du dich völlig von der Geburt erholt hast, reiten wir zu ihm.«

Donald liebte seine Töchter über alles. Sie hatten beide das Haar und die Augen ihrer Mutter; sie lachten sehr viel und spielten mit den Sachen, die er ihnen mitgebracht hatte. Wenn er sein von den Kleinen wimmelndes Kinderzimmer betrachtete, kam es ihm manchmal unglaublich vor, daß all diese süßen Wesen ihm gehörten. Fünf Kinder in vier Jahren. Drei Söhne, zwei Töchter und eine Frau, die ihm in seinen von der Leidenschaft verzückten Augen jünger denn je vorkam.

VI

Nun nahm sie in der Tat Zuflucht zu den magischen Formeln und Tricks, die Morna sie gelehrt hatte. Allein ging sie in die Berge hinauf und flüsterte mit den Göttern. Nackt stand sie im Mondlicht und ließ die wohltuenden kalten Strahlen ihre Haut streicheln und die Anzeichen des Alters auslöschen. Kinder würde sie nun keine mehr bekommen. Das hatte sie plötzlich und unwiderruflich begriffen und auch, daß Donald immer wieder zu ihr zurückkehren würde, wenn er sie dann und wann verließ. Da sie es wußte, war sie selbstsicherer und verlockender, wenn sie zusammen waren. Aber es geschah nicht mehr so oft.

Als wolle das Schicksal sie für das Nachlassen der Leidenschaft entschädigen, kehrte die Gabe des Zweiten Gesichts zu ihr zurück. Wenn sie in die Berge hinaufging, hatte sie Visionen. Sie erkannte die Gesetze der Magie, die wie das Meer vom Mond abhingen und Ebbe und Flut kannten, und ihre Angst ließ nach. Sie sah voraus, daß der junge Mann, den Agnes liebte, von einem Wagen herabstürzen und sich das Bein brechen würde. Sie wußte, wann Sir Duncan Comyn an einem Fieber erkranken und wann er wieder gesund werden würde. Dreimal sah sie den Reiter im Gewittersturm. Aber das Gesicht hatte sie immer noch nicht erblickt. Und als sie ihr Herz den Welten jenseits der wirbelnden Dunkelheit öffnete, ließ sie unbewußt auch Alexander wieder in ihr Leben herein. Mit ihrem Einverständnis, obwohl sie selbst davon gar nichts wußte, brauchte er den Phönix nicht mehr. Er wurde stärker.

In der ersten Vollmondnacht im September kam er wieder. Eleyne sah Isabella zu, während die Kleine in der warmen Nachmittagssonne ihre ersten Schritte von einem Kindermädchen zum anderen ging. Alle Kinder waren da. Die drei Jungen lärmten und spielten Ball, die kleine Marjorie schlief in einem geflochtenen Strohkorb. Aus irgendeinem Grund hatte sie Isabella – und nicht Sandy – von allen am liebsten und empfand zugleich eine Angst dabei, für die sie keinen Namen hatte. In diesem Augenblick spürte sie es – einen kaum wahrnehmbaren Atemhauch, der ihre Wange streifte, eine Berührung ihres Arms, die so leicht war, daß sie vielleicht auf einer Einbildung beruhte. Einen Augenblick lang begriff sie es nicht.

Eleyne ...

Sie hörte ihren Namen so deutlich, daß sie sich verwundert umsah. Es war niemand da außer den Kindern und ihren Mädchen. Keines von ihnen würde es wagen, sie Eleyne zu nennen.

Eleyne ...

Es war diesmal schwächer, nur ein Echo in ihrem Bewußtsein, aber plötzlich verstand sie es. Sie wich einen Schritt zurück, ihr Herz schlug schnell, sie starrte umher. Sie hatte den Phönix den Göttern der Heiligen Quelle geopfert – ihn weit hinaus in das Becken geschleudert, an dem Elizabeth of Mar gestorben war. Wie konnte es sein, daß Alexander ihr dennoch erschien? Was hatte sie getan, daß er den Weg zu ihr fand?

VII
DER PALAST IN SCONE * September 1270

Der König begrüßte Eleyne und Donald herzlich und zog sie sofort beiseite. »Lord Donald, Ihr Vater hat mich erinnert, daß Sie, der ritterlichste aller Ritter, noch nicht die Akkolade und den Ritterschlag erhalten haben. Ich beabsichtige, Ihnen die Ritterwürde zu Michaelis zu verleihen.« Er nahm Donalds Hand und schlug ihm auf die Schulter, dann warf er Eleyne einen Blick zu und entledigte sich seines schlechten Gewissens mit einem Achselzucken. »Ich bin froh, daß wir das endlich in Ordnung bringen können.«

Eleyne platzte vor Stolz. In all den Jahren, die sie nun zusammenlebten, hatten sie nie über den schrecklichen Tag gesprochen, an dem der König ihm die Ritterwürde verweigert hatte. Eleyne war nicht mehr darauf zurückgekommen, sie fühlte sich schuldig. Er hatte es ihr nie vorgeworfen, auch nicht durch irgendein Anzeichen verraten, daß er daran dachte. Aber jetzt zeigte die ungläubige Freude in seinem Gesicht, wieviel er für sie aufgegeben hatte. Stumm berührte sie seinen Arm. Er lächelte, und dieses Lächeln sagte ihr, was sie wissen wollte. Seine Liebe zu ihr kam noch immer an erster Stelle. Er hätte für sie, wenn sie es befohlen hätte, auf tausend Ritterwürden verzichtet. Sie gab ihm einen kleinen Stoß und trat dann zurück, als Donald vor dem König niederkniete und ihm die Hand küßte.

Am Tag nach der feierlichen Verleihung der Ritterwürde ging Eleyne in dem großen Park von Scone spazieren, Bethoc begleitete sie und drehte halbherzig eine Spindel, während sie ihrer Herrin folgte. »Sie sehen glücklich aus, Mylady«, sagte sie und lächelte.

Eleyne blieb stehen. »Das bin ich auch.«

Sie hatte so viel Glück: Donald. Ihre Kinder. Macduff. Der kleine Duncan.

Einen besonderen Platz in ihrem Herzen, von den anderen getrennt, dort, wo es sich verhärtet hatte, um den Schmerz fernzuhalten, nahmen Joanna und Hawisa ein. Und noch einen weiteren Platz Colban und ihre beiden toten Babys, Alexanders Kinder. Auch Rhonwen. Aber sie erlaubte es sich nicht, über diese Toten nachzudenken. Sie trauerte im Dunkeln und in ihren Gebeten um sie. Und dann war da Alexander. Ihre Liebe zu Alexander – etwas ganz anderes, etwas Zukünftiges – für die Zeit nach ihrem Tod. Sie runzelte die Stirn. Wie kam sie auf solche Gedanken? Alexander war jetzt nichts mehr für sie. Nichts. Es gab keinen Platz für ihn, nahe bei ihr oder nahe bei seinem Sohn. Aber während sie das noch dachte, wußte sie bereits, daß es nicht stimmte. Sie hatte sich getäuscht, als sie glaubte, er käme nicht in die Nähe seines Sohnes. Er war hier. Er war überall. Es war immer noch sein Königreich, und außer ihr liebte er Alexander mehr als irgend jemanden auf der Welt.

Die Sonne spiegelte sich in der fernen Flußschleife und schickte silberne Zickzacks über das gekräuselte Wasser. Bethocs Stimme drang in Wellen an ihr Ohr – vorwärts, rückwärts, erstickt, als das Silber breiter und zu einem Teppich wurde, der dunkelte und flach wurde unter dem Gewicht des Regens.

Das Pferd war grau, ein Zuchthengst mit wilden Augen, der Hals gekrümmt, das rote Zaumzeug mit Nägeln beschlagen und mit Gold verziert. Der Reiter beugte sich vor, seine Hände rutschten an den glitschigen Zügeln, als er das Pferd im Gewitterregen vorwärtstrieb. Er war erregt, er jubelte, als der Donner um ihn her krachte und als er allein in der Dunkelheit und inmitten der Elemente war.

»Langsamer«, so hörte Eleyne sich rufen. »Langsamer, vorsichtig bitte.« Hinter ihr stand Alexander – ihr Alexander – und sah mit ihr zusammen dem Schauspiel zu. Sie spürte ihn, sie fühlte seine Angst.

Er ritt jetzt noch schneller, die mächtigen Muskeln des Tieres spannten sich, als es dahinraste. Ein Blitz schnitt durch den

Himmel, das Pferd scheute, warf ihn beinahe ab. Sie hörte seinen Fluch über dem Heulen des Windes; noch ein Blitz zuckte, und das Pferd bäumte sich mit einem angsterfüllten Wiehern auf. In diesem Augenblick wandte er eine Sekunde lang den Kopf herum, endlich sah sie sein Gesicht.

»Mylady.« Bethoc schüttelte ihren Arm, Eleyne war kreideweiß. »Mylady? Was ist denn? Was ist?« Die Frau machte eine entsetzte Miene.

Eleyne sah sie mit leerem Blick an.

»Mylady? Was haben Sie denn?« wiederholte Bethoc und schüttelte Eleynes Arm. »Soll ich jemanden rufen? Geht es Ihnen nicht gut?«

»Der König«, flüsterte Eleyne. »Ich muß zum König.« Sie wandte sich um und lief durch den Park zurück zum Palast. »Ich muß sofort mit ihm sprechen, allein …«

Sie keuchte, als sie die Halle des Königs erreichte, sie preßte die Hand in ihre Seite wegen der messerscharfen Stiche, ihr war kaum bewußt, wie sie auf die Höflinge wirkte, die sie anstarrten. Ihr Kleid war staubig, die Zöpfe hingen ihr wild um die Schultern. »Bitte. Ich muß zu ihm, sofort …«

Ihre Stimme drang bis zum König durch, denn er sah von dem Tisch auf, an dem er mit zwei Beratern irgendwelche Schriftstücke studierte. »Tante Eleyne …«

»Bitte, ich muß Euch sprechen. Allein.« Sie rannte auf ihn zu und versuchte dann, ruhiger zu werden.

»Natürlich.« Nach einem verwunderten Blick in ihr angstverzerrtes Gesicht winkte Alexander denen, die um ihn herum waren, sich zu entfernen. »Setz dich. Hier, laß mich dir etwas Wein einschenken.«

Eleyne fiel erschöpft auf den Hocker, den er heranzog, und nahm den Wein mit zitternder Hand entgegen. »Verzeihen Sie mir, Sire. Ich mußte Sie sprechen.«

»Hier bin ich.« Er nahm ihr gegenüber Platz und lächelte. »Sag mir, was dich bekümmert.« Er beugte sich vor, die Ellbogen auf die Knie gestützt, sein dunkelblaues, mit Silberfäden besticktes Gewand hatte er hochgezogen, so daß man die kreuzweise gebundenen Kniegürtel an seinen Beinkleidern sah. Er war seinem Vater sehr ähnlich – dieselbe Haut- und

Haarfarbe, dasselbe kräftige Gesicht, und auch die Augen, die innerhalb von Sekunden ihren Ausdruck von Zorn zu Mitleid verändern konnten, glichen denen des Verstorbenen. Er hatte sich als ein starker, tüchtiger Monarch erwiesen, unter seiner Herrschaft war Schottland aufgeblüht. Er hatte jetzt zwei Söhne und eine Tochter. Er beherrschte sich und das Schicksal seines Landes in vorbildlicher Weise – wie war es da möglich, daß sie mit absoluter Gewißheit eine Katastrophe kommen sah?

Sie riß ihre Augen von seinem Gesicht los und sah zu Boden. »Von Kindheit an habe ich die Gabe des Zweiten Gesichts. Eine Vision kehrt immer wieder: Ein Mann reitet durch einen Gewittersturm. Das Pferd scheut, als die Blitze zucken, und wirft den Reiter ab.«

Es herrschte völliges Schweigen im Saal. Der König rührte sich nicht. Seine Augen waren auf ihre Augen gerichtet.

»Heute vormittag hatte ich wieder diese Vision, und zum erstenmal sah ich den Reiter.« Alexander hatte es ihr gezeigt. »Es war Euer Gesicht, Sire.«

Endlich sprach er. »Du meinst, du hast meinen Tod vorausgesehen?« Seine Stimme war ruhig.

»Ich habe nie gesehen, was geschieht, wenn der Reiter fällt, aber ich habe so ein furchtbares Angstgefühl dabei …« Sie öffnete ihre Hände in einer Geste der Hoffnungslosigkeit.

Er lächelte. »Vielleicht sollte ich es als eine Warnung verstehen, niemals in einem Gewittersturm zu reiten.« Er stand auf, nahm sie bei den Händen und zog sie hoch. »Danke, daß du es mir gesagt hast.«

»Was werdet Ihr tun?«

»Was kann ich tun? Wenn die Art meines Todes schon in den Sternen steht, kann ich ihm nicht entrinnen. Außer, wie gesagt«, er grinste, »indem ich nicht bei einem Gewitter reite.«

»Wolle Gott, daß die Warnung Euch zu retten vermag.«

Er nickte heftig. »Amen, möge es so sein! Ich erhalte viele Warnungen – von weisen Männern, Wahrsagern und klugen Frauen, wenn ich in meinem Königreich umherreite. Meistens irren sie sich, dem Herrn sei Dank. Manchmal haben sie recht.« Er rieb sich das Gesicht mit den Händen. »Weißt du, Michael, der Schotte von Balwearie, hat mir einmal prophezeit, mein Pferd würde Ursache meines Todes sein. Und Thomas von Ercildoune hat gesagt, ich würde durch ein Gewitter umkommen. Anscheinend hatten sie dieselbe Vision wie du. Also«, er legte die Hand auf ihren Arm: »Noch etwas, bevor du gehst. Was für eine Farbe hatte das Pferd?« Jetzt war ein Lachen in seinen Augen.

»Grau. Es war grau.«

»Dann ist die Sache einfach. Ich werde nimmermehr ein graues Pferd reiten.«

VIII

Alexander – ihr Alexander – kam an dem Abend wieder zu ihr, als sie in ihrem Schlafzimmer am Tisch saß und einen Brief an Macduff schrieb. Bethoc war nahe bei ihr, sie nähte den Saum eines Kleides, ihre Augen waren schwach, als sie das Kleidungsstück beim letzten Tageslicht vor dem Fenster hochhielt. Eleyne merkte, wie ihre Feder langsamer wurde und zögerte, während sie spürte, daß jemand hinter ihr stand. Als sie sich umsah, war niemand zu sehen, und sie wandte sich wieder dem Brief zu, hob aber die Schreibfeder nicht wieder auf. Alexander war an ihrer Schulter, sie fühlte, daß er sie beobachtete und sich wünschte, sie möchte sich ihm zuwenden und lächeln.

Zitternd stand sie auf und ging zum Fenster, nur gedämpft hörte sie Bethocs ärgerlichen Ausruf, der sofort wieder verstummte, daß sie ihr das Licht wegnähme. Bethoc sah auf, und für einen Augenblick meinte sie, sie hätte einen großen Schatten an Eleynes Seite wahrgenommen. Ihr Unterkiefer fiel herunter, sie bekreuzigte sich und ließ ihr Nähzeug auf den Tisch fallen, der vom Tageslicht, das durch die Spitzbogenfenster hereinkam, noch schwach erhellt war. »Mylady«, flüsterte sie. Ihr Mund war trocken.

Eleyne schien sie nicht gehört zu haben, erst spät wandte sie sich um. »Wie bitte?« Das Fenster war jetzt leer, der Schatten fort. Was auch immer es gewesen war, es war sofort verschwunden, als Bethoc zu sprechen angefangen hatte.

»Schon gut, Mylady. Ich dachte, ich hätte etwas gesehen …«
Ihre Worte verloren sich im Ungewissen.

Eleyne betrachtete sie mit scharfen Augen. »Was sagst du?«

»Ich meinte, etwas am Fenster nahe bei Ihnen stehen gesehen zu haben.«

»Was?«

»Ich weiß es nicht. Es dauerte nur ganz kurz, und dann war es fort.«

Eleyne schüttelte den Kopf. »Das ist Unsinn. Das Licht hat dich getäuscht. Komm, ich helfe dir beim Nähen, dann müssen wir zum Essen in die Halle.«

Sie setzte sich, raffte ihre Röcke ordentlich um sich herum, hob Bethocs Nähkorb auf, suchte nach Nadel und Faden, aber zweimal sah Bethoc sie zurück zum Fenster blicken, dorthin, wo sie gestanden hatte. Sie machte ein besorgtes Gesicht.

Als Donald an diesem Abend die Bettvorhänge zugezogen hatte, klammerte sie sich mehr aus Angst denn aus Leidenschaft an ihn. »Nel, was ist denn, Liebling?« Er hielt sie im Arm und streichelte ihr Haar. Ihre Haut war eiskalt.

»Halt mich fest.« Es war keine Koketterie in der Art, wie sie sich in seine Arme schmiegte. Sie erinnerte ihn eher an ein erschrockenes Kind.

»Was hast du denn? Was ist?« flüsterte er.

»Er will mich haben. Und er ist so stark geworden.«

»Gütiger Jesus!« Er brauchte nicht zu fragen, wen sie meinte.

»Halt' mich fest, Donald. Laß nicht zu, daß er mich mitnimmt!«

»Niemand nimmt dich irgendwohin mit.« Er setzte sich auf, schob den Bettvorhang beiseite und tastete nach dem Zunder. Das plötzlich aufflammende gelbliche Licht der Kerze ließ Schatten durchs Schlafzimmer, über die Liegen an der gegenüber befindlichen Wand mit den drei schlafenden Frauen hinweg und die Behänge an der anderen Wand hinaufzucken. Das Zimmer war völlig still.

»Es ist niemand hier, Eleyne. Schau, die Hunde schlafen. Sie würden bestimmt niemanden an dich heranlassen, das weißt du. Deine Phantasie hat dir einen Streich gespielt, Nel. Er würde niemals hierherkommen.«

Sie lächelte, als zweifle sie an dem, was er sagte. »Tut mir leid. Ich muß es geträumt haben.«

Ein unsichtbarer Luftzug fuhr in die Kerzenflamme, das Wachs spritzte und ergoß sich über die Truhe, auf der die Kerze stand.

Eleyne starrte in die Schatten hinein. Es war kein Traum, er war da. Sie spürte ihn, sie fühlte seinen Schmerz und seine Sehnsucht. Sie zuckte zusammen. Es war wie ein Schrei, den jemand tief in ihrem Innern ausstieß.

Donald empfand es auch. »Wieso jetzt? Warum ist er jetzt wiedergekommen?«

»Ich bin schuld, ich habe ihn hereingelassen.« Ihre Stimme war fast unhörbar.

»Wieso?« Er schien ihr nicht zu glauben.

»Ich wollte es nicht. Es war nach Marjories Geburt – als ob er wußte, daß ich dir keine Kinder mehr gebären konnte.« Sie fing an zu schluchzen. »Ich fürchtete mich davor, in deinen Augen häßlich zu erscheinen und betete darum, wieder schön zu werden. Ich öffnete mich den Kräften der Magie, und er kam zurück. Bitte, laß ihn nicht an mich heran! Halt’ mich fest!« Sie warf sich ihm wieder in die Arme und drückte ihr Gesicht an seine Brust.

»Er kann dir nichts tun, Eleyne«, murmelte er und streichelte ihr Haar. »Wenn er dich so sehr geliebt hat, wird er dir nicht weh tun wollen.«

»Nein?« Sie sah zu ihm auf. »Nein«, wiederholte sie nachdenklich, »er will mir nicht weh tun.«

Die Wahrheit wurde ihr mit einem Schlag klar. »Ich habe dem König heute gesagt, wie er sterben wird.« Sie schluckte heftig. »Ich habe es schon vor Jahren vorausgesehen, aber ich habe es nicht begriffen. Ich habe ihn nie genau erkennen können. Heute aber sah ich zum erstenmal sein Gesicht. Ich sah es, weil Alexander es mir zeigte.« Sie preßte sich an Donalds Brust. »Jetzt, da er es weiß, jetzt, nachdem ich ihn gewarnt habe, brauche ich nicht mehr am Leben zu bleiben. Der Sinn meines Lebens ist erfüllt, und Alexander weiß, daß sein Sohn gewarnt ist. Siehst du das nicht, Donald? Jetzt will er meinen Tod!«

»Unsinn.« Donald blickte über ihren Kopf hinweg in die Dunkelheit. »Dann müßte er gegen mich kämpfen.« Die Härchen an seinen Unterarmen standen empor. Er spürte eine unheimliche Kälte um sich herum, während er in die Dunkelheit starrte. »Sag ihm, sag ihm, ich gebe dich nicht her. Sag ihm, er soll gehen.«

»Das habe ich ja getan, ich habe ihn darum gebeten!« Ihre Stimme erhob sich hysterisch, und Bethoc fuhr hoch.

»Mylady?« fragte sie schlaftrunken.

»Schlaf weiter!« befahl ihr Donald.

Er schob Eleyne mit sanfter Gewalt von sich, stand auf und griff nach dem Dolch, der neben ihm auf der Truhe lag. Er zog ihn aus der Scheide und hob ihn mit dem Griff nach oben vor seinem Gesicht empor, wobei er sich an seine Nachtwache in der königlichen Kapelle am Vorabend der Verleihung der Ritterwürde erinnerte. »Im Namen unseres Herrn Jesus Christus und der Heiligen Jungfrau befehle ich dir, meine Frau zu verlassen. Geh dorthin, woher du gekommen bist! Laß sie in Frieden! Sag es ihm.« Er drückte Eleyne den Dolch in die Hand. »Sag ihm, daß du das von ihm verlangst!«

»Bitte, Alexander, bitte geh.« Eleyne hob den Dolch vor ihr Gesicht, sie hielt ihn mit beiden Händen. »Ich habe dich einmal geliebt. Ich liebe dich immer noch, aber ich bin nicht bereit, noch nicht bereit, zu dir zu kommen. Ich möchte bei Donald und meinen Kindern bleiben, solange sie mich brauchen. Bitte laß mich in Ruhe. Ich werde über deinen Sohn wachen und ihm die Gefahr zeigen, damit er nicht in den Gewittersturm gerät.«

Bethoc, die im Bett lag, merkte, daß sie zu atmen aufgehört hatte. Sie hielt sich ihre Bettdecke fest unter das Kinn und beobachtete regungslos die Bettvorhänge, ihr Herz pochte ängstlich. Jetzt sah sie wieder deutlich den Schatten, wie er drohend über Eleyne aufragte.

Eleyne blickte hoch, als sähe sie ihn auch. »Bitte«, flüsterte sie mit versagender Stimme, »wenn du mich liebst, dann geh.«

Jetzt verblaßte er. Bethoc konnte die dunkle Gestalt zwischen den Schatten nicht mehr erkennen.

Eleyne spürte, daß er von ihr wich, seine Trauer berührte sie stark. »Gott segne dich, mein Liebling«, flüsterte sie. »Gott erhalte dich. Eines Tages komme ich zu dir, ich verspreche es. Eines Tages, wenn sie mich nicht mehr brauchen.«

»Nein!« schrie Donald voller Angst. »Niemals!«

Eleyne legte den Dolch auf das Bett und schlang ihre Arme um Donalds Hals. »O mein Liebling, mißgönne ihm das nicht. Wenn ich vor dir sterbe, heiratest du wieder. Natürlich wirst du das tun. Und dann werde ich bei ihm sein.«

»Ist er fort?« Donald starrte über ihren Kopf hinweg.

»Ja, er ist fort.« Sie lächelte matt.

»Und er kommt nicht wieder?«

»Nein.« Es waren jetzt nur noch leere Schatten dort, wo der dunkle Umriß gewesen war. »Nein. Jetzt, da er weiß, daß ich ihm eines Tages gehören werde, glaube ich nicht, daß er zurückkommen wird. Nicht, bevor ich sterbe.«

FÜNFTES BUCH

1281-1302

Achtundzwanzigstes Kapitel

I

Es hatte mehrere Wochen lang in Strömen geregnet, das kalte Wasser ließ die Flüsse und Rinnsale anschwellen, es sammelte sich auf dem dichten, sumpfigen Moos des Moores, es stürzte in weißen Bächen von den Bergen. Als endlich wieder die Sonne schien, war sie Balsam für das Land.

Der alte Mann besuchte regelmäßig die heilige Quelle. Er pflegte Stoffetzen an einen Dornenstrauch zu hängen oder er ließ ein Stück Hafermehlkuchen da, und einmal hatte er aus lauter Verzweiflung einen Penny, den Arbeitslohn eines ganzen Tages, in die Quelle geworfen, bevor er seinen Krug mit dem reinen, eiskalten Wasser füllte, den er hinauf zur Bergwiese bringen wollte, wo seine Frau in ihrer schlechtgebauten Hütte am Fieber erkrankt darniederlag.

Der Regen hatte das Becken tiefer ausgewaschen. Der tröpfelnde Zufluß, der gewöhnlich aus dem Felsen quoll, war ein Sturzbach geworden. Der Mann sah, wo die Wasserflut die Kieselsteine aus dem Becken herausgespült hatte. Sie lagen am Rand aufgeschwemmt zwischen ein paar Sumpforchideen und purpurschwarzen Karneolen wie am Meeresstrand. Etwas stach ihm ins Auge, das zwischen den Steinen schimmerte. Er bückte sich und hob es auf. Dünnes, federartiges Moos hing daran, und dann lag der Phönix in seiner Hand, und es kam ihm so vor, als vibriere er wie eine gefangene Libelle. Lange Zeit betrachtete er das Schmuckstück und überlegte, ob er es in das Becken zurückwerfen sollte. Jemand hatte es als Opfer hineingetan, und es würde das allergrößte Unglück über ihn bringen, wenn er es nahm. Andererseits mußte es so viel wert sein, daß man einen König dafür aus der Gefangenschaft erlösen konnte.

II
KILDRUMMY CASTLE * Juli 1281

Auf den Hügeln hinter Kildrummy Castle färbte sich die Heide unter der Sommersonne allmählich purpurn. Eleyne saß in ihrem Lieblingszimmer im Schneeturm und sah Marjorie und Isabella beim Handarbeiten zu, während sie ihnen Geschichten aus dem alten Wales erzählte. Agnes brachte eine Tasche mit den Briefen, die soeben aus dem Süden eingetroffen waren.

Sie fürchtete sich immer vor der Ankunft dieser Briefe. Zu oft hatten sie, während die Jahre vergingen, schlechte Nachrichten enthalten. Wie ein Blitz aus heiterem Himmel. Der erste stammte von Alice Goodsire, Luneds ältester Tochter. »Mama hat nicht gelitten und Ihrer stets gedacht.«

Luned hinterließ fünf Kinder, sechzehn Enkelkinder und einen untröstlichen Ehemann, der zeitlebens in sie vernarrt gewesen war.

Ihr Tod erschütterte Eleyne zutiefst. Luned, ihre Adoptivschwester, ihre Dienerin und beste Freundin hatte so viele Jahre mit ihr zusammengelebt. Jetzt konnte sie es sich gar nicht vorstellen, daß sie tot war und daß sie sie nie mehr wiedersehen würde ...

Vor fünf Monaten dann war der nächste Schlag gekommen, die Nachricht vom Tode ihrer Schwester Gwenllian, drei Monate darauf folgte die Nachricht, daß ihre geliebte Margaret einem Blutandrang in der Lunge erlegen war, sie hatte noch befohlen, daß ihr Herz in dem Sarg ihres geliebten Walter in Aconbury beigesetzt werden sollte.

So waren sie alle dahin. Luned, Gruffydd und Senena, Dafydd und Isabella, Gwladus, Angharad, Gwenllian und Margaret. Sie selbst war die einzige Überlebende aus der Brut Llywelyn ap Iorwerths und Joannas, der Tochter King Johns of England.

Sie runzelte die Stirn, in Gedanken verloren, die Tasche mit den Briefen baumelte an ihren Fingerspitzen. Henry of England war auch tot, vor neun Jahren gestorben, ihr Onkel Henry, der sie für tot erklärt hatte. In seinen Augen, in den Augen Englands war sie nun schon seit fast dreißig Jahren tot! Sein Hinscheiden hatte sie nicht sehr betrauert, er hatte sie als Bauern in seinem Schachspiel mißbraucht, indem er sie einem Mann wie Robert de Quincy auslieferte. Bei dem Gedanken an Robert schauderte es sie immer noch, nach all den Jahren, und ihre Haut kribbelte unangenehm. Die Macht eines Königs war erschreckend groß – eine Macht über Leben und Tod. Er konnte seine Untertanen wie Gegenstände behandeln.

Sie warf einen langen, nachdenklichen Blick auf die Tasche mit den Briefen.

Donald war mit seinem Vater zusammen in Roxburgh am schottischen Hof. Die Briefe stammten zweifellos von ihm und enthielten eilige Anweisungen, die tausenderlei Dinge auf den Gütern betrafen, die sie wahrscheinlich schon vor Wochen erledigt hatte. Ihr Gesicht klärte sich. Sie lächelte liebevoll, dann hob sie einen auf, der Donalds Siegel trug.

Der Brief enthielt in der Tat Neuigkeiten. Da Donalds Vater noch immer nicht wieder gesund war, hatte Donald an seiner Stelle als Zeuge der Unterzeichnung des Hochzeitsvertrages beigewohnt, der die Vermählung zwischen der kleinen Princess Margaret, Alexanders jüngstem Kind, und Eric, dem König von Norwegen betraf. Der Earl of Mar, so schrieb Donald, reiste nun gemächlich in Etappen nach Kildrummy zurück. William war immer ein so robuster, energischer Mann gewesen, aber während der letzten Monate war er sichtlich gealtert. Muriels Tod hatte seinen Verfall beschleunigt. Eleyne legte den Brief hin. Als nächstes lag auf dem Stapel ein Brief mit einer Handschrift, die sie nicht erkannte. Er trug das Siegel de Bohuns. Ihr Herz begann unangenehm zu klopfen.

»Mama! Die Geschichte!« rief Isabella ungeduldig. Sie war zwölf Jahre alt, groß und schlank wie eine Gerte, wies aber jetzt endlich Anzeichen einer großen künftigen Schönheit auf. »Bitte.«

»Eine Minute, Liebling!« Eleyne drehte den Brief mehrmals in der Hand herum, schließlich brach sie das Siegel. Als sie endlich aufblickte, standen Tränen in ihren Augen.

»Mama! Mama, was ist?« Isabella warf ihre Handarbeit hin, lief zu ihrer Mutter und schlang ihr angstvoll die dünnen Arme um den Hals.

Eleyne lächelte, ihr Gefühl war so stark, daß sie fast nicht zu sprechen vermochte. »Er ist von deiner Schwester.«

»Meiner Schwester?« Isabella warf unsicher Marjorie einen Blick zu, die mit ihren elf Jahren noch immer wie ein Junge wirkte.

»Nein, nicht von deiner kleinen Schwester – von deiner großen Schwester.« Eleyne zog ihre Tochter auf den Hocker neben sich. »Lange bevor du geboren wurdest, habe ich in England gelebt und hatte zwei kleine Mädchen, so welche wie dich und Marjorie. Aber als ich nach Schottland kam, um hier mit Macduffs Vater zu leben, mußte ich sie zurücklassen.«

»Du würdest uns aber nicht zurücklassen, oder würdest du das?« Marjories Stimme klang gar nicht so überzeugt.

»Nein, Liebling, ich würde euch nicht zurücklassen.« Eleyne lächelte und verbarg vor ihr die schreckliche Traurigkeit, die diese Erinnerungen noch immer bei ihr auslösten.

»Wie heißt sie, meine Schwester?« fragte Isabella und beäugte den Brief, den die Hände ihrer Mutter umklammerten.

»Sie heißt Joanna, und ihre Schwester heißt Hawisa.«

»Was steht denn drin?« unterbrach Marjorie. »Kommt sie uns besuchen?«

»Sie würde uns gern besuchen kommen, aber es geht ihr nicht so gut«, sagte Eleyne langsam.

Verzeih mein grobes Benehmen, das ich dir gegenüber bisher an den Tag gelegt habe. Ich konnte es dir nicht verzeihen, daß du uns verlassen hast, und erst allmählich, da ich immer mehr zu einer Schachfigur in King Edwards Heiratsplänen werde, begreife ich, wie hilflos wir Frauen sind, wenn Männer über unser Schicksal entscheiden. Nur wegen meiner immer wiederkehrenden Krankheit hat sein Vater davon abgesehen, mich nach Humphreys Tod mit jemandem zu vermählen. Jetzt fürchte ich, daß meine Krankheit mich in nicht mehr ferner Zukunft aus dieser Welt und dem Heiratsspiel entfernen wird. Ich würde dich so gern sehen, bevor ich sterbe. Bitte, Mutter, wenn du mir verzeihen kannst, würde ich dich gerne sehen.

Sie schrieb nichts darüber, wie krank sie war, auch erwähnte sie ihre Schwester Hawisa nicht.

»Wann kommt sie?« fragte Marjorie aufgeregt. Sie sprang auf und kam zu ihrer Mutter, lehnte sich an ihre Knie, hob den Brief auf und fing an, einige der Worte zu buchstabieren. »Wie alt ist sie? Ihre Handschrift ist schwer lesbar. Oder hat es ein Schreiber verfaßt?« Das Mädchen lächelte. Der Lehrer, der die Jungen erzogen hatte und nach Beendigung des Unterrichts in Kildrummy geblieben war, um den Mädchen zweimal in der Woche Lesen und Schreiben beizubringen, hatte ihre eigene Handschrift auch als unleserlich verdammt.

»Sie ist längst erwachsen, mein Liebling. Ich weiß nicht, wann sie kommt oder ob sie so weit reisen kann«, sagte Eleyne. »Vielleicht reite ich in den Süden zu ihr, um sie dort zu treffen.«

»Aber dann sehen wir sie doch nicht«, jammerte Isabella. »Ich weiß! Du kannst uns zu Vetter Llywelyn nach Wales mitnehmen. Wir treffen uns dort mit ihr und können Aber sehen. Ja?«

Das war eine verlockende Idee. »Ich überlege es mir und spreche mit eurem Vater darüber. Ich würde gern mal wieder Aber besuchen – und Joanna sehen.«

III

Er war ganz in ihrer Nähe. Unglaublich, er war da. Die Frauen, die in Gruppen um die Kerzen herum oder am schweren Eichentisch saßen, hatten nichts gemerkt. Die Fensternische war leer, und trotzdem spürte sie ihn. Zum erstenmal nach vielen Jahren spürte sie ihn wieder.

»Warum? Warum bist du wieder da?« Sie sprach die Worte stumm, über die Köpfe ihrer Töchter hinweg aus, aber sie wußte die Antwort.

Sie hatte ihn nicht gerufen, es war der Phönix gewesen.

Jemand hatte ihn gefunden.

IV

Als Donald zwei Wochen später mit seinem Vater zusammen nach Kildrummy zurückkehrte, fragte sie ihn sofort, ob sie nicht nach Wales reiten könnten. Dorthin würde ihr Alexander mit Sicherheit nicht folgen.

»Das würde dir Freude bereiten? Nach Wales zurückzukehren?«

»Ja. Das weißt du doch. Und ich möchte Llywelyn wiedersehen. Und Aber. Ich werde alt, Donald. Bald werde ich mir den Gedanken an so lange Ritte aus dem Kopf schlagen müssen.«

Er lachte. »Du und alt? Niemals!«

Mit dreiundsechzig war sie von kerzengerader, schlanker Gestalt und voller Energie. Sie ritt immer noch schneller als er, konnte noch immer die ganze Nacht bei einer fohlenden Stute im Stall zubringen, den Pferdemeistern traute sie nicht, und sie war beim Frühstück so munter wie die Kinder. Und immer noch begehrenswert. Wenn sie von ihren langen, einsamen Ritten in die Berge zurückkehrte, bei denen sie nur Lucy und Saer, die jüngsten Abkömmlinge aus Donnets Geschlecht begleiteten, gab es Augenblicke, in denen er sich fragte, was sie wohl unter dem Mond für eine geheime Magie praktizierte. Denn ihre Haut schimmerte und ihre Augen leuchteten, ein seltsamer Glanz lag über ihr, der ihn so sehr verzauberte wie damals, als sie einander zum erstenmal begegnet waren.

V
August 1281

Bald nachdem er mit Donald zurückgekehrt war, rief William Eleyne zu sich ans Bett. Sein Gesicht war so schmal geworden, daß er hohlwangig aussah und die Backenknochen hervortraten. Seine Stimme war schwach. Trotzdem lag noch die alte Schärfe darin, als er sich an seine Schwiegertochter wandte.

»Ich soll dir Grüße vom König ausrichten. Er dankt dir für deine Beileidsbotschaft.« Alexanders zweiter Sohn, David, war im Juni gestorben.

Er seufzte. »Du hast zweifellos gehört, daß ich zu krank war, als daß ich der Unterzeichnung der Hochzeitsverträge zwischen der jungen Margaret und dem König von Norwegen hätte beiwohnen können. Donald hat mich vertreten. Er wird dem König ein wertvoller Berater sein, wenn ich nicht mehr bin. Und wenn du ihn nicht davon abhältst.« Er runzelte seine buschigen Brauen. »Du bist eine mächtige Frau, Eleyne, und du hast meinen Sohn immer noch genau da, wo du ihn haben willst. Stell dich ihm nicht in den Weg.«

Eleyne betrachtete ihn kühl. »Ich habe mich ihm nie in den Weg gestellt.«

»Das hast du sehr wohl. Du hältst ihn hier in Kildrummy fest, obwohl er beim König sein sollte. Du führst ihn an der Leine spazieren wie deine verdammten Hunde. Und das ist nicht gut für ihn. Laß ihn laufen, Frau!« Er schoß mit seinem Kopf auf sie zu und sah sie wütend an. »Ich werde bald tot sein, und dann ist er der Earl. Du hast ihm drei Söhne geschenkt, dafür danke ich dir.« Er machte eine Pause. »Bleib hier und kümmere dich um die Grafschaft. Du bist eine gute Verwalterin. Und laß Donald an den Hof gehen.« Er hustete matt. »Hast du Angst, daß er eine andere Frau finden könnte, jetzt, wo du alt bist?« Der Blick, den er ihr aus dem Augenwinkel heraus zuwarf, war pure Bosheit.

Sie lächelte. »Nein, davor habe ich keine Angst.«

»Die brauchst du auch nicht zu haben«, gab er widerwillig lächelnd zu. »Du siehst halb so alt aus, wie du bist, obwohl ich bei der heiligen Margaret nicht weiß, wie du das machst. Noch ein letzter Punkt.« Sein Husten wurde unangenehmer. »Ich schicke Männer aus Mar nach Wales, als Teil des Heeres, das in Wales den Frieden bewahren soll. Warte …!« Er hob die Hand, als sie den Mund aufmachte, um zu sprechen. »Das ist meine Pflicht gemäß den Vereinbarungen, die zwischen England und Schottland getroffen wurden, und die befolge ich, genau wie von Donald erwartet wird, daß er sie befolgt. Du mischst dich da nicht ein. Die Politik in Wales geht dich nichts mehr an, selbst wenn der König es dir erlaubt, Llywelyn zu besuchen, worum du ihn gebeten hast. Wenn dort Schotten sind, die King Edward of England helfen, den Frieden zu bewahren, dann deshalb, weil dein Neffe nicht fähig war, es selbst zu tun. Er hat den größten Teil von Wales aufgrund seiner eigenen Schwäche verloren. Jetzt, wo Edward ihn mit Burgen einkreist, wird er gezwungen sein, sich den englischen Gesetzen anzupassen. Und daran kannst du nichts ändern!«

Eleyne zog eine Grimasse. Er hatte recht, aber es tat ihr weh, daran zu denken, daß fremde Soldaten auf walisischem Boden standen.

Seit ihrem letzten Besuch war so viel in Wales geschehen. Nach dem Tod King Henrys hatten sich die Beziehungen zu England verschlechtert. Llywelyn weigerte sich, die englische Oberhoheit anzuerkennen. Schließlich war Edward in Wales einmarschiert und hatte ihn vernichtend geschlagen, wobei ihm Llywelyns ewig rebellischer und immer noch eifersüchtiger jüngerer Bruder Dafydd behilflich gewesen war.

Edward hatte dennoch um des lieben Friedens willen einen Kompromiß geschlossen: Llywelyn durfte den Titel »Prince of Wales« behalten und schließlich sogar Eleanor, die Tochter von Simon de Montfort heiraten, mit der er schon lange verlobt war. Die Hochzeit feierten sie in einer wundervollen Zeremonie in der Kathedrale zu Worcester. Dort hatte Eleyne ihren Neffen zum letztenmal gesehen. Sie war mit Donald nach England geritten, um an den Festlichkeiten teilzunehmen und überglücklich bei dem Gedanken gewesen, daß nun endlich Frieden in Wales sein würde.

Es war aber ein unsicherer Frieden.

Lord Mar schüttelte grimmig den Kopf. »Es gab mal eine Zeit, da dachte ich, Wales und Schottland könnten sich verbünden und gemeinsam die englischen Machtgelüste in Schach halten. Es ist ein Jammer für Wales, daß es nicht dazu gekommen ist, denn Edward ist ein ganz anderes Kaliber als sein Vater.« Er verstummte und starrte mürrisch seine gichtverkrümmten Finger an.

Eleyne holte tief Luft. »Bist du sicher, daß Edward nicht eines Tages die schottische Souveränität antasten wird?« fragte sie sanft.

»Edward und Alexander kommen von jeher gut miteinander aus. Ich sehe keinen Grund, weshalb Edward uns bedrohen sollte. Wir sind ein unabhängiges Königreich mit einem starken König und einer gut funktionierenden Regierung.« Er runzelte die Stirn. »Obwohl ich wünschte, daß Prince David nicht gestorben wäre. Der älteste Sohn des Königs, Lord Alexander, ist auch nicht sehr kräftig. Er ist ein schwaches Bindeglied zwischen dem König und der Zukunft, vor allem da die Königin gestorben ist und der König nicht wieder geheiratet hat.«

Diese Worte lösten in Eleynes Kopf ein seltsames Warnsignal aus. »Aber der König hat doch eine neue Frau erwählt«, sagte sie.

William nickte. »Es ist noch nicht publik gemacht, aber er hat mit dem Grafen von Flandern über dessen Tochter gesprochen. Es dauert nur alles viel zu lange.« Er schüttelte betrübt den Kopf. »Er ist kräftig und robust. Er braucht jetzt eine Frau und ein Dutzend Söhne, wenn möglich.«

Sie stand auf, küßte ihren Schwiegervater pflichtschuldig auf den Kopf. »Ich muß dich jetzt verlassen. Du bist müde.«

Er machte ein finsteres Gesicht. »Ja, gottverdammt, ich bin müde.«

Zwei Wochen später war William of Mar tot.

Der neue Earl of Mar und Than of Cabrach ritt im November
mit seiner Frau zusammen nach Wales. Sie wollten das Weihnachtsfest bei Llywelyn in Aber verbringen und endlich Joanna treffen.

Auf dem Weg machten sie in King Edwards großer neuer
Burg zu Rhuddlan Station, wo man Wasser aus dem Clwyd-
Fluß in einen Kanal abgeleitet hatte. Feierlich ließen sie sich von
seinem Burgbaumeister, Master James von St. George, die Burg
zeigen, bewunderten nicht nur die Ställe, Kornspeicher und
Werkstätten im Außenbereich, sondern auch die Hallen des Königs und der Königin mit den bemalten Holzwänden, die an-
gefangene Gartenanlage der Königin und ihren Fischteich.

In ihrem kostbar ausgestatteten Gästezimmer öffnete Donald einen seiner Koffer und nahm sein Schreibmaterial heraus. Innerhalb von Minuten war er damit beschäftigt, die Burganlage zu skizzieren.

Eleyne stand hinter ihm und sah ihm zu. »Willst du das
Llywelyn zeigen?«

Er blickte hoch. »Ich glaube nicht, daß es an der Unbe-
zwingbarkeit dieser Burg irgendeinen Zweifel gibt, mein Liebling. Und es sieht schlecht für Llywelyn aus. Nein, ich nehme
diese Zeichnungen mit nach Hause, um sie meinen Steinmet-
zen zu zeigen. Es finden sich hier vielleicht ein paar nützliche
Ideen, wie wir Kildrummy mit Zustimmung des Königs verstärken können.« Er streckte die Hände zu ihr empor und zog
sie zu sich herunter, um sie zu küssen. »Sind die Kinder gut untergebracht?«

Sie nickte. »Sie sind ganz aufgeregt – und völlig übermüdet.«

Er sah sie liebevoll von der Seite her an. »Und du?«

»Ganz müde bin ich nicht, Donald.« Sie zog scharf eine Augenbraue hoch. »Wie du gleich sehen wirst.« Sie ließ ihn wei-
terzeichnen und ging zum Fenster hinüber, von dem aus man
über die breite Wasserfläche des umgeleiteten Clwyd blickte.
Der Ostwind begann durch die erst halbfertigen Teile der inneren Türme zu pfeifen, und es wurde dunkel.

Sie hatten die vergangene Nacht in Chester verbracht – mit sonderbaren Erinnerungen an vergangene Zeiten. Die folgende wollten sie im Gästehaus der Abtei von Conwy zubringen, so daß sie an den Gräbern ihres Vaters und ihrer beiden Brüder beten konnte. Dann endlich würden sie in Aber eintreffen.

Die niedrig hängende Wolke, die der Wind herbeitrieb, nahm ihr jetzt die Sicht. Der innere Bezirk der Burg, den sie noch erkennen konnte, lag feucht und düster da, als die Nacht hereinbrach. Ein Page kam, um die Kerzen anzuzünden und Holz aufs Feuer zu legen. Alles sah ganz friedlich und angenehm aus, trotzdem wurde sie das sonderbare Gefühl nicht los, das sie plagte.

In Aber begrüßten Llywelyn und Eleanor sie begeistert und hießen sie herzlich willkommen. Aber Llywelyn hatte sogleich eine enttäuschende Nachricht für sie. »Lady de Bohun hat geschrieben, daß sie sich nicht gut genug fühlt, um die Reise anzutreten, Tante Eleyne. Es tut mir so leid.« Er gab ihr Joannas Brief.

Eleyne starrte das Pergament in ihrer Hand an, ohne es zu sehen. »Ich wußte, daß sie nicht kommen würde«, sagte sie mit tonloser Stimme.

Eleanor sah ihren Mann stirnrunzelnd an: Er hätte es ihr nicht gleich sagen sollen. Dann hätte sie sich zuerst etwas freuen können, wieder in Aber zu sein. Sie lächelte Eleyne an. »Das heißt ganz einfach, daß du bald wieder zu uns kommen mußt. Vielleicht im Sommer. Wenn das Wetter besser ist, erholt sie sich bestimmt leichter.«

»Und wir können dir dann ein neues Mitglied unserer Familie zeigen.« Llywelyn schmiegte den Arm um die Taille seiner Frau. »Im Juni etwa kommst du gerade richtig, glaube ich.«

Eleyne legte Joannas Brief weg. »Dann werdet ihr also eine Tochter bekommen, ich freue mich so.« Sie sagte es, ohne nachzudenken, als sie Eleanor auf die Wange küßte.

»Einen Sohn, Tante Eleyne«, sagte Llywelyn scharf. »Wir erwarten einen Sohn.«

Sie sah ihn an. Sein hübsches Gesicht war gealtert, seit sie ihn zum letztenmal erblickt hatte, und die Schatten der Erschöpfung umgaben seine Augen. Es fröstelte sie, als ein kalter Luftzug durch die Halle wehte.

»Natürlich«, sagte sie. »Einen Sohn.«

VII
ABER

Einion war nicht da. Beinahe herausfordernd stand sie am Fluß. Sie gedachte Rhonwens und warf eine späte, frosterstarrte Rosenknospe in das wirbelnde Gewässer – als Opfer an die Vergangenheit. Ihre Kinder sahen ihr schweigend zu. Gratney war groß und hübsch, seinem Vater sehr ähnlich, genau wie die Zwillinge auch. Mit seinen vierzehn Jahren war er schon ein richtiger junger Herr und lebte am Hofe seines Vetters, ihres Neffen und Freundes seit so vielen Jahren, Robert Bruce of Annandale. Die Zwillinge dienten als Pagen beim Earl of Buchan in Slains. Sie hatte alle drei Söhne nach Hause gerufen, damit sie diese Pilgerreise in die Heimat ihrer Mutter zusammen unternahmen, und sie erfreuten sich zum erstenmal der Tatsache ihrer königlichen Geburt.

Sie zeigte ihnen Yr Wyddfa. Sie zeigte ihnen die Wasserstraße von Llanfaes und die Ansichten der großen wolkenverhangenen Landmasse von Eryri. Die hohen Cwms waren schon von Schnee bedeckt. Sandy aber war es, der sie allein zu Einions Grab begleitete. Er ähnelte seinem Bruder äußerlich aufs Haar, war aber sanfter und verträumter. Als sie absaßen, hielt er das Pferd seiner Mutter, während sie vor dem von Flechten bedeckten Grabstein stand.

»Diese Wälder sind seltsam«, sagte er mit einem Frösteln.

»Inwiefern?« Sie kniff die Augen zusammen wegen des kalten Sonnenlichts und betrachtete sein Gesicht. Er war hübsch, er hatte ein kantiges Kinn, eine Nase voller Sommersprossen, sein sandfarbenes Haar lag wie üblich wirr unter seiner Kappe. Er stand da und starrte in die Ferne, auf nichts Bestimmtes.

»Es gibt hier Geister. Gespenster.« Er zuckte die Achseln, schüttelte den Gedanken ab und fing an, die Nase seines Pferdes zu streicheln. »Duncan fällt es nicht auf, also rede ich nicht darüber.« Er bemühte sich um einen beiläufigen Tonfall.

»Hast du denn schon früher welche gesehen?« fragte ihn Eleyne sanft. Sie erinnerte sich, wie vorsichtig sie als Kind Isabella de Braose ausgefragt und wie sehr sie sich zurückgezogen hatte, als Isabella ihr geringschätzig vorwarf, andere Leute sähen solche Dinge aber nicht.

Sandy nickte.

»Auch in Kildrummy?«

Er nickte wieder. »Und in Slains. Und in den Bergen.« Er zögerte. »Du siehst sie auch, nicht wahr?«

»Ja«, sagte sie leise. »Ich sehe sie auch.«

»Da ist vor allem einer, einer besonders«, fuhr er hastig fort, und seine Worte überschlugen sich, weil er sich ihr nun endlich mitteilen konnte – weil er es endlich gewagt hatte, das Thema zu berühren. »Ich glaube, er folgt mir überallhin.«

Eleyne zwang sich zu einem Lächeln. Plötzlich war ihr übel vor Angst. »Vielleicht ist er dein Schutzengel«, flüsterte sie. Sie legte ihre Hände auf die Schultern des Jungen. »Wie sieht er aus? Hast du ihn schon einmal richtig gesehen?«

Sandy wich ihrem Blick nicht aus. Er sah ihr in die Augen. Eine leichte Röte überflog seine Wangen und breitete sich über seinen Nacken aus. »Er ist eine Art Schatten. Groß, mit dunklen, wachsamen Augen. Ich habe ihn noch nie ganz deutlich gesehen.« Er riß sich von ihr los, seine Verlegenheit war nun größer als seine Sehnsucht, sich ihr anzuvertrauen. »Es ist lächerlich. Er ist ja gar nicht richtig da ... ich spüre ihn nur.«

Eleyne bekam fast keine Luft. »Wer es auch sein mag, er muß dich sehr gern haben.« Sie küßte ihn auf die Stirn. »Das Leben ist schwierig, wenn man das Zweite Gesicht hat, Sandy. Diese Visionen sind eine Last. Die Menschen, die nicht in die anderen Welten hineinsehen können, haben es leichter.«

Isabella hatte in Mar ein Lieblingsversteck, von dem nicht einmal Meg und die Kindermädchen etwas wußten: eine kleine Vorratskammer im Turm direkt unter dem Dach. Dort saß sie stundenlang und träumte oder las das kostbare Buch ihrer Mutter über die Mabinogi und die Königin Mab, die über die Träume der Menschen herrschte, oder spielte mit einer der Katzen, von denen es ein Dutzend in der Burg gab. Das schönste aber war, daß weder Marjorie noch ihre beiden Brüder sie hier je gefunden hatten. Zweimal war ihre jüngere Schwester bis zur Vorratskammer heraufgestampft und hatte sie gerufen, aber beide Male war ihr die kleine Tür entgangen, die hinter einer der leeren Kommoden verborgen war und durch die sie in den kleinen Raum dahinter, in ihr eigenes, privates Heiligtum gelangte, und sie hatte die Klagerufe leiser werden hören, als Marjorie fortging.

Kaum war sie wieder daheim, als sie auch schon mit ihrem neuen Schatz unter dem Arm, einem Buch voll Geschichten, das einer von Llywelyns Schreibern mühsam für sie kopiert hatte, in ihr Versteck hinaufstieg. Das Buch erzählte von Königen und Prinzen, von Geistern und Zauberei und wunderbaren Prinzessinnen, mit denen sie sich leidenschaftlich identifizierte.

Sie wickelte sich in ihren Umhang und kroch näher an die wärmespendende Kerze heran. Draußen vor dem schmalen Schlitz des Fensters wirbelten Schneeflocken das Tal hinauf. Bald würde es Zeit zum Abendessen sein, aber inzwischen hatte sie schon den langen Ritt und die schweren Felsen und eisigen Grate von Gwynedd vergessen und verlor sich in ihren Träumen.

Es war ein schwerer Schock, als ihre Mutter lautlos wie ein Schatten in das Zimmer kam und sich neben sie auf den staubigen Boden setzte. »Also hier versteckst du dich.« Eleyne lächelte. »Hast du etwas dagegen, daß ich es weiß?«

»Nicht solange du es Marjorie gegenüber geheimhältst.«

Eleyne lachte. Isabella mochte die Fältchen an den Augenwinkeln ihrer Mutter, wenn sie lachte. Dann sah sie jung und

sorglos aus. »Ich verrate es ihr nicht, das verspreche ich dir.«
Eleyne betrachtete das Gesicht ihrer Tochter. »Wales hat dir
nicht gefallen, wie?«

Isabella log ihre Mutter lieber nicht an. »Es war schrecklich.
Und so traurig.«

Eleyne seufzte. »Ich wollte, du hättest es im Sommer sehen
können, wenn der Schnee in den Bergen geschmolzen ist und
die Cwms voller Blumen sind.« Sie lächelte. »Also hierher
gehst du, um zu lesen.«

Isabella nickte schüchtern.

»Ich war auch immer gern allein. Aber meine Lieblings-
plätze waren alle draußen – oder im Stall. Kommst du jetzt herunter? Es ist so kalt hier oben. Und das Horn wird bald zum
Abendessen rufen.«

»Mama.« Isabella schloß das Buch und steckte es sorgsam in
eine kleine Truhe, die an der Wand stand. »Darf ich dich etwas
fragen?«

»Natürlich.« Eleyne schlang ihre Arme um die Knie und saß
da, das Kinn auf die Knie gestützt.

»Wen werde ich heiraten?«

»Wer weiß?«

»Habt ihr, du und Papa, meine Hochzeit arrangiert?«

Eleyne schüttelte den Kopf. »Wir haben darüber gesprochen
und an verschiedene Möglichkeiten gedacht. Aber es ist nichts
arrangiert. Es bleibt noch so viel Zeit zum Überlegen.«

»Hast du jemals geträumt, wen du heiraten würdest?« Isabella rückte näher an sie heran, und ihre glänzenden Augen
waren riesig im Kerzenlicht.

Eleyne nickte. »Ja, aber weißt du, damals bei mir war das anders. Mein Vater hat mich schon als ganz kleines Kind verheiratet, also wußte ich von Anfang an, wer mein Ehemann war.«

»Und war er sehr hübsch?« Isabella kniete sich vor ihr hin.

»Er war sehr hübsch und sehr lieb.«

»Und er war Joannas Vater?«

Langsam schüttelte Eleyne den Kopf. »Nein. John und ich hatten keine Kinder. Joannas Vater war mein zweiter Ehemann.«

Isabella war einen Augenblick lang still. »Und war er auch
sehr hübsch?« fragte sie.

»Ich glaube schon.«

»Und dann kam Macduffs Vater?«

Eleyne lächelte. »Und dann deiner.«

»Werde ich auch vier Ehemänner haben?«

»Ich glaube nicht. Ich glaube, du wirst nur einen haben. Jemanden, den du sehr liebst.«

»Steht das in den Sternen?« Isabella war in Eleynes Almanache und Sternenbilder vernarrt. Sie und Marjorie hatten stundenlang darüber gesessen und die Zeichnungen betrachtet.

»Ja, es steht in den Sternen.«

»Und werde ich viele Kinder haben?«

Eleyne beugte sich lächelnd vor und nahm Isabellas Hände in ihre Hände. »Das sind jetzt genug Fragen, Süßes. Ich weiß nicht, wie viele Kinder du haben wirst oder wann oder wen du heiraten wirst. Komm, laß die Zukunft Zukunft sein und laß uns hinuntergehen und essen!«

IX

MAR * April 1282

Morna sah hinunter auf die Frau, die in Mossat auf dem Strohhaufen lag. Sie war bleich und fröstelte, der Schweiß lief ihr über den ganzen Körper. Sie schüttelte den Kopf. »Das Fieber hat nicht aufgehört. Es steht schlecht um sie.«

Morna legte den Kopf der Frau auf ihren Arm, während sie ihr den heißen grünen Tee einflößte. Der Mann tastete in seinem Beutel herum und zog ein Stück Sackleinen heraus. »Ich habe etwas aus der Quelle genommen«, sagte er mit schamrotem Gesicht. »Das hätte ich nicht tun sollen. Ich wußte, daß es Unglück bringt.«

Morna war entsetzt. »Du hast es den Wächtern der Quelle gestohlen?«

Er nickte. »Bringen Sie es für mich zurück? Bitte. Bringen Sie es in Ordnung? Sie wird nicht wieder gesund, bevor es nicht wieder in Ordnung ist.«

Morna half der kranken Frau, den Rest des Gebräus zu trinken, dann legte sie sie sanft zurück ins Stroh und deckte sie mit dem Schafsfell zu. »Ich bringe es zurück, aber ich kann nicht versprechen, daß die Götter ihren Zorn vergessen werden«, sagte sie streng. »Du hast etwas Schreckliches getan, Eddie, du hast die Götter bestohlen.« Sie streckte die Hand aus, nahm das Stück Sackleinen und warf es in ihren Kräuterbeutel, ohne es anzusehen. »Achte darauf, daß Jinnie es warm hat. Gib ihr heute abend und morgen früh noch etwas von dem Tee zu trinken.« Sie hockte sich hin, legte ihre Hand einen Augenblick lang auf die heiße Stirn der Frau, dann schlüpfte sie aus dem Haus auf die Dorfstraße.

Erst als Mairi schlief und Morna erschöpft an ihrem erlöschenden Feuer saß und sich aufzuraffen versuchte, um ins Bett zu gehen, erinnerte sie sich an das Päckchen, griff nach ihrem Kräuterbeutel und nahm es heraus. Sie wickelte das zerschlissene Sackleinen im Licht des Feuers aus, saß da und sah sich an, was darin war.

Er hatte den Phönix in trockenes Moos gepackt. Winzige Fäden hingen an dem Schnabel und den Klauen des Wesens. Im erlöschenden Licht waren seine Augen rot und böse, so starrten sie sie von unten her an. Genau wie der alte Mann spürte auch sie seine Energie.

X

April 1282

Robert Bruce, Lord of Annandale, war immer ein willkommener Gast in Kildrummy. Er kam mit seinem Sohn, der auch Robert hieß, längst erwachsen und selbst Vater war. Er hatte durch die Heirat mit seiner Frau Marjorie den Titel Earl of Carrick bekommen.

»Also, wie war es in Wales?« Robert of Annandale hob einen Pokal voll Wein und trank fröhlich auf Eleynes und Donalds Wohl. »Schön, wie immer«, antwortete Eleyne. »Aber du bist doch nicht den weiten Weg geritten, um mich über Wales auszufragen, Robert?« Die beiden Männer hatten bis dahin noch nichts über den Grund ihres Besuchs verraten. »Ich hoffe, du kommst nicht, um dich über Gratney zu beklagen.« Eleynes ältester Sohn war zwei Monate zuvor zu den Bruces nach Lochmaben zurückgekehrt.

»Im Gegenteil, er ist ein charmanter junger Mann. Er macht euch beiden viel Ehre, nicht wahr, Vater?« fragte Robert of Carrick. »Ihr solltet sehr stolz auf eure Kinder sein.«

»Das sind wir.« Donald streckte den Arm aus und nahm die Hand seiner Frau. »Genauso wie du auf deine.«

Carrick lachte. Er hatte schon etliche Söhne und Töchter, und seine Frau war wieder schwanger. »Das bin ich. Mein ältester Sohn ähnelt so sehr seinem Großvater! Die beiden kommen viel zu gut miteinander aus.« Er sah seinen Vater liebevoll an. »Doch etwas anderes, vergeßt uns nicht, wenn ihr eine Frau für Gratney sucht. Das ist eines der Dinge, die wir euch sagen wollten. Ich dachte, wir könnten etwas aushandeln, das uns allen gefallen würde.«

Eleyne sah man das Glück an den Augen an. »Das wäre wunderbar«, sagte sie leise, »absolut wunderbar.«

XI

Morna nahm Eleynes Hand und führte sie in die Fensternische, zog den Vorhang vor den Alkoven, damit sie unbeobachtet waren. Hinter ihnen im Söller war ein Künstler damit beschäftigt, sorgfältig die letzte Ecke des Raums auszumalen. Er skizzierte zuerst die Umrisse mit Jaspis, bevor er den trockenen Gips zu bemalen anfing. Nahe bei ihm zeichnete sein Lehrling mittels einer Schablone ein Rosettenmuster auf die grüne Wand. Der Raum leuchtete bereits in prächtigen Farben.

»Ich muß wissen, was ich tun soll. Wenn Sie es möchten, werfe ich ihn in die heilige Quelle zurück.« Eddies Frau gesundete bereits. Offenbar hatten die Götter das Eindringen des Mannes verziehen. »Ich kann ihn auch in meinem Haus aufbewahren.« Morna machte eine Pause. »Oder ihn hierherbringen.«

Eleyne setzte sich. Ihr Herz schlug auf einmal sehr schnell. »Ich wußte, daß jemand ihn gefunden hatte«, sagte sie. Sie holte tief und zitternd Atem.

»Ist er wiedergekommen?« Morna betrachtete ihr Gesicht mitfühlend.

Eleyne nickte. »Nichts Erschreckendes, noch nicht, aber er ist hier.« Sie rang die Hände nervös im Schoß. »Er wird allmählich ungeduldig.« Sie stand auf, und jede ihrer Bewegungen verriet ihre Angst. »Was soll ich tun, Morna?«

Morna zog ein bedenkliches Gesicht. »Seine Macht ist im Wachsen begriffen. So sehr Sie ihn auch bitten, nicht zu kommen, er kann sie jetzt, da der Anhänger aus dem Wasser und obwohl er nicht hier in der Burg ist, erreichen.«

»Ich ziehe einen Kreis um das Bett herum«, sagte Eleyne traurig. »Er hat diese Linie nie überschritten. Ich ziehe außerdem einen Kreis hier in meinem Söller. Und dann noch einen dritten um die Mauern der Burg herum.«

Morna hob eine Augenbraue hoch. »Meinen Sie, daß ihn das abhalten wird?«

»Ein mächtiger Zauberer hat mir einmal gesagt, wie man es machen muß. Aber eines Tages«, Eleyne umklammerte Mornas Hände, »eines Tages wird er kommen, wenn ich außerhalb des Kreises bin. Und dann wird er mich Donald wegnehmen.«

»Hat ihn außer Ihnen schon einmal jemand gesehen?« murmelte Morna.

»Ja«, sagte Eleyne, »Sandy.«

XII

Eleyne hielt den Phönix zwischen ihren Handflächen. Sie spürte seine Kraft. Sie fühlte, wie die Farben unter ihren Fingern vibrierten. Sie öffnete ihre Hände und sah hinab auf das Juwel. Immer noch hingen Moosfetzen an den Klauen des Wesens.

Zärtlich legte sie es in ein kunstvoll geschnitztes Elfenbeinkästchen und stopfte ringsum Lammwolle. Sorgfältig verschloß sie es mit dem Deckel und machte sich auf den Weg zur Kapelle. Sie stieg die Treppe empor, die über die Krypta in den ersten Stock führte, und betrat den schattigen Raum des Gebäudes.

Pater Gillespie kniete vor dem Altar. Er bekreuzigte sich, stand auf und wandte sich um, als er ihre Schritte hörte. Er hatte die Kerzen auf dem Altar und vor der Statue der Jungfrau entzündet.

»Sind Sie bereit, Pater?« Eleyne war schrecklich nervös.

»Ja.« Sein Gesicht war von tiefen Falten durchzogen, seine Augen waren schmal und wäßrig von den vielen Jahren, in denen er in seine Meß- und Stundenbücher mit ihren krakeligen Buchstaben gesehen hatte. Verstohlen warf er seiner Countess einen Blick zu, ihr Gesicht war bleich und überanstrengt. Aus ihrer Beichte wußte er ein wenig über ihre Seelenqualen; er vermutete, daß sie einem älteren Gott mehr als Lippendienste zollte, aber er verfolgte die Sache nicht weiter. Es gab viele Götter in den Bergen, und er war kein engherziger Mann. Er wußte, daß sie ihn mochte und respektierte. Sein Mitleid gehörte ihr, und er würde für sie beten. Der Heiland und die Jungfrau würden ihr in der Stunde ihrer Not beistehen. Und war der alte König nicht der Urgroßenkel der heiligen Margaret persönlich? »Haben Sie den Gegenstand, Mylady?« Er starrte das Kästchen in ihrer Hand an.

Sie nickte. »Sie werden es segnen, Pater, so daß ... so daß niemand es mehr benutzen kann.«

»Ich werde ein Gebet herumweben, Mylady, und unseren gütigen Herrgott und Seine Mutter und alle Heiligen bitten, darauf aufzupassen. Mehr kann ich nicht tun.«

Sie lächelte ihm mit dünnen Lippen zu. »Danke, Pater.«

Es herrschte eine sonderbare Kälte in der Kapelle. Es fröstelte sie. Sie sah, wohin er es legen wollte: Er hatte einige der neuen bemalten Fliesen auf der Stufe vor dem Altar hochgehoben und darunter war ein Brett entfernt. Eine dunkle Höhle gähnte zwischen den Fußbodenbalken.

Die Kerzenflammen flackerten wie wild. Sie sah, daß er sie ängstlich beobachtete, und wieder spürte sie die Kälte.

»Stellen Sie es auf den Altar.« Seine Stimme klang gequält.

Mit trockenem Mund trat Eleyne vor. Er war hier, in der Kapelle. Sie konnte ihn fühlen, sein Protest, sein Zorn war in der Luft, die sie umgab. Aus dem Augenwinkel heraus sah sie, wie Pater Gillespie sich zweimal rasch hintereinander bekreuzigte.

Eleyne …

»*Ave Maria, gratia plena, intercede pro nobis* …« Die Worte, die John of Chester so oft an ihrer Seite gesprochen hatte, erfüllten ihren Kopf. »Bete für mich jetzt und in der Stunde meiner Not …«

Eleyne …

Sie stellte das Kästchen vor das Kruzifix und bekreuzigte sich, dann kniete sie sich auf ihren vertrauten Gebetsschemel und schloß die Augen.

Eleyne …

Pater Gillespie hatte mit seinen Gebeten begonnen. Als er sicherer wurde, wurde seine Stimme kräftiger.

Eleyne …

Der Ruf wurde schwächer.

»*Requiem aeternam dona ei, Domine* …« Die Stimme des Priesters füllte das hohe Gewölbe der Kapelle. »*Requiescat in pace … in pace … in pace* …«

Der Ruf erstarb, und Eleyne fühlte, daß ihr die Tränen auf den kalten Wangen brannten.

Pater Gillespie hob das Kästchen auf und kniete auf der Stufe nieder. Er senkte den Kasten hinab in die Dunkelheit, dann legte er das Fußbodenbrett wieder an seinen Platz und fügte die Fliesen ein. Er richtete sich auf, rieb sich angestrengt am Meßgewand den Dreck von den Händen und lächelte. »Es ist getan, Mylady.«

»Danke.« Sie erhob sich von den Knien. »Und Sie werden es niemandem erzählen? Niemals?«

»Meine Lippen sind versiegelt. Ich werde einen der Maurer beauftragen, die Fliesen wieder mit Zement zu befestigen. Er wird nicht erfahren, weshalb sie locker geworden sind.«

Die Kerzen brannten jetzt still vor sich hin. Sie und der Priester waren nun ganz allein in der Kapelle.

Etwas gab es noch zu tun: Sie mußte ein anderes Opfer aus Gold in die Quelle werfen, an der Elizabeth gestorben war. Dann würde er sie in Frieden lassen.

Mai 1282

*Wir sind von allen Seiten umzingelt. Von See her greift Edward
Anglesey an. Er versucht eine Blockade rund um Eryri zu errichten.
Aber das wird ihm nicht gelingen. Llywelyn kennt sein Volk und
seine Berge zu gut, und er hat sogar befohlen, vom Palast bis zum Tal
einen geheimen Tunnel zu graben, so daß wir entkommen können,
wenn Edward uns hier eine Falle stellt. Ich wollte, ich könnte ihm
mehr helfen, aber meine Zeit ist nahe, und er muß wertvolle Männer
hier in Aber zurücklassen, um mich und unseren Sohn, wenn er geboren ist, zu beschützen. Bete für uns, liebe Eleyne, und wenn du
beim König der Schotten ein offenes Ohr findest, bitte ihn, uns Hilfe
zu schicken. Wenn Wales diesem ehrgeizigen Tyrannen zum Opfer
fällt, wer weiß, dann könnte Schottland das nächste Opfer sein ...*

Eleyne legte Eleanors Brief hin, der aus Aber herausgeschmug-
gelt worden war, und ihre Augen füllten sich mit Tränen. Ihr
Neffe Dafydd, Llywelyns jüngerer Bruder, hatte, von seinem
verräterischen Bündnis mit King Edward enttäuscht, nur drei
Wochen nach Eleynes und Donalds Abreise aus Aber in Wales
einen Aufstand gegen die englische Tyrannei entfesselt, der
sich sofort ausgebreitet hatte. Llywelyn war an die Spitze dieser Revolte getreten, und wieder stand das ganze Fürstentum
unter Waffen.

Gwynedd war weit von Mar entfernt, aber Eleyne brauchte
nicht erst Llywelyns kurze, todunglückliche Nachricht zu lesen, die eine Woche später eintraf, um zu wissen, daß Eleanor
bereits tot und der lange erhoffte Erbe des Prince of Wales eine
Tochter war. Eleyne hatte den Todeskampf der Frau in einer
Kerzenflamme gesehen und die Klage über das Unglück ihrer
Heimat im Wind auf den Mooren vernommen.

XIV

11. Dezember 1282

Isabella hatte den Hunden Halsbänder gewebt. Als Eleyne sie sah, spürte sie einen Kloß im Hals, sie mußte an das Mittsommernachtsfest vor all den Jahren denken. Seit dem Brief vom vergangenen Jahr zum Weihnachtsfest in Aber hatte sie nichts mehr von Joanna gehört. Eleyne rückte näher ans Fenster, sie zitterte am ganzen Körper.

»Was ist denn, Mama? Geht es dir nicht gut?« Isabella knotete geschickt die geflochtene Seide um die dicken, zottigen Hälse der Wolfshunde.

»Ich weiß nicht.« Eleyne schloß die Augen. Eine Welle schrecklicher Kälte hatte sie überkommen. Sie wandte sich zum Feuer, überwältigt von der sonderbaren Verzweiflung, die ihr Glück hinweggefegt hatte. »Es ist, als ob ein Licht ausgegangen ist. Jemand ist gestorben ...«

Isabella bekreuzigte sich nervös. »Wer?« flüsterte sie. Eleyne zuckte mit den Schultern. »Warum weißt du das denn nicht?« Isabella war an das Zweite Gesicht ihrer Mutter gewöhnt. Obwohl nur Sandy es von ihr geerbt zu haben schien, akzeptierten es ihre Kinder als etwas Selbstverständliches, als eine Abkürzung, die manchmal zur Wahrheit führte.

»Ich weiß nicht. Ich kann nicht immer das sehen, was ich sehen will. Ich kann nichts als das Heulen des Windes in den Bergen hören.«

Isabella starrte sie an. »Es weht aber kein Wind, Mama. Hier nicht.« Sie schlang ihre Arme unglücklich um Saers Hals, und der Hund drehte sich um und leckte das Gesicht des Mädchens.

»Nein«, flüsterte sie. »Nein, es ist ein walisischer Wind.«

XV

Llywelyn ap Gruffydd, der von seinen Männern getrennt worden war, als er einen Angriff auf Builth in Mittelwales leitete, wurde von der Lanze eines Mannes namens Stephen Frankton getötet. Er gehörte zu einem Truppenteil, den man in Shropshire ausgehoben hatte. Er wußte nicht einmal, wen er ums Leben brachte.

Als die Nachricht von seinem Tod in Schottland eintraf, trugen Edwards Truppen in Anglesey Llewelyns Kopf als Siegestrophäe vor sich her, und seine winzige Tochter und Erbin Gwenllian, die nun eine Waise war, befand sich in Gefangenschaft. Das Kind sollte den Rest seines Lebens in einem Nonnenkloster verbringen.

Neunundzwanzigstes Kapitel

I
FIFE * 1284

Joanna de Clare war blond und hübsch. Sie hatte große blaue Augen und war die Tochter von einem der bedeutendsten Earls in England, überdies eine enge Verwandte King Edwards. Duncan war maßlos stolz auf sie.

Die Hochzeit fand in der St. Andrew's Cathedral statt, die seit dem großen Sturm vor ein paar Jahren, der die ganze Westfront zum Einsturz gebracht hatte, von einem hölzernen Gerüst umgeben war. Es war keine hastige Zeremonie in einer Seitenkapelle beim Licht von ein paar Kerzen um Mitternacht, sondern eine volle Hochzeitsmesse vor dem Hochaltar in Gegenwart des Königs und der höchsten Adligen des Landes.

Unter den Gästen befanden sich der Lord of Annandale und seine Frau, die Tante der Braut, der Earl und die Countess of Carrick, ihr ältester Sohn und ihre Töchter. Und hier begegnete Gratney zum erstenmal seiner künftigen Braut, Christian Bruce, nachdem man den beiden von dem Plan ihrer Vermählung erzählt hatte.

»Ich weiß, sie ist erst acht Jahre alt«, sagte Eleyne liebevoll. »Denke daran, es bleibt noch viel Zeit bis zur Hochzeit, und wenn ihr einander nicht mögt, können wir es uns immer noch anders überlegen.«

Er machte ein finsteres Gesicht. »Sie ist ja noch ein Baby!«

»Stimmt. Aber in sechs Jahren wird sie in einem Alter sein, in dem sie heiraten kann.«

»Wenn wir verlobt sind, kann ich es mir aber nicht mehr anders überlegen«, fuhr er trotzig fort, er stellte sich dumm.

»Doch, das kannst du, falls du es unbedingt willst. Aber wir werden ja nur dann eine Verlobung arrangieren, wenn du es wirklich möchtest.« Sie gab ihm einen kleinen Stoß. »Nun geh und begrüße sie. Sie weiß von unserer Idee und sie hat dich immer gemocht.«

Eleyne lächelte Marjorie, die Countess of Carrick, an, trat auf sie zu, und die beiden Frauen küßten sich. Hinter der prachtvollen Mutter stand Christian – sie war groß für ihr Alter, schlank, mit riesigen dunklen Augen und langem aschblondem Haar, auf dem ein Kranz aus vergoldeten Blumen saß. Sie war ein außerordentlich hübsches Kind.

Als er Gratney sah, stieß ihr ihr Bruder Robert, der jüngste aus der Kinderschar des Robert Bruce, den Ellbogen in die Rippen. Sie errötete heftig, und Gratney merkte, daß er sie anlächelte. Er mochte alle Kinder der Bruce-Familie gern. Vielleicht würde sie eines Tages doch keine so schlechte Frau für ihn sein.

Anna, die verwitwete Countess of Fife, erwartete Eleyne in ihrer Kammer in Falkland. »Ich möchte nicht, daß Sie meine Enkelin sehen.« Ihre Augen glitzerten. »Sie bringen nichts als Unglück, jedesmal wenn Sie kommen.« Es war eine Szene, die sich schon einmal abgespielt hatte.

Eleyne betrachtete sie. »Können Sie denn nach so langer Zeit den Streit nicht endlich beenden? Er rührt noch von Ihrem Vater und meinem Ehemann her. Und selbst die beiden haben sich endlich vertragen. Warum können Sie es nicht?«

Anna zog ein böses Gesicht. »Es ist nicht wegen dieses dummen Rechtsstreits. Es ist das Böse, das Sie mitbringen ...«

»Ich bringe nichts Böses mit ...«

»Nein?« Annas Stimme wurde schrill. »Mein Mann ist gestorben, als er noch nicht einmal richtig erwachsen war. Mein Sohn starb, bevor er sein Erbe, die Grafschaft, antreten konnte, und jetzt hat Duncan eine Tochter ...«

»Das werfen Sie mir vor?« fragte Eleyne peinlich berührt. »Und ich habe das Kind noch nicht einmal gesehen.«

»Das ist auch nicht nötig. Das schlechte Blut kommt immer wieder heraus.« Anna wiegte den Kopf hin und her. Sie war zwar erst sechsunddreißig, hatte aber bereits das Gehabe einer alten Frau angenommen. »Es ist alles Ihre Schuld! Sie sind schuld!«

»Unsinn«, sagte Eleyne und stand auf. »Ich habe noch nie so viel Blödsinn gehört. Sie«, und sie wandte sich an eine der Damen, die in der engen Witwenwohnung saßen, um die verbitterte Anna zu bedienen, »Sie bringen mich jetzt zur Countess und ihrem Baby.«

Joanna wiegte das Baby in den Armen. Sie saß in dem riesigen Bett, das einstmals Eleyne und Malcolm gehört hatte. Jetzt war es bemalt und vergoldet, und es hingen neue Vorhänge in leuchtenden Farben daran. Sie sah erfreut hoch, als Eleyne hereinkam, und lächelte: »Großmama! Komm und sieh dir meine Isobel an.« Sie hielt ihr das Baby hin.

Eleyne blieb neben dem Bett stehen und sah hinunter auf das Baby. Es war winzig: ein zartes, elfenhaftes Mädchen mit dunklem Haar und dunkelblauen Augen. Als Eleyne die Kleine ansah, erwiderte sie den Blick ihrer Urgroßmutter. Dann lächelte sie.

Gütige heilige Brigitte! Die Luft um das Kind herum war voll wirbelnder Schatten! »Nein!« Es war nur ein Murmeln, aber Joanna hörte es. »Was ist?« fragte sie. »Was siehst du?«

Eleyne hörte sie nicht. Sie schmiegte das Baby an sich und vergrub ihr Gesicht in dem wollenen Schal. »Nein«, flehte sie wieder leise. Sie sah Joanna an, und es waren Tränen auf ihren Wangen. »Sie ist hübsch«, sagte sie und versuchte zu lächeln.

»Und du siehst ihren Untergang voraus.« Joanna war kreideweiß. »Wird sie sterben?«

Eleyne schüttelte den Kopf. »Nein. Sie wird am Leben bleiben, eine Frau werden und ihr Schicksal erfüllen.« Ein Schicksal, das Isabella of Mar betraf. Sie starrte über den Kopf des Babys hinweg zum Feuer, als suche sie dort die Antwort, dann, als sie Joanna weinen hörte, sah sie die Frau ihres Enkels an. »Es tut mir leid, Liebling, ich habe dir Angst gemacht.« Sie berührte das Gesicht des Babys mit dem Finger und lächelte, als es sich instinktiv zu ihr umwandte. »Achte nicht auf das Geschwätz einer alten Frau. Ich habe Schatten gesehen, und sie machten mir Angst. Dieses Kind trägt das Zeichen der Götter. Sie wird eines Tages ihrer Nation und ihrem König dienen, und sie wird berühmt werden.« Sie zog das Baby dichter an sich und deckte es auf, damit sie es sich genauer ansehen konnte. »Sie ist schön.«

»Aber kein Junge.« Joanna erholte sich von ihrer Panik, aber ihre Stimme war tonlos. »Duncan ist sehr enttäuscht.«

»Dann ist er ein Narr!« sagte Eleyne scharf. »Kein Mann könnte so etwas sein, was dieses Mädchen einstmals sein wird.« Sie lachte plötzlich auf, es klang fast so, als ob sie sich für ihre Bemerkungen entschuldigen wollte. »Ich werde wohl allmählich verrückt, daß ich so selbstsicher von Dingen rede, von denen ich doch gar nichts weiß!« Zärtlich reichte sie Joanna das Baby zurück. »Das ist aber schon immer mein Fluch gewesen.« Sie trat einen Schritt zurück. »Liebling, ich lasse dich jetzt in Ruhe. Wir sprechen später darüber. Mach' dir keine Sorgen über das, was ich gesagt habe. Isobel wird einmal eine schöne, glückliche, gesunde junge Frau werden, und«, sie legte ihren Kopf zur Seite, »dein nächstes Kind wird ein Sohn.«

III
KILDRUMMY CASTLE

»Morna, würdest du vielleicht Mairi nach Falkland gehen lassen? Sie kann dort im Kinderzimmer etwas lernen und später Isobels Mädchen und Gesellschafterin werden. Das wäre eine geachtete, ehrenvolle Stellung.« Eleyne hatte Mornas Spindel aufgehoben und begann, müßig die Wolle zwischen den Fingern zu zwirbeln. Sie hatten oft über Mairis Zukunft diskutiert. Morna wollte, daß etwas aus ihr wurde.

»Sie haben Angst um Isobel?« fragte Morna.

»Ja«, gab Eleyne zu.

»Wird Mairi denn stark genug sein, daß sie ihr helfen kann?«

»Sie hat Ihre Kraft geerbt, Morna. Ich kenne keine, die geeigneter wäre.« Eleyne seufzte. »Ich weiß nicht, was kommen wird. Ich habe Stürme gesehen. Und viel Unglück und die Hand des Schicksals über der Wiege des Kindes. Aber warum? Wie? Das weiß ich nicht. Und ich werde es wahrscheinlich auch niemals erfahren. Deshalb möchte ich, daß eine junge, tatkräftige Person zu ihr geht. Mein Enkel ist einverstanden. Wenn Sie es auch sind, könnten wir Mairi schon bald nach Falkland schicken. Sie wird dort gutes Geld verdienen und das Leben in der Burg kennenlernen. Dann hätte sie eine sehr gute Zukunft, und sie kann Isobel Geschichten aus den Bergen erzählen und ihr etwas von der Magie beibringen, die wir kennen.«

Morna nickte langsam. »Das kann sie bestimmt alles tun. Mit meinem Segen.«

IV

November 1285

Donald und Eleyne ritten mit dem König. Sie hatten die letzten Nächte in Roxburgh Castle verbracht und auf die Nachricht vom Eintreffen der Lady gewartet, die Schottlands neue Königin werden sollte. In dem breiten Tal bogen sich die Bäume im Sturm, und die Hufe der Pferde stampften ihre braunen, zerfetzten Blätter in den Schlamm.

Alexander kämpfte gegen die Trübsal an. Er hatte Minnesänger, Festlichkeiten und kostbaren Aufputz bestellt. Er lächelte Eleyne zu, die neben ihm einherritt. Sein schwarzer Hengst tänzelte, vom Sturm irritiert, seitwärts und schüttelte das Zaumzeug. »Wollen wir losgaloppieren, Mylady, und diese Faulpelze abhängen? Wir haben kein Gewitter, und mein Pferd ist so schwarz wie die Nacht. Also kann mir nichts zustoßen!« Der Wind riß seine Worte fort, Eleyne hörte sie kaum, als sie ihren kastanienbraunen Zelter antrieb und neben ihm den schlammigen Weg dahinpreschte. Hinter ihnen flatterten die Wimpel des Königs, knallten wie krachende Äste im Wind und zerrten an den Stangen, an denen sie befestigt waren, und die bunten Schabracken schlugen naß gegen die Beine der Pferde.

Donald schüttelte streng den Kopf, als er sie ansah, und sie hätte ihm am liebsten wie ein unartiges Kind die Zunge herausgestreckt. Sie wußte, daß er es nicht schätzte, wenn sie schnell ritt. Er fand es würdelos und gefährlich für eine Frau in den Sechzigern, mit herunterhängendem Haar durch das

Land zu galoppieren. Ein spöttisches Funkeln im Auge des Königs fiel ihr auf. Das reichte ihr als Herausforderung. Sie nahm die Zügel fester in die Hand und trieb den Zelter noch einmal an.

Als sie und Alexander die Stadttore erreichten, lag sein Gefolge nicht weit hinter ihnen, da es ebenfalls die Pferde hatte galoppieren lassen. Im Burghof sprang er vom Sattel und kam an Eleynes Seite. »Ein König, der seine Braut liebt, muß sich beeilen, nicht wahr?« Seine Augen lachten.

»Das stimmt.« Sie lächelte zu ihm hinab, noch immer außer Atem. »Nein, geht zu ihr, Mylord, wartet nicht auf mich. Heute dürft Ihr nur einer Lady die Hand reichen.«

Sie hatte die schweren Türen aufgehen sehen. Eine Gruppe von Personen erschien im Eingang. »Geht schon!« Sie blieb im Sattel sitzen und sah dem König zu, wie er sich von ihr abwandte und dann, immer zwei Stufen auf einmal nehmend, die Treppe hinaufrannte.

»Bist du jetzt zufrieden?« Donalds Stimme neben ihr war leicht und neckend. Plötzlich merkte sie, wie schlammbespritzt sie alle waren und mußte lachen. Donald schüttelte verzweifelt den Kopf, schwang sich vom Pferd und kam, um ihr herunterzuhelfen.

Oben auf der Treppe sah der König seine Braut an. Sie war groß und schlank, hatte eine helle Haut, graue Augen und einen breiten, humorvollen Mund. Yolande de Dreux machte einen Knicks vor ihrem künftigen Gatten, nahm seine dreckbespritzte feine Kleidung, das Leuchten seiner vom Wind gepeitschten Wangen und das feuerrote Haar in sich auf. Als er ihr die Hand küßte, hatte sie beschlossen, daß es ihr leichtfallen würde, sich in den schottischen König zu verlieben.

»Ich habe dich gefragt, ob ich dir helfen soll?« Donald stand mit einer Hand am Zaum von Eleynes Pferd da und sah ihr ins Gesicht. Sie starrte den König und dessen Braut mit einem sorgenvollen Ausdruck an.

»Was ist? Gefällt sie dir nicht?« Donald fand die Braut anziehend genug.

»Sie ist sehr schön«, sagte Eleyne. Es klang geistesabwesend. Eine seltsame Kälte war über sie gekommen.

»Und die Hochzeit morgen wird eine große Sache werden«, sagte Donald fröhlich. Er legte seine Hände auf ihre kalten, nassen Fäuste, die immer noch die vergoldeten Zügel auf der triefenden Mähne des Pferdes umklammerten. »Komm, wir suchen unser Quartier auf und sehen, daß wir dich trocken bekommen.« Er drückte ihr zärtlich die Hand. »Nel?«

»Da ist irgendwas!«

Im Burghof herrschte ein buntes Treiben, als fünfzig Pferde herumstampften, ihre Reiter absaßen und sich zu orientieren versuchten. Aber jenseits der Mauern und der kleinen, von Menschen wimmelnden Stadt mit ihrer hübschen Abtei, draußen über den Hügeln und Mooren fiel der Regen, und der Wind heulte klagend wie ein Tier, das herumstreift, bevor die Finsternis hereinbricht. Donald widerstand dem Drang, ein Zeichen gegen den bösen Blick zu machen und nahm ihr entschlossen die Zügel aus den durchgefrorenen Fingern. »Unsinn, du zitterst und bist durchnäßt. Wenn du erstmal ein Glas Glühwein getrunken und deine Füße am Kaminfeuer ausgestreckt hast, fühlst du dich bestimmt wohler.«

Aber selbst im warmen Himmelbett in dem hell ausgemalten Zimmer in der Turmspitze und in den Armen ihres Gatten konnte Eleyne ihr Angstgefühl nicht abschütteln. Es begleitete sie den ganzen nächsten Tag bis zur Hochzeit und bis zu dem Fest, das darauf folgte.

V

Eleyne saß linker Hand vom König. Sie beobachtete ihn verstohlen. Nachdem er diese Hochzeit jahrelang aufgeschoben hatte, schien er nun endlich alle Bedenken beiseite gefegt zu haben und sich Hals über Kopf in diese neue Ehe stürzen zu wollen. Yolande saß nahe bei ihm, ihr Gesicht glühte vor Glückseligkeit. Ihre Hand fuhr oft gleichzeitig mit seiner zu dem Teller, von dem sie aßen, so daß ihre Finger einander in der sinnlichen Wärme der duftenden Soßen und süßen Cremes und Quarkspeisen berührten.

Unterhalb des Podestes, in der überfüllten heißen Halle, hatte sich der Lärm der Reden und des Gelächters zu einer betäubenden Lautstärke gesteigert und übertönte das, was die Minnesänger zwischen den Tischen spielten. Immer noch wurden neue Gänge mit erlesenen Speisen serviert, und der berauschende Gascognerwein floß in Strömen.

In einem der seltenen Augenblicke, da er die Augen von seiner Ehefrau losriß, wandte sich Alexander Eleyne zu und war erstaunt. Wie hatte er je annehmen können, daß Eleyne von Mar alt aussah? Sie strahlte. Ihr Samtkleid mit der Schleppe war von einer herrlichen dunkelgrünen Farbe und goldbestickt, ihr Gürtel ebenfalls goldverziert, ihr Mantel aus rostbrauner Seide, mit Fuchspelz besetzt, aber ihre Augen waren es, die seine Aufmerksamkeit erregten. Sie leuchteten groß und glänzend, so grün wie Smaragde im goldenen Kerzenlicht. Und lachten.

Draußen rollte der Donner sanft um die Berge. Alexander lachte ihr zu und berührte ihren Arm. »Danke.«

Er formte die Worte mit den Lippen, so daß sie sie ablesen konnte und lächelte. Er wußte nicht genau, wofür er ihr überhaupt dankte – vielleicht, daß sie ihn zur Wiederverheiratung gedrängt hatte; vielleicht, weil sie ihn gerne mochte und sich um ihn gekümmert hatte. Weil sie seinen Vater geliebt hatte, an den er selbst sich kaum noch zu erinnern vermochte, der ihn aber manchmal in seinen Träumen besuchen kam.

Er runzelte die Augenbrauen, plötzlich stand jemand hinter ihnen, zwischen seinem großen und Eleynes kleinerem Sessel. Er sah sie einen Blick über die Schulter werfen, und ihr Gesicht wurde bleich, ihre ganze Lebhaftigkeit verschwand vor seinen Augen.

Er fuhr herum, zornig über die Störung und rang nach Luft. Es war niemand da. Trotzdem spürte er etwas, er spürte es so deutlich, wie sie es offenbar auch empfunden hatte. Es war jemand dagewesen, ein Schatten hatte im Licht der riesigen Kandelaber gestanden, die hinter ihnen auf dem Podest brannten.

Eleyne schloß die Augen und fühlte die plötzlich hereinbrechende Kälte mitten in der heißen Halle.

»Nein.« Sie wußte nicht, daß sie laut sprach. »Nein, bitte.«

Sie fühlte Donalds Arm um ihre Schultern. »Was ist, Nel?«

Ihr Messer war auf den Tisch gefallen. Soße von dem gebratenen Pfau war in das Leinentuch gesickert. Ihre Hand fuhr unbewußt zur Kehle, zu dem silbernen Anhänger, Donalds Geschenk, das sie dort trug. Der Phönix lag innerhalb eines Bannkreises gefangen unter dem Fußboden der Kapelle von Kildrummy, war mit hartem Kalkzement unter den Fliesen begraben.

Es war Alexander. Sie hatte es sofort gewußt. Aber er war nicht ihretwegen nach Jedburgh gekommen: Er war gekommen, um bei seinem Sohn zu sein.

Die Kerzen flackerten, und sie merkte plötzlich, daß eine seltsame Stille im ganzen Saal eintrat. Neben ihr hatte sich der König in seinem Sessel halb herumgedreht und starrte in das wild flackernde Kerzenlicht. Seine üblicherweise rötliche Gesichtsfarbe war grau geworden.

»Heilige Gottesmutter!« hörte sie ihn leise keuchen. »Wer bist du?«

Sie erkannte jetzt etwas, einen großen, undeutlichen Schatten, der über dem König aufragte, und sie spürte die Angst, die die beiden umgab.

Am königlichen Tisch wandten sich alle Gesichter ihnen zu und starrten sie an. Die neue Königin war kreidebleich, als sie die hin- und herschwankenden Schatten sah.

Nimm dich in acht.

Eleyne hörte die Worte im heulenden Wind.

Nimm dich in acht, mein Sohn, nimm dich in acht.

Alexander schluckte, und Eleyne sah, daß seine Hand wie von selbst zu dem juwelenbesetzten Dolch an seinem Gürtel gefahren war. Sie sah, wie seine Knöchel auf dem kreuzförmigen Heft weiß wurden.

In der Totenstille hätte man eine Nadel zu Boden fallen hören können, dann schrie in dem schattigen Teil der großen Halle eine Frau auf. Der Schrei zerriß die Stille, und ein Echo hallte von den geschnitzten Deckenbalken zurück, als sie zu dem Tisch des Königs deutete. Auf dieses Zeichen hin brach eine vollkommene Panik aus. Schreie und der Lärm von umgeworfenen Tischen und Bänken übertönte beinahe die Worte.

Zu spät.

Er wurde leiser.

Zu spät, mein Sohn.

Der Wind in den Schornsteinen erreichte ein Crescendo, und ein Funken- und Ascheregen flog von den beiden Feuerstellen und Kaminen in den Saal hinein.

Nur eine Handvoll Leute hatte den Geist beim Hochzeitsfest von King Alexander III. und Yolande de Dreux gesehen, aber innerhalb von wenigen Tagen hatte sich die Geschichte über ganz Schottland und bis weit über die Grenze nach Süden hinaus verbreitet. Nur drei von ihnen – Alexander selbst, Eleyne und Donald – wußten, wer er war, aber allen war klar, daß eine solche gespenstische Erscheinung nur das Omen für den Untergang sein konnte.

VI
KILDRUMMY CASTLE * Dezember 1285

Isabella hatte Kissen und einen dicken Teppich in ihr Versteck im Schneeturm gebracht, während ihre Eltern bei der Hochzeit des Königs weilten. Sie hatte eine Dienerin in ihr Geheimnis eingeweiht, und nun gab es dort oben auch ein Feuer, neben dem Isabella bei Kerzenlicht ihre Bücher las.

»Du hast dir ja ein richtig gemütliches Zuhause geschaffen«, sagte Eleyne voll Bewunderung und zog ihren Umhang enger um sich herum. Trotz des lustig knisternden Feuerchens war die gewölbte Kammer dunkel und kalt, die roh verputzten Wände waren unbemalt.

Draußen peitschte nasser Schnee gegen die Burgmauern und verwandelte die Heide bei den Hügeln nach und nach in eine schwarze, wäßrige Masse.

»Erzähle mir von der Hochzeit.« Isabella hockte im Schneidersitz auf dem Teppich, den sie am Boden ausgebreitet hatte. »Was hatte die Königin an?«

Eleyne beschrieb das Kleid der Königin, ihren Mantel, den Schmuck, den sie getragen hatte, und den goldenen Kranz auf ihrem Haar, das gebürstet worden war, bis es wie poliertes

Ebenholz auf dem schweren scharlachroten Seidenstoff ihres Hochzeitskleides lag.

»Es muß wunderbar sein, einen König zu heiraten.« Isabella stützte ihre Ellbogen auf die Knie und setzte ihr Kinn sehnsüchtig auf die gefalteten Hände.

Sie träumte oft von dem Mann, der sie heiraten würde. Er würde groß und hübsch sein – ein Prince, wie ihr heldenhafter Vetter Llywelyn; ein Dichter wie ihr Vater, sanft und nett und vor allem liebevoll. Ihr Vater hatte ihr so einen Mann versprochen, aber keiner, der bisher um ihre Hand angehalten hatte, und es waren viele gewesen, war gut genug für seine schöne Bella.

Eleyne sah weg von dem Gesicht ihrer Tochter. »Isabella, während wir in Jedburgh waren, haben dein Vater und Robert of Carrick ein langes Gespräch geführt.«

»Über Gratney und Christian? Habt ihr ein Datum für ihre Verlobung festgesetzt?«

Eleyne nickte und streckte ihre Hand aus. »Sie haben auch über die künftige Hochzeit des jungen Robert gesprochen.«

»Oh?« Isabella betrachtete das Gesicht ihrer Mutter.

»Er ist ein außergewöhnlicher junger Mann: charmant, intelligent, voller Mut …«

»Warum erzählst du mir das?«

»Wir haben die Bruces immer gemocht. Ich kannte Roberts Großvater fünfzig Jahre lang, und seine Mutter und ich haben einander einmal sehr nahegestanden …«

»Ja und?«

Es folgte ein langes Schweigen.

»Ich dachte mir, du magst Christians Brüder«, sagte Eleyne schließlich.

»Mama!« Ihre Tochter sprang auf. »Das kann doch nicht dein Ernst sein! Das darf doch nicht wahr sein! Robert ist ein Knabe! Er ist viele Jahre jünger als ich.«

»So viele Jahre sind es nicht«, sagte Eleyne vorsichtig. »Nur fünf Jahre. Dein Vater ist zwanzig Jahre jünger als ich.«

»Das ist etwas anderes!«

»Warum?«

»Darum.« Isabellas Stimme wurde leidenschaftlich und laut. »Mama! Das dauert noch so lange. Wenn er soweit ist, daß er heiraten kann, dann bin ich … *alt*!« Ihre Stimme wurde ein Jammerschrei. »Du hast es mir versprochen! Du hast mir versprochen, daß ich meinen Mann lieben werde! Du hast es versprochen, Mama!«

Eleyne zuckte bei dieser Anklage zusammen. »Du wirst es lernen, Robert Bruce zu lieben«, sagte sie sanft. »Ich verspreche es dir. Er wird dir ein guter Ehemann sein. Und er wird eines Tages ein Earl sein.«

Es muß wunderbar sein, einen König zu heiraten. Isabellas sehnsüchtige Worte standen einen Augenblick lang zwischen ihnen auf. Und Eleyne wiederholte ihre Worte. »Du wirst ihn lieben, meine Süße. Ich verspreche es dir.«

An diesem Abend saß Eleyne im Schlafzimmer am Feuer und bürstete sich langsam das Haar aus, sah die Reflexe der Flammen in den Locken schimmern. Es war jetzt noch mehr Weiß darin, aber es knisterte vor Energie, als sie den Kamm hindurchzog. »Ich hoffe, wir haben es richtig gemacht.«

Donald studierte beim Licht des großen Kandelabers nahe bei den mit Läden versehenen Fenstern irgendwelche Dokumente. Hinter sich konnte er den Schnee gegen das Glas streichen hören.

Er sah nicht auf. »Sie wird sich an den Gedanken gewöhnen. Er ist ein wunderbarer Junge. Er wird früh genug reif sein.«

»Es ist aber trotzdem ein großer Altersunterschied.« Eleyne legte den Kamm hin.

»Das sagst *du*?« Donald grinste boshaft, und sie nickte heftig.

»Ja, ich sage das. Du warst ein Mann, als ich dich traf. Isabella muß warten, bis er größer ist. Und sie wird warten müssen, während ihr Blut sich nach einem Liebhaber sehnt.«

Donald kam durchs Zimmer zu ihr, legte den Arm um ihre Schulter und küßte sie auf den Kopf. »Wenn sie für das Kloster bestimmt wäre, müßte sie ewig warten«, sagte er sanft. »Es wird ihr überhaupt nicht schaden. Nimm sie mit, wenn du nach Fife reitest, wenn du an den Hof reist. Stelle sie der Königin vor. Laß das Mädchen ein bißchen Vergnügen haben, ein

paar Zerstreuungen, und die Zeit wird schnell vergehen. Ich
wette, daß der Junge in ein oder zwei Jahren einen Sohn zeugen kann, wenn er die Gelegenheit erhält.« Er lachte. »Wer
weiß? Vielleicht kommt die Hochzeit früher, als sie denkt.«

VII
FALKLAND CASTLE * März 1286

Mairi war mit ihren siebzehn Jahren ein großes, schüchternes
Mädchen mit riesigen Augen. Zu Eleynes Überraschung
schien Joanna ihr gern ihr Töchterchen anzuvertrauen.

»Sie sieht kräftig und tüchtig aus – das allein ist wichtig. Die
Kindermädchen hier sind alle alt.« Die Countess of Fife
rümpfte die Nase. »Und sie gehorchen eher meiner Schwiegermutter als mir!« Sie machte eine Pause, ein Ausdruck der
Verwunderung erschien in ihrem Gesicht. »Warum gibst du
dem Kind ein Mädchen aus Mar?«

Eleyne berührte die Wange des Babys mit der Fingerspitze.
»Ich glaube, eines Tages wird sie eine gute Freundin brauchen.«

»Und ein Kindermädchen wird ihre Freundin sein?« Joanna
klang entsetzt.

»Mein Kindermädchen war meine Freundin.« Eleyne
machte eine Pause. »Sie hat mich vielleicht sogar zu sehr geliebt«, fügte sie fast unhörbar hinzu. Der Gedanke an Rhonwen tat ihr immer noch weh. Immer noch träumte sie von ihr.
»Mairi wird nicht in diesen Fehler verfallen, aber sie wird da
sein, wenn Isobel sie braucht.« Sie machte eine Pause. »Ich
hoffe nur, daß sie stark genug sein wird, wenn die Zeit kommt.«

Die Art, wie das Mädchen sich ruhig mit seinem Schicksal
abfand, hatte ihr ein wenig Sorgen bereitet. Sie hatte nicht bei
dem Gedanken geweint, ihre Mutter zu verlassen. Keine Angst
gezeigt, als sie die lange Reise nach Fife antreten mußte, in die
fremde Welt, die so ganz anders als Mornas kleine, einsame
Hütte war. Mairi hatte die Veränderung gut verkraftet. Sie war
schüchtern und sprach nur Gälisch, verstand aber etwas Französisch und Englisch. Das Baby hatte sie zärtlich aufgehoben

und zufrieden genickt, als man ihr die Kindermädchenquartiere gezeigt und sie den anderen Mädchen vorgestellt hatte. Durch irgendeinen seltsamen Instinkt schienen sie zu wissen, daß dieses stille Mädchen aus dem Norden sie ablösen würde und grollten ihr offenbar nicht deswegen.

Eleyne sah Mairi zu, wie sie sich tüchtig im Kinderzimmer zu schaffen machte, als Isabella hereinkam. Am Vorabend ihrer Abreise hatte sie Bedenken gehabt, Isabella nach Fife mitzunehmen. Da war wieder dieses Warnsignal in ihrem Bewußtsein gewesen, diese Angst, daß irgend etwas nicht stimmte. Aber was konnte es sein? Was für eine Gefahr konnte ein Baby für eine Sechzehnjährige darstellen?

Ihre große, hübsche Tochter, deren langes Haar die Farbe reifen Korns hatte und auf deren Kopf ein Kranz aus geflochtener Seide saß, stand am Eingang. »Mama, hier bist du, ich habe dich gesucht.« Sie kam auf sie zu, eine schmächtige, zierliche Gestalt, und warf einen Blick in die Wiege. Ohne es zu wissen, hielt Eleyne den Atem an. Das Baby erwiderte Isabellas Blick ruhig aus seinen dunklen, verhangenen Augen, und das Mädchen lächelte unsicher. »Was für ein hübsches kleines Ding.« Sie streckte die Hand zu dem Baby hinunter, dann zog sie sie wieder weg, ohne das kleine Wesen zu berühren. »Kommst du, Mama?«

»Natürlich.« Eleyne beobachtete die kleine Isobel. Mit ihrem kleinen, feierlich ernsten Gesicht sah sie immer noch ihrer Tochter zu, als ob sie fasziniert von ihr wäre. Eleyne wandte sich an Mairi. »Mein Liebes, du wirst dich hier wohl fühlen. Und du bist für Isobel verantwortlich, verstehst du?«

Mairi nickte ernst. »Ich kümmere mich um sie, Mylady. Ich tue es für Euch. Das verspreche ich Euch.«

VIII
17. März 1286

Von Falkland ritt sie nach Kinghorn, wo Queen Yolande weilte. Sie begrüßte Eleyne herzlich, küßte sie auf beide Wangen und lächelte Isabella an, bevor sie sie in ihr Zimmer führte. Im Eingang blieb Eleyne stehen: Es war Alexanders ehemaliges Privatgemach. Im Kamin lag hoch aufgeschichtet knisterndes Treibholz, der kleine Raum war heiß und stickig. Die Fenster waren jetzt verglast und mit Läden verschlossen.

Yolande setzte sich auf ein Polster und streckte ihre Hand nach Isabella aus. »Also das ist Ihre Tochter, Lady Mar. Möchte sie zu mir kommen und mir als eines meiner Mädchen dienen?«

»Möchtest du das tun, Liebes?« fragte Eleyne Isabella. Sie hatte es nicht geplant, aber die Königin erwies ihr eine große Ehre. Man konnte dieses Angebot unmöglich ablehnen, und während sie diesen Dienst versah, verging die Zeit, und aus jenem Jungen wurde ein Mann.

Sie hielt den Atem an und sah, daß die Schüchternheit ihrer Tochter sich in Panik verwandelte, als ihr die Bedeutung der Einladung der Königin klar wurde. Isabella schüttelte den Kopf. »Ich weiß nicht, Mama …«

»Ich glaube, sie wäre geehrt, Euer Gnaden«, erwiderte Eleyne sanft. »Meine Tochter wird der Königin von Herzen gern dienen.«

Yolande lächelte. »Sie wird sich bald mit dem Gedanken anfreunden. Sag mir, Kind, bist du verlobt?« Sie beugte sich vor und hielt noch immer Isabellas Hand.

Isabella war sprachlos, und wieder antwortete Eleyne für sie. »Ja, Euer Gnaden, mit Robert Bruce, dem ältesten Sohn des Earl of Carrick.«

»Ah.« Die Königin nickte. »Ich habe Lady Marjorie, seine Mutter, kennengelernt. Eine großartige Lady!« Sie lachte fröhlich. »Jetzt lassen Sie uns einige der anderen Mädchen rufen. Sie können Isabella mitnehmen, während ich mit ihrer Mutter rede.«

Eleyne ignorierte Isabellas flehentliche Blicke, als auf den Ruf der Königin hin zwei junge Frauen hereinkamen und sie mitnahmen. Als die Tür sich hinter den schwatzenden Mädchen schloß, wurde es seltsam still im Zimmer. Eleyne wandte sich von der Königin ab, dem Feuer zu und spürte, daß ein kalter Luftzug an ihrem Rückgrat spielte. Das Feuer war ausgegangen. In der Asche glühte es nur noch schwach, wo vor ein paar Augenblicken noch ein lustiges Feuer zum Schornstein hinaufgeknistert hatte.

Die Königin rief verärgert aus: »Sagt dem Jungen, er soll mehr Holz bringen!« Sie fröstelte unübersehbar. »Die Feuer in Kinghorn fressen Holz wie gierige Ungeheuer. Es ist ein gottverlassenes Land, was das Wetter angeht!«

Der Bann war gebrochen. Was auch immer im Zimmer gelauert hatte, es war fort. Eleyne spürte, daß ihr das Atmen plötzlich leichter fiel, und sie lachte. »Unsere Winter können schlimm sein, Euer Gnaden, aber der Frühling kommt immer – irgendwann.«

»Gut.« Yolande kreuzte die Arme über der Brust und beugte sich wie eine Verschwörerin vor. »Darf ich Ihnen ein Geheimnis anvertrauen?« Ihre Augen funkelten. »Bisher weiß es niemand, nicht einmal der König, aber ich muß es jemandem sagen.« Sie tätschelte ihren Bauch, und als Eleyne sich setzte, nahm sie aufgeregt ihre Hand. »Ich glaube, ich bin schwanger.«

»Das ist wunderbar, Euer Gnaden!« Eleyne lächelte, aber etwas stimmte nicht. Ihre Haut prickelte warnend. Das Zimmer war wieder kälter geworden. Sie stand auf, ging zur Tür und rief den Pagen, der draußen stand. »Wir brauchen sofort Holz für das Feuer. Das Gemach der Königin ist eiskalt.«

Sie wandte sich um und sah die Königin an. Das Zimmer schimmerte vor Kälte. Die Muster der Wandteppiche traten außerordentlich scharf hervor, und sie konnte die einzelnen Bretter der bemalten Fensterläden voneinander unterscheiden, obwohl sie im Dunkeln lagen und das Kerzenlicht sie nicht erreichte. Sie hörte den Wind über dem Forth klagen, als er von der Nordsee her wie durch einen Trichter eindrang. Ein feuchter Nebel traf wie Gischt die kleinen bunten Fensterscheiben, tropfte auf die Fensterbänke und strömte dann in langen Rinnsalen die Wände hinunter. Sie konnte es nicht sehen, aber ihre Ohren, die plötzlich ungewöhnlich empfindlich waren, nahmen es auf und deuteten es richtig.

Yolande beobachtete sie. »Was ist?« hauchte sie. »Was ist denn?«

Eleyne zitterte von Kopf bis Fuß. »Habt Ihr es nicht gesehen?«

»Was denn?« Endlich stand die Königin auf. »Was haben Sie denn? Soll ich einen Arzt rufen? Oder eine meiner Damen?« Sie legte ihre Hand auf Eleynes Arm und sah sie als alte Frau, ihr Gesicht war voller Falten, ihre Schultern waren gebeugt.

»Der Gewittersturm. Der Blitz hat Euch berührt …« Eleyne war verwirrt.

Yolande lächelte. Sie schüttelte den Kopf. »Da ist kein Gewitter. Hört!« Sie deutete auf die mit Läden verschlossenen Fenster.

Eleyne vernahm die sanfte Klage des Windes, mehr nicht. Müde schritt sie zum Kamin und starrte in die heiße Glut. »Verzeiht mir. Ich muß müder sein, als ich dachte.«

»Ich lasse etwas Wein bringen«, sagte die Königin aufmunternd, »dann müssen Sie sich ausruhen. Ihre Tochter kann sich um Sie kümmern. Wenn es Ihnen morgen gut geht, können wir zusammen zu Alexander nach Edinburgh reiten.«

»Zu Alexander?« Eleyne war verwirrt. »Alexander ist tot.«

Die Königin wurde weiß im Gesicht. »Was meint Ihr? Alexander ist in Edinburgh bei der Ratsversammlung!«

»Nein, nein. Es tut mir leid. Ich bin ganz durcheinander. Ich dachte an seinen Vater …«

Yolandes Gesicht hatte sich verschlossen, und sie wandte sich stirnrunzelnd ab. Diese Frau wurde wirklich alt. »Ich glaube, Ihr solltet Euch ausruhen, Mylady. Morgen reiten wir.«

»Nein!« Eleynes Stimme war plötzlich scharf. »Nein, Ihr dürft nicht nach Edinburgh reiten.« Die Luft kreiste um den Kopf der Königin und knisterte warnend. »Bitte, Ihr dürft nicht. Wenn Ihr reitet, wird etwas Schreckliches geschehen. Wartet, Ihr müßt hier warten. Laßt Alexander zu Euch kommen. Dann könnt Ihr ihm von dem Kind erzählen, das Ihr tragt. Laßt ihn herkommen!«

Yolande hatte sich wieder umgedreht. »Geht und ruht Euch aus, Mylady«, wiederholte sie. Ihre Augen waren voller Mitleid, gemischt mit nicht wenig Angst. »Wir können über all das am Morgen reden. Hier ist der Junge mit dem Feuerholz. Laßt mich jetzt allein. Ruft Eure Tochter und ruht Euch aus.«

Eleyne lächelte traurig. »Es tut mir leid. Ich habe Euch erschreckt. Ich wollte es nicht. Ich sehe nur manchmal Dinge …«

»Sie meinen, Sie sind eine *Clairvoyante*!«

»Ja.«

»Und Sie haben eine Gefahr für mein Baby gesehen!« Die Königin legte schützend die Hand auf ihren Bauch.

»Ich habe kein Baby gesehen, Madam. Aber ich habe die Gefahr gesehen. Ich sah die Gefahr rings um Sie.«

»Dann werde ich nicht reiten. Sie hatten ganz recht, es mir zu erzählen.« Yolande kehrte zu ihrem Platz zurück und setzte sich entschlossen hin. »Ich werde Alexander morgen einen Boten schicken, daß er zu mir kommen soll. Sobald er kann.« Sie war plötzlich kokett. »Ich glaube nicht, daß er das als lästig empfinden wird.«

Isabella schlief bei ihrer Mutter im Bett. In der Dunkelheit schmiegte sie sich an Eleynes Rücken, erschöpft und zufrieden mit ihrer neuen Rolle als eines der Mädchen der Königin. Dann wurden ihre Atemzüge ruhiger und tiefer, sie schlief ein.

Eleyne lag da, sah in die Glut des Feuers und lauschte, als der Wind zunahm. Genau wie das Zimmer der Königin lag auch ihres zum Forth hin. Hinter den schlecht eingepaßten Läden und Bleiverglasungen – die Scheiben saßen so locker, daß sie klapperten – hörte sie die Wellen ans Ufer schlagen. Die Bilder kreisten in ihrem Kopf: Mairi, so weit von zu Hause fort und den Launen Joanna de Clares ausgesetzt, mit siebzehn Jahren für das Kinderzimmer in Falkland verantwortlich. Schatten hingen über dem Kopf dieses Mädchens und über dem der kleinen Isobel. Und über Isabellas. Schatten hingen über dem ganzen Land.

Vorsichtig, um sie nicht aufzuwecken, rückte sie von Isabella ab und kroch aus dem Bett. Sie zog den Umhang um ihre Schultern und ging zum Feuer. Dort nahm sie den Schürhaken und schob die Grassoden beiseite, die es zudeckten, dann legte sie ein paar Holzscheite darauf. Sie setzte sich davor auf einen Schemel und kroch tiefer in die Falten ihres dicken Umhangs, um sich zu wärmen. Hinter ihr streckte Isabella im Schlaf einen Arm aus und murmelte leise irgend etwas.

Eleyne starrte in die Flammen und versuchte, Bilder zu erkennen, die sich nicht einstellen wollten. Sie wußte sehr wohl, daß jemand bei ihr war. Der Raum lag im Dunkeln, abgesehen von dem Licht des Feuers, das flackernde Schatten die Wände hinauf und über den Fußboden warf. Sie lächelte mit traurigem Gesicht und streckte die Hand aus, aber es war niemand da, um sie zu ergreifen. Nur ein Flüstern, so leise, daß man es über dem Seufzen der Asche, die unter den Scheiten lag, nicht hören konnte.

Alexander! Der Name schwebte geräuschlos in der Luft um sie herum.

»Alexander. Mein Liebling!«

Ihre Augen weiteten sich. Wie konnte er hier sein? Der Phönix war versteckt.

Die Schatten waren unruhig. Eine unglückliche Spannung lag in der Luft. Draußen vor dem Fenster ertönte der lachende Schrei einer Möwe, fiel vom Nachtwind zerrissen ins Zimmer und ward wieder fortgetragen vom Sturm.

Alexander! Der Name wieder in ihrem Kopf, ein Schrei der Verzweiflung.

Sie fürchtete sich. »Was ist denn?« sagte sie laut und hörte Isabella stöhnen. Die Schatten wurden schwärzer. Sie fröstelte und sah hinunter ins Feuer. Die Flammen waren erloschen, die Scheite lagen düster und schwarz da, und plötzlich war das Zimmer voll von den Geräuschen des Sturms. Eleyne richtete sich auf und wankte und tastete sich zu dem schmalen Fenster hin. Der Sturm hatte den Laden aufgerissen, und das zerbrechliche Glas rüttelte in den bleiernen Rahmen. Als sie es erreichte, flogen zwei der undurchsichtigen Scheiben herein und zerbrachen vor ihren Füßen am Boden der Fensternische.

»Mama! Was ist?« Isabella war erschrocken hochgefahren. »Was ist passiert?«

»Nichts, mein Liebling. Bleib im Bett.« Eleyne tastete nach dem hin und her schlagenden Fensterladen. »Der Sturm hat das Fenster eingedrückt, das ist alles. Ich schaffe es schon, den Laden wieder zu schließen.« Ein scharfer Schmerz durchzuckte sie, als sie in eine Scherbe trat.

Ein Licht flammte auf, als Isabella eine Kerze ins Feuer hielt und sich aufrichtete. »Ist dir etwas geschehen?« Ihre Stimme war schrill und voller Angst.

»Ich habe mir nur den Fuß verletzt.« Eleyne fühlte, wie ihr das Blut den Spann hinunterlief.

»Der Sturm ist ja so schlimm geworden!« Isabella eilte zu ihr und kniete vor den Füßen ihrer Mutter nieder. »Ich hole eine Salbe aus deinem Koffer und verbinde ihn dir. Arme Mama, du hättest einen Diener rufen sollen, damit er den Laden befestigt.« Sie lief zum Koffer, die Kerze in ihrer Hand warf einen irren Schatten an die Wände.

Eleyne humpelte zum Bett und zog sich stöhnend auf die hochliegende Matratze hinauf. Das schreckliche Hämmern in ihrer Brust ließ langsam nach. Was auch immer, wer auch immer im Zimmer gewesen war, war jetzt fort.

IX
18. März 1286

In Edinburgh Castle ging Alexander zur Tür des großen Turms und starrte in den Sturm hinaus. Das Wetter hatte sich im Laufe des Tages verschlechtert. Der blaue Himmel war verschwunden, schwarze Wolken rasten von Osten herbei, mit ihnen kam der Schnee. Das Wetter würde sich die Nacht über nicht mehr ändern, wahrscheinlich sogar die nächsten Wochen nicht. Er fluchte und wollte in die Halle zurück, da blieb er stehen. Er hatte genug von den Versammlungen, den Reden und Streitigkeiten an diesem Tag, von dem die Schwätzer und die alten Weiber wisperten, daß es der Tag des Unterganges sei. Er sehnte sich danach, durch den Sturm zu reiten und den Regen und das Eis im Gesicht zu spüren, bis er erschöpft war – und dann nach einem Trunk und dem Bett, in dem seine höchst begehrenswerte Frau ihn erwartete.

Er dachte wieder an den Brief, den sie ihm an diesem Morgen geschickt hatte und an die nicht näher bezeichnete Freude, die sie ihm darin versprach. Er hatte gehofft, daß die Sitzung bis zum Mittag beendet sein würde, damit er bis zum Abend wieder bei ihr war. Jetzt konnte er es noch bis Mitternacht schaffen, wenn er sofort aufbrach. Welch eine Überraschung, wenn er mit kaltem Gesicht und heißem Körper zu ihr ins Bett schlüpfte!

Ohne ein Wort an die versammelten Adligen und Höflinge zu richten, die um das große Feuer herumstanden und tranken und auf das Hornsignal zum Abendessen warteten, lief er die Treppe hinunter und in den schräg herabfallenden Regen hinaus.

Sein großes schwarzes Roß wieherte, als er in die Box hineinsah, er rieb ihm fröhlich die Nase. »Sattle ihn, James, und suche vier Männer, die mich nach Kinghorn begleiten«, befahl er dem Stallmeister.

»Kinghorn, Mylord?« Der Mann warf einen Blick in den Regen hinaus. »Ihr wollt doch wohl nicht bei diesem Wetter übersetzen?«

»Warum denn nicht? Ich werde schon einen kräftigen Fährmann finden, der mich hinüberbringt.« Alexander schlug ihm auf die Schulter. »Beeil dich, Mann, bevor meine Freunde merken, daß ich fort bin und darauf bestehen mitzukommen!«

Plötzlich war die Unternehmung zu einem Abenteuer geworden, und er wollte nicht, daß man ihn zur Vorsicht mahnte. Er wollte galoppieren und endlich die Diskussionen und die Stimmen vergessen, die Nüchternheit und Mäßigung verlangten, wollte seinen Kriegsruf in den Sturm hinausschreien.

Der Ritt nach Dalmeny war wild. Er galoppierte den vier Männern voraus, die ihn begleiteten, und als sie ankamen, hatte er den Fährmann schon aus dem Bett geholt, indem er mit der flachen Klinge seines Schwerts gegen die große Glocke am Ufer geschlagen und den aufregenden Ton über die Wellen mit den weißen Kämmen hatte schallen hören, bis er sich im Geheul des Sturms verlor.

»Heute nacht nehmt Ihr aber nicht die Pferde mit, Mylord«, schrie James aus vollen Lungen gegen den Sturm an. »Nicht in einem offenen Boot. Am besten laßt Ihr sie hier, und nehmt Euch frische Rösser am anderen Ufer.«

»Es tut mir sehr leid, Mylord!« sagte der Fährmann, und sein Bart wehte im Wind. »Ich hole mein Boot heute nacht nicht heraus.«

»Doch, heute nacht«, schrie Alexander zurück. Er warf James die Zügel seines Pferdes zu. »Bleib du hier! Bringe sie zur Burg zurück. Und du, mein Freund …«, er sprach mit dem

Fährmann, »bekommst einen Beutel voll Silberpfennigen, wenn ich meinen Fuß auf das andere Ufer setze. Du hast doch sicherlich keine Angst!« Er lachte laut, als er das gierige Licht in den Augen des Mannes sah.

Der Fährmann wackelte mit dem Kopf. »Zweifellos könnte ich nicht in besserer Gesellschaft ums Leben kommen«, gab er mürrisch zu, während sie alle über das Wasser hinwegsahen.

Der Wind war umgeschlagen und kam jetzt von Süden her, und die robuste Fähre fuhr hinaus in die Wellen, bockte wie wild und schickte Kaskaden von Gischt über den Bug. Achtern stand mit schmalen Augen der Fährmann am Ruder und achtete auf das Segel, das sich in einem großen Bogen gewaltig vor dem Mast wölbte.

Die Fahrt ging schnell. Als sie in Inverkeithing das Ufer erreichten, waren sie alle bis auf die Haut durchnäßt. Alexander war, wenn möglich, noch fröhlicher als zuvor.

Er sprang an Land und wandte sich an den Fährmann. »Einen Beutel voll Silber für die Überfahrt und einen weiteren für deine Männer, mein Freund. Du hast deinem König heute nacht einen großen Dienst erwiesen. Rufe den Amtmann und sag ihm, er soll uns Pferde besorgen, dann kannst du gehen!«

Der Amtmann versuchte den König zu überreden, nicht weiterzureiten, aber Alexander wollte nicht hören, und zögernd fand er Pferde für seinen König und die drei Begleiter und dazu zwei Männer aus dem Ort, die sie führen sollten.

Beim Licht der Fackeln, die im Regen spien, sah sich der König die Pferde an. Sie waren grau, das schönste von ihnen ein edles Roß mit geschwungenem Hals, stolzem Schweif und vergoldetem Zaumzeug, das metallen glänzte. Einen Augenblick lang zögerte Alexander, dann schwang er sich hinauf in den hohen Sattel. Es war nicht weit nach Kinghorn, und er duldete jetzt keinen Aufschub mehr. Mit einem Schrei wendete er den Kopf des Pferdes der Straße zu und trieb es zum Galopp in die Dunkelheit hinein, seine Begleiter eilten hinterher.

Er roch den würzigen Duft des Kiefernharzes, als der Weg sich landeinwärts krümmte, immer den Konturen der zerklüfteten Erde folgend. Zwischen den Bäumen wurde das seltsame Zwielicht in der Dunkelheit undurchdringlich, er mußte den Lauf seines Pferdes verlangsamen und merkte zum erstenmal, daß es einen eisernen Willen hatte, der seinem eigenen in nichts nachstand. Er hatte es aber mit seiner wilden Aufregung angesteckt, und so donnerte es den Weg hinauf, der parallel zu dem Rand der niedrigen Klippe lief. Weit draußen über dem Meer zuckte der erste Blitz am Himmel, und über ihm heulte der Wind in den Kiefernästen, als er das Rumpeln des Donners vernahm. Er zog die Zügel seines Pferdes an und brachte es zum Stehen. Suchend blickte er sich nach den anderen um, niemand war zu sehen. Er fluchte und kniff die Augen zusammen im Schneeregen, der ihn blind machen wollte, und wußte, daß die sich bewegende klagende Wassermasse des Firth rechts von ihm zwischen den Kiefern mit den wippenden Ästen verborgen lag.

Als der Blitz kam, schnitt er wie eine stählerne Klinge durch die Dunkelheit, schlug in eine der alten schottischen Kiefern ein und entzündete sie wie eine Fackel. Das Pferd stieß einen durchdringenden Angstschrei aus und sprang vom Weg hinunter in den schmalen Streifen der Bäume, der den Rand der Klippe säumte. Verzweifelt zog Alexander die Zügel an sich und versuchte, den Kopf des Pferdes herumzureißen, aber dessen Hufe rutschten schon, glitten schon kratzend durch den weichen, schlammigen Grund am Klippenrand. Er versuchte vom Sattel zu springen, aber sie stürzten bereits, Mann und Pferd zusammen, in die Schwärze der Nacht.

X
19. März 1286

»NEIN!«

Eleyne fuhr im Bett hoch, der Schrei klang ihr in den Ohren.

»Mama, was ist?« Erschrocken fuhr auch Isabella empor, aber ihre Mutter war schon aus dem Bett gesprungen und warf sich gerade den schweren Umhang über die Schultern. Eleyne rannte zur Tür und riß sie auf. Barfuß flog sie die Treppe hinunter, durch das stille Gebäude, und dann versuchte sie, die schwere Außentür zu öffnen.

»Mylady?« Der verschlafene Türwächter trat hervor, zog den Riegel der Tür beiseite, drückte sie auf und ließ den Sturm herein.

Sie lief hinaus und starrte zum Himmel empor, fühlte, wie der eisige Regen und der Hagel ihr Gesicht und ihren Hals berührten, wußte, daß der Wind ihren Umhang gepackt und aufgerissen hatte.

»Nein! Nein!« Sie schluchzte, außer sich vor Schmerz, als Isabella sie im Burghof fand.

»Mama, was ist? Hast du geträumt?« Isabella versuchte, die Arme um sie zu schlingen und die Blöße ihrer Mutter mit dem Umhang zu bedecken.

»Ein Traum? Ein Alptraum!« schrie Eleyne. »Oh, gütige Heilige Jungfrau, warum? Ich habe ihn doch gewarnt! Ich habe es ihm prophezeit! Thomas hat es ihm prophezeit und Michael von Balwearie! Er wußte es doch!« Plötzlich erstarrte sie. »Ich habe der Königin gesagt, sie soll ihn holen lassen. Ich habe ihr gesagt, sie soll ihn nach Kinghorn rufen. Ich bin schuld! Ich!« Tränen strömten ihr über das Gesicht.

»Was hast du getan, Mama? Was ist geschehen?«

Hinter Isabella waren Gestalten im Eingang aufgetaucht. Der Türwächter hielt eine brennende Fackel hoch, und die Flammen loderten hinter seinem Kopf auf.

»Was geschehen ist?« Eleyne wandte sich verzweifelt zu ihrer Tochter um. »Du weißt es nicht! Niemand weiß es! Der König ist tot! Das ist geschehen! Wenn es meine Bestimmung war, ihn zu retten und Schottland vor dem Unheil zu bewahren, habe ich versagt!« Sie riß sich verzweifelt ihr Haar. »Ich habe es vorausgesehen, ich habe gewußt, was kommen würde und habe es nicht aufhalten können. Ich habe der Königin gesagt, sie soll ihn herkommen lassen. Ich habe ihn getötet!«

Dreißigstes Kapitel

I
Mai 1286

»Das war's!« Donald warf sich in einen elegant geschwungenen Sessel vor dem Kamin im Söller des Schneeturms. »Das Parlament in Scone hat eine Gruppe von Vormündern gewählt, die Schottland regieren sollen, bis es wieder einen König hat, und ich bin nicht unter ihnen. Zweifellos hat die Tatsache, daß meine Frau ein öffentliches Schauspiel aus ihrer Narrheit gemacht hat, ihnen bei dieser Entscheidung geholfen.«

»Donald!« Eleyne konnte nicht den Schmerz in ihrer Stimme verbergen. »Bitte. Meinst du nicht, daß ich schon genug leiden muß?« Sie rang nach Luft und versuchte, sich gegen den Sturm der Gefühle zu wappnen, der in ihr losbrach. »Wo ist die Königin jetzt?«

»In Stirling Castle. Und Isabella ist bei ihr. Gott helfe Schottland! Was für eine Auswahl an Herrschern wir haben! Das Enkelkind des Königs, ein kleines Mädchen in Norwegen, das unter dem Daumen eines ausländischen Königs steht. Oder ein Ungeborenes. Wer hätte gedacht, daß dieses Königreich ein solches Unglück treffen könnte!« Er ging auf und ab. »Duncan of Fife wird einer der Vormünder sein, was dich sicher freuen wird, trotz seiner Jugend.« Er machte ein finsteres Gesicht. »Und Alexander of Buchan und James Stewart, dazu zwei Bischöfe, damit wir alle fromm bleiben.«

»Und was ist mit Robert of Carrick und seinem Vater?« fragte Eleyne und versuchte, sich auf die Bedeutung dessen zu konzentrieren, was Donald sagte. Sie war sehr mager geworden, und es lagen dunkle Schatten unter ihren Augen.

Donald schüttelte den Kopf. »Bruce und Balliol beäugen einander wie Streithähne, die jeden Augenblick aufeinander losgehen können. Sie erinnern sich beide ihrer königlichen Herkunft, so entfernt sie auch ist. Dein Neffe, der alte Robert Bruce of Annandale, stolziert herum und gemahnt alle daran, daß er einmal, als der alte König noch lebte, zum Thronerben ausersehen war.« Er beobachtete Eleynes Gesicht, sah aber nur Anspannung und Erschöpfung darin, während die Erinnerung an den toten König und die eigene, persönliche Angst der beiden zwischen ihnen stand.

»Wie könnte ich das vergessen?« seufzte sie. »Das war, als John starb. Armer John, er war so sicher, daß er eines Tages König sein würde.«

Donald nickte. »Nun, die Lords des Reichs haben in ihrer Weisheit entschieden, daß weder ein Bruce noch ein Balliol unter den Vormündern sein soll. Wenn die Königin dieses Baby verliert – wenn da ein Baby ist«, fügte er zynisch hinzu, »und wenn Margaret von Norwegen, die gegenwärtig als Thronerbin anerkannt ist und der wir alle einen Treueid geschworen haben, etwas zustoßen sollte, dann wird eines Tages zweifellos einer dieser Männer unser König sein.«

Eleyne rang nach Atem. »Und unsere Tochter ist mit dem Bruce-Erben verlobt«, flüsterte sie. *Es muß wunderbar sein, einen König zu heiraten.* Isabellas Worte kamen ihr wieder in den Sinn.

Donald lächelte grimmig. »Fang jetzt nicht an, Kronen auf Isabellas Kopf zu sehen, mein Liebling. Es stehen noch mindestens vier Personen zwischen dem jungen Robert Bruce und dem Thron von Schottland, sein Vater und Großvater sind zwei davon, und wahrscheinlich ein Meer von Blut, wenn John Balliol in dieser Sache irgend etwas zu sagen hat.« Er stand auf. »Wo ist Gratney?«

»Er ist heute früh zusammen mit den Zwillingen auf die Falkenjagd geritten. Ich glaube nicht, daß sie vor dem Abend zurück sein werden.«

Donald ging zu Eleyne hinüber und küßte sie auf den Kopf. »Verzeih mir, Liebling, es ist nicht deine Schuld, daß sie mich nicht zum Vormund gewählt haben. Sie wissen, daß wir den Bruces sehr nahestehen und uns sozusagen schon für die eine

Seite entschieden haben. Und den jungen Duncan haben sie nur aus Achtung vor der Tradition gewählt, daß dem Earl of Fife das Recht zusteht, den König zu krönen.« Er machte eine Pause. »Oder die Königin. Gott helfe uns! Ich nehme an, daß sie ihn deshalb auf diese schwindelerregende Höhe erhoben haben und nicht, weil er so viel von der Verwaltung des Königreichs versteht.« Er zog eine säuerliche Grimasse. »Hat er dir von seinem neuesten Plan erzählt – was er mit seiner Tochter vorhat?«

»Nein. Sie ist ja noch ein Baby, Donald, da kann er doch unmöglich schon Pläne mit ihr machen.«

»Dich hat man ja auch schon als Baby verheiratet, Liebling.« Er verschränkte die Arme vor der Brust. »Lord Buchan hat ihn angesprochen, so scheint es. Er hätte gern ein Bündnis mit Fife, und darum schlägt er eine Ehe der kleinen Isobel mit seinem ältesten Sohn vor. Duncan hat sofort ja gesagt.«

Eleyne schloß die Augen und schüttelte den Kopf. »John of Buchan ist ein erwachsener Mann. Er wird doch bestimmt nicht auf sie warten wollen.« Sie starrte hinab zum Kamin, vor dem der Wolfshund mit dem Kopf auf den Pfoten schlief, und sie verdrängte das plötzlich aufkommende Angstgefühl. Nie wieder wollte sie auf die Stimmen hören, die in ihrem Kopf waren, oder auf irgendwelche Visionen achten, wenn sie sich wieder einstellen sollten. Man konnte dem Schicksal nicht ausweichen. Was die Götter beschlossen hatten, das führten sie erbarmungslos durch. Ein Sterblicher vermag nichts gegen das Schicksal auszurichten. Und sah er es voraus, dann litt er nur um so mehr darunter.

II

Da Isabella immer noch als Hofdame bei Königin Yolande diente, war ihr Versteck unbenutzt, und Eleyne begab sich immer öfter dorthin. Ihre Müdigkeit nahm zu. Gratney und Donald stritten sich unablässig, vor allem ging es darum, was wohl die Absichten des King of England sein mochten. In Donalds Augen stellte er eine Gefahr für Schottland dar und bedrohte dessen Grenzen. Gratney aber bewunderte Edward maßlos und war stolz auf seine enge Verwandtschaft mit dem König von England. Schließlich war Gratneys Mutter die Nichte von Edwards Vater gewesen. Gratneys Brüder hingegen, die Zwillinge Alexander und Duncan, unterstützten ihren Vater in diesem Streit, und Marjorie, die mit ihrem flammend roten Haar und ihrem kleinen, von der Begeisterung verzerrten Gesicht weit über ihre Jahre hinaus ihre Meinung zu sagen gelernt hatte, ergriff in diesem Familiendisput vehement die Partei ihres älteren Bruders, den sie vorbehaltlos anbetete.

Im Herbst kam Isabella nach Hause zurück und brachte Neuigkeiten mit: Queen Yolande hatte schließlich unter Tränen zugegeben, daß sie nicht schwanger war – und niemals schwanger gewesen war –, daß es also keinen direkten männlichen Erben des alten schottischen Königsgeschlechtes gab, und deshalb jetzt zweifellos die kleine Margaret von Norwegen, die Urenkelin von King Alexander II., ihre Königin war.

»Yolande geht wieder nach Frankreich, sie wird sich dort sicherlich von neuem verheiraten«, sagte Eleyne traurig.

Isabella sah ihre Mutter voller Mitleid an. »Zuerst fiel es ihr schwer, dir zu verzeihen, Mama. Aber schließlich hat sie es doch getan. Sie sagte, du hättest ja nicht wissen können, was geschehen würde ...« Ihre Stimme verlor sich. »Aber du wußtest es, nicht wahr?«

»Ja, ich wußte es.«

»Warum hast du nichts getan, Mama?« flüsterte sie.

»Weil ich nicht wußte, wann es geschehen würde.« Eleyne faltete ihre Hände fest zusammen, so daß ihre Knöchel weiß hervortraten. »Er wußte es! Er wußte, daß er nicht bei Gewitter reiten sollte. Er wußte, daß er niemals ein graues Pferd reiten durfte, aber beides hat er getan. Er hat es trotzdem getan! Weil wir nicht ändern können, was uns bestimmt ist.« Sie wandte sich ihrer Tochter zu. »Schottlands Schicksal lag in meinen Händen, aber ich vermochte nichts daran zu ändern, nichts! Ich war nicht stark genug. Vielleicht gab es für mich in meinem Leben irgendwann die Möglichkeit, dieses Schicksal zu meistern. Wenn ich es bei Einion oder Michael oder Adam gelernt hätte, hätte ich vielleicht den Lauf der Geschichte ändern können. Ich weiß es nicht.«

»Wer war Einion?« fragte Isabella.

Eleyne dachte einen Augenblick nach. »Ein weiser Mann, ein Nachkomme der alten Druiden. Aber sogar er hat sich geirrt. Er sah meine Kinder als Könige …« Sie machte eine Pause.

Isabella zog eine Grimasse. »Der Großvater meines Robert wird Anspruch auf den Thron erheben, falls der kleinen Margaret etwas zustößt.«

Sie ging an das schmale, hohe Fenster und sah hinaus. Der Himmel war strahlend blau, er stand kalt und hart über den Bergen. »Das heißt, Robert wird eines Tages König sein. Dann wird sich die Weissagung deines Druiden doch noch erfüllen. Wenn ich Roberts Frau bin.«

Eleyne lächelte unmerklich. Also hatte auch Isabella im Traum eine Krone erblickt. »Hast du deinen Verlobten wiedergesehen, während du in Stirling warst?«

Isabella warf ihren Kopf zurück. »Er ist immer in Turnberry oder Lochmaben. Aber letzte Woche kam er mit seinem Großvater zusammen, um mit James the Stewart und Duncan zu reden.«

»Und gefällt er dir jetzt etwas besser?« fragte Eleyne leichthin.

Isabella überlegte einen Augenblick. »Ich nehme an, er ist ganz hübsch«, sagte sie schließlich zögernd. »Und er ist so groß wie ich. Wenigstens ist er jetzt Junker.«

Eleyne lächelte. »Nun«, sagte sie. »Es scheint, er macht sich.«

III

John of Strathbogie, der Earl of Atholl, zweiundzwanzig Jahre alt, mit dunklem, welligem Haar und hübschen, regelmäßigen Gesichtszügen, schüttelte feierlich Donalds Hand und lächelte.

»Ich werde sie glücklich machen«, sagte er fest entschlossen.

»Das möchte ich auch hoffen«, sagte Donald barsch. Dann grinste er. »Sie wird Ihnen ganz schön zu schaffen machen. Denn sie ist wie ihre Mutter. Sie hat einen eisernen Willen.«

Atholl lachte. »Den habe ich auch. Glauben Sie mir. Ich werde mit ihr fertig.«

Die beiden hatten gerade den von ihren Beratern aufgesetzten Heiratsvertrag unterzeichnet. In zwei Monaten, am Mittsommertag, dem Tag Johannes des Täufers, dem 24. Juni, sollte Lord Atholl Marjorie, die jüngste Tochter des Earl of Mar, heiraten.

»Ich glaube das nicht!« schrie Isabella ihre Schwester an. »Das ist ungerecht. Du heiratest vor mir. Und er ist älter als du. Viel älter als Robert, und er ist ein Graf. Ich bin die Älteste! Er hätte mich heiraten müssen!«

»Er wollte aber mich!« Marjorie drehte sich aufgeregt um sich selbst und widerstand der Versuchung, ihrer Schwester die Zunge herauszustrecken.

Wenige Wochen darauf folgte eine zweite Verlobung. Duncan, der Zwilling, sollte Christiana, das einzige Kind und die Erbin von Alan Macruarie, dem bedeutenden Lord of Garmoran, auf den westlichen Inseln heiraten.

»So werden unsere Jungen endlich flügge.« Liebevoll legte Donald den Arm um Eleynes Schultern.

»Es ist wunderbar, sie so glücklich zu sehen.« Alle drei Söhne hatte der König in den Ritterstand erhoben. Gratney an seinem einundzwanzigsten Geburtstag, und die Zwillinge an ihrem, ein Jahr darauf.

»Sandy hat sich so gut wie gar nicht über die Heirat seines Zwillingsbruders geäußert«, bemerkte Eleyne.

»Er ist wirklich ein seltsamer junger Mann. Er hat sich entschlossen, keine Ehe einzugehen, weißt du.« Donald schüttelte den Kopf, und es herrschte einen Augenblick lang eine Spannung zwischen ihnen. Diese Ungewißheit war immer noch da, nach all den Jahren. Donald kämpfte fortwährend dagegen an, und wenn überhaupt, zog er Sandy den anderen gegenüber sogar vor und schämte sich seiner Zweifel. Sandy erwiderte dieses Verhalten mit einer besonderen, schüchternen Zuneigung zu seinem Vater, ohne jemals zu begreifen, welches der Grund für diese große Herzlichkeit seines Vaters war.

Eleyne nahm Sandy zu einem Spaziergang in ihren Kräutergarten mit und gab ihm den Korb, den er halten sollte, während sie Lavendel, Majoran und den frisch sprießenden Fenchel abschnitt.

»Dein Vater sagt mir, du ärgerst dich gar nicht darüber, daß Duncan verheiratet wird«, sagte sie sanft. »Ist das wahr?«

Sandy lächelte. Er nahm ihr die Schere aus der Hand und fing an, für sie zu schneiden, schnitt fachmännisch die richtigen Triebe. »Nein, ich ärgere mich nicht. Er wird mir fehlen, wenn er auf die Hebriden geht. Aber er und ich, wir brauchen einander nicht so nahe zu sein, das weißt du.«

Eleyne lächelte. »Ich weiß. Und er wird uns oft besuchen kommen, da bin ich sicher. Sandy, was deine Ehe angeht …«

»Nein, Mama.« Sandy legte die Schere und den Korb in das Gras und nahm ihre Hände. »Es ist richtig, daß Gratney heiratet. Er ist der Erbe. Und es ist richtig, daß Duncan als der Jüngste eine Erbin heiratet, so daß sein Sohn eines Tages auch ein großer Herr sein wird. Aber nicht ich.« Er hielt ihrem Blick mit seltsam unergründlichen Augen stand. »Es gibt in der Geschichte keinen Platz für meine Kinder.«

Eleyne fühlte kalte Nadelstiche an ihrem Rückgrat auf und nieder tippeln. »Woher weißt du das?« fragte sie. Ihr Mund war trocken geworden.

»Sagen wir, ich weiß es einfach.« Er hob ihre Hand und küßte ihre Finger. »Und jetzt, kleine Mama, schlage ich vor, daß wir hineingehen. Der Wind ist kalt, und ich spüre, wie du zitterst.«

Später, allein in der Kapelle, stand sie da und betrachtete das Kreuz über dem Altar, dann senkte sie den Kopf und sah hinunter auf den Fußboden unter den hohen Spitzbogenfenstern. Die Fliesen bedeckte jetzt ein kostbar gewebter Teppich. Unter dem Teppich, eingesperrt in Holz und Zement und Ton, lag in dem Elfenbeinkästchen, umsponnen von Gebeten und in Lammwolle und Seide gehüllt, der Phönix. Um ihn herum hatte sie, als Pater Gillespie anderswo weilte, einen mächtigen Kreis gezogen, der ihn gefangenhielt, bis die Zeit reif war, daß sie zu ihrem König ging.

Sie wunderte sich, als sie in dem kühlen Schatten der Kapelle stand. Besuchte Alexander seinen Sohn innerhalb der hohen Mauern von Kildrummy? Lag die Hand des Schicksals auf Sandys Kopf? Er war so sicher, so fest in seinem Glauben gewesen, daß es nicht sein sollte. Es war fast so, als kenne er seine Zukunft schon – als wisse er bereits, daß sie hoffnungslos war. Sie ging zum Gebetspult nahe den Stufen, die zur Kanzel hinaufführten, und kniete nieder. Dann verbarg sie ihr Gesicht in den Händen und weinte.

IV
KILDRUMMY * September 1289

Im Frühherbst erkrankte Eleyne zum erstenmal ernstlich. Sie lag im Bett und warf sich Tag für Tag im Fieber herum, ohne die Kraft zum Aufstehen zu finden.

Sandy holte Morna aus ihrer Hütte herbei, als Eleyne sich weigerte, einen Arzt an ihr Bett zu lassen.

Die Knochen taten ihr weh, sie war matt und verspürte keine Sehnsucht danach, ihr Zimmer zu verlassen, obwohl es draußen so ein strahlender Tag war, und sie machte ein finsteres Gesicht, als Morna ihr ein neues Kräutergebräu brachte. Donald war in Perth. Sandy war nach Ellon geritten, um die Countess of Buchan zu besuchen, und Marjorie war bei ihrem hübschen Earl, so blieb Gratney die Herrschaft über die Burg und Isabella die Pflege ihrer Mutter überlassen.

Diese Pflege war es, die Eleyne schließlich aus dem Bett trieb.

»Helfen Sie mir in meinen Sessel. Wenn das Kind mir noch einmal die Stirn mit einem feuchten Tuch abwischt, fange ich an zu schreien.« Sie stützte sich auf Mornas Arm und ging die wenigen Schritte zu ihrem Sessel am Kamin. »Ach, sie ist ein gutes Mädchen, ich mag sie so gern, aber mit ihrer Fürsorge bringt sie mich ins Grab. Geben Sie mir meine Medizin. Ich muß gesund werden, bis Donald wiederkommt.«

Morna kniete sich neben sie hin und reichte ihr den Pokal. Eleyne nippte daran und verzog das Gesicht zu einer Grimasse. »Kommen Sie, sagen Sie es schon: Sie haben noch nie einen so ungeduldigen Patienten gehabt.«

»Sie sind es nicht gewöhnt, krank zu sein. Sie haben nie gelernt, was Geduld heißt.«

»Und das habe ich auch nicht vor zu lernen!« Eleyne lehnte sich in ihren Sessel zurück und ächzte. »Wissen Sie, wie alt ich bin? Ich bin einundsiebzig, Morna! Ich bin an der Reihe.«

»Unsinn.« Morna gab den Pokal einer Dienerin und machte es sich auf einem Schemel zu Füßen Eleynes bequem. »Ihre erste richtige Krankheit seit Jahren«, die Krankheit in Kinghorn war eine Gemütskrankheit gewesen, »und schon sprechen Sie vom Tod und jammern herum. Was würde Ihr Mann dazu sagen? Oder was würden Ihre Kinder sagen? Innerhalb von ein paar Tagen sind Sie wieder wohlauf und sitzen im Sattel, dafür lege ich meine Hand ins Feuer. Darauf verwette ich meinen guten Ruf.« Sie gab ihr tiefes, melodisches Lachen von sich. »Und beanspruche auch die Anerkennung dafür. Haben Sie gesehen, was der alte Mönch aus Cabrach für ein Gesicht gemacht hat, als ich ihm sagte, ich hätte Ihnen bereits Medizin gegeben, und er sollte seine Blutegel in der Tasche lassen?« Sie beugte sich vor. »Ich habe einen Brief von Mairi bekommen. Die Leute in Fife halten sie für eine Analphabetin, wissen Sie, weil sie still ist und ihre Gedanken für sich behält, aber sie schreibt so gut wie ein Kanzleibeamter. Ich habe es ihr selbst beigebracht, das wissen Sie. Und sie schreibt, sie ist stolz auf Ihre Urenkelin. Sie schreibt, sie sähe Ihnen ganz ähnlich. Und die Kleine reitet auch schon und hat ihren eigenen Kopf.«

Eleyne lächelte. »Ich nehme das als Kompliment. Ich bin froh, daß Mairi dort ist und sich um Isobel kümmert. Etwas in Fife macht mir Sorgen.«

»Haben Sie Nachricht von Lord und Lady Fife?« fragte Morna.

»Seit Monaten nicht. Ich wollte eigentlich nach Falkland, bevor das Wetter schlecht wurde, aber jetzt ...« Eleyne machte ein unglückliches Gesicht.

»Dann wissen Sie noch nicht, daß Lady Fife wieder schwanger ist?«

»Nein.« Eleyne richtete sich auf. »Das ist eine gute Nachricht. Freut sich Duncan?«

»Mairi hat nichts darüber geschrieben. Sie schrieb mir, er wäre nicht da. Sie sind für die letzten Sommermonate aus

Falkland fort. Dann, nach Lady Fifes Niederkunft, wollen sie gemeinsam in den Süden reiten.«

»Ich muß sehen, daß ich rechtzeitig wieder gesund werde und zu ihnen reiten kann, um sie zu sehen«, sagte Eleyne.

V

Es dauerte noch drei Wochen, bis sie kräftig genug war, um mit ihrer Begleitung nach Fife aufzubrechen. Ihre Söhne waren in der Woche zuvor auf Anordnung des Vaters abgereist, um sich ihm in Stirling anzuschließen. Nur Isabella blieb zurück bei ihrer Mutter. Sie war noch immer unvermählt und wartete darauf, daß ihr fünfzehnjähriger Freier zum Mann wurde.

»Ich überlasse dir die Sorge dafür, daß die letzten Vorräte eingebracht werden und das Fleisch für den Winter aufgehängt wird«, wies Eleyne sie am Abend vor ihrer Abreise an. »Achte darauf, daß wir Zucker, Ingwer, Muskat, Zitronen, Feigen, Rosinen haben ...« Sie zählte es an den Fingern ab. »Salzfleisch, Schinken, Stör, Lampreten. Die Hausmeier haben meine Listen. Du mußt aufpassen, daß sie die Waren überprüfen, damit die Händler uns nicht betrügen. Du ganz allein wirst für Kildrummy verantwortlich sein.« Sie küßte ihre Tochter zärtlich auf die Wange.

»Und kommst du bald wieder, Mama?« fragte Isabella und legte ihre Hand auf die der Mutter. »Überanstrenge dich nicht zu sehr.«

Eleyne lachte. »Ich fühle mich so gut wie eh und je, mein Kind. Mach dir keine Sorgen um mich, ich werde mit allem fertig.«

VI

FIFE

Der Ritt zu Macduffs Burg war nicht übermäßig anstrengend, aber als sie sich zur Küste wandten und die Mauern der Burg vor sich am Abendhimmel auftauchen sahen, überkam Eleyne eine solche Müdigkeit, daß sie beinahe vom Sattel gefallen wäre. Sie zog die Zügel ihres Pferdes an und betrachtete die Burg, die vor langer Zeit ein Vorfahre Malcolms erbaut hatte. Dahinter, am grünen Abendhimmel, flog ein Schwarm Gänse westwärts dem letzten gelben Tageslicht entgegen. Auf den nahegelegenen Wiesen grasten unbekümmert die kleinen schwarzen Rinder.

»Irgend etwas stimmt nicht.« Sie sah Rauch aus dem Schornstein in der Ecke des großen Turms aufsteigen und eine andere Rauchsäule von den Küchen in der Ringmauer. Nichts deutete auf irgendein Unheil – der Rauch war klar, mit Apfelbaumholz gewürzt. Sie hob die Hand über die Augen und suchte das Banner des Earl mit dem Querbalken, dem Eckschnitt darin. Es wehte keine Fahne am Turm. Die Tore waren geschlossen, obgleich es noch nicht dämmerte.

Sie trieb ihr Pferd zu einem kurzen Galopp an und traf als erste am Torhaus der Burg ein, wo sie dann ungeduldig auf das Aufgehen der Schlupfpforte wartete, während einer ihrer Bewaffneten mit dem Schwertgriff dagegenhämmerte.

Master Elias, der blinde Harfenspieler, der vom Königshof in sein geliebtes Fife zurückgekehrt war, begrüßte sie in der großen Halle. »Mylady, ich wußte, daß Sie kommen würden.« Der alte Mann hatte sich erhoben. Er kam tastend auf sie zu und streckte die Hände aus. Eleyne nahm sie und eine erstickende Angst überkam sie. »Was ist los? Wo ist Lady Fife?«

Elias senkte den Kopf. »Es ist der Anfang vom Ende, Mylady. Lord Fife ist tot, von seinen eigenen Verwandten ermordet.« Seine Hände faßten ihre Hände, als er sie nach Luft ringen hörte. »Sein Leichnam wurde nach Coupar Angus geschafft. Lady Fife ist heute früh mit ihrem Gefolge dorthin aufgebrochen.«

»Mein Ehemann ... mein Sohn ... und jetzt mein Enkel«, flüsterte Eleyne. »Heilige Margaret! Das Haus von Fife ist verflucht.« Sie verbarg das Gesicht in den Händen. »Wo ist Macduff?«

»Ihr Sohn Macduff ist auch nach Coupar geritten. Er wird Sie dort erwarten.« Die blinden Augen schienen alles zu sehen. »Lady Five trägt einen Sohn in ihrem Schoß, noch ein Kind, das die Grafschaft erben kann, aber das kleine Mädchen ist es, das Fifes Schicksal erfüllen wird.« Er lächelte traurig. »Gebt ihr heute nacht Euren Segen, denn dieses Schicksal nimmt bereits seinen Lauf.«

Eleyne ergriff wieder seine Hände und drückte sie sanft. Dann wandte sie sich ab.

Sie rief nach brennenden Fackeln. Die Ställe waren leer, also blieb ihnen keine Wahl, sie mußten wieder auf ihre eigenen müden Pferde steigen und sich in der einbrechenden Dunkelheit zurück nach Norden wenden.

VII

COUPAR ANGUS

Die Abtei war dunkel bis auf die vier großen Kerzen, die um die Bahre herum standen. Die Mönche, die Wache über den Leichnam ihres Schutzherrn hielten, der unter der seidenen Fahne lag, auf die der sprungbereite Löwe von Fife gestickt war, sahen kaum hoch aus ihren Kapuzen, als die alte Frau, kerzengerade trotz ihrer Müdigkeit, hereinkam und am Fuße der Bahre des verstorbenen Earl of Fife stehenblieb. Lange Zeit verharrte sie so, ohne sich zu rühren, dann endlich ging sie näher daran und hob eine Ecke des Fahnentuchs hoch, um zum letztenmal das Gesicht ihres Enkels zu sehen. Wenn die Wunden sie entsetzten, so verriet sie es mit keiner Bewegung. Sie beugte sich über ihn, um seine Stirn zu küssen, die schon so kalt wie der Marmor war, der ihn bedecken würde.

Beim Requiem am folgenden Tag stand sie neben ihrem Sohn, dem Onkel des toten Earl, und lauschte dem Gesang der Mönche, der sich eintönig zur gewölbten Decke der Kirche erhob. *Requiem aeternam.* Wie oft hatte sie diese Worte gehört? Sie sah Macduff an. Mit seinen zweiunddreißig Jahren war er ein hübscher, untersetzter Mann, der sehr beliebt bei seinen Gefolgsleuten war und eine stille, anziehende Frau geheiratet hatte. Er spürte, daß ihre Blicke auf ihm ruhten und nahm sie beim Arm. Die Countess of Fife war nicht dort. Im Gästehaus der Abtei lag sie in vorzeitigen Wehen, die durch den Schock über den Tod ihres Mannes und den übereilten Ritt zu seinem Begräbnis ausgelöst worden waren. Und jetzt war ihre Zeit nahe. Eleyne hob ihre Augen zur Statue der Heiligen Jungfrau empor, die über dem Seitenaltar nahe bei ihr stand, und betete still für Joannas Entbindung. Um das Baby fürchtete sie nicht. Wie Master Elias wußte sie, daß es am Leben bleiben würde.

Joanna sah bleich und erschöpft aus, als Eleyne sich in dem Gewölbe des Gästehauses zu ihr ans Bett setzte und das winzige, gewickelte Baby mit dem roten Gesichtchen in die Arme nahm.

»Ich habe ihn Duncan genannt, nach seinem Vater«, sagte Joanna mit schwacher, krächzender Stimme.

»Das ist schön.«

»Und ich schicke Isobel nach Buchan. Es ist alles entschieden. Elizabeth de Quincy wird es sich zur Aufgabe machen, sie aufzuziehen.« Joanna legte sich zurück in ihre Kissen, ihr Gesicht war bleich und feucht vor Schweiß. »Nein, bitte keine Widerworte, Großmama.« Sie hatte den Schock, die Überraschung in Eleynes Gesicht gesehen. »Ich werde mit dem Kind nicht fertig. Es ist besser, sie wächst bei der Familie ihres künftigen Ehemannes auf.« Eleyne sah Tränen ihre Wangen hinabrollen. »Duncan wollte es so, und es ist für alle das Beste. Dann kann ich nach Hause zurück. Nach England.« Sie wandte ihren Kopf ab. Eleyne stand auf. Sie sah einen Augenblick lang hinunter auf das kleine, runzlige Gesicht des Babys, das sie in ihren Armen hielt, dann seufzte sie und gab es einem von Joannas Mädchen. Sie konnte ja zumindest verlangen, daß Mairi Isobel nach Slains begleitete. Darüber hinaus konnte sie nichts tun.

VIII
LOCHMABEN CASTLE * 1290

Gratney heiratete seine fünfzehnjährige Braut Christian Bruce Ende September des folgenden Jahres. Christian, in ihrer Familie, die sie anbetete, Kirsty genannt, hatte Isabella und Marjorie von Atholl, ihre beiden Schwestern Mary und Isobel sowie Duncans Ehefrau Christiana Macruarie dabei. Sie brachte als Mitgift die Herrschaft von Garioch in die Ehe ein, ein riesiges Gebiet, das östlich an die Grafschaft Mar grenzte.

Am Tag nach der Hochzeit kam das Gerücht auf. Der alte Robert Bruce of Annandale stürmte in die große Halle von Lochmaben und wedelte mit einem Brief über dem Kopf herum. Er war inzwischen zweiundsiebzig Jahre alt, genauso alt wie Eleyne und so aktiv wie eh und je, seine Augen funkelten über einer von roten Äderchen gezeichneten Nase.

»Also. Es ist geschehen. Ich wußte es! Ich wußte es! Die kleine Königin Margaret ist tot.«

Ein Schweigen entstand, als die Augen der schockierten Hörer sich ihm zuwandten.

Donald stand auf und sah seinen Schwiegersohn, John von Atholl, an. Gerade hatten sie über die bevorstehende Ankunft der kleinen Königin in Schottland gesprochen. »Woran ist sie gestorben?«

Robert Bruce zuckte die Achseln. »Ich weiß es nicht. Aber wenn es stimmt …« Seine Augen leuchteten vor Aufregung. »Ich bin der Thronerbe. Dann bin ich Schottlands König!«

Er blickte in der großen Halle herum. »Ach, ich weiß, ich werde um die Krone kämpfen müssen. Und ich werde kämpfen, täuscht euch nicht! John of Balliol wird sie mir nicht nehmen mit seinen Ansprüchen. Sie gehört mir! King Alexander II. hat mich als seinen Erben bestätigt, und ich bin der älteste der Nachkommen von David of Huntingdon, das wissen alle.«

IX

SCONE * Oktober 1290

Eleyne, müde nach den langen Festlichkeiten der Hochzeit und nach der überstürzten Reise, lag im Schlafzimmer, als Donald ihr die Bestätigung brachte, daß die kleine Königin wirklich tot war. Über die Art ihres Leidens gab es keine Einzelheiten, aber es schien, daß sie an irgendeiner Kinderkrankheit gestorben war. Sie war ebenso wie ihre Mutter und ihre beiden Onkel nie kräftig gewesen.

»So.« Sie seufzte und legte ihren Arm über die Augen, um die pochenden Schmerzen in ihren Schläfen zu unterdrücken. »Was geschieht nun?«

»Sage du es mir.« Donald setzte sich neben sie und nahm ihre Hände. »Du siehst doch Schottlands Zukunft voraus.«

Eleyne wandte heftig ihren Kopf ab. »Ich sehe Blut und Feuer.«

Donalds Gesicht war von Sorgenfalten zerfurcht. »Ich fürchte, du hast recht«, sagte er trocken. »Wie ich höre, wollen die Vormünder des Reichs sich Rat bei King Edward holen. Sie wollen den Thron gegenwärtig weder einem Bruce noch einem Balliol oder irgendeinem anderen Prätendenten geben. Sie scheinen sich nicht einig darüber zu werden, was geschehen soll.«

Eleyne setzte sich auf. »Und so fängt es an. Glauben sie wirklich, daß Edward ihnen einen unparteiischen Rat geben wird? Glauben sie, daß er es hinnehmen wird, wenn ein stärkerer König in Schottland an die Macht kommt?« Sie stützte ihren Kopf in die Hände. »Donald, mach ihnen klar, daß sie Narren sind. Sie präsentieren ihm Schottland auf einem silbernen Tablett.«

Es gab viele, die mit ihr übereinstimmten, aber wie es schien, hatte Bischof Fraser, einer der Vormünder, bereits an Edward geschrieben. Es war zu spät, man konnte seinen Brief nicht mehr zurückhalten, und im Mai des folgenden Jahres hatte King Edward I. of England die Oberhoheit über Schottland beansprucht und verlangte einen Treueid von den schottischen Adligen, bevor er bekanntgeben würde, wen er zum nächsten König des Landes erkoren hatte. Seine Entscheidung fiel zugunsten von John Balliol aus, der auch nach Ansicht der Juristen und der meisten Schotten das größte Anrecht auf den Thron hatte, weil er der Enkel von Joan of Chesters ältester Schwester war. Am Sankt-Andreas-Tag des Jahres 1292 wurde John Balliol in Scone gekrönt, und Duncan, der Earl of Fife, setzte ihm die Krone auf den Kopf – nicht er persönlich, weil er noch ein Baby war, sondern Sir John de St. John im Namen des jungen Earl.

Isabella saß in ihrem Zimmer, ihrem Zufluchtsort, und las. Der Novemberwind fand seinen Weg in das einsame Gemach unter dem Dach. Sie hörte ihn die Treppen hinauf heulen. Es war ein schrecklicher Ton. Sie verkroch sich tiefer in ihren Umhang und wußte, daß sie eigentlich unten sein und ihrer Mutter bei der Kontrolle der Abrechnung helfen sollte. Mit schlechtem Gewissen blätterte sie die Seite ihres in Kalbsleder gebundenen Buches um und las weiter. Nur noch ein paar Minuten, dann wollte sie die Kerze ausblasen, das Buch in ihren Bücherschrank stellen und hinunterschleichen.

Die Tür, die sich hinter ihr öffnete, schreckte sie aus ihrer Träumerei auf. Die Kerze war fast heruntergebrannt, ihre Beine waren eingeschlafen und prickelten. Sie sah hoch und rechnete damit, das Gesicht ihrer Mutter zu erblicken.

Der junge Robert Bruce stand in der Tür. Er grinste sie an. »Ich habe geklopft, aber du hast nichts gehört.«

»Robert!« Isabella starrte ihren Verlobten verwirrt an. Das Buch glitt aus ihren Fingern, er hockte sich hin, hob es auf und gab es ihr zurück. »Ich hoffe, du hast nichts dagegen, daß ich hierherkomme. Deine Mutter hat mir gesagt, wo du steckst. Sie meinte, du wirst mir nicht böse sein …« Er brach ab und zuckte die Achseln, seine Augen lachten.

»Natürlich bin ich dir nicht böse.« Isabella versuchte ihm zu verbergen, wie aufgeregt sie war. »Ich habe nur niemanden erwartet.«

»Großvater und ich sind gekommen, um deinen Vater und Kirsty zu besuchen«, sagte er.

Sie mochte die Art, wie seine Augen zu Schlitzen wurden, wenn er lachte, sein kräftiges Gesicht wirkte dann immer gleich viel sanfter. Er hatte nicht mehr die jungenhaften Züge des Heranwachsenden, auch die Unbeholfenheit und Schüchternheit, die ihr noch beim letztenmal aufgefallen waren, zeigte er nicht mehr. Als er sich zu ihr auf den staubigen Boden setzte, fielen Tunika und Mantel elegant über seine Knie, während er die in langen Stiefeln aus weichem Leder steckenden Beine übereinanderschlug. Er wirkte sehr selbstsicher.

»Was liest du denn da?«

Sie sah hinunter auf das Buch, das im Schoß ihres Kleides aus himmelblauem Samt lag. »Es ist die Geschichte von Branwen, der Tochter von Llyr.« Es war ihre Lieblingsgeschichte.

Eine peinliche Stille trat ein. »Es hat mir leid getan zu hören, daß deine Mama gestorben ist«, sagte Isabella endlich.

Als sie aufblickte, sah sie die tiefe Trauer in seinen Augen.

»Sie wird mir sehr fehlen«, sagte er. »Es ist seltsam. Es ist, als ob ich den besten Freund verloren hätte. Ich kam viel besser mit ihr aus als …« Er vollendete den Satz nicht. Die Worte »mit Vater« blieben unausgesprochen.

»Und du bist jetzt der Earl of Carrick«, fuhr Isabella fort. »Ist dein Vater darüber sehr verärgert?«

Roberts Vater war nur durch seine Frau Earl of Carrick gewesen. Jetzt, da sie tot war, gehörte ihm der Titel nicht mehr. Er war auf den ältesten Sohn übergegangen, und der Witwer, selbst nur Erbe der Herrschaft von Annandale, war ohne einen Titel.

»Ich glaube nicht«, sagte Robert. »Und wenn er will, kann er ihn weiter benutzen. Ich habe nichts dagegen. Aber mein Vater hat überhaupt keinen Ehrgeiz.« Er versuchte die Verachtung aus seiner Stimme herauszuhalten. Er mochte seinen Vater gern, aber die beiden fanden einander unbegreiflich. Robert identifizierte sich dafür völlig mit seinem ehrgeizigen, hitzigen, romantischen Großvater Robert Bruce of Annandale.

Er schlang seine Arme um die Knie, stützte das Kinn darauf und sah sie an. »Tante Eleyne sagte, ich sollte dich herunterholen, bevor du erfrierst, dann sollten wir zu ihr in den Söller kommen. Meine Schwester ist auch schon dort«, sagte er.

Sie lächelte. »Gut, ich komme.« Sie stand auf und legte das wertvolle Buch in den Kasten, wandte sich wieder zu ihm um und stieß einen kleinen spitzen Schrei aus. Er hatte sich schnell und lautlos aufgerichtet und stand direkt hinter ihr.

Sie sahen einander in die Augen, und alle Schüchternheit war vergessen, als er seine Hände um ihre Schultern legte und sie an sich zog. Sein Kuß war fest und selbstsicher. Sie war überrascht, wie sie darauf reagierte. Ihre Beine fingen an, schwach zu werden, als sie merkte, daß sie ihre Arme um seinen Hals schlang und sein Gesicht zu einem zweiten, längeren Kuß zu sich herabzog.

Es dauerte eine Weile, bis sie auseinandergingen, und sie war nicht fähig, ihm in die Augen zu schauen. Sie zitterte am ganzen Körper.

»Ich bin heraufgekommen, um dich etwas zu fragen«, sagte Robert sanft. Er streckte seine Hand nach ihrer Hand aus. »Ich wollte wissen, ob du glaubst, daß ich alt genug zum Heiraten bin.«

Sie sah die Belustigung in seinen Augen, obwohl er sie zu verbergen suchte.

»Ich habe mich so angestrengt, schnell erwachsen zu werden«, fuhr er fort und neckte sie. Er zog sie wieder an sich und sah hinunter zu ihr. Ihr Kopf reichte ihm bis zu den Schultern. »Was meinst du?« Seine Stimme war jetzt zu einem heiseren Flüstern geworden.

Sie atmete mühsam, ihre Hand zitterte in seiner Hand, alles, was sie auf der Welt wollte, war, daß er sie noch einmal so in die Arme nahm.

XI
KILDRUMMY CASTLE * 1293

»Macduff of Fife ist verhaftet. King John Balliol hat ihn ins Gefängnis sperren lassen!« John Keith, noch immer einer der zuverlässigsten Verwalter der belagerten Grafschaft von Fife, stand vor Eleyne. Sein Gesicht war weiß vor Zorn. »Nehmen die Ungerechtigkeiten, die dieser Mann begehen läßt, denn gar kein Ende!«

»Macduff?« Eleynes Handarbeitsschere entfiel unbemerkt ihren Fingern. »Verhaftet?«

»Ja, Mylady. Er wollte sein Land zurück – das Land in Creich und Rires, das ihm Ihr verstorbener Mann, sein Vater, hinterlassen hat. Die Grafschaft hat so lange unter Vormundschaft gestanden, so hat man Teile davon weggenommen, die von

Rechts wegen dazugehörten. Jetzt bestreitet Balliol ihm den Rechtsanspruch darauf und wirft ihn obendrein ins Gefängnis!«

Eleyne preßte die Lippen aufeinander. »John Balliol geht entschieden zu weit. Er ist ein Schwächling und spielt den starken Mann.« Sie stand auf. »Das ist unerträglich. Macduff muß freikommen. Wo ist er gefangen?«

Keith zuckte die Achseln. »Zuerst saß er in Kinross. Dann hat man ihn vor den König nach Stirling gebracht. Mylady, Ihr solltet Euch bei den Bruces und ihren Freunden Hilfe holen.«

»Und den ganzen Hexenkessel umrühren?« fragte Eleyne leise. »Möchtet Ihr das?«

»Ich möchte das, und viele andere in Schottland möchten es ebenfalls. Balliol ist nicht der richtige König für Schottland.«

»Aber er ist zum König bestimmt worden.«

»Von Gott oder von Menschen?« Keith machte eine Pause. »Was wird Lord Mar tun, Mylady?«

Eleyne sah hoch und betrachtete sein Gesicht. »Das werden wir sehen, mein Freund. Nachdem ich ihm davon erzählt habe.«

XII

TURNBERRY CASTLE

Turnberry Castle stand auf einem Vorgebirge, die See schützte es von drei Seiten. Es war eine alte Festung, der Sitz der Earls of Carrick. Eleyne stand auf der hohen Ringmauer der Burg und sah hinaus auf die See, betäubt vom Heimweh, das sie gepackt hatte. Das hier war ihr Meer, dasselbe, das an die Küsten von Gwynedd schlug und dessen Lärm sie als Kind vernommen hatte. Sie roch die frische, kalte, salzige Luft über der Wärme des Landes, und die Würze der See wetteiferte mit dem Duft des Thymians, der Rosen und des Stechginsters. Die riesige Weite, die sich im Dunst verlor, war der Hintergrund zu der Wärme und dem Grün des Landes.

Sie stand wie hypnotisiert da, sah die anderen Leute nicht, die auf der Mauer gingen. Tief unten leckten die Wellen an den

Felsen, die jetzt bei Ebbe vom Wasser unbedeckt waren, das Wasser lag fast bewegungslos da, durchsichtig wie ein Gebirgsbach, hier und da schwamm Treibholz darin.

Als sie sich umwandte, hatten sie einen Sessel für den alten Robert Bruce of Annandale zur Brustwehr emporgetragen.

Sie runzelte die Stirn. Gerade ertappte sie sich dabei, daß sie an ihn als einen alten Mann dachte. In den Augen seiner Gefolgsleute war er offenbar ein Greis. Ihr aber hatte niemand einen Sessel angeboten. Trotzdem waren sie gleich alt, sie und dieser robuste, streitbare Patriarch des Hauses Bruce. Dann wandte sie sich den wichtigeren Angelegenheiten zu. »Also, was werden wir tun? Was ist mit Macduff?«

Der Lord of Annandale lehnte sich in seinen Sessel zurück und streckte ächzend die Beine vor sich hin. »Beruhige dich, Mädel. Laß deinen alten Neffen reden! Macduff ist frei. Balliol hat schon seine Freilassung angeordnet.«

»Bist du sicher? Wann?«

Eleyne und Donald waren, bald nachdem sie von Macduffs Verhaftung gehört hatten, zu John Balliols Hof aufgebrochen. Dann hatten sie es sich anders überlegt und waren statt dessen nach Westen zur Festung des Gegners ihres gewählten Königs geritten.

»Er hat ihn fast sofort freigegeben.« Robert grinste. Er hatte im vorigen Jahr zwei Schneidezähne verloren, sein Lächeln sah tückisch wie das eines Piraten aus, was Donald faszinierend fand. Obwohl er wußte, wie töricht es war, spürte er doch, daß es ihm den Rücken hinauffrieselte, wenn er den alten Mann lächeln sah. Es lag so eine muntere Boshaftigkeit in dem Gesicht. Roberts nächste Worte bestätigten seine Befürchtungen.

»Macduff wird Einspruch gegen die Enteignung einlegen«, sagte er leise. »Wenn seinem Einspruch nicht stattgegeben wird, so droht er Balliol, wendet er sich direkt an den König von England. Dann wird Balliol merken, wieviel er selbst wert ist. Der Mann ist völlig unfähig, ein Narr, der nicht einmal die kleinsten Probleme bewältigen kann, schon gar nicht die eines Königreichs.«

»Und du könntest das«, sagte Donald leise.

»Natürlich könnte ich das, ich bin dazu geboren!« Robert stand auf und ging ein paar Schritte, um sich gegen eine der Schartenzeilen in der Mauer zu lehnen, sein ganzer Körper verriet die Energie, die immer noch in ihm steckte, und die jahrzehntealte Enttäuschung darüber, daß man ihn einst übergangen hatte. Er wandte sich abrupt um, als sein Sohn geduckt die Treppe heraufkam und auf das Bleidach trat.

Der ehemalige Lord Carrick begrüßte Eleyne und Donald herzlich. »Na, was heckt der alte Mann jetzt aus?« fragte er und legte den Arm um die Schultern seines Vaters. »Doch nicht etwa neue Pläne, um einen Bruce auf den Thron zu heben?«

»Doch, neue Pläne.« Robert wandte sich zu seinem Sohn um, und so etwas wie Ungeduld zuckte durch sein Gesicht. »Und wie üblich, nimmst du nicht an den Beratungen teil. Es wird dein Thron, mein Junge! Du wirst ihn erben. Ich bin zu alt. Verdammt! Balliol ist ein gebrochenes Schilfrohr, und die anderen Prätendenten sind nur Staub im Wind!« Er schlug verzweifelt die Faust in die Hand. »Und ich stehe da mit einem Sohn, der lieber den Schafen beim Grasfressen zusieht, als sich in seine Rüstung zu schwingen und ein Königreich zu gewinnen!«

Er wandte sich zu Eleyne und Donald um. »Ich habe eine Ehe für seine Tochter ausgehandelt«, er deutete auf seinen Sohn, »da werden sie alle mit den Ohren schlackern, wenn sie davon hören! Die junge Isabel, die Schwester von Robert und Kirsty, wird den König von Norwegen heiraten! Was sagt ihr dazu?« Er platzte vor Stolz. »König Eric erkennt die Bruces offenbar als königliche Familie an, und ich werde einen König zum Schwiegersohn haben.«

Donald zog eine Augenbraue hoch. »Das wird King Edward von England nicht gefallen!«

»Nein, das wird ihm nicht gefallen.« Der alte Mann kicherte und legte den Kopf auf die Seite. »Mein Enkel, Robbie, ist jetzt ein Mann. Wollen wir auch für seine Hochzeit ein Datum festsetzen? Euer Mädel, Isabella, muß ja allmählich die Hoffnung aufgegeben haben, daß ihr Ehemann jemals aus den Windeln kommen wird!« Er warf den Kopf zurück und lachte.

Eleyne schüttelte mißbilligend den Kopf. »Ich glaube, daß die jungen Leute schon festgestellt haben, daß sie zur Ehe bereit sind«, sagte sie liebevoll. »Es fehlt nur noch das Datum.«

Robert Bruce der Jüngere sah seinen Vater und dann die Mars an und räusperte sich verlegen. »Ich möchte etwas sagen. Robbie ist jetzt der Earl of Carrick. Er ist neunzehn Jahre alt. Wie du schon gesagt hast, er ist ein Mann. Und ich bin keiner. Das hast du ja auch schon gesagt.« Er sah zu Boden, und dann sahen sie seine Halsmuskeln sich verkrampfen, als er schluckte.

»Nein, das habe ich nicht gesagt!« warf sein Vater gereizt dazwischen. »Du übertreibst, mein Junge. Ich wollte in keiner Weise andeuten …«

»Aber ja doch, Vater. Und du hast ja recht.« Der jüngere Mann straffte die Schultern. »Ich wäre lieber ein Bauer als ein Soldat, und ich habe nicht das Zeug, um einen Thron zu kämpfen. Es ist besser, wir sehen den Dingen ins Auge. Mach Robbie zu deinem Erben, ich werde auf alle Ansprüche verzichten.«

Einen Augenblick lang trat ein Schweigen ein. Der alte Robert räusperte sich. »Das ist eine mutige Erklärung, mein Sohn. Aber ich bin sicher, so geht das nicht.«

Sein Sohn zuckte die Achseln. »Warum denn nicht? Ich habe dich immer unterstützt. Und ich unterstütze Robbie genauso loyal.« Er lächelte. »Und ich glaube, das Volk von Schottland würde Robbie auch eher als mir folgen.«

Donald nahm seine Hand und schüttelte sie feierlich. »Das ist ein tapferes Wort, mein Freund, und ich werde mich dafür einsetzen, daß Robbie der Erbe seines Großvaters wird.«

Eleyne streckte sich und küßte ihren Großneffen auf die Wange. »Weiß Robbie schon davon?«

»Er wird es bald genug erfahren. Ich wollte mit ihm nicht vorher darüber reden. Der Junge hat das Zeug zum König, ich habe es nicht. So einfach ist das.«

XIII

Isabella of Mar und der junge Robert Bruce, Earl of Carrick, wurden acht Wochen vor Weihnachten in der großen Kapelle in Kildrummy getraut. Er war neunzehn, seine Braut dreiundzwanzig. Sie trug ein Kleid aus silberfarbenem Stoff und einen blauen Mantel mit weißem Fuchsfell besetzt. Robert, der Scharlachrot und Grün trug, war größer als alle Brüder der Braut. Er war in der Tat zu einem Mann geworden, der in Isabellas Augen ihr Prinz werden konnte. Sie sah zu ihm auf, als sie während der Hochzeitsmesse nebeneinander am Altar knieten. Als er spürte, daß sie ihn ansah, lächelte er und streckte die Hand aus.

Isabella zögerte. Einen Augenblick lang war sie zu überwältigt, um sich zu bewegen, dann hielt auch sie ihm ihre Hand entgegen.

Hinter ihr sah Eleyne die Geste, und ihre Augen füllten sich mit Tränen. Donald legte den Arm um ihre Schultern und näherte seinen Mund ihrem Ohr. »Sie werden glücklich«, sagte er. »Sehr glücklich.«

Einunddreißigstes Kapitel

I

Februar 1296

Sandy fand seine Mutter in der Kapelle. Er stand im Eingang und sah ihr zu, als sie – die nicht wußte, daß er da war – am Betpult vor dem Altar kniete. Ihre Augen waren geöffnet, und ihre Hände hielten die Vorderseite des Pults so fest, daß die Knöchel weiß hervortraten. Ihr Gesicht konnte er nicht sehen, trotzdem spürte er, daß sie verzweifelt war.

»Mama.«

Sie hörte ihn nicht.

»Mama!« Er rief sie etwas lauter.

Sie zuckte zusammen, und ihre Schultern spannten sich, dann wandte sie sich um und sah ihm ins Gesicht. Sie war bleich, ihre Augen waren gerötet.

»Sandy, ich hab' dich nicht gehört.« Trotz ihrer achtundsiebzig Jahre war ihre Stimme so kräftig und klar wie eh und je. »Bist du mit deinem Vater zurückgekommen?«

Sandy nickte. »Wir waren zusammen bei der Unterzeichnung des Vertrags. Schottland und Frankreich sind jetzt gegen England verbündet.« Er stand da und sah sie traurig an, als versuchte er, ihre Gedanken zu lesen. »Wir haben England damit in gewisser Weise den Krieg erklärt, Mama. Und Edward hat schon seine Streitmacht nach Newcastle einberufen. Ich fürchte, wir werden kämpfen müssen.«

Eleyne griff nach seiner Hand. »Du und deine Brüder?« Ihr Mund war trocken geworden.

»Und Papa. Er muß die Männer von Mar anführen. Alle Lords von Schottland werden ihre Heere mustern.«

»Aber er ist zu alt zum Kämpfen!« Eleyne war entsetzt. »Euer Vater kann unmöglich in den Krieg ziehen!«

»Er ist kaum älter als King Edward, Mama«, sagte Sandy wehmütig, »und er ist so gesund wie ich. Es würde ihm nicht gefallen, wenn wir ihn zurückließen, das weißt du genausogut wie ich.«

Er nahm ihre Hände in seine Hände und drückte sie, entsetzt darüber, wie kalt sie waren. »Wir haben noch jemanden mitgebracht«, versuchte er sie aufzumuntern. »Robbie und Isabella waren auch in Scone. Er möchte, daß sie während der nächsten Monate hier bei dir bleibt, bis das Baby geboren ist. Lochmaben und Turnberry wären nicht sicher, falls es zu einer Invasion kommt, also ist sie mit uns nach Hause zurückgekommen.«

Eleynes Gesicht leuchtete auf. »Also hat er Vernunft angenommen! Er schließt sich den loyalen Schotten an …«

»Nein!« Sandy schüttelte den Kopf. »Es scheint, daß mein Schwager lieber für die Engländer kämpfen würde, als John Balliol zu unterstützen.« Er bemühte sich nicht, seinen Abscheu zu verbergen. »Er schwört, er will den richtigen Augenblick abwarten, aber ich finde sein Verhalten seltsam. Ja, meiner Meinung nach kommt es einem Verrat ziemlich nahe!« Sandy, der so selten seine Stimme erhob, zitterte vor Wut.

Eleyne spürte einen schrecklichen Kloß im Hals. Ihr zweiter Sohn war sonst immer so ruhig und friedlich. Sie schloß die Augen, da sah sie ihn bewaffnet, das Schwert in der Hand, die Augen zusammengekniffen, seine Kinnbacken traten hervor, alle Muskeln waren angespannt.

»Mama? Was ist mit dir?« Seine Hand unter ihrem Ellbogen war sanft. Es war kein Schwert da. Es war nie ein Schwert dagewesen, von den Ausbildungsstunden einmal abgesehen. Die endlosen Stunden mit seinem Fechtlehrer und die Scheinkämpfe mit seinen Brüdern zählten nicht. Er war kein Soldat. Genausowenig wie sein Vater. Eleynes Augen schweiften wie von selbst zum Fußboden der Kapelle. Alexander, ihr Alexander, war ein Soldat gewesen, aber nicht Donald, nicht ihr Dichter. Sie bezweifelte, daß er je in seinem Leben im Zorn eine Waffe erhoben hatte.

»Komm mit zu Isabella, Mama.« Sandy legte den Arm um ihre mageren Schultern.

Einen Augenblick lang antwortete sie nicht. Dann nickte sie. In den Schatten, unter den drei Spitzbogenfenstern, hatte sie, ganz kurz nur, die Gestalt eines Mannes zu erblicken geglaubt. Doch schon war sie verschwunden.

II

KILDRUMMY CASTLE * Mai 1296

»Nun, was hast du zu berichten?« Eleyne sah hinunter auf den keuchenden Mann, der zu ihren Füßen kniete. Ihr Gesicht war weiß.

»Die Schlacht ging verloren, Mylady.« Der Mann rang nach Luft. »Verloren. Alles verloren. Der englische König hat unser Heer über den Haufen gerannt.«

»Donald?« Ihr Mund war trocken geworden, das Wort war weniger als ein Flüstern. Sie ballte die Fäuste fest zusammen.

Der Mann hatte sie nicht gehört. Er kniete immer noch mit gebeugtem Kopf vor ihr, und es flossen Tränen über sein schmutziges, wettergegerbtes Gesicht. Eleyne empfand einen Augenblick lang Mitleid mit ihm, als er dort kniete. »Mein Gatte«, flüsterte sie. »Wo ist Lord Mar?«

»Gefangen, Mylady. Und Sir Alexander mit ihm.« Der Mann ballte die Fäuste, bis die Knöchel weiß waren, und holte tief Luft. »Und die meisten Lords von Schottland auch.«

»Gefangen«, wiederholte sie, betäubt von dem Schock. »Von Edward gefangen? Was wird mit ihnen geschehen? Wo sind sie? Wo ist Lord Gratney?«

Er zuckte die Schultern. »Es ging alles durcheinander in Dunbar. Der englische König hat einen überwältigenden Sieg errungen, der Widerstand gegen ihn ist zusammengebrochen. Viele Gefangene wurden nach England gebracht. Ich glaube, es ist wahrscheinlich, daß Lord Mar auch unter ihnen ist. Der König schickt alle Führer der Revolte, wie er es nennt, nach England.«

»Und unser König?« Eleynes Stimme war schwer. »Was ist mit King John. Haben sie auch ihn gefangen?« Sie kämpfte gegen die Verzweiflung an, die sie zu überwältigen drohte.

»Er wurde nicht gefangen. Ich weiß nicht, wo er ist.«

»Du weißt es nicht?« rief Eleyne. »Was ist das für ein König, der zuläßt, daß sein Königreich zusammenbricht, und sein Volk weiß nicht, wo er ist?« Sie holte tief Luft. »Ich muß zu Donald. Ich muß ihn finden. Ist King Edward immer noch in Dunbar? Ich muß sofort losreiten, heute noch.« Sie wandte sich um und lief zur Tür. Als sie sie erreichte, erschien Gratney. Er war nur Minuten nach dem Boten seines Vaters eingetroffen, nachdem dieser sein dreckbespritztes, erschöpftes Pferd im Hof zum Halten gebracht hatte.

»Keine Angst, Mama, Papa ist unverletzt. Er ist in Sicherheit und mit Sandy in ehrenvoller Haft. Hast du von King Edward eine weniger anständige Behandlung erwartet?«

Eleyne starrte ihren ältesten Sohn an. »Du hast auf Edwards Seite gekämpft?« Ihre Stimme war heiser vor Entsetzen.

Gratney schüttelte den Kopf. »Natürlich nicht. Ich bin Schottland gegenüber loyal, Mama. Aber genauso wie den Bruces paßt es auch mir nicht, für Balliol zu kämpfen. Aber ich würde auch nicht gegen mein eigenes Volk in den Krieg ziehen. Niemals!« Er grinste verlegen. »Also bin ich ein bißchen zu spät zur Schlacht gekommen. Ich habe auf keiner Seite gekämpft. Ich hörte, daß auch Duncan nichts geschehen ist. Ich glaube, er ist entkommen.«

Er runzelte die Stirn. »Ich bin kein Feigling, Mama. Ich werde kämpfen, wenn die Zeit reif ist. Aber dies war nicht der richtige Augenblick. Bitte denke nicht schlecht von mir. Ich habe getan, was ich für richtig hielt. Ich bewundere Edward, und er vertraut mir. Er wird sie gehen lassen. Ich will Schottland nicht schaden. Er tut das, was für unser Land am besten ist.«

»Ist es am besten, in unser Land einzumarschieren und einen Krieg gegen uns zu führen?«

»Nein. Er ist wegen Balliols Bündnis mit den Franzosen einmarschiert. In seinen Augen war es Verrat.« Gratney trat vor und legte seinen Arm um ihre Schultern. »Es wird alles gut werden, Mama.« Er lächelte aufmunternd. »Wirst du dich, wenn ich fort bin, um Kirsty kümmern? Ich möchte sie hier bei dir lassen, wenn ich nach England reite.«

Sie machte sich Sorgen. »Meinst du denn, daß du Vater und Sandy freibekommen wirst?«

»Ich bin ganz sicher.«

Sie ging endlich von der Tür fort und stand dann vor dem schwelenden Feuer. »Ich könnte es nicht ertragen, wenn Donald etwas zustößt, Gratney. Er bedeutet mir alles.« Winzige blaue Flammen züngelten über die Scheite. Das tiefrote Herz des brennenden Holzes glühte und pulsierte vor ihren Augen. »Ich habe immer gedacht, daß ich zuerst sterben würde. Es ist einfach unmöglich, daß ihm irgend etwas geschehen könnte. Wir leben in Schottland seit so vielen Jahren im Frieden. Ich kann es gar nicht glauben, daß es zu einem Krieg gekommen ist. Und trotzdem mußte es ja geschehen. Als Alexander starb … mußte es geschehen.«

Gratney betrachtete sie liebevoll. Kerzengerade, stark, unbezähmbar war seine Mutter und sah zwanzig Jahre jünger aus, als sie war. Er hatte sie noch nie zuvor etwas sagen hören, das der Verzweiflung so nahe gekommen war.

III
KILDRUMMY * Juli 1296

In ihrem Zimmer oben im Schneeturm schlief Isabella erschöpft von der Hitze und der schweren Last des ungeborenen Babys in ihrem Leib.

»Ich hoffe, Robert kommt bald«, flüsterte dessen jüngere Schwester Mary Kirsty zu. »Er wäre untröstlich, wenn ihr irgend etwas Furchtbares geschieht.«

»Es wird nichts Furchtbares geschehen«, schnauzte Kirsty sie an. Ihre Nerven waren zum Zerreißen gespannt. Die riesige Burg, in der fast nur noch Frauen lebten, war wie ein Gefängnis, eine Insel unter der heißen, herabbrennenden Sonne, während der Nachmittag dahinging. Vor mehreren Tagen schon waren die Boten nach Süden geritten, um den jungen Earl of Carrick zu suchen und zu benachrichtigen, daß die

Wehen seiner Frau begonnen hatten. Seither hatten die Schmerzen mehrmals nachgelassen und dann wieder um so stärker eingesetzt. Isabella war der Geburt nicht näher, wurde aber immer schwächer. Schüchtern berührte Kirsty Eleyne am Arm. »Sie sagten, sie würde einen Sohn bekommen«, flüsterte sie. »Sind Sie sicher?«

»Sie wird einen Sohn bekommen«, wiederholte Eleyne.

»Den Erben für Schottland. Was Einion vorausgesagt hat. Endlich.«

Kirsty sah Mary an und zog eine liebevolle Grimasse. Sie hatte sich an die unverständlichen Bemerkungen ihrer Schwiegermutter gewöhnt und machte sich keine Gedanken mehr darüber. Auf Eleynes Prophezeiungen verließ sie sich hingegen bedingungslos. »Arme Isabella.« Sie sah hinaus zur weißen Sonnenscheibe. »Ich hoffe, das Kind kommt bald zur Welt.«

Drei Tage später setzten Isabellas Wehen tatsächlich ein, immer noch war Robert nicht da.

Eleyne saß bei ihrer Tochter in dem erstickend heißen Schlafzimmer und hielt ihre Hand, als eine von Isabellas Damen hereinkam. »Ist noch nichts von ihm zu sehen?« Sie verzog das Gesicht, als Isabellas Hand sich über ihrer Hand verkrampfte.

»Nichts, Mylady.« Die Frau wrang ein frisches Tuch über einem Becken mit kaltem Wasser aus und wischte vorsichtig Isabellas Gesicht ab.

»Mama!« Isabella warf ihren Kopf auf dem heißen Kissen hin und her. »Wo ist er?«

»Er kommt bald, mein Liebling.« Eleyne nahm das Tuch aus den Händen der Frau und gab ihr einen Wink, daß sie gehen sollte. »Mach dir keine Sorgen. Konzentriere dich auf deine Kraft.«

»Du weißt, daß er eine andere liebt.« Isabella schloß die Augen und biß die Zähne zusammen, als eine neue Schmerzwelle sie mit Macht überkam.

Eleyne starrte sie entsetzt und ungläubig an. Einen Augenblick lang schien die Luft über dem Bett zu schimmern, dann war alles wieder normal. »Ich bin sicher, daß das nicht stimmt«, sagte sie sanft.

»Es stimmt. Vielleicht ist er bei ihr. Sie ist jung und schön. Ich habe es zufällig einen der Pferdeknechte erwähnen hören. Er hätte sie gern geheiratet, wenn er gekonnt hätte. Wenn er nicht schon so lange mit mir verlobt gewesen wäre.«

»Ich glaube das nicht!« Eleyne wischte ihrer Tochter das Gesicht ab. »Robert betet dich an. Du brauchst nur zu sehen, wie er dich anblickt.«

»Er blickt mich mit schlechtem Gewissen an.« Isabella spürte, wie ihr die Tränen kamen, als die Schmerzen wieder stärker wurden.

»Nein, nein, ich glaube das nicht.« Eleyne legte ihre Hand auf das leinene Bettuch, mit dem die verkrampften Bauchmuskeln ihrer Tochter bedeckt waren. Sie fühlte Isabellas Schmerz, als ob er in ihrem eigenen Körper wäre. »Er liebt dich, und wenn es menschenmöglich ist, kommt er.«

»Kannst du es nicht sehen? Kannst du es nicht im Feuer erkennen?« Isabellas Stimme zitterte, wurde lauter. »Sieh hinein, Mama! Bitte. Sag mir, wo er ist.«

Nahe bei ihnen saßen zwei Hebammen nebeneinander und zählten die Perlen ihres Rosenkranzes. Sie sahen sich an, und die eine bekreuzigte sich.

Im Kamin brannte trotz der Hitze des Tages ein Feuer. Eines der Mädchen warf ab und zu mit einem kleinen Holzlöffel getrocknete Rosenblätter und Koriander darauf, und das Zimmer war von einem würzigen Duft erfüllt. Zögernd ging Eleyne zum Feuer, sie spürte die Hitze auf ihrem Gesicht. Unter ihrem Schleier begann ihr der Schweiß im Nacken auszubrechen. Auf dem Bett stöhnte Isabella.

Eleyne spitzte die Lippen und starrte in die Tiefe des Feuers, spürte die Hitze auf ihren Augen und zwang das Bild herbei – das Bild, das ihr jenseits jeden Zweifels sagen würde, daß Isabella keine Gefahr drohte und daß das Kind ein Sohn sein würde, aber es war nichts dort. Nichts als das rote Herz des brennenden Holzes. Und dann sah sie es: ein Banner, das im Wind flackerte. Einen rotgoldenen Wimpel – die Fahne des Königs.

»Mylady …«

Nur die Hand an ihrem Ellbogen hatte sie davor bewahrt, ins Feuer zu fallen. Zitternd sah sie das Mädchen neben sich stehen, das ihren Arm hielt und sie mit entsetzten Augen betrachtete. »Ich dachte, Sie würden hinstürzen.« Schüchtern zog es die Hand zurück.

»Danke.« Eleyne gelang es nur mit Mühe, sich zusammenzunehmen. »Mir war einen Augenblick lang schwindlig von der Hitze. Wie geht es ihr?« Sie wandte sich wieder dem hohen Bett zu.

»Es geht gut.« Eine der Hebammen lächelte. »Ich schätze, es kommt morgen früh bei Tagesanbruch.«

Robert traf bei Tagesanbruch ein, warf sich erschöpft vom Pferd, sprang, immer zwei Stufen auf einmal nehmend, zu ihrem Zimmer hinauf. Er durfte nur für einen Augenblick die Hand seiner Frau berühren und ihre Stirn küssen, dann wies man ihn wieder zur Tür hinaus. Gebären war Frauensache. Für einen Mann war hier kein Platz, außer vielleicht für einen Priester. Die Hebammen prüften Isabella mit geübtem Blick. Sie war kräftig, aber schon zu erschöpft und zu alt für das erste Kind. Das Baby lag falsch, es hätte schon längst da sein müssen. Sie schüttelten die Köpfe, dann beugten sie sich wieder über das Bett.

Der Anblick ihres Mannes und die Berührung seiner Hand hatten mehr für Isabella getan als alle Zaubersprüche und Getränke der Hebammen in den letzten beiden Tagen. Sie ergriff Eleynes Hand. »Er ist dagewesen.«

Eleyne nickte. »Er war da.«

Das Kind kam vier Stunden später zur Welt. Es war ein Mädchen.

»Nein.« Eleyne schüttelte den Kopf, als man ihr das kleine Wesen hinhielt, das in ein blutbeflecktes Tuch gewickelt war. »Nein. Das ist nicht möglich. Es sollte ein Junge sein.«

»Nun, wenn es ein Junge ist, dann fehlen ihm ein paar wertvolle Anhängsel, Mylady.« Eine der Hebammen nahm das Baby, gluckste leise, wusch die Kleine und wickelte sie ein. »Dieses Mädel wird sicher niemals ein Prinz werden.« Alle in der Burg kannten Eleynes Prophezeiung.

»Nein.« Eleyne schüttelte ungläubig den Kopf. Sie ging zum Bett und nahm die Hände ihrer Tochter, aber Isabella war schon eingeschlafen.

»Sie müssen es Lord Carrick sagen, Mylady.« Die Frauen lächelten höhnisch. »Er hat auch einen Sohn erwartet.«

IV

Am nächsten Abend aßen Robert und Eleyne miteinander am Herrentisch in der Halle. Pater Gillespie war fortgerufen worden, die Verwalter weilten zur Besichtigung der Güter in Garioch, Eleynes Damen saßen am unteren Ende des langen Tisches, und Mary und Kirsty leisteten Isabella Gesellschaft. Zum erstenmal konnte sie in Ruhe und unter vier Augen mit ihm reden.

»Hast du Nachrichten aus dem Süden?« Den ganzen Tag schon dachte sie an den Krieg und an Donald.

Robert nickte, als er seinen Wein an die Lippen hob. »Gratney ist bei King Edward und setzt sich für Donalds Freilassung ein. Alle hochrangigen Gefangenen sind nach England gebracht worden. Entweder nach Chester oder in den Tower nach London.« Er sah sie bei diesen Worten zusammenzucken. »Mach' dir keine Sorgen, er wird es überstehen. Edward behandelt sie gut. Was mir Kopfschmerzen bereitet, sind seine Pläne: Was wird er jetzt mit Schottland machen, nachdem unser edler King John wie ein feiger Narr abgedankt hat?« Seine Stimme war voller Verachtung für den Mann, den man nach der Niederlage gefangen und zum Verzicht auf die Krone gezwungen hatte.

»Du erwartest genau wie ich das Schlimmste von unserem habgierigen Nachbarn.« Eleyne beugte sich vor und stützte die Ellbogen auf den Tisch. »Wann tust du etwas, Robert? Das Land wartet darauf, daß du die Führung übernimmst.«

Am Gründonnerstag, dem 31. März des vergangenen Jahres, war ihr alter Freund und Neffe Robert Bruce of Annandale gestorben – trotzig und streitlustig bis zuletzt. Sein Tod war ein schwerer Verlust für Eleyne wie für alle Anhänger der Bruces gewesen.

»Was kann ich denn tun?« fragte Robert mürrisch. »Mein Vater ist nun einmal keine Kämpfernatur. Trotzdem ist er noch immer der Erbe unseres Anspruchs auf den Thron. So sehr sich Großvater auch bemüht hat, mich als Erben einzusetzen, es ist ihm nicht geglückt. Ich fürchte, ich werde mich gedulden müssen. Während ich warte, werde ich weder den Anspruch John Balliols noch den der Comyns unterstützen, und das heißt in dieser Welt, die nur Schwarz oder Weiß kennt, daß ich zu Edwards Anhängern gehöre. So sieht es also vorläufig aus.« Er grinste sie an. »Natürlich wissen wir beide, wie ich wirklich denke.«

»Sei vorsichtig.« Sie lächelte ihn an, der Charme des Jungen bezauberte sie. »Du wagst ein gefährliches Spiel.«

»Ich weiß.« Er griff nach dem Wein und füllte ihren Pokal nach. »Meinem Großvater würde dieses Spiel gefallen, und ich bin wie er. Ich riskiere einen hohen Einsatz, aber ich spiele, um zu gewinnen. Es wird wohl eine Zeit dauern, aber ich kämpfe um den Preis.«

»Ich glaube dir.« Sie zögerte, dann wandte sie sich ihm wieder zu und sah ihm ins Gesicht. »Sag mir, Robert, wenn wir einander hier schon unsere Geheimnisse verraten. Bist du meiner Tochter untreu?« Nachdem sie die Frage an ihn gerichtet hatte, betrachtete sie sein Profil, und die plötzliche Spannung darin fiel ihr auf. Ein Schweigen trat ein, das zu lange dauerte. »Ich liebe meine Frau. Und ich bin ihr treu, wie es mir meine Pflicht als Ehemann und Ritter gebietet.«

»Und wenn du kein Ehemann und Ritter wärest? Was dann?«

»Nichts dann. Die andere Dame ist auch verheiratet.«

»Ach, ich verstehe.« Eleyne stocherte mit ihrem kleinen Messer mit dem Horngriff lustlos in dem Fleisch herum, das vor ihr auf dem Brot lag. Sie schluckte ihren Zorn und ihre Enttäuschung über ihn herunter. »Ich danke dir, daß du offen zu mir bist. Hast du dein Herz an die andere Dame verloren?«

»Nein.« Er stellte seinen Pokal hin und schüttelte den Kopf. »Nein, ich weiß, daß es Wahnsinn ist. Sie macht nur Ärger. Jedem, der in ihre Nähe kommt. Wenn ich ihr nahe bin …« Er beendete seinen Satz nicht.

»Und sie erwidert deine Gefühle, nicht wahr? Diese Dame, die nur Ärger macht?« verlangte Eleyne hartnäckig zu erfahren.

Er nickte.

»Aber du wirst Isabella nicht betrügen.« Es war eher ein Befehl als eine Frage.

Er schüttelte den Kopf. »Ich liebe Isabella. Ich möchte ihr auf keinen Fall weh tun. Nie.« Plötzlich runzelte er die Stirn. »Hat Isabella dir das etwa gesagt?«

»Wie sehr du auch deine Gefühle versteckt zu haben glaubst, deine Diener haben es gemerkt. Denkst du, sie würden ein Geheimnis für sich behalten?«

V

Er verließ Kildrummy eine Woche später. Weder sie noch Robert waren noch einmal auf ihr Gespräch zurückgekommen, aber Eleyne erkannte an der demonstrierten Zärtlichkeit, die er seiner Frau entgegenbrachte, daß es ihr gelungen war, sein Gewissen wachzurütteln. Sie küßte ihn liebevoll zum Abschied und sah ihm zu, wie er erst Isabella und dann die kleine Marjorie küßte, bei der schon gewisse Anzeigen darauf deuteten, daß sie das feuerrote Haar und das Temperament ihrer Großmutter väterlicherseits geerbt hatte.

Kirsty sah ihren Bruder fortreiten, dann wandte sie sich ihrer Schwiegermutter zu und nahm ihre Hände.

»Was ist, Mama? Was hast du?«

»Was soll sein, mein Kind? Was soll ich haben?«

»Ich weiß nicht, es ist nur so ein Gefühl.« Kirsty zuckte die Schultern. »Etwas ist mit Robert.«

Eleyne machte ein trauriges Gesicht. »Ich habe ihn enttäuscht. Ich hatte ihm gesagt, er würde einen Sohn bekommen. Alle Prophezeiungen – alles deutete darauf hin, daß dieses Kind ein Geschlecht von Königen in die Welt setzen würde ...« Ihre Stimme erstarb. »Meine geistigen Kräfte waren nie sehr stark. Jetzt glaube ich, daß sie mir gänzlich abhanden gekommen sind.« Sie preßte ärgerlich die Lippen zusammen. »Ich sehe gar nichts, Kirsty. Ich kann weder deinen Vater noch Sandy sehen, so sehr ich mich auch bemühe. Ich kann nichts für Schottland erkennen als Blut.« Sie schüttelte sich. »Ich bin zu alt. Ich habe zu lange gelebt.«

»Das ist nicht wahr, Mama.« Zärtlich nahm Kirsty ihre Hand. »Ich möchte, daß du etwas für mich tust. Ich möchte, daß du mit mir nach Garioch reitest. Ich habe einen Plan, über den ich mit dir sprechen möchte.«

»Ich muß doch bei Isabella bleiben …«

»Das ist nicht nötig. Sie wird dich ein paar Tage entbehren können.« Kirsty betrachtete sie aufmerksam. »Dir wird ein Ausflug genauso guttun wie mir. Es ist so heiß hier, und wir sitzen viel zuviel in der Hitze herum. Ein kurzer Galopp zwischen den Hügeln und ein Ritt um Bennachie herum und hinauf nach Drumdurno ist jetzt genau das richtige.«

VI

Die Pferde standen schnaufend da, ihre Köpfe hingen vor Erschöpfung herab, als die beiden Frauen ihren Blick umherschweifen ließen. Die niedrigen Hügel erstreckten sich hinter ihnen in die Ferne, eine Wildnis aus Heide und Torfmoor und Sümpfen mit kleineren Wäldchen und einigen verstreuten Birken hier und da. Vor ihnen erhob sich der große Fangzahn des Bennachie-Felsens in einen Himmel, der so klar und blau wie ein Amethyst war. Kirsty hatte an einem uralten Kreis aus Steinen nahe beim Weg angehalten. Sie glitt vom Pferd, kam an Eleynes Seite, als der Knecht ihr beim Absitzen half, und führte sie in die Mitte des Ringes, der von den aufgerichteten oder halb umgesunkenen Steinen gebildet wurde.

»Es ist ein besonderer Ort«, sagte sie leise und sah zum Himmel hinauf, der blau und leer war.

»Er gehört den alten Göttern.« Eleyne lächelte. Die Luft war sonderbar still. Es gab keine Vögel. Kein Laut unterbrach die intensive Stille. Sogar die Knechte, die ein paar hundert Schritt entfernt warteten, verhielten sich völlig ruhig in der Hitze des Nachmittags. »Weshalb hast du mich hierhergebracht?«

»Ich wollte, daß du mir deine Einwilligung gibst. Ich habe vor, hier eine Kapelle zu bauen und sie der Heiligen Jungfrau zu weihen. Ich muß so viele Gebete sprechen. Ich habe so viele Wünsche …« Sie hielt ein, etwas verlegen. »Ich habe eine Kapelle gelobt, wenn sie mich erhören würde, und eines Tages, wenn ich alt bin, möchte ich hier begraben werden.« Sie ging zu einem der großen schrägstehenden Steine und berührte ihn ehrfürchtig. »Glaubst du, ich habe richtig gehandelt?«

Eleyne antwortete nicht. Sie starrte in die Ferne. Die Luft war voll von dem Duft des Grases und der Blumen, dem harzigen Geruch der Kiefern und des Wacholders, die kalte reine Bergluft war nur ein Hauch jenseits der Hitze. Um Kirsty herum zitterte die Luft von der Hitze des Steins, auf den sie ihre Hand gelegt hatte. Sie sah unwirklich, beinahe geisterhaft aus, ein Gespenst aus der Vergangenheit, ein Wesen aus der Zukunft.

»Ja«, sagte Eleyne leise. »Ich erlaube es.«

Die Luft wurde noch heißer. Der Dunst lag schwer über den Hügeln und brütete Gewitterwolken aus. Die Pferde waren matt und gingen langsam, als ihnen James Leslie, einer von Gratneys Knappen, in rasendem Galopp entgegenkam. Sein Pferd schäumte, die Flocken flogen ihm vom Gebiß.

»Mylady, Gott sei Dank!« Der Mann brachte den Gaul bockend zum Stehen. »Der König ist auf dem Weg nach Kildrummy! Lord Gratney ist schon da und schickt mich, um Sie zu holen.« Er wischte sich mit dem Unterarm den Schweiß von den Augen.

»Ich dachte, der König wäre gefangen.«

»Nicht King John, Mylady.« Der Mann bibberte fast vor Angst. »King Edward von England.«

»Edward?« Ein eisiger Schauer lief Eleyne das Rückgrat hinauf, trotz der Hitze des Tages.

James nickte, rang noch immer nach Atem. »Er besucht Schottland, alle großen Burgen und läßt sich von allen Leuten den Treueid schwören.«

Eleyne erstarrte. »Den Treueid schwören von den schottischen Lords?«

James nickte. »Letzte Nacht war er in Elgin. Er kommt über Inverharroch und will die Mönche in Cabrach besuchen. Mylady, er erwartet Sie in Kildrummy. Sie müssen ihn dort begrüßen.«

Eleyne verzog das Gesicht zu einer finsteren Miene. »Wo ist Lord Mar? Ist er bei ihm?«

»Man hat ihn mit den anderen Gefangenen nach England geschickt, Mylady.«

Ihre Augen wurden schmal. »Dann möchte ich meinem Vetter ein paar Dinge sagen.« Sie trieb ihr Pferd mit einem Tritt an. »Und so bald wie möglich. Wenn er mir in Kildrummy aufwarten möchte, um so besser.«

VII

12. August 1296

Edward war mit seinen siebenundfünfzig Jahren ein großer, energischer, drahtiger Mann mit scharfen Augen, die alles sahen, und einem grimmigen Zug um den Mund. Er trug seine volle Rüstung unter dem bestickten Mantel und auf dem Kopf seinen goldenen Reif. Er strahlte Macht aus. »Lady Mar«, erklärte er mit knappen Worten, »ich komme, um Ihren Treueid und die Schlüssel von Kildrummy entgegenzunehmen.«

»Tatsächlich.« Eleyne sah ihrem Vetter hochmütig ins Auge. »Die Schlüssel gehören meinem Ehegatten, und nur er kann sie Euch aushändigen, wenn er es für richtig hält.«

»Ihr Ehegatte hat einen Treueid geleistet, Madam.« Edwards Augen wurden härter. »Einen Eid, den jeder Mann und jede Frau und jedes Kind in Schottland ablegen werden, bevor ich von hier fortgehe.«

»Wenn er den Eid geleistet hat, warum ist er dann nicht gekommen?« fragte Eleyne mit täuschender Milde.

»Weil ich noch nicht völlig von seiner Treue überzeugt bin. Denn alle, die sich mir in Dunbar entgegengestellt haben, müssen mich erst von ihrer Loyalität überzeugen, bevor ich sie freilasse.«

Eleyne dreht sich um und ging fort. Dann blieb sie stehen und sagte, während sie ihm den Rücken zuwandte: »Ich leiste keinen Eid, bis mein Ehemann nicht zu mir zurückgekehrt ist. Ich habe gelobt, ihm zu gehorchen, und er hat mir nicht befohlen, einem Feind dieses Landes die Treue zu schwören.«

»Einem Feind, Madam?« Edwards Stimme war eisig. »Ich bin der Oberherr von ganz Schottland, einem Land, das derzeit keinen König und keine Regierung hat außer meiner. Ich habe alle Herrschaftszeichen nach England geschafft: den schottischen Kronschatz – alles, was nicht versteckt worden ist –, die Kronjuwelen, den Teller, die Reliquien, das Schwarze Kreuz der heiligen Margaret und …«, er machte eine Pause und starrte triumphierend im Saal umher, »nachdem ich den Palast und die Abtei von Scone eingeäschert habe, ihren kostbaren Schicksalsstein.« Mit einem halben Lächeln quittierte er den Entsetzenslaut, als allen im Saal der Atem stockte. »Er befindet sich in diesem Augenblick auf dem Weg zur Westminster Abbey, und dort wird er bleiben – für immer. Ich regiere jetzt dieses Land, und mein Sohn wird dessen nächster König, gekrönt auf Ihrem Krönungsstein. Sehen Sie mich an, Madam, wenn ich mit Ihnen spreche!« Seine Stimme war wie ein Peitschenschlag.

Eleyne drehte sich um und verbarg ihr Entsetzen, so gut sie konnte, er sollte sich nicht an dem Anblick ihrer Erschütterung erfreuen, die ihr diese Entweihung zufügte. Sie warf ihm einen langen, verächtlichen Blick zu und war sich bewußt, daß der große Saal mit den Männern und Frauen von Mar und darüber hinaus den grimmigen, dichtgeschlossenen Reihen der Bewaffneten gefüllt war. Aller Augen waren auf sie gerichtet, als sie sprach.

»Ihr werdet Schottlands Unabhängigkeit nicht dadurch vernichten, indem Ihr ihm seine heiligsten Güter stehlt«, sagte sie selbstsicher. Ihr Gesicht war hager und wutverzerrt. »Auch werdet Ihr auf diesem Wege die Treue des Volkes nicht gewinnen. Was mich angeht, so schulde ich Euch keine Treuepflicht, Edward von England. Euer Vater hat mich für tot erklärt! Er hat mir mein Land, mein Erbe, meinen Namen und sogar meine Kinder weggenommen! Ich schulde Euch nichts!«

»Natürlich.« Edward lächelte. »Sie sind nicht nur eine rebellische Schottin! Wie konnte ich vergessen, wie dick das Blut der walisischen Rebellen in Ihren Adern rollt? Vielleicht sollte ich Sie verhaften lassen, Madam, und zu Ihrem Neffen Owain in die Burg von Bristol oder in den Tower von London schaffen, zusammen mit diesem elenden schottischen König, dem Sie so begeistert anzuhängen scheinen. Wenn ich es mir überlegt hatte, ob ich Ihren Mann vielleicht freilassen sollte, so weiß ich jetzt genau, daß es richtig war, ihn in London zu lassen, wo er in Sicherheit vor seiner rebellischen Frau ist. Sie haben noch eine allerletzte Chance.« Er stieß seinen Kopf vorwärts und starrte sie mit Eiseskälte an. »Entweder leisten Sie mir den Treueid, oder Sie verbringen den Rest Ihrer Tage zusammen mit ihm in meinen Kerkern im Tower zu London.« Er verschränkte die Arme vor der Brust. »Lassen Sie uns keine Zeit mehr vergeuden. Entscheiden Sie sich!« Er sah ihr in die Augen und ließ sie nicht los.

Eleyne wandte die Augen ab. Die Drohung mit Edwards Kerker war zu real und zu schrecklich, als daß sie daran denken mochte. Und was für einen Nutzen brachte es Donald oder den Kindern oder Schottland, wenn sie gefangensaß? Sie verfluchte ihre Schwäche und zwang sich dazu, vor ihm niederzuknien. Und sie legte ihre Hände zwischen seine Hände. Sie sprach die Eidesformel, die er ihr diktierte, mit zusammengebissenen Zähnen und sah den Triumph in seinen Augen über ihre öffentliche Demütigung. Sie vermochte kaum, ihre Tränen zurückzuhalten.

Sie ging zur Kapelle. Sie kniete in fast völliger Dunkelheit nieder und sah die Statue der Heiligen Jungfrau an. Sie war müde, so müde. Mit kerzengeradem Rücken griff sie nach dem Rand des Pults und versuchte zu beten. Das Bild der Jungfrau war verschwommen, von ihren Tränen verwischt, die Flamme der Kerze zu Füßen der Madonna schimmerte und winkte, ein winziger Feuerfleck in der kühlen Finsternis der großen Kapelle.

Es war ihr nicht bewußt, daß sie aufstand und zum Altar ging. Der einzige Laut war das Rascheln ihrer Röcke auf den Fußbodenfliesen. Der dicke Teppich war schattenhaft im Kerzenlicht, unbeweglich die Statue der Jungfrau mit dem Kind, deren Augen leer auf unendliche Entfernung gerichtet waren. Sie bückte sich, ihre Hand senkte sich unwillkürlich auf das schwere Gewebe hinab, und sie fing an, es beiseite zu ziehen.

Es war, als ob jemand ihr Anweisungen erteilte, als ob ein anderer ihre Hand führte. Sie dachte nichts, als ihre steifen, verknöcherten Finger die Fliesen berührten. Sie wußte nichts davon, daß sie an ihnen zog und mit ihren Nägeln kratzte, mit einem von ihnen hin und her fuhr, bis der schlechtgemischte Mörtel zerkrümelte und riß und die Fliese am Boden sich lockerte und von ihren Nachbarn löste. Sie wußte nicht, daß sie das lockere Brett anhob, darunterfaßte, das staubige Kästchen herausnahm und an ihrem Busen verbarg. Sie legte das Brett wieder an seinen Platz zurück und schob den Teppich darüber. Selbst als sie schon wieder auf dem Gebetsschemel kniete, wußte sie nicht, was sie getan hatte.

Während der beiden Tage, die Edward in Kildrummy verbrachte, hielt Eleyne sich in ihrem Söller auf. Er verlangte nicht, daß sie noch einmal vor ihm erschien. Es genügte ihm, daß er nun Zugang zu einer der reichsten und am besten mit allem versorgten Burgen im Norden Schottlands hatte. Auf Eleynes Kosten wurden die Packpferde beladen und die Männer mit Lebensmitteln versorgt. Erst als alle ausgeruht und gesättigt waren, befahl er den Aufbruch. Bevor er losritt, mußte Eleyne allerdings noch einmal in der großen Halle vor ihn hintreten.

Sie ließ ihn lange genug warten, um noch ihr bestes Kleid anzuziehen und einen juwelenbesetzten Kranz holen zu lassen, den sie sich aufs Haar setzte. Als sie schließlich in der Halle erschien, kam sie als Princess königlichen Bluts, und als Princess kniete sie würdevoll vor ihm, und all ihre Schmerzen und Leiden waren vergessen.

Er begrüßte sie mit einem knappen Nicken.

»Ich möchte jetzt abreisen, Lady Mar. Ein Wort noch, bevor ich Sie verlasse.« Sie hörte die Stille in dem Deckengebälk des Saals hallen, als alle, Männer, Frauen und Kinder, den Atem anhielten. »Ihr Sohn, Lord Gratney, wird für mich Kildrummy in Besitz nehmen. Ich werde meinen Baumeister beauftragen, Ihre Mauern zu verstärken. Schottlands Burgen, ebenso wie die in Wales, werden mir als Festungen dienen, um das Land im Gehorsam zu halten. Und das Volk.« Er machte eine Pause. »Fordern Sie mich nie wieder heraus, Madam. Wenn Sie es tun, werden Sie teuer dafür bezahlen. Drücke ich mich verständlich genug aus?«

Sie zwang sich zu einem Lächeln. »Ich glaube schon, Vetter.« Der Spott, der in ihrem letzten Wort lag, brachte einen Rötefleck auf seine Wangen, aber ohne ein weiteres Wort drehte er sich um und schritt auf die große Doppeltür zu, die in den Hof führte. Niemand sonst rührte sich, bis auf einen scharfen Befehl von einem Ritter Edwards hin die Bewaffneten stillstanden und Haltung annahmen. Dann klopften sie mit ihren Lanzen auf den Steinfußboden, wandten sich um und marschierten hinaus.

Eleyne fühlte, wie sie ein wenig hin und her schwankte, dann lag eine Hand auf ihrem Arm und noch eine auf ihrem anderen. Kirsty und Mary und ihre Damen umgaben sie. Die Bewohner der Burg scharten sich noch einmal um sie. In wenigen Minuten würde der König mit seinen Männern durchs Torhaus und auf der langen Straße nach Süden sein.

Eleyne straffte sich. Irgendwie fand sie die Kraft, aufrecht zu stehen und zu lächeln. »Ich danke euch allen«, sagte sie mit lauter Stimme, die bis in die fernsten Ecken des Saales drang. »Wir wollen versuchen, dieses Zwischenspiel zu vergessen. Wir kehren jetzt alle zu unseren Pflichten zurück, wir sichern Kildrummy, mit verstärkten Mauern oder nicht, für Earl Donald und halten es, bis er zurückkommt. Und vergessen wir alle eines nicht«, sagte sie und sah sich stolz um, »was auch immer für Eide euer Earl und eure Countess von unserem selbsternannten Oberherrn zu leisten gezwungen wurden, wir sind alle durch Geburt oder Heirat«, sie machte eine Pause und lächelte, »Schotten!«

VIII

Ihre Finger zitterten so sehr, daß es ihr nicht gelang, das schwache Flämmchen an die Kerzendochte zu halten. Ein Seufzer entrang sich ihrer Brust, als die zitternde Flamme immer wieder ausging. Einen Augenblick lang fing der Docht einer Kerze Feuer, und in dem Lichtschein sah sie sich um. Das Zimmer war leer. Sie konnte niemanden sehen. Dann, so rasch, wie sie entflammt war, ging die Kerze wieder aus. Eleyne schluchzte laut auf, als sie eine Hand spürte, die sich über ihrem Handgelenk schloß. Ein Mantel glitt zu Boden. Das Binsenlicht fiel ihr aus der Hand und erlosch von selbst auf dem Fußboden. Sie stand in völliger Finsternis.

Sie spürte seinen Atem auf ihrer Wange, seine Hände auf ihren Handgelenken. Sie versuchte sich loszureißen, aber er hielt sie fest und seine Arme umschlangen sie, und sie spürte seine Lippen auf ihren Lippen.

Es geschah geräuschlos, daß er sie zum Bett zog. Sie sträubte sich nicht. Sie merkte, wie sie ihm gehorchte. Wenn es Zeit für sie war, zu sterben und zu ihm zu gehen, dann sollte es so sein. Seine Hände waren jetzt auf ihrem Körper, sein Mund auf ihrem Mund, und sie zog selbst ihr Nachthemd zur Seite, um ihre flachen, verdorrten Brüste seinen Lippen darzubieten.

»Alexander.« Sie flüsterte seinen Namen. »Mein Liebling.« Sie konnte nicht gegen ihn ankämpfen. Donald war ein Teil der Vergangenheit. Sie merkte, wie ihre Schenkel auseinanderfielen, ihr Körper, trocken und alt, war feucht vor Hingabe und Verlangen. Der Schrei der Freude und Erlösung, den sie von sich gab, war der Schrei einer jungen Frau in den Armen ihres Geliebten. Die Frau, die sich warm in das Bett unter die Decke kuschelte, als er sich zurückzog, war wieder jung und zufrieden und versank in einen tiefen Schlaf der Erschöpfung.

IX

Robert hatte Geschenke für seine Frau und die Tochter mitgebracht und ein in Silber gefaßtes Ebenholzkästchen für Eleyne. Sein Gesicht war grau vor Müdigkeit und Sorge.

»Armes Schottland.« Er setzte sich zu seiner Frau aufs Bett und hielt Isabellas Hand. »Daß es so weit kommen mußte, daß er den Stein von Scone genommen hat! Es ist ein Skandal, den niemand verzeihen wird. Aber wenigstens kann das Land sich jetzt, da er fort ist, einigen. Wir müssen einen neuen Führer finden, der uns vorläufig weiterhilft.« Unausgesprochen blieb, daß er eines Tages selbst die Führung übernehmen würde. Er wußte, daß man ihn kritisierte und an seiner Loyalität zweifelte, da er Balliol nicht unterstützte. Nur sehr wenige Leute – unter ihnen seine Frau und seine Schwiegermutter – wußten, daß er handeln wollte, wenn seine Zeit gekommen war.

Er runzelte die Augenbrauen, als Isabella seine Hand fester umklammerte. »Tut dein Bein noch weh, Liebling?« Er war erstaunt und besorgt gewesen, sie so viele Wochen nach der Geburt immer noch im Bett zu finden.

Sie nickte und biß sich auf die Lippe. Ihre Kraft war noch nicht wiedergekehrt, so daß sie nicht aufstehen konnte, und jetzt war er da, dieser seltsame Schmerz tief in ihrem Bein. »Es spielt keine Rolle. Es ist nur ein Krampf.« Sie richtete sich in den Kissen auf. »Mach' dir meinetwegen keine Sorgen, ich möchte von deinen Plänen hören. Wie soll denn der nächste König der Schotten gekrönt werden ohne den Krönungsstein?« Ihre Augen hingen bewundernd an seinem Gesicht, ihre Finger wanden sich um seine Finger. Sie wußte, daß in ihren und seinen Träumen er dieser König sein würde.

Sie war genauso enttäuscht darüber gewesen wie er, daß das Baby kein Junge war, aber sie hatten einander versprochen, daß es das nächstemal einer werden würde, dann würde Eleynes Prophezeiung sich erfüllen. Sie sprachen bis spät in die Nacht miteinander, machten Pläne und träumten von der Zukunft, wählten Namen für ihre nächsten sechs Kinder. Dann küßte er sie zur guten Nacht, zog die Bettdecke über sie und stopfte sie fest, bevor er sich umwandte und in die große Halle hinunterging.

Er schlief, als sie ihn am Morgen holen kamen. Der Schmerz in ihrem Bein hatte sich unerbittlich aufwärts durch ihren Körper in ihre Brust hinaufbewegt. Als er zu ihr kam, hustete und keuchte sie und bekam keine Luft mehr.

»Isabella?« schrie Robert, als er sie sah. »Isabella? Mein Liebling, was ist denn? Wo ist Lady Mar? Holt sie, schnell!«

Pater Gillespie saß am Bett, küßte sein Kreuz und steckte es weg unter seine Robe. Er schüttelte traurig den Kopf. »Sie stirbt, Mylord. Es tut mir leid. Es ist Gottes Wille.«

»Wie meinen Sie das?« Roberts Gesicht war kalkbleich. »Sie wird doch nicht sterben? Nein! Das kann nicht Gottes Wille sein! Wir haben so große Pläne gemacht.« Er beugte sich über sie und nahm Isabellas Hände zwischen seine Hände. Sie waren eiskalt. Sie lag weiß und blutleer da, ein Gespenst auf dem blassen Leinentuch, ihr Haar war um sie herum ausgebreitet auf den Kissen, die feucht von dem Wasser waren, mit dem man ihr das Gesicht abgewischt hatte.

»Liebling!« Er legte seine Lippen auf ihre Lippen und wollte, daß ihre Augen sich öffneten. »Bitte verlaß mich nicht, Isabella!« schrie er in panischer Angst.

»Es nützt nichts, Mylord.« Die verbliebene Hebamme trat vor. »Sie ist tot.« Die andere hatte vor einer Stunde ihre Sachen gepackt, als es klar wurde, daß ihre Patientin im Sterben lag. Sie hatte Robert an die Seite seiner Frau holen sollen, während Isabella noch fähig war, ihn zu erkennen, war aber statt dessen im Morgengrauen geflohen.

Robert wollte es nicht glauben. »Es ging ihr doch gut. Wir haben gelacht. Sie sollte meine Königin werden …« Seine Stimme versagte, und er begrub sein Gesicht in den Betttüchern, versuchte sie mit der Wärme seines Körpers wieder zum Leben zu erwecken.

Hinter ihm waren Kirsty und Eleyne erschienen. Sie standen beieinander und konnten es nicht fassen. Die Tränen liefen ihnen über die Wangen. Eleyne war betäubt. Isabella konnte nicht tot sein. Sie war so springlebendig, so fröhlich, so neugierig gewesen. Der Schock war so groß, sie begriff nicht, was geschehen war. Kein Anzeichen, keine Vorwarnung hatte es angekündigt. Und trotzdem: Die Götter bestraften sie dafür, daß sie sich eingebildet hatte, sie könnte die Zukunft voraussagen. Der Sohn ihrer Tochter würde kein Geschlecht von Königen zeugen. Ihr Schicksal und das der Menschen, die sie umgaben, war ebenso zufällig und der Willkür einer unbegreiflichen Macht ausgeliefert wie Würfel in einem Spiel.

Sie sank auf die Knie, als ihre Tränen trockneten, der scharfe, bittere Geschmack der Niederlage und der überwältigenden Enttäuschung blieben zurück. Ihrer eigenen, aber vor allem

Isabellas. Die so lange herbeigesehnte und schließlich so glückliche Ehe hatte gerade drei Jahre gedauert.

Sie kniete noch lange am Boden. Als sie sich endlich mit steifen Gliedern erhob, ging sie zum Bett. Sie beugte sich darüber, küßte ihre Tochter auf die Stirn und wandte sich dann ab.

In ihrer Wiege in der Ecke schlief die kleine Marjorie weiter und wußte zu ihrem Glück nichts davon, daß ihre Mutter tot war.

Zweiundzwanzigstes Kapitel

I

DER TOWER OF LONDON * Juni 1297

»Nein.« Donald starrte den König an. »Ich kehre nicht ohne meinen Sohn nach Schottland zurück.«

»Dann werden Sie nicht nach Schottland zurückkehren.« Edward saß in seinem hübsch geschnitzten Sessel im großen Saal. »Ich brauche Sir Alexander hier – als Sicherheit.« Edward lächelte mit zusammengepreßten Lippen. »Damit ich weiß, daß Sie sich an die Bedingungen Ihrer Freilassung halten werden.«

»Ich habe Ihnen mein Wort gegeben. Das ist genug!« Donald starrte den Vetter seiner Frau mit offenem Widerwillen an.

»Ich fürchte, es genügt mir nicht.« Die Stimme des Königs war seidenweich. »Ich brauche Sicherheiten von allen schottischen Lords, bevor ich sie freilasse. Sobald Sie Ihren Teil der Vereinbarung erfüllt haben, wird Ihr Sohn zu Ihnen zurückkehren.«

Sandys Gesicht wurde blaß, als Donald es ihm sagte, aber er zwang sich zu einem Lächeln. »Es macht nichts, Papa. Wichtig ist nur, daß du so bald wie möglich nach Kildrummy zurückkehrst. Um Mamas willen und um deiner selbst willen.« Er umarmte seinen Vater und wandte sich rasch von ihm ab, so daß Donald nicht die Enttäuschung und Verzweiflung in seinen Augen sehen konnte. »Es wird ja nicht lange dauern. Am Ende kommen wir alle frei, du wirst sehen.«

Nie wieder den kalten, köstlichen Duft der Berge einzuatmen. Nie wieder über das Torfmoor zu reiten. Falkenjagd und übermütiges Spiel mit seinem Zwillingsbruder – nimmermehr. Er spürte, wie er innerlich weinte, als er seinen Vater umarmte und ihm ein letztes Mal Lebewohl sagte. Das Gefühl des bevorstehenden Untergangs überkam ihn wie eine schwarze Wolke, vor der es kein Entrinnen gab.

II
KILDRUMMY CASTLE

Eleyne war wie auf die Folter gespannt. Die Burg war festlich geschmückt, ein Bankett war geplant anläßlich der Rückkehr des Earl. Aber es war nichts von ihm zu sehen. Sie stand im Söllerzimmer und sah hinaus über die Hügel, als Duncan eintrat. Er und Gratney waren bei ihr in Kildrummy.

»Ich glaube, ich sollte nach Süden reiten, ihm entgegen, Mama«, sagte er. »Es gibt allerlei Gründe für eine Verspätung.« Er fröstelte. Trotz der Wärme und des Sonnenscheins, der durch das Fenster ins Zimmer fiel, war es kalt und unbehaglich. Als lauerte etwas Unsichtbares darin. Seiner Mutter mußte es auch aufgefallen sein. Er sah, wie sie einen Blick über die Schulter warf, als sie auf ihn zukam, um ihn zu küssen. »Ich mache ihm Beine, keine Angst.« Er umarmte sie liebevoll. »Wir können nicht zulassen, daß er in der Grenzregion herumpoussiert, während wir hier ein Fest für ihn vorbereiten!«

Später entließ Eleyne ihre Damen und ging in den Garten, um sich auf die Rasenbank zu setzen. Sie wollte allein sein und runzelte die Brauen, zögerte, als sie merkte, daß schon jemand dort war, dann sah sie, daß es Kirsty war. Sie setzte sich neben ihre Schwiegertochter. Lange Zeit hindurch sprach keine von ihnen. Sie verstanden einander auch ohne Worte. In den Blumen um sie herum flatterten Schmetterlinge, summten Bienen, und die Wärme der Sonne wirkte einschläfernd.

Kirsty war es, die zuerst sprach. »Ist dir etwas Sonderbares in der Luft aufgefallen?« fragte sie. Ihr Ton war zaghaft. »Etwas, das einem fast Angst machen kann. Als ob jemand oder etwas uns alle beobachtet.« Sie riß einen Lavendelzweig ab und zerrieb ihn nervös zwischen ihren Fingern. Im klaren Sonnenlicht des Gartens, wo keine Schatten lauerten, schien es eine närrische Frage zu sein.

Eleyne schloß die Augen. Eine Weile dachte Kirsty, sie würde ihr nicht antworten. Sie sah einer Biene zu, die über den Blüten des Majorans hinter ihnen brummte.

Als ihre Schwiegermutter schließlich sprach, erschrak sie über den Schmerz in Eleynes Stimme. »Es ist jemand hier, und er will nicht, daß Donald zurückkommt.«

»Wer ist hier?« flüsterte sie entsetzt.

»Du würdest es nie glauben, wenn ich es dir sagte.«

»Warum?« Kirstys Augen glitten prüfend über Eleynes Gesicht. Diese Frau war unglaublich. Obwohl Ende Siebzig, war sie noch immer so aktiv wie jemand, der halb so alt war. Das Haar unter ihrem Schleier war, wie Kirsty wußte, von einigen silbernen Streifen abgesehen, noch immer so prachtvoll und lockig wie in ihrer Jugend. Ihre Augen waren so scharf wie eh und je, ihr Geist war lebhaft und klug. Nur ihr Körper verriet eine gewisse Steifheit, die zu verheimlichen Eleyne sich große Mühe gab. Kirsty betrachtete Eleynes Gesicht. Die hohen Wangenknochen, die helle Haut, die von einem feinen Netz von Tausenden von Fältchen des Alters bedeckt war, wirkten immer noch so schön und stolz. Und plötzlich wollte Kirsty nicht mehr die Antwort auf ihre Frage wissen. Es war zu lächerlich – daß sie plötzlich überzeugt war, ihre Schwiegermutter, eine Frau von fast achtzig Jahren, hätte einen Geliebten.

Seine Gegenwart war überall zu spüren – im Söller, im Schlafzimmer, im Stall und in den Vorratskammern, in der großen Halle und sogar in der Kapelle mit den drei Spitzbogenfenstern, in die sie manchmal ging, um allein in dem kühlen, verschiedenfarbigen Licht zu sitzen. Und Kirsty war nicht die einzige Person, die es gespürt hatte. Bei mehr als einer Gelegenheit hatte sie Leute erschaudern und über ihre Schultern blicken sehen, als die brütende Wolke, die über Kildrummy hing, tiefer herabsank.

Eleyne war hin- und hergerissen. Halb wollte sie sich vor ihm verstecken, ihn wegschicken, aus ihrem Leben verbannen, so daß sie Donald mit unkomplizierter und rückhaltloser Liebe willkommen heißen konnte. Der andere Teil, die treulose, verräterische Seite von ihr, wollte nachgeben, nicht mehr gegen ihn ankämpfen, diesen Geliebten in ihr Bett einladen, der sie noch immer als junge Frau sah und ihrem Körper die Reaktionen einer jungen Frau entlockte.

»Hast du von Robert gehört?« wechselte Eleyne das Thema.

Kirsty schüttelte traurig den Kopf. »In der letzten Zeit nicht. Er ist immer noch untröstlich. Er mag nicht einmal über Isabella sprechen. Er verbringt seine ganze Zeit mit Freunden, macht Pläne. Ich denke, das ist schon etwas: daß er sich mehr und mehr Schottlands Sache widmet.« Sie lächelte nachsichtig, wie ältere Schwestern es tun. »Aber er betet Marjorie an. Also wird er immer wieder zu uns zurückkehren, um sie zu besuchen. Er verwöhnt sie maßlos.« Robert hatte Marjorie in Kildrummy gelassen, damit seine Schwester sie ihm aufzog.

Ein langes Schweigen trat ein. Als sie Eleyne ansah, bemerkte sie einen abwehrenden Ausdruck in ihrem Gesicht. »Du fragst nie, weshalb Gratney und ich noch keine Kinder haben.«

Eleyne seufzte müde. »Ich habe gelernt, meinen Zukunftsvisionen zu mißtrauen, aber ich bin sicher, daß es bei dir gutgehen wird. Es eilt nicht. Wenn Gott will, wirst du ein Baby bekommen.«

Gott.

Glaubte sie nicht mehr an die Götter ihrer Heimatberge?

Kirsty runzelte die Stirn. »Ich hoffe es, aber gleichzeitig habe ich Angst. Die arme Isabella. Es war so schrecklich für sie …« Ihre Stimme verlor sich.

Eleyne nahm ihre Hand. »Isabella ist nicht im Kindbett gestorben. Was für ein unfreundliches Schicksal sie auch getötet haben mag, es hatte nichts mit dem Baby zu tun. Du brauchst dich nicht zu fürchten, Kind. Sieh mich an. Ich habe elf Kinder geboren und lebe immer noch, zornig und uralt.« Von ihren beiden Babys, Alexanders Babys abgesehen, die ihr die eifersüchtigen Götter geraubt hatten, hatten all ihre Kinder das Erwachsenenalter erreicht. Verlangte sie zuviel, wenn sie sich noch mehr wünschte? Ihre Kinder waren erwachsen, aber sie hatte zu viele zu früh sterben sehen. Ihren ältesten Sohn Colban und seinen Sohn und seinen Enkel. Und Isabella. Ihre Augen füllten sich mit Tränen, als sie wieder an ihre schöne Tochter dachte, und sie wandte ihren Kopf jäh ab, damit Kirsty sie nicht weinen sah.

III
SLAINS CASTLE, BUCHAN

Morna betrachtete entsetzt ihre Tochter. Das Mädchen hatte sehr leise gesprochen, und ihre Stimme war in dem Krachen der Wogen auf den Klippen, die die einsame Burg an der wilden Küste umgaben, untergegangen, aber was sie gehört hatte, war grauenhaft.

Isobel of Fife, die jetzt mit dem Earl of Buchan verheiratet war, mit dem man sie als Kind verlobt hatte, war rebellisch, unglücklich, unbezähmbar. Die Tatsache, daß es auch in dieser katastrophalen, unmöglichen Ehe kein Kind gab, war, so schien es, kein Zufall. »Vor Jahren, Mama, habe ich Iseabail versprochen, daß sie kein Baby bekommen würde.« Der weiche gälische Klang des Namens war ein musikalisches Flüstern auf ihren Lippen. »Ich habe sie alles gelehrt, was ich wußte, alles, was du mir beigebracht hast.« Das Mädchen lächelte sie schüchtern mit großen Augen an. »Meine Lady hat sich geschworen, niemals, niemals ein Kind von Lord Buchan zu gebären.« Sie sah hinter sich in die schattigen Ecken des Zimmers. »Und sie will unfruchtbar bleiben oder sterben.«

Morna schloß schaudernd die Augen. »Warum hast du mir das nicht schon früher erzählt?« Es war ihr erster Besuch bei Mairi in all den Jahren, seit sie zu Isobel gegangen war.

»Iseabail hat mich schwören lassen, daß ich es nicht tun würde. Sie hat schreckliche Angst.« Mairi trat näher an ihre Mutter heran. »Es gibt noch andere Dinge, schreckliche Dinge, die ich dir nicht erzählen kann.«

Aber als Morna das schöne, von der Faust ihres Ehemannes geschlagene Gesicht der Countess of Buchan gesehen hatte, wußte sie schon, daß sie nur einen Teil der Geschichte kannte.

Sie las es in Isobels Augen: Die junge Countess of Buchan hatte einen Geliebten. Und wenn ihr Ehemann es herausbekam, würde er sie töten.

IV
KILDRUMMY CASTLE * Juli

»Es tut mir leid, Ihnen solche Nachrichten zu bringen, aber Sie mußten es wissen.« Morna hatte gewartet, bis Bethoc gegangen war. Dann erst, als Eleyne ihrer Freundin am Tisch gegenübersaß, hatte sie zu reden begonnen. Sie schüttelte traurig den Kopf, als Eleyne scharf den Atem einzog. »Lady Isobel hat niemanden, an den sie sich wenden kann, als Sie.«

Eleyne saß mit auf den Tisch gestützten Ellbogen da und legte ihr Gesicht in die Hände. »Heilige Jungfrau! Wie konnte ich das übersehen, wie unglücklich sie war? Ich muß zu ihr reiten und sie mir anschauen!«

»Sie wird jetzt mit dem Earl in Stirling sein. Sie ritten gerade fort, als ich nach Hause aufbrach. Aber ich habe Ihnen noch nicht alles erzählt. Es gab da Dinge, die Mairi nicht einmal mir anvertrauen wollte, also nehme ich an …« sie zögerte, »daß Lady Buchan einen Geliebten hat.«

Eleynes Kopf fuhr hoch. »Und hat ihr Mann schon einen Verdacht?«

Morna zuckte die Schultern. »Mairi ist ihrer Herrin gegenüber so treu, daß sie nicht einmal mit mir über solche Dinge spricht. Sie beschützt Isobel wie eine Glucke ihr Küken.« Morna lächelte verständnisvoll. »Sie haben eine gute Entscheidung getroffen, als Sie ihr Ihre Großenkelin anvertraut haben.«

Eleyne nickte. »Ich liebe das Kind. Und um ihres Vaters und ihres Großvaters willen wollte ich sie beschützen. Ihre Mutter hat sich nie um sie gekümmert. Ich kann der Frau nicht verzeihen, daß sie so einfach nach England zurückgekehrt ist und das eine Kind hiergelassen hat, während sie das andere mitnahm.« In Schottland mißbilligte man es, daß der junge Earl als Engländer aufwuchs.

»Lady Buchan ist ein tapferes Mädel, lebhaft und schön.«
Morna lächelte. Sie war Isobels Charme erlegen. »Mairi tut für
sie, was sie kann. Aber wenn Lord Buchan es erfährt …« Die
beiden Frauen waren stumm, während sie über den Zorn des
Earl nachdachten, falls er entdecken sollte, daß seine Frau ihm
untreu war. »Ich glaube, es wäre gut, wenn Sie mit ihr reden
könnten. Damit sie weiß, daß sie nicht allein ist. Sagen Sie ihr,
sie soll vorsichtig sein.«

Wieder wurde es still im Zimmer. Plötzlich fragte sich
Morna, ob Eleyne ihr zugehört hatte. Ihre Aufmerksamkeit
galt etwas anderem. Sie schien etwas zu hören, das sehr
weit fort war. Ihre Augen waren auf die gegenüberliegende
Wand des Zimmers gerichtet. Morna beobachtete verwundert
ihren Gesichtsausdruck. Sie sah diesen Ausdruck nicht zum
erstenmal bei Eleyne – dieses sonderbare Leuchten in ihren
Augen.

In die Stille des Raums drang von fern ein Hornsignal, aber
Eleyne schien es nicht zu hören. Sie lächelte leicht, war tausend
Meilen weit weg.

Draußen fiel der Regen wie ein dichter Vorhang, das Rauschen erfüllte die Luft, und in dem leeren Kamin schlugen ein-
zelne Regentropfen auf die Steinfliesen.

Morna zog ihren Schal um sich herum, dann stieß sie einen
kleinen Angstschrei aus, als ein kalter Windstoß zum offenen
Fenster hereinfuhr. Ein zusammengerolltes Pergament, das am
anderen Ende des Tisches gelegen hatte, fiel zu Boden. Es war
plötzlich sehr dunkel.

Eleyne fühlte ein unangenehmes Pochen ihres Herzens in
der Brust.

Geh weg. Sie sprach die Worte nicht aus, aber es kam ihr vor,
als hätte sie laut hinausgeschrien.

»Bitte geh weg!« Diesmal war das Flüstern hörbar, und Mornas Augen wurden riesig groß.

»Mit wem reden Sie denn?«

Aber als sie sie fragte, wußte sie es bereits.

Die große, breitschultrige Gestalt, die direkt hinter Eleyne
stand, war so undeutlich, daß sie kaum mehr als ein Schatten
war, aber sie sah sie klar genug, um sein flammend rotes Haar

und den Bart zu erkennen, als er auf die Frau herunterblickte, die vor ihm saß.

Vom Torhaus kam wieder das Hornsignal des Wächters, seltsam vom Regen gedämpft. Keine der beiden Frauen hörte es. Morna hielt den Atem an. Der Geist, wenn er es war, schien ihre Gegenwart nicht zu bemerken. Seine Augen waren auf Eleyne gerichtet, als ob er sie zwingen wollte, sich umzudrehen und ihn anzusehen.

Eleyne hatte sich nicht bewegt. Sie schien erstarrt zu sein, und ihre Fäuste waren geballt.

Morna streckte die Hand nach dem Feuerstein und dem Stahl aus, die auf dem leeren Tisch am Fuße des Kerzenhalters lagen. Als ihre Hand sich langsam darauf zubewegte, waren ihre Augen auf die Gestalt gerichtet, die hinter Eleyne stand. Er hatte sich jetzt leicht vorgebeugt und legte seine Hände auf ihre Schultern, eine so leichte Berührung, daß sie sie nicht zu spüren schien.

Der Feuerstein war in ihrer Hand. Langsam hob Morna ihre Fäuste und schlug ihn dann mit einem Klicken gegen den Stahl. Der Funke flog in die Zunderbüchse, und eine Sekunde später stieg eine blaue Rauchspirale auf, und eine kleine, klare blaue Flamme zeigte sich in ihrer gewölbten Hand.

Sie blickte hoch.

Die Gestalt war verschwunden.

Sie stand auf, zündete die Kerzen an und sah, wie Eleynes Augen von dem ständig wachsenden Kreis der Kerzen erleuchtet wurden.

»Er muß Sie sehr lieben«, sagte sie leise.

Eleyne schien zu akzeptieren, daß Morna ihn gesehen hatte. »Ich bin eine glückliche Frau. Daß ich zwei Männer gehabt habe, die mich liebten, ist ein großes Glück!«

»Obwohl sie jetzt um Ihren Besitz streiten!« Morna ging um den Tisch herum und legte ihre Hand auf Eleynes Schulter, wo die Schattenhand gewesen war. »Einen toten Mann wählen, hieße das Leben verneinen«, sagte sie leise.

»Ich weiß.« Steif erhob sich Eleyne und ging zu einer Truhe am anderen Ende des Raums. Sie nahm einen kleinen Kasten heraus und fand, was sie suchte. »Ich weiß nicht, wie das hierhergekommen ist.« Sie legte das blitzende Schmuckstück auf den Tisch. »Ich hatte es in der Kapelle versteckt.«

Morna betrachtete es, ohne es zu berühren. »Der Phönix.«

Eleyne hob ihn an der Kette hoch und hielt ihn so, daß er im Kerzenlicht pendelte. Die rubinroten Augen und die feurigen Federn des Vogels funkelten und blitzten. »Ich habe immer wieder versucht, ihn loszuwerden, doch er kehrt stets zurück. Aber wenn Donald nach Hause kommt, muß er fort.« Eine lange Zeit starrte sie ihn an, dann wandte sie sich Morna zu. »Kommen Sie mit.«

Die Wache an der Schlupfpforte starrte hinter den beiden Frauen her, als sie in die regnerische Nacht hinausgingen. Innerhalb von Sekunden waren sie nicht mehr zu sehen. Die Stufen, die in die Schlucht hinter der Mauer hinabführten, waren steil und rauh unter ihren Füßen. In der völligen Finsternis spürte Eleyne, wie sie sich den Knöchel verrenkte, und sie schrie leise vor Schmerz auf, zwang sich aber weiterzugehen.

»Es sind nur noch ein paar Schritte. Hier, wo der Wasserfall ist und bevor es ganz sumpfig wird.« Sie strengte ihre Augen an und lachte, um sich an dem Hall zu orientieren. Es schallte seltsam laut in der Stille. »Ich muß den Leuten sagen, daß sie die Büsche hier abschneiden. Falls man uns angreift, wird der Feind den Bach heraufkommen, um dicht an die Mauern zu gelangen.«

Morna, die in der Dunkelheit so gut wie eine Katze sah, folgte ihr sicheren Fußes. »Niemand wird Kildrummy angreifen. Schon allein diese Vorstellung! Hier, im Herzland von Mar?«

»Ich hatte bereits einen Feind hier, im Herzland von Mar, Morna«, erinnerte Eleyne sie scharf. »Wenn Edward im Frieden hierherkommen kann, vermag er es auch im Krieg.«

»Sie glauben, daß er zurückkehrt?« Morna spürte, wie ihre Nackenhaare sich aufrichteten.

»Wer weiß?« Eleynes Stimme war neutral. »Aber wenn, dann wäre ich darauf vorbereitet.«

»Wohin gehen wir?« Morna blieb stehen, um Atem zu holen.

»Nicht viel weiter. Hier, sehen Sie, wie der Bach über die Felsen springt?« Eleyne war am Rande des Wassers stehengeblieben. Dahinter verschwand es in der Dunkelheit, fiel auf den Grund der flachen, sumpfigen Schlucht. Am Grunde der Schlucht war das Wasser tief.

Eleyne wartete einen Augenblick und sah hinab. Erkennen konnte sie nichts. Das Geräusch des Wassers füllte ihre Ohren. Lange Zeit bewegte sie sich nicht, vergaß ihre Begleiterin völlig, die außerhalb ihres Gesichtsfeldes neben ihr in der Dunkelheit stand. Dann hob sie langsam ihre Hand. Daran funkelte der juwelenbesetzte Anhänger, als hätte er ein eigenes Licht.

Laß mich frei. Überlasse mich Donald.

Sie sprach die Worte nicht laut aus, sondern sie tönten in ihrem Kopf, als sie ihren Arm hob und den Phönix so fest sie konnte hinaus über den kleinen Wasserfall warf. Sie lächelte grimmig vor sich hin. »Das Wasser wird das Feuer auslöschen. Noch einmal opfere ich es den Göttern. Ich hoffe, sie werden jetzt zufrieden sein.« Um sie her war die Nacht leer.

Einen Augenblick lang standen beide Frauen da und starrten in die Dunkelheit, dann zuckte Eleyne die Schultern und kehrte zur Burg zurück.

Als sie wieder am Fuße der Mauer anlangten und die Pforte erreichten, waren sie durchnäßt. Der Wächter öffnete Eleyne auf ihr Klopfen hin, und sie schlüpften unter dem kleinen Fallgatter hindurch in den dunklen Innenhof.

Dort standen mehrere Pferde ohne Reiter nahe dem Eingang zur großen Halle, deren Tür offenstand, Licht fiel heraus auf die Kopfsteine. Eleyne ging darauf zu, sie unterdrückte die jäh aufsteigende Hoffnung. Er war es vielleicht doch nicht. Sie hatte in den letzten Tagen so viele Enttäuschungen erlebt. Aber der Phönix war fort und mit ihm die böse Kraft, die Donald fernhielt. Ihre nassen Schuhe glucksten unangenehm, als sie rasch auf die Treppe zuging und hinaufzusteigen begann.

»Mylady, der Heiligen Jungfrau sei Dank.« Ein Gesicht erschien im Eingang. »Sie ist hier!« Der Mann schrie über die Schulter hinweg nach hinten in den Raum: »Die Countess ist da!«

»Wer ist denn da?« Wütend über ihre Kurzatmigkeit zwang Eleyne sich fast, die Stufen hinaufzurennen, trieb ihre steifen Knochen an, sich schneller zu bewegen.

Das andere Ende des großen Raums war von einem Dutzend Kerzen erhellt, und jemand hatte trotz der Wärme der Nacht ein großes Feuer in einem der Kamine entfacht.

Sie erkannte ihn beinahe nicht. Es war fünfzehn Monate her, seit sie ihn das letztemal gesehen hatte, und seither hatte er sich bis zur Unkenntlichkeit verändert. Ihr kräftiger, hübscher Ehemann war ein lebendes Skelett geworden. Er saß erschöpft am Feuer, als sie hereinkam, immer noch in seinen nassen Reitumhang gehüllt. Sein Gesicht war grau, seine Wangen waren hohl, seine Augen tief in die Höhlen gesunken. Neben ihm stand Duncan. Von Sandy war nichts zu sehen.

»Heilige Mutter! Was hat Edward dir angetan?« Eleyne war wie gelähmt, so groß war ihr Entsetzen.

»Nel, Liebling, sieh mich nicht so an. Es ist nicht Edwards Schuld. Er ist mir mit großer Höflichkeit begegnet. Seine Ärzte haben mich behandelt, und jetzt geht es mir schon wieder besser. Ein gutes schottisches Rindfleisch und deine zauberhaften, kräftigenden Getränke, und ich bin ein neuer Mensch.«

Er nahm sie in die Arme, und sie standen eine Weile eng beieinander. Verzweifelt suchte sie ihn mit ihrer Lebendigkeit zu wärmen und ihm etwas von ihrer Kraft zu geben.

»Hast du dir zu essen und Wein bestellt?« schalt sie ihn, als sie sich aus seinen Armen befreite. »Und trockene Kleidung? Sieh doch, wie kalt du bist.« *Nein*, so hörte sie es in ihrem Innern weinen. *Nein, nimm ihn mir nicht weg. Das ist ungerecht. Ich sollte zuerst sterben.*

Sie nahm seine Hände und küßte sie. Dann küßte sie ihn auf die Stirn. Danach erst sah sie sich um und suchte Sandy.

»Wo ist Sandy?« Ihr Mund war plötzlich trocken vor Angst.

»Immer noch im Tower.« Donald schüttelte den Kopf. Er hatte Angst davor gehabt, es ihr zu sagen, hatte sich vor diesem Augenblick gefürchtet. Er blickte Duncan an und sah, wie verzweifelt der Zwilling war – er versuchte seine Gefühle zu verbergen, als er den Arm um die Schultern seiner Mutter legte.

»Warum?« fragte Eleyne heiser.

»Aus Sicherheitsgründen. Damit ich mich gut benehme.«
Donalds Stimme klang bitter. »Edward ist ein kluger, skrupel-
loser Mann. Er gibt mit der einen Hand und nimmt mit der anderen. Er behält eine Garantie, daß ich ihm auch diene, nachdem er mich freigelassen hat.« Er brach ab und fing an zu
husten. »Und natürlich funktioniert das auch. Ich werde ihm
gehorchen müssen.«

»Papa, genug geredet jetzt.« Duncan nahm sanft die Hand des
Vaters. »Komm und ruh' dich aus! Wir sprechen später darüber
und überlegen, was wir tun wollen.« Fühlte auch seine Mutter
diese offene blutende Wunde an ihrem Herzen, die Sandys
Schmerz war? Als er ihr Gesicht sah, wußte er, daß sie es tat.

Irgendwie gelang es Donald, zu ihren Privatgemächern im
Schneeturm hinaufzukommen, ein wenig von der duftenden
Hühnersuppe zu essen, die der Koch ihm aufgewärmt hatte,
und einen Pokal guten Rotweins zu trinken, aber die Anstrengung erschöpfte ihn. Eleyne mußte ihn mit einem seiner Männer zusammen ausziehen und fast zu dem großen Bett tragen.
Dann erst konnte sie die Dienerschaft entlassen und allein mit
ihrem Ehegatten sein.

»Ich habe Gratney und Kirsty benachrichtigt. Sie haben dich
hier erwartet, sind aber heute zum Garioch geritten. Sie werden die Nacht in Inverurie verbringen und sind morgen wieder hier«, sagte sie, als sie sich auf das Bett setzte. »Ach, Donald, wir haben dich so vermißt.« Beinahe schüchtern berührte
sie seine Hand.

Er lächelte. Wie oft hatte er von diesem Augenblick geträumt. Wieso hatte er sich Eleyne als eine alte Frau vorgestellt?
Schläfrig vom Wein und seiner Erschöpfung merkte er, wie
ihm die Augen zufielen. Er mußte ihr sagen, wie sehr er sie
liebte. Jetzt, bevor er einschlief – aber seine Hand war schon
schlaff an seiner Seite heruntergefallen, und er versank in einen
unruhigen Schlummer.

Als Donald erwachte, lag Eleyne neben ihm und starrte zum
Betthimmel hinauf.

»Hast du gut geschlafen, mein Lieber?« Sie hatte nicht das
Bett mit ihm teilen wollen. Es war so lange her, daß sie das ge-

tan hatte. Sie hatte nur ein paar Minuten neben ihm liegen wollen, um Trost darin zu finden, daß er wieder bei ihr war.

Er bewegte sich etwas und tastete nach ihrer Hand. »Es ist so gut, wieder zu Hause zu sein.«

»Und du wurdest nicht schlecht behandelt?«

»Wie ich dir schon sagte, King Edward hat mir seine eigenen Ärzte geschickt, als ich krank wurde, und besondere Speisen und Getränke. Es geht mir schon besser, Nel. Bald werde ich wieder der Alte sein.«

»Natürlich wirst du das.« Sie hob seine Hand an ihre Lippen und küßte sie. »Ach, mein Liebling, ich bin so froh, daß du zu Hause bist.« Sie erwähnte Sandy nicht, und er tat es ebensowenig.

Gratney und Kirsty trafen später am Morgen ein. Donald und sein ältester Sohn umarmten einander schweigend, dann boxte Gratney seinen Vater zärtlich auf den Arm. »Also, was gibt es für Neuigkeiten von Edward?« Der gefühlvolle Augenblick war schon wieder vorbei.

»Er schickt uns einen Baumeister und Steinmetze, die unsere Befestigung verstärken sollen.« Donald lächelte grimmig. »Erinnerst du dich noch an Meister James von St. Georges in Rhuddlan?« Er warf seiner Frau einen Blick zu. »Er wird den Bau unseres neuen Torhauses überwachen, so scheint es, und die Verstärkung unserer Mauern.« Er hustete schwächlich. »Der König reist innerhalb eines Monats nach Flandern ab. Ich habe mich bereit erklärt, mit ihm zu ziehen.«

Gratney sah seine Mutter an und bekam mit, wie sie mißbilligend die Lippen aufeinanderpreßte. Er verbarg ein Lächeln. »Mama wird es dir verbieten, wenn sie kann.«

Donald kicherte. »Ich weiß, daß sie das tun wird, daß sie mit Zähnen und Klauen gegen mich kämpfen wird, wenn ich ihren schlimmsten Feind unterstütze, doch es bleibt uns keine Wahl.« Ein gespanntes Schweigen trat ein, dann fuhr er fort. »Aber in diesem Fall könnte sich meine mangelhafte Gesundheit zu ihren Gunsten auswirken. Im Augenblick vermag ich kaum auf einem Pferd zu sitzen, ich bin ja so verdammt schwach!«

Als ob er diese Worte betonen wollte, ließ er sich schwer auf einen Hocker fallen. Sein Gesicht war grau vor Erschöpfung, obwohl er nur vom Schlafzimmer in den Söller gegangen war.

Eleyne biß sich auf die Lippe und versuchte, ihre Verzweiflung zu verbergen. »Bring Wein für deinen Vater, Gratney, daß er ein bißchen Farbe in die Wangen bekommt«, befahl sie in einem munteren Ton. »Nicht, daß ich ihn unbedingt herausfüttern möchte, damit er Edward of Plantagenet dient.«

Ihr Ton war spöttisch genug, um ein liebevolles Lächeln auf die Lippen ihres Mannes zu zaubern. »Ganz meine Nel.« Er nahm den Weinpokal von seinem Sohn entgegen und leerte ihn mit einem Zug. Zwei bläuliche Flecken erschienen auf seinen Wangenknochen. »Wißt ihr was, ich glaube, ich gehe und ruhe mich ein wenig aus.« Er erhob sich wankend, was ihm eine ungeheure Anstrengung abverlangte.

Gratney trat vor. »Laß mich dir helfen, Papa.«

Eleyne dachte, er würde es ablehnen, aber Donald nickte nur knapp und nahm den Arm seines Sohnes. Bis sie die Tür erreicht hatten, mußte Gratney ihn fast tragen.

V

SLAINS CASTLE

»Deine Urgroßmutter macht sich Sorgen um dich«, fing Kirsty an zu reden. »Mairis Mutter hat ihr erzählt, wie unglücklich du bist.« Zu ihrem Schrecken sah sie, daß Tränen in Isobels Augen traten. »Meine Liebe, kann ich irgend etwas für dich tun?«

Isobel preßte die Lippen zusammen und schüttelte den Kopf. Es dauerte eine Weile, bis sie sich so weit beruhigt hatte, daß sie zu sprechen vermochte. »Sag Großmama, sie soll sich keine Sorgen machen. Mir geht es gut.«

»Aber es geht dir doch nicht gut.« Ohne daß sie es wollte, wanderten Kirstys Augen zu Isobels Bauch. Das Mädchen war so mager, daß ihre Schwangerschaft sich sogar schon in diesem frühen Stadium zeigte.

»Mir geht es gut«, wiederholte Isobel verzweifelt.

»Und deinem Baby?«

»Da ist kein Baby!« Isobel sprang auf, zog taumelnd den Mantel um sich herum, dann stand sie da und starrte auf das Meer hinaus.

»Ich verstehe.« Kirsty biß sich auf die Lippe und wußte nicht, wie sie fortfahren sollte. »Isobel …«

Isobel fuhr herum. »Du bist Roberts Schwester, nicht wahr? Wie geht es ihm?« Es war ein hungriges Licht in ihren Augen, das Kirsty beinahe erschreckend fand.

»Es geht ihm gut«, sagte sie vorsichtig.

»Seine Frau ist tot«, sagte Isobel leise. »Und du ziehst seine Tochter auf.«

Kirsty nickte, aber Isobel hatte sich schon wieder dem Fenster zugewandt. Draußen war das Meer dunkler Schiefer, der sich hob und senkte, dann und wann unterbrochen von hoch aufragenden weißen Pferden, die auf der Dünung ritten und gegen die Küste anrannten. »Er braucht einen Sohn«, fuhr Isobel fort. »Unbedingt. Er wird König werden, das weißt du.« Sie wandte sich zu Kirsty um.

Kirsty lächelte. »Ich glaube ja.«

»Er muß wieder heiraten.«

»Nehme ich an«, sagte Kirsty nachdenklich. »Aber noch nicht, während er um Isabella trauert.«

»Er trauert ja gar nicht richtig um Isabella«, sagte Isobel mit erstickter Stimme.

»Doch, ich glaube schon«, sagte Kirsty. Allmählich verstand sie den Grund dieser verzweifelten Tirade. Als Roberts älteste Schwester hatte sie nicht wenige Mädchen kennengelernt, die in ihren berühmten Bruder verliebt waren. Die Anzeichen waren ihr vertraut. Sie seufzte. »Eleyne sagte mir, ich soll dir ausrichten, daß sie dich besuchen will, sobald es Donald besser geht. Sie sagt, du sollst nicht den Mut verlieren, sondern Geduld haben. Sie liebt dich und betet für dich.«

Isobel wandte sich plötzlich um. »Hast du jemals ein Baby gehabt?« Es war, als hätte sie kein Wort von dem gehört, was Kirsty gesagt hatte.

Kirsty schüttelte den Kopf.

»Du willst keines?«

Die Frage war sehr direkt, aber Kirsty hatte das Gefühl, daß mehr dahintersteckte, als es schien. »Doch, ich möchte sehr gern eines haben«, sagte sie sehnsüchtig. »Aber Gott hat es noch nicht für richtig erachtet, uns eines zu schicken.«

»Ach so«, sagte Isobel mit einer Art Enttäuschung in der Stimme.

»Du wirst es sehr gern haben, wenn du eines bekommst«, sagte Kirsty vorsichtig.

»Ich werde keines bekommen.«

Die Spannung in ihren mageren Schultern, die Neigung ihres Kopfes, die weißen, fest zusammengeballten Fäuste – alles leugnete die Tatsache, die so offensichtlich war.

Kirsty erhob sich traurig. Sie streckte ihre Hände aus und nahm Isobels geballte Fäuste. »Kümmert sich Mairi um dich?«

Isobel nickte. »Sag bitte Großmama, sie soll herkommen«, flüsterte sie.

»Sobald es Donald besser geht, kommt sie, das verspreche ich.« Aber Kirsty wußte, daß sie Eleyne jetzt noch nicht mit dieser neuen Bürde belasten konnte. Später.

VI
KILDRUMMY CASTLE

»Mutter. Er stirbt.« Gratney saß Eleyne gegenüber und hielt ihre Hände fest in seinen Händen. Zwei Wochen waren vergangen, und Donalds Zustand hatte sich verschlimmert. »Man sieht es ihm deutlich an. Du mußt dich darauf vorbereiten.«

»Nein.« Sie schüttelte den Kopf. »Er sagt, er kommt wieder zu Kräften. Er hat heute an King Edward geschrieben ...«

»Und konnte die Feder nicht halten. Sein Schreiber mußte den Brief aufsetzen. Er verfällt zusehends.«

Kirsty und Duncan standen beieinander und beobachteten sie. Duncan legte den Arm um Eleynes Schultern. »Er hat recht, Mama. Du mußt dich damit abfinden. Papa zuliebe. Es gibt doch sicher Dinge, die ihr einander zu sagen habt ...« Er zuckte die Achseln. Plötzlich war es ihm peinlich. »Ihr habt einander so sehr geliebt.«

»Du sprichst, als wäre er schon tot.« Eleyne erhob sich steif. Ihr Herz brach tief in ihrem Innern, aber ihr Hirn weigerte sich, das, was geschah, hinzunehmen. »Ich dachte, ich würde zuerst sterben«, rief sie angstvoll aus, »und jetzt muß ich diese Qual mit ansehen …«

Sie kehrte an Donalds Bett zurück und setzte sich. Draußen funkelten die Sterne in der kurzen Sommernacht. Die Berge waren bucklige Schatten, sie dufteten nach Blaubeeren, Thymian und dem bitteren Harz der Kiefern. Irgendwo draußen in der Dunkelheit bellte eine Füchsin ihren Jungen etwas zu.

»Nel?« Donald hatte mit Mühe die Augen aufgeschlagen. Seine Lider waren schwer, sein Atem keuchte.

Sie beugte sich über ihn und küßte ihn auf die Stirn. »Ich bin hier, mein Liebling.«

»Gib mir etwas … zu trinken …« Das Sprechen fiel ihm schwer. »Bitte.«

Sie wandte sich zum Tisch, wo hinter einem Schirm eine Kerze brannte, und nahm das Gebräu, das sie ihm zubereitet hatte. Aber er schüttelte den Kopf. »Das nützt nichts. Etwas Stärkeres. Bitte, Nel.«

»Etwas Stärkeres?« Eleyne sah ihn schweigend an.

Er nickte. »Der Schmerz wird immer heftiger. Ich sterbe, Nel. Wir wissen es beide. Bitte hilf mir!« Er hustete etwas, und sie sah die Blutflecken auf seinem Kinn. Sie wischte ihm sanft das Gesicht ab. Sein Atem rasselte in der Brust, und das Luftholen machte ihm Mühe. Seine Hände krampften sich in die Bettdecke. »Ich liebe dich, Nel. Du hast mich so glücklich gemacht.«

VII

26. Juli 1297

»Würdet Ihr beide uns ein wenig allein lassen?« fragte Eleyne. Gratney wich ihrem Blick nicht aus. Er stand langsam auf, beugte sich über seinen Vater und küßte ihn auf die Stirn.

»Gute Nacht, Vater.«

»Gute Nacht, mein Sohn.« Donalds Augen gelang es mit Mühe, sich auf Gratneys Gesicht zu konzentrieren. »Gott segne dich.«

Dann kam Duncan. Er küßte seinen Vater auch, und Eleyne sah die Tränen sein Gesicht hinablaufen.

Sie stand eine Zeitlang da, nachdem die Tür sich geschlossen hatte. Sie starrte in das Kerzenlicht.

»Nel.« Donalds Hand schloß sich über ihrer Hand. »Den Schlaftrunk?«

»Ich habe ihn hier.« Sie drehte sich um und zwang sich, zu ihm hinabzulächeln.

»Hast du ihn stark genug gemacht, daß er meinen Schmerz wegnimmt?« Seine Augen waren jetzt klarer als die vielen Tage zuvor.

»Es ist der stärkste, den ich je zubereitet habe.«

»Gut.« Seine Hand fiel auf die Bettdecke zurück, und das Zimmer war still bis auf sein mühevolles Atmen.

»Ich hätte mir einen ruhmreicheren Tod wünschen können«, sagte er nach einem langen Schweigen. Es gelang ihm ein schiefes Lächeln. »Einen Tod, der vielleicht einer Liebesromanze würdig gewesen wäre.« Wieder schüttelte ein Hustenanfall seinen Leib. »Ich war so glücklich mit dir, Nel«, sagte er, als er endlich wieder zu sprechen vermochte.

Sie zwinkerte die Tränen zurück. »Und ich mit dir, mein Liebling.« Sie nahm seine Hände in ihre Hände und küßte sie nacheinander. Seine Haut war trocken wie totes Laub.

»Vielleicht kehre ich zurück wie Alexander.« Er kicherte leise. »Ich habe ihm etwas zu sagen, wenn wir einander am Tor zum Fegefeuer treffen.« Er verzog das Gesicht, als eine neue Schmerzwelle ihm für einen Augenblick das Bewußtsein raubte.

Eleyne vermochte ihre Tränen nicht mehr zurückzuhalten. Sanft entzog sie ihre Hand seinem Griff, nahm die Flasche und goß etwas von dem Sirup in den leeren Weinpokal, der auf dem Tisch neben dem Bett stand.

»Trinke, mein Liebling«, flüsterte sie. »Das nimmt die Schmerzen weg.«

»Dauert es lange?« Er rang nach Luft.

Sie schüttelte den Kopf. »Nicht lange, mein Liebling.« Sie streichelte sein Gesicht. »Schließe die Augen.«

»Ich möchte dich sehen.« Er lächelte schwach. »Und die Kerze erlischt.« Seine Worte kamen jetzt undeutlich heraus. »Es wird dunkel. Komm näher …«

Sie berührte mit den Lippen seine Stirn. »Schlaf gut, mein Liebling«, sagte sie. Die Flamme am Bett war erloschen und kalt geworden, bevor sie sich bewegte. Seine Hände, die sie hielt, waren eisig und steif, sein Atem hatte zu rasseln aufgehört.

Es blieben ihr keine Tränen mehr. Sie saß immer noch da und hielt seine Hände, als es allmählich hell im Zimmer wurde. Sie hörte Gratney nicht, als er die Tür öffnete und auf Zehenspitzen über den schattigen Fußboden kam. Er stand lange da, ohne etwas zu sagen, sein Gesicht war schwer vor Trauer. Dann schließlich legte er die Hände auf die Schultern seiner Mutter.

»Komm, ruh dich aus, Mama. Du kannst jetzt nichts mehr für ihn tun.«

Sie sah zu ihm auf. »Ich konnte es nicht ertragen, ihn leiden zu sehen …«

»Ich weiß.«

»Er wollte es so.«

»Ich weiß, Mama.«

VIII

Es war Mittag, als sie erwachte. Morna saß am Fenster und sah hinaus über das Tal.

Einen Augenblick lang starrte Eleyne sie an und wußte nicht, wo sie war, dann zog sie sich langsam in den Kissen hoch.

»Er ist fort«, sagte Morna. Sie kam ans Bett und betrachtete besorgt Eleynes Gesicht. »Ich habe ihn gesehen. Lord Mar stand an Ihrem Bett, um Abschied von Ihnen zu nehmen. Sie werden in einem anderen Leben wieder zusammentreffen, aber nicht als Liebende.« Sie setzte sich und legte ihre Hände über die Hände Eleynes. »Der andere war auch hier, und Ihr Schicksal ist mit seinem verbunden, so ist es durch alle Zeitalter gewesen.«

»Also werde auch ich bald sterben.« Eleyne fand den Gedanken daran nicht mehr erschreckend. »Dann werde ich mit ihm zusammensein.«

Morna schloß die Augen. Sie schüttelte den Kopf. »Ich weiß nicht, was geschehen wird. Der Tod ist nur das Durchschreiten einer Tür. Die Menschen sollten sich nicht so davor fürchten.« Sie lächelte. »Aber das wissen Sie so gut wie ich.«

IX
SLAINS CASTLE * Februar 1298

Isobel befand sich in Gesellschaft von Alice Comyn, der Nichte ihres Ehegatten, und Elizabeth de Quincy, als Eleyne erschöpft nach der langen, kalten Reise eintraf. Die meisten Männer, unter ihnen Isobels Ehegatte, waren schon bei Beginn der Schneeschmelze fortgeritten. Eleyne erschrak beim Anblick ihrer Urenkelin. Kummer und Qual hatten Isobels Schönheit verheert, ihre Augen waren riesig in dem spitzen, blassen Gesicht. Sie sah so verletzlich, so wütend, so eingesperrt in dem kalten, dunklen Zimmer mit Alice Comyn und ihrer Schwiegermutter aus, daß sie Eleyne von Herzen leid tat.

»Ich möchte gern allein mit Isobel sprechen«, sagte sie mit fester Stimme. Sie streckte die Hände aus, und Isobel kam zu ihr. In der Art, wie das Mädchen ihren Kopf emporreckte und ihre Schultern gerade hielt, erkannte sie sich selbst wieder. So trotzig, trostlos, verzweifelt hatte sie sich selbst tausendmal in ihrem Leben gefühlt. Isobel of Buchan ähnelte ihr weit mehr, als irgendeines ihrer Kinder ihr je geähnelt hatte.

Sie sprach erst dann mit ihr, als sie in der Fensternische zusammensaßen, beiden war der nachdenkliche Blick der Countess of Buchan bewußt.

»Es tut mir so leid, mein Liebling«, sagte Eleyne. »Du bist so mager, Isobel. Du siehst aus, als ob ein Windstoß dich zerbrechen könnte.«

Isobel sah auf ihre Hände hinunter, und Eleyne fiel auf, daß ihre Nägel bis zum Fleisch abgenagt waren. »Es geht mir gut, Großmama.«

»Wirklich?« Eleyne fing an zu flüstern. »Kümmert Mairi sich denn um dich?«

Isobel nickte wie betäubt. Dann rief sie »Großmama!« und warf sich Eleyne in die Arme.

»Mein Liebling.« Eleyne wiegte sie lange in ihren Armen und merkte, daß Alice und Mairi sich diskret an das andere Ende des Söllers zurückzogen. Elizabeth blieb, wo sie war. Hinter dem mit Läden verschlossenen Fenster hörte Eleyne das Rauschen des Meeres, das eisig an die Felsen der nahegelegenen Bucht schlug.

»Wie ist das geschehen?« Eleyne hielt das Mädchen auf Armlänge von sich entfernt und spürte beinahe die Zerbrechlichkeit ihrer zarten Knochen.

Isobel schüttelte stumm den Kopf. »Wir waren in einer der Burgen an der Küste eingeschneit. John war so wütend auf mich.« Ihre Augen füllten sich mit Tränen. »Er dachte, ich hätte es mit Absicht getan«, brach es aus ihr heraus. »Ich hatte alles versucht, um es loszuwerden, aber nichts half. Dann kam er herein und stieß mich, ich fiel gegen die Ecke der Truhe …« Sie schlug die Hände vor das Gesicht, als die Tränen ihr die Wangen hinunterliefen. »Ist das nicht entsetzlich?« Ihre Worte waren durch ihre Hände hindurch fast nicht zu hören.

Eleyne rutschte unbehaglich auf ihrem gepolsterten Sitz herum. Der kalte Wind und die ermüdende Reise in der unbequemen Sänfte hatten ihren Knochen derart Schmerzen bereitet, daß sie noch immer darunter litt. Sie zog Isobel an sich heran, das Mädchen ließ sich auf dem getrockneten Heidekraut, das den Boden bedeckte, zu Füßen Eleynes nieder und legte ihre Arme auf Eleynes Knie.

»Ja, und ich bin traurig, daß du unglücklich bist.« Eleyne sah Isobel in die Augen. »Ich weiß, wie es ist, mit einem Mann verheiratet zu sein, den man haßt.«

»Das weißt du?« Isobel sah sie fast begierig an. »Wie hast du es ertragen?«

Eleyne antwortete eine Weile nicht. Sie runzelte die Stirn und versuchte sich zu erinnern. »Lange Zeit war ich in jemand anderen verliebt«, sagte sie schließlich. »Der Gedanke an ihn half mir ein bißchen.«

Sie erschrak über die jähe Begeisterung in Isobels Augen. »King Alexander! Ich erinnere mich! Ich kenne die Geschichte! Mir geht es genauso! Oh, Urgroßmama, ich liebe auch jemanden! Er ist hübsch und tapfer – und jung!« Ihre Augen füllten sich wieder mit Tränen. »Aber ich kann nicht zu ihm, ich bin hier gefangen.« Ihre Stimme wurde leidenschaftlich und laut.

»Psst, Kind.« Die anderen, die am Tisch miteinander sprachen, schienen es nicht gehört zu haben. Nur Mairi sah zu ihnen herüber, sie machte ein ängstliches, nachdenkliches Gesicht.

»Ich bin sicher, daß dein Mann dich nach Kildrummy lassen wird«, sagte Eleyne zärtlich. Sie war entsetzt darüber, wie kalt Isobels Hände waren. »Ich sage ihm, daß ich dich eingeladen habe, damit du mir eine Weile Gesellschaft leistest. Die Männer dieses Landes werden mit dem Freiheitskampf für Schottland beschäftigt sein – ich glaube, sehr lange. Edward gibt nicht so schnell auf, ich kenne ihn. Er wird die Niederlage bei Stirlings Bridge nicht hinnehmen. Wenn er aus Flandern zurückkehrt, wird er Rache nehmen wollen.«

Isobel fiel auf ihre Hacken zurück. Das Feuer in ihren Augen war erloschen. Dann sah sie wieder hoch. »Wer, findest du, sollte König der Schotten sein, Großmama?«

Eleyne lehnte sich zurück. »Ich muß zugeben, daß ich Bruce unterstütze. Beide, John Balliol und Robert, stammen als Nachkommen der beiden Schwestern meines ersten Mannes von dem königlichen Haus von Canmore ab, aber Isabella Bruce, meine Freundin, war die jüngere Schwester von Johns Mutter. John Balliols Mutter Dervorguilla erbte vor vierzig Jahren Fotheringhay, als ich mein Wittumsland verlor, und ich glaube, die Anwälte hatten wahrscheinlich recht, daß Balliol den älteren Anspruch hat.« Sie hob die Hand, um den Protest abzuwehren, den sie in Isobels Augen aufleuchten sah. »Aber ich glaube auch, daß Robert zum Führer berufen ist. John Balliol dagegen beim besten Willen nicht.«

Sie machte eine Pause und dachte nach. Isobel wurde krebsrot im Gesicht. Als sie sah, daß ihre Urgroßmutter es bemerkte, vergrub sie das Gesicht in ihren Armen, die auf Eleynes Knien lagen. Eleyne legte ihre Hand auf Isobels Kopf. »Ach, so ist das«, sagte sie. »O Isobel, Liebes.«

Wortlos, ohne aufzusehen, schüttelte Isobel den Kopf.

»Weiß er es?« Aber im selben Augenblick, als sie es fragte, erinnerte sie sich an ihr Gespräch mit Robert am Abend vor Marjories Geburt. *Sie macht nur Ärger. Jedem, der in ihre Nähe kommt. Wenn ich ihr nahe bin* …

Eleyne schluckte ihren Kummer herunter – daß dieses Kind, ihre geliebte Urenkelin, ihre Tochter während der letzten Monate ihres Lebens so unglücklich gemacht hatte.

Als erriete sie die Gedanken ihrer Urgroßmutter, sah Isobel auf. »Ich weiß, daß er mit Isabella verheiratet war, aber ich habe ihn zuerst geliebt!« rief sie in ihrer Qual aus. »Ich liebe ihn, seit ich vier Jahre alt bin! Von Rechts wegen gehört er mir!«

»Mein Liebling, du hast einen Ehemann. Robert kann niemals dir gehören.« Eleyne sprach mit gleichmäßigem Ton. »Du solltest nicht einmal an ihn denken.«

»Du hattest auch einen Ehemann, als du King Alexanders Geliebte warst!« schrie Isobel rebellisch. »Du hast es gerade zugegeben, und das ganze Land wußte von deiner Liebesgeschichte!«

»Ich nehme an, Lady Buchan hat dir das erzählt«, sagte Eleyne trocken. Elizabeth de Quincy war die Tochter von Roger, dem Vogt von Schottland, und damit die Nichte ihres verstorbenen Ehegatten Robert.

»Also solltest du meine Gefühle verstehen«, sagte Isobel voller Leidenschaft. »Ich dachte, du verstehst mich.« Es klang, als käme sie sich betrogen vor.

»Ich verstehe dich ja.« Eleyne legte ihre Hände um das Gesicht des stürmischen Mädchens. »Glaub mir, ich verstehe dich. Ich verstehe auch, daß John of Buchan ein ganz anderer Mann als Robert de Quincy ist! Doch sei vorsichtig, mein Liebling. Sei sehr, sehr vorsichtig.«

Ein nachdenkliches Schweigen trat ein, dann sah Isobel wieder auf. »Großmama, siehst du denn nicht?« Ihre Augen funkelten vor Erregung. »Ich werde deine Bestimmung erfüllen! Mein Vater hat Mama vor langer Zeit gesagt – er wußte nicht, daß ich zuhörte: Es gibt eine Weissagung, daß eines von deinen Kindern eine Königin sein wird. Das bin ich! Ich muß es sein. John wird sterben, und ich werde Robert heiraten! Siehst du das nicht?« Sie kniete sich hin, die Unterarme auf Eleynes Knien. »Ich werde die Prophezeiung deines walisischen Barden erfüllen! Alles, was wir zu tun haben, ist, Robert dabei zu helfen, daß er König wird!«

»Isobel …«

»Ich weiß, daß das stimmt, Urgroßmama! Ich weiß es, ich fühle es hier.« Sie umklammerte dramatisch ihre Brust. »Bitte, du mußt es verstehen, du bist die einzige, die es begreifen kann.«

Eleyne seufzte. Und so ging diese närrische Geschichte weiter, von Generation zu Generation.

»Urgroßmama?« Isobel sah bittend zu ihr hoch.

Eleyne lächelte. »Ich werde gewiß alles tun, was ich kann, um Robert zu helfen, daß er eines Tages König wird«, sagte sie. »John Balliol ist nicht der Mann, um dieses Land zu regieren.«

X

Edward war im März aus Flandern zurückgekehrt. Er hatte deutlich gemacht, daß nun als nächstes die Unterwerfung Schottlands auf seinem Programm stand, und sein Hauptquartier in York und nicht in London aufgeschlagen. Dort hatte er seine Streitmacht zusammengezogen.

Wallace hatte seine Speerträger am südöstlichen Abhang des Hügels aufgestellt. Sie waren in dicht zusammengeschlossene Divisionen gruppiert, vor jeder von ihnen befand sich eine Verschanzung aus angespitzten Pfählen, flankiert waren sie von Bogenschützen und hinter ihnen stand die schottische Reiterei in einer geschlossenen Formation. Macduff war stolz auf die Männer von Fife, und seine beiden Söhne führten sie an und standen unmittelbar hinter ihm. Sie waren geschickt und gut trainiert und kampfbegierig. Irgendwo dahinter, wenn er die Front entlangsah, waren die Männer von Buchan und Mar. Robert Bruce, der Earl of Carrick, war auch dort und hatte die Kröte geschluckt – er kämpfte bei dieser entscheidenden Schlacht nun doch im Namen Balliols. Aber nicht alle Schotten waren da. Zu ihrer ewigen Schande standen sie heute nicht hinter Wallace, sondern hielten sich vornehm zurück – sie wollten nicht einem schlichten Ritter folgen, so sehr er sich auch im Kampf bewährt haben mochte.

Macduff ließ sein Schlachtroß ein paar Schritte vorwärtsgehen und fühlte die Erregung, als es auf das Mundstück biß. Unter ihm, unterhalb der Speerträger und Bogenschützen, trennte ein breiter, flacher Loch, ein See, die beiden Heere voneinander. Er sah jetzt die ersten schrägen Sonnenstrahlen auf den Helmen und Speeren des Feindes leuchten und auf dem grünen Wasser reflektieren, das Schilf warf lange schwarze Schatten horizontal davor. Wenn bloß die Speermänner die Stellung hielten, sobald der Angriff kam, und das würde bald geschehen. Die Männer dort unten spannten sich an, die englische Streitmacht schloß ihre Reihen. Sein Mund war trocken geworden. Die Hand im Panzerhandschuh öffnete und schloß sich um den Griff des Schwertes.

Wallace hatte zuvor eine Ansprache vor versammelter Mannschaft gehalten. »Denkt daran. Greift ihre Pferde an«, hatte er ihnen zugerufen. »Ohne ihre Pferde sind sie nichts.« Dann hatte er die Arme gehoben und den Speerträgern zugegrinst, den Männern, die gekommen waren, um für Schottlands Freiheit zu kämpfen. »Ich habe euch zum Ring gebracht, meine Freunde«, brüllte er mit der vollen Kraft seiner Lungen, während er auf die enge Formation der Speerleute gezeigt hatte, die so sehr einer Gruppe bei einem Volkstanz glich. »Nun lauft im Kreis um sie herum, wenn ihr könnt!« Und die Männer hatten mit begeistertem Gebrüll darauf geantwortet.

»Sie kommen, Vater.« Die Stimme rechts von ihm, heiser vor Aufregung, brachte ihn mit einem Ruck in die Gegenwart zurück. Er sah die beiden äußeren Flügel der englischen Reiterei auf sie zuschwenken. Staubwolken erhoben sich, und er hörte das Donnern von Tausenden von Hufen.

»Gütiger Heiliger Christus!« Er hörte den entsetzten Schrei irgendwo auf seiner linken Seite. »Oh, gütiger Christus, es sind so viele!«

»Kämpft! Kämpft! Folgt Macduff!« Macduff heftete den Schild fester an seinen Arm, zog das Schwert aus der Scheide, schwang es mit einem Schlenker über den Kopf und dann trieb er seine bösen Sporenräder dem Pferd in die Weichen. Es sprang vorwärts und stürmte geradezu den Hügel hinunter. Die Männer von Fife folgten ihm ohne zu zögern, aber hinter ihnen schwankten Männer. Der Ritter, der den Ruf hatte erschallen lassen, zog die Zügel seines Rosses an und riß es zurück, als es den anderen hinterherstürmen wollte, dann schwenkte er um nach Norden. »Es hat keinen Zweck«, brüllte er. »Es wird ein Massaker! Rettet euch!«

Macduff sah nicht, daß der größere Teil der schottischen Reiterei umdrehte und floh. Die Blutgier hatte ihn gepackt, schon war die rote Glut in seinen Augen. Das Gewicht seines Schwertes schwang tödlich auf beiden Seiten, hin und her. Er fühlte, daß er Knochen traf und hörte einen Todesschrei, aber er wußte nicht, ob es Pferd oder Reiter war. Die Luft war dick vor Staub. Hinter seinem Helm konnte er jetzt nur noch wenig sehen. Schweiß lief ihm über das Gesicht und in die Augen. Er dachte an nichts mehr, wußte nicht mehr genau, wo er war, nur der große schwingende Bogen der Schwertklinge war vor seinen Augen. Einmal hörte er seinen ältesten Sohn, Jamie, schreien. »Macduff! Macduff!« und er grinste wild und schrie mit ihm zusammen das Wort, als er sich durch den Feind hackte, der ihn umgab.

Den Mann, der ihn fällte, sah er nicht. Er fühlte plötzlich einen Schlag unterhalb seines Schwertarms gegen die Rippen und kippte seitwärts aus dem Sattel. Er versuchte sein linkes Bein in den Steigbügel zu stemmen, um sich zu retten, aber er fühlte nichts. Sein ganzer Körper war taub geworden. Er sah das Schwert aus seinen Fingern fallen, aber ein schwarzer Nebel füllte schon sein Visier. Er hatte einen Augenblick, in dem er sich fragte, warum ihm so kalt war. Dann fiel er. Er war tot, bevor er am Boden auftraf.

KILDRUMMY CASTLE

Die Nachricht von der schottischen Niederlage bei Falkirk und dem Tod ihres Sohnes brachte Eleyne der Earl of Buchan.

»Macduff starb als Held, auch seine Söhne fanden den Heldentod. Sein Name wird in die Geschichte eingehen«, sagte er förmlich. Er haßte es, daß er das tun mußte, aber er war dort gewesen, nahe bei den Männern von Fife, die sich so tapfer gezeigt hatten. Es gehörte sich, daß er es ihr mitteilte.

Die Kunde schien sie aber nicht so tief zu treffen, wie er es erwartet hatte. Aber vielleicht war ihr Kopf auch noch erfüllt von der Trauer um ihren Sohn Alexander of Mar, der in seiner Londoner Gefangenschaft an einem Fieber gestorben war. Es war, als ob sie es schon wußte. Müde setzte sich Eleyne hin und deutete auf einen Sessel ihr gegenüber. »Ach. So kommt es schließlich.« Sie sah hoch und seufzte. »Und was ist jetzt mit Schottland?«

»Wallace muß natürlich gehen. Er hat Schottland ins Verderben geführt – ein Soldat niedriger Herkunft, der jede Glaubwürdigkeit verloren hat.« Er zuckte mürrisch die Achseln. »Obwohl man ihm zugestehen muß, daß er da war, als sein Land ihn brauchte. Aber jetzt müssen andere die Führung übernehmen. Ich schätze, daß Robert Bruce of Carrick und mein Vetter John of Badenoch das tun werden.«

Eleyne prüfte Buchans Gesicht nachdenklich, als er Roberts Namen erwähnte, aber sein Tonfall war neutral geblieben. »Wo ist King Edward jetzt?« Es fröstelte sie.

»Er war eine Zeitlang in Stirling, und es hieß sogar, er sei verwundet, aber wenn ja, dann hat er sich rasch erholt, denn wie ich höre, ist er nach Westen marschiert, hinter Bruce her. Unsere Mannen sind verstreut. Wir sind in Auflösung. Gott helfe uns, aber wir werden uns wieder sammeln. Schottland ist jetzt so einig wie seit langer Zeit nicht mehr. Edward weiß, wie man sich hier Feinde macht, und diese Feinde werden fürderhin gegen ihn zusammenhalten.«

Sie lächelte matt. »Ich freue mich, das zu hören.« Der Schmerz, die Trauer würden später kommen. Macduff war ein

Soldat gewesen, dazu bestimmt, in der Schlacht zu fallen. Aber in einer Niederlage? Mußte es ausgerechnet bei einer Niederlage sein? Und dann noch zusammen mit seinen Söhnen?

Wütend riß sie sich zusammen und betrachtete den Ehegatten ihrer Urenkelin. »Sagen Sie, wie geht es Isobel?« Er hatte seit seinem Eintreffen seine Frau noch nicht erwähnt.

Sein Gesicht verdunkelte sich. »Sie ist eine Heimsuchung, wie immer. Meine geliebte Frau hat mich der Feigheit bezichtigt, weil ich das Schlachtfeld lebend verlassen habe.«

»Das Mädchen hat einen unbezähmbaren Geist. Er macht sie widerspenstig.«

»Sie ist kein junges Mädchen mehr«, schnauzte er. »Sie ist meine Ehegattin, eine erwachsene Frau. Sie sollte längst Mutter sein. Sie muß endlich erwachsen werden und ihre Pflichten erkennen. Es wird sehr schlecht für sie ausgehen, wenn sie es nicht lernt, mich als ihren Ehegemahl zu respektieren. Wenn Sie einen Einfluß auf sie haben, Lady Eleyne, sollten Sie es ihr klarmachen.«

Eleyne sagte, nachdem sie eine Zeitlang geschwiegen hatte: »Ich werde das tun, natürlich werde ich das tun, aber Sie müssen Zugeständnisse machen und ihr etwas dabei helfen. Sie ist immer noch sehr jung. Sie wird Ihnen eine wertvolle Freundin sein, wenn Sie ihr nur die Möglichkeit dazu geben.«

XII

1301

Sie starrte ins Feuer, ihre Augen waren längst an die seltsamen springenden Formen gewöhnt, die züngelnden Flammen, das Krachen und Zischen der Scheite und Äste, die sich unvermittelt in Bilder und ebenso rasch in Rauch verwandelten. Das Zimmer hinter ihr war still. Sie saß oft da, allein, weil sie es so wollte, in ihre Erinnerung vertieft. So viele Menschen waren dahin. So viel Liebe. So viel Haß. Und immer noch ging es weiter. Immer noch war keine Erlösung da, daß sie zu Donald und Sandy und Macduff und all den anderen gehen konnte, die sie so sehr geliebt hatte. Sie seufzte. Alexander besuchte sie nicht mehr. Er war nicht einmal mehr in ihren Träumen erschienen seit der Nacht, in der Donald gestorben war. Wahrscheinlich war er immer nur ein Traum gewesen. Der Phönix war verloren. Wales war verloren. Schottland war verloren. Wenn es ihr Schicksal gewesen war, irgendeine Rolle in der Geschichte einer Nation zu spielen, dann war es im Laufe der Jahre an ihr vorbeigeglitten und ebenfalls verloren.

Gratney schloß leise die Tür und sah seine Mutter liebevoll an. Sie schien zu schlummern, und er seufzte. Er brachte ihr neue Nachrichten, die ihr weh tun würden, und er fragte sich, ob er sie ihr vorenthalten sollte, wenn er ihr damit weitere Schmerzen ersparen konnte. Er setzte sich vorsichtig in den Sessel am Kamin, der ihrem gegenüberstand.

Ihre Augen öffneten sich. »Neue Nachrichten? Ich verstehe. Sag es mir, Gratney.«

Er beugte sich vor und nahm ihre Hand zwischen seine Hände. »Edward hat seinen Sohn als Prince of Wales eingesetzt. Der neue Prince of Wales ...« sagte er sanft.

Sie schloß die Augen. »So. Armes Wales.«

Er saß da und betrachtete sie eine Weile. Ihr Gesicht war sehr blaß und mager, ihre Haut ein Netz von Tausenden von Fältchen, eingerahmt von ihrer schneeweißen Haube und dem Schleier. Sie war immer noch eine schöne Frau. Die Jahre, die vergingen, schienen ihr Aussehen wenig zu beeinträchtigen. Die hohen Wangenknochen, die breite Stirn, der feste Mund, alles war noch da. Er merkte, wie er ein schiefes Grinsen aufsetzte. Er war ziemlich sicher, daß sie noch all ihre Zähne besaß. Er selbst hatte sich erst vor ein paar Tagen einen Zahn ziehen lassen müssen, und der Kiefer schmerzte immer noch.

Nur ihre Hände verrieten ihr Alter. Während andere Frauen sie mit Rosenwasser und Buttermilch pflegten und die Sonne mieden, hatte seine Mutter wie eine Bäuerin im Pferdestall gearbeitet, das sah man ihren Händen an. Sie waren rauh und voller Schwielen, von braunen Flecken und häßlichen, alten Narben übersät. Sie bestand immer noch fast täglich darauf, hinunter in den Stall zu gehen und die Rosse zu sehen, trotz der Schmerzen, die das Gehen ihr bereitete. Sie ritt nicht mehr.

Sie würde vielleicht nimmermehr reiten, obwohl sie, wie er wußte, lieber sterben würde, als es zuzugeben.

Er merkte plötzlich, daß sie ihn betrachtete. »Wie du weißt, halte ich Edward für einen schlechten Menschen«, sagte sie langsam, »aber er ist schlau. Das muß man ihm lassen. Er macht keinen falschen Schritt!« Plötzlich war sie wütend. »Die Waliser werden erfreut sein, daß er ihnen einen Fürsten gegeben hat. Zweifellos wiegt er sie in dem Glauben, er hätte ihnen damit einen Gefallen getan, und das arme Wales, das keinen starken Mann besitzt, der all die kleinen Fürsten einen könnte, wedelt freudig mit dem Schwanz wie ein Hund, der gestreichelt wird und bei Fuß kommt.« Sie ließ eine Hand über die Armlehne ihres Sessels fallen, und sofort war Grizel da, ein weiterer Abkömmling aus dem Geschlecht des alten Donnet, um an ihren Fingern zu schnuppern. »Ich lebe schon zu lange, Gratney. Ich will nicht mehr. Ich mag es nicht mit ansehen, daß der junge Edward auch noch zum König der Schotten ausgerufen wird!«

»Das wird niemals geschehen, Mama.« Gratney straffte sich und erhob sich fröstelnd, den Rücken zum Feuer. »Schottland ist größer und stärker als Wales und viel einiger.«

»Wirklich?« Sie schnitt eine Grimasse. »Obgleich Bruce und Comyn einander jahraus, jahrein an die Gurgel fahren und ein Vormund den nächsten ablöst in der Verwaltung des Königreichs, und Edward immer wieder in den Süden Schottlands einmarschiert, um uns zu quälen? Nein, das nächstemal ist Schottland dran.« Ihre Miene war finster, als sie sich in die Polster ihres Sessels zurücklehnte. »Ich will das nicht auch noch mit ansehen müssen. Es ist Zeit, daß ich sterbe, Gratney. Ich möchte diesen unzuverlässigen alten Leib loswerden!«

Gratney runzelte die Stirn. Diesen verzweifelten Ton war er bei ihr nicht gewöhnt. »Mama, sag doch nicht so etwas. Ein paar schöne warme Tage und schon bist du wieder unten beim Fohlen und kommandierst die Knechte herum, wie du es immer getan hast!«

»Glaube ich gern. Ich möchte, daß der Stall anständig geführt wird. Du solltest dich mal darum kümmern, Gratney.«

»Ich weiß.« Er zuckte die Achseln, in seinen Augen funkelte es schalkhaft, und sie merkte, wie sehr sie ihn liebte, er sah seinem Vater so ähnlich. Aber die fröhliche Anwandlung war nur von kurzer Dauer. »Robert soll Edward erneut Treue gelobt haben, Mama. Ich weiß nicht, ob du das gehört hast.« Er schüttelte den Kopf. »Sieht er denn nicht, was es auf die anderen für einen Eindruck macht, wenn er andauernd die Seite wechselt? Wie wirkt sich das denn auf seine Glaubwürdigkeit aus? Ich weiß, er arbeitet an einem Plan und glaubt, daß der Thron eines Tages ihm gehören wird, aber vorläufig sehen die Lords ihn nur unablässig lavieren und bei jedem Wind eine neue Richtung einschlagen. Und jetzt wird er sich wieder verheiraten.«

»Verheiraten?« Sie richtete sich in ihrem Sessel auf, ihre Gedanken waren sofort bei Isobel of Buchan und ihrem unmöglichen Traum. »Bist du sicher?«

Er nickte. »Offenbar mit Elizabeth, der Tochter des Earl of Ulster.«

Richard de Burgh of Ulster war ein zuverlässiger Gefolgsmann des Königs von England. »Ach. Er heiratet sogar, um Edward zu gefallen!« Sie packte ihren Spazierstock und stieß sich aus ihrem Sessel hoch, ihre Erregung war so groß, daß sie es nicht mehr darin aushielt. »Ich hatte solche Hoffnungen in Robert gesetzt. Das ganze Land hat auf ihn gehofft. Ich weiß, daß er stets einen guten Grund dafür hat, wenn er paktiert, aber daß er so etwas tun würde, hatte ich nicht erwartet.« Sie stocherte zornig mit der Spitze ihres Stocks im Feuer herum. »Ich nehme an, er wird Kirsty die kleine Marjorie wegnehmen wollen, und das würde deiner Frau das Herz brechen.« Für einen Augenblick trat Schweigen ein. Nach elf Ehejahren war immer noch kein Erbe für die Grafschaft von Fife da.

»Denke nicht zu schlecht von ihm, Mama.« Gratney legte den Arm um sie. »Ich glaube, er wird uns vielleicht alle noch überraschen. Er spielt ein sehr kompliziertes Spiel, aber er hat niemals auch nur eine Sekunde lang sein Ziel aus dem Auge verloren. Und dieses Ziel heißt: ein unabhängiges Königreich mit Robert Bruce an der Spitze.«

»Glaubst du das immer noch?« fragte Eleyne sehnsüchtig.

»Ja, ich glaube daran. Wie ich höre, kommt er zum Treffen der Lords des Reiches nach Scone. Zweifellos wird er dort noch einmal seine Handlungen rechtfertigen.«

Eleyne schnitt eine Grimasse. »Ich wollte, ich könnte mit dir dorthin.« Sie sagte es halb hoffnungsvoll, und Gratney lachte.

»Nein, Mama, du bleibst hier in Kildrummy und hilfst Kirsty, Mar für mich zu verwalten. Ich erzähle dir dann alles, was in Scone geschehen ist, das verspreche ich dir. Und bevor du mich darum bittest: Glaub mir, ich werde Robert ausrichten, was du von ihm hältst!«

XIII
Frühling 1302

Morna schüttelte sich wie ein Hund. Sie hatte zu viel Zeit bei der Countess of Mar zugebracht. Eleyne war während der letzten Wochen ganz anders als sonst gewesen – so düster und pessimistisch. In der Burg waren die Bauleute überall zu Werke: Steinmetze und Gehilfen unter Leitung von Master James von St. George verstärkten die Mauern, bauten den Südwestturm auf, vergrößerten das Torhaus. Man dachte also dauernd an Krieg. Selbst als auf den Wiesen vor der Burg der Frühlingsmarkt stattfand und die Männer und Frauen von Kildrummy und Strathdon feierten.

Morna stand auf, packte ihre Spindel und die weiche, ölige Wolle zusammen. Sie legte alles in ihren Korb, als sie das Donnern von Hufen hörte, das vom Dorf her kam. Wer auch immer sich dort näherte, er ritt im gestreckten Galopp und achtete nicht auf den unebenen Boden. Mit einem jähen Angstgefühl sah sie noch einmal zum Himmel auf, und da flog der Brachvogel gerade über ihr Haus hinweg nach Osten – der Whaup, er, der die Seelen der gerade Verstorbenen in die nächste Welt brachte.

Ihr Herz hämmerte unregelmäßig in der Brust, während sie mit ihrem Korb in der Hand wartete und die Reiter näher kamen. Sie sah sie jetzt schon deutlich, es waren zwei. Ein Mann auf einem schwitzenden, schäumenden Rotbraunen und ein anderer auf einem Maultier. Das Maultier kannte sie. Es gehörte Ewan, dem Müller. Als die beiden Männer sie erreichten, sprangen sie von ihren Tieren. »Mistress, sie müssen zur Burg kommen. Wir müssen Hilfe holen«, keuchte Ewan.

»Was ist denn geschehen?« Morna starrte den Fremden an und sah fast geistesabwesend seinen blonden, vom Schweiß dunkleren Haarschopf, seine strahlend blauen Augen und den zerrissenen Mantel, während sie sich auf das vorbereitete, das nun kommen mußte.

Er versuchte Atem zu holen. »Es ist schrecklich, Mistress«, keuchte er endlich. »Lord Buchan beschuldigt seine Frau der Ketzerei und des Kindsmordes und mit ihr Eure Tochter Mairi. Die Kirche hat Mairi zum Feuertod verurteilt!«

Morna starrte ihn an wie gelähmt, ihre Augen waren riesig und auf sein Gesicht gerichtet.

Ewan trat vor und legte seinen bärenstarken Arm um ihre Schultern, um sie zu stützen. Er roch nach Mehl und Schweiß, und sie lehnte sich instinktiv gegen ihn und versuchte, etwas von seiner Kraft aufzunehmen. »Ich setze Sie auf das Tier«, sagte er sanft, »und renne nebenher. Lady Mar wird wissen, was zu tun ist.«

Er hob sie auf das Maultier, und schon fand sie sich im Trab zur Burg geleitet.

Sie war immer noch vom Schock betäubt, als die beiden Männer ihr in Eleynes Söller im Schneeturm halfen. Sie stand verwirrt da, während die beiden die Geschichte erzählten, sah nicht Eleynes weißes Gesicht und nicht die Raschheit, mit der die Countess, ihr Alter und ihre Steifheit vergessend, zur Tür flog und ihren Knappen herbeirief.

Innerhalb einer halben Stunde saßen sie zu Pferde und ritten ostwärts. Es waren ihrer vierzehn: sechs Bewaffnete, zwei Ritter und zwei Knappen, zwei Damen, die die beiden älteren Frauen begleiteten. Nur der Anblick Eleynes, als man sie auf einen grauen Zelter hob, riß Morna aus ihrer Erstarrung: »Sie können nicht so weit reiten!«

»Versuchen Sie mich aufzuhalten!« erwiderte Eleyne mit zusammengebissenen Zähnen. Jetzt war es geschehen, was sie seit so vielen Jahren erwartet hatte: der Haß, die Eifersucht und die Angst waren explodiert. Arme Isobel! Gütige Brigitte, laß uns rechtzeitig kommen, um sie zu retten! Sie faßte die Zügel zusammen und gab ihrem Pferd einen Tritt in die Weichen, so daß es zu galoppieren begann. Die Schmerzen, die es ihrem gebrechlichen Körper bereitete, als die Hufe des Pferdes auf den harten Boden trafen, weigerte sie sich zu empfinden. Sie ritten ohne Pause mehr als zwanzig Meilen, dann hielten sie erschöpft an, um zu essen und die Pferde zu wechseln, während die Dunkelheit hereinbrach. Keine der beiden Frauen vermochte Nahrung zu sich zu nehmen, sie tranken beide etwas Ale, dann saßen sie wieder auf und trieben ihre Tiere im Licht der flammenden Fackeln vorwärts nach Ellon.

Die große Burg des Earl of Buchan stand an der Biegung des Flusses Ythan, die Buchen, die sie umgaben, schwankten leise in der Brise. Von der Straße aus konnte sie im bleichen Morgenlicht den Fluß sehen, der breit und schnell zwischen Sanddünen dahinfloß.

Auf der Wiese vor den Burgmauern befand sich ein großer geschwärzter Kreis im Gras.

Sekundenlang standen sie da und starrten darauf hinunter.

»Wir kommen zu spät«, flüsterte Morna schließlich. Ihre Hände waren weiß auf den ledernen Zügeln ihres Pferdes, ihr Gesicht fast durchsichtig vor Erschöpfung. »Heilige Brigitte, wir kommen zu spät!«

Wortlos trieb Eleyne ihr Pferd an. Sie überquerten den Fluß, ritten zum Torhaus der Burg hinauf und sahen immer den schwarzen, geharkten Kreis am Wasser vor sich. Über ihm und über den Buchen kreisten Krähen und krächzten in der Stille, die über der Burg lag. Sie hörten keine der üblichen Geräusche: kein Pferdewiehern, kein fröhliches Hämmern aus der Schmiede, kein Kindergeschrei aus dem Hof, und trotzdem flatterte am Turm unter dem hohen Himmel mit den Schäfchenwolken munter Buchans Banner mit der goldenen Weizengarbe.

»Die Countess of Buchan empfängt sie in ihrem Söller, Mylady.« Der Diener, der vortrat, als sie in den Hof ritten, verbeugte sich ernst, Eleyne sprach ein stilles Dankgebet. Isobel war also zweifelsfrei nicht in Gefahr.

Fast zu müde zum Stehen, aber von ihrer Angst getrieben, folgten sie und Morna dem Mann die lange Treppe hinauf bis in den zweiten Stock des Turms. Dort trafen sie nicht Isobel, sondern die Witwe des alten Earl, Elizabeth de Quincy, an. Als sie Eleyne erblickte, zog sie streng eine Augenbraue hoch.

»Bitte nehmen Sie Platz, Sie sehen erschöpft aus.«

»Ich bin erschöpft.« Eleyne blieb stehen, ihr Rücken war kerzengerade. »Wo ist Isobel? Und wo ist ihre Amme, Mairi?« Sie hörte Morna leise wimmern wie ein Tier, das Schmerzen litt, aber Eleynes Augen ließen Elizabeth nicht los.

»Mairi wurde als Ketzerin verurteilt«, sagte Elizabeth kalt, »und sie ist gestern früh den Tod einer Ketzerin gestorben.« Sie brach ab, als Morna einen Klageschrei ausstieß und zu Boden fiel.

Eleyne fixierte Elizabeth mit eisigem Blick. »Das« – sie streckte ihren Arm aus – »ist Mairis Mutter.«

»Tut mir leid«, sagte Elizabeth ohne eine Spur von Bedauern. »Sie hätten sie nicht hierherbringen dürfen.«

»Wir sind gekommen, um zu sehen, daß Gerechtigkeit geschieht«, sagte Eleyne langsam. »Um die Wahrheit zu ergründen. Um ihr Leben zu retten. Hat es denn keine Berufung, keine Prüfung des Urteils gegeben? Hat man sich nicht die Zeit genommen, die Sache genau zu untersuchen? Und auch von Gnade ist nicht die Rede gewesen?«

»Nichts dergleichen.« Elizabeth schritt langsam zu einem Sessel und nahm Platz. »Die Frau war schuldig.« Ihr Kopf schoß aggressiv vor. »Sie hat der Frau meines Sohnes dabei geholfen, eine Empfängnis zu verhüten – eine Todsünde –, sie hat ihr geholfen, das Kind, das sie trug, zu töten, und sie hat den Teufel angebetet!« Ihr Mund schnappte zu.

Morna blickte hoch, ihre Augen waren riesig und schwarz, Tränen liefen ihr über das Gesicht. »Das ist eine Lüge!« schrie sie. »Eine furchtbare Lüge!«

»Mairi hätte so etwas niemals getan«, flüsterte Eleyne entsetzt. »Und Sie wissen es. Wie konnten Sie zulassen, daß so etwas geschieht? Wo ist Ihr Sohn? Und wo ist Isobel? Was haben Sie mit Isobel gemacht?«

Elizabeth lächelte. »Isobel ist in Sicherheit. Sie wird nun endlich lernen, was sich für eine gute Ehefrau ziemt. Mein jüngster Sohn William, der, wie Sie wissen, Propst von St. Marys in St. Andrews ist, hat die Aufgabe übernommen, ihre Bestrafung und Buße zu überwachen, während ihr Mann das Land regieren hilft. Wenn sie ihre Lektion gelernt hat, wird sie ohne Zweifel zu uns zurückkehren. Bis dahin muß sie dort bleiben, wo sie anderen und sich selbst keinen Schaden mehr zufügen kann.«

»Und wo ist das?« fragte Eleyne.

Elizabeth lächelte herablassend. »An einem geeigneten Ort«, sagte sie in einem Ton, der andeutete, daß sie keine weiteren Fragen zulassen würde. »Nun darf ich vorschlagen, daß Sie diese Frau wegbringen. Es würde sie nur belasten, wenn sie bleibt. Ich werde Ihnen sofort frische Pferde besorgen.«

Morna schaukelte stumm auf ihren Knien vorwärts und rückwärts. Die Arme hatte sie um die Brust geschlungen, und ihr Mund bewegte sich in rasendem Schmerz. Eleyne warf Elizabeth einen Blick voller Verachtung zu, dann bückte sie sich und versuchte Morna aufzuhelfen. »Kommen Sie, wir können hier nichts mehr tun.«

Morna stand auf und ging gehorsam zur Tür, dann riß sie ihren Arm von Eleyne los und drehte sich um.

»Wo ist ihre Asche?« schrie sie. »Was haben Sie mit der Asche meiner Tochter gemacht?«

»Man hat sie in den Fluß geworfen. Inzwischen, nehme ich an, ist sie im Meer.«

Morna rang nach Luft. Sie trat einen Schritt auf Elizabeth zu. »Möge Gott Sie und Ihre Söhne für immer verfluchen!« Sie riß ihren Schleier ab und warf ihn auf den Boden, dann zog sie die Nadeln aus ihrem Haar und ließ die gelbgrauen Locken um ihre Schultern fallen. Sie spuckte auf den von Heidekraut bedeckten Boden. »Möge Ihr Haus unfruchtbar bleiben! Mögen all seine Kinder sterben, bevor sie Atem holen! Ich verfluche Sie, Elizabeth of Buchan, und ich verfluche die Söhne, die Sie in Ihrem vergifteten Schoß getragen haben!«

SECHSTES BUCH

1304-1306

Dreiunddreißigstes Kapitel

I
KILDRUMMY CASTLE * Frühling 1304

In der Nacht, in der Morna sich erhängte, träumte Eleyne wieder von dem Feuer. Sie konnte die Flammen tosen hören, den Rauch riechen, die Tränen flossen ihr über das Gesicht, und sie erwachte keuchend und rang nach Luft.

Bethoc, die noch halb schlief, zog sich in ihrem Bett hoch und ging zu ihr. »Mylady, was ist? Was ist los?«

»Das Feuer!« Eleyne, immer noch vom Schlaf betäubt, deutete zum Kamin.

Bethoc wandte sich um. Das Zimmer war nur von einem Binsenlicht erhellt. Ein kleines Feuer schwelte im Kamin. Während sie hinsah, blies der Wind in den Schornstein herunter, und eine Wolke aus bitterem Rauch wallte ins Zimmer.

»Es fängt an zu stürmen, Mylady. Der Wind hat Sie aufgeweckt.«

Der Westwind heulte in den Schornsteinen, und es rauschten die neuen Blätter an den Bäumen in der Schlucht. »Ich lasse Grassoden kommen, um das Feuer zu bedecken.« Sie zog die Bettdecke über Eleyne und stopfte sie fest, aber Eleyne warf sie mit zitternden Händen wieder ab. »Etwas stimmt nicht, ich weiß es.« Der Traum war so eindringlich, so lebendig, so wirklich gewesen. Sie hatte ihn in den letzten Jahren seit Mairis Tod ein dutzendmal geträumt, aber niemals hatte sie sich an mehr als an das Feuer erinnern können.

Sie hüllte sich in ihren Schlafrock, ließ mit einem Ächzen wegen der Steifheit ihrer Gelenke die Füße langsam zum Fußboden hinab, griff nach ihrem Stock und ging langsam zum Kamin. »Leg Holz auf«, befahl sie plötzlich. »Sorge dafür, daß ein kräftiges Feuer brennt!«

Bethoc rief den schlaftrunkenen Pagen, der losging und den Jungen benachrichtigte, der für die Holzscheite verantwortlich war, und innerhalb von zehn Minuten brannte ein prächtiges Feuer.

Eleyne saß da und sah hinein, ihr magerer Körper war in einen scharlachroten Samtmantel mit seidenem Futter gehüllt, ihre Füße steckten in Samtpantoffeln, ihr Haar, zu einem dicken Zopf geflochten, hing ihr über die eine Schulter. Im flackernden Licht des Feuers sah ihr Gesicht wieder jung aus. Bethoc beobachtete sie verstohlen, sog die Wangen ein und schüttelte den Kopf. Der Ausdruck im Gesicht ihrer Lady war sonderbar. Sie hatte den Kopf erhoben, als horchte sie auf etwas weit Entferntes und dann lächelte sie. Bethoc erschauderte fürchterlich und bekreuzigte sich, bevor sie sich abwandte.

Das Bild in den Flammen war deutlich. Sie sah den Mann durch die Menge schreiten und hörte den lauten Beifall. Sie sah den scharlachroten Löwen triumphierend in den Wind brüllen neben dem silbernen Andreaskreuz auf himmelblauem Grund, und dann sah sie die Frau, groß und schlank, selbst eine Flamme in ihrem scharlachroten Kleid und in ihren Händen die Krone ...

»Mama!«

Sie zuckte furchtbar zusammen, als Gratney ihr die Hand auf die Schulter legte. »Mein Lieber! Ich habe dich nicht kommen hören.« Einen Augenblick lang war sie weit weg, wollte die Vision nicht verlieren. Aber das Bild war fort. Seufzend sah sie hoch zu ihrem Sohn, prüfte sein Gesicht im Lichtschein des Feuers und fragte sich, weshalb er mitten in der Nacht in ihr Zimmer kam. »Was ist? Was ist geschehen?«

»Es tut mir leid. Es ist nicht leicht, dir das zu erzählen. Es ist wegen Morna.«

Ihre Augen hielten seine fest. »Sie ist tot.« Also war sie durch die Tür gegangen, um ihre Einsamkeit zu beenden.

Er nickte.

»Wie?«

»Sie hat sich erhängt.« Er sah weg, konnte den Schmerz in ihren Augen nicht ertragen.

»Es ist meine Schuld.«

»Nein, Mama, wie könnte es deine Schuld sein?«

»Ich habe Mairi zu Isobel geschickt.«

»Du konntest nicht wissen, was geschehen würde.«

»Nein?« Sie stand auf, ihr Stock glitt zu Boden, aber sie beachtete ihn nicht. »Heilige Jungfrau! Muß ich denn immer mehr Schuld auf mich laden? Wie viele Tote verfolgen mich schon!«

»Mama …«

»Bitte laß mich allein, Gratney.« Ihre schmalen Schultern waren vor Schmerzen gespannt.

Er zögerte. Dann nickte er langsam.

Nachdem er gegangen war, saß sie lange Zeit unbeweglich da, das Gesicht in den Händen, dann endlich sah sie auf.

»Wo bist du? Warum holst du mich nicht?« schrie sie laut. »*Alexander*?«

Das große Söllerzimmer blieb still. Sie rieb sich das Gesicht und versuchte, die Tränen nicht zu beachten, die ihr über die Wangen liefen, doch sie wollten nicht versiegen.

»Alexander, warum zeigst du dich nicht, wenn ich dich brauche? Warum redest du nicht mit mir? Warum kommst du nicht mehr?« Sie starrte im Zimmer umher. »Du hast dich ihr gezeigt. Warum nicht mir?« Sie ballte die Fäuste. »Du wolltest mich doch früher unbedingt haben. Bin ich jetzt zu alt, sogar für dich?« Sie stand mit einem Ruck aus dem Sessel auf und stützte sich auf die Lehne. »Oder gibt es dich überhaupt nicht? Existierst du nur in der Einbildung einer einsamen, verzweifelten Frau? Ja, nicht wahr, das ist es! Du warst nur ein Traum! Es gibt dich nicht! Du bist tot! Wie Morna. Wie Mairi! Wie Donald …« Ihre Stimme zitterte, und sie fing laut an zu schluchzen. »Du hast nie existiert. Du bist in Kerrera gestorben. Du bist tot!«

Draußen vor der Tür wartete ein Page, er preßte sein Ohr an die Tür. Er zuckte schuldbewußt zusammen, als Kirsty auf der Treppe hinter ihm erschien.

»Lady Mar! Es tut mir leid, ich dachte, Lady Eleyne ist vielleicht krank. Sie hat geschrien …«

Kirsty gab ihm einen Wink, daß er beiseite trat. Sie zog die schwere Tür auf, ging hinein und schloß sie zu seiner großen Enttäuschung.

»Mama?«

Ihre Schwiegermutter starrte hinab ins Feuer, Tränen liefen ihr über die Wangen. Sie schien nicht zu hören.

»Mama, alles in Ordnung?« Das Zimmer schien sehr kalt. Kirsty ging auf Eleyne zu und legte ihr beinahe schüchtern die Hand auf den Arm. »Es tut mir so leid wegen Morna.«

Eleyne seufzte. Sie griff nach ihrem Taschentuch und schüttelte den Kopf. »Ich benehme mich wie eine Närrin, Kirsty. Einen Augenblick lang hatte ich das Gefühl, ich hielte es nicht mehr aus.« Sie schneuzte sich kräftig die Nase, und es gelang ihr ein Lächeln mit Tränen in den Augen. »Aber natürlich fängt man sich dann wieder. Es tut mir leid, mein Liebes, es ist das Alter. Es fällt einem schwer, den Schmerz zu verbergen. Ich muß mich zusammenreißen und etwas in die Wege leiten ...« Ihre Stimme brach einen Augenblick ab, und sie mußte mit sich kämpfen, um fortfahren zu können. »Ich muß etwas tun, damit sie beerdigt wird.«

»Es ist nicht nötig. Ewan, der Müller, hat sie gefunden. Er hat sie abgeschnitten. Die Dorfbewohner haben sich ihrer angenommen. Sie haben sie auch geliebt, Mama. Sie hat so viel für diese Leute getan.«

»Sie wollte am Steilhang unter der heiligen Quelle beerdigt werden – wir haben einmal darüber gesprochen.«

Es war im Oktober gewesen, bevor Edward of England noch einmal nach Kildrummy gekommen war, um den Fortgang der Befestigungsarbeiten zu prüfen und seinen Anspruch auf die Oberhoheit in Schottland zu demonstrieren. Eleyne, die gewarnt war und sich geschworen hatte, nie wieder vor Edward das Knie zu beugen, war zu Morna geflüchtet und hatte dort in der Hütte am sanft rinnenden Fluß allein ausgeharrt, bis ihr Vetter wieder fort war. Die beiden Frauen hatten damals Gespräche bis tief in die Sommernacht geführt.

»Sie wollte keine christliche Beerdigung. Die Leute werden nicht wissen, was zu tun ist ...«

»Sie wissen, was sie wollte, Mama. Sie beerdigen sie genau so, wie sie es sich gewünscht hat, und ich habe schon Blumen für ihr Grab.« Die beiden Frauen schwiegen, jede in ihre eigenen Gedanken vertieft, dann endlich sah Kirsty auf. »Ich hoffe nur, daß ich so tapfer sein werde wie du, wenn es nötig ist«, sagte sie. »Darf ich dir ein Geheimnis verraten, um dich aufzumuntern? Nicht einmal Gratney weiß es bisher.« Sie nahm Eleynes Hand und führte sie langsam zu ihrem Sessel. Als Eleyne Platz genommen hatte, kniete sich Kirsty ihr zu Füßen. »Mama, ich bekomme ein Baby. Ich dachte, ich würde es nicht ertragen, wenn Robert mir Marjorie wegnimmt, weil sie bei ihm und seiner neuen Frau leben soll. Ich war so einsam, aber nach all diesen Jahren des Hoffens und Betens, nach all den Opfern, die ich in meiner Kapelle gebracht habe, ist es geschehen.«

Eleyne starrte sie ungläubig an, dann lächelte sie. »So. Ein Erbe für die Grafschaft, endlich. Ach Kirsty, ich bin ja so froh, meine Liebe.«

»Wenn es ein Junge wird, will ich ihn Donald nennen, und wenn es ein Mädchen wird, soll sie Eleyne heißen.« Kirsty lächelte und freute sich, wie der unglückliche Ausdruck aus dem Gesicht ihrer Schwiegermutter verschwand.

»Und dein Mann hat nichts zu bestimmen?« fragte Eleyne halb scheltend.

»Ich habe noch mehr Neuigkeiten, Mama«, fuhr Kirsty fort. »Robert und Nigel kommen nach Kildrummy.« Sie schwieg und dachte an ihre beiden ältesten Brüder. »Solange Vater lebte, fand Robert, daß er nichts tun könnte. Er war gelähmt, weil Papa den Thron nicht wollte. Aber als Papa im April starb, traf Robert ein oder zwei Entscheidungen, was die Zukunft angeht.«

»Ach ja?« fragte Eleyne ironisch. »Das wird ja auch allmählich Zeit.«

»Ich weiß, es sieht so aus, als ob er wieder nach Edwards Pfeife tanzt.« Kirstys Stimme nahm einen beschwichtigenden Ton an. »Aber er konnte es sich nicht leisten, allzu früh die Karten auf den Tisch zu legen, und es gibt immer noch Hindernisse. John Balliol und Sir William Wallace zum Beispiel ...«

»Und seine neue Frau, die Tochter von einem Gefolgsmann Edwards.« Eleyne konnte nicht diese Spitze in ihrer Stimme vermeiden. »Ich habe deinem Bruder einige Dinge zu sagen, wenn er kommt, nicht zuletzt, was die unverschämte Art angeht, wie er dir nach seiner Heirat mit dieser Frau Marjorie weggenommen hat.«

Wenn es Kirstys Absicht gewesen war, Eleyne durch die Nachricht von Roberts bevorstehender Ankunft aus ihrer traurigen Stimmung aufzurütteln, gelang ihr das, und als er mit seinem Bruder Nigel zusammen in Kildrummy eintraf, erwartete sie ihn.

»Also. Was spielst du nun für ein Spiel, Robert?« fragte sie ihn spitz. Sie hatte alle anderen aus ihrem Söller fortgeschickt, und sie waren miteinander allein.

Er grinste. »Ein Wartespiel.«

»Und wie lange hast du vor zu warten?«

»So lange wie nötig.«

»Und währenddessen kämpfst du für Edward?« Sie war höchst ungehalten.

»Währenddessen rühre ich den Topf um.« Er lächelte. »Nun, bist du mir zu böse, als daß du mir einen Gefallen tun würdest?«

Sie kniff mißtrauisch die Augen zusammen. »Also ist dein Besuch kein privater?«

»Natürlich ist er privat.« Er grinste wieder. »Ich bin gekommen, um meine Schwester zu sehen, die schöne, schwangere Countess of Mar. Und um meine Lieblingsschwiegermutter zu sehen«, er machte eine Pause, »und ich würde gern ihre Urenkelin sehen.«

»Du weißt, daß das unmöglich ist!« Eleynes Hand wurde weiß auf dem Griff ihres Krückstocks. »Lord Buchan hat Isobel mit nach Frankreich genommen, als die sogenannte Buße erledigt war nach Mairis Tod. Du weißt sehr wohl, daß er einer der schottischen Botschafter am französischen Hof ist.«

»Und ich weiß, daß es deine Idee war, daß er Isobel mitnehmen sollte. Und ich weiß, daß du ihn überredet hast, sie freizulassen. Ich weiß, wie sehr du sie liebst.« Robert nahm Eleynes Hand. »Und jetzt hat er auch einen zeitweiligen Frieden mit Edward geschlossen, und sie sind wieder in Slains.« Er ging zum Fenster, dann fuhr er unruhig zu ihr herum. »Ich muß wissen, wie der König von Frankreich unsere Situation hier beurteilt.«

»Und du willst, daß Isobel es dir erzählt?« Eleyne zog scharf eine Augenbraue hoch. Sie sah Robert herausfordernd in die Augen. »Erinnerst du dich, daß du mir einmal gesagt hast, Isobel brächte Ärger, Robert?« fragte sie ihn leise. »Gilt das immer noch?«

Er sah betreten anderswohin. »Also weißt du es. Ich bin froh.« Er machte eine Pause. »Ich habe ihr geschrieben, während sie in Frankreich war. Sie hat Informationen, die ich brauche, und ich kann wohl kaum Buchan selbst fragen. Darf ich einen meiner zuverlässigsten Männer losschicken, um sie zu holen? Niemand wird eine Einladung nach Kildrummy, um dich zu besuchen, verdächtig finden. Sie gerät dadurch nicht in Gefahr.«

»Und ich soll alles billigen und fördern, was zwischen euch geschieht«, sagte Eleyne nachdenklich.

»Nichts wird geschehen, ich verspreche es.« Er lächelte. »Besser gesagt, nichts, von dem du etwas zu wissen brauchst.«

II

Roberts Vertrauensmann, Gilbert of Annandale, brachte Isobel of Buchan drei Tage später nach Kildrummy.

Isobel stand am Eingang des Söllers ihrer Urgroßmutter, die beiden sahen einander sekundenlang an. Isobel war sehr mager, aber sie sah viel besser aus als das letztemal, da Eleyne sie gesehen hatte, und ihr Gesicht, leicht gebräunt von der Seereise und dem Ritt über die Berge von Mar, strahlte vor Glück. Sie war unbestreitbar schön.

Eleyne seufzte. Wie konnte sie Robert – oder irgendeinem anderen Mann – einen Vorwurf machen, daß er eine solche Frau liebte? Sie streckte die Arme aus. Zusammen saßen sie in der Nische, in der sie sicher vor Lauschern waren.

»Es ist so lange her, Kind! Komm, erzähl' mir von Frankreich«, sagte Eleyne, »und dann, wenn du möchtest, erzähl' mir den Rest.«

Isobel sprach sehr lange. Zuerst berichtete sie in kurzen, gestelzten Sätzen von ihrer Zeit in Frankreich am Hofe König Philipps. Dann sprach sie von den endlosen Wochen in Dundarg Castle weit im Norden von Buchan, wohin ihr Ehegatte sie geschickt hatte, damit sie dort eine lange Reihe von Sünden büßte. Schließlich sprach sie von Mairi, und endlich kamen ihr die Tränen. »Sie ist meinetwegen gestorben. Er wollte mich bestrafen.«

»Dafür bestrafen, daß du dein Baby verloren hast?« fragte Eleyne. Sie legte ihre Hände auf Isobels Schleier, als das Kind ihr zu Füßen saß, den Kopf in Eleynes Schoß.

Isobel schüttelte wortlos den Kopf, schluchzte halberstickt, dann schließlich sah sie auf, in ihren Augen leuchteten die Tränen. »Das war die Ausrede, derer er sich bedient hat: Sie hätte mir geholfen, mich des Babys zu entledigen.« Ihr Stimme war harsch. »Obwohl es seine Schuld war, daß es geschehen ist. Er hat mich geschlagen, und ich bin gestürzt.« Zwei Tränen hingen an ihren Wimpern, dann fielen sie herunter und liefen ihr über das Gesicht. »Man hat mich mit Robert gesehen.« Ihr Flüstern war so leise, daß Eleyne ihren Kopf vorbeugen mußte, um es zu hören.

»Gesehen?« fragte Eleyne.

»In Scone. Wir trafen uns im Mönchsgarten zwischen den Ruinen der niedergebrannten Abtei und – jemand hat uns gesehen … als wir uns geliebt haben.« Isobels stockendes Gemurmel war fast nicht zu verstehen.

»Mein armes Kind …«

»Ich liebe ihn so sehr«, flüsterte Isobel. »Ich würde für ihn sterben.«

»Wir werden vielleicht eines Tages alle für ihn sterben müssen, wenn er unser König ist«, sagte Eleyne langsam. »Aber, Isobel, nicht dafür … nicht dafür, daß er dich dein Ehegelübde hat brechen lassen.«

»Doch, dafür!« Eleyne sah wieder die Leidenschaft in den Augen des Mädchens. Sie seufzte, dann überkam es sie, und sie mußte einfach lächeln. Sie küßte Isobel auf die Stirn.

Isobel biß sich auf die Lippe, dann stand sie auf. »Du mußt müde sein, Urgroßmutter. Soll ich dich eine Weile allein lassen, damit du dich ausruhen kannst?« Das Mädchen war so begierig darauf, ihn zu sehen, es wäre grausam gewesen, sie zurückzuhalten.

»Ich glaube, das wäre gut, mein Kind. Wir sehen uns später in der Halle wieder.« Eleyne versuchte, das unbehagliche Gefühl zu unterdrücken, das sie erfüllte, aber es ließ sich nicht leugnen: Isobels Schicksal wie das von ihnen allen hatte schon in den Flammen gestanden. »Es ist noch jemand hier, glaube ich, der mit dir über Frankreich reden möchte.« Sie machte ein ernstes Gesicht und hob ihre verknöcherten Finger zu Isobels Wangen empor. »Paß gut auf, mein Liebling. Denke an deinen Ehegatten!« Als Isobel sich bückte, um sie zu küssen, sah sie das Mädchen erröten.

Sobald Isobel fort war, ging sie langsam zum Feuer, stand da und sah in die Flammen. Trotz der Hitze des langen Sommers draußen ließ sie das Feuer jetzt ständig brennen. Sie runzelte die Stirn und strengte ihre Augen an, aber es waren keine Bilder da. Nichts als Hitze.

III

August 1305

Duncan sah von seinem Bruder zu seiner Mutter und wieder zurück und zuckte verzweifelt die Achseln. »Ich bete darum, daß niemand sonst in die Hände von King Edward fällt. Der Mann kennt keine Gnade.« Er hatte gerade einen Brief vorgelesen, den er aus London erhalten hatte.

Darin stand, daß man Eleynes Großneffen Owain, Dafydds Sohn, der nach so vielen Jahren immer noch in der Burg zu Bristol gefangen gewesen war, aus seiner Zelle in einem der Türme hinausgezerrt und in einen Käfig geworfen hatte. Dort, so hatte der König entschieden, sollte er den Rest seiner Tage wie ein Tier gehalten werden.

»In einem Käfig? Gütige Mutter Gottes! Warum?« Eleyne schloß die Augen, stellte sich die Gitterstäbe, das Grauen, die Verzweiflung des armen, verlassenen jungen Mannes vor.

»Ich nehme an, er will alle abschrecken, die mit dem Gedanken spielen könnten, sich ihm zu widersetzen. Er ist ein rachsüchtiger, gemeiner Mensch«, erwiderte Duncan. »Es ist noch ein Brief da, Mama, und ich fürchte, er ist noch schlimmer.«

Man hatte Sir William Wallace gefangen. Man hatte ihn in Ketten nach London geschleppt, durch die Straßen geschleift und gehängt. Seinen Leichnam hatte man geviertelt. Sein Kopf wurde auf die London Bridge gesteckt, und seine vier Körperstücke stellte man als abschreckendes Beispiel für die Schotten in Newcastle, Berwick, Stirling und Perth aus.

Eleyne sah, daß alle in dem Raum sich schweigend bekreuzigten. »Armer Sir William«, sagte sie leise. »Gott schenke seiner Seele Frieden.«

Sie warf Gratney einen Blick zu, der am Tisch saß, einen Pokal mit Glühwein in der Hand. Er fröstelte und fieberte, er hatte sich bei seinem Besuch in Kirstys Kapelle eine Woche zuvor eine schlimme Erkältung geholt. »Also, bewunderst du Edward immer noch? Würdest du deinem Sohn befehlen, ihm zu folgen?« Der kleine Donald war drei Monate zuvor geboren und gedieh lärmend zur Freude seiner Großmutter, und Kirsty, als wolle sie ihre neugewonnene Fruchtbarkeit beweisen, war bereits wieder schwanger.

Gratney schüttelte den Kopf. »Mama, ich habe dir gesagt, Edward ist ein guter König. Er ist stark, er ist ein glänzender Taktiker. Das heißt nicht, daß ich gutheiße, was er getan hat.« Seine Stimme war heiser, und er streckte die Hand nach der Flasche aus, um sich noch etwas Wein einzugießen.

»Und es gibt noch mehr Nachrichten, Mama«, unterbrach ihn Duncan. »Lord Buchan und Isobel waren in London, als man Wallace verurteilt und hingerichtet hat. Lord Buchan soll einer der schottischen Lords sein, die uns in dem englischen Parlament vertreten werden. Seine Frau mochte London nicht, so heißt es, und hat sich den Sommer über in ihr Landhaus zu Whitwich in Leicestershire zurückgezogen.«

Eleyne nickte zufrieden. Isobel würde in England vor dem Krieg sicher sein. Sie fragte sich, ob das Mädchen, während sie in London war, wohl ihren Bruder getroffen hatte. Duncan of Fife lebte noch immer in England, diente noch immer dem englischen König. Sie schüttelte traurig den Kopf. Wie konnten ihre Söhne und Enkel so blind sein? Warum sahen sie nicht die Gefahr? Sie stand auf. »Ich gehe jetzt zu Bett und bete für Sir Williams Seele.« Sie legte ihre Hand auf Gratneys Schulter. »Paß auf deinen Husten auf, mein Sohn, oder ich werde dich mit einem meiner Kräutertränke behandeln müssen!« Sie beugte sich über ihn und küßte ihn auf den Kopf.

Gratney ergriff liebevoll ihre Hand. »Bitte nicht das, Mama!« Er lächelte. »Deine scheußlichen Arzneien sind ja schlimmer als der Tod!«

Der Husten wurde schmerzhafter. Vier Tage später war er auf die Lungen geschlagen, und drei Tage danach, trotz der Arzneien der Mutter und der ängstlichen Gebete der verzweifelten Familie, starb Gratney, der Earl of Mar. Er war achtunddreißig Jahre alt. Sein Sohn und Erbe war ein Baby, seine Tochter noch nicht geboren.

VI

Dezember 1305

Die kleine Eleyne of Mar kam vier Monate später in Kildrummy zur Welt, als ein Schneesturm um die alten Mauern tobte. Trotz seiner winzigen Gestalt kuschelte sich das Baby an immer neue in Tücher gewickelte warme Steine, blühte und gedieh und erwies sich als ein ebenso lustiger Schreihals wie sein Bruder.

Kirsty sah ihren Bruder Robert müde an, als er sie eine Woche nach der Geburt besuchen kam. Er stand immer noch hoch in der Achtung King Edwards, war zum Vormund des kleinen Donald ernannt und jetzt Vogt der großen Burg seines Mündels in Kildrummy, er überwachte den Fortschritt der Befestigungsarbeiten. Er setzte sich an Kirstys Bett und beäugte das Baby, das in ihrer Armbeuge lag. »Gratney hätte die Kleine angebetet«, sagte er freundlich.

Sie nickte.

»Es ist jemand unten, der gern heraufkommen würde, um dich zu sehen und dir seine Aufwartung zu machen.«

Kirsty biß sich auf die Lippe. »Christopher?«

»Wer sonst? Er ist so beladen mit Geschenken für die junge Mutter, daß er ein Dutzend Diener brauchen wird, die ihm beim Herauftragen helfen.« Robert zögerte. »Er hat bei mir um deine Hand angehalten, Kirsty. Es wäre mein größter Wunsch, daß du ihn heiratest, aber das mußt du selbst entscheiden. Ich würde dich niemals zwingen. Ich weiß, wie sehr du Gratney geliebt hast.« Seine Stimme verlor sich in einem Gemurmel, während er das Gesicht seiner Schwester betrachtete.

Sir Christopher Seton, der einer von Roberts engsten Freunden und Anhängern war, hatte drei Monate nach Gratneys Tod Kirsty einen Antrag gemacht, und sie, in ihrem Elend erstarrt, hatte ihn weggeschickt. Er hatte sich aber nicht abweisen lassen, und sanft, mit hartnäckigem Witz, war es ihm gelungen, ihre Zuneigung zu gewinnen. Sie legte sich zurück ins Kissen und sah das Baby in ihrem Arm an. »Es ist noch zu früh, Robert. Laß mir Zeit!«

»Aber ja.« Er lächelte. »Kann er heraufkommen, oder soll ich ihn in den Schnee hinausschicken?«

»Natürlich kann er heraufkommen.« Sie sah ihren Bruder liebevoll an. »Ich freue mich über eine kleine Zerstreuung.«

V

Februar 1306

Eleyne war stark geblieben, als Gratney gestorben war. Sie hatte das Begräbnis in Kirstys Kapelle der Heiligen Jungfrau am Garioch arrangiert. Sie hatte Kirsty getröstet nach dem Tode ihres Mannes und ihr Kraft gegeben, als ihre Tochter geboren wurde und bei ihrer Wiederverheiratung zwei Monate darauf. Aber als eine zweite Frostperiode das Land erstarren ließ, war sie erkrankt, und schließlich hatte sie das Bett hüten müssen. Ihre Energiereserven waren erschöpft. Blaß und mager wie ein Gespenst war sie, sie aß nichts, und ihr Leben hing nur noch an einem dünnen Faden. Selbst das Frühlingslied des Rotkehlchens auf einem Baum jenseits der Mauer, das sie einst so geliebt hatte, erreichte sie nicht mehr.

Sie schlief, als Kirsty mit dem kleinen Donald an der Hand auf Zehenspitzen an ihr Bett trat. »Mama, bist du wach?« Sie hob Donald auf das Bett und setzte sich. Sie hatte Eleynes Damen aus dem Zimmer hinausgeschickt. »Mama, bist du wach?« Ihre Stimme zitterte vor Aufregung. »Christopher und ich sind gerade angekommen, und wir haben unglaubliche Nachrichten!«

Donald kroch fröhlich über die Bettdecke und zog das Betttuch vom Gesicht seiner Großmutter weg. »Buh!« sagte er hoffnungsvoll. Er betete die alte Dame an und plagte sie unaufhörlich, wann immer er ihr nahe kam.

Eleyne lächelte matt. Sie richtete sich in den Kissen auf. »Wie könnte ich denn schlafen, wenn du mir dieses Monster auf meine zerbrechlichen Knochen setzt?« sagte sie scharf. »Nimm ihn weg, Kirsty, bevor er mir den Brustkorb eindrückt!«

Kirsty zog schnell ihren Sohn vom Bett herunter und setzte ihn sich aufs Knie, überhörte sein Protestgejammer. »Paß auf! Es geht los! Robert hat sich zum König erklärt!« Ihr Gesicht war vor Aufregung verzerrt.

Eleyne beugte sich vor, plötzlich hellwach. »Wann? Warum jetzt? Was ist geschehen?«

Kirsty ließ Donald auf dem Knie reiten. »Er hat sich mit John Comyn of Badenoch gestritten, und sie haben gekämpft. Comyn wurde getötet! Christopher sagt, der Kampf fand in einer Kirche statt, aber das glaube ich nicht. So etwas würde Robert niemals tun. Jedenfalls – er hat sich endlich erklärt. Aus ganz Schottland eilen Männer zu seinem Banner.« Ihre Augen glänzten. »Er hat Dumfries und Ayr genommen, und seine Anhänger haben Rothesay erobert. Der Bischof von Glasgow ist auf seiner Seite und Bischof Lamberton. Er verlangt, daß Edward ihn als König anerkennt.« Sie gab ein halb ängstliches Kichern von sich. »Und er soll in Scone gekrönt werden!«

Einen Augenblick lang starrte Eleyne sie wortlos an, dann schwang sie entschlossen ihre Beine über die Bettkante. Ihre Wangen waren rot.

»Endlich! Endlich!« rief sie begeistert. »Ich muß aufstehen. Was bin ich doch für eine Närrin gewesen, so im Bett zu liegen. Es muß so vieles getan werden. Ich muß zur Krönung! Und dann ...« Und dann, ernüchtert, machte sie eine Pause. »Täusche dich nicht, Kirsty, meine Liebe, es wird einen Krieg geben, wie wir ihn noch nicht erlebt haben, wenn Edward Plantagenet davon erfährt.«

Sie ging steif zum Fenster. Ungeduldig rief sie einen Pagen, die Läden zu öffnen. Plötzlich fand sie die Wärme im Zimmer erstickend. Sie wollte hinaus, sie wollte reiten. Sie trat zum Fenster hin und starrte zum Himmel empor. Sie konnte nichts sehen als die Kerzen, die sich im Glas der Fenster spiegelten, dann, als ihre Augen sich an die Dunkelheit dahinter gewöhnten, verschlug es ihr den Atem. Ein Leuchten lag über dem Horizont, ein Spiel prächtiger Farben. »Kirsty, der Himmel ...«

»Ich weiß, Mama. Wir haben sie schon gesehen, als wir hergeritten sind. Du mußt herauskommen und sie dir richtig anschauen. Es sind die Cailleachan, die Sturmhexen. Sie haben die lustigen Tänzerinnen geschickt, damit Schottland seinem neuen König zujubelt!«

VI
SCONE * Mariä Verkündigung, 25. März 1306

Scone wimmelte schon vor Menschen, als die Abordnung aus Mar eintraf, der sich John of Atholl mit Marjorie und Duncan und Christiana mit all ihren Kindern angeschlossen hatten. Endlich ließ man außerhalb des weitläufigen, zur Hälfte zerstörten Palasts Eleynes Sänfte zu Boden und zeigte ihr die Stelle, an der die Zelte für die Leute aus Mar errichtet worden waren. Zelte und Pavillons standen dicht an dicht auf den Wiesen um die Abtei herum. Die Luft war vom Rauch von Hunderten von Feuern und Kohlenpfannen erfüllt, die der kalte Märzwind anfachte, und dem Lärm von Tausenden von Menschen, die in wilder Erregung schrien und lachten und tanzten.

Kirsty und Christopher, John und Marjorie, Eleyne und der kleine Donald – Neffe des Königs und, obwohl noch ein Baby, einer der ranghöchsten Peers des Reiches –, sie alle erhielten einen Ehrenplatz in der Abtei und sahen mit Tränen in den Augen zu, als der Bischof von St. Andrews, flankiert von den Bischöfen von Glasgow und Moray und den Äbten von Scone und Inchaffray, eine kleine goldene Krone hochhob und auf Roberts Kopf setzte, und die Deckenbalken von den Jubelschreien der ergebenen Untertanen Roberts erzitterten, als sie ihn als ihren gekrönten König begrüßten.

»Eigentlich sollte er auf dem heiligen Stein sitzen, und Lord Fife sollte ihm diese Krone aufs Haupt setzen«, murmelte John Atholl Eleyne zu, als sie in der eng gedrängten Menge standen. »Und es sollte die echte Krone sein.«

Seit unvordenklichen Zeiten hatten die Earl of Fife Schottlands Herrscher auf dem alten Stein gekrönt. Es war kein gutes Omen, daß man hier bei dieser Zeremonie gleich doppelt gegen die Tradition verstieß. Aber was blieb ihnen anderes übrig? Duncan of Fife war jetzt in jeder Hinsicht ein Engländer und lebte bei Edward of Caernarfon, und den Stein hatte King Edward nach England karren und wie es hieß in einen Sessel in der Abtei von Westminster einfügen lassen – in jenen Sessel, auf dem sein Sohn eines Tages zum König von England gekrönt werden sollte. Und mit dem Stein zusammen waren auch die Krone und nahezu der gesamte schottische Kronschatz verschwunden.

»Sagen Sie nichts«, flüsterte sie. »Es ist so lange her, daß man in diesem Lande einen richtigen König gekrönt hat, vielleicht gibt es nur noch wenige, die sich erinnern.«

Aber die Erinnerungen wurden am folgenden Abend bei dem zweiten Fest wach, das der Krönungsfeier folgte.

Die große Halle im Palast war von Menschen dicht gefüllt, die Tische bogen sich unter Bergen von rasch herbeigeschafftem Essen und Wein, und Tausende von Kerzen, die aus den kostbaren Vorräten der loyalen Abteien Schottlands stammten, erleuchteten den Saal. Der Lärm, der dem Tischgebet folgte, war ohrenbetäubend.

Eleyne saß am Tisch auf dem Podium nahe dem neuen König. Zwischen ihr und Kirsty schlummerte der kleine Donald auf einem Berg Kissen. Lachend hatte Robert darauf bestanden: »Er ist einer der führenden Grafen meines Königreiches und mein Mündel. Er darf doch meine Krönung nicht versäumen!« Und er hatte seinen Neffen abgeküßt. Hinter ihm saß mit zusammengepreßten Lippen die Queen Elizabeth, die das alles mißbilligte, und hinter ihr seine Tochter Marjorie, die zwar erst zehn Jahre alt, aber so stolz und aufgeregt war, daß sie unmöglich hätte schlafen können.

Kirsty sah über Donalds Kopf hinweg Eleyne an und zog eine Grimasse. »Unsere neue Königin scheint nicht sehr erfreut über die Situation zu sein. Ich nehme an, da sie aus einer Familie stammt, die so vollständig in King Edwards Schatten steht, unterstützt sie ihren Ehemann nicht aus vollem Herzen.« Sie warf ihrer Schwägerin einen bösen Blick zu.

»Es sieht so aus.« Eleyne seufzte. »Ich wollte, sie könnte sich wenigstens zu einem Lächeln durchringen.«

Sie brach ab, als plötzlich Stille in dem großen Saal eintrat, und wandte sich wie alle anderen der fernen Tür der Halle zu, die hinter dem lodernden Licht der Fackeln lag. Dort war eine einsame Frauengestalt erschienen und kam jetzt auf sie zu. Sie trug einen nassen, schlammbespritzten Umhang, dessen Kapuze zurückgeworfen war und ihr wild zerzaustes dunkles Lockenhaar zeigte.

»Isobel?« Eleynes Lippen formten ungläubig das Wort, aber es kam kein Ton heraus.

Es herrschte nun völliges Schweigen in der Halle, als die Countess of Buchan sich dem Podium näherte, die Augen auf Robert gerichtet. Während sie auf ihn zukam, erhob er sich, seine Krone blitzte im Kerzenlicht. Sie blieb so dicht vor ihrer Urgroßmutter stehen, daß Eleyne die dunklen Ringe unter ihren Augen und die Schmutzspritzer auf ihrer hellen Haut sehen konnte. Sie sah so erschöpft aus, als müßte sie jeden Augenblick zusammenbrechen, aber sie sank mit ungeheuer stolzer Haltung und sogar triumphierend vor Robert auf die Knie.

»Euer Gnaden, ich bringe euch den Treueid des Hauses von Duff«, rief sie in einem singenden Tonfall. »Ich bringe Euch die Grüße meines Bruders und seinen Segen, und ich beanspruche in seinem Namen das Recht, Euch auf den Thron von Schottland zu setzen.« Sie hob ihre Hände in einer Geste der Unterwerfung und der Lehnstreue zu ihm auf, und Robert nahm sie.

Er lächelte. »Ich nehme Euren Treueid gern entgegen, Lady Buchan, aber ich bin schon gekrönt.«

Eine aufgeregte Unterhaltung entspann sich hinter ihnen in der Halle. Kirsty sah Eleyne an und zog die Augenbraue hoch.

Hinter Robert hatte sich der alte Bischof Lamberton aufgerafft und stand jetzt mit ernstem Blick da, während er Isobel ansah. »Die Countess of Buchan bringt Euch das Siegel der altehrwürdigen Überlieferung. Das angestammte Recht der Earl of Fife, den König zu krönen, darf man ihr nicht versagen!«

Robert sah sich um. »Wollen Sie mich zweimal krönen lassen, Herr Bischof?«

John of Atholl sprang auf und schlug Robert fröhlich auf die Schulter. »Warum nicht? Bei Gott, das wäre ein glänzender Beginn Eurer Herrschaft, Robert! Natürlich muß sie Euch auf den Thron setzen!«

»Aber wo?« Lord Mentieth lehnte sich in seinen Sessel zurück. »Die Earl of Fife haben unsere Könige immer auf dem Schicksalsstein inthronisiert, und der ist mit all dem anderen nach England gegangen.«

Eleyne sah Isobel vor Erregung zittern.

»Ich habe die Kraft des Steins in meiner Hand«, sagte sie, und ihre Stimme war so leise, daß es einem Flüstern glich. »Ich war bei Sankt Edwards Schrein in Westminster und habe meine Hände daraufgelegt. Und ich habe um seine Kraft gebetet, so daß ich sie an Euch, meinen König, weitergeben kann. Der Stein hat mir seinen Segen gegeben. Ich habe seine Kraft gespürt!«

Eleynes Augen waren auf Isobels Hände gerichtet, die zwischen Roberts Händen lagen, und es belustigte sie, daß Robert sie plötzlich losließ, als hätte er sich verbrannt. Hinter dem König warf Bischof Lamberton seinem Amtsbruder, Bischof Wishart, einen Blick zu. »Das gehört zu dem geheiligten schottischen Erbe.«

Wishart nickte. »Wir sollten die Countess bitten, diese Zeremonie unverzüglich vorzunehmen. Morgen. Am Palmsonntag.« Das Gesicht des alten Mannes war ernst und feierlich. »So möge unser König zweimal in sein Königreich eintreten und in die Fußstapfen unseres Herrn!«

Alle schwiegen ehrfürchtig. Eleyne spürte, wie ihre Augen sich mit Tränen füllten. Roberts Gefolgsleute in der Halle waren gerührt und ergriffen. Nur wenige, die nahe dem König und der Königin am Tisch saßen, hörten die Worte der Königin, die sie an ihren Ehegatten richtete. Mit einem verächtlichen Naserümpfen warf sie Isobel einen vernichtenden Blick zu. »Das sind Kindereien! Willst du dich ernsthaft von dieser Frau noch einmal krönen lassen? *Eine* derartige Farce dürfte doch wohl genügen!«

Eleynes Nachbarn ächzten erschrocken.

Isobel sah zu Boden. Ihr Gesicht war weiß, und sie ballte die Fäuste in den Falten ihres schmutzbespritzten Umhangs. »Ich bin hier, um dem König zu dienen, wenn er es wünscht«, sagte sie leise. Eleyne schien es, als müsse Isobels Liebe zu Robert allen im Saal offensichtlich sein.

»Und er wünscht es!« Robert reichte ihr mit einer kleinen Verbeugung noch einmal die Hand. »Morgen, Mylady, werdet Ihr mich in der alten Weise auf dem heiligen Hügel draußen vor der Abtei vor dem Volk von Schottland inthronisieren.« Er lächelte, dann nahm sein Gesicht einen nüchternen Ausdruck an. »Sagt mir, Mylady, weiß Lord Buchan, was Ihr tut?«

Eleyne sah, daß Isobel sich plötzlich auf die Lippe biß. »Ich zweifle nicht, daß er es inzwischen weiß, Sire.« Sie sah unter ihren Wimpern zu Robert auf. »Ich hoffe, diesmal werdet Ihr nicht sagen, daß ich zu ihm zurückgehen soll.« Es war, als ob die beiden allein in der großen Halle wären, sie schienen alle anderen um sich herum zu vergessen. Eleyne strengte ihr Gehör an, um seine leise Antwort zu hören. »Diesmal nicht, Mylady. Diesmal werde ich Euch bei mir behalten.«

Die neue Königin zog ein wütendes Gesicht. Sie stieß ihren schweren Sessel zurück und stand auf. »Mylord, es ist Zeit, daß wir gehen«, sagte sie scharf.

»Es ist noch zu früh, Madam. Bitte setzen Sie sich«, erwiderte Robert. »Ihr alle, setzt euch und macht Platz für Lady Buchan. Es scheint, daß unsere Festlichkeit noch lange nicht beendet ist.«

Eleyne schlief schlecht. Es war laut in ihrem Zelt. Die Nachbarn rundherum hatten nicht vor, das Fest zu beenden, nur weil die Feier vorüber war, und auf der Wiese ertönten Musik und Gelächter die Nacht hindurch, der Wind trug den Lärm mit sich, der durch das Flattern der Zelte und Banner verstärkt wurde.

Sie hatte sich schon früh von der Feier zurückgezogen, weil sie müde war, den kleinen Donald mitgenommen und seinen Kindermädchen übergeben. Isobel war auch müde. Wie müde sie war, das sah Eleyne, als sie neben Robert saß, aber die Aufregung hatte sie wieder belebt. Isobels Augen hatten Robert keinen Moment losgelassen. Für ihre Urgroßmutter, die auch am Tisch saß, hatte sie nicht einmal ein Lächeln übrig gehabt. Sie hatte nur den König gesehen. Eleyne durfte ihr nicht böse sein. Dies war Isobels großer Augenblick – ihr Ruhm, ihre Bestimmung. Eleyne hatte das Bild im Traum vorausgesehen. Ihre eigene Zeit war vorbei. Der Zeitpunkt, für den sie so lange gelebt hatte, war da, aber nicht sie war es, die jetzt im Mittelpunkt stand.

Sie warf sich unruhig auf dem Feldbett hin und her und versuchte vergeblich, sich zum Einschlafen zu zwingen.

Auf den Befehl des Königs hin gaben sie ihr in Anbetracht ihrer achtundachtzig Jahre am nächsten Tag einen Sessel nahe dem Ort der Inthronisierung auf dem Moot Hill, dem Versammlungshügel draußen vor der Abtei. Es war ein strahlend schöner Tag, jedoch bitterkalt, und sie verkroch sich fröstelnd in ihren Pelz, als die Feier begann.

Man hatte für diesen Zweck einen neuen Stein gefunden, der aus dem Herzen der Berge herausgehauen war und von den Bischöfen gesegnet, mit Weihwasser besprengt und mit Öl gesalbt werden mußte. In England wurde der König selbst bei seiner Krönung gesalbt, aber in Schottlands älterer Zeremonie waren die Krönung und die Inthronisierung die wichtigen Handlungen.

Nachdem sie ihren Beitrag geleistet hatten, wichen die Bischöfe zurück, und Isobel trat vor. Sie war in geliehenen Samt und Pelze gekleidet, und auf ihrem dunklen Haar saß ein Diadem aus schottischem Silber, das ihr der Bischof von Glasgow gegeben hatte, er war der Hüter der Reste des schottischen Kronschatzes, die Edwards Armee entgangen waren, und stellte sie nun stolz zu Roberts Krönung zur Verfügung. In der Nähe wartete der König, glänzend in seine hastig zusammengestellten Gewänder und Schmuckstücke gekleidet.

Isobel kniete auf dem Gras vor dem Stein nieder und legte ehrerbietig ihre Hände darauf. Die Menge, die um sie herum zusah, wurde still. Eine Zeitlang bewegte Isobel sich nicht, ihre ganze Konzentration war auf den kalten grauen Granit gerichtet, dann schließlich stand sie auf, wandte sich zu Robert um und nahm seine Hand, während hinter ihr der Abt von Scone devot ein goldenes Tuch über den Stein ausbreitete.

Als Robert Platz genommen hatte, reichte der wartende Bischof Isobel die Krone, und sie hielt sie einen Augenblick lang hoch in die Luft. Dann endlich senkte sie sie herab und setzte sie Robert auf den Kopf, und die Menge, die sich auf dem von Menschen geschaffenen flachen Hügel drängte, der Schottlands heiligster Ort war, brach in Beifall aus.

Nahe bei Eleyne stand die Königin mit John of Atholl und Marjorie und sah mit zusammengepreßten Lippen der Zeremonie zu. »Das ist eine Eselei«, flüsterte sie Lord Atholl in einem Ton zu, der für Eleyne und wahrscheinlich viele andere Leute um sie herum gut zu verstehen war. »Wir werden König und Königin für einen Sommer sein, falls wir Glück haben! Robert kann Edward nicht besiegen. Niemand kann das!«

Lord Atholl verbarg nur mit Mühe seine Verärgerung. »Der König wird länger als einen Sommer regieren, Madam. Dessen können Sie sicher sein!« erwiderte er scharf. Als er Eleynes besorgten Gesichtsausdruck sah, lächelte er ihr grimmig zu. »Viel länger«, wiederholte er leidenschaftlich, »mit Gottes Gnade.«

VII
KILDRUMMY CASTLE * April 1306

Es war eine Besucherin da, die auf Eleyne wartete, als sie heimkehrte. Der Himmel war strahlend blau, und feine weiße Wolkenstreifen zogen darüber hinweg, als ihre Sänfte sie endlich über die Zugbrücke und den Graben und durch das massive neue Torhaus in den vertrauten Burghof trug. Ihr folgten auf einer zweiten Sänfte Donalds Kindermädchen und der kleine Junge selbst, der nach der Aufregung der letzten Tage fest in ihren Armen schlief.

Steif und müde kletterte Eleyne heraus und lächelte dem wild herumspringenden Wolfshund zu, der sie empfing. Er war Grizels einziges Junges, Eleyne hatte ihn nach seinem Vorfahren Donnet genannt, und sie wußte im Grunde ihres Herzens, daß er der letzte Hund sein würde, den sie in diesem Leben besaß. Sie begrüßte die verbliebenen Führungspersonen ihres Hauses, die die Burg gehütet hatten, und wandte sich endlich dem Eingang des Schneeturms zu. Darüber segelte ein Bussard, und sein gellender Schrei hallte über das Land jenseits der Mauern. Sie erschauderte, zog den schweren Umhang fester um den Körper und fing an, gefolgt von ihren Damen, steif die Treppe emporzusteigen.

An der Tür ihres Söllers kam ihr eine der Frauen entgegen, die zurückgeblieben waren, Gillot. Sie legte ihren Finger auf die Lippen und winkte sie beiseite.

»Sie haben eine Besucherin, Mylady«, flüsterte sie und deutete über ihre Schulter nach hinten. »Sie ist seit einer Woche hier, aber sie will uns nicht ihren Namen sagen.«

Eleyne griff nach der Spange, die ihren Umhang zusammenhielt, und fummelte mit ihren steifen Fingern daran herum. »Ich werde mit ihr sprechen, dann, glaube ich, muß ich mich hinlegen. Ich bin so müde, daß ich mich kaum noch bewegen kann.« Sie gab Gillot ihren Umhang und wandte sich zum Kamin, wo mehrere Damen saßen, sich unterhielten und beim Licht von einem Dutzend Kerzen Handarbeiten verrichteten.

Sie hatte die fremde Person bereits ausgemacht, eine große Frau Ende Fünfzig oder Anfang Sechzig, die kerzengerade in Eleynes Sessel am Feuer saß. Sie trug ein einfaches Kleid aus kostbarem dunkelblauem Samt und einen Mantel, den eine Silberbrosche hielt, die wie ein Eber geformt war.

Als Eleyne ins Zimmer trat, Donnet folgte ihr auf den Fersen, stand die Frau auf. Sie starrte den Hund an. »Lyulf«, murmelte sie.

Eleyne blieb wie angewurzelt stehen, ihre Knöchel waren weiß auf der Krücke ihres Stocks, und sie spürte die prüfenden Augen der Damen, die auf ihr ruhten.

Die Frau kam zögernd einen Schritt auf sie zu. »Mutter …« sagte sie nur.

Eleyne konnte nicht sprechen. Mehrere Sekunden lang rührte sie sich nicht, dann, während ihr altes Herz vor Aufregung und Angst pochte, streckte sie ihre freie Hand aus. »Joanna?« flüsterte sie.

Die Frau nickte. Sie nahm Eleynes Hand nicht. Statt dessen sah sie sich halb verlegen im Zimmer um.

»Ich habe eine dumme Zeit zum Reisen gewählt. Wie es scheint, herrscht schon wieder Aufruhr in Schottland …«

»Schottland hat gerade seinen rechtmäßigen König gekrönt«, verbesserte Eleyne sie sanft. Sie wandte sich an Gillot. »Bitte. Holen Sie mir etwas Glühwein, und dann möchte ich Sie alle bitten, uns allein zu lassen.«

Sie sprachen nicht, bevor sie allein waren. Dann nahm Joanna ihrer Mutter gegenüber Platz. »Natürlich, es kann ja gar nicht Lyulf sein.«

Eleyne schüttelte den Kopf. »Einer von seinen Nachkommen. Der letzte, den ich besitzen werde. Ich bin zu alt für Hunde.« Sie nippte ihren Wein, froh über die Wärme des Pokals zwischen ihren Fingern.

Eine Zeitlang sprach keine von ihnen. Eleyne starrte in die undurchsichtige Tiefe des Weins zwischen ihren Händen. »Wo ist Hawisa?« fragte sie schließlich.

»Sie ist vor vielen Jahren an einem Scharlachfieber gestorben.«

Eleyne schloß die Augen. »Ich wollte euch nicht verlassen«, stammelte sie schließlich leise.

»Das weiß ich jetzt.«

»Warum kommst du nach all den Jahren?« Eleyne fühlte immer noch ihr Herz unregelmäßig zwischen ihren Rippen pochen.

Joanna war verlegen. »Ich wußte nicht, daß du noch lebst. In meinen Gedanken bist du vor vielen Jahren gestorben …« Sie merkte, wie grausam das klang, als sie es sagte, aber sie konnte es nicht mehr zurücknehmen. Während sie die Augen auf das Gesicht ihrer Mutter richtete, fuhr sie fort: »Dann, eines Tages, hörte ich deinen Namen bei Hof. Das war, als dein Sohn starb. Der Earl of Mar. Sie sprachen über die Witwe, und der König erwähnte dein walisisches Blut ...«

»Sollte ich mich geschmeichelt fühlen, daß der König sich noch immer daran erinnert?«

Zum erstenmal lächelte Joanna. »Das möchte ich bezweifeln. Er hat es nicht als Kompliment gemeint. Ich erinnerte ihn daran, daß ich deine Tochter bin, und er sah auf mich herab, seine lange Nase hinunter ...« Sie machte eine Pause, um den hochnäsigen Blick ihres Monarchen nachzumachen, und Eleyne mußte lächeln. »Und er sagte: ›Hoffen Sie lieber, daß ich das vergesse, Lady de Bohun, damit ich Sie nicht auch der Rebellion verdächtige!‹« Sie zögerte. »Aber ich bin nicht oft bei Hofe, falls du dich fragst, warum die Angelegenheit nicht schon früher zur Sprache gekommen ist.«

»Du solltest lieber hoffen, daß er es vergißt, und zwar sofort«, sagte Eleyne bissig. »Er hat auch nichts für die Familie von King Robert übrig, und ich gehöre jetzt zu dieser Familie. Die Tochter und Erbin des Königs ist meine Enkelin und deine Nichte.«

Joanna grinste wehmütig. »Das habe ich schon verstanden. Ich hatte genug Zeit, während ich hier auf dich wartete, meine Verwandtschaftsbeziehungen in Schottland zu erforschen, und ich habe beschlossen, mich aus dem öffentlichen Leben zurückzuziehen, sobald ich wieder in England bin.«

»Wann mußt du denn zurück?« Eleyne sah sie sehnsüchtig an. »Ich glaube nicht, daß es für dich in Frage käme, bei mir zu bleiben?«

Joanna schüttelte den Kopf. »Hierher mußte ich einmal kommen, um unser beider willen. Aber nachdem ich es getan habe, muß ich wieder nach Hause. Mein Leben ist dort, und meine Loyalität gehört England.« Sie erwiderte Eleynes Blick, und ihr Gesicht war traurig. »Wir gehören zu zwei verschiedenen Welten. Verschiedenen Nationen. Uns verbindet nichts anderes als dieses dünne Blutsband.« Sie stand auf und kam an Eleynes Sessel, wo sie stehenblieb. »Meine Ehe hat nur so kurze Zeit gedauert, Humphrey starb an seinen Verletzungen nach der Schlacht von Evesham. Wußtest du«, fragte sie, »daß seine erste Frau eine Schwester von Isabella de Braose war? Er sagte, sie hätte von dir gesprochen.« Ihr Tod war wehmütig. »Nach Humphreys Tod entschied der König, daß ich auf dem Heiratsmarkt nicht länger von Wert sei. Ich hatte nur ein geringes Wittum, und mein Kind war tot.« Sie lächelte traurig. »Den größten Teil meines Lebens habe ich den Lincolns gewidmet, die sich um mich gekümmert haben, nachdem …« Sie unterbrach sich plötzlich. »Cousine Margaret war gut zu mir. Hawisa und ich waren dort glücklich. Und wir hatten Rhonwen, die uns eine Weile mit unserem alten Leben verband. Was ist mit Rhonwen geschehen?«

»Sie ist gestorben.« Eleyne äußerte sich nicht weiter über ihren Tod, und Joanna zuckte die Achseln. Sie ging zu ihrem Sessel zurück und streckte ihre Hand nach Donnet aus, der ankam und sich neben sie setzte. Er lehnte sich an ihre Knie. »Ich habe diese Hunde so vermißt«, sagte sie nach einer Minute. »Aber ich habe selbst nie einen Wolfshund gehalten. Er hätte mich zu sehr erinnert an …« Ihre Stimme erstarb, und sie schwieg wieder.

»Es tut mir leid.« Eleyne schüttelte den Kopf und empfand das Gewicht ihrer Trauer als beinahe unerträglich. »Es tut mir so leid.«

Joanna blickte wieder auf. »Haben wir … ich meine, habe ich Schwestern?«

Eleyne nickte. »Marjorie. Sie ist mit Lord Atholl verheiratet. Meine älteste Tochter, Isabella, ist gestorben.«

»Ich bin deine älteste Tochter«, sagte Joanna sanft.

»Oh, mein Liebes.« Einen Augenblick lang war Eleyne entsetzt, dann streckte sie ihre Hände aus. »Ach, Joanna.«

Joanna kam zu ihr, dann nahm sie beinahe schüchtern ihre Hände, beugte sich über sie und küßte ihre verknöcherten alten Finger. »Ich bin froh, daß ich hergekommen bin«, flüsterte sie. »Lange wollte ich es nicht. Ich wollte dich nicht wiedersehen, nie wieder. Einmal, als ich dich in Aber besuchen wollte, überlegte ich es mir doch wieder anders. Ich konnte den Gedanken nicht ertragen. Ich habe dich gehaßt, weil du uns verlassen hast, und ich habe dich gehaßt, weil Hawisa starb, ohne daß du davon wußtest. Sie erinnerte sich nicht einmal mehr an dich. Cousine Margaret war die einzige Mutter, die sie je gekannt hat. Und Annie. Und Rhonwen. Sie hat Rhonwen geliebt.« Sie sah wieder, daß Eleynes Gesicht sich bei der Erwähnung von Rhonwens Namen verhärtete, und sie seufzte. Es gab so vieles, das sie nie erfahren würde über diese rätselhafte, alte Frau.

Als spüre sie, daß sie irgendwo eine Grenze ziehen müsse, nahm Eleyne langsam ihre Hände zurück und griff nach ihrem Stock. Unsicher richtete sie sich auf und ging zum Tisch, der in der Mitte des Zimmers stand. »Meine Liebe, ich bin so froh, daß du gekommen bist«, sagte sie, »aber du hast recht. Es ist besser, wenn du nicht hierbleibst.« Sie stand da und sah hinab auf den matt schimmernden, dunklen, alten Eichentisch, ihre schmalen Schultern eckig hochgereckt, als erwarte sie Joannas Protest. »Schottland ist im Krieg. Kildrummy unterstützt den derzeitigen Vogt, der jetzt Schottlands König ist. Wenn du eine Untertanin von King Edward bist, kannst du nicht hierbleiben, ohne dich zu kompromittieren.« Sie sah Joanna gerade ins Gesicht. »Das Land ist von Soldaten überschwemmt. Es ist vielleicht schon jetzt gefährlich für dich zu reisen, aber wenn du hierbleibst …«

»Ich will nicht hierbleiben, Mutter.« Joannas Stimme war fest und nüchtern. »Hier ist für mich kein Platz. Wem auch immer du verpflichtet sein magst, und zu welchem Land du jetzt auch gehören magst, mein Vater war Engländer.«

»In der Tat«, erwiderte Eleyne endlich trocken.

»Und wie du sagst, sind weiter südlich überall Soldaten. Ich werde, sobald ich kann, abreisen – morgen.«

»So. Da haben wir nur noch einen Abend zusammen.« Eleyne biß sich auf die Lippe. »Ich wollte, ich hätte dich richtig kennenlernen können. Ich wollte, ich hätte euch beide aufwachsen sehen können.« Sie lächelte traurig. »Wir werden einander nicht wiedersehen.« Joanna blickte auf ihre Hände hinab und versuchte, die plötzlich hervorquellenden, dummen, bitteren Tränen aufzuhalten. »Aber ich werde diese Begegnung in meinem Herzen wie einen Schatz hüten«, sagte Eleyne.

»Vielleicht werden wir einander in einem neuen Leben besser kennenlernen.«

»In einem neuen Leben?« Joanna sah sie schockiert an. Sie lachte, unangenehm berührt. »Im Himmel, meinst du?«

Eleyne schüttelte den Kopf. »Wer weiß, was ich meine? Ich spüre nur, daß es eine Zeit und einen Ort geben wird, an dem wir die Menschen wiedertreffen, die wir geliebt haben. Es muß so etwas geben. Es kann nicht alles einfach so enden.«

»Mutter …«

»Nein, meine Liebe, sag nichts mehr. Bitte rufe einen der Pagen, er soll Donnet in den Hof bringen, während ich mich umziehe. Mein Kleid ist von der Reise verschmutzt, und wir müssen zum Abendessen in die Halle hinuntergehen. Ich möchte mich mit dir zeigen …« Es glückte ihr ein Lächeln.

Joanna brachte Donnet selbst in den Hof hinunter, sie war froh, eine Weile allein zu sein, um ihre Gedanken ordnen zu können. Sie stand da und sah zu dem leuchtenden Nachthimmel mit den Myriaden von Sternen hinauf und atmete die kühle, frische Luft nach der rauchigen Hitze des Söllers.

Oben auf der Mauer hörte sie den ruhigen Schritt des Wächters auf seinem Rundgang, der als einer der wenigen Bewaffneten noch in der Burg war. Sie konnte die Berge riechen. Den starken, würzigen Duft des Torfs, des Heidekrauts und Thymians, den der Wind herbeitrug, den beißenden Rauch aus Dutzenden von Schornsteinen in der riesigen Festung und darunter den faulen, üblen Gestank der Gräben und offenen Kanäle, die die Abwässer davontrugen.

Donnet winselte und sah zu ihrem Gesicht hoch. Sie tätschelte seinen Kopf. »Wenn du wüßtest, wie sehr ich Ancret und Lyulf geliebt habe«, flüsterte sie. »Sie haben mir so gefehlt, als Rhonwen sie mitnahm …«

VIII

»Ich möchte, daß du ihn nimmst.« Eleyne legte die Leine in Joannas Hand. »Er wird dich auf deinem Ritt nach Hause beschützen. Er ist noch ganz jung, fast noch ein Baby, obwohl er so riesig ist, und ich bin zu alt für ihn. Ich muß immer andere Leute bitten, mit ihm hinunterzugehen, und er scheint sich dir ja schon sehr angeschlossen zu haben.«

»Mutter!« protestierte Joanna. »Das kann doch nicht dein Ernst sein. Du würdest dich doch nie von einem deiner Hunde trennen!«

Eleyne nickte. »Ich werde keine Hunde mehr brauchen, Joanna«, sagte sie traurig. »Früher hätte ich lieber einen Arm verloren als einen meiner Hunde.« Sie legte ihre Hände auf beide Seiten von Donnets Kopf und küßte seine Nase. »Aber jetzt nicht mehr. Ich werde tot sein, bevor er ausgewachsen ist – o ja«, sprach sie eilig weiter, als Joanna Einwände erheben wollte, »ich mache mir nichts vor. Es würde mich beruhigen zu wissen, daß er bei jemandem ist, der ihn so liebt wie ich. Er ist das kostbarste Geschenk, das ich dir machen kann, mein Liebling. Bitte nimm ihn mit meinem Segen und meiner Liebe.«

Sie ging zur Zugbrücke, nachdem Joanna fort war, und sah den Reitern lange nach, während sie den Weg in dem breiten Flußtal hinunterritten und dann allmählich in der Ferne verschwanden. Der junge Wolfshund, schon so groß wie ein Zwergpony, sprang in großen Sätzen neben Joannas brauner Stute und vor ihrer Eskorte her, die nur aus einem Mädchen und zwei Knappen bestand.

Als sie in den äußeren Hof zurückkehrte, war ihr Gesicht von Tränen naß.

IX

Die Garnison, die in Kildrummy zurückgeblieben war, war klein und bestand zum größten Teil aus älteren Männern. Die Mannschaft von Mar befand sich beim König. Nur die zum aktiven Dienst untauglichen und die zu jungen und zu alten Männer hielten sich noch in den Burgen auf, um sie zu verteidigen oder um in den Farmen und kleinen Gehöften in den Bergen ihrer Arbeit nachzugehen. Eleyne rief an demselben Nachmittag ihren Hausmeier Alan Gordon und die verbliebenen Ritter zusammen und versuchte, auf die ihr eigene tatkräftige Art die einsame Gestalt ihrer Tochter zu vergessen, die zu ihrem langen, gefährlichen Ritt in den Süden aufgebrochen war.

Eleyne entwickelte eine fieberhafte Tätigkeit. Die Burg mußte auf eine mögliche Belagerung vorbereitet werden.

Gordon runzelte die Stirn. »Aber Mylady, die Kämpfe finden doch alle im Süden statt. Der englische König wird niemals Kildrummy belagern. Unser King Robert, Gott segne ihn, läßt ihn nicht bis hierher heraufkommen.«

»Der englische König war vor nicht einmal drei Jahren persönlich hier«, erwiderte Eleyne. »Und fünf Jahre davor, als ich ihm auf Knien die Schlüssel aushändigen mußte. Niemals, niemals wieder werde ich so etwas tun. Wenn nicht alles gutgeht mit King Robert, wird das hier eine der Burgen sein, in denen er Unterstützung und Zuflucht finden kann – und seht Euch das an!« Sie deutete energisch auf die Umfassungsmauer. »Das Unterholz kommt schon so nahe an den Graben heran, daß sich zehn Heere darin verstecken können, ohne daß wir etwas davon merken.«

Während der nächsten Tage war sie unermüdlich auf den Beinen und überwachte die notwendigen Arbeiten, während sie nicht einmal sich selbst gegenüber zugab, wie sehr ihr der Hund fehlte. Das Unterholz am Fuße der Mauer wurde abgehackt und das Gras gemäht, die Vorräte in den Kammern mußten aufgefüllt werden, und sie ließ sogar von den fernen Märkten in Huntly und Aberdeen Waren herbeischaffen. Der Winter war kalt gewesen, und so waren die Reserven zusammengeschmolzen. Zwar grünten auf den kleinen Feldern um das Dorf herum schon der neue Hafer und die neue Gerste, aber bis zur Ernte mußten sie noch lange warten.

Bethoc beobachtete die hektische Aktivität ihrer Lady mit gemischten Gefühlen. Vor einem knappen halben Jahr hatte es noch geschienen, als ob sie im Sterben läge. Jetzt waren ihre Steifheit und Schwäche fast vergessen, und sie kroch überall herum. Das Tappen ihres Krückstocks wurde zu einem vertrauten Geräusch im Hof und in den Korridoren der Festung. Und wieder einmal verbrachte sie viel Zeit im Stall, sah ihren Stuten beim Fressen zu und lehnte sich in der Schmiede nachdenklich gegen die Wand, wenn Hal Osborne vorübergehend die Herstellung von Waffen unterbrach, um neue Hufeisen anzupassen. Und nichts entging ihr, wenn er die rotglühenden Eisen auf seinen Amboß legte und zurechthämmerte, bevor er sie in den Wasserkübel tauchte und von einer Dampfwolke eingehüllt an die Pferdehufe schlug.

Und draußen vor dem Schlupftor stand sie und prüfte die Arbeit der Männer, die in der Schlucht das Unterholz beseitigten, als einer der Männer, der auf dem Felsen oberhalb des Baches stand, einen Ruf ausstieß. Sie sah ihn inzwischen die Klippen hinunterspringen, so daß er ihrem Blick entschwand, und dann wieder auftauchen und zu ihr heraufklettern.

Noch ehe sie den Gegenstand in seiner Hand erblickte, wußte sie, was er gefunden hatte. Sie erstarrte, und ihre Finger krampften sich um den Griff ihres Stocks.

»Mylady.« Es war John of Mossat, ein Mann mit strahlenden braunen Augen und einem widerspenstigen dunklen Haarschopf, der seines verkrüppelten rechten Armes wegen nicht mit den anderen zusammen in den Krieg hatte ziehen können. Er rieb etwas an seiner schmutzigen Tunika aus ungefärbtem Stoff, die an der Taille von einem Gürtel zusammengehalten wurde, und hielt es ihr hin.

Der Phönix.

»Jemand muß es verloren haben, Mylady«, sagte er, erstaunt, daß sie nicht die Hand danach ausstreckte, um es entgegenzunehmen. »Es ist hübsch.«

Nicht einmal der Schmutz und das Moos konnten die rubinroten Flammen am Funkeln hindern. Sie starrte das Schmuckstück lange an, bis sie sich des Mannes erinnerte, der vor ihr stand. Sie blickte hoch, und er wunderte sich, Tränen in ihren Augen zu sehen.

»Danke«, sagte sie.

Er zuckte die Achseln und wandte sich ab, enttäuscht von ihrer Reaktion. Er hatte die Sache schon vergessen, als zwei Tage später Alan Gordon an der Tür seiner Hütte erschien und ihm einen kleinen Beutel voll Silbermünzen, ein Vermögen, wie er es in seinen wildesten Träumen noch nicht gesehen hatte, als Belohnung in die Hand drückte.

»Also bist du zu mir zurückgekehrt.« In der Stille ihres Schlaf-zimmers goß Eleyne aus einem Krug Wasser in eine irdene Schüssel. Beim Licht des Kerzenleuchters ließ sie das Juwel hineinfallen, rührte es sanft herum und sah den Schmutz an die Oberfläche steigen.

Als es sauber war, trocknete sie es sorgfältig mit einem Sei-dentuch ab und streckte es zum Licht empor.

»Wo bist du?« flüsterte sie. Ihre Hände, die den Phönix hiel-ten, hatten zu zittern angefangen.

Das Zimmer war sehr still. Im Stockwerk darüber saßen Bethoc und die Damen friedlich um das Feuer herum und plauderten, während sie stickten, nähten oder spannen.

Alexander? Eleynes Finger krampften sich um den Phönix. »Wo bist du?«

Das Zimmer war völlig still. Es brannte nur ein kleines Feuer. *Bitte laß mich jetzt nicht im Stich. Ich brauche dich.* Sie starrte hinab auf den funkelnden Vogel in ihren Händen. *Schottland braucht dich.* Aber es kam keine Antwort. Der Raum war kalt und leer, keine zärtliche Hand berührte ihren Arm, um ihr zu sagen, daß sie nicht allein war.

Leise seufzend wühlte sie in ihrem Schmuckkasten und suchte eine Kette, ihre steifen, geschwollenen Finger tasteten über Schätze, die so viele Erinnerungen enthielten. Zuletzt fand sie eine, zog den Anhänger darauf und hängte ihn sich um den Hals. Sie schob ihn unter den schmiegsamen Stoff ih-res Kleides und Hemdes. Das emaillierte Juwel lag kalt zwi-schen ihren Brüsten, und sie rang nach Luft, während sie den Deckel des Kastens schloß und sich wieder dem Feuer zu-wandte. Nun würde sie den Phönix nicht mehr abnehmen.

Sie schlief, als er endlich kam, ein Schatten in der Dunkelheit, den die erlöschenden Kerzen an die Wand warfen. Lange stand er da und sah auf das Gesicht der Schlafenden hinab, dann end-lich lächelte er. Die Berührung an ihrem Haar war nur ein sanf-ter Schauder, den ein Luftzug hervorrief.

Mit King Roberts Erscheinen hatte sie am allerwenigsten gerechnet. Anfang Juni kam er im seltsamen Helldunkel der Nacht in die Burg geschlichen, begleitet von ein paar Dutzend Männern und mehreren Frauen. »Ich möchte, daß du meine Tochter hierbehältst, Schwiegermutter.«

Er zog Eleyne hoch, die, in einen Schlafrock gewickelt, mit lose den Rücken hinabhängendem Haar vor ihm in der Halle kniete. »Ich habe furchtbare Angst davor, was ihr geschehen würde, wenn man sie fängt. Ebenso meine Königin. Und Kirsty, Mary und Isobel. Ich lasse Nigel und Robert Boyd hier, sie sollen dir helfen, die Burg zu halten!« Er warf einen Blick über die Schulter zur Countess of Buchan, die nahe bei ihm stand, und Eleyne sah, daß sie einander zulächelten. »Es steht nicht gut um unsere Sache.« Er machte ein finsteres, müdes Gesicht. »Wir werden ein, zwei Tage bleiben, die Männer ruhen sich aus, und dann geht es wieder los. Wir müssen Pembroke schlagen und aus Schottland vertreiben. Wenn uns das nicht gelingt, sind wir verloren. Ich habe ein besseres Gefühl, wenn ich weiß, daß die Damen hier in Sicherheit sind.«

Es kam so, wie er gesagt hatte. Drei Tage lang aßen und schliefen die Männer und besserten ihre Bewaffnung aus, im Morgengrauen des vierten Tages schlichen sie so leise, wie sie gekommen waren, wieder fort.

Sir Nigel Bruce kam zu Eleyne in den Schneeturm, um ihr mitzuteilen, daß sie aufgebrochen waren. Er war ein großer, schlanker junger Mann, hübsch wie sein Bruder und mit braunen Augen, er lächelte, als er in ihren Augen die Enttäuschung über diese Nachricht sah. »Er fand, es sei besser, er verschwände ohne große Worte. Er wollte keine Abschiedsszеnen. Elizabeth hat ihm und Isobel das Leben nicht leicht gemacht. Ich glaube, man kann es ihr nicht übelnehmen. Sie weiß natürlich, daß die beiden ein Liebespaar sind.« Er sah die alte Frau an, um ihre Reaktion zu beobachten, und war froh, daß sie weder schockiert noch überrascht wirkte. »Sie haben versucht, sich heimlich zu treffen, sie waren sehr vorsichtig, aber es ist schwer. Man reitet, man kampiert zusammen … Wir haben uns bemüht, die beiden ab und zu allein zu lassen, Elizabeth hat das natürlich sehr hart getroffen.« Er zuckte die Schultern. »Aber sie ist keine Stütze für Robert. Er braucht eine Frau, die ganz und gar hinter ihm steht, und das tut Isobel. Sie ist der Sache ebenso leidenschaftlich ergeben wie ihrem geliebten Robert.« Mit diesen Worten verließ er sie.

XII
12. Juni 1306

Es dauerte zehn Tage, bis die letzte Mannschaft aus den Bergen und Flußtälern von Mar gemustert und im Burghof von Kildrummy versammelt war. Am Abend vor ihrem Abmarsch nach Süden in Richtung Perth kam Isobel, um Abschied von Eleyne zu nehmen. Sie hatte sich entschlossen, Robert in die Schlacht zu folgen. »Wir ziehen los, sobald das erste Licht das Tal berührt. Bevor die Burg erwacht. Darf ich Robert deinen Segen übermitteln?«

»Natürlich.« Eleyne berührte das Gesicht der jungen Frau.

»Und … den King Alexanders?«

»Wenn du es für richtig hältst. Robert sollte wissen, daß die Schatten seiner Ahnen über ihm wachen.«

»Und du wirst für uns beten. Zu deinen alten Göttern.«

»Zu dem einen Gott und zu allen Göttern.« Eleyne lächelte. »Gott segne dich, Isobel. Mach' Robert ein bißchen glücklich.«

XIII

Robert behielt sie nicht bei sich, aber es vergingen viele Tage, bis Isobel zurück nach Kildrummy kam. Und als sie kam, brachte sie Nachrichten von einer Katastrophe mit. Beim Anblick der ängstlichen Gesichter, die sie in der Halle erwarteten, brach sie in Tränen aus, und sie hörten die Geschichte von Roberts Niederlage.

»Er hat mich in der Nacht vor der Schlacht weggeschickt. Zwei von James Stewarts Männern sollten mich hierher begleiten, aber ich überredete sie, und wir kehrten zu Robert zurück. Ich konnte ihn nicht allein lassen. Ich brachte es nicht übers Herz.« Sie fing wieder an zu weinen.

»Was ist geschehen?« fragte Eleyne endlich in das Schweigen der großen Halle hinein. Sie hob eine magere, beringte Hand an ihre Schulter und streichelte sie ganz sanft, fast als ob sie eine andere Hand liebkoste, die darauf lag.

Da Isobel nicht fähig schien zu sprechen, nahm einer der beiden Männer, die sie nach Kildrummy gebracht hatten, die Geschichte auf. »Sie wurden geschlagen. Nahe bei Methven. Furchtbar geschlagen. Das Heer des Königs wurde niedergemetzelt. Die Überlebenden zerstreut.«

»Und mein Mann?« flüsterte Elizabeth.

»Und Christopher?« fügte Kirsty mit weißem Gesicht hinzu.

Der Mann zuckte die Schultern. »Soweit wir wissen, wurde der König nicht verletzt. Wir haben Männer vom Schlachtfeld getroffen, die sagten, seine eigenen Leute hätten ihn fortgezerrt, um sein Leben zu retten. Ich weiß nichts von Sir Christopher, Mylady. Die meisten Männer, die wir sahen, waren aus Lord Pembrokes Armee. Sie sind überall, verbrennen Dörfer und Gehöfte, schlachten die Leute ab, die sie finden.« Er fuhr sich mit einer müden Hand über das Gesicht.

Lange kamen keine weiteren Nachrichten mehr. Nigel schickte täglich Kundschafter aus, die Burg befand sich weiterhin in Alarmbereitschaft, die kleine Garnison hielt fortwährend Ausschau nach Lord Pembrokes Heer. Aber niemand erschien, und es trafen auch keine weiteren Neuigkeiten ein.

Die Tage wurden heißer. Kildrummy lag in einem Hitzedunst. Das erste Anzeichen dafür, daß die Welt sie nicht vergessen hatte, kam in Gestalt eines Boten, der Pembrokes Farben trug. Er brachte einen Brief für Elizabeth von ihrem Vater, dem Earl of Ulster. Darin informierte er sie, daß sie sofort nach England zurückkehren solle, da die Sache ihres Ehegatten verloren sei. Wenn sie es täte, würde er sich für sie bei Edward einsetzen. Elizabeth las den Brief zweimal durch und gab ihn an Nigel weiter. »Mein Vater sagt, ich solle zu ihm gehen, aber mein Platz ist bei Robert«, erklärte sie. »Robert ist mein Ehemann.« Sie betrachtete Isobel kalt. »Trotz allem, was man hier über mich denkt, werde ich zu ihm stehen.«

Nigel blickte zu ihr auf, und sie sah die Bewunderung in seinen Augen. Sie lächelte ihn mit schmalen Lippen an. »Ich glaube nicht an das, was er getan hat. Aber ich könnte ihm jetzt nicht den Rücken zuwenden«, fügte sie hinzu.

Die Frauen verbrachten den größten Teil des Tages in dem Söller, der im Schneeturm lag. Es herrschte eine ungeheure Spannung. Sie hörten nichts mehr, während sich der Himmel in der Hitze allmählich kupfern färbte. Isobel und Elizabeth mieden einander, so gut sie konnten, während Kirsty die Zeit mit ihren Kindern und Marjorie im Spielzimmer verbrachte. Schließlich fand ein weiterer Bote den Weg nach Mar. Er war erschöpft und verletzt, Neil Campbell, Mary Bruces Verlobter, schickte ihn. Neil war gesund, auch Robert, aber Sir Christopher Seton, Kirstys Mann, war auf dem Schlachtfeld in Gefangenschaft geraten. Keiner wußte, wie sich sein weiteres Schicksal entwickelt hatte.

Als Kirsty allein mit den Kindermädchen und ihren Kindern war, weinte sie. Vor den anderen Frauen hatte sie sich noch zu beherrschen versucht, aber jetzt brach sie zusammen. Sie hatte keine Hoffnung, daß Christopher wiederkam. Wie war es möglich, daß sie nun schon den zweiten Ehemann verlor, den zweiten Mann, den sie geliebt hatte? In der kurzen Zeit ihrer Ehe hatte sie Christopher kaum kennengelernt. Kinder hatte sie nicht von ihm. Aber sie liebte ihn zärtlich.

XIV
Juli

Eine ihrer Damen schüttelte Eleyne, bis sie wach wurde. Die regnerische Nacht war ungewöhnlich dunkel. Eleyne richtete sich verwirrt auf. »Ein Bote von King Robert ist gekommen, Mylady«, sagte die Frau. »Er wartet in der Halle. Die anderen Damen und Sir Nigel sind auch benachrichtigt.«

Eleyne stieß müde die Beine unter der Bettdecke hervor und tastete nach ihren Samtpantoffeln. Ihr Herz schlug ängstlich. Sie zog ihren Schlafrock an, erlaubte der Frau, rasch ihr Haar zu kämmen und mit einem Band zurückzubinden, dann ergriff sie ihren Stock und begann ihren schmerzhaften Weg hinab. Die anderen erwarteten sie schon in der Halle. Bei dem Boten handelte es sich um Gilbert of Annandale, und bei ihm waren zwei Begleiter. Einer trug einen blutgetränkten Verband um den Arm.

»Der König verbirgt sich mit seinen Männern in den Hügeln von Drumalban.« Gilbert warf einen Blick auf die stumme Versammlung und bedauerte die Frauen mit ihren müden, verängstigten Gesichtern. Er wußte, wie verzweifelt sie auf Nachrichten warteten. Und dann kamen nur immer neue Schreckensmeldungen ... »Er ist der Meinung, daß es am besten wäre, wenn Sie alle sich ihm dort draußen anschließen.« Er sah zuerst Nigel und dann Eleyne an. »Der Earl of Pembroke ist darauf aus, der königlichen Familie habhaft zu werden, und Pardon wird nicht gegeben. Ich brauche Ihnen nicht zu sagen, in welch einer Gefahr Sie sich alle befinden. Der König meint, er könne Ihnen in den Bergen im Westen mehr Schutz bieten, wo er seine Männer konzentriert hat und wo die Bevölkerung ihn unterstützt. Wir sollten sofort dorthin aufbrechen.«

Eleyne sah Nigels Gesicht vor Freude aufleuchten. »Endlich! Ich bin schon viel zu lange Kindermädchen!« brach es aus ihm heraus. Dann sah er verlegen Elizabeth und Eleyne an. »Verzeihen Sie mir, ich wollte das nicht ... ich meine nur, ich möchte bei Robert sein! Ich möchte endlich kämpfen!«

Gilbert warf ihm ein grimmiges Lächeln zu. »Dazu werden Sie noch genügend Gelegenheit haben, Sir Nigel, keine Angst«, sagte er. »Mehr als Sie möchten, zweifellos.«

XV

Die Frauen brauchten nicht lange, um ein paar Sachen zusammenzupacken. Sie waren ebenso wie der Bruder des Königs begierig darauf, ihre selbstauferlegte Gefangenschaft zu beenden und so schnell wie möglich zu Robert zu kommen. Nur Eleyne traf keine Vorbereitungen.

Sie ging zu Kirsty ins Spielzimmer. »Laß die Kinder hier bei mir, Liebling. Donald gehört nach Kildrummy, und die Kleinen sind hier in Sicherheit. Die arme Marjorie muß zu ihrem Vater, aber kleine Kinder und alte Damen würden Roberts Sorgen nur noch vergrößern.« Sie lächelte bissig. »Es ist schrecklich, das auszusprechen, aber sobald ihr alle fort seid, ist Kildrummy nicht mehr in Gefahr.«

Kirsty wollte protestieren, dann sah sie auf die schlafenden Kleinen hinab und nickte. »Du hast recht. Bei dir sind sie sicher.« Sie umarmte Eleyne und wandte sich ab, wagte es nicht mehr, sie zum Abschied noch einmal zu küssen.

Nigel äußerte Bedenken, als er hörte, daß Eleyne zum Bleiben entschlossen war. »Ich bin nicht sicher, ob Ihre Entscheidung richtig ist, Lady Eleyne. Die Kinder haben hier natürlich nichts zu befürchten, aber Sie selbst – König Edward grollt Ihnen aus irgendeinem Grund. Ich glaube, Robert möchte, daß Sie zu ihm kommen.«

Eleyne tätschelte seinen Arm. »Alles Gute auf dem Weg, mein Junge. Es ist ja nett, daß Sie mich für so bedeutend einschätzen. Aber ich bin zu alt, um mit Ihnen loszureiten. Kein Mensch interessiert sich für eine alte Frau. Gehen Sie, und behüte Sie Gott!«

Als sie fortgeritten und nicht mehr zu sehen waren, befahl sie, das Tor zu schließen. Dann ging sie in die Kapelle. Dort brannte nur die kleine Lampe, und ein ganz schwacher Lichtschimmer fiel vom Osten her durch das Fenster und durchdrang die Finsternis. Sie ging zu dem Altar und sah hinauf zu dem silbernen Kreuz, das darüberhing.

Es dauerte lange, bis sie merkte, daß sie nicht mehr allein war.

Du kannst über sie wachen, flehte sie stumm. *Du kannst mit ihnen gehen. Bitte hilf ihnen.*

Er stand nahe bei ihr. Sie spürte seine Gegenwart und seinen Schmerz. Begriff er ihre Qual der Verzweiflung, daß sie in diesen hinfälligen Körper einer alten Frau eingesperrt war, während sie sich danach sehnte, durch den Wind zu reiten und zu kämpfen und neben ihrem König zu sein, wenn er endlich sein Reich gewann?

Sie schlug die Augen auf. Es war niemand da. Nur die leere Kapelle, die jetzt heller wurde, weil die Morgendämmerung das östliche Fenster zu färben begann, in dessen schmale Spitzbögen bunte Gläser eingesetzt waren. Sie stützte sich mit beiden Händen auf die Krücke ihres Stocks. Es waren keine Gebete in ihrem Herzen. Nichts war da. Sie konnte ihre Gedanken nicht beherrschen. Sie sehnte sich danach, ihren Kopf an seine Schulter zu lehnen, seine Arme um sich zu fühlen, die sie trösteten und stützten. Sie wollte jemanden, der sich um sie sorgte und der das Elend und die Angst wegnahm, die sie überwältigten. Aber er hatte sie schon verlassen, und sie war allein.

Vierunddreißigstes Kapitel

I

Juli 1306

Die Späher entdeckten die versprengten Reiter sofort, die sich von Westen näherten. Lange bevor sie sie zu identifizieren vermochten, befahl Eleyne, das große Tor zu öffnen. Als sie ankamen, erwartete Eleyne sie im Hof.

Diesmal war es eine größere Gruppe. Nigel Bruce wurde von John Atholl und mehreren Männern begleitet, sie brachten die Königin, die Schwester des Königs, die kleine Marjorie und Isobel mit. Alle waren erschöpft und verdreckt, ihre Kleidung zerrissen. Die Hälfte ihrer Pferde war lahm.

Eleyne sah die Reiter absitzen, dann kam sie an Isobels Seite und küßte das Mädchen zärtlich. »Gott sei Dank bist du gerettet. Ich habe schreckliche Träume gehabt. Wo ist Robert?«

Isobel zuckte die Schultern, Tränen liefen über ihr Gesicht. Nigel war es, der Eleyne von der zweiten furchtbaren Niederlage erzählte, die Roberts hastig aufgestellte Armee in den Bergen bei Strathfillan erlitten hatte, und von der Erkenntnis des Königs, daß er die Sicherheit seiner Lieben nicht garantieren konnte.

»Er hofft den Feind in den fernen Westen zu locken. Er möchte, daß Sie uns wieder gastlich aufnehmen und die Damen hierbehalten.« Sein Blick war voller Müdigkeit. »Entweder kommt er zu uns, oder er geht nach Irland. Er meint, es sei am besten, wenn wir von hier nach Norwegen zu entkommen versuchen, aber verdammt, ich verlasse Schottland jetzt nicht.«

»Armer Nigel – zum zweitenmal Kindermädchen.« Eleyne drückte ihm mitfühlend den Arm. »Bleiben Sie hier, in Kildrummy sind Sie sicher.«

Die Neuankömmlinge erholten sich allmählich und fügten sich noch einmal in den eintönigen Alltag des Burglebens ein. Sie alle standen unter einem ungeheuren Druck und versuchten, es sich nicht anmerken zu lassen. Nur Isobel, die immer mehr abnahm und deren Ringe unter den Augen dunkler wurden, vermochte ihren Kummer nicht für sich zu behalten. Aber auch sie sprach nur selten von Robert. Sie versuchte, sich an der Königin ein Beispiel zu nehmen und tapfer ihre Tränen zu unterdrücken, als die Zeit verging und immer noch keine Nachrichten eintrafen.

Die langen trostlosen Tage waren mit Arbeit ausgefüllt, sie spannen und strickten und spielten mit den Kindern, und schließlich mußte die Ernte eingebracht werden.

Die Erträge waren gut. Die Kornkammern füllten sich bis zum Überfluß, und statt das restliche Getreide in draußen liegenden Scheunen zu lagern, befahl Eleyne, es innerhalb der Burg selbst, in den Türmen und Korridoren und sogar in der großen Halle aufzubewahren. Kildrummy besaß nur noch eine winzige Garnison, aber alle, die alten Männer wie die kleinen Jungen, halfen den Frauen aus der Stadt beim Hereinschaffen des Korns, und an ihrer Seite arbeiteten die Angehörigen des Königs mit. Sogar Eleyne selbst ging auf die Felder, setzte sich in den Schatten der Hecken, einen breitkrempigen Männerhut über den Schleier gestülpt, um sich vor der Sonne zu schützen, und sah den jungen Leuten bei der Arbeit zwischen den roten Tupfern des Klatschmohns zu.

Es trafen keine Nachrichten mehr aus Drumalban ein. Der König war im Dunst verschwunden.

II
September 1306

Es war Nachmittag, und Eleyne spielte mit der Königin Schach, als John Atholl in den Söller hereingeplatzt kam. »Ich fürchte, unsere Idylle ist zu Ende«, sagte er grimmig. Sein Gesicht war bleich und verzerrt. »Das englische Heer wurde gesichtet, es marschiert auf Mar zu.«

Elizabeth und Eleyne sahen ihn entsetzt an. Eine Zeitlang brachte keiner von ihnen ein Wort hervor. Dann unterbrach ein scharfes Knacken die Stille, als in Elizabeths fest verkrampften Fingern die Elfenbeinfigur zersprang. Es war ihre Königin. Aller Augen waren auf die zersplitterten Stücke gerichtet, als sie sie auf den Tisch fallen ließ.

Eine Versammlung wurde sofort in die große Halle einberufen.

»Wie weit sind sie weg?« fragte Nigel.

»Vielleicht einen Tagesritt. Ihre Vorreiter sind sehr schnell. Zu schnell«, sagte Atholl mit düsterem Gesicht. »Und sie marschieren unter dem Banner des Prince of Wales hierher.« Er blickte auf, als er Eleyne nach Luft ringen hörte. »Wir können hier nicht bleiben. Wir müssen weiter. Die Frauen müssen in Sicherheit gebracht werden, um jeden Preis. Wenn wir sie nach Norden bringen und von dort aus versuchen, Norwegen zu erreichen, sind sie bei Nigels Schwester, der Königin von Norwegen, außer Gefahr.«

Sie waren von diesem Schock wie betäubt. Wegen Kildrummys Größe und der Stärke seiner Befestigung hatten sie sich in Sicherheit gewiegt. Weil es so weit im Norden lag, glaubten sie nicht, daß das englische Heer es angreifen würde. Sie hatten ihren Feind unterschätzt.

John Atholl sah die Königin an. »Wir können Kildrummy nicht aufgeben, wir müssen es für Robert halten. Aber Euch und die Damen gilt es in Sicherheit zu bringen für den Fall, daß das Schlimmste eintritt.« Er wandte sich wieder Nigel zu, der sich mit düsterem Gesicht auf einen der Gerstensäcke gesetzt hatte. »Wie können wir das anfangen?«

Nigel stand auf. »Was meinen Sie? Wollen wir eine Münze

werfen? Einer von uns bringt die Damen nach Norwegen, der andere bleibt hier und hält die Burg für Robert.«

Nigel verlor den Wurf. Galant verbeugte er sich vor Eleyne und versuchte, seine Enttäuschung zu verbergen. »Es ist meine Aufgabe, die Burg für den König zu halten. Aber Sie sollten jetzt mit Atholl gehen.«

Eleyne schüttelte den Kopf. »Ich habe meine Meinung nicht geändert, Nigel. Ich beabsichtige zu bleiben. Ich bin zu alt, als daß Edward sich noch für mich interessieren könnte. Er hat es auf Roberts Angehörige abgesehen. Ich werde hier ausharren und mich um die Kinder kümmern. Wir können Kildrummy, wenn es nötig ist, monatelang halten. Edward of Caernarfon« – sie sprach es auf walisische Art aus, und ihre Zunge betonte das Wort, das ihr einst so geläufig gewesen war – »wird die Belagerung abbrechen, sobald er merkt, daß er uns nicht aushungern kann. Auch das Wasser, das wir mit unseren Brunnen aus der Tiefe schöpfen, ist klar und reichlich vorhanden. Wir halten aus bis zum Tag des Jüngsten Gerichts.«

Sobald die Abenddämmerung hereinbrach, wollten sie losreiten. Eleyne trat in den Burghof hinaus, der von einem Dutzend spuckender Fackeln erleuchtet war. Es drängten sich dort die Leute aus der Stadt und die vom Land mit ihren Tieren, die sich jetzt hinter die hohen Mauern flüchteten und wußten, daß ihre Häuser verbrannt und ihre Gehöfte verwüstet sein würden, wenn sie eines Tages wieder herauskamen.

Lord Atholls Gruppe – zwei seiner besten Männer, die von ihren Wunden genesen waren, und die Frauen – war zum Aufbruch bereit. Sie hatten sich in schwarze Umhänge gehüllt, die sie in der Dunkelheit nahezu unsichtbar machten, und führten die letzten Pferde am Zügel, die Eleyne noch geblieben waren. Auf den anderen war die wehrhafte Mannschaft aus Kildrummy fortgeritten, die sich King Robert angeschlossen hatte. Nahe bei ihnen stand der Schmied, Hal Osborne, und machte ein finsteres Gesicht. Er hatte verlangt, mit ihnen die Burg verlassen zu dürfen, aber Nigel hatte es abgelehnt. »Sie halten die Leute doch nur auf mit Ihrem verdammten Bein, Mann. Hier sind Sie nützlicher«, hatte er barsch entschieden. »Wir brauchen Sie als Waffenschmied und wir benötigen ein paar kräftige Männer, um die Mauern zu besetzen.«

Als der letzte Flüchtling in die Burg aufgenommen war, hörten sie das Kratzen des Fallgatters, das sich herabsenkte, und das Quietschen des Holzes auf dem Metall, als die Brücke hochgezogen und das doppelflüglige Tor geschlossen wurde. Als einzige Verbindung mit der Außenwelt blieb jetzt nur noch das Schlupftor, durch das man direkt in die nach hinten hinaus gelegene Schlucht gelangte.

Stille trat im Burghof ein, die nur von dem Stampfen der Pferde und dem Zischen der Kiefernholzfackeln unterbrochen wurde. Eleyne sah sich um und versuchte die Angst, die plötzlich in ihr aufkam und ihr Herz unruhig schlagen ließ, zu verbergen. Plötzlich war es ihr sehnlichster Wunsch, mit den anderen zusammen zu flüchten und der riesigen Burg zu entkommen, die so lange ihre Heimat gewesen und jetzt zu einer Falle geworden war. Ihre Hand fuhr zu dem Anhänger an ihrer Brust. Sie zwang sich zu einem Lächeln und trat vor. Nacheinander küßte sie die Frauen, die nun Abschied nahmen. Kirsty und Isobel umarmte sie besonders lange, und alle waren den Tränen nahe. Dann nahm sie John Atholls Hand. »Habt gut acht auf sie, John, es sind lauter wertvolle Menschen!« Sie flüsterte, damit Kirsty es nicht hörte: »Ich danke jeden Tag Gott, daß Eure Marjorie mit den Kindern weit fort und in Sicherheit ist. Wenigstens braucht Ihr Euch um sie keine Sorgen zu machen.«

Er beugte sich hinab und küßte sie. »Ihr seid ebensowenig in Gefahr. Ich wette, daß Edward of Caernarfon die Belagerung nach ein paar Wochen aufgeben wird, wenn er merkt, daß er die Burg nicht erobern kann. Der Prince of Wales sitzt nicht gern den ganzen Tag untätig herum. Er sehnt sich nach Ruhm, vor allem, da sein Vater siegreiche Taten von ihm erwartet. Also habt Geduld, Schwiegermutter, und verliert nicht den Mut!«

»Nein, ich gebe nicht auf, John. Sorgt Euch nicht um mich. Konzentriert Euch auf Eure eigene Rettung. Und jetzt geht – bevor die Wolken sich verziehen und der Mond Euch verrät.«

Sie folgte ihnen zum Schlupftor und trat zurück, als sie einer nach dem anderen ihre Pferde hindurchführten und dann den Zickzackweg hinunter in der Schlucht verschwanden. Sobald der letzte Mann hindurch war, warf man die Tür ins Schloß und legte die Querbalken davor. Dahinter senkte sich das kleine Fallgatter zum letztenmal hinab. Kildrummy war Festung geworden.

III

Als sie fort waren, kehrte Eleyne in ihren Söller zurück. Sie blickte in den leeren Kamin, und die Versuchung war groß, einen Pagen zu rufen, damit er Holzscheite kommen ließ. Aber dann fiel ihr ein, daß Holz und Torf zu kostbar geworden waren. Wenn die Belagerung länger als ein paar Wochen dauerte, falls sie sich über Monate bis in die kalte Jahreszeit hinzog, würden sie allmählich ernsthaft in Verlegenheit geraten. Sie kroch in einen alten Pelz, um ihre müden Knochen in der Septemberfinsternis zu wärmen, und trat ans Fenster, von dem aus man über das breite Flußtal sah. Aber das Kerzenlicht spiegelte sich in dem dicken Glas und machte es undurchsichtig, alles war schwarz dahinter, und nach einer Weile wandte sie sich ab.

Die Wächter auf der Mauer konnten ebenfalls wenig sehen. Als um Mitternacht der Angriff kam, überraschte es alle in der Burg. Er zog sich über mehrere Stunden, bis zum frühen Morgen hin. Aber das Kriegsgeschrei, der Pfeilregen, die donnernden Stöße gegen die Tore und die von hastig errichteten Belagerungsmaschinen geschleuderten Geschosse, alles prallte an den dicken Mauern ab, ohne einen Schaden anzurichten. Niemand in der Burg wurde verletzt. Die Bogenschützen, die auf der Mauer standen, schossen zurück und schleuderten die ersten der oben gelagerten Steine auf die Angreifer hinunter. Einige brennende Pfeile verursachten harmlose Feuer in dem trockenen Gras, manche trafen ihr Ziel, den Schreien nach zu urteilen, die zu ihnen heraufdrangen. Als es dämmerte, zog sich der Feind bis auf sichere Entfernung zurück.

Den ganzen folgenden Tag über beobachteten sie die Belagerer, wie sie um die Burg herum Positionen bezogen, Zelte und Pavillons wurden aufgebaut und immer mehr Belagerungsgeschütze in Stellung gebracht. Sie errichteten Brustwehren, hinter denen Bogenschützen stehen konnten. Nach der Messe stieg Eleyne hinauf zu den Zinnen, wo Nigel sie empfing, und sah durch die Schießscharten auf die Belagerer hinab, während sie sich dort unten entfalteten. »Ich kann es nicht fassen«, murmelte sie. »Hier. In Kildrummy. Wir waren doch immer so sicher.«

»Und das sind wir auch jetzt, und wir werden es bleiben.« Nigel legte ihr seinen Arm auf die Schulter.

»Meint Ihr, daß die anderen entkommen sind?« Eleyne sah hinaus bis zu dem fernen Gipfel des Tap o'Noth und den nach Norden hin gelegenen Hügeln.

»Natürlich. Lord Atholl würde es niemals zulassen, daß ihnen etwas geschieht. Das wißt Ihr ebensogut wie ich. Außerdem«, Nigel zuckte die Achseln, »ganz realistisch betrachtet: Wenn man sie gefangen hätte, hätte uns das der junge Edward da unten zweifellos mitgeteilt. Und Johns Kopf steckte inzwischen auf einem Pfahl vor seinem Zelt.« Er erschauderte. Sie starrten beide zu dem großen Pavillon hinunter, einem Rundzelt, das das Hauptquartier des Prince of Wales und der königlichen Prinzen war. Darüber flatterte das riesige Banner im Wind: Drohend setzten die drei Leoparden der Plantagenets auf dem scharlachroten Feld zum Sprung an. Diese Fahne war doppelt so groß wie die des Earl of Pembroke mit ihren Querbalken und Vögeln, die daneben wehte.

Nachdem die Belagerung begonnen hatte und die Bewohner der Burg sich an die vor ihrer Mauer lauernde Gefahr gewöhnt hatten, entwickelte sich erneut eine gewisse alltägliche Routine. Die Nahrung hatte man vorsichtig rationiert, die Vorratsräume verschlossen, obwohl es derartige Mengen an Lebensmitteln in der Burg gab, daß jeder, der wollte, vieles offen erwerben konnte. Aber es herrschte eine große Disziplin unter den Leuten. Sie achteten gewissenhaft darauf, die Regeln, die Eleyne und Nigel aufgestellt hatten, nicht zu verletzen.

Nach dem ersten Angriff vergingen mehrere Tage, bis die Belagerungsgeräte in Aktion traten, und das Gefühl einer fast friedlichen Erwartung erfüllte die Männer und Frauen der

Burg. Das dauerte nicht lange. Als die riesigen Wurfmaschinen, die Ballistas und Trebuchets zu arbeiten begannen und massive Geschosse gegen und über die Mauern schleuderten, erlitten sie erste Verluste. Zwei Männer vom Garioch wurden getroffen, als sie über den Hof gingen. Dächer innerhalb des Burgbezirks stürzten ein. Große Stücke brachen aus den dicken Mauern heraus und flogen durch die Luft, sowohl die Kapelle als auch die große Halle nahm Schaden, und Risse traten auf. Nun wurden die Menschen vorsichtiger.

Eine Woche darauf schickte Prince Edward den ersten von vielen Botschaftern unter einer weißen Fahne an das Burgtor, um mit Nigel zu verhandeln – und um festzustellen, wie sie bald merkten, ob die Königin und die Prinzessin von Schottland sich noch in Kildrummy befanden.

Am großen Turm der Burg wehten zwei Fahnen: der königliche Löwe von Schottland und die Flagge von Mar. Bei seinem ersten Besuch bekam Edwards Botschafter, Sir John Appleby, nur heraus, daß sie gut mit Korn versorgt waren, daß sich zumindest Sir Nigel Bruce und die verwitwete Countess of Mar in der Burg aufhielten und daß sie zuversichtlich und trotzig wirkten.

Bei seinem zweiten Besuch drei Wochen später hatte er außer seiner Botschaft für Sir Nigel noch eine zweite Aufgabe. Als er unter seiner weißen Fahne über den Burghof ging, waren seine Augen überall und glitten prüfend über die Gesichter der Männer und Frauen, die ihn aus den Küchen und Ställen und Werkstätten heraus anstarrten. Sie wollten feststellen, ob das Gerücht zutraf, daß die Engländer Schwänze hätten. Er achtete auf Anzeichen anderer Art: Aufruhr, Enttäuschung, Verzweiflung, Geldgier – der Beutel mit den klingelnden Münzen, der offen an seinem Gürtel wippte, sprach vielleicht einen dieser Menschen an, die ihn beobachteten.

Sorgfältig von Edwards Unterhändlern ausgebildet, sah der Botschafter nach links und rechts und musterte die Gesichter der Leute, und als er, scheinbar von dem abweisenden Empfang verärgert, die Burg verließ, lächelte er.

Ihm war, als hätte er seinen Mann entdeckt.

VI
September

Der Traum wiederholte sich. Nicht der von der Schlacht, sondern der von dem Feuer. Eleyne wachte schluchzend auf, Bethoc schüttelte sie. »Mylady, bitte, was ist denn?« Die Frau war erschrocken.

Eleyne fühlte, daß die Kissen naß von ihren Tränen waren. Der Traum war weg. Flüchtig wie ein Schatten, war er am Rande ihres Bewußtseins aufgetaucht und dann wieder in die Finsternis verschwunden. Sie starrte durch das Zimmer, das von einer großen Talgkerze erhellt war, und runzelte die Stirn. »Das Feuer ist aus.«

»Es brennt seit Wochen nicht mehr, Mylady«, sagte Bethoc sanft. »Nur die Kochfeuer brennen und auch die nur am Tage.«

»Natürlich, das hatte ich vergessen.« Eleyne schloß die Augen. »Es ist fast Morgen?«

»Fast, Mylady ...« Bethoc sah zum Fenster. Der Lichtschein kam von den großen Feuern, die die ganze Nacht in dem Lager brannten, das rings um ihre Mauern aufgeschlagen war, und die in dieser ersten kühlen Herbstwoche einen schroffen Gegensatz zu der Kälte und Dunkelheit der Burg bildeten.

Bethoc zog noch einmal die Bettdecke um Eleyne herum fest, kroch dann fröstelnd selbst wieder ins Bett und war gleich darauf eingeschlafen.

Eleyne lag da und sah zu den grauen Schatten an der Decke hinauf, während es unmerklich heller wurde. Ohne sich dessen bewußt zu sein, fuhr sie mit ihrer Hand zu dem Phönix, der auf ihrer mageren, knochigen Brust lag. Das Emaille war warm, es vibrierte zwischen ihren Fingern. Seine Hände waren sanft, als sie ihre Schultern berührten, sie besänftigten ihr pochendes Herz, streichelten ihre Angst fort und ließen sie ihren alten, unzuverlässigen Körper vergessen. Unter der warmen Decke ihres Bettes begann sie zu lächeln.

Edward of Caernarfon saß in seinem Pavillon, als Sir John Appleby ins Lager zurückkehrte. Prince Edward war mit seinen zweiundzwanzig Jahren ein großer, kühler, gleichgültig wirkender junger Mann – in vieler Hinsicht wie sein Vater und doch anders – er war eine blassere, schwächere Ausgabe. Immer war da dieses weiche Zentrum in ihm, dieser Mangel an Entschlußkraft, und das hieß, daß er nie ein König wie sein Vater sein konnte. Es zeigte sich sogar jetzt, mitten unter seinen Männern. Er lehnte sich auf seinem Hocker zurück und sah Sir John ins Gesicht. Ein Blick sagte ihm, was er wissen wollte, und er warf die Feder hin. »Haben Sie jemanden gefunden?« Er streckte die Beine aus und ächzte. Diese Belagerung langweilte ihn. Er wollte schnelle Resultate. Und Ruhm.

Sir John nickte. Er verbeugte sich förmlich, dann nahm er den Hocker, den Prince Edward ihm zeigte und zog ihn vorwärts. Über ihren Köpfen warf die Sonne Schattenflecke auf das Tuch des Pavillons. Er roch das zertretene Gras unter dem Zeltboden. Draußen brannte lustig die Kohlenpfanne. Ein Page fütterte die Flammen mit trockenen Ästen. »Ja, Sire, ich glaube, ich habe jemanden gefunden. Kräftig, aber körperlich behindert. Enttäuscht. Wütend. Voller Groll. Ich habe gesehen, wie er mir mit den Augen folgte. Und am Tor, als sie mir öffneten, sah ich ihn wieder, er starrte mich an. Ich wette, mein Beutel hat es ihm angetan, und er würde seine eigene Großmutter dafür verkaufen.«

Edward lächelte. »Gut.« Er hob wieder seine Feder auf und klopfte damit auf den Klapptisch, an dem er saß. »Diese Belagerung ödet mich langsam an. Je schneller sie vorbei ist, um so rascher kann ich aufatmen. Haben Sie die Angehörigen von Bruce gesehen?«

»Ich habe mit Sir Nigel gesprochen. Sie sind offenbar gesund und munter.«

»Aber haben Sie sie gesehen?« Edwards Augen wurden schmal.

»Niemand außer Sir Nigel und der Countess of Mar. Das alte Mädchen hat mich angesehen, als ob sie mich mit ihren Augen durchbohren wollte.« Er erschauderte. »Ich würde nicht gern derjenige sein, der sie in Ketten legt. Es liegt da ein ziemliches Schlangennest vor uns, Mylord. Sobald Ihr sie habt, ist Bruce schachmatt: Frau, Geliebte, Tochter! Was für ein Geschenk für den König, Euren Vater!«

»In der Tat, was für ein Geschenk.« Edward erhob sich und schritt zum Eingang des Zelts. Er stand da und starrte die Burgmauer an, die so hoch und dick war, daß seine Belagerungsmaschinen ihr nichts anhaben konnten. Kildrummy würde niemals fallen. Er lächelte zynisch. Diese Mauern und dieses Torhaus hatte Master James von St. George auf Befehl seines Vaters ausgebaut. Sie waren unbezwingbar! Er lachte leise. Dann wurde sein Gesicht ernst und nüchtern. Nur durch Verrat konnte er Kildrummy erobern.

VI

Bethoc kam ins Zimmer und erblickte den Rücken ihrer Herrin wie eine Silhouette vor dem Fenster. In den hellen rotgoldenen Strahlen der aufgehenden Sonne sah ihr Haar, das in wilden Locken ihren Rücken hinunterhing, wieder kastanienbraun aus. Ihre Gestalt war straff und mädchenhaft, die schlanke, aktive Figur einer jungen Frau, die früh aufgestanden ist, um die lange Wendeltreppe hinunterzurennen, sich aufs Pferd zu schwingen und in den hellen, kalten Morgen hinauszureiten.

Das Gesicht, das Eleyne ihrer treuen Dienerin zuwandte, strahlte. »Ich habe geträumt, daß wir gewinnen werden, Bethoc. Ich habe geträumt, daß King Robert auf dem Weg hierher ist, um uns zu retten.«

»Oh, Mylady!« Bethoc vertraute blind den Vorhersagen ihrer Herrin. »Oh, der Heiligen Jungfrau sei Dank! Die Königin und ihre Damen sind entkommen? Ich wußte es! Aber es ist nicht leicht, wenn man es nicht genau weiß.«

»Sie sind entkommen. Sie sind in Sicherheit. Alle. Und die Königin wird einen Sohn bekommen.« Weder Eleyne noch Bethoc zweifelten einen Augenblick daran, daß ihr Traum wahr werden würde.

Als diejenigen, die für die Verteidigung auf den Mauern nicht gebraucht wurden, sich in der großen Halle zum Frühstück versammelten, um Haferkuchen und Ale zu sich zu nehmen, wußte schon die ganze Garnison von Eleynes Traum. Die Wirkung auf die Kampfmoral war erstaunlich. Gesichter, die müde und niedergedrückt ausgesehen hatten, lächelten auf einmal. Die Männer auf den Mauern gingen mit federnden Schritten einher, und die höhnischen Rufe, mit denen sie ihre Belagerer bedachten, waren von einer Schärfe, die die Männer in Edwards Lager betroffen machte.

Gegen Mittag ließ der Prince Sir John zu sich kommen. »Ich möchte, daß Sie wieder in diese Burg gehen. Stellen Sie fest, warum die Leute plötzlich so selbstsicher sind. Und bringen Sie mir den Namen des Mannes, der uns hineinlassen wird.«

Sir John war innerhalb einer Stunde abmarschbereit, mit seinem Standartenträger und der weißen Parlamentärsflagge; wie seine Botschaft lautete, war klar. Als das niedrige Türchen in dem breiten Tor sich öffnete, das man nur gebückt durchschreiten konnte, ließ er den Mann mit der Fahne vorausgehen und folgte ihm mühsam gekrümmt wegen der Rüstung, die er trug: Im Burghof blieb er stehen. Der Hausmeier der alten Countess war wieder da, um ihn zu begrüßen. Etwa ein Dutzend Männer und Frauen verrichteten verschiedene Arbeiten, und auf der Mauer stand die übliche Anzahl von Bewaffneten, deren Blicke nach draußen gerichtet waren und die sich nicht für den Abgesandten des Feindes interessierten. Sir John entging nichts. Das Korn lag noch in Bergen da – genug für mehrere Monate, wenn man es richtig verteilte. Anzeichen, die auf Not und Verzweiflung deuteten, ließen sich nicht erkennen. Auch Steine und Bleikugeln für die Katapulte waren reichlich vorhanden. Die Burg befand sich in einem geordneten und ruhigen Zustand.

Sir Nigel empfing ihn wieder in der großen Halle. Diesmal war er allein. Von der Countess of Mar war nichts zu sehen.

Sir John verneigte sich steif. »Haben Sie über mein Angebot nachgedacht? Wenn die Burg sich ergibt, werden wir das Leben der Frauen und Kinder schonen.« Er hatte ein kleines Kind nahe der Schmiede im Hof spielen sehen.

»Und die Männer der Garnison?« Nigel sah ihm ins Auge.

Sir John verzog das Gesicht, als ob ihm die Frage peinlich wäre. »Das entscheidet der König.«

»Kein beruhigender Gedanke.« Nigel grinste ihn liebenswürdig an. »Zum Glück brauche ich ihn nicht zu erwägen. Denn das Ende der Belagerung steht bevor. Meine Information besagt, daß eine große Armee sich auf dem Weg hierher befindet, um uns zu entsetzen.«

Sir John starrte ihn mit offenem Mund an. »Eine große Armee? Wessen Armee, Sir?« Er brach in ein schallendes Gelächter aus.

»Die Armee meines Bruders«, sagte Nigel ruhig. »Und bei ihm befinden sich die Damen, die ihn unterstützen: die Königin, seine Tochter, die Countess of Buchan.«

»Aber die sind doch hier …«

»Nein.« Der ruhige Ton, in dem Nigel sprach, brachte Sir Johns polternden Protest zu einem abrupten Ende. Einen Augenblick lang schweigen sie.

Sir John kniff die Augen zusammen. »Wenn das stimmt, Sir, und der König erfährt es, dann Gnade Euch Gott! Euch und Lady Mar. Dann ist Ihr Leben nicht mehr so viel wert!« Er schnippte mit dem Finger unter Nigels Nase. »Um Himmels willen, Mann, geben Sie auf! Ihr Leben ist ja verwirkt, aber denken Sie doch an die alte Dame! Sind Sie bereit mit anzusehen, wie man sie in Ketten nach London schleift? Glauben Sie denn, King Edward würde ihr etwas ersparen?«

Als er Nigels Augen plötzlich zu einem anderen Punkt im Raum wandern sah, fuhr er herum und erblickte Eleyne, die gerade hereingekommen war, während er sprach. Sie deutete kalt eine Verbeugung an. »Ich danke Ihnen für Ihre Sorge um mein Wohlergehen, Sir John, aber ich bin sicher, daß sie unnötig ist. Ich habe nicht vor, Edwards Wunsch zu erfüllen und mich in Gefangenschaft bei ihm zu begeben. Kildrummy wird bald entsetzt werden. Und wenn der Mann, der sich als Prince of

Wales zu bezeichnen wagt, seine Haut retten will, schlage ich vor, daß er diese Belagerung aufhebt und so schnell er kann nach England zurückkehrt.«

Sir John sah sie wütend an. »Und wie kommen Sie darauf, daß diese große Armee auf dem Weg hierher ist, um Ihnen zu helfen?« Seine Stimme war voll beißendem Hohn. »Ich nehme an, Sie haben eine Nachricht von ihr bekommen.«

»Ja«, lächelte Eleyne gelassen. »Wir haben eine Nachricht erhalten.«

»Das ist aber unmöglich. Niemand kommt hier herein oder hinaus. Kildrummy ist so hermetisch abgeschlossen wie eine Tonne Butter.« Sir John tastete an seinem Gürtel herum, aber als Parlamentär hatte er das Schwert in seinem Zelt zurücklassen müssen.

Weder Nigel noch Eleyne sagten etwas, aber beide sahen ihn so selbstsicher, zu selbstsicher an. Zum erstenmal kamen ihm ernsthafte Zweifel. »Gut, wie ich sehe, wollen Sie keine Vernunft annehmen. Alles, was nun kommen wird, ist Ihre Schuld.« Er verbeugte sich knapp, erst Eleyne gegenüber, dann zu Nigel hin und machte auf dem Absatz kehrt.

Langsam schritt er aus der Halle, seine Augen huschten hierhin und dorthin zu den Männern und Frauen, die ihn anstarrten. Es waren Leute aus dem Dorf und Burggesinde, ein paar alte Männer und Kinder von der Garnison, sie hatten ihre Arbeit unterbrochen, um ihn zu begaffen. Vielleicht hatte er sich verschätzt. Der Mann, an den er dachte, war nicht unter ihnen. Aber dann erblickte er ihn: Er lungerte mit verschmutztem Lederschurz nahe bei der Tür und kaute an einem Strohhalm.

Sir John blieb stehen und sah ihm ins Auge. Dann drehte er sich um und rief zu der ganzen versammelten Menge gewandt aus: »Dem Mann, der Kildrummy niederbrennt und ausliefert, schenkt der König von England das Leben – natürlich auch seiner Frau und den Kindern – und einen Beutel Gold so groß, daß er ihn nicht forttragen kann!« Seine laute Stimme trug die Worte bis in den letzten Winkel der großen Halle.

Vom Podium brüllte Nigel zurück. »Es gibt in dieser Burg keinen solchen Mann, der Ihr Angebot annehmen würde, Sir John. Sparen Sie sich Ihre Worte. Begeben Sie sich in Ihr Lager zurück und behalten Sie Ihr Gold!« Aus der Halle um sie herum kam ein gedämpftes Beifallsgemurmel.

Sir John verbeugte sich stumm, und nach diesen Worten seines Feindes trat er in den Hof hinaus.

»Denkt er wirklich, daß jemand von unseren Leuten uns verraten würde?« Eleyne preßte wütend die Lippen zusammen, als sie den Griff ihres Krückstocks packte.

»Er ist verzweifelt. Edward of Caernarfon wird die Nachricht, die er ihm bringt, nicht gefallen – daß Roberts Armee im Anmarsch und seine Mission damit gescheitert ist.« Nigel zögerte. »Ich nehme an ... Nein, nein, natürlich gibt es gar keinen Zweifel daran: Er kommt ...«

Sie lächelte ihn mit heiterem Gesicht an. »Einen Zweifel gibt es nicht, Nigel. Vertrauen Sie mir!«

VII

Hal Osborne stand am Eingang seiner Schmiede. Das Feuer war aus, die Blasebälge schwiegen. Seine kleinen Söhne spielten im Staub am Boden. Der älteste, Ned, war alt genug, um für kürzere Zeit den Blasebalg zu bedienen, mit dem sein Vater das Feuer im brüllenden Ofen zur Weißglut brachte. Wenn die Burg fiel, würden die Männer sterben. Ned vielleicht auch. Er war ja schon alt genug für Männerarbeit. Alt genug, ein Katapult zu betätigen. Also vielleicht auch alt genug für den Tod.

Er warf einen wütenden Blick über den Burghof. Sir Nigel redete in der Nähe der Bäckerei mit einem Bewaffneten. Wenn dieser Mann nicht gewesen wäre, hätte er sich der Königin anschließen können, und wenn das Pferd der Countess ihn nicht getreten hätte, wäre sein Bein noch in Ordnung. Bei Christus und all seinen Teufeln: zur Hölle mit den beiden! Er wäre längst aus Kildrummy fort. Die Countess war schuld, daß er sterben mußte, wenn die Burg fiel. Was schuldete er ihr denn? Er verschränkte die Arme, und seine Augen kehrten zu seinen beiden Söhnen zurück, die im Staub herumscharrten. Der Countess war er nicht mehr zur Treue verpflichtet. Gab es noch eine Hoffnung, daß die Belagerung endete? Nein, es gab keine Hoffnung mehr.

Und er dachte an das Gold.

VIII

In der Stille des Destillierzimmers sah Eleyne sich um, sie hielt die Kerze hoch. Der Raum war so voller Erinnerungen. So viele Menschen waren gestorben – Donald, Gratney, William, Elizabeth, Muriel. So viele Krankheiten hatte sie behandelt – Schnupfen und Halsbräune der Kinder, Knochenbrüche, Ohrenschmerzen, Kopfschmerzen und Wunden, Verletzungen aller Art. So viele Visionen heraufbeschworen aus den Flammen mit Hilfe von Beifuß und Apfel, Esche und Rosmarin, Lavendel und Thymian. Die Luft war schwer von dem Geruch der getrockneten Kräuter, und an den Balken hing die Ernte dieses Jahres. Sie nahm einen kleinen Leinenbeutel vom Haken nahe bei der hohen Werkbank und schüttete aus den verschiedenen Gefäßen alles hinein, was sie brauchte. Dann blies sie die Kerze aus.

Wie an jedem Abend, trat sie auch heute in das Kinderzimmer, um ihren Enkeln gute Nacht zu sagen. Sie schliefen schon beieinander, gebadet und in frischen Nachthemden, zwei dunkle Köpfchen auf dem Kissen. Sie stand da und sah auf sie hinab und lächelte, dann beugte sie sich steif über sie, um sie nacheinander zu küssen. »Die gütige Brigitte möge euch behüten.« Ihre Knöchel waren weiß auf dem Griff des Stocks, und plötzlich standen Tränen in ihren Augen.

Die Burg war still. Auf den Mauern schritten die Wachen auf und ab und strengten ihre Augen an, damit es ihnen nicht entging, falls die Belagerer im Schutze der Dunkelheit Sturmleitern an die Mauern zu stellen oder ihre Wurfmaschinen näher heranzubringen versuchten. In der Schmiede lehnte sich Hal Osborne gegen die Wand und kaute auf einem Gerstenhalm. Sein Bein schmerzte unerträglich. Hinter ihm, in dem kleinen, mit Heidekraut gedeckten Schuppen, der seine Werkstatt und sein Zuhause war, schliefen seine Frau und die beiden Kinder auf den Strohsäcken. Sie stammte aus der Gegend hier, von einem Bauernhof, der hinter dem Dorf lag. Der Hof würde eines Tages ihm gehören und später seinen Söhnen. Die Brust wurde ihm eng vor Zärtlichkeit, während er den leisen Schnarchlauten seines jüngeren Sohnes lauschte, dessen Hals verschleimt war. Wenn die Burg erobert wurde, würde auch dieses Kind sterben, seine beiden Kinder würden sterben und auch seine Frau, jedoch nicht, ehe man sie ein dutzendmal vergewaltigt hatte.

Außer.

Leise stand er auf. Der englische Parlamentär hatte sich klar ausgedrückt. Dem, der Kildrummy Castle an die Engländer auslieferte, winkte eine Belohnung – den würden sie am Leben lassen mit seiner Familie und ihm Geld dazu geben.

Auf leisen Sohlen schritt er über den Burghof und fühlte den schneidend kalten Wind, der von den Hügeln hereinwehte. Es war kein Mensch zu sehen. Er ging zur Bäckerei hinüber, in der die Öfen bereits brannten, um das Brot für diesen Morgen zu backen. Eine einzige Frau stand dort und warf müde Feuerholz in die Flammen. Hinter ihr auf einem Tisch lagen die langen Backformen mit den Gerstenbroten, die unter den leinenen Tüchern aufgingen. Sie lächelte, als sie Hal erblickte. »Es ist noch zu früh, mein Freund. Wenn Sie frühstücken wollen, müssen Sie etwas warten.« An ihren Armen haftete noch das Mehl, aber ihre Schürze war mit Ruß verschmiert.

Er sah sie einen Augenblick lang an und fragte sich, was wohl mit ihr geschehen würde. Sie war eine fröhliche, mütterliche Seele. Mindestens vier Kinder spielten um ihre Röcke herum, wenn sie nicht in der Küche arbeitete. Er erinnerte sich an sie. Sie gehörte nicht zur Burg, sondern sie war die Frau des Bäckers aus Mossat. Man sah ihr die Belagerung an – die Falten um den Mund herum, die dunklen Ringe unter den Augen und die mageren Arme. Ihr Mann hatte seinen Bogen und sein Schwert genommen und war schon nach der ersten Musterung am Anfang der Krieges fortgegangen.

Einen Augenblick lang zögerte er.

»Machen Sie Platz.« Sie huschte geschäftig um ihn herum. »Es hilft mir niemand heute morgen. Wenn Sie nichts zu tun haben, als herumzustehen und zu glotzen, können Sie mir helfen, das Brot in diesen Ofen zu schieben. Die Burg erwacht beim ersten Tageslicht.«

Er schüttelte den Kopf. »Ich habe meine Pflichten zu erfüllen, Mistress. Ich brauche Feuer für meine Laterne.« Er holte seine Hornlampe hervor, die er über die Tür der Schmiede zu hängen pflegte, wenn es dunkel war.

Sie wies mit dem Kopf zum Ofen, ohne hinzusehen. »Dann nehmen Sie es sich doch und gehen Sie mir aus dem Weg.« Schon hatte sie sich wieder ihren Brotlaiben zugewandt.

Er nahm einen Holzspan und steckte ihn ins Feuer. Die Talgkerze seiner Lampe entzündete sich schnell und brannte mit einer schwachen flackernden Flamme, die sofort nach ranzigem Fett stank, als er behutsam die durchscheinende Horntür schloß. Er grinste sie nervös an. Er wollte noch etwas sagen, etwas, um sie vorzubereiten, aber es gab nichts, das er sagen konnte. Er drehte sich um und verschwand in der Dunkelheit. Innerhalb von Sekunden hatte sie ihn vergessen.

Die große Halle – Mickel Hall, wie die Leute von Kildrummy sie nannten – war fast leer, als er die Tür aufstieß und in die rauchige Dunkelheit hineinschlüpfte. Ein paar Gestalten schliefen auf Strohsäcken um den Kamin herum, aber es brannte kein Feuer darin. Der Rauchgeruch, der in der Luft lag, war eine Erinnerung an längst erloschene Feuer und hatte sich in der kalten Luft unter der hohen gewölbten Decke verfangen.

Das Licht seiner Lampe war zu schwach, als daß es weiter als ein, zwei Fuß gereicht hätte. Leise schlich er zu dem größten Stapel der Getreidesäcke. Darin waren Gerste, Hafer und ein bißchen Weizen für den Tisch der Countess. Auch Strohgarben lagen dort zu Ballen gebunden, die mehr als mannshoch aufgeschichtet waren. Er sah sich um. Alle schliefen. Niemand hatte ihn gesehen.

Er schlüpfte hinter einen der Stapel und öffnete die Tür seiner Laterne. Er zog aus einer der Garben eine Handvoll Stroh heraus, steckte es hinein und hielt es über die Talgkerze. Sekunden später hatte es Feuer gefangen. Es brannte mit einem wütenden Knistern in der Stille, aber immer noch war keiner aufgewacht. Die Angst schnürte ihm die Kehle zu, aber rasch fuhr er mit dem brennenden Stroh über die Strohballen, die ihm am nächsten lagen, und sah die Funken in einer breiten Spur aufflammen.

Nun eilte er weiter und steckte einen anderen Stapel und wieder einen anderen in Brand und hörte das Knistern hinter sich lauter werden. Ein Murmeln kam vom anderen Ende der Halle, und dann hörte er plötzlich jemanden schreien. Er schleuderte seine Laterne hoch hinauf in einen Stapel Getreidesäcke, wandte sich um und sprang zur Tür. Hustend, mit tränenden Augen von dem beißenden Rauch, rannte er leise an der Außenmauer der Halle entlang und tauchte in der Dunkelheit seiner Schmiede unter. Drinnen bückte er sich und rüttelte seine Frau wach. »Bring die Kinder hinaus! Schnell! Wir müssen weg.«

»Was ist denn? Was ist los?« Verschlafen setzte sie sich auf, dann sah sie durch die offene Tür den ersten Feuerschein. »Was ist denn geschehen, Hal? Was ist denn?«

»Sie greifen die Burg an«, sagte er grimmig. »Aber dir und mir geschieht nichts. Wir werden verschont. Komm schnell. Folge mir!« Er griff sich den schlafenden Jungen und rannte zu Tür.

Die Glocke fing zu läuten an, als er in den Hof trat, und er hörte wütende, ängstliche Schreie von den Wächtern oben auf der Mauer. Jemand rannte an ihm vorbei, in jeder Hand einen Eimer voll Wasser, das aus dem tiefen Brunnen unten im Schneeturm geschöpft war – er sah das Wasser auf die trockenen Kopfsteine schwappen.

Er lief geschwind zum Torhaus, während er den Sohn fest mit dem Arm umklammerte. Hinter sich konnte er jetzt den Rauch riechen und das Knistern des Feuers hören, als der riesige Vorrat an Getreide und Futter in der Halle in Brand geriet. Das Heulen des Feuers wurde lauter, verwandelte sich in ein dumpfes Gebrüll.

Neben ihm tauchte ein Mann auf: der Wächter vom Turmhaus oben. Er rannte zur Halle und schrie. Er rannte so dicht an ihm vorbei, daß Hal den Arm nach ihm hätte ausstrecken und ihn hätte berühren können – dann war er vorbei, und er stürzte sich in den Rauch hinein, der aus der doppelflügeligen Tür der großen Halle quoll, und ließ seinen Posten unbesetzt.

Hal lächelte grimmig. Er setzte das Kind zu Boden und tastete sich an der Mauer entlang zu der schmalen Treppe, die in die Windekammer führte. Dort stand die Winde, mit der das Fallgatter hochgezogen wurde. Normalerweise waren mehrere Männer nötig, um diese Arbeit zu vollbringen, aber die Verzweiflung verlieh ihm ungeahnte Kräfte.

Er spuckte in seine schwieligen Fäuste, stemmte sich gegen die Stange und drückte. Seine Muskeln spannten und ballten sich heraus. Lange Zeit rührte sich nichts, dann ächzte die Rolle des Flaschenzugs, der zu den schweren Gewichten an der Decke führte. Der Schweiß lief ihm in Strömen über den Körper. Er schloß die Augen und drückte fester und hörte von unten das Jammergeschrei des kleinen Jungen, der in der Dunkelheit wartete, und dann die entsetzte Stimme seiner Frau, die ihn zu trösten versuchte, während sie sich in den Schatten versteckten. Dieser Laut gab ihm neue Kraft. Noch eine übermenschliche Anstrengung – ein Stoß, und die Rolle begann sich zu drehen. Draußen unter dem Torhaus ging das Fallgatter langsam in die Höhe. Als es halbwegs hochgezogen war, schlug er den Keil aus Eichenholz hinein und stürzte, während seine Muskeln vor Schmerz schrien, wieder die Treppe hinunter. Er duckte sich unter den drohend herabhängenden Eisenspitzen des Fallgatters hindurch, erreichte das eisenbeschlagene Außentor und tastete sich daran entlang, bis er die Schlupftür mit ihren drei Querbalken fand. Es war stockdunkel im Schatten des Torhauses. Er biß die Zähne zusammen und versuchte, den ersten Querbalken hochzuziehen. Der Balken klemmte. Er stemmte sich stärker dagegen, und schließlich glitt das Ding aus der Halterung und fiel zu Boden. Den zweiten Balken bekam er schneller hinaus und auch den dritten. Er packte den schweren, eisernen Ring des Türgriffs, drehte ihn herum und zog die Tür auf. Dahinter lag nun das schwarze Hindernis der hochgezogenen Brücke, das ihm den Weg versperrte.

Er hörte Ned weinen, das dünne Stimmchen erschallte jämmerlich und erschreckend unter dem Torbogen hervor.

Hal warf sich grimmig, das Geschrei nicht beachtend, auf das Rad, mit dem die Zugbrücke bewegt wurde. Es war durch einen Stift festgehalten. Er brauchte etwas, um ihn herauszuschlagen. Verzweifelt tastete er seine Umgebung ab. Aber es war nichts zu finden. Hinter ihm ertönte ein ohrenbetäubendes Krachen. Ein Teil des Dachs der großen Halle war eingestürzt. Die Flammen, die hinauf zum Himmel schossen, brüllten wie Dämonen in der Nacht. Für den Bruchteil einer Sekunde drehte er sich um und starrte und staunte entsetzt über das, was er getan hatte. Dann fiel sein Auge in diesem Licht der Flammen auf schimmernden Stahl, und er sah eine Reihe von Äxten, die an der Wand nahe der Tür des Wächters hingen. Er packte eine, hob sie mit seinen mächtigen Armen empor und schlug mit einem raschen Hieb den Stift heraus. Rumpelnd und quietschend fing die Brücke an, auf ihre Gegengewichte zu fallen, als der Feind von draußen die ersten Sturmleitern an die unbewachten Mauern warf.

IX

Prince Edward stand vor seinem Zelt und sah mit vor der Brust verschränkten Armen zu, er kniff in der Finsternis die Augen zusammen, als die Flammen emporschossen, deutlich waren sie über der Mauer zu sehen. Es waren erst Minuten vergangen, seit sie das Feuer bemerkt hatten, aber schon waren die vortrefflich ausgebildeten Trupps der Männer vorwärtsgerückt, um sich die in der Burg eingetretene Verwirrung zunutze zu machen und die Belagerungstürme an die Mauer heranzuschieben. Dahinter warf man die Sturmleitern hoch, und schon stiegen die Männer auf ihnen empor. Es gab niemanden, der sie aufhielt. Er sah bereits Engländer auf den Mauern stehen, als die Zugbrücke hinunterzufallen begann.

Er wandte sich Sir John zu, der neben ihm stand, und vermochte seine Begeisterung kaum zu unterdrücken. »Also. Man hat Ihren Köder geschluckt.« Die beiden Männer sahen zu, wie eine Gestalt am anderen Ende der Brücke auftauchte – ein Mann mit einem Kind in den Armen.

Edward lächelte. »Das ist er, nehme ich an, Sir John. Er kommt, um sich seine Belohnung zu holen!«

X

»Schnell! Um Gottes willen! Unsere einzige Hoffnung ist, zum Wachtturm durchzukommen. Wir sind verraten worden! Helfen Sie ihr, Bethoc!« Nigel zog Eleyne hoch.

»Verraten?« Eleynes Augen waren noch immer voller Visionen. Das Zimmer um sie herum war verschwommen, und sie schwankte am Arm des jungen Mannes hin und her.

»Verraten«, wiederholte er grimmig. »Unsere einzige Chance ist, den Turm zu halten. Kommen Sie schnell!«

»Aber Robert kommt. Er gewinnt den Krieg. Er wird König …«

»Ich bin sicher, daß er kommen wird, aber wir müssen im Wachtturm ausharren, bis er eintrifft.« Nigel hob sie fast auf und eilte mit ihr die lange Wendeltreppe des Schneeturms hinunter und unten aus der offenen Tür.

In dem wirbelnden Rauch blieben sie stehen und starrten die brennende Masse an, die einmal die große Halle von Kildrummy Castle gewesen war.

»Gütige Jungfrau!« Eleyne war vor Entsetzen wie gelähmt. Funken stiegen aus der Halle hoch und flogen zum Dach der Kapelle, das bereits brannte, genau wie mehrere Nebengebäude – Ställe, Lager und Werkstätten, die sich die Außenmauer entlang reihten. Die ganze Festung brannte, die Hitze war sengend, und der Rauch hing darüber in der schimmernden, stillen Luft.

Eine Gestalt tauchte vor ihnen auf, sie hielt ein Schwert in der Hand. Der Mantel des Mannes zeigte ein Abzeichen mit den drei englischen Leoparden. Mit einem zornigen Schrei zog Nigel sein Schwert und stieß Eleyne hinter sich. Sie stolperte und fiel beinahe hin, als die beiden Männer sich aufeinander stürzten. Hinter ihnen erschien ein zweiter Bewaffneter und dann ein dritter. Sie versuchte mit ihren Augen den Rauch zu durchdringen und wich vor den wirbelnden Schwertklingen zurück, als sich neben ihr eine große Gestalt zeigte, in der sie Sir John Appleby erkannte.

Er senkte sein Schwert und verneigte sich vor ihr. »Es gibt keine Hoffnung für Sie. Ich habe tausend Mann innerhalb der Burg, und ich bin hier, um Ihre Kapitulation entgegenzunehmen, Lady Mar.«

Sie richtete sich auf, und plötzlich war ihr Kopf wunderbar klar. »Es wird keine Kapitulation geben, Sir John. Ich halte Kildrummy für meinen König und meinen Enkel, den Earl.« Ihre Stimme hallte stolz durch den Kampflärm.

»Es tut mir leid, Mylady, aber Sie halten nichts.« Er sah sich um, und als sie seinem Blick folgte, erkannte sie Nigel. Er hatte sein Schwert verloren, und es umringten ihn wenigstens drei Männer, deren Schwertspitzen auf seine Gurgel zeigten. Hinter ihm füllten immer mehr Männer, die die Farben des Prince of Wales trugen, den Hof. Die kleine Garnison wurde überwältigt. Hinter ihr brach etwas zusammen – das Dach der Schmiede stürzte ein, und die Funken stoben in die raucherfüllte Luft empor. »Ergeben Sie sich, Mylady. Befehlen Sie Ihren Männern, den Kampf einzustellen«, rief Sir John.

»Niemals!«

Sie wich zur Kapelle zurück. Männer schleppten Nigel fort, und sie sah, daß sie ihm die Hände im Rücken zusammengebunden hatten. Etwas weiter erblickte sie den alten Sir Alan, wie er sein Schwert zu Boden warf. Ein Mann lief durch den Rauch, und sie sah ein Kind in seinen Armen. Sie hörte einen Kinderschrei, und das Herz drehte sich ihr im Leibe herum.

»Der kleine Donald …« schrie sie. »Ach, gütige Heilige Madonna, Donald! Wo ist mein Enkel?« Sie wirbelte herum und sah sich Sir John gegenüber.

»Der Earl of Mar ist mein Gefangener, Madam.« Die kühle Stimme ihres Vetters Edward erklang plötzlich neben ihr. »So wie Sie auch. Mein Vater wird erfreut sein, Sie endlich in Ketten zu sehen.« Er lachte laut auf, dann hielt er ihr mit spöttischer Galanterie den Arm hin. »Bitte, kommen Sie hier entlang.

Die Kapelle brennt ja schon. Sie haben in Kildrummy nichts mehr verloren.«

Eleyne schüttelte den Kopf. Sie starrte umher. Sie war allein. Bethoc war verschwunden – schreiend hatten zwei Soldaten sie aus der Burg geschleppt. Die kleine Ellie und ihr Kindermädchen waren fort, hinter Donald her über die Zugbrücke in das Lager des Prinzen verschwunden, in das man die Gefangenen, von einer starken Wachmannschaft umgeben, trieb. Es war niemand mehr da, um sie zu verteidigen.

Eleyne wandte sich zu Edward um. »Wer hat uns verraten?« rief sie mit trockenen, von Blasen bedeckten Lippen. »Wer?«

»Ihr Schmied, Cousine. Er wurde mit dem Gedanken an englisches Gold gewonnen!« Edward lächelte. »Und er hat seine Belohnung erhalten. Ich mag keine Verräter«, fügte er fast nachdenklich hinzu. »Er hat Sie verraten – er würde mich genauso leicht betrügen.«

»Haben Sie ihn getötet?« Eleyne merkte, daß sie ihn mit einer Art nüchterner Neugier betrachtete.

»O ja, wir haben ihn getötet und seine Brut mit ihm.« Edward lächelte. »Wir haben ihm einen ganz besonderen Tod gegönnt. Das Gold, das ihn so interessiert hat. Ich habe es in meiner Schmiede schmelzen lassen, und er hat zusehen dürfen. Ganz lehrreich für einen Eisenschmied, nicht wahr! Dann wurde es ihm in den Hals gegossen.«

Eleyne erschauderte. »Und was für ein Schicksal haben Sie mir zugedacht, Vetter?«

Er lachte. »Immer noch auf eine Hauptrolle bedacht, Lady Mar? Nun gut, Sie sollen sie bekommen. Ich weiß, daß mein Vater Sie vor seinem Tower in London in einen Käfig einzumauern gedenkt. Eine Tochter des berüchtigten Llywelyn. Eine Gattenmörderin. Eine Rebellenhexe. Schwiegermutter des sogenannten Königs der Schotten!« Er verschränkte die Arme vor der Brust. »Ihre Ketten warten auf Sie, Cousine Eleyne.«

Sein Gesicht wurde von den Flammen erleuchtet, als sie zur Kapelle liefen. Das Dach krachte drohend, und ein Funkenregen schoß durch die Luft. Edward zuckte zusammen. Er wischte sich glühende Asche vom Mantel.

Eleyne richtete sich auf. Ihre Angst und ihr Ekel waren verflogen, an deren Stelle trat weißglühender Zorn. Sie sah ihm ins Auge. »Sie würden mich wie ein Tier in einen Käfig sperren? So wie Sie es mit meinem Neffen Owain getan haben, wie ich hörte? Niemals! Sagen Sie meinem Vetter, Ihrem Vater, daß ich seine Einladung ablehne. Ich gehe nicht nach England. Ich gehe nirgendwohin mit Ihnen.«

Die Tür der Kapelle stand offen, nur ein paar Schritte waren es die Stufen hinauf. Im Inneren herrschte Dunkelheit. Wieder krachte es im Dach, ein brennender Balken stürzte vor dem Altar herunter. Die Flammen erleuchteten das Innere des kleinen Bauwerks, auf der Stufe vor der Kanzel erblickte sie eine Silhouette, die sich vor den Spitzbogenfenstern bewegte – die Gestalt eines Mannes. Er lächelte und winkte. Ihr Herz machte einen Sprung.

Alexander!

Ihre Hand fuhr zu dem Anhänger an ihrem Hals.

Edward, der ihrem Blick folgte, sah ihn: einen großen rothaarigen Mann, der eine kleine goldene Krone auf dem Kopf und auf dem Mantel ein Abzeichen mit dem königlichen Löwen von Schottland trug. Er breitete die Arme aus und rief Eleynes Namen.

Edward wich erschrocken zurück. Seine Haut kribbelte vor abergläubischer Angst, als der Mann vortrat und die Flammen um ihn herumzüngelten. Eleyne konnte sich nicht bewegen. Ihre Freude war so überwältigend groß. Sie sah ihn! Deutlich erkannte sie ihn, und er wartete auf sie. Sie warf Edward einen Blick zu, und als sie seinen Gesichtsausdruck bemerkte, lachte sie laut. Sie drehte sich um und rannte die Stufen zur Tür der Kapelle hinauf. Bevor Edward Zeit hatte zu reagieren, war sie in der brennenden Kapelle verschwunden.

Eine Sekunde lang sah er sie durch den Rauch hindurch die Arme nach ihrem König ausstrecken und ihn umschlingen. Dann brach mit einer lodernden Flamme, die so heiß wie ein Schmelzofen war, das Dach der Kapelle herunter, und sie verschwand.

Schlußbemerkung

Die Geschichte von Isobel of Buchan und dem, was nach der Belagerung von Kildrummy Castle geschah, kann in *Kingdom of Shadows* (deutsch unter dem Titel *Königreich der Schatten* erschienen) nachgelesen werden.

Donald, der Earl of Mar, wurde gefangengenommen und nach England gebracht. Er saß in der Burg von Bristol ein, aber nicht angekettet, wie die Quellen uns versichern, weil er ja noch so jung war. Später verbrachte er einige Zeit am Hof King Edwards II. of England, dem er loyal diente. Erst 1327 kehrte er nach Schottland zurück und wurde wieder in seine angestammten Rechte als Earl of Mar eingesetzt. 1332 ernannte man ihn, weil sein Cousin King David II. erst acht Jahre alt war, zum Regenten.

Donalds Schwester Elyne (so schreibe ich den Namen von Eleynes Enkelin) heiratete Sir John Menteith. Ihre Mutter Christian Bruce überlebte die Gefangenschaft und heiratete ein drittes Mal: Andrew Murray of Bothwell. Sie starb um das Jahr 1357 und wurde in ihrer Kapelle der Heiligen Jungfrau von Garioch beigesetzt.

King Robert und Queen Elizabeth hatten zwar einen Sohn, der 1329 als David II. das Königreich seines Vaters erbte, aber er starb ohne Nachkommen, und so folgte ihm Eleynes Enkel, der Sohn von Marjorie Bruce und Walter Stewart, dem Oberhofmeister von Schottland, als nächster Angehöriger auf den Thron und wurde als King Robert II. gekrönt. Er war der erste in dem schottischen Königsgeschlecht der Stewart, und so erfüllte sich Einions Weissagung.

Nachwort

Die Geschichte der Eleyne of Mar ist das Ergebnis einer Pilgerfahrt, die ich in die fernen Archive meiner Familie unternommen habe, und sie ist Teil einer Legende, mit der ich aufgewachsen bin. Sie handelt von der Liebe und den aufregenden Ereignissen in Schottland zu Lebzeiten von Robert the Bruce und Isobel of Buchan, wie ich sie in *Kingdom of Shadows* beschrieben habe. Während meiner historischen Recherchen zu diesem *Königreich der Schatten* wurde mir bewußt, wie eng die Geschichte von Robert the Bruce und Isobel of Buchan mit derjenigen von Isobels Großmutter und Mutter von Roberts erster Frau Isabella verknüpft ist – mit derjenigen Eleynes also, die auch Helen oder Ellen genannt wird.

Wie jeder gute Detektiv begann ich in meiner Erforschung von Eleynes Leben mit dem, was ich bereits wußte oder zu wissen glaubte aus der Zeit, als sie die Countess of Mar war. Die Geschichte Schottlands im 13. Jahrhundert ist ziemlich gut dokumentiert. Es gibt die Chroniken, es gibt Urkunden und andere Akten, es gibt das wunderschöne epische Gedicht »The Bruce«, das John Barbour, der Archidiakon von Aberdeen rund siebzig Jahre nach der Belagerung von Kildrummy verfaßt hat. Ich dachte, es würde nicht allzu schwer sein, etwas über »Helen« und ihre Welt herauszubekommen.

Da stand sie, im Adelskalender: »Donald, Earl of Mar verh. m. Helen, Witwe von Malcolm, Earl of Fife (der 1266 gest. war) und Tochter von Llywelyn, Prince of North Wales. Im Feb. 1294/5 am Leben.« Die Eintragung unter Fife bestätigt ihren Namen. Was mich faszinierte, waren die Worte »Tochter von Llywelyn«. Wie kam es, daß diese Tochter eines walisischen Fürsten zur Urgroßmutter eines schottischen Königs wurde?

Aber dann mußte ich feststellen, daß sie in den vorhandenen Urkunden kaum erwähnt wird. Eine der wenigen ist die Pipe Roll (Schatzkammerrolle) King Edwards I. Dort steht in einem Bericht Walter de Cambos über die Einkünfte aus den Ländereien und Domänen, die Duncan, dem Earl of Fife, gehören: »*Et Elenae, comitissae de Mar, pro parte dotis suae xl s. per idem tempus*«*, eine Eintragung, die ein paar Monate später wiederholt wird und in der die »Pension« aufgeführt wird, die Ellen / Helen während ihrer letzten Ehe (als Countess of Mar) bekam. Diese Eintragung, so knapp sie war, schien ihre Existenz nichtsdestoweniger zweifelsfrei zu dokumentieren. Das war ein Anfang. Aber wie war diese Waliserin überhaupt nach Schottland gelangt?

Ich wandte mich der Geschichte von Wales zu. Es gab zwei Llywelyns, die man Prince of Wales nennen konnte, obgleich es diesen Titel damals strenggenommen noch nicht gab. Llywelyn ap Iorwerth oder Llywelyn the Great war Prince of Aberffraw und Lord of Snowdon. Er war der Herrscher von Gwynedd, und so könnte man sagen, daß er der Prince of North Wales gewesen ist. Dann gab es da seinen Enkel Llywelyn ap Gruffydd, der sich in den späteren Jahren seiner Herrschaft selbst den Titel eines Prince of Wales zugelegt hat. Der Großvater Llywelyn schien mir eher als Helens Vater in Frage zu kommen als der Enkel, und in der Tat fand sich in den Geschichtsbüchern und Stammbäumen die Information, daß Llywelyn ap Iorwerth und seine Frau Joan eine Tochter namens Ellen oder Helen hatten. Ihr Bruder und zwei ihrer Schwestern wurden mit Angehörigen der Familie de Braose verheiratet – eine Tatsache, die ich mit einem Schock zur Kenntnis nahm, nachdem ich mich während meiner Recherchen für *Lady of Hay* mit dieser Geschichte so vertraut gemacht hatte. Ellen / Helen selbst wurde mit John the Scot, dem Earl of Huntingdon und Chester vermählt. Das schien mir sofort auf

---

* A. d. Ü.: Die verwitwete Countess of Mar bekam nach schottischem Recht (da sie mindestens ein Jahr lang verheiratet gewesen war und ein Kind geboren hatte) ein Drittel der Einkünfte aus der Grafschaft Mar – »40 Schillinge für diesen Zeitraum«.

die gesuchte Verbindung nach Schottland hinzudeuten, so dürftig diese Spur bis dahin auch war.

Ellen / Helen heiratete John 1222. Aber meine schottische Ellen / Helen hat den Earl of Mar irgendwann nach 1266 (nach dem Tode des Earl of Fife) geheiratet und dann fünf Kinder geboren. Wenn es sich tatsächlich um dieselbe historische Person handelte, hatte man sie schon als Baby mit John of Huntingdon vermählt. Über diese Hochzeit zwischen der Tochter von Prince Llywelyn und dem Erben der großen, mächtigen Grafschaft von Chester gibt es detaillierte Informationen. Wir wissen, wo und wann sie stattfand, wir kennen einige der Geschenke, wir wissen, wer die Trauzeugen waren. Aber nirgendwo ist die Rede davon, daß die Braut ein Baby oder ein Kind war oder daß die Hochzeit durch Stellvertreter für die Braut stattgefunden hat. Nun zweifelte ich, daß diese Ellen mit meiner schottischen identisch war und las weiter über den Earl of Huntingdon. Ich suchte nach Anhaltspunkten. Es gab zum Beispiel keine Kinder aus dieser Ehe. Das würde passen, wenn die Braut während des größten Teils ihrer Ehe noch ein Kind war. Wenn sie 1222 ein kleines Kind war, war sie 1237, als ihr Gatte starb, noch sehr jung – ein Teenager womöglich. Natürlich kamen für dieses Fehlen von Kindern auch andere Gründe in Frage – sein schlechter Gesundheitszustand zum Beispiel, er starb in jungen Jahren. (Später sollte ich auf die interessante Mitteilung stoßen, daß man die jugendliche Witwe damals verdächtigt hat, sie hätte ihren Mann vergiftet.)

Aus den vorhandenen Dokumenten geht hervor, daß Ellen / Helen dann in die Burg von Chester übersiedelte, wo man sie in einer ehrenhaften und zukömmlichen Stellung hielt, bis King Henry entschieden hatte, was er mit ihr tun wollte, und sie dann rasch mit Robert de Quincy verheiratet wurde. Wir lesen bei dem Dunstable-Chronisten die Bemerkung, Llywelyn sei über die hastige Wiederverheiratung seiner Tochter und den niedrigen Rang seines neuen Schwiegersohns verärgert gewesen. Wir erfahren, daß sie zwei Töchter zur Welt brachte und wissen, wann sie geboren wurden. Wir wissen von der Heirat ihrer älteren Tochter Joanna, aber Hawisas Spur verliert sich kurz nach dem Tode ihres Vaters, zu einer Zeit, da sie noch minderjährig war. Von Robert de Quincy wissen wir, daß er »das Kreuz nahm« – aber nicht, ob er tatsächlich in das Heilige Land gefahren ist, und wir wissen, wann er starb.

Ich nahm an, daß meine Ellen / Helen – wenn sie mit meiner schottischen Ellen / Helen identisch war – nun zum drittenmal geheiratet hat und zwar Malcolm, den Earl of Fife. Sie hätte dann reichlich Zeit gehabt, ihm zwei Söhne zu gebären, bis er 1266 starb.

Aber nein.

Als ich die Quellen weiter erforschte, stellte ich fest, daß die Geschichte der Countess of Huntingdon und Chester abrupt im Jahr 1253 endete: Ihr Wittumsland wurde unter ihre Erben aufgeteilt. Das ließ darauf schließen, daß sie 1253 gestorben ist, und ich muß zugeben, daß ich sehr deshalb enttäuscht war. Meine walisische Ellen / Helen hatte angefangen, mich zu faszinieren. Nun stand ich, wie es schien, mit zwei verschiedenen Ellen / Helens da und einem unüberwindlichen Abgrund zwischen ihnen.

Wie sollte es weitergehen?

Im Mittelalter war es üblich – was unsere Geschichtsforscher heute immer wieder schrecklich verwirrt – daß in ein und derselben Familie mehrere Geschwister denselben Vornamen bekamen. Hatte Llywelyn ap Iorwerth *zwei* Töchter namens Ellen? Auf meine Anfrage in Nordwales erhielt ich aber eine eindeutige Antwort: nein. Jedoch stieß ich bei dieser Gelegenheit, was die walisische Ellen anging, auf eine interessante, von dem mir bisher Bekannten abweichende Version. In zwei Quellensammlungen, deren eine aus dem 16. oder 17. Jahrhundert stammt, heißt es, Ellen sei nicht Joans Tochter gewesen (wie alle Geschichtsbücher behaupten), sondern vielmehr die älteste Tochter von Tangwystl. Auch in dieser Quelle ist von einer Verheiratung Ellens mit John the Scot die Rede. Eine interessante These. Allerdings schienen die Fachleute dieser Materie, die die drei Töchter Joan zuschrieben, diejenigen an Zahl zu übertreffen, die Tangwystl für ihre Mutter hielten.

An diesem Punkt verschaffte ich mir einen Überblick über die ganze walisische Geschichtsperiode jener Zeit. Es gab in dem betreffenden Zeitraum mindestens ein Dutzend Llywelyns, kleinere Fürsten und andere Adlige in Wales. Konnte meine schottische Ellen / Helen die Tochter eines Llywelyn aus dieser weniger prominenten Schar gewesen sein – hatten ihre Nachfahren sie im Laufe der Jahrhunderte in eine Tochter des großen Llywelyn verwandelt?

Ich behielt diesen Gedanken im Auge und wandte mich nun erst einmal dem zweiten hauptsächlichen Kandidaten zu, der als Ellens Vater in Frage kam – dem Prince of Wales Llywelyn ap Gruffydd, dem Enkel des großen Llywelyn. Diesen Enkel hatte ich erst einmal unberücksichtigt gelassen, weil er, soweit den meisten Geschichtsbüchern und historischen Quellen zu entnehmen ist, nur ein einziges Kind, nämlich eine Tochter namens Gwenllian hatte, die ohne Nachkommen verstarb. Aber …

In einer Sammlung alter walisischer Ahnentafeln im College of Arms (Heroldsamt) in London, dem Lancaster Herald, den Peter Gwynn-Jones für mich konsultiert hat, gibt es mindestens zwei Stammbäume, die eine Heirat Llywelyns mit Eleanor, der Tochter Simon de Montforts, und dann deren einziges Kind, Catherine Lackland erwähnen, die zuerst Philip ap Ifor und dann Malcolm, den Earl of Fife, geheiratet hat.

Catherine?

Das war ein Schock. Und es konnte nicht stimmen! Llywelyn hatte Eleanor 1278 geheiratet, zwölf Jahre nach Malcolms Tod! War Catherine vielleicht eine Bastardtochter von Llywelyn ap Gruffyd, die er in seiner Jugend gezeugt hatte? Das könnte ihren Namen Lackland (Ohneland) erklären. In den genealogischen Arbeiten, die sich in der Nationalbibliothek von Wales befinden, wird Catherine überhaupt nicht erwähnt, dort ist nur von Gwenllian die Rede.

Nun war ich ziemlich verwirrt. Nur eines schien festzustehen: daß eine weibliche Person aus dem Haus von Gwynedd Malcolm, den Earl of Fife, geheiratet hatte. Am schottischen Ende soll der Name dieser Dame Ellen / Helen gewesen sein; am walisischen Ende ist tatsächlich nur von der Verbindung einer Tochter des Llywelyn ap Gruffydd namens Catherine mit Malcolm die Rede.

Es schien mir an der Zeit, zu den schottischen Quellen zurückzukehren, noch einmal die Experten zu befragen und ihnen dieses Dilemma namens »Catherine« vorzulegen. Über die Familie Mar gibt es aus dieser historischen Periode sehr viel Quellenmaterial. Wir wissen, wer ihre Kinder waren und wen die Abkömmlinge geheiratet haben. Wegen der historischen Bedeutung der Bruce-Familie ist ihre enge Beziehung zu ihnen natürlich gut dokumentiert. Wir wissen, daß Alexander im Londoner Tower gefangengehalten wurde. (Im Rechnungsbuch King Edwards I. werden die Kosten für den »Aufenthalt« der schottischen Adligen und ihres Gefolges nach der Schlacht von Dunbar mit £ 407 6 s. ½ d angegeben.) Wir wissen, daß man von Alexander danach nichts mehr gehört hat. Aber leider vermochte ich über die Frau dieses Donald of Mar nicht mehr herauszubekommen, als ich bereits wußte, nämlich daß sie Malcolm of Fifes Witwe war, daß sie Ellen oder Helen hieß und daß sie eine Tochter von Llywelyn war. Das war eine Enttäuschung, vor allem, als ich erfuhr, daß viele Urkunden der schottischen Adelsfamilien von Oliver Cromwell beschlagnahmt worden und, als er über den Forth nach England übersetzte, in einem Sturm verlorengegangen sind. Unter ihnen befanden sich vielleicht gerade jene Dokumente, in denen Ellen of Fife, ihre Herkunft und ihre Heirat mit Donald of Mar erwähnt wurden.

An diesem Punkt angelangt, hätte ich die Suche eigentlich aufgeben müssen. Aber inzwischen hatte bereits jener seltsame alchemistische Vorgang begonnen, durch den eine fiktive Gestalt lebendig wird. Ob nun auf einer Legende oder auf Tatsachen beruhend, ob eine einzige Person oder zwei, Eleyne, meine Eleyne (oder Ellen/Helen) begann sich zu regen. Und ja, sie war die Tochter von Llywelyn ap Iorwerth und Joan. Und ja, sie hatte neun Kinder, mindestens. Und ja, 1253 wurde ihr Wittumsland neu verteilt. Aber aufgrund der Tatsache, daß nirgendwo die Rede davon ist, daß sie zu diesem Zeitpunkt gestorben war, begann sich eine neue Erklärung für diese drastische Neuverteilung herauszuschälen: Ein Roman war geboren.

Ich mußte mich selbst immer wieder daran erinnern, daß ich weder eine Genealogin noch eine Historikerin noch eine Biographin bin. Ich bin eine Romanautorin. Meine Eleyne ist, obwohl sie auf einigen historischen Tatsachen beruht, eine fiktive Gestalt. Die Wahrheit über sie würde ich wahrscheinlich nie herausbekommen, also blieb mir nichts anderes übrig, als der Geschichte zu lauschen, die sie mir ins Ohr zu flüstern begann.

Ihre Liebesbeziehung zu King Alexander II. of Scotland war ihre Idee – in meiner ursprünglichen Synopsis nicht enthalten. Aber immer wieder stellte ich fest, daß die Tatsachen, soweit sie sich nachprüfen ließen, genau mit der Geschichte übereinstimmten, die sie mir so beharrlich in den Kopf diktierte. Alexander II. hatte in der Tat viele Freundinnen – warum nicht Eleyne? Er hatte mehrere Bastardkinder, warum konnte nicht auch sie von ihm Babys gehabt haben? Ihre heroische Rolle, ihre Triumphe und Niederlagen – das alles stammt von ihr. Und was Geistererscheinungen und Prophezeiungen angeht: Michael der Schotte und Thomas of Ercildoune gehören zur schottischen Geschichte genau wie die Weissagungen von King Alexanders III. Untergang. Sogar die Geistererscheinung, die bei seiner Hochzeit auftrat, ist in den Chroniken verzeichnet – eine Geschichte, die uns der Dichter Hector Boece mit großem Vergnügen in seinen Versen weitererzählt:

> At that mariage tak tent I sall tell
> So greit ane wounder on ane nycht befell …
> Into the figure that tyme of ane man,
> But flesche or blude, haiffand nocht ellis than,
> Bot like ane bogill all of ratland banis …
> And as tha stude to farlie on that thing.
> So laithlie wes thair in the candill licht
> Richt suddanlie it vaneist out of sicht.

> Bei der Hochzeit, will ich euch sagen,
> Hat sich des Nachts ein großes Wunder zuge-
> tragen
> In der Gestalt eines Mannes,
> Doch ohne Fleisch und Blut, nichts andres
> Als ein haariges, klappriges Gespenst,
> Und als es seltsam auf dem Dinge stand

So häßlich war sein Haar im Kerzenlicht,
Daß plötzlich es verschwand aus aller Sicht.

Von Eleyne kam auch die Auskunft, daß ihre Ehe mit Robert
de Quincy unglücklich war – in den Quellen ist nichts darüber
zu finden. Aber wir brauchen nur den Unterschied in ihrem
Rang, die Mißbilligung ihres Vaters und die zahllosen Hin-
weise auf endlose Rechtsstreitigkeiten zu berücksichtigen, in
die sie verwickelt waren – sie lagen mit ihren Nachbarn ständig wegen der Grenzen ihres Besitzes und der dazugehörigen
Privilegien in Fehde. Außerdem hatte ich mich inzwischen
schon zu sehr mit Ellen/Helen identifiziert, als daß ich sie für
eine zänkische Person hätte halten wollen.

Es gibt, wenn man einen historischen Roman schreibt, immer einen Konflikt zwischen den Einflüsterungen der Fiktion
und den historischen Fakten. Hier einen Einklang herzustel-
len, ohne zuviel historische Genauigkeit zu opfern, das gehört
zu den Freuden und Alpträumen, die das Schreiben eines solchen Romans ausmachen. Ich hoffe, daß es mir gelungen ist,
eine genießbare und glaubwürdige Geschichte zu erzählen,
aber bitte: keine Doktorarbeiten über Eleynes Leben!

So wie ich sie dargestellt habe, hat Eleyne, so glaube ich wenigstens, nicht existiert. Sie ist eine aus vielen Personen zu-
sammengesetzte Gestalt. Eine Familienlegende von der Art,
die finstere Ölbilder in Rembrandts und viktorianische Talmi-
perlen in Aquamarine verwandelt. Aber wenn die beiden El-
len/Helens wirklich eine Person waren, muß sie eine Frau wie
Eleanor von Aquitanien gewesen sein – zäh, fruchtbar und
langlebig. Dann war sie eine großartige Frau. Wer auch immer
sie gewesen sein mag, sie ist eine Vorfahrin, auf die ich mächtig stolz bin.

Ihren Namen habe ich so geschrieben wie meine Großtante
es tat, als sie die Stammbaumtafeln ihres Großvaters kopierte.
So wurde er in der Familie Erskine überliefert, die von Eleynes
Enkelin abstammt.

Danksagung

Es haben mir viele Menschen mit Rat und Tat geholfen, dieses Buch zu schreiben, vor allem aber möchte ich den Genealogen und Archivaren für ihren Beitrag zur Entwicklung des roten Fadens dieser Geschichte danken.

Mein besonderer Dank gilt Janet Hanlon, aber auch Jane, ohne deren organisatorische Begabung, Hilfe und Humor sich mein Leben in einem mittelalterlichen Miasma aufgelöst hätte!

Meine Heldin hat einen großen Teil ihres Lebens in vier bedeutenden Residenzen zugebracht. Der Ort, an dem einst die große Burg von Fotheringhay stand, träumt am Ufer des Flusses Nene von Mary, der Königin der Schotten, die hier starb, und von Richard III., der hier geboren wurde. An ihre früheren Bewohner, den Earl und die Countess of Huntingdon, erinnern weit schwächere Echos. Kildrummy Castle ist eine Ruine, aber eine erstaunlich weitläufige und ausdrucksmächtige. Seit meiner Kindheit bin ich mehrmals dort gewesen, mein letzter, kurzer Besuch aber war der aufschlußreichste von allen, denn der junge Scott Kelman lieferte uns eine lebendige Darstellung der Belagerung, und von seinem Vater, Tom, erhielten wir weitere Informationen.

In Falkland Palace begrüßte uns Elly Crichton Stuart. Ich möchte ihr für ihre Gastfreundschaft danken und dafür, daß sie uns den Palast gezeigt hat. Außerdem für den Rat und die Hilfe, die ich von ihr und Thomas Puttfarken in allen Fragen erhalten habe, die diese alte Burg betrafen.

Mein Dank geht auch an Kathryn und Brian Gibson, die uns so freundlich in Pen-y-Bryn empfangen haben, dem faszinierenden Ort, an dem sich einst der Palast von Aber befand, von dem hier und da noch Überreste in der Umgebung ihres Hauses zu entdecken sind.

Und schließlich herzlichen Dank auch an Carole Blake und Rachel Hore für ihre Unterstützung und Ermutigung.